우도 슈넬레의

신약정경개론

우도 슈넬레의

신약정경개론

EINLEITUNG
IN DAS
NEUE TESTAMENT

우도 슈넬레 | 김문경 · 문병구 · 임진수 옮김

대한기독교서회

우도 슈넬레의

신약정경개론

2023년 2월 28일 초판 1쇄
2024년 3월 20일 초판 2쇄

지은이 우도 슈넬레
옮긴이 김문경 · 문병구 · 임진수
펴낸이 서진한
펴낸곳 대한기독교서회

등록 1967년 8월 26일 제1967-000002호
주소 06173 서울시 강남구 테헤란로103길 14(삼성동)
전화 출판국 (02) 553-0873~4, 영업국 (02) 553-3343
팩스 출판국 (02) 3453-1639, 영업국 (02) 555-7721
e-mail editor@clsk.org
http://www.clsk.org
facebook.com/clskbooks
instagram.com/clsk1890

책번호 2364
ISBN 978-89-511-2126-5 93230

The Christian Literature Society of Korea, Seoul
Printed in Korea

* 책값은 뒤표지에 있습니다.

제8판 서문

제8판은 일반적인 개정 작업을 보여주고 있다. 그것이 의미하는 바는 다음과 같다. "보론 2: 바울 해석의 모델"은 완전히 새로운 것이다. 3.2(공관복음 문제)와 8.1(요한 학파)은 대폭 확장되었다. 그리고 2.9(빌립보서)는 근본적으로 확대되었다. 다음에 제시되는 단락들도 확대가 되었음을 일러둔다. 1(입문), 2.1(바울 사역의 연대기), 2.2(바울 학파), 2.6(고린도후서), 2.7(갈라디아서), 3.5(마태복음), 3.6(누가복음), 4(사도행전), 5.1(역사적 및 신학적 현상으로서 차명문서), 5.5(목회서신), "보론 3: 바울서신의 수집과 정경의 형성", 7.1(야고보서), 8.5(요한복음), 9(요한계시록).

모든 단락에 대해서는 실제적인 참고문헌을 추가하였다. 그 이외에도 전체적으로는 미미한 보충과 변경, 추가된 각주들이 있다. 나는 국제적인 논의를 고려해보고자 노력하였다.

2012년 7월 할레에서

우도 슈넬레

초판 서문

이 책의 목적은 신약성서 문서들의 기초가 되는 역사적이고 신학적인 차원을 소개하는 것이다. 그 과정에서 기초가 된 생각은 지난 10년 동안 괴팅엔, 에얼랑엔, 할레에서 진행된 수많은 강의에서 검증되었다. 나는 기초가 된 그 생각이 이 책의 독자들에게도 유익한 것으로 증명되기를 바란다.

나는 오토 메르크 교수(에얼랑엔)에게 진심으로 감사한다. 그는 원고를 꼼꼼하게 살피고 귀중한 조언을 해주었다. 또한 교정 작업에 도움을 준 마르틴 루터 할레-비텐베르크대학교의 동역자 조교 랑(M. Lang), 신학도 슈필만(Th. Spielmann), 마우러(E. Maurer), 나겔(T. Nagel)에게도 감사한다.

1994년 2월 할레에서
우도 슈넬레

한국어판 서문

『신약정경개론』(Einleitung in das Neue Testament)이 한국어로 번역된 것은 나에게 큰 기쁨이자 영광이다. 번역자들과 출판사에 진심으로 감사드린다! 이 책의 목적은 신약성서 각 책의 역사적 기원과 신학적 개념을 포괄적으로 규명하는 것이다. 예수 그리스도 안에서 하나님은 시간과 역사에 개입하시고, '말씀이 육신이 되었다.'(요 1:14) 따라서 그리스도교 신앙의 역사적 뿌리에 대해 질문하는 것은 필연적이다. 처음 시작 시기는 그리스도교에 규범적 의미를 부여한다. 왜냐하면 거기서 새로운 신앙이 생동하고, 2,000년 동안 신학을 결정한 모든 신학적 개념이 생겨났기 때문이다. 그러므로 신학적으로 올바르게 이해하도록 돕는 전제를 설명하기 위해서는 신약성서의 각 책을 역사적 차원에서 파악하는 것이 필요하다. 이 책이 그 일에 기여하고, 한국에서도 그 과업을 수행하기를 바란다.

2022년 9월 할레에서

우도 슈넬레

참고문헌 표시 방법에 대한 안내

참고문헌이 축약된 형식으로 나타날 경우 완전한 1차 색인은 항상 해당되는 단락의 참고문헌 목록 혹은 그와 동일한 하부 단락의 각주에 있다. 그 외의 참고문헌은 그 자리에 직접 나오거나 혹은 1차 참고문헌에 관한 제시를 하게 된다.(위를 보라./아래를 보라.) 신약성서에 대한 개론은 이후에 언급되지 않고 오직 1.1의 단락 안에서만 완전하게 제시된다. 이 책에 나오는 약어들은 신학대백과사전(TRE)과 신약성서 주석사전(EWNT)에 나오는 것과 일치한다.

차례

E I N L E I T U N G

I N D A S

N E U E

T E S T A M E N T

제1장

입문

1.1 참고문헌

정경과 신약성서 개론학

W. G. Kümmel, "Einleitungswissenschaft II," TRE 9 (1982): 460–82.(Lit.!) • O. Merk, "Bibelwissenschaft II," TRE 6 (1980): 375–409.

연구사

W. G. Kümmel, Das Neue Testament. Geschichte der Erforschung seiner Probleme, Freiburg ²1970. • H. J. Genthe, Mit den Augen der Forschung, Berlin 1976. • W. Baird, History of New Testament Research I. II, Minneapolis 1992. 2003. • H. v. Reventlow, Epochen der Bibelauslegung I–IV, München 1990. 1994. 1997. 2001. • O. Merk, Wissenschaftsgeschichte und Exegese, BZNW 95, Berlin 1998.

연구 보고서

Ph. Vielhauer, "Einleitung in das NT," ThR 31 (1965/66): 97–155, 193–231; 42 (1977): 175–210. • K. M. Fischer, "Zum gegenwärtigen Stand der neutestamentlichen Einleitungswissenschaft," VF 24/1 (1979): 3–35. • E. J. Epp/G. W. MacRae (Hg), The New Testament and its Modern Interpreters, Atlanta 1989. • J. Roloff, "Neutestamentliche Einleitungswissenschaft," ThR 55 (1990): 385–423. • F. W. Horn, "Einleitung in das Neue Testament," ThR 68 (2003): 45–79, 129–150.

개론서

H. J. Holtzmann, Lehrbuch der historisch-kritischen Einleitung in das Neue Testament, Freiburg 1885. ³1892. • A. Jülicher/E. Fascher, Einleitung in das Neue Testament, Tübingen ⁷1931. • M. Dibelius, "Geschichte der urchristlichen Literatur," TB 58, München 1975. (=1926) • R. Knopf/H. Lietzmann/H. Weinel, Einführung in das Neue Testament, (Gießen 1923) Berlin ⁵1949. • W. G. Kümmel, Einleitung in das Neue Testament, Heidelberg ²¹1983. • W. Marxsen, Einleitung in das Neue Testament, Gütersloh ⁴1978. • A. Wikenhauser/J. Schmid, Einleitung in das Neue Testament, Freiburg ⁶1973. • E. Lohse, Die Entstehung des Neuen Testaments, Stuttgart ⁵1990. • Ph. Vielhauer, Geschichte der urchristlichen Literatur, Berlin 1975. (Nachdrucke) • H. M. Schenke/K. M. Fischer, Einleitung in die Schriften des Neuen Testaments I. II, Berlin/Gütersloh 1978. 1979. • H. Köster, Einführung in das Neue Testament, Berlin 1980. • W. Schmithals, Einleitung in die drei ersten

Evangelien, Berlin 1985. • E. Schweizer, Theologische Einleitung in das Neue Testament, GNT 2, Göttingen 1989. • J. Roloff, Einführung in das Neue Testament, Stuttgart 1995. • R. E. Brown, An Introduction to the New Testament, New York 1997. • I. Broer, Einleitung in das Neue Testament, in Verb. mit H. -U. Weidemann, Würzburg ^{3}2010., NEB.E 2/1. 2, Würzburg 1998. 2001. • L. T. Johnson, The Writings of the New Testament, Minneapolis ^{2}1999. • K. W. Niebuhr (Hg.), Grundinformation Neues Testament, Göttingen ^{3}2008. • D. Marguerat (Hg.), Introduction au Nouveau Testament, Genf 2000. • C. R. Holladay, A Critical Introduction to the New Testament, Nashville 2005 • P. Pokorný/U. Heckel, Einleitung in das Neue Testament, Tübingen 2007. • G. Theißen, Die Entstehung des Neuen Testaments als literaturgeschichtliches Problem, Heidelberg 2007. • M. Ebner/St. Schreiber (Hg.), Einleitung in das Neue Testament, Stuttgart 2008. • K. Jaroš, Das Neue Testament und seine Autoren. Eine Einführung, Köln 2008. • D. A. Carson/D. J. Moo, Einleitung in das Neue Testament, Gießen 2010. (amerik. Original 2005) • P. Pilhofer, Das Neue Testament und seine Welt, Tübingen 2010.

1.2 정경과 신약성서 개론학

신약성서 개론학의 역사는 처음부터 정경 문제를 통해 규명된다. 지금까지의 기본적인 문제 제기는 다음과 같다. 정경 개념과 연결된 교의학적이고 역사적인 서술은 신약성서 27권을 순전히 역사적으로 보는 고찰 방법과 어떤 관계를 갖는가? 독일 개론학의 기초자이자 괴팅엔의 동양학 학자 미카엘리스(J. D. Michaelis, 1717-91)는 정경 개념과 연결된 신약성서 문서들의 성령 감동설을 중요한 문제로 제시한다. 1750년에 출간한 『새 계약의 신적 문서 입문』(Einleitung in die Göttlichen Schriften des Neuen Bundes)[1]이 개론 부분에서 그는 본문비평과 필사본학을 먼저 언급했다. 그는 대부분의 신약성서 각 책의 원저자가 한 명의 사도였을 것이므로 성령의 감동을 받은 것이라는 주장으로 시작해 각 책들의 생성관계를 다루면서 마가복음과

1 이 책은 ^{2}1765, ^{3}1777, ^{4}1788년에 많이 변경된 형태로 계속 간행되었다.

누가복음 및 사도행전의 경우 사도에게서 유래한 것이 아니어서 성령의 감동을 받은 것으로 여겨질 수 없음에도 왜 경전에 포함되었는지를 질문한다. "이 모든 것을 고려하여 나는 마가와 누가의 문서가 아마도 직접적인 목격자이자 사도인 베드로와 요한에 의해 인정받은 것으로 볼 수 있으나, 성령의 감동을 받은 것으로, 즉 초자연적 도움과 오류 없이 기록된 것으로는 볼 수 없다."[2] 미카엘리스는 사도성, 성령의 감동, 정경에 속함이 본래 서로 긴밀하게 결합된 것이라고 본다. 편지가 사도의 저작인지 그 역사성에 의구심이 생길 때, 그런 의구심은 성서를 이해하는 데 지속적으로 영향을 미친다. 미카엘리스는 바울이 히브리서를 썼다는 것을 의심하며 다음과 같이 판단한다. "히브리인들에게 보내는 훌륭한 서신조차 바울이 (직접) 손으로 기록한 경우에만 신성한 것으로 간주될 수 있다. 그렇지 않다면, 그 서신은 훌륭한 서신으로만 남을 것이다. …인식론의 원칙(Principium cognoscendi)에 따라 히브리서가 성령의 감동을 받아 기록되어 오류가 없다는 해석을 중단해야 한다."[3] 야고보서의 신성(神性)에 대해서도 미카엘리스는 그 서신이 사도 야고보 혹은 예수의 이복형제에 의해 기록되었는가라는 질문에 따라 좌우된다고 본다. 후자일 경우 야고보서는 그리스도교의 신뢰할 만한 인식의 자료가 아니다. 미카엘리스는 또한 유다서의 사도적 성격에 의구심을 품고 유다서가 정경이 아니라고 설명한다.

그에게서 신약성서 개론학의 기본 문제는 이미 분명해졌다. 신약성서 문서들의 역사적 생성관계에 대한 통찰은 필연적으로 성서영감설 및 사도적 저자라는 교리적 술어와 관련된 정경 개념을 폐지하도록 이끈다. 미카엘리스는 신약성서를 더 이상 한 권의 문서로 보지 않고 사도적 문서와 비사도적 문서로 구분하며, 각 문서는 역사적 인식과 교리적 가치판단이 결

---

2 J. D. Michaelis, Einleitung in die göttlichen Schriften des Neuen Bundes, I, Göttingen ^{4}1788, 100.

3 위의 책, 82f.

합된 것이라고 보았다.

미카엘리스가 신약성서 문서에 대한 역사적 이해를 처음 시작했다면, 개론학은 1771년에 『정경에 대한 자유로운 연구』(Abhandlung von freier Untersuchung des Canon)를 출간한 할레의 신학자 제믈러(J. S. Semler, 1725-91)에 의해 실질적으로 발전되었다. 제믈러는 신약성서의 역사적 문제를 엄격히 제기하면서 하나님의 말씀과 성서를 구별했다. 왜냐하면 성서에는 과거에만 중요했고 오늘날에는 사람들의 '도덕적 개선'을 위해 더 이상 도움을 주기 못하는 구절들이 있기 때문이다. "우리는 성서와 하나님의 말씀을 잘 구별할 수 있다. 그 차이를 알고 있기 때문이다. 이전에 우리가 그 차이를 알아차리지 못했다 하더라도, 그 사실이 우리가 차이를 구별하는 것을 금지하는 것은 아니다. 역사적이며 상대적인 이 용어가 유대인들 가운데 수용되었듯이, 룻기, 에스더서, 아가서 등은 성서에 속한다. 그러나 거룩한 책이라고 해서 모든 사람을 항상 지혜롭게 하여 구원에 이르게 하는 하나님의 말씀에 속하는 것은 아니다."[4] 하나님의 말씀과 성서의 구별은 새로운 해석학의 원칙이 되었다. 이 해석학은 문자 영감의 교리를 완전히 평가절하하고 교리적으로 일관된 경전이라는 개념을 해체시켰다. 그러한 전제에서는 경전의 모든 부분이 결코 성령의 감동으로 된 것일 수 없기 때문이다. 오히려 제믈러는 정경을 교회의 합의의 결과로 나온 것이라고 보고, 정경은 자유롭고 편견이 없는 연구에 열려 있어야 한다고 주장하면서 정경의 순수 역사적 의미를 보려고 했다. 더 나아가 이러한 구별을 통해 성서에서 (내용을) 분리하는 과정을 진행했으며, 인간의 도덕적 개선이 영속하는 하나님의 말씀과 역사적으로 상대적인 것을 구분하는 기준이라고 보았다. "구약성서 24권 전체를 통해 우리가 도덕적으로 개선되지는 않았다. 따라서 우리는 그것의 신성에 대해서도 확신을 할 수 없다."[5] 제믈러의 '신성'

---

4 J. S. Semler, Abhandlung von freier Untersuchung des Canon I, Halle 1771, 75.

과 '도덕적 개선'의 동일시는 구약성서와 신약성서의 분리도 초래했다. 그가 종교와 신학을 구별한 것도 중요하다. 그는 종교가 모든 그리스도인들이 실천해야 할 올바른 경건을 포함하는 것으로, 그에 반해 신학은 전문적인 신학교육을 위해 꼭 필요한 학문적인 방법으로 이해한다. 이로써 제믈러는 그의 시대에 전혀 일반적이지 않던 비평적 학문 연구를 위한 자유로운 공간을 확보하며, 그 방법과 결과가 모든 사람에게 영향을 끼치는 종교에 대하여는 근본적인 문제를 제기하지 않았다.

가블러(J. Ph. Gabler, 1753-1826)가 1787년 알트도르프대학의 취임 강연에서 전개한 성서신학과 교의신학 사이의 구별도 개론학에 영향을 끼쳤다. "성서신학은 거룩한 저자들이 신적인 것들에 관해 생각한 것을 전하므로 역사적 성격을 지닌다. 이와 반대로 교의신학은 각 신학자가 자신의 능력 혹은 상황, 시대, 장소, 종파, 학파 등에 맞추어 신적인 것들에 관해 철학적으로 사색한 것을 전하므로 교훈적인 성격을 지닌다. 성서신학은 신적인 것들을 역사적으로 논증하기에 그 자체로 (성서신학 자체가 그것이 수행되는 교육 시스템에 따라 이 사람은 이렇게, 저 사람은 또 다르게 표현할지라도) 언제나 동일하다. 그러나 교의신학은 다른 인간적인 분야와 함께 다양한 변화를 겪게 된다. 이는 수 세기 동안 끊임없이 행한 관찰로써 충분히 입증된다."[6] 그러므로 성서신학의 과제는 성서의 의미(sensus scriptorum)를 고양하는 것이며, 역사적 주석 절차가 바탕이 되어야 하는 반면에 교의신학은 합리성, 고백성, 철학적 현실성을 통해 표현된다. 성서 구절은 단순히 교의

---

5 위의 책, III, 26.

6 J. Ph. Gabler, "Von der richtigen Unterscheidung der biblischen und der dogmatischen Theologie und der rechten Bestimmung ihrer beiden Ziele," G. Strecker (Hg.), Das Problem der Theologie des Neuen Testaments, WdF 367, Darmstadt 1975, 35f. 가블러의 중요성은 O. Merk, Biblische Theologie des Neuen Testaments in ihrer Anfangszeit, MThSt 9, Marburg 1972를 참조하라.

적 진술을 입증하는 증거(dicta probantia)가 아니다. 따라서 성서신학은 역사적 장르(genus historicum)로서 독자적인 학문이며 교의신학의 전제이다. 가블러는 순수 역사적인 분야로 성서신학을 수행하면서 문자적 의미(sensus literalis)를 전달할 때 성서의 영감을 고려하지 않는다. '거룩한 사람들'의 사상, 개념, 견해는 정확하게 구별해서 비교되어야 하며, 동시에 구약성서와 신약성서를 최종적으로 분리해야 하고, 마지막으로 주석할 때 문법적인 해석과 본문에 대한 설명 사이를 구별해야 한다. 한 본문에 대한 문법적 해석이 저자가 본문을 작성할 때 의도한 것에 초점을 맞춘다면, 본문에 대해 설명할 때는 역사적-철학적으로 날카롭게 비평해야 한다.

튀빙겐의 신학자 바우르(F. Chr. Baur, 1792-1860)는 개론학을 신약성서의 저자 정보 및 그와 결부된 역사적이며 교의적인 함의에 대한 비평으로 이해했다. "비평의 실제 대상은 그들의 교의학, 그들의 정경적 권위의 원칙이다. 그러므로 '개론학'은 그 문서들이 그 자체로 원래 그러한 것인지, 아니면 사람들이 그 문서들에 대해 생각하는 교의학적 표상에 따라 존재해야 하는 것인지를 검토해야 한다. 그리고 첫 번째 전제가 사람들이 생각하는 성서의 저자들이 그 문서들을 실제로 작성했다는 것이라면, 개론학의 첫 번째 과제는 어떠한 권위로 그 문서들이 사도적 문서라고 주장하는가에 대해 답변하는 것이다."[7] 그러므로 바우르에 따르면 신약성서 개론학은 교의적 서술로 제공되는 신약성서 문서들을 역사비평에 종속시켜서 가능한 한 그 문서들의 성격에 대한 객관적인 이해에 이르도록 하는 과제를 수행한다. 바우르는 최초 그리스도교 역사에서 결정적인 부분을 이방 그리스도교(대표적으로 로마서, 고린도전후서, 갈라디아서)와 완고한 유대 그리스도교(문학적으로는 대표적으로 사도 요한에 의해 기록된 요한계시록) 사이의 대립으로 보았다. 다른 모든 신약성서 문서는 이방 그리스도교와 유대 그리스도

7 F. Chr. Baur, "Die Einleitung in das Neue Testament als theologische Wissenschaft," ThJb (T) 9 (1850): (463-566) 478.

교 사이에 분쟁이 조정되기 시작하는 시기에 속한다. 바우르는 이러한 대립관계의 도움을 받아 최초 그리스도교 역사의 숨은 의미를 해독하고 신약성서 개별 문서들에 각각의 경향에 따른 역사적 위치를 부여하려고 시도한다. 최초 그리스도교 역사에 대한 바우르의 도식적 이해를 수용할 수는 없으나, 그가 파악한 통찰은 오늘날에도 유효하다. 신약성서의 각 문서는 매우 특정한 역사적 맥락으로부터 설명되어야 한다.

바우르가 신약성서를 정경비평의 관점으로 본다면, 스트라스부르그의 신약성서학자 홀츠만(H. J. Holtzmann, 1832-1910)은 정경 개념과 신약성서 문서들에 대한 순수 역사적인 고찰 사이의 긴장관계를 다른 방식으로 규명한다. 그는 1885년에 간행된 『역사비평적 신약연구 개론』(Lehrbuch der historisch-kritischen Einleitung in das Neue Testament)에서 신약성서 개론학의 자료를 27개 문서로 제한하는 것은 정경 개념으로만 정당화된다고 강조한다. "신학이라는 유기체의 구성 부분으로 성서 개론은 오직 정경 개념으로만 이해될 수 있으며, 그 개념에서만 내적인 통일성을 찾을 수 있다."[8] 그러나 홀츠만은 그의 고찰에서 정경 개념의 교의적 영역(성서 영감, 성서의 신적 성격)을 배제한다. "우리의 과제는 정경의 역사이지 정경에 관한 가르침이 아니다."[9] 그러므로 개론학을 위해 신약성서 문서들의 생성과 수집을 설명해야 할 역사적 과제가 발생된다. 이러한 목표 설정으로부터 이미 일반적이었으나 홀츠만이 모범적으로 수행한 일반개론과 특수개론이라는 영역 구분이 전개된다. 일반개론은 신약성서가 정경이 되는 과정 및 신약성서 본문의 역사를 대상으로 하며, 특수개론은 신약성서 27개 문서의 생성관계를 연구한다.

홀츠만의 저작이 19세기 개론학의 대표적인 종합을 대표하는 반면에 세기의 전환기에는 오늘날까지 신약성서 개론학을 규명하는 여러 문제 제

---

8 H. J. Holtzmann, Einleitung, ^{3}1892, 11.

9 위의 책, ^{2}1886, 15.

기가 나타난다. 한편으로는 정경에 의해 설정된 한계를 철저하게 포기하라는 요구가 생겼다. 그래서 기센의 교회사학자 크뤼거(G. Krüger, 1862-1940)는 1896년에 간행된 『신약성서의 교의학』(Das Dogma vom Neuen Testament)에서 다음과 같이 요구한다. "'신약성서 시대사'를 최초 그리스도교의 보편 역사로, '개론'을 최초 그리스도교 문학[또는 문헌(Litteratur)] 역사로, '신약성서'를 최초 그리스도교 신학 역사로 대체한다."[10] 크뤼거에 따르면 신약성서 교의학을 포기하는 이유는 신약성서만의 구체적인 사유세계가 없고, 신약성서에 정경으로 들어간 문서와 신약성서 시대에 생성되었으나 정경에 들어가지 못한 문서가 서로 분리되지 않는 역사적 정황 때문이다. "나는 아직 신약성서를 알지 못하는 시대의 역사적 고찰에 어떤 형태로든 '신약성서'라는 개념이 영향을 미치도록 하는 것에 이의를 제기한다."[11]

브레슬라우의 신약성서 학자 브레데(W. Wrede, 1859-1906)도 크뤼거처럼 1897년에 간행된 『신약성서 신학의 과제와 방법』(Über Aufgabe und Methode der sogenannten neutestamentlichen Theologie)에서 주석가는 정경의 문서에만 매여서는 안 된다고 했다. 신약성서학이 순수 역사적 학문이라고 한다면, 정경의 존재는 문제가 된다. "성서영감론이 지워지면 교의학적 정경 개념 또한 유지될 수 없다."[12] 그러므로 정경의 개념은 이미 문제가 많다. 신약성서 문서들은 '정경적'이라는 술어로 생성되지 않았고 훗날에야 비로소 정경으로 설명되었기 때문이다. 여기에 덧붙여 "정경 및 정경 이외의 문헌들은 모든 점에서 완전히 유동적이다."[13] 한 권의 '신약성서'(한

---

10 G. Krüger, Das Dogma vom Neuen Testament, Gießen 1896, 37.

11 위의 책, 10.

12 W. Wrede, "Über Aufgabe und Methode der sogenannten neutestamentlichen Theologie," G. Strecker (Hg.), Theologie des Neuen Testaments, 85. 브레데를 따라 특히 레이제넨은 초기 정경의 경계가 그 어떤 역할도 하지 않는 그리스도교의 종교사를 옹호한다.(H. Räisänen, Beyond New Testament Theology, London/Philadelphia 1990.)

13 W. Wrede, 위의 글.

권의 신약성서로 문서화되는 것에 대한 이해)에 접근하는 적절한 방식은 정경 개념(정경에 속한다.)이 아니라 문학적 구조임이 드러났다. 브레데는 교의학에 초점을 맞춘 성서신학의 과제를 요구하며, 그 대신에 아주 의도적으로 정경을 포기하고 최초 그리스도교 문서 전체를 고려하는 최초 그리스도교의 종교사로 대치하려고 한다. 그래서 실제로 신약성서를 순수 역사적으로 이해하려는 과제를 실현하고자 시도한다.

윌리허(A. Jülicher, 1857-1938)는 크뤼거 및 브레데와 다른 개념을 주장했다. 1894년 간행된 『신약정경개론』(Einleitung in das Neue Testament)에서 윌리허는 신약성서 개론학을 엄격하게 역사적 영역으로 파악하여 신약성서 개별 문서들의 역사, 신약성서 정경사, 신약성서 본문의 역사를 차례로 다루었다. 그는 문학 역사적인 접근을 근본적으로 반대하지는 않으나, 그러한 방식이 "유감스럽게도 신약성서에는 실현될 수 없을 것"이라고 생각했다.[14] 윌리허는 신약성서 27권으로 자료를 제한하는 것에 대해 영향사적으로 논증하면서 그 책들만이 초대 그리스도교 문헌에서 세계사적인 의미가 있으며, 그 책들에 대한 특별 대우는 타당하다고 주장했다.

한쪽에서는 크뤼거와 브레데가, 다른 한쪽에서는 윌리허가 주장한 입장은 20세기 개신교의 중요한 두 개론서에 반영된다. 큄멜(W. G Kümmel, 1905-95)의 『신약정경개론』(Einleitung in das Neue Testament)은 홀츠만과 윌리허의 전통에 서 있다. 큄멜은 한편으로는 개론학을 "엄격한 역사적인 학문 영역"[15]으로 이해하지만 다른 한편으로 "신약성서에 수집된 문서들은 고대 교회에 의해 분리된 정경에 속하기 때문에 그리스도인들이 믿음으로 인정하는 특별한 성격을 지닌다."[16]라고 강조한다. 학문적인 방법이 아니라 정경 개념이 신약성서 개론학의 신학적 성격을 증명한다. 큄멜의 경우에

14 A. Jülicher/E. Fascher, Einleitung, 6.

15 W. G. Kümmel, Einleitung, 5.

16 위의 책, 6.

정경 개념이 신약성서 전체의 구성을 결정하는데, 역사서술 책들(복음서와 사도행전)이 먼저 나오고, 이어서 서신들과 요한계시록이 언급된다. 이로써 큄멜은 역사비평적 방법을 완전히 적용하여 신약성서의 역사적 기초를 중시하는 온건한 보수적 입장을 대표하게 되었다.

필하우어(Ph. Vielhauer, 1914-77)는 1975년에 간행된 『최초 그리스도교 문학 역사』(Geschichte der urchristlichen Literatur)에서 최초 그리스도교 문학 역사에 대한 이상을 구현한다. 이 책에서 필하우어는 교회사학자 오버벡(F. Overbeck, 1837-1905)의 기본 통찰을 수용한다. 오버벡은 "그들의 역사는 그들의 양식을 지닌 문학이다. 그러므로 양식의 역사는 각기 실제 문학 역사가 될 것이다."[17]라고 주장했다. 무엇보다도 필하우어는 그의 스승 디벨리우스(M. Dibelius, 1883-1947)의 프로그램과 연결된다. 디벨리우스는 1926년에 짧게 작성된 『최초 그리스도교 문학 역사』(Geschichte der urchristlichen Literatur)를 간행했으며, 거기서 최초 그리스도교 문학이 양식사적인 관점으로 요약, 분석되었다. 디벨리우스처럼 필하우어도 크뤼거 및 브레데에 잇대어 정경 개념을 포기한다. 양식과 장르에 초점을 둔 문학 역사는 정경의 경계에 고정될 수 없고, 정경 이외의 문헌은 물론이고 정경 안에 나오는 같은 장르의 문서들도 연구해야 하기 때문이다. 그래서 필하우어는 신약성서 문서들 이외에 더 후기의 서신들(클레멘스1서, 이그나티우스의 서신, 폴리카르포스의 서신, 바나바 서신), 외경 복음서들, 외경 사도행전들, 공동체의 질서(디다케)를 그의 서술에 포함시킨다. 연구해야 할 자료의 경계는 정경이 설정하는 것이 아니라 그 경계는 최초 그리스도교 양식이 사멸되고 그리스-로마 문헌으로의 전이가 인식되는 곳에서 드러난다.[18]

---

17 F. Overbeck, Über die Anfänge der patristischen Literatur, Darmstadt 1954 (=1882), 12.

18 슈트레커가 이 입장을 고수한다. "문학적·역사적 문제 제기에서 정경 이외의 문서들을 도외시하는 것은 잘못이다. 역사적 해석은 형식적이며 내용적인 이유로 말미암아 이 광범위한 문서 그룹을 해석의 과제 영역에 포함시켜야 하기

디벨리우스와 필하우어의 전통에는 타이센(G. Theißen)의 신약성서 문학 역사도 있다. 문학 역사의 우선적인 대상은 신약성서 양식의 언어이다. "신약성서에서 우리는 두 개의 기본 양식과 부차적인 장르를 만난다. 복음서와 서신은 여러 번 등장하는 두 개의 기본 양식이다. 네 개의 복음서와 21개의 서신서가 있다. 이와 달리 세 개의 부차적인 장르에 속하는 사도행전, 요한계시록, 그리고 충분하지는 않으나 서신의 틀에 속하는 히브리서는 각각을 대표하는 책이다."[19] 타이센은 신약성서 문학 역사의 다양한 단계로부터 출발한다. 첫 번째 단계는 서로 다른 방식의 사역을 통해 두 가지 기본 양식인 복음서와 서신을 탄생시킨 예수와 바울이다. 예수와 관련해서는 말씀(로기온) 자료와 마가복음의 첫 번째 문서화에 이르기까지 가장 오래된 구전 전승이 주목된다. 바울서신은 공동체의 서신이라는 사실이 특징적이며, 고대의 우정 서신의 요소만이 아니라 통치자가 보내는 서신의 요소도 수용한다. 두 번째 단계는 제2바울서신에서 바울의 가상의 자기 해석과 복음서에서는 주로 마태복음, 누가복음, 요한복음에서 예수의 가상의 자기 해석이다. 세 번째 단계는 기능적인 관점으로 결정되는데, 이에 따라 본문은 아주 특정한 장르의 내용적 요구를 통해 진정성을 확보한다.(사도행전, 요한계시록, 히브리서) 마지막 단계는 하나의 복음서(누가)와 한 명의 사도(바울)만 인정하는 마르키온의 정경에 반대하여 성서의 복수성을 옹호하는 정경 형성이다. 타이센은 신약성서의 두 기본 문학 양식인 생애(Bios, 복음서)와 서신은 인물 중심적인 방향성을 지니므로 유대교에서 파생될 수 없다고 강조한다. 문학사회학적으로 다음의 내용이 타당하다. "신약성서는 하찮은 문학(Kleinliteratur), 즉 문학과 거리가 먼 그룹의 문학이지만, 그렇다고 문학과 거리가 먼 하위 계층의 표현이라고만은 할 수 없다."[20]

때문이다."(G. Strecker, Literaturgeschichte des Neuen Testaments, Göttingen 1992, 278.) 그러나 슈트레커는 자신의 서술에서 실제적인(praktisch) 이유로 신약성서 문서들로 제한한다.

19 G. Theißen, Entstehung des Neuen Testaments, 19f.

20 위의 책, 349.

최근 개론서 중에서 특히 브로어(I. Broer), 브라운(R. E. Brown), 포코르니(P. Pokorný)/헤켈(U. Heckel)의 저서들과 에브너(M. Ebner)/슈라이버(St. Schreiber)가 펴낸 전서(全書)가 눈에 띈다. 브로어의 개론에서는 바이데만(H.-U. Weidemann)이 함께 작업한 개정판이 출판되었지만, 기본 개념은 유지되고 있다. 이들 개론서에서는 먼저 공관복음, 사도행전, 요한 문헌이 다루어지며, 이어서 서신 문학(히브리서와 공동서신을 포함하여 진정성 있는 바울서신, 진정성 없는 바울서신), 요한계시록, 정경의 형성을 다루었다. 개별 장들은 연구의 현재 상황을 나타내고, 보론(Exkurs)이 설명을 보다 풍성하게 한다. 브로어는 개념에서는 고전적인 개론에 머무르며,[21] 정경 문서로 제한하여 서술한다. 브라운도 신약성서 27개 문서에 집중하나,[22] 미국의 관습을 따라 이 고전적인 동기를 신약성서신학 개론 및 그의 종교철학적 서술과 결합한다.

이 책은 두 개의 보론, 수많은 지도, 도표로 완성되었다. 주요 단락을 살펴보면, 먼저 복음서 및 그와 관련된 책들(공관복음, 사도행전, 요한복음, 요한서신)이, 이어서 바울서신과 제2바울서신이, 끝으로 다른 서신들이 다루어진다.(히브리서, 베드로전서, 야고보서, 유다서, 베드로후서, 요한계시록) 브로어처럼 브라운도 풍부한 지식을 가지고 신중하게 판단하며, 논증에 유럽의 문헌들을 첨가한다. 유감스럽게도 다른 미국 개론서들은 그렇지 않다. 그것들은 신약성서 학습서 수준이고, 각주가 없으며 (미국에만 국한된) 최소

---

21 고전적인 'W-질문'에 관하여는 I. Broer, Einleitung, 21을 참조하라. "누가(wer), 언제(wann), 어디서(wo), 누구에게(wem), 왜(warum) 기록하는지를 질문하며, 동시에 각 문서의 신학 요약은 대체로 이 왜(warum)에 대한 답변에서 통합된다."

22 참조. R. E. Brown, Introduction, VIII. "그러한 집중은 타당하다. 신약성서 문서들이 그리스도교 생활, 예전, 신조, 영성에서 유일하게 규범적인 위치를 지니기 때문이다. 게다가 이러한 책들이 존재하며, 그런 의미에서 이것들은 초기 그리스도교의 추측적이거나 문서화되지 않았거나, 혹은 드물게 문서화된 재구성보다는 더 확실한 것들이다."

한의 참고문헌만으로 기초 연구를 제공하고 있고, 광범위한 자료 연구와 비평적으로 서술하는 유럽의 기준에 도달하지 못한다.

포코르니/헤켈의 저서는 일반적인 개론, 즉 정경과 본문 역사에 대한 서술로 시작해서 진정성 있는 바울서신, 공관복음/사도행전, 요한 문헌(요한계시록을 포함하여)을 다루는 특별한 개론으로 진행되며, 바울주의 문서가 결론을 형성한다. 여기에 고전적인 제2바울서신만이 아니라 베드로서신들, 유다서와 히브리서, 야고보서가 열거된다. 그러므로 넓은 의미에서 바울 신학의 영향을 받았거나(히브리서, 베드로전후서, 유다서) 혹은 비평적으로 바울 신학을 다루는(야고보서) 모든 문서가 언급된다.[23] 이 책은 해석학적 서론, 열두 개의 보론, 각 책들 간의 유사점과 차이점에 대한 결론적 고찰을 담고 있으며, 당연히 현재 연구 상태도 반영한다.

에브너/슈라이버가 출간한 『신약정경개론』은 가톨릭 여성 주석가와 남성 주석가가 공동 집필한 것으로 먼저 두 개의 도입 단락에서 그리스도교 정경과 신약성서 본문을 다룬다. 그 후에 정경은 다음과 같은 구성 원칙에 따라 설명된다. 처음에 나오는 사복음서에 관한 장에서는 공관복음 문제, Q 자료 문제, '복음서' 장르 문제를 다룬다. 이어서 사도행전과 서신들에 관한 여러 단락이 뒤따르고, 거기서 진정성 있는 바울서신, 제2바울서신, 공동서신이 차례로 분석된다. 마지막에는 요한계시록이 나온다. 각 단락은 일관된 도식(圖式)이 아니라 본문의 특정 관점에 따라 구성된다. 각각의 개별 장들은 모두 현재 연구 상황을 기반으로 하며, 제기된 문제에 중점을 두고 설명하고, 부분적으로 매우 혁신적이다. 그러나 이 책도 공동 집필이 지니는 약점을 피해가지는 못하는데, 그것은 내용의 통일성이 없다는 점이다.

---

23 P. Pokorný/U. Heckel, Einleitung, 616.

1.3 개론의 구성과 목적

개론학의 역사적 성격은 그 대상인 신약성서 또는 최초 그리스도교 문서와 어떤 관계에 있는가? 교의학적 함의를 내포하는 경전 개념에 일반(세속) 문헌학적 방법을 결합시키는 것이 가능한가? 이러한 주요 문제의 해결책은 신약성서 개론학의 목표를 어떻게 적절하게 달성할 수 있는가에 달려 있다. 신약성서 또는 최초 그리스도교 문서의 역사적 생성 상황 그리고 신학적 의도에 관한 해명이 신약성서 개론학의 목표이다. 이러한 목표 설정에 입각하여 개론학은 엄격하게 역사적이지만 동시에 신학의 한 분야로 이해되어야 한다. 개론학의 역사적 영역은 필연적으로 연구해야 할 문헌의 성격에서 비롯된다. 개론학의 신학적 방향도 신약성서 문헌들의 자기 증언으로부터 도출된다. 그 문헌들은 예수 그리스도 안에서 하나님의 구원 행위를 유효하고(gültig) 구속력 있게 말할 것을 요구한다. 정경 개념은 이미 신약성서에 내재된 요구를 하나로 묶어 이후에 그것을 고정시킬 뿐이다. 그러므로 우리는 신약성서 문서들이 지니는 실제 관심사, 곧 본질을 버리지 않고 개론학 연구의 신학적 차원을 부정하지 않고 정경 개념을 생략할 수 있다. 물론 최초 그리스도교 문헌의 전승 과정에서 이미 형성과 수집의 경향을 인식할 수 있다는 점에서, 또한 그리스도 사건의 적절한 이해에 대한 질문이 처음부터 논쟁적이며 제한적인 방식으로 파악되었다는 점에서 정경 형성이 역사적으로 우연히 이루어졌다고 볼 수는 없다. 그러나 정경 형성이 필연적인 것이며 가장 초기의 전승들을 파악할 수 있는 과정이라고 할 수도 없다. 정경 형성이 시작되기 전에 이미 매우 오래된 전승들은 돌이킬 수 없을 정도로 소실되었다. 최소한 하나의 바울서신(참조. 고전 5:9, 나아가 고후 2:4), 바울의 제자들에 의한 서신(골 4:16), 공관복음의 문학적 대본들(Vorlagen)의 일부가 그러하다. 요한복음의 저자도 자신의 복음서에 전승들을 통합할 때 더 많은 전승을 폭넓게 재량껏 사용했다.(참조. 요 20:30) 다른 한편 베드로후서와 유다서 같은 문서들은 왜 성경에 포함되었으며, 반면에 클레멘스1서와 이그나티우스의 서신은 왜 경전에 수용되지 않았는지를 신학적이며 역사적인 관점에서 질문할 수 있다. 물론 사도성의 기준이 그러한 사실 정황을 역사적으로 설명하기는 하나, 그러한 과정이 신학적으로 옳다고 판단할 수는 없다. 결론적으로 정경 형성의 역사는 일련의 최초 그리스도교 문서 전체(참조. 히브리서, 요한계시록, 공동서신, 헤르마스의 목자서, 라오디게아 서신, 바나바 서신, 바울행전)를 정경으로 수용하는 것이 오랫동안 논쟁적이었음을 분명하게 드러낸다. 이차적인 정경 개념이 아니라 검토해야 할 문서 자체의 증언만이 개론학의 역사적이고 신학적인 특성의 근거를 제공한다. 신약성서 문서들의 역사적이고 신학적인 구조를 해명하기 위해 성서가 알지 못하는 낯선 기준에 성서를 종속시킬 수는 없다. 최초 그리스도교 문헌에서 신약성서 문서들의 특별한 성격을 정경 개념으로부터 이끌어내자는 결정이 주석 작업에 아무런 영향을 끼치지 않는다면, 그것은 거의 의미가 없을 것이다. 정경이 최초 그리스도교의 문서들을 그리스도교에서 확고한 위치를 차지하는 신약성서라고 명명하고 포괄하기 때문에 정경은 역사적 사실로서 개론학을 위해서도 중요하다. 개론학이 정경의 경계를 넘어선다는 원칙적 권리를 반박할 수 없음에도 불구하고, 영향사적이며 실용적인 관점은 신약성서 27개 문서로 개론학을 제한하는 것이 매우 의미 있음을 드러낸다. 그 문서들만이 교회 안에서 규범적인 성격을 인정받았다. 그 문서들만이 신학의 전체 스펙트럼에서 중요한 역할을 한다. 최초 그리스도교 문헌의 현재 사용의 여부를 결정하는 것은 바로 정경 개념이다.

영향사가 정경 개념의 고찰을 정당화한다면,[24] 그것으로부터 개론의 구성과 범위를 위한 결과가 도출된다. 신약성서 정경의 역사가 신약성서 문서들의 생성관계 연구에 영향을 미치지 못한다면, 일반 개론과 그것과

---

24 영향사적 관점에서의 정경 역사에 대한 필수 기본 지식이 "보론 3: 바울서신의 수집과 정경의 형성"에서 설명된다. 거기에 참고문헌도 나온다!

결부된 세 개의 복합적 질문(신약성서 문서들의 생성관계, 신약성서 본문, 신약성서 정경의 역사)을 특별한 개론으로 구분하는 개론학의 일반적인 구분은 포기되어야 한다. 우리 세기의 학문 역사도 그러한 접근법을 보여준다. 오랜 시간에 걸쳐 신약 정경의 역사와 신약성서 본문비평[25]은 독자적인 분야로 발전했기 때문이다. 물론 신약성서 문서들을 통해 제기되는 본문비평적이며 정경사적인 모든 문제는 논의가 필요하지만, 개별 문서의 구체적인 의미와 동떨어진 신약성서 정경 및 신약성서 본문의 역사에 대한 방대한 설명은 의미가 없을 것이다.

이 책의 역사적 방향은 원바울서신(Protopaulinen)을 가장 오래된 신약 문헌으로 삼는 구성(Aufbau)을 제안한다. 이어서 두 번째 관련 문서 그룹으로 공관복음이 뒤따른다. 누가복음에 잇대어 사도행전이 다루어진다. 세 번째 관련 전승의 복합체는 사도 바울의 서신임을 주장하는 제2바울서신이다. 바울서신으로 정경에 들어왔으나 내용상 원바울서신 및 제2바울서신과는 상당히 구별되는 히브리서가 특별한 위치를 차지한다. 특정 공동체를 위해 기록된 것이 아니어서 '공동'(共同, καθολικός=일반적)서신으로 명명되는 서신들은 개별 연구를 하는 것이 적절하다. 개론의 서술은 요한 문헌으로 종결된다.

이 책의 개별 단락에서는 먼저 신약성서 문서의 저자, 기록 장소, 기록 시기에 대한 질문에 답한다. 신약성서 각 문서에서는 언제나 소통 과정의 구성 요소인 수신자의 상황을 상세하게 고려하는 것이 마땅하다. 신약성서 문서의 문학적 구조는 양식사적 관점, 문학비평적 관점, 전승사적 관점에서 연구되어야 한다. 그 다음으로 신약성서 문서에 영향을 미쳤을 수 있는 여러 종교사적 흐름도 설명한다. 신약성서 문서의 기본 신학 사상에 대한 해

---

25 본문의 역사와 본문비평을 위한 필수 참조. B. M. Metzger, Der Text des Neuen Testaments, Stuttgart 1966; K. u. B. Aland, Der Text des Neuen Testaments, Stuttgart ^{2}1989; D. C. Parker, An Introduction to the New Testament Manuscripts and their Texts, Cambridge 2008.

설은 특별히 중요하다. 양식과 내용은 하나의 통일성을 형성하며, 그 문학적 구조는 신학의 형태화 의지(Gestaltungswillen)의 간접적인 표현이기 때문에 신약성서 각 문서의 신학은 신약성서 전체를 이해하는 데 결정적으로 중요하다. 신약성서 개론학은 고전적인 질문에만 국한하지 않고, 신약성서 문서의 다양한 영역에 알맞게 신약성서 저자의 신학적 의도를 고찰해야 한다.[26]

> 역사적 인식은 필연적으로 신약성서의 신학적 해석에 영향을 미친다. 그러나 역사적 통찰은 신학적인 가치판단과 선입관에 이끌리지 말아야 한다. 역사적 정확성은 신학적 진리와 단순히 동일시되지 않는다! 오히려 역사적 상황 그리고 신약성서 본문의 신학적 의도가 전달되고 그 가치가 인정되어야 한다. 서신이나 복음서가 그 자체로 혹은 고대 교회 전승을 제공하는 저자에게서 유래하지 않는다면, 바로 그것이 역사적 사실이다. 그것은 본문의 신학적 진리 요구에 대해 어떤 결정도 내리지 못한다. 이미 가장 초기의 신약성서 문서들에서 역사적 편협함을 뛰어넘는 자기이해가 드러난다.(살전 2:13: "이러므로 우리가 하나님께 끊임없이 감사함은 너희가 우리에게 들은 바 하나님의 말씀을 받을 때에 사람의 말로 받지 아니하고 하나님의 말씀으로 받음이니 진실로 그러하도다 이 말씀이 또한 너희 믿는 자 가운데에서 역사하느니라.") 역사적 진리에 대한 판단은 신약성서를 통해 하나님께서 성령 안에서 인간에게 말씀하시고 그들을 믿음으로 부르시는지의 여부를 결정하지 못한다. 이 사건은 인간의 인식이 아니라 전적으로 성령 안에서 드러나는 하나님의 자기 증언과 연결되며, 고대 교회의 확신에 따라 모든 성서 문서에 유효하다. 신약성서 문서들의 역사적 생성 조건에 대한 통찰은 모든 역사적 인식처럼 실제로 일어난 일에 근접하는 행위로서만 수행될 수 있고, 그 자체만으로는 이해를 보장하지 않는다. 오히려 신약성서 문서들의 여러 진술은 모든 차원에서 파악되기 위해 성령 자신의 해석에 의존한다.

---

26 참조. W. G. Kümmel, "Einleitungswissenschaft," 480.

이 책의 개별 단락들의 결론은 독자를 현재의 논의로 이끌며, 신약성서 문서의 이해를 위해 보다 폭넓은 관점을 열어주는 짧은 연구사 개관으로 구성된다.

그러므로 개별 단락은 일관되게 다음과 같이 구성된다.[27]

- 참고문헌
- 저자
- 기록 장소와 시기
- 수신자
- 내용 구성, 구조, 형식
- 문학적 통일성
- 전승, 자료
- 종교사적 위치
- 신학적 기본 사상
- 최근 연구 경향

27 어떤 신약성서 문서에서 본문 상황으로 인해 어떤 연구 단계 적용이 불가능하면, 그 단계는 건너뛸 것이다.

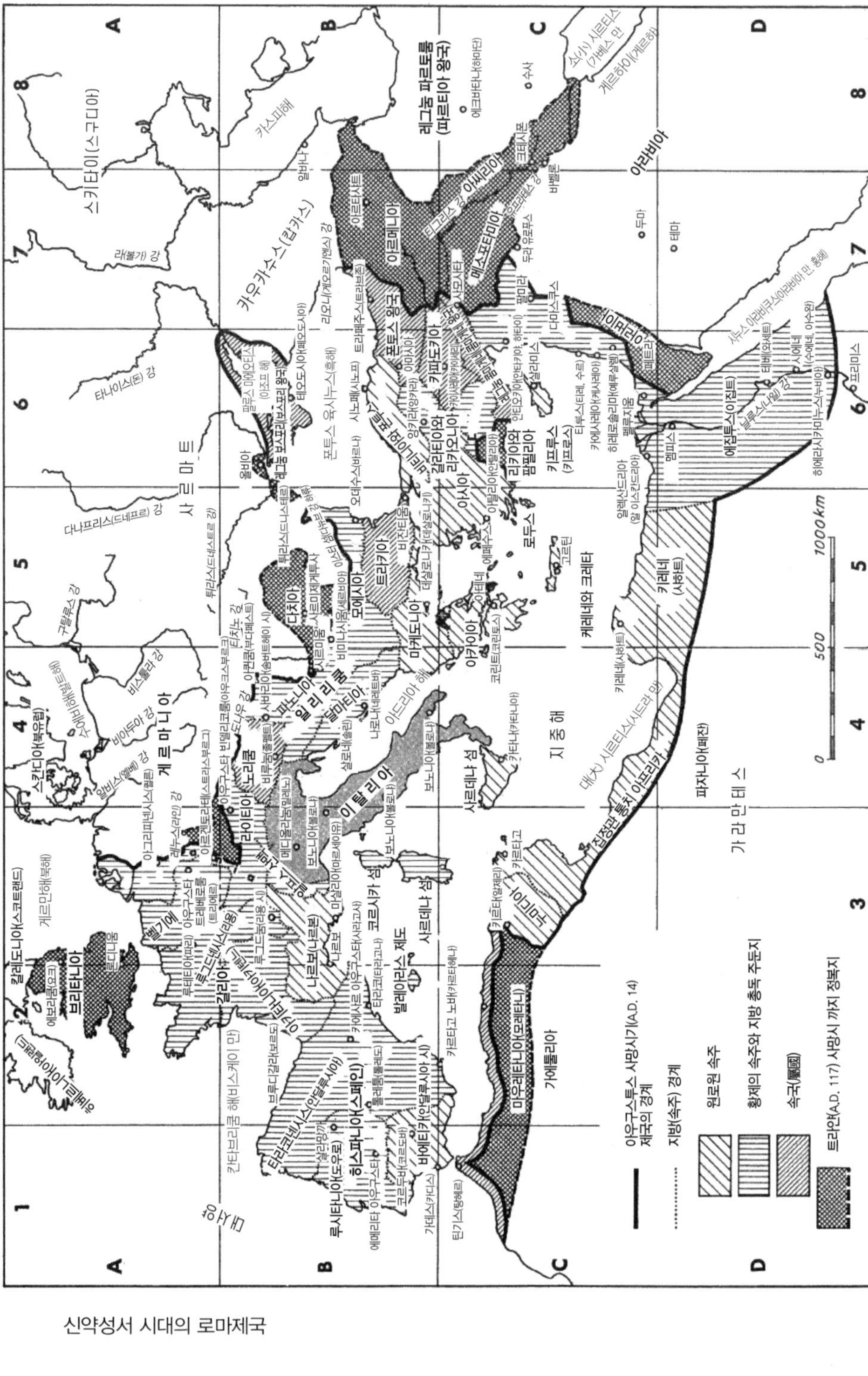

신약성서 시대의 로마제국

EINLEITUNG IN DAS NEUE TESTAMENT

제2장

바울서신

바울 신학 개요

R. Bultmann, Theologie des Neuen Testaments, hg. v. O. Merk, Tübingen [9]1984, 187–353. • G. Bornkamm, Paulus, Stuttgart [6]1985. • H. Conzelmann, Grundriß der Theologie des Neuen Testaments, Tübingen [4]1987, 163–326. • J. C. Beker, Paul the Apostle, Philadelphia [2]1984. • E. P. Sanders, Paulus und das palästinische Judentum, Göttingen 1985. • J. Becker, Paulus, Tübingen 1989. • P. Stuhlmacher, Biblische Theologie des Neuen Testaments I, Göttingen 1992, 221–392. • H. Hübner, Biblische Theologie des Neuen Testaments II: Die Theologie des Paulus, Göttingen 1993. • Dictionary of Paul and his Letters, hg. v. G. F. Hawthorne u. R. P. Martin, Downers Grove 1993. • J. M. Bassler (Hg.) Pauline Theology I, Minneapolis 1991; D. M. Hay (Hg.), Pauline Theology II, Minneapolis 1993; D. M. Hay/E. E. Johnson (Hg.), Pauline Theology III. IV, Minneapolis 1995; Atlanta 1997. • G. Strecker, Theologie des Neuen Testaments, hg. v. F. W. Horn, Berlin 1995, 11–229. • E. P. Sanders, Paulus. Eine Einführung, Stuttgart 1995. • K. Berger, Theologiegeschichte des Urchristentums, Tübingen [2]1996, 472–556. • J. Gnilka, Paulus von Tarsus, HThK.S 6, Freiburg 1996. • E. Lohse, Paulus, München 1996. • J. Murphy-O'Connor, Paul. A Critical Life, Oxford 1997. • J. D. G. Dunn, The Theology of Paul the Apostle, Grand Rapids 1998. • Th. R. Schreiner, Paul. Apostle of God's Glory in Christ, Downers Grove 2001; U. Schnelle, Paulus. Leben und Denken, Berlin 2003.(ET: Apostle Paul, Grand Rapids 2005.) • E. Reinmuth, Paulus. Gott neu denken, Leipzig 2004. • N. T. Wright, Paul, Minneapolis 2005. • Oda Wischmeyer (Hg.), Paulus, Tübingen 2006. • S. E. Porter (Hg.), Pauline Studies 1–6, Leiden 2004–2010. • M. Wolter, Paulus. Ein Grundriss seiner Theologie, Neukirchen 2011.

연구 개관

K. H. Rengstorf (Hg.), Das Paulusbild in der neueren deutschen Forschung, Darmstadt [3]1982.(여기에는 W. Wrede, A. Schweitzer, R. Bultmann 등의 기초 연구가 담겨 있다.)

연구 보고서

H. Hübner, Paulusforschung seit 1945, ANRW 25. 4, Berlin 1987, 2649–840. • O. Merk, "Paulus-Forschung 1936–1985," ThR 53 (1988): 1–81. • Chr. Strecker, "Paulus aus einer neuen 'Perspektive'," KuI 11 (1996): 3–18; K. W. Niebuhr, "Die paulinische Rechtfertigungslehre in der gegenwärtigen exegetischen Diskussion," Worum geht es in der Rechtfertigungslehre?, hg. v. Th. Söding, QD 180, Freiburg 1999, 106–30.

2.1 바울 사역의 연대기

참고문헌

B. Rigaux, Paulus und seine Briefe, München 1964. • A. Suhl, Paulus und seine Briefe, StNT 11, Gütersloh 1975. • M. Hengel, Zur urchristlichen Geschichtsschreibung, Stuttgart ²1984. • G. Lüdemann, Paulus, der Heidenapostel I: Studien zur Chronologie, FRLANT 123, Göttingen 1980. • R. Jewett, Paulus-Chronologie. Ein Versuch, München 1982. • N. Hyldahl, Die paulinische Chronologie, AthD, Leiden 1986. • Th. Söding, "Zur Chronologie der paulinischen Briefe," ders., Das Wort vom Kreuz(아래 2.5.1을 보라.), 3-30. • A. Suhl, "Der Beginn der selbständigen Mission des Paulus," NTS 38 (1992): 430-47. • R. Riesner, Die Frühzeit des Apostels Paulus, WUNT 71, Tübingen 1994. • N. Hyldahl, The History of early Christianity, Frankfurt 1997. • J. Murphy-O'Connor, Paul, 1-31. • M. Hengel/A. M. Schwemer, Paulus zwischen Damaskus und Antiochien, WUNT 108, Tübingen 1998. • A. Scriba, "Von Korinth nach Rom. Die Chronologie der letzten Jahre des Paulus," F. W. Horn (Hg.), Das Ende des Paulus(아래 4.1을 보라.), 157-73. • Ruth Schäfer, Paulus bis zum Apostelkonzil, WUNT 2. 179, Tübingen 2004. • H. Zeigan, Aposteltreffen in Jerusalem, ABG 18, Leipzig 2005. • G. Tatum, New Chapters in the Life of Paul: The Relative Chronology of His Career, CBQ. MS 41, Washington 2006. • J. D. G. Dunn, Beginning from Jerusalem, Grand Rapids 2009, 497-518.

바울서신은 기록 시간과 장소를 스스로 밝히지 않는다. 사도행전은 바울의 선교 사역을 상세하게 묘사하지만, 바울서신이 언제 어디에서 기록되었는지를 언급하지 않는다. 누가는 최초 그리스도교 역사에서 중요한 사도회의나 바울의 회심과 같은 사건조차 발생 순서에 따라 배열하지 않았다. 이방인의 사도인 바울의 출생이나 사망 연대도 간접적으로만 추론된다.[1] 이것은 바울서신의 저작 연대를 설정하는 네 가지 큰 난관이고, 왜 이 영역에서 최근 연구의 방향이 그렇게 심하게 갈라지는지를 잘 말해준다. 따라서 바울

1 바울의 사망 연대에 관하여는 아래 2.1.2를 참조하라. 추측컨대 출생 연대는 기원후 5년 전후였을 것이다. 바울은 빌레몬서 9절에서 '늙은이'(πρεσβύτης)로 묘사된다.(이 서신은 기원후 61년경에 기록되었다.) 그는 이 시점에 55세쯤 되었을 것이다.

의 연대기에 대한 초안을 마련하기 위해서는 방법론적으로 고려해야 한다.[2] 연구의 출발점은 모든 역사 연구가 그렇듯이 최초의 자료에 우선권을 주는 것이다. 연대기를 위해 사용할 수 있는 바울서신의 진술은 그 내용이 신약의 다른 본문과 긴장이나 모순관계에 놓일지라도 항상 우선적으로 신뢰한다. 사도행전이 바울서신의 내용과 모순되면 바울서신을 따라가지만 그렇다고 그 내용의 가치가 떨어지는 것은 아니다. 이와 달리 사도행전과 바울서신이 조화를 이룬다면, 이것은 바울의 연대기를 위한 확실한 기초가 된다. 그리고 사도행전에만 유일하게 기록된 바울 사건에 관한 보도의 경우에는 누가가 어느 정도까지 신뢰할 수 있는 옛 전통을 사용하고 있는지, 혹은 그의 서술이 편집사적 형태를 띠고 있는지 아닌지를 검토해야 한다.

절대적 연대기를 확보하는 데 자연스러운 출발점은 적어도 신약성서에서 언급된 사건과 일반 세계사의 정보가 닿아 있는 부분이다. 또한 신약성서 외의 작가들이나, 고고학적 발굴에 의존하여 확인되는 부분이 있어야 한다. 이 절대적 연대기의 기초 위에서 바울 저작의 상대적 연대기도 제공될 수 있다.

2.1.1 절대적 연대기

바울 저작의 절대적 연대를 재구성할 수 있도록 돕는 두 사건이 있다. 클라우디우스(Claudius) 황제 치하에서 일어난 로마에서의 유대인 추방(참조. 행 18:2b)과 아가야 지방 총독 갈리오의 재임 기간이다.

1) 클라우디우스 칙령: 수에토니우스(Suetoniusius, Cl 25, 4)는 클라우디우스에 대해 다음과 같이 보도한다. "그는 로마에서 유대인들을 추방했다. 그들이 크레스투스에게 선동되어 지속적으로 소요를 일으켰기 때문이

2 가치가 있는 방법론적 통찰에 관하여는 N. Hyldahl, Chronologie, 1-17을 참조하라.

다."(Iudaeos impulsore Chresto assidue tumultuantis Roma expulit)[3] 훗날 교회사가인 오로시우스(Orosius, 5세기)는 이를 클라우디우스 통치 9년(=기원후 49년)에 발생한 사건으로 기록한다.[4] 이 칙령은 기원후 54년 10월 클라우디우스의 죽음과 더불어 그 효력이 상실되었다.[5]

뤼데만(G. Lüdemann)은 클라우디우스 칙령의 발생 연대를 좀 더 이른 시기인 기원후 41년으로 잡는다.[6] 그는 오로시우스의 연대 설정을 이차적 자료로 간주하고 클라우디우스 칙령을 디오 카시우스(Dio Cassius)가 『로마사』(60 6, 6)에서 기원후 41년에 발생한 사건으로 보도한 클라디우스 집권 초기의 어떤 사건과 연계하여 이해한다. "유대인은 그 수가 늘어나서 조용히 로마에서 추방하는 것이 매우 어렵게 되었다. '그는 그들을 추방하지 않고'(οὐκ ἐξήλασε μέν), 그들에게 그들의 전통적인 생활방식은 허용했지만 집회는 금지했다." 뤼데만은 이 보도를 '크레스투스'와 관계되어 일어난 사건들과 연관시키며, 디오 카시우스가 수정하고 41년에 클라디우스에 의해 회당에서 '크레스투스' 소동에 직접 연루된 모든 유대인 추방에 대해 언급한 수에토니우스와 디오 카시우스가 공통으로 알고 있는 어떤 자료를 가정한다. 클라디우스는 회당의 사람들에게 집회를 금지하고 회당의 권리를 박탈했다고 한다. 이러한 주장의 취약점은 뤼데만

3 선동자 크레스투스가 알려지지 않은 유대의 어떤 지도적 인물이거나 혹은 노예의 친숙한 이름인 크레스투스를 가진 메시아 대망론자들과 관계된 인물이 아니라는 것에 관하여 다음의 문헌들이 증명한다. 가장 최근의 것은 Helga Botermann, Das Judenedikt des Claudius, Hermes 71, Stuttgart 1996, 57-71을 참조하라. 클라우디우스의 종교정책에 관하여는 D. Alvarez Cineira, Die Religionspolitik des Kaisers Claudius und die paulinische Mission, HBS 19, Freiburg 1999를 참조하라.

4 참조. Orosius, Historia adversum paganos VII 6, 15.

5 참조. Suet, Nero 33, 1.여기에는 네로가 클라우디우스의 결정과 발령을 해제했다고 기록되어 있다. 나아가 로마서 16:3(브리스길라와 아굴라가 로마로 돌아갔다.)도 참조하라.

6 참조. G. Lüdemann, Paulus I, 183-95.

이 자신의 논지에 따라 해석하는 디오 카시우스와 수에토니우스가 함께 알았다고 추정되는 공통의 자료에 있다. 그뿐만 아니라 클라우디우스가 추방하지 않았다는 디오 카시우스의 지문은 출처의 수정을 나타내는 것은 아니지만 디오 카시우스가 앞서 『로마사』(57 18, 5)에서 묘사한 디베료에 의한 로마에서의 유대인 추방을 언급하고 있다. 분명히 『로마사』(60 6, 6)에서 기술된 '그는 추방하지 않았다.'(οὐκ ἐξήλασε μέν)는 '그는 대부분을 팔았다.'(τοὺς πλείονας ἐξήλασεν)라는 문구를 사용한다.[7] 41년과 49년이라는 클라우디우스의 명령은 두 가지 다른 사건이다.[8] 결론적으로 클라우디우스 칙령의 발생 연대를 49년으로 확인하는 것은 무엇보다도 로마에서 추방되어 고린도에 도착한 아굴라와 브리스길라 부부와 총독 갈리오에 의한 바울의 심문이 나오는 사도행전 18:1-17의 보도와 조화를 이루고 있다.

2) 갈리오(Lucius Gallio)의 비문: 사도행전 18:12에서 언급된 아가야의 총독 루키우스 갈리오의 재임 기간은 어느 비문에서 확인된 클라우디우스 황제가 델피(Delphi)로 보낸 편지의 내용을 통해 비교적 정확하게 규정된다.[9] 그 텍스트에는 클라우디우스가 로마의 황제(Imperator, 군통수권자)로

---

7 참조. P. Lampe, Die stadtrömischen Christen in den ersten beiden Jahrhunderten(아래 2.8.1을 보라.), 8. 뤼데만에 대한 비판은 다음을 참조하라. A. Lindemann, ZKG 92 (1981): 344-49; R. Jewett, Paulus-Chronologie, 134-39; T. Holtz, 1 Thess(아래 2.4.1을 보라.), 18의 각주 18. 리즈너는 포괄적인 소개를 제시한다.[R. Riesner, Frühzeit des Apostels Paulus(위 2.2를 보라.), 139-80.] 그 역시 클라우디우스 칙령의 연대를 기원후 49년으로 소개한다.

8 포괄적인 근거에 관하여는 Helga Botermann, Das Judenedikt des Claudius, 103-40을 참조하라.

9 플라싸르트(A. Plassart)가 개정하고 올리버(J. H. Oliver)가 개선한 갈리오 비문의 그리스어 본문은 H. M. Schenke/K. M. Fischer, Einleitung I, 50-51에서 독일어 역본으로 볼 수 있다. 포괄적인 분석은 J. Murphy-O'Connor, St. Paul's Corinth(아래 2.5.4를 보라.), 161-69, 219-21(가능한 재건 모델에 대한 논의와 함께 매우 불완전한 비문의 그리스어 텍스트)과 Pilhofer, Das Neue Testament

즉위한 것이 26번째라고 되어 있다. 비록 26번째의 공적 즉위가 정확히 언제 이루어졌는지는 밝혀지지 않았지만, 27번째 즉위는 기원후 52년 8월 1일에 수행되었음이 비문에 근거로 남아 있다.[10] 이 편지는 갈리오의 후임자에게(플라싸르트의 주장) 보내졌거나 혹은 델피의 위원회(아마도 확실히)에 보내졌다.[11] 그렇다면 이 편지는 아마도 52년 봄에 기록되었을 것이다. 이것으로부터 갈리오는 관례에 따라 51년 초부터 52년 초여름까지 1년 동안 원로원 속령에서 총독으로 재임했다는 결론이 나온다.[12] 로마에서 추방된 브리스길라와 아굴라는 바울이 고린도에 도착하기 오래전부터 고린도에 와 있지 않았다.(προσφάτως, '최근에', 행 18:2) 사도는 50년에 고린도에 도착했다. 바울이 1년 6개월 동안 고린도에 머물렀다는 사도행전 18:11의 보도를 유대인들이 새 총독 즉위 직후에 바울을 고소했을 것이라는 추측과 종합하여 살펴보면, 갈리오의 등장(행 18:12-16)은 51년 여름이라는 결론이 나온다.[13] 50년 초에 바울이 고린도에 도착했다는 것은 바울 사역의 상대적 연대기를 설정하는 확실한 출발점이 된다.

2.1.2 상대적 연대기

우선 바울이 고린도에 도착하기 전에 있었던 사건들이 재구성되어야 한다.

---

und seine Welt, 133-38을 참조하라.

10 참조. A. Deissmann, Paulus, Tübingen ²1925, 215; H. M. Schenke/K. M. Fischer, Einleitung I, 52.

11 J. H. Oliver, "The Epistle of Claudius which mentions the Proconsul Junius Gallio," Hesp 40 (1971): (239-40) 239; 참조. J. Murphy-O'Connor, St. Paul's Corinth(아래 2.5.4를 보라.), 164.

12 세네카에 따르면 갈리오는 아시아에서 발열로 와병 중이었다.(Sen, Ep 104, 1.) 그래서 그의 임무가 조기에 종료된 것을 배제할 수 없다.

13 참조. A. Suhl, Paulus und seine Briefe, 325; G. Lüdemann, Paulus I, 183; R. Jewett, Paul-Chronologie, 75; N. Hyldahl, Chronologie, 122. 이 연대 설정은 비교적 최근 바울의 연대기 연구의 유일한 합의를 나타낸다.

사도행전에 따르면 바울의 고린도 체류는 소아시아와 그리스에서 사역한 그의 활발한 선교에 포함되어 있다.(제2차 선교여행, 행 15:36-18:22) 사도행전에서 누가가 증언한 전통은 각 선교지 체류의 재구성을 가능하게 한다. 먼저 바울과 실라는 수리아와 길리기아에 이미 존재하던 교회들을 방문한다.(참조. 행 15:40-41, 더욱이 행 15:23/갈 1:21) 그다음 더베(행 16:1)와 디모데가 개종한 루스드라(참조. 고전 4:17)로 간다. 계속해서 바울과 그의 동역자들은 그들의 선교를 유럽에서 시작하도록 한 브루기아와 갈라디아 지방으로 간다.(행 16:6) 빌립보는 유럽에서의 첫 지역(행 16:11-12a, 빌 4:15 이하)이었으며, 거기서 바울은 데살로니가(행 17:1)와 베뢰아를 거쳐 아덴(참조. 행 17:10, 15)으로 간다. 바울은 아덴에서 기원후 50년 초에 고린도(참조. 행 18:1)로 간다. 사도행전의 이 보도는 기본적으로 바울서신을 통해 확인된다. 바울도 스스로 말하기를 자신이 빌립보에서 와서 데살로니가 교회를 설립했다고 한다.(참조. 살전 2:2) 아덴에서의 체류도 데살로니가전서 3:1에서 확인된다. 그래서 사도행전과 데살로니가전서의 증언에 따라 다음과 같은 체류지의 순서가 나온다. 빌립보, 데살로니가, 아덴, 고린도.[14] 이들 지역에서 바울의 선교 사역은 대략 1년 반 동안 이루어졌으며,[15] 따라서 이 사역은 안디옥 사건과 그 사건에 앞서 개최된 예루살렘 사도회의가 시간상으로 가깝게 발생한다. 두 사건이 일어난 시기는 기원후 48년 전반기로 볼 수 있다.[16]

사도회의의 개최 동기는 이방선교가 지닌 율법의 의미에 대한 논쟁이

---

14 사도행전과 서신 사이의 나머지 차이점에 관하여는 다음을 참조하라. A. Suhl, 위의 책, 96ff.; G. Lüdemann, 위의 책, 35-36.

15 R. Jewett, Paulus-Chronologie, 100-107. 주엣은 바울의 여행이 사도회의와 고린도 도착 사이에 3년에서 4년 정도 지속되었을 수 있다고 본다. 그러나 또한 18개월도 여행 기간으로 가능할 것으로 간주한다.(참조. R. Jewett, 위의 책, 107.) 여기에서 가정한 연대기에서는 최대 2년의 이동 시간도 생각할 수 있다.

16 이 주장에 대한 가장 최근의 근거는 R. Riesner, Frühzeit des Apostels Paulus, 284-86을 참조하라.

었다.(참조. 갈 2:3-5) 회의 결과는 갈라디아서 2:9b이다. "우리는 이방인에게로, 그러나 그들은 할례자에게로."(ἡμεῖς εἰς τὰ ἔθνη, αὐτοὶ δὲ εἰς τὴν περιτομήν) 그것은 세계 선교를 민족적으로 구분하는 결정이었다. 그러나 바울에게는 이 권한의 할당이 교회에서 유대인에 대한 선교의 포기를 의미하는 것은 아니었다.(참조. 고전 9:20-22) 더 나아가 예루살렘 최초 교회는 새롭게 설립된 이방 그리스도교 교회들이 헌금 형태로 지원하는 후원을 받기로 합의했다.(갈 2:10) 주의 동생 야고보와 게바와 세베대의 아들 요한은 바울의 대화 상대로 사도회의에 참석했다.(참조. 갈 2:9)

한(F. Hahn)[17]과 줄(A. Suhl)[18]은 사도회의의 연대를 기원후 43년 혹은 44년으로 설정한다. 그들은 그 근거로 마가복음 10:38-39와 사도행전 12:2의 세베대의 아들 야고보와 요한의 죽음에 대한 암시를 든다. 사도행전 12:2는 헤롯 아그립바 I세(기원후 41-44년)에 의한 세베대의 아들 야고보의 처형에 대해 보도한다. 누가가 증언한 이 전통은 세베대의 아들 요한이 그의 형제와 동시에 처형된 사실을 모르고 있다. 만일 이 전통이 이 사실을 알고 있었다면, "요한의 형제 야고보"(Ἰάκωβον τὸν ἀδελφὸν Ἰωάννου)라는 표현을 사용하지 않았을 것이다. 마가복음 10:38-39는 세베대의 아들 야고보와 요한의 죽음을 회상한다. 그러나 이것이 요한도 헤롯 아그립바 I세에 의해 처형되었음을 의미하지는 않는다. 사도행전 12:2와 갈라디아서 2:9는 단지 세베대의 아들 야고보의 죽음을 전제하고 있는데, 이것은 사도회의의 연대를 48년으로 정하는 것을 지지한다.[19] 베드

17 F. Hahn, Das Verständnis der Mission im Neuen Testament, WMANT 13, Neukirchen 1963, 77f.

18 참조. A. Suhl, Paulus und seine Briefe, 316ff.

19 기원후 48년에 사도회의가 개최된 것으로 보는 견해로는 예를 들어 다음과 같다. A. v. Harnack, Die Mission und Ausbreitung des Christentums II, Leipzig ^{4}1924, 553; W. G. Kümmel, Einleitung, 219; L. Goppelt, Die apostolische und nachapostolische Zeit, KIG 1/A, Göttingen ^{2}1966, 153; G. Bornkamm, Paulus(위 2를 보라.), 10; H. Conzelmann, Geschichte des Urchristentums,

로는 헤롯 아그립바 I세 치하에서 그리스도인에 대한 박해가 있을 때 일정 기간 예루살렘을 떠나 있다가(참조. 행 12:18-19) 아그립바가 죽은 다음에 예루살렘으로 다시 돌아왔을 것이다.

갈라디아서 2:1-10과 11-14의 바울의 증언에 따르면 사도회의와 아주 가까운 시간에 안디옥 사건[20]이 발생했다. 바울은 이 두 사건을 시간상으로 뚜렷하게 증언하지는 않지만, 갈라디아서 본문의 맥락과 바울의 논증으로 볼 때, 시간상 매우 밀접하게 연계된 것으로 제시된다. 그래서 마치 바울이 당시 야고보가 보낸 사람들과 외식하던 게바와 바나바와 맞선 것처럼 지금 갈라디아 교회의 성도들도 그릇된 유대인 교사에게 맞서야만 한다는 것이다. 투쟁적인 유대계 그리스도인들이 바로 얼마 전에 있었던 사도회의의 합의를 위반한 사실을 갈라디아 교회가 알게 되었을 때, 바울은 이 논쟁보도의 목적을 이룰 수 있었다. 따라서 안디옥 사건은 바울과 바나바가 예루살렘에서 회의를 마치고 돌아와서 안디옥에 머물고 있던 48년에 발생했다고 볼 수 있다.(참조. 행 15:35)

줄[21]은 안디옥 사건을 자신이 설정한 사도회의의 연대(기원후 44년)로부터 멀리 밀어내어 47년으로 설정한다. 그러나 갈라디아서 2:10과 11절 사이에서 3년이

GNT 5, Göttingen ^{2}1971, 20; J. Roloff, Neues Testament, Neukirchen ^{3}1982, 49; R. Riesner, Frühzeit des Apostels Paulus(위 2.1을 보라.), 286. 사도회의 개최 연대를 기원후 44년으로 보는 견해[참조. E. Schwartz, Ges. Schriften 5, Berlin 1963(=1904), 131.]로는 한과 줄 외에도 필하우어(Ph. Vielhauer, Urchristliche Literatur, 78.), 막센(W. Marxsen, Einleitung, 33.), 슈네멜커(W. Schneemelcher, Das Urchristentum, Stuttgart 1981, 53.) 등이 있다.

20 참조. A. Wechsler, Geschichtsbild und Apostelstreit. Eine forschungsgeschichtliche und exegetische Studie über den antiochenischen Zwischenfall (Gal 2, 11-14), BZNW 62, Berlin 1991.

21 참조. A. Suhl, Paulus und seine Briefe, 322f.

라는 시간 차이가 드러나지는 않는다. 뤼데만[22]은 안디옥 사건에서 사도회의를 일으킨 원인 제공자를 찾으면서 그 사건을 시간상 앞선 사건으로 본다. 갈라디아서 본문의 맥락은 그와 같은 추측과는 분명히 맞지 않는다. 안디옥의 충돌 사건은 사도회의의 결과에 따른 문제에 속한다. 콘라트(M. Konradt)는 안디옥 사건을 기원후 52년에 일어난 것으로 보고 사도행전 18:22[23]와 연결한다. 그의 논거는 "우리가 예루살렘 사도회의와 야고보가 보낸 사람들에 의해 비판받은 공동식사(갈 2:12) 사이에서 일종의 시간적 거리"[24]를 두어야 하기 때문이라는 것이다. 52년에야 비로소 바울의 모든 선교의 위기는 안디옥 사건에서도 입증되듯이 첨예화되었다는 것이다. 이에 반대하는 네 개의 주장이 있다. (1) 갈라디아서 1:10-2:14의 시간상으로 구성된 문맥에서 볼 때 사도회의와 4년이라는 간격은 발견되지 않는다. (2) 'ὅτε'(~때)는 신약에서 시간을 나타내는 부사로 사용되고, 갈라디아서 2:11에서도 시간의 차원을 지닌다.[25] 이와 같은 것은 11-12절에 나란히 사용된 ὅτε δὲ에서 나타난다.('그들이 왔을 때'=야고보의 사람들이) 14절에서 사용된 ὅτε도 마찬가지다.('내가 보았을 때'=바울) 여기서 시간적 순서가 묘사되는데, 이것은 그 순서 사이의 큰 시간적 긴장을 말하는 것이 아니다. 그러므로 갈라디아서 2:1-10의 본문과 관련하여 11절의 ὅτε δὲ도 마찬가지다. (3) 바울을 반대하는 세력의 등장은(갈라디아서에서처럼) 어떤 경우에도 안디옥 사건의 전제가 아니다.[26] 바울은 줏대 없이 왔다갔다하는 베드로와 바나바의 태도만 비판하지 '야고보의 사람들'을 비판하지 않기 때문이다.

---

22 참조. G. Lüdemann, Paulus I, 77f., 101ff. 짠도 안디옥 사건의 발생을 사도회의 이전으로 주장한다.(Th. Zahn, Der Brief des Paulus an die Galater, KNT 9, Leipzig ³1922, 112-13.); A. Wechsler, Geschichtsbild und Apostelstreit, 153ff.

23 참조. M. Konradt, "Zur Datierung des sogenannten antiochenischen Zwischenfalls," ZNW 102 (2011): 19-39.

24 위의 글, 28.

25 위의 글, 23. 이와는 다르게 콘라트는 단지 내용적 대립만 표시된 것으로 본다.

26 그렇게, 위의 글, 31-33.

할례는 어디에서도 언급되지 않는다. (4) 개괄적이고 압축적인 사도행전 18:22 ("가이사랴에 상륙하여 올라가 교회의 안부를 물은 후에 안디옥으로 내려가서")는 어떤 경우에도 안디옥 방문 시에 발생한 사건에 대한 추론이 아니며 무엇보다도 많은 역사적 수수께끼를 제공한다.

바울의 회심부터 사도회의 때까지의 사역에 대한 묘사에서 사도행전과 바울서신(protopaulinen: 이것은 진정성을 의심받지 않는 일곱 개의 바울서신을 의미하므로 이후로 바울서신으로 번역함 – 역자 주) 사이에는 큰 차이가 있다. 바울은 갈라디아서 1:6–2:14에서 사도회의 때까지의 자신의 사역을 개관한다. 우선 그는 갈라디아서 1:17에서 회심 후에 예루살렘으로 올라가지 않고 다메섹으로 돌아오기 위해 아라비아로 갔다고 한다.[27] 사도는 이 회심을 말하면서 자신이 예루살렘 교회로부터 독립되었다는 사실을 강조한다. 그래서 갈라디아서 1:18의 시간(ἔπειτα μετὰ ἔτη τρία="그 후 삼 년 만에")에 대한 언급은 아마도 회심과 관련될 것이다. 비교적 오랜 시간이 지난 다음에야 비로소 바울은 15일 동안 게바 곁에 머무르고 또한 주의 동생 야고보를 보기 위해 예루살렘으로 올라온다. 바울은 회심 후 첫 번째로 예루살렘을 방문한 다음에 수리아와 길리기아에 머문다. 그리고 "그 후 십사 년 후에"(갈 2:1, ἔπειτα διὰ δεκατεσσάρων ἐτῶν) 바나바와 디도를 동반하여 사도회의에 참석하려고 두 번째로 예루살렘을 방문할 때까지 예루살렘에서 멀리 떨어져 있었다.

갈라디아서 2:1의 시간에 대한 부사 ἔπειτα와 διὰ δεκατεσσάρων ἐτῶν이 무엇과 관계되어 있는가라는 질문을 할 수 있다. 바울은 열을 세우거나 열거할 때, '그 후에', '그다음에', '그리고'의 의미를 지닌 부사 ἔπειτα를 사

---

27 고린도후서 11:32–33에서 나바테아 왕 아레다 4세(기원전 9년경–기원후 38/39년)의 고관으로부터 도주한 것에 관한 언급은 바울의 초기 선교와 관계된다.; 참조. A. Suhl, Paulus und seine Briefe, 314f.; A. Knauf, "Zum Ethnarchen des Aretas 2 Kor 11, 32," ZNW 74 (1983): 145–47.

용한다.(참조. 살전 4:17, 고전 15:5, 6, 7, 23, 46) 이것은 무엇보다도 시간적 의미이고(예외적으로 고전 12:28) 각각 앞에 있는 부분과 연결된다. 그러므로 갈라디아서 2:1은 세 가지로 이해될 수 있다. (1) 그 시간 언급은 바울의 회심과 관계된다.[28] (2) 그것은 바로 앞에 있는 부분, 즉 사도의 수리아와 길리기아 여행에 연결된다.[29] (3) 그 접촉점은 바울의 예루살렘으로의 첫 번째 여행이다.[30] 첫 번째 제안은 갈라디아서 1:18의 보도에 나오는 3년을 갈라디아서 2:1의 14년에 포함시키기 때문에 거부된다. 바울이 두 차례에 걸쳐 시간 언급을 할 때, 첫 번째 언급이 두 번째 안에 포함된다는 가정은 근거가 없다.[31] 만일 ἔπειτα가 바로 앞에 있는 내용, 즉 갈라디아서 1:18에서 다메섹으로 돌아온 것(갈 1:17)과 2:1에서 수리아와 길리기아(갈 1:21)로 여행한 것과 각각 밀접히 관련되어 있다면, 바울의 논거는 그 설득력을 상실한다. 그러나 갈라디아서 1:18의 시간 언급이 사도의 독립성을 시위하는 것으로 볼 때, 그 기준점은 이러한 관련성 안에서 중요하지 않은 다메섹으로의 회귀가 아니라 바울의 부르심과 소명이다. 갈라디아서 2:1의 ἔπειτα도 바로 앞에 있는 내용에 관련되지 않고, 부분부터 계산되어서는 안 되고, 오히려 첫 번째 예루살렘 방문과 관계된다. 바울은 이것을 그가 예루살렘으로 '다시 올라갔다'(πάλιν ἀνέβην)는 메모를 통해서 확인한다. 갈라디아서 2:1의 시간 언급에서 전치사 μετά(참조. 갈 1:18) 대신에 διά를 사용한 것은 특이하다. 그러나 διά가 시간의 지속을 강조하고, μετά 혹은 πρό보다 시간의 긴장을 강조하더라도, 근본적이고 내용적인 차이를 드러내지는 못한다.

고대 세계에서는 시작하는 해를 셈에 포함시키기 때문에 바울의 회심으로부터 사도회의 때까지의 사역은 다음과 같이 진행된다. 13년 동안 두 시기에 걸쳐 수행된 수리아와 길리기아에서의 사역은 기원후 48년 초반에

28 A. Suhl, Paulus und seine Briefe, 46ff.

29 G. Lüdemann, Paulus I, 83-86.

30 T. Holtz, 1 Thess(아래 2.4.1을 보라.), 19.

31 줄(A. Suhl)에 대한 비판은 특히 G. Lüdemann, Paulus I, 83-84를 참조하라.

개최된 사도회의보다 앞선다. 아마도 확실히 바울은 우선 약 6년 동안 다소와 길리기아 지역에 머물렀으며, 그 후 42년에 안디옥 선교에 참여했다.[32] 따라서 바울의 첫 번째 예루살렘 방문은 35년에 이루어졌을 것이다. 아라비아에서의 체류가 34년에 시작되었다면, 33년의 회심과 첫 번째 예루살렘 방문 사이의 시간상 간격은 2년이 된다. 33년은 다메섹에서의 바울의 소명과 위임의 시점으로, 예수가 죽은 것으로 추정되는 30년 14일 니산월(4월 7일)과 잘 조화될 수 있다.[33] 예수가 사망한 시점에 관해서는 두 가지 주장이 있다. (1) 점성학적 예측뿐만 아니라 예수 사망 시점에 대한 전통은 예수의 죽음이 30년 니산월 14일 금요일에 이루어졌다고 추측한다. (2) 누가복음 3:1-2에 따르면 세례 요한은 27년 혹은 28년에 공적으로 등장했다. 이 시점은 예수의 공적 사역의 시작도 나타내는데 이 사역은 2-3년 정도 지속되었다. 예수의 십자가와 바울의 회심 사이의 약 3년이라는 시간 차는 최초 그리스도교 선교의 역사로부터 주어진다. 바울이 행한 박해는 이미 그리스도교가 계속 확산하고 있음을 전제하기 때문이다.

바울 연대기의 핵심 문제는 갈라디아서 1-2장의 진술과 사도행전의

---

32 이 선교 사역 기간은 설정하기가 쉽지 않다. 언급된 기간에 대해 다음과 같은 논증이 주어질 수 있다. (1) 사도행전 12:1a("그러나 그때")와 함께 누가는 안디옥에서 바나바와 바울의 사역의 시작을 아그립바 1세에 의한 최초 교회의 박해와 시간적으로 관련시킨다.(참조. 행 12:1b-17) 이 박해는 아마도 기원후 42년에 일어났을 것이다.(R. Riesner, Frühzeit des Apostels Paulus, 105-10.) (2) 사도행전 11:28에서 언급된 기근과 안디옥 교회의 예루살렘 교회 후원은 42-44년의 기간에 발생한다.(참조. R. Riesner, 위의 책, 111-21.) 일부 다른 주장에 관하여는 M. Hengel/A. M. Schwemer, Paulus zwischen Damaskus und Antiochien, 267-75를 참조하라. 헹엘과 슈베머는 바울이 독립적이면서 성공적인 선교 활동을 마치고 안디옥 선교에 참여하기 전에(39/40-48/49년경) 사도가 길리기아(36/37년과 39/40년 사이)에서 3-4년간 머물렀다고 생각한다.

33 스트로벨의 기본적인 증명에 관하여는 A. Strobel, "Der Termin des Todes Jesu," ZNW 51 (1960): 69-101을 참조하라.

증언이 충돌하는 것이다. 바울은 갈라디아서 1:17에서 다메섹에서 회심한 후에 곧바로 예루살렘으로 가지 않았다고 말하고 있지만, 사도행전 9:26에서는 다메섹에서 도주하여 예루살렘으로 여행한 것을 곧바로 연결하고 있다. 이 서술은 누가의 교회론과 일치하는데, 이는 복음서 기자가 발전하는 교회에 관심을 두고 있기 때문이다. 그래서 이 교회는 범례로서 바울의 예루살렘의 사도들과 즉각적인 접촉을 가리키고 있다.[34] 갈라디아서 1:18에서 바울은 사도회의가 개최되기 전 오직 한 번의 예루살렘 여행을 언급하는 반면에 사도행전의 증언에 따르면 그는 사도회의 전 예루살렘을 두 번 방문했다.(행 11:27-30) 여기서도 우리는 바울의 자기 증언을 따를 수 있을 것이다. 바울의 두 번째 예루살렘 여행도 누가의 교회론에 편승하기 때문이다.[35] 누가는 사도행전 11:27-30에서 각 전통의 요소를 구속사의 연속성과 교회의 통일성을 강조하기 위해 기술했다. 그는 사도행전 11:19-26에서 중요한 안디옥 교회의 설립을 보도한 다음 27-30절에서는 곧바로 예루살렘 교회와 안디옥 교회의 접촉 사실에 관한 내용을 첨부한다.[36] 사도 바울

34 참조. J. Roloff, Apg(아래 4.1을 보라.), 154.

35 쉐퍼는 바울서신보다 사도행전의 본문을 우선시하고 다른 연대기를 주장한다. 그렇게 갈라디아서 2:1-10은 사도행전 11:27-30, 12:25에 이은 바울의 두 번째 예루살렘 여행과 관련이 있게 된다.(참조. R. Schäfer, Paulus bis zum Apostelkonzil, 364-75.) 아울러 그는 기원후 40년경에 예루살렘에서 개최된 사도회의(행 11:27-30, 12:25/갈 2:1-10)와 47년 가을의 사도회의(행 15:1-35)를 구분한다. 쉐퍼의 주장에 따르면 안디옥 사건은 베드로가 로마로 여행을 갔다가 안디옥으로 돌아온 후 발생했으며, '사도회의를 위한 여행'과 1차 선교여행 사이, 즉 40년에서 46년 사이에 일어났다.(참조. R. Schäfer, 위의 책, 492-93.) 하지만 무엇보다 갈라디아서 2:1-10과 사도행전 15:1-35의 상당한 일치가 이 논제를 반대한다. 이런 일치는 사도행전 11:27-30 본문과의 비교에서는 찾을 수 없다. 또한 바울의 모금에 관한 모든 진술은 사도행전 11:29 이후의 기간을 가리킨다.

36 이 분석에 관하여는 G. Strecker, "Die sogenannte Zweite Jerusalemreise des Paulus (Apg 11, 27-30)," ders., Eschaton und Historie, Göttingen 1979, 132-41을 참조하라.

의 예루살렘 여행은 누가에게는 복음이 세계로 확산하는 예증을 구성하는 수단이다. 그 여행은 그의 교회론에 기여할 뿐만 아니라 대규모 전통의 자료를 토대로 기술하는 것을 가능하게 한다. 복음서에서 기술된 예수의 예루살렘으로의 긴 여행(참조. 눅 9:51-19:27)과 이방 선교사 바울의 다섯 번에 걸친 예루살렘 여행(행 9:26, 11:27-30, 15:2, 4, 18:22, 21:15), 그리고 로마를 향한 순교의 길은 누가에게서 통일성 있게 나타난다. 이와는 다르게 바울의 자기 증언에 따르면 그가 그리스도교 선교사로서 세 번 예루살렘을 방문했다는 사실은 역사적으로 의심의 여지가 없다.

많은 난제가 사도행전 13-14장에 기록된 바울의 제1차 선교여행과 연결되어 있다. 바울은 갈라디아서 1:21에서 사도회의 이전에 수리아와 길리기아 지역의 선교 사역만 언급했으나, 사도행전은 그것을 넘어서 구브로와 소아시아 지방의 밤빌리아, 비시디아, 그리고 루가오니아에서 행한 선교 사역을 보도한다. 그렇다면 사도행전의 보도는 제1차 선교여행에 관련하여 단지 하나의 '선교 모델'(Modellmission)[37]을 다루고 있는가? 이 질문에 대해서는 분명하게 긍정하거나 부정하기가 어렵다. 밤빌리아, 비시디아, 그리고 루가오니아에서의 바울의 선교는 갈라디아서 1:21에서의 보도와 정확히 일치되지 않는다.[38] 그는 다른 측면에서 각각의 선교지 경유에 대해 충분히 기술하지 않고 단지 예루살렘으로부터의 독립을 강조한다. 게다가 사

---

37 H. Conzelmann, Apg(아래 4.1을 보라.), 7. 바울 사역의 주기 구분은 의심의 여지없이 누가행전의 저자로부터 기인한다.; 참조. C. Burfeind, "Paulus muss nach Rom," NTS 46 (2000): (75-91) 83. "누가는 신학적 관점에 따라 바울의 세 번 여행을 통해 사도행전을 구조화했다. 우선 이방선교를 합법화하고, 그다음 이방선교가 회당에서 독립되고, 마침내 그리스도교 보편화의 전략적 타당성이 점점 분명하게 묘사되는 것이다." 아울러 많은 장소와 시간 그리고 개인의 전통은 누가가 자신의 형태 안에서 바울의 선교 진행을 적절하게 재생산하고 있다는 사실을 암시하고 있다.

38 참조. M. Hengel, "Die Ursprünge der christlichen Mission," NTS 18 (1971/72): (15-38) 18의 각주 15. 헹엘은 수리아와 길리기아 지방(다소를 포함하여)이 바울 당시에 로마의 속령이었음을 암시한다.

도행전 13-14장에서 누가의 서술은 기원후 45-47년에 발생한 제1차 선교여행의 역사성을 지지하는 수많은 전통을 포함하고 있다.[39] 훗날 수행한 선교여행과는 달리 여기서 바울은 단지 그의 선교 동역자인 바나바의 수행원이며 안디옥 교회의 선교사이다.(참조. 특히 행 14:12) 더군다나 예루살렘이 아닌 안디옥이 첫 번째 중요한 선교여행의 출발점이자 종착점으로 묘사되는데 이것은 누가의 의도와 일치하지 않는다. 그러므로 우리는 사도회의 이전에 남갈라디아 지방에 포함된 수리아와 길리기아(그리고 구브로?)[40]에서의 바울의 선교를 추측해볼 수 있다. 물론 사도행전의 증언과 갈라디아서 1:21에서의 바울의 직접적인 증언이 완전히 일치하지는 않는다.

필하우어(Ph. Vielhauer)와 줄은 사도회의 개최에 대한 이른 시기 설정을 구브로와 남갈라디아에서의 바울의 선교가 사도회의와 안디옥 사건 사이에서 발생했을 것이라는 추측과 연계시킨다.[41] 그러나 제1차 선교여행은 사도회의의 결과가 아니라 그 전제이다. 유대인 그리스도인과 이방인 그리스도인의 공존 문제는 계획된 선교에서 비로소 제기되었다.

뤼데만은 사도행전에서는 물론 보도하지는 않지만 사도회의 이전에도 바울

---

39 참조. J. Roloff, Apg(아래 4.1을 보라.), 194ff. R. Riesner, Frühzeit des Apostels Paulus, 234-48; C. Breytenbach, Paulus und Barnabas(아래 2.7.1을 보라.), 16-97.

40 사도행전 11:19에 따르면 구브로는 예루살렘에서 쫓겨난 헬라파에 의해 복음화되었고, 그래서 구브로에서 온 그리스도인들은 안디옥에서도 일하게 되었다.(참조. 행 11:20) 또한 사도행전 15:39를 보면 바나바와 요한 마가(참조. 행 13:5b)가 다시 구브로에 가서 선교 사역을 한다. 아마도 안디옥에서 나온 구브로 전통은 바나바에게 집중되어 있었을 것이다.(참조. 행 4:36-37) 누가는 구브로 전통을 채택하고 사도행전 13:1-3, 4-12에서 두 번째로 그것을 바울과 연결하여 바나바, 바울, 요한 마가를 함께 모았다. 사도행전 13:4-12에 대한 분석은 G. Lüdemann, Traditionen(아래 4.1을 보라.), 155-58을 참조하라.

41 참조. Ph. Vielhauer, Urchristliche Literatur, 76ff.; A. Suhl, Paulus und seine Briefe, 43ff.

의 이른 선교 사역이 있었다고 본다.[42] 뤼데만은 클라우디우스 칙령에 대한 이른 연대 설정 외에 사도행전 18:1–17을 증거 자료로 열거한다. 1–8절은 기원후 41년에 바울이 그리스에서 초기 선교 사역 때 고린도에 체류한 것과 관련되고, 12–17절은 51년에 세 번째 고린도를 방문한 것과 관련된다는 것이다. 바울의 초기 그리스 선교에 관한 암시는 빌립보서 4:15에서 언급된 "복음의 시초에" (ἐν ἀρχῇ τοῦ εὐαγγελίου)라는 것이다. 뤼데만은 이것을 "나의 복음 선포의 시작에"[43]라고 번역하고 바울 선교 사역의 시작과 관련시킨다. 뤼데만은 데살로니가전서 4:13–18과 고린도전서 15:51 이하의 종말론적 진술의 심각한 차이점은 데살로니가전서의 기록이 41년으로 거슬러 올라가는데, 그것을 유럽에서의 초기 선교에 대한 바울의 증언으로 본다면 보다 이해하기 쉬워진다고 주장한다. 그러나 클라우디우스 칙령을 41년으로 설정하는 것이 개연성이 없는 것이라면, 뤼데만의 논제에는 커다란 모순이 드러난다. (1) 왜 바울은 그의 이른 시기의 자립적인 유럽 선교에 대해 갈라디아서 1장에서 언급하지 않는가? 그것은 분명히 예루살렘 교회로부터 자신의 독립에 대한 큰 증거가 되었을 것이다. (2) 사도행전 18:8과 17절에서의 회당장의 교체는 불가피하다. 그리스보의 회심에 대한 보도가 8절에서 강조되고 있다면(참조. 고전 1:14), 그 뒤를 잇는 회당장은 당연히 다른 이름을 가져야 한다. (3) 빌립보서 4:15의 "복음의 시초에"라는 언급은 바울 선교의 시작과 관련되기 어렵다. 뤼데만의 연대기에 따르면 바울의 선교 사역은 이른 유럽 체류 이전에 수리아와 길리기아, 그리고 갈라디아에서 수행되기 때문이다. (4) 데살로니가전서 4:13–18과 고린도전서 15:51 이하에서 의심의 여지없이 존재하는 차이는 데살로니가전서가 50년에 기록되고(아래 2.4.3을 보라.), 그래서 고린도전서와의 시차 4년을 유지할 때 아무런 어려움 없이 설명될 수 있다.

42 참조. G. Lüdemann, Paulus I, 174ff.

43 위의 책, 146.

절대적 연대기의 출발점으로서 갈리오에 관한 보도가 바울의 회심까지 거슬러 올라가 그의 사역의 주요 체류지에 대한 상대적으로 확실한 연대 설정을 가능하게 한 반면, 바울 선교는 이러한 기초 위에서 사도행전 18:1-17에서 기술된 고린도 체류와 연계하여 시간상 분류된다. 사도행전 18:18-23의 간추린 여행 보도조차 이미 큰 문제점을 드러낸다. 그 보도에 따르면 바울은 이삼일 더 고린도에 머물다가 수리아로 간다. 그는 동행한 브리스길라와 아굴라 부부를 에베소에 남겨 둔다. 그가 회당에서 유대인들과 변론함으로 말미암아 그는 선교의 기회를 포기하고 에베소를 떠난다. 사도행전 18:18이 수리아를 본래 여행의 목적지로 언급하고 있음에도 불구하고, 그는 사도행전 18:22에서 가이사랴에 상륙하여 올라가고(ἀναβάς =예루살렘으로 감) 예루살렘에서 안디옥으로 계속 이동한다.[44] 이 여행의 체류지들은 브리스길라와 아굴라 부부가 고린도에서 에베소로 이주하는 것까지 포함하여 바울서신에서는 확인되지 않는다.

여행의 경과와 동기에 대해서도 만족할 만한 설명이 발견되지 않는다. 바울은 마게도냐와 소아시아에서의 성공적인 선교 사역 중간에 안디옥에서 무엇을 하려고 한 것일까? 가이사랴에 마지막으로 상륙하고 예루살렘을 방문한 것은 설명되지 않은 채로 남겨진다. 사도행전 18:18에서는 수리아가, 사도행전 18:22에서는 안디옥이 여행의 본래 목적지이기 때문이다. 불리한 풍향[45] 등의 이유를 들어 가이사랴 상륙을 설명하는 것은 당혹스러운 정보일 뿐이다. 그 외에도 누가의 횟수 증언에 따른 네 번째 예루살렘 방문은 역사적이지 않을 것이다.[46] 이는 바울서신의 진술과 대립되기 때문이다.

---

44 사도행전 18:18-23의 분석을 위해 특히 A. Weiser, Apg II(아래 4.1을 보라.), 496-97를 참조하라. 편집과 전통의 분리는 다음의 이미지를 남긴다. 전통의 요소는 18a-c, 19a, 21b-23을 포함하고, 반면 18d, 19b-21a는 누가의 바울 이미지(상)와 동일하다.

45 E. Haenchen, Apg(아래 4.1을 보라.), 525; J. Roloff, Apg(아래 4.1을 보라.), 276.

무엇이 사도행전 18:22에서 예루살렘을 삭제하고 가이사랴와 안디옥이 본래적인 것으로 간주되는 것을 정당화하는가? 다른 측면에서 누가 이전의 전통은 바울의 안디옥 여행에 대해 언급한다. 거기서부터 사도가 에베소로 가던 중에 갈라디아 지방과 브루기아를 방문했다는 것이다. 사도행전 18:18-23에서 사용된 전통을 다른 예루살렘 여행에 결부시켜 설명하려는 시도[47]가 실패하였기에 우리는 다음과 같은 통찰에 만족해야 한다. 그것은 누가의 증언에 따라 앞에 존재하는 바울의 전통이 그의 고린도 체류와 연계하여 우선(가이사랴를 거쳐) 안디옥으로 돌아갔다는 사실이다. 이후에 갈라디아 지방과 브루기아를 거쳐 다시 에베소를 향해 떠나기 위해서였다. 만약 이 진술의 역사성이 고려된다면, 이 여행에서 예루살렘 방문은 차단된다.

바울의 에베소 선교에 관한 재구성은 몇몇 불확실한 것 때문에 어려움을 지닌다.(행 19장) 사도행전 18:18-23에 묘사된 여행은 기원후 51년 여름부터 52년 초 사이에 이루어졌다. 그 후에 바울은 에베소에서 2년 9개월가량(참조. 행 19:8, 10, 20:31), 즉 52년 여름부터 55년 초까지 체류한다. 이 기간에 구제금 모금을 위해 마게도냐와 아가야로 여행한다. 사도행전 19:21과 고린도전서 16:5에 따르면 바울은 마게도냐를 거쳐 고린도로 가려고 했다. 사도행전 20:1-3에서도 고린도가 여행의 목적지로 나타난다. 아마도 사도는 고린도에 56년 초에 들어가서 3개월가량 머물렀을 것이다.(참조. 행 20:3) 본래 바울은 고린도에서 배편으로 곧바로 수리아로 건너가려고 했지만 유대인의 위협으로 마게도냐를 지나는 길로 돌아가야만 했다. 사도행전 20:3의 진술은 바울이 연보를 전달하려고 예루살렘으로 올라가는 것을 언급한 로마서 15:25와 긴장관계에 놓여 있다. 그러나 로마서 15:25에는 고린도-예루살렘 간의 직접적인 여행이 언급되지 않는다. 그래서 사도행전의

---

46 참조. A. Weiser, Apg II(아래 4.1을 보라.), 502; J. Roloff, Apg(아래 4.1을 보라.), 277.

47 참조. A. Weiser, Apg II(아래 4.1을 보라.), 495-502.

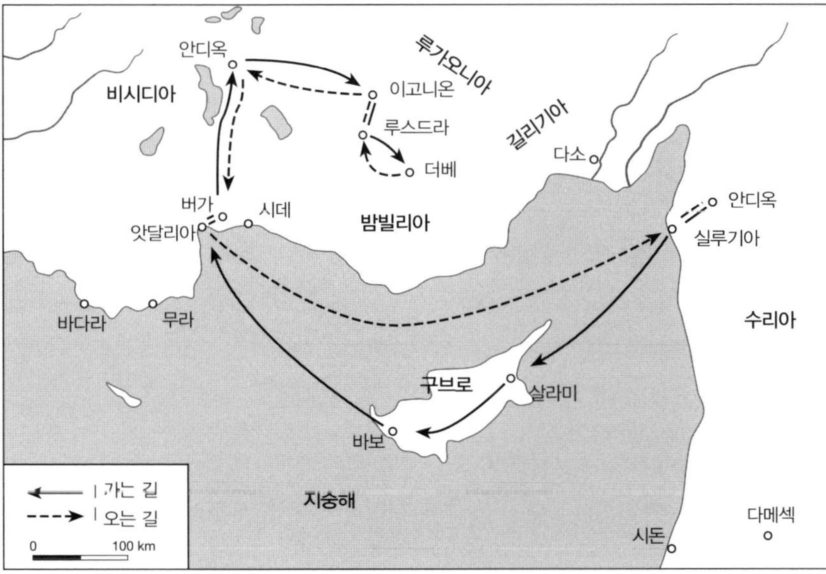

1차 선교여행(행 13–14장)

진술과 바울의 증언 사이에 어떤 대립도 드러나지 않는다. 사도행전 20:6에 따르면 바울은 고린도에서 앗소를 지나 밀레도로 가기 위해 빌립보를 뱃길로 간다. 사도는 56년 오순절(참조. 행 20:16)에 예루살렘에 도착하려고 배편을 이용하여 가이사랴로 계속 여행한다.[48]

이어지는 연대기에서 결정적인 것은 사도행전 24:27에 언급된 총독 벨릭스가 베스도로 교체되는 시점이다. 사도행전 24:10에 따르면 벨릭스는

48 사도행전 18:23–21:17은 전통적으로 3차 선교여행으로 언급되며, 이는 기원후 52–55/56년에 해당한다. 누가는 분명히 사도행전 18:22에서 바울이 안디옥으로 돌아감을 통해 그러한 시대 구분을 의도하고 있다. 그러나 동시에 사도행전 18:18–23에 언급된 문제들은 그러한 구분이 얼마나 어려운지를 보여준다. 1차 선교여행(행 13:1–14:28)과 2차 선교여행의 시작(행 15:36)은 명확하게 구분할 수 있지만, 2차 선교여행에서 3차 선교여행으로의 이행은 명확하지 않다.

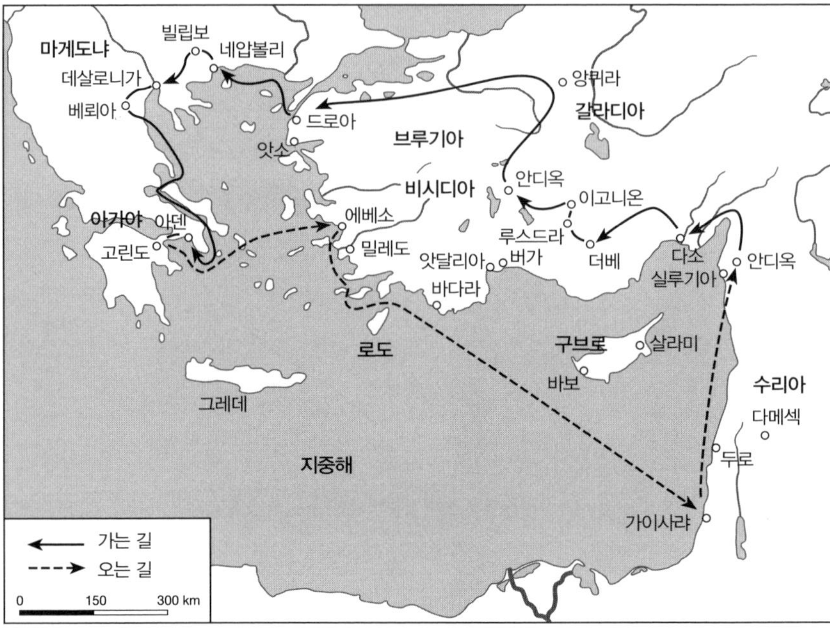

2차 선교여행(행 15:36-18:22)

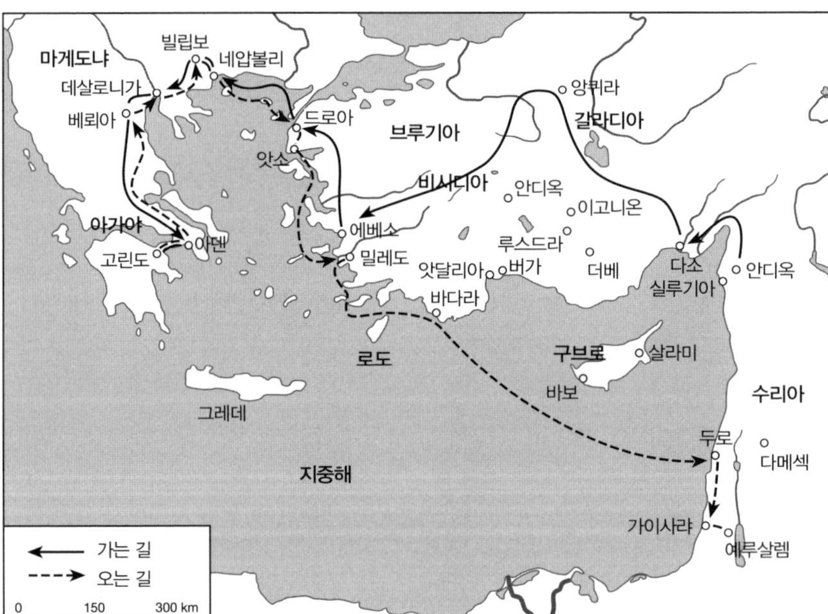

3차 선교여행(행 18:23-21:17)

그 시점에 이미 몇 해를 총독으로 재임하고 있었고, 바울은 체포되어 2년 동안 구금 중이었다. 벨릭스의 재임은 기원후 52년 혹은 53년에 시작되었을 것이다.(참조. 요세푸스, Bell II 247)[49] 그의 교체 시점에 관해서는 논쟁의 여지가 있다.(55년,[50] 58 혹은 59년[51]) 요세푸스(Bell II 250-70)는 벨릭스와 관련된 사건들의 발생 연대를 네로의 집권 기간으로 기록했다. 네로는 54년 10월에 통치를 시작했다. 요세푸스가 언급한 모든 사건은 55년에 이루어진 공직 교체기의 짧은 시간에 일어났을 것이다.[52] 그래서 사도행전 24:1에 일치되는 내용은 58년의 공직 교체에서 유래한다.[53] 거기서 언급된 대제사장 아나니아가 대략 47-59년에 재직했기 때문이다.[54] 바울은 아마도 58년에

49 참조. P. Schäfer, Geschichte der Juden in der Antike, Neukirchen 1983, 131.

50 G. Lüdemann, Paulus I, 197f.의 각주 101.

51 리즈너(R. Riesner, Frühzeit des Apostels Paulus, 196-200.)와 스크리바(A. Scriba, Von Korinth nach Rom, 163-64.) 등은 벨릭스와 베스도의 총독직 교체 시점을 기원후 59년이라고 주장한다. 이는 메스호러(Y. Meshorer, Ancient Jewish Coinage II, New York 1982, 183.)가, 네로가 집권 5년(기원후 58/59년)에 팔레스타인에서 새로운 주화를 발행한 사실을 베스도의 즉위와 연결하여 추정한 사실("베스도는 분명히 59년에 직위를 맡았다.")을 받아들인 것이다.(Y. Meshorer, 위의 책) 주화 주조와 직위 인수는 같은 해에 일어날 수도 있지만, 반드시 그런 것은 아니다. 주화 주조가 58년 말에 이루어졌을 경우를 배제할 수 없기 때문이다. 58년 또는 59년을 선택하는 경우 58년은 58/59년 기간 설정을 위해 필요한 여지를 주는 이점이 있다: 총독의 직위 교체, 새 주화 주조, 대제사장의 직분 교체[요세푸스에 따르면 대제사장 이스마엘은 59년에 아그립바 2세가 임명했다.(Jos, Ant 20, 179.)]

52 모든 문제에 대한 자세한 논의는 R. Jewett, Paulus-Chronologie, 76-80을 참조하라

53 참조. S. Safrai/M. Stern, The Jewish People in the First Century, CRINT 1/1, Assen 1974, 74-76. 벨릭스가 52/53년에 취임했을 경우, 알비노스(Albinos)는 이미 62년에 총독으로 재직하고 있었기 때문에 벨릭스와 베스도의 재직 기간은 총 10년이 된다.(참조. Jos, Bell VI 301ff.) 요세푸스(Bell II 247-76.)와 사도행전 24:10을 통해 벨릭스가 이 기간 대부분을 총독으로 재임했다는 사실을 알 수 있다.

54 참조. E. Schürer, The History of the Jewish People in the Age of Jesus Christ

죄수의 몸으로 어느 백부장의 지휘 아래 로마로 압송되었을 것이다.(참조. 행 27:1-28, 롬 16)[55] 그가 총독 베스도 앞에서 황제에게 호소했기 때문이다.(참조. 25:11) 로마로 가는 여행이 58년 혹은 59년에 발생했다면, 바울은 59년 봄에 세계의 중심 도시에 도착했을 것이다.[56] 사도행전 28:30에 따르면 바울은 로마에서 상대적으로 자유롭게 활동하며 2년 동안 방해받지 않고 자기 집에서 설교했다. 사도의 사망 연도에 대하여는 알려진 바가 없지만 우리는 64년 네로가 그리스도인들을 박해할 때 그가 로마에서 순교했을 것으로 추정한다.(참조. 1 Klem 5:5-7)[57]

앞서 제시한 통찰을 바탕으로 다음과 같은 바울 사역의 상대적 연대기를 구성할 수 있다.

예수의 죽음	30년
바울의 회심	33년
예루살렘에서의 첫 번째 체류	35년

II, rev. and ed. by G. Vermes/F. Millar/M. Black, Edinburgh 1979, 231.

55 바르네케는 사도행전 28:1에 언급된 섬 멜리데(Μελίτη)를 몰타(Malta)와 동일시하지 않고, 좌초 장소는 그리스 서부 케팔레니아 섬 반도에서 발견된다고 믿는다.(H. Warnecke, Die tatsächliche Romfahrt des Paulus, SBS 127, Stuttgart 1987.) 이 견해에 찬성하는 주장은 A. Suhl, "Gestrandet! Bemerkungen zum Streit über die Romfahrt des Paulus," ZThK 88 (1991): 1-28을 참조하라. 이에 대한 설득력 있는 비판은 다음을 참조하라. J. Wehnert, Gestrandet. Zu einer neuen These über den Schiffbruch des Apostels Paulus auf dem Wege nach Rom (Apg 27-28) ZThK 87(1990): 67-99; M. Reiser, "Von Caesarea nach Malta. Literarischer Charakter und historische Glaubwürdigkeit von Act 27," F. W. Horn (Hg.), Das Ende des Paulus(아래 4.1을 보라.), 49-74.

56 리즈너와 스크리바는 바울의 로마 도착 연대를 기원후 60년으로 주장한다.(R. Riesner, Frühzeit des Apostels Paulus, 201; A. Scriba, Von Korinth nach Rom, 171.)

57 누가는 바울의 죽음을 언급하진 않았지만 그의 순교자적 운명에 관해 알고 있었을 것이다.(참조. 행 20:22-24, 21:13)

바울의 길리기아 사역	36-42년
바울의 안디옥 체류	42년
제1차 선교여행	45-47년
사도회의	48년(봄)
안디옥 사건(게바 면박)	48년(여름)
제2차 선교여행	48(늦여름)-51/52년
바울의 고린도 체류	50/51년
갈리오의 고린도 재임	51/52년
안디옥 여행	51/52년
제3차 선교여행	52-55/56년
에베소 체류	52-54/55년
바울의 마게도냐 사역	55년
고린도의 마지막 체류	55/56년
예루살렘 도착	56년 초여름
벨릭스와 베스도의 공직 교체	58년
로마 도착	59년
바울의 죽음	64년

이러한 연대 설정은 바울이 선교 사역 중에 기록한 서신을 시간상으로 정렬하는 큰 윤곽을 그리는 데 도움이 된다. 각 서신의 연대 설정은 각 장에서 다룰 것이다.

상대적 연대기

	줄	주엣	뤼데만	휠달	리즈너	머피-오코너	헹엘/슈베머	슈넬레	던[58]
바울의 출생						6		5	1–2
예수의 죽음	27(30)	33	27		30		30	30	
소명	30	34	30	39	31/32	33	33	33	32
제1차 예루살렘 방문		37	33	41/42	33/34	37	36	35	34/35
수리아/길리기아/안디옥		37–43	34	42–51	34–44	37–?	36–46	36–44	35–45
1차 선교여행		43–45	34–36 ↑		45–47		46–47	45–47	45–47
사도회의	44	51 ┐	47 ↑	53 ↑	48	51	48/49	48	47/48
안디옥 사건	47	52 ┘	46	53	48	51/52	52	48	48
2차 선교여행		46–51	(36–46)		49–51/52	(46–51)	49–51/52	48–51/52	49/50–51/52
갈리오의 고린도 재임	51/52	51/52 ↓	51/52	51/52	51/52	51/52	51/52	51/52	51/52
3차 선교여행		52–57	48–51	53–55	52–56/57	52–56	53–56	52–55/56	52–56
예루살렘 도착/감금	55	57	52	55	57	56	57	56	57
벨릭스와 베스도의 공직 교체	55	59	55		59	59	59	58	59
로마로의 여행	56	60			59	61/62	59	59	59
사망	58	62			62	67	64	64	62

2.2 바울 학파

참고문헌

H. Conzelmann, “Paulus und die Weisheit,” ders., Theologie als Schriftauslegung, BEvTh 65, München 1974, 177-90. • Helga Ludwig, Der Verfasser des Kolosserbriefes(아래 5.2.1을 보라.), 201-29. • H. Conzelmann, “Die Schule des Paulus,” Theologia Crucis-Signum Crucis (FS E. Dinkler), hg. v. C. Andresen/G. Klein, Tübingen 1979, 85-96. • K. Scholtissek, “Paulus als Lehrer,” ders., (Hg.), Christologie in der Paulus-Schule, SBS 181, Stuttgart 2000, 11-36. • K. Backhaus, “‘Mitteilhaber am Evangelium’(1 Kor 9, 23). Zur christologischen Grundlegung einer ‘Paulus-Schule’ bei Paulus,” 위의 책, 44-71. • Th. Schmeller, Schulen im Neuen Testament? Zur Stellung des Urchristentums in der Bildungswelt seiner Zeit, HBS 30, Freiburg 2001. • T. Vegge, Paulus und das antike Schulwesen. Schule und Bildung des Paulus, BZNW 134, Berlin 2006.

바울의 영향력과 사상의 신학적이고 역사적인 복합성은 사도가 학파의 전통에 편입된 상황으로 볼 때만 파악될 수 있다. 바울은 의심의 여지없이 당대의 탁월한 신학자였다. 그는 독자적인 방식으로 새롭고 영향력 있는 신학을 발전시켰다. 바울은 전통 있는 학파 출신이면서 동시에 스스로 학파를 설립했다. 바울서신과 제2바울서신은 서로 다른 방식으로 그 학파를 증언한다.[59]

2.2.1 바울 학파의 전통

바울은 로마 시민권자의 아들로서 고향 다소에서 그리스와 헬레니즘의 문학교육을 받았기 때문에 철학의 가르침과 철학적 기풍을 잘 알고 있었다.[60]

---

58 참조. J. D. G. Dunn, Beginning from Jerusalem, Grand Rapids 2009, 497-518.

59 필자의 기억으로는 처음으로 바울의 학파에 관해 언급한 이는 홀츠만이다 [H. J. Holtzmann, Die Pastoralbriefe(아래 5.5.2을 보라.), 117.]

60 참조. T. Vegge, Paulus und das antike Schulwesen, BZNW 134, Berlin 2006,

그는 두 가지의 방식으로 학파 전통을 섭렵했다. 빌립보서 3:5-6은 바울이 바리새인으로서 율법에 흠이 없었다고 강조한다. 갈라디아서 1:14에 따르면 바울은 바리새인으로서 학파의 교육과 관계된 율법의 연구에서 동년배를 능가했다.[61] 사도행전 22:3을 보면 바울은 예루살렘에서 바리새인 가말리엘 1세에게 교육받았다. 가말리엘 1세는 힐렐의 후계자이자 기원후 대략 25-50년에 신망받는 서기관이었다. 이것의 역사성에 반대하는 주장은 바울이 예루살렘에서 교육받은 사실에 대해 스스로 언급하지 않는다는 점과 갈라디아서 1:22가 바리새인 바울의 예루살렘 체류를 언급하지 않는다는 점을 근거로 든다. 그러나 바리새파가 70년 이전에 예루살렘 밖에 존재했다는 근거는 없다. 광범위한 토라 연구는 바리새파의 훈련된 문하생들에 의해 오직 예루살렘에서만 가능했다. 바울의 헬라적 교육의 내용은 이것과 모순되지 않는다. 헬라적 교육의 내용이 기원전 3세기부터 유대의 교육 체계에 영향을 미치고 있었기 때문이다. 따라서 바울은 고대 서양철학 학파들을 모르지 않았을 것이다. 고대 서양철학 학파와 바울의 학파 사이에 유사성이 있다는 것은 명백하다.[62] 그 근거로는 학파의 창시자,[63] 토론과 문서

---

423. "완성된 본문의 구성과 문체의 측면을 보면 문법 및 수사학 학교에서의 철저한 훈련을 전제로 한다. 결과적으로 바울 본문의 질적 수준은 견고한 일반 문학 훈련, 저자의 수사학적이고 철학적인 담론의 형식과 내용에 대한 친숙함을 보여준다." 바우어는 바울이 고등교육과 수사학 훈련을 받았다고 가정한다.[Th. J. Bauer, Paulus und die Kaiserzeitliche Episolographie(아래 2.3.1을 보라.), 404-18.] 바울서신의 상업용어의 사용에 관하여는 P. Arzt-Grabner, "Gott als verlässlicher Käufer: Einige Papyrologische Anmerkungen und bibeltheologische Schlussfolgerungen zum Gottesbild der Paulusbriefe," NTS 57 (2011): (392-414) 412를 참조하라. "바울은 아마도 여러 번 수공업 사업에서 관리직을 맡은 숙련된 장인이었기에 구매 및 고용 계약에 대해 잘 알고 있었을 것이다."

61 참조. M. Hengel, "Der vorchristliche Paulus," Paulus und das antike Judentum, hg. v. M. Hengel u. U. Heckel, WUNT 58, Tübingen 1991, 177-291; K. W. Niebuhr, Heidenapostel aus Israel, WUNT 62, Tübingen 1992.

62 참조. L. Alexander, "Paul and the Hellenistic Schools: The Evidence of

의 해석, 식탁 공동체, 우정에 대한 이상, 외부 세상과의 분리를 통한 새로운 정체성의 확립, 다양한 장소에서의 가르침, 제자들을 동반한 여행, 동조자 집단의 설립 등을 들 수 있다.[64] 회심 후 바울은 수년 동안 그의 두 번째 학

Galen," T. Engberg-Pedersen (Hg.), Paul in his Hellenistic Context, Minneapolis 1995, 60-83; A. Standhartinger, Studien zur Entstehungsgeschichte und Intention des Kolosserbriefes(아래 5.2.1을 보라.), 1-10, 277-89; Th. Schmeller, Schulen im Neuen Testament?, 46-92.

63 Klassisch Diog Laert 1, 13-15. 18; 2, 47: Sokrates als Vater zahlreicher philosophischer Schulen. Epikur sagt über den Weisen. "그는 학교를 세울 것이지만 대중교육을 위한 것은 아니다. 그는 또한 요청에 따라 공개강의를 제공할 것이다. 그는 확고한 교리를 갖고 지식에 대해 의심하지 않을 것이다."(Diog Laert 10, 121b.)

64 고대 학파의 정의는 Th. Schmeller, Schulen im Neuen Testament?, 91을 참조하라. "철학 학파는 교사와 사회적 특권층 출신의 여러 학생 사이의 제도화된 결합이며, 철학적 전통은 설립자에게로 거슬러 올라가고, 가르치고 배우는 동시에 윤리적으로 해석되고 갱신된다." 슈멜러는 "바울이 생전에 존재하는 바울 학파에 대해 언급하는 것은 매우 조심스럽다."라고 하면서 물론 바울서신과 바울의 차명문서가 같은 밀도로 고대 학파의 모든 특성을 다루지는 않는다고 결론짓는다.(슈멜러의 비판 요점 목록은 Th. Schmeller, 위의 책, 179-82를 참조하라. 즉 그리스도인들의 강한 집단의식, 바울을 비롯한 교사의 승진 기회의 부재, 바울 학생들의 낮은 사회적 지위, 가르치는 활동과 학파 활동의 이질성, 교회 내에서의 교사-학생 집단의 경계 설정의 부재) 이러한 슈멜러의 주장에 관한 여섯 가지 반대 의견은 다음과 같다. (1) 방법론적 수준에서 새로운 사회 운동은 전승된 형식의 단순한 모방이 결코 아님을 기억해야 한다. 그것은 항상 이상적이며, 전형적인 구조가 어떻게 설계되었고, 비교할 대상이 이 구조에 얼마나 복종해야 하는지에 달려 있다. (2) 바울과 그의 협력자들과 고대 철학 학파 사이에 언급된 상당한 유사성은 여전히 그들을 비교 가능한 문화-역사 현상으로 이해할 수 있다. (3) 누가는 이미 그리스도인(참조. 행 11:26, 26:28, Χριστιανοί)을 학파로 제시하고 바울(참조. 행 19:9: 두란노서원, 행 17:16-34: 아테네의 바울)을 학파 설립자이자 교사로 제시한다. (4) 바울서신뿐만 아니라 (제한적으로) 차명문서의 신학적으로 높은 수준은 바울과 그의 동료들 사이에 제도화된 연결과 교류가 틀림없이 있었음을 시사한다고 결론 내릴 수 있다. 다만 개별 사례의 출처를 증명할 수는 없다. (5) 이교도 저자들은 그리스도인을 교육의 차원으로 이해했다.(참조. Gal, De pulsum Differentiis 2:4; Luc, Alex 25,

파 전통을 섭렵한 안디옥 교회에서 사역했다. 사도행전 13:1은 바울 외에도 선지자들과 교사들, 바나바, 니게르라 하는 시므온, 구레네 사람 루기오와 헤롯 안디바의 젖동생 마나엔 등이 안디옥에 있다고 언급한다. 바울은 안디옥에서 그리스도교 신앙의 기초를 배웠을 것이다. 사도는 고린도전서 11:23a, 15:3a에서 그의 신학을 위해 전승된 전통의 의미를 강조한다. 성만찬(참조. 고전 11:23b-25)과 세례 전통(참조. 고전 1:30, 6:11, 12:13, 고후 1:21-22, 갈 3:26-28, 롬 3:25, 4:25, 6:3-4)의 인용, 그리스도론 전승 단편의 융합(참조. 롬 1:3b-4a), 그리고 최초 그리스도교 찬가의 수록(참조. 빌 2:6-11)을 통해 바울은 자신보다 앞서 주어진 전통들과 연계됨을 문서로 표명하고 동시에 자신의 신학의 적지 않은 부분을 이러한 전통의 해석이라고 이해시키려고 한다.[65]

2.2.2 바울이 세운 학파

바울은 그의 독자적 선교 사역 수행 이전에 두 방식의 학파 전통을 통해 두 가지 면에서 영향을 받았기 때문에 그 자신에 의한 학파의 창설도 논리적인 것으로 간주할 수 있다. 이러한 면에서 바울 학파의 존재는 많은 주목을 받는다.

1) 바울은 계시를 받는 자(참조. 고전 9:1, 15:8, 갈 1:1, 12, 15-16)로서 귀감이 되는 모범(참조. 살전 1:6-7, 고전 4:16, 7:7-8, 11:1, 고후 4:2, 6:11-

---

38; Peregr Mort 11, 12, 13, 16.) (6) 마지막으로 교육 개념을 포기하는 것이 어떤 경험적(발견적) 가치를 지녔는지를 질문할 수 있다. 교회, 선교, 서클, 클럽, 그룹 또는 운동과 같은 용어가 현상을 포착하는 데 더 적합하다고 볼 수 있는가?

65 P. Stuhlmacher, Röm(아래 2.8.1을 보라.), 90f.; J. Becker, Paulus(위 2를 보라.), 107ff. 바울이 안디옥에서 선교의 협력자로 일했다고 해서 바울 이전의 전통의 대부분이 안디옥에서 유래했다는 것을 의미하지는 않는다.

13, 갈 4:12, 빌 4:9)이자 영감 받은 교사(참조. 고전 2:12-16, 4:17, 7:40, 14:6, 19, 37-38, 갈 1:8-9, 빌 3:15)로 등장한다.[66] 복음의 중개자로서 사도는 은총의 범례(exemplum gratiae)에 해당한다.(참조. 고전 9:23) 그의 사역은 하나님의 화해 행위의 한 부분이다.(참조. 고후 5:19-20)

2) 바울서신은 비서들(갈 6:11, 롬 16:22)이나 대필자들(고전 16:21, 갈 6:11, 몬 19절)만이 기록하여 보관한 것이 아니다. 로마서를 제외하고 바울 이외에 공동 저자[참조. 디모데(살전 1:1, 고후 1:1, 빌 1:1, 몬 1절) 소스데네(고전 1:1), 나와 함께 있는 모든 형제(갈 1:2)]가 항상 등장한다. 따라서 서신은 바울이 주도하여 펴낸 공동체 작품의 성격을 띤다.[67]

3) 바울의 선교 사역의 동역자도 상당한 영향력을 발휘한다.[68] 바울서신은 사도의 동역자로 관찰되는 약 40명을 언급한다. 이 동역자 모임에서 바울과 가장 가까운 자로는 우선 바나바와 독립 선교의 초기에 동역한 실루아노와 디모데를 들 수 있다. 그리고 나중에 합류한 디도를 꼽을 수 있다. 실루아노(살전 1:1)와 디모데(살전 1:1, 고후 1:1, 빌 1:1, 몬 1절)는 편지의 발신자 역할을 한다.[참조. 더 나아가 소스데네(고전 1:1)] 여러 교회에서의

---

66 K. Scholtissek, Paulus als Lehrer, 34. "역사적 바울의 활동이라는 의미(복음의 선포, 동역자 모임, 교회 설립)에서 그리고 그의 동시대 사람들(동역자, 교회 구성원, 비그리스도인)과 이후에 태어난 사람들의 인식과 수용에 미치는 영향을 고려하면 바울은 사실상 교사로 일했다."

67 참조. Th. J. Bauer, Paulus und die Kaiserzeitliche Epistolographie(아래 2.3.1을 보라.), 386. 바우어는 갈라디아서와 관련하여 "서신의 저자는 고대 수사학과 서한에 대한 기본 지식을 가지고 있었는데, 이는 그가 고등교육을 통해 습득한 것이다."라고 강조한다. 바우어는 또한 "그러나 빌레몬의 경우와 같이—이미 언급했듯이—갈라디아서의 초안 작성에 관여했을 수 있는 바울의 비서와 다른 바울의 협력자들도 편지의 형식과 내용에 영향을 미쳤을 수 있다고 가정해야 한다."라고 주장한다.

68 W. H. Ollrog, Paulus und seine Mitarbeiter, WMANT 50, Neukirchen 1979; 참조. R. Reck, Kommunikation und Gemeindeaufbau. Eine Studie zu Entstehung, Leben und Wachstum paulinischer Gemeinden in den Kommunikationsstrukturen der Antike, SBB 22, Stuttgart 1991.

바울의 사역을 보면 그들의 연대 책임이 명시된다. 특별히 디모데와 디도는 바울의 위임에 따라서 선교 교회의 문제들을 해결하는 자립적인 선교사로 등장한다.(고전 4:17, 고후 8장) 때때로 바울과 동역한 독립 선교사들도 있었다. 여기에는 특별히 아볼로(참조. 고전 1-4장)와 그리스도인 부부 아굴라와 브리스길라(참조. 고전 16:19, 롬 16:3-4)가 속한다. 바울의 서신에 언급된 동역자 대다수는 교회의 파송을 받은 자들이다. 그들은 바울이 세운 교회의 출신이고, 그 교회의 파송을 받은 자로서 선교 사역에 참여했다.(예를 들어 에라스도, 가우스, 아리스다고, 소시바더, 야손, 에바브라, 그리고 에바브로디도) 그들은 파송 교회와 줄곧 연계되어 있었고, 바울을 다양하게 도왔으며, 바울의 선교 교회들의 외곽 지역에서 자립적으로 선교했다. 교회의 파송을 받은 자들의 대다수는 바울의 새로운 선교 방법에 인과적으로 연계되어 있었는데, 바울은 지금까지 실천해온 여행 선교를 지속하지 않고 자립하는 중심지 선교(Zentrumsmission)를 발전시켰다. 다른 선교사들과 최초 그리스도교 선지자들은 장소를 이동해가며 선교를 했지만, 바울은 각 거점도시에 교회를 세우려고 시도했다. 그리고 교회가 자립하여 설 때까지, 또한 더 이상 체류할 필요가 없을 때까지 그 도시에 머물렀다.

바울의 중심지 선교를 통해 자립적인 교회들이 성장해갔다. 이 교회들은 바울의 지속적 선교를 위한 기반을 자체적으로 형성하며 책임적으로 선교 사역을 이어받았다.(참조. 살전 1:6-8) 이러한 거대한 동역자 집단 안에서 바울의 일은 순전히 조직의 문제에만 국한되지는 않았을 것이다. 단독적이며 영웅적으로 자신의 신학을 발전키고, 광범위하게 결정하는 획일적인 바울에 대한 사상은 비현실적일 뿐만 아니라 서신의 내용을 통해 반박된다. 우리는 특별히 핵심 구성원 내부에서 집중적인 신학화 작업이 이루어진 것을 가정할 수 있다.[69]

4) 이러한 추정은 바울서신에서 형식, 신학 및 위치에 의해 명확하게 구

---

69 참조. H. Ludwig, Der Verfasser des Kolosserbriefes, 210ff.

별되는 본문에 의해 확인된다. 고린도전서 13장은 앞뒤 문맥에 매우 어색하게 연결되고, 오히려 12:31과 14:1의 연결이 자연스러우며 의미의 단절이 없다.[70] 내용상으로도 특이성이 있다. 13장의 믿음, 소망 및 사랑의 은사는 모든 다른 은혜(12장과 14장에서 언급된)의 선물보다 우위에 있기 때문이다. 고린도전서 13장은 분명히 고린도전서가 기록되기 이전에 구성되어 있었다. 그것은 바울 학파의 신학화 작업의 증거이다. 또 다른 예가 될 수 있는 본문은 고린도전서 1:18 이하, 2:6 이하, 10:1 이하, 고린도후서 3:7 이하, 로마서 1:18 이하, 5:12-21, 7:7 이하 등이다. 모든 본문은 논쟁의 여지없이 성격, 주제의 일관성, 헬레니즘계 유대교의 역사적 뿌리를 특징으로 한다. 바울이 지혜문학에도 깊이 접근하고 있는 모습은 그의 개종 이전의 시간과도 연결되어 있다는 사실을 추측하게 한다.[71]

5) 누가는 이미 바울을 교사로 소개하고[72] 바울 학파를 가정한다. 사도행전 24:5(벨릭스 앞에 선 바울)에서 바울은 '나사렛 학파의 우두머리'(πρωτοστάτην τε τῆς τῶν Ναζωραίων αἱρέσεως)로 묘사된다. 학파의 창시자는 나사렛 사람이고 그의 후계자가 바울이다. 누가는 그리스도인(행 11:26, Χριστιανοί='그리스도인')의 이 운동을 '새로운 도'(행 19:23)로 묘사하고 바울을 우두머리로 칭한다. 바울은 사도행전 17:16-34에서 철학적 전통에 익숙하지만, 완전히 새로운 개념(죽은 자의 부활)을 공식화하는 방법을 알고 있는 학자로 나타난다. 바울은 고린도에서 1년 6개월 동안(행 18:11) '가르쳤고', 에베소에서는 심지어 2년 동안 '강론한' 두란노 서원(σχολή=학교, 신약에서 이곳에만 등장)을 대여받았다.(행 19:9-10) 드로아

---

70 참조. H. Conzelmann, 1 Kor(아래 2.5.1을 보라.), 264ff.

71 참조. H. Conzelmann, Paulus und die Weisheit, 179. 올로그는 콘첼만의 바울 학파 주장을 비판했다.(W. H. Ollrog, Paulus und seine Mitarbeiter, 115-18.)

72 참조. B. Heininger, "Einmal Tarsus und zurück (Apg 9, 30; 11, 25-26). Paulus als Lehrer nach der Apostelgeschichte," MThZ 49 (1998): 125-43.

에서 바울은 밤늦게까지 '강의'했는데, 유두고가 졸다가 3층에서 떨어졌다.(행 20:6-12) 바울은 밀레도의 고별설교에서도 사회와 가정의 영역에서 지켜야 할 '가르침'을 언급한다.(행 20:20) 사도행전 21:21, 28에 따르면 바울은 예루살렘에서 율법과 유대인에게 대적하는 것을 '가르쳤다'고 비난받는다. 마침내 사도행전은 진정한 철학자처럼 가르치는 바울로 마무리된다. 그는 예수 그리스도에 대해 '담대하게'(παρρησία) 그리고 거침없이 말한다.(행 28:31)

6) 제2바울서신(골로새서, 에베소서, 데살로니가후서, 목회서신)[73]은 사도의 죽음을 넘어서서 현존하는 바울 학파의 존재를 확인한다. 바울의 네 제자가 상속받은 것은 마치 변화된 상황에서 바울 신학의 유산이 어떻게 지속적으로 영향력을 발휘하고 적용되는지를 분명하게 알 수 있게 한다. 이목을 끄는 것은 갈라디아서와 로마서에서의 바울의 칭의론이 제2바울서신에서는 모두 후퇴하고 있다는 점이다.[74] 그리스도론에서는 묵시적 모티브가 그 비중을 상실하고 현재적 종말론이 지배한다. 교회의 변화된 상황에서 주어진 교회법적이며 윤리적인 문제들이 전면에 등장한다.(이단의 등장, 임박한 종말 기대의 쇠퇴 극복) 이러한 상황에서 고난을 받는 바울은 변화된 상황의 시작점에서 권위자로서 역할을 감당한다.(골로새서, 에베소서, 디모데후서는 옥중서신으로 주장된다.) 각 서신은 바울을 내세우고 변화된 조건 아래서 그의 신학을 계속 이어가려고 시도한다. 전반적으로 볼 때 비록 제2바울서신이 순수한 바울 신학으로부터 벗어났다 할지라도 사도의 사상과 친숙함을 드러낸다. 골로새서 저자의 경우 바울 학파의 전통과 특히 로마서의 강력한 영향을 받고 있다. 그는 바울 신학의 기본 주제들에 대한 지식을 바울 학파로부터 획득했을 것이고, 그렇게 하여 자신의 시대적 요청에

73 P. Müller, Anfänge der Paulusschule(아래 5를 보라.), 270-320. 여기서 뮐러는 바울 학파의 현상을 바울의 차명문서로 제한한다.

74 참조. U. Luz, "Rechtfertigung bei den Paulusschülern," Rechtfertigung (FS E. Käsemann), hg. v. J. Friedrich 등, Tübingen 1976, 365-83.

맞게 독자적으로 계속 바울 신학을 발전시키려고 했을 것이다.

에베소는 바울 학파의 근거지이다.[75] 다양한 문화적 흐름(아데미 신전, 신비종교, 중요한 유대 공동체, 황제 숭배, 헬라 철학)에 영향을 받은 이 도시는 초기 그리스도교 선교의 중심이었다.[76] 여기서 브리스가와 아굴라 부부(참조. 행 18:19-21, 고전 16:19), 알렉산드리아 출신의 아볼로(참조. 행 18:24-28, 고전 16:12), 그리고 바울이 기원후 52년 여름부터 55년 봄까지 사역했다. 바울은 다른 어떤 도시에서도 그렇게 오랫동안 머물지 않았다. 그는 다수의 동역자를 이곳에서 모았고, 사도행전 19:9-10에 따르면 2년 동안 수사학자 두란노의 강의실에서 설교했다. 에베소에서 고린도전서가 기록되었을 뿐만 아니라 아마도 몇몇 제2바울서신이 기록되었을 것이다.[골로새서, 에베소서(?), 목회서신]

바울서신은 바울과 그의 제자 및 몇몇 선교 교회 사이에서 수행된 광범위한 소통 과정의 부분이다. 바울은 그의 동역자들과 교회에게 분쟁의 문제에 대한 해법과 방향을 선도하는 신학적 성찰과 윤리적 규범을 전달했다. 동시에 그의 사상은 동역자와 변화된 교회의 상황으로부터 영향을 많이 받았다. 결론적으로 바울 학파를 가정하는 것은 상황과 관련된 논증, 보편적 교육의 수혜 및 기초 전통 학습의 얽힘을 통해 바울서신에 반영된 그의 신학 형성 과정에 대한 통찰력을 제공한다.

---

75 참조. H. Conzelmann, Paulus und die Weisheit, 179.

76 참조. W. Elliger, Ephesos. Geschichte einer antiken Weltstadt, Stuttgart 1985. 에베소의 그리스도교 역사에 관한 연구는 다음을 참조하라. W. Thiessen, Christen in Ephesus, TANZ 12, Tübingen 1995; M. Günther, Die Frühgeschichte des Christentums in Ephesus, Frankfurt 1996; R. Strelan, Paul, Artemis, and the Jews in Ephesus, BZNW 80, Berlin 1996.

2.3 고대 서신

2.3.1 유형으로 본 고대 서신

A. Deissmann, Licht vom Osten, Tübingen [4]1923. • H. Koskenniemi, Studien zu Idee und Phraseologie des griechischen Briefes bis 400 n. Chr., AASF B 102, 2, Helsinki 1956. • K. Thraede, Grundzüge griechisch-römischer Brieftopik, Zet. 48, München 1970. • W. G. Doty, Letters in Primitive Christianity, Philadelphia 1973. • J. L. White, Light from Ancient Letters, Philadelphia 1986. • S. K. Stowers, Letter Writing in Greco-Roman Antiquity, Philadelphia 1986. • A. J. Malherbe, Ancient Epistolary Theorists, Atlanta 1988. • H. Probst, Paulus und der Brief, WUNT 2. 45, Tübingen 1991, 55-107. • G. Strecker, Literaturgeschichte(위 1.2를 보라.), 66-95. • H. J. Klauck, Die antike Briefliteratur und das Neue Testament, Paderborn 1998. • M. Reiser, Sprache und literarische Formen des Neuen Testaments, Paderborn 2001, 116-25. • P. Eckstein, Gemeinde, Brief und Heilsbotschaft. Ein phänomenologischer Vergleich zwischen Paulus und Epikur, HBS 42, Freiburg 2004. • S. E. Porter (Hg.), Paul and the Ancient Letter Form, PAST 6, Leiden 2010. • Th. J. Bauer, Paulus und die kaiserzeitliche Epistolographie, WUNT 276, Tübingen 2011.

신약성서 서신문학의 양식사적 이해는 금세기에 다이스만(A. Deissmann)이 편지(Brief)와 서한(Epistel)으로 구분함으로써 규정되었다.(이후 Brief는 편지, 서신 또는 서간으로, Epistel은 서한으로 번역함 – 역자 주) 다이스만은 고대의 편지에서 비문학적인 어떤 것을 보았는데, 그것이 "떨어져 있는 사람과의 소통에 봉사한다."라고 했다.[77] 이와는 대조적으로 서한은 문학예술의 형식이며 "문학의 장르로서 예를 들어 대화, 연설, 드라마"[78] 같은 것이다. "편지는 삶의 한 조각이고, 서한은 문학예술의 산물이다."[79] 다이스만은 바울서신을 실용적이고 비문학적인 편지로 보는 반면, 공동서신(야고보서, 베드로전후서, 유다서)과 히브리서, 요한계시록은 서한으로 묘사한다. 하지

77 A. Deissmann, Licht vom Osten, 194.

78 같은 책.

79 위의 책, 195.

만 이러한 '비문학적 편지-문학적 서한'의 양자택일적 구분은 고대는 물론이고 신약의 편지에도 적용되지 않기 때문에 이 주장은 이미 극복된 것으로 간주해야 한다. 바울서신도 의도적인 성향을 띠고 있어 빌레몬서를 제외하고는 고대의 일반적인 편지보다 훨씬 길다. 그것은 예배에서 낭독되었고 따라서 회중을 위해 의도되었다. 바울은 또한 그의 편지에서 종종 문학적 예술 형식을 사용한다. 바울의 논증의 요소는 다음과 같다. 반제, 유형론, 비교, 아이러니, 비유, 연쇄 추리, 첨부 및 벗어남, 교차대조법, 금언, 예증, 악덕 목록, 고난 목록, 칠십인역 인용문, 주의 말씀, 중간 질문, 상대방에 의한 반론, 비판적 인사 등등이다.[80] 마지막으로 갈라디아서와 빌레몬서는 바울의 수사학적 구성을 드러내므로 그의 편지는 내용과 형식 면에서 문학으로 분류될 수 있다.[81]

고대의 편지는 (바울서신처럼) 의사소통의 파트너가 시간적이고 공간적으로 분리되어 있을 때 소통하는 하나의 형태였다.[82] 편지는 대화를 대신한다.(참조. 키케로, Phil 2, 7; 세네카, Ep 40, 1: "우리가 곧바로 함께하지 않는

---

80 참조. R. Bultmann, Der Stil der paulinischen Predigt und die kynisch-stoische Diatribe, FRLANT 13, Göttingen 1910(=1985); S. K. Stowers, The Diatribe and Paul's Letter to the Romans, SBL. DS 57, Chico 1981; F. Siegert, Argumentation bei Paulus gezeigt an Röm 9-11, WUNT 34, Tübingen 1985; Th. Schmeller, Paulus und die "Diatribe", NTA 19, Münster 1987; J. Schoon-Janßen, Umstrittene "Apologien" in Paulusbriefen, GTA 45, Göttingen 1991.

81 참조. Th. J. Bauer, Paulus und die kaiserzeitliche Epistolographie, 404f. 바우어는 빌레몬서와 갈라디아서에 대하여 "마치 서한 형식의 언어가 교육을 받은 저자와 교육을 받지 못한 저자의 파피루스 편지 안에서 현재하는 것처럼, 한편으로 빌레몬서와 갈라디아서는 일반적인 서한 형식의 언어에 참여하고 있다. 그러나 다른 한편으로 이 편지들은 교양 있는 일반적인 언어를 사용한다는 점에서 교육받지 못한 사람들의 편지와는 다르다. 신중한 형식적 모양과 수사적 기법에 의존함으로써 문학적 편지에 근접할 수도 있다"라고 분석한다.

82 고대 서신의 현실(필기, 잉크, 갈대, 필자, 운송 수단)에 관하여는 H. J. Klauck, Die antike Briefliteratur, 55-70을 참소하라.

다면, 나는 당신으로부터 결코 편지를 받지 않을 것이다."; 세네카, Ep 75) 편지의 저자는 문학적 표현 형식의 목록에서 자신이 목표하는 소통의 상황에 가장 잘 부합하는 것으로 보이는 것을 취한다.[83] 주어진 문학적 표현 형식과 작가가 선택할 수 있는 개별 문체, 그 구체적 적용, 공간적으로 분리된 사람들 사이의 서면 의사소통의 다양한 가능성 및 의사소통을 통해 추구하는 목표 사이에는 상호 의존성이 존재한다.[84] 특정한 의사소통의 상황에 대처하는 일반적인 문학적 수단과 비교해보면 비로소 작가의 특정한 능력이 가시적으로 드러난다.

기본적으로 고대의 편지는 공적(예를 들어 공적 또는 사업상) 서신과 사적(가족) 서신으로 나눌 수 있다. 많은 고대의 편지의 유형[85] 중에서 우정의 편지와 철학적 편지는 바울서신에서 중요하다. 우정의 편지[86]는 친구 간 개인적인 연락을 유지하는 역할을 한다. 편지는 저자와 수신자 사이의 공간적 분리에 대한 불완전한 대체물일 뿐이지만, 작가는 편지 속에 현재한다. 편지는 우정의 기초를 상기하고, 관계를 새롭게 한다. 그리고 다시 만날 수 있다는 전망은 이별의 아픔을 덜어준다. 바울은 교회에게 상호관계의 기반을 반복해서 상기(고전 15:1, 갈 3:1)하고, 교회를 갈망(살전 2:17, 갈 4:20)하며속히 방문하기를 희망(살전 2:18, 롬 1:11, 15:32, 빌 2:24)한다. 자신의 부

---

83 F. Shulz von Thun, Miteinander reden: Klärungen und Störungen. Psychologie der zwischenmenschlichen Kommunikation, Hamburg 1986. 슐츠는 석의를 위해 수용할 수 있는 의사소통이론을 제시한다. 메시지에는 사실 내용, 관계, 자기 공개 및 호소의 네 가지 측면이 있다. 이 모든 요소는 다양한 강도와 형태로 바울서신에서 발견된다.

84 참조. K. Ermert, Briefsorten. Untersuchungen zu Theorie und Empirie der Textklassifikation, RGL 20, Tübingen 1979.

85 S. K. Stowers, Letter Writing, 49ff. 이 책에서는 여섯 가지 유형의 편지가 제안된다. (1) 우정의 편지, (2) 가족의 편지, (3) 칭찬 또는 질책의 편지, (4) 훈계의 편지, (5) 추천서, (6) 사과. 다른 구분에 관하여는 다음을 참조하라. W. G. Doty, Letters, 5ff.; H. J. Klauk, Die antike Briefliteratur, 157-64.

86 우정의 편지에 관하여는 H. Koskenniemi, Studien, 115ff.를 참조하라.

재에 대한 보상으로 바울은 사람이나 편지를 보낸다.(살전 3:1-2, 고전 5:3-4) 그는 자신의 행동을 정당화하고 속히 방문하는 것을 방해하는 장애물을 제거하려고 한다.(고후 1:15-22) 철학적 편지[87](예를 들어 견유학파의 편지, 에피쿠로스의 편지, 세네카의 루킬리우스에게 보내는 도덕 서한)에는 종종 바울의 편지처럼 교리적 부분과 윤리적 부분이 결합돼 있다. 철학적 성찰은 실제 삶에 관한 질문과 결합된다. 작가의 자화상과 자기소개서도 많은 부분을 차지한다. 세네카(Seneca)는 반복적으로 소크라테스를 모델로 삼아 스스로 본보기가 된다.[88] 바울은 자신을 회중의 모범으로 추천하며(살전 1:6, 고전 11:1, 4:16-17, 갈 4:12, 빌 3:17, 4:9), 독특한 자신의 삶의 경험은 그의 논증의 수단이다.(갈 1:13 이하, 빌 1:12-26, 3:4 이하)

바울서신에서 발견되는 또 다른 그리스-로마식 서신의 주제는 칭찬, 비난, 권면, 위로, 고발, 변호이다. 바울은 고대 편지의 유형을 채택하지는 않지만 고대의 편지 관습에 의존하면서 동시에 그것들을 독자적으로 변형한다.[89]

---

87 참조. H. Cancik, Untersuchungen zu Senecas Epistulae morales, Spudasmata 18, Hildesheim 1967, 46-68; K. Berger, Hellenistische Gattungen und Neues Testament, ANRW 25. 2, Berlin 1984, (1031-432) 1132-38.

88 참조. Sen, Ep 20. 34. 35 등; 관련된 텍스트의 해석은 H. Cancik, Untersuchungen, 68ff.를 참조하라.

89 훌륭한 방법론적 통찰은 D. E. Aune, The New Testament in Its Literary Environment, Philadelphia 1987, 203을 참조하라. "초기 그리스도교 서신은 엄격한 분류를 무시하는 경향을 드러낸다. 그것은 수사학의 세 가지 주요 유형과 관련하여, 또는 서신 이론가들이 나열한 많은 범주와 관련하여 나타난다. 초기 그리스도교 서신의 대부분은 다 기능적으로 두 가지 이상의 서신 유형의 요소를 결합한 '혼합적' 특징을 지녔다. 그래서 초기 그리스도교 각 서신은 그 자체로 분석해야 한다." 전반적으로 바울서신은 고대의 조언하는 우정이 편지에 가장 가깝지만, 바울은 고대 수사학자와 그 후계자의 이상적인 편지 형식을 받아들이지는 않았다.

2.3.2 바울서신의 양식

O. Roller, Das Formular der paulinischen Briefe, BWANT 4. 6, Stuttgart 1933. • P. Schubert, Form and Function of the Pauline Thanksgiving, BZNW 20, Berlin 1939. • C. J. Bjerkelund, PARAKALÔ. Form, Funktion und Sinn der parakalô-Sätze in den paulinischen Briefen, BNT 1, Oslo 1967. • K. Berger, "Apostelbrief und apostolische Rede," ZNW 65 (1974): 190-231. • J. L. White, New Testament Epistolary Literature in the Framework of Ancient Epistolography, ANRW II 25. 2, Berlin 1984, 1730-56. • F. Schnider/W. Stenger, Studien zum neutestamentlichen Briefformular, NTTS XI, Leiden 1987. • Irene Taatz, Frühjüdische Briefe. Die paulinischen Briefe im Rahmen der offiziellen religiösen Briefe des Frühjüdentums, NTOA 16, Freiburg (H)/Göttingen 1991. • F. Vouga, "Der Brief als Form der apostolischen Autorität," Studien und Texte zur Formgeschichte, TANZ 7, Tübingen 1992, 7-58. • D. Dormeyer, Das Neue Testament im Rahmen der antiken Literaturgeschichte, Darmstadt 1993, 190-98. J. Murphy-O'Connor, Paul the Letter-Writer, Collegeville 1995. • M. Müller, Vom Schluß zum Ganzen. Zur Bedeutung des Briefkorpusabschlusses in Paulusbriefen, FRLANT 172, Göttingen 1997.

2.3.2.1 바울서신의 서두

편지의 서두는 인사말(Präskript), 감사와 자기소개를 포함한다. 인사말에서는 먼저 외부 주소와 내부 주소를 구분해야 한다. 외부 주소는 파피루스 두루마리 외부에 받는 사람과 보내는 사람, 그리고 종종 목적지를 지명했다.[90] 신약성서의 모든 편지의 외부 주소는 손실되었다. 내부 주소는 오늘날 편지의 시작 부분에 해당하며 고정된 형식으로 표시된다. 우리는 신약의 편지 인사말 구조에서 그리스식과 오리엔탈식 편지 양식을 구분할 수 있다. 그리스식은 인사말의 세 가지 기본 요소(발신자, 수신자, 축복 소원)를 한 문장으로 서술하며, 발신자는 주격 주어로, 수신자는 여격으로 기술한다. 그 기본 형식은 이런 식이다. A가(주격) B에게(여격) 그는 기뻐해야 한다.(ὁ δεῖνα τῷ δεῖνι χαίρειν)[91] 그리스식 편지 양식은 야고보서 1:1과 사

90 참조. A. Deissmann, Licht vom Osten, 119ff.

91 그리스식 편지의 인사말에 관하여는 H. Koskenniemi, Studien, 155ff.를 참조

도행전 15:23-29, 23:26-30에 나타난다. 오리엔탈식 편지의 양식은 주로 히브리어와 아람어 편지에 나타난다.[92] 이 양식은 인사말이 두 부분으로 나뉘는 것이 특징인데, 첫 번째 부분은 수신자(A에게) 또는 발신자와 수신자(A가 B에게)만 언급된다. 두 번째 부분은 시작 인사, 일반적으로 샬롬(שָׁלוֹם)으로 이어진다. 수신자의 이름은 항상 언급되고 때로는 부가어가 추가되지만, 발신자가 인사말에 꼭 나타날 필요는 없다. 인사말에서 발신자가 먼저 나오면 전치사가 붙는다.

신약성서의 편지는 비록 수정된 형태이기는 하지만 오리엔탈식 양식이 대부분이다. 다시 말해 두 부분으로 된 인사말은 오리엔탈식 양식을 따르는 것이고, 발신자가 주어로서 앞에 위치하는 것은 그리스식 양식을 따르는 것이다.

동부 지중해에서는 헬레니즘의 영향으로 편지 양식에서 혼합 형태가 발전했다. 이러한 혼합 형태는 테오도시온(단 4:1)이 번역한 히브리 성서 다니엘 3:31에 나온다.(히브리 성서 다니엘 3:31의 테오도시온 역본은 다니엘 4:1이고, 우리말 개역개정판에는 30절로 끝난다. - 역자 주) "느부갓네살 왕이 땅의 모든 백성과 족속과 방언에게(조서를 내리노니 - 역자 주) 너희에게, 평강이 충만할지어다." 시리아어 바룩서 78:2: "네리야의 아들 바룩이 포로로 잡힌 형제들에게 이같이 말하노니 너희에게 자비와 평강이 있을지어다."[93] 이와는 대조적으로 제2마카베오서 1:1은 오리엔탈 편지 양식에 더 가깝다. 여기서 수신자는 여격으로 나타나며 주격으로 표시된 발신자 앞에 위치한다. "이집트에 있는 유대인 형제

하라.

92 참조. D. Pardee, "An Overview of Ancient Hebrew Epistolography," JBL 97 (1978): 321-46; ders., Handbook of Ancient Hebrew Letters, SBL. S 15, Chico 1982; I. Taatz, Frühjüdische Briefe, 해당 쪽.

93 참조. I. Taatz, 위의 책, 66f. 물론 타츠는 여기서 인사말을 일반적 오리엔탈 양식에 속하는 것으로 본다.

들에게 예루살렘과 유대에 사는 형제들이 인사를 전합니다. 화평을 빕니다."[94]

바울의 서신 형식은 혼합 방식으로 나타난다. 한편으로는 두 문장으로 된 인사말을 고수하지만 다른 한편으로는 인사말의 첫 번째 부분에서 주격의 발신자를 여격의 수신자 앞에 둔다. 결국 바울은 자신의 환경에서 흔히 볼 수 있는 편지 양식의 거시적 구조만을 취하고 이를 바탕으로 독자적인 서신 양식을 발전시킨다. 바울에게 사도적 서신은 분명히 개인적인 방문과 전령을 파견하는 것 외에도 교회와 관계를 유지하고, 개척하고(로마서), 자신의 복음을 선포하는 데 적절한 형식이다.[95] 본문의 화용적인(textpragmatisch) 관점에서 볼 때 바울 선교 사역의 맥락에서 서신은 본질상 교회 내부를 통제하는 요소이다.

바울서신의 인사말은 발신자(superscriptio)로 시작한다. 그러나 로마서 1:1을 제외하고는 항상 공동 발신자가 있다.(참조. 살전 1:1, 고전 1:1, 고후 1:1, 빌 1:1, 몬 1절)[96] 바울은 갈라디아서 1:2에서 공동 발신자의 이름을 나열하지 않고 대신 "(나와) 함께 있는 모든 형제"라고 한다. 데살로니가전서 1:1을 제외하고 발신자 정보인 '바울' 뒤에는 항상 칭호가 나오는데, 바울은 자신을 '사도'(롬 1:1, 고전 1:1, 고후 1:1, 갈 1:1), '종'(롬 1:1, 빌 1:1), '갇힌 자'(몬 1절)라고 부르며, 공동 발신자를 '형제'(고전 1:1, 고후 1:1, 몬 1절), '예수 그리스도의 종'(빌 1:1)이라고 부른다.

94 참조. 위의 책, 18f.

95 바울서신 형식의 상대적 독립성은 논란의 여지가 없다. 다만 바울이 그리스식 혹은 초기 유대식 서신 전통 중 어느 쪽의 영향을 더 받았는가에 대해서는 논쟁의 여지가 있다. 미주 지역의 연구에서는 바울서신을 주로 그리스식 서간문학과의 연장선에서 관찰하는 반면에 타츠는 "초기 유대 공동체의 주요 서신과 바울서신의 연속성을 강조한다."(위의 책, 114.)

96 타츠는 다음과 같은 점에서 유대의 서신과의 유사성을 본다. "공동체 서신의 그룹에서는 유대인 공동체를 대표하거나 지도자 역할을 하는 여러 공동 발신인의 이름이 지정된다."(위의 책, 113.)

발신자 뒤에는 수신자(adscriptio)가 온다. 주로 수신자는 '하나님의 교회'(고전 1:2, 고후 1:1)나, '하나님 아버지와 주 예수 그리스도 안에 있는 교회'(살전 1:1), 또는 특정 장소나 지역에 있는 '교회'(갈 1:2)로 나타난다. 빌립보서 1:1에는 '빌립보에 있는 예수 그리스도 안에서 모든 성도에게'라고 되어 있다. 이 특별한 형태의 수신자는 사도와 빌립보 교회의 좋은 관계를 강조한다. 로마서에서 바울은 '교회'(ἐκκλησία)라는 용어를 사용하지 않고 '로마에 있는 모든 사람에게'라고 했는데 이것은 그가 이 교회와 관련하여 설립자의 권위를 행사할 수 없었기 때문이다. 바울의 편지에서 수신자는 항상 개인이 아니라 집단이다. 빌레몬서에서도 실제 수신자인 빌레몬 외에 바울의 동역자들과 빌레몬의 가정교회가 있다.(몬 1, 2절) 고린도전서, 고린도후서, 빌립보서에서 실제 수신자('하나님의 교회') 외에 다른 수신자를 지명함으로써 바울은 편지의 영향력의 범위를 확장하지만, 수신자를 개별화하지는 않는다.

바울서신에서 발신자와 수신자 다음에는 인사말의 두 번째 부분인 시작 인사(salutatio)가 온다. 바울의 인사는 "하나님 우리 아버지와 주 예수 그리스도로부터 은혜와 평강이 너희에게 있을지어다."(고전 1:3, 고후 1:2, 갈 1:3, 롬 1:7b, 빌 1:2, 몬 3절)라는 동일한 표현을 여섯 번이나 사용한다. '은혜'(χάρις) 및 '평강'(εἰρήνη)이라는 이 한 쌍의 용어는 예수 그리스도를 통해 교회에 주어지는 하나님의 선물을 나타낸다. 바울은 시작 인사와 함께 유대식 및 그리스식 편지에 담긴 관습을 따르는데, 수신자에게 행복을 비는 시작 인사와 끝인사로 마무리한다. 바울의 시작 인사는 항상 수신자와 교회의 특별한 상황과 관련하여 이해해야 한다.(참소. 갈 1:4)[97]

거의 모든 바울서신(예외, 갈라디아서)에서 서신의 형식 및 기능적으로

97 바울서신의 인사말은 특히 F. Schnider/W. Stenger, Studien, 25-33을 참조하라. 타츠는 바울서신의 인사말을 시리아어 바룩서(syrBar) 78:2 전통과의 연장선에 관찰한다.(I. Taatz, Frühjüdische Briefe, 112.)

독립된 부분은 인사말 바로 다음에 온다. 이 부분은 주문장의 동사 '감사하다'(εὐχαριστεῖν) 다음에 편지의 머리말(Proömium)로 묘사된다. 감사말의 시작은 확실하게 결정할 수 있는 반면에 머리말에서 다음 문맥으로의 전환은 불확실한 상태로 남아 있다.[98] 관점이 바뀌고 사도가 더 이상 수신자를 염두에 두지 않고 독자와 청중을 편지의 저자 자신에게로 방향을 전환하려는 지점까지가 바울의 감사말이라는 슈니더(F. Schnider)와 슈텡어(W. Stenger)의 제안은 효과적인 것으로 인정된다. 이러한 전환은 다음의 구성요소로 시작된다. (1) 호칭 '형제', (2) 편지의 저자가 지면에서 경고 등을 하여 수신자와 함께 도달하려는 수신인의 지식에 관한 참조.[99] 우리가 이러한 관점의 변화를 새로운 단락의 시작을 표시하는 본문의 신호로 이해한다면, 데살로니가전서 1:2-10, 고린도전서 1:4-9, 고린도후서 1:3-7, 로마서 1:8-12, 빌립보서 1:3-11, 빌레몬서 4-7절은 바울서신의 감사말에 해당한다.

바울서신의 머리말은 두 가지 기본 형식으로 전해졌다. 첫 번째 형식에서는 동사 '감사하다'가 있는 주문장(주절) 뒤에 동사를 수정하는 하나 혹은 그 이상의 분사가 오며, 끝에 목적절이 추가로 와서 이 분사에 종속될 수 있다.(참조. 빌 1:3-11, 살전 1:2-10, 몬 4-7절) '감사하다'의 주어는 언제나 편지를 쓰는 사람이며, 그 편지를 받은 사람에 대해 항상 하나님께 감사한다. 두 번째 기본 형식에서는 '감사하다'가 있는 주문장 뒤에 ὅτι 명사절이 오고, 그 뒤에 결과를 나타내는 절이 올 수 있다.(참조. 고전 1:4-9) 이 두 기본 형식은 항상 서로 엄격하게 분리되지는 않는다. 로마서 1:8-12에는 두 요소가 조합되어 있다. 고린도후서 1:3-7은 감사가 '찬양받을 만한'(εὐλογητὸς)으로 시작하는 특별한 위치를 차지한다. 여기에서 확장된 축복문은 바울의 다른 서신들에 있는 머리말과 같은 기능을 한다. 머리말에서 사도는 하나님께서 교회에 주신 구원의 상태에 대해 감사한다. 머리말은 교회론적 기

98 참조. F. Schnider/W. Stenger, 위의 책, 42의 도표.

99 위의 책, 43.

능을 하며, 전 세계에서 '하나님의 교회'(ἐκκλησία θεοῦ) 속에 수신자 교회를 배치한다. 하나님은 사도 바울의 사명과 이러한 공동체의 존재를 통해 예수 그리스도의 복음을 선포하고 증언하는 교회를 만들었다.

슈니더와 슈텡어는 인사말과 편지의 감사말 외에도 바울서신의 서두 부분에서 세 번째 단락인 자기소개를 고려한다.[100] 그것은 미래의 방문(롬 1:13-15)이나 교회 설립을 위한 첫 방문에서 지속적인 영향력(살전 2:1-2)을 행사하던 편지의 저자가 수신자에게 등장하는 것을 말한다. 자기소개의 주제에는 지금까지 오지 않은 사실에 대한 설명(롬 1:13, 살전 2:18)과 편지 저자를 위한 교회의 기도(고후 1:11, 빌 1:19), 사도와 교회 사이의 좋은 관계에 대한 강조(고전 4:14, 살전 2:1-11, 2:17), 사도가 교회에서 그의 선포 사역을 어떻게 수행했는지(고전 2:1-5:2, 고후 1:12), 그리고 마지막으로 그의 사역 태도의 모범적 성격(살전 4:1, 고전 4:15) 등이 포함된다. 편지에서 자기소개는 편지의 저자에 대한 신뢰를 수신자에게 전달한다. 인사말의 호칭 '형제'와 함께 편지에서 자기소개를 일관되게 사용하는 것도 이러한 목적에 부합한다. 편지에서 자기소개의 경계를 설정하는 것은 문제가 된다. 자기소개는 로마서 1:13-15, 고린도후서 1:8-2:17, 갈라디아서 1:8-10, 빌립보서 1:12-30과 빌레몬서 7-9절에서는 명확하게 인식할 수 있지만, 데살로니가전서와 고린도전서에서만큼은 구별하기 어렵기 때문이다.[101] 바울서신의 서두에서 편지의 자기소개를 독립된 단락으로 구별하는 것이 가능하다고 해도 사도가 이 형식을 사용하는 데 상당히 자유로웠음을 인정해야 한다.

한편으로 바울서신의 서두는 당시의 양식을 고수하는 반면, 다른 한편

100 참조. 위의 책, 50ff.

101 위의 책, 53ff. 슈니더와 슈텡어는 데살로니가전서 2:1-12, 2:17-3:8과 고린도전서 1:10-4:21에 있는 서신의 자기소개 본문을 과도하게 확대한다.

으로 그 독자적인 형태는 서신에서 이 부분의 해석학적 기능을 입증한다. 그것은 바울과 수신자 사이의 의사소통의 현재 상황을 나타낸다. 사도는 편지의 본문 부분에서 전개하는 핵심적인 신학적 주제를 이미 서두에서 간략하게 언급한다.

2.3.2.2 바울서신의 결미

바울서신의 결미는 두 가지 요소로 구성되는데, 마무리 권면과 끝인사이다.

마무리 권면은 이어지는 단락을 독립적인 본문으로 표시하는 특별한 구절에 의해 편지의 본문과 구별된다.(참조. 살전 4:1, 고전 16:15, 고후 13:11)[102] 마지막 권면의 어법은 말을 건네는 형식으로 된 명령형을 사용하는 것이 특징이다. 2인칭 단수 혹은 복수는 바울이 그의 수신자와 접촉을 추구한다는 것을 분명히 한다. 구체적인 교회의 조건이나 서신 저자의 상황도 마지막 권면에 포함될 수 있다. 권면 외에 다음과 같은 주제가 마무리 권면에 자주 나타난다. (1) 중보기도 요청(살전 5:17, 롬 15:30-32, 빌 4:6), (2) 직분의 중요성에 대한 강조(참조. 살전 5:12, 고전 16:15-18), (3) 마무리 권면을 종결할 수 있는 중보기도를 통한 축복의 서원(살전 5:23, 갈 6:16, 롬 15:13, 33, 빌 4:7), (4) 사도의 방문은 다섯 통의 바울서신에서는 마무리 권면 중에 혹은 사도가 여행 계획에 대해 논의한 문맥과 관련된 속에서 나타난다.(참조. 고전 16:5-12, 고후 12:14-13:10, 롬 15:14-29, 빌 2:19-30, 몬 22절) 바울은 여기서 헬레니즘의 우정의 편지 서한 모티브를 가져와서[103] 그 모티브를 확장한다. 헬레니즘의 우정의 편지에서 파루시아(παρουσία, 그리스도의 재림) 모티브는 편지 저자의 현재를 변화하는 형태로 수신자에게 반영한다. 바울에게도 파루시아 모티브는 서신의 저자와 수신자 사이의

---

102 참조. 위의 책, 76-107.

103 참조. K. Thraede, Grundzüge griechisch-römischer Brieftopik(위 2.3.1을 보라.), 95-106.

분리를 극복하기 위한 것이지만 동시에 교회 안에서 사도의 권위와 능력을 표현하는 것이다. 바울은 편지, 사절 또는 자신의 인격을 통해 교회를 향한 자신의 존재를 고려함으로써 그의 사도적 권위를 행사한다.(예를 들어 고후 13:10)[104] 사도의 방문은 마무리 권면의 구성 요소이다. 파루시아 모티브가 마무리 권먼에 완전히 통합되어 있거나(고진 16:5-12, 롬 15:14 29), 혹은 대부분 사도의 방문과 거의 근접하여 나타나기 때문이다. 바울서신의 마무리 권면의 경우는 데살로니가전서 5:12-25, 고린도전서 16:1-18, 고린도후서(12:14-13:10) 13:11, 갈라디아서 6:1-10, 로마서 15:(7-13) 30-33, 빌립보서 4:2-9, 빌레몬서 21, 22절이다.

바울서신의 끝인사(Postskript)는 일반적으로 세 가지 요소를 포함한다. (1) 인사 주문, 저자가 수신자에게 교회의 다른 구성원에게 인사하도록 주문한다. (2) 편지의 저자는 다른 사람의 인사를 수신자에게 직접 보낸다. (3) 편지의 저자 스스로가 수신자에게 인사를 하는데, 이것이 실제로 편지의 결문(Eschatokoll)이다.

인사 주문은 바울서신에서는 명령형 '문안하라'(ἀσπάσασθϵ)가 쓰이며, 데살로니가전서 5:26, 고린도전서 16:20b, 고린도후서 13:12a, 로마서 16:3-16a, 빌립보서 4:21a에서 찾을 수 있다. 인사는 종종 '거룩한 입맞춤'이라는 주제와 관련이 있다.(참조. 살전 5:26, 고전 16:20b, 고후 13:12a, 롬 16:16a) 인사 주문은 편지를 쓰는 저자의 부재를 편지로써 극복함과 동시에 모든 수신자에게 편지가 널리 보급되도록 기능한다. 바울이 수신자들에게 다른 사람의 인사를 전달하는 본문은 고린도전서 16:19-20a, 고린도후서 13:12b, 로마서 16:16b, 21-23, 빌레몬서 23, 24절이다. '모든 성도'(고후 13:12b, 빌 4:22), '아시아의 모든 교회'(고전 16:19), '그리스도의 모든 교회'

104 참고. 세부 사항에 관하여는 R. W. Funk, "The Apostolic Parusia: Form and Significance," Christian and Interpretation, FS J. Knox, Cambridge 1967, 249-68을 참조하라.

(롬 16:16b)의 인사나 바울의 각 동역자들의 인사는 사도와 해당 교회뿐만 아니라 전체 교회가 믿음으로 서로 광범위하게 연결되어 있음을 알고 있다는 사실을 보여준다. 또한 인사의 전달은 항상 교회의 특수한 상황과 관련이 있으며, 이는 개인의 이름을 언급하는 데서 기인한다. 그러나 데살로니가전서와 갈라디아서에서는 인사의 전달이 없다.

고대의 서신처럼 바울의 결문(Eschatokoll)[참조. 살전 5:28, 고전 16:23-24, 고후 13:13, 갈 6:11-18, 롬 16:24(?), 빌 4:23, 몬 25절]은 편지의 종결이다. 헬레니즘식 개인 편지에서 마지막 인사는 종종 '행복하시오'(ἔρρωσσο 및 εὐτύχει)이다. 날짜는 고대 서신의 결문에서 찾을 수 있으며, 인사는 기록자가 아닌 부분적으로는 저자가 쓴다. 바울은 결문에서도 환경의 관습을 따르는 동시에 그것을 확장한다. 단순한 '행복하시오'는 데살로니가전서 5:28, 고린도전서 16:23, 로마서 16:20b에서 정교한 축복으로 변형된다. '우리 주 예수 그리스도의 은혜가 너희에게 있을지어다.'(ἡ χάρις τοῦ κυρίου ἡμῶν 'Ιησοῦ μεθ' ὑμῶν)는 갈라디아서 6:18, 빌레몬서 25절에서 τοῦ πνεύματος가 첨부되어 확장되고, 고린도후서 13:13에서 삼위일체적 형식을 갖춘다. 로마이어(E. Lohmeyer)는 최초 그리스도교 예배에서 바울서신의 서두와 결미의 형식을 설명한다.[105] 다음은 예배가 시작되고 종료되는 형식이다. 그러나 최초 그리스도교 예배의식에 대한 우리의 지식은 매우 다양한 형태의 그리스도교 전승의 삶의 자리로 볼 수 있듯이 너무 단편적이다. 특별한 형태의 마지막 인사가 나오는 것은 아마도 바울서신의 서신으로서의 기능 때문일 것이다. 바울의 마지막 인사도 고대의 서신처럼 다음과 같은 내용을 지닌다. "(1) 편지의 결미에 편지를 쓰는 사람과 받는 사람 사이의 관계를 안녕을 바라는 마음으로 다시 언급한다. (2) 동시에 최소한 발신자가 자필로 서명함을 통해 수신자 곁에 현존함을 드러내어 편지

105 참조. E. Lohmeyer, "Probleme paulinischer Theologie," ZNW 26 (1927): 158-73.

내용의 진정성을 암시한다.[106] 유대와 헬레니즘 편지 모두에서 나타나는 특징은 편지 아래 자필로 서명한 것이 편지에 정당한 의미를 부여하는 역할을 했다는 점이다.[107] 바울은 때때로 자신의 손으로 결문을 쓴다.(참조. 고전 16:21, 갈 6:11) 고린도전서 16:21에서 그는 고린도인들에게 말한 것의 권위를 강조하기 위해 편지에 이름을 쓰고 서명했다. 빌레몬서 19절에서 이름과 서명은 결문에 나오지 않고 편지 본문의 끝에 있다. 이에 바울은 빌레몬에게 오네시모로 말미암아 입은 피해를 갚고 싶다는 신호를 보낸다. 전반적으로 바울서신의 결미는 두 가지 기능을 가지고 있다. 즉 서신의 중심선을 묶는 동시에 편지의 저자와 수신자의 미래를 다루는 것이다.[108]

2.4 데살로니가전서

2.4.1 참고문헌

주석

KEK 10: E. v. Dobschütz, 1909(=1974). • HNT 11: M. Dibelius, ^{3}1937, 1-37. • EKK XIII: T. Holtz, ^{3}1998. • ThHK 12/1: G. Haufe, 1999. • NTD 8/2: E. Reinmuth, 1998. • ZBK 11. 1: W. Marxsen, 1979. • AncB 32B: A. J. Malherbe, 2000. • BNTC: E. Best, 1972. • WBC 45: F. F. Bruce, 1982. • NCeB: H. Marshall, 1983. • NIGTC: C. A. Wanamaker, 1990. • Sacra Pagina 11: E. J. Richard, Collegeville 1995.

단행본

W. Harnisch, Eschatologische Existenz, FRLANT 97, 1973. • F. Laub, Eschatologische Verkündigung und Lebensgestaltung nach Paulus, BU 10, 1973. • H. H. Schade, Apokalyptische Christologie bei Paulus, GTA 18, ^{2}1984. • R. Jewett, The Thessalonian Correspondence, Philadelphia 1986. • A. J. Malherbe, Paul and the Thessalonians, Philadelphia

---

106 F. Schnider/W. Stenger, Studien(위 2.3.2를 보라.), 133.

107 참조. 위의 책, 137-44.

108 참조. M. Müller, Vom Schluß zum Ganzen, 241ff.

1987. • B. C. Johanson, To All the Brethren. A Text-Linguistic and Rhetorical Approach to I Thessalonians, CB.NTS 16, Stockholm 1987. • K. P. Donfried, "The theology of 1 Thessalonians," The theology of the shorter Pauline letters, hg. v. K. P. Donfried u. H. Marshall, Cambridge 1993, 1-79. • R. Riesner, Frühzeit des Apostels Paulus(위 2.1을 보라.), 297-365. • Jutta Bickmann, Kommunikation gegen den Tod, fzb 86, Würzburg 1998. • Regina Börschel, Die Konstruktion einer christlichen Identität. Paulus und die Gemeinde von Thessalonich in ihrer hellenistisch-römischen Umwelt, BBB 128, Berlin 2001. • Chr. vom Brocke, Thessaloniki-Stadt des Kassander und Gemeinde des Paulus, WUNT 2. 125, Tübingen 2001. • M. D. Hooker (Hg.), Not in the World Alone. The First Epistle to the Thessalonians, MSBen 15, Rom 2003. • C. Breytenbach (Hg.), Frühchristliches Thessaloniki, STAC 44, Tübingen 2007. • D. Luckensmeyer, The Eschatology of First Thessalonians, NTOA 71, Göttingen 2009. • M. Crüsemann, Die pseudepigraphischen Briefe an die Gemeinde in Thessalonich, BWANT 191, Stuttgart 2010. • D. D. Schmidt, Heilig ins Eschaton, BZNW 167, Berlin 2010. • T. Jantsch, "Gott ist alles in allem"(1 Kor 15, 28). Studien zum Gottesverständnis des Paulus im 1. Thessalonicherbrief und in der korinthischen Korrespondenz, WMANT 129, Neukirchen 2011. • G. Lüdemann, Der älteste christliche Text. Erster Thessalonicherbrief, Lüneburg 2011.

논문

W. G. Kümmel, "Das literarische und geschichtliche Problem des Ersten Thessalonicherbriefes," ders., Heilsgeschehen und Geschichte I, Marburg 1965, 406-16. • Chr. Demke, "Theologie und Literarkritik im 1.Thessalonicherbrief," FS E. Fuchs, hg. v. G. Ebeling u. a., Tübingen 1973, 103-24. • G. Friedrich, "1 Thessalonicher 5, 1-11, der apologetische Einschub eines Späteren," ZThK 70 (1973): 288-315. • R. F. Collins, Studies on the First Letter to the Thessalonians, BETL 66, Leuven 1984. • U. Schnelle, "Der Erste Thessalonicherbrief und die Entstehung der paulinischen Anthropologie," NTS 32 (1986): 207-24. • R. F. Collins (Hg.), The Thessalonian Correspondence, BETL 87, Leuven 1990(주요 논문 모음집) • O. Merk, "Zur Christologie im ersten Thessalonicherbrief," ders., Wissenschaftsgeschichte und Exegese(위 1.1을 보라.), 360-73. • Th. Söding, "Der Erste Thessalonicherbrief und die frühe paulinische Evangeliumsverkündigung. Zur Frage einer Entwicklung der paulinischen Theologie," ders., Das Wort vom Kreuz(아래 2.5.1을 보라.), 31-56. • K. P. Donfried/J. Beutler (Hg.), The Thessalonians Debate, Grand Rapids 2000(주요 논문 모음집) • St. Schreiber, "Eine neue Jenseitshoffnung in Thessaloniki und ihre Probleme (1Thess 4, 13-18)," Bib 88 (2007): 326-50.

연구 보고서

St. Schreiber, "Früher Paulus mit Spätfolgen. Eine Bilanz zur neuesten Thessalonicherbrief-Forschung," ThRev 103 (2007): 267-84.

2.4.2 저자

데살로니가전서의 바울 저작설은 전혀 의심을 받은 바가 없다.[109] 이미 안디옥의 이그나티우스(Ignatius)가 데살로니가전서(참조. 살전 5:17/IgnEph 10:1)를 알고 있었고, 무라토리(Muratori) 정경도 데살로니가전서를 바울의 편지로 언급한다.

2.4.3 기록 장소와 시기

빌립보에서 온 바울은(살전 2:2) 데살로니가에 교회를 세웠다.(참조. 살전 1:1, 9-10) 그는 그 교회에 비교적 오래 머물렀고(참조. 살전 2:1-12) 그곳을 떠난 뒤에도 두 번이나 다시 오려고 했으나 사탄이 방해했다.(참조. 살전 2:17-20) 이런 이유로 바울은 아덴에서 데살로니가 교회로 디모데를 파송

109 예외적으로 크뤼제만은 데살로니가 교회에 보낸 서신을 차명문서로 본다. 당연히 데살로니가전서도 '기획된' 차명문서로 본다. 그의 주요 주장은 다음과 같다. (1) 데살로니가전서 2:14-16의 반유대 논쟁은 이스라엘/유대인에 대한 사도의 다른 진술과 모순된다.(참조. M. Crüsemann, Die pseudepigraphischen Briefe an die Gemeinde in Thessalonich, BWANT 191, Stuttgart 2010, 29-77.) 반론: 이스라엘에 관한 바울의 입장은 존재하지 않으며, 바울은 평생이 주제와 씨름했고, 그에 따라 각각의 역사적 상황에 맞게 다양하게 평가했다. (2) 주로 저자가 복수형으로 된 진술(참조. 살전 2:1ff., 3:1ff. 등)은 데살로니가전서가 어쨌든 바울에 의해 기록되었다고 주장하지 않는다는 사실을 보여준다.(참조. M. Crüsemann, 위의 책, 79-128.) 반론: 데살로니가전서도 예외는 아니다. 제1장(저자 바울, 실바누스, 디모데)도 거의 모든 다른 성서와 마찬가지로 바울서신은 바울 사도에게 우위가 주어졌음에도 불구하고 항상 바울 학파의 테두리에서 비롯된 공동 사역임을 드러낸다.(위 2.2.2를 보라.)

했다.(살전 3:1-2, 6) 디모데는 그에게 교회의 상황에 대한 좋은 소식을 가져왔다.(살전 3:6-8) 데살로니가전서를 기록할 당시의 바울의 체류 장소는 알려지지 않아서 가정할 뿐이다. 데살로니가전서 1:1에서 실루아노와 디모데를 언급하는 것은 암시를 제공한다. 사도행전 18:5에 따르면 바울은 고린도에서 이들과 만났다. 기록 장소인 고린도는 이 서신의 기록 시기를 결정한다. 바울은 기원후 50년에 고린도에 와서(위 2.1.1을 보라.) 같은 해에 데살로니가전서를 기록했다.[110]

2.4.4 수신자

데살로니가시(市)는 기원전 315년에 새롭게 건설되었다. 테르마이코스만(Thermaic Gulf)의 가장 안쪽 모퉁이와 에그나티아 도로(Via Egnatia)에 위치한 데살로니가는 항구도시, 무역 센터 및 교통의 교차점이었기에 매우 중요했다. 이러한 지정학적 요충지는 여러 시대에 걸쳐 유지되었다.[111] 데살로

---

110 데살로니가전서의 기록 연대를 기원후 50년(혹은 51년)으로 보는 학자들은 다음과 같다. M. Dibelius, 1 Thess, 33; W. G. Kümmel, Einleitung, 221; Ph. Vielhauer, Urchristliche Literatur, 88; E. Reinmuth, 1 Thess, 108; W. Marxsen, 1 Thess, 14; H. Köster, Einführung, 545; T. Holtz, 1 Thess, 19; R. Jewett, Thessalonian Correspondence, 60; R. Riesner, Frühzeit des Apostels Paulus(위 2.1을 보라.), 323; J. Roloff, Einführung, 101; R. E. Brown, Introduction, 457; G. Haufe, 1 Thess, 15; A. J. Malherbe, 1 Thess, 73; I. Broer, Einleitung, 318; St. Schreiber, "Der erste Thessalonicherbrief," Ebner/Schreiber (Hg.), Einleitung, 390. 홀츠는 이 의견에 반대한다.(T. Holtz, 1 Thess, 20-23.) 녹스도 데살로니가전서의 기록 연대를 40년대 초("…40년 이후는 아니다.")로 설정한다.(J. Knox, Chapters in a Life of Paul, New York/Nashville 1950, 86.) 다음의 학자들은 이 주장을 따른다. G. Lüdemann, Paulus I(위 2.1을 보라.), 281; K. P. Donfried, The theology of 1 Thessalonians, 12.

111 도시의 역사에 관하여는 다음을 참조하라. W. Elliger, Paulus in Griechenland, Stuttgart ^{2}1990, 78-116; R. Riesner, Frühzeit des Apostels Paulus(위 2.1을 보라.), 297-301; Chr. vom Brocke, Thessaloniki, 12-101.

니가는 문화와 종교의 중심지로도 매력적이었으며 사라피스(Sarapis), 이시스(Isis), 디오니소스(Dionysus) 혹은 카비렌(Kabiren) 같은 신들을 숭배했음이 발굴 작업과 문학적 증거를 통해 입증되었다.[112]

데살로니가 교회에는 이방계 그리스도인이 합류했다.(참조. 살전 1:9, 2:14) 사도행전 17:1은 이 도시에 회당이 있었음을 알려준다. 따라서 유대계 그리스도인들과 유대 종교에 대해 호감을 지닌 이방인들이 교회 내에 있었음을 추측할 수 있다.[113] 서신이 기록될 당시 교회는 신생 교회에 속했지만(참조. 살전 2:17), 교회의 설립 소식은 이미 그리스 전역에 퍼졌다.(참조. 살전 1:7-8) 바울은 디모데로부터 좋은 소식을 전해 들었음(살전 3:6)에도 불구하고 교회의 상태를 염려한다.[114] 데살로니가의 그리스도인들은 복음을 받아들임으로써 시작된 고난에 지속적으로 노출되었으며(참조. 살전 1:6), 그것은 서신의 기록 시점에도 분명히 지속되고 있다. 팔레스타인에 있는 교회가 유대인들에 의해 핍박을 받았듯이 데살로니가 교회도 이방 유대인들에게 핍박을 받았다.(참조. 살전 2:14-16) 바울이 데살로니가에서 유대

---

112 참조. K. P. Donfried, "The Cults of Thessalonica and the Thessalonian Correspondence," NTS 31 (1985): 336-56; R. Jewett, Thessalonian Correspondence, 126ff.; R. Riesner, Frühzeit des Apostels Paulus(위 2.1을 보라.), 331-33; Chr. vom Brocke, Thessaloniki, 115-38.

113 참조. R. Riesner, Frühzeit des Apostels Paulus(위 2.1을 보라.), 304-308; D.-A. Koch, "Die Christen als neue Randgruppe in Makedonien und Achaia im 1. Jahrhundert n. Chr.," H.-P. Müller/F. Siegert (Hg.), Antike Randgesellschaften und Randgruppen im östlichen Mittelmeerraum, Münster 2000, 171-76; Chr. vom Brocke, Thessaloniki, 207-33. 3세기 후반 유대 무덤 비문의 증거는 M. N. Pantels, "Synagoge(n) und Gemeinde der Juden in Thessaloniki: Fragen auf grund einer neuen jüdischen Grabinschrift der Kaiserzeit," ZPE 102 (1994): 297-306(Tafel VII)을 참조하라.(이 논문의 마지막에 실린 해당 비문의 사진 – 역자 주)

114 데살로니가의 '영지주의적' 또는 '열광주의적' 흐름에 대한 오래된 연구의 다양한 논제에 관하여는 R. Jewett, Thessalonian Correspondence, 135-57을 참조하라. 주엣의 논제는 아래 2.4.10을 보라.

인들을 핍박의 장본인으로 간주한다는 사실은 민감한 문제이다. 교회는 유대인과 이방인 간의 종교적 동기로 다투는 것 외에도 주변 세계와의 일상적인 의견 충돌에서도 확실히 압박을 받았다.(참조. 살전 4:10b-12) 구체적이고 신학적인 문제들도 이 신생 교회를 압박했다.(참조. 살전 3:10) 따라서 데살로니가전서 4:9, 13, 5:1에 세 번 나타나는 '~에 관하여'(περί)는 분명 데살로니가로부터 야기한 구체적인 질문과 관련된다. 특별히 파루시아 전에 교회 내 성도들의 예상치 못한 죽음은 소요를 일으켰고, 바울은 데살로니가전서 4:13-18, 5:1-11에서 파루시아의 때에 있을 종말적 하나님 행위의 시기와 진행에 대해 설명한다.

2.4.5 내용 구조, 구성, 형식

서신 서두	1:1	인사말
	1:2-3:13	1. 주요 본문 부분
	1:2-10	머리말
	2:1-12	자기소개
서신 몸통	2:13-2:16	복음의 수용에 대한 감사
	2:17-3:13	사도의 부재 시 교회를 보존함
	4:1-5:11	2. 주요 본문 부분
	4:1-12	성화 가운데 있는 삶
	4:13-18	죽은 자와 산 자를 위한 구원의 확신
	5:1-11	믿는 자들의 종말론적 실존
서신 결미	5:12-25	마무리 권면
	5:26-27	인사 주문
	5:28	결문

데살로니가전서를 거시구조로 보면 크게 1-3장과 4-5장으로 나눌 수 있다. 서신의 신학적인 전체 방향 설정에 맞게 각 장은 파루시아를 전망하며(참조. 1:9-10, 2:19, 3:13, 4:13-18, 5:23) 서신의 전체 구조를 뚜렷하게

알려준다. 1. 주요 본문 가운데 데살로니가전서 1:2, 2:13, 3:9에는 감사 인사의 특징적인 개념인 '감사하다'(εὐχαριστεῖν) 및 '감사'(εὐχαριστία)가 나온다. 따라서 데살로니가 3:13에서 머리말이 끝남을 알 수 있다.[115] 그러나 이러한 구분은 매우 도식적이다. 편지의 첫 부분 전체가 바울이 교회에 표현한 감사의 주제이기 때문이다. 데살로니가전서 2:13, 3:9는 머리말을 다시 시작하지 않고, 중심적인 신학적 모티브를 다시 다룬다. εὐχαριστεῖν 및 εὐχαριστία가 바울의 편지에서 항상 머리말만 이끄는 것은 아니다.(참조. 살전 5:18, 고전 14:16, 고후 4:15, 9:11, 빌 4:6) 바울의 동역자의 데살로니가 교회를 향한 인사가 편지의 마지막에 빠져 있다. 기록 장소의 교회와 수신자 사이에는 그러한 인사말이 의미가 있었을 만한 긴밀한 관계가 아직 존재하지 않았다.[116]

---

115 참조. F. Schnider/W. Stenger, Studien(위 2.3.2를 보라.), 42ff.

116 문단의 다른 구성의 시도에 관하여는 다음을 참조하라. R. Jewett, Thessalonian Correspondence, 68–71(전통적 방식의 문단 구성); 71–78(수사적 관점에 따른 문단 구성). 주엣은 "데살로니가전서와 가장 밀접하게 관련된 수사학적 장르는 실증적(demonstrative)/경구적(epideictic)…"이라고 주장한다.(R. Jewett, 위의 책, 71.) 슌 얀센은 다양한 분류('권면적 서신', '과시적인 서신'에 대해 논의한 후 데살로니가전서를 '우정의 서신'으로 분류한다.[참조. J. Schoon-Janßen, Umstrittene 'pologien'in den Paulusbriefen (위 2.3.1을 보라.), 39–53.] 도르마이어는 데살로니가전서에서 바울의 편지 형식의 일반적인 경우를 본다. 인사말 1:1, 서론 1:2–10, 논증 2:1–3:13, 권면 4:1–5:22, 끝인사/인사 5:23–28[D. Dormeyer, Das Neue Testament im Rahmen der antiken Literaturgeschichte(위 2.3.2를 보라.), 193f.] 돈프리드는 데살로니가전서를 '경구적 편지'로 분류하고 구조화한다. I. 서론(Exordium) 1:1–10, II. 명제를 동반한 설명(Narratio) 2:1–3:10, III. 분할(Partitio) 3:11–13, IV. 긍정적 입증(Probatio) 4:1–5:3, V. 역설 종결(Peroratio) 5:4–11, VI. 권면(Exhortatio) 5:12–22, VII. 마지막 기도와 인사 5:23–28(K. P. Donfried, The Theology of 1 Thessalonians, 3–7.) 수사학적 분석의 개관을 제공하는 학자는 클라우크이나.[H. J. Klauck, Die antike Briefliteratur(위 2.3.1을 보라.), 284–92.] 그는 비크만(J. Bickmann, Kommunikation gegen den Tod, 89ff.)처럼 데살로니가전서를 '위로의 서신'으로 본다. 말허비는 '권면의 서신'으로 분류한다.(A. J.

2.4.6 문학적 통일성

데살로니가전서의 문학적인 통일성은 다양하게 토론되었다. 다양한 분할 가설이 언급된다.[117]

1) 에카르트(K. G. Eckart)는 두 통의 데살로니가서를 생각한다. 하나는 완전한 서신이고, 다른 하나는 시작 부분을 짧게 쓴 글이다.[118] 첫 번째 서신은 디모데를 위한 추천서로 아덴에서 작성되고, 두 번째 서신 역시 아덴에서 기록되었을 것이다. 그러나 두 번째 서신은 디모데가 돌아온 이후 기록되었을 것이다. 잘 알려지지 않은 편집자가 이 두 서신으로부터 데살로니가전서를 구성했고, 동시에 본문을 배열했다. 첫 번째 서신은 데살로니가전서 1:1-2, 12, 2:17-3:4, 3:11-13이다. 두 번째 서신은 데살로니가전서 3:6-10, 4:9-10a, 4:13-5:11, 5:23-26, 28이다. 바울의 것으로 보이지 않는 본문들은 데살로니가전서 2:13-16, 3:5, 4:1-8, 4:10b-12, 5:12-22이다.

2) 뎀케(Chr. Demke)는 후기 바울서신과 비교하여 데살로니가전서의 언어적이며 내용적인 독특성을 통해 데살로니가전서 2:17-3:2a, 5b-11, 4:9-10a, 13-17, 5:1-22에서 원래의 바울서신을 본다.[119] 누가복음에 친근한 바울 이후의 저자가 전승된 데살로니가전서를 구성했고 동시에 데살로니가전서 1:2-2:16, 3:2b-5a, 3:12-4:8, 4:10b-12, 5:23-27을 형성했다는 것이다.

Malherbe, 1 Thess, 81-86.) 수사학적 분류에 대해 거부하는 학자로는 호페를 들 수 있다.[R. Hoppe, "Der erste Thessalonicherbrief und die antike Rhetorik," BZ 41 (1997): 221-37.]

117 개별적 가설에 대한 포괄적 소개와 비판은 다음에서 소개된다. P. Beier, Geteilte Briefe? Eine kritische Untersuchung der neueren Teilungshypothesen zu den paulinischen Briefen, Diss. theol., Halle 1984, 159-81. 326-39; R. Jewett, Thessalonian Correspondence, 33-46.

118 참조. K. G. Eckart, "Der zweite echte Brief des Apostels Paulus an die Thessalonicher," ZThK 58 (1961): 30-44.

119 참조. Chr. Demke, Theologie und Literarkritik im 1. Thessalonicherbrief.

3) 슈미탈스(W. Schmithals)는 한 편집자가 데살로니가에 보내는 다섯 편의 바울서신을 가지고 두 편으로 전승된 데살로니가로 보내진 서신에 덧붙이는 작업을 했다고 주장한다.[120] A: 데살로니가후서 1:1-4a, 11-12, 3:6-16. B: 데살로니가전서 4:13-14, 5:1-28. C: 데살로니가후서 2:13-14, 1-4, 8b, 15-17, 3:1-2, 17-18. D: 데살로니가전서 1:1-2:12, 4:2-12, 데살로니가후서 3:3-5. E: 데살로니가전서 2:13, 2:17-4:1. 편집적으로 첨부된 부분은 데살로니가전서 2:14-16, 4:15-18, 데살로니가후서 1:4b-10, 2:5-8a, 9-12이다.

분할가설을 위한 설득력 있는 주장은 없다. 그러므로 데살로니가전서에서는 다양한 서신의 상황을 증명할 수 없다. 데살로니가전서 2:13에 서신의 서두가 놓여 있는 것도 아니고, 3:11-13에 서신의 결미가 있는 것도 아니다. 오히려 바울은 여기서 감사의 모티브를 다시 받아들인다.[121] 칭찬과 권고는 서로 대립하는 것이 아니며, 변덕스러운 사고 과정이나 주제에 대한 반복적인 고려는 문학비평의 가설을 방법론적으로 통제할 수 있는 기준이 아니다. 마찬가지로 데살로니가전서의 신학적인 독특성은 문학비평에 사용될 수 있는 어떠한 논거도 제공하지 않는다. 이 경우에 후기 바울서신들이 완전히 비역사적인 방식으로 바울이 기록한 것으로 간주되는 척도가 되기 때문이다.

데살로니가전서 2:14-16은 종종 바울 이후에 삽입(Interpolation)된 구절로 간주되었다.[122] 그 내용에 해당하는 것은 다음과 같다. (1) 로마서 9-11

---

120 참조. W. Schmithals, Die Briefe des Paulus in ihrer ursprünglichen Form, Zürich 1984, 111-24; W. Schmithals, "Die historische Situation der Thessalonicherbriefe," ders., Paulus und die Gnostiker, ThF 35, Hamburg 1965, 89-157.

121 참조. T. Holtz, 1 Thess, 24.

122 참조. B. A. Pearson, "1 Thessalonians 2, 13-16: A Deutero-Pauline Interpolation," HThR 64 (1971): 79-94.

장과 데살로니가전서 2:14-16 사이의 모순, (2) 이방 그리스도교 교회를 위한 모범으로 유대인들을 언급, (3) 첫 유대 전쟁 이전에 팔레스타인 지역에 광범위한 그리스도교 핍박이 없었음, (4) 데살로니가전서 2:14의 '본받은 자'의 표상이 독특함, (5) 단순과거 '임하였다'(ἔφθασεν)는 예루살렘의 멸망과 관련됨.

이 주장들은 다음과 같은 이유로 설득력이 없다.[123] (1) 데살로니가전서 2:14-16과 로마서 9-11장 사이의 모순은 바울 자신에게로 소급된다. 이 모순은 설명되어야 하지만 문학비평적인 가설을 통해 제거되지는 말아야 한다. (2) 바울의 교회론은 유대인들과 이방인들로 구성된 교회를 전제로 한다. 그래서 팔레스타인 지역에 있는 교회는 이방 그리스도인들을 위한 예가 될 수 있다. (3) 이미 기원후 70년 이전에 팔레스타인 지역에서는 그리스도인들과 유대인들 사이에 대립이 있었다.(참조. 눅 6:22) (4) 데살로니가전서 2:14의 '본받은 자'의 표상은 1:6에서도 발견된다. (5) 데살로니가전서 2:16c는 예루살렘 멸망을 바라보는 것이 아니다. 바울은 유대인들의 적대적인 행동에서 하나님의 진노가 절정에 이르게 됨을 본다.

데살로니가전서는 문학적으로 통일성을 드러내며, 편지의 독특성은 신학적, 비문학적 설명이 필요하다.

2.4.7 전승, 자료

바울은 데살로니가전서의 중요한 두 구절에서 최초 그리스도교의 전승 자료를 사용한다. 최초 그리스도교의 선교를 위한 선포의 개요가 데살로니가

---

123 참조. I. Broer, "'Antisemitismus' und Judenpolemik im Neuen Testament. Ein Beitrag zum besseren Verständnis von 1 Thess 2, 14-16," Religion und Verantwortung als Elemente gesellschaftlicher Ordnung (FS K. Klein), hg. v. B. B. Gemper, Siegen ^{2}1983, 734-72; G. Lüdemann, Paulus und das Judentum, TEH 215, München 1983, 25-27.

전서 1:9b와 10절에서 발견된다.[124] 고대 다신론의 배경에서 볼 때, 이교도가 공허한 신들로부터 돌아서서 살아 있는 신으로 향하는 것은 구원사의 전환점으로 나타난다. 그리스도인들은 다가오는 심판에서 그들을 구원하는 아들이 하늘로부터 오기를 바란다. 바울은 종말론적인 본문인 데살로니가전서 4:13-18을 전승 자료로부터 취해 기록한다.[125] 바울은 16-17절에서 최초 교회의 주의 말씀(참조. 고전 7:12, 25, 9:14, 11:23 이하)을 인용한다. 이 말씀 전승의 특성은 언어적 수준과 모티브의 역사적 수준에서 입증될 수 있다.[126] 주의 말씀은 마지막 때에 있을 사건의 과정을 묘사한다. 바울은 데살로니가의 상황을 고려하여 이것을 편집했다.

2.4.8 종교사적 위치

데살로니가전서는 바울의 사상에 담긴 광범위한 종교사적 배경을 보여준다. 사도는 데살로니가 교회 성도들을 위한 자신의 수고와 노력을 데살로니가전서 2:1-12에서 디온 크리소스토모스(기원후 40-120년) 같은 진정한 (견유학파) 철학자의 주장과 밀접하게 병행하는 사상으로 기술한다.[127] 진정

---

124 데살로니가전서 1:9b와 10절은 바울 이전의 언어 형태이다. 본문의 기초적인 분석은 C. Bussmann, Themen der paulinischen Missionspredigt auf dem Hintergrund der spätjüdisch-hellenistischen Missionsliteratur, EHS.T 3, Bern/Frankfurt 1971, 38-56을 참조하라.

125 데살로니가전서 4:13-18에 관한 광범위한 분석은 다음의 학자들에게서 나타난다. U. Luz, Das Geschichtsverständnis bei Paulus(아래 2.8.1을 보라.), 318-31; P. Siber, Mit Christus leben, AThANT 61, Zürich 1971, 13-59; G. Ludemann, Paulus I(위 2.1을 보라.), 220-63; H. H. Schade, Apokalyptische Christologie, 157-72; H. Merklein, "Der Theologe als Prophet," NTS 38 (1992): 402-29.

126 참조. G. Lüdemann, Paulus I(위 2.1을 보라.), 242ff.

127 참조. A. J. Malherbe, "'Gentle as a Nurse': The Cynic Background to 1 Thessalonians 2," ders., Paul and the Popular Philosophers, Minneapolis

한 철학자는 재정적 관심이나 저의를 품지 않고 인간을 도우려고 한다.(디온 크리소스토모스, Or 32, 10. 11) 그는 왜 군중을 자신의 자녀와 같이 사랑하는지를 말한다.(Or 77/78, 40-43)[128] 그는 그들에게 아버지요, 형제요, 친구이며, 그들을 입으로만 가르치지 않고, 그들에게 짐이 되지 않는다. 또한 자신에 대한 존경보다는 청중들의 깨달음을 도모한다.(Or 32, 14-16)

가장 인상 깊은(그리고 아마도 유일한) 병행구가 데살로니가전서 5:4-9에 나온다. 그것은 이원론적 종말론의 배경을 지닌 '빛의 자녀' 사상이며 쿰란문헌에도 나타난다.[129] 특히 공동체 규율서(1QS) 3:13-4:26에서는 빛의 자녀와 어둠의 대립이 전개된다. 바울에게서처럼 이 사상은 예정과 선택을 결합하는데, 각 영역으로부터 그에 상응하는 윤리적 변화를 추구한다. 바울에 의한 쿰란의 견해는 훌륭하긴 하지만, "바울이 쿰란문헌에 직접 종속되었다는 것은 어디서도 입증되지 않는다."라는 사실도 성립된다.[130]

2.4.9 신학적 기본 사상

데살로니가전서의 신학적 특징을 간략히 살펴보면, 그 특징은 우선 부정적 결과에 반영되어 다음과 같이 인간학적 개념이 없는 것이 드러난다. '육'(σάρξ),

---

1989, 35-48.

128 Neuer Wettstein II/1, hg. v. G. Strecker와 U. Schnelle, Berlin 1996, 771-72에서 인용.

129 참조. H. W. Kuhn, "Die Bedeutung der Qumrantexte für das Verständnis des Ersten Thessalonicherbriefes," The Madrid Qumran Congress I, hg. v. J. T. Barrera u. L. V. Montaner, STDJ IX/1, Leiden 1992, 339-53.

130 위의 책, 351. 쿰란문헌에 대하여는 H. Stegemann, Die Essener, Qumran, Johannes der Täufer und Jesus, Freiburg [7]1998을 참조하라. 쿰란과 신약성서의 관계에 대한 비평으로는 J. Frey, "Die Bedeutung der Qumranfunde für das Verständnis des Neuen Testaments," Qumran-Die Schriftrollen vom Toten Meer, hg. v. M. Fieger, K. Schmidt u. P. Schwagmeier, NTOA 47, Freiburg (H)/Göttingen 2001, 129-208을 참조하라.

'죄'(ἁμαρτία),[131] '죽음'(θάνατος), '몸'(σῶμα), '자유'(ἐλευθερία), '생명'(ζωη), 또한 어근 δικ-('의로운/의')[132]와 어근 σταυρ-('십자가에 못 박아 죽이다/십자가') 등으로 이끄는 인간학적 개념이 나타나지 않는 것이다. '율법'(νόμος)이나 로마서와 갈라디아서의 칭의론도 바울의 가장 오래된 이 서신에 등장하지 않는다. 십자가의 신학도, 그리스도의 몸으로서 교회에 관한 사상도 그리스도와 함께 장사됨의 세례도 데살로니가전서에서는 분명하게 드러나지 않는다. 믿음은 율법의 행위에 대한 대립 개념보다는 '곤경 속에서도 흔들리지 않음, 충실함'으로 이해된다.[133] 구약을 거의 인용하지 않으며, 데살로니가전서 2:14-16에서 유대인에 대한 적대의 문제만 유일하게 나타나고, 데살로니가전서의 종말론적 진술은 훗날 기록된 서신들로부터 내용상 현저하게 벗어난다.[134] 물론 바울이 모든 것을 항상 말할 필요는 없고, 그의 서신이 그의 가르침의 완벽한 편람은 아니며, 그의 사상과 그 적용은 항상 같지 않다. 이 서신과 교회의 상황에 대한 언급은 데살로니가전서의 많은 특수성을 설명하지 못하지만 오히려 바울이 가장 먼저 기록한 이 서신은 그의 신학적 초안을 담고 있다. 데살로니가전서의 신학적 기초는 선택에 관한 사상이다.(참조. 살전 1:4, 2:12, 4:7, 5:9, 24) 이 사상은 '주 예수 그리스도'(κύριος Ἰησοῦς Χριστός)의 즉각적이고 임박한 파루시아를 기다리는 지평에 놓여 있다. 두 개의 사상이 직접적으로 결합되는데, 선택은 교회의 구원의 현존하는 실재이고, 파루시아는 교회의 근본적 소망이다.

묵시적 종말론의 분위기는 데살로니가전서 4:13-18과 5:1-11의 교훈에서 강조된다. 교회에서 발생한 성도의 갑작스러운 죽음 앞에서 바울은

131 데살로니가전서 2:16에서 '죄'(ἁμαρτία)는 인간학적 의미로 사용되지 않는다.

132 예외: 데살로니가전서 2:10의 부사 δικαίως는 윤리적 의미에서 '의로운, 순수한'으로 이해되어야 한다.

133 Th. Söding, Der Erste Thessalonicherbrief, 36.

134 참조. U. Schnelle, Wandlungen im paulinischen Denken, SBS 137, Stuttgart 1989, 37-48.

데살로니가전서 4:13-18에서 파루시아 사상과 그리스도인의 부활을 연결한다. 16-17절의 전통적인 주의 말씀에 기술된 마지막 사건들에 관한 묘사는 승리자 퀴리오스(Kyrios)의 오심으로 시작한다. 그다음에 먼저 '그리스도 안에서'(ἐν Χριστῷ) 죽은 자들이 부활하고, 그다음에는 살아 있는 자들이 주님과 만나기 위해 구름 속으로 옮겨진다. 이러한 사건의 경과에서 죽은 성도들의 부활은 오직 종속적 기능일 뿐이다. 전체 사건의 목표는 주님과 함께함이기 때문이다. 이 사건의 직접적 조건은 모든 사람의 옮겨짐이고, 간접적 조건은 '그리스도 안에서' 죽은 자의 부활이다. 파루시아 이전에 몇몇 성도의 예상치 못한 죽음은 데살로니가 교회의 성도들에게 질문을 하게 했다. 그러므로 아마도 데살로니가 성도들은 죽은 자의 부활에 대해 모르고 있었을 것이다.

반면에 그것은 과거 바리새파 사람이던 바울에게는 친숙했다. 이것은 바울이 임박한 파루시아의 기다림 속에서 교회 개척을 위해 설교할 때 믿다가 죽은 자의 부활에 대한 사상을 전하지 않았다는 사실을 가리킨다. 그는 몇몇 성도의 죽음에 앞에서 비로소 이러한 사상을 소개해야 할 필요를 느꼈다. 데살로니가전서 4:13-18은 이러한 추측을 확인시킨다. 죽은 그리스도인들의 부활이 여기서는 오직 보조기능으로 나타나기 때문이다. 바울은 파루시아에서 모든 이의 옮겨감에 대한 그의 본래 개념에 충실하다. 바울은 교회를 파루시아에서 살아남은 자로 생각한다.(살전 4:15, 17: ἡμεῖς οἱ ζῶντες='우리 살아남은 자들')

바울은 확신에 차서 파루시아가 임박했음을 확신한다. 사도는 데살로니가전서 5:1-11에서 마지막 사건의 '언제'라는 질문으로 종말 사건의 '어떻게'에 대해 논의를 계속한다. 그는 전통적 모티브를 수용하여 개념에 대한 사변을 거절하고(살전 5:1-3) 그들의 생명이 예측할 수 없는 주의 날을 향해 설정되었다고 권면한다.(살전 5:4-8) 그리스도교의 실존은 주님의 오심이 아직 일어나지 않았다는 특징에서의 종말론적 실존이다. 데살로니가전서 5:10은 4:17에 연계하여 그리스도교의 실존 목표를 명료하게 말한다.

그것은 그리스도와 함께 죽음을 견디는 존재이다.

데살로니가전서 4장과 5장이 종말론적 개념으로 설정된 것은 이 서신의 첫 번째 장에서도 발견된다. 데살로니가전서 1:9b와 10절은 사도행전의 선교적 설교와는 달리 오직 예수의 부활을 그의 구원자 기능을 가능하게 하는 점에서 언급하고 있지, 죽은 자의 일반적 부활을 말하지 않는다. 현존하는 종말적 고난에서 본받는 존재에 관한 사상도 종말론적-묵시적 지평에서 이해되어야 한다.[135] 데살로니가의 성도들이 고난 중에 말씀을 수용하면 주님과 사도를 본받는 자가 되고(참조. 살전 1:6, 2:13-14, 3:3-5), 그렇게 하여 다른 교회의 모범이 된다. 바울은 데살로니가전서에서 이 본받는 개념을 일차적으로 즉각 실행하는 윤리적 개념으로 이해하기보다는 교회의 구원받은 상태를 묘사하고, 그리스도교의 실존을 광범위하게 해석하는 것에 기여한다. 데살로니가전서의 윤리도 마찬가지로 완전히 임박한 파루시아의 사건에 의해 지배되는 규범이 된다.[136] 바울은 주님이 오실 때 교회가 거룩함 가운데 있어야 한다고 촉구한다.(참조. 살전 3:13, 4:3-4, 7, 5:23) 파루시아는 하나님의 보좌 앞에 나타남(살전 1:3, 2:19, 3:13)과 행위심판(살전 4:6, 5:9)에 관련되어 있다. 바울은 윤리적 요구를 정당화하고 동기를 부여하기 위해 과거의 그리스도 사건을 언급하지 않고 곧 닥쳐올 마지막 사건을 언급한다.(참조. 살전 5:11) 하나님으로부터 선택받고 부름 받은 성도로서(참조. 살전 1:4-5, 2:12, 4:7, 5:9, 24) 데살로니가 성도들은 하나님의 미래의 구원 행위를 소망한다.[137] 이 서신의 성령론도 특이하다. "데살로니가

---

135 참조. H. H. Schade, Apokalyptische Christologie, 117-34. 메르크는 다르게 강조한다. O. Merk, "Nachahmung Christi," ders., Wissenschaftsgeschichte und Exegese(위 1.1을 보라.), 302-36.

136 참조. U. Schnelle, "Die Ethik des 1 Thessalonicherbriefes," R. F. Collins (Hg.), The Thessalonian Correspondence, 295-305; S. Schulz, Neutestamentliche Ethik, Zürich 1987, 301-33; R. Börschel, Konstruktion einer christlichen Identität, 241-336.

137 데살로니가전서의 선택 사상에 관하여는 H. H. Schade, Apokalyptische

전서는 그리스도가 성례전을 통해 임한다는 그리스도의 영적 영역에 관한 사상을 아직 모른다."[138]

임박한 파루시아에 대한 전망은 데살로니가전서의 문단 구성부터 윤리적 지침에 이르기까지 서신의 신학을 형성한다. 바울이 언급한 '오심/재림'의 다섯 중 넷이 데살로니가전서(2:19, 3:13, 4:15, 5:23)에 나타나는 것은 우연이 아니다! 이것은 하나의 배타적인 신학 개념으로 귀결되는데, 죽음에서 부활한 예수 그리스도를 믿는 신앙 안에서 교회는 하나님이 보내신 성령의 현재 가운데(참조. 살전 4:8, 5:19) 교회를 미래의 진노로부터 구원할 아들의 하늘로부터 오심을 고대한다. 그러므로 더 늦게 기록된 서신들의 관점을 바울 신학의 가장 오래된 자료에 적용하는 것은 역사적으로뿐만 아니라 신학적으로도 잘못된 것이다. 그러한 해석의 출발은 초기 바울서신으로 특징짓는 데살로니가전서의 고유한 신학을 상실하고 일반화시킬 수 있다. 그것은 분명히 시점과 내용적인 면에서 바울 신학의 출발점을 형성하고 있고, 바울의 헬레니즘 세계의 모(母)교회의 신학과 연속적이며, 아울러 더 늦게 기록된 서신들의 중심 주제나 갈등을 전제하지 않기 때문이다.

2.4.10 최근 연구 경향

데살로니가전서는 그림자 같은 존재에서 나와서 바울 연구의 중심이 되었다. 지난 30년간 이루어진 이러한 변화의 이유는 두 가지이다. (1) 더 이상 중심이 되는 개별 본문만 연구되지 않고(참조. 살전 1:9-10, 2:14-16, 4:13-18, 5:1-11), 데살로니가전서 전체를 바울 신학의 독자적인 증거로 본다. 주석 분야에서는 이러한 해석을 막센(W. Marxen)이 처음으로 수행

Christologie, 117-34를 참조하라. 이런 맥락에서 데살로니가전서에서 신학과 그리스도론의 긴밀한 연결이 강조된다.(O. Merk, Christologie, 104f.)

138 F. W. Horn, Angeld des Geistes(아래 2.5.8을 보라.), 366ff.

했다. (2) 슈트레커(G. Strecker),[139] 샤데(H. H. Schade), 슈넬레(U. Schnelle), 슐츠(S. Schulz),[140] 돈프리드(K. P. Donfried),[141] 튀징(W. Thüsing)[142] 그리고 호른(F. W. Horn)[143] 등에 의해 다양한 주제를 지닌 데살로니가전서가 바울 사유의 초기를 대표한다는 주장이 중요하게 되었다. 데살로니가전서의 독특성은 후기 바울서신들과 비교하여 더는 우연이거나 비본질적이지 않고, 가장 오래된 바울서신의 독자적인 신학적 무게를 반영하고 있다고 평가된다. 여기에서부터 바울 사유의 이해와 서술을 위한 하나의 새로운 관점이 나타나는데, 바울의 사상에서 발전과 변화를 고려할 수 있기 때문이다. 비펠(W. Wiefel)[144]은 바울 종말론의 변화를 데살로니가전서 4:13-18, 고린도전서 15:51-52, 고린도후서 5:1-10과 빌립보서 1:23, 3:20-21의 비교를 통해 증명한다. 슈트레커, 빌켄스(U. Wilckens),[145] 슈넬레,[146] 슐츠 등은 갈라디아서와 로마서의 이신칭의론이 데살로니가전서에서 특징적인 것은 아니고 바울 신학의 후기를 대표하는 것으로 본다. 데살로니가전서 2:14-16과 로마서 9-11장에서 이스라엘에 관한 다양한 진술은 서로 일치될 수 없는 것이며, 그렇기 때문에 여기서 어떤 변화를 확인할 수 있다.[147]

139 참조. G. Strecker, "Befreiung und Rechtfertigung," ders., Eschaton und Historie, Göttingen 1979, 229-59.

140 참조. S. Schulz, "Der frühe und der späte Paulus," ThZ 41 (1985): 228-36.

141 참조. K. P. Donfried, "1 Thessalonians, Acts and the Early Paul," R. F. Collins (Hg.), The Thessalonian Correspondence, 3-26.

142 참조. W. Thüsing, Gott und Christus in der paulinischen Soteriologie I, NTA 1/I, Münster [3]1986, VIII-IX.

143 참조. F. W. Horn, Angeld des Geistes(아래 2.5.8을 보라.), 119-60.

144 참조. W. Wiefel, "Die Hauptrichtung des Wandels im eschatologischen Denken des Paulus," ThZ 30 (1974): 65-84.

145 참조. U. Wilckens, Zur Entwicklung des paulinischen Gesetzesverständnisses (아래 2.8.1을 보라.), 154-90.

146 참조. U. Schnelle, Gerechtigkeit und Christusgegenwart. Vorpaulinische und paulinische Tauftheologie, GTA 24, Göttingen [2]1986.

147 참조. P. Stuhlmacher, Röm(아래 2.8.1을 보라.), 114f.

두 번째 연구 방향은 데살로니가전서를 바울 신학의 전체 증언으로 통합시킨다. 바울은 이미 다메섹에서 자신이 알던 율법을 비판하는 복음을 갖고 있었다.[148] 그래서 후기 서신들의 모든 중요한 신학용어는 이미 데살로니가전서를 전제한 것일 수 있다. 데살로니가전서의 독특한 내용은 대부분 교회 공동체의 특별한 상황으로 설명되었는데, 예를 들면 여기에서는 이신칭의론의 발전이 요구되지 않는다. 우리는 종말론과 이스라엘과의 관계와 관련, 나중에 기록된 서신들에서 강조점이 이동하는 것은 고려해야 하지만, 심각한 신학적인 내용의 변화는 없음을 본다. 이러한 연구 방향의 대표적인 것으로는 홀츠(T. Holtz)의 주석, 클라인(G. Klein)의 바울의 율법과 종말론에 관한 연구,[149] 리즈너(R. Riesner)[150]의 논문, 메르크(O. Merk)의 연구, 그리고 (다른 강조점을 지닌) 슈툴마허(P. Stuhlmacher)[151]의 바울 해석 등이 성서신학의 영역에서 언급될 수 있다. 죄딩(Th. Söding)은 중간 입장을 취하는데, 한편으로는 데살로니가전서와 뒤따라 기록된 서신의 상대적 연속성을 강조하고, 다른 한편으로는 빌립보서 3장과 갈라디아서가 기본적으로 변하지 않는 신학적인 내용에 대해 새로운 표현을 제공할 뿐만 아니라 (고린도전서의 성도들 앞에서는 다른 방식으로 하듯이) 바울 신학의 질적으로 새로운 단계를 나타낸다고 주장한다.[152]

베커(J. Becker)는 데살로니가전서를 안디옥 교회 신학의 증거로 본

148 참조. U. Luck, "Die Bekehrung des Paulus und das Paulinische Evangelium," ZNW 76 (1985): 187-208; Chr. Dietzfelbinger, Die Berufung des Paulus als Ursprung seiner Theologie, WMANT 58, Neukirchen 1985. 다메섹 사건에 대한 다른 해석은 U. Schnelle, Wandlungen im paulinischen Denken(위 2.4.9를 보라.), 15-21을 참조하라.

149 참조. G. Klein, Art. "Eschatologie IV," TRE 10 (1982), 277-85; ders., Art. "Gesetz," TRE 13 (1984): 64-75.

150 참조. R. Riesner, Frühzeit des Apostels Paulus(위 2.1을 보라.), 349-58.

151 참조. P. Stuhlmacher, Biblische Theologie I(위 2를 보라.), 334. "처음부터 칭의 교리는 바울 신학의 전체이다."

152 Th. Söding, Der Erste Thessalonicherbrief, 53.

다.[153] 최초에 기록된 바울서신의 중심 신학 사상은 그 주장에 따르면 하나님의 종말적 은혜의 선택에 관하여 의식을 언급한 선택의 신학이다.[154] "부름받은 이들은 인류와 함께 진노 가운데 멸망하지 않고 곧바로 종국적인 구원을 경험한다."[155]

미주 지역의 새로운 연구에서는 종교사적이며 사회사적인 문제 제기가 지배적이다. 그래서 교회 공동체 상황에 대해 이교적 예전의 의미를 논구했다.(돈프리드[156]와 주엣) 주엣(R. Jewett)은 사회 하층민 출신의 교회 공동체 구성원 중에서 카비렌(Kabiren: 고대 그리스의 다신 숭배 – 역자 주) 예전을 추종하는 사람이 많았다고 가정한다. 교회 공동체 안에서의 열광주의나 성적인 자유, 종말의 강한 기대와 같은 현상은 이러한 배경 아래에서 설명될 수 있다. 게다가 주엣은 데살로니가전서 시대에 공동체의 상당수를 천년왕국설의 추종자로 여기며 바울이 그들에게 데살로니가후서로 대응했다고 본다. 동시대의 철학과 윤리의 상황에서 말허비(A. J. Malherbe)는 바울의 선교 전략을 해석한다. 그는 바울과 방랑 철학자들 사이의 공동체 형성 과정에 유사점이 있다고 본다. 그것은 청중의 설득과 개종, 소그룹 형성, 가르침에 대한 훈련, 윤리와 예전의 실천, 방문을 통한 지속적 동행, 사람과 서신의 파송 및 전달 등이다.

바울 시대 데살로니가의 정치, 사회, 종교적 상황에 관한 해설은 브로케(Chr. von Brocke)의 연구가 두드러지게 기여하고 있다. 비문들을 포함한 모든 중요한 자료의 출처에 대한 평가는 데살로니가를 경제적으로는 중요하고 종교와 문화적으로는 대단한 헬라적 도시로 드러나게 한다. 지식 사

153 참조. J. Becker, Paulus(위 2를 보라.), 138–48.

154 참조. H. H. Schade, Apokalyptische Christologie, 117ff. 데살로니가전서의 선택 사상의 중요성을 이미 분명히 인식한다.

155 J. Becker, Paulus(위 2를 보라.), 139.

156 참조. K. P. Donfried, "The Cults of Thessalonica and the Thessalonian Correspondence," NTS 31 (1985): 336–56.

회학적인 입장에서 뵈쉘(R. Börschel)은 바울이 어떻게 자신의 복음을 새로운 정체성의 제시로 데살로니가에 전달하고, 당면한 위험 앞에서 안전하게 했는지를 연구한다. 슈미트(E. D. Schmidt)는 거룩함과 성화의 개념을 연결하여 데살로니가전서의 특별한 윤리적 구상을 부각시켰다. "거룩함은 신적인 종말론적 완성의 개념이고, 그 질적인 것은 오로지 신적 공간에 나타나며… 이와는 달리 성화는 믿는 자가 종말론적 완성에 이르기까지 기다리는 길이다."[157] 이러한 연구뿐만 아니라 새로이 출간되는 주석서들도 데살로니가전서를 바울 신학의 독자적 증언으로 평가하는 연구 경향을 강화한다. 소위 '바울의 새 관점' 연구에서 데살로니가전서는 거의 어떤 역할도 하지 않는다. 이 서신은 율법에 관한 어떠한 진술도 포함하고 있지 않는 데다 2:14-16에서 유대인과의 논쟁이 심각하게 제시되고 있기 때문이다. '바울의 새 관점' 연구에 대한 최근의 토론이 거의 일방적으로 갈라디아서와 로마서로 집중되는 것은 이 두 서신의 영향사와 최근 신학-정치적 담론으로의 통합됨으로 설명된다.(그리스도교와 유대교의 관계) 이러한 경향은 바울 신학의 전체 주제를 연구한 것이 아니다.

2.5 고린도전서

2.5.1 참고문헌

주석

KEK 5: H. Conzelmann, 1969; D. Zeller; 2010. • HNT 9: J. Weiß, 1910(=1977); H. Conzelmann, ²1981. • HNT 9: A. Lindemann, ³2011. • EKK VII/1-4: W. Schrage, 1991. 1995. 1999. 2001. • ThHK 7: Chr. Wolff, 2011. • ÖTK 7,1-3: H. Merklein, 1992, 2000, 2005(Bd. 3 mit Marlis Gielen.) • NTD 7: F. Lang, 1986. • RNT: J. Kremer, 1997. • ZBK 6, 1: A. Strobel,

157 E. D. Schmidt, Heilig ins Eschaton, 395.

1989. • NEB: H. J. Klauck, 1984. • AncB: J. A. Fitzmeyer, 2008. • BNTC: C. K. Barrett, [2]1971. • NICNT: G. D. Fee, 1987. • ANTC: R. A. Horsley, Nashville 1998. • NIGTC: A. C. Thiselton, 2000. • Sacra Pagina: R. F. Collins, 1999. • PKNT 2: P. Arzt-Grabner et al., 1. Korinther, 2006.

단행본

W. Lütgert, Freiheitspredigt und Schwarmgeister in Korinth, BFChTh 12. 3, Gütersloh 1908. • W. Schmithals, Die Gnosis in Korinth, FRLANT 66, Göttingen [3]1969. • U. Wilckens, Weisheit und Torheit, BHTh 26, Tübingen 1959. • M. Winter, Pneumatiker und Psychiker in Korinth, MThST 12, Marburg 1975. • A. Schreiber, Die Gemeinde in Korinth, NTA 12, Münster 1977. • H. J. Klauck, Herrenmahl und hellenistischer Kult, NTA 15, Münster [2]1987. • G. Sellin, Der Streit um die Auferstehung der Toten, FRLANT 138, Göttingen 1986. • P. Marshall, Enmity in Corinth, WUNT 2. 23, Tübingen 1987. • Margaret M. Mitchell, Paul and the Rhetoric of Reconciliation, HUTh 28, Tübingen 1991. • V. P. Furnish, The Theology of the First Letter to the Corinthians, Cambridge 1999. • B. W. Winter, After Paul left Corinth. The Influence of Secular Ethics and Social Change, Grand Rapids 2001. • F. Voss, Das Wort vom Kreuz und die menschliche Vernunft, FRLANT 199, Göttingen 2002. • H.-Chr. Kammler, Kreuz und Weisheit, WUNT 159, Tübingen 2003. • V. Gäckle, Die Starken und die Schwachen in Korinth und in Rom, WUNT 2. 200, Tübingen 2004. • Eva Ebel, Die Attraktivität früher christlicher Gemeinden. Die Gemeinde von Korinth im Spiegel griechisch-römischer Vereine, WUNT 2. 178, Tübingen 2004. • A. v. Garcilazo, The Corinthian Dissenters and the Stoics, SBL.DS 106, New York 2007. • D. Balode, Gottesdienst in Korinth, Frankfurt 2011. • T. Jantsch, "Gott ist alles in allem" (1 Kor 15, 28). Studien zum Gottesverständnis des Paulus im 1. Thessalonicherbrief und in der korinthischen Korrespondenz, WMANT 129, Neukirchen 2011.

논문

H. v. Soden, "Sakrament und Ethik bei Paulus," K. H. Rengstorf (Hg.), Das Paulusbild in der neueren deutschen Forschung(위 2를 보라.), 338-79. • J. Schniewind, "Die Leugner der Auferstehung in Korinth," ders., Reden und Aufsätze, hg. v. E. Kähler, Wuppertal [2]1987, 110-39. • Ph. Vielhauer, "Paulus und die Kephaspartei in Korinth," ders., Oikodome, TB 65, München 1979, 169-82. • G. Friedrich, "Christus, Einheit und Norm der Christen," ders., Auf das Wort kommt es an, Göttingen 1978, 147-70. • G. Theißen, "Soziale Schichtung in der korinthischen Gemeinde," ders., Studien zur Soziologie des Urchristentums, WUNT 19, Tübingen [2]1983, 231-71. • Ders., "Die Starken und Schwachen in Korinth," 위의 책, 272-89. • H. Merklein, "Die Einheitlichkeit des ersten Korintherbriefes," ders., Studien zu Jesus und Paulus, WUNT 43, Tübingen 1987, 345-75. • W. Baird, "'One against the other'. Intra-Church Conflict in 1 Corinthians," Studies in Paul and John (FS J. L. Martyn), hg. v. R. Fortna u. B. R. Gaventa, Nashville 1990, 116-36. • G. Barth, "Zur Frage nach der in 1 Korinther 15 bekämpften Auferstehungsleugnung," ZNW 83 (1992): 187-201. • W. Schrage, "Der gekreuzigte und auferweckte Herr. Zur theologia crucis und theologia resurrectionis bei Paulus," ZThK 94 (1995): 25-38. • R. Bieringer (Hg.), The Corinthian Correspondence, BETL 125, Leuven 1996. • Th. Söding, Das Wort vom Kreuz, WUNT 93, Tübingen 1997. • J. Zumstein, "Das Wort vom Kreuz als Mitte der paulinischen Theologie," A. Dettwiler/J. Zumstein (Hg.), Kreuzestheologie im Neuen Testament, WUNT 151, Tübingen 2002, 27-41. • M. Konradt, "Die korinthische Weisheit und das Wort vom Kreuz," ZNW 94 (2003): 181-214.

연구 보고서

G. Sellin, Hauptprobleme des Ersten Korintherbriefes, ANRW 25. 4, Berlin 1987, 2940-3044.

2.5.2 저자

고린도전서의 바울 저작설은 의심의 여지가 없다. 클레멘스1서의 저자는 고린도에 있는 교회에 이 서신을 상기시킨다.(참조. 1 Klem 47:1-3) 안디옥의 이그나티우스도 고린도전서를 네 번 인용한다.(참조. 고전 4:4/IgnRöm 5:1, 고전 1:19-20/IgnEph 18:1, 고전 6:9-10/IgnEph 16:1, IgnPhld 3:3, 고전 5:7a/IgnMagn 10:2) 무라토리 경전은 고린도서신을 바울의 서신으로 간주했다. 고린도전서는 초기 교회에서 그 가치가 높게 평가되었다.

2.5.3 기록 장소와 시기

고린도전서는 에베소(참조. 고전 16:8)에서 부활절 즈음에 기록되었을 것이다.(참조. 고전 5:7-8)[158] 사도의 여행 계획(참조. 고전 16:5-8)에 따르면 저작

158 참조. H. Lietzmann, 1 Kor, 89; W. Schrage, 1 Kor I, 36; Chr. Wolff, 1 Kor,

연대는 마지막 체류의 해이거나 또는 체류 마지막 직전 해이다.(기원후 55년 봄)[159] 예루살렘 성도들을 위한 모금은 고린도에서 이미 마련되었다.(참조. 고전 16:1) 이 모금이 한 편지(고전 5:9?) 혹은 한 사자(고전 16:15, 17, 스데반?)를 통해 일어난 것인지는 불분명하다. 디모데는 이미 고린도로 가는 도중에 있으나(고전 4:17), 편지가 도착한 후에야 비로소 그곳에 도착할 것으로 예상된다. 고린도전서가 갈라디아서 이전에 기록되었다는 시기 설정에는 다음과 같은 근거가 있다. (1) 두 서신 사이의 언어와 사고의 일치점은 고린도전서가 기록되고 나서 갈라디아서가 기록됐음을 분명하게 드러낸다.[160] (2) 갈라디아서의 율법 이해는 고린도 서신들에서 입증될 수 없다. 고린도후서에 '율법'(νόμος)은 등장하지 않는다. 이 단어는 고린도전서에서 네 개의 구절에 걸쳐 8회 등장하지만(참조. 고전 9:8-9, 20-22, 14:21, 15:56), 갈라디아서에 나타나는 통찰의 정도와 논증의 방식으로 나오는 것은 아니다. 고린도전서 15:56만이 이후의 논증의 방향을 가리킨다.[161] (3) 갈라디아서(와 로마서)의 칭의론 역시 고린도서신에 나타나지 않는다. 바울이 갈라디아서의 율법과 칭의에 관한 이해를 중요하지 않은 것으로 간주할 수 있었겠는가? 그가 그것에 관해 고린도인과 논쟁하는 것을 포기할 수 있었겠는가? 갈라디아서의 매우 명확한 사상이 로마서에서 다시 맹렬하게 수면 위로 올라오기 위해, 그러니까 수면 아래로 가라앉아 있었다는 사실을 상상

432; H. Merklein, 1 Kor, 51.

159 기원후 55년 혹은 54년을 지지하는 학자들의 예는 다음과 같다. F. Lang, 1 Kor, 4; H. Conzelmann, 1 Kor, 18의 각주 31; G. D. Fee, 1 Kor, 4f.; W. G. Kümmel, Einleitung, 242; E. Lohse, Entstehung, 41; A. Jülicher/E. Fascher, Einleitung, 85; W. Schrage, 1 Kor I, 36; H. Merklein, 1 Kor, 51; Chr. Wolff, 1 Kor, 13; J. Roloff, Einführung, 108; Th. Schmeller, "Der erste Korintherbrief," Ebner/Schreiber, Einleitung, 313-14. 그러나 첼러(D. Zeller, 1 Kor, 47.)와 피츠마이어(J. A. Fitzmyer, 1 Kor, 43.)는 57년(혹은 56년)을 지지한다.

160 참조. U. Borse, Der Standort des Galaterbriefes(아래 2.7.1을 보라.), 58-70.

161 더 자세한 설명은 U. Schnelle, Wandlungen im paulinischen Denken(위 2.4.9를 보라.), 49-54를 참조하라.

할 수 있겠는가? 갈라디아서(그리고 로마서)의 칭의론이 바울에게 고린도 교회의 열광주의자에게서 그들의 신학적 기반을 제거하기 위한 유용한 도구였겠는가? (4) 구성과 주제상의 많은 일치점은 로마서 바로 직전에 갈라디아서가 기록되었음을 가리킨다.(아래 2.7.3을 보라.)

2.5.4 수신자

카이사르(Caesar)는 기원전 44년에 고린도를 퇴역군인들을 위한 로마의 식민도시로 새롭게 건설했다. 이 도시는 기원전 146년에 파괴되어 재건되기 전까지는 거의 사람이 살지 않았다.[162] 기원전 27년에 고린도는 원로원 속령인 아가야의 수도가 되었다. 강력한 로마적 요소 외에도 그리스인과 동양인의 수적 비중이 컸을 것이다. 필로는 주목할 만한 가치가 있는 고린도의 유대인 집단에 대해 증언하고(참조. LegGai 281), 사도행전 18:4는 회당의 실재를 증언한다.[163] 겐그레아와 레기움 항구와 더불어 고린도의 특별한 위치는 아시아와 로마/그리스 사이의 경제적 중심지로서 중요하다. 고린도는 무역, 금융, 그리고 수공업 생산이 왕성한 부유한 도시였다.[164] 고린도에서는 다수의 헬라적, 동양적 제의가 존재했다. 파우사니아스(Pausanias)는 기원후 2세기의 포세이돈, 에베소의 아르테미스와 고린도의 디오니소스

---

162 참조. 특히 J. Wiseman, Corinth and Rome I: 228 B. C.-A. D. 267, ANRW II 7. 1, Berlin 1979, 438-548; W. Elliger, Paulus in Griechenland(위 2.4.4를 보라.), 200-51; J. Murphy-O'Connor, St. Paul's Corinth. Texts and Archaeology, Collegeville ³2002; D. W. J. Gill, "Corinth: a Roman Colony in Achaea," BZ 37 (1993): 259-64; B. W. Winter, After Paul left Corinth, 7-25; D. N. Schowalter/St. S. Friesen (Hg.), Urban Religion in Roma Corinth. Interdisciplinary Approaches, Cambridge MA 2005; W. Elliger, Art. "Korinth," RAC 21, Stuttgart 2006, 579-605.

163 비문은 기원후 2-3세기의 회당만 증언한다.(참조. H. J. Klauck, Herrenmahl, 234의 각주 3.)

164 참조. Strabo VIII 6, 20-21. 23[=Neuer Wettstein II/1(위 2.4.8를 보라.), 235f.].

의 제단과 성역들, 아스클레피오스 신전과 이시스와 세라피스 유물들에 대해 보도한다.[165] 아풀레이우스(Apuleius)가 기술한 이시스 축성식이 고린도에서 개최되었다.(참조. Met XI 22, 7 이하)[166] 고린도는 분명 기원후 1세기에 새롭게 활기를 띠던 견유학파 운동의 중심지였다. 디오게네스도 여기에 머물렀고(디온 크리소스토모스, Or 6, 3) 유명한 견유학자 데메트리우스[167]도 고린도에 거주하며 가르쳤다.(참조. 루키아노스, Indoct 19; 필로스트라투스, VA IV 25) 그뿐만 아니라 고린도는 올림픽 다음으로 고대 세계에서 중요한 경기인 이스미스 경기의 개최 장소였다.(참조. 고전 9:24-27) 마침내 도시의 북부 지역에서 고린도전서 8-10장의 문제를 설명하는 아스클레피오스 신전이 발굴되었다.[168]

바울은 빌립보, 데살로니가, 베뢰아와 아덴 사역 이후에 고린도 교회를 세운다.(기원후 50년) 처음에 그는 혼자 고린도에 왔고(참조. 행 18:5), 뒤이어 실라와 디모데가 따라왔다. 바울은 거기서 1년 6개월가량 머문다.(참조. 행 18:11) 고린도는 에베소와 함께 바울 선교 사역의 중심지였다. 도시의 문화적, 종교적 그리고 사회적 다양함이 고린도 교회 안에 드러난다. 교인의 다수는 과거 이방인이었다.(참조. 고전 12:2) 교회 내부의 여러 오해가 이것을 환기한다.(제의적 연회, 이방 법정에서의 송사, 매춘) 회당장 그리스보의 회심과 이 사건의 영향에 대한 보도와 고린도전서 1:22-24, 7:18, 9:20, 10:32, 로마서 16:21은 교회의 유대계 그리스도인의 주요 구성을 증언한다. 개종자들과 하나님을 두려워하는 자들도 고린도 교회에 들어왔다.(참조. 행 18:7) 교인의 상당수는 하층민에 속했다.(참조. 고전 1:26, 7:21, 11:22b)

---

165 참조. Pausanias 2. 1, 7-5, 5.

166 고린도에서 이집트의 신을 숭배함에 관하여는 D. E. Smith, "Egyptian Cults at Corinth," HThR 70 (1977): 201-31을 참조하라.

167 참조. M. Billerbeck, Der Kyniker Demetrius. Ein Beitrag zur Geschichte der frühkaiserlichen Popularphilosophie, PhAnt 36. Leiden 1979.

168 참조. J. Murphy-O'Connor, St. Paul's Corinth, 161-67.

고린도에는 부유한 그리스도인들도 있었다. 이미 언급된 회당장 그리스보(참조. 고전 1:14)나 고린도의 높은 관직에 있던 에라스도(참조. 롬 16:23)가 그 증거이다. 고린도의 그리스도인들은 집을 소유하고 있었다.(참조. 고전 1:16, 11:22a, 16:15 이하, 행 18:2-3, 8) 그들은 이방 법정에서 (민사)소송을 했고(고전 6:1-11), 교회는 예루살렘의 성도들을 위한 모금운동에 참여했다.(참조. 고전 16:1-4, 고후 8:4, 9:1, 12, 롬 15:31) 고린도의 그리스도인들은 여러 가정교회를 조직했다.(참조. 고전 14:23: 전체 교회의 모임, 1:16, 16:15: 스데바나, 16:19: 아굴라와 브리스가, 롬 16:23: 가이오, 에라스도, 행 18:7-8: 디도 유스도, 그리스보)[169] 전체 교회의 규모에 대하여는 단지 추측만 할 수 있을 뿐이다. 아마 100명 정도의 교인이 있었을 것이다.[170] 교회의 조직은 고린도의 갈등을 이해하는 데 필연적이다. 여러 가정교회로 분리된 분파는 집단을 쉽게 형성할 수 있기 때문이다.

교회 안에는 다양한 신학적, 윤리적, 사회적 문제로 인한 긴장이 존재했다. 그래서 바울은 고린도전서 1-4장에서 신학적 이유로 제기된 그룹 귀속성의 문제를 다룬다. 고린도에는 분명 네 그룹이 존재했으며 각 그룹은 리더의 이름에 따라 바울, 아볼로, 게바 그리고 그리스도로 불렸다.[171] 고린도전서 1:12의 '나는 그리스도에게 속했다.'(ἐγὼ δὲ Χριστοῦ)라는 표현은 위에서 언급된 그리스도파를 가리킨다. 이름의 열거에서 다른 어떤 강조가 확인되지 않으므로 고린도의 그리스도파가 존재했음을 고려해야 한다.[172] 또한 '그리스도께서 어찌 나뉘었느냐'(μεμέρισται ὁ Χριστός)라는 13절

169 참조. R. W. Gehring, Hausgemeinde und Mission, Gießen 2000, 243-56.

170 참조. H. J. Klauck, 1 Kor, 8; R. W. Gehring, Hausgemeinde und Mission, 252.

171 참조. W. Schrage, 1 Kor, 142-52.

172 J. Weiß, 1 Kor, 15f.; U. Wilckens, Weisheit und Torheit, 17의 각주 2. 네 번째 슬로건의 용어를 참조하라. 메르크라인은 '그리스도파'가 아니라 다른 파가 주장했다는 '그리스도에 관한 구호'를 언급한다.(H. Merklein, 1 Kor, 146f.)

상반절은 ἐγὼ δὲ Χριστοῦ를 전제한다! 마지막으로 바울은 스스로 그리스도 슬로건을 거의 끌어들이지 않는다. 그럴 경우 그리스도를 게바, 아볼로 그리고 자기 자신과 동급으로 취급하게 되기 때문이었을 것이다.[173] 바울은 그리스도 안에서 세워지고, 세례에 합당한 교회의 통일성을 언급함으로써 이러한 분열 경향에 대응한다. 바울은 고린도전서 5장에서 교회에서 발생한 음행의 문제를 다루고, 6:1-11에서 고린도의 그리스도인들 사이에 벌어진 이방 법정에서의 송사 문제를 다룬다. 고린도전서 7장에서 성적 금욕에 대한 권면은 고린도에서 확산되던 (제의적) 성매매에 대한 경고(고전 6:12-20) 다음에 언급된다.[174] 종교적이고 사회적 이유로 우상에게 바쳐진 제물을 먹는 문제는 갈등을 일으켰다.(참조. 특히 고전 8:1-13, 10:14-22)[175] 고린도 교회의 '강한 자'는 부분적으로 분명히 사회적 상위계급에 속했고, 종교적 지식을 이용하여(참조. 고전 8:1, 4, 10:23) 전통적인 종교적 관념으로부터 탈피할 수 있었다. 그럼에도 그들이 교회 공동체에서 사회적 상류 계급과 동일시되는 것은 아니었다. 오직 하나의 신의 존재와 우상과 귀신이 없다는 지식은 유대인과 이교도 모두에게 공통된 유일신관의 표현이기 때문이다.(참조. 살전 1:9-10) 견유학파의 전통도 중요할 수 있다. 그들의 유일신론적 신조에 어울리도록 견유학자들은 - 고린도 교회의 일부처럼 - 모든 것을 먹을 수 있는 자유를 주장했다.[176] 이방 그리스도인들뿐만 아니라 진보

---

173 A. Lindemann, 1 Kor, 39.

174 참조. W. Deming, Paul on marriage and celibacy. The Hellenistic Background of 1 Corinthians 7, MSSNTS 83, Cambridge 1995.

175 역사적 상황과 문화사적 배경과 바울의 신학적 의도에 관하여는 D.-A. Koch, "'Seid unanstößig für Juden und für Griechen und für die Gemeinde Gottes' (1 Kor 10, 32)," Paulus, Apostel Jesu Christi (FS G. Klein), hg. v. M. Trowitzsch, Tübingen 1998, 35-54를 참조하라.

176 Epiktet, Diss III 22, 50에서 견유학파의 특징으로 언급된다. "당신이 (그에게) 바치는 보는 것을 삼키기 위해." 존스의 책에 더 많은 텍스트에 대한 해석이 있다.(S. Jones, 'Freiheit' in den Briefen des Apostels Paulus, GTA 34, Göttingen 1987, 59-61.)

적 유대인 그리스도인들도 '강한 자' 그룹에 속했다. 이러한 문제 외에도 그들은 이방인 가정의 초대를 받았다.(참조. 고전 10:27) 고린도 그리스도인 중 '강한 자'라는 사회적 위치로 인해 그들은 신들에게 바쳐진 고기를 먹는 것을 완전히 포기할 수 없었다. 고린도 그리스도인 중 '약한 자'는 분명히 이방 그리스도인들 안에서도 소수였다. 바울은 오직 이방 그리스도인들에 대해 '우상에 대한 습관'(συνήθεια τοῦ εἰδώλου)을 언급하기 때문이다.(참조. 고전 8:7) 이 그룹의 일부는 신들에 대한 두려움을 이유로 우상에게 바쳐진 고기를 먹는 것을 거절했다. 물질적인 곤궁함에 처한 어떤 사람들은 공개적 종교행사에 참여하여 제의 의식에 사용된 고기를 먹음으로 말미암아 그들의 양심이 더러워지게 만들었다. 또 다른 사람들은 '강한 자들'의 태도를 통해 양심에 거리낌을 느끼면서도 우상에게 바쳐진 고기를 먹도록 유혹을 받았다. '강한 자들'은 사려 깊지 못하고 궁핍하지도 않지만 제의를 통해 마련된 식탁에 참여했기 때문이다.(고전 10:14-22)

바울은 고린도전서 11:17-34에서 주의 만찬에 대한 오해를 다룬다.[177] 고린도 교회에서는 성례전과 공동식사가 결합돼 있었다.(참조. 고전 11:23-25) 물론 원래 빵과 잔은 식사를 의미했다.[참조. '식사 후에'(μετὰ τὸ δειπνῆσαι), 고전 11:25] 성례전과 공동식사를 함께하는 이러한 초기의 행위는 성례전 이전에 식사에 방점이 있었다. 그러는 동안 가난한 교인들과 부유한 교인들의 차이가 공공연히 드러났다. 어떤 이는 호식하고 어떤 이는 굶었다.(참조. 고전 11:21-22, 33-34) 이방인들의 희생제물 식사처럼 가난한 자들에게는 공개되지 않는 부유한 자들의 식탁 공동체가 형성되었다.

고린도에서는 다양한 영적 은사에 관한 평가도 논란이 되었다.(참조. 고전 12-14장) 마지막으로 고린도 교회 그리스도인들 사이에는 여전히 죽

177 종교사적 배경에 관하여는 P. Lampe, "Das korinthische Herrenmahl im Schnittpunkt hellenistisch-römischer Mahl praxis und paulinischer Theologia Crucis," ZNW 82 (1991): 183-213을 참조하라.

은 자의 미래의 부활이 논란되었다.(참조. 고전 15:12b)

고린도전서의 구성과 논증의 관계는 이러한 교회의 복합적인 상황과 일치한다.

2.5.5 내용 구성, 구조, 형식

서신 서두	1:1-3 1:4-9	인사말 머리말
서신 몸통	1:10-4:21 5:1-6:20 7:1-40 8:1-11:1 11:2-14:40 15:1-58	교회 안의 분열 교회 안의 윤리적인 남용 교회 안의 신분 상태 우상에 바쳐진 희생제물을 먹는 것 예배생활의 문제 죽은 자의 부활
서신 결미	16:1-18 16:19-20 16:21-24	결론적 권면 (5-12절 사도의 방문) 인사의 부탁 결문

고린도전서는 다른 바울서신처럼 두 개의 큰 단락으로 나눌 수 없다. 일반적으로 고린도 교회의 상황 및 사도와 공동체 사이의 이전의 교류가 바울의 논증을 규정한다. 고린도전서 5:9에서 바울은 고린도에 보내는 이전의 편지를 언급한다. 이 편지에서 바울은 교회에 답을 보냈다. 이 답신은 사도가 고린도전서에서 '…에 관하여'로 받아서 대답하는 일련의 교회의 질문을 포함하고 있다. 7:1(결혼과 미혼에 관하여), 7:25(처녀에 관하여), 8:1(우상의 제물에 관하여), 12:1(영적 은사에 관하여), 16:1(예루살렘을 위한 모금에 관하여), 그리고 16:12(아볼로에 관하여)가 그것이다. 게다가 바울은 구전 정보도 언급한다.(참조. 고전 1:11, 5:1, 11:18) 이 구전 정보가 특히 고린도전서 1-4장, 5장, 6장과 11:17-34에 나오는 바울의 논증을 규정한다. 서

신을 관통하는 일관된 사고의 흐름을 명확하게 인식할 수 없는 것이 오히려 고린도전서의 독특성으로 고려될 수 있다. 고린도전서 1:10에서 '내가 권면한다'(παρακαλῶ)라는 문장은 이미 전체 편지를 특징짓는 권면의 시작이다.[178]

첫 번째 큰 단락(1-4장)에서 바울은 고린도인의 지혜의 추구를 자신의 십자가 신학을 통해 상대화한다. 십자가 신학이 모든 가치를 새롭게 한다. 이어서 바울은 이전 편지의 문제와 교회 안에 현실적인 잘못된 오해를 다룬다.(5장, 6:1-11, 12-20, 7장, 8-10장) 11장은 12-14장과 주제적으로 긴밀한 결합을 드러낸다. 12-14장과 15장에 언급되는 은사의 순서와 종말론적인 기대는 고린도전서 1:7-8을 통해 이미 구성되어 있다. 고린도전서 12-14장과 15장은 내용적으로 관련이 있는데, 미래의 부활에 대한 설명은 고린도 교회의 과도한 영적 열광주의자들에 의해 환기되기 때문이다.(참조. 고전 15:46)

2.5.6 문학적 통일성

고린도전서의 독특한 문학적 구조는 항상 분할가설에 동기를 부여했다.[179] 주요 주장만 언급하면 다음과 같다.

---

178 고린도전서 1-4장, 15장의 수사학적 형식의 가능성에 관하여는 분커를 참조하라.(M. Bünker, Briefformular und rhetorische Disposition im 1. Korintherbrief, GTA 28, Göttingen 1984.) 고린도전서의 문학적, 수사학적 구조를 규명하려는 연구는 슈라게를 참조하라.(W. Schrage, 1 Kor I, 71-94.) 미첼은 고린도전서를 숙고적인 수사법의 증언으로 본다.(M. M. Mitchell, Rhetoric of Reconciliation, 20-64.) 당시의 정치적 수사학을 배경으로 고린도전서는 화합과 조화를 촉구한다.

179 P. Beier, Geteilte Briefe?(위 2.4.6을 보라.), 103-58, 301-26; G. Sellin, Hauptprobleme, 2965ff.; H. Merklein, Einheitlichkeit, 346-48.

1) 바이스(J. Weiß)[180]

편지 A: 고전 10:1-23, 6:12-20, 9:24-27, 11:2-34, 16:7b-9, 15-20, 고후 6:14-7:1

편지 B: 고전 7:1-8:13, 13장, 10:24-11:1, 9:1-23, 12장, 14장, 15장, 16:1a-7a, 10-14, 21-24

편지 C: 고전 1:1-6:11

2) 딩클러(E. Dinkler)[181]

편지 A: 고전 6:12-20, 9:24-10:22, 11:2-34, 12-14장

편지 B: 고전 1:1-6:11, 7:1-9:23, 10:23-11:1, 15장, 16장

3) 쉥크(W. Schenk)[182]

편지 A: 고전 1:1-9, 고후 6:14-7:1, 고전 6:1-11, 11:2-34, 15장, 16:13-24

편지 B: 고전 9:1-18, 9:24-10:22, 6:12-20, 5:1-13

편지 C: 고전 7:1-8:13, 9:19-23, 10:23-11:1, 12:1-31a, 14:1c-40, 12:31b-13:13, 16:1-12

편지 D: 고전 1:10-4:21

4) 클라우크(H. J. Klauck)[183]

편지 A: 고전 6:12-20, 9:1-18, 9:24-10:22, 11:2-34, 13장(?), 15장(?)

편지 B: 고전 1:1-6:11, 7:1-8:13, 9:19-23, 10:23-11:1, 12장, 14:16

---

180 참조. J. Weiß, 1 Kor, XLIf.; ders., Das Uchristentum, Göttingen 1917, 271f.

181 참조. E. Dinkler, "Korintherbriefe," RGG³ IV (1960), 18.

182 참조. W. Schenk, "Der 1. Korintherbrief als Briefsammlung," ZNW 60 (1969): 219-43.

183 참조. H. J. Klauck, 1 Kor, 10f.

5) 젤린(G. Sellin)[184]

편지 A: 고전 11:2-34, 5:1-8, 6:12-20, 9:24-10:22, 6:1-11

편지 B: 고전 5:9-13, 7:1-9:23, 10:23-11:1, 12:1-14:33a, 37-40, 15장, 16장

편지 C: 고전 1:1-4:21

6) 슈미탈스(W. Schmithals)는 13통의 편지로 나눈다.[185]

모든 분할가설은 세부적인 면에서 서로 차이가 있음에도 불구하고 고린도전서 본문의 현상으로부터 출발한다.

고린도전서 1:11에서 바울은 글로에의 사람들을 언급하나, 스데바나와 그의 동역자들에 관해서는 침묵한다.(참조. 고전 16:15-18) 이에 반해 글로에의 사람들은 서신의 결미에서는 언급되지 않는다. 이것으로 서신의 다양한 상황이 드러나는 것은 아니다. 바울이 글로에의 사람들만 언급하는 것은 그들을 통해서만 교회 공동체 내부의 다툼에 관해 듣고 있기 때문이다. 고린도전서 1:16과 관련, 바울은 스데바나의 존재를 언급할 필요가 없었다. 스데바나는 고린도전서 1-4장에 묘사된 논쟁에서 자기를 지지하는 역할을 하지 않기 때문이다. 그에 반해 마무리 권면 부분에서는 스데바나와 자신의 동역자들을 언급한다. 그들이 교회 공동체와의 접촉을 위해 매우 중요했기 때문이다. 어쩌면 스데바나와 다른 동역자들은 바울이 편지를 쓰고 있는 동안 막 도착했을 수도 있다.[186]

고린도전서 1:1-4:21은 문학적으로 분리될 수 없는 통일성을 지닌다. 그러므로 이 단락은 독자적인 편지로 간주되었으며 동시에 4:14-21이 서

184 참조. G. Sellin, Hauptprobleme, 2968; ders., "1 Korinther 5-6 und der 'Vorbrief' nach Korinth," NTS 37 (1991): 535-58.

185 참조. W. Schmithals, Briefe des Paulus, 19-85.

186 참조. H. Conzelmann, 1 Kor, 369의 각주 9.

신의 결론이었을 것으로 추정되기도 했다. 그러나 거기에는 서신의 결론적인 요소가 드러나지 않으며 오히려 자기소개가 등장한다.[187] (14절에서는 수신자와 함께 존재하는 저자, 15절에서는 교회 설립을 위해 수신자 곁에 처음 등장한 저자, 17절에서는 메신저를 파송하는 사도, 19절에서는 저자가 미래에도 수신자 곁에 현재한다.)

거의 모든 분할가설의 출발점은 바울이 고린도전서 5:9에서 언급한 고린도에 보내는 한 통의 편지가 분실된 것이 아니라 현재 고린도전서의 한 부분으로 전승된다고 추정한다. 바울은 고린도전서 5:9-13에서 언급된 먼저 쓴 편지의 내용 중에서 음행하는 자들과의 교제에 관한 편지 진술의 오해를 바로잡는다. 고린도전서 및 후서에서 이 먼저 쓴 편지에 해당하는 본문으로는 학자에 따라 고린도전서 6:1-11,[188] 6:12-20,[189] 5:1-8,[190] 고린도후서 6:14-7:1,[191] 고린도전서 5:1-8, 6:1-11 등이 언급된다.[192] 그러나 이 본문들 중 어느 것도 고린도전서 5:9-13에서 취급된 문제와 설득력 있게 관련되지는 않는다. 그러므로 이 본문들이 문학적 구성상 가치 있는 간접 증거가 되지는 못한다.[193]

바울이 고린도전서 5:1-13, 6:1-11에서 구체적인 교회의 사례 두 가지를 취급했다면, 6:12에서는 고린도 교회의 슬로건인 '허용되나'(ἔξεστιν)를 받아들인다. 그리고 6:13a에서는 음식을, 6:13b에서는 음행의 주제를 그리스도교의 자유를 올바로 체득하는 예로 다룬다.[194] 음행의 문제는 고린도전

187 참조. F. Schnider/W. Stenger, Studien(위 2.3.2를 보라.), 54.

188 참조. G. Bornkamm, Vorgeschichte(아래 2.6.1을 보라.), 189의 각주 131.

189 참조. J. Weiß, 1 Kor, XLI. 138f.; H. M. Schenke/K. M. Fischer, Einleitung I, 94.

190 참조. A. Suhl, Paulus und seine Briefe(위 2.1을 보라.), 206ff.

191 참조. W. Schmithals, Gnosis in Korinth, 88.

192 참조. G. Sellin, Hauptprobleme, 2969ff.

193 참조. H. Merklein, Einheitlichkeit, 371ff.

194 참조. D. Lührmann, "Freundschaftsbrief trotz Spannungen. Zu Aufbau und

서 6:20까지 원칙적인 선에서 다루고, 이어서 7장에서는 실제적인 문제(결혼, 금욕)를 다룬다. 8장에서 바울은 우상의 제물의 구체적인 예를 위해 6:13a에서 언급한 '음식'(βρώματα)이라는 말을 쓴다. 이 단락에서 고린도전서 8:10은 10:14-22와 관련된다. 그러므로 두 단락 간의 실제적인 내적 연관성(pragmatische Kohärenz)을 언급해야 한다.[195] 또한 바울의 고린도전서 9:1-23의 주장도 적절하다. 고린도전서 8:13으로부터 자신의 준칙을 스스로에게 적용해서 예시하기 때문이다. 그에 의해 실천되는 자유는 약함이 아니라 다른 사람을 위한 사랑에서 나오는 자유이다.[196] 고린도전서 9:24-27과 10:1-22 사이의 연결은 의심의 여지가 없지만, 고린도전서 10:23-11:1은 다른 문학 형식에 속한다. 그럼에도 변경된 논증은 바울이 취한 예로 설명할 수 있다. 이교도의 제의적 식사에 참여하는 것이 아니라 시장이나 사적인 초대에서 우상의 제물인 고기를 접하는 것이 문제이다. 또한 고린도전서 1:12 이하와 11:18 이하에서 분쟁에 관한 다양한 판단은 고린도전서 11:2-34를 먼저 쓴 편지로 보는 것을 정당화하지 않는다. 고린도전서 1:10-12에서 신학적이며 개인적인 동기가 그룹의 형성을 이끌었다면, 11:18에 언급된 갈등은 교회 공동체 내에서 강한 사회적인 차이점에 기반을 두고 있다.

고린도전서에 대한 여러 분할가설은 대부분 아주 희미한 가능성만 표현할 뿐이며 결코 필연적이지 않다. 고린도전서의 문학적 통일성[197]은 개별

Gattung des Ersten Korintherbriefes," Studien zum Text und zur Ethik des Neuen Testaments (FS H. Greeven), hg. v. W. Schrage, BZNW 47, Berlin 1986, (298-314) 308.

195 참조. H. Merklein, Einheitlichkeit, 356-65.

196 참조. Chr. Wolff, 1 Kor, 184f.

197 고린도전서의 통일성을 위하여는 메르크라인(H. Merklein)과 뤼어만(D. Lührmann) 및 새로운 주석을 참조하라. 특히 J. Becker, Paulus(위 2를 보라.), 198-208; W. Schrage, 1 Kor I, 63-71; M. M. Mitchell, Rhetoric of Reconciliation, 184ff.; A. Lindemann, 1 Kor 3-6; Th. Schmeller, "Der erste Korinther-

주장을 넘어서 두 가지 방식으로 나타난다. (1) 느슨하게 연결된 주장은 사도와 교회 사이의 특별한 소통의 상황에 해당한다. (2) 고린도전서 12-14장(성령의 은사들)과 15장(파루시아)의 순서는 고린도전서 1:4-6, 7-8을 통해 이미 구조화되었다.[198]

전승이 진행되는 동안 고린도전서 안에 아마도 주해가 첨가되었을 것이다.[199] 가능한 주해로는 고린도전서 6:14에서 발견된다. 그 이유는 다음과 같다. (1) 고린도전서 6:14는 주해로 읽을 수 있는데 이 구절이 고린도전서 15:51-52의 종말론적인 진술과 대조되기 때문이다. 고린도전서 6:14에서 바울은 인칭대명사 '우리'(ἡμεῖς)를 포함시킨다. 그는 아마도 파루시아 이전에 자신의 죽음을 생각했을 것이다. 이것은 파루시아 시 아직 살아 있는 사람들 가운데 자신이 포함된다고 명시적으로 밝힌 고린도전서 15:51-52와 모순된다.[200] (2) 고린도전서 14:33b-36을 주해로 읽을 수 있다. 바울이 11:5에서 예배 시에 기도와 예언과 함께 여성들의 능동적인 참여를 자명한 것으로 전제하는 반면, 14:33b-36은 예배 시에 여성들의 침묵을 요구한다. 게다가 이 주해는 예언에 관한 사고를 중단시키며, 단어 '침묵하라'(고전 14:28, 30)가 삽입되었다. 내용상으로 이 본문은 여자가 남자에게 완전히 종속된다는, 목회서신의 경향에 일치한다.(참조. 딤전 2:11-15)[201]

brief," Ebner/Schreiber, Einleitung, 308-11.

198 참조. Chr. Wolff, 1 Kor, 351.

199 참조. J. Murphy-O'Connor, "Interpolations in 1 Corinthians," CBQ 48 (1986): 81-94.

200 참조. U. Schnelle, "1 Kor 6, 14-eine nachpaulinische Glosse," NT 25 (1983): 217-19

201 참조. J. Roloff, 1 Tim(아래 5.5.1을 보라.), 128ff.

2.5.7 전승, 자료

바울은 고린도전서에서 자신의 주장을 전개할 때 많은 전통을 통합시켰다. 그는 고린도전서 1:30, 6:11, 12:13에서 세례 받은 자의 새로운 존재를 구원론적이며 윤리적인 차원에서 이해하는 이전의 세례에 관한 전통을 수용한다.[202] 고린도전서 8:6의 신앙고백 형태에서는 철학적인 유일신론이 창조와 구원의 중개자로서 예수 그리스도에 대한 믿음과 연결된다. 바울은 고린도전서 11:23b-26에서 주의 말씀(고전 11:23a)을 만찬 전승에서 인용한다.[203] 주의 말씀은 고린도전서 7:10-11, 9:14에 추가로 도입된다. 고린도전서 15장의 부활 논쟁의 토대는 바울이 11:23a에서와 같이 '전했다'(παραδιδόναι)와 '받았다'(παραλαμβάνειν)로 도입하는 신앙고백 공식 문구이다. 전통은 고린도전서 15:3b-5를 포괄하여[204] 그리스도의 구원 사역을 기술한다. 분명하게 인식할 수 있는 것은 네 개의 주어 '그리스도'(ὁ Χριστός)에 종속되는 동사적 진술들이다. 이는 그리스도의 죽음, 매장, 부활, 현현으로, 구원 사건의 기본 정보이다. 첫 번째와 세 번째 동사로 표현된 진술은 각각 성서에서 관련된 언급으로 확장되었는데, 이것은 두 가지 전승을 암시한다.

2.5.8 종교사적 위치

고린도전서의 종교사적 현상의 분류는 매우 다양하게 나타난다.[205] 그래서

---

202 참조. U. Schnelle, Gerechtigkeit und Christusgegenwart(위 2.4.10을 보라.), 37-46, 139-42.

203 참조. H. Merklein, "Erwägungen zur überlieferungsgeschichte der neutestamentlichen Abendmahlstraditionen," ders., Studien zu Jesus und Paulus, WUNT 43, Tübingen 1987, 157-80.

204 참조. Chr. Wolff, 1 Kor, 355-70.

슈미탈스는 뤼트거르트(W. Lütgert)를 따라서 바울의 적대자들을 그리스도교의 영지주의자로 보았다. 그들은 자신들의 지식으로 이미 지상의 한계를 넘어섰다고 느꼈으며 그리스도의 영에만 집중했다. 슈미탈스는 고린도전서와 영지주의 본문(육체와 영 이원론, 소피아 사변, 육체성의 가치에 대한 평가절하, 이미 일어난 부활) 사이에 많은 유사점을 지적한다. 그러나 이원론적 인간론은 영지주의의 영향이라고 단정하기에는 아직 충분하지 않다.(아래 8.5.8을 보라.) 본래적 자아와 신성 사이의 동질성 사상도 바울의 적대자들에게서 입증될 수 없다. 피조물이 반신적 세력의 영역으로 나타나지 않고(참조. 고전 8:6, 10:26), 적대자들은 최고의 신과 열등한 창조신을 구별하지 않는다.[206] 신과 그의 창조는 원시적 이원론에 포함되는 영지주의에 대해서만 의미 있게 언급될 수 있다.(아래 8.5.8를 보라.) 더욱이 슈미탈스는 영지주의 신화를 재구성하기 위해 끊임없이 교부의 전승을 이용한다.[207] 불트만(R. Bultmann)을 따르는 슈미탈스는 그리스도교 이전의 구원자 신화의 모델을 낡은 주장으로 간주한다.[208] 기원후 2세기의 본문으로부터 재구성된 영지주의가 고린도전서의 기록 당시에 어떻게 존재했는지는 여전히 의문으로 남는다.

때때로 바우르(F. Chr. Baur)[209]를 따라서 유대계 그리스도인을 고린도

---

205 이것에 대해 슈라게의 유익한 고려사항을 참조하라.(W. Schrage, 1 Kor I, 38-63.)

206 참조. S. Arai, "Die Gegner des Paulus im 1. Korintherbrief und das Problem der Gnosis," NTS 19 (1972/73): 430-37.

207 참조. M. Hengel, "Die Ursprünge der Gnosis und das Urchristentum: Evangelium-Schriftauslegung-Kirche (FS P. Stuhlmacher), hg. v. J. Ådna/S. J. Hafemann/O. Hofius, Göttingen 1997, 190-233.

208 참조. C. Colpe, Die religionsgeschichtliche Schule. Darstellung und Kritik ihres Bildes vom gnostischen Erlösermythos, FRLANT 78, Göttingen 1961. 이 문제에 대한 비평적 안내는 다음을 참조하라. K. Beyschlag, Grundriß der Dogmengeschichte I, Darmstadt ^{2}1988, 130-52; H. J. Klauck, Die religiöse Umwelt des Urchristentums II, Stuttgart 1996, 145-98.

교회의 바울의 원래 적대자로 간주하기도 한다.[210] 이 경우에 특히 게바파가 고린도에서 유대계 그리스도교의 바울 비판세력으로 나타난다. 그들은 바울의 사도직 주장을 반박한다.(참조. 고전 9:1-18, 15:1-11) 그러나 율법 준수와 할례 같은 전형적인 유대계 그리스도교의 요구가 고린도전서에는 빠져 있고, 바울의 사도직에 관한 갈등이 호전적인 유대계 그리스도인에 의해 시작되었을 필요는 없다. 더욱이 고린도의 영적 열광주의적 현상은 다른 종교사적 관련성을 가능하게 한다. 고린도전서 2:6-16의 지혜신학, 육과 영의 이원론, 지식에 대한 높은 평가(참조. 고전 8:1-6, 13:2), 육체에 대한 평가절하(참조. 고전 6:12-20), 그리고 고린도전서 15:45의 두 가지 원래 인간에 관한 사상은 고린도에 미친 헬라적 유대교의 지혜신학의 영향을 환기시킨다.[211] 물론 바울 자신이 헬라적 유대교[212] 출신이기 때문에 그의 신학과 고린도 교회의 적대자들의 입장을 분명하게 구분 지을 수는 없을 것이다. 더욱이 바울이 고린도 교회의 교인들을 명백하게 비판하고 교정하는 본문은 설명하기 어렵다. 그래서 젤린(G. Sellin)[213]은 아볼로를 통해 알렉산

209 참조. F. Chr. Baur, Die Christuspartei in der korinthischen Gemeinde, der Gegensatz des petrinischen und paulinischen Christenthums in der ältesten Kirche, der Apostel Petrus in Rom, TZTh 1831, 61-206.

210 이러한 의미(개별 주장의 차이와 더불어)에 관하여는 다음을 참조하라. J. Weiß, 1 Kor, XXXV-XLIII; Ph. Vielhauer, Paulus und die Kephaspartei; G. Lüdemann, Paulus der Heidenapostel II: Antipaulinismus im frühen Christentum, FRLANT 130, Göttingen 1983, 118-25. 필하우어와 뤼데만은 고린도의 바울의 적대자로 간주하지 않는 성령주의자도 살핀다. 여러 논제에 관하여는 G. Sellin, Hauptprobleme, 3011ff.를 참조하라.

211 참조. K. G. Sandelin, Die Auseinandersetzung mit der Weisheit in 1.Korinther 15, Åbo 1976; R. A. Horsley, "Wisdom of Word and Words of Wisdom in Corinth," CBQ 39 (1977): 224-39; H. Merklein, 1 Kor, 119-33.

212 이것에 대하여 다음을 참조하라. E. Brandenburger, Fleisch und Geist. Paulus und die dualistische Weisheit, WMANT 29, Neukirchen 1968; G. Theißen, Psychologische Aspekte paulinischer Theologie, FRLANT 131, Göttingen 1983, 355ff.

드리아 유대교의 지혜신학이 주로 이방 그리스도인으로 구성된 고린도 교회에 들어왔을 것으로 추측한다. 젤린은 필로와 고린도 신학 사이의 일치점을 주목하여 밝힌다. 그러나 그의 주장에 대한 반대 주장도 있다. (1) 알렉산드리아 그리스도인 아볼로의 신학(참조. 행 18:24)은 알려지지 않아서 모든 세부사항은 완전히 가설이나. (2) 만일 아볼로가 바울과 고린도인 사이의 갈등을 촉발했다면, 왜 바울이 그를 비판하지 않고 독립적이고 대등한 선교사로 수용했는지의 이유를 설명할 수 없다.(참조. 고전 3:5, 8) (3) 바울은 고린도전서 16:12에서 여러 번 아볼로에게 다시 고린도로 가도록 권면한다. 그렇다면 그것은 바울이 고린도 분쟁의 공동 책임자에게 에베소에서 고린도로 돌아갈 것을 반복하여 요청했다는 것이 된다. 다른 설명의 모델은 고린도의 지혜 사변에 대한 중요성을 그리스 철학 및 수사학적 전통으로 소급하는 것이다.[214] 이 모델은 그리스 철학에서 지혜에 대한 특별히 높은 평가, 철학 학파에서 교사와 학생 사이의 친밀한 관계, 그리고 학파 사이의 경쟁이 고린도의 파벌을 형성하게 한 것으로 간주한다.

유대계 헬레니즘 지혜신학과 철학적 수사학의 전통의 영향이 바울과 고린도 교인 모두에게 끼치는 영향은 부정될 수 없다.[215] 그러나 갈등의 근본 원인은 여기에 있지 않다. 오히려 고린도전서의 배경에서 드러나는 신학은 종교사적으로 단일한 원인(monokausal)을 정할 수 없는 고린도 교인들의 독자적 성취로 이해되어야 한다.[216] 고린도 교인들은 바울 신학의 핵

213 참조. G. Sellin, Auferstehung der Toten, 해당 쪽.

214 참조. H. D. Betz, "'The Gospel and the Wisdom of the Barbarians. The Corinthians' Question behind Their Questions," Bib 85 (2004): 585-94; Th. Schmeller, Schulen im Neuen Testament(위 2.2를 보라.), 103-26; B. W. Winter, After Paul left Corinth, 31-43.

215 근거 텍스트는 Neuen Wettstein II/1(위 2.4.8을 보라.), 257-58, 264-67을 참조하라.

216 마샬(P. Marshall)은 Enmity in Corinth에서 이와는 대조적으로 바울과 고린도 간의 갈등 배후를 신학적 동기가 아니라 순전히 사회적 동기를 의심한다. 바울

심 요소를 계속 발전시켰고, 동시에 그들에게 친숙한 사회 윤리적 규범을 따라 직접적인 환경의 영향에 개방적이었다.[217] 여기서 성례전을 염두에 둔 사고는 그들 신학의 본래적 출발점을 형성했다.[218] 그래서 고린도 교회의 파벌 형성에서 세례가 결정적인 역할을 했다. 세례는 한 그룹의 소속성을 규정했다.(참조. 고전 1:13-17) 세례자의 현실적 혹은 요청된 권위는 분명히 세례 받는 자에게 영향을 미쳤다. 그렇게 세례 받는 자는 교회 안에서 세례자의 명성을 나눠받았다. 여기서는 로마서 6:3-4에서처럼 종교사적으로 볼 때 신비주의자와 신 사이의 운명 공동체에 관한 사상을 지닌 신비종교의 영향이 고려되어야 한다. 주의 만찬에서의 폐해(참조. 고전 11:17-34)는 마찬가지로 도시에 널리 퍼져 있던 신비종교 제의를 암시한다. 분명히 고린도 교인은 헬라적 신성에 관한 관념(예를 들어 신의 현현)을 주의 만찬에 전용했다.

성례에 대한 존중과 그와 연결된 영의 선물(참조. 고전 12:13)은 구원의 완성에 관한 고린도 교인의 의식 속에서 드러난다.(참조. 고전 2:6, 4:8, 10, 18-20, 5:2, 6:12, 10:1 이하, 23, 15:12) 성례는 그들에게 구원을 절대적으로 보장하는 것이었다. 새로운 존재로의 최종적 변화가 상실되지 않는 영의 선물(참조. 고전 5:5)을 통해 이미 완성되었기 때문이다. 고린도 교회의 일

은 부유한 고린도 사람들의 재정적 도움을 거절했는데, 이것이 모욕으로 여겨져 파당 결성을 촉발했다는 것이다.

217 빈터는 이러한 관점을 강조한다.(B. W. Winter, After Paul left Corinth, 해당 쪽.) 그는 고린도 분쟁의 주요 원인을 그리스-로마의 사회적 유대와 가치관의 지속적인 강한 영향력으로 본다.

218 H. v. Soden, Sakrament und Ethik, 364. 조덴은 "관련된 모든 사람이 성례전적으로 생각한다."라고 강조한다. 그는 고린도 사람들을 "영적 믿음에 대한 과장된 열광주의자"(H. v. Soden, 위의 책, 361.)로 본다. 이러한 의미에서 콘첼만(H. Conzelmann), 볼프(Chr. Wolff), 피(G. D. Fee) 및 랑(F. Lang)은 그들의 논평에서 고린도의 내생적 발전(endogene Entwicklung)을 지지한다. 참조. F. W. Horn, Das Angeld des Geistes. Studien zur paulinischen Pneumatologie, FRLANT 154, Göttingen 1992, 160-301.

부인 영지주의자들은 분명히 육체적 실존으로부터 해방되었고, 더 이상 도덕적 혹은 종교적 규범에 예속되지 않는 것으로 느꼈다.(참조. 고전 6:12-20, 10:1-13) 그들은 계시된 신성한 지혜를 인간의 창조적 능력에 통합하여 그것을 강화했다. 그들의 이해에 따르면 신성한 지혜와 지식은 인간의 인지 능력에 동기부여를 한다. 그 결과 하나님의 지혜의 이유인 십자가 사건은 뒤로 물러나지만, 인간의 인지 능력은 부각되었다. 고린도전서 12-14장에서 바울이 다루는 황홀하고 열광적인 현상은 성령과 성령의 은사에 대한 고린도 교인들의 인식을 강조하고 있다. 고린도전서 15:12에 언급된 죽은 자의 부활을 부정하는 것도 고린도 교회의 성례전과 관련이 있다. 세례 때 부활이 이미 주어졌기 때문에(참조. 골 2:12-13, 3:1-4, 엡 2:6) 미래적 부활과 부활체의 상태에 관한 진술은 불필요한 것으로 간주된다. 고린도 교인에게 생명을 얻는 것은 파루시아에서 죽음의 극복이 아니라 세례에서 영을 받을 때 이미 완성된다. 고린도진서 15:29의 죽은 자를 위한 세례는 죽음을 극복하는 세례의 능력에 대한 믿음을 예증하며, 그것이 어떻게 구원하는 성례이고 구원의 시작과 완성으로 이해되는지를 단호하게 보여준다.[219]

고린도 교인은 완료의 시제를 종말로 넘겨서 현재와 미래를 바꿨고, 하나님이 원하는 종말 사건의 진행을 무시했다. 이에 반해 바울은 종말에 모든 것은 확정된 질서를 가지며(고전 15:23 이하), 영적인 몸은 자연적 몸을 따르지만 그 반대는 아니라고 강조한다.(고전 15:46)

2.5.9 신학적 기본 사상

사실상 교회의 분열에 직면한 예수 그리스도에 기초한 교회의 통일성이, 바울이 고린도전서에서 다루는 큰 주제이다. 사도는 고린도전서 1:13에서 이

---

219 최초 그리스도교 성례에 대한 현실적 이해에 대한 또 다른 예는 고린도전서 11:30에서 찾을 수 있다!

미 '그리스도의 몸'(σῶμα Χριστοῦ)[220]의 약칭인 '그리스도'(ὁ Χριστός)와 더불어 그리스도의 몸으로서의 교회에 관한 사상을 분명하게 소개한다. 즉 개인의 영의 소유가 아니라 예수 그리스도만이 교회의 통일성에 부응할 수 있다는 사실이다. 바울은 고린도 교회의 구원의 완성에 관한 각 개인의 의식을 고린도전서 1:18 이하에서 십자가의 신학을 소개하며 비판한다.[221] 십자가는 인간 각자의 자기주장과 개인의 구원의 노력을 매우 의심스럽게 만든다. 그것은 권세가 아니라 무력으로, 환호가 아니라 탄식으로, 명성이 아니라 치욕으로, 온전한 현재 구원의 영광이 아니라 죽음의 고독으로 이끌기 때문이다. 십자가는 모든 오인된 안정성을 파괴한다. 십자가에서 인간의 지혜는 하나님의 어리석음에 압도된다. 바울은 복음의 진리의 기준이 인간의 지혜에 있지 않기에 믿음의 정체성을 십자가에 고정한다. 고린도 교인들은 예수 그리스도에게서 나타난 하나님의 사랑보다 그들의 개인적 지식을 우위에 둠으로써 구원을 소홀히했다. 예수 그리스도 한 분만 신앙과 교회의 기초이기 때문이다.(참조. 고전 3:11, 4:15) 고린도 교인들은 세례를 통해 거룩하게 되었고 의롭게 되었다.(참조. 고전 6:11) 따라서 그리스도의 지체인 그들은 불결함 속에서 살 수 없다.(참조. 고전 6:15, 19)

음행, 법정 소송, 매음 등은 마치 관습적인 입장을 벗어나는 것처럼 교회의 통일성을 위협했다.(참조. 고전 5-7장) 우상의 제물을 취하는 문제에 대한 다툼도 교회의 통일성을 위태롭게 한다. 그리스도인에게는 오직 한 분 주님이 있을 뿐이다. (참조. 고전 8:6) 그렇기에 우상의 제물을 즐기는 것은 기본적으로 가능하지만, 만일 이러한 올바른 지식이 동료 형제의 양심에 부담을 주거나 논쟁을 일게 한다면, 그런 지식은 교회를 세우는 일에 기여하지 않는 것이다.(참조. 고전 8:1, 10, 10:23-24) 그리스도교의 자유는 기준

---

220 참조. G. Friedrich, Christus, Einheit und Norm der Christen, 153.

221 바울의 십자가 신학에 관하여는 H. Weder, Das Kreuz Jesu bei Paulus, FRLANT 125, Göttingen 1981을 참조하라.

없는 자기과시나 자기실현으로 완성되지 않고, 본질상 관계에 관한 개념이다. 이 자유는 동료 그리스도인과 그리스도교 교회와의 관계에서 그 성격을 가질 뿐이다.[222] 바울은 고린도전서에서 주도적인 교회의 통일성에 관한 개념을 성령의 은사를 예로 들어 확실히 설명한다.(고전 12-14장)[223] 바울은 교회의 통일성을 은사의 다양성 안에 명시한다. 교회는 그리스도의 몸이고(고전 12:27), 십자가에 달리고 부활한 분이 실제 역사 속에서 사역하는 공간이다. 그러므로 은사는 개인적 자기주장이 아니라 교회의 세움만을 위해 기여해야 한다.(참조. 고전 14:3-5, 17, 26)

바울은 성령의 은사를 평가하지만 고린도 교인에게 더 좋은 길을 제안한다. 그것은 사랑이다. 고린도전서 13장[224]이 은사 오용의 위협으로 각인된 12장과 14장 사이에 자리한 것은 우연이 아니다. 사랑은 이기주의와 다툼의 반대이고, 그것은 자기의 것을 추구하는 것이 아니며, 그 본질은 악을 이기고 선을 행하는 것에서 드러난다.(참조. 고전 13:2) 바울은 고린도전서 12-14장에서 과도해지는 영적 열광주의를 경고하면서 15장의 부활에 관한 문제를 연결한다. 고린도 교회의 부활에 관한 오해는 마찬가지로 영적 은사에 관한 과대평가와 관련되기 때문이다.(참조. 고전 15:46) 영적 몸으로의 변화는 주의 재림 시에 비로소 완성된다.(참조. 고전 15:50 이하) 그리스도인은 아직 완성의 상태에 머물지 못한다. 직접적인 앎과 바라봄에서 아직은 벗어나 있다.(참조. 고전 13:12, 고후 4:7, 5:7)

---

222 바울의 자유 개념을 위한 다양한 입장에 관하여는 다음을 참조하라. S. Jones, 'Freiheit' in den Briefen des Apostels Paulus(위 2.5.4를 보라.); S. Vollenweider, Freiheit als neue Schöpfung, FRLANT 147, Göttingen 1989.

223 참조. U. Brockhaus, Charisma und Amt, Wuppertal [2]1987.

224 고린도전서 13장에 관하여는 특히 다음을 참조하라. Wischmeyer, Der höchste Weg. Das 13. Kapitel des 1. Korintherbriefes, StNT 13, Gütersloh 1981; Th. Söding, Die Trias Glaube, Hoffnung, Liebe bei Paulus, SBS 150, Stuttgart. 바울의 윤리에서 사랑의 광범위한 기능에 관하여는 Th. Söding, Das Liebesgebot bei Paulus, NTA 26, Münster 1995.

고린도전서 15장[225]이나 13장[226]이 고린도전서의 핵심이나 절정은 아니다. 바울의 교회론의 기본 개념이 전체 서신을 관통한다. 그리스도는 교회의 기초이며 건축자이고 현재하는 주님이며 그리스도교 교회의 목표이다.

2.5.10 최근 연구 경향

연구의 중심은 고린도전서의 문학적 구성에 관한 질문에 있다. 콘첼만(H. Conzelmann), 볼프(Chr. Wolff), 랑(F. Lang), 피(G. D. Fee), 스트로벨(A. Strobel), 슈라게(W. Schrage)와 린데만(A. Lindemann)의 주석은 고린도전서의 통일성에서 출발하고, 클라우크, 젤린은 다시 여러 편지로 분리된 고린도전서를 옹호한다. 반면에 메르크라인(H. Merklein), 뤼어만(D. Lührmann)은 방법론적 관점을 명확하게 고려하여 한 번 더 고린도전서의 통일성을 증명한다.[227] 고린도전서에 나타난 바울 적대자의 종교사적 분류는 연구의 두 번째 중심이다. 영지주의자 논제는 쇼트로프(L. Schottroff)[228]와 빈터(M. Winter)의 수정된 형식에서 설명된다. 그들은 세계를 인간의 자아에 대한 부정적인 대응물일 뿐만 아니라 인간에게 적대적인 힘으로 이해하는 이원론에서 고린도 영지주의의 본질을 본다. 예를 들어 로빈슨(J. M. Robinson)과 윌슨(R. McL. Wilson)은 고린도인을 '선 영지주적' 혹은 '이른 영지주의적'이라고 묘사한다.[229] 젤린은 이와는 반대로 영지주의의 복잡한 현상을

---

225 K. Barth, Die Auferstehung der Toten, München 1924.

226 R. Bultmann, "Karl Barth, 'Die Auferstehung der Toten'," ders., Glauben und Verstehen I, Tübingen [8]1980, 38-64.

227 H. Probst, Paulus und der Brief(위 2.3.1을 보라.), 108ff. 프롭스트는 통일성과 분할가설 사이의 위치를 대변한다. 그는 고린도전서를 고린도전서가 형성되기 위해 연대순으로 결합한 원래 독립적인 개별 편지 모음으로 본다.

228 참조. L. Schottroff, Der Glaubende und die feindliche Welt(아래 8.5.1을 보라.), 115ff.

229 참조. J. M. Robinson, "Kerygma und Geschichte im Neuen Testament," H.

정의하고 그것을 시간의 관점에서 정확하게 파악하는 것의 어려움을 주의 깊게 지적한다.[230] 영지주의자 논제는 점차 확실성을 상실하면서 부분적으로는 중첩되고 이미 언급된 두 개의 설명 모델(위 2.5.8을 보라.)이 남는다. (1) 고린도 교인들(그리고 바울)을 향한 유대계 헬레니즘 지혜신학의 영향, (2) 고린도 교인들은 독자적으로 그들의 성령의 은사와 성례에 집중된 신학을 발전시켰다. 그들은 바울뿐만 아니라 그들 주변 세계의 종교적 지침과도 연결되었다.

동시에 고고학과 고문서학에서 확인하여 언급된 일반 이론을 보충하는 사회학적, 수사학적, 그리고 문화사적 설명 모델의 중요성이 점점 증대되고 있다.[타이센(G. Theißen), 호슬리(R. A. Horsley), 람페(P. Lampe), 미첼(M. Mitchell), 코흐(D.-A. Koch), 빈터(B. W. Winter), 에벨(Eva Ebel)] 그들은 고린도의 갈등을 무엇보다도 교회의 사회적 계층으로부터, 문화사적 상황과 일부 고린도 교인들의 세속 윤리의 고수로부터 설명한다. 파피루스학적 비교 역시 고린도전서의 수많은 사회적, 경제적, 그리고 법률적 문제에서 더 깊은 이해로 연결된다.[아르츠-그라브너(P. Arzt-Grabner)][231] 분명 최근의 연구는 단일 인과적, 순수 신학적 설명 모델에서 벗어나 다양한 영향을 고려하는 경향이 있다.

고린도전서 15장에 관한 개별 연구는 많다. 콘첼만은 분석을 통해 고린도전서 15:3b-5[232]의 바울 이전의 전통에 대해 이해하고, 오스텐-자켄(P.

Köster/J. M. Robinson, Entwicklungslinien durch die Welt des frühen Christentums, Tübingen 1971, (20-66) 38; R. Mc. L. Wilson, "How Gnostic were the Corinthians?," NTS 19 (1972/73): 65-74.

230 참조. G. Sellin, Auferstehung der Toten, 195-209.

231 그 이외에도 A. Papathomas, Juristische Begriffe im ersten Korintherbrief des Paulus, Tyche.S 7, Wien 2009를 참조하라.

232 고린도전서 주석에 있는 해석과 함께 특별히 H. Conzelmann, "Zur Analyse der Bekenntnisformel 1. Kor. 15, 3-5," ders., Theologie als Schriftauslegung, BEvTh 65, München 1974, 131-41을 참조하라.

v. d. Osten-Sacken)은 고린도전서 15:1-11의 변증적 경향을 부각시킨다.[233] 고린도전서 15:12-13의 바울의 주장과 이에 전제된 적대자의 입장은 브라케마이어(G. Brakemeier),[234] 슈페라인(B. Spörlein),[235] 산델린(K. G. Sandelin), 샤데(H. H. Schade),[236] 젤린에 의해 다양한 방식으로 고찰되었다. 가장 최근의 연구에서 특히 주목받는 것은 고린도전서 15:51 이하와 데살로니가전서 4:13-18 사이의 관계에 관한 것이다. 여기서는 바울 종말론의 발전 가능성에 관한 문제가 중심에 놓여 있다.(위 2.4.10을 보라.)

바울의 사유의 원천을 위하여는 고린도전서가 특별한 중요성을 지닌다. 갈라디아서와 로마서의 칭의론이 고린도전서에도 전제되는가, 혹은 그것을 고린도전서의 십자가의 신학과 동일시하는 것이 정당한가?[237] 이 질문에 대한 답변은 고린도전서 15:56의 해석에 따라 상당히 좌우된다. 이 구절에서 로마서의 칭의론의 기본 사상이 문맥상 완전히 준비되지 않은 채 번쩍인다.[238] 이 질문에 대한 답변과는 별개로 고린도전서에서 우세한 십자가의 신학이 바울의 신학에서 중심에 있다는 사실은 점점 분명해진다.[슈라게(W. Schrage), 죄딩(Th. Söding), 쭘슈타인(J. Zumstein), 포스(F. Voss), 캄러(H. Chr. Kammler) 등][239]

---

233 참조. P. v. d. Osten-Sacken, "Die Apologie des paulinischen Apostolats in 1. Kor. 15, 1-11," ders., Evangelium und Tora, TB 77, München 1987, 131-49.

234 참조. G. Brakemeier, Die Auseinandersetzung des Paulus mit den Auferstehungsleugnern in Korinth, Diss. theol., Göttingen 1968.

235 참조. B. Spörlein, Die Leugnung der Auferstehung, BU 7, Regensburg 1971.

236 참조. H. H. Schade, Apokalyptische Christologie(위 2.4.1을 보라.), 191-212.

237 E. Lohse, Grundriß der neutestamentlichen Theologie, Stuttgart ^{4}1989, 87; 이에 반대하여 U. Schnelle, Wandlungen im paulinischen Denken(위 2.4.9를 보라.), 49-54.

238 참조. 고전 15:56에 대해서 한편으로는 F. W. Horn, "1 Kor 15, 56-ein exegetischer Stachel," ZNW 82 (1991): 88-105, 다른 한편으로는 Th. Söding, "'Die Kraft der Sünde ist das Gesetz' (1 Kor 15, 56)," ders., Das Wort vom Kreuz, 93-103을 참조하라.

보론 1: 바울서신의 분할가설에 관한 방법론적 고찰

바울서신의 이해와 바울 선교의 과정을 위한 분할가설(Teilungshypothesen)의 중요성은 이 지점에서 방법론적 원리를 공식화하는 것을 필요로 한다. 분할가설은 문학비평의 고전적 방법론에서 출발한다.(긴장, 단절, 논리의 결여, 모순, 불일치, 사고의 진행에 충돌하는 추가, 문맥에서 벗어난 신학적 진술, 다양한 역사적 상황)[240] 분할가설은 서로 다른 논거와 때로는 강하게 갈라진 결과에 적용한다. 이때 종종 본문에 과장된 논리적 요구가 나타나고, 본문과는 거리가 먼 합리주의가 지식을 예단한다. 왜냐하면 문학비평에서 모순점을 찾는 것은 본래 주석자의 주관적 평가에 달려 있기 때문이다. 잘 고려된 문단 구성과 높은 수준의 통찰을 지녔더라도 바울서신은 그때그때 기록된 편지이지 현대적 의미의 일관된(그리고 삭막한) 학술 논문이 아니다.

바울서신의 경우 사유 과정의 논리 비약이 드러나는 것은 문학비평의 논거가 될 수 없다. 찬양과 비난이 교차하고, 다른 상황이 없는데도 새로운 주제가 삽입되기도 한다. 그러므로 분할가설은 바울서신의 현재 본문이 의미심장한 통일성을 지닌 것으로 이해할 수 없을 경우에만 그럴듯하게 적용될 수 있다. 분할가설의 가능성이 아니라 무조건적 필연성이 방법론적 원칙을 통해 적용되어야만 한다.[241] 본문은 추정되는 원래 있던 자리에서만

239 십자가 신학에서 무엇을 이해해야 하는지에 대한 논란의 여지가 있는 질문에 관하여는 K. Haldimann, Kreuz-Wort vom Kreuz-Kreuzestheologie를 참조하라. 바울 해석에서 용어의 차별화에 관하여는 A. Dettwiler/J. Zumstein(Hg.), Kreuzestheologie im Neuen Testament, WUNT 151, Tübingen 2002, 1-25를 참조하라.

240 모든 관련 분할 기준과 논의에 관하여는 P. Beier, Geteilte Briefe?(위 2.4.6을 보라.), 190-223을 참조하라. 분할가설의 모든 주장에 대해 근거 있는 반론이 제시될 수 있음이 밝혀졌다!

의미가 있음을 보여주어야 한다. 그러나 바울서신이 오로지 분할가설에 기초해서만 의미 있게 이해할 수 있다는 것은 지금까지 절대 증명되지 않았다. 또한 분할가설에서 익명의 편집자는 바울이 말한 것을 구성했다고 늘 신뢰를 받는다. 그 결과가 바로 현재 형태의 서신 구성이다. 누가 편집자들의 작업을 정당화했는가? 그들은 새로운 인위적인 본문의 구성을 통해 어떤 목표를 추구하는가? 당시 서신의 청중과 독자는 오늘날 주석자가 안다고 생각하는 것을 알았는가? 바울은 그렇게 생각하지 않는데, 왜 편집자는 본문의 의미의 일관성이 부족하다고 여기는가? 바울이 그 생각에 동의하는가? 이러한 명백한 질문에 대한 확실한 답변은 지금까지 주어지지 않았다. 게다가 종종 언급되는 '재구성'이라는 말은 재구성이 항상 최초의 것에 대한 지식이 필요하다는 단순한 사실을 모호하게 만든다! 그러나 분할가설의 경우에는 그렇지 않고, 최초의 것은 현재 본문이지만 최초의 것으로 간주하지 않고, 최초의 것에서 본래 '최초의 것'을 복원하는 것처럼 작동한다.

마지막으로, 편집자의 작업으로 인해 편지의 서두나 결미가 사라졌다는 분할가설을 뒷받침하는 데 자주 사용되는 가정은 완전히 증명될 수 없다. 고대 지중해 세계에는 그러한 방식과의 유사점이 없다. 편집자는 다른 교회에 보내질 새로운 서신을 정교하게 생산하기 위해 먼저 서신의 단편(재구성된 단편은 서신으로 칭하지 않는다.)을 기다렸어야 했다는 것이다. 그러나 이것은 갈라디아서가 입증하듯이 역사적으로 개연성이 매우 희박한 과정이다. 갈라디아 교회는 즉시 그것을 전달했기 때문에 남아 있다.

또 다른 주장으로는 바울서신에서 편집자의 작업 및 서신의 틀을 구성하는 부분의 생략을 염두에 두는 사람은 서신의 서두와 결미에 드러난 최초 의사소통의 상황을 재구성할 수 없다는 것이다. 특히 서신의 서두와 결미가 의도된 의사소통을 위해 유용한 정보(서신의 공동 저자, 여행 계획, 규

---

241 W. Schmithals, "Methodische Erwägungen zur Literarkritik der Paulusbriefe," ZNW 87 (1996): 51-82. 슈미탈스는 반대 입장을 지지한다.

모)를 포함하고 있으므로, 완전히 자명하게 누락됐다고 전제하는 것은 역사적으로 가능성이 거의 없다고 간주해야 한다. 또한 고려해야 할 해석학적 측면도 있다. 개별 본문의 단편은 본질상 이해를 결정하는 다른 맥락에서 나타난다. 해석의 대상은 더 이상 바울의 편지가 아니라 편집자의 바울 이해이다! 텍스트 이론에서 이것은 다음과 같은 사실을 의미한다. 단편으로 구성된 본문의 상태는 한 사람이 작성한 일관된 본문의 상태와 완전히 다르다. 오늘날 주석자가 재구성한 '서신'은, 말하자면 현대의 텍스트 이론에 기인한 메타(Meta) 본문이다. 현재의 바울서신은 설명 가능한 차이점을 지닌 통일된 본문을 제공한다. 이것은 개별 수집의 첫 단계에 있는 서신도 같은 본문을 소유했다는 사실을 시사한다.[242] 그것들은 아마도 현재의 형태가 아닌 다른 방식으로 전승되지는 않았을 것이다.

따라서 분할가설은 본문의 일관성의 원칙과 구문의 일관성, 의미 일관성 및 실용적 일관성과 같은 다양한 차원에 기반하여 바울서신의 현재 형태에서 바울 차원의 설명이 없는 경우에만 방법론적으로 타당하게 수용될 수 있다.

2.6 고린도후서

2.6.1 참고문헌

주석

KEK 6: H. Windisch, 1924(=1970), R. Bultmann (Sonderband), 1976. • HNT 9: H. Lietzmann, ⁵1969, 97-164. • EKK VIII/1: Th. Schmeller, 2010 (Kap. 1, 1-7, 4). • ThHK 8: Chr. Wolff, ²2011. • NTD-ThHK 8: Chr. Wolff, 1989. • NTD 7: F. Lang, 1986. • ÖTK 8/1.

---

242 참조. K. Aland, Die Entstehung des Corpus Paulinum("부록 2"를 보라.), 348ff.

2: E. Gräßer, 2002. 2005. • NEB: H. J. Klauck, 1986. • AncB 32a: V. P. Furnish, 1984. • WBC 40: R. P. Martin, 1986. • ICC: M. E. Thrall, 1994. 2000. • NICNT: P. Barnett, 1997. • F. W. Danker, II Corinthians, Minneapolis 1989. • F. Zeilinger, Krieg und Friede in Korinth, Wien I 1992, II 1997. • H. D. Betz, 2. Korinther 8 und 9. Ein Kommentar zu zwei Verwaltungsbriefen des Apostels Paulus, Gütersloh 1993. • Sacra Pagina: J. Lambrecht, 1999. • F. J. Matera, II Corinthians, The New Testament Library, Louisville 2003. • M. J. Harris, The Second Epistle to the Corinthians, NIGTC, Grand Rapids 2005.

단행본

D. Georgi, Die Gegner des Paulus im 2. Korintherbrief, WMANT 11, Neukirchen 1964. • H. D. Betz, Paulus und die sokratische Tradition, BHTh 45, Tübingen 1972. • M. Rissi, Studien zum zweiten Korintherbrief, AThANT 56, Zürich 1969. • N. Baumert, Täglich sterben und auferstehen, StANT 34, München 1973. • L. Aejmelaeus, Streit und Versöhnung. Das Problem der Zusammensetzung des 2.Korintherbriefes, SES 46, Helsinki 1987. • C. Breytenbach, Versöhnung, WMANT 60, Neukirchen 1989. • J. L. Sumney, Identifying Paul's Opponents. The Question of Method in 2Corinthians, JSOT.S 40, Sheffield 1990. • A. de Oliveira, Die Diakonie der Gerechtigkeit und der Versöhnung in der Apologie des 2. Korintherbriefes, NTA 21, Münster 1990. • J. Murphy-O'Connor, Theology of the Second Letter to the Corinthians, Cambridge 1991. • U. Heckel, Kraft in Schwachheit, WUNT 2. 56, Tübingen 1993. • J. Schröter, Der versöhnte Versöhner, TANZ 10, Tübingen 1993. • B. Bosenius, Die Abwesenheit des Apostels als theologisches Programm, TANZ 11, Tübingen 1994. • H. M. Wünsch, Der paulinische Brief 2 Kor 1-9 als kommunikative Handlung, Münster 1996; Eve-Marie Becker, Schreiben und Verstehen, NET 4, Tübingen 2002. • Th. R. Blanton, Constructing a New Covenant, WUNT 2.233, Tübingen 2007. • I. Vegge, 2Corinthians-a Letter about Reconciliation, WUNT 2. 239, Tübingen 2008.

논문

E. Käsemann, "Die Legitimität des Apostels," K. H. Rengstorf (Hg.), Das Paulusbild in der neueren deutschen Forschung(위 2를 보라.), 475-521. • G. Bornkamm, "Die Vorgeschichte des sogenannten zweiten Korintherbriefes," ders., Geschichte und Glaube II, BEvTh 53, München 1971, 162-94. • G. Friedrich, "Die Gegner des Paulus im 2.Korintherbrief," ders., Auf das Wort kommt es an, Göttingen 1978, 189-223; N. Hyldahl, "Die Frage nach der literarischen Einheit des Zweiten Korintherbriefes," ZNW 64 (1973): 288-306. • O. Hofius, "Gesetz und Evangelium nach 2. Korinther 3," ders., Paulusstudien, WUNT 51, Tübingen 1989, 75-120. • G. Strecker, "Die Legitimität des paulinischen Apostolats nach 2 Korinther 10-13," NTS 38 (1992): 566-86. • R. Bieringer/J. Lambrecht, Studies on 2 Corinthians,

BETL 112, Leuven 1994(주요 논문 모음집.) • J. D. H. Amador, "Revisiting 2 Corinthians: Rhetoric and the Case for Unity," NTS 46 (2000): 92–111. • Th. Schmeller, "Die Cicerobriefe und die Frage nach der Einheitlichkeit des 2. Korintherbriefes," ZNW 95 (2004): 181–208. • Th. R. Blanton, "Spirit and Covenant Renewal: A Theologoumenon of Paul's Opponents in 2Corinthians," JBL 129 (2010): 129–151.

2.6.2 저자

고린도후서의 진정성은 19세기의 과잉 비판을 통해 부분적으로 논란이 되었지만(예를 들어 바우어) 오늘날은 의심받지 않는다. 고린도후서에 관한 첫 반응(9:12)은 클레멘스1서 38:2에 나타난다.

2.6.3 기록 장소와 시기

이 서신에 대한 올바른 이해는 고린도전서와 고린도후서 작성 사이의 사건들을 고려하는 경우에만 가능하다. 바울은 고린도후서 12:14, 13:1에서 세 번째 고린도 방문을 언급하므로, 그는 이전에 한 번 더 고린도에 있었어야 한다. 사도는 고린도후서 1:15–16에서도 고린도 여행 계획을 언급한다. 그는 그 후 마게도냐로 가서 거기서 다시 고린도로, 고린도에서 유대로 가는 여행에 대해 언급한다. 고린도후서 1:15는 어떤 여행과 관련이 있는가? 바울은 그것에 관한 정보를 고린도후서 2:1에서 언급한다. 거기서 바울은 근심 중에 고린도로 다시 건너가지 않기로 했다고 한다. 그는 교회 설립을 위한 첫 번째 체류 이후에 고린도를 다시 방문했으며, 그때 바울은 교회로부터 상처를 받았다. 이에 바울은 교회를 향해 '눈물의 편지'(참조. 고후 2:4, 7:8, 12)를 썼다. 이것이 고린도후서 1:15에서 언급된 방문이다. 이 방문은 고린도전서 16:5–6에서 언급된 여행 계획들의 변경 아래 이루어졌다. 더욱이 바울은 중간 방문에서 불거진 일 이후에 고린도후서 1:16에서 언급된 여행 계획들을 수행하지 못하고 에베소로 돌아가 '눈물의 편지'를 썼다. 결국 바울은 중간 방문 동안에 공공연하게 교회에 세 번째로 가겠다고 알린다.(참조. 고후 1:23) 그러나 이 방문(세 번째)은 생략되고 대신에 '눈물의 편지'(참조. 고후 2:3, 4)가 보내진다. 디도가 이 편지를 고린도로 전달했을 것으로 짐작된다.(참조. 고후 7:5-9) 특별히 바울은 여행 계획을 변경했기 때문에 불성실하다는 비난을 받게 된다.(참조. 고후 1:17)

사도는 이제 에베소로부터 드로아(고후 2:12)를 지나 마게도냐로 가는 매우 위험한 여행길(참조. 고후 1:8)에 오른다. 그는 이 여행 도중 마게도냐에서 디도를 만났다.(고후 7:6-7) 디도는 바울에게 고린도로부터 좋은 소식을 가져왔으며, 이 소식이 고린도후서 12:14, 13:1에서 예고한 세 번째 방문을 위한 전제가 되었다. 모금은 마게도냐에서 성공적으로 이루어졌다.(참조. 고후 8:1-2, 롬 15:26) 이 모금 행위는 실제 디모데로 말미암아 착수되었다. 고린도전서 4:17, 16:10에 의하면 디모데는 마게도냐로 갈 때 육로로 여행했고, 고린도후서의 공동 발신자(고후 1:1)이다.

고린도전서와 고린도후서 사이에는 다음 사건들이 있다.

(1) 에베소에서 고린도로 여행, 사도의 중간 방문(참조. 고후 12:14, 13:1)

(2) 성급하게 에베소로 돌아감. 이는 바울이 교회의 어떤 구성원에 의해 상처를 받았기 때문이다.(참조. 고후 2:3-11, 7:8, 12)

(3) '눈물의 편지' 작성. 이 편지는 디도가 고린도로 전달했다.(참조. 고후 7:5-9)

(4) 아시아에서 죽음의 위험(고후 1:8)

(5) 드로아에서 마게도냐로의 여행(참조. 고후 2:12, 13)

(6) 바울이 고린도로부터 돌아오는 디도를 마게도냐에서 만남(고후 7:5 이하)

이 사건들의 경과는 반년 이상의 기간이 소요되었을 것이다. 따라서 고린도후서는 기원후 55년 늦가을(참조. 고후 8:10)에 마게도냐(참조. 고후 7:5, 8:1-5, 9:3-4)에서 기록되었을 것으로 추정된다.[243]

고린도후서 8:10에서 볼 때, 고린도 서신들의 기록 중에 해가 바뀌게 된다. 바울은 그에게 익숙한 마게도냐력을 사용하는데, 이 달력의 신년 초는 가을에 있다.[244] 다른 한편으로 고린도 서신들 사이에는 1년 반이라는 기간이 고려되어야 하며[245] 그래서 다음 두 가지의 추론이 가능하다. (1) 고린도전서가 이미 54년 봄에 기록되었다. (2) 바울은 고린도전서를 55년 봄에, 고린도후서를 56년 가을[246]에 기록했으며, 57년 봄에 비로소 예루살렘에 도착했다.

2.6.4 수신자

고린도후서는 고린도 교회뿐 아니라 '아가야에 있는 모든 성도'를 위해 기록된다. 수신자 그룹의 확대에 따라 이 편지의 성격도 바뀐다. 바울은 지역 교회와 아가야의 모든 그리스도인을 향하고 있다.(참조. 고후 9:2, 11:10) 이러한 이중적 규정은 고린도후서의 문학적 구조를 평가할 때 중요하다. 위 2.5.4에서 묘사된 교회의 상황과 견주어볼 때 결정적 변화가 있었다. 거짓 교사가 교회 안으로 들어와서(참조. 고후 11:4) 빠르게 영향력을 행사하며 바울을 비방했다.(아래 2.6.8을 보라.) 사도는 이 적대자를 교인들과 분명히 구분하려고 3인칭으로 언급한다.(참조. 고후 10:1-2, 7, 10, 12, 11:4-5, 12-13, 18, 29, 22-23)

---

243 참조. H. Lietzmann, 2 Kor, 135; F. Lang, 2 Kor, 320(고후 1-9장); V. P. Furnish, 2 Kor, 55(고후 1-9장); Chr. Wolff, 2 Kor, 10; P. Barnett, 2 Cor, 15.

244 참조. J. Finegan, Handbook of Biblical Chronology, Peabody MA ^{2}1998, 51ff.; H. Lietzmann, 2 Kor, 135.

245 H. Windisch, 2Kor, 255f.(18개월); G. Lüdemann, Paulus I(위 2.1을 보라.), 134(16개월).

246 참조. M. E. Thrall, 2 Cor, 77.(마게도냐에서 고린도후서의 기록은 기원후 56년)

2.6.5 내용 구성, 구조, 형식

서신 서두	1:1-2	인사말
	1:3-7	머리말
	1:8-2:17	자기소개
서신 몸통	3:1-4:6	성령 사역으로서의 사도의 사역
	4:7-5:11	그리스도와 함께하는 고난과 사도의 소망
	5:12-21	화해의 사역
	6:1-10	사도의 고난의 영광
	6:11-7:16	고린도 교인들과의 화해
	8:1-24	예루살렘을 위한 모금
	9:1-15	모금의 축복
	10:1-11	적대자의 비난
	10:12-18	사도의 척도
	11:1-15	사도의 사심 없는 봉사
	11:16-12:13	바보 연설
서신 결미	12:14-13:10	사도의 방문
	13:11	마무리 권면
	13:12	인사
	13:13	결문

고린도후서의 인사말은 바울서신의 일반적인 형식(참조. 고전 1:1-3)에 완전히 일치하지만, 고린도후서 1:3-7의 머리말은 εὐχαριστεῖν가 아닌 εὐλογεῖν이 이끌고 있다. 대개 고린도후서 1:8은 고린도후서의 첫 번째 큰 단락의 시작으로 본다. 이에 반해 슈니더(F. Schnider)와 슈텡어(W. Stenger)[247]는 고린도후서 1:8-2:17에서 자기소개의 전형적인 요소가 발견된다는 사실을 환기시킨다.(첫 등장 언급: 1:19, 편지의 작성자가 수신자 곁에 있음: 1:11, 미래적 현재/여행 계획: 1:15-16, 23, 2:1, 파송/파송자의 귀환: 2:14,

247 참조. F. Schnider/W. Stenger, Studien(위 2.3.2를 보라.), 52ff.

권위를 보증함: 1:17-18, 2:17, 2:5-11, 독자의 감정에 호소: 1:23-24, 1:13) 더욱이 바울은 고린도후서 3:1에서 앞선 단락을 특징적으로 자기소개로 묘사한다. 결국 고린도후서 2:14가 아니라 3:1에 새로운 주제가 나온다. 고린도후서 2:14의 감사말은 확실히 놀랍고, 고린도전서 15:57에서 이에 대한 병행구절이 발견된다.(참조. 고후 8:16, 9:15, 롬 6:17, 7:25a) 고린도후서 2:14-17은 편지의 첫 번째 큰 단락으로 전이되는 부분이다.[248]

고린도후서 10:1의 παρακαλῶ 문장으로의 전환은 바울서신의 문체에 해당한다.(참조. 살전 4:1, 롬 12:1, 빌 4:2, 몬 8-10절) 고린도후서 13:11의 마무리 권면은 전체 편지의 내용과 관계된다.(참조. χαίρετε와 καταρτίζεσθε) 고린도후서 13:13의 결문은 삼중적 형식을 드러낸다. 그 밖의 다른 곳에서도 이 삼중적 형식이 지배적이다.(참조. 살전 5:28, 고전 16:23, 갈 6:18, 롬 16:20, 빌 4:23, 몬 25절)

2.6.6 문학적 통일성

고린도후서의 통일성은 논란이 많다. 다음과 같은 본문의 현상은 분할가설을 위한 주장이 된다.

1) 고린도후서 1-9장과 10-13장 사이의 단절이 매우 두드러져서 이 두 경우에 교회에 대한 바울의 서로 다른 입장이 수용되어야만 한다. 따라서 고린도후서 10-13장을 독립된 편지의 단편으로 볼 수 있다.

2) 고린도후서 2:13에서 고린도에서의 중간 방문에서 발생한 사건에 대한 언급은 분명 바울의 사도직에 대한 변호(고후 2:14-7:4)로 중단되고, 특별히 고린도후서 7:5가 고린도후서 2:13에 연결되는 것이 분명하다.

3) 고린도후서 8장과 9장의 두 번에 걸친 모금에 관한 권면은 원래 하

248 참조. Chr. Wolff, 2 Kor, 51. "고린도후서 2:14-17은 사도의 사역에 대한 신학적 성찰을 다루는 새로운 주요 사상으로의 전환으로 이해될 가능성이 가장 크다."

나였던 것으로 보이지 않는다.

4) 고린도후서 6:14-7:1은 언어와 내용이 매우 특별해서 이 본문이 바울이 기록한 것인지 의심하게 된다.

편지와 편지의 단편들은 고린도후서 1:1-2:13, 2:14-6:13, 7:2-4, 7:5-16, 8장, 9장 그리고 10-13장의 구성 요소로부터 재구성되어야 한다. 이러한 시도의 가장 중요한 설명은 다음과 같다.[249]

1) 하우스라트(A. Hausrath)는 제믈러(J. S. Semler)의 주장에 기대어 고린도후서 10-13장에서 잃어버린 '눈물의 편지'[250]의 일부를 보았다. 그래서 그는 고린도후서가 품고 있는 서신의 시작 부분에 전승된 편지의 끝부분인 고린도후서 10-13장을 배치했다. 이 분할가설은 많은 지지를 얻었고 오늘날도 수정된 형태로 중요한 의미를 지닌다. 클라우크(H. J. Klauck)와 예멜레우스(L. Aejmelaeus)는 고린도후서 10-13장을 '눈물의 편지'[251]로 보고 (1) 눈물의 편지(고후 10-13장), (2) 화해의 편지(고후 1-9장)로 나눈다. 랑(F. Lang)도 고린도후서 10-13장에서 '눈물의 편지'의 일부분을 본다. 그는 바울이 이 편지를 중간 방문을 한 후에 기록했다고 주장한다. 바울이 '눈물의 편지'를 기록한 후 모금 추천의 내용이 담긴 동봉한 기록(고후 9장)을 첨

249 연구 개요 참조. H. Windisch, 2 Kor, 11-21; R. P. Martin, 2 Kor, XL-LII; H. D. Betz, 2 Kor, 25-77; R. Bieringer, "Der 2. Korintherbrief in den neuesten Kommentaren," EThL LXVII (1991), 107-30; ders., "Teilungshypothesen zum 2. Korintherbrief. Ein Forschungsüberblick," R. Bieringer/J. Lambrecht, Studies on 2 Corinthians, 67-105; M. E. Thrall, 2 Cor, 1-76; Eve-Marie Becker, Schreiben und Verstehen, 3-41; Th. Schmeller, 2 Kor, 13-40.

250 참조. A. Hausrath, Der Vier-Capitelbrief des Paulus an die Korinther, Heidelberg 1870.

251 참조. F. B. Watson, "2 Cor X-XIII and Paul's Painful Letter to the Corinthians," JThS 35 (1984), 324-46; G. Strecker, Die Legitimität des paulinischen Apostolats, 566; F. Zeilinger, Krieg und Friede in Korinth, 36. 자일링어는 고린도후서를 네 부분으로 나눈다.(F. Zeilinger, 위의 책, 23f.) (1) 고후 10-13장, (2) 고후 1:1-2:13, 7:5-16, (3) 고후 8장과 9장, (4) 고후 2:14-7:4.

부하여 '화해의 편지'(고후 1-8장)를 기록했다는 것이다. 다우첸베르그(G. Dautzenberg)는 하우스라트의 논제를 확대하고 수정한다. 그는 고린도후서에서 세 서신의 수집을 보았는데, 고린도후서 9장을 서신 왕래의 처음으로, 고린도후서 10-13장과 고린도후서 1-8장이 그것을 따른다고 주장한다.[252]

2) 두 번째 분할에 관한 설명은 마찬가지로 고린도후서 10-13장의 독립성에서 출발하지만, 이 본문을 '눈물의 편지'의 한 부분으로 보지는 않는다. 고린도후서 1-9장은 교회와 사도의 갈등 관계에서 중간 단계의 증거로 간주된다. 그런 다음 마지막 편지인 고린도후서 10-13장이 뒤를 이었다. 바울은 이 편지를 통해 자신의 주장을 관철시키려고 했다. 그러므로 고린도후서 1-9장, 고린도후서 10-13장의 순서가 부분적으로 서로 다른 주장과 더불어 나타난다. 연관된 학자들로는 빈디쉬(H. Windisch), 윌리허(A. Jülicher),[253] 부르스(F. F. Bruce),[254] 바레트(C. K. Barrett),[255] 퍼니쉬(V. P. Furnish), 마르틴(R. P. Martin) 등이 있다.

3) 바이스(J. Weiß)[256]에 이어서 불트만(R. Bultmann)도 고린도후서 2:14-7:4를 '화해의 편지'에서 분리하여 고린도후서 9장과 10-13장의 '눈물의 편지'에 연결한다.[257] 이렇게 하여 불트만은 편지의 순서를 (1) '눈물의 편지'(고후 2:14-7:4, 9장, 10-13장), (2) 화해의 편지(고후 1:1-2:13, 7:5-16, 8장)로 보았다.

4) 보른캄(G. Bornkamm)은 고린도후서 2:14-7:4의 변증에서 아주 이른 초기에 작성되었고, 이 단락을 통해 바울이 고린도 교회에 영향력을 미

---

252 참조. G. Dautzenberg, Der zweite Korintherbrief als Briefsammlung, ANRW 25. 5, Berlin 1987, 3045-66.

253 참조. A. Jülicher/E. Fascher, Einleitung, 98ff.

254 참조. F. F. Bruce, 2 Kor, London 1971, 117ff.

255 참조. C. K. Barrett, 2 Kor, London 1973, 21.

256 참조. J. Weiß, Das Urchristentum(위 2.5.6을 보라.), 265, 275.

257 참조. R. Bultmann, "Exegetische Probleme des zweiten Korintherbriefes," ders., Exegetica, Tübingen 1967, 298-322.

치려고 한 고린도후서의 한 단락을 본다. 그러나 고린도의 상황이 매우 나빠져서 사도는 '눈물의 편지'를 작성했다. 보른캄은 이 눈물의 편지가 10-13장에서 다시 발견된다고 본다. '눈물의 편지'와 디도의 임무 성공 이후에 바울은 이어서 '화해의 편지'를 쓴다. 보른캄은 이것을 고린도후서 1:1-2:13, 7:5-16로 생각한다. 그는 고린도후서 8:1-24를 '화해의 편지'의 부록으로 구분한다. 또한 고린도후서 9:1-15(가난한 성도를 위한 언급)를 아가야에 있는 교회들에 보내는 독립 회람서신으로 구분한다. 그러므로 고린도후서의 서신 왕래의 과정은 다음과 같다. (1) 고린도후서 2:14-7:4, (2) 고린도후서 10-13, (3) 고린도후서 1:1-2:13, 7:5-16, (4) 고린도후서 8:1-24, (5) 고린도후서 9:1-15.[258]

> 베커(E.-M. Becker)는 고린도후서 1:1-7:4에서 '눈물의 편지'를 파악하는 한편, 현존하는 고린도후서의 합본은 편집 작업이 아니라 "밀랍판이나 혹은 나무판으로부터 광범위한 코덱스에 이르는 사본 형태"[259]이지 않았을까 추측한다. "바울은 네 편 혹은 다섯 편의 부분 편지 A-E(1:1-7:4, 7:5-16, 8장, 9장, 10-13장)를 시간차를 두고 차례로 기록했고, 그것들은 고린도에 도착하자마자 곧 복사되어 순차적으로 편찬되었다."[260]

258 보른캄과 비슷하게 주장하는 베츠는 고린도후서를 연이어 기록된 편지 및 단편 편지의 합성물로 본다.(H. D. Betz, 2 Kor, 251-56.) 고린도후서 2:14-6:13, 7:2-4(사도의 서신의 단편), 고린도후서 10:1-13:10(눈물의 편지의 단편), 고린도후서 1:1-2:13, 7:5-16, 13:11-13(화해의 편지), 고린도후서 8장(고린도를 향한 목회서신의 단편), 고린도후서 9장(아가야를 향한 목회서신의 단편), 고린도후서 6:14-7:1(바울 이후의 삽입). 그레서도 비슷하게 고린도후서 2:14-6:13, 7:2-4에서 사도의 서신의 단편과, 고린도후서 10:1-13:10에서 '눈물의 편지'의 단편을 본다.(E. Gräßer, 2 Kor I, 34f.) 그는 고린도후서 1:1-2:13, 7:5-16(13:11-13?)을 '화해의 편지' 전체로 보며, 고린도후서 8장을 고린도를 향한 목회서신의 단편으로, 고린도후서 9장을 아가야를 향한 목회서신의 단편으로 구분한다.(고후 6:14-7:1은 바울 이후의 삽입에 해당한다.)

259 E.-M. Becker, Schreiben und Verstehen, 101.

제시된 분할가설을 적용하여 고린도후서를 적절하게 평가하려면 우선 수많은 서신 서두와 서신 결미의 누락을 설명할 수 있는지의 여부를 명확히 해야 한다. 대개는 이 명백한 문제가 전혀 해결되지 않거나 매우 모호하다.[261] 이 논란에서 드러나듯이 사도의 여행 계획이 중요한 역할을 했고(고후 1:17), 바울과 고린도 교인들 사이의 관계는 분위기에 의해 좌우되지 않았기 때문에 서신 서두, 인사말, 서신 결미는 매우 중요한 역할을 한다. 여기서 사도는 중요한 정보를 제시하고(여행 계획, 명령) 무엇보다도 그의 감사말과 인사로 교회와의 관계에 영향을 미친다. 그러므로 그와 같은 중요한 본문의 단락이 단순히 '탈락'됐다는 사실은 역사적으로나 신학적으로 매우 개연성이 적다고 간주해야 한다.

또한 고린도후서 10-13장이 '눈물의 편지'의 한 부분인지 아닌지를 물어야 한다. 바울은 고린도후서 2:3-4, 7:8, 12에서 무엇이 고린도의 중간 방문에서 발생한 사건인지, 자신의 갑작스런 출발 그리고 '눈물의 편지'를 유발했는지를 매우 상세히 묘사한다. 그는 고린도의 어떤 교인 때문에 매우 화가 났다. 그러나 이 사건의 세부사항을 더 이상 재구성할 수 없다. '눈물의 편지'를 받은 후에 교회는 그 행악자를 처벌했고, 이제 바울은 그를 용서해달라고 교회에 청한다.(고후 2:6-8) 만일 고린도후서 10-13장이 '눈물의 편지'의 일부라면, 바울이 이 편지의 처음 원인인 중간 방문에서 발생한 사건을 언급하지 않은 것이 이상하다. 고린도후서 10-13장에서 사도가 싸운 적대자는 고린도후서 2:3-4의 어떤 교인과 관련이 없다. 바울이 '행악자'(ἀδικήσας)를 용서하여 그의 문제가 해결되었어도(참조. 고후 2:6-10),[262]

---

260 위의 책, 101. 베커는 이 가정을 '바울서신 해석학'이라는 주제와 결합하고 그 중심을 고린도후서 1:12-14로 본다.; 참조. 위의 책, 168.

261 참조. 위의 책, 99f.

262 이것은 슈멜러의 가정에 반대하는 것이다. "아마도 이 교인은 공개적으로 반대자들의 편을 들었지만, 나머지 교인들도 최소한 바울을 지지하지는 않았다." (Th. Schmeller, 2 Kor, 39.)

고린도후서 1-9장에서도 바울의 주장을 결정하는 것은 적대자와의 대립이다.(참조. 고후 3:1-3 및 10, 12, 18. 그리고 고후 4:2-3, 5, 5:12, 2:17) '큰 사도'는 '거짓 사도'이며 '기만하는 일꾼'(고후 11:13)이므로 바울은 다른 교인들과는 달리 그들에게는 화해의 손을 내밀지 않는다. 그 '행악자'는 교회에 속한 사람이지만 적대자들은 외부에서 교회 안으로 들어왔다.(참조. 고후 11:4, ὁ ἐρχόμενος) 고린도후서 10-13장에서는 세 번째 방문을 앞에 두고 있고, 이 '눈물의 편지'는 마게도냐에서 다시 고린도로 돌아오려고 했던 실행하지 않은 계획을 대체하기 위해 기록했다.(고후 1:16, 1:23-2:4) 고린도후서 10:1, 9-11, 13:2에서 드러난 바울을 향한 비난, 곧 그가 교회에 와서 직접 대할 땐 약해 보이나 그의 편지는 힘이 있고 영향력이 있다는 것은 고린도후서 10-13장이 '눈물의 편지'라는 것에 어울리지 않는다. 이 비난은 개별 교인과 이어지는 '눈물의 편지'와의 갈등과 관련된 것이지 눈물의 편지의 일부는 아니다. 고린도후서 10:10의 복수형 '그 편지들'(αἱ ἐπιστολαί)은 고린도전서와 '눈물의 편지'를 포함하고 있다![263] 고린도후서 13:2에서 언급된 두 번째 방문이 이 해석에 어울린다. 그것은 '눈물의 편지'를 작성하게 한 중간 방문이기 때문이다. 바울은 당시 교회를 아끼는 마음으로 다가오는 세 번째 방문을 실행하지 않았다. 결국 고린도후서 10-13장이 '눈물의 편지'라고 한다면, 고린도후서 12:17-18의 디도의 언급은 그가 이미 '눈물의 편지'를 전달하기 전에 이미 고린도에 있었어야 한다는 사실을 전제해야 한다. 그러나 고린도후서 7:14는 그러한 사실에 반대한다. 바울이 '눈물의 편지'와 관련하여 디도에게 고린도를 자랑하는 것이 참되게 되었다고 할 때, 디도는 '눈물의 편지'가 전달되기 전에 고린도에 아직 있지 않았기 때문이다.

263 고린도후서 10-13장을 '눈물의 편지'로 본다면, 고린도후서 10:10의 복수형을 고린도전서 및 고린도전서 5:9에 언급된 먼저 쓴 편지와 관련시켜야 한다.(예를 들어 H. J. Klauck, 2 Kor, 79.) 그러나 먼저 쓴 이 편지는 고린도후서에서 드러난 문제와 아무런 관련이 없다!

바울 외에 우선 실루아노(참조. 고후 1:19)와 디모데(참조. 고전 4:17, 16:10-11, 고후 1:1,19)가 교회와 접촉했으며 그들은 첫 번째 모금을 준비했다. 디도는 '눈물의 편지'의 전달과 더불어 모금의 조직에 참여했다.(참조. 고후 8:6) 고린도후서 10-13장이 '눈물의 편지'로 귀속되는 것이 정당화될 때 사도가 어떤 교인에게 모욕을 당했다는 구절은 분실되었을 것이라고 한다.[264] 이 단락에서도 바울은 '눈물의 편지'를 전제하기 때문에 고린도후서 10:1-11에서도 중간 방문 때의 사건에 대한 언급이 없다.[265] 또한 편집자가 역사적 과정에서 고린도후서 10-13장을 고린도와의 소통의 마지막에 위치시키고, 이와 더불어 바울이 고린도에서 실패했다는 인상을 유발했다는 것은 거의 불가능한 추정이다. 결론적으로 고린도후서 10-13장은 '눈물의 편지' 혹은 이 편지의 단편으로 간주될 수 없다.[266]

고린도후서에 관한 문학비평의 또 다른 핵심 문제는 고린도후서 2:14-7:4에 있다. 고린도후서 1:1-2:13에 많은 동기가 연결되어 있다는 것은 우선 이 본문이 독립적이 아님을 가리킨다. '진실함'(εἰλικρίνεια, 고후 1:12)의 주제는 고린도후서 2:17, 4:2, 6:3-10에 다시 등장한다. 고린도후서 1:4-5의 고통과 위로의 말씀은 고린도후서 4:8-9에서 확대 및 심화된다. 고린도후서 5:12는 1:14b에 접목되는데, 바울은 양쪽에서 정확하게 '자랑'(καύχησις)을 주제화시킴으로써 연결한다. 고린도후서 5:1-10의 주제(파루시아 이전의 사도의 죽음)는 고린도후서 1:8-10에서 분명히 암시된다. 바울은 고린도후서 1:1-2:13에서뿐만 아니라 2:14-7:4에서도 핵심 주제를 다룬다. 그것은 사도의 사역과 그의 교회와의 관계이다.[267] 고린도후서 3-5

---

264 참조. Ph. Vielhauer, Urchristliche Literatur, 152.

265 F. B. Watson, 2 Cor X-XIII and Paul's Painful Letter to the Corinthians, 343ff.; H. J. Klauck, 2 Kor, 8.

266 고린도후서 2:4를 '눈물의 편지'로 보는 것은 고린도전서에도 맞지 않는다.[참조. U. Borse, "'Tränenbrief' und 1. Korintherbrief," SNTU 9 (1984): 175-202.]

267 참조. Th. Schmeller, 2 Kor, 37. "고린도후서 2:14-7:4는 문학적 비판과 관련

장에 나오는 바울의 사도직의 본질에 대한 설명은 사도에 대한 비난을 논박하고 교회가 사도직을 더 깊이 이해하도록 이끌기 위한 것이다.

또한 고린도후서 7:5는 고린도후서 2:13의 직접적 연속이 아니다.[268] 고린도후서 7:4와 고린도후서 7:5-7 사이에는 언어적 연결이 있다.(6절에서 παρακαλῶν, παρεκάλεσεν이, 7절에서 παρακλήσει가 4절의 παρακλήσει에 연결되고, 7절의 χαρῆναι는 4절의 χαρᾷ 그리고 5절의 θλιβόμενοι이 4절의 θλίψει를 취한다.)[269] 고린도후서 7:4와 고린도후서 7:5-7은 내용상으로도 긴밀히 속해 있다. 7:4에서 언급된 넘치는 기쁨의 원인이 7:5-7에서 언급된 고린도로부터 좋은 소식을 갖고 온 디도의 도착이기 때문이다.(참조. 고후 7:16과 고후 7:4!) 고린도후서 7:5의 καὶ γὰρ와 함께 시작하는 여행 보도는 여행의 사정을 묘사하기보다는 기쁨의 형성을 묘사하고 있다. 그렇기에 고린도후서 7:4는 이어지는 직접적인 상황을 가리키는 것으로 볼 수 있으며 따라서 고린도후서 7:4와 7:5-6의 연결은 원래적인 것으로 간주해야 한다. 마지막으로 고린도후서 6:11("고린도인이여 너희를 향하여 우리의 입이 열리고 우리의 마음이 넓어졌으니")에서 사도가 피력한 것은 그가 고린도후서 3-6장에서 자신이 이례적인 내용을 다루었음을 잘 알고 있었음을 보여준다. 바울은 자신을 향한 고조된 비난을 무력화하고 교회를 다시 얻기 위해 자신이 새 언약의 일꾼과 하나님과의 화해를 이루는 설교자라는 자기 이해를 온전히 발전시켜야 했다.[270]

고린도후서 6:14-7:1의 바울 저작설이 논란이 되고 있다.[271] 이 짧은 본

성이 없는 주제를 확장한 것이다."

268 참조. Chr. Wolff, 2 Kor, 155f.

269 참조. H. Lietzmann, 2 Kor, 131.

270 플라톤의 일곱 번째 편지와 어느 정도 비교될 수 있다. 여기서 플라톤도 시간적 사건에 대한 설명을 중단한다.(참조. Ep 7 330b와 337e, 344d에서 플라톤은 그의 소개를 '어설픈 설명'으로 묘사한다.)

271 연구사에 관하여는 R. Bieringer, "2 Korinther 6, 14-7, 1 im Kontext des 2 Korintherbriefes," R. Bieringer/J. Lambrecht, Studies on 2 Corinthians, 551-

문에 수많은 바울 문서와 신약에 단 한 번 등장하는 단어가 나온다.(μετοχή, μερίς, καθαρίζω, συμφώνησις, συγκατάθεσις, Βελιάρ, παντοκράτωρ, μολυσμός, ἑτεροζυγέω, ἐμπεριπατέω) 여기에는 눈에 띄는 사상과 어법도 있다. 바울은 다른 곳에서는 사탄을 '벨리알'(참조. 1QM 13:11-12, TSim 5:3, TLev 19:1, TIss 6:1)이라고 칭하지 않으며, '전능하신 통치사'라는 하나님의 호칭도 이곳에서만 사용한다. 고린도후서 7:1에서 '영과 육의 더러움'이라는 어구는 바울의 다른 반제인 육체(Sarx)와 영(Pneuma)의 긴장에 놓여 있다. 또한 고린도후서 7:2는 고린도후서 6:13과 자연스럽게 연결된다. 본문의 언어와 내용적 독특성은 특히 쿰란문서와 (구약 외경 – 역자 주) 희년서(Jubilees) 및 12족장의 유언서(Testaments of the Twelve Patriarchs)와 가깝고, 고린도후서 6:14-7:1은 바울 이후에 유대인 그리스도인들에 의해 고린도후서에 삽입되었다는 근거 있는 추측을 하게 한다.[272] 이 본문을 원본이라고 생각하는 사람은 사도가 수용한 전통적 개념과 동기를 포함하여 특징을 설명한다.[273]

70를 참조하라.

272 고린도후서 6:14-7:1의 이차적 성격은 최근에 종합적으로 확립되었다. J. A. Fitzmyer, "Qumran and the Interpolated Paragraph in 2 Cor 6, 14-7, 1," CBQ 23 (1961): 271-80; J. Gnilka, "2 Kor 6, 14-7, 1 im Lichte der Qumranschriften und der Zwölf-Patriarchen-Testamente," Ntl. Aufsätze (FS J. Schmid), Regensburg 1963, 86-99.

273 참조. R. P. Martin, 2 Kor, 189-212; Chr. Wolff, 2 Kor, 146-54(바울을 통한 세례의 권고 가정); J. Murphy-O'Connor, "Philo and 2Cor 6, 14-7, 1," The Diakonia of the Spirit (2Co 4, 7-7, 4), SMBen 10, hg. v. L. de Lorenzi, Rom 1989, 133-46(이 단락의 모든 표현과 모티브는 헬레니즘 유대교와 유사하다.); R. Reck, Kommunikation und Gemeindeaufbau(위 2.2.2를 보라.), 290-94. 본문의 일관된 저자가 바울임을 다시 옹호하는 주장으로는 다음을 참조하라. G. Saß, "Noch einmal: 2 Kor 6, 14-7, 1," ZNW 84 (1993): 36-64; F. Zeilinger, "Die Echtheit von 2 Cor 6, 14-7, 1," JBL 112 (1993), 71-80; Th. Schmeller, 2 Kor, 37.(고린도후서 6:14-7:1은 진정성이 있지만 원래 9:15 뒤에 있었다.)

많은 경우 고린도후서 8장과 9장이 중복되었다고 보고 별도의 기록이나 부록 혹은 고린도 서신들의 일부로 간주한다.[274] 이러한 분할가설에 대해 다음과 같은 주요한 주장이 대두되었다.[275] (1) 고린도후서 9:1에서 새로운 시작을 알림. (2) 고린도후서 8:1 이하에서 바울은 마게도냐를 고린도인들에게, 고린도후서 9:2 이하에서는 아가야를 마게도냐인들에게 모범으로 소개한다. 그러나 이 주장은 설득력이 없다. 고린도후서 9:1에서 새롭게 시작한다고 하지만, 그것은 독립된 편지의 시작이 아니기 때문이다.[276] 바울은 고린도와 아가야에 있는 교회를 위해 고린도후서를 기록했다.(고후 1:1) 따라서 그가 고린도후서 9장에서 중요한 모금의 문제를 다루면서 직접 아가야를 언급한 것은 놀라운 일이 아니다. 또한 고린도후서 9:1의 γὰρ는 앞서 언급한 것을 지시하고 있고, 바울은 8:16-24에서 동료들을 언급한 후에 9:1에서 아가야를 향해 다시 주요 주제를 다룬다. 바울은 고린도 교회와 아가야의 지역교회가 모금에 보다 힘쓰기를 격려하려고 한다. 그래서 고린도 교인들에게 마게도냐의 모금 행위(고후 8:1-5)를 열정적으로 칭찬한다. 이를 통해 디도가 고린도에서 동등한 것을 가져올 수 있도록 한다.(고후 8:6)

바울은 아가야에 대해 또 다른 주장을 한다. 그는 마게도냐인들에게 아가야를 칭찬했다고 소개한 후(고후 9:2), 아가야가 이 모범적 기능을 잘 수행하도록 격려한다.(참조. 고후 9:4-5) 여기에 모순은 없다. 오히려 바울은 모금을 성공적으로 마무리하려고 고린도와 아가야의 그리스도인들의 명예와 자아에 매우 세련되게 호소한다. 수사학적 관점으로 보면 현재의 본문

274 참조. F. Lang, 2 Kor, 317.

275 주장의 목록에 관하여는 R. Bultmann, 2 Kor, 258을 참조하라.

276 고린도후서 9:1은 역언법(逆言法, 화제를 생략하는 척하며 오히려 중요한 뜻이 있음을 암시하는 수사법 – 역자 주)으로 이해될 수 있다.(F. Blaß/A. Debrunner/F. Rehkopf, Grammatik des neutestamentlichen Griechisch, Göttingen [17]1990, § 495, 3. "화자는 자신이 실제로 언급한 것을 무시하는 척한다.")

의 순서는 의미가 있고 효과적이다. 고린도와 아가야의 교회가 서로 맞물려 있고 서로 동기를 부여하기 때문이다. 추가적인 관찰은 고린도후서 8장과 9장의 단일성이다. (1) 고린도후서 8:10과 9:2에서 작년이라는 헌금 모금의 같은 시점이 언급된다. (2) 고린도후서 9:3에서 형제에 관한 언급은 고린도후서 8:16 이하로부터 교회가 그들을 알고 있다는 사실을 전제한다. (3) 고린도후서 7:5 이하에서 디도가 도착한 것은 고린도후서 8장과 9장에 있는 전체 논증을 위한 전제 조건이다. (4) 고린도후서 8장과 9장 사이에는 분명 내적인 연결이 존재한다. 바울이 마게도냐인과 함께 도착했을 때(고후 9:3-4), 모금 행위가 완료되도록 디도와 동료를 보냈기(고후 8:16 이하) 때문이다. 또한 고린도후서 1-7장은 신학적으로 모금장(고후 8장과 9장)에서 논증을 하기 위한 전제이다. 새 언약(고후 3장)과 예수 그리스도 안에 있는 하나님의 화해의 행위(고후 5:18-21)는 사도가 요청한 영적 은사와 경제적 은혜의 '균등'(고후 8:14)을 위한 기초를 형성하기 때문이다.

고린도후서의 주요 두 단락이 문학적 통일성을 지닌다고 할 수 있는가?[277] 부셋(W. Bousset)은 고린도후서 1-9장은 교회를 향한 편지로, 10-13장은 적대자를 향한 편지로 본다.[278] 그래서 어조의 변화는 분할가설을 위한 논거를 제공하지 않는다. 리츠만(H. Lietzmann)도 고린도후서의 통일성을 옹호하면서 고린도후서 9장과 10장 사이에 어조가 고조되는 것을 '잠 못 이루는 밤'이라고 한다.[279] 최근에는 특히 큄멜(W. G. Kümmel), 보르세(U. Borse), 휠달(N. Hyldahl), 볼프(Chr. Wolff), 비어링어(R. Bieringer), 슈멜러(Th. Schmelle), 바르넷(P. Barnett)이 고린도후서의 통일성에 찬성한다. 큄

277 연구 개관에 관하여는 R. Bieringer, "Der 2.Korintherbrief als ursprüngliche Einheit," R. Bieringer/U. J. Lambrecht, Studies on 2 Corinthians, 107-30을 참조하라.

278 참조. W. Bousset, Der zweite Brief an die Korinther, SNT 2, Göttingen ³1917, 171f.

279 H. Lietzmann, 2 Kor, 139.

멜은 매끄럽지 않은 부분에서 바울이 고린도후서를 중간에 중단했다가 받아쓰게 했다고 추측한다.[280] 보르세도 1-9장과 10-13장 사이에 있는 멈춤은 받아쓰기의 중단이라고 추측하지만 10-13장은 '눈물의 편지' 혹은 '중간 편지'라기보다는 바울이 아직 발송되지 않은 1-9장에 덧붙인 것이라고 한다.[281] 휠달은 '눈물의 편지'를 고린도전서에서 보고, 고린도후서가 기록되기 전에 '중간 방문'이 있었다는 사실을 반박한다. 그는 이 결론으로부터 고린도후서의 문학적 통일성을 얻는다. 볼프는 고린도후서 8장과 9장이 고린도후서의 계획된 결론이라고 가정하고, 바울이 고린도로부터 온 불쾌한 새 소식 때문에 고린도후서 10-13장을 기록했다고 가정한다.[282] 비어링어는 고린도후서 2:14-7:4를 10-13장과 같은 논쟁의 국면이라 보고, 바울이 교회와 진정한 화해를 시도하는 것이 전체 편지의 목표라고 한다.[283] 바르넷은 고린도후서 통일성의 근거로 세 가지 주장을 제시한다. (1) '변증적 서신'으로서 편지의 수사학적 구조,[284] (2) 사도가 계획한 세 번째 고린도 방문은 전체 편지의 논증을 형성한다. (3) 1-9장과 10-13장 사이에는 관련된 수많은 언어적 연결이 있다.[285] 슈넬러는 통일성에 대한 찬반 주장을 집중적으로 조사한다.(수사학과 텍스트의 언어학 포함) 그리하여 "고린도후서는 전반적으로 같은 시점에 기록되고 발송되었다."라는 결론을 내린다.[286]

---

280 W. G. Kümmel, Einleitung, 254. "바울은 간헐적으로 중단하고 다시 편지를 받아쓰게 했다. 따라서 편지가 매끄럽지 못할 가능성은 처음부터 존재한다."

281 참조. U. Borse, Der Standort des Galaterbriefes(아래 2.7.1을 보라.), 114ff.

282 참조. Chr. Wolff, 2 Kor, 193f.; F. W. Danker, 2 Kor, 147f.

283 참조. R. Bieringer, "Plädoyer für die Einheitlichkeit des 2 Korintherbriefes. Literarkritische und inhaltliche Argumente," R. Bieringer/J. Lambrecht, Studies on 2 Corinthians, 131-79.

284 P. Barnett, 2 Cor 18. "고린도후서를 '변증'서신으로 받아들인다면 강력한 수사학적 단락인 10-13장을 별도의 편지로 간주할 필요 없이 앞에서 언급한 요소를 모아 최종적으로 청중의 감정에 호소하는 하나의 마무리 연설로 보아야 한다."

285 위의 책, 19ff.; 통일성을 주장하는 견해로는 다음을 참조하라. F. J. Matera, II Corinthians, 29-32; M. J. Harris, 2 Cor, 8-51.

고린도후서 1-9장과 10-13장의 주제는 바울의 사도직의 본질과 적대적 낯선 선교사들이 제기하는 문제이다. 이 주제는 더 큰 배경에 포함되어 있는데, 이방 그리스도 교회를 엄격한 유대적 형태의 그리스도교로 편입시키려고 바울을 따라다니며 적대하던 선교운동이다.[287] 이것은 특별히 고린도와 갈라디아(나중에 빌립보에서)에서 성공적이었는데 이는 바울로 하여금 "이 지방에 일할 곳이 없고"(롬 15:23)라고 자백하게 만들어 다음 선교지의 방향을 스페인으로 전환하도록(참조. 롬 15:24) 한다. 아울러 바울의 사도직의 합법성이 논의의 대상이 된다. 바울은 자신을 예수 그리스도의 합법적인 사도라고 칭할 수 있는가? 이것은 특히 고린도에서(그리고 갈라디아서에서) 여러 가지 이유로 부인된 것이 분명하다.

바울의 사도직에 대한 논쟁의 맥락에서 현재 고린도후서의 문학적 형태의 (상대적) 통일성을 설명할 수 있는가? 우선 한 가지 경향은 간과할 수 없다. 이미 고린도전서에서 바울의 사도직이 논란이 되었다.(참조. 고전 9:1-5, 15:8-11) 바울은 이에 대해 고린도후서 1-9장에서 자신의 사도직 이해를 광범위하게 대답한다. 물론 그는 고린도후서 2:7, 3:1, 5:12에서는 낯선 선교사들을 염두에 두고 있으나 10-13장에서는 다른 사도들에게 초점을 맞췄으며 여기서 바울 주장의 공격성 및 아이러니가 뚜렷하게 증가한다. 왜 낯선 선교사들이 중심에 놓이게 되었는지를 어떻게 설명할 수 있는가? 하나의 가능성은 다음과 같다. 바울이 1-9장을 발송하기 전에 고린도로부터 다른 사도들의 효과 있는 선동에 대해 들었다는 것이다.

286 Th. Schmeller, 2 Kor, 37.

287 바울에 반대하는 유대주의자의 선교의 논제는 새로운 것이 아니지만, 브레데는 이미 다음과 같이 말했다."유대계 그리스도교는 바울의 교회 안에서 바울에 반대하는 선교 사역을 위해 모임을 조직했다. 이 운동이 갈라디아와 고린도에만 국한되지 않았다는 흔적이 있다."(W. Wrede, Paulus, 39.) 보다 최근의 예는 G. Theißen, "Die Gegenmission zu Paulus in Galatien, Philippi und Korinth," Beiträge zur urchristlichen Theologiegeschichte (FS U. B. Müller), hg. v. W. Kraus, BZNW 163, Berlin 2009, 277-306을 참조하라.

본문의 상태는 다음과 같은 설명 모델을 허용한다. 바울은 고린도후서 8:17, 18, 22에서뿐 아니라 9:3, 5에서도 그가 디도와 '그 형제'를 고린도에 파송했다고 언급한다. 많은 경우 '갔다'(ἐξῆλθεν)와 '보냈다'(συνεπέμψαμεν)는 편지 문체의 단순 과거형으로 간주된다.[288] 그러나 이것을 순수 단순 과거형[289]으로 본다면, 바울이 디도와 그의 동행자가 고린도로 떠난 뒤에 비로소 고린도후서 1-9장을 받아쓰게 했다는 뜻이 될 것이다. 분명히 사도는 그 편지를 앞서 떠난 동료들(참조. 고후 9:5의 προέρχομαι)에게 가능한 한 빨리 전달하려고 했을 것이다. 그러나 이러한 일은 일어나지 않았다. 고린도에서 디도와 함께한 자들로부터 새로운 소식을 들었을 때, 바울은 고린도후서 1-9장을 아직 손에 들고 있었다.[290] 고린도후서 12:17-18은 디도와 함께한 자들이 바울 곁에 있음을 말하고 있다. 여기서 고린도후서 8:16 이하, 9:3, 5에서 예고한 방문을 회고하기 때문이다. 이 구절은 다른 방문과 관계될 수 없다. 디도는 '눈물의 편지'를 전달하기 전에 고린도에 있지 않았기 때문이다.(참조. 고후 7:14)[291] 바울은 고린도후서 12:18에서 오직 마게도냐의 교회들로부터 위임받은 형제만 언급하지, 고린도후서 8:22에 기록된 자신의 동역자를 언급하지 않는다. 이것은 그 모금(참조. 고후 8:20, 12:14, 16, 17)을 통해 그가 사익을 취했다는 고린도에서의 비난의 맥락에서 볼 때 사실에 부합한다. 디도와 마게도냐로부터 위임받은 자가 공식적으로 모금의 수행에 책임이 있다. 더욱이 고린도후서 12:17-18에서 바울

288 참조. H. Windisch, 2 Kor, 262; V. P. Furnish, 2 Kor, 421f.

289 B.-D.-R. §334는 언급된 어떤 구절도 서신 문체의 단순과거로 인용하지 않는다.

290 예를 들어 키케로의 편지에서 그러한 진행과 유사한 점을 찾을 수 있다. "나는 카푸아로부터 '폼페이우스가 모든 병사와 함께 바다를 건넜다….'라는 편지를 받았을 때 이 편지를 끝마쳤다."(참조. Cic, Ad Att 9, 6.)

291 고린도후서 10-13장을 '눈물의 편지'의 일부로 간주하면, 당연히 고린도후서 12:17-18을 디도가 고린도를 더 일찍 방문한 것과 관련시켜야 한다. 예를 들어 다음을 참조하라. F. Lang, 2 Kor, 354; H. J. Klauck, 2 Kor, 98.

이 디도와 함께한 자의 정확한 숫자를 아직 명시할 필요는 없었다.

분명히 디도와 '그 형제'는 고린도의 상황에 대한 새로운 정보를 가져왔다. 바울은 그 정보로 말미암아 고린도후서 10-13장을 기록했다. 아마도 고린도의 적대자들은 대다수 회중을 자기편으로 다시 끌어들였을 것이다. 바울은 고린도후서 10-13장에서 이례적으로 날카롭게 그들과 담판을 지으며 이를 통해 회중들을 다시 얻고자 한다. 고린도후서 10-13장의 독설적 부분은 고대 문학에서 이례적인 것이 아니다. 독설적 및 독단적인 것은 특히 비극이나 희극에서 그리고 키케로 같은 유명한 웅변가의 작품에서 발견된다.[292] 바울은 고린도후서 10-13장을 1-9장에 첨부한다. 거기서 다루어진 문제(예고된 방문의 지연, '눈물의 편지', 새 언약과 화해의 봉사자로서 그의 사도직의 본질, 모금운동)는 적대자들의 증가하는 영향력을 전제할 때 곧바로 해명되어야만 했기 때문이다.[293] 바울의 하나의 편지 안에서 변화하는 어조에 대한 병행들은 고린도전서 8/9장, 갈라디아서 2/3장, 로마서 11/12장, 16:17-20, 빌립보서 3:1-2에 나타난다. 고린도후서 10-13장의 논쟁은 고린도 교회에는 적용되지 않고, 적대자들에게 적용된다. 그들은 제3자(참조. 고후 10:1-2)로서 사도와 교회 사이에 침투했다. 그래서 사도와 교회

---

292 참조. S. Koster, Die Invektive in der griechischen und römischen Literatur, Beiträge zur Klassischen Philologie 99, Meisenheim 1980, 354. "욕설은 적어도 '행위'(πράξεις)의 요점을 포함하는 구조화된 문학 형식이며, 그 목적은 적절한 수단을 동원해서 혼자 혹은 다른 사람을 대신하여 무엇보다도 사람의 의식에 있는 유효한 가치의 배경 아래 이름이 알려진 사람이나 언급될 수 있는 사람을 공개적으로 파괴하고 폄훼하는 것이다."

293 모든 바울서신은 하루 만에 기록된 것이 아니라 며칠 또는 그 이상의 기간에 걸쳐 기록되었을 것이다. 이것은 신중한 배치(바울은 단순히 '머리에서' 편지의 전체 본문을 창작할 수 없다.), 길(빌레몬서만이 '일반적인 서신'에 해당한다.), 그리고 서신의 생산 조건(어쨌든 필기 재료와 필경사를 구해야 했다.)이 있었음을 시사한다. 이것은 로마서(참조. 롬 16:22: 더디오, 서신의 기록자; 계속해서 갈 6:11)에서는 확실하고, 고린도서신(고전 16장과 고후 13장)에도 기록자가 있었을 가능성이 매우 높다.

의 관계에서 볼 때, 고린도후서 1-9장과 10-13장 사이에 근본적인 차이는 없다. 바울은 여기저기서 아직 결단하지 않은 교회 구성원들을 설득하여 그들을 유입하려고 한다. 고린도후서 1-9장과 10-13장 사이의 변화된 교회 상황을 전제할 때, 편지의 결론인 고린도후서 13:11-13은 고린도후서의 통일성을 옹호한다. 결론은 놀랍게도 긍정적으로 언급되며, 권면의 모티브와 더불어 분명히 편지의 인사말인 고린도후서 1:3-7[294]과 관계를 맺으며, 편지의 두 부분(참조. 고후 13:11a)을 결합한다. 바울은 고린도후서를 통해 공공연히 교회를 자기 쪽으로 끌어들인다. 기원후 56년 봄에 바울이 고린도에 머물렀고, 거기서 로마서를 작성했기 때문이다. 로마서 15:26에서 바울은 마게도냐와 아가야에서 모금이 성공적으로 끝났음을 언급한다.

고린도후서에 선행하고 기초가 된 역사적인 과정을 각각 재구성하는 것은 가설 없이는 성립되지 않는다. 여기서 선택된 설명 모델에는 세 가지 장점이 있다. (1) 디도와 그의 동역자들에 관한 언급은 유일하고 확실하게 편지 자체에 담겨 있는 암시이다. 이 암시가 사건의 재구성에 기여할 수 있다. (2) 고린도후서 1-9장과 10-13장 사이의 변화는 포괄적인 역사적 운동에 편입되고 설명될 수 있다. 낯선 선교사들은 바울을 추적하며 반대하는 선교를 한다. (3) 고린도후서 1-9장과 10-13장 사이의 변화된 교회의 상황을 전제할 때, 고린도후서의 (상대적) 통일성의 주제는 큰 장점을 지닌다. 그것은 알 수 없는 시작과 불확실한 끝을 지닌 편지 및 편지의 단편을 전제하지 않아도 성립된다.[295]

---

294 참조. I. Vegge, Letter about Reconciliation, 365-70.

295 이미 언급한 학자들(W. Bousset, H. Lietzmann, W. G. Kümmel, U. Borse, N. Hyldahl, F. W. Danker, Chr. Wolff; R. Bieringer; P. Barnett) 외에도 (G. Heinrich, 2. Korintherbrief, KEK 6, Göttingen 1883, 7-10); Ph. Bachmann, Der zweite Brief des Paulus an die Korinther, KNT 8, Leipzig $^{1.2}$1909, 6-19, 414-19; A. Schlatter, Paulus der Bote Jesu, Stuttgart ^{2}1956, 612; C. J. Bjerkelund, PARAKALÔ(위 2.3.2을 보라.), 145-55; N. A. Dahl, Studies in Paul, Minneapolis 1977, 38f.(고린도후서 1-9장의 통일성); K. Berger, Bibelkunde

2.6.7 전승, 자료

광범위한 바울 이전의 전승 자료는 증명할 수 없다. 바울 이전의 세례에 관한 전통은 고린도후서 1:21-22,[296] 전통의 요소는 고린도후서 3:7 이하[297]와 5:19ab[298]에서 나타나는 것으로 추측된다.

2.6.8 종교사적 위치

뤼트거르트(W. Lütgert)는 고린도후서의 적대자들을 자유방임적 성령주의자와 영지주의자[299]로 본다. 불트만[300]과 슈미탈스(W. Schmithals)[301] 등이

---

des Neuen Testaments, Heidelberg ³1986, 380ff.; G. Lüdemann, Paulus I(위 2.1을 보라.), 134; P. Beier, Geteilte Briefe(위 2.4.6을 보라.), 79-103; K. Th. Kleinknecht, Der leidende Gerechtfertigte, WUNT 2. 13, Tübingen 1984, 303f.; J. Lambrecht, 2 Cor, 7-9. R. E. Brown, Introduction, 550, 555 등이 고린도후서의 통일성에 (조심스럽게) 찬성한다. 브로어는 바울이 1-9장과 10-13장에서 같은 적대자를 염두에 두고 있다고 주장한다.(I. Broer, Einleitung II, 408-19.)

296 참조. U. Schnelle, Gerechtigkeit und Christusgegenwart(위 2.4.10을 보라.), 124-26.

297 참조. H. Windisch, 2 Kor, 112ff.

298 참조. C. Breytenbach, Versöhnung, 118f.

299 참조. W. Lütgert, Freiheitspredigt, 79. 고린도후서의 적대자 문제에 대한 연구사적 개관은 다음을 참조하라. J. L. Sumney, Identifying Paul's Opponents, 13-73; R. Bieringer, "Die Gegner des Paulus im 2 Korintherbrief," R. Bieringer/J. Lambrecht, Studies on 2 Corinthians, 181-221. J. J. Gunther, Paul's Opponents and their Background, NT.S 35, Leiden 1973, 1. 군터는 고린도후서의 적대자 분류를 위한 13가지의 서로 다른 분류를 제시한다.

300 참조. R. Bultmann, 2 Kor, 216.

301 참조. W. Schmithals, Gnosis und Neues Testament, Darmstadt 1984, 28-33. E. Gräßer, 2 Kor, 127f. 그레서는 불트만과 슈미탈스의 견해에 동의하여 주장한다.

이 입장을 지지한다. 반면에 케제만(E. Käsemann)은 고린도에 보낸 두 서신의 적대자들을 동일시하는 주장에 반대하면서 고린도후서가 새롭고 발전된 상황을 전제한다고 주장한다. 그는 고린도후서의 적대자들을 예루살렘 최초 교회를 가까이하던 선교사들로 본다. 그들은 바울을 반대하여 원사도들의 권위(참조. ὑπερλίαν ἀπόστολοι, 고후 11:5, 12:11)를 관철하려고 시도했다. 케제만에 따르면 고린도후서는 최초 그리스도교 안에서 두 직분 개념에 대한 서로 다른 이해의 논쟁이 문제가 되었다. 다시 말해 바울의 사도직은 예루살렘 권위자들의 교회 지도력을 반대한다. 그러나 고린도후서에서는 어떤 구절도 적대자들이 예루살렘 최초 교회의 실제 파송자 혹은 추정된 파송자로 행동했는지를 분명하게 드러내지 않는다. 고린도후서 3:1b('너희에게 부치거나 혹은 너희에게 받거나'=πρὸς ὑμᾶς ἢ ἐξ ὑμῶν)는 이미 이 사실을 반대한다. 적대자들이 예루살렘으로부터 추천서를 가져왔다면 그들은 고린도의 추천서를 이용하지 않았을 것이기 때문이다. 아마도 적대자들은 간접적으로 자신들이 작성한 소개서(참조. 고후 10:12)와 높은 수준의 자기자랑(참조. 고후 10:12-18)을 하며 등장했을 것이다.

게오르기(D. Georgi)는 고린도후서의 적대자들을 고대 후기에 널리 퍼져 있던 방황하는 선지자들, 신들, 그리고 구원자 유형으로 분류될 수 있는 최초 그리스도교 선교사들로 본다. 그들은 지상의 예수를 이미 승리하는 성령주의자로 숭배했으며 지상적 존재와 높임 받은 존재 사이에 선을 긋지 않았다. 이교의 기적을 행하는 자들이 신의 사자로 자신을 내세우고 자신의 능력을 칭송하는 것과 유사하게 이 최초 그리스도교 선교사들은 계시와 기적 행위를 통해 자신들을 드러냈다. 적대자들의 전투적인 유대계 그리스도교의 입장이 게오르기에게서는 분명 과소평가된 반면에 다른 제안에서는 이와 반대로 논증의 기반이 된다.

뤼데만(G. Lüdemann)[302]은 바우르(F. Chr. Baur)와 연계하여 적대자들

---

302 참조. G. Lüdemann, Paulus II(위 2.5.8을 보라.), 125-43. H. J. Klauck, 2 Kor,

을 예루살렘의 유대 그리스도인들로 본다. 그들은 사도회의에 참여했으나 바울을 공격함으로써 그 합의를 수용하지 않았다. 자신들이 유대계 출신(참조. 고후 11:22)이라는 사실을 소중히 여겼기 때문이다. 그들의 신뢰성의 결정적 기준은 표적과 기적으로 표현된 영의 소유였다.(참조. 고후 12:12) 그들은 교회 밖에서 교회 안으로 들어와서(고후 11:4) 스스로를 예수 그리스도의 진정한 사도라고 제시하고(고후 10:7, 11:5, 13, 12:11), 추천서(고후 10:12, 18)와 더불어 바울의 사도직을 놓고 싸우며 바울이 부정직하고(여행 계획의 변경) 탐욕스럽다(모금을 통한 사욕을 취함)고 비난했다. 그들은 교회를 용납(고후 11:7b, 20)하고, 말의 은사(고후 11:6a)를 받았으며, 놀라운 계시를 자랑(참조. 고후 12:1-6)하고 바울이 전한 것과 다른 복음(고후 11:4)을 가르쳤다. 아마도 그들은 바울의 십자가의 신학과 양립할 수 없는 영광의 신학을 대표했을 것이다. 그러나 바울은 어느 구절에서도 적대자들의 할례를 언급하지 않는다. 사도는 적대자들의 모든 적대 행위와 비난을 다룬다. 그러므로 만일 그들이 할례를 문제 삼았다면, 사도는 할례에 관해서는 문제가 없다고 언급했을 것이다. 그러나 그런 언급은 없다. 그래서 고린도후서의 적대자들은 갈라디아서의 적대자들과 같은 의미의 유대주의자라고 볼 수 없다.[303] 고린도후서에서 할례와 관계된 율법 문제는 논쟁의 대상이 아니다. 특이하게도 νόμος라는 말은 고린도후서에 등장하지 않는다.[304] 적대자들은 역사적 예수와의 특별한 관계를 내세우지 않았다. 그렇지 않았더라면 바울이 고린도후서 10:7에서 적대자들의 구호인 "나는 그리스도에

11, 클라우크도 약간 수정하여 이 입장을 지지한다.

303 참조. H. Windisch, 2 Kor, 26; V. P. Furnish, 2 Kor, 53; F. Lang, 2 Kor, 357-59.

304 고린도후서 3:15의 모세 언급을 통해서라도 이러한 결과를 반박할 수 없다.(그러나 블랜튼은 모세를 단순히 토라의 상징으로 간주한다. Th. R. Blanton, Spirit and Covenant Renewal, 144.) 이전에 바리새인이었던 바울이 토라에 대해 말하려고 한다면, 그는 (고후 3:15처럼) 그렇게 한다. 반면에 바울이 그것에 대해 침묵한다면, 그것은 심각하게 받아들여야지 그것을 해석하려고 하면 안 된다.

게 속한다."에 대해 "우리도 그렇다."(οὕτως καὶ ἡμεῖς)로 대응할 수 없었을 것이다. 고린도후서에서 바울의 적대자들은 유대계 헬라 지역 출신의 최초 그리스도교 방랑 선교사들이었다. 그들은 특히 바울에게 영적 능력이 부족함을 비판했고 기적 행위와 언사를 통해 자신들을 진정한 사도와 영적 능력자로 내세우려고 했다.[305] 아마도 그들은 고대 유대교에서 널리 퍼진 언약 개념이 자신들의 것이라고 주장했을 것이다.[306] 그들이 예루살렘과 얼마나 가까이 관계하고 있었는지, 혹은 정말 관계를 하고 있었는지의 여부는 결론지을 수 없다.[307] 고린도후서에서는 다른 논쟁보다 성향과 분위기가 더 광범위한 역할을 할 수 있다. 바울은 십자가를 진 자에게 참여를 강조하고, 적대자들은 영광을 받은 자에게 참여를 강조한다.[308]

2.6.9 신학적 기본 사상

고린도후서는 자신의 독자들에게 바울의 사도적 실존의 모습을 설명한다.[309] 바울의 사도직의 합법성과 본질은 이 편지를 관통하는 주제이다. 바울은 편지의 시작 인사와 죽음의 위협으로부터 구원하심에 대한 감사(고후 1:1-11)를 언급한 후 신뢰성에 대한 비난에 대해 변호(고후 1:12-2:1)한다. 그는 사도직의 본질을 2:14-7:4에서 전개한다. 하나님으로부터 바울에게

---

305 참조. J. L. Sumney, Identifying Paul's Opponents, 190; F. W. Horn, Angeld des Geistes(위 2.5.8을 보라.), 302-309. 섬니에 따르면 성령주의(은사주의)는 적대자의 등장에 영향을 미친 본질적 요인이 아니다.

306 참조. Th. R. Blanton, Spirit and Covenant Renewal, 141ff.

307 M. J. Harris, 2 Cor, 87. 적대자는 유대 혹은 예루살렘에서 온 유대인(그리스도인)이다. "유대화를 위해 자칭 대리인으로 고린도에 온 사람이다."

308 참조. F. J. Matera, II Corinthians, 24. 갈등은 "실제 교리적 논쟁보다 바울과 큰 사도들이 그들의 사역을 수행하는 방식과 더 관련이 있다."

309 참조. Chr. Wolff, 2 Kor, 11-14; G. Strecker, Die Legitimität des paulinischen Apostolats, 573-82.

위임된 사도의 봉사는 마치 예수 그리스도가 고난을 통해 영광을 성취한 것처럼 영광(고후 3:7-4:6)과 고난(고후 4:7-5:10)을 포괄한다. 바울은 자신을 예수 그리스도 안에 기초한 소멸하지 않는 영광의 새 언약의 봉사자로 이해한다. 이 둘째 언약의 새로움은 자유하게 하는 영의 현존으로 나타난다. 그 영으로 말미암아 부활한 그리스도가 역사한다.(고후 3:17) 고통 속에서도 사도는 자신이 예수에게 묶여 있고, 예수의 능력이 자신 안에서 역사하여 외적 저항을 극복할 수 있음을 알고 있다.(참조. 고난 목록: 고후 4:7-12, 6:4-10, 11:23-29)[310] 십자가에 달린 분의 약함과 부활하신 분의 능력 속에 있는 사도의 실존은 역설적인 모습을 지닌다. 바울은 하나님으로부터 부름 받은 사도(참조. 고후 2:16-17, 3:5-6)로서 화해의 말씀을 선포(참조. 고후 5:11-21)한다. 사도의 봉사는 하나님이 선사하신 예수 그리스도 안에 있는 화해의 한 부분(참조. 5:19-21)이다. 그는 '우리를 위해 죽고 살아난'(고후 5:15) 자를 선포한다. 그의 '능력은 약한 데서 온전해진다.'(고후 12:9) 화해의 직분은 화해의 행위에 기초한다.(고후 5:18b) 십자가에서 이룬 화해의 행위는 화해의 소식의 선포를 가능하게 하며 동시에 이 선포 안에서 하나님과의 화해가 발생한다. 구원 사건은 말씀 안에서 현재한다. 바울은 십자가에서 나타난 하나님의 말씀과 사도의 화해의 말씀이 일치함을 선언한다. 선포는 화해 안에 있는 하나님의 구원 행위로부터 자라나고 동시에 구원 행위의 일부분이다. 고린도후서는 송영적 특징이 전형적이다.(참조. 고후 1:3-4, 11, 2:14, 8:16, 9:12-13, 15) 하나님의 은혜는 사도와 교회의 실존을 규정한다. 사도는 그의 교회를 위해 산다.(고후 5:13, 11:28-29) 그는 파루시아 때 교회를 그리스도에게로 인도하려고 한다.(고후 11:2)

---

310 참조. E. Güttgemanns, Der leidende Apostel und sein Herr, FRLANT 90, Göttingen 1966; M. Ebner, Leidenslisten und Apostelbrief, fzb 66, Würzburg 1991; Y. S. Choi, "Denn wenn ich schwach bin, dann bin ich stark". Die paulinischen Peristasenkataloge und ihre Apostolatstheologie, NET 16, Tübingen 2010.

고린도에 침입해온 적대자들과의 논쟁에서도 바울의 사도직의 성격과 권위가 문제되었다. 적대자들은 분명 바울 개인을 비난했다.(고후 10:1-18) 그리고 바울의 표면적 약함을 자신들의 황홀한 영적 능력과 견주었다. 이에 맞서 사도는 자신의 약함을 자랑한다. 그리스도의 능력이 사도의 약함을 통해 역사하기 때문이다. 적대자들의 자기자랑은 우리의 죄와 세상과 화해를 위해 죽은 예수 그리스도가 아니라 자기 자신을 내세우고 설교하는 사실을 드러낸다.

인간 실존(고후 2:15)은 복음과의 만남에서 결정된다. 선포는 종말론적 차원을 지닌다. 그래서 바울은 그의 교회를 위해 싸운다.

2.6.10 최근 연구 경향

고린도후서의 문학비평적 분석은 세 가지 경향을 띤다. (1) 고린도후서 1-9장은 주로 문학적 통일성을 지닌 것으로 간주된다.(예를 들어 퍼니쉬, 랑, 클라우크, 마르틴, 볼프) (2) 고린도후서 6:14-7:1의 진정성과 신뢰성은 여러 주석자에 의해 논란이 된다.(예를 들어 랑, 클라우크) 그러나 보다 최근의 주석은 고린도후서 6:14-7:1에서 (부분적으로 사도가 손질한) 현재의 맥락에서 원래의 비바울적 전통의 본문을 보려는 제안이 증가하고 있다.(예를 들어 퍼니쉬, 마르틴, 볼프) (3) 주석가 대다수는 고린도후서 1-9장과 10-13장을 서로 다른 편지로 본다. 동시에 고린도후서 1-9장과 10-13장 사이의 변화된 상황을 전제하면 시간적 분할가설의 틀에서 고린도후서의 통일성이 점점 진지하게 다뤄지고 있다.(개별 주장은 다르지만 그렇게 보는 학자로는 볼프, 비어링어, 당커, 마테라, 해리스, 베게, 슈멜러 등이 있다.) 고린도후서는 사도와 교회의 화해를 위한 편지로 볼 수 있다.(베게) 적대자 문제에 대하여는 다음과 같은 합의가 있다. 적대자는 대부분 유대계 헬라 지역의 그리스도인이다.(예를 들어 퍼니쉬, 랑, 볼프) '신적인 사람'(θεῖος ἀνήρ) 모델은 그 누구보다 게오르기에 의해 거절된다.

고린도후서의 신학적 해석의 중심에는 고린도후서 3장과 5장이 있다. 실체적인 면과 바울의 논증과 고린도후서 3장의 전통사적 배경은 논란의 여지가 있다.(율법으로부터 자유? 그리스도 사건으로부터 구약을 해석하고 극복하는가?) 보다 많은 해석의 모델이 있다. 특히 게오르기는 사도의 논증을 바울이 취한 적대자에 관한 본문으로부터 설명한다.[311] 호피우스(O. Hofius)는 바울 신학의 광범위한 결론을 고린도후서 3장의 역사적 및 조직적 해석으로부터 추론한다. "바울은 고린도후서 3:6에서 기술한 율법과 복음의 반제를 확실한 차이를 드러내며 이를 3:7-18에서 전개하고 있는데, 그것은 비록 죄인을 심판하고 죽이는 토라가 그리스도 안에서, 그리고 복음의 무죄 판결에서 자기의 '종말'을 발견한다는 전제 아래서 명확하게 설명된다."[312] 컨 스톡하우젠(C. Kern-Stockhausen)은 특히 전통사적으로 지향하는 바울의 논거의 광범위한 구조를 고린도후서 3장에서 연구하여 결론에 도달한다. "고린도후서 3:1-4:6은 통일되고 필수적인 본문으로 모자이크 패러다임에 따라 바울의 진정한 사도 정신을 지지하는 일관된 주장을 담고 있다."[313] 고린도후서 5:1-10은 바울 종말론의 전체 증언의 배열 문제가 중심을 이루고 있다. 이 본문이 바울 종말론의 헬라화와 개인화를 증언하는가?[314]

바울의 화해의 교리의 전통사적 배경은 종종 논란이 된다.(참조. 고후

311 재구성을 위하여는 D. Georgi, Gegner, 282를 참조하라.

312 O. Hofius, Gesetz und Evangelium nach 2. Korinther 3, 120.

313 C. Kern-Stockhausen, Moses' Veil and the Glory of the New Covenant, AB 116, Rom 1989, 175. 고린도후서 3장의 분석을 위하여는 다음을 참조하라. A. de Oliveira(위 2.6.1을 보라.); M. Vogel, Das Heil des Bundes, TANZ 18, Tübingen 1996, 184-97; Sini Hulmi, Paulus und Mose. Argumentation und Polemik in 2 Kor 3, SFEG 77, Helsinki/Göttingen 1999.

314 참조. W. Wiefel, Die Hauptrichtung des Wandels(위 2.4.10을 보라.), 76; U. Schnelle, Wandlungen im paulinischen Denken(위 2.4.9를 보라.), 42-44. 연구 개관은 다음을 참조하라. F. G. Lang, 2. Korinther 5, 1-10 in der neuen Forschung, BGBE 16, Tübingen 1973; Chr. Wolff, 2 Kor, 101-106.

5:11 이하, 롬 5:1-11) 브라이텐바흐(C. Breytenbach)는 바울이 화해에 관한 언급의 본질적 요소를 헬레니즘적 외교술의 언어와 상상력에서 가져왔다고 본다. διαλλάσσειν('서로 교환하다', '화해하다'), καταλλάσσειν('화해하다')도 고전주의의 및 헬레니즘의 본문에서 종교적 혹은 제의적 요소 없이 정치적, 사회적, 가정적 영역에서 화해 행동을 가리킨다. "바울의 καταλλάσσειν('화해하다') 사상과 구약의 속죄(כפר) 전통은 성서신학의 기초가 될 수 있는 전통사적 관련성이 없다."[315] 바울은 고린도후서 5:19ab에 있는 전통의 수용을 통해 비로소 이 관련성을 확립한다. 이 사실에 반해 호피우스는 자신의 주장에 따라서 구약에서 이미 확고히 주어진 '화해'와 '속죄'의 관련성을 강조한다. 따라서 바울은 고대 유대교에서 이미 사용된 언어 용법을 따른다는 것이다. "바울의 화해 사상은 … 제2이사야의 선포를 통해 결정적으로 각인된다."[316] 바울에게 예수의 죽음이 갖는 구원의 의미에 관해 언급될 수 있는지 혹은 없는지, 그리고 언급될 수 있다면 어떤 방식으로 될 수 있는지에 관한 지속적인 논란은 이 토론과 연결되어 있다.[317] 대리, 속죄, 대리적 속죄, 속죄 사건, 화해의 개념은 이전의 주석에서는 대부분 뒤섞여 나타나지만, 오늘날에는 차별화가 필요하다.(브라이텐바흐, 슈뢰터, 볼터) 여기서 방법론적으로 자료의 언어적 개념과 학문의 언어적 개념의 관계에 대한 문제가 발생한다. '대리'나 '속죄'가 직접적으로 바울에게서 언어상 동등하지 않기 때문이다.[318] 사실에 입각하지 않은 내용 평가를 회피하려고 개념을 명

---

315 C. Breytenbach, Versöhnung, 221.

316 O. Hofius, "Erwägungen zur Gestalt und Herkunft des paulinischen Versöhnungsgedankens," ders., Paulusstudien, WUNT 51, Tübingen 1989, (1-14) 14; 나아가 위의 책, 15-32. 33-49.

317 참조. J. Frey/J. Schröter (Hg.), Deutungen des Todes Jesu, WUNT 181, Tübingen 2005. 보다 최근에 논의된 문제의 역사에 관하여는 J. Frey, "Probleme der Deutung des Todes Jesu," J. Frey/J. Schröter (Hg.), 위의 책, 3-50를 참조하라.

318 참조. C. Breytenbach, "Versöhnung, Stellvertretung, Sühne," NTS 39 (1993):

확히 하고 해당 본문을 개별적으로 분석해야 한다는 광범위한 동의가 존재한다. 그러나 동시에 '대리' 같은 종합적 개념은 학문사뿐만 아니라 이해를 가능하게 하기 위해서도 포기할 수 없다.

2.7 갈라디아서

2.7.1 참고문헌

주석

KEK 7: H. Schlier, [5]1971. • HNT 10: F. Vouga, 1998. • HThK IX: F. Mußner, [4]1981. • ThHK 9: J. Rohde, 1989. • NTD 8/1: J. Becker, 1998. • RNT: U. Borse, 1984. • ZBK 7: D. Lührmann, 1984. • WBC 41: R. N. Longenecker, 1990. • AncB 33A: J. L. Martyn, 1998. • BNTC: J. D. G. Dunn, 1993. • Sacra Pagina: F. J. Matera, 1992. • ANTC: S. K. Williams, 1997. • H. D. Betz, Der Galaterbrief, 988. • NTL: M. C. de Boer, 2011.

단행본

W. Lütgert, Gesetz und Geist, BFChTh 6, Gütersloh 1919. • J. Eckert, Die urchristliche Verkündigung im Streit zwischen Paulus und seinen Gegnern im Galaterbrief, BU 6, Regensburg 1971. • U. Borse, Der Standort des Galaterbriefes, BBB 41, Köln 1972. • H. Hübner, Das Gesetz bei Paulus, FRLANT 119, Göttingen [3]1982. • J. M. G. Barclay, Obeying the Truth. Paul's Ethics in Galatians, Edinburgh 1988. • M. Bachmann, Sünder oder übertreter. Studien zur Argumentation in Gal 2, 15ff., WUNT 59, Tübingen 1992. • I. G. Hong, The Law in Galatians, JSNT.S 81, Sheffield 1993. • C. Breytenbach, Paulus und Barnabas in der Provinz Galatien, AGJU 38, Leiden 1996. • H.-J. Eckstein, Verheißung und Gesetz, WUNT 86, Tübingen 1996. • Ph. F. Esler, Galatians, London 1998. • K. Kuula, The Law, the Covenant and God's Plan I: Paul's Polemic Treatment of the Law in Galatians, SFEG 72, Helsinki/Göttingen 1999. • D. Kremendahl, Die Botschaft der Form. Zum Verhältnis von antiker Epistolographie und Rhetorik im Galaterbrief, NTOA 46, Freiburg (H)/Göttingen 2000. • Th. Witulski, Die Adressaten des Galaterbriefes, FRLANT 193, Göt-

---

59–79; Breytenbach, "'Christus starb für uns'. Zur Tradition und paulinischen Rezeption der sogenannten 'Sterbeformeln'," NTS 49 (2003): 447–75.

tingen 2000. • M. D. Nanos, The Irony of Galatians: Paul's Letter in First-Century Context, Philadelphia 2002. • J. K. Hardin, Galatians and the Imperial Cult, WUNT 2. 237, Tübingen 2008. • Th. J. Bauer, Paulus und die kaiserzeitliche Epistolographie(위 2.3.1을 보라.), 167-387.

논문

K. Kertelge, "Zur Deutung des Rechtfertigungsbegriffs im Galaterbrief," BZ 12 (1968): 211-22. • Ph. Vielhauer, "Gesetzes- und Stoicheiadienst im Galaterbrief," ders., Oikodome, TB 65, München 1979, 183-95. • G. Klein, "Individualgeschichte und Weltgeschichte bei Paulus," ders., Rekonstruktion und Interpretation, BEvTh 50, München 1969, 180-224. • O. Merk, "Der Beginn der Paränese im Galaterbrief," ders., Wissenschaftsgeschichte und Exegese(위 1.1을 보라.), 238-59. • J. Blank, "Warum sagt Paulus: 'Aus Werken des Gesetzes wird niemand gerecht'?," EKK. V 1, Neukirchen 1969, 79-95. • F. Hahn, "Das Gesetzesverständnis im Römer- und Galaterbrief," ZNW 67 (1976): 29-63. • H. Hübner, Art. "Galaterbrief," TRE 12 (1984): 5-14. • W. Schmithals, "Judaisten in Galatien?," ZNW 74 (1983): 27-58. • A. Suhl, Der Galaterbrief-Situation und Argumentation, ANRW II 25. 4, Berlin 1987, 3067-64. • W. Harnisch, Einübung des neuen Seins, ZThK 84 (1987): 279-96. • Th. Söding, "Die Gegner des Apostels Paulus in Galatien," ders., Das Wort vom Kreuz(위 2.4.1을 보라.), 132-52. • K. Löning, Der Galaterbrief und die Anfänge des Christentums in Galatien, Asia Minor Studien 12, Bonn 1994, 133-56. • D.-A. Koch, "Barnabas, Paulus und die Adressaten des Galaterbriefes," Das Urchristentum in seiner literarischen Geschichte (FS J. Becker), hg. v. U. Mell u. U. B. Müller, BZNW 100, Berlin 1999, 85-106. • M. D. Nanos (Hg.), The Galatians Debate, Peabody 2002. • D. Sänger, "'Vergeblich bemüht'(Gal 4, 11)? Zur paulinischen Argumentationsstrategie im Galaterbrief," NTS 48 (2002): 377-99. • Th. Söding, "Die Rechtfertigungslehre des Galaterbriefes im Streit der Interpretationen," ThLZ 131 (2006): 1003-20. • D. Sänger, "Die Adressaten des Galaterbriefs und das Problem einer Entwicklung in Paulus' theologischem Denken," Beiträge zur urchristlichen Theologiegeschichte (FS U. B. Müller), hg. v. W. Kraus, BZNW 163, Berlin 2009, 247-75. • M. C. de Boer, "The Meaning of the Phrase τὰ στοιχεῖα τοῦ κόσμου in Galatians," NTS 53 (2007): 204-24. • M. Bachmann/B. Kollmann (Hg.), Umstrittener Galaterbrief, BThSt 106, Neukirchen 2010.

2.7.2 저자

갈라디아서의 바울 저작설은 오늘날 논쟁이 되지 않는다.

2.7.3 기록 장소와 시기

서신의 기록에 관한 규명을 위해 두 가지의 가능성이 제시된다.[319] (1) 갈라디아서는 바울의 에베소 체류 기간에 기록되었다. 갈라디아서는 에베소에서 기록된 고린도전서 이전이나 이후에 기록되었다.[320] (2) 바울은 마게도냐를 통과하는 기간에 갈라디아서를 기록했다.(참조. 행 20:2) 갈라디아서의 기록 시기는 고린도전서(그리고 고린도후서) 이후로 볼 수 있고, 로마서의 기록 시기와 매우 가깝다.[321] 기록 시기를 결정하는 기준은 내용상 로마

---

319 이러한 상대적으로 일치된 견해로부터 이탈된 입장에 관하여는 (1) D. A. Carson/D. J. Moo, Einleitung, 563-64를 참조하라. 카슨과 무는 갈라디아서에서 가장 오래된/첫 번째 바울서신을 보았다.(사도회의 이전에 기록됨.) (2) P. Pilhofer, Das Neue Testament und seine Welt, 280-82. 필호퍼는 갈라디아서를 바울의 마지막 서신으로 구분한다.(로마로 향하는 여행 중에 루기아의 무라에서 기록됨.)

320 A. Oepke, Der Brief des Paulus an die Galater, ThHK 9, ^{3}1973, 211f.(고린도전서 이후 갈라디아서); H. Schlier, Gal, 18; Ph. Vielhauer, Urchristliche Literatur, 110f.; D. Lührmann, Gal, 10(고린도전서 이후 갈라디아서); H. Hübner, Art. "Galaterbrief," 11; P. Pokorný/U. Heckel, Einleitung, 228; G. Theißen, Entstehung des Neuen Testaments, 122f.; M. C. de Boer, Galatians, 11.

321 J. B. Lightfoot, Saint Paul's Epistle to the Galatians, London ^{10}1890, 55; O. Pfleiderer, Das Urchristentum I, Berlin 1902, 138; U. Borse, Gal, 9-17; F. Mußner, Gal, 9ff.; U. Wilckens, Röm I(아래 2.8.1을 보라.), 47f.; W. G. Kümmel, "Die Probleme von Röm 9-11," L. de Lorenzi (Hg.), Die Israelfrage nach Römer 9-11, SMBen 3, Rom 1977, 40; G. Lüdemann, Paulus I (위 2.1을 보라.), 273; J. Becker, Gal 14-16; D. Zeller, Röm(아래 2.8.1을 보라.), 13; S. Jones, 'Freiheit' in den Briefen des Apostels Paulus(위 2.5.4를 보라.), 25f.; S. Vollenweider, Freiheit als neue Schöpfung(위 2.5.9를 보라.), 20의 각주 40; H. Räisänen, Paul and the Law(아래 2.8.1을 보라.), 8; J. Rohde, Gal, 10f.; G. Strecker, Neues Testament, Stuttgart 1989, 78; E. Schweizer, Einleitung, 70; Th. Söding, Chronologie der paulinischen Briefe(위 2.1을 보라.), 58; F. W. Horn, Angeld des Geistes(위 2.5.8을 보라.), 346; J. Roloff,

서와 눈에 띄게 근접해 있는 것과 갈라디아서 2:10과 고린도전서 16:1의 모금에 관한 언급이 관련된다.

갈라디아서와 로마서 사이의 긴밀한 접촉은 다음의 구조에서 나타난다.[322]

갈 1:15-16	롬 1:1-5	이방 사도로 택함 받음
갈 2:15-21	롬 3:19-28	믿음으로 말미암는 의
갈 3:6-25, 29	롬 4:1-25	아브라함
갈 3:26-28	롬 6:3-5	세례
갈 4:1-7	롬 8:12-17	예속과 자유

Einführung, 90; D. Lührmann, Art. "Galaterbrief," RGG^4 III, Tübingen 2000, 52; I. Broer, Einleitung, 422f.; D. Sänger, "'Das Gesetz ist unser παιδαγωγὸς geworden bis zu Christus' (Gal 3, 24)," Das Gesetz im frühen Judentum und im Neuen Testament (FS Chr. Burchard), hg. v. D. Sänger/M. Konradt, NTOA 57, Göttingen/Freiburg (H), (236-60) 39; M. Theobald, "Der Galaterbrief," Ebner/Schreiber (Hg.), Einleitung, 359; M. Hengel, Die vier Evangelien(아래 3.2.1을 보라.), 354; U. Luz, "Paul's Gospel of Justification in Construction and Development," J. M. Gavaldà Ribot u. a. (Hg.), Pau, Fructuós I el cristianisme primitiu a Tarragona, Tarragona 2010, (27-43) 30의 각주 18. 갈라디아서가 로마서와 아주 가깝게 보여도 이 편지와 고린도후서, 빌립보서와의 관계는 다를 수 있다. 보르세(U. Borse)가 배치한 것을 따르면서 무스너(F. Mußner, Gal, 10f.)와 로데(J. Rohde, Gal, 11.)는 고린도후서 1-9장과 10-13장 기록의 사이 시간에 갈라디아서가 기록되었을 것으로 본다. 마테라도 이와 비슷한 주장을 한다. "갈라디아서는 아마 기원후 50년대 중반, 즉 고린도전서 이후에 기록되었을 것이나, 바울이 고린도후서를 이전 또는 그 기간에 이 편지가 기록되었을 것이다."(F. J. Matera, Galatians, 26.) 베커는 빌립보서와 관련시켜 갈라디아서, 빌립보서 B, 로마서의 순서를 주장한다.[J. Becker, Paulus(위 2를 보라.), 332.] 빌립보서 B(아래 2.9.6을 보라.)는 이후에 기록된 '작은 갈라디아서'로 언급된다.

322 덧붙여서 다음도 참조하라. U. Borse, Standort, 120-135; U. Wilckens, Röm I (아래 2.8.1 참조), 48.

갈 4:21-31	롬 9:6-13	율법과 약속
갈 5:13-15	롬 13:8-10	사랑 안에 있는 자유
갈 5:17	롬 7:15-23	원함과 행함 사이의 충돌
갈 5:16-26	롬 8:12 이하	성령 안에 있는 삶

로마서의 사상적 흐름의 기본 특징은 갈라디아서에 이미 형성되어 있다. 로마서는 갈라디아서의 상황 조건적 논쟁을 원칙적인 문제 제기로 가져온다. 로마서의 주장은 보다 신중하고, 논증은 더욱 엄격하다. 로마서 1:18-3:21과 로마서 9-11장에서처럼 바울을 당혹하게 하는 새로운 문제도 나온다. 특히 두 서신의 '칭의론'은 갈라디아서와 로마서의 긴밀한 관계를 드러낸다. 오직 여기서만 '율법의 행위가 아니라 믿음으로 말미암는'이라는 양자택일의 대안이 있고, 오직 여기에만 실제로 성찰되고 다듬어진 율법에 대한 이해가 나타난다. 갈라디아서와 로마서 사이의 율법 이해의 차이는 갈라디아서의 상황 연계성에 따라 주어지고, 그것은 바로 로마서에서 개별 사상의 지속적 발전으로 나타난다.

고린도전서 16:1에 따르면 바울이 갈라디아 교회에 예루살렘 성도들을 위한 연보를 모금할 것을 지시한다. 이때는 분명 고린도전서의 기록 직전이었을 것이다. 여기서는 사도와 갈라디아 교회 사이의 어떤 위기도 감지되지 않는다. 갈라디아서의 기록에 관한 분명한 암시는 적어도 고린도전서 이후에 나타난다. 갈라디아서 2:10에서 모금은 사도회의의 합의사항과 전혀 문제가 없는 것으로 언급된다. 모금은 사도가 적대자 및 교회와 논쟁할 때는 논란의 대상이 아니었기에, 그리고 당시에는 더 이상 언급되지 않았기에 갈라디아 교회에서의 모금 행위는 갈라디아서 기록 당시에는 이미 종결되었다는 사실이 수용되어야 한다. 바울이 갈라디아서 2:10b에서 모금의 합의에 대한 의무를 전반적으로 준수했다는 자신의 주장을 강조한다면, 그는 이와 더불어 고린도후서에서 언급된 연보의 모금에 관한 지침을 전제하는 것이다.(참조. 롬 15:26)[323] 더욱이 모금의 전체 과정은 갈라디아서가 로마서 바로 직전에 기록되었음을 시사한다. 바울은 고린도전서 16:3-4에서 자신이 모금 운동원의 일원으로 예루살렘으로 가야 하는지에 대해 확신하지 못하고 있다. 그는 고린도후서 8:19에서 예루살렘으로 (미래의) 연보를 전달하는 사람 중 하나이고, 로마서 15:25-27에서는 연보를 전달하는 것을 자신의 현실적이며 긴급한, 그리고 큰 두려움이 동반된 과제로 생각하고 있다.(참조. 롬 15:30-31) 고린도전서와 로마서의 기록 사이에는 '가능'에서 '절대'로의 변화가 확인된다. 바울과 최초 교회(예루살렘) 사이에 극적이고 날카로운 대립이 있었을 것이다. 그것은 추측컨대 갈라디아의 위기를 통해 발생했을 것이고, 이에 대해 바울은 갈라디아서에서 반응했다. 로마서와 크게 근접되어 있을 뿐 아니라 갈라디아서에서의 모금에 대한 보도는 갈라디아서가 두 고린도 서신 이후 그리고 로마서 기록 직전인 기원후 55년 늦가을에 마게도냐에서 기록되었다는 추측을 뒷받침해준다. 수신자 지역에 대한 숙고는 편지 자체에서 얻은 이런 늦은 발생 연대만 확인된다.

2.7.4 수신자

갈라디아서의 수신자는 갈라디아 지역에 있는 교회(북부 갈라디아설/지역가설) 혹은 로마 속령의 남쪽 갈라디아 지방에 있는 교회(남부 갈라디아설/지방가설)가 고려 대상이다. 갈라디아인은 기원전 279년부터 소아시아로 밀고 들어와 오늘날 앙카라(Ankara) 지역에 정주한 켈트족의 후손이다. 기

---

323 참조. J. Rohde, Gal, 94. 제1단순과거 ἐσπούδασα의 사용으로 보면, 바울이 "이미 수행된 활동을 통해 이 과제의 수행을 실제로 처리했다."라는 의미이다.(G. Harder, ThW VII, 564.) 어떤 경우이든 갈라디아서 2:10b는 바울이 가장 먼저 쓴 서신으로 시기를 설정하는 것을 배제한다. Th. Zahn, Der Brief des Paulus an die Galater, KNT 9, Leipzig/Erlangen [3]1922, 20-21.; 참조. R. N. Longenecker, Gal, LXXXVIII.

원전 25년에 갈라디아는 속령 갈라디아 지방(provincia Galatia)의 일부가 되었다. 이 속령에는 남쪽 지방인 비시디아, 루가오니아, 이사우리아, 파플라고니아, 폰투스 갈라디쿠스와 (일시적으로) 밤빌리아가 편입되었다.

지방가설은 편지의 수신자로서 루가오니아, 비시디아, 이사우리아 지역의 그리스도인들을 생각한다. 사도행전 13:13-14:27에 따르면 바울은 이들 지역에서 교회를 설립했으며, 아마도 확실히 훗날 다시 방문했다.(참조. 행 16:2-5) 이 지방가설에는 다음과 같은 논거가 있다.[324] (1) 예루살렘을 위한 모금에 갈라디아 교회가 참여했다.(참조. 고전 16:1), 사도행전 20:4는 연보 전달을 위한 파송자의 일원으로 남부 소아시아에서 온 그리스도인들, 그중에서도 더베에서 온 가이오를 언급한다. (2) 갈라디아에서 바울의 적대자들에 의한 영향력 있는 선동은 교회 안의 유대계 그리스도인을 암시한다. 로마제국 속령의 남쪽 지역에 유대 민족의 일부가 거주했지만 갈라디아 지역에 대하여는 확실하지 않다.[325] (3) 바울은 종종 속령의 이름(아시아, 아가야, 마게도냐)을 사용한다. 그는 자신의 선교를 지리적 지역보다는 속령의 중심지를 염두를 둔다.[326] (4) 사도행전 18:23("갈라디아와 브루기아

324 지방가설을 위한 해박한 근거 제시에 관하여는 다음을 참조하라. Th. Zahn, Einleitung I(아래 2.9.3을 보라.), 124-39; C. Clemen, Paulus. Sein Leben und Wirken I, Gießen 1904, 24-38. 이 주장은 금세기의 영어권 주석에서는 일반적으로 통용되지만, 독일어권 주석에서 지방가설을 찬성하는 학자들은 다음과 같다. P. Stuhlmacher, Biblische Theologie des Neuen Testaments I(위 2를 보라.), 226; R. Riesner, Frühzeit des Apostels Paulus(위 2.1을 보라.), 243, 250-59; C. Breytenbach, Paulus und Barnabas, 99ff.; M. Hengel/A. M. Schwemer, Paulus zwischen Damaskus und Antiochien(위 2.1을 보라.), 395; Th. Witulski, Die Adressaten des Galaterbriefes, 224; P. Pokorný/U. Heckel, Einleitung, 229; D. Sänger, "Die Adresse des Galaterbriefs. Neue (?) Überlegungen zu einem alten Problem," M. Bachmann/B. Kollmann (Hg.), Umstrittener Galaterbrief, 1-56.

325 이것은 광범위한 가설의 부남을 견딜 수 없는 '무인의 증명'(argumentum e silentio)이다!

326 참조. W. H. Ollrog, Paulus und seine Mitarbeiter(위 2.2.2를 보라.), 55f.

땅을 차례로 다니며")에 드러난 여행지의 순서는 지방가설을 지지한다.

지역가설을 위한 중요한 근거도 있다.[327] (1) 지방(속령)가설은 첫 번째 선교여행에서 교회가 설립된 것을 전제한다. 이 교회의 설립이 예루살렘으로부터의 독립이라는 바울의 자기주장의 목표를 지지하지만, 그는 이에 대해 갈라디아서 1:21("그 후에 내가 수리아와 길리기아 지방에 그리고 너희에게 이르렀으나")[328]에서 전혀 언급하지 않는다. 이와 같은 것은 편지의 수사학적 특성을 면밀히 살핀다면 설명하기가 어렵다. 더욱이 사도는 갈라디아서 3:1 이하, 4:12 이하에서 교회 설립을 위한 체류에 관심을 보인다. 그러므로 수신자는 갈라디아서 1:21, 3:1 이하, 4:12 이하가 다양한 사건과 관계된 사실을 알며, 바울이 나중에 비로소 그들의 영역에서 교회 설립 사역을 한 사실을 안다.[329] (2) 갈라디아 속령의 남쪽 지역은 남쪽 지역으로 묘사되지 않고 비시디아(행 13:14, 14:24)와 루가오니아(행 14:6, 11)로 불린다. 반대로 갈라디아 땅(Γαλατικὴν χώραν)은 사도행전 16:6, 18:23(각각 브루기아 옆)에서 바울이 누가의 관점에서 선교한 갈라디아 지역을 가리킨다.[330]

---

327 상세한 논증은 Ph. Vielhauer, Urchristliche Literatur, 104-108을 참조하라.

328 참조. M. Theobald, "Der Galaterbrief," Ebner/Schreiber (Hg.), Einleitung, 354.

329 τὰ κλίματα(τῆς Συρίας καὶ τῆς Κιλικίας, '수리아와 길리기아의') '지방'이라는 암시가 이 주장을 무력화시킬 수 없다. 바울이 갈라디아서 1장에서 매우 정확하게 주장하기 때문이다. 사도회의 이전에 갈라디아 교회가 설립되었다면 예루살렘으로부터의 독립을 훌륭하게 입증했을 것이다!

330 참조. F. Mußner, Gal, 3-5; K. Strobel, Die Galater. Geschichte und Eigenart der keltischen Staatenbildung auf dem Boden des hellenistischen Kleinasien, Bd. 1: Untersuchungen zur Geschichte und historischen Geographie des hellenistischen und römischen Kleinasien, Berlin 1996, 118. "갈라디아 속령의 남쪽은 사도행전에서 '갈라디아 땅'과 마주하는 지역으로 나오고, 일관되게 비시디아와 루가오니아로 언급된다." 나아가 D.-A. Koch, Barnabas, Paulus und die Adressaten des Galaterbriefes, 89도 참조하라. "누가가 사도행전 13-14장에서 소개하는 교회들이 위치한 곳은 갈라디아가 아니라 비시디아와 루가오니아, 즉 안디옥, 비시디아, 이고니온, 루스드라, 더베의 바나바와(!)

누가는 갈라디아인을 대상으로 하던 1차 선교여행 때 바나바와 바울의 선교활동에 대해 확실히 아무것도 모르고 있다. 더 정확하게 말하자면 누가는 갈라디아와 바울을 2차와 3차 선교여행에서 결합한다! 이러한 어휘 사용 외에 신약에서 갈라디아는 오직 지역 이름으로만 쓰인다.(참조. 벧전 1:1, 딤후 4:10) 더욱이 바울은 갈라디아서에서 오직 지역 명칭을 사용한다.(갈 1:17, 4:25: 아라비아/1:21: 수리아와 길리기아/1:22: 유대)[331] (3) 바울은 빌레몬서를 제외하면 항상 특정 지역교회에 호소한다. 장소 이름의 부재와 수신자 명칭으로서 거류민을 사용하는 것(갈 1:2, 3:1)은 지역가설을 옹호한다.[332] (4) 속령 갈라디아에서 함께 살아가는 민족은 문화적이고 언어적으로 고유한 특징을 간직했다. 예를 들어 루가오니아 사람들은 그들의 고유한 언어를 사용했다.(참조. 행 14:11) 그러므로 바울이 루가오니아인이나 비시디아인을 "어리석도다 갈라디아 사람들아"(갈 3:1)라고 언급한 사실은 이상한 부분이다.[333] 이런 비난은 수신자가 완전히 갈라디아인으로 느

바울이 교회를 세운 곳을 일컫고 있다.(참조. 행 13:14, 14:6) …그러므로 누가에게 '갈라디아'는 비시디아와 루가오니아보다 더 내륙에 있는 소아시아이다. 누가의 경우 이 지역은 '갈라디아'에 있지 않고 브루기아에 속하지도 않는다."

331 참조. M. Theobald, "Der Galaterbrief," Ebner/Schreiber (Hg.), Einleitung, 353.

332 참조. K. Strobel, Die Galater, 117f. 고대 역사가인 스트로벨은 영미권 연구와의 토론에서 지역가설을 확고하게 대변하고 강조한다. "그러나 헬레니즘 교육의 영향을 받은 사도 시대에도 변하지 않은 헬레니즘 언어의 용법을 생각해보면, 바울이 사용한 갈라디아는 일반적으로 관례적인 민족 용어로 해석할 수밖에 없다. 동시대 사람들에게 이 갈라디아라는 이름의 역사적, 문자적 함의는 분명했다. 따라서 갈라디아인들에게 보낸 편지의 수신자에 대한 논쟁은 갈라디아인이 역사적으로 정의된 민족적 아이콘(Ethnikons)이라는 의미에서 결정되어야 한다. 특히 더 큰 속주 내에서 앙퀴라(Ankyra)의 외곽 지역과 함께 갈라디아인은 '갈라디아인의 모임'(Koinon of the Galatians)이라는 특정한 정치 조직을 형성했기 때문이다."

333 참조. K. Strobel, Die Galater, 118. "이런 맥락에서 우리는 로마 속주 제도 내에서 전통적인 민족 지역과 역사적 지역이 계속 존재한다는 점을 강조해야 한

낄 때에만 해당된다.[334] (5) 당시의 언어 사용에서 '갈라디아'(ἡ Γαλατία)는 우선적으로 역사적이고 민족적으로 정의된 갈라디아 지역을 가리킨다.[335] (6) 바울은 어떤 경우에도 로마의 공식적인 속령 이름을 사용하지 않았으며, 종종 옛 지역 이름을 사용했다.(참조. 갈 1:21, 살전 2:14, 롬 15:24) (7) 첫 번째 선교여행의 교회들은 바나바(!)와 바울이 설립했다.(참조. 행 13:1, 2, 14:12, 14) 갈라디아서는 이와는 반대로 바울이 혼자 설립한 교회들을 향하고 있다. 그는 그 교회들을 향해 '그의' 복음을 전했다.(참조. 갈 1:1, 6, 8-9, 15-16, 3:1, 4:12-14, 19) 이에 더해 만일 바나바가 교회의 설립자 혹은 동역자였다면, 그는 안디옥 갈등(참조. 갈 2:11-15)에서 바울이 투쟁한 그 태도를 보였을 것이다. 그렇다면 바울의 적대자는 바울의 토대를 제거하기 위해 갈라디아인에게 설립자 혹은 동역자 바나바의 입장에 대해 주의를 환기했을 것이다.[336] (8) 사도행전 13-14장을 보면 바나바와 바울은 회당에서 설교했다.(참조. 13:2, 14, 14:1) 이방인, 하나님을 두려워하는 자, 그리고 유대인이 개종했다.(참조. 13:34, 14:1) 이와는 반대로 갈라디아서에서 바울은 오로지 이방인의 사도일 뿐이다.(참조. 갈 1:15-16) 갈라디아인은 이방인 그리스도인이었다.(참조. 갈 4:8-10) 교회에 유대인으로 태어난 사람에 대한 암시가 없다. 이것과 일치하는 것은 북갈라디아에 기원후 1세기까지 유대인 공동체가 발견되지 않는다는 것이다.[337]

다." 그러나 이 주장과 함께 혼합 민족이 남쪽뿐만 아니라 북쪽에도 예상된다는 점을 유의해야 한다. C. Breytenbach, Paulus und Barnabas, 154ff.; D. Sänger, "Die Adresse des Galaterbriefs," M. Bachmann/B. Kollmann (Hg.), Umstrittener Galaterbrief, 19ff.

334 참조. F. Vouga, Gal, 11.

335 근거에 관하여는 J. Rohde, Gal, 1-2를 참조하라. 지역 갈라디아도 갈라디아 속주에 속했기 때문에 속주가설은 지역가설을 반대할 수 없다.

336 참조. M. C. de Boer, Galatians, 5.

337 참조. C. Breytenbach, Paulus und Barnabas, 144-46; St. Mitchell, Anatolia: Land, Men, and Gods in Asia Minor II, Oxford 1993, 31-37.

전반적으로 지역가설을 위한 논거가 우세하다. 심사숙고하여 전체 서신의 위치 정보를 고려할 때, 특히 갈라디아서 1:21에서 수신자를 언급하지 않는 것과 '갈라디아 땅'에서의 바울의 사역에 대한 누가의 기록, 그리고 갈라디아서 3:1의 언급은 지방(속령)가설을 반대한다.[338]

갈라디아 교회는 언제 설립되었는가? 사도행전 16:6과 사도행전 18:23을 보면 바울은 2차와 3차 선교여행에서 '갈라디아 땅'을 통과했다. 사도행전 16:6에서 갈라디아 교회 설립을 위한 체류를 여러 번 볼 수 있다. 그 뒤에 교회를 굳건히 하려고 방문했다.(행 18:23) 이러한 추측을 위한 근거로는 갈라디아서 4:13의 '처음에'로 번역되는 τὸ πρότερον가 있는데, 이 말은 두 번째 방문이 있었다는 사실을 포함한다. 그렇다면 갈라디아 교회는 2차 선교여행 때에 설립되었을 것이다.[339] 두 본문 모두 적어도 상당 부분 누가의 편집으로 소급된다.[340] 따라서 '갈라디아 땅'에서 바울이 선교했

---

338 지방가설과 지역가설에 대한 각 주석자의 입장을 정리한 자료에 관하여는 J. Rohde, Gal, 6f.를 참조하라. 지역가설을 위한 세부 사항에 관하여는 다음을 참조하라. H. D. Betz, Gal, 34-40; U. Wickert, Art. "Kleinasien," TRE 19 (1990): (244-65) 251: "북부 갈라디아설이 결정적으로 우월하다."; K. Strobel, Die Galater, 117ff.; K. Löning, Der Galaterbrief, 132f.; J. Roloff, Einführung, 123; J. Becker, Gal, 14-16; J. L. Martyn, Gal, 16f.; F. Vouga, Gal, 11f.; D.-A. Koch, Barnabas, Paulus und die Adressaten des Galaterbriefes, 106; D. Lührmann, Art. "Galaterbrief," RGG[4] III, 451; Ph. F. Esler, Galatians, 34(추측하건대 페시우스에 위치한 교회); R. E. Brown, Introduction, 476; M. Theobald, "Der Galaterbrief," Ebner/Schreiber (Hg.), Einleitung, 353-55; M. C. de Boer, Galatians, 5.

339 H. Schlier, Gal, 17f.; A. Oepke, Gal(위 2.7.3을 보라.), 25, 142; F. Mußner, Gal, 3-9, 306-307 등 여러 곳.

340 참조. H. Hübner, Art. "Galaterbrief," 6. 사도행전 18:23c('그리고 그는 모든 제자들을 굳건하게 했다.')는 갈라디아서 이전에 사역한 선교에 대한 증거에 해당된다. 이 구절은 분명히 편집되어 있다.(눅 22:32, 행 14:22, 15:32, 41, 16:5) ποιεῖν χρόνον τινά(참조. 행 15:33)는 사도행전 18:23에서 더욱 확실히 편집되었다. 신약에서 καθεξῆς는 오직 누가복음 1:3, 8:1, 사도행전 3:24, 11:4, 사도행전 16:6에 등장한다. 사도행전 16:6은 전반적으로 유럽으로 향하

다는 사실을 넘어서 확실하게 말할 수 있는 것은 없다. 우리가 서신의 진술만을 출발점으로 선택한다면, 다른 해석의 가능성이 주어진다. 갈라디아서 1:6은 그리 오래되지 않은 교회 설립을 위한 체류를 전제하고, 갈라디아인은 '좋게' '지냈으며', 지금 바울은 그들이 '그렇게 빨리' 자신의 복음에서 떠난 것에 놀란다. 사도의 두 번째 갈라디아 지역 방문은 언급되거나 어떤 형식으로도 전제되지 않는다. 갈라디아서 4:13의 시간 표시어 '처음에'는 '첫 번째'로 이해될 필요는 없고, '당시' 또는 '먼저'라는 말로 번역될 수 있다.[341] 또한 갈라디아서 4:13-15, 18-19는 오로지 교회 설립을 위한 체류와 관계된다. 따라서 두 번째 방문은 편지로부터 가설로만 추론될 수 있다.[342] 갈라디아 교회의 설립에 대한 반응은 오직 사도행전 18:23에서만 찾을 수 있다.[343] 3차 선교여행 시작 시점인 기원후 52년 봄에 갈라디아 교회가 설립되었다는 것은 편지 자체가 제공하는 진술과 조화될 수 있고, 사도행전의 진술과 부응하며, 로마서 기록 직전에 갈라디아서가 기록되었다고 추정되는 연대 설정과도 일치한다.

갈라디아인은 (완전히 우세하게 혹은 독자적으로) 이방인 그리스도인이었다.(참조. 갈 4:8, 5:2-3, 6:12-13) 그들은 다분히 헬라화된 도시민이었을 것이다. 갈라디아서를 수용하려면 일정 수준 이상의 교육이 필요하며, 바울의 자유의 복음에 관한 초기의 영향력을 볼 때 문화적, 종교적 독립에 관심을 둔 그룹을 가리킨다. 갈라디아 교회의 장소는 페시누스(Pessinus)와 게

는 사도의 결단력 있는 길을 표현하는 누가의 구성으로 이해되어야 한다. 개별 분석에 관하여는 A. Weiser, Apg II(아래 4.1을 보라.), 404, 500을 참조하라. 사도행전 16:6, 18:23에서 그리고 특히 큰 문제가 되는 사도행전 18:18-23에서 경유지의 순서가 서로 다르게 나타나는 것이 의심스럽다.(위 2.1.2를 보라.)

341 참조. U. Borse, Gal, 150.

342 바울의 두 번째 갈라디아 교회 방문을 반대하는 견해에 관하여는 다음을 참조하라. U. Borse, Gal, 8ff.; H. D. Betz, Gal, 11.

343 참조. D.-A. Koch, Barnabas, Paulus und die Adressaten des Galaterbriefes, 100-105.

르마(Germa), 아니면 앙퀴라(Ankyra)와 타비움(Tavium) 등이 고려의 대상이다.

2.7.5 내용 구성, 구조, 형식

서신 서두	1:1-5 1:6-10	인사말 기록 동기
서신 몸통	1:11-2:14 2:15-2:21 3:1-4:7 4:8-4:31 5:1-5:12 5:13-5:26	자서전적 소개: 바울 복음의 독립성 논제: 믿음으로 말미암는 의 논증: 율법, 성령, 그리고 아들 됨 예속으로의 회귀에 대한 경고 결론: 예속과 자유 성령의 열매로서 사랑
서신 결미	6:1-10 6:11-18	마무리 권면 결문

갈라디아서의 특징은 편지의 특별한 상황에서 설명된다. 이 서신은 서두에 머리말(Proömium)이 생략된다. 바울이 갈라디아의 상황에 대해 어떤 감사의 조건도 찾지 못하기 때문이다. 바울은 갈라디아서 1:1에서 사도의 칭호와 더불어 자신의 권위를 강조한다. 서신의 시작(갈 1:6-9)부터 날카로운 논쟁이 나오며, 이 논쟁은 갈라디아서의 처음 두 장에서 광범위하게 펼쳐진다. 바울은 갈라디아서 3:1-4, 11, 21-31에서 복잡한 논증으로 갈라디아 교인들의 무의미한 행동을 증명하려고 한다. 우정서신의 유형은 갈라디아서 4:12-20에서 우세하게 나타난다. 바울은 교회를 향해 그들이 과거에 보여준 좋은 행동을 기억하게 만들고, 이른 시기에 맺어진 좋은 관계로 돌아가자고 한다. 그리고 5:1-6:11에서 선물로 받은 자유를 경솔하게 포기하지 말 것을 권고한다. 사도는 편지의 결론에서 어떤 방식의 인사도 하지 않고 대신에 한 번 더 적대자와 논쟁한다.(참조. 갈 6:12-14) 갈라디아서는 큰

구조에서는 바울의 다른 편지의 구조와 유사하다. 교리적인 주요 부분(갈 1-4장) 뒤에 권면 부분(갈 5:13-14)이 뒤따른다. 5:1-12는 요약과 연결하는 부분이다.

베츠(H. D. Betz)는 그리스-로마의 수사학과 서한문학의 기준에 따라 갈라디아서의 문단을 나누었다.[344] 그는 갈라디아서에서 변증적 서신을 발견하고 다음과 같은 전형적인 문단을 제시한다.

1:1-5	서문(Präskriptum)
1:6-11	입문(exordium)
1:12-2:14	설명(narratio)
2:15-21	증명의 목적 예고(propositio)
3:1-4:31	논증(probatio)
5:1-6:10	권고(exhortatio)
6:11-18	결문(conclusio)

바울서신의 수사학적 관점에 따른 분석이 갈라디아서에서 가능한 것처럼 보인다. 적대자와의 논쟁 및 교회와의 관계가 서신의 형태를 설명하기 때문이다. 서신은 바울의 부재중에 바울을 대신하고 사도의 변증을 대

344 참조. H. D. Betz, Gal, 54-72. 수사적 분석의 다른 강조점을 주장하는 견해로는 다음을 참조하라. G. A. Kennedy, New Testament Interpretation through Rhetorical Criticism, Durham 1984, 144-52; J. Smit, "The Letter of Paul to the Galatians: A Deliberative Speech," NTS 35 (1989): 1-26. 스미트는 갈라디아서를 사려 깊은 가르침(genus deliberativum)으로 분류한다. 최근의 연구는 Th. J. Bauer, Paulus und die kaiserzeitliche Epistolographie(위 2.3.1을 보라.), 192-200을 참조하라. 바우어는 이 책 386쪽에서 갈라디아서를 하나의 혼합 형태를 띤 것으로 분류한다. "그러므로 갈라디아서는 궁극적으로 질책과 견책의 기능과 표현이 모두 존재하는 서신으로 평가되어야 한다. 이 서신은 수신자 측의 결단과 행동의 변화를 목표로 하는 호소를 통해 충고의 요소와 기능을 포함하고 있다."

체한다. 물론 갈라디아서가 사도적 서신으로 온전히 이해될 수는 없다. 의심의 여지없이 갈라디아서 1장과 2장은 변증적 성향이 강하다. 그러나 갈라디아서 5:13-6:18은 사려 깊고, 3:1-5:12는 상징적일 뿐만 아니라 서사적 어법을 지향한다.[345] '변증서신' 안의 권면의 위치도 불분명하다. 어느 누가 법정의 변론 주장에 권면을 첨부하는가? 또 다른 문제는 고대의 서한문학과 수사법의 관계인데, 여기에는 접촉점이 거의 없다.[346] 사도가 고린도후서 11:6에서 시인한 언급["내가 비록 말에는 부족하나(ἰδιώτης τῷ λόγῳ) 지식에는 그렇지 아니하니"]은 바울의 주장을 수사학적 요소의 하나로만 보는 것에 대한 경고일 것이다.(참조. 그 외에도 살전 2:4-6, 고전 2:1-3, 고후 3:5, 13:3-4) 바울은 수사학 책이 소개하는 진술의 상황보다 더욱 복합적인 맥락에서 편지를 기록했다.[347] 바울은 수사학을 자신의 문화적 환경의 요소로서 수용했지만, 그것은 그의 논증의 결정적 요인이 되지 않았다.

---

345 참조. J. Schoon-Janßen, Umstrittene "Apologien" in den Paulusbriefen(위 2.3.1을 보라.), 66-113. 여기서도 베츠에 대해 자세히 비판한다.

346 베츠에 대한 비판을 참조하라. 특히 고대 언어학의 관점에서는 C. J. Classen, "Paulus und die antike Rhetorik," ZNW 82 (1991): 1-33을 참조하라. 클라센은 고대의 이해에 따라 수사학과 서한 사이의 차이를 지적하면서 '변증서신이라는 장르'의 존재를 의심하고, 고대의 저자의 이론 연계성을 다음과 같이 확인한다. "여기서 예술의 숨김(dissimulatio artis)은 모든 실천가에게 요청되는 이론의 핵심에 속한다. 이 요청이란 규정의 준수를 눈에 띄지 않게 하라는 요구이다. 그래서 명확하게 인식할 수 있는 규칙의 사용은 적어도 배치(dispositio)와 연설(elocutio)의 영역에서 경험이나 능력이 부족하다는 표시로서 작용해야 한다."(C. J. Classen, 위의 글, 31.) 그러나 바울의 수사학적 능력은 의심의 여지가 없다.; 참조. C. J. Classen, Philologische Bemerkungen zur Sprache des Apostels Paulus, WSt 107/108 (1994/95): 321-35.

347 참조. D. E. Aune, Literary Environment(위 2.3.1을 보라.), 203. "특히 바울은 상의적이면서도 절충적으로 편지를 썼다. 그가 맞닥뜨린 서신의 상황은 수사학자가 직면하는 일반적인 수사적 상황보다 종종 더 복잡했다."

2.7.6 문학적 통일성

갈라디아서의 문학적 통일성은 논쟁이 되지 않는다. 갈라디아서 2:7-8의 바울적이지 않은 표현(εὐαγγέλιον τῆς ἀκροβυστίας/τῆς περιτομῆς, Πέτρος)은 바울 이후의 삽입이라기보다는 바울 이전의 전통에 대한 간접 증거이다.[348]

2.7.7 전승, 자료

갈라디아서 2:7-8(내가… 이방인들을 맡았다.=ὅτι πεπίστευμαι …τὰ ἔθνη)과 2:9e(우리는 이방인들에게로, 그들은 할례자에게로=ἡμεῖς εἰς τὰ ἔθνη, αὐτοὶ δὲ εἰς τὴν περιτομήν)에서 사도회의에서 형성된 바울 이전의 개별 전통이 발견된다.[349] 바울 이전의 세례에 관한 전통은 갈라디아서 3:26-28에 나타난다.[350] 여기서 수세자의 새로운 상황이 포괄적으로 묘사된다. 그는 '그리스도 안에'(ἐν Χριστῷ) 있고 세례에서 그리스도와 수세자 사이에는 새로운 관계가 성립된다. 수세자는 그리스도를 의복처럼 입게 되며, 그리스도로 완전히 에워싸이고, 이를 통해 그리스도 안에(ἐν Χριστῷ) 있게 된다. '그리스도 안에 있음'(εἶναι ἐν Χριστῷ)의 결과는 갈라디아서 3:28에서 구속사적 및 정치사회적 차원에서 묘사된다. 그것은 유대인과 이방인의 구속사적 차별이나 종과 자유인 및 남자와 여자 사이의 차별이 아니다. 세례를 통해 오직 그리스도 안의 존재만 있기에 그리스도인은 이러한 고대의 기초적인 양자택일의 문제로부터 해방되었다. 바울은 갈라디아서 5:19-23의 덕과 악덕의 목록에서 전통적인 자료를 다룬다.[351]

---

348 증명에 관하여는 G. Lüdemann, Paulus I(위 2.1을 보라.), 86-91을 참조하라.

349 참조. 위의 책, 86-101.

350 분석에 관하여는 U. Schnelle, Gerechtigkeit und Christusgegenwart(위 2.4.10을 보라.), 57-62, 191-95을 참조하라.

2.7.8 종교사적 위치

갈라디아서에서 바울과 싸운 적대자는 누구인가?[352] 그들은 어떤 가르침을 주장했고 그들의 입장은 종교사적으로 어떻게 분류될 수 있는가?[353] 이 질문에 대해 현재까지 영향력 있는 답변은 뤼트거르트(W. Lütgert)가 1919년에 제시한 다음과 같은 논제이다. 갈라디아서에서 바울은 두 전선에서 싸웠다. 한쪽은 유대주의자이며, 다른 쪽은 자유방임적 성령주의자이다. 그러나 두 적대적 전선은 갈라디아서에서 증명되지 않는다. 그러므로 새로운 연구에서 한 적대자 집단이 크게 주목받는다. 슈미탈스(W. Schmithals)[354]는 적대자들을 영지주의에 기원을 둔 유대적 혹은 유대계 그리스도교 열광주의의 대표자로 구분한다. 그는 유대주의자 논제와 더불어 바울의 이방선교의 적대자들은 스스로 그러한 선교 사역을 맡고 있었을 것이라고 제시했

---

351 참조. 1QS 3:25-4:14. 이에 대한 분석으로는 H. W. Kuhn, "Die drei wichtigsten Qumranparallelen zum Galaterbrief," Konsequente Traditionsgeschichte (FS K. Baltzer), hg. v. R. Bartelmus u. a., OBO 126, Freiburg (H)/Göttingen 1993, (227-54) 238-49를 참조하라.

352 M. D. Nanos, Irony of Galatians, 6과 여러 곳. 나노스는 적대자가 아니라 '영향을 끼친 자'를 언급한다. 전체 편지의 공격적인 내용은 이러한 방식으로 갈등을 최소화하는 것에 반대할 뿐만 아니라(참조. 갈 1:6-10!) 바울이 다음과 같이 말하는 갈라디아서 5:12에도 나타난다. "당신을 선동하는 자도 할례를 행하기 바란다." 동사 ἀναστατόω는 '영향을 주다'가 아니라 '동요시키다'를 의미하므로(참조. F. Passow, Handwörterbuch der griechischen Sprache I/1, Leipzig, [5]1841, 200.) 바울의 관점과 역사적 묘사 방식 모두에서 반대자에 대해 말해야 한다.

353 연구 개요에 관하여는 다음을 참조하라. J. Eckert, Verkündigung, 1-18; F. Mußner, Gal, 11-29; J. Rohde, Gal, 14-21; J. L. Sumney, "Studying Paul's Opponents: Advances and Challenges," S. Porter (Hg.), Paul and His Opponents, Leiden 2005, (7-58) 17-24.

354 참조. W. Schmithals, "Die Häretiker in Galatien," ders., Paulus und die Gnostiker, ThF 35, Hamburg 1965, 9-46.

다. 슈미탈스는 더욱이 갈라디아서 4:9-10, 5:3, 그리고 특히 6:12-13 같은 본문은 오로지 영지주의적 열광주의의 전제로부터만 의미 있게 해석될 수 있다고 보았다. 적대자들은 할례의 요구를 단지 회당의 혜택을 얻기 위해 주장했을 것이며, 그들 스스로는 물론이고 갈라디아인은 율법의 포괄적인 수용을 염두에 두지 않았을 것이다.[355] 회당으로부터 오는 교회를 향한 어떤 성질의 위험도 갈라디아서에서는 증명되지 않는다. 더욱이 갈라디아서 기록 당시에 그리스도교의 영지주의자가 존재했는지는 매우 의심스럽다. 결론적으로 슈미탈스는 갈라디아인이 율법을 받아들였다(참조. 갈 4:21, 5:1, 4)는 갈라디아서의 진술을 정당하게 평가하지 않고 있다.

그러므로 바우르(F. Chr. Baur) 이래로 주장되었으며 여전히 다수의 주석가가 주장하고 있는 다음의 논제가 가장 설득력을 지닌다. 이 적대자들은 유대계 그리스도교 선교사들이다!(더 엄격한 출신)[356] 그들은 밖으로부터 교회로 침투하여 들어와서 교회와 사도의 좋은 관계를 파괴했다.(참조. 갈 5:7, 4:13-15)[357] 적대자들은 할례를 시행할 것(참조. 갈 5:3, 6:12-13, 더

---

355 참조. W. Schmithals, Judaisten in Galatien?, 55. "할례를 행하는 사람은 유대인의 박해로부터 보호받기 위해서만 갈라디아인이 할례를 받을 것을 원한다. 그들은 바울과 갈라디아인처럼 율법을 받아들이는 것에 대해 크게 생각하지는 않는다."

356 참조. A. Oepke, Gal(위 2.7.3을 보라.), 27ff.; W. G. Kümmel, Einleitung, 260-63; F. Mußner, Gal, 25; O. Merk, Paränese, 250; D. Lührmann, Gal, 104-108; H. Hübner, Art. "Galaterbrief," 7f.; H. D. Betz, Gal, 43; G. Lüdemann, Paulus II(위 2.5.8을 보라.), 146f.; F. W. Horn, Angeld des Geistes(위 2.5.8을 보라.), 346-50; M. Theobald, "Der Galaterbrief," Ebner/Schreiber (Hg.), Einleitung, 358(예루살렘/유대로부터 온 유대 그리스도교적 선교사); M. C. de Boer, Galatians, 50-61.

357 다른 주장에 관하여는 C. Breytenbach, Paulus und Barnabas, 143을 참조하라. 브라이텐바흐에 따르면 유대계 그리스도교의 방랑 선교사들이 교회 안으로 들어온 것이 아니다. "오히려 그것은 갈라디아 교인들이 할례를 받고 율법을 지키도록 설득하고 그들을 유대인으로 만들고 그들을 기존 유대 공동체에 포함시키려는 회당 공동체의 시도이다. 이것은 아직 회당을 떠나지 않은 유대계 그

나아가 2:2, 6:15)[358]과 제의적 시간을 존중할 것(참조. 갈 4:3, 9-10)[359]을 요구했다. 이 두 가지는 유대계 그리스도인을 가리킨다.[360] 특별히 쿰란 본문

리스도인 그룹과의 논쟁이다. 그들은 사도회의(갈 2:7-9)에서 결정된 대로 유대인에게 복음을 전파하는 것 이외에도 율법으로부터 자유로운 이방인 선교를 위한 신학적 권리가 있음을 인정하지 않는 사람들이다." 갈라디아서는 회당의 편입에 대해 언급하지 않는다. 또한 사도행전 15:1, 갈라디아서 2:4, 11-14, 고린도후서 3:1, 11, 23ff., 12:13, 빌립보서 3:1ff.의 본문은 유대계 그리스도교 방랑 선교사를 가정한다. 고린도후서, 갈라디아서, 로마서와 최초 교회의 연보 거부(사도행전 24:17에 따르면 누가는 바울이 예루살렘으로 마지막 여행을 했음을 말하고는 있으나, 교회가 연보를 받아들였다고 언급하지는 않는다. 그 일이 발생하지 않았기 때문이다.)는 분명하게 다음의 사실을 드러낸다. 바울이 제국의 동쪽 지역에서 마지막 사역을 할 때 유대계 그리스도교에 의한 반대하는 선교운동이 나타난다. 이것은 바울의 선교를 추적하며 아울러 바울에 반대하는 운동을 펼치는 것으로 보아야 한다.

358 P. Borgen, Observations on the Theme "Paul and Philo". Paul's preaching of circumcision in Galatia (Gal. 5:11) and debates on circumcision in Philo, Die Paulinische Literatur und Theologie, hg. v. S. Pedersen, Århus-Göttingen 1980, 85-102. 보르겐은 필로의 '윤리적' 할례와 육체적 할례를 구분한다. Philo, Migr 86-93; QuaestEx II 2. 그리고 이것으로부터 갈라디아인에 대한 결론을 내린다. 적대자들은 일부 회중에게 바울의 선포는 '윤리적' 할례를 말한다고 하면서 이제 육체적 할례가 뒤따라야 한다고 설득했다.

359 στοιχεῖα τοῦ κόσμου('세상의 초등학문')의 종교사적 가능성에 관하여는 다음을 참조하라. E. Schweizer, "Die Elemente der Welt" Gal 4, 3. 9; Kol 2, 8. 20, ders., Beiträge zur Theologie des Neuen Testaments, Zürich 1970, 147-63; M. C. de Boer, The Meaning of the Phrase τὰ στοιχεῖα τοῦ κόσμου in Galatians, 223을 참조하라. "갈라디아서에서 바울이 주장한 맥락에서 τὰ στοιχεῖα τοῦ κόσμου라는 구절은 물리적 우주, 특별히 달력 준수의 네 가지 요소(흙, 공기, 불, 물)와 관련된 종교적 믿음과 관습을 요약한 것이다."(아래 5.2.8을 보라.)

360 다른 견해에 관하여는 N. Walter, "Paulus und die Gegner des Christusevangeliums in Galatien," ders., Praeparatio Evangelica, WUNT 98, Tübingen 1997, 273-80을 참조하라. 이 주장에 따르면 바울은 유대계의 선교 반대와 논쟁하고 있다. 비슷한 주장으로는 M. D. Nanos, Irony of Galatians, 6을 참조하라. 나노스는 갈라디아 교회에 영향력을 행사한 자들은 밖에서(예를 들어 예루살렘) 교회 안으로 들어온 사람들이 아니라고 확인한다. "그들 역시 갈라디아

은 고대 유대교에 있는 달력의 문제에 큰 의미를 두고, 아울러 율법과 절기 사이의 확고한 관련을 증언한다.(참조. 예를 들어 1QS 1:13-15, 9:26-10:8, 1QM 2:4, 10:15, CD 3:12-16, 16:2-4, 1QH 1:24, 12:4-9, 더 나아가 Jub 6:32, 36, 37, äthHen 72:1, 75:3-4, 79:2, 82:4, 7-10) 따라서 갈라디아서 4:3, 9-10에 나타난 요인과 일, 월, 시간, 그리고 연에 관한 관찰은 유대계 그리스도교의 해석과 모순되지 않고, 그것을 지지할 수 있다.[361] 그러나 동시에 초등학문 숭배(Stocheia-Dienst), 달력에 따른 경건, 율법 준수의 복잡한 관

사람이다. 그들은 개종자의 개종 의식 과정을 통해 공동체 내에서 손님 지위 이상을 바라는 이방인을 인도하는 책임을 맡은 갈라디아의 더 큰 유대 공동체의 구성원이다. 그들은 개종자(이전 이방인)일 수도 있다." 나노스는 갈라디아의 갈등을 유대 내부적 논쟁으로 보고, 반유대적 혹은 반셈족주의적 논쟁은 아니라고 한다. 이 시점에서 그리스도의 추종자와 회당은 분리되어 있지 않았다. 유대교와 바울의 차이가 드러났다. 그의 교회는 '그리스도를 믿는 유대교 그룹'이며, 토라에 관한 그의 진술은 토라 자체에 대한 것이 아니라 유대교의 사회문화적 변이에 관한 것이다. 홀로코스트의 그림자와 그리스도교-유대교와의 대화의 맥락에서 공식화된 이 논제에 대해 수많은 반대가 제기될 수 있으며, 이 모든 것은 적대자들이 유대계 그리스도교도라는 사실을 지적한다. (1) 적대자들은 갈라디아서 1:8에 따르면 다른 복음을 선포했으나 복음은 하나일 뿐이다. (2) 그들의 분명한 초점이 최초 교회에 있다는 것과 더불어 갈라디아서 1:11-24, 2:1-10, 11-15에 있는 자전적 논증 전체는 적대자들이 유대계 그리스도인으로서 이러한 주장에 부딪힐 경우에만 의미가 있다. (3) 갈라디아서 6:12에 따르면 적대자들은 갈라디아 교인들에게 할례를 강요하여 십자가 때문에 (유대인들에게) 박해를 받지 않게 하려고 한다.(유대교도들을 통한 유대계 그리스도인들의 박해에 관하여는 살전 2:16, 롬 15:31, 행 16:20b-21, 17:1-9를 참조하라.) (4) 이 편지가 기록될 당시에는 신생 그리스도교와 유대교의 길이 이미 갈라져 있었음이 틀림없다. 이를 증명하는 것으로는 U. Schnelle, Paulus(위 2를 보라.), 162-76을 참조하라. (5) 마지막으로 이러한 해석으로 말미암아 거의 모든 해석의 역사와 교회 역사가 큰 오해처럼 보인다.

361 해박한 증명에 관하여는 D. Lührmann, "Tage, Monate, Jahreszeiten, Jahre (Gal 4, 10)," Werden und Wirken des Alten Testaments (FS C. Westermann), hg. v. R. Albertz 등, Göttingen 1980, 428-45를 참조하라.

련은 헬라적 유대계 그리스도인을 가리킨다.[362] 아브라함의 주제도 이 해석을 지지한다.(갈 3:4) 적대자들은 아브라함에게 호소하고 창세기 17장을 가리키며 자신들이 할례자이며 '아브라함의 자녀'라고 설득한다. 분명히 갈라디아 교회의 큰 무리가 유대계 그리스도교 선교사의 요구를 수용했다.(참조. 갈 1:6-9, 4:9, 17, 21, 5:4, 6:12-13) 그것은 사도측의 날카로운 비판을 촉발시켰다. 그러나 바울은 자신의 논증을 통해 교회를 다시 얻기를 희망한다.(참조. 갈 3:4, 4:11-12, 19-20) 갈라디아서의 보존과 전달은 이 희망이 근거가 없지 않다는 사실을 보여준다.

적대자들은 예루살렘 당국, 특히 야고보와 어떤 관계에 있었는가? '야고보에게서 온 어떤 이들'(갈 2:12)과는 연결될 수 없다. 할례의 요구가 그들에게 입증될 수 없기 때문이다.[363] 최근 들어 바울의 적대자는 사도회의에서 디도의 할례를 관철할 수 없었던 거짓 형제와 동일하다는 주장이 다시 강조되고 있다.[364] 그들은 사도회의의 합의에 참여하지 않았고, 갈라디아에 있는 바울의 교회에 침투해 들어와서 율법과 절기를 준수하도록 요구했을 것이다. 여기서 자료의 부족도 정확한 판단을 허락하지 않는다. 만일 예루살렘 당국과 바울의 적대자들 사이에 어떤 종류의 연결이 있었다면, 아마도 그 '기둥' 같이 여기는 사도회의에서 의도적으로 합의를 깨뜨렸을 것이다. 결론은 본문에서는 확인할 수 없고, 역사의 사변 속에서 반쯤은 어둠

---

362 참조. Th. Söding, Gegner des Paulus, 145f. "그는 다른 많은 주석가와 같이 적대자들을 헬라적 유대계 그리스도인으로 간주한다. 그들은 혼합주의적 영향을 받은 그리스도교적 율법주의를 주장한다."(Th. Söding, 위의 책, 146.)

363 다른 견해로는 F. B. Watson, Paul, Judaism and the Gentiles, MSSNTS 56, Cambridge 1986, 59ff.를 참조하라.

364 참조. G. Lüdemann, Paulus II(위 2.5.8을 보라.), 148-52. 앞서 이 논제를 주장한 견해로는 A. Oepke, Gal(위 2.7.3을 보라.), 212-13을 참조하라. 물론 갈라디아서 2:3-4는 유대계 그리스도교 안에 이방 그리스도인의 할례를 방침대로 옹호하는 영향력 있는 집단이 존재했다는 사실을 보여준다. 이들이 사도회의에 참석한 사실은 팔레스타인/수리아를 넘어선 주장을 보여준다.

에 감춰져 있다. 그러므로 우리는, 바울의 적대자들은 바울이 율법으로부터 자유로운 이방인들을 위한 그의 선교 사역에서 율법에 계시된 하나님의 구원 의지를 노골적으로 적대하는 것으로 간주한 유대계 그리스도교 선교사(팔레스타인 출신)라는 사실에 만족해야 하고, 이들을 바울의 선교 사역을 뒤따르는 운동의 맥락에서 보아야 한다. 이 운동 안에서 유대인 그리스도인들은 예수 그리스도에 대한 믿음과 토라 준수를 다양한 방법으로 이방 그리스도인들에게 강요하려고 했다. 비록 이방인들에게는 유대교 할례의 계명이 없지만, 그들이 그리스도교의 교회에 출입함을 통해 과거의 이방인이던 자가 하나님의 백성이 되었기 때문에 적대자들의 시각에서 볼 때 무엇보다도 할례가 문제가 된 것이다.

2.7.9 신학적 기본 사상

바울은 첫 번째로 '자서전적'(갈 1:13-24)이며 '교회사적'(갈 2:1-14) 논증으로 적대자들의 공격에 반격한다. 그는 예수 그리스도의 복음을 사람에게서가 아니라 오직 하나님의 계시를 통해 받았다. 그러므로 곧 있을 회합이나 예루살렘 당국의 가르침에 아무 관심이 없었다. 사도회의의 합의와 안디옥에서의 베드로와의 갈등도 바울 복음의 독자성을 입증한다. 바울은 갈라디아서 2:15에서 그리스도인을 위해 율법이 지닌 구원의 의미에 관한 근본적인 논의로 넘어간다. 갈라디아서 2:16에서 처음으로 제시된 그의 칭의론의 핵심 논제는 인간학적 전제 위에 기초하고 있다. 인간은 율법의 행위로 의롭게 되지 못한다.(갈 2:16d) 인간은 율법의 모든 규정을 준수할 수 없다. 이처럼 인간은 율법의 요구에 순응하지 못하므로 율법의 저주를 받는다.(참조. 갈 3:10-12) 바울은 순수 양적인 측면에서 율법의 규정의 성취를 생각하며, 모든 범법은 완전한 불의를 낳는다.[365] 바울은 토라의 행함과 구원

365 참조. H. Hübner, Gesetz bei Paulus, 19f.

얻음을 분리한다.[366] 그러나 율법에서 좌절하는 인간 경험이 아직은 논증의 본래적 기초는 아니다. 그것은 갈라디아서 3:22에 나타난다. '성서가 모든 것을 죄 아래 가두었다.'(συνέκλεισεν ἡ γραφὴ τὰ πάντα ὑπὸ ἁμαρτίαν) 율법은 죄의 권세 때문에 구원의 길이라는 특성을 상실한다. 바울은 죄에 대해 율법의 무능력을 확인했다. 갈라디아인들은 적대자들의 선동으로 말미암아 그들이 이미 얻은 구원의 상태가 다시 이전 상태로 빠져드는 위험에 처했다. 갈라디아인들은 세례와 성령 받음을 통해 이미 율법이 가져오는 저주의 영역에서 벗어났다. 그들은 하나님의 백성으로 머물기 위해 유대적 삶의 방식에 지배받을 필요가 없다. 그들은 율법의 행위가 아니라 복음 선포를 통해 성령을 받는다.(참조. 갈 3:3-5) 그들은 이미 '하나님의 아들'(υἱοὶ θεοῦ)이고, 따라서 언약의 진정한 상속자이다.(참조. 갈 3:26, 4:6-7)

갈라디아인들은 성령 안에서 소망의 실체인 의를 기다린다.(갈 5:5) 그들은 성령 안에서 변화된 삶을 산다. "만일 너희가 성령의 인도하시는 바가 되면 율법 아래에 있지 아니하리라."(갈 5:18) 갈라디아인들은 영적 은사자(갈 6:1: πνευματικοί)이며 육체와 죄의 권세에 예속되지 않는다.(갈 6:8) 그리스도가 그들 안에서 형상을 취하기에(갈 4:19) 그들은 그리스도로 옷을 입고 그리스도 안에서 모든 인종적, 종교적, 그리고 사회적 구별에서 해방된다.(갈 3:26-28) 갈라디아인들은 자유함으로 부름을 받았다.(참조. 갈 5:1, 13) 그들이 '모든 율법을 실천하는 의미'(pars pro toto legis)에서 할례를 실행하고 제의적 절기를 지킨다면, 자유를 다시 종으로 만들 것이다. 바

366 참조. 갈라디아서 3:11과 1 QpHab 7:17-8:3에서 하박국 2:4b의 해석에 관하여는 H. W. Kuhn, Die drei wichtigsten Qumranparallelen zum Galaterbrief (위 2.7.8을 보라.), 249를 참조하라. 쿤은 이렇게 강조한다. "바울의 신학에 매우 중요한 하박국 2:4의 예언 구절에 대한 해석을 통해 바리새인 바울은 의심의 여지없이 유대교를 넘어 신학적인 진일보를 이루었다. 물론 이것은 그가 공동의 성서(유대교도 바울도 같은 성서를 본 것을 가리킨다.—역자 주)를 새롭게 해석한 결과이다."

울은 구원이 성취된 상태에 비추어 갈라디아인들에게 적대자들의 요구와 그들 행동의 무의미함을 상세히 설명하려고 한다. 여기서 그는 자신의 칭의에 관한 교리가 성서에 합당한 진리임을 주장하려고 매우 복잡하게 논증한다. 바울은 갈라디아서에서 율법을 부정적으로 평가했다.[367] 율법은 언약에 견주어볼 때 이차적이다. 율법은 아브라함 언약보다 430년 후에 주어졌다.(참조. 갈 3:15-18) 율법은 오직 죄를 자극하며, 오직 천사에 의해 중보자 모세를 통해 인간에게 전달되었다.(갈 3:19-20)[368] 그리스도의 계시 이전에 인간 존재는 오직 율법과 그 권세 아래 있었다. 인간은 '율법 아래'(ὑπὸ νόμον, 갈 3:23), '초등교사 아래'(ὑπὸ παιδαγωγόν, 갈 3:25), 후견인과 청지기 아래(ὑπὸ ἐπιτρόπους ἐστὶν καὶ οἰκονόμους, 갈 4:2), '세상의 초등학문 아래'(ὑπὸ τὰ στοιχεῖα τοῦ κόσμου, 갈 4:3)에 있다. 이러한 노예 상태에서 그리스도는 믿는 자를 해방했다. 이제 믿는 자는 성령의 능력으로 말미암아 자유롭게 산다.

2.7.10 최근 연구 경향

고전적 개론학의 논의에서 대다수 주석가들은 여전히 지역가설을 주장하며 갈라디아서의 적대자를 엄격한 유대계 출신 성분의 그리스도인이라고 추측한다. 물론 적대자가 유대인이고 갈라디아서에서는 사회문화적 조건으로 제한된 유대인 내부의 갈등이 다루어지고 있을 것이라는 주장도 제기

---

367 개별 분석에 관하여는 H. Hübner, Gesetz bei Paulus, 16ff.를 참조하라.

368 갈라디아서 3:19-20의 해석은 지나치게 논란이 되고 있다. 새로운 논의에 관하여는 J. Rohde, Gal, 152ff.를 참조하라. 사실 바울은 갈라디아서 3:19에서 율법의 신성한 기원을 논박했다. 이 가정 아래에서만 20절의 구별이 의미가 있기 때문이다. 갈라디아서 3:21, 로마서 7:22, 8:7, 9:4는 바울이 이런 생각에 고착할 수 없고 원하지도 않는다는 것을 보여주지만, 이 본문들이 갈라디아서 3:19-20의 해석을 결정하는 것은 허용되지 않는다.

된다.(나노스) 베츠는 양식사적 분류를 통해 갈라디아서를 '변증서신'으로 주장하여 많은 지지를 받았으나, 최근 논의에서는 문제점이 지적되고 있다. 갈라디아서의 연대 설정에서는 다음과 같은 경향이 두드러지게 드러난다. 거의 모든 새로운 연구는 갈라디아서가 로마서 직전에 기록되었다고 본다. 이와 더불어 최근 수년간 갈라디아서 연구는 갈라디아서의 율법 이해와 로마서와의 관계를 핵심 문제로 삼고 있다. 휘브너(H. Hübner)는 갈라디아서와 로마서에서 바울의 주장의 현저한 차이를 보았다. 우선 갈라디아서에서 율법은 범죄를 자극하는 기능을 한다.(참조. 갈 3:19a) 바울은 율법을 천사의 율법이라고 비방하며(참조. 갈 3:19b) 부정적으로 본다. 이와는 반대로 로마서에서 율법은 죄를 깨닫게 한다.(참조. 롬 3:20, 7:7) 율법은 거룩하고 선한 것이기 때문이다.(참조. 롬 7:12) 본래 악의 권세로서의 '죄'(ἁμαρτία)와 근원적 기능과 실재적 기능이 구별된다는 '율법'(νόμος)의 구별은 갈라디아서에서는 발견되지 않는다. 휘브너는 이러한 관찰과 또 다른 관찰로부터 두 편지 사이에 신학적 발전이 거의 없다고 추론한다.

빌켄스(U. Wilckens)는 율법의 문제가 유대주의 적대자의 영향으로 말미암아 비로소 갈라디아에서 심각해졌다고 본다.[369] 그보다 앞서는 바울의 선교 교회에서 율법으로부터의 자유는 어느 정도 당연한 기초가 되어 있었다는 것이다. 갈라디아서와 빌립보서에서 바울은 율법이 지닌 구원의 의미

369 U. Wilckens, Zur Entwicklung des paulinischen Gesetzesverständnisses(아래 2.8.1을 보라.), 164ff.; F. Esler, Galatians, 153-59. 빌켄스는 브레데와 슈바이처의 테제를 뒤따라 갈라디아 교회의 위기에서 칭의 교리의 기원을 본다. 갈라디아서 수신자와 바울의 신학적 사고의 발전의 문제를 완전히 다르게 보는 모델은 D. Sänger, The Letter of the Galatians and the problem of the Paul's Theological Thinking이 대표한다. 쟁어에 따르면 바울은 기원후 47/48년(참조. D. Sänger, 위의 책, 267.)의 1차 선교여행에서 갈라디아 교회를 설립했다. "바울은 교회 설립을 위해 갈라디아에 머무는 동안 당시 교회의 유대계 그리스도교의 반대로 말미암아 이 문제가 촉발되지 않은 상태에서 칭의 교리의 좌표를 잡았다."(D. Sänger, 위의 책, 273.) 갈라디아서와 로마서의 진술은 안디옥에서 이미 학습한 오래된 사유 체계를 드러낸 것일 뿐이다.

에 관한 문제에서 투쟁적인 위치를 대변하는 반면에 로마서에서는 이와는 달리 본래 태도를 크게 수정하지 않았을 것이다. 사도는 편지의 기록 동기에 맞게 자신의 율법 이해를 포괄적이고 균형 잡힌 방식으로 표현한다. 유대계 그리스도인과 이방 그리스도인은 같은 죄론과 구원론적 상황에 놓여 있다. 뵈어(M. C. de Boer)는 갈라디아서의 율법에 대한 이질적 진술을 이해하기 위해 추가로 제안하는데, 바울은 "법규로서의 율법과 하나님의 언약으로서의 율법 사이"[370]를 구분한다는 것이다.(Galatians, 380–81) 갈라디아서 5:14, 6:2는 '언약으로서의 율법'일 것이고, 다른 모든 율법의 본문은 '법규로서의 율법'으로 이해될 수 있다. 이렇게 한다고 해서 갈라디아서 3:9–20의 문제가 해결되지는 않는다. 여기서 율법 전체가 하나님으로부터 분리되기 때문이다. 처음으로 갈라디아서에서 사용된 '율법의 행위'(ἔργα νόμου, 참조. 갈 2:16, 3:2, 5, 10, 롬 3:20, 28, 빌 3:9)라는 말의 이해는 바울의 칭의론의 전체 평가와 연결되어 있다.[371]

바울은 '율법의 행위'에서 무엇을 생각하며 어떤 신학적 구상과 연결하는가? 최근의 논의는 여섯 가지로 해석한다. (1) 불트만은 '율법의 행위'에

370 M. C. de Boer, Galatians, 380f.

371 참조. E. Lohmeyer, "Gesetzeswerke," ders., Probleme paulinischer Theologie, Darmstadt 1954, 31–74; J. Blank, "Warum sagt Paulus: 'Aus Werken des Gesetzes wird niemand gerecht'?," EKK V.1, Neukirchen 1969, 79–95; U. Wilckens, "Was heißt bei Paulus: 'Aus Werken des Gesetzes wird kein Menschen gerecht'?," ders., Rechtfertigung als Freiheit, Neukirchen 1974, 77–109; H. Hübner, "Was heißt bei Paulus 'Werke des Gesetzes'?," Glaube und Eschatologie (FS W. G. Kümmel) hg. v. E. Grässer und O. Merk, Tübingen 1985, 123–33; T. R. Schreiner, "'Works of Law' in Paul," NT 33 (1991): 217–44; M. Bachmann, Sünder oder übertreter. Studien zur Argumentation in Gal 2,15ff., 90ff.; ders., "Rechtfertigung und Gesetzeswerke bei Paulus," ThZ 49 (1993): 1–33; J. D. G. Dunn, "The New Perspective on Paul," ders., Jesus, Paul and the Law, London 1990, 183–240. R. K. Rape, The Meaning of 'Works of the Law' in Galatians and Romans, SBL 31, New York 2001.

서 율법에 대한 그릇된 열심의 결말을 관찰한다. 바울은 율법의 행위의 길을 거절한다. "율법의 준수를 통해 구원을 얻으려는 인간의 노력은 오직 인간을 죄로 이끌고, 이것이야말로 이미 죄 자체이기 때문이다."[372] 그러므로 바울은 먼저 무익함이 아니라 이미 지닌 의도, 즉 죄인이 율법의 준수를 통하여 하나님 앞에서 의롭게 되려는 의도를 평가한다. (2) 이에 반해 빌켄스는 다음의 사실을 강조한다. "그는(즉 바울이) 율법 준수를 통해 자신을 하나님 앞에서 의롭게 입증하려는 인간의 노력 자체를 절대로 비난하는 것은 아니다. 그는 말할 것도 없이, 실제로 행위에 근거하여 의롭게 된 자에게 그의 의에 대해 이의를 제기하고 있다. 그러나 바울은 사실상 모든 인간을 죄인으로 판단한다. 왜냐하면 모두가 죄를 지었기 때문이다."[373] (3) 샌더스(E. P. Sanders)는 빌켄스와는 다른 방식으로 불트만과 대조적인 자신의 입장을 주장한다. "바울의 관찰은 죄의 본질을 분석하는 것이 아니라 구원의 길에 대한 분석이며, 그의 인간학이 아니라 그의 그리스도론이자 구원론을 규명하는 것이다. 인간이 율법의 행위로 '의롭게' 되지 못한다는 것에 대한 바울의 근거는 인간이 자신의 구원을 이루는 것에 대해 생각해서는 안 된다는 것이 아니다. 만일 율법이 구원한다면, 그리스도는 헛되이 죽었다는 것이다.(갈 2:21) …오직 그리스도에게 속함만이 구원을 가져온다는 확신이 하나님 앞에서 자신의 상황에 대한 분석과 자기이해의 변화에 선행한다."[374] (4) 던(J. D. G. Dunn)은 '율법의 행위'를 하나님 앞에서 공로를 인정하는 토라의 규정으로 보지 않고, 할례, 음식법, 안식일처럼 유대인과 이방인을 구별하는 유대인의 '정체성의 표지'로 보았다.[375] 바울은 이 '정체성의 표지'를 그것이 유대인의 특권의 근거로 사용되거나 하나님의 은혜를 제한할 때만

372 R. Bultmann, Theologie(위 2를 보라.), 264f.

373 U. Wilckens, Was heißt bei Paulus, 107.

374 E. P. Sanders, Paulus und das palästinische Judentum(위 2를 보라.), 457.

375 참조. J. D. G. Dunn, "Yet once more-'The Works of Law': A Response," JSNT 46 (1992): 99-117; ders., Gal, 131-50.

부정적으로 평가했다. 이것이 갈라디아의 경우이다. 던에 따르면 갈라디아서 2:16은 유대 그리스도교의 '율법의 행위'로 '믿음'의 병존에서 냉혹한 반제로의 전이를 반영한다. 그러나 바울은 율법 자체를 반대하거나 율법의 행위를 비방하지 않고, 민족적 정체성을 식별하는 율법에 반대한다. 그의 비판의 대상은 특권에 집중된 토라이다. 그러므로 칭의론은 개인의 하나님과의 관계를 규정하지 않는 것이 아니라 이방 그리스도인의 권리를 보장하는 것이다. (5) 왓슨(F. B. Watson)은 '율법의 행위'의 이해를 순수 사회학적 측면으로 축소한다. "그리스도를 믿는 것은 교회가 회당과 분리되어 있기에 율법의 행위와 양립할 수 없다."[376] (6) 바흐만(M. Bachmann)은 4QMMT (쿰란 4동굴 출토 문서로서 6개의 사본물 – 역자 주)를 명시적인 예증으로 내세워 '율법의 행위'를 생각한다. "여기서 문제가 되는 것은 규정, 곧 율법의 조항이지 조항에 맞는 행위가 아니다."[377] 죄의 행위를 율법의 행위와 혼동해서는 안 된다. "율법의 행위는 '율법'과 직접적으로 관계되는데, 로마서 7:12에 따르면 율법은 거룩하며, 이 점에서 율법의 행위는 하나님 자신과 관계하기 때문이다."

갈라디아서에서 이방 그리스도인에게도 할례를 받도록 적대자가 요구한 것이 바울이 자신의 신학의 변두리에 있던 율법의 문제를 중심부로 옮겨오는 계기가 되었는가의 여부 문제도 최근의 연구에서 매우 논란이 되고 있다. 이러한 판단은 앞서 기록된 서신(데살로니가전서, 고린도전서와 고린도후서)을 살펴본 결과이다. 이 서신들의 칭의론과 율법 이해는 갈라디아서나 로마서의 의미와는 다르다. 그러나 갈라디아서도 바울의 논증이 토라의 의미에 관하여 20년 동안 성찰한 사람의 견해라는 인상을 불러일으키지 않는다. 바울은 갈라디아서에서 공공연하게 토라의 폐지를 위한 매우 다른

---

376 F. B. Watson, Paul, Judaism and the Gentiles(위 2.7.8을 보라.), 47.

377 M. Bachmann, Rechtfertigung und Gesetzeswerke, 30; 최근의 논의에 관하여는 M. Bachmann (Hg.), Lutherische und Neue Paulusperspektive, WUNT 182, Tübingen 2005를 참조하라.

근거를 제시하는 새로운 문제와 씨름하고 있다. 만일 바울이 갈라디아에서 처음부터 칭의론을 주장했다면, 그의 교회에 최소한 기본적 특징 정도는 알려졌어야 한다. 그랬다면 갈라디아인들이 적대자의 가르침을 그토록 귀담아들었고 또한 바울이 갈라디아인을 설득할 수 없던 주장을 하면서 대답하는 사실은 더욱 놀라운 일이다! 만일 갈라디아서가 어떤 측면에서 바울 사상의 변화를 볼 수 있는 문서라면,[378] 또 다른 측면에서 갈라디아서의 특수성은 바울이 이미 다메섹에서 받고 그 핵심이 한결같은 칭의론을 상황 조건적으로 적용한 것으로 이해된다. 그래서 클라인(G. Klein),[379] 한(F. Hahn),[380] 케르텔게(K. Kertelge),[381] 로데(J. Rohde)[382]는 바울의 율법 이해가 결정적으로 발전했다는 견해를 거부한다. 게다가 갈라디아서와 로마서의 칭의론은 고린도전서의 십자가의 신학과 내용상 일치하는 면이 자주 드러난다. 따라서 칭의론은 십자가 신학의 관심을 실현한다.[383]

---

378 참조. U. Schnelle, Wandlungen im paulinischen Denken(위 2.4.9를 보라.), 54-61.

379 참조. G. Klein, Art. "Gesetz"(위 2.4.10을 보라.), 64f.; ders., "Werkruhm und Christusruhm im Galaterbrief und die Frage nach einer Entwicklung des Paulus," Studien zum Text und zur Ethik des Neuen Testaments (FS H. Greeven), hg. v. W. Schrage, BZNW 47, Berlin 1986, 196-211.

380 참조. F. Hahn, Gesetzesverständnis, 60f. 한은 갈라디아서와 로마서의 차이점을 인정하나, 율법 개념의 '내적' 통일성을 가정한다.[F. Hahn, "Gibt es eine Entwicklung in den Aussagen über die Rechtfertigung bei Paulus?," EvTh 53 (1993): 342-66.] 한편으로 구별하는 주장에 관하여는 롤로프를 참조하라.(J. Roloff, Einführung, 98-100.) 롤로프는 칭의론, 종말론, 이스라엘 영역에서 바울 사상의 분명한 발전을 확인하지만 동시에 그리스도론을 상수로 본다. 그래서 그는 '변화의 불변성'(J. Roloff, 위의 책, 99.)을 말할 수 있었다.

381 참조. K. Kertelge, "Gesetz und Freiheit im Galaterbrief," NTS 30 (1984): 382-94.

382 참조. J. Rohde, Gal, 175-78.

383 J. Becker, Paulus(위 2를 보라.), 306.

2.8 로마서

2.8.1 참고문헌

주석

KEK 14: E. Lohse, 2003. • HNT 8: H. Lietzmann, ^{5}1971; 8a: E. Käsemann, ^{4}1980. • HThK VI: H. Schlier, ^{2}1979. • EKK 6. 1-3: U. Wilckens, ^{4}2004. ^{4}2003. ^{3}2005. • ThHK 6: K. Haacker, 2011. • NTD 6: P. Stuhlmacher, ^{2}1989. • RNT: D. Zeller, 1984. • ICC: C. E. B. Cranfield, I 1975, II 1979. • AncB 33: J. A. Fitzmyer, New York 1993. • WBC 38A.B: J. D. G. Dunn, 1988. • Hermeneia: R. Jewett, Minneapolis 2007. • NICNT: D. Moo, Grand Rapids 1996. • ANTC: L. E. Keck, Nashville 2005. • W. Schmithals, Der Römerbrief, 1988.

단행본

W. G. Kümmel, Römer 7 und das Bild des Menschen im Neuen Testament, TB 53, München 1974. • E. Brandenburger, Adam und Christus, WMANT 7, Neukirchen 1962. • P. Stuhlmacher, Gerechtigkeit Gottes bei Paulus, FRLANT 87, Göttingen ^{2}1966. • U. Luz, Das Geschichtsverständnis des Paulus, BEvTh 49, München 1968. • K. Kertelge, Rechtfertigung bei Paulus, NTA 3, Münster ^{2}1971. • H. Paulsen, Überlieferung und Auslegung in Römer 8, WMANT 43, Neukirchen 1974. • P. v. d. Osten-Sacken, Römer 8 als Beispiel paulinischer Soteriologie, FRLANT 112, Göttingen 1975. • W. Schmithals, Der Römerbrief als historisches Problem, StNT 9, Gütersloh 1975. • H. Hübner, Das Gesetz bei Paulus(위 2.7.1을 보라.) • D. Zeller, Juden und Heiden in der Mission des Paulus, fzb 8, Stuttgart ^{2}1976. • M. Wolter, Rechtfertigung und zukünftiges Heil, BZNW 43, Berlin 1978. • M. Kettunen, Der Abfassungszweck des Römerbriefes, AASF 18, Helsinki 1979. • H. Hübner, Gottes Ich und Israel, FRLANT 136, Göttingen 1984. • H. Räisänen, Paul and the Law, WUNT 29, Tübingen ^{2}1987. • P. Lampe, Die stadtrömischen Christen in den beiden ersten Jahrhunderten, WUNT 2. 18, Tübingen ^{2}1989. • W. Bindemann, Theologie im Dialog, Leipzig 1992. • Angelika Reichert, Der Römerbrief als Gratwanderung, FRLANT 194, Göttingen 2001. • Ph. F. Esler, Conflict and Identity in Romans, Minneapolis 2003. • Th. H. Tobin, Paul's Rhetoric in its Contexts. The Argument of Romans, Peabody 2004. • D. Starnitzke, Die Struktur paulinischen Denkens im Römerbrief, BWANT 163, Stuttgart 2004. • St. Krauter, Studien zu Röm 13, 1-7, WUNT 243, Tübingen 2009.

논문

W. Wiefel, "Die jüdische Gemeinschaft im antiken Rom und die Anfänge des römischen

Christentums," Jud 26 (1970): 65-88. • G. Bornkamm, "Der Römerbrief als Testament des Paulus," ders., Geschichte und Glaube II, BEvTh 53, München 1971, 120-39. • U. Borse, "Die geschichtliche und theologische Einordnung des Römerbriefes," BZ 16 (1972): 70-83. • H. Conzelmann, "Die Rechtfertigungslehre des Paulus: Theologie oder Anthropologie?," ders., Theologie als Schriftauslegung, BEvTh 65, München 1974, 191-206. • F. Hahn, "Das Gesetzesverständnis im Römer- und Galaterbrief."(위 2.7.1을 보라.) • U. Wilckens, "Christologie und Anthropologie im Zusammenhang der paulinischen Rechtfertigungslehre," ZNW 67 (1976): 64-82. • Ders., "Zur Entwicklung des paulinischen Gesetzesverständnisses," NTS 28 (1982): 154-90. • P. Stuhlmacher, "Der Abfassungszweck des Römerbriefes," ZNW 77 (1986): 180-93. • H. Räisänen, "Römer 9-1: Analyse eines geistigen Ringens," ANRW 25. 4, Berlin 1987, 2891-39. • K. Haacker, "Der Römerbrief als Friedensmemorandum," NTS 36 (1990): 25-41. • K. P. Donfried (Hg.), The Romans Debate, Edinburgh ²1991(주요 논문 모음집). • E. Lohse, "Summa Evangelii-zu Veranlassung und Thematik des Rcmerbriefes-," NAWG.PH (1993): 89-119. • T. Holtz, "Die historischen und theologischen Bedingungen des Römerbriefes," Evangelium-Schriftauslegung-Kirche (FS P. Stuhlmacher), hg. v. J. Ådna u. a., Göttingen 1997, 238-54. • M. Theobald, Studien zum Römerbrief, WUNT 136, Tübingen 2001. • U. Schnelle (Hg.), The Letter to the Romans, BETL 226, Leuven 2009(주요 논문 모음집).

연구 보고서

M. Theobald, Der Römerbrief, EdF 294, Darmstadt 2000.

2.8.2 저자

로마서의 바울 저작설은 논쟁이 되지 않는다.

2.8.3 기록 장소와 시기

로마서는 바울 선교 사역의 전환점에 기록되었다. 사도는 자신의 사역이 제국의 동쪽에서는 모두 이루어진 것으로 간주하고 이제 서쪽 지역, 특히 스페인에서 복음 선포 사역을 지속하려고 한다.(참조. 롬 15:23-24) 그는 먼저 마게도냐와 아가야에서 후원한 연보를 전달하기 위해 예루살렘으로 가려고 한다.(참조. 롬 15:28-29) 로마서의 기록 장소는 고린도였을 것으로 추정된다. 거기서 바울은 기원후 56년 봄에 가이오의 집에서 서신을 받아쓰게 했을 것이다.(참조. 행 20:2-3, 롬 16:1, 22-23, 고전 1:14)[384] 아마도 뵈뵈 집사가 전달 임무를 맡았을 것이다.(참조. 롬 16:1-2)

로마서의 기록 동기와 목적은 바울이 마주한 상황과 긴밀한 관계가 있다. 사도는 스스로 계획한 스페인 선교 사역을 위해 로마 교회의 인적, 물적 후원이 필요했다. 그래서 로마 교회의 성도들을 개인적으로 잘 알지 못하지만 로마서에서 자신의 신학을 그렇게 상세하게 소개하는 것이다. 바울의 로마서 기록에는 이러한 직접적인 동기와 편지에서 언급된 동기(롬 15:24)와 더불어 다른 두 가지의 문제가 연결되어 있다. 바울은 예루살렘 최초 교회가 그 연보를 받아들일지를 확신하지 못했다. 로마 교회의 중보 사역에 대한 소망과 그를 근심케 하는 의구심은 그렇게만 이해될 수 있다.(참조. 롬 15:30-31)[385] 사도는 연보를, 재난을 당한 예루살렘 교회를 위한 물질적 후원과 최초 교회의 구속사적 우월성을 인정하는 것으로 이해한다.(참조. 롬 15:27) 우선 연보는 유대계 그리스도인들과 이방 그리스도인들을 하나로 묶고 이를 통해 사도회의(참조. 갈 2:9)에서 합의한 사항을 강화하는 것이었다. 증가하는 유대주의 적대자들의 선동과 그들 집단의 위상은 바울의 교회에서도 사도회의 이후에 – 특히 예루살렘에서 – 현저하게 중대해졌다는 사실을 드러낸다. 바울은 이러한 흐름에 새롭게 저항해야 한다고 강하게 느꼈다. 로마서도 이런 논쟁의 증언으로 읽어야 한다. 로마에서의 바울의 논증은 갈라디아에서 최근 불거진 문제를 통해 여전히 가시적으로 결정되어 있고, 로마 교회도 바울과 그의 복음에 관하여 적대자가 주장하는 것을 들었을 것이기 때문이다.[참조. 롬 3:8, 31a, 6:1, 15, 7:7, 16:17-18(?)]

---

384 상대적으로 다수가 이 연구 결과에 합의한다. D. Zeller, Röm, 15; P. Stuhlmacher, Röm, 11.

385 참조. F. W. Horn, "Die letzte Jerusalemreise des Paulus," ders., (Hg.), Das Ende des Paulus(아래 4.1을 보라.), 15-35.

바울이 취한 강한 자와 약한 자(롬 14:1-15:13) 사이의 갈등은 넓은 의미에서 엄격한 유대 그리스도인의 사역과 관련이 있을 수 있다. 다분히 유대와 로마로부터도 교회에 대한 압박이 증가했고, 클라우디우스의 칙령(기원후 49년)과 네로 치하에서 그리스도인들에게 가해진 박해(기원후 64년) 사이에 로마에는 가정교회가 현저하게 증가했으며 그들의 정체성이 외부로 드러났다. 이러한 발전은 로마서 12:9-21에서 보여주듯이 외부의 압박 없이는 일어나지 않는다.[386] 로마서 12:14의 "너희를 박해하는 자를 축복하라 축복하고 저주하지 말라"라는 요구뿐만 아니라 로마서 12:19-21에 나타나는 복수를 포기하라는 요구는 통상적인 권면이나 순수 전통을 지향하는 권면으로 분류될 수 없다. 오히려 여기에는 로마의 유대교와의 갈등이 반영되어 있는데, 로마의 유대교는 클라우디우스 칙령으로 부정적인 경험을 한 후 그리스도인들을 회당 지역에서 멀리하고, 로마 당국에 독립적이고 적대적인 집단으로 보고하려고 했다.

로마서가 기록될 당시 가정교회는 국가의 직접적인 조치를 받지는 않았지만, 로마서 13:1-7의 권면은 국가와의 관계가 지역사회에서 논쟁거리였음을 보여준다. 로마서 13장에서 원칙적인 진술(1-2절)과 요구(6-7절)의 병존은 가정교회 안에 이 문제에 관한 다양한 의견이 있었음을 추론할 수 있다. 수에토니우스도 『네로의 생애』(Nero) 16, 2에서 그리스도인을 향한 로마 당국의 강화된 압박에 대한 내용을 전하고 있다. 네로 통치의 초기에 내려진 조치를 열거(예를 들어 특정 음식 판매 금지, 마차 운전 금지)한 것을 보면 "그리스도인, 즉 공동체에 해악이 되는 미신을 섬기는 새로운 이단은 사형에 처한다."라는 짤막한 주해가 갑자기 나타난다. 이 짤막한 주해는 대부분 타키투스의 『연대기』(Ann 15, 44)에 나오고 로마의 화재와 관계되어 있다. 그러나 이것이 이론의 여지가 없는 것은 아니다. 수에토니우스는

---

386 해서에 관하여는 D. Alvarez Cineira, Die Religionspolitik des Kaisers Claudius und die paulinische Mission, HBS 19, Freiburg 1999, 390-95를 참조하라.

『네로의 생애』(Nero 38, 1-3)에서 그리스도인에 대한 언급 없이 로마의 화재를 전하기 때문이다. 아마도 그리스도인들은 기원후 64년 이전에 이미 로마 관청의 감시를 받고 있었고, 로마서는 이러한 초기의 전개를 증언했을 것이다.

마지막으로 로마서의 또 다른 요소가 사도의 주장을 결정하는데, 이는 사도의 신학 소개에 담긴 문제들이다. 그것들은 공공연하게 오해와 비방으로 이어졌다. 로마서 9-11장의 이스라엘에 관한 사도의 논쟁은 논리적으로 그의 칭의론의 기초 위에 있다. 바울이 경건하지 아니한 자를 의롭다고 하는 한 분 하나님에 대한 믿음을 선포할 때(롬 4:5), 언약을 소유한 자들은 불가피하게 바울의 주장은 하나님이 신뢰를 깨뜨린 것이 된다고 매우 날카롭게 질문을 던진다. 바울의 칭의론에서 하나님의 은총과 인간의 행위와의 관계는 어떻게 결정되는가? 만일 하나님의 심판에 직면하여 모두가 죄인(롬 2:1)이고 누구도 자신의 행위를 내세울 수 없다면, 윤리적 행위의 기능과 의미에 대한 문제가 제기된다. 행위는 구원에 긍정적인 의미가 없지만, 인간은 자신의 행위를 통해 구원을 그르칠 수 있다!

따라서 다음 다섯 가지 요소가 로마서의 기록과 그 목적을 규정한다. (1) 계획한 스페인 선교에 필요한 로마 교회의 도움, (2) 연보를 전달할 때 예루살렘에서 예상되는 논쟁을 위해 중보기도(그리고 지원)를 바라는 바울의 바람, (3) 바울이 예루살렘뿐 아니라 로마에서도 대비해야 하는 유대주의 적대자들의 선동 영향력, (4) 로마의 유대교로부터 가해지는 증대되는 압박과 로마 당국과의 갈등의 시작, (5) 바울 신학의 이해 문제. 이 요소들의 내적 연관성은 분명하다. 바울은 오직 유대주의자들의 비난을 무력화하고 자신의 주장을 설득력 있게 전달할 때에만 예루살렘 교회가 연보를 받아들이며, 로마 교회가 '자신의' 복음을 수용할 것이라고 믿을 수 있었다. 바울은 로마서에서 여러 관점에서 논증하며, 따라서 서신을 이해하는 관점도 여러 가지이다. 로마서는 바울 자신과 초기 그리스도교 전체가 처한 여러 위기 상황을 사변적으로 극복하려고 시도한다.[387]

로마서의 기록 목적에 관한 새로운 논의는 바우르(F. Chr. Baur)에 의해 시작되었다.[388] 바우르는 로마 교회에 바울 반대파의 존재를 가정한다. 그들은 바울의 보편주의를 거절하고 이방인이 복음으로 말미암는 은총을 받는 것을 막으려고 했다. 바울은 이 유대계 그리스도교의 분파주의자 집단에 대항하여 로마서를 작성했다.[389] 바우르의 이 고전적 입장은 오늘날까지 무수한 토론으로 이어지고 있다. 그중 몇 가지를 언급하면 다음과 같다.[390] (1) 클라인(G. Klein)은 로마서 1-15장에 '교회'(ἐκκλησία) 개념이 없는 것을 주목하면서, 바울이 보기에 로마 교회는 사도의 기초가 필요하며, 로마서는 로마에서 사도가 수행해야 할 '복음 선포'(εὐαγγελίζεσθαι)를 선취하는 행위로 이해할 수 있다고 본다.[391] 그러나 이에 대해 바울이 로마의 그리스도교를 이미 인정하고 있으며, 로마서에는 로마 교회의 부족함에 관한 어떤 암시도 발견되지 않는다고 반박될 수 있다. (2) 보른캄(G. Bornkamm), 예르벨(J. Jervell), 빌켄스(U. Wilckens)는 로마서

---

387 참조. U. Schnelle, "Der Römerbrief und die Aporien des paulinischen Denkens," ders., (Hg.), The Letter to the Romans, 3-23.

388 참조. F. Chr. Baur, "Über Zweck und Veranlassung des Römerbriefes und die damit zusammenhängen den Verhältnisse der römischen Gemeinde," ders., Ausgewählte Werke I, hg. v. K. Scholder, Stuttgart 1963(=1836), 147-266.

389 바우르는 이제 다시 웨더번(A. J. M. Wedderburn, The Reasons for Romans, Edinburgh, 1988.)에게 연결된다. 그는 편지를 쓰는 데에는 몇 가지 이유가 있다고 명시적으로 강조하지만 로마에 있는 유대계 그리스도인들을 사도의 진정한 대화 상대라고 생각한다. 그들은 바울이 복음으로 하나님의 의를 범했다고 비난했다.

390 연구의 개요에 관하여는 다음을 참조하라. O. Kuss, Paulus, Regensburg ²1976, 178-204; W. Schmithals, Römerbrief als historisches Problem, 24-52; M. Kettunen, Abfassungszweck, 7-26; M. Theobald, Der Römerbrief, 27-42; Angelika Reichert, Der Römerbrief als Gratwanderung, 13-75. 중요한 논문을 출판한 K. P. Donfried (Hg.), The Romans Debate도 참조하라.

391 참조. G. Klein, "Der Abfassungszweck des Römerbriefes," ders., Rekonstruktion und Interpretation, BEvTh 50, München 1969, 129-44.

전체가 15:30-31에 언급된 염려로 가려져 있다고 본다.[392] 다시 말해 그 연보는 예루살렘에 있는 유대인들의 저항으로 말미암아 거부되었고, 그래서 바울이 로마서에서, 예루살렘에서 하려던 일종의 변증설교를 구상했다는 것이다. 그렇다면 예루살렘은 로마서의 감추어진 수신자이다.[393] 여기서는 로마서의 초안 작성에서 의심의 여지없이 중요한 요점이 과대평가되고 있다. (3) 케투넨(M. Kettunen)과 슈툴마허(P. Stuhlmacher)는 로마서를 유대주의적 반대자에 맞서는 사도의 변증으로 본다. 그들은 어디에서나 사도를 따라다녔고, 사도는 이미 그들이 로마에서 자신에게 반대하는 행동을 할 것이라고 가정해야 했다. 그러면 로마서는 반대자들이 제기한 비난을 논박하고 자신의 스페인 선교를 위해 로마 교회를 얻으려는 사도의 시도가 될 것이다. (4) 하커(K. Haacker)는 유대 전쟁(기원후 66-73/74년) 직전에 로마와 예루살렘 사이의 긴장이 증가하는 상황을 염두에 두고 로마서를 해석한다. 유대인과 비유대인이 동등하다는 바울의 주장은 "예루살렘과 로마 사이의 양극화가 증가하는 시기에 화해의 담화로 의도되었을" 것이다.[394] (5) 로제(E. Lohse)는 로마서를 '복음의 총체'로 보

---

392 참조. G. Bornkamm, Der Römerbrief als Testament des Paulus, 136-39; J. Jervell, "Der Brief nach Jerusalem. Über Veranlassung und Adresse des Römerbriefes," StTh 25 (1971): 61-73; U. Wilckens, "Über Abfassungszweck und Aufbau des Römerbriefes," ders., Rechtfertigung als Freiheit, Neukirchen 1974, 110-70.

393 Ch. Hartwig/G. Theißen, "Die korinthische Gemeinde als Nebenadressat des Römerbriefes," NT 46 (2004): 229-52. 하르트비히와 타이센은 로마서가 기록된 고린도에서 토론 중인 내용이 포함된 로마서에 주목한다. 바울은 이차적 의사소통의 의도를 가지고 로마서에 선행하고 또한 로마서를 수반하는 의사소통에서 고린도 교인들과 대화를 계속한다. 이것은 무엇보다도 아담과 그리스도에 대한 설명, 세례와 영의 교리, 그리스도인과 유대인의 관계, '강자'와 '약자' 사이의 논쟁에서 볼 수 있다. "로마서의 많은 진술은 고린도 교회에 보내는 메시지로서도 의미가 있다. 이전의 고린도 서신에 대한 바울의 본문 진술은 그가 고린도 교회와 계속 대화하고 있고, 고린도 교회는 로마 교회의 이차 수신자라는 사실과 매우 밀접하다."(Ch. Hartwig/G. Theißen, 위의 글, 250)

394 K. Haacker, Römerbrief als Friedensmemorandum, 34.

며, 이러한 이해가 어느 정도는 시대를 초월한 유일하고 적절한 해석이라고 본다.[395] 바울은 로마서에서 최근의 문제들을 실제로 다루지 않고 지금까지 자신이 선포한 것을 비평적으로 해명한다. (6) 라이헤르트(A. Reichert)는 로마서의 기록 목적을 설명하기 위해 텍스트의 학문적인 문제를 점점 더 많이 제기한다. "바울은 자신의 글을 통해 일관성 없는 수신자를 자신의 교회 구성원이 되도록 했고, 더 이상 선교를 하지 못할 경우를 대비하여 그들이 독립적으로 복음을 위해 사역하는 능력을 갖추도록 했다."[396] 바울은 제국의 서쪽 선교를 위해 로마 교회에 관심을 두고 그들을 준비시킨다.

2.8.4 수신자

로마의 그리스도교 기원은 기원전 139년에 처음으로 언급되는 로마의 유대 공동체의 역사를 제외하면 안 된다. 유대인은 로마에서 매우 혼란스러운 역사를 경험했다. 요세푸스는 유대 공동체가 매우 급격하게 성장했다고 언급한다.(Ant XVII 300) 8,000명에 이르는 로마의 유대인들이 헤롯의 죽음 이후 로마에 도착하는 공사관을 맞이했다. 기원후 41년경에 클라우디우스는 유대인의 수가 많아 유대인들을 로마에서 추방하지 못하고 집회금지를 명했음을 보고한다.(디오 카시우스, 60 6, 6) 유대인들은 로마에서 집회 장소 및 독자적인 행정을 담당하는 독립적인 개별 공동체를 조직했다.[397] 기원후 19년 디베료의 통치 아래[398] 그리고 기원후 49년 클라우디우스의 통치 때 로마에 거주하던 유대인들의 추방이 있었다.[399] 클라우디우스 칙령은 로마

395 참조. E. Lohse, Summa Evangelii, 113ff.

396 A. Reichert, Der Römerbrief als Gratwanderung, 321.

397 참조. W. Wiefel, Die jüdische Gemeinschaft im antiken Rom, 71-75; P. Lampe, Die stadtrömischen Christen, 367ff.

398 참조. Tac, Ann II 85; Suet, Tiberius 36.

399 클라우디우스 칙령에 관하여는 위 2.1.1을 보라.

의 '크레스투스'(Chrestus: 로마에 거주하던 분쟁 선동자의 이름 – 역자 주)에 대한 유대인과 그리스도인 사이의 분쟁을 전제하며, 유대교 회당에서 그리스도교 선교가 성공했음을 증거한다.

그리스도교는 이전의 유대교와 마찬가지로 상업도로를 통해 로마에 이르렀다. 바울 이전에 교회가 보디올(행 28:13)과 로마(롬, 행 28:15)에 있었음은 우연이 아니다. 여기에 두 개의 큰 유대교 공동체가 있었을 뿐만 아니라 제국의 동쪽과 로마시 사이에 주요 상업도로가 보디올을 지나 로마로 향하고 있었다. 십중팔구는 알려지지 않은 최초 그리스도교 선교사들이 로마에 복음을 전했는데 그들은 동시에 상업이나 자영업에 종사하는 사람들이었을 것이다.[400] 클라우디우스 칙령은 로마의 유대인뿐 아니라 그리스도교 교회를 위해서도 다음 두 가지 관점에서 중요하다. (1) 칙령은 그리스도교 교회가 회당으로부터 종국적으로 벗어나는 것에 영향을 미쳤다. (2) 유대인과 유대계 그리스도인이 로마로부터 추방됨으로써 로마 교회의 구성은 결정적으로 변화된다. 클라우디우스 칙령까지 유대계 그리스도인이 교회의 다수를 이루었다면, 기원후 49년 이후에는 소수가 된다. 기원후 64년 네로 치하의 그리스도교 박해에서 로마 행정 당국은 이미 유대인과 그리스도인을 구별했다.[401]

로마서 기록 시점에 이방 그리스도인은 이미 교회의 다수로 존재했다.(참조. 롬 1:5, 13–15, 10:1–3, 11:13, 17–32, 15:15–16, 18) 그러나 로마 교회

---

400 P. Lampe, "Urchristliche Missionswege nach Rom: Haushalte paganer Herrschaft als jüdischchristliche Keimzellen," ZNW 92 (2001): 123–27. 람페는 유대의 자유민과 로마의 이교도 통치자의 노예가 교두보 역할을 했을 것으로 추측한다. "1세기 40년대 유대계 그리스도교는 시리아-팔레스타인 동쪽에서부터 세계의 수도 로마로 확산된다."(P. Lampe, 위의 글, 127.)

401 참조. Tac, Ann XV 44; H. Lichtenberger, "Josephus und Paulus in Rom. Juden und Christen in Rom zur Zeit Neros," Begegnungen zwischen Christentum und Judentum in Antike und Mittelalter (FS H. Schreckenberg), hg. v. D. A. Koch u. H. Lichtenberger, Göttingen 1993, 245–61.

안에 상당수 유대계 그리스도인의 참여와 영향력이 있었음을 고려해야 한다. 이는 특히 로마서 9-11장과 16:7, 11에서 드러나는 바와 같다.[안드로니고와 유니아(스) 및 헤로디온이 바울의 '친척'(συγγενής)이다.] '강한 자'와 '약한 자' 사이의 논쟁(참조. 롬 14:1-15:13)에도 유대계 그리스도인이 참여하고 있다. 많은 이방 그리스도인이 세례 받기 전에 이미 '경건한 자'의 그룹에 속했다.

로마 교회 내의 사회계층에 관한 정보는 로마서 16:3-16에 등장한다. 그 안에 28명의 개인 명단이 들어 있다.(그중 26명의 이름이 호명된다.) 브리스가와 아굴라(롬 16:3-4)는 분명 종속 노동자나 노예를 고용한 자유 자영업자이다.[402] 로마서 16:10b, 11b는 동료 그리스도인으로 아리스도불로와 나깃수의 권속을 거론한다. 이들은 비그리스도인이 주인인 집에서 일하던 노예이거나 노예에서 해방된 자유민이었을 것이다. 로마서 16:3-16에 나오는 이름의 형식은 당시 비문들의 분석을 통해 볼 때 13개의 비교될 수 있는 이름 중 4명은 자유민, 9명은 이름을 지닌 비자유민 출신이었을 것으로 보인다.[403] 교회의 일과 중 많은 부분을 여성이 감당했을 것으로 보이는데, 그들에게만 수고한다는 말이 언급되고 있기 때문이다.(κοπίαω, 롬 16:6, 12, 13b) 로마서 16:3-16에서 이름이 언급된 26명 중 12명이 동쪽 지역에서 로마로 갔을 것이며, 바울이 그들을 개인적으로 알고 있었을 것으로 보인다. 이것으로 보아 로마제국의 동쪽 지역으로부터 로마 교회로의 많은 이동이 있었을 것으로 추정된다. 로마서 13:6-7에 전제된 조세도 마찬가지로 로마 교회 구성원의 다수가 속주에서 이주해온 이주민(peregrini)이라는 사실을 나타낸다. 로마서 16:3-16은 로마의 그리스도인의 조직 형태에 대한 정보도 제공한다. 바울은 브리스가와 아굴라 주변의 가정교회(롬 16:5)뿐만 아니라 최소한 16:14와 16:15에서 로마에 있는 수많은 독립된 가정교회의 증

402 참조. P. Lampe, Die stadtrömischen Christen, 156-64.

403 참조. 위의 책, 141-53.

거를 제시한다.[404] 바울도 로마에 도착한 이후에 동료 그리스도인들을 자기 집에 모았다.(참조. 행 28:30-31) 이 시기에 로마에는 큰 집회장소를 가진 그리스도교 교회가 없었으므로 바울도 자신의 편지를 로마에 있는 교회에 보내는 것이 아니라 "로마에서 하나님의 사랑하심을 받고 성도로 부르심을 받은 모든 자에게" 보낸다.(롬 1:7a)

로마에 있는 그리스도교 교회는 로마서 기록 당시에 이미 매우 큰 규모였어야 한다. 바울이 이 교회의 물질적, 인적 후원을 기대하기 때문이다. 기원후 64년 네로 통치하의 그리스도교 박해도 전체 도시에 잘 알려진 교회를 전제로 한다.

2.8.5 내용 구성, 구조, 형식

서신 서두	1:1-7	인사말
	1:8-12	머리말
	1:13-15	자기소개
서신 몸통	1:16-11:36	1. 주요 본문 부분
	1:16-8:39	하나님의 의
	1:16, 17	로마서의 논제
	1:18-3:20	하나님의 의의 필연성
	1:18-32	이방인
	2:1-29	유대인
	3:1-8	유대인의 특권
	3:9-20	유대인의 책임
	3:21-4:25	하나님의 의의 가능성
	3:21-31	예수 그리스도 안에 나타난 하나님의 의
	4:1-25	아브라함과 언약을 맺은 하나님의 의
	5:1-8:39	하나님의 의의 실재

404 참조. H. J. Klauck, Hausgemeinde und Hauskirche im frühen Christentum, SBS 103, Stuttgart 1981, 26ff.; P. Lampe, Die stadtrömischen Christen, 301ff.

	5:1-11	구원의 확신
	5:12-21	아담-그리스도 유형론
	6장	세례
	7장	율법-죄-믿는 자
	8장	성령 안에서 사는 삶
	9:1-11:36	하나님의 의와 이스라엘(참조: 1:16, 2:9-10, 3:1-8)
	9:1-5	문제
	9:6-29	언약은 경험적 이스라엘이 아니라 참 이스라엘에 유효하다.
	9:30-10:21	경험적 이스라엘의 포기
	11:1-36	구원사의 비밀과 이스라엘의 구원
	12:1-15:13	2. 주요 본문 부분
	12:1-13:14	일반적인 권면(예배, 교회, 사랑 안에서의 변화, 국가)
	14:1-15:13	특별한 권면(로마의 '강한 자'와 '약한 자')
서신 결미	15:14-15:29	사도의 방문
	15:30-15:33	마무리 권면
	16:1-16, 21-23	인사
	16:24(?)	결문

로마서의 거대구조는 쉽게 파악된다. 대부분 교훈적인 주요 본문 부분(롬 1:16-11:36) 뒤에 주로 권면적 주요 본문 부분(롬 12:1-15:13)이 나온다.[405] 그러나 이 구분을 도식적으로 이해하면 안 된다. 첫 주요 본문 부분에도 기본적인 권면이 있다.(참조. 롬 6:11-12, 19)

첫 주요 본문 부분[406]에서 로마서 5:1-11과 로마서 9-11장은 특별한 의미를 지닌다. 로마서 5:1-11은 로마서 3:21-4:25를 마무리하지 않고 논

405 참조. P. Stuhlmacher, Röm, 19. 로마서 9-11장은 부분적으로 원래의 주요 본문 부분으로 간주된다.

406 참조. U. Luz, "Zum Aufbau von Röm. 1-8," ThZ 25 (1969): 161-81.

증을 계속 이어간다. 논증은 로마서 5:1-11['소망'(ἐλπίς), '생명'(ζωή), '사랑'(ἀγάπη), '영'(πνεῦμα), '죽음'(θάνατος)]의 새로운 신학적 핵심 개념에서 드러난다. 이 개념들은 로마서 8장에 다시 수용되어, 로마서 5-8장과 더불어 하나의 둥근 구성을 이루고 있다. 로마서 9-11장의 주제는 주제를 벗어나지 않을 뿐만 아니라 바울에게 이스라엘의 운명은 하나님의 의의 시험적 사례가 된다. 로마서 9-11장의 이스라엘을 위한 투쟁은 사도의 칭의론의 결과로 말미암아 부득이하게 주어진다. 이것은 로마서 1:16, 2:9-10, 3:1-9에서 그 문제점이 이미 언급되어 강조된 것들이다. 동시에 로마서 9-11장의 배치에서 종말론적 내용 진술인 8:18-39와 예언의 말씀인 로마서 11:5-6이 가리키듯 바울은 이스라엘의 운명을 종말론의 주제로 본다.

로마서 12:1의 '내가 권면한다'(παρακαλῶ)부터 권면적인 주요 본문 부분이 시작된다. 로마서 12:1-2는 제목과 주제이다. 로마서 12:3-8은 그리스도의 몸으로서 교회의 통일성을 다루고, 바울은 이미 로마서 12:9-21에서 이웃 사랑과 원수 사랑이라는 특별한 권면으로 넘어간다. 그것은 로마서 13:1-7에서 특별한 방식으로 계속된다.[407] 로마서 13:8a는 로마서 13:1-7을 수용하고 로마서 12:9-21을 언급한다. 논쟁을 마무리짓는 로마서 13:11-14의 종말론적 전망은 로마서 12:1, 2에 부합한다. 로마서 14:1-15:13의 '강한 자'와 '약한 자'에 대한 권면은 로마서 12:9, 13:8-10의 사랑 계명의 구체화로 이해되어야 한다.

로마서는 바울 편지의 모든 일반적 요소를 포함하며, 의사소통을 위해 노력하고 있으므로 편지 장르에 속한다. 그러나 동시에 이 편지는 먼 거리에서 구체적인 공동체 상황과 동떨어져 교훈하는 독백처럼 다가온다. 이러한 특징은 사도와 로마 교회 사이의 특별한 소통의 상황이다. 로마서를 수사학적이고 문학적인 측면에서 정확하게 분류하려는 시도는 다양하다. 그

407 바울의 주장에 관하여는 O. Merk, Handeln aus Glauben, MThSt 5, 1968, 157-67를 참조하라.

래서 로마서는 '설득의 말'(logos protreptikos)로 특징짓는다.[408] 이것은 추종자가 특정 분야, 특히 철학을 연구하도록 유도하는 교훈적 편지를 의미한다. 추가적 분류로는 '서한적 서신'[다이스만(A. Deissmann)], '에세이 서신'[젤러(D. Zeller)], '교육서신'[슈미탈스(W. Schmithals)][409] 등이 있다. 또한 켁(L. E. Keck)은 로마서를 '서신 담론'(discourse as letter)으로 이해할 것을 제안한다.[410] 이 담론은 논증을 통해 특색이 드러나는 정당성과 타당성의 요구가 결합된 의사소통의 한 형식이다. 이것은 의심의 여지없이 로마서에 해당한다. 바울이 다른 어떤 서신보다 복합적인 신학적, 역사적 문맥에서 논거를 통해 주장하고 있기 때문이다.

2.8.6 문학적 통일성

로마서의 핵심 본문 및 문학비평적 문제는 16장에 나온다. 매우 복합적인 본문비평적 판단은 그 기본 특징을 다음과 같이 제시한다.[411]

---

408 참조. S. K. Stowers, Letter Writing(위 2.3.1을 보라.), 112-14; D. E. Aune, "Romans as a Logos Protreptikos in the Context of Ancient Religious and Philosophical Propaganda," M. Hengel/U. Heckel (Hg.), Paulus und das antike Judentum, WUNT 58, Tübingen 1991, 91-121; K. Berger, Formgeschichte des Neuen Testaments, Heidelberg 1984, 217-20; H. Hübner, "Die Rhetorik und die Theologie. Der Römerbrief und die rhetorische Kompetenz des Paulus," Die Macht des Wortes, hg. v. C. J. Classen u. H. J. Müllenbrock, Ars Rhetorica 4 (1992), 165-79. 휘브너는 로마서의 수사학적 특성을 강조하나 전체 서신의 수사학적 분류는 생략한다.

409 참조. A. Deissmann, Paulus(위 2.1.1을 보라.), 19; D. Zeller, Röm, 10; W. Schmithals, Röm, 43-44(슈미탈스의 '로마서 A'와 관련하여).

410 참조. L. E. Keck, Romans, 20-25.

411 연구 결과의 전체 목록에 관하여는 K. Aland, "Der Schluß und die ursprüngliche Gestalt des Römerbriefes," ders., Neutestamentliche Entwürfe, TB 63, München 1979, (284-301) 287-90을 참조하라.

(1) 1:1–16:23 + 16:25–27: P^{61vid} א B C

(2) 1:1–14:23: 마르키온(오리게네스에 의하면)

(3) 1:1–15:33 + 16:25–27 + 16:1–23: P^{46}

(4) 1:1–16:23 + 16:24: D 06(Vorlage) F 010gr G

(5) 1:1–16:23 + 16:24 + 16:25–27: D 06 F 010lat Pel

(6) 1:1–14:23 + 16:25–27 + 15:1–16:23 + 16:24: Mehrheitstext l sy^h

(7) 1:1–14:23 + 16:25–27 + 15:1–16:23 + 16:25–27: A

이 판독으로부터 세 가지 결론을 내릴 수 있다. (1) 로마서 16:24는 가장 오래된 본문에서는 입증되지 않고(마르키온, P^{46}), 대개 뒤따르는 로마서 16:25–27의 마지막 송영과 충돌하며, 서구에서 우세한 로마서의 지배적인 종결로서 본문 전승 안으로 들어갔을 가능성이 있다. (2) 로마서 16:25–27의 마지막 송영이 본문 전승에서 매우 다른 위치에 있고, 마르키온에는 없으며, 제2바울서신에 유사점[참조. 골 1:26–27, 2:2, 4:3, 엡 1:9, 3:3–4, 9, 6:19, 유 24–25절(!)]이 나타나는 점은 이 구절을 로마서의 원문에 속하는 것으로 간주하면 안 된다고 제안한다.[412] 로마서 16:25–27은 아마도 동방에서 로마서의 관습적인 결론을 형성했을 것이다. 마무리 송영과 24절의 위치는 각각의 기존 본문의 존속이 최종 위치를 결정했기에 유연했다. 로마서와 같이 중요하고 잘 구성된 편지가 16:23에서 종결되었다는 견해에 관하여는 의심을 해보아야 한다. (3) 로마서 15장으로 마치는 사본은 없다. 로마서 15장과 로마서 16:24는 전체가 없거나(마르키온) 혹은 둘 다 전승되었

412 이 주장에 대한 반대 견해로는 P. Stuhlmacher, Röm, 225–27이 있다. 슈툴마허는 25–27절을 로마서의 진정한 부분으로 간주한다. 젤러는 "서신 서두에 대한 요약적인 소급, 바울의 사역에 대한 과도한 견해, 그리고 제2바울서신과 관계된 언어 등은 이 마지막 구절에서 바울 학파의 편집자가 로마서에 하나님께 영광을 돌리는 합당한 결론을 내렸다는 사실을 분명히했다."라고 주장한다.(D. Zeller, Röm, 251.)

다. 로마서 15장과 16:1-23 사이의 이음매는 본문비평의 관점에서 확인되지 않는다.[413]

150년 전부터 로마서 16장을 로마서에서 분리하여 에베소로 보내는 독립 편지로 보는 내용적, 문학비평적 근거가 유효하게 제시되어 왔다.[414] 이 에베소 가설 주장에는 다음과 같은 근거가 있다.[415] (1) 바울은 로마서 16:3-16a에서 이상하게도 많은 교회 사람에게 인사를 하고 있다. 로마서 1:13에 따르면 바울은 아직 그 교회를 방문하지 않았다. (2) 인사를 받은 사람 중에는 소아시아, 특히 에베소에 있는 것으로 추정되는 사람이 많이 있다. 브리스가와 아굴라는 고린도전서 기록 당시에 에베소에 살고 있었으며 (참조. 고전 16:19), 디모데후서 4:19에 따르면 여전히 거기에 정착하고 있었다. '아시아인의 첫 열매'(롬 16:5)인 에베네도도 마찬가지로 로마보다 에베소에 더 잘 어울린다. 안부 인사의 방식은 바울과 인사를 받은 사람 사이의 밀접한 접촉이 있었음을 전제로 한다. (3) 로마서 16:17-20의 거짓 교사 문제는 로마의 분위기보다는 아마도 다른 교회의 문제였을 것이다. (4) 변이된 본문 전승은 로마서 16장이 원래의 편지에 속하지 않았음을 암시한다.

---

413 소문자 사본 1506에 관하여는 P. Lampe, Die stadtrömischen Christen, 125를 참조하라. 로마의 수사본 전승에 근거하여 문장의 구조(Stemma)를 생성하는 가능성에 관하여는 다음을 참조하라. K. Aland, Schluß des Römerbriefes, 291ff.; P. Lampe, "Zur Textge schichte des Römerbriefes," NT 27 (1985): 273-77.

414 연구 개요에 관하여는 W. H. Ollrog, "Die Abfassungsverhältnisse von Röm 16," Kirche (FS G. Bornkamm), hg. v. D. Lührmann u. G. Strecker, Tübingen 1980, (221-44) 221ff.를 참조하라.

415 참조. W. Schmithals, Röm 543-65. 슈미탈스는 로마서 16:1-20을 별개의 편지로 간주한다. 슈미탈스 외에도 최근에 에베소 가설을 주장하는 학자들로는 W. Marxsen, Einleitung, 116-18; E. Käsemann, Röm, 390ff.; Ph. Vielhauer, Urchristliche Literatur, 190; H. M. Schenke/K.M. Fischer, Einleitung I, 136ff. 등이 있다. 이들은 로마서 14:1-15:13과 16:1-20을 바울이 에베소로 보낸 편지와 연결한다.

에베소 가설을 위한 논증은 설득력이 있다고 인정할 수 없다. 로마서 15:33은 이어지는 인사를 전제하고 있고, 16:1의 '그러나'(δέ)는 앞의 본문과 관련되어 있음을 나타낸다. 로마서 16:3-16a의 인사받는 사람의 긴 목록은 두 가지 방식으로 설명될 수 있다.

1) 기원후 54년 클라우디우스의 사망 이후 로마에서 쫓겨난 그리스도인들이 로마로 돌아왔다.(브리스가와 아굴라) 또한 그동안 바울과 함께 소아시아에서 일하던 로마 교회의 그리스도인들이 합류했다. 그렇게 함으로써 그들은 바울이 오랫동안 계획한 일을 수행하고 있다.(참조. 롬 1:13) 바울은 이름이 언급된 26명 중 적어도 12명을 알고 있었고[416] 그들은 동쪽 지역에서 바울과 함께 일했다.(참조. 롬 16:3-9, 10a, 11a, 12b, 13) 나머지 14명에게 건네진 인사가 다소 모호해 보이는 것으로 볼 때, 바울은 이 로마 그리스도인들을 개인적으로 알지 못한 것 같다.(참조. 롬 16:10b, 11b, 12a, 14, 15) 바울은 아마도 그의 이전 동역자들을 통해 이 무리의 사람들과 로마의 상황에 대해 알고 있었을 것이다. 고린도와 로마 사이의 우편물 도달은 일주일이 채 걸리지 않는 유리한 조건에 있었기 때문에, 사도와 로마에서 그에게 알려진 교인들 간의 집중적인 접촉이 있었을 것이라는 사실은 상상하기 쉽다.

인사받는 자의 목록은 "동방에 있는 바울의 교회로부터 일종의 민족이동"[417]을 전제로 하지 않는다. 오히려 그리스도교 선교사들의 활동성과 세계 수도 로마의 매력을 고려할 때, 클라우디우스 사후 로마 교회에 사도가 잘 알고 있던 인원의 숫자가 대략 12명 정도라는 사실은 전혀 놀라운 일이 아니다. 로마서 16:16b, 21-23에서 인사를 부탁한 자의 명단도 에베소보다 로마로 향하고 있다. 16b절에 나오는 "그리스도의 모든 교회가 다 너

---

416 이름 분석에 관하여는 W. H. Ollrog, Abfassungsverhältnisse, 234ff.; P. Lampe, Die stadtrömischen Christen, 128ff.를 참조하라.

417 A. Jülicher, Einleitung in das Neue Testament, Tübingen $^{3.4}$1901, 85; 훨씬 더 억제된 주장으로는 A. Jülicher/E. Fascher, Einleitung, 108ff.를 참조하라.

희에게 문안하느니라"라는 구절도 로마를 가리키는데, 이처럼 로마에 있는 형제교회를 맞이하는 것은, 바울의 선교지 교회들이 일반적으로 취하던 태도이기 때문이다. 더욱이 21절에서 디모데를 '나의 동역자'라고 하는 것은 로마를 가리킨다. 에베소 교회는 오래전부터 그를 알고 있었기 때문이다. 마지막으로 22절에 서신의 대필자 더디오의 인사는 로마서 1-15장과 16장 사이의 원래 연결에 대한 분명한 증거로 볼 수 있다. 로마서 길이의 서신을 쓴다는 것은 놀라운 성과여서 이 바울서신에서만 볼 수 있는 서신 기록자의 언급은 이해가 된다.

2) 로마서의 전반적인 경향은 왜 바울이 이 서신에서 특별히 많은 교인에게 인사하고, 또 인사를 전하라고 하는지 그 이유를 설명해준다. 바울은 로마 교회의 동의를 얻어 스페인 선교에 필요한 도움을 받기를 원한다. 그래서 이미 존재하는 모든 관계를 이용하고, 개인적으로 아직 알려지지 않은 로마의 그리스도인들에게 인사를 통해 다가가려고 노력한다. 이런 식으로 바울은 도시의 많은 사람이 이미 그를 알고 있으며, 그 자신도 교회의 상황에 대해 잘 알고 있음을 로마 공동체에 보여준다. 에베소 가설에 반대하는 더 확대된 주장은 다음과 같다. (1) 로마서 16장은 바울의 독립 편지로 이해될 수 없다. 바울서신 중에 이러한 편지가 없기 때문이다.[418] (2) 로마서 1-15장과 16장은 같은 역사적 상황을 전제로 하고 있다. 이것은 로마서 15:19b-29와 16:21-23(참조. 행 20:4)이 3차 선교여행의 끝을 로마서 기록 시기로, 그리고 고린도를 로마서의 기록 장소로 가리키고 있기 때문이다. (3) 왜 본래 에베소로 보내진 소개 편지가 로마서 끝에 붙게 되었는지 설득력 있게 설명되지 않는다.

로마서 16:1-16, 21-23은 로마서의 원문에 속하는 반면에 로마서

418 W. Schmithals, Römerbrief als historisches Problem, 128ff. 슈미탈스가 고대의 추천서와 유사하다고 지적할 수는 있지만, 이것이 바울서신에서 로마서 16장의 독특성을 부정하지는 않을 것이다. 특히 바울의 추천 서신으로서의 빌레몬서는 도마서 16장과 현저한 차이점을 보여준다!

16:17-20a의 마무리 권면의 형식에 나타난 거짓 교사 문제에서 강한 우려가 드러난다.[419] 이런 종류의 훈계는 바울의 편지에서 항상 마지막 인사 앞에 나타나는데, 여기서는 인사의 목록이 중단된다. 더욱이 이 훈계는 거룩한 입맞춤에 대한 초대 뒤에 있다! 이 짧은 텍스트에는 바울의 서신에 단 한 번 나오는 단어(Hapaxlegomena)가 여섯 개['이탈하다'(ϵκκλίνϵιν, 롬 3:12는 인용구), '그럴듯한 말'(χρηστολογία), '죄 없는'(ἄκακος), '도달하다'(ἀφικϵῖσθαι), '깨뜨리다'(συντρίβϵιν), '신속히'(ἐν τάχϵι)]나 나타난다. 그밖에 바울은 '가르침'(διδαχή)을 그리스도교 가르침의 요약의 의미로 사용하지 않는다. 논쟁의 유형은 적대자에 대한 바울의 다른 주장과 일치하지 않지만, 제2바울서신의 이단 논쟁을 생각나게 한다.(참조. 딤후 3:1-9) 바울은 로마에 있는 적대자의 반대를 다루고 있지만(참조. 롬 3:1-8, 3:31, 6:1, 15, 7:7, 12, 14), 로마서 16:17-20a에서와는 완전히 다른 방식으로 다룬다.

로마서 7:25b는 종종 바울 이후의 주석으로 간주된다.[420] 논쟁의 여지가 있지만, 로마서 7:25b는 7:25a보다 뒤에 있는데, 25b절은 구원받지 못한 사람의 상황을 한 번 더 언급하는 반면에 25a절은 이미 예수 그리스도 안에서 일어난 구속의 상황을 반영하고 있기 때문이다. 이것은 로마서 8장에서 영의 새 생명으로 전개된다. 또한 로마서 7:7-25a에는 율법을 섬기는 것에 대한 언급이 없는데, 죄가 이것을 방해하기 때문이다. 분명히 25b절의 용어 해설자는 로마서 7장에 대한 자신의 이해를 표현했다.[421]

---

419 참조. W. H. Ollrog, Abfassungsverhältnisse, 229-34; 이 구절은 바울 이후에 삽입된 것으로 평가된다. F. Schnider/W. Stenger, Studien(위 2.3.2를 보라.), 82-83. 최근에는 빌켄스, 첼러 및 슈툴마허가 그들의 주석에서 이 구절의 독창성을 주장했다. 양식사적 분석을 제공하는 것으로는 U. B. Müller, Prophetie und Predigt im Neuen Testament, StNT 10, Gütersloh 1975, 185-90(로마서 16:17-20은 '예언적 심판설교'이다.)을 참조하라.

420 P. Stuhlmacher, Röm, 104-105. 슈툴마허는 로마서 7:25b의 기원에 찬성한다.

421 참조. H. Lichtenberger, "Der Beginn der Auslegungsgeschichte von Römer 7: Röm 7, 25b," ZNW 88 (1997): 284-95.

2.8.7 전승, 자료

바울의 다른 서신과 마찬가지로 로마서는 최초 그리스도교 케리그마(선포)의 발전으로 소개된다. 여기에도 로마 교회와 합의에 이르고 자신의 신학을 공동의 신앙에 대한 적절한 해석으로 제시하고자 하는 바울의 바람이 나타난다. 바울은 이미 로마서 1:3b-4a에서 예수 그리스도를 다윗의 자손으로서는 육적 실존으로, 하나님의 아들로서는 영적 실존으로 간주하는 유대계 그리스도교의 전통을 인용한다.[422] 지상의 예수 선재와 하나님의 아들됨이 여기서는 전제되지 않고, 부활한 뒤에야 비로소 예수는 하나님의 아들로 즉위한다. 지상 예수의 높여짐과 즉위에 관한 묘사에서 '육'(σάρξ)과 '영'(πνεῦμα)은 각각 예수가 위치하던, 그리고 예수를 규정하던 영역을 나타낸다. 바울은 이 전통을 가볍게 여기지 않고 3절의 '그의 아들에 관하여'(περὶ τοῦ υἱοῦ αὐτοῦ)라는 표현을 통해 선재 그리스도론으로 들어간다.

바울은 로마서 3:25-26a에서 유대계 그리스도교의 세례 전통을 자신의 주장으로 통합시킨다.[423] 예수 그리스도는 하나님에 의해 제정된 속죄의 수단(ἱλαστήριον)으로 공개적으로 나타나고, 그의 피를 통해 사람의 죄는 용서되며, 하나님의 의와 오래 참음이 드러난다. 예수 그리스도의 속죄의 죽음에서 죄를 용서받고 세례 받은 자는 의를 선물로 받는다. 이것은 하나님의 의가 죄인의 의가 됨을 증명하는 것이다. 바울이 해석한 '믿음으로 말미암아'(διὰ τῆς πίστεως)는 전통과 로마서 3:21-22의 칭의론의 핵심 주제를 연결한다. 이로써 사도는 최초 그리스도교의 기본적인 신앙 전승 위

422 주석 이외의 분석을 위하여는 E. Schweizer, "Röm 1:3-4 und der Gegensatz von Fleisch und Geist bei Paulus," ders., Neotestamentica, Zürich 1963, 180-89를 참조하라.

423 현재의 연구 상황에 대한 상세한 개요는 W. Kraus, Der Tod Jesu als Heiligtumsweihe. Eine Untersuchung zum Umfeld der Sühnevorstellung in Röm 3,25-26a, WMANT 66, Neukirchen 1991을 참조하라.

에 자신의 칭의론을 기초했음을 명시한다. 하나님의 의는 예수 그리스도에 대한 믿음으로 세례를 받아 죄인이 의롭게 됨 안에서 계시된다. 보다 확장된 세례 전통은 로마서 4:25에서 발견된다. 세례 시에 예수 그리스도의 죽음과 부활이 믿는 자의 죄 용서와 의롭게 함으로 현재한다. 두 번 언급된 '우리의'(ἡμῶν)라는 표현을 사용하여 이 전통이 그리스도 사건의 구원론적 차원을 날카롭게 강조하고 있다.

로마서 6:1에서 바울은 적대자의 반대를 일단 받아들인다. 이는 로마서 6:3-4에서 세례 전통의 도입을 통해 적대자의 반대를 약화시키려는 의도이다.[424] 세례는 죄에 대한 죽음의 결과로 예수의 죽음을 성례전적으로 체험하는 것이다.(3절) 로마서 6:4a는 예수의 죽음과 세례 받은 자의 죽음을 병렬시키는데, 세례 받은 자가 함께 장사되면서 그리스도와 그리스도인 사이의 친교의 총체가 드러난다. 바울은 세례 받은 자가 그리스도와 함께 부활한다는 전통의 논리 안에 담긴 사상은 꺼리고, 로마서 6:4c에서 세례 받은 자의 미래적인 존재를 윤리적으로 규정한다. 예수의 죽음에 기초한 세례는 현실적으로 죄가 소멸함을 의미한다. 따라서 그리스도인은 죄의 세력이 아니라 은혜의 세력 안에서 산다. 로마서 6:1에서 적대자가 주장한 죄와 은혜의 관계는 바울의 이신칭의론과 맞지 않는다. 세례에서 구원 사건을 받아들이는 것은 세례 받은 자를 근본적으로 죄의 권세에서 끄집어내기 때문이다.

2.8.8 종교사적 위치

로마서 6:3-4는 신비주의 사상에 기대어 세례 받은 자와 그리스도 사이의

---

424 로마서 6장과 문헌의 논쟁에 관하여는 다음을 참조하라. U. Schnelle, Gerechtigkeit und Christusgegenwart(위 2.4.10을 보라.), 74-88, 203-15; A. J. M. Wedderburn, Baptism and Resurrection, WUNT 44, Tübingen 1987; S. Agersnap, Baptism and the New Life, Århus 1999.

친교를 묘사한다.[425] 신비주의자(아풀레이우스, Met XI 23, 8)는 이시스(Isis) 제의의 중심 사건에 대해 다음과 같이 보도한다. "나는 죽음의 한계에 이르렀고, 여신 프로서피나(Proserpina)의 문턱에 들어섰으며, 모든 요소를 통과한 다음 한밤중에 태양이 눈부시게 하얗게 비추는 것을 보기 위해 돌아왔다. 나는 위와 아래의 신들과 대면을 했고, 가까이서 그 신들을 숭배했다." 마테르누스(F. Maternus)의 작품(ErrProfRel 22)에 신비주의 사제의 말이 나온다. "자, 신비주의자들이여, 신이 구원을 받았으니 우리도 모든 고난 끝에 '구원'(σωτηρία)을 받을 것이다."[426] 이 본문과 로마서 6:3-4 사이의 공통점은 신비주의자나 세례 받은 자를 신성의 운명과 동일시한다는 것이다. 세례 받은 자는 해당 신의 권세에 참여한다. 그러나 신비종교와 로마서 6:3-4의 세례에 대한 이해는 근본적으로 다르다. 신비종교 의식에서 반복적인 봉헌은 포괄적인 예전적 절차의 일부일 뿐이지만, 그리스도교의 세례는 입회 의식의 일부일 뿐만 아니라 단 한 번에 포괄적인 전체 구원 사건에 참여하는 것이 허용되기 때문이다.

다른 종교사적 문제는 로마서 14:1-15:13의 '강한 자'와 '약한 자' 사이의 갈등을 봉합하는 문제이다. 이것은 고린도에서 우상에게 제사하는 문제에 대한 논쟁을 반영한 것이 아니라 로마 교회의 현재 갈등을 반영한 것이다. 로마에서 '약한 자'는 우상의 제물을 피하는 것뿐만 아니라 일반적으로

425 이것은 다음의 학자들이 논쟁한다. G. Wagner, Das religionsgeschichtliche Problem von Röm 6, 1-11, AThANT 39, Zürich 1962; A. J. M. Wedderburn, Baptism and Resurrection; D. Zeller, "Die Mysterienkulte und die paulinische Soteriologie," Suchbewegungen, hg. v. H. P. Siller, Darmstadt 1991, 42-61. 고대 밀의종교 사상과 역사에 대한 비판적 안내에 관하여는 W. Burkert, Antike Mysterien, München ²1991을 참조하라. 버케르트는 '밀의종교' 개념을 거절한다. "마치 다른 사람들과 구별되는 독립된 체계가 문제가 되는 것처럼 보이고, 밀의는 일반적인 다신교 세계 내에서 개인적인 선택이다."(W. Burkert, 위의 책, 17.)

426 참조. Neuer Wettstein II/1(위 2.4.8을 보라.), 122-32.

고기를 먹지 않았다.(참조. 롬 14:2, 21a) 나아가 '약한 자'는 술도 피한 것으로 보이며(롬 14:21b) 특정한 날을 지켰다.(롬 14:5) '약한 자'의 행동에 대해 여러 종교사적 모델이 인용될 수 있다.[427] 피타고라스 학파는 살아 있는 생명체의 육식을 거부했기 때문에 채식주의자였다.(참조. 필로스트라토스, VA I 1, 5-8) 고기(와 포도주)에 대한 일시적인 제의적 금욕은 신비종교에서도 입증된다.(아풀레이우스, Met XI 28) 이집트 치료사들은 음식으로 물, 빵, 소금만을 섭취했다.(필로, VitCont 37) 고기와 포도주에 대한 금욕은 후기의 유대계 그리스도교와 영지주의 단체로부터도 보고되지만, 이 본문은 로마에서 '약한 자'의 관습적 행위를 종교사적으로 설득력 있게 유추하는 것을 허용하지 않는다. 구약은 일반적으로 고기와 포도주를 금지하지 않지만, 이교도 환경에서 고기와 포도주를 삼가는 경건한 유대인의 예는 많이 있다.(참조. 단 1:3-16; 2 Makk 5:27; ZusEst 3:28; 요세푸스, Vit 13. 14) 특정 시간과 날에 대한 관찰은 (이전) 유대인을 가리키므로(위 2.7.8을 보라.) 로마의 '약한 자' 중에는 분명히 유대계 그리스도인이 있었다. 또한 경건한 자(Sebomenoi)도 '약한 자'로 간주해야 한다. 그들은 유대교의 종교적 추종자였지만 회당 공동체의 구성원은 아니었다.[428] 음식 규정을 준수하고 특정 날을 준수하는 것이 로마의 경건한 자에 해당하는 것으로 명시적으로 문서화되어 있다.(참조. 유베날리스, Sat XIV 96-106, 호라티우스, Sat I 9, 68-72) 로마에서도 옛 경건한 자와 유대계 그리스도인이 도살된 가축을 구하기가 어려웠고, 자신도 모르게 우상에게 바쳐진 고기와 술을 사고 있다는 것을 확인할 수 없었다.

'약한 자'의 행동은 분명 로마에서 갈등을 일으켰고, 여기서 주의 만찬

427 개관으로는 W. Schmithals, Römerbrief als historisches Problem, 98-101을 참조하라.

428 참조. F. Siegert, "Gottesfürchtige und Sympathisanten," JSJ 4 (1973): 109-64; B. Wander, Gottesfürchtige und Sympathisanten, WUNT 104, Tübingen 1998.

이 갈등의 화근이 되었는지는 더 이상 알 수 없다. '강한 자'는 '약한 자'를 멸시하고, '약한 자'는 '강한 자'를 심판한다.(참조. 롬 14:3) 그리스도인을 위한 주님과 심판자는 오직 한 분이기 때문에 바울의 관점에서 볼 때 그리스도인 각자는 형제를 판단할 권리가 없다. 오히려 그는 자기 형제의 기분을 상하게 하지 않도록 마음을 바꿔야 한다.(참조. 롬 14:13, 고전 8:9) 바울 자신은 '강한 자' 중 한 사람이지만(참조. 롬 14:14, 15:1), 형제 사랑의 대가를 치르면서 사실상 옳다고 인정한 입장을 기꺼이 관철시켜려고 하지 않는다. '강한 자'는 '약한 자'를 지지할 의지와 능력이 있어야 한다. 이러한 방식으로 그들은 공동체의 평화를 위해 봉사하고 공동체의 건설을 촉진한다.(참조. 롬 14:19, 15:2) 그리스도가 자신을 무시하고 자신의 것을 구하지 않은 것처럼(롬 15:3) '강한 자'도 '약한 형제'를 위해 권리와 자유를 포기해야 한다. 갈등을 극복하기 위해서는 두 집단이 서로를 인정해야 한다.(참조. 롬 15:7)

2.8.9 신학적 기본 사상

로마서의 논증은 서신의 특수한 상황과 바울이 로마 교회와 함께 추구한 이해를 벗어나서는 이해될 수 없다. 로마 교회의 믿음에 대한 넘치는 찬사(롬 1:8)와 지금까지 로마를 방문하지 못한 것에 대한 사과(롬 1:13)는 바울의 관심을 드러낸다. 서신의 핵심적인 신학적 주제는 이미 로마서 1:16-17의 서신의 주제에 담겨 있다. 하나님의 의는 오직 구원을 가져오는 복음에서만 유대인이나 헬라인을 막론하고 예수 그리스도를 믿는 모든 사람에게 나타난다. 서신의 주제는 로마서 1:18-3:20에서 두 가지 방식으로 전개되며, 1:18은 전체 단락의 표제이다. 우선 바울은 창조의 역사를 통해 이방인에게 열려 있지만 파악하지 못한 하나님을 아는 지식의 가능성을 고찰한다.(참조. 롬 1:19-20) 하나님의 진노가 이방인들에게 임하여 하나님은 그들을 우상 숭배와 그들의 지각의 일탈을 내버려두셨다.(참조. 롬 1:21-32)

로마서 2:1에서 바울은 유대인들에게로 방향을 돌린다.(참조. 롬 2:17) 그는 선택된 백성의 구속사적 지위를 부정하지 않지만 유대인 사이에서 정통 가르침과 그 실천 사이의 모순을 강조한다. 유대인들은 진실로 하나님의 뜻을 전혀 행하지 않고 남을 판단만 하기 때문에 율법과 할례는 장차 있을 심판에 도움이 되지 않을 것이다. 도리어 선택함이 그들에게 화가 된다. 스스로 하나님의 명하신 것을 행하고 이로써 마음에 할례를 받은 이방인이 유대인을 참소하기 때문이다. 유대인이나 이방인이나 행위에 따른 의로운 심판 앞에 설 수 없고(롬 2:7-13), 둘 다 자신의 정죄를 받아야 한다. 바울에게 유대인과 이방인은 부정적 면에서 볼 때 하나님 앞에서 동등하다. 그들은 각각 율법으로 말미암아 좌절한다. 바울의 목적이 로마서 3:20의 첫 번째 논증에서 드러난다. 여기서 바울은 칭의론의 인간학적 전제를 다음과 같이 명명한다. 죄의 우주적 능력(참조. 롬 3:9, 갈 3:22)은 모든 인간의 구원 노력을 절망하게 만든다. 더욱이 율법에 순종해도 구원을 얻지 못하는데, 사실 율법은 죄를 알게 할 뿐 생명에 이르게 하지는 못하기 때문이다.

인간의 이 절망적인 상황과는 극명하게 대조되는 하나님의 구원 행위가 지금 나타나며, 그의 의는 '율법 없이'(χωρὶς νόμου) 예수 그리스도 안에 계시되었다.(롬 3:21) 오직 그리스도 사건 안에서만 하나님으로부터 나오고 믿음으로 선물된 의가 계시되었고,[429] 이것은 오직 은혜로만 하나님 앞에서 인간을 의롭게 하며, 율법에서 구원론적 의미를 박탈한다. 바울은 갈라디아서와는 달리 하나님의 의를 율법 없이 '믿음으로 말미암는 하나님의 의'(δικαιοσύνη Θεοῦ διὰ πίστεως)로 정의하고 구원의 길인 율법을 폐지

---

429 로마서 1:17, 3:21-22, 10:3은 '하나님의 의'(δικαιοσύνη Θεοῦ)를 하나님으로부터 나온 권세와 은총(저자적 속격)으로, 3:5는 이에 반하여 주격적 속격으로 나타난다.(참조. 롬 3:25, 26); G. Klein, "Gottesgerechtigkeit als Thema der Paulusforschung," ders., Rekonstruktion und Interpretation, BEvTh 50, München 1969, 225-36; U. Schnelle, Gerechtigkeit und Christusgegenwart (위 2.4.10을 보라.), 92-103, 217-24.

함으로써 율법을 부분적으로 재평가한다. 바울의 율법 교리는 더 이상 교회 공동체를 위태롭게 하는 순수 반율법주의로 해석될 수 없다. 이렇게 그는 로마서에서도 갈라디아 유대주의자와의 논쟁의 신학적 결과를 수호한다.(참조. 한편으로 롬 3:27, 31, 7:12, 8:2, 13:8-10, 반면에 롬 3:21, 6:14, 10:4) 바울은 로마서 4장에서 아브라함으로써 자신의 칭의 교리의 구약적 기초를 언급한다. 원형의 형태로 구성된 로마서 5-8장에서 사도는 교회의 현재 구원의 실재로 시선을 돌린다. 하나님과의 화평과 화해는 아담의 타락을 통해 세상에 들어온 죄의 권세를 제거한 예수 그리스도 안에 있는 하나님의 구원 행위에 근거한다.(롬 5장) 죽음을 가져오는 죄의 멍에에서 그리스도와의 생명을 주는 교제로의 전환은 세례를 받는 그리스도인 개개인에게 일어났다.(롬 6장) 여기에서 그리스도인은 죄로 말미암아 단번에 죽고 성령의 능력 안에서 자유롭게 살게 되었다. 바울은 로마서 7:5-6에서 그리스도인의 옛 실존과 새 실존을 대조한다. 그런 다음 로마서 7:7-25a에서 먼저 그리스도인이 극복한 상황을 전개하면서 7:5를 발전시킨다. 로마서 8장은 성령에 의해 규정되는 새로운 실존과 7:6을 주제로 삼는다. 로마서 7장의 ἐγώ는 일반적인 '나'의 의미로 이해되어야 한다. 바울이 여기에서 믿음의 관점에서 바라보는 불신앙의 상황을 설명하기 때문이다.[430] 로마서 8:1-11에서 바울은 7장의 특징을 묘사한다. 영은 생명을 주고 그리스도인에게 피할 수 없는 죄와 사망의 악순환을 풀어준다. 로마서 8:12-17에서 바울은 하나님의 영광에 대한 소망으로 5:1-11의 주제를 받아들인다. 그는 로마서 8:18-30절에서 구원받지 못한 피조물의 소망이라는 위대한 사상을 끼워넣는다. 8:31-39의 승리의 마지막 부분에서 사도는 다시 한 번 현재의

---

430 참조. W. G. Kümmel, Römer 7 und das Bild des Menschen im Neuen Testament. 이 외에도 다음을 참조하라. G. Theißen, Psychologische Aspekte paulinischer Theologie(위 2.5.8을 보라.), 181ff.; U. Schnelle, Neutestamentliche Anthropologie, BThSt 18, Neukirchen 1991, 79ff.; H. Lichtenberger, Das Ich des Adams und das Ich der Menschheit, WUNT 164, Tübingen 2004.

고난에도 불구하고 믿음으로 구원을 얻는다는 확신을 강조한다.

로마서 9-11장[431]의 주제는 바울의 칭의론의 결론일 뿐만 아니라 이방인과 유대계 그리스도인의 관계가 문제되었던 로마 교회와의 특별한 소통 상황의 결과이다. 이스라엘의 선택, 조상에 대한 약속, 언약 체결이 더는 유효하지 않다면 하나님의 의는 위태로워질 것이다.(롬 9:5) 그렇게 되면 하나님의 말씀은 쓸모없게 될 것이다.(롬 9:6) 그러나 바울은 그 반대라고 한다. 선택은 유효하고 언약은 존속하지만, 이스라엘은 예수 그리스도 안에 나타난 하나님의 계시로 위기에 처했다. 토론의 기초이자 출발점인 이 계시는 바울에게 오해의 소지가 있는 특권의 위기이다. 로마서 9-11장에서 바울은 이스라엘의 불충실함에 대한 하나님의 신실하심을 보여주려고 한다. 그는 변증법적으로 접근하고, 끊임없이 새로운 관점을 취하며, 관찰 방식을 교환하는 사고 속에서 자신의 확신을 제시한다. 먼저 그는 육신의 이스라엘과 유일한 참 이스라엘인 약속의 이스라엘을 구별한다.(롬 9:6-8) 그런 다음 이스라엘의 남은 자만 선택되었고, 나머지는 완고하다고 주장한다.(롬 11:5 이하) 그리고 마침내 이방인의 선택이 이스라엘을 구원에 이르게 한다는 생각을 넘어 로마서 11:26a의 최상위 주제인 '온 이스라엘의 구원'(πᾶς Ἰσραὴλ σωθήσεται)에 이른다. 수많은 해결책은 바울이 이 문제로 얼

---

431 참고문헌의 단행본에 제시된 문헌 외에도 루츠(U. Luz)와 휘브너(H. Hübner), 그리고 레이제넨(H. Räisänen)의 논문을 참조하라. W. G. Kümmel, "Die Probleme von Römer 9-11 in der gegenwärtigen Forschungslage," ders., Heilsgeschehen und Geschichte II, hg. v. E. Gräßer u. O. Merk, MThSt 16, Marburg 1978, 245-60; N. Walter, "Zur Interpretation von Römer 9-11," ZThK 81 (1984): 172-95; E. Brandenburger, "Paulinische Schriftauslegung in der Kontroverse um das Verheißungswort Gottes (Röm 9)," ZThK 82 (1985): 1-47; F. Siegert, Argumentation bei Paulus gezeigt an Röm 9-11(위 2.3.1을 보라.); O. Hofius, "Das Evangelium und Israel," ZThK 83 (1986): 297-324; H. M. Lübking, Paulus und Israel im Römerbrief, EHS.T 260, Frankfurt 1986; D. Sänger, Die Verkündigung des Gekreuzigten und Israel, WUNT 75, Tübingen 1994.

마나 고군분투했는지를 잘 보여준다. 이 문제는 사도의 개인적인 실존과 그의 선교 계획의 실행뿐만 아니라 '하나님의 의'의 선례와 관련되어 있다. 하나님이 그의 약속의 연속성 속에 있지 않다면, 어떻게 복음을 확실하게 선포할 수 있겠는가? 궁극적으로 로마서 9-11장의 주제는 하나님의 신성, 곧 인간의 불충실함에 대한 그의 신실함이다.

주요 본문 권면 부분[432]에서 바울은 우선 로마서 6-8장을 연결한다. 여기서 그는 한편으로는 성령 안에서 새로운 삶의 기초와 가능성을 발전시키지만, 다른 한편으로는 이 새로운 삶이 로마 교회에서 더욱 구체화되어야 함을 다룬다. 로마서 12:1-2는 뒤따라 나오는 윤리적 권면의 시작이다.[433] 바울은 몸을 지당한 예배의 장소로 정의하고 그리스도인들에게 그들의 삶 전체가 하나님을 기쁘시게 하는 삶이어야 함을 이해하라고 촉구한다. 하나님은 몸으로 하나님을 올바로 섬기는 전인적 인간을 바란다. 바울의 관점에서는 하나님께 드리는 예배에서 제외되는 영역은 없으며, 그리스도인은 모든 상황에서 하나님의 뜻을 듣고 따르도록 부름을 받았다. 로마서 12:3-13:14에는 교회에서 그리고 국가와의 관계에서 함께하는 삶에 대한 일반적인 권면이 나타난다. 로마서 13:1-7을 해석하려면 상황을 이해해야 한다. 여기서 바울은 그리스도교의 국가론이나 국가 당국의 신성한 정당성에 대한 개요를 도그마처럼 말하지 않는다. 로마서 13:1-7은 권면이다.[434] 로마서 12:9-13:14에서 언급되는 '사랑'은 바울의 권면의 중심이며, 그것은 14:1-15:13의 '강한 자'와 '약한 자' 사이의 갈등에서 사도의 논증 방향을 결정한다. 바울은 '강한 자'의 입장을 충분히 이해하지만(롬 15:1), 사랑을

---

432 바울의 주장에 관하여는 O. Merk, Handeln aus Glauben(위 2.8.5를 보라.), 157-73을 참조하라.

433 참조. E. Käsemann, "Gottesdienst im Alltag der Welt," ders., Exegetische Versuche und Besinnungen II, Göttingen [3]1970, 198-204.

434 참조. E. Käsemann, "Grundsätzliches zur Interpretation von Röm 13," 위의 책, 204-22.

위해 그들에게 '약한 자'를 배려하라고 요청한다. 두 그룹 모두 그리스도가 그들을 받아들이셨다는 사실에 힘입어 살아간다. 그러므로 그들은 서로를 받아들여야 한다.(롬 15:7) 로마서 16장의 광범위한 인사 목록은 제국의 서쪽에서 복음 선포를 촉진하기 위해 로마 교회와 합의하기를 바라는 사도의 바람을 다시 한 번 드러낸다.

2.8.10 최근 연구 경향

고전적인 개론에는 분명하게 합의된 것이 있다. 로마서가 기원후 56년 고린도에서 기록되었다는 것은 로마서 16:1-23이 원래 편지에 속한다는 사실처럼 심각한 문제가 아니다. 기록 목적과 관련하여 일반적으로 몇 가지 근거가 주장되는데, 그 근거는 단순 인과적 설명이 바울, 로마 교회, 바울의 적대자, 예루살렘의 권위자 사이의 복잡한 대화의 상황을 올바로 평가하지 못하기 때문이다.(케투넨, 슈툴마허, 웨더번)

반면에 로마서의 율법 이해는 논란의 여지가 많다. 율법에 대한 부정적 진술(참조. 예를 들어 롬 3:20-21, 28, 5:20, 6:14b)과 긍정적 진술(참조. 예를 들어 롬 3:31, 7:12, 13:8-10)이 동시에 나타나는 것뿐만 아니라 로마서와 갈라디아서의 율법 이해의 관련성도 설명이 필요하다. 특히 로마서 3:27의 '믿음의 법'(νόμος πίστεως)과 8:2의 '성령의 법'(νόμος τοῦ πνεύματος)에 나오는 '율법'(νόμος)의 의미가 논쟁되고 있다. 로제(E. Lohse), 오스텐자켄(P. v. d. Osten-Sacken), 한(F. Hahn), 휘브너(H. Hübner)는 이 법을 토라와 관련시키는 반면에[435] 케제만(E. Käsemann), 파울젠(H. Paulsen), 레이제넨(H. Räisänen), 첼러(D. Zeller), 베버(R. Weber)[436]는 이 법을 본래적 의

435 참조. E. Lohse, "ὁ νόμος τοῦ πνεύματος τῆς ζωῆς," ders., Die Vielfalt des Neuen Testaments, Göttingen 1982, (128-36) 134; P. v. d. Osten-Sacken, Römer 8, 226ff.; F. Hahn, Gesetzesverständnis(위 2.7.1을 보라.), 57의 각주 89; H. Hübner, Gesetz bei Paulus, 125.

미가 아니라 '규칙, 규범, 질서'와 같은 의미로 이해한다. 바울은 구원의 질서가 시내산 토라에서 그리스도로 근본적으로 변화된 사실을 설명하기 위해 '법'(νόμος)이라는 개념을 사용했다.[437] '텔로스(τέλος)가 '끝' 또는 '목표'로 번역된 로마서 10:4의 해석은 위와 비슷하게 논란의 여지가 있다. 그래서 오스텐 자켄[438]은 율법이 그리스도를 통해 성취되었다고 해석하며, 따라서 τέλος는 '완성' 또는 '목표'로 번역되어야 한다고 강조한다. 반면에 리츠만(H. Lietzmann), 불트만(R. Bultmann), 케제만, 미헬(O. Michel)[439] 및 다른 여러 학자들은 τέλος를 '끝'으로 번역하는 데 찬성한다. 이것은 바울의 용법(참조. 예를 들어 롬 6:21, 22)과 로마서 10:4의 좁은 문맥에 일치한다. 빌켄스(U. Wilckens)는 그리스도를 "믿음 안에서 토라의 끝이자 목표"[440]로 해석하면서 중간 입장을 취한다. 최근 논의의 초점은 로마서의 율법에 관한 진술의 내적 일관성(레이제넨)과 갈라디아서와의 율법에 관한 이해와의 관계(휘브너)이다. 마지막으로 바울의 율법 개념에서 유대적 의미 외에도 그리스적이고 로마적인 율법에 관한 사유의 중요성에 대한 질문이 점점 부각되고 있다.[441] 기원전 6세기부터 그리스와 후기 로마 문화에서는 사회와 문

---

436 참조. E. Käsemann, Röm, 207; H. Paulsen, Römer 8, 64; H. Räisänen, "Das 'Gesetz des Glaubens' (Röm 3, 27) und das 'Gesetz des Geistes' (Röm 8, 2)," NTS 26 (1980): (101-17) 113ff.; D. Zeller, Röm, 152; R. Weber, "Die Geschichte des Gesetzes und des Ich in Römer 7, 7-8, 4," NZSTh 29 (1987): (147-79) 166f.

437 참조. 이에 덧붙여 언어의 증거에 관하여는 H. Räisänen, "Sprachliches zum Spiel des Paulus mit Nomos," Glaube und Gerechtigkeit (FS R. Gyllenberg), SFEG 38, Helsinki 1983, 131-54를 참조하라.

438 참조. P. v. d. Osten-Sacken, Römer 8, 250ff.

439 참조. H. Lietzmann, Röm, 96; R. Bultmann, Theologie(위 2를 보라.), 264; E. Käsemann, Röm, 273; O. Michel, Röm, 326.

440 U. Wilckens, Röm II, 223.

441 참조. U. Schnelle, "Das Gesetz bei Paulus," Biographie und Persönlichkeit bei Paulus, hg. v. E. M. Becker/P. Pilhofer, WUNT 187, Tübingen 2006, 245-70.

화를 가능하게 하는 신성한 법을 집중적으로 성찰한다. 그것의 근본 사상은 바울뿐만 아니라 그의 교회에서도 전제된다. 바울의 칭의 교리를 전반적으로 어떻게 이해할 것인가는 여전히 논란이 된다.[442] 특히 영국과 미국의 연구는 바울에 대한 독일(루터파)의 해석을 다룰 때 두 가지 질문에 초점을 맞춘다.[443] (1) 칭의론의 주제는 무엇인가? 여기서 가장 중요한 도전은 개인의 구원이 아니라 이방인의 구원론적 지위의 문제가 칭의론의 진정한 중심이라고 지적한 스텐달(K. Stendahl)의 말에서 나왔다. 그것은 개인의 칭의에 관한 것이 아니라 하나님의 백성 안에 이방인을 포함하는 것에 관한 것이다.[444] (2) 칭의론은 무엇을 반대하는가? 칭의론은 유대교의 '행위로 말미암는 의'를 반대하는 것이 아니다. 그와 같은 것은 없었다. 특히 샌더스(E. P. Sanders)는 '언약적 율법주의' 개념을 중심으로 하는 고대 유대교의 새로운 모습을 찾아보려고 시도한다.(아래 "보론 2" 참조) 이 언약적 율법주의는 하나님의 계획으로 모든 인간의 위치는 언약을 통해 설정되고, 언약은 인간이 그의 계명에 순종할 것을 합당한 대답으로 요구한다는 사상에 의해 형성되었다. 하나님은 인간이 계명을 어길 때 속죄의 수단을 준비한다.[445] 그러므로 토라에 순종하는 것은 구원의 조건이 아니며, 율법은 하나님만이 허락한 선택 안에서의 삶을 규제한다. 물론 사도 바울은 그가 자신의 신학

442 특별히 여기서 논란이 되는 것은 갈라디아서와 로마서의 칭의론이 전체 바울의 사상을 구성하는가의 문제이다. 새로운 논의에서 부정적으로 보는 견해에 관하여는 다음을 참조하라. U. Schnelle, "Transformation und Partizipation als Grundgedanken paulinischer Theologie," NTS 47 (2001): 58-75; D. G. Powers, Salvation through Participation, Leiden 2001.

443 연구 개요에 관하여는 다음을 참조하라. Chr. Strecker, Paulus aus einer "neuen Perspektive"(위 2를 보라.); M. Karrer, "Rechtfertigung bei Paulus," KuD 46 (2000): 126-55.

444 참조. K. Stendahl, "Der Jude Paulus und wir Heiden," München 1978; ders., "Der Apostel Paulus und das 'introspektive' Gewissen des Westens," KuI 11 (1996): 19-33.

445 위의 글, 70.

중심에 언약 사상이 아니라 참여적 그리스도론(eine partizipatorische Christologie)을 두었다는 사실을 통해 자기 시대의 유대교와 자신을 근본적으로 구별한다. 종교로 귀의하는 것은 선택이나 언약을 통해서가 아니라 그리스도와 하나 됨을 통해 발생한다.

바울의 칭의론을 올바로 이해하려는 논쟁은 현재 어떤 가능한 합의도 없이 한창 진행 중이다. 다음에 제시된 두 가지 기본적 도전은 최근의 바울 연구에서 다양한 방식으로 다루어졌지만 동시에 질문도 받았다.[446] 주요 비판은 다음과 같다. (1) 유대교의 기본 구조로서의 자비로운 언약적 율법주의라는 논제는 본문을 도식적으로 다룬 그리스도교의 해석이다. (2) 바울의 칭의론에 대한 사회학적 기능으로의 환원은 바울이 인간학적 중요성을 지닌 새로운 신학적 좌표 체계를 창조했다는 사실을 직접적으로 인식하지 못한다.(참조. 롬 3:21 이하, 5:5-11) (3) 바울은 율법에 대한 편협한 이해를 비판할 뿐만 아니라 갈라디아서 3장, 로마서 2장, 빌립보서 3:1-11에서 유대교의 종교 구조에 대해 근본적으로 비판한다. 바울 신학은 그리스도론적 보편주의를 통해 형성되는 반면, 유대 종교는 특수주의(토라, 땅, 성전)에 의해 형성된다. (4) 최초 그리스도교의 선교와 신학의 역사는 신학사와 선교사에서 유대교로부터의 분리가 불가피함을 분명히 보여주고 있다. (5) '바

446 옛 연구가 다루었고 영미권 연구에서 심하게 비판받는 '행위의 의' 개념은 다양한 차원의 유대인 구원론을 포착하는 데 적합하지 않다. 그러나 동시에 샌더스는 '언약적 율법주의'를, 바울과 종교개혁의 범주를 유대교에 이상적으로 적용한 것에 불과하다고 가정했다.(태초에 모든 곳에 은총이 있다!) 이 개념에 대한 비판에 관하여는 S. J. Gathercole, Where is Boasting? Early Jewish Soteriology and Paul's Response in Romans 1-5, Grand Rapids, 2002를 참조하라. 개더콜은 수많은 유대의 문서(예를 들어 Sir 51:30; Bar 4:1; 2 Makk 7:35-38; Jub 30:17-23; PsSal 14:2f.; PsPhilo 64:7; Test Seb 10:2f.에 토라의 준수와 승리의 삶은 불가분의 관계에 있다고 제시한다. 현재의 논의에 관하여는 D. A. Carson/P. T. O'Brien/M. Seifrid (Hg.), Justification and Variegated Nomism I. II, WUNT 2. 140/181, Tübingen 2001. 2004를 참조하라.

울에 관한 새 관점'[447]은 한편으로 고대 유대교의 왜곡된 이미지를 수정하고 바울 신학의 유대적 배경에 대한 이해를 좀 더 구체화했지만, 동시에 그리스-로마적 배경이 거의 숨겨지게 되었다. 바울과 특히 그의 교회도 이 지역에 살았기 때문에 그의 탐구는 바울 사상과 초기 교회의 삶에 대한 귀중한 통찰력을 제공한다.

로마서 7장에서 그 ἐγώ(나)의 해석은 여전히 큄멜(W. G. Kümmel)의 분석이 권위 있게 지지를 받고 있다. 큄멜에 따르면 "우리는 로마서 7장에서 그리스도교적 관점에서 비그리스도인을 설명하고 있으며"[448] '나'는 비유적(uneigentlich)이고 모범적인(typisch) 의미로 이해한다. 이와는 대조적으로 타이센(G. Theißen)은 다음과 같이 강조한다. "로마서 7장의 ἐγώ(나)가 바울이 아니라고 하는 사람은 자신의 주장을 입증해야 한다. 그다음 가장 우선적인 문제는 개인적인 나와 전형적인 나를 하나로 묶는 하나의 '나'를 생각하는 것이다."[449] 라토(T. Laato)는 여기서 한 걸음 더 나아가 로마서 6:12와 8:10을 참조하여 7:14-25에서 율법 아래에 있는 인간이 아니라 은총 아래에 있는 그리스도인이 묘사되고 있다고 주장한다. "로마서 7장에는 그리스도인에게 적합하지 않은 내용이 포함되어 있지 않으며, 사실상 로마서 7장에서 다루는 내용은 모두 그리스도인에게만 적용된다."[450]

---

447 샌더스와 던의 책 외에도 많은 자료가 있다. 덧붙여서 N. T. Wright, What St. Paul Really Said: Was Paul of Tarsus the Real Founder of Christianity?, Grand Rapids 1997를 참조하라. 최근의 연구 개요에 관하여는 M. B. Thompson, The New Perspective on Paul, Cambridge 2002를 참조하라. 연구 방향에 대한 비평에 관하여는 다음을 참조하라. A. J. M. Wedderburn, "Eine neuere Paulusperspektive?," Biographie und Persönlichkeit bei Paulus, hg. v. E.-M. Becker/P. Pilhofer, WUNT 187, Tübingen 2006, 46-64; J. Frey, "Das Judentum des Paulus," O. Wischmeyer (Hg.), Paulus(위 2를 보라.), (5-43) 35-42.

448 W. G. Kümmel, Römer 7, 138.

449 G. Theißen, Psychologische Aspekte paulinischer Theologie(위 2.5.8을 보라.), 204.

로마서 9-11장의 해석에서 11:26a의 "온 이스라엘이 구원을 받으리라"(πᾶς Ἰσραὴλ σωθήσεται)의 의미는 특히 논란이 되고 있다. '온 이스라엘'(πᾶς Ἰσραήλ)에는 이스라엘 민족이 포함되는가, 아니면 하나님의 종말 구원과 함께 예수 그리스도를 믿는 믿음으로 개종하는 자만 포함되는가? 마지막 가능성으로 로마서 11:20, 23과 바울의 '구원하다/구원'(σῴζειν/σωθηρία)을 인용할 수 있다.[451] 무스너(F. Mußner)는 또 다른 해석을 취한다. "재림의 그리스도(Parousiachristus)는 은총만으로, 율법의 행위 없이, 복음으로, 유대인을 먼저 '개종'시키지 않고 모든 이스라엘을 구원한다. 하나님은 '특별한 방법'으로 이스라엘을 구원하지만, 복음을 무시하지는 않는다. 로마서 10:12에 따르면 하나님의 '구원자'는 '만유의 주'인 그리스도이기 때문이다."[452]

마지막으로 바울 신학이 팍스 로마나(Pax Romana)의 비판으로, 혹은 더 나아가서 팍스 로마나의 로마제국 이데올로기와의 대립 속에서 기록되었는가와 어떤 의미에서 그런 것인지에 대한 질문이 다시 중요해진다. 아우구스투스 이래로 이 사상의 핵심은 황제 개인이다. 그는 최고의 사제(Pontifex Maximus)로서 신성한 법의 관점에서 로마제국의 지속적인 존속과 통합을 보증하고, 공동체를 함께 유지하며 그의 영리한 정치를 통해 평화와 번영을 확보한다.[453] 빌립보서 2:6-11와 같은 본문에서 주, 구원자 또

---

450 T. Laato, Paulus und das Judentum. Anthropologische Erwägungen, Åbo 1991, 163.

451 참조, F. Hahn, "Zum Verständnis von Röm 11, 26a: '…und so wird ganz Israel gerettet werden'," Paul and Paulinism (FS C. K. Barrett), hg. v. M. D. Hooker u. S. G. Wilson, London 1982, 221-36.

452 F. Mußner, "'Ganz Israel wird gerettet werden' (Röm 11, 26)," Kairos 18 (1976): (241-55) 251. 이스라엘을 위한 '특별한 방법'의 논제의 비판에 관하여는 E. Gräßer, "Zwei Heilswege?," ders., Der Alte Bund im Neuen, WUNT 35, Tübingen 1985, 212-30; H. Räisänen, Römer 9-11, 2917ff.를 참조하라.

453 참조. K. Wengst, Pax Romana, München 1986; Chr. Riedo-Emmenegger, Prophetisch-messianische Provokateure der Pax Romana, NTOA 56,

는 복음 개념과 바울 신학의 다른 주제는 중요한(kritisch) 함의를 드러내고, 로마의 통치권을 상대화할 수 있도록 열려 있으며, 그래서 사도에 대한 정치적 해석도 가능하게 한다. 그러나 바울은 현대적 의미에서 볼 때 정치적 입장을 취하지 않는다.

루벵 학회 자료집(Leuvener Tagungsband)에 나오는 최신 토론은 주로 두 가지 문제를 다룬다.[454] (1) 예고된 바울의 스페인 선교와 어떤 역사적, 신학적, 수사학적 및 문학적 관점이 관련되는가? 스페인에서 가능한 선교의 환경 조건(언어 문제, 선교기반 시설, 목표 지역)은 관련된 신학적 의미만큼 불분명하다.(사도가 이스라엘에서 멀어지고 있는가, 아니면 현재 그가 이스라엘 문제에 초점을 맞추고 있는가?) (2) 바울과 그의 교회는 고대의 후원과 상호 호혜[455] 제도의 맥락에서 칭의론의 관점과 모금을 어느 정도까지 이해할 수 있는가? 무엇보다도 로마서와 같은 시기에 기록된 세네카의 저서 『호혜에 대하여』(De beneficiis)와 비교하면 이러한 의문이 제기된다. 세네카에 따르면 "모든 사람은 호혜에 대해 감사하지 않는 것이 수치스러운 일임을 안다."(Ben III 1, 1) 그는 상호 호혜의 체계를 손을 잡고 원을 그리며 춤을 추는 여신들의 윤무로 비유한다. "선행은 손에서 손으로 옮겨가지만 그럼에도 주는 사람에게로 돌아가는 것이 선행의 질서인데, 그것이 어느 시점에서 중단되면 전체 그림(Anblick)을 손상하기 때문이다."(Ben I 3, 3) 신들도 이 순환에 관여한다. 무엇보다 사람은 자신의 자선에 숭고한 마음으로 응해야 한다.[456] 이는 바울 본문에서 믿음의 순종과 유사하다.(참조. 롬

Freiburg (H)/Göttingen 2005.

454 참조. U. Schnelle (Hg.), The Letter to the Romans.(참고문헌을 보라.)

455 무엇보다도 T. Engberg-Pedersen, "Gift-Giving and God's Charis: Bourdieu, Seneca and Paul in Romans 8," U. Schnelle (Hg.), The Letter to the Romans, 95-111을 참조하라.

456 참조. 예를 들어 Sen, Ben I 6, 3. 물론 세네카는 인간이 신에게 어떤 호의도 베풀 수 없다는 것을 알고 있다. "가장 중요하고 최고의 혜택 대부분은 신이 우리에게 아무것도 바라지 않고 베푼 것이다. 신에게는 관심이 필요 없다. 우리가

1:5, 6:17, 15:18) 무엇보다도 연보는 예루살렘과 그리스 지역의 교회 사이에 균등을 이룬다. "만일 사람들이 영적인 것을 나눠 가졌으면 물질적으로 봉사해야 할 의무도 있기 때문이다."(롬 15:27, 참조. 고후 8:13-14) 여기서 물질적 및 비물질적 은혜가 영적 차원과 만난다. 주는 것과 주고받는 것은 한 분 하나님의 큰 은혜인 그리스도 사건에 참여하여 연합하는 것이다.

2.9 빌립보서

2.9.1 참고문헌

주석

KEK 9, 1: E. Lohmeyer, [7]1974. • HNT 11: M. Dibelius, [3]1937. • HThK X 3: J. Gnilka, [3]1980. • ThHK 11/1: U. B. Müller, [2]2002. • NTD 8/2: N. Walter, 1998. • RNT: J. Ernst, 1974. • ZBK 9: G. Barth, 1979. • WBC 43: G. W. Hawthorne, 1983. • NIGTC: P. T. O'Brien, 1991. • NICNT: G. D. Fee, 1995. • AncB 33B: J. Reumann, Philippians, 2008. • NTL: C. B. Cousar, 2009. • W. Schenk, Die Philipperbriefe des Paulus, Stuttgart 1984. • W. Eckey, Die Briefe des Paulus an die Philipper und an Philemon, Neukirchen 2006.

단행본

E. Lohmeyer, Kyrios Jesus, SAH 4, Heidelberg 1928. • J. Schmid, Zeit und Ort der paulinischen Gefangenschaftsbriefe, Freiburg 1931. • R. P. Martin, An Early Christian Confession. Philippians 2, 5-11 in Recent Interpretation, London 1960. • O. Hofius, Der Christushymnus Philipper 2, 6-11, WUNT 17, Tübingen [2]1991. • B. Mengel, Studien zum Philipperbrief, WUNT 2. 8, Tübingen 1982. • P. Wick, Der Philipperbrief, BWANT 135, Stuttgart 1994. • P. Pilhofer, Philippi. I: Die erste christliche Gemeinde Europas, WUNT 87, Tübingen 1995. • L. Bormann, Philippi. Stadt und Christengemeinde zur Zeit des Paulus, NT.S 78, Leiden 1995. • R. Brucker, 'Christushymnen' oder 'epideiktische Passagen'?, FRLANT 176, Göttingen 1997. • Ch. Bakirtzis/H. Köster (Hg.), Philippi at the Time of Paul

신에게 아무것도 줄 수 없기 때문이다. 그러므로 혜택 자체가 바람직한 것이다."(Sen, 위의 책, 9, 1.)

and after His Death, Harrisburg 1998. • P. Oakes, Philippians, SNTS. MS 110, Cambridge 2000. • P. Pilhofer, Philippi II: Katalog der Inschriften von Philippi, WUNT 119, Tübingen 2000. • D. Schinkel, Die himmlische Bürgerschaft, FRLANT 220, Göttingen 2007. • H. Wojtkowiak, Christologie und Ethik im Philipperbrief, FRLANT 243, Göttingen 2012.

논문

E. Käsemann, "Kritische Analyse von Phil 2, 6–11," ders., Exegetische Versuche und Besinnungen I, Göttingen ^{6}1970, 51–95. • G. Bornkamm, "Der Philipperbrief als Briefsammlung," ders., Geschichte und Glaube II(위 2.8.1을 보라.), 195–205. • G. Strecker, "Redaktion und Tradition im Christushymnus Phil 2, 6–11," ders., Eschaton und Historie, Göttingen 1979, 142–57. • G. Baumbach, "Die von Paulus im Philipperbrief bekämpften Irrlehrer," Gnosis und Neues Testament, hg. v. K. W. Tröger, Berlin 1973, 293–310. • N. Walter, "Die Philipper und das Leiden," Die Kirche des Anfangs (FS H. Schürmann), hg. v. R. Schnackenburg u. a., Freiburg 1978, 417–34. • G. Klein, "Antipaulinismus in Philippi," Jesu Rede von Gott und ihre Nachgeschichte im frühen Christentum (FS W. Marxsen), hg. v. D. A. Koch, G. Sellin u. A. Lindemann, Gütersloh 1989, 297–313. • Chr. Kähler, "Konflikt, Kompromiß und Bekenntnis," KuD 40 (1994): 47–64. • H. Balz, Art. "Philipperbrief," TRE 26 (1996), 504–13. • U. B. Müller, "Der Brief aus Ephesus. Zeitliche Plazierung und theologische Einordnung des Philipperbriefes im Rahmen der Paulusbriefe," Das Urchristentum in seiner literarischen Geschichte (FS J. Becker), hg. v. U. Mell u. U. B. Müller, BZNW 100, Berlin 1999, 155–71. • M. Gielen, "Paulus-Gefangener in Ephesus?" I. II, BN 131 (2006): 79–103; BN 133 (2007): 63–77. • H. Omerzu, "Spurensuche: Apostelgeschichte und Paulusbriefe als Zeugnisse einer ephesischen Gefangenschaft des Paulus," J. Frey/C. K. Rothschild/J. Schröter (Hg.), Die Apostelgeschichte im Kontext antiker und frühchristlicher Historiographie, BZNW 162, Berlin 2009, 295–326.

2.9.2 저자

빌립보서의 바울 저작설은 오늘날 주석에서 논란이 되지 않는다.[457]

457 바울 저작설의 진정성을 (특히 19세기에) 부인하는 사람으로는 멩엘이 있다.(B. Mengel, Studien, 317–24.)

2.9.3 기록 장소와 시기

바울은 감옥에서 빌립보서를 썼지만(빌 1:7, 13, 17), 투옥이 그의 왕성한 선교 사역을 막지는 못했다.(빌 1:7, 12 이하) 그는 에바브로디도를 통해 빌립보 교회로부터 선물을 받았고(빌 4:18, 참조. 2:25, 4:14), 에바브로디도를 (편지와 함께) 돌려보내 교회에 감사를 표했다.(빌 2:25, 28) 에바브로디도는 바울이 감옥에 갇힌 곳에서 중병에 걸렸는데, 이는 빌립보 교회를 걱정하게 만들었다.(빌 2:26-30) 바울도 교회를 방문하기를 원했지만(빌 1:26, 2:24), 그의 재판 결과는 아직 나오지 않았다. 재판이 이미 열렸기에(빌 1:7) 바울은 조기 판결을 기대하고(빌 2:23) 무죄 아니면 사형을 생각하지만(빌 1:19-24) 좋은 결과를 소망하고 있다.(빌 1:25) 어쨌든 바울은 디모데를 빌립보로 보내(빌 2:19-23) 교회의 상황을 알아보려고 한다.

어떤 투옥 장소가 사도의 이 상황에 해당되는가? 연구에서 제안된 투옥 장소(로마, 가이사랴, 에베소)[458] 중 로마일 가능성이 가장 크다. 사도행전

---

458 이 주장의 찬반에 관하여는 다음을 참조하라. W. G. Kümmel, Einleitung, 284ff.; J. Gnilka, Phil, 18-25; H. H. Schade, Apokalyptische Christologie(위 2.4.1을 보라.), 182ff. 다이스만이 기초한 에베소 가설(참조. A. Deissmann, "Zur ephesinischen Gefangenschaft des Apostels Paulus," Anatolian Studies presented to W. M. Ramsay, Manchester 1923, 121-27.)은 오늘날 다수의 주석가에 의해 공유된다.[예를 들어 G. Bornkamm, Paulus(위 2를 보라.), 245; J. Gnilka, Phil, 199; G. Barth, Phil, 8f.; W. Schenk, Philipperbriefe, 338; U. B. Müller, Phil, 17-21; H. Balz, Philipperbrief, 508; N. Walter, Phil, 17; L. Bormann, Philippi; C. B. Cousar, Phil, 10; M. Theobald, "Der Philipperbrief," Ebner/Schreiber (Hg.), Einleitung, 377f.; J. Reumann, Phil, 14; P. Pilhofer, Das Neue Testament und seine Welt, 180; H. Omerzu, Spurensuche, 해당 쪽.] 투옥 장소를 가이사랴로 보는 견해를 지지하는 학자로는 특히 로마이어를 들 수 있다.(E. Lohmeyer, Phil, 3-4) 로마 가설은 금세기에 슈미트(J. Schmid, Gefangenschaftsbriefe, 해당 쪽.)와 도드[C. H. Dodd, "The Mind of Paul II," ders., New Testament Studies, Manchester ^{2}1954, (83-128) 85-108.] 등에 의해 새롭게 제안된다. 이 주장은 최근 연구에서 더 많은 지지

28:30-31의 로마 투옥에 대한 묘사는 빌립보의 온건한 구금의 상황과 쉽게 조화될 수 있다.(참조. 빌 1:7, 13-14, 2:25, 4:10 이하)[459] 또한 시위대(빌 1:13)[460]와 가이사의 종(빌 4:22)[461]에 대한 언급은 로마 투옥에서 가장 쉽게(반드시 그런 것은 아니지만) 이해될 수 있다. 로마를 집필 장소로 보면 빌립보서의 늦은 기록 연대를 지지하게 된다.

1) 연보에 관한 기록이 없다는 것은 편지가 기록될 당시에 모금이 이미 완료되었다는 사실을 암시한다.[462] 고린도전서 16:1-4와 고린도후서 8장과 9장은 바울이 에베소에서 사역하는 동안 예루살렘을 위해 모금에 집중적으로 관여했음을 분명히 보여준다. 그는 빌립보 성도들의 후원에 감사한다.

자를 얻고 있다. O. Merk, Handeln aus Glauben(위 2.8.5를 보라.), 174; C. H. Hunzinger, "Die Hoffnung angesichts des Todes im Wandel der paulinischen Aussagen," Leben angesichts des Todes (FS H. Thielicke), hg. v. B. Lohse u. a., Tübingen 1968, (69-88) 85의 각주 30; W. Wiefel, Hauptrichtung des Wandels(위 2.4.10을 보라.), 79; G. Strecker, Befreiung und Rechtfertigung (위 2.4.10을 보라.), 230; G. Lüdemann, Paulus I(위 2.1을 보라.), 142의 각주 80; H. H. Schade, Apokalyptische Christologie(위 2.4.1을 보라.), 190; J. Roloff, Einführung 139-40; P. T. O'Brien, Phil, 19-26; P. Wick, Der Philipperbrief, 182-85; G. D. Fee, Phil, 34-37; M. Günther, Frühgeschichte (위 2.2.2를 보라.), 38-47; M. Gielen, Paulus-Gefangener in Ephesus?, 해당 쪽.

459 참조. 반면에 사도행전 24:23은 가이사랴를 지지한다.

460 마가복음 15:16, 마태복음 27:27, 요한복음 18:28, 사도행전 23:34-35에서 '브라이도리온'(ραιτώριον, 라틴어로 praetorium)은 예루살렘 및 바닷가 가이사랴에 있는 로마 총독의 직무 장소를 가리킨다. 바닷가 가이사랴의 브라이도리온에 감옥이 같이 있다는 사실은 사도행전 23:34-35를 통해 입증된다. 빌립보서 1:12-18에 나오는 묘사는 큰 교회를 전제하지만, 그곳이 가이사랴라는 증거는 없다. 필자의 견해로는 지금까지 에베소에 관청(Praetorium)이 있었다는 사실이 증명되지는 않았지만, 그래도 에베소가 아시아 속령의 수도였다고 추정할 수 있다. 로마에서 브라이도리온은 황제의 근위대 자리를 의미한다.

461 가이사의 집 사람들(familia Caesaris)은 빌립보의 비석에 새겨져 있으므로(참조. L. Ormann, Philippi, 198f.) 제국의 모든 대도시를 대표할 수 있다.

462 참조. H. H. Schade, Apokalyptische Christologie(위 2.4.1을 보라.), 190.

(참조. 빌 4:10) 그러나 만일 빌립보서가 에베소에서 기록되었다면, 바울이 최초 교회를 위한 그의 거대한 사역에 대해 왜 전혀 언급하지 않는지를 설명할 수 없을 것이다.

2) 빌립보서는 오랜 투옥을 전제한다. 우선 거기에서 에바브로디도는 바울의 좋은 동료(빌 1:25)였고, '죽을 뻔한'(빌 1:27) 병에 걸렸으며, 빌립보 교회가 이를 알게 됐고, 마침내 회복(빌 1:27)되었다. 또한 교회는 바울을 지원하기 위해 이미 여러 차례 시도(참조. 빌 4:10)하다가, 비로소 에바브로디도를 통해 성공(참조. 빌 4:18)했다. 빌립보서가 에베소에서 기록되었다면 에베소에서의 오랜 투옥에 관한 사도행전의 침묵이 설명되지 않는다.[463] 로마에서 2년간 투옥되어 있던 시간(행 28:30)은 편지에 전제된 상황과 잘 맞아떨어진다. 왜 누가는 빌립보에서의 짧은 투옥생활을 자세히 설명하고(행 16:23-40), 에베소에서의 길고 중요한 감옥생활에 관하여는 침묵하는가? 누가는 바울을 에베소에서 2-3년간 머물게 한다. 그는 여러 지역 전통을 전수하고 사도의 오랜 투옥에 대해 전혀 알지 못했는가? 이 사실에 대한 충분한 설명이 없다![464]

3) 바울의 에베소 투옥을 받아들인다면, 고린도에 보낸 두 편지에 그것에 대해 실제로 언급하지 않은 것이 이상하다. 바울이 고린도후서 1:8에서 아시아 지역에서 죽음의 위험이 있다고 한 것이 에베소 가설을 지지하지는 않는다. 이 보도는 죽음의 위험에 대한 사실만을 전달하고 즉각적인 상황

---

463 에베소 가설의 어려움에 관하여는 특히 J. Schmid, Gefangenschaftsbriefe, 10ff., 72ff.를 참조하라.

464 H. Omerzu, Trace Search, 314-26. 오메르주는 사도행전 19:23-40의 증언에 근거하여 누가가 에베소에서 바울의 투옥에 대해 알고 있었다고 추정하지만, 그가 여전히 에베소에서 소아시아의 유대인들과 갈등을 겪고 있는 사실을 다루려 하지 않았기 때문에 언급하지 않았다고 주장한다. 물론 나중에 예루살렘에서의 갈등의 상황에 관해서는다뤘다.(행 21:27-29) 여기에 본문에는 없는 어떤 것이—가설이 실재해 있지만—그럴듯하게 만들어진다. 그런 다음—물론 다시 그럴듯하게—그것이 존재하지 않는 이유를 설명한다.

은 전달하지 않기 때문이다.[465] 고린도전서 15:32에 나오는 '맹수'와의 싸움조차 에베소에서 바울이 더 오래 투옥되었다는 증거가 될 수 없다.[466] 고린도후서 11:23에서 '투옥'을 복수형으로 쓴 것은 감옥에서의 반복적인 짧은 감금을 언급할 뿐이다. 로마서 16장(브리스가와 아굴라가 바울을 위해 '목을 내놓았다.')에 대한 정확한 역사적 추론은 불가능하다. 빌립보서는 고린도전서보다 먼저 기록될 수 없기에, 고린도전서는 기원후 55년 봄(위 2.5.3을 보라. 고전 5:9의 '먼저 쓴 편지'는 53/54년에 기록된 것이다.)으로, 고린도후서는 마게도냐 이후(55년 늦가을)로 시기가 설정되어야 한다. 문제는 에베소에서의 오랜 투옥(최소 1년)이 고린도전서 16:1-12와 고린도후서 1:15-2:4의 바울의 여행 계획과 어떻게 조화될 수 있는지이다.[467] 고린도후서와 빌립보서로부터 더 많은 편지의 단편이 제시되고, 빌레몬서도 에베소에서 작성되었다고 가정하면 더욱 복잡해진다. 사도의 에베소 체류 기간 중 보다 긴 투옥의 정확한 시간 설정은 지금까지 정해지지 않았으며 설득력이 없다!

4) 빌립보서 1:12-18에서 투옥된 장소의 상황에 대해 거리를 둔 설명(특히 15절과 17절. 1 Klem 5:5, 논쟁과 질투!)으로부터 그 교회가 사도에 의해 설립되지 않았다는 사실을 추론할 수 있다.

5) '감독'(ἐπίσκοπος)이라는 용어(참조. 행 20:28, 딤전 3:2, 딛 1:7)는 바

---

465 V. P. Furnish, 2 Kor(위 2.6.1을 보라.), 123; H. Köster, Einführung, 565.

466 콘첼만과 린데만의 견해에 반대한다.(H. Conzelmann/A. Lindemann, Arbeitsbuch zum Neuen Testament, Tübingen [11]1995, 249.) 뮐러는 에베소에서의 더 오랜 바울의 투옥에 대해 사도행전이 침묵하고 있다는 사실을 누가의 정치적 배려로 설명하려고 한다. "우리는 사도행전의 당시 역사적 상황이 이방 종교(다신교)와 그리스도교 사이의 갈등을 어떤 방법으로든 보고하는 것이 바람직하지 않았다는 사실을 고려해야만 한다. 다시 말해 '이 가르침으로 인한 적지 않은 소요'(행 19:23)가 그리스-로마 사회에 너무 의심스러운 빛으로 비칠 수 있다는 것이다."(U. B. Müller, Der Brief aus Ephesus, 161.)

467 M. Gielen, Paulus-Gefangener in Ephesus?, 66ff. 길렌은 에베소 가설의 이러한 문제점을 잘 지적한다.

울의 진정 서신 중에서는 빌립보서 1:1에만 나오며, 목회서신의 방향으로 교회의 상황이 진보하고 있음을 전제한다.[468]

6) 샤데(H. H. Schade)[469]는 바울의 언어 사용을 조사했는데, 그의 언어의 특색은 인사말에서, 그리스도의 칭호 사용에서, '우리'와 '나'의 어법에서, 빈도수가 적은 단어[참조. 특히 롬 11:1, 빌 3:5의 '베냐민'(Βενιαμίν), 고후 11:22, 빌 3:5의 '히브리인'(Ἑβραῖος), 고후 11:13, 빌 3:2의 '행하는 자'(ἐργάτης), 롬 11:1, 빌 3:5의 '지파'(φυλή)]에서 이 모든 것은 빌립보서가 시간상 로마서 이후로 분류되어야 한다는 사실을 가리킨다고 한다.

7) 빌립보서 1:21-24의 종말론적 진술과 2:17에 기록된 바울의 순교에 대한 의식은 더 이후의 시간, 즉 바울의 삶이 끝날 때를 분명히 가리킨다. 또한 빌립보서와 가까운 빌레몬서에서 바울은 자신을 '노인'(몬 9절)이라고 표현한다.

8) 고대 교회의 전통은 빌립보서를 로마에서 기록한 것으로 보았다.(Subscriptio B[1] 075 6 1739 1881 M) 논증의 총체, 특히 연보에 관한 기록의 누락, 바울이 에베소에서 투옥되었다는 증언의 누락, 그리고 빌립보서 1:21-23의 종말론적 언급은 로마가 기록 장소임을 말해준다.

빌립보서의 기록 장소를 로마로 보는 견해에 반대하여 빌립보서의 율법 및 이스라엘에 관한 진술은 로마서 기록 이전이지 이후로 분류해서는 안 된다는 반대 의견이 있다.[470] 그러나 바울은 빌립보서에서 예수 그리스도만이 의의 자리라는 로마서 주장의 중요한 결과를 절대로 철회하지 않는다.(참조. 롬 10:3-4와 빌 3:9) 유대교에 몸담았던 과거와의 단절에 대한 날카로운 진술은 의심의 여지없이 유대적 반대 선교사의 계속되는 동요에 기

---

468 참조. J. Roloff, Art. "Amt,"(아래 5.5.1을 보라.) 522.

469 참조. H. H. Schade, Apokalyptische Christologie(위 2.4.1을 보라.), 184-90.

470 참조. U. B. Müller, Der Brief aus Ephesus, 170. "빌립보서는 갈라디아서와 마찬가지로 로마서의 논문 형식인 설명 앞에 위치하는 경우에만 빌립보서 가정을 수긍할 수 있다."

인하며, 그것은 바울이 로마서 11:25-26에서 이스라엘을 위해 바라던 바를 수정하지 않는다. 오히려 바울서신에서 빌립보서의 기록 위치를 가늠해보면 그의 삶의 끝자락에 해당하며, 이는 로마를 가리킨다. 로마서 15:24에서 바울은 스페인에서 선교를 계획하고 있는 반면에 빌립보서 1:21은 노인으로서 감옥에서 죽음을 원한다. 빌립보서의 기록 장소가 로마라는 것을 반대하는 또 다른 주장은 투옥 장소와 교회 사이의 거리가 멀었기에 편지에서 상정된 활발한 왕래가 허락되지 않는다는 점이다. 또한 바울은 석방된 후 빌립보를 방문하고 싶어 했기 때문에 로마서 15:24, 28에서 발표한 여행 계획을 변경했다는 것이다. 이 두 가지 반대는 모두 논거가 분명하지 않다. 바울은 고린도 서신들에서 알 수 있듯이 여행 계획을 변경할 수 있었다.(참조. 고전 16:5-8, 고후 1:15-16) 로마서가 기록되고 있을 때 가이사랴와 로마에서 수년간 수감생활을 하리라는 것은 예상할 수 없었고, 옛 교회와 새로운 접촉을 하게 되자 바울은 여행 계획을 변경(포기하지 않고!)할 수 있었다. 아마도 빌립보에 유대주의적 선교사가 출현했기 때문일 것이다.(빌 3:2 이하) 현재 계획된 스페인으로의 여행은 빌립보 방문으로 취소되지 않고 연기될 뿐이다! 또한 방문하고자 하는 소망은 바울서신의 형식적 계획의 일부이다.(참조. 살전 2:17 이하, 고전 16:5-6, 고후 13:1, 갈 4:20, 롬 15:23-24, 몬 22절) 빌립보와 로마 사이의 교통 연결은 매우 좋았다.[에그나티아 도로(Via Egnatia)에서 듀라키움(Dyrrhachium)까지 브룬디시움(Brundisium)으로 건너간 후 아피아 가도(Via Appia)를 이용해서 계속 여행][471] 빌립보에서 배를 이용해 로마까지 도달하려면 2주 정도가 소요된다.[472] 육로로는 약 1,084km[473]인데 하루에 37km[474] 정도를 간다면 여행 소요 시간은 최대 4주

471 참조. J. Schmid, Gefangenschaftsbriefe, 77-83. 매우 좋은 도로 사정에 관하여는 G. Radke, Art. "Viae publicae Romanae," PW. S 13, (1417-686) 1477을 참조하라.

472 참조. L. Friedländer, Sittengeschichte Roms I, Leipzig ^{9}1919, 334 이하.

473 참조. A. Wikenhauser/J. Schmid, Einleitung, 506.

정도가 된다. 좋은 도로 여건, 배를 이용한 편리한 횡단의 가능성 등을 고려할 때 4주보다는 적게 걸렸을 것이다. 우리가 빌립보서에서 로마와 빌립보 사이를 네 번 왕래한다고 다음과 같이 가정하면 (1) 빌립보인들이 바울의 투옥 소식을 들음, (2) 그들이 에바브로디도를 보냄, (3) 빌립보인들이 에바브로디도의 병에 대해 알게 됨, (4) 바울이 에바브로디도를 빌립보로 돌려보냄. 그렇다면 바울이 더 오래 감옥에 갇히더라도 시간상 아무런 문제가 되지 않는다.(사도행전 28:30-31은 로마에서 2년간 투옥되었다고 보도한다.)[475] 특히 바울의 교회들 사이의 집중적인 의사소통을 고려해보면 메시지가 항상 로마나 빌립보에서 출발했다고 생각할 필요는 없다. 따라서 빌립보서는 기원후 60년경 로마에서 기록되었을 것이다.[476]

2.9.4 수신자

빌립보 도시는 기원전 356년경 마게도냐의 필리포스 2세에 의해 건립되었

474 L. Friedländer, Sittengeschichte, 333에서 매일 37.5km로 계산한다. K.-W. Weeber, Art. "Reisen," DNP 10, Stuttgart/Weimar 2001, 858도 마찬가지다. 다른 계산에 관하여는 R. Reck, Kommunikation und Gemeindeaufbau(위 2.2.2를 보라.), 85-87를 참조하라.

475 디모데의 예고된 방문(참조. 빌 2:19, 23)은 이 네 번의 여행에 추가될 수 있다. 이 여행은 실제로 편지가 기록된 당시에 일어났다. 다이스만이 열두 번의 여행을 주장하는 것은 지나치다.(A. Deissmann, Zur ephesinischen Gefangenschaft, 124-25.) 필호퍼가 여덟 번의 여행을 주장하는 것도 편향적이다.(P. Pilhofer, Das Neue Testament und seine Welt, 176-77.) 그는 빌립보서 2:26을 두 번(만일 빌립보 사람들이 바울이 갇힌 곳에서 에바브로디도가 와병 중인 것에 대해 알게 되면, 에바브로디도는 빌립보 사람들이 그의 병을 알고 염려하는 줄 알고, 더 이상의 여행이 필요하지 않도록 했을 것이다.)으로 계산한 다음 디모데와 바울의 예고된 여행(2회 여행)을 더하기 때문이다.

476 만일 에베소가 빌립보서의 기록 장소라면, 빌립보서의 기록은 에베소 체류 시간의 마지막 즈음일 것이다. 뮐러는 기원후 55년으로 잡는다.(U. B. Müller, Phil, 22.)

다.[477] 기원전 42년에는 집중적으로 로마인의 이주가 시작되었는데 기원전 31년(안토니우스와 싸운 옥타비아누스의 승리)에는 보다 강력히 추진되었다. 빌립보는 '율리우스 아우구스투스의 속령 빌립보(colonia Julia Augusta Philippensis, 기원전 27년부터)로 불리며 로마의 군사 속령으로 발전했으며, 특히 퇴역군인들이 이곳에 정착했다. 가장 영향력 있는 인구 집단은 로마인이었지만 그리스인과 트라키아인도 도시의 언어적, 문화적, 종교적 삶을 형성했다.[478] 도시(농업, 수공업, 무역)의 경제적 중요성은 로마제국의 동부와 서부 사이의 중요한 연결망인 에그나티아 도로변에 위치한 점에서 드러난다. 빌립보는 기원후 1세기의 종교 혼합주의의 표본이다.(참조. 행 16:16-22) 그리스, 로마, 이집트의 신뿐 아니라 황제 숭배 외에도 주로 토지와 다산의 신을 숭배하는 트라키아 원주민의 토착신 숭배가 큰 인기를 얻었기 때문이다.

유럽 최초로 바울의 교회가 빌립보에서 시작된다.(참조. 행 16:11-12, 빌 4:15) 사도는 기원후 49/50년에 교회를 세웠다. 이 교회의 대다수는 이방인 그리스도인[참조. 행 16:33b, 빌 2:25 이하의 이름, 에바브로디도(4:18), 유오디아, 순두게, 글레민트(4:2-3)]이었으나, 하나님을 두려워하는 자(참조. 행 16:14)와 유대계 그리스도인(참조. 행 16:13)도 이 교회의 구성원이었을 가능성이 있다. 사도가 자신을 돕는 특권을 빌립보 교회에 준 것을 보면, 교회와 바울의 관계는 매우 좋았다.(참조. 빌 4:18) 바울은 교회 설립을 위한 방문 후에 빌립보를 한 번 더 방문했다.(참조. 행 20:6, 고전 16:5-6) 서신이 기록될 때도 교회와 바울 사이에는 활기차고 우호적인 접촉이 있었지만, 틀림없이 적대자들은 교회를 위협했고(참조. 빌 1:27-30, 2:21), 그들은 빌립

477 도시와 도시의 역사에 관하여는 W. Elliger, Paulus in Griechenland(위 2.4.4를 보라.), 23-77을 참조하라.

478 로마적 요소를 매우 강하게 강조하는 견해로는 다음을 참조하라. L. Bormann, Philippi, 11-84; P. Pilhofer, Philippi I, 85-92. 필호퍼는 빌립보의 로마적 특성을 강조하면서 동시에 그리스와 트라키아의 적지 않은 영향도 언급한다.

보서 3:2-3에서 사도의 날카로운 공격을 받았다. 교회 내부에도 긴장감이 돌았다.(참조. 빌 2:1-4) 그래서 바울은 빌립보서 4:2-3에서 사도의 동역자인 두 여성의 다툼을 언급한다.

2.9.5 내용 구성, 구조, 형식

서신 서두	1:1-2	인사말
	1:3-11	머리말
	1:12-30	자기소개
서신 몸통	2:1-4	교회의 하나 됨을 위한 권면
	2:5-11	그리스도 찬가
	2:12-18	권면
	2:19-24	디모데의 파송
	2:25-30	에바브로디도의 와병
	3:1-4:1	거짓 교사와의 논쟁
서신 결미	4:2-9	마무리 권면
	4:10-20	교회의 후원에 대한 감사
	4:21-22	인사
	4:23	결문

고린도전서, 고린도후서, 갈라디아서, 로마서와는 대조적으로 인사말에서 사도의 칭호가 나오지 않는다. 바울은 자신과 디모데를 빌립보서 1:1에서 '예수 그리스도의 종'(δοῦλοι Χριστοῦ Ἰησοῦ)이라고 칭한다. 서신의 전체 기조를 위한 중요한 표지는 바울이 빌립보인들에게 사도로서 자신의 권위를 내세우지 않는다는 점이다. 또한 '감사하다'(εὐχαριστῶ)와 더불어 시작되는 머리말은 바울과 교회 사이에 우호적인 관계를 드러내고 있다. 바울은 고대의 우정서신의 전형적 특징을 빌립보서 1:7, 27, 2:12, 18, 24에서 '떠나 있다/함께 있다'(ἀπών/πάρων)의 모티브로 표현한다.[479] 바울은 교회를 친구로 대하며, 고난을 공동의 구원 상태의 표시로 해석한다.

빌립보서는 거시적 수준에서는 닫힌 구조이다.[480] 서신의 중앙에는 공동체의 일치와 거짓 교사와의 논쟁에 대한 훈계가 있다. 두 부분은 사실상 연결된다. 공동체의 화합은 거짓 교사를 방어하기 위한 전제 조건이기 때문이다. 그리스도 찬가가 편지 중간에 나오는 것은 결코 우연이 아니다. 원형과 모범인 예수 그리스도는 교회와 사도의 자기이해와 행동을 결정한다. 서신 끝부분에 있는 빌립보 교인들의 지원에 대한 감사는 사도와 교회 사이의 좋은 관계를 증언하고 있다. 서신의 결미에 나타난 감사 주제는 데살로니가 5:16-18이 보여주듯이 결코 특이한 것은 아니다.

2.9.6 문학적 통일성

빌립보서의 통일성은 학문적 연구에서 논란이 되고 있다.[481] 다수의 주석자가 빌립보서에서 서신의 모음집과 세 통의 편지를 기대한다.(편지 A: 빌 4:10-20 빌립보의 후원에 대한 감사편지, 편지 B: 빌 1:1-3:1, 4:4-7, 4:21-23 사도의 상황에 대한 보도, 편지 C: 빌 3:2-4:3, 4:8-9 거짓 교사와의 논쟁)[482] 다음의 학자들은 빌립보서를 두 통의 편지로 나눈다.[예를 들어 프리

---

479 참조. J. Schoon-Janßen, Umstrittene “Apologien” in den Paulusbriefen(위 2.3.1을 보라.), 136-46. 빌립보서의 상징적이고 숙고적인 문체를 확인한다.

480 왓슨은 수사적 관점에 따라 빌립보서의 문단을 나눈다. 1:3-26 서론, 1:27-30 설명, 2:1-3:21 긍정적 입증, 4:1-20 종결[D. F. Watson, “A Rhetorical Analysis of Philippians and its Implications for the Unity Question,” NT 30 (1988): (57-88) 57-80.] 피는 그리스도인으로서 빌립보인들을 장려하는 우정의 편지로 묘사한다.(G. D. Fee, Phil, 12.) 윅은 빌립보서에 가족편지, 우정의 편지, 의식 연설, 초기 유대 공동체가 이끄는 서신 등 다수의 서한적 가능성이 결합되어 있는 것으로 본다.(P. Wick, Der Philipperbrief, 152-80.)

481 빌립보서 연구사의 포괄적인 소개에 관하여는 B. Mengel, Studien, 82-221을 참조하라.

482 각 구절의 배치의 차이에 관하여는 다음을 참조하라. W. Schmithals, Die Briefe des Paulus in ihrer ursprünglichen Form(위 2.4.6을 보라.), 99-108;

드리히(G. Friedrich): (1) 옥중서신: 빌 1:1-3a, 4:10-23, (2) 투쟁서신: 빌 3:1b-4:9/그닐카(J. Gnilka): (1) 옥중서신: 빌 1:1-3:1a, 4:2-7, 10-23, 2. 투쟁서신: 빌 3:1b-4:1, 8-9/베커(J. Becker): 빌립보서 A: 1:1-3:1, 4:1-7, 10-23, 빌립보서 B: 3:2-21, 4:8-9)[483]/테오발트(Theobald): 빌립보서 A: 1:1-3:1a, 4:2-7, 4:10-23, 빌립보서 B: 3:1b-4:1, 4:8-9)][484] 이 논제를 위한 논거는 다음과 같다. 1) 빌립보서 3:1과 3:2 사이의 분위기 변화, 2) 빌립보서 3:2-4:3의 투옥 상황에 대한 언급의 누락, 3) 빌립보서 4:4-7과 4:8-9의 유사한 구조. 이는 마무리 권면이 두 번 있었음을 드러낸다. 4) 별도의 감사편지를 암시하는 빌립보서 4:10-20의 주제적 통일성.

그러나 이러한 주장들은 설득력이 없다. 논거 1): 빌립보서 3:1과 3:2 사이의 부인할 수 없는 분위기 전환은 흔히 주장되는 것처럼 갑자기 오지 않는다. 바울은 빌립보서 1:15-18에서 부정직한 동기로 복음을 전파하는 선교사를 투옥 장소에서 언급하는 반면, 1:28에서는 교회가 두려워해서는 안 되는 빌립보의 적대세력에 대해 언급한다. 그리고 이 적대자들에게는 멸망을 선포하지만, 교회에는 구원을 선언한다. 멸망의 동기는 빌립보서 3:18-19의 적대자 논쟁에서도 나타나며, 이를 통해 빌립보서 1장과 3장이 연결된다. 또한 바울은 빌립보서 2:21에서 빌립보의 적대자들을 언급하는데, 여기서 그들은 그리스도의 것이 아니라 그들의 것을 찾는 자들이라고

H. Köster, "The Purpose of the Polemic of a Pauline Fragment," NTS 8 (1961/62): (317-32) 317; G. Bornkamm, Philipperbrief als paulinische Briefsammlung; W. Marxsen, Einleitung, 73; G. Barth, Phil, 11; Ph. Vielhauer, Urchristliche Literatur, 164f.; W. Schenk, Die Philipperbriefe des Paulus, 334-36; L. Bormann, Philippi, 118ff.; N. Walter, Phil, 19-20. 연구 개관에 관하여는 다음을 참조하라. W. G. Kümmel, Einleitung, 291; J. Gnilka, Phil, 6ff.; W. Schenk, Der Philipperbrief in der neueren Forschung (1945-1985), ANRW 25. 4, Berlin 1987, 3280-313; J. Reimann, Phil, 15.

483 참조. J. Becker, Paulus(위 2를 보라.), 325ff.

484 참조. M. Theobald, "Der Philipperbrief," Ebner/Schreiber (Hg.), Einleitung, 372-76.

말한다. 교회는 특히 빌립보서 1:27, 2:1-5에서 일치를 위해 부름을 받았으므로 3:2의 '개들'(κύνες)에 대한 언급이 갑자기 나온 것은 아니다.[485] 결국 '기쁨'(χαρά)이라는 편지의 중심 모티브는 감정을 기반으로 하지 않고 갈등 속에서 보존된다. 바울은 빌립보서 3:1의 '같은 것들'(τὰ αὐτά)에서 2:18을 분명히 취하고,[486] 1:18b-26처럼 의식적으로 그의 말 앞에 기쁨을 위치시킨다. 1:18b-26이든 3:1-11이든 순전히 감정적인 의미의 기쁨을 불러일으키는 말은 없지만, 바울은 긴급한 문제를 논의하기 전에 먼저 회중이 구원받은 상태에 있도록 격려한다. 논거 2): 투옥 상황에 대한 암시는 빌립보서 3:2-4:3에서 다음과 같은 경우에만 누락된다. 즉 이 단락이 현재의 편지 맥락에서 독립된 편지 단편으로서 과거에 이미 분리되었을 경우이다.[487] 이러한 종류의 절차는 방법론적으로는 원리의 요구(petitio principii: 순환추론 오류의 한 유형—역자 주)로만 설명할 수 있을 뿐 논증적 가치가 없다. 논거 3): 빌립보서 4:1에서 바울은 '주 안에 굳게 서라.'는 훈계로 빌립보의 반대자와의 논쟁을 끝맺는다. 빌립보서 4:2-3에는 두 여인의 싸움을 해결해달라는 요청이 뒤따른다. 빌립보서 4:4-6에서는 일반적 권면이 다시 시작된

---

485 빌립보서 3:2의 '조심하라'(βλέπετε)는 호명(Aufruf)의 의미가 아니라 '~로 간주하라'는 의미로 해석해야 한다. G. D. Kilpatrick, "ΒΛΕΠΕΤΕ Philippians 3, 2," In Memoriam Paul Kahle, hg. v. M. Black u. G. Fohrer, BZAW 103, Berlin 1968, 146-48. 갈랜드는 빌립보 교인들이 '육체'를 너무 많이 신뢰한다는 것을 분명히 하기 위해 빌립보서 3:2에서 여담을 시작한다고 본다.(D. E. Garland, "The Composition and Unity of Philippians," NT 27 (1985): (141-73) 164f.) 브루커에 따르면 바울은 빌립보서 1:27-30을 세 개의 서사적 진술(2:1-11, 2:12-18, 3:1-21)을 통해 전개했다.(R. Brucker, 'Christushymnen' oder 'epideiktische Passagen'?, 280ff.) 교회의 이중적인 칭찬 뒤에는 반대자에 대한 비방이 따르며, 이는 교회에 대한 간접적인 칭찬을 포함한다.

486 참조. M. Dibelius, Phil, 86. 빌립보서가 *χαίρειν* 내지 *χαρά*를 여러 번 언급하는 것에 관하여는 J. Schoon-Janßen, Umstrittene "Apologien" in den Paulusbriefen(위 2.3.1을 보라.), 129-36을 참조하라.

487 참조. W. G. Kümmel, Einleitung, 293.

다.[488] 여기서 사도의 권고와 근거는 상황에 따라 달라지지 않지만, 다른 한 편으로는 교회를 위험에 빠뜨리는 논쟁의 배경을 보아야 한다. 이어지는 모든 훈계가 연계된 5b절의 '주께서 가까우시다.'(ὁ κύριος ἐγγύς)는 포괄적인 종말론적 근거이다. 7절은 마무리하는 소원이 아니라 바울이 6절의 권고를 정당화하는 언약이다.[489] 그다음 8절의 덕의 목록은 '끝으로'(τὸ λοιπόν)라는 말로 도입된다.(참조. 고전 7:29) 9절은 사도의 행적과 함께 8절에서 전달된 지시를 정당화한다. 빌립보서 4:4-9에서 꼼꼼하게 진행하는 사고의 흐름이 증명될 수 있으므로, 원래 독립적으로 내려온 두 개의 마무리 권면의 존재를 수용하는 것은 불가능하다. 논거 4): 바울이 교회의 상태와 그들의 후원에 대한 기쁨을 매우 일반적인 용어로 표현하기 때문에,[490] 빌립보서 4:10-20이 독립된 감사편지라면, 구체적인 기부금에 대한 감사말이 뒷자리에 위치하는 것이 매우 이상하다.[491] 또한 빌립보 교인들의 헌금을 바울에게 가져온 에바브로디도의 와병은 언급되지 않고 있다.[492] 마지막으로 빌립보서 3장은 편지의 다른 부분과 여러 면에서 연결되어 있다. 빌립보서 3:20-21은 언어적으로나 내용상 빌립보서 2:6-11을 가리킨다. 다음과 같은 언어적 관련성은 명확하다. (1) 빌립보서 2:11, 3:20에서 술어 '주 예수 그리스도'(κύριος Ἰησοῦς Χριστὸς), (2) 빌립보서 2:8의 '비우다'(ταπεινοῦν), 3:21의 '굴욕'(ταπείνωσις), (3) 빌립보서 2:7의 '모습'(σχῆμα), 3:21의 '모습을 바꾸다'(μετασχηματίζεσθαι), (4) 빌립보서 2:6, 7의 '본체, 형체'(μορφή), 3:21의 '같은 모양을 가진 자'(σύμμορφος), (5) 빌립보

---

488 참조. O. Merk, Handeln aus Glauben(위 2.8.5를 보라.), 194.

489 참조. 위의 책, 195.

490 참조. W. Schrage, Die konkreten Einzelgebote in der paulinischen Paränese, Gütersloh 1961, 60.

491 분석에 관하여는 O. Merk, Handeln aus Glauben(위 2.8.5를 보라.), 198ff.를 참조하라.

492 G. Barth, Phil, 75 등 바르트는 분할가설을 근거로 빌립보서 4:10-20은 에바브로디도의 와병 이전에 기록되었다고 주장해야 한다.

서 2:9, 10의 '모든'(πᾶν), 2:11의 '모든'(πᾶσα)/3:21의 '만물'(τὰ πάντα), (6) 빌립보서 2:10의 '하늘의'(ἐπουράνιος), 3:20의 '하늘'(οὐρανός), (7) 빌립보서 2:11, 3:21의 '영광'(δόξα). 내용면에서 예수 그리스도의 즉위는 빌립보서 3:20-21에 묘사된 통치자의 종말론적 행위의 전제 조건이다. '올바른 마음'의 모티브는 빌립보서 2:2, 5와 3:15, 4:2를 연결한다. 전반적으로 빌립보서는 신중한 수사학적 성향을 띠고 있다. 비로소 바울은 1장과 2장을 통해 교회와 조화를 이룬 후, 빌립보서 4장에서 다시 긍정적인 마음으로 교회로 향하기 위해 빌립보서 3:2부터 적대자와의 논쟁에 주의를 기울인다. 여기서 '기쁨'의 모티브는 빌립보서 1장과 2장 그리고 4장을 연결하는데, 특징적이게도 빌립보서 3:2-21에는 없다. 긍정적인 통합을 통해서만 비로소 3장의 논쟁이 전투력을 지닌다. 단순한 논쟁은 일반적으로 설득력이 없다.

요약하면 빌립보서는 확실히 문학적이고 신학적 통일성을 지닌 문서로 이해되어야만 한다.[493]

---

493 로마이어(E. Lohmeyer), 디벨리우스(M. Dibelius), 윌리허/파셔(A. Jülicher/E. Fascher, Einleitung, 123.) 외에도 최근에는 다음의 학자들이 빌립보서의 문학적 통일성을 지지한다. W. G. Kümmel, Einleitung, 291-94; G. Delling, Art. "Philipperbrief," RGG^3 5 (1961), 335; O. Merk, Handeln aus Glauben(위 2.8.5를 보라.), 200; B. Mengel, Studien, 297ff.; A. Lindemann, Paulus im ältesten Christentum(아래 5를 보라.), 24f.; W. Egger, Philipperbrief, NEB 11, Würzburg 1985, 49; D. F. Watson, A Rhetorical Analysis, 80-83; D. E. Garland, Composition and Unity of Philippians, 162; J. Schoon-Janßen, Umstrittene "Apologien" in den Paulusbriefen(위 2.3.1을 보라.), 119-38; P. T. O'Brien, Phil, 10-18; U. B. Müller, Phil, 4-14(그는 빌립보서 1:1-3:1에서 받아쓰기 휴식을 생각한다. 빌립보에서 나온 새로운 정보와 진행 상황의 변화는 3:2-4:23을 유발한다.); J. Roloff, Einführung, 141; P. Wick, Der Philipperbrief, 39-63; G. D. Fee, Phil, 21-23; H. Balz, Philipperbrief, 507; R. Brucker, 'Christushymnen' oder 'epideiktische Passagen'?, 280-90; C. B. Cousar, Phil, 10.

빌립보서의 존재에 대한 여러 논증에 그리고 분할가설의 뒷받침에 폴리카르포스의 빌립보서(Phil 3:2)가 반복해서 사용된다. 여기에 "그는 또한 부재중에 여러분에게 편지들을 썼다."라는 바울에 대한 언급이 있다. 그러나 이 '편지들'이라는 복수형은 폴리카르포스의 빌립보서 11:3에 맞지 않는다. 이 구절에서 폴리카르포스는 오직 바울의 한 편의 빌립보서를 명시적으로 말한다.[494]

2.9.7 전승, 자료

로마이어(E. Lohmeyer)[495]의 분석 이후로 빌립보서 2:6-11에는 바울 이전의 본문이 들어온 것으로 본다.[496] 신약['가장 높은 데까지 올리다'(ὑπερυψοῦν), '땅 밑의'(καταχθόνιος)] 및 바울서신['본체, 형체'(ορφή), '약탈된 것'(ἁρπαγμός)]에서 1회 나타나는 단어, 분사구문 및 관계구문의 반복, 연으로 나뉜 본문의 구조, 편지 내에서 생각의 흐름의 중단, 그리고 빌립보서 2:1-5, 12-13의 문맥상 연결 구성 등은 전통의 영향을 받았음을 대변한다. 대부분 8c절('십자가의 죽음', θανάτου δὲ σταυροῦ)을 바울 문체적인 편집으로 간주하는 반면, 슈트레커(G. Strecker)는 8절의 모든 내용을 바울로부

---

494 참조. K. Aland, Die Entstehung des Corpus Paulinum(참조. "보론 2"), 349f.; W. Bauer/H. Paulsen, Die Briefe des Ignatius von Antiochia und der Polykarpbrief, HNT 18, Tübingen 1985, 116. 폴리카르포스는 자신의 빌립보서 3:2의 복수를 아마도 바울의 빌립보서 3:1로부터 읽어서 알게 되었을 것이다.("내가 너희에게 항상 같은 것을 쓴다….")

495 참조. E. Lohmeyer, Kyrios Jesus는 본문을 찬가로 구분한다.

496 양식사에 관하여는 R. P. Martin, Philippians 2,5-11, 97ff.를 참조하라. 최근의 토론을 비평적으로 다루는 것은 J. Habermann, Präexistenzaussagen im Neuen Testament, EHS 23. 362, Frankfurt 1990, 91-157을 참조하라. 빌립보서 2:6-11에 대한 최근의 양식사적 구분으로는 다음을 참조하라. Enkomion(찬가): K. Berger, Formgeschichte(위 2.8.5를 보라.), 345; Epainos(찬송): R. Brucker, 'Christushymnen' oder 'epideiktische Passagen'?, 319f., 330f.; Lehrgedicht (교훈시): N. Walter, Phil, 56-62.

터 온 것으로 간주하고,[497] 호피우스(O. Hofius)도 8c절을 원래의 찬가로 간주한다.[498] 바울 이전 본문의 단위 구조는 논란의 여지가 있다. 로마이어는 전통을 각각 3행씩 6연으로 나눈다. 이것은 9절의 '이러므로'(διό)가 있는 새로운 삽입을 통해 두 개의 동일한 부분으로 나뉜다. 이와는 대조적으로 예레미아스(J. Jeremias)[499]는 찬가를 세 부분(첫째: 6-7a, 둘째: 7b-8, 셋째: 9-11)으로 나누어 각각 4행으로 구성하는 것을 지지한다. 그는 부분들의 평행법(Parallelismus membrorum: 문장의 구나 절들 사이의 운율이나 의미상의 평행법을 말한다. - 역자 주)을 형식의 원리로 삼는다.

다른 모든 재구성은 로마이어와 예레미아스의 두 가지 기본 제안의 변형이다. 빌립보서 2:6-11의 운율적 구조는 논쟁의 여지는 있지만 둘을 연결하는 경첩으로서의 9절과 함께 본문이 두 부분으로 나뉘는 구조는 분명하다.(6-8, 9, 10, 11) 종교사적 관점에서 찬가는 통일성이 나타나지 않고, 두 번째 부분(9-11절)이 구약의 인용문과 문학적 공식 어구의 암시를 통해 유대 사상을 언급하는 반면, 첫 번째 부분(6-7절)은 개념적으로 헬레니즘의 종교적, 철학적 문헌과 유사한 내용을 담고 있다. 찬가는 그 '삶의 자리'를 교회의 예배에 둔다. 찬가는 첫 번째 연에서 선재자의 굴욕을 노래하고, 두 번째 연에서는 주(Kyrios)로 즉위한다. 찬가에 대한 바울의 이해에 문맥상 찬가의 위치와 편집상 추가 내용은 결정적 역할을 한다. 바울은 빌립보서 2:1-4에서 볼 수 있는 것처럼 권면의 논증 과정에 전통적인 부분을 포함시킨다. 이 단락에는 구성 및 전문 술어의 연결이 있다. 따라

497 참조. G. Strecker, Redaktion und Tradition im Christushymnus Phil 2:6-11, 150.

498 참조. O. Hofius, Christushymnus, 4-17; O. Merk, Handeln aus Glauben(위 2.8.5를 보라.), 179의 각주 23.

499 참조. J. Jeremias, "Zur Gedankenführung in den paulinischen Briefen (4. Der Christushymnus Phil 2, 6-11)," ders., Abba, Göttingen 1966, 274-76; Ders., "Zu Philipper 2, 7: ἑαυτὸν ἐκένωσεν," J. Jeremias, 위의 책, 308-13.

서 8절에서 '낮추다, 비우다'(ταπεινοῦν)로 기술된 그리스도의 비하는 교회가 요구하는 '겸손'(ταπεινοφροσύνη, 3절)을 설명한다. 비하한 자에게 순종하는 것은 교회가 극복해야 할 이기심과 분쟁에 대한 반대 이미지로 나타난다.(3절) 마지막으로 선재자 비하에 대한 요약적 기술['자기를 비웠다'(ἑαυτὸν ἐκένωσεν, 7절)]은 4절의 기본 교훈을 언급하는데, 이에 따르면 그리스도인은 자신의 것이 아니라 다른 사람을 섬기는 것을 추구해야 한다. 이 연결은 다음의 12절과도 관련된다. 거기에서 바울은 그리스도의 순종 사상을 취하여 교회에 요구되는 윤리적 태도를 확립한다. 전통에 대해 윤리적이기는 하지만 신화적이지는 않은 이해는 사도 자신을 암시한다. 교회는 윤리의 범위에서 주(Kyrios)가 인간이 되고, 십자가에서 죽고, 구주로 즉위한 구원 사건에서 모범적으로 성취한 것을 이해하도록 요청받는다. 그러므로 그리스도는 빌립보서 2장에서 원형이자 모형으로 나타난다.

바울은 아마도 빌립보서 3:20-21에서 전통의 또 다른 단편을 취했을 것이다.[500]

2.9.8 종교사적 위치

빌립보서에서 싸운 적대자의 종교사적 분류와 적대자 전선의 숫자는 모두 매우 다르게 주장된다. 다음과 같은 설명 모델(개별 주장에는 차이가 있다.)이 중요하다.[501] (1) 바울은 다음 중 오직 하나의 적대 전선에만 반대한다. 유대주의자[델링(G. Delling),[502] 클라인(G. Klein), 뤼데만(G. Lüdemann),[503]

---

500 참조. 문제의 토론에 관하여는 J. Gnilka, Phil, 208ff.; J. Becker, "Erwägungen zu Phil 3, 20-21," ThZ 27 (1971): 16-29를 참조하라.

501 요약된 연구사적 개요에 관하여는 G. Klein, Antipaulinismus in Philippi, 297-300. 군터는 빌립보서에서 적대자들의 종교사적 배치에 대해 18개의 제안을 고려한다! [J. J. Gunther, St. Paul's Opponents(위 2.6.8을 보라.), 2.]

502 참조. G. Delling, Art. "Philipperbrief," 334.

발쯔(H. Balz)] 혹은 유대계 그리스도교 영지주의자[슈미탈스(W. Schmithals),[504] 보른캄(G. Bornkamm), 필하우어(Ph. Vielhauer)][505] 혹은 유대계 그리스도교 선교사 등이다. 이들 중에 유대계 그리스도교 선교사는 고린도후서의 적대자에 필적한다.(그닐카) (2) 바울의 논쟁은 두 전선인데, 빌립보서 3:1-11(-16)에서는 유대인, 빌립보서 3:12(17)에서는 헬레니즘적 자유방임주의자[디벨리우스(M. Dibelius), 바움바흐(G. Baumbach)]이다. (3) 로마이어는 빌립보서 3장에서 세 전선이라고 하는데, 3:2-11에서는 유대교의 위험을, 3:12-15에서는 자유주의자를, 그리고 3:17-21은 내부 또는 외부로부터 오는 적대적 위험에 대한 교회의 경고로 해석한다.(이와 유사하게 베츠)[506]

빌립보서 3:2-11의 전선에 관한 입장은 대체로 논쟁의 여지가 없다. 여기서 바울은 유대계 그리스도교 선교사[507]를 대적한다. 사도는 적대자의 악의적이고 파괴적인 의도를 드러내려고 그들을 '개'라고 부른다.[508] '행악하는 자들을 삼가고'(βλέπετε τοὺς κακοὺς ἐργάτας)는 고린도후서 11:13에서 설명되는데, 여기서 '속이는 일꾼'(ἐργάται δόλιοι)은 사도에 대한 논쟁적 용어로 사용된다. 분명히 '일꾼'(ἐργάτης)은 최초 그리스도교에서 선교사들의 자기 칭호였는데(참조. 마 9:37-38, 10:10), 바울은 이것에 형용사 '악한'(κακός)을 붙여 부정적으로 수식한다. 적대자의 위치는 '할례'(참조. 갈 5:12)와 동의어인 κατατομή라는 단어에서 분명히 알아볼 수 있다. 바울

503 참조. G. Lüdemann, Paulus II(위 2.5.8을 보라.), 153-58(예루살렘의 유대계 그리스도인).

504 참조. W. Schmithals, "Die Irrlehrer des Philipperbriefes," ders., Paulus und die Gnostiker, ThF 35, Hamburg 1965, 47-87.

505 참조. Ph. Vielhauer, Urchristliche Literatur, 165.

506 참조. H. D. Betz, Nachfolge und Nachahmung Jesu Christi im Neuen Testament, BHTh 37, Tübingen 1967, 151.

507 U. B. Müller, Phil, 188-93.

508 참조. Billerbeck III, 621. "무지한 자, 무신론자 및 비그리스도인을 '개들'로 묘사한다."

이 3a절에서 할례의 개념이 그리스도교 공동체에 긍정적이라고 주장할 때, 그는 논쟁의 핵심을 지적하고 있다. 유대계 그리스도교 선교사는 빌립보 교회에 침투해 들어와서 이방 그리스도인에게도 할례를 요구했다. 의식에 대한 논쟁에서 바울은 빌립보서 3:4-5에서 바리새인에 속한 자신의 유대 혈통의 특권과 그가 율법을 완벽하게 준수했음을 언급한다. 갈라디아서를 연상시키는 빌립보서 3:9의 칭의 용어는 적대자를 전투적인 유대계 그리스도인으로 보아야 함을 시사한다.

바울은 첫 번째 생각의 진행에서 앞에 언급된 주장으로부터 빌립보서 3:12-16의 윤리적 결론을 도출한다. 그는 교회에 교훈하고(참조. 13, 15절) 그리스도인의 온전함에 대한 자신의 이해를 명료하게 한다. 그는 자신을 '온전한 자'(15절)에 포함시키며, 성령에 속한 자로 생각한다.(참조. 고전 2:6, 3:1) 그러나 그에게 온전함은 관습적인 구원의 온전함을 의미하는 것이 아니라 빌립보서 3:12의 종말론적 유보가 강조하는 바와 같이 미래 구원의 온전함을 증언하는 것이다. 빌립보서 3:12-16과 고린도전서 2:6, 10, 4:8, 9:24 사이의 놀라운 내용적, 언어적 일치는 바울이 여기에서도 교회 내의 열광주의적인 흐름과 다투고 있음을 드러낸다. 바울은 빌립보서 3:17에서 교회를 향해 다시 명시적으로 언급하는데, 그가 교회 내부의 열광주의적 흐름을 계속 주시하고 있는지, 아니면 3:2-11에 있는 자신의 주장에 다시 연결하고 있는지를 결정하기는 어렵다. 빌립보서 3:19에 나오는 '그리스도의 십자가의 원수'라고 하는 적대자는 교회 내 집단을 가리킬 수 없기에 두 번째 가능성이 지지를 받는다. 빌립보서 3:19의 명백한 반자유주의적 성향과 고린도후서 12:21의 유사한 진술은 빌립보서에 대한 바울의 적대자가 유대교와 열광주의적인 요소를 결합한 헬레니즘 및 유대계 그리스도교 선교사임을 시사한다. 바울은 빌립보서 3장에서 통일된 적대 전선에 대응하고 있다. 이들은 아마도 교회의 열광주의적인 경향을 촉발하거나 강화했을 것이다.

2.9.9 신학적 기본 사상

바울은 빌립보서에서 자신의 인격 안에서 그리스도교 실존의 역설을 전개한다. 출발점은 빌립보 교인들의 믿음의 상태를 신실하게 보존하고 촉진하며(빌 1:3-11, 4:6) 아울러 자신의 현재 상황을 보다 선하게 바꾸시는 하나님께 감사하는 것이다. 그러므로 감사와 더불어 기쁨으로의 부르심이 서신 전체에 걸쳐 흐르고 있다.(참조. 빌 1:3, 18, 2:29, 3:1a, 4:1, 4-6, 19-20) 감옥에서의 바울의 비참한 상황은 포괄적이고 두려움 없는 복음 선포로 이어진다.(빌 1:12, 14) 그는 자신의 임박한 죽음을 생각하면서도 미래를 내다보며 기뻐한다. 삶과 죽음 모두에서 그리스도를 영화롭게 할 것이라는 확신으로 살고 있기 때문이다.(빌 1:18 이하) 바울은 비록 죽음으로써 주님 곁에 있기를 원함에도, 복음의 선포와 교회를 보존하려는 마음 때문에 삶을 선택한다.(빌 1:22-26, 3:10-11) 이것은 인간적으로 역설적인 결론으로 이어진다. 사도의 고난 속에 하나님의 신실하심과 은혜가 나타난다.

그리스도교 교회는 예수 그리스도를 본받아 살아갈 때 하나님의 자비하심을 경험한다.(빌 1:27-30) 바울은 빌립보서 2:1-5, 6-11, 12-18에서 구원의 창시자, 수호자, 완성자인 주 예수 그리스도와 그리스도교적인 실존의 목표를 분명하게 교훈한다. 예수 그리스도는 원형으로서 그리스도인의 새로운 실존을 가능하게 하며, 모범으로서 자신의 행동을 통해 그리스도인에게 감명을 준다. 그리스도가 자기 자신을 돌보지 않고 십자가에 달려 돌아가신 것처럼 그리스도인도 이기심과 다툼이 아니라 겸손과 연합으로 살아야 한다. 교회는 사도처럼 아직 구원의 온전한 상태에 있는 것은 아니며, 그리스도의 재림, 곧 심판과 부활의 날이 가까옴을 알고 그리스도를 따라야 한다.(빌 3:12 이하) 하나님은 이 가능성을 열어놓으셨다. 믿는 자에게 원하는 것과 행하는 것 모두를 이루는 분이 바로 하나님이기 때문이다.(빌 2:13) 바울의 윤리는 완벽을 추구하는 이상주의적인 노력으로서가 아니라 현재 성령 안에서 역사하고 계시는 하나님의 능력에 대한 지식에 근거를 두고

있다.(참조. 빌 1:19, 4:12-13)

사도의 자기 자신에 대한 또 다른 통찰은 빌립보서 3:4-11에서 나타난다. 바울은 믿음의 관점에서 유대인으로서의 자신의 화려한 과거를 '더러움'으로 평가한다. 의는 율법에서 얻을 수 없고 오직 믿음으로 말미암는다.(빌 3:9) 모든 바울서신에서처럼 사도의 임박한 파루시아에 대한 기대는 분명히 나타난다.(참조. 빌 4:5b, 1:6, 10, 2:16, 3:20b) 바울은 이전 서신들과는 달리 이제 파루시아 앞에서 죽고, 죽음 직후에 주님과 함께 존재하고, 그리고 곁에 머물기를 기대한다.(빌 1:23, 3:20-21)

2.9.10 최근 연구 경향

빌립보서 전체는 지금까지 바울 연구에서 오직 부차적인 역할만 했다. 대개 편지의 개별 단락, 특히 빌립보서 2:6-11이 연구된다. 여기에서 종교사적, 사회사적인 해석이 전면에 나온다.[509] 이 단락에서 환호와 경배가 십자가에 못 박힌 분에게 적용되기 때문이다. 바울은 로마의 투옥 상황에서 로마 식민지로 각인된 교회를 마주하며, 빌립보서 2:6-11과 더불어 그리스도 사건의 정치적 차원을 강조한다. 로마인들로부터 십자가에 못 박힌 분은 하나님의 직접적인 개입으로 말미암아 비할 데 없는 지위를 받으며, 따라서 그 분만이 경배를 받고 찬양받을 자격이 있다. 연구의 또 다른 초점은 빌립보서의 기록 장소와 문학적 통일성에 관한 질문이다. 이 주제는 합의가 이루어지지 않고 있다.[참조. 예를 들어 오메르주(H. Omerzu)와 길렌(M. Gielen)의 입장] 많은 주석가가 에베소를 기록 장소로 보고 빌립보서를 여러 단편으로 구성된 서신으로 평가하기 때문이다. 최근에는 기록 장소를 로마로

---

509 참조. S. Vollenweider, "Der 'Raub' der Gottgleichheit," ders., Horizonte neutestamentlicher Christologie, WUNT 144, Tübingen 2002, 263-84; Ders., "Die Metamorphose des Gottessohns," WUNT 144, Tübingen 2002, 285-306.

보고 편지의 통일성을 인정하는 학자가 증가하고 있다. 연구의 또 다른 초점은 빌립보서의 종말론, 특히 빌립보서 1:23, 3:20-21과 사도의 종말론에 관한 또 다른 진술과의 비교, 그리고 '그리스도와 함께'(σὺν Χριστῷ) 구절의 의미에 관한 것이다.[510] 그리스도인이 되기 전의 바울에 대한 새로운 관심[511]은 빌립보서를 바울 연구의 중심에 두었다. 어떤 본문도 빌립보서 3:4b-11만큼 사도의 그리스도인이 되기 이전과 자기 이해에 대한 정보를 많이 포함하고 있지 않기 때문이다. "바울이… 유대생활의 모범적인 대표자에서 예수 그리스도의 사도로의 변화를 급진적으로 제시하는 반면, 그는 이 변화를 하나님에 대한 유대인의 믿음과 구원 이해에서 등을 돌리는 것으로 판단하지 않는다."[512] 로마 식민지 빌립보의 문화적, 사회적, 종교적 역사는 필호퍼와 보어만의 작업으로 밝혀졌다. 그것은 바울이 그의 수신자의 로마적인 삶의 세계에 얼마나 강력하게 반응할 수 있는지와 그것에 의해 강력하게 영향을 받았는지를 보여준다.(참조. 예를 들어 빌 3:20-21)[513]

빌립보서의 개별 텍스트에 대한 증가하는 관심은 이 편지에 대한 포괄적인 역사적, 신학적 평가가 아직 계류 중이라는 사실을 숨길 수 없다. 빌립보서가 바울의 사역 말기의 증언으로 이해되고 해석되어야만 성공적으로 이해될 것이다.

---

510 참조. P. Siber, Mit Christus leben.(위 2.4.7을 보라.)

511 참조. M. Hengel, Der vorchristliche Paulus(위 2.2.1을 보라.); K. W. Niebuhr, Heidenapostel aus Israel.(위 2.2.1을 보라.)

512 K. W. Niebuhr, 위의 책, 110.

513 '시민권'(πολίτευμα, 빌 3:20) 개념은 시민의 법적 지위를 묘사한다. 빌립보에 거주하는 로마 시민이 로마에서 볼티니아 부족의 시민권 목록에 등록된 것처럼 빌립보의 그리스도인도 하늘의 '시민권 목록'에 등록되어 있다.(참조. P. Pilhofer, Philippi I, 122f.; L. Bormann, Philippi, 218f.)

2.10 빌레몬서

2.10.1 참고문헌

주석

KEK 9. 3: P. Müller, 2012. • HNT 12: H. Hübner, 1997. • HThK X 4: J. Gnilka, 1982. • EKK 18: P. Stuhlmacher, [3]2004. • ThHK 11/II: E. Reinmuth, 2006. • ThKNT 16: K. Wengst, 2005. • ÖTK 12: M. Wolter, 1993. • NTD 8/2: P. Lampe, 1998. • RNT: J. Ernst, 1974. • ZBK 13: A. Suhl, 1981. • ICC: R. McL. Wilson, 2005. • WBC 44: P. T. O'Brien, 1982. • NIGTC: J. D. G. Dunn, 1996. • PKNT 1: P. Arzt-Grabner, Philemon, 2003. • W. Eckey, Die Briefe des Paulus an die Philipper und an Philemon, Neukirchen 2006.

논문

U. Wickert, "Der Philemonbrief-Privatbrief oder apostolisches Schreiben?," ZNW 52 (1961): 230-38. • A. Suhl, "Der Philemonbrief als Beispiel paulinischer Paränese," Kairos 15 (1973): 267-79. • P. Lampe, "Keine 'Sklavenflucht' des Onesimus," ZNW 76 (1985): 135-37 • W. Schenk, "Der Brief des Paulus an Philemon in der neueren Forschung (1945-1987)," ANRW 25. 4, Berlin 1987, 3439-95. • S. C. Winter, "Paul's Letter to Philemon," NTS 33 (1987): 1-15. • J. M. G. Barclay, "Paul, Philemon and the Dilemma of Christian Slave-Ownership," NTS 37 (1991): 161-86. • B. M. Rapske, "The Prisoner Paul in the Eyes of Onesimus," NTS 37 (1991): 187-203. • P. Arzt-Grabner, "Onesimus erro. Zur Vorgeschichte des Philemonbriefes," ZNW 95 (2004): 131-43.

2.10.2 저자

빌레몬서의 진정성이 19세기에 일부 의심되기도 했으나[바우르(F. Chr. Baur)] 오늘날은 의심의 여지없이 진정한 바울서신으로 간주된다.

2.10.3 기록 장소와 시기

빌레몬서는 빌립보서와 가장 가까운 서신에 속하는데, 바울이 감옥에 있기 때문이고(1, 9, 13절) 빌립보서의 기록처럼 디모데 및 다른 동역자가 그와 함께 있다고 언급했기 때문이다.(1, 23, 24절) 또한 가벼운 구금의 상황도 비교될 수 있는데, 바울은 주변에 동역자를 모으고(1, 23-24절) 선교 사역을 할 수 있었기 때문이다.(10절) 이러한 상황은 빌레몬서 9절에서 단수로 자신을 '나이가 많은 자'(πρεσβύτης)[514]로 칭하는 것에서 볼 때 빌레몬서의 기록 장소는 로마를 가리킨다.[515] 빌립보서와의 시간적 관계는 확실하게 결정할 수 없지만, 빌레몬서 19절의 아이러니는 바울이 빌립보서보다 분위기와 상황이 개선되었음을 뜻하는 것이기 때문에, 빌립보서 이후에 빌레몬서가 기록되었을 것이다.(기원후 61년경)

빌레몬서의 기록 동기는 바울이 종 오네시모를 그의 주인인 골로새 출신의 그리스도인 빌레몬에게 되돌려 보내는 것이다.(참조. 골 4:9: 오네시모, 골 4:17/몬 2절: 아킵보) 왜 오네시모는 바울과 함께 있는가? 아마도 오네시모가 자기 주인에게서 무엇인가를 도둑질했을 것으로 추정된다.(참조. 몬 18절) 그는 감옥에서 바울을 만났으며 바울로 인해 그리스도교로 전향했다.(참조. 몬 10절) 그 후 오네시모는 도망친 것에 상응하는 형벌을 받아야

514 '나이 많은 자'는 직분의 칭호가 아니라 연령을 가리킨다.(참조. 눅 1:18, 딛 2:2); M. Wolter, Phlm, 260.

515 로마로 보는 견해는 다음을 참조하라. J. B. Lightfoot, The Epistles of Paul III, London [3]1890, 310f.; J. Weiß, Das Urchristentum(위 2.5.6을 보라.), 294; A. Schweitzer, Die Mystik des Apostels Paulus, Tübingen [2]1954, 47; A. Jülicher/E. Fascher, Einleitung, 124f.; H. Gülzow, Christentum und Sklaverei in den ersten drei Jahrhunderten, Bonn 1969, 29f.; H. M. Schenke/K. M. Fischer, Einleitung I, 156; J. Roloff, Einführung, 145. (추세에 따라) 가이사랴로 보는 견해는 다음을 참조하라. M. Dibelius, Phlm, 107; E. Lohmeyer, Phlm, 172; W. G. Kümmel, Einleitung, 307; C. J. Thornton, Der Zeuge des Zeugen(아래 4.1을 보라.), 212. 대다수의 주석자는 에베소를 빌레몬서의 기록 장소로 본다. 예를 들면 다음과 같다. P. Stuhlmacher, Phlm, 21; E. Lohse, Phlm, 264; J. Gnilka, Phlm, 4f.; M. Wolter, Phlm, 238; P. Lampe, Phlm, 206; E. Reinmuth, Phlm, 19; P. Müller, Phlm, 80-84. 그렇다면 빌레몬서는 기원후 53-55년에 기록되었을 것이다.

했을 것인데, 바울은 그 처벌을 막으려고 한다. 이 가설에서 왜 오네시모가 하필 감옥에 있는 바울을 만났는지(우연인가? 그가 바울을 이미 알고 있었는가?) 그리고 왜 그가 취득한 자유를 대도시나 외국에서 보존하려고 하지 않는지를 만족스럽게 설명할 수 없다. 이런 이유로 오네시모가 도망간 종이 아니라 가정의 갈등 해결을 위한 후견인으로서 바울을 찾았다는 주장이 새롭게 등장했다.[람페(P. Lampe)] 오네시모는 이러한 경우에 통상 수많은 고대 문헌에 설명된 방법을 택했을 것이다.[516] 오네시모의 목표는 빌레몬의 집으로 돌아가는 것인데, 바울의 중재를 통해 이를 달성하려는 것이다. 여기에서 오네시모가 바울과 함께 있었던 것은 신뢰할 만해 보이지만, 그가 바울 곁에서 더 긴 시간 동안 종으로 봉사했다고 가정되는 빌레몬서 13절의 본문은 문제를 야기한다. 바울이 (서면으로) 후견인으로서만 역할을 한다면, 왜 오네시모는 바울과 함께 더 오래 있었는가? 오네시모가 바울을 만난 이유를 더는 확실하게 설명할 수 없다. 노예 오네시모는 빌레몬의 집에서 일어난 어떤 사건으로 인해 떠나게 되었고,[517] 감옥에서 바울을 만나 그를 섬겼고, 이제는 바울과 함께 더 머물거나, 빌레몬의 집으로 돌아가는 것이 논쟁거리가 되어 있다.

2.10.4 수신자

편지의 주요 수신자는 빌레몬이며, 바울은 그를 '형제'(ἀδελφός) 및 '동역

---

516 참조. Plin, Ep IX 21[=Neuer Wettstein II/2(위 2.4.8을 보라.), 1059f.]

517 볼터에 의하면 "오네시모가 주인집에서 범죄 혐의를 받고 있지만, 그는 스스로 결백하다고 생각하고 있어서 이 사실에 대해 바울의 중재를 요청했다."라고 추측할 수 있다는 것이다.(M. Wolter, Phlm, 231.) 아르츠-그라브너는 오네시모를 '상습적 방랑자'로 본다. 그는 일정 시간이 지난 후 자발적으로 주인에게 돌아가고 싶어 했다.(P. Arzt-Grabner, "Onesimus erro," 143.) 뮐러는 오네시모가 탈출한 노예는 아니지만 "갈등의 분쟁 때문에 중재를 요청하려고 한다."라고 해석한다.(P. Müller, Phlm, 128.)

자'(συνεργός, 몬 1절)로 부른다. 압비아, 아킵보, 빌레몬 주변의 가정교회가 공동 수신자이다. 가정교회를 '너희 집에'가 아니라 '네 집에'로 정의하는 것(복수가 아니라 단수 – 역자 주)은 빌레몬, 압비아, 아킵보 사이에 혈연관계는 없지만 압비아와 아킵보가 수신자 공동체에서 중요한 동역자임을 나타낸다. 골로새서 4:17에서 드러난 내용으로 아킵보가 교회의 집사인지의 여부는 단정할 수 없다. 빌레몬은 그리스도인이었고(몬 5, 7절), 교회에서 적극적으로 일했으며, 적어도 한 명의 노예를 소유했고, 자신의 집을 집회를 위한 장소로 내놓은 것으로 보아 수공업이나 상업에 종사하던 중산층에 속한 사람이었을 것으로 보인다. 바울은 빌레몬서 19b절에서 빌레몬이 자기에게 진 빚이 있다고 언급한다. 따라서 바울과 빌레몬이 친분이 있었을 것으로 추측할 수 있지만 꼭 그런 것은 아니다.(참조. 5절, "네 사람과 믿음이 있음을 들음이니…") 빌레몬서 19b절도 호의와 숨겨진 지시 사이를 왔다갔다하는 미묘한 바울 주장의 구성 요소가 될 수 있기 때문이다.[518] 다른 한편으로 바울은 빌레몬을 회심시키고 이를 19b절에서 넌지시 암시할 수도 있었다. 수신자의 위치를 결정할 때 빌레몬서 23-24절과 골로새서 4:10 이하 사이의 일치는 매우 중요하다. 빌레몬서의 편지 끝에 언급된 모든 이름은 골로새서 4:10 이하에서 추가(예외: 예수 유스도, 골 4:11)되어 순서만 다르게 나타난다. 그러므로 골로새가 빌레몬의 거주지로 추정된다.[519]

518 참조. A. Suhl, Phlm, 20.

519 참조. W. G. Kümmel, Einleitung, 307; Ph. Vielhauer, Urchristliche Literatur, 173f.; E. Lohse, Phlm, 261; P. Stuhlmacher, Phlm, 20; J. Gnilka, Phlm, 6(리코스탈 소재 교회). 버가모를 수신지로 주장하는 견해로는 W. Schenk, Philemon, 3483을 참조하라.

2.10.5 내용 구성, 구조, 형식

서신 서두	1–3절 4–7절	인사말 머리말
서신 몸통	8–16절 17–20절	사도의 관심 맺음말
서신 결미	21절 22절 23–24절 25절	마무리 권면 사도의 방문 인사 결문

빌레몬서의 구조는 수사적 요소에 의해 결정된다.[520] 고대 수사학에서처럼 바울의 편지에서도 머리말은 청중과 독자를 호감의 분위기로 이끌고 있다. 이것은 '친절한 포착'(captatio benevolentiae)으로서 사도의 본래 주장으로 이어지는 7절에서 매우 분명하게 나타난다. 빌레몬서의 주요 부분도 수사적 요소에 의해 결정되는 구조로 되어 있다. 빌레몬서 9,10/11,13/11,14절은 파토스와 로고스(이성) 및 에토스(유용성, 명예에 대한 호소)의 수사학적 논증 어법에 기인한다. 특히 12(17)절에서 사도가 오네시모의 신원을 친근하게 확인하는 것은 편지를 받는 사람을 감정적으로 설득하는 것이 목표이다. 맺음말에서는 고대 수사학의 기능이 나타난다. 여기서는 강화된 파토스로 지금까지 언급된 것들을 요약하며 강조한다. 17절은 바울이 앞에서 논증한 것과 연결되며, 이것은 다시 19, 20절에서 파토스로 표현된다.[521]

---

520 참조. F. F. Church, "Rhetorical Structure and Design in Paul's Letter to Philemon," HThR 71 (1978): 17–33; J. Gnilka, Phlm, 7–12; 포괄적인 분석에 관하여는 Th. J. Bauer, Paulus und die kaiserzeitliche Epistolographie(위 2.3.1을 보라.), 110 66(바울은 고대의 편지 이론 및 높은 차원의 수사학을 신뢰했다.)을 참조하라.

빌레몬서는 사적 편지가 아니다. 빌레몬서는 빌레몬에게 보내는 개인 서신이면서 동시에 빌레몬의 집에 모인 교회에게 보내졌기 때문이다. 바울은 다른 서신에서처럼 빌레몬서에서도 자신의 사도로서의 권위를 드러낸다. 양식사적으로 빌레몬서는 추천서의 형식(참조. 10b-13절)을 지닌 간청 서신[(9, 10a절에서는 παρακαλῶ('내가 청하다'), 17절에서는 명시적 간청]으로 분류된다.[522]

2.10.6 문학적 통일성

빌레몬서의 문학적 통일성에 대한 논란은 없다.

2.10.7 전승, 자료

바울은 이 서신에서 주어진 전통을 통합하지 않았다.

2.10.8 종교사적 위치

종교사적 관점에서 빌레몬서는 고대 노예제도에 대한 초기 그리스도교의 입장을 볼 수 있는 증거로서 의미가 있다.[523] 노예제도는 고대 세계에 만연

---

521 바울의 논증 전략의 심리적 차원에 관하여는 P. Lampe, Phlm, 227-29를 참조하라.

522 참조. P. Müller, Phlm, 74('십중팔구 청원편지'); Th. J. Bauer, Paulus und die kaiserzeitliche Epistolographie(위 2.3.1을 보라.), 163(추천편지).

523 이 문제에 대한 안내에 관하여는 F. Laub, Die Begegnung des frühen Christentums mit der antiken Sklaverei, SBS 107, Stuttgart 1982를 참조하라. 고대 노예제에 관하여는 다음을 참조하라. L. Schumacher, Sklaverei in der Antike, München 2001; E. Hermann-Otto, Sklaverei und Freilassung in der griechisch-römischen Welt, Hildesheim 2009. 고대 노예제도에 관련되는 모

한 현상이었다. 출생, 포로, 자녀 유기, 인신(자신)매매 또는 납치를 통해 노예가 되고 대개 일평생 노예로 살았다. 고대 세계에서 노예의 수는 정확히 알 수 없지만, 전체 인구에서 노예가 차지하는 비율은 25-50% 사이였을 것이다. 이것은 고대 노예제도의 경제적 중요성을 잘 보여준다. 고대에는 노예제도가 사실상 논란의 여지가 없었다. 플라톤뿐만 아니라 아리스토텔레스도 노예제도가 경제적인 이유로 필요하다고 생각했다. 이와는 대조적으로 필로(Philo)는 "사람은 본성적으로 노예가 아니다."(ἄνθρωπος γὰρ ἐκ φύσεως δοῦλος οὐδείς, SpecLeg II 69)라고 간결하게 설명한다. 그는 치료사(VitCont, 70)와 에세네파(OmnProbLib, 79)에 대해 그들이 노예제도를 알지 못하거나 노예를 소유하지 않았다고 말한다. 다마스커스 문서가 노예에 관한 규정을 말하고 있는 것을 볼 때(CD 11:12; 12:10 이하) 아마도 노예 포기는 사해 쿰란 공동체에만 적용되었을 것이다. 노예에 대한 인간의 기본 입장은 스토아 철학에서 찾을 수 있다. 여기서 진정한 노예의 존재는 외부 세계가 아니라 욕망과 연결되어 있다. 사물에 대한 올바른 관계만이 사람을 자유롭게 하기에 노예와 자유는 배타적 가치이다.(참조. 에픽테토스, Diss IV 4, 33, 세네카, Ep 47)

고대 유대교에서도 노예는 당연한 것으로 여겼다.[524] 종은 공관복음의 비유에 자주 등장한다.(참조. 막 12:1-12와 병행구절, 막 13:34-35, 마 18:23-35, 22:1-14와 병행구절, 24:45-51과 병행구절, 25:14-30과 병행구절, 눅 15:22, 17:7-10) 예수는 노예 문제에 대해 직접 언급하지 않았지만,

---

든 텍스트에 관하여는 다음을 참조하라. Th. E. J. Wiedemann, Greek and Roman Slavery, London 1981; W. Eck u. J. Heinrichs (Hg.), Sklaven und Freigelassene in der Gesellschaft der römischen Kaiserzeit, Darmstadt 1993. 도망친 노예에 대한 법적 문제의 평가에 관하여는 G. Klingenberg (Hg.), Corpus der römischen Rechtsquellen zur antiken Sklaverei, CRRS Teil X, Bd 6, Stuttgart 2005를 참조하라.

524 참조. Billerbeck IV, 698-744.

'종'(δοῦλος) 혹은 아람어로 이에 해당하는 말을 당연히 사용했다.

최초 그리스도교에서 노예에 관한 문제는 고린도전서 12:13, 갈라디아서 3:26-28의 세례 전통이 가리키듯이 바울 이전의 교회와 바울의 교회에서 처음으로 논의되었다. 세례는 고대 세계의 종교적이고 사회적인 근본적 구분(노예-자유자, 유대인-그리스인, 남자-여자)을 폐지하고 신자의 지위를 근본적으로 새롭게 규정한다. 교회 안에서는 모두가 '그리스도 안에서'(갈 3:28) 하나이다. 우월과 종속의 모델이 실천적 형제애로 대체된다. 그러나 교회에서 그리스도인의 자유는 고린도전서 7:21-24가 보여주듯이 사회적 표명을 회피한다. 여기서 바울은 노예에게 스스로 풀려날 수 있다 하더라도 그 상태를 유지하라고 조언한다. 바울은 자유를 오직 예수 그리스도 안에서만 가능성과 목적을 지닌 내면적 자유로 정의한다. 사회구조는 이러한 자유 개념에 중요하지 않다. 사회구조가 자유를 줄 수도, 속박을 폐지할 수도 없기 때문이다. 빌레몬서의 주장이 보여주듯이 현행법을 유지한다고 해서 노예 상황의 근본적인 변화를 가로막는 것은 아니다.

2.10.9 신학적 기본 사상

언뜻 보면 빌레몬서는 신학적으로 중요하지 않은 편지 같지만 이는 적절한 평가가 아니다. 빌레몬서가 바울 주장의 독특함에 대한 통찰력을 제공하기 때문이다. 분명히 바울은 머리말(4-7절)에서 빌레몬을 자기 편으로 끌어들이려고 한다. 바울은 빌레몬에게 그가 할 수 있는 선을 행하라고 종용함으로써(6-7절) 그리스도인 됨에 대한 책임을 지운다. 바울은 그때까지는 빌레몬의 책임에만 호소했지만, 8-9절에서는 미묘한 방식으로 자신의 권위를 끌어들인다. 물론 그는 자신의 권위를 사용하기를 원하지 않는다는 점을 분명히 강조하면서 사도의 직함을 포기한다.(몬 1, 8b, 9절) 그러나 바울은 바로 그렇게 하여 자신의 위치를 더욱 영향력 있게 만든다. 비로소 10절에서 편지의 관심이 분명해진다. 바울은 법적인 의미에서 주인이었고, 현재에도 주인인 빌레몬에게 노예 오네시모를 위해 간청한다. 편지의 신학적 중심 주제는 11절에 나온다. 오네시모의 회심은 자신만을 위한 것이 아니라 노예 오네시모와 그의 주인 빌레몬과의 관계에도 영향을 미친다. 이제 빌레몬은 노예 오네시모의 새로운 지위를 '육신과 주 안에서'(καὶ ἐν σαρκὶ καὶ ἐν κυρίῳ, 16절) 사랑하는 형제로 인정하고 받아들여야 한다. 사도는 이를 통해 고대 사회의 집의 질서 구조를 깨뜨리고, 빌레몬에게 오네시모를 같은 법적 지위를 가진 사랑하는 형제로 대하는 새로운 사회적 지위를 부여하기를 기대한다.[525] 사도는 자신과 오네시모의 신원을 동일시하여(12, 16, 17-20절) 빌레몬에게 이 새로운 관계를 이해시킨다. 이제 빌레몬은 바울과의 관계를 토대로 오네시모와 새로운 관계를 맺어야 한다. 바울이 법적으로 오네시모를 돌려보낸다면(12, 14절) 자신의 일부가 빌레몬에게로 가는 것이다. 그러나 이것은 신명기 23:16과는 대립된다. 바울 주장의 실제 목표는 13절에서 분명해진다. 그는 오네시모가 자신과 복음 선포를 위해 함께 있기를 원한다. 그러나 사실상 동의가 전제되어 있는(21절) 빌레몬의 자발적인 동의 없이 오네시모가 자기를 섬기는 것을 원하지 않는다.(14절) 바울은 곧 빌레몬을 직접 방문할 수 있기를 희망하지만(22절), 이것이 오네시모의 현재와 미래의 사역을 불필요하게 만드는 것은 아니다. 빌레몬서의 증언에 따르면 그리스도교의 자유는 사회질서의 전면적인 폐지를 가져오는 것이 아니라 교회의 영역에서 구체적으로 실현되는 것이다.

빌레몬서는 최초 그리스도교 가정교회의 조직 형태에 대한 정보를 제공한다.[526] 고대 사회의 오랜 전통에서 가정은 종교적 삶의 중심 장소였다. 유대교 가정회당뿐만 아니라 제의를 위한 사적 모임, 신비적 그룹, 그리스도교 공동체 주변에 있는 철학 학파 등은 모두 종교적 형태의 조직이 지닌

525 참조. M. Wolter, Phlm, 233f.

526 참조. H. J. Klauck, Hausgemeinde und Hauskirche im frühen Christentum. (위 2.8.4를 보라.) 특히 슈툴마허와 그닐카의 주석을 참조하라.

통합적이고 선교적인 힘을 증명한다. 빌레몬서만이 최초 그리스도교 가정교회의 존재를 증명하는 것은 아니다. 브리스가와 아굴라 부부는 에베소(참조. 고전 16:19-20)와 로마(참조. 롬 16:3-5)에 가정교회를 세웠다. 가정교회는 스데바나(참조. 고전 16:15)와 가이오(참조. 롬 16:23) 주위에도 형성되었다. 로마서 16:14-15의 인사는 로마에 여러 가정교회가 존재했음을 말해준다. 다른 가정교회는 골로새서 4:15 및 사도행전 12:12, 18:7에 언급된다. 가정교회는 때때로 적대적인 환경에서 그리스도인의 삶을 실천하기에 특히 적합한 장소였다. 여기에서 기도(참조. 행 12:12), 말씀 선포(참조. 행 16:32, 20:20), 세례와 성찬식이 거행되었으며 선교사에게는 숙소로 제공되었다.(참조. 행 16:15) 고린도전서 14:23은 집에서 모이는 교회를 증언하는데, 바울의 편지는 가정교회에서 큰 소리로 낭독되었다.(참조. 살전 5:27, 골 4:16) 이처럼 가정교회는 최초 그리스도교 선교의 중심지였으며, 상대적으로 방해받지 않고 종교생활을 할 수 있는 장소였기에, 회당 공동체 및 고대 제의적 모임과 효율적으로 경쟁할 수 있었다. 마지막으로 가정교회는 고대의 질서와 가치관을 깨뜨리고 그리스도 안에서 새로운 존재로 살 수 있는 공간을 제공했다.

2.10.10 최근 연구 경향

최근 토론의 초점 중 하나는 빌레몬서와 관련된 법적 문제이다. 오네시모는 탈출한 노예였는가, 아니면 가정의 갈등 상황에서 바울의 조언을 받기 위해 잠시 빌레몬의 집을 떠났는가?(람페) 오네시모는 도둑으로 처벌을 받았는가, 아니면 법적으로 분류할 수 없는 분쟁 때문에 떠나게 되었는가? 볼터(M. Wolter)는 빌레몬서를 고대 가정의 사회구조 내에서 다음과 같이 해석한다. "빌레몬은 그의 노예에게서 형제를 보아야 한다(15-16절)는 이러한 요구의 급진성이 오네시모의 법적 지위가 석방을 통해 형식상 상승이 되더라도 완화되지 않는 것을 알아야 했을 것이다."(15-16절)[527] 람페는 사도의 전략을 다음과 같이 설명한다. "바울의 목적은 (1) 골로새의 가정 내의 갈등이 해결되고 오네시모가 빌레몬에 의해 평화롭게 다시 받아들여지도록 하는 것이다. 사도는 훨씬 더 많은 것을 기대한다. 그는 오네시모를 빌레몬서와 함께 골로새로 다시 보내서, (2) 오네시모가 장래에 빌레몬의 집과 가정교회에서 동등한 그리스도인 형제로 살 수 있기를 희망한다. 그것을 넘어서 바울은 (3) 빌레몬이 오네시모를 감옥으로 돌려보내 자신을 섬기게 하기를 바란다.(13-14절) 이것이 편지의 세 가지 목적이다. 두 번째 제안이 핵심이고, 다음에 오는 제안은 첫 번째 제안을 포함한다."[528]

오네시모라는 이름은 골로새서 4:9에도 언급되어 있다. 거기에는 바울이 충실하고 사랑스러운 오네시모를 골로새로 보낼 것이라고 나와 있다. 이 사람이 빌레몬서에 나오는 사람과 동일인이라면 빌레몬이 그의 종 오네시모를 용서했을 뿐만 아니라 바울과 함께 봉사하고 바울의 선교 사역을 위해 그를 풀어주었다고 결론지을 수 있다. 이러한 결론을 주장하는 슈툴마허(P. Stuhlmacher)는 이그나티우스가 세 번 언급한 에베소의 주교 오네시모(IgnEph 1:3, 2:1, 6:2)가 빌레몬서의 노예 오네시모와 동일 인물이라고 추정한다.[529] 이 주장에 대해 로제(E. Lohse)와 그닐카(J. Gnilka) 등[530]은 같은 이름만으로는 충분한 증거가 되지 못한다고 지적한다. 바울이 오네시모의 석방을 요구했는지, 혹은 빌레몬에게 (단지) 그의 종이 이제 그리스도 안에서 사랑받는 형제로 받아들여져야 한다고 제안했는지에 대한 연구는 여전히 논란의 여지가 있다.

---

527 M. Wolter, Phlm, 233f.

528 P. Lampe, Phlm, 207.

529 참조. P. Stuhlmacher, Phlm, 18, 57.

530 참조. E. Lohse, Phlm, 289f.; J. Gnilka, Phlm, 6.

보론 2: 바울 해석의 모델

현재의 신학 연구는 모든 분야에서 항상 새로운 관점을 가져오고 오랫동안 효과를 개발한 고전적 기초 연구[531]를 통해 이루어진다. 이것은 바울 연구에도 해당하는데, 현재 크게 세 가지 기초 연구에 기반을 두고 논의와 논쟁이 진행되고 있다.

I. 바울 해석의 거장

오늘날까지 바울 해석에는 세 거장이 있다. 그들은 브레데(W. Wrede), 슈바이처(A. Schweitzer), 그리고 불트만(R. Bultmann)이다.

1) 브레데(1859-1906)

브레데는 1904년에 크게 성공을 거둔 바울 연구를 보다 넓은 독자층을 대상으로 하는 '종교사적 국민도서' 시리즈로 출판했다.[532] 그는 소위 '교의 개념'을 기반으로 하는 교리적 방법을 거부하고, 바울에 대한 일관된 역사적 해석으로 눈을 돌렸다. 그는 다음과 같이 정리한다. "무장한 아테나가 제우스의 머리에서 튀어나왔다. 바울 신학은 그렇게 생성되지 않았다. 그것은

---

531 바울 신학을 위한 포괄적인 연구사는 유감스럽게도 존재하지 않는다.(연구 개요와 보고서는 위 2를 보라.); 참조. U. Schnelle, Neutestamentliche Anthropologie. Ein Forschungsbericht, ANRW 26. 3, Berlin 1996, 2658-714.(여기에 바우르, 뤼데만, 홀츠만의 고전적 입장이 소개되어 있다.)

532 참조. W. Wrede, Paulus, Tübingen 1904. ^{2}1906.(=ders., Paulus, Das Paulusbild in der neueren deutschen Forschung, hg. v. K. H. Rengstorf, Darmstadt ^{2}1969, 197.)

성장해왔고, 형성되었다. 모든 역사적인 것과 마찬가지로 우리는 그것이 되어가는 것을 들여다볼 정도까지만 그것을 이해한다."[533] 브레데는 그렇게 종교사학파의 기본 관심사를 공식화하고, 신학을 개인적인 경험과 종교적 환경의 영향으로부터 분리된 고정된 교의 체계를 이해하는 것이 아니라 초기 그리스도교를 모든 역사적 조건 속에서 파악하고자 한다. "여기서 실천은 이론의 어머니이다.…"[534] 이것은 바울에게 해당된다. 바울 사상의 초기에는 고정된 신학적 시스템이 존재하지 않았고, 그의 가르침은 이방선교의 필요에서 생겨나서 크게 발전했다. 따라서 브레데가 칭의 교리를 유대교나 유대계 그리스도교에만 해당하는 논쟁의 전투 교리로 설명하고 바울의 중심 사상을 결코 대표하는 것이 아니라고 설명하는 것은 논리적이다.

"종교개혁은 우리에게 이 교리를 바울의 중심 사상으로 관찰하는 데 친숙하게 했다. 하지만 그렇지 않다. 우리가 실제로 율법에 대한 언급을 제외한다면, 바울 종교의 전체를 아무런 주의를 기울이지 않고도 얼마든지 제시할 수 있다. 오해된 주요 교리가 소수의 몇몇 서신에서만 드러난다면 역시 이상할 것이다. 그러나 그것이 사실이다. 즉 유대교에 대한 논쟁이 있는 곳에서만 발생한다. 이는 또한 이 교리의 진정한 의미가 무엇인지를 설명한다. 그것은 바울의 전투 교리이며, 그의 삶의 투쟁, 오직 유대교 및 유대계 그리스도교와의 갈등을 통해서만 이해할 수 있다. 물론 이 대결은 역사적으로 매우 중요하며 바울 자신에게 특징적이라는 점에서 그렇다."[535] 이를 통해 브레데는 바울 사상의 좌표를 새롭게 잡는다. 그것은 죄와 죽음을 단번에 이긴 예수의 희생적인 죽음에 초점이 맞춰져 있다. 성령의 은사와 믿음과 세례를 통해 인간은 구원을 얻게 되며, 이것은 객관적으로 실재하는 동시에 여전히 미래의 일이다. 그리하여 그리스도교는 구원의 종교가 되고

---

533 W. Wrede, Paulus, 74.

534 위의 책, 79.

535 위의 책, 67.

바울은 그 종교의 두 번째 창시자가 된다.

2) 슈바이처(1875-1965)

슈바이처는 랑바레네(Lambarene)에서의 연구를 토대로 1930년에 『사도 바울의 신비주의』(Mystik des Apostle Paulus)를 출판했다.[536] 이 책의 초안은 1906년으로 거슬러 올라가며, 기본 논제는 1911년 『바울 연구사』의 마지막 장에 나왔다.[537] 이 책에 따르면 바울은 자신의 신학에서 예수의 부활과 재림 사이의 짧은 기간을 고려한다. 이 기간은 세상에서 부활의 능력의 현재적 효과에 의해 형성되었다. 그리스도인은 그 기간에 살고 있다. 부활과 메시아 왕국의 임박한 도래와 함께 자연 세계와 초자연 세계가 이미 합쳐졌다. 이것은 슈바이처가 그리스도 신비주의라고 부르는 신자의 새로운 존재 방식, 그리스도 안에 있는 그들의 존재 방식을 설명한다.[538] 그리스도와 신자 사이의 특별한 관계는 이미 현재를 포괄적으로 형성하고 있다. "그분과 이 신비하고 자연스러운 결합에 근거하여 그분의 죽음과 부활의 시간부터 그분에게 역사한 죽음의 권세와 부활의 권세는 마찬가지로 신자들에게도 영향을 미친다. 이로써 신자들은 더는 다른 사람과 같은 자연인이 아니다. 그들은 자연 상태에서 초자연적 상태로 변모하는 과정에 있는 존재가 되며, 자연인의 모습을 겉옷처럼 입고 있지만, 메시아 왕국이 도래했을 때 즉시 벗어버리는 존재가 된다."[539] 신자는 세례를 통해 새로운 존재 방식으로 들어가며, 거기서 그리스도와 신자의 친교가 시작된다. "세례가 없으면 그

536 참조. A. Schweitzer, Die Mystik des Apostels Paulus, Tübingen 1930. ^{2}1954.

537 참조. A. Schweitzer, Geschichte der Paulinischen Forschung von der Reformation bis auf die Gegenwart, Tübingen 1911, 185-94.

538 다른 신비 개념과 사도에 대한 다른 종교사적 분류는 바울에 관한 책으로 많은 영향을 미친 자료를 참조하라. A. Deissmann, Paulus. Eine kultur- und religionsgeschichtliche Skizze, Tübingen ^{2}1925.

539 A. Schweitzer, Aus meinem Leben und Denken, Hamburg 1975, 177.

리스도 안의 존재는 없다!"[540] 하나님과 인간 그리고 새 인간 실존 사이의 새로운 관계는 주관적인 요소에 기인하는 것이 아니라 우주적 차원을 지닌 객관적이고 성례전적 사건에 놓여 있다. 율법의 행위 없이 믿음으로 말미암는 의의 교리는 상황에 따라 구원론의 이면에서 발생한 분화구이다. "따라서 믿음으로 말미암는 의의 교리는 그리스도 안에 있다는 신비주의 구원론의 핵심 분화구에서 파생하는 이차 분화구이다."[541] 칭의론이 아니라 포괄적인 참여적 그리스도론이 바울 사상의 핵심을 형성한다.

3) 불트만(1884-1974)

불트만은 신학을, 개인을 지향하는 인간학으로 이해한다. 그에게 죄인 각자의 칭의는 바울 신학의 초점이다. 불트만은 바울 신학이 사변적 체계가 아니라고 강조한다. "바울 신학은 하나님을 본질 자체로 다루지 않고 오직 하나님이 인간을 위해, 인간에 대한 책임과 구원을 위해 얼마나 중요한지를 다룬다. 마찬가지로 바울 신학은 세상과 인간을 있는 그대로 보는 것이 아니라 세상과 인간을 항상 하나님과의 관계에서 본다. 하나님에 관한 모든 문장은 동시에 인간에 관한 문장이며 그 반대도 마찬가지다. 이러한 의미에서 바울 신학은 동시에 인간학이다."[542] 불트만에 따르면 바울 신학은 예수 그리스도의 형이상학적 본질에 관해 이야기하는 것이 아니라 그의 세상과 인간에 대한 구원의 의미에 관해 이야기한다. 따라서 바울의 그리스도론은 그 핵심에 구원론이 있다. 이러한 기본 입장에 따라 불트만은 바울 신학을 인간에 관한 가르침으로 발전시켰으며, 이로써 그는 사도의 인간학적 용어를 소개하는 데 집중했다. 불트만은 로마서를 이러한 접근의 기초로

540 A. Schweitzer, Mystik, 118.

541 위의 책, 220. 슈바이처는 최소한 하르낙(A. v. Harnack)만큼 이 논제에 대해 분명하게 찬성한다. A. Schweitzer, Theologischer und philosophischer Briefwechsel 1900-1965, hg. v. W. Zager u. a., München 2006, 282.

542 R. Bultmann, Theologie(위 2를 보라.), 191f.

사용한다. 그에 따르면 이 서신은 바울의 기본 입장을 가장 명확하게 반영한다. "바울이 현실의 문제를 기본적인 신학적 질문으로 소급하는 방법은 이것이다. 그가 기본적으로 신학적 성찰에 따라 구체적으로 결정을 내리듯이 이것이 로마서에서도 어느 정도 설명되고 있는데, 자신의 신학적 기본 입장으로부터 자신의 말과 사고가 생겨난다."[543] 따라서 불트만은 바울 신학은 문학적 및 내용적 중심을 제시하고 있다고 본다. 로마서는 인간이 자신을 포기하고 자신의 실존을 하나님과 일치시킴으로써만 새로운 존재가 된다는 바울의 케리그마를 포괄적으로 전개하고 있다. 구체적으로 말하면, 새로운 존재는 의를 받아들이고 의롭게 되는 데서 일어난다. 의는 "구원을 받기 위한 생명의 조건"[544]이기 때문이다. 인간은 이 의를 자기 스스로 얻을 수 없고 선물로 받는다. 이와 관련하여 의는 하나님의 '은혜'(χάρις)에 그 기원을 두고 있다. 불트만에게 바울 신학은 개별 인간의 구원에 관한 질문에 신중하게 고려하여 일관된 답변을 제공하고 있다.[545]

브레데, 슈바이처, 불트만의 도전은 현재의 모든 신학 연구에 다양한 형태와 강도로 존재한다. 그들의 도전은 여전히 현재의 질문이기도 하기 때문이다. 바울 신학은 통일성이 있다고 할 수 있는가? 혹은 상황에 따른 조건적으로 이해해야 하는가? 바울서신에는 일정한 중심 주제가 있는가? 바울과 유대교, 헬레니즘 세계, 로마제국과의 관계는 어떻게 결정되는가?

II. 바울 해석의 다섯 가지 모델

최근 바울 주석서에서 다섯 가지 (이상적인) 모델을 살펴볼 수 있으며, 그중 일부는 중복되거나 서로 결합될 수 있다.

543 위의 책, 191.

544 위의 책, 272.

545 불트만의 프로그램을 콘첼만이 수용하여 정확하게 설명했다. H. Conzelmann, Grundriss der Theologie des Neuen Testaments, München 1967, 175-314.

1) 바울 신학 전체를 조직하고 구성하는 바울의 사상의 일정한 중심 주제가 있다. 이 중심 주제는 주로 칭의 교리(불트만이 이미 언급한 바와 같이)에서 볼 수 있는데, 로마서가 핵심적인 역할을 한다. 그것은 '약속'(Testament)이다.(보른캄)[546] 약속은 문학적 및 내용적 측면에서 닫힌 체계로서 바울 사상의 총체를 담고 있다. 케제민에게도 칭의 교리는 바울 사상을 지배하는 중심이다. 율법과 관련된 칭의에 대한 바울의 메시지는 궁극적으로 그리스도론에 대한 그의 해석이다.[547] 그러나 죄인의 칭의는 개인적 사건으로 이해되어서는 안 된다. 세상에 대한 하나님의 통치는 모든 개별화를 깨뜨리기 때문이다. 그러므로 바울에게 인간학은 그의 신학의 지배적 중심이 아니다. 결국 칭의론은 인간학에 국한되는 것이 아니라, 온 세상에 대한 하나님의 구원하는 권리를 선언한다.[548] 구원은 개별적 사건으로서 일어나지 않는다. 구원은 창조자가 예수 그리스도 안에서 피조물에 맞서 그의 권리와 권세를 관철하는 것이다. 권세는 우리를 소유하고 동시에 우리 안으로 들어오면 선물이 된다.[549] 케제만에 따르면 바울의 칭의론은 인간학이 아니라 특정한 종말에 대한 기대가 있는 그리스도론으로부터 이해되어야 한다.

슈툴마허도 그의 스승 케제만과 마찬가지로 칭의론을 성서신학의 틀에서 바울 사상의 중심으로 본다. 바울은 다메섹에서 하나님이 십자가에 못 박고 살리신 그리스도 안에서 율법의 끝(구원의 길로서)을 배웠다.[550] 바

546 참조. G. Bornkamm, "Der Römerbrief als Testament des Paulus," ders., Geschichte und Glaube II, BEvTh 53, München 1971, 120–39; 이와 비슷하게는 E. Lohse, "Summa Evangelii – zu Veranlassung und Thematik des Römerbriefes," NAWG. PH (1993): 89–119.

547 E. Käsemann, "Rechtfertigung und Heilsgeschichte im Römerbrief," ders., Paulinische Perspektiven, Tübingen [2]1972, (108–39) 130.

548 E. Käsemann, An die Römer(위 2.8.1을 보라.), 286.

549 E. Käsemann, "Gottesgerechtigkeit bei Paulus," ders., Exegetische Versuche und Besinnungen II, Göttingen [6]1970, (181–93) 186

550 P. Stuhlmacher, BiblischeTheologie I(위 2를 보라.), 248.

울의 전체 가르침은 그리스도 사건에서 실현되는 하나님의 의를 중심으로 이루어진다. 이때 칭의론은 명시적으로 언급되지 않은 바울의 서신에서도 전제된다. 시간상 가까이 기록된 일곱(또는 아홉) 권의 바울서신은 서로 관련되고 상호 해석될 수 있다.[551] 이러한 방법론적 접근은 발전가설을 명백히 거부한다. 따라서 바울 신학은 문학적, 내용적 측면에서 독자적인 체계이다.

던(J. D. G. Dunn)은 바울 신학의 주제에 대해 몇 가지를 강조했음에도 불구하고 바울 신학의 주제적 단일성을 가정한다. 그는 바울 사상을 모든 차원에서 파악하기 위해 3층 대화 모델을 선택한다. 그것은 바울과 자신 및 그의 전통과의 대화, 바울과 그의 서신의 수신자와의 대화, 그리고 오늘의 주석자와 바울과의 대화이다. 던은 로마서가 이 대화의 문학적 기반 역할을 하며, 따라서 전체 바울 신학을 제시하는 중심 역할을 한다고 보았다. 요컨대, 로마서는 신학에 대한 독단적이거나 체계적인 논문과는 거리가 멀지만 바울 자신이 쓴 자신의 신학에 대한 가장 지속적이고 반성적인 진술이라는 것이다.[552] 던은 바울의 사유는 약간의 변화가 있었지만, 그 자체로 바울 신학의 성격과 주요 주제는 놀라울 정도로 일관되고 일관성을 유지했다고 지적한다.[553]

볼터(M. Wolter)도 제한적으로 바울 사상의 중심을 칭의론으로 보는 견해를 취한다. 그는 개념적으로 정확하게 바울 신학의 기본 가정을 강조하는데, 변경과 난제를 언급하고, 동시에 모든 것이 믿음으로 말미암는 칭의를 향해 달려가도록 만든다. 한편으로 볼터는 갈라디아서와 로마서에서 제시된 칭의론의 의미를 파악한다.[554] 다른 한편으로 그는 갈라디아 논쟁 이전에 시작된 '발견 문맥'(Entdeckungszusammenhang)을 갈라디아서와 로

551 위의 책, 225.
552 참조. J. D. G. Dunn, Theology of Paul(위 2를 보라.), 25.
553 위의 책, 733.
554 참조. M. Wolter, Paulus(위 2를 보라.), 342ff.

마서의 '설명 문맥'(Begründungszusammenhang)과 구별한다.[555] 칭의 메시지의 핵심은 다음과 같다. "하나님은 자신의 믿음에 기초하여 사람을 의롭다고 선언하신다. 이것은 우리가 '바울의 칭의론'이라고 부르는 신학적 개념의 중심이다."[556] 볼터에 따르면 칭의론은 교회론의 기능이며 율법과 이스라엘에 대한 바울의 이해와 인과적으로 연결되어 있다. 이 모든 영역에서 거리감도 있지만 무엇보다도 이스라엘과 사도의 친밀함이 밝혀졌다.

2) 바울 신학의 기본 사상으로서 변화와 참여. 슈바이처는 칭의의 교리를 단지 부차적인 분화구로 본 반면에 그리스도 안에 있는 존재의 신비주의의 자연적 구원론(die naturhaften Erlösungslehre)에서 바울 신학의 깊은 층을 보았다. 현재 연구에서 이러한 접근 방식은 바울을 참여 그리스도론의 맥락으로 해석하는 모델에서 중심적인 역할을 한다. 샌더스는 유대교에 대한 자신의 재해석(참조. 아래 '모델 3')과 슈바이처를 기반으로 한 바울상을 결합한다. 그의 해석에 따르면 종교에 들어가는 것은 선택과 언약을 통해서가 아니라 그리스도와 하나가 되는 것을 통해서이다. 바울 신학의 접근은 인간학에서 추구되어야 하는 것이 아니라—불트만과는 반대로—구원론에서 추구되어야 한다.[557] 해결책이 문제보다 앞선다. "바울은 분명히 그의 구원에 관한 흔들리지 않는 관념을 통해 죄의 보편성에 대한 논증을 찾지 않을 수 없었다."[558] 바울은 그의 기본적 접근의 관점에서부터 제한된 범위에서만 해결할 수 있는 실제적이고 지적인 문제에 직면했다. "그러나 바울은 이러한 다면적인 문제에 대한 자신의 대답을 조정하지 않았기 때문에 조직신학자(Systematiker)는 아니었다."[559] 바울은 특히 율법의 문제에 대한

555 참조. 위의 책, 404f.

556 위의 책, 344.

557 이미 방향을 설정하며, W. Wrede, Paulus, 47

558 E. P. Sanders, Paulus. Eine Einführung(위 2를 보라.), 54.

559 위의 책, 167; 참조. 위의 책, 122f. "물론 바울은 이론신학자는 아니다."

통일된 해결책에 도달하지 않았고 오히려 여러 가지 율법에 관한 신학을 가지고 있었다.[560] '믿음으로 말미암는 의'라는 관념도 통일된 교리가 아니라 오히려 율법에 순종하는 것이 구원의 충분 조건이라는 관념에 반대하는 '설명을 위한 임시 범주'[561]이다. 샌더스에 따르면 참여적 범주가 바울의 사유를 긍정적으로 보는 것이며, 새로운 종교로의 진입은 세례와 성령 받음을 통해 그리스도와 하나가 됨으로써 이루어진다.

슈넬레는 샌더스처럼 바울을 유대교에 가깝게 하지 않으면서 변화와 참여의 범주에서 바울 사상의 중심을 본다.[562] 하나님은 십자가에 못 박히고 죽은 나사렛 예수를 새로운 존재로 변화시키셨으며(빌 2:6-11) 그럼으로써 신분 변화가 일어났다. 하나님과 거리를 둔 신분이 아니라 동등 됨의 신분이 부여된 것이다. 예수 그리스도의 변화의 목표는 이 근본적인 사건에 신자가 참여하는 것이다. 예수 그리스도가 죽은 자 가운데서 부활함으로써 신자의 운명과 우주 전체의 운명에 영향을 미치는 보편적인 역동성이 시작되었다.(참조. 고전 15:20-28, 빌 3:20-21) 세례는 개인이 이 보편적인 사건에 통합되는 장소이다.

3) 유대교에 상대적으로 가까운 바울('바울에 대한 새로운 관점'). 사도와 유대교의 관계를 재정의하려는 시도가 있다. 그것은 분명 루터교가 주장한 바울 신학에 관해 혹은 실제 왜곡된 바울상의 수정에 관한 것이다. 루터교는 유대교의 '행위를 통해 얻는 의'라는 어둠 앞에서 바울을 빛나는 인물로 해석한다.[563] 샌더스는 바울이 당시 유대교의 '행위를 통해 얻는 의'에 맞

560 참조. 위의 책, 123f.

561 E. P. Sanders, Paulus und das palästinische Judentum(위 2를 보라.), 467.

562 참조. U. Schnelle, "Transformation und Partizipation als Grundgedanken paulinischer Theologie," NTS 47 (2001): 58-75.

563 최근의 '새 관점'에 관한 연구 개요는 다음을 참조하라. M. B. Thompson, The New Perspective on Paul, Cambridge 2002; S. Westerholm, Perspectives

서 싸우지 않았음을 증명하려고 한다. 그런 것이 전혀 없었기 때문이다.[564] 오히려 고대 유대교는 언약적 율법주의(Bundesnomismus)에 의해 형성되었으며, 그 구조는 다음과 같다.[565] "(1) 하나님은 이스라엘을 선택했다. 그리고 (2) 율법을 주셨다. 율법은 두 가지를 담고 있다. (3) 하나님의 선택을 고수하겠다는 약속과 (4) 순종해야 한다는 요구 사항이다. (5) 하나님은 순종에 상을 주시고 범법을 벌하신다. (6) 율법은 속죄의 수단을 알려주고, 속죄는 (7) 언약관계의 유지 또는 회복으로 이어진다. (8) 순종과 속죄와 하나님의 자비로 말미암아 언약 안에 있는 모든 자는 다 구원받는 무리에 속하게 될 것이다. 처음과 마지막 요점에 대한 중요한 해석은 선택과 궁극적인 구원을 인간의 행위로 이해하지 않고 하나님의 긍휼 행위로 이해하는 것이다."[566] 구원에 대한 접근('getting in')은 오직 하나님의 자비로운 선택을 통해서만 발생하는 반면에 토라는 이와는 반대로 언약 안에 머무르는 것('staying in')을 규제하는 기능만 가지고 있다.

Old and New on Paul, Grand Rapids/Cambridge 2004; J. -Chr. Maschmeier, Rechtfertigung bei Paulus. Eine Kritik alter und neuer Paulusperspektiven, BWANT 189, Stuttgart 2010; I. Bendik, Paulus in neuer Sicht? Eine kritische Einführung in die "New Perspective on Paul", Stuttgart 2010. '새 관점'을 비판적 소개한 것으로는 다음을 참조하라. A. J. M. Wedderburn, "Eine neuere Paulusperspektive?," Biographie und Persönlichkeit bei Paulus, hg. v. E.-M. Becker/P. Pilhofer, WUNT 187, Tübingen 2006, 46-64; J. Frey, "Das Judentum des Paulus," O. Wischmeyer (Hg.), Paulus(위 2를 보라.), 35-43.

564 참조. E. P. Sanders, Paulus und das palästinische Judentum(위 2를 보라.), 473. "율법의 폐지에서 이방인 문제와 바울의 구원론의 배타성은 책임이 있지만, 율법에 대한 오해나 바울의 유대적 배경을 통해 이미 결정해버린 견해는 책임이 없다."

565 샌더스는 '언약적 율법주의'라는 개념으로 사도의 근본적인 체계의 변화와 유대교에 대한 사도의 지속적인 친밀감을 두드러지게 하려고 이상적이며 모범적인 유대교를 구성한다.(참조. 위의 책, 513. "바울이 유대교에 대해 잘못 생각하는 것은 유대교는 그리스도교가 아니라고 공식화하는 것이다.")

566 위의 책(위 2를 보라.), 400.

던에 따르면 '율법의 행위'(ἔργα νόμου, 갈 2:16, 3:2, 5, 10, 롬 3:20, 28)는 하나님 앞에 공로를 세우는 토라의 규정이라기보다는 유대인과 이방인을 구별하는 할례, 음식법, 안식일과 같은 유대인의 '정체성의 표지'이다. 바울은 이러한 정체성의 표지를 유대인의 특권을 정당화하고 하나님의 은혜를 제한하는 데 사용되는 경우에만 부정적으로 평가한다. 요컨대 바울이 일관되게 경고하는 행위는 그의 관점에서 볼 때 언약의 율법이 요구하는 바에 대한 이스라엘의 오해였다.[567] 따라서 바울은 율법 자체를 반대하지 않으며 '율법의 행위'를 비방하지 않는다.[568] 오히려 그는 유대인과 이방인을 구별하는 민족적 식별 요소이자 분리의 요소가 되는 율법을 반대한다. 토라에 대한 특권 지향적인 이해가 바울이 비판하는 대상이다. 따라서 칭의론은 개인과 하나님의 관계를 결정하는 것이 아니라 이방인 그리스도인의 권리를 보장한다. 그러므로 그것은 구원론적 기능보다는 사회학적이고 교회론적인 기능을 갖는다.

'새 관점'은 고대 유대교의 왜곡된 이미지를 수정하고, 바울 신학의 유대적 배경을 이해할 수 있도록 좀 더 다듬었다. 그러나 여러 개별 관점[569] 외에도 무엇보다 다음과 같은 점을 비판할 수 있다. 바울서신의 '새 관점' 논의는 사실상 갈라디아서와 로마서가 주요 본문으로 해당하지만 바울의 핵심 사역의 공간으로서 그리스-로마 지역과 그의 교회의 주요 삶의 공간이 거의 완전히 감춰진다는 사실이다.

4) 바울 사고의 변화/발전. 이 모델에서는 특히 브레데를 따라 바울 사상의 중심 영역에서 변화(또는 발전)가 발생했다고 가정한다. 그 영역은 율법에 대한 바울의 진술, 특히 갈라디아서와 로마서의 차이점, 사도와 이스

567 J. D. G. Dunn, Theology of Paul(위 2를 보라.), 366.

568 최근의 '율법의 행위'에 관한 논점에 관하여는 M. Bachmann (Hg.), Lutherische und Neue Paulusperspektive, WUNT 182, Tübingen 2005를 참조하라.

569 참조. J. Frey, Das Judentum des Paulus, 35-42.

라엘의 관계(참조. 살전 2:14-16과 롬 11:25-26) 및 바울의 종말론(참조. 살전 4:13-18, 고전 15:50-58, 고후 5:1-10, 빌 1:21-26)이다. 각각의 차이점은 현재의 교회 상황으로 인해 원칙적으로 동일하게 유지되는 신학의 변형일 뿐만 아니라 실질적인 변화/발전으로 보인다. 브레데의 프로그램은 1976년 슈트레커에 의해 수용되고 좀 더 정확하게 규정되었다.[570] 바울 신학의 기초는 모든 서신에 기록된 해방과 구속론, 그것의 배경에서 파악할 수 있는 칭의론이다. "칭의론은 형벌과 은혜에 대한 법적 가르침 그 이상이다. 칭의론의 법적 성격은 존재론적 근거가 있다."[571] 휘브너는 바울의 율법 이해에 관한 그의 연구에서 갈라디아서에서 로마서로의 중요한 변화를 입증한다.[572] 마찬가지로 빌켄스도 바울의 율법 신학의 발전을 강조한다.[573] 베커는 바울 신학의 온건한 발전을 생각했다. 그는 일관되게 연대기적으로 접근을 하는데, 바울이 초기 편지들을 쓸 때 아직 그러한 내용을 염두에 두지 않았기 때문에, 바울의 사상을 표현하기 위한 좌표 시스템으로 로마서를 채택하는 것을 명백하게 거부한다.[574] 슈넬레는 하나님의 아들 예수 그리스도의 변화에 관한 사상과 신자와 세례 받은 자가 구원 사건에 참여하는 것을 바울 사상의 기초로 보지만, 근본적인 발전을 특히 율법의 주제(갈라디아의 위기를 통해 유발된), 종말론, 이스라엘 문제에서 본다.[575] 그러므로 갈라디아서와 로마서(제한적으로 빌립보서를 포함하여)에서만 포괄적인 의미에서 토

---

570 참조. G. Strecker, "Befreiung und Rechtfertigung. Zur Stellung der Rechtfertigungslehre in der Theologie des Paulus," ders., Eschaton und Historie. Aufsätze, Göttingen 1979, 229-59(=1976).

571 G. Strecker, Theologie(위 2를 보라.), 149.

572 참조. H. Hübner, Das Gesetz bei Paulus. Ein Beitrag zum Werden der paulinischen Theologie, FRLANT 119, Göttingen ^{3}1982.

573 참조. U. Wilckens, "Zur Entwicklung des paulinischen Gesetzesverständnisses," NTS 28 (1982): 154-90.

574 참조. J. Becker, Paulus(위 2를 보라.), 3.

575 참조. U. Schnelle, Wandlungen im paulinischen Denken, SBS 127, Stuttgart 1989.

라 비판적 '칭의론'에 대해 말할 수 있다. 오직 거기에서만 포괄적인 칭의의 말이 발견되기 때문이다. 그 칭의의 말 없이는 칭의론도 존재할 수 없다. 개별 서신이나 서신 본문에 대해 특권을 부여하는 것은 역사적으로나 신학적으로 부적절하다. 바울이 현재 가지고 있지 않은 것을 전제해야 하기 때문이다. 다시 말해 그것은 언제 어디서나 사용하고 적용될 수 있는 바울 신학의 일종의 토대이다. 오히려 개별 편지는 바울이 그의 생각에 대한 일종의 개요인 배경을 가정하지 않고, 항상 그의 청중과 독자들에게 세심하게 마음을 열고 교회와 교회의 특정 상황에 대한 자신의 관계를 기반으로 주장한다. 내용면에서 발전 또는 변화의 모델은 광범위한 변형이 특징이다. 주석에서 상수, 그러니까 무엇보다도 바울 사고에서 변수는 매우 다른 방식으로 결정되기 때문이다.

5) 바울과 로마제국. 주로 호슬리가 주도적으로 시작한 바울에 대한 반제국적 해석은 바울에 관한 독일어권의 연구뿐만 아니라 최근의 영미권 모델(샌더스)에 대한 비판이다.[576] 그것은 바울서신을 그리스도교나 교회 내부의 관점에서 읽어야 할 뿐만 아니라 무엇을 공감하고, 함께 듣고, 함께 받아들이는지를 고려하는 것이 중요하다고 강조한다. 전체 바울의 세계와 역사 설계, 그리고 그에 따른 바울 사상의 핵심은 반제국적 해석을 암시한다. 그 이유는 바울이 주로 목적론적으로 그리고 역사신학적으로 이해하기 때문이다. 종말에 하나님은 그의 권세를 주장할 것이며, 이로써 지상의 모든 통

---

576 참조. R. A. Horsley (Hg.), Paul and Empire. Religion and Power in Roman Imperial Society, Harrisburg 1997; ders., (Hg.), Paul and Politics. Ekklesia, Israel, Imperium, Interpretation. Essays in Honour of K. Stendahl, Harrisburg 2000; J. D. Crossan/J. L. Reed, In Search of Paul. How Jesus' Apostle Opposed Rome's Empire with God's Kingdom, New York 2004. 현재의 논의와 비판에 관하여는 J. A. Harrill, "Paul and Empire: Studying Roman identity after the cultural Turn," EC 2 (2011): 281-311을 참조하라.

치자(특히 '신성한' 황제)는 폐위될 것이다. 모든 것이 하나님과 그리스도에게 복종한다.(참조. 살전 5:2-3, 고전 15:20-28) 그러므로 이제 바울은 적대 세력에 대한 하나님의 보편적 승리를 선포할 수 있다.(참조. 롬 8:29-39) 사도는 로마제국과 로마의 평화 이데올로기에 반대한다.[577] 또한 바울의 복음 및 의 개념과 현재의 통치자 주 예수 그리스도에 관한 사상은 분명 정치적 함의를 내포하고 있다. 로마제국은 바울의 세계관을 통해 원칙적으로 그리고 기본적으로 상대화된다. 특히 바울은 이스라엘의 역사에 기반을 두고 로마의 평화에 반대하는 사회체를 조직하고 있기에, 바울의 메시지는 사실상 반제국적 효과가 있다.(참조. 고전 6:1-11, 갈 3:26-28) 고린도전서 10:32는 이러한 가정에 대해 분명하게 반대한다.("…거치는 자가 되지 말고") 이것은 의심의 여지없이 로마의 이데올로기에 대한 암시이다.(예를 들어 살전 5:3, "그들이 평안하다, 안전하다 할 그 때에…") 바울의 개별 텍스트나 용어는 정치적이거나 심지어 반제국적인 영향을 미칠 수 있다.(예를 들어 빌 2:1-11, 3:20-21) 그렇지만 이것은 바울의 '반제국주의' 신학과 결코 동일하지 않다. 바울은 (1) 그의 사역을 '로마제국'이 아니라 항상 하위문화(유대교, 헬레니즘 도시, 속령, 지방)[578]에서 움직이므로 우연이 거의 없고, (2) 직접적인 반로마 또는 로마에 대한 비판도 하지 않는다. 오히려 (3) 바울이 유일하게 로마제국에 대해 언급한 로마서 13:1-7은 로마제국의 인정을 요구한다. 특히 (4) 높임 받은 그리스도의 임박한 도래는 이미 지상의 것을 허무하게 만든다.(고전 7:29-31) 무엇보다도 로마서 13:1-7은 그러한 반제국적 접근 방식에 잘 맞지 않는다.[579] 따라서 이 단락은 반제국적 해석 내에서는 대부

577 참조. K. Wengst, Pax Romana. Anspruch und Wirklichkeit, München 1986.

578 바울 당시 그가 방문한 도시에서 황제 숭배가 어느 정도로 실행되었는지에 대한 문제가 있다. 기원후 30-60년 시기에 대한 다소 부정적인 결과에 관하여는 C. Miller, "The Imperial Cult in the Pauline Cities of Asia Minor and Greece," CBQ 72 (2010): (314-32) 316을 참조하라. "고고학적 증거에 의하면 바울 시대에 그가 방문한 도시에서 황제 숭배는 미미했다."

분 바울의 단순한 전략적 고려로 해석한다.

연구사의 서로 다른 입장은 적절한 바울의 해석이 역사적, 신학적으로 다양한 인자를 포함하고 있음을 매우 분명하게 보여준다. 바울은 단순하게 설명될 수 없다. 구약과 고대 유대교에 대한 그의 뿌리, 그리스-로마 사상의 논쟁에서 그의 고정시킴(Verankerung), 갈등으로 얼룩진 초기 그리스도교의 역사에 대한 그의 참여, 그리고 새로운 것을 창조하는 그의 창조적 능력을 항상 유념해야 한다. 바울의 특별한 일생의 성취는 그의 독특한 역사적 상황, 곧 그가 그리스도교의 창시자가 아니라 결정적인 구성자였다는 사실에서 비롯되었다. 바울은 재능 있는 선교 전략가였으나 동시에 위대한 신학 사상가였다. 그의 신학은 사려 깊은 사유의 힘을 보여준다. 그의 신학에는 사유하는 힘이 나타난다. 그의 신학은 바울의 사상과 같이 효과적인 역사를 발전시키기 이전에, 무엇보다도 체계적 특성을 갖게 한 종교적 체험과 확신의 구현에서 나타난다.

---

579 참조. St. Krauter, Röm 13,1-7(위 2.8.1을 보라.), 248. "실제 정치 상황은 - 정치적 이데올로기의 중요한 요소를 포함하여 - 로마서 13:1-7에서 종교적 주장(하나님이 주신)과 함께 실용적 이유(평화로운 삶을 위한)로 받아들여지는 동시에 그리스도인의 세계는 이와 다른 것이다."

E I N L E I T U N G

I N D A S

제3장

공관복음

N E U E

T E S T A M E N T

3.1 '복음' 장르

3.1.1 참고문헌

M. Dibelius, Die Formgeschichte des Evangeliums, Tübingen [6]1971. • R. Bultmann, Die Geschichte der synoptischen Tradition, FRLANT 29, Göttingen [8]1970. • K. L. Schmidt, "Die Stellung der Evangelien in der allgemeinen Literaturgeschichte," ders., Neues Testament-Judentum-Kirche, TB 69, München 1981(=1923), 37-130. • C. H. Talbert, What is a Gospel?, Philadelphia 1977. • G. Strecker, Art. "εὐαγγέλιον," EWNT II, 176-86. • P. Stuhlmacher (Hg.), Das Evangelium und die Evangelien, Tübingen 1983. • H. Cancik, "Die Gattung Evangelium," Markus-Philologie, hg. H. Cancik, WUNT 33, Tübingen 1984, 85-113. • M. Reiser, "Der Alexanderroman und das Markusevangelium," Markus-Philologie, 131-65. • A. Dihle, "Das Evangelium und die biographischen Traditionen der Antike," ZThK 80 (1983): 33-49. • H. Frankemölle, Evangelium. Begriff und Gattung, SBB 15, Stuttgart 1988. • D. Dormeyer, Evangelium als literarische und theologische Gattung, Darmstadt 1989. • G. Theißen, Lokalkolorit und Zeitgeschichte, NTOA 8, Freiburg (H)/Göttingen 1989. • H. Köster, Ancient Christian Gospels, London/Philadelphia 1990. • G. Strecker, Literaturgeschichte(위 1.2를 보라.), 122-48. • R. A. Burridge, What are the Gospels?, Grand Rapids [2]2004. • D. Frickenschmidt, Evangelium als Biographie, TANZ 22, Tübingen 1997. • T. Onuki, Sammelbericht als Kommunikation, WMANT 73, Neukirchen 1997. • R. Bauckham (Hg.), The Gospels for all Christians, Grand Rapids 1998. • M. Reiser, "Die Stellung der Evangelien in der antiken Literaturgeschichte," ZNW 90 (1999): 1-27. • M. Bockmühl/D. A. Hagner (Hg.), The Written Gospel, Cambridge 2005. • U. Schnelle, Theologie des Neuen Testaments, Göttingen 2007, 335-46. • Pheme Perkins, Introduction to the Synoptic Gospels, Grand Rapids 2007. • M. Harding/A. Nobbs (Hg.), The Content and Setting of the Gospel Tradition, Grand Rapids 2010.- R. A. Horsley 등 (Hg.), Performing the Gospel, Minneapolis 2011.

3.1.2 '복음' 개념

명사 '복음'(εὐαγγέλιον)은 원래 문학적 장르가 아니라 예수 그리스도에 관한 기쁜 소식을 명명한 것이다. 바울에게서 복음은 비문학적 개념으로서, 살아 있는 구원의 메시지, 선포된 구원의 메시지가 그 내용이다. 복음에 대한 바울 이전의 이해는 데살로니가전서 1:9b-10, 고린도전서 15:3b-5, 로마서 1:3b-4a로부터 추론된다. 여기서 바울은 앞서 주어진 전승의 통일체를 절대적인 복음과 결합시키며, 이 복음이 자신의 청중 및 독자에게 이미 알려졌다고 전제한다. 바울의 경우에도 지배적인 복음의 그리스도론적-구원론적 성취는 최초 그리스도교-헬레니즘 교회로 거슬러 올라간다. 그 기원과 권위에 따라 복음은 '하나님의 복음'[εὐαγγέλιον (τοῦ) θεοῦ]이며(참조. 살전 2:2, 8, 9, 고후 11:7, 롬 1:1, 15:16), 그 내용에 따라 복음은 '그리스도의 복음'(εὐαγγέλιον του Χριστοῦ)이다.(참조. 살전 3:2, 고전 9:12, 고후 2:12, 9:13, 10:14, 갈 1:7, 롬 15:19, 빌 1:27)

최초 그리스도교 선교 용어인 '복음'의 종교사적 배경은 논란이 되고 있다. 슈툴마허(P. Stuhlmacher)는 셈어적-팔레스타인 언어권으로부터의 유래를 주장하며 마태복음 11:2-6과 요한계시록 14:6, 10:7에서 가장 초기의 전승을 파악한다.[1] 반면에 슈트레커(G. Strecker)는 황제 숭배 환경 가운데 '복음'이 사용되는 지점에서 일차적인 전승사적 배경을 본다.[2] 슈툴마허는 무엇보다 '좋은 소식을 전하다'(εὐαγγελίζεσθαι)라는 동사를 언급한다. 그 단어의 역사는 대체로 옛 유대적 배경을 인식하도록 한다. 이는 칠십인역에서뿐만 아니라 고대 유대교 문서에도 등장하며 '종말적 구원을 알린다'로 번역되어야 한다. 물론 헬라 문헌에서도 '좋은 소식을 전하다'라는 동사가 종교적 의미로 사용된다.(참조. 필로스트라토스, VA I 28; 나아가 필로, LegGai 18, 231) 다음의 논증이 슈트레커의 견해를 옹호한다. (1) 명사 '복음'은 칠십인역에서 신학적인 의미 없이 등장

1 참조. P. Stuhlmacher, Das paulinische Evangelium I. Vorgeschichte, FRLANT 95, Göttingen 1968, 218ff.

2 참조. G. Strecker, "Das Evangelium Jesu Christi," ders., Eschaton und Historie, Göttingen 1979, 183-228.

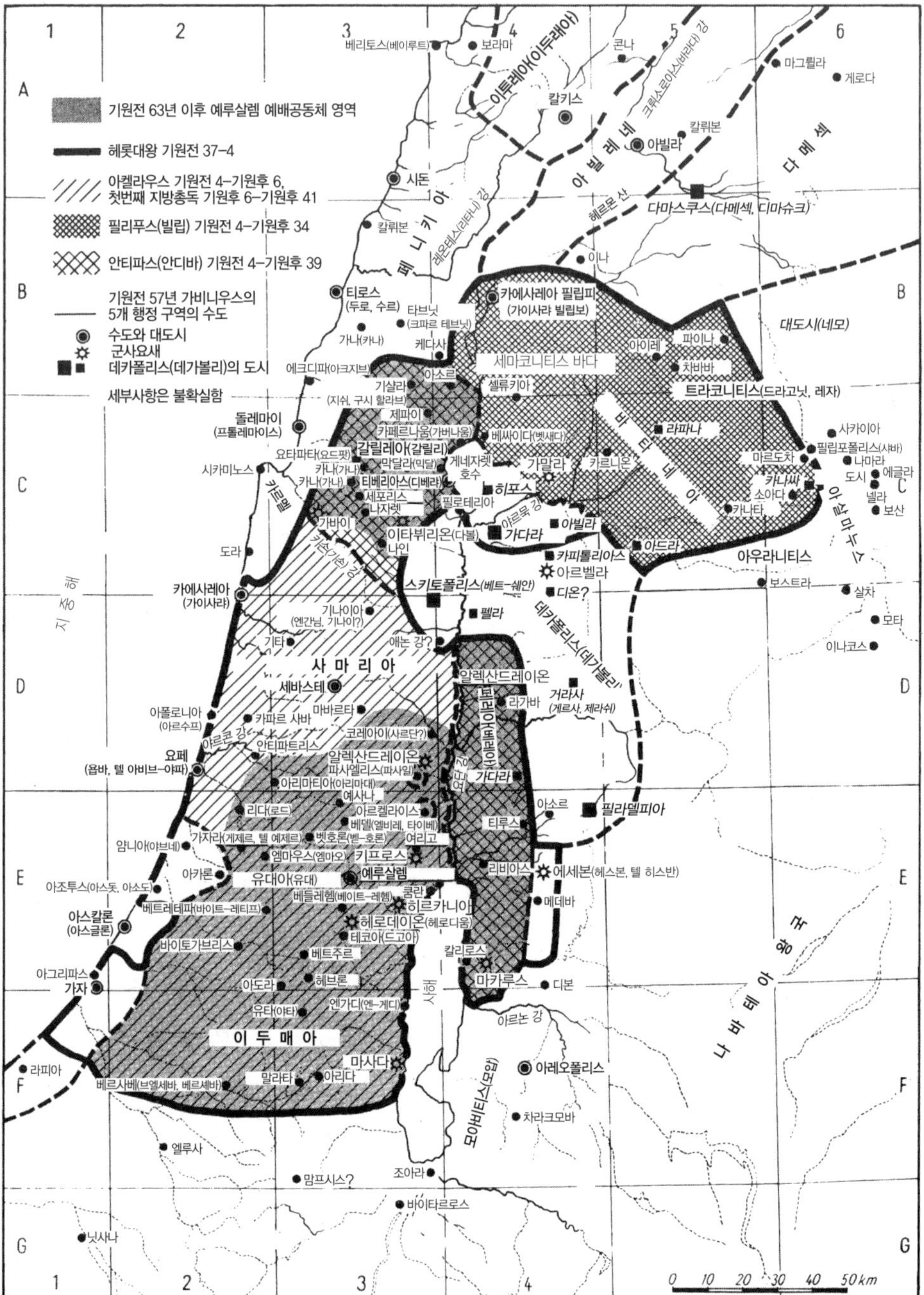

복음서 시기의 이스라엘과 주변 세계

한다.(참조. 왕하 4:10, 18:22, 25) (2) 비문의 증거들 외에 무엇보다도 필로(LegGai 18, 99, 231)와 요세푸스(Bell IV 618, 656)가 헬라의 황제 숭배의 틀에서 '복음'이 사용됨을 증거한다.[3] 여기서 중요한 것은 복음들((εὐαγγέλια), 즉 베스파시아누스가 황제로 등극하는 것과 요세푸스에게 희생을 바치는 것 사이의 관계이다. (3) 실제로 '복음/좋은 소식을 전하다' 및 히브리어나 아람어의 등가어는 역사적 예수가 선포한 내용이 아니다. 마태복음 11:5/누가복음 7:22의 이사야서 61:1(칠십인역)의 인용은 이미 부활 이후의 그리스도론을 전제하기 때문이다.[4]

신약성서의 복음 개념의 전승사적 뿌리가 헬라의 황제 숭배에 있다면, 초기 교회는 그들의 주변 세계에서 유통되는 표상과 연결되어 있었다. 동시에 그들은 그 개념을 단수 '그 복음'(τὸ εὐαγγέλιον)으로 주변 세계의 '복음들'과 근본적으로 구별하였다.

3.1.3 '복음서' 문학 장르

어떻게 비문학적인 복음 개념(용어)이 거시적 장르인 복음서가 되었는가? 복음서 기자 마가가 이 새로운 양식을 만들었으므로, 복음서 개념과 연결된 그의 역사적, 신학적 통찰력은 문학 장르인 복음서의 생성 기원에 관한 정보를 제공한다. 일곱 개의 복음 용례(참조. 막 1:1, 14-15, 8:35, 10:29, 13:10, 14:9) 모두 복음서 기자에게 소급된다.[5] 마가 이전에 복음이 언제나 예수 그리스도에 관한 선포로 사용되었다면, 속격 목적어(genitivus objectivus)로

3 참조. Neuer Wettstein II/1(위 2.4.8을 보라.), 6-10.

4 참조. M. Sato, Q und Prophetie(아래 3.3.1을 보라.), 141-44.

5 슈트레커가 입증한다. G. Strecker, "Literarkritische Überlegungen zum εὐαγγέλιον-Begriff im Markusevangelium," Eschaton und Historie, Göttingen 1979, 76-89.

'예수 그리스도'(Ἰησοῦ Χριστοῦ)가 추가된 것은 근본적인 변경이 일어났음을 나타낸다. 마가복음 1:1에서 예수 그리스도는 선포자이며 동시에 복음의 내용이다. 속격 예수 그리스도는 복음의 주체와 대상을 표시한다.[6] 마가복음 1:1과 1:14-15의 일치는 복음서에서 선포된 예수 그리스도가 동시에 복음의 선포자임을 마가가 분명히 하고 있다는 의미이다. 부활 이전의 '하나님의 복음'(εὐαγγέλιον τοῦ θεοῦ, 막 1:14)은 이제 '예수 그리스도의 복음'(εὐαγγέλιον Ἰησοῦ Χριστοῦ, 막 1:1)이 되었다. 그러나 마가는 예수의 신학적인 선포와 교회의 그리스도론적인 신앙고백을 대립적으로 표현하지 않는다. 예수 그리스도의 사역과 말씀은 복음의 내용이며, 마가에게 예수 그리스도는 역사적 인물만이 아니라 십자가에 달리고 부활하신 하나님의 아들이자 복음의 주체이다. 마가복음 8:35와 10:29에서 마가는 '나를 위하여'에 '복음을 위하여'를 추가함으로써 예수를 통해 복음이 대변된다는 것과 복음 안에서 예수가 대변되고 있음을 강조한다. 이로써 복음서 기자는 예수 그리스도의 과거와 현재의 사역을 선포 메시지이자 문학 장르인 복음과 떼려야 뗄 수 없는 관계로 결합시킨다. 동시에 복음서 장르를 구성하는 본문 안의 차원과 본문 밖의 차원이 서로 교차된다. 본문 안의 차원에서 예수가 말한 결단을 호소하는 요청은 본문 밖의 차원, 곧 마가 교회의 차원을 지향한다. 예수 그리스도는 마가 교회를 위해 복음 가운데 현존하며, 교회는 복음 안에서 예수 그리스도께 나아갈 수 있다.

마가는 자신의 복음서에서 하나님의 아들 예수 그리스도의 지상 사역의 길을 설명함으로써 이미 고린도전서 15:3b-5에서 인식할 수 있는 경향성을 취한다. 십자가에 못 박히고 부활하신 예수 그리스도에 대한 신앙고백은 기본적으로 지상 예수의 길과 연결되지 않고는 불가능하다. 예수의

---

6 참조. J. Gnilka, Markus I(아래 3.4.1을 보라.), 43. 이에 반대하는 학자들은 다음과 같다. H. Weder, "'Evangelium Jesu Christi'(Mk 1, 1) und 'Evangelium Gottes'(Mk 1, 14)," Die Mitte des Neuen Testaments (FS E. Schweizer), U. Luz u. H. Weder (Hg.), Göttingen 1983, (399-411) 402.

지상 사역의 길은 동시에 하나님 아들의 길이며, 예수 그리스도는 하늘과 땅에 똑같이 연결되어 있어서 그의 사역은 천상적이고 지상적인 역사이다. 마가는 예수의 세례(막 1:9-11), 변모사화(막 9:2-9), 십자가 아래에서의 백부장의 고백(막 15:39) 이야기를 통해 근본적인 관계를 명료하게 한다. 이 세 본문은 복음을 구성하는 기본 토대를 형성한다. 하늘과 지상 세계가 동일한 방식으로 함께 등장하고 예수가 하나님께 소속됨을 표현하기 위해 각각의 경우에 '아들'(υἱός)이라는 칭호가 사용된다는 점에서 그러하다. 세례, 변모사화 그리고 십자가 아래에서의 신앙고백은 마가가 자신이 전해 받은 전승을 예수의 생애라는 형태로 그룹 짓는 세 기둥이다. '아들' 칭호는 내용의 중심이 되는데, 이는 예수의 신성한 본성 및 그의 수난과 죽음의 운명을 동등하게 포괄할 수 있기 때문이다. 예수의 존재와 본성은 처음부터 확정되어 있다. 그는 하나님의 아들이며 그의 본성은 바뀌지 않는다. 그러나 사람들에게는 이제야 처음으로 하나님의 아들이 된다. 그들에게는 인식의 과정이 필요하기 때문이다.[7] 이 과정은 마가가 새로운 문학 장르인 복음서로 제시하는 것처럼 예수의 생애(vita Jesu)이다. 이 인식의 과정은 복음서의 끝인 십자가에서 목표에 도달한다. 오직 그곳에서 하나님이 아니라 사람이 예수를 '하나님의 아들'(υἱὸς θεοῦ)로 인식한다.(막 15:39) 이전에는 하나님(막 1:11, 9:7), 귀신(막 3:11, 5:7), 아들 자신(막 12:6, 13:32)만이 그것을 알고 있었다. 인간은 예수 그리스도가 하나님의 아들이라는 적절한 인식에 이르기 위해 세례에서 십자가까지 예수 생애의 여정 전체를 처음부터 끝까지 걸어야 한다. 문학 장르인 복음서는 하나님의 아들의 길을 보여주고 그의 인격에 대한 올바른 인식으로 사람들을 인도하기 원한다. 이 점에서 복음서 문학 장르는 십자가에 못 박힌 나사렛 예수가 처음부터 하나님의 아들로서 자신의 길을 걸어왔다는 신학적 인식에 대한 문학적 표현인 것이다.[8] 이처

7 참조. R. Weber, Christologie und Messiasgeheimnis(아래 3.4.1을 보라.), 115f.

럼 복음서 문학 장르는 독보적인 형태(sui generis)로 하나님 자신이 나사렛 예수의 유일회적이고 변경 불가능한 역사 속에서 활동하셨다는 신학적 통찰력에 근거한다. 마가의 경우 부활 이전과 이후, 역사와 케리그마, 본문 안의 차원과 본문 밖의 차원 사이에 긴장은 없다. 오히려 마가는 양자 모두를 통일된 것으로 이해하고 표현하면서 신학적 역량을 보여준다.[9] 마가는 역사 지리적-전기적 내러티브 본문과 케리그마적 호소를 확고하게 결합하고 십자가를 향한 예수의 길을 극적인 사건으로 묘사한다. 이를 통해 그는 자신의 눈으로 본 그리스도교 신앙의 역사적이고 신학적인 정체성을 보존한다.

복음서 기록의 신학적 의도는 역사적 틀 안에서 형성되었다. 마가 이전의 수집록과 수난사화는 자료들이 보다 큰 본문 복합체를 형성하는 자료의 경향성을 증거하고, 누가복음 1:1은 복음서 기록의 예비 단계를 확인시켜 준다. 그러므로 복음서 장르의 창시자인 마가는 복음서라는 장르가 시작되기 이전 단계에 있었다. 게다가 임박한 파루시아(παρουσία)에 대한 기대의 감소, 1세기의 다양한 신학적 흐름, 그리스도교 윤리에 관한 구체적인 질문은 시간과 역사의 새로운 방향 설정을 요구했다. 복음서 기자들은 특히 구원사적 전승들을 수용하고, 실행 가능한 윤리 규범과 교회 안에 명령하고 지도하는 기관을 설립하여 그러한 문제를 극복했다. 전승 자료의 역사화, 윤리화, 제도화 경향은 마태와 누가에게서 공공연하게 드러나지만, 마가의 경우에도 분명하게 인식된다. 복음서 기자들은 한 그룹의 구성원으로 글을 썼고, 기존 교회 공동체 전승을 사용하여 교회 공동체의 확신에 일치하는 예수의 모습을 보여주어야 했다.[10] 따라서 복음서의 문학적 특성은 설교, 예배,

---

8 마가의 메시아 비밀에 대해 "비밀이론은 '복음서' 양식의 해석학적 전제이다."라고 말한 콘첼만의 주장은 원칙적으로 적절하다.[H. Conzelmann, "Gegenwart und Zukunft in der synoptischen Tradition," Theologie als Schriftauslegung, BEvTh 65, München 1974, (42-61) 60.]

9 참조. H. F. Weiß, Kerygma und Geschichte, Berlin 1983.

교리 교육의 기초로서 교회 내부에서 사용하는 복음서의 기능과 일치한다.

3.1.4 '복음서' 장르의 문학 역사적 위치

문학 장르인 복음서가 주로 신학적 통찰력에서 기인한 것이라면, 이것은 복음서 기자들이 복음서를 구상할 때 당대의 이교적이거나 종교적인 문학의 형태에서 방향을 잡았는지 여부와 그 방법에 대한 질문에는 여전히 답변하지 못한다.[11]

---

10 보캄은 완전히 다르게 본다.[R. Bauckham, "For whom were Gospels written?," ders. (Hg.), The Gospels for all Christians, 9-48.] 그는 고전 편집사 연구에 반대하여 복음서 기자들을 교회/교회들의 대표자로 보지 않는다. "나는 복음서 기자들이 알고 있거나 알게 된 특정 교회들을 위해, 심지어 상당수의 그러한 교회를 위해서도 글을 쓰지 않았다고 본다. 오히려 몇몇 또는 여러 특정 교회에 대한 지식과 경험을 바탕으로 그들의 복음이 유포될 수 있는 하나의 교회 또는 모든 교회를 위해 글을 썼다.(R. Bauckham, 위의 책, 46.) 그 근거로 보캄은 무엇보다 초기 그리스도교 선교사들/복음 전도자들의 매우 잦은 이동과 각 복음 전도자와 관련된 교회를 재구성하는 것의 어려움을 지적한다. 보캄의 일반적인 추측은 복음서 본문에서 검증될 수 없다. 무엇보다 그의 견해에 반대하여 다음의 내용이 언급된다. (1) 복음서 각각의 고유한 내러티브적이고 신학적인 특징을 분명하게 인식할 수 있다. (2) 복음서 기자들은 모두 자신의 고유한 언어, 표상 세계, 신학 구상(構想), 문제 해결 전략을 가지고 있다. 그들은 모든 질문에 곧바로 답하지 않았고, 누군가의 마음에 들려고 하지도 않았다. (3) 복음서는 시작하고 있는 초기 그리스도교 정체성의 강화를 목표로 한다. 그러나 고대나 그 이후 시대에 일반적인 정체성 형성은 없었다. 정체성 강화는 잠재적인 독자/청자의 구체적인 특정 질문과 문제를 알고 그것을 다룰 때에만 성공한다.

11 참조. 프랑케묄레(H. Frankemölle)와 도르마이어(D. Dormeyer) 이외에 상세한 연구사에 관하여는 다음을 참조하라. W. S. Vorster, "Der Ort der Gattung Evangelium in der Literaturgeschichte," VuF 29 (1984): 2-25; D. E. Aune, The New Testament in It's Literary Environment(위 2.3.1을 보라.), 17-45; F. Fendler, Studien(아래 3.4.1을 보라.), 14-35; R. A. Burridge, What are the Gospels?, 3-106.

오버벡(F. Overbeck, 1837-1905)에 의해 시작된 특별한 문학 장르로서 복음서의 분류는 일반 문학 역사와의 연결을 보류하거나 거부한다. 그리스도교 초기 문학은 "말하자면 자신의 고유한 방식으로 그리스도교를 만들어 가는 문학이다." 복음서는 그리스도교 교회가 주변 세계와 뒤섞이기 이전에 독자적으로 자신의 기반을 다졌고 자신의 고유한 내적 관심사에서 성장했다.[12] 이처럼 최초 그리스도교 문학은 당시의 세속적인 세계 문학 양식에서 멀리 떨어져 있다. 문학사회학적 고찰을 수용하여 복음서(Evangelium)라는 거시 장르의 특별한 위치를 강조한다는 점에서 초기 양식사 연구는 이러한 평가와 연결된다. 디벨리우스(M. Dibelius)에 따르면 공관복음은 '작은 문학'(Kleinliteratur)이다. 복음서의 "저자는 몇몇만 문필가이며, 대다수는 주로 수집가, 전승의 전달자, 편집자들이다."[13] 사도행전의 누가와 요한은 문필가로 여겨질 수 있으나 마가의 경우는 아니다. 슈미트(K. L. Schmidt)는 많은 영향력을 끼친 자신의 연구에서 복음서가 일반 문학 역사에서 갖는 위치에 대해 다음과 같이 공식화했다. "복음서는 원래 고급 문학이 아니라 작은 문학이며, 개별 작가의 업적이 아니라 대중 서적이고, 전기가 아니라 제의 전설(Kultlegende)이다."[14] 원래 서로 동떨어져 전해진 예수 전승의 개별 단편이나 단락 및 연속된 여러 단어가 수집되고 케리그마적 전승이나 해석과 연결되어 하나의 새로운 양식이 만들어졌다. 여기서는 의도적인 형태화보다는 무의식적 과정이 훨씬 더 중요하다. 이처럼 복음서의 생성 역사는 당대 문학 유형과의 비교를 불가능하게 만든다.

---

12 F. Overbeck, Über die Anfänge der patristischen Literatur, Darmstadt 1954 (=1882), 36.

13 M. Dibelius, Die Formgeschichte des Evangeliums, 2. 물론 불트만은 복음서 기자들의 문필가적이며 구성적인 작업을 디벨리우스보다 높이 평가하나 기본적으로 그의 설명 모델을 유지한다.(참조. R. Bultmann, Die Geschichte der synoptischen Tradition, 393-400.)

14 K. L. Schmidt, Die Stellung der Evangelien, 66f.

이러한 평가는 1945년 이후 본격적으로 시작되는 편집사 연구에 의해[15] 상당히 수정된다. 고전 양식사 연구와 달리 복음서 기자들은 이제 전승의 전달자, 수집가일 뿐만 아니라 의도적으로(bewusst) 복음서를 구상하는 신학자이다. 현재 복음서의 문학적, 신학적 형태는 내적 성장 과정의 결과가 아니라 오히려 복음서 기자들에게 힘입고 있다. 편집사 연구의 목표는 복음서 기자들의 역사적이며 신학적인 입장을 파악하는 것이다. 복음서 기록의 구성 요소로서 편집사 연구는 누가와 마태의 경우에 (구원) 역사로 시대를 구분하듯이 공관복음서 기자들의 역사 이해를 탐구한다. 마가의 역사 이해[16]는 편집사적 해석과 마찬가지로 역사적이며 케리그마적 전승들의 상호 교차 가운데 전개된다. 여기서 예수가 등장한, 지나간 시간의 의미에 대한 인식이 현재에 결정적인 영향을 준다. 수많은 편집사적 연구의 약점은 교회의 대표인 복음서 기자들의 업적(Leistung)을 주로 신학적 차원에서 보고, 그들의 문학적 활동을 그와 유사한 고대의 업적과 비교하며 경시하는 것이다. 여기서 최근의 종교사적이며 문학 역사적인 연구와 언어학적 질문이 시작된다.

고대 문학과의 평행 비교는 새로운 문학 장르인 복음서를 설명하기 위해 늘 동원되어 왔다.[17] 편집사 연구가 복음서 기자들의 신학적인 고유성을 강조했다면, 이제 고대 문학과의 평행 비교 관점에서 그들의 문학적 창작

---

15 연구사에 관하여는 J. Rohde, Die redaktionsgeschichtliche Methode, Hamburg 1966을 참조하라.

16 참조. J. M. Robinson, "Das Geschichtsverständnis des Markus-Evangeliums," ders., Messiasgeheimnis und Geschichtsverständnis(아래 3.4.1을 보라.), 5-104; J. Roloff, "Das Markusevangelium als Geschichtsdarstellung," EvTh 29 (1969): 73-93.

17 참조. J. Weiß, Das älteste Evangelium, Göttingen 1903; Hermann v. Soden, Urchristliche Literaturgeschichte, Berlin 1905; C. W. Votaw, Gospels and Contemporary Biographies in the Greco-Roman World, Philadelphia ²1970 (=1915).

능력을 새롭게 편견 없이 검토하게 된 것이다. 셈어 문학 영역에서 다음 설명 모델이 고려되었다.

1) 구약성서의 이상적 전기. 발처(K. Baltzer)[18]가 강조한 이 장르에서 여러 이상적 특성이 구약성서의 뛰어난 인물들(왕, 예언자)에게 전가된다. 동시에 취임 보도, 내적이고 외적인 평화의 수호, 중요한 모든 생활 영역에서 사회적 공의의 갱신(Herstellung), 정결 예전과 같은 주제들(Topoi)이 특징적이다. 발처는 구약성서의 이상적 전기 전승에서 마가복음과 그 이후의 복음서들을 본다. 이를 입증하고자 그는 무엇보다도 취임(참조. 막 1:9-11), 기적 전승(엘리야-엘리사 전승), 논쟁 대화에서 율법적이며 실천적인 질문들과 평행되는 것들을 끌어들인다. 그러나 그와 달리 광범위한 마가의 수난사화는 이러한 문학 양식 안으로 편입될 수 없다. 게다가 복음서 기자들은 예수를 모세나 엘리야, 더욱이 다윗 왕의 부활(redivivus)로는 묘사하지 않는다. 따라서 구약성서의 모티브를 참조하는 것은 거시 문학 장르인 복음서를 설명하는 데 충분하지 않다.

2) 의인의 전기. 뤼어만(D. Lührmann)[19]은 발처의 이론을 수용하고 수정했다. 마가복음의 배후에 예언자들의 전기가 아니라 (고난당하는) 의인의 전기가 있다. 뤼어만은 특히 지혜서(Weish) 2:12-20에서 고난받는 의인의 모티브를 발견하고, 마가가 하나님의 종에 관한 전승 요소만이 아니라 고난받는 의인 전승의 영향 아래 있는 수난 시편(참조. 막 15장의 시 22편)도 수용했다고 추측한다. 마가는 예수의 역사를 고난받아야만 하는 의인의 생애로 표현했다. 이로써 독자들이 예수의 역사에서 자신의 고유한 역사를 재발견하고, 예수와 동일시할 수 있는 가능성을 제공했다. 이 모델은 수난사화 및 그와 연결된 본문들의 주요 요소를 설명하지만, 내러티브의 기본 구조를 갖

18 참조. K. Baltzer, Die Biographie der Propheten, Neukirchen 1975.

19 참조. D. Lührmann, "Biographie des Gerechten als Evangelium," WuD 14 (1976): 25-50.

는 복음서 장르에 대해 설명하지 못한다.

복음서 장르와 견줄 수 있는 헬라적 평행본문들의 광범위한 스펙트럼에서 볼 때 최근 연구는 중요하다.

1) 아레탈로지(Aretalogie). 특히 미국의 연구에서는(로빈슨, 쾨스터, 스미스, 악트마이어 등) 아레탈로지(='신적인 인간'의 기적을 다루는 전기 문서)로 복음서 양식을 이해하려는 시도가 있었다. 쾨스터(H. Köster)는 마가와 요한이 각각 아레탈로지의 이적 수집록들을 그들의 복음서에 편입시키고, 그로부터 새로운 장르를 구성했을 것으로 추측한다.[20] 그러나 거시 장르를 표현하기에 아레탈로지라는 용어는 논란의 여지가 있다. 고전 문헌학에서 아레탈로지는 양식(Form)이 아니라 "매우 다양한 문학적 장르(Gattung)가 지니는 내용과 목적을" 지칭하기 때문이다.[21] 아레탈로지의 모티브는 찬양시, 서신, 봉헌 비문, 소설에서 발견되지만 "고정된 문학 장르라고는 결코 말할 수 없다."[22] 그러므로 고정된 양식사적 장르라는 의미로서의 '아레탈로지' 개념은 포기해야 한다. 더욱이 이러한 양식 규명과 결합된 신인(神人, θεῖος ἀνήρ)-그리스도론의 개념에 대해서도 지속적으로 문제가 제기되었기 때문이다.[23]

북미의 예수 연구 중 일부는 실제이거나 추정하는 외경 전승을 공관복음과 요

---

20 참조. H. Köster, "Ein Jesus und vier ursprüngliche Evangeliengattungen," H. Köster/J. M. Robinson, Entwicklungslinien durch die Welt des frühen Christentums, Tübingen 1971, 147-90; ders., "Formgeschichte/Formenkritik II," TRE 11 (1983): (286-99) 295.

21 D. Esser, Formgeschichtliche Studien zur hellenistischen und frühchristlichen Literatur unter besonderer Berücksichtigung der vita Apollonii des Philostrat und der Evangelien, Diss. theol., Bonn 1969, 98ff.; Ph. Vielhauer, Urchristliche Literatur, 310.

22 D. Esser, 위의 책, 101.

23 참조. D. S. du Toit, Theios Anthropos, WUNT 2. 91, Tübingen 1997.

한복음에 나오는 예수 전승의 예비적 또는 보조적 형태로 격상하려 했고, 지금도 그런 경향을 감지할 수 있다.(예를 들어 로빈슨, 쾨스터, 크로산[24]) 이러한 구성의 목표는 의심의 여지없이 정경 복음서의 해석에서 지배적인 권력을 깨고 그것을 대체할 수 있는 예수상(像)을 세우는 것이다. 감각적인 것에 대한 욕망(예수와 여성, 동성애), 입증되지 않는 단순한 가정으로 자극하는 것이 그런 예이다.[25] 역사비평은 그러한 여러 구성을 용인하지 않는다. '마가의 비밀 복음서'[26]나 '표적자료'(Semeia-Quelle, 아래 8.5.7을 보라.)의 존재는 개연성이 없으며, 도마복음은 2세기에 속하기(아래 3.3.10을 보라.) 때문이다.

2) 그리스 (장편) 소설. 라이저(M. Reiser)는 복음서 장르가 그리스 (장편) 소설에서 유래한다고 본다. "여러 면에서 알렉산더 전기소설(고대 및 중세의 알렉산더 대왕에 대한 소설식 전기 – 역자 주)은 공관복음과 가장 긴밀한 유사성을 갖고 있다. 전승사와 편집사만이 아니라 구성사, 내러티브 기술, 언어, 문체도 많은 유사성을 제공한다. 또한 내용, 자료를 다루는 방식, 전반적인 표현 방식이 매우 유사하므로, 알렉산더 전기소설은 복음서 장르와 가장 가까운 평행본문이라고 할 수 있다."[27] 라이저는 복음서뿐만 아니

---

24 참조. J. D. Crossan, Der historische Jesus, München 1994. 슈뢰터는 현재의 진행 상황을 알려준다.[J. Schröter, "Jesus im frühen Christentum. Zur neueren Diskussion über kanonisch und apokryph gewordene Jesusüberlieferungen," VuF 51 (2006): 25-41.]

25 참조. R. Heiligenthal, Der verfläschte Jesus, Darmstadt 1997.

26 특별히 주목할 만한 것은 1958년 종교사학자 스미스(M. Smith)가 발견한 소위 '마가의 비밀 복음서'(Geheime Markusevangelium: 알려지지 않은 '마가복음서'의 두 인용문을 지니는 알렉산드리아의 클레멘스의 서신)이다. 발견된 것은 확실한 증거 가치가 없는 사진뿐이며 그것은 위조로 간주된다.(St. C. Carlson, The Gospel Hoax. Morton Smith's Invention of Secret Mark, Waco Texas 2005.) 최근 클라우크와 라우는 '마가의 비밀 복음서'가 공관복음에 의존하고, 그 기원이 2세기라며 책의 진정성을 옹호했다.(H.-J. Klauck, Apokryphe Evangelien, Stuttgart 2002, 48-52; E. Rau, Das geheime Markusevangelium. Ein Schriftfund voller Rätsel, Neukirchen 2003.)

라 알렉산더 전기소설을 헬라적 대중문학으로 열거하며, 각 복음서가 고급 문학 작품으로 넘어가는 과정에 있는 것으로 본다. 물론 알렉산더 전기소설은 두 가지 방식에서 복음서와 구별된다. (1) 기적사화가 알렉산더 소설에는 나오지 않는다. (2) 복음서와는 다르게 전설적이며 공상적인 특징이 알렉산더 소설에서 중요한 역할을 한다.

3) 고대 철학자들의 생애. 로기온 자료와 복음서의 평행본문으로 사모사타의 루키아노스(Lukianos)가 아직은 많이 주목받지 못한 철학자 데모낙스(Demonax, 기원후 80-90년 사이 출생)의 생애에 대해 설명한 것이 있다.[28] 이 문서의 기본 틀은 견유학파 학자의 전기이며, 크리에 수집록(Chrien-Sammlung. 크리에는 짧고 재치 있는 말이나 행동을 뜻한다.)으로 구성되어 데모낙스의 인격과 가르침을 기록하고 있다. 루키아노스는 소크라테스와 디오게네스를 모범으로 삼으며 견유학파의 철학적 입장을 윤리적 원칙으로 소개한다.[29] 특히 전기문학의 틀과 주인공의 짧은 말/행동 사이의 연결은 로기온 자료/복음서와 비교될 수 있다. 물론 데모낙스가 온전히 보존된 철학자 생애로 유일한 것이기는 하나, 이 장르는 분명 루키아노스보다 오래되었다. 라에르티우스(D. Laertius)도 (소실된) 많은 철학자의 생애를 그의 작품 『철학자들의 생애와 가르침』(Leben und Lehre der Philosophen) 의 기초로 삼기 때문이다.[30]

---

27 M. Reiser, Der Alexanderroman und das Markusevangelium, 131.

28 이 본문은 쉽게 읽을 수 있다. G. Luck, Die Weisheit der Hunde, Stuttgart 1997, 381-94. 루키아노스에 관하여는 특히 H. D, Betz, Lukian von Samosata und das Neue Testament, Leiden 1961을 참조하라.

29 또 다른 중요한 철학자의 생애는 Philostratus, Vita Apollonii를 참조하라. 이 책에 관하여는 H. Koskenniemi, Apollonius von Tyana in der neutestamentlichen Exegese, WUNT 2. 61, Tübingen 1994을 참조하라. 철학자의 생애를 헬라적 전기문학의 고유한 형태 또는 특징적인 것으로 볼 수 있는지에 대해 논쟁이 되는데, 이는 그 전이 과정이 유동적이기 때문이다. 버리지는 철학자 생애를 헬라적 전기문학(βίοι)으로 간주한다.(R. A. Burridge, What are the Gospels?, 150-84.)

4) 헬라적 전기문학. 최근 연구에서 고대 헬라 전기문학이 복음서의 본문 유형의 가능한 모델로 다시 다양하게 고려되고 있다. 불트만(R. Bultmann)[31]과의 논쟁에서 탈버트(C. H. Talbert)는 고대 전기문학만이 아니라 복음서도 신화적인 성격을 지니며, 제의 전설로 이해될 수 있고, 세계를 부정하는 특징을 드러냄을 증명한다. 복음서와 마찬가지로 고대 전기문학에도 전승들이 수용되었다. 그 전승들은 저자에게 낯선 것이었지만 이제는 전체 작품에 포함됨으로써 새로운 해석을 갖게 되었다. 탈버트는 올바른 이해와 스승의 계승 모델을 제공하기 위해 각 스승의 잘못된 이미지를 수정하는 것이 복음서와 고대 전기문학의 공통 목표라고 본다. 복음서를 헬라적이며 역사편찬적인 전기문학의 장르로 분류하는 것은 의미가 있다. 복음서 장르는 역사편찬적이고 전기적인 관심을 가지고 메시지를 시간 순서에 따른 사건의 흐름 안으로 삽입하기 때문이다. '공적 활동을 위한 준비, 공적 활동, 죽음'의 세 단계로 구분되는 기본 구조는 복음서만이 아니라 고대 전기문학의 특징이기도 하다. 특히 플루타르코스(Plutarchos, 기원후 약 45-125년)의 전기는 내러티브 구조와 분량에서 복음서와 상당 부분 평행하는 유사점이 있다. 이처럼 형식적으로는 일치하지만, 내용적으로는 차이를 보인다. 고대 전기문학에서는 인간 존재를 도덕적으로 평가할 수 있는 가능성에 대한 묘사를 다루고, 복음서에서는 요단강 세례에서 골고다의 십자가, 부활하신 주님의 현현에 이르는 하나님의 아들의 여정을 다루기 때문이다.

양식사와 편집사 연구에 기초가 되는 구전 전승과 문서 전승 사이의 연속성에

30 이에 대한 상세한 설명은 H. Cancik, Bios und Logos. Formengeschichtliche Untersuchung zu Lukians "Leben des Demonax," ders. (Hg.), Markus-Philologie, WUNT 33, Tübingen 1984, 115-30을 참조하라. 그는 특히 필하우어(Ph. Vielhauer, Geschichte der urchristlichen Literatur, 350f.)가 데모낙스를 고려하는 것에 반대하는 주장은 설득력이 없다고 주장한다.

31 불트만은 그리스 문학 역사에는 복음서 형태와 유사한 것이 없었을 것이라고 생각한다.(R. Bultmann, Geschichte der synoptischen Tradition, 397.)

대해 귀트게만스(E. Güttgemanns)[32]가 문제를 제기했다. 복음서 장르 같은 새로운 문학적인 기획은 단순하게 복음서를 이루는 구성 부분으로만 설명할 수 없다. 오히려 이전의 구전 전승들은 새로운 거시 장르의 문서로 수용될 때 질적인 변화를 겪었을 것이다. 그것들은 구전 전승으로서의 성격을 잃고 이제 복음서라는 문서의 성격 안에서 새롭고 독자적인 고유한 형태와 기능을 부여받았다. 복음서는 필연적으로 케리그마로부터 생성된 것이 아니라 개인의 저작이며 독자적인 의미 세계를 지니는 언어 형태라는 것이다. 여기서 기존의 연구와 달리 구전 형식과 문서 형식의 관계가 문제되는 것은 타당하다. 그러나 동시에 구전 전승 이전 역사가 존재할 가능성에 대한 해명을 포기하는 것은 설득력이 없다. 모든 불확실성에도 불구하고 구전 전승 단계에 대한 통찰은 신약성서 본문의 문학적 특성과 각각의 전승 단계에서 본문에 특징이 부여되는 방식에 대해 더 잘 이해하게 한다.[33] 전승 과정과 작업 과정의 최종 산물인 복음서 장르는 새로운 본문 유형으로 그 모습이 드러나지만, 이러한 본문 유형의 본질은 그것이 형성되기 전에는 이해할 수 없다. 복음서의 현재 본문과 그와 결부된 복음서 본문 유형은 각 본문 단락이 역사적으로 형성되었다는 것과, 통시성(Diachronie)과 공시성(Synchronie)이 서로 대립되는 것이 아니라 상호 의존적이라는 것을 파악할 때 비로소 바르게 이해할 수 있다.[34]

복음서 장르를 문학 역사적으로 설명할 때 한 가지 모델만을 드는 것은 불가능하다. 비교 가능한 본문 유형 중에서 헬라적 전기문학/철학자의 생애가 복음서 양식에 가장 가깝다.[35] 헬라적 생애 기록에서 지배하던 역사편

---

32 참조. E. Güttgemanns, Offene Fragen zur Formgeschichte des Evangeliums, BEvTh 54, München 1970.

33 참조. G. Strecker, "Schriftlichkeit oder Mündlichkeit der synoptischen Tradition?," The Four Gospels (FS F. Neirynck), hg. v. F. Van Segbroeck 등., BETL 100, Leuven 1992, 159-72.

34 참조. E. Coseriu, Synchronie, Diachronie und Geschichte, München 1974.

35 이런 의미에서 최근 논의는 다음을 참조하라. 예를 들어 K. Berger, Formge-

찬적이며 전기문학적인 진술과 선포적 의도(kerygmatischer Intention)[36]의 결합은 복음서에서도 발견된다. 내러티브 본문과 케리그마적 호소의 결합이 바로 복음서 양식의 특징이며, 내러티브의 기본 구조[37]는 전기적, 역사편

---

schichte des Neuen Testaments(위 2.8.5를 보라.), 367-71; D. E. Aune, The New Testament in Its Literary Environment(위 2.3.1을 보라.), 64(고대 전기문학의 하위 장르로서 복음서); L. Schenke, Markusevangelium(아래 3.4.1을 보라.), 146; P. L. Shuler, "The Genre(s) of the Gospels," The Interrelations of the Gospels(아래 3.2.1을 보라.), 459-83['찬사적(encomium) 전기문학'으로서 복음서]; F. Fendler, Studien(아래 3.4.1을 보라.), 35-80('익명의 전기문학' 이자 고대 전기문학의 특수 형태인 마가복음); D. Dormeyer, Das Neue Testament im Rahmen der antiken Literaturgeschichte(위 2.3.2를 보라.), 199-228('케리그마적 이상적 전기'로서 복음서); R. A. Burridge, What are the Gospels?, 212["공관복음은 전체가 전기(βίοι) 장르에 속한다."]; D. Frickenschmidt, Evangelium als Biographie, 508(네 개 복음서는 고대의 "문자적 의미 그대로 예수 전기"이다.) 이에 대한 비평적인 연구는 M. Reiser, Sprache und literarische Formen(위 2.3.1을 보라.), 102를 참조하라. "문학 역사적으로 복음서는 그 설명 방식이 세속 전승이 아니라 유대 전승에 정렬된다."

36 고전문학에서 플루타르코스(Alex 1)는 다음과 같이 요청한다. "만일 내가 모든 것을 설명(이야기)하지 않고 또한 매우 유명한 사건 하나하나를 아주 상세하게 설명(이야기)하지 않는다면, 나는 대부분의 내용을 짧게 요약함으로써 나를 비난하지 못하도록 한다. 나는 역사가 아니라 삶의 모습을 그리기 때문이다." (οὔτε γὰρ ἱστορίας γράφομεν ἀλλὰ βίους) 플루타르코스에게서는 영웅을 향한 도덕적 동화가 중요하다. "전기를 쓰려는 나의 충동은 다른 사람들로부터 온 것이다. 그러나 나는 그 일을 지속했고 곧바로 그 분야에서 편안함을 느꼈다. 이는 이를테면 내가 역사의 거울 앞에서 어느 정도까지 나의 삶을 스스로 형성하고 위인들의 모범에 나를 동화하려고 노력하는 것으로, 내가 주도하여 일어난 일이다."(Aem 1, 1.)

37 C. Breytenbach, "Das Markusevangelium als episodische Erzählung," F. Hahn (Hg.), Erzähler des Evangeliums(아래 3.4.1을 보라.), 137-69. 브라이텐바흐는 마가복음을 글로벌한 주제들이 개별 단락 안에 반복해서 등장하는 '에피소드적' 이야기로 판단한다. 내러티브적인 가장 초기 복음서의 기본 구조에 관하여는 R. Zwick, Montage im Markusevangelium. Studien zur narrativen Organisation der ältesten Jesuserzählung, SBB 18, Stuttgart 1989를 참조하라. 쯔빅은 "공간적 관점화(원근법)와 관점(원근법) 부분들의 몽타쥬"(der

찬적, 드라마적[38] 그리고 케리그마적 요소와 결합된다. 그러나 복음서는 내용상 고전문학에서 특별한 위치를 차지한다. 복음서만이 역사는 과거의 구체적이고 제한된 어느 사건에서 전환점을 맞이하였고, 현재와 미래도 이 사건에 의해 규명된다고 주장한다. 그러므로 복음서에서 내러티브(narratio)는 언제나 대표적 전형(典型, repraesentatio)이다. 단순히 기억하는 것만이 아니라 케리그마의 현재화가 항상 중요하다. 그런 점에서 복음서는 어떠한 상위 장르에도 속할 수 없는 유일무이(sui generis)한 장르이다.

2세기 전반기에 '복음'이라는 단어는 책의 명칭이기도 하다.(참조. Did 11, 3; 15, 3-4[39] 2 Klem 8:5, 유스티누스의 Apol I 66, 3) 아마도 거의 같은 시기에 복음서 표제가 생겼을 가능성이 높고, '복음'은 복음서의 표제가 되었다. 헹엘(M. Hengel)은 그 시기를 기원후 70-100년 사이로 추정한다. 물론 복음서 기자들이 '복음'이라는 단어를 아직 문학적인 의미로 이해하지는 않았을 것이다. 그러나 처음 복음서들이 복사되어 다른 여러 교회에 전파되자마자 곧바로 복음서의 표제가 생겼고, 제목 표제어로 복음서들을 구별해야 했을 것이다. 이 표제어들은 "몇 가지 개연성으로 보아 기원후 69-100년 사이 네 복음서가 생성되는 시기의 것으로 추정할 수 있다. 또한 목표로 삼은 여러 교회를 위한 이 책의 보급과 관련되고, 예배 시에 사용되는 것과 결부되었다."[40] 그러나 누가복음과

---

räumlichen Perspektivierung und Montage der Perspektivensegmente)라는 특별한 체계 안에서 복음서 기자들이 설명하는 특성을 확인한다.(R. Zwick, 위의 책, 620.)

38 참조. F. G. Lang, "Kompositionsanalyse des Markusevangeliums," ZThK 74 (1977): 1-24. 랑은 "마가가 자신의 복음서를 문학적 관점에서 의도적으로 고대 드라마 형태와 유사한 형태를 만들었다."라는 결론에 이른다.(F. G. Lang, 위의 글, 22.)

39 벵스트에 따르면 '복음'(εὐαγγέλιον)은 매번 미래복음과 관련된다.(K. Wengst, Schriften des Urchristentums II, Darmstadt 1984, 24ff.)

40 M. Hengel, Die Evangelienüberschriften, SHAW. PH 1984, 51.

요한복음(기원후 90-100년경)에는 '복음'이라는 단어가 나오지 않으며, 복음서가 언제 의도적으로 보급되기 시작하였고 큰 규모의 교회에 여러 복음서가 존재함으로 말미암아 각 복음서의 표제가 필요하게 되었는지는 불확실하다.

3.2 공관복음 문제

3.2.1 참고문헌

H. J. Holtzmann, Die synoptischen Evangelien, Leipzig 1863. • P. Wernle, Die synoptische Frage, Freiburg i.Br. 1899. • J. Schmid, Matthäus und Lukas, BSt 23. 2-4, Freiburg i.Br. 1930. • B. H. Streeter, The Four Gospels, London 1924. • W. R. Farmer, The Synoptic Problem, London 1964. • A. Fuchs, Sprachliche Untersuchungen zu Matthäus und Lukas, AnBib 49, Rom 1971. • H. H. Stoldt, Geschichte und Kritik der Markushypothese, Göttingen 1977. • W. Schmithals, Einleitung in die drei ersten Evangelien, Berlin 1985. • D. L. Dungan (Hg.), The Interrelations of the Gospels, BETL XCV, Leuven 1990.(주요 논문집) • F. Neirynck, Evangelica II, BETL XCIX, Leuven 1991. • G. Strecker (Hg.), Minor Agreements, GTA 50, Göttingen 1993.(주요 논문집) • A. Ennulat, Die 'Minor Agreements'. Untersuchungen zu einer offenen Frage des synoptischen Problems, WUNT 2.62, Tübingen 1994. • M. Hengel, The Four Gospels and the One Gospel of Jesus Christ, London 2000. • U. Schnelle, "Synoptische Frage," RGG[4] 7, Tübingen 2004, 1978-84. • F. R. Prostmeyer, Kleine Einleitung in die synoptischen Evangelien, Freiburg 2006. • R. A. Derrenbacker, Ancient Compositional Practices and the Synoptic Problem, BETL 186, Leuven 2005. • M. Hengel, Die vier Evangelien und das eine Evangelium von Jesus Christus, WUNT 224, Tübingen 2008. • P. Foster/A. Gregory/J. S. Kloppenburg/J. Verheyden (Hg.), New Studies in the Synoptic Problem, BETL 239, Leuven 2011.

3.2.2 공관복음 문제의 역사

공관복음 문제에 관한 질문은 마태복음, 마가복음, 누가복음이 문학적으로 서로 종속되고 있는지, 종속된다면 어떻게 종속되는지를 설명하려고 시도함으로써 공관복음의 문학적인 관계를 다룬다. 이 물음은 세 개의 복음서가 많은 부분에서 언어적으로 또 자료의 순서에 있어서 광범위하게 일치하나 다른 한편 여러 부분에서 구별된다는 관찰로부터 출발한다. 따라서 공관복음 문제는 본문 사이에 얽힌 관계를 풀어낸다는 점에서 문학비평/자료비평의 일부이면서 동시에 상호본문성의 문제이다.

복음서 기록자들을 예수의 생애를 목격한 사람으로 보아 고대 교회의 여러 전승을 무비평적으로 수용할 때는 복음서 기자 사이의 구별이 그리 문제가 되지 않았다.[41] 아우구스티누스(Augustinus)만이 복음서들의 문학적 종속성을 연구한 후 자신의 저서 『복음서들의 일치에 관하여』(De consensu evangelistarum 4, 10. 11)에서 공관복음은 정경에 나오는 순서대로 생성되었다고 주장했다.(아래 3.2.7을 보라.) 공관복음 문제에 대한 실질적인 연구는 특별히 다음 네 가지의 가설을 언급할 수 있는 18세기 후반에서야 비로소 시작되었다.[42]

1. 원복음서가설(Urevangeliumshypothese)

이 가설은 세 복음서 모두 원래 히브리어나 아람어로 작성되었고 예수의 전 생애를 다룬 '원복음서'에서 생성되었다고 주장한다. 레싱(G. E. Lessing, 1729-84)[43]은 각 복음서가 사도들에게 기원을 둔 한 권의 아람어 나사렛 복

---

41 참조. H. Merkel, Die Widersprüche zwischen den Evangelien. Ihre polemische und apologetische Behandlung in der Alten Kirche bis zu Augustinus, WUNT 13, Tübingen 1971.(Textband: Ders., Die Pluralität der Evangelien als theologisches und exegetisches Problem in der Alten Kirche, TC III, Bern 1978.)

42 각 가설의 역사에 관하여는 특히 다음을 참조하라. W. Schmithals, Einleitung, 44-233; U. Schnelle, "Die synoptische Frage in der Geschichte der neueren protestantischen Theologie," P. Foster/A. Gregory/J. S. Kloppenburg/J. Verheyden (Hg.), New Studies in the Synoptic Problem, 809-30.

43 참조. G. E. Lessing, Thesen aus der Kirchengeschichte, 1776; ders., Neue Hypothese über die Evangelisten als bloß menschliche Geschichtsschreiber

음서로부터 서로 독립적으로 생겨났다고 추정한다. 레싱에 따르면 원문서는 교부들에 의해 '사도들의 복음서', '히브리인들의 복음서', '나사렛인들의 복음서' 또는 '마태의 복음서'로 다양하게 언급되었다. 레싱은 히브리어 마태복음서에 관한 파피아스의 글 역시 자신이 주장한 원문서가설과 관련시킨다. "요약하면 마태, 마가, 누가는 소위 마태의 히브리어 원복음서를 그들 각자가 할 수 있는 한 최선을 다해 만든 다양한 번역본이다."[44] 각 복음서는 원복음의 서로 다른 형태일 뿐이다. 마가는 "추측건대 원복음서의 아직 완성되지 않은 판본을 사용했을 것이다."[45]

아이히호른(J. G. Eichhorn, 1752-1827)은 원복음서가설에 대한 광범위한 논증을 제시한다. 그는 아람어 원복음서가 각 복음서 기자에게 변경된 형태로 제공되었다고 가정하며 원복음서의 본문이 모든 복음서에서 공통으로 44개 단락으로 보존되었다고 보았다.[46] 아이히호른은 사도의 강의를 듣고 글쓰기를 연습한 잘 알려지지 않은 '사도의 제자'를 원복음서의 저자로 추정한다.[47] 원복음서는 예수의 생애 대부분을 담고 있었고 요한의 세례로 시작하여 예수의 부활로 끝난다. 공관복음서 기자들은 원복음서에 대해 다양하게 평가(Rezension)했고, 세 복음서의 차이를 설명해주는 다른 자료도 사용했다.

원복음서가설은 지속될 수 없었다. 이 가설은 현재의 복음서들이 지니는 난해점을 잃어버린 문헌이라는 어둠 속으로 밀어넣기 때문이다. 복음서가 보다 긴 문학적인 과정을 전제한다는 통찰이 물론 지금까지 이어지고 있다.

---

betrachtet, 1778.

44 G. E. Lessing, Neue Hypothese, § 50; Lessing, Werke III, hg. v. K. Wölfel, Frankfurt 1967에서 재인용.

45 위의 책, § 49.

46 참조. J. G. Eichhorn, Einleitung in das Neue Testament I, Leipzig ^{2}1820, 161-67.

47 위의 책, 177.

2. **단편가설**(Diegesenhypothese, 참조. 눅 1:1, διήγησις)

단편가설을 처음으로 주장한 사람은 코프(J. B. Koppe, 1750-91)이다. 이 가설은 대본가설(Vorlagenhypothesen)의 틀에서 확장된 변이 형태인데, 복음서들을 여러 층의 수집과 형태화 과정의 결과라고 본다. 특히 코프는 마가복음이 종종 마태복음과 구별되며 자료의 순서 배열이 부분적으로 누가복음과 가깝기 때문에 세 복음서의 공통된 일차자료가 마태복음일 수 없음을 강조했다. 단편가설의 대표자는 쉴라이어마허(F. D. E. Schleiermacher, 1768-1834)이다. 그는 각 복음서를 개별 기록들이 수집되어가는 과정의 마지막 단계라고 파악했다. 예수의 죽음 이후 곧바로 최초 그리스도교(Urchristentum)에서는 이미 예수의 생애로부터 비롯된 여러 사건과 말씀들이 설명되고 수집되었으며, 기록되고 전파되었다. 특히 누가복음 1:1-4가 이 과정을 입증하는 것으로 보인다. 누가는 "독립적인 문필가도 아니며…, 예수의 진 생애를 전파하는 여러 문서에 합세하여 작업하지도 않았다. … 오히려 그는 처음부터 끝까지 이미 현존하는 문서들을 수집하고 정리 배열하는 사람일 뿐이다. 그는 자신의 손으로 문서가 변경되지 않도록 했다."[48] 수난사화뿐만 아니라 여행 보도도 누가 이전에 존재했으며, 누가의 고유한 업적은 특히 신중한 선택이라고 할 수 있다. 이 가설에서는 각 복음서의 생성이 개별 단편의 수집 과정과 관련된다. 그러나 여러 단락의 순서 배열이 상당히 일치하는 것을 설득력 있게 설명할 수는 없었다.

3. **전승가설**(Traditionshypothese)

아이히호른이 하나의 원복음서에서 나온 다양한 판본을 공관복음서 기자들이 기초로 삼은 대본이라고 추정했다면, 헤르더(J. G. Herder, 1744-1803)

48 F. Schleiermacher, "Ueber die Schriften des Lukas, ein kritischer Versuch (1817)," Sämtliche Werke, 1. Abt. 2. Bd., Berlin 1836, 219; 참조. ders., Einleitung in das Neue Testament, hg. v. G. Wolde, Sämtliche Werke, 1. Abt. 8. Bd., Berlin 1845.

는 세 복음서의 뿌리로 구전된 원복음서를 주장했다. 그는 각 복음서를 선포 과정의 결과로 보았다. 선포를 중개하는 매체는 당연히 구전 형식이다. "하나의 원칙이 기록되고 있다. 곧 기쁜 소식이 선포되고 있다."[49] 복음서 기자들의 입장은 사도들의 동역자로서 일찍이 사도들의 입으로 전해 들은 사건을 구전 복음으로 계속 전달하는 것이었다. 구전으로 된 원복음서는 사도들이 확립한 복음서 간 일치점을 설명하는 일정한 방향의 순환 체계를 형성한다. 그러나 동시에 세 복음서는 복음서 기자들이 문필가적 성격을 지녔음을 증언한다. 개별 교회가 그들의 복음서를 갖기 원했으며, 이단자들이 전승을 변질시킬 때 문서화 과정이 시작되었다. 헤르더에 따르면 복음서 간 차이점은 그들 각각의 목표 설정 때문이다. "자기 회중을 위해 설명하고 강연하는 것이 복음서 기자들의 의무였다."[50] 이 가설은 기젤러(J. C. L. Gieseler, 1792-1854)에 의해 확장되었다.[51] 그는 예수의 제자들에게 기원을 두는 구전된 아람어 원복음서를 가정했다. 그 원복음서가 선교의 필요성 때문에 번역되었고 그리스어로 처음 문서화되어 고정되었다. 전승가설은 복음서 형성에서 구전 전승 부분을 처음으로 인식하게 했지만, 문자 그대로의 축어적인 수많은 일치에 대해 설득력 있게 설명하지는 못한다.

4. 이용가설(Benutzungshypothese)

지금까지의 세 이론 모두 공관복음서 기자들 사이에 문학적 관계가 없다고 가정한다. 이에 반해 이용가설은 공관복음서 기자들이 문학적으로 서로 종

---

49 J. G. Herder, "Vom Erlöser der Menschen. Nach unsren drei ersten Evangelien… Neben einer Regel der Zusammenstimmung unserer Evangelien aus ihrer Entstehung und Ordnung," 1796, Herders sämmtliche Werke, hg. v. B. Suphan, Bd. 19, Berlin 1880, 211.

50 위의 책, 217.

51 참조. J. C. L. Gieseler, Historisch-kritischer Versuch über die Entstehung und die frühesten Schicksale der schriftlichen Evangelien, Leipzig 1818.

속한다고 주장한다. 앞서 언급했듯이 아우구스티누스는 정경 순서대로 복음서들이 생성되었으며, 보다 후기의 복음서들은 초기의 복음서들을 전제했다고 추정했다. 수정된 형태의 마태복음-마가복음-누가복음의 순서를 주장하는 대표적 학자로는 짠(Th. Zahn)과 슐라터(A. Schlatter)가 있다.

1789년에 그리스바흐(J. J. Griesbach, 1745-1812)[52]는 마태복음-누가복음-마가복음의 순서를 옹호했다. 그는 마태복음과 누가복음이 마가복음의 대본으로 형성되었다고 가정했다. 마가복음은 거의 완전히 마태복음과 (또는) 누가복음에 포함되어 있지만 마태복음이나 누가복음의 순서를 따르지 않는다. 마가는 두 개의 큰 복음서를 자기 앞에 두고 자신의 독자적 상황에 맞추어 참조했다. 마가복음에서 발견되는 상당한 누락과 단축어는 처음부터 서로 다른 두 복음서에서 발췌한 초록을 만들려는 마가의 의도를 반영한 것이다.

이 가설은 바우르(F. Chr. Baur)와 슈트라우스(D. F. Strauss, 1808-74)에 의해 각각 수정된 형태로 주장되었다. 문헌학자 라흐만(K. Lachmann, 1793-1851)[53]은 마가복음이 마태복음과 누가복음의 기초(마가 우선설)라는 가정으로써 이용가설의 틀에서 결정적인 진전을 이루었다. 그의 주장의 출발점은 마태복음과 누가복음이 마가복음의 공통 자료 안에서 서로 일치하는 것만 동의한다는 관찰이었다. 마가복음과 차이가 나는 경우에 두 복음서는 각기 자신의 노선을 걷는다. 그러므로 마가복음은 마태복음과 누가복음의 공통된 중심이다. 단락의 순서는 누가복음과 마태복음을 비교할 때 가장 큰 차이를 보인다. 마가복음을 다른 두 복음서와 비교하는 경우에 그 차이는 가장 작게 나타난다. 이로부터 라흐만은 마가복음의 순서 배열이

---

52 참조. J. J. Griesbach, Commentatio qua Marci evangelium totum e Matthaei et Lucae commentariis decerptum esse monstratur, Jena 1789/90; 인쇄본: J. C. Velthausen e. a. (Hg.), Commentationes theologicae I, Leipzig 1794, 360ff.

53 참조. C. Lachmann, "De ordine narrationum in evangeliis synopticis," ThStKr 8 (1835): 570-90.

마태복음과 누가복음에 비해 가장 원래적이며, 두 복음서는 마가복음을 전제한다는 결론을 이끌어냈다. 게다가 그는 마태가 자기 앞에 놓인 예수의 말씀 수집록에 마가복음을 덧붙였다고 가정한다.

빌케(Chr. G. Wilke, 1788-1854)[54]와 바이쎄(Chr. H. Weisse, 1801-66)[55]가 1838년 각각 연구서를 출간하면서 두 자료설을 위한 길이 열렸다. 빌케는 마가 우선설을 광범위하게 논증했다. 마태와 누가가 마가와 공통된 자료에서 일치하나 그 밖의 자료에서는 개별 저자로 드러나기 때문이다. 물론 빌케는 마태와 누가에게서만 공통으로 나오는 자료를 마가복음과 함께 두 번째 대본(Vorlage)으로 지정하지는 않았다. 마태는 그 자료를 누가복음으로부터 넘겨받았지만, 누가가 이 자료를 어디서 입수했는지는 불분명하다. 두 자료설을 실제로 주창한 이는 바이세이다. 그는 빌케처럼 마가 우선설을 입증했을 뿐만 아니라 마태와 누가가 마가를 넘어서 사라진 어록 수집록을 독립적으로 사용했음을 밝혀냈다. 이 밖에도 마태복음과 누가복음에는 각각 특수자료가 있다. 홀츠만[56]과 베른레(P. Wernle)에 이르러서야 두 자료설은 비로소 확고한 위치를 차지하게 되었다.

3.2.3 두 자료설

두 자료설(Zweiquellentheorie)은 마가복음을 마태와 누가에게 대본과 자

54 참조. Chr. G. Wilke, Der Urevangelist oder exegetisch kritische Untersuchung über das Verwandtschaftsverhältnis der drei ersten Evangelien, Dresden und Leipzig 1838.

55 참조. Chr. H. Weisse, Die evangelische Geschichte kritisch und philosophisch betrachtet I. II, Leipzig 1838.

56 참조. 단행본 'Die synoptischen Evangelien' 및 'Einleitung in das Neue Testament' 함께 특히 H. J. Holtzmann, Die Synoptiker, HCI, Freiburg ^{2}1892. 후크(A. Huck)는 1892년에 홀츠만의 복음서 해석을 위한 보조자료로 지금까지도 가치 있고 영향력 있는 Synopse der drei ersten Evangelien을 출간했다.

료를 제공한 가장 초기의 복음서로 본다. 이 자료 외에도 마태와 누가는 또 다른 자료를 참조했는데, 이 자료는 소실되었지만 마태복음과 누가복음에서 재구성될 수 있다.(아래 3.3을 보라.) 자료의 대부분은 예수의 어록과 설교로 구성되었으며 로기온 자료(Logienquelle)라고 불린다.(약어: Q=Quelle)[57]

마가 우선설을 지지하는 설득력 있는 논증은 공관복음의 단락 순서이다.

마태가 마가의 자료를 수용한 것으로 보이는 마태복음 12:1부터의 경우 분명하게 마가의 단락 순서를 따른다. 단락의 본격적인 위치 변경은 편집적으로 형성된 마태복음 8-9장에 집중되고 있다. 마태복음 4:23에서 예수를 교사와 이적을 일으킨 분으로 제시한 후, 5-7장에서는 산상수훈, 8-9장에서는 열 가지 이적사화의 순환이 나오는데, 여기서 마태는 마가의 순서를 다섯 번 재배열한다.(① 나병환자의 치유: 마 8:1-4/막 1:40-45, ② 베드로 장모의 치유: 마 8:14-15/막 1:29-31, ③ 폭풍을 잔잔케 함: 마 8:23-27/막 4:35-41, ④ 가다라 지방에 귀신 들린 자 치유: 마 8:28-9:1/막 5:1-20, ⑤ 혈루증 앓는 여자와 야이로의 딸 치유: 마 9:18-26/막 5:21-43) 마태는 10장에서 제자 소명(막 3:13-19)과 파송(막 6:7-11)에 주의 말씀을 추가하여 대(大) 파송설교로 통합한다. 게다가 그는 산발적인 로기온 말씀을 새롭게 배치한다.(마 5:13b/막 9:50, 마 10:42/막 9:41, 마 13:12/막 4:25) 그러나 마가복음 1:21과 1:22 사이에 나오는 산상수훈의 순서는 각각의 자료를 변경하고 증가했음에도 불구하고 마태복음이 얼마나 강하게 마가의 순서에 구속되어 있는지를 보여준다. 마태는 마가복음 1:22(백성들이 예수의 가르침에 놀람)를 산상수훈의 끝에 배치하여 이 구절이 마가복음에서처럼 예수의

57 이 용어 사용은 추측컨대 바이스에 의해 도입되었다.(참조. J. Weiß, Jesu Predigt vom Reiche Gottes, Göttingen 1890, 8.) 이에 덧붙여 F. Neirynck, "The Symbol Q (Quelle)," Evangelica I, BETL 60, Leuven 1982, 683-89.

첫 설교에 대한 반응을 나타내게 한다. 전체적으로 보아 마태복음의 경우 마가복음으로부터 전해 받은 118개의 단락 중 12개만이 주어진 순서를 따르지 않는 것으로 보인다.[58]

누가도 복음서의 첫 번째 부분에서만 몇 단락을 변경한다. 그는 마가복음 6:14-29의 세례자의 종말에 관한 이야기(Novelle)를 누가복음 3:19-20에서 짧은 요약(Notiz)으로 대치한다. 이것은 세례자 요한의 모습을 예수의 위격과 보다 분명하게 구분하기 위해서이다. 누가는 세례자가 옥에 갇힌 후에야 비로소 예수의 세례를 다룬다.(눅 3:21-22) 반면에 예수의 취임설교 장면인 누가복음 4:16-30에서 그의 신학의 근본적인 요소를 전개하는데, 사람들이 나사렛에서 예수를 거부하는 모습을 보여줌으로써 전체 복음서의 방향을 제시한다.(막 6:1-6) 누가는 제자 소명을 예수의 처음 사역 이후에 배치하고 대신 베드로의 소명을 전면에 부각시킨다.(눅 5:1-11) 그는 평지설교로 더 잘 넘어가기 위해 마가복음 3:7-12/누가복음 6:17-19의 요약을 열두 사도의 소명(눅 6:12-16) 뒤에 놓는다. 또한 예수의 참된 친척(막 3:31-35)에 대한 설명을 씨 뿌리는 사람의 비유와 그 해석 뒤에 배치하면서 비유 설교의 배경과 첫 장면 묘사를 유지한다. 이러한 단락의 규칙적인 위치 변경과 함께 누가는 몇몇 개별 로기온도 새롭게 배치한다.(눅 12:1/막 8:14, 15, 눅 14:34/막 9:50, 눅 22:39/막 14:26) 마태와 마찬가지로, 누가는 마가복음의 자료를 넘겨받은 부분의 경우 앞에서 언급한 편집적인 위치 변경 이외에는 마가의 단락 순서를 뒤따른다. 언뜻 보면 누가복음의 윤곽은 마가복음과 많이 달라보이는데, 이는 마태복음에 비하여 마가의 단락이 많이 생략된 것(마태는 118개의 단락을, 누가는 96개 단락만을 넘겨받는다.)[59]과 누가가 소위 '여행 보도'(눅 9:51-19:27)에서 주로 사용하는 광범위한 특수

58 마태는 마가복음의 128개 단락 가운데 118개를 넘겨받는다. 이 숫자에 관하여는 R. Morgenthaler, Statistische Synopse, Zürich 1971, 231을 참조하라.

59 참조. 위의 책, 232.

자료로 설명된다. 게다가 누가는 마태처럼 자료들을 끼워 맞추지 않고 오히려 병렬시켜서 예수의 생애를 명백히 다르게 묘사한다. 요약하자면, 단락의 순서로 볼 때 마가복음은 마태복음과 누가복음의 공통된 중심이라 할 수 있다. 이 두 복음서가 마가의 구성과 차이가 나는 경우 두 복음서에서 단락 순서가 일치하지 않는 것은, 마태복음과 누가복음의 공통 기반인 마가복음으로부터만 문학적인 종속 관계가 의미 있게 설명될 수 있다는 사실을 분명하게 드러낸다.

마가 우선설에 대한 또 다른 증거는 마태와 누가가 마가복음의 언어와 내용을 수정한 것이다. 개별 단락들의 일치(예를 들어 마 24:4-8/막 13:5-8/눅 21:8-11)가 문학적 종속성을 입증한다면, 마가복음의 문체와 내용의 변경은 마가 우선성을 가리킨다.

마태와 누가는 수많은 구절에서 마가의 단순하고 대중적인 그리스어를 다듬는다. 마태는 여러 구절에서 마가의 본문을 매끄럽게 하며(예를 들어 마태복음 16:24는 마가에서 중복된 단어인 ἀκολουθεῖν을 피한다.), 선호하는 단어를 집어넣고(참조. βασιλεία τῶν οὐρανῶν 마 13:11, 31, 19:14, 23), 어휘를 변경시킨다.(예를 들어 마태복음 10:17에서는 δέρειν 대신에 μαστιγοῦν를 사용했다.)[60]

누가는 마태보다 훨씬 더 많이 마가의 본문을 수정한다. 그는 아람어를 번역만 하거나 넘겨받지 않고(참조. 누가복음 6:14, 8:54, 22:39, 42, 46, 23:33), 마가의 단순한 단어를 복합어로 바꾸며(참조. 누가복음 8:28에서 κράζειν 대신에 ἀνακράζειν), 나아가 '속격독립구문'을 마가보다 훨씬 더 자주 사용하고(참조. 눅 8:4 συνιόντος δὲ ὄχλου πολλοῦ), 마가가 καί를 병렬하여 사용하는 것을 δέ(참조. 눅 6:6-11) 및 분사구문과 관계구문으로 대체한다.(예를 들어 누가는 마가복음 6:33의 καὶ εἶδον… καὶ ἐπέγνωσαν… καὶ

60 복음서 기자 마태의 마가 자료 사용에 관하여는 P. Wernle, Die synoptische Frage, 146ff.를 참조하라.

συνέδραμον… καὶ προῆλθον을 누가복음 9:11에서 γνόντες ἠκολούθησαν 으로 축약시킨다.)[61]

언어적인 다듬기에 더하여 마태와 누가는 수많은 구절에서 마가 본문의 내용을 수정한다. 마태는 익숙하지 않을 뿐만 아니라 장황하기도 한 내용인 뜯어낸 지붕에서 중풍병자가 내려오는 것(막 2:4)을 생략하고, 마가복음 10:18에서 예수의 입에서 분명하게 나온 말인 "네가 어찌하여 나를 선하다 일컫느냐"(τί με λέγεις ἀγαθόν)를 "어찌하여 선한 일을 내게 묻느냐"(τί με ἐρωτᾷς περὶ τοῦ ἀγαθοῦ, 마 19:17)로 대체한다. 누가는 마가복음 2:15의 주어에 대한 불분명한 설명을 명확히하며, 병에 대한 두 번째 묘사를 생략하고(막 9:21-24), '날마다'(καθ' ἡμέραν, 눅 9:23)라는 단어를 추가하여 십자가를 지는 것에 관한 말씀을 윤리적으로 만든다.

자료의 양 또한 마가 우선설에 대한 증거이다. 마가자료 중 단지 세 개의 단락(막 4:26-29, 7:31-37, 8:22-26)과 몇몇 로기온(막 2:27, 3:20-21, 9:48-49, 14:51-52, 15:44)만 마태와 누가에서 빠져 있다. 단어 통계도 마가 우선설을 옹호한다. 마태와 마가의 공통 본문에서 마가복음의 총 11,078개의 단어 중 8,555개의 단어는 마태복음에, 6,737개 단어는 누가복음에 등장한다.[62]

마태뿐만 아니라 누가도 생략한 마가 본문들은 – 마가의 특수자료 – 고전적인 두 자료설의 틀에 문제를 제기한다. 마가 본문의 생략이 항상 마태나 누가의 편집에 의한 것일 수는 없기 때문이다. 마가복음 7:31-37과 8:22-26의 치유 이적이 생략된 이유는 이적에 대한 과도한 설명이 거리낌을 유발하기 때문이라고 볼 수 있다. 친척들이 예수의 말씀을 미친 것(막 3:20-21)으로 간주했다는 짧은 기사와 마가복음 9:29의 귀신 축출이 간과된

---

61 누가의 언어 변경에 관하여는 다음을 참조하라. 위의 책, 18ff.; T. Schramm, Der Markus-Stoff bei Lukas, MSSNTS 14, Cambridge 1971.

62 참조. R. Morgenthaler, Statistische Synopse, 89.

것도 같은 이유로 볼 수 있다. 예수가 붙잡힐 때 벌거벗은 청년(막 14:51-52)을 주목한 것과 마가복음 9:49의 불로써 소금을 치듯 할 것이라는 말씀을 보조 기록자(Seitenreferent, 마태와 누가를 가리킴 – 역자 주)들은 이해할 수 없었을 것이다.[63] 이와는 반대로 마가복음서가 마태복음과 누가복음을 대본으로 삼아 기록했다는 주장은 마가복음 4:26-29에 나오는 스스로 자라는 씨 비유가 마태복음만이 아니라 누가복음에도 누락되고 있는 이유를 설명할 수 없다. 마찬가지로 마가복음 2:27, 9:48, 15:44의 생략도 보조 기록자들이 편집한 것은 아니다.

더 나아가 누가복음 9:17-18 사이에서 마가복음 6:45-8:26이 빠진 것 – 누가의 생략 – 과 마태복음과 누가복음을 마가복음에 견주어(gegen) 볼 때 발견되는 수많은 사소한 일치점으로 인해 관례적인 두 자료설의 수정은 필연적이다. 누가가 마가복음 6:45-8:26을 의도적으로 생략한 것에 대하여는 어떤 동기도 찾을 수 없다. 늘 되풀이되는 주장인 갈릴리를 벗어난 이방 지역에서 행한 예수의 사역을 누가가 의도적으로 간과했다는 주장은 누가복음 8:26-39가 마가복음 5:1-20을 수용하고 있다는 점에서 타당하지 않다.[64] 유일하게 남은 가정은 마가복음 6:45-8:26이 누가가 참고한 마가복음의 사본에 아직 또는 더 이상 포함되지 않았다는 것이다.

사용된 마가자료 전체에 걸쳐서 마태복음과 누가복음은 마가복음에 견주어 사소한 일치(minor agreements)를 보인다.[65] 여기서 약 700개의 공통된 변경, 추가(긍정적인 일치), 그리고 생략(부정적인 일치)이 중요하다.[66]

63 참조. Ph. Vielhauer, Urchristliche Literatur, 273.

64 이에 대한 반대는 H. Conzelmann, Mitte der Zeit(아래 3.6.1을 보라.), 45-48을 참조하라.

65 사소한 일치(minor agreements)에 대한 목록은 다음의 자료에서 확인할 수 있다. F. Neirynck, The Minor Agreements in a Horizontal-Line Synopsis, Leuven 1991; G. Strecker (Hg.), Minor Agreements, 221-30; A. Ennulat, 'Minor Agreements,' 472-594.

66 필자는 이 대략의 수를 나이링크(F. Neirynck)의 목록 개관에서 가져왔다. 수

이는 전체 복음서에 고루 분포되어 있다.[67]

예: 마가복음 2:23-28[68]과 대조되는 마태복음 12:1-8과 누가복음 6:1-5의 일치

마태복음 12:1/누가복음 6:1: 마태와 누가는 ὁδὸν ποιεῖν을 생략하고 καὶ ἐσθίειν 및 καὶ ἤσθιον을 덧붙인다.

마태복음 12:2/누가복음 6:2: 마태와 누가는 καί를 δέ로 대체하고 ἔλεγον 대신에 εἶπαν을 쓴다.

마태복음 12:3/누가복음 6:3: λέγει 대신에 마태와 누가는 εἶπεν을, 둘 다 χρείαν ἔσχεν을 생략한다.

마태복음 12:4/누가복음 6:4: 마태복음과 누가복음에 ἐπὶ Ἀβιαθὰρ ἀρχιερέως가 빠져 있다. 전치사 σύν은 μετά로 대체되며, 분사 οὖσιν은 생략되고 μόνοις 또는 μόνους를 덧붙인다. 마가복음 2:27 전체와 ὥστε(막 2:28의

에 대한 설명은 전체적으로 매우 상이하게 나타난다. 엔눌라트는 대략 1,000개의 사소한 일치를 조사한다.(A. Ennulat, Minor Agreements 417f.) 즉 그는 40%의 경우 확실히 마태 혹은 누가의 독립적인 편집본이나 제2마가복음서(Deutero-Markus)를 대본으로 가진 것은 아닌지를 질문한다. 다른 약 40%는 제2마가복음서 가설에 가깝다고 보며, 약 20%는 분류할 수 없거나 임의의 모델로 통합시킬 수 없다고 본다.

67 '사소한 일치'는 결코 하나의 통일된 현상이 아니다. 여러 경우에 무엇이 일치이고, '사소한'(몇 개의 단어) 혹은 '다수의' 일치인지가 논쟁이 되고 있기 때문이다.(단어의 순서, 반절 문장. 참조. 막 4:30-32 평행본문) 여러 면에서 본문의 역사에 대한 판단을 내려야 하고, 분명한 생략 또는 사소한 변경이 복음서 기자의 편집 작업으로 혹은 본문 전승이나 구전 전승의 영향으로 평가될 수 있는지는 불분명한 경우가 많다. 마가복음에 맞서서 마태와 누가가 일치할 때, 그들 사이에 다시 사소한 일치가 매우 자주 나타난다. 이러한 현상은 그 경우에 사소한 일치가 있는지 없는지에 대한 질문으로 다시 이어진다. 이 문제에 관하여는 M. E. Boring, "The 'Minor Agreements' and their Bearing on the Synoptic Problem," P. Foster/A. Gregory/J. S. Kloppenburg/J. Verheyden (Hg.), New Studies in the Synoptic Problem, 227-51을 참조하라.

68 참조. H. Aichinger, "Quellenkritische Untersuchung der Perikope vom Ährenausraufen am Sabbat Mk 2, 23-28par.," SNTU 1 (1976): 110-53.

첫 단어 – 역자 주)가 마태복음과 누가복음에 빠져 있다.

마태복음 12:8/누가복음 6:5: 마태복음과 누가복음의 경우 구절의 끝에서 주어로 υἱὸς τοῦ ἀνθρώπου가 나온다. 두 복음서 기자는 τοῦ σαββάτου 앞에 καί를 생략한다.

참조. 마태와 누가가 마가복음을 수용하여 수정한 보다 큰 단락들: 마가복음 1:29–31 평행본문, 2:1–12 평행본문, 3:22–27 평행본문, 4:10–12 평행본문, 4:30–32 평행본문,[69] 4:35–41 평행본문,[70] 5:21–43 평행본문, 9:2–10 평행본문[71]

개별 구절 참조: 마가복음 14:65(마가를 제외하고 마태와 누가는 공회의 질문을 기록한다. τίς ἐστιν ὁ παίσας σε: 너를 친 자가 누구냐), 마가복음 5:27, 9:19, 15:44–45.

고전적 두 사료설에 따라 마태와 누가가 정경인 마가복음서를 수용했다면, 크게는 마가 특수자료(특히 막 4:26–29 생략) 대부분과 작게는 마가복음과 대조되는 마태복음과 누가복음의 수많은 사소한 일치를 설명할 수 없다. 공통으로 종속된 자료 문서에서도 아니고, 편집에서 '우연히' 발생한, 동일한 종속성에서도 비롯되지 않는 일치가 이 이론에는 있을 수 없기 때문이다. 이러한 현상을 설명하는 세 가지의 진정성 있는 모델이 있는데,[72] 모두 사소한 일치가 마가 이후에 발생한 현상이라는 데 동의한다.[73]

---

69 참조. F. Kogler, Das Doppelgleichnis vom Senfkorn und vom Sauerteig in seiner traditionsgeschichtlichen Entwicklung, fzb 59, Würzburg 1988.

70 참조. A. Fuchs, "Die 'Seesturmperikope' Mk 4, 35–41par im Wandel der urkirchlichen Verkündigung," SNTU 15 (1990): 101–33.

71 참조. Chr. Niemand, Studien zu den Minor Agreements der synoptischen Verklärungsperikopen, EHS.T 352, Frankfurt 1989.

72 연구사에 관하여는 A. Ennulat, "Minor Agreements," 18–34를 참조하라.

73 세기 전환기 무렵에 영향력이 있었던 '원마가복음 가설'은 언급된 이 현상을 다른 방식으로 설명한다. 마태와 누가는 우리에게 전해진 마가복음이 아니라 오

1) 사소한 일치는 구전 전승, 수사본 전승/보급의 맥락에서 복음서 상호간에 본문 역사가 가진 영향력, 마가와 대조되는 마태와 누가의 우연한 일치로 설명된다.[74] 특히 이 모델에 대한 반대 주장은 전체 복음서 자료에 걸친 사소한 일치의 횟수와 분포를 볼 때 마태와 누가가 동시에 그리고 동일한 방식으로 마가의 본문을 다루었을 개연성이 거의 없다는 것이다. 지속적으로 균일하게 나타나는 이 현상은 전체 모델을 통해서만 만족스럽게 설명할 수 있고, 전체 본문 상황을 도외시하는 개별 본문들과 관련된 답변과는 동떨어져 있다.

2) 이것은 두 자료설에 대한 양자택일적 모델을 시도하게 한다. 이 모델은 누가가 마태복음을[특히 굴더(M. Goulder)] 혹은 마태가 누가복음(특히 헹엘)을 알았고 사용했다는 것에서 출발한다.(아래 3.2.7을 보라.) 마가와 대조되는 이러한 일치는 누가가 마태에게서, 마태가 누가에게서 마가와 구별되는 본문을 읽었고 그것을 수용했음을 설명한다. 이 두 양자택일적인 모델에 대조되는 관점은 무엇보다도 누가가 마태가 말하는 것을 해체시키고, 논리적 일관성 없이 개별 본문을 자신의 복음서 전체에 분포시키고, 내용이 풍부한 수많은 마태의 본문들을 전혀 수용하지 않았을 것이라는 관찰이다. 반면에 사소한 일치의 경우 (대부분의 경우 매 구절에서 내용상 큰 의미가 없는 두세 개의 단어) 누가는 대부분 언제나 마태를 따랐을 것이다. 물론 이러한 이의제기는 마태가 누가복음을 알았고 사용했다면 마태에게도 해당된다. 마태는 누가 특수자료의 놀라운 본문들(예를 들어 자비로운 사마리아인, 잃은 것들에 대한 비유)을 도외시했을 것이지만, 사소한 일치의 경우 마태는 앞에 놓인 누가의 본문을 따랐을 것이다. 어떠한 방식으로든 설득력을 얻을 수 없는 방책이다!(아래 3.2.7을 보라.)

히려 마가복음의 보다 초기 형태를 사용했다는 것이다.

74 나이링크는 각기 독립적인 편집상 변경으로 사소한 일치를 이해한다.(F. Neirynck, "The Minor Agreements and the Two-Source-Theory," Evangelica II, BETL 99, Leuven 1991, 3-42.)

3) 따라서 고전적인 두 자료설은 마태와 누가가 정경 마가복음이 아니라 그들이 마가 뒤에 놓이기 때문에 제2마가(Deuteromarkus)로 불리는 수정된 판본을 참조했다는 가정을 수용함으로써 보충될 수 있다. 규명하기가 어려운 것은 작업의 성격이다. 그것은 하나의 새로운 복음서[75] 혹은 편집층으로서 하나의 개정본[76]이었을 것이다. 첫 번째 가능성은 제2마가 신학이 입증될 수 있을 경우에만 진지하게 고려될 수 있다. 푹스는 이 신학을 제2마가에서 교회론적 요소의 확장과 그리스도론적 중심으로 본다. 그러나 이러한 신학적 방향은 광범위하게 제시될 수 없고, 제2마가는 하나의 '개정층'(改訂層, Bearbeitungsschicht)으로 간주되어야 한다. 제2마가복음서 가설이 마가의 특수자료 대부분과 '사소한 일치'에 대한 설명을 제시함으로써 두 자료설의 기초가 되는 마가우선설을 수정한다.[77]

모든 면에서 사소한 일치를 설득력 있게 설명할 수 있는 관점은 없다. 어떤 이론도 모든 현상을 수긍하게 만들 수는 없다. 십중팔구 복음서 본문 전승은 매우 복잡하게 진행되었을 것이고, 현재 우리가 각각의 현상을 다 이해할 수 있고 설명할 수 있는 것도 아니다.

---

75 푹스(A. Fuchs)는 수많은 간행물에서 이렇게 강조한다.

76 예를 들면 G. Strecker/U. Schnelle, Einführung in die neutestamentliche Exegese, Göttingen [4]1994, 57f.; U. Luz, Mt II(아래 3.5.1을 보라.), 254. 301 등.; A. Ennulat, "Minor Agreements," 418: 공통의 마가자료에서 마가 본문과 대조되는 마태와 누가 사이의 사소한 일치는 그 둘을 관통하는 하나의 문학적 현상으로 분명 마태와 누가 이전의 마가 작업이 있음을 가리킨다.; M. E. Boring, "The Synoptic Problem, 'Minor Agreements' and the Beelzebul Pericope," The Four Gospels (FS F. Neirynck), F. Van Segbroeck 등 (Hg.), BETL 100, Leuven 1992, 587-619.

77 공관복음 문제의 해결책으로 더 이상 두 자료 이론이 아니라 오히려 '세 단계 이론'[Dreistufentheorie, 마가, 제2마가(Dmk), 마태 혹은 누가]을 언급하는 푹스(A. Fuchs, "Seesturmperikope," 128)의 주장에 필자는 반대한다.

3.2.4 특수자료

마가 혹은 Q에서 유래하는 본문과 함께 마태와 누가는 광범위한 '특수자료'(Sondergut), 즉 오직 마태와 누가에게만 나오는 단락들을 전승했다. 이 특수자료는 '자료'(Quellen)가 아니라 오히려 전승 영역에 속한다.

마태의 특수자료

1–2장	전 역사
12:5–7, 11–12	안식일에 관한 말씀들
13:24–30	밀밭의 가라지(잡초) 비유
13:36–43	가라지 비유 해석
13:44–46	보화와 진주 비유
13:47–50	물고기 그물 비유
13:51–52	집주인에 관한 비유
14:28–31	물 위를 걷는 베드로
16:17–19	반석인 베드로
17:24–27	성전세
18:10	작은 자들의 천사들
18:(15)16–20	교회 질서
18:23–25	악한 종 비유
19:10–12	고자된 자에 관하여
20:1–16	포도원 일꾼 비유
21:14–16	시각장애인, 저는 자, 성전 안에서 찬양하는 어린이
21:28–32	서로 다른 아들 비유
25:1–13	열 처녀 비유
25:31–46	세상 심판
26:52–53	체포 때의 예수 말씀

27:3–10	유다의 종말
27:19	빌라도의 아내
27:24–25	빌라도와 백성
27:51–53	예수 죽음 때의 기적
27:62–66	무덤을 지키는 경비병
28:2–3	돌을 굴려낸 천사
28:9–10	여인들 앞에 부활하신 분
28:11–15	대제사장의 사기
28:16–20	제자들 앞에 부활하신 분

누가의 특수자료

1–2장	전 역사
3:10–14	각 신분에 대한 세례자의 설교
3:23–38	예수의 족보
5:1–11	베드로의 고기잡이
7:11–17	나인성 청년
7:36–50	큰 죄를 지은 여인
8:1–3	섬기는 여인들
9:51–56	사마리아에서 예수를 거부함
10:18–20	제자들이 돌아왔을 때의 말씀
10:29–37	자비로운 사마리아인
10:38–42	마르다와 마리아
11:5–8	간청하는 친구 비유
11:27–28	어머니에 대한 예수의 축복
12:13–21	어리석은 부자
12:35–37	다시 오시는 주님에 관하여
12:47–48	종의 보수에 관하여

12:49	불에 관한 말씀
12:54-56	시대의 징조
13:1-9	이스라엘을 향한 회개 호소
13:10-17	안식일에 여인의 치유
13:31-33	헤롯 안티파스의 추적
14:1-6	수종병 든 사람의 치유
14:7-14	연회 말씀
14:28-33	제자들의 의무에 관하여
15:8-10	잃은 은전에 관하여
15:11-32	잃은 아들
16:1-12	불의한 청지기
16:14-15	바리새인들의 교만
16:19-31	부자와 가난한 나사로에 관하여
17:7-10	종의 보수에 관하여
17:11-19	열 명의 나병환자
18:1-8	과부와 재판관 비유
18:9-14	바리새인과 세금 비유
19:2-10	삭개오
19:41-44	예루살렘의 멸망에 관한 예언
22:15-18	고별만찬으로서 유월절 만찬
22:35-38	마지막 만찬에서의 예수 말씀
23:6-16	골고다로 향하는 길 위의 예수
23:39-43	십자가상의 행악자
24:13-35	엠마오로 가는 제자들
24:36-53	예루살렘에 부활하신 분의 현현과 승천

특수자료의 출처에 관한 확실한 정보 제공은 불가능하다. 많은 부분은

분명히 각 복음서 기자가 접근할 수 있었던 구전 전승에서 유래한다. 많은 본문의 경우 정렬은 불확실하다. 이들은 대부분 Q마태 및 Q누가(아래 3.3.2를 보라.) 혹은 각각의 특수자료로 다음과 같이 정렬된다. 마태복음 5:21-22, 27-28, 33-37(율법 해석), 마태복음 6:2-6, 16-18(경건 규칙), 마태복음 18:15-18(교회 규칙), 마태복음 22:11-13(혼인 예복에 관한 비유), 누가복음 15:8-10(잃은 은전), 누가복음 15:11-32(잃어버린 아들).

광범위한 누가의 특수자료는 특정 주제에 초점을 맞춘다.(가난한 자들의 편이 됨, 부에 대한 비판, 죄인 및 여인들과의 교제, 기도의 의미, 겸손으로의 호소, 사마리아인들에 대한 긍정적 평가)[78] 누가의 특수자료를 전하는 자들에 관하여는 단지 추측만 가능하다. 교회는 예루살렘의 주변 지역에서 찾을 수 있다.[79] "추방자들을 다시 돌보고, 예수처럼 스스로 도울 수 없는 자들을 긍휼히 여기고 그들을 향해 관심을 가질 때만 이스라엘이 살아남을 수 있다고 확신했다.[80] 이와 달리 마태의 특수자료는 인식할 수 있는 신학적 주요 모티브가 없어 일관되지 않고 하나의 통일된 전승 그룹으로 귀속시킬 수 없다.[81]

---

78 참조. H. Klein, Barmherzigkeit gegenüber den Elenden und Geächteten: Studien zur Botschaft des lukanischen Sonderguts, BThSt 10, Neukirchen 1987; G. Petzke, Das Sondergut des Evangeliums nach Lukas, Zürich 1990; B. Pittner, Studien zum lukanischen Sondergut, EThS 18, Leipzig 1991; B. Heininger, Metaphorik, Erzählstruktur und szenischdramatische Gestaltung in den Sondergutgleichnissen bei Lukas, NTA 24, Münster 1991.

79 H. Klein, Barmherzigkeit, 134.

80 위의 책, 130.

81 본문 분석은 H. Th. Wrege, Das Sondergut des Matthäus-Evangeliums, Zürich 1991을 참조하라. 그렇지만 브레게는 다른 경우에 로기온 자료의 구성 부분으로 여겨지는 많은 본문을 마태의 특수자료로 정렬한다. 계속해서 다음을 참조하라. H. Klein, "Judenchristliche Frömmigkeit im Sondergut des Matthäus," NTS 35 (1989): 466-74; H. Klein, Bewährung im Glauben, BThSt 20, Neukirchen 1996. 클라인에 따르면 마태 특수자료는 주로 세 개의 복합체를 나눈다. 여러 비유에서 가난한 자들과 불쌍한 자들을 향한 예수의 관심이 주제

3.2.5 두 자료설 도해

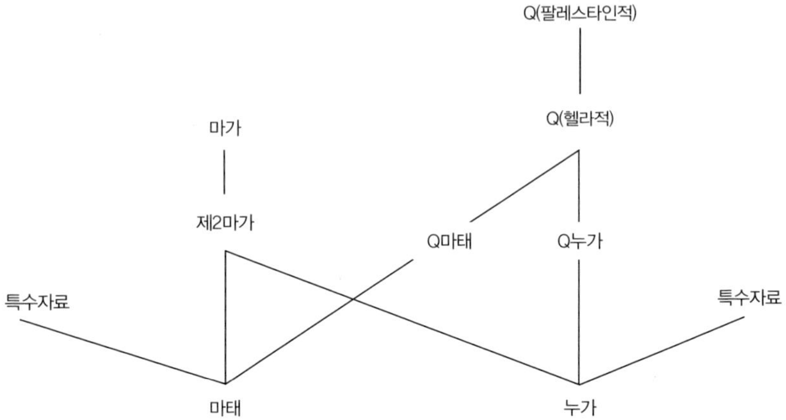

3.2.6 공관복음 전승의 구성

각각의 역사는 다양한 방식으로 설명될 수 있다. 개요를 간단히 보아도 마태와 누가가 그들 앞에 놓인 마가복음을 다양한 방식으로 수용했다는 것을 알 수 있다. 예를 들어 마태는 마가복음의 설명을 누가와 다른 자리에 배열한다. 누가는 마태보다 마가의 본문을 더 많이 생략한다. 마가복음을 다루는 경우 마태와 누가는 그들 교회의 상황과 그들 자신의 신학적, 문학적인 의도와 추가적인 전승들(로기온 자료, 각각의 특수자료)에서 비롯된 특정한 기준을 따른다.

다음 표는 마태와 누가의 공통된 중심인 마가로부터 출발하여 수용 과정이 어떻게 진행되었는가를 보여줌으로써 각각의 특성을 명확하게 하고자 한다. 화

화된다. 율법 말씀들은 방종한 생활을 경고한다. 베드로와 교회를 세우는 것에 관한 말씀들이 교회론의 중심 요소이다.

살표(↓)는 어떤 복음서 기자를 따르는지를 가리킨다. 오른쪽 구획은 본문의 내용 및 그 자료의 위치를 표시한다.[마가, Q 및 Q[마태/누가], S(특수자료) 및 S[마태/누가]] 회색 음영 표시 블록은 복음서가 각기 독자적인 순서로 배열되거나, 다시 마가의 순서로 되돌아가는 교차점이다.

마태복음	마가복음	누가복음	
3:1–12	1:1–8 ↓	3:1–18	세례자 요한[막/Q/S(특수자료)]
3:1–6	1:1–6 ↓	3:1–6	세례자의 등장(막)
3:7–10 ↓		3:7–9 ↓	세례자 요한의 회개설교(Q)
		3:10–14 ↓	세례자 요한의 신분설교(S[눅])
3:11–12 ↓	1:7–8 ↓	3:15–18 ↓	세례자 요한의 증언(막/Q)
14:3–4	6:17–18	3:19–20 ↓	세례자 요한의 체포(막)
3:13–17	1:9–11 ↓	3:21–22	예수의 수세(막)
(1:1–17)		3:23–28 ↓	예수의 족보(S[눅])
4:1–11 ↓	1:12–13 ↓	4:1–13 ↓	광야에서 유혹(막/Q)

마태복음	마가복음	누가복음	
(1:1) ↓		1:1–4 ↓	입문(편집)
1:1–2:23 ↓		1:5–2:52 ↓	이전 역사(S[마]/S[눅])
3:1–4:11 ↓	1:1–13 ↓	3:1–4:13 ↓	세례자 요한, 예수의 수세, 유혹(막/Q)
4:12–25	1:14–39 ↓	4:14–5:11	갈릴리에서 첫 번째 사역(막)
위치 변경 8/9/12장	1:40–3:6 ↓	5:12–6:11	갈릴리에서 계속적인 사역(막)
4:24–25, 10:2–4	3:7–19 ↓	6:12–29	더 많은 대중 앞에서 사역(막)

예수 그리스도에 대한 묘사가 시작되면서 그 특징이 결정된다. 화자의 이야기가 시작되면서 듣는 사람과 독자에게 길이 제시된다. 그러므로 누가

와 마태가 예수 그리스도 역사의 처음 시작을 마가와 다른 형태로 설명하는 것은 놀라운 일이 아니다. 마가가 예수 그리스도의 역사를 요한의 세례를 받는 것으로 시작하는 반면(첫 번째 음영 부분), 마태와 누가는 이전 역사를 복음서의 서막으로 만든다.(두 번째 음영 부분) 이 서술 방식은 한편으로 마태와 누가의 특수자료의 제약을 받는 것이지만, 또한 그 당대의 문학적 관습에도 해당하는 것으로, 예를 들어 플루타르코스 전기에서도 주목할 수 있는 방식이다. 여기서 두 복음서 기자의 신학적인 강조도 나타난다. 이전 역사가 복음서를 여는 글(Proömium)로서 이미 예수 그리스도의 전체 사역을 요약하고 있기 때문이다. 마태와 누가는 각각 3장부터 마가의 순서를 따르지만, 특수자료와 로기온 자료에서는 서로 유사한 자료들을 통합한다. 기본적으로 마가의 순서를 유지하면서 예수의 첫 번째 사역에 대한 묘사에서 세례자-본문 복합체를 따른다. 물론 마태는 자신의 경향에 맞추어 주제 단락을 만들기 위해 기적사화의 위치를 변경한다.

마태복음	마가복음	누가복음	
		6:20-8:3 ↓	누가의 작은 삽입(Q/$S^{누}$)
5-7장 ↓		6:20-49 ↓	산상수훈/평지설교($Q^{마/누}$)
		6:20-26 ↓	축복 선언/화 선포($Q^{누}$)
		6:27-36 ↓	긍정적인 요구($Q^{누}$)
		6:37-42 ↓	부정적인 요구($Q^{누}$)
		6:43-49 ↓	행위의 기준($Q^{누}$)
5:1-2 ↓			틀 I($Q^{마}$)
5:3-12 ↓			축복 선언($Q^{마}$)
5:13-16 ↓			소금과 빛에 관하여($Q^{마}$)
5:17-48 5:17-20 ↓ 5:21-48 ↓			1. 주요 단락: 더 큰 의 기본 명제($Q^{마}$) 반대 명제($Q^{마}$)

6:1–7:12			2. 주요단락: 하나님 앞에서의 의
6:1–18 ↓			의의 수신자이신 하나님($Q^{\text{마}}$)
6:19–34 ↓			의의 목표로서 하늘나라($Q^{\text{마}}$)
7:1–12 ↓			더 큰 의의 기본 명제인 사랑($Q^{\text{마}}$)
7:13–27			결론: 의의 기준인 행위
7:13–14 ↓			두 가지 길($Q^{\text{마}}$)
7:15–20 ↓			거짓 선지자들에 대한 경고($Q^{\text{마}}$)
7:21–23 ↓			신앙고백이 아니라 행위($Q^{\text{마}}$)
7:24–27 ↓			청종과 행위($Q^{\text{마}}$)
7:28–29 ↓			틀 II($Q^{\text{마}}$)

누가와 마태는 마가복음 3:7–12에서 많은 백성이 나아오는 것을 비슷하게 이해했다. 그것은 예수가 이제 무언가 특별한 말을 해야 한다는 신호였다. 누가는 평지설교로, 마태는 산상수훈으로 그것을 행한다. 평지설교는 누가복음 6:20–8:3을 포함하는 누가의 작은 삽입의 일부이다. 누가는 이 단락을 마가복음 3:19과 3:20 사이에 삽입하여 로기온 자료와 자신의 특수 자료를 통합한다. 누가는 평지설교에서 기본적으로 Q 자료 구성을 넘겨받는 반면, 마태는 평지설교에서 또 다른 Q 자료를 수용하여 첫 번째 예수의 설교를 포괄적인 자기소개로 확장한다.

마태복음	마가복음	누가복음	
8–9장 ↓			마태의 기적 시리즈(막/Q)
8:1–4 ↓	1:40–45		나병환자(막)
8:5–13 ↓		7:1–10	가버나움의 백부장(Q)
8:14–15 ↓	1:29–31		베드로의 장모(막)
8:16–17 ↓	1:32–34		병자 치유(막)
8:18–22 ↓		9:57–62	제자도 말씀(Q)
8:23–27 ↓	4:35–41		바다의 풍랑을 잔잔케 함(막)
8:28–34 ↓	5:1–20		가다라의 귀신 들린 자(막)

9:1-8 ↓	2:1-12		중풍병자 치유(막)
9:9-13 ↓	2:13-17		세리의 잔치(막)
9:14-17 ↓	2:18-22		금식 질문(막)
9:18-26 ↓	5:21-43		야이로의 딸/혈루병든 여인(막)
9:27-34 ↓	10:46-52, 3:22		두 시각장애인/말 못하는 사람(막)

마태가 마가복음 1:39에 남겨진 마가의 순서를 다시 수용하므로 마태복음 8:1-4는 정확하게 마가복음 1:40-45와 일치한다. 마태는 산상수훈에 기적 시리즈를 의도적으로 연결한다. 그가 메시아의 말씀과 행위를 묘사하려고 했기 때문이다.(참조. 마 11:2) 심사숙고한 구성은 마태복음 9:35에서 마태복음 4:23을 거의 축자적으로 반복한 것에서도 드러난다. 게다가 이미 로기온 자료에서 기적사화(가버나움의 백부장)는 평지설교를 뒤따랐다.

마태복음	마가복음	누가복음	
		7:1-8:3 ↓	작은 삽입의 나머지 (Q/S)
8:5-13		7:1-10 ↓	가버나움의 백부장(Q)
		7:11-17 ↓	나인성 청년($S^{누}$)
11:2-6		7:18-23 ↓	세례자 질문(Q)
11:7-19		7:24-35 ↓	예수에 관한 세례자의 증언(Q)
		7:36-50 ↓	예수와 산헤드린($S^{누}$)
		8:1-3 ↓	예수를 뒤따르는 여인들(편집)
12:22-30 12:46-50	3:20-35 ↓	11:14-23 8:19-21	예수와 귀신들/친척들의 몰이해(막/Q)

누가는 그의 작은 삽입부의 두 번째 부분에서 로기온 자료와 그의 특수자료에서 온 자료를 다듬는다. 이어서 누가복음 8:3 이후부터 다시 마가의 순서에 연결된다. 그러나 그 구절에서 누가는 마가복음 3:20-35를 간

과한다. 그는 로기온 자료에서 온 유사한 자료의 내용상 위치를 바꾸고 통합한다.

마태복음	마가복음	누가복음	
13:1-52	4:1-34 ↓	8장	예수의 비유 가르침(막/Q/S)
13:1-9	4:1-9 ↓	8:4-8	씨 뿌리는 사람(막)
13:10-17	4:10-12 ↓	8:9-10	비유 말씀의 의미(막)
13:18-23	4:13-20 ↓	8:11-15	비유 해석(막)
5/10/13장	4:21-25 ↓	6/8/12장	개별 말씀(막/Q)
	4:26-29 ↓		스스로 자라나는 씨(S막)
13:24-30 ↓			밀밭에 가라지(잡초) 비유(S마)
13:31-32 ↓	4:30-32 ↓	13:18-19 ↓	겨자씨에 관하여(막/Q)
13:33 ↓		13:20-21 ↓	누룩 비유(Q)
13:34-35 ↓	4:33-34 ↓		비유설교의 근거(막)
13:36-43 ↓			가라지 비유 해석 (S마)
13:44-46 ↓			보화와 진주 비유(S마)
13:47-50 ↓			물고기 그물 비유(S마)
13:51-52 ↓			집주인에 관한 비유(S마)

마태와 누가는 먼저 마가와 평행한다. 복음서 기자 모두 각기 씨 뿌리는 사람에 관한 비유로 시작하여 비유 이론(Parabeltheorie) 및 씨 뿌리는 사람의 비유 해석의 순서를 따른다. 마가복음 4:21-25의 개별 말씀은 마태와 누가에게 단지 부분적으로만 수용된다. 스스로 자라나는 씨 비유는 마태와 누가에 나오지 않는다. 겨자씨에 관하여는 마가 본문과 함께 마태와 누가 및 Q에도 나온다. 누가의 경우 자료를 다듬는 것이 눈에 드러나지 않는 것에 반해 마태는 그 자료를 긴 비유설교에서 요약하고 그 설교에 광범위한 특수자료를 통합한다.

마태복음	마가복음	누가복음	
8/9/13장	4:35-6:6a ↓	8/4장	예수의 기적 활동과 나사렛에서 거절당함(막)
8:18, 23-27	4:35-41 ↓	8:22-25	풍랑을 잔잔케 함(막)
8:28-34	5:1-20 ↓	8:26-39	거라사의 귀신 들린 자(막)
9:18-26	5:21-43 ↓	8:40-56	야이로의 딸/혈루증 여인(막)
13:53-58	6:1-6a ↓	4:16-30	나사렛에서 거절당함(막)

누가는 기본적으로 마가의 순서를 따른다. 그와 달리 마태는 이미 마태복음 8-9장의 기적 시리즈에서 마가복음 4-5장의 기적사화들을 다룬다. 마태는 나사렛 단락의 내용을 약간만 변경하고 그 단락을 비유설교에 연결하여 위치시킨다. 반면에 누가의 경우 예수의 나사렛 취임설교는 방향을 제시하는 본문으로 확장된다.

마태복음	마가복음	누가복음	
10장(9:35-11:1) ↓	6:6b-13 ↓	9:1-6, 10:1-12 ↓	제자 파송(막/Q)

마가복음 6:6b-13이 마가복음 3:14-15에서 예고된 제자 파송의 실현이라면, 마태복음에서 제자 파송은 완전히 다른 입장을 취한다. 마태는 자료를 더 많이 주제화하여 구성하고 이제 제자 파송을 산상수훈에 나오는 예수의 말씀, 기적 시리즈에 나오는 그의 행위와 연결한다. 마가가 전한 제자 파송과 함께 마태뿐만 아니라 누가도 이 자료를 로기온 자료에서 발견한다. 마태가 두 자료로부터 하나의 복합체를 형성했다면, 누가는 9:1-6에서 마가의 파송 전승을 받아 로기온 자료의 본문을 여행 보도의 틀에서 72 제자 파송으로 형태를 변경한다.(눅 10:1-12)

마태복음	마가복음	누가복음	
14:1-21	6:14-44 ↓	9:7-17	갈릴리에서 계속된 사역(막)
14:1-2	6:14-16 ↓	9:7-9	예수와 헤롯 안티파스(막)
14:3-12	6:17-29 ↓	3:19-20	세례자의 죽음(막)
	6:30-31 ↓		제자들의 귀환(막)
14:13-21	6:32-44 ↓	9:10-17	5,000명을 먹이심(막)

예수와 헤롯 안티파스 사이의 긴장된 관계를 표현할 때 세 복음서 기자 모두 본질적으로 평행을 이루지만, 누가는 세례자의 죽음을 보도하지 않는다. 그는 누가복음 3:19-20에서 세례자의 감금만을 언급한다. 이는 그가 예수와 세례 요한의 사역을 엄격하게 구별하기 때문이다. 제자들의 귀환은 마가복음 6:30-31에서 이미 급식 기사와 결합되어 있다. 마태와 누가는 그 기사를 생략한다. 5,000명을 먹이심에서 마태와 누가는 상당 부분 마가를 따른다.

마태복음	마가복음	누가복음	
			누가의 대단위 생략(막 6:45-8:26)
14:22-33	6:45-52 ↓		바다 위를 걸으심(막)
14:34-36	6:53-56 ↓		게네사렛 호수에서 치유(막)
15:1-20	7:1-23 ↓		정결과 부정(막)
15:21-28	7:24-30 ↓		수로보니게 여인의 치유(막)
(15:29-31)	7:31-37 ↓		귀 먹고 말 더듬는 자 치유(막)
15:32-39	8:1-10 ↓		4,000명을 먹이심(막)
16:1-4	8:11-13 ↓		바리새인들의 표적 요구(막/Q)
16:5-12	8:14-21 ↓		제자들의 몰이해(막)
	8:22-26 ↓		시각장애인 치유(막)

누가의 구성에서 마가복음 6:45-8:26의 생략은 특별한 의미를 지닌

다. 누가는 실제로 이중으로 된 것들을 피하려고 했다.(참조. 막 8:1-10의 4,000명을 먹이심) 게다가 마가복음 7:1-23에 나오는 '정결과 부정'의 주제는 더 이상 그의 관심을 유발하지 못했으며 '대단위 생략', '이전 역사', '여행 보도'는 마가복음에서 발견될 수 있는 것과 완전히 다른 큰 구조(Makrostruktur)를 제공한다.

마태복음	마가복음	누가복음	
	8:27-10:52 ↓		갈릴리에서 예루살렘으로(막)
16:13-20	8:27-30 ↓	9:18-21	베드로의 신앙고백(막)
16:21-23	8:31-33 ↓	9:22	첫 번째 수난 예고(막)
16:24-28	8:34-9:1 ↓	9:23-27	제자도 말씀(막/Q)
17:1-9	9:2-10 ↓	9:28-36	변모(막)
17:10-13	9:11-13 ↓		엘리야의 도래(막)
17:14-21	9:14-29 ↓	9:37-43a	귀신 들린 아이의 치유(막)
17:22-23	9:30-32 ↓	9:43b-45	두 번째 수난 예고(막)
18:1-5	9:33-37 ↓	9:46-48	제자들의 서열 다툼(막)
	9:38-41 ↓	9:49-50	귀신을 내쫓는 낯선 자(막)
18:6-9/5:13	9:42-50 ↓	17:2/14:34-35	자극과 유혹(막/Q)
19:1-12	10:1-12 ↓	16:18	이혼에 관하여(막/Q)
19:13-15	10:13-16 ↓	18:15-17	예수와 어린이(막)
19:16-30	10:17-31 ↓	18:18-30	부의 위험에 관하여(막)
20:17-19	10:32-34 ↓	18:31-34	세 번째 수난 예고(막)
20:20-28	10:35-45 ↓	(22:24-27)	세베대의 아들들(막)
20:29-34	10:46-52 ↓	18:35-43	바디매오(막)

마가복음 8:27과 10:52의 '길'에 대한 언급과 세 번의 수난 예고는 제자도와 제자됨(Jüngerschaft)의 세 가지 지침과 함께 마가복음의 두 번째 주요 부분을 구성한다. 마태는 마가의 순서와 자료를 대체로 따르지만, 마태

복음 18:1-19:1에서 교회를 위한 설교를 통해 자신만의 강조를 드러낸다. 기본적으로 누가도 마가의 구조를 따르나 여행 보도(눅 9:51-19:27)를 통해 갈릴리에서 예루살렘으로의 전이를 상당히 확장시킨다.

마태복음	마가복음	누가복음	
18:1-19:1 ↓			교회설교(막/Q/S)
18:1-5 ↓	9:33-37	9:46-48	제자들의 서열 다툼(막)
18:6-9 ↓	9:42-50		자극과 유혹(막)
18:10 ↓			작은 자들(S마)
18:12-14 ↓		15:3-7	잃은 양(Q)
18:15-18 ↓		17:3	교회에서 책임(Q/S마)
18:19-20 ↓			기도의 힘(S마)
18:21-22 ↓		17:4	용서에 관하여(Q)
18:23-35 ↓			자비롭지 못한 종(S마)
19:1 ↓			편집

마태의 5대 설교 가운데 네 번째 설교인 마태복음 18장의 교회설교는 복음서 전체에 걸친 주제이다. 제자들의 교육 및 그에 따른 부활 이후 교회의 교육이다. 마태는 마가에 의해 이미 주어진 순서를 따르며 로기온 자료와 자신의 특수자료로 보충한다.

마태복음	마가복음	누가복음	
		9:51-19:27 ↓	누가의 여행 보도(Q/S눅/막)
		9:51-18:14 ↓	누가의 대단위 삽입(Q/S눅)
19:1-2	10:1	9:51-56 ↓	예루살렘을 향한 출발(막)과 사마리아에서 거절(S눅)
8:18-22		9:57-62 ↓	인자와 제자도(Q)
9/10장		10:1-12 ↓	제자 파송(Q)

11:20-24		10:13-15 ↓	화 선포(Q)
11:40		10:16 ↓	너희를 청종하는 자는 나를 청종한다.(Q)
		10:17-20 ↓	제자들의 소환과 성공($S^{눅}$)
11:25-27		10:21-24 ↓	환호성(Q)
		10:25-37 ↓	자비로운 사마리아인($S^{눅}$)
		10:38-42 ↓	마리아와 마르다($S^{눅}$)
6:9-13/ 7:7-11		11:1-13 ↓	기도에 관하여(주기도문, 간청하는 친구, 애원과 수용)(Q/$S^{눅}$)
12:22-30	3:22-27	11:14-23 ↓	예수와 악한 영(Q/막)
12:43-45		11:24-26 ↓	불결한 영들의 귀환(Q)
		11:27-28 ↓	축복 선언($S^{눅}$)
12:38-42		11:29-32 ↓	요나의 표적(Q)
5:15/6:22-23		11:33-36 ↓	빛의 말씀(Q)
23:1-36		11:37-54 ↓	바리새인들과 서기관들에 반대하여(Q)
10:26-27, 28-33		12:1-12 ↓	용기 있는 신앙고백에 관하여(Q)
		12:13-21 ↓	어리석은 부자($S^{눅}$)
6:25-33		12:22-32 ↓	근심에 관하여/보화의 축적에 관하여(Q)
24/25장		12:33-34, 35-48 ↓	경계와 충성(Q/$S^{눅}$)
10:34-36		12:49-53 ↓	불화와 다툼(Q)
16:2-3/5:25-26		12:54-59 ↓	현재의 올바른 판단에 관하여(Q/$S^{눅}$)
		13:1-9 ↓	회개를 위한 훈계($S^{눅}$)
		13:10-17 ↓	안식일에 여인의 치유($S^{눅}$)
13:31-32, 33		13:18-21 ↓	겨자씨와 누룩 비유(Q)
7/25/8장		13:22-30 ↓	좁고 닫힌 문(Q)

23장		13:31-35 ↓	예루살렘에서 죽음에 관하여(S[눅]/Q)
		14:1-14 ↓	수종병 든 사람의 치유/식탁 말씀(S[눅])
22:1-14		14:15-24 ↓	큰 잔치 비유(Q)
10/5장		14:25-35 ↓	참된 제자도에 관하여(S[눅]/Q)
18:12-14		15:1-7 ↓	잃은 양(Q)
		15:8-10 ↓	잃은 드라크마(S[눅])
		15:11-32 ↓	잃은 아들(S[눅])
		16:1-8 ↓	영리한 청지기(S[눅])
5/6/19/21장		16:9-18 ↓	소유 관리: 율법의 효력(Q/S[눅])
		16:19-31 ↓	부자와 가난한 나사로(S[눅])
18:6-7, 15, 17:19-21		17:1-10 ↓	훈계와 시침(Q/S[눅])
		17:11-19 ↓	감사한 사마리아인(S[눅])
24장		17:20-37 ↓	작은 묵시록(Q/S[눅])
		18:1-8 ↓	판관과 과부에 관한 비유(S[눅])
		18:9-14 ↓	바리새인과 세리에 관한 비유(S[눅])
19:13-15	10:13-16	18:15-17 ↓	예수와 어린이들(막)
19:16-30	10:17-31	18:18-30 ↓	부유한 청년/제자도(막)
20:17-19	10:32-34	18:31-34 ↓	세 번째 수난 예고(막)
20:29-34	10:46-52	18:35-43 ↓	시각장애인의 치유(막)
		19:1-10 ↓	삭개오(S[눅])
25:14-30		19:11-27 ↓	맡긴 돈(Q)

누가는 여행 보도에서 주로 로기온 자료와 자신의 특수자료를 사용한다. 그는 예루살렘을 향한 예수의 여정을 마가 및 마태와는 다르게 여러 면에서 확장시킴으로써 복음서 전체 구성에 다른 인상을 준다. 여행 보도는

누가복음 9:51("예수께서 승천하실 기약이 차가매 예루살렘을 향하여 올라가기로 굳게 결심하시고")과 19:28("예수께서 이 말씀을 하시고 예루살렘을 향하여 앞서서 가시더라")에 나오는 언어적인 표지가 가리키듯이 의도적인 구성이다. 예수께서 예루살렘을 향하여 간 것은 우연이 아니라, 누가에게서 전형적인 (약속의) 성취 사고의 흐름 가운데 놓여져 있다. 누가복음 18:15에서 복음서 기자가 다시 마가의 순서로 되돌아감으로써 누가의 큰 삽입인 누가복음 9:51-18:14를 누가의 여행 보도와 구별할 수 있다.(참조. 눅 6:20-8:3의 작은 삽입) 여행 보도의 문단 구성은 거의 불가능하다. 지리적으로나 내용적으로 연이어 진행된 단계를 인식할 수 없기 때문이다. 물론 예루살렘으로 향하는 여정에 관해 흩뿌려져 있는 주목할 만한 참조가 누가복음 13:22와 17:11에서 발견된다. 따라서 여행 보도는 각각 강조하는 주제에 따라 누가복음 9:51-13:21(제자도와 선교), 누가복음 13:22-17:10(잃은 자들의 구원), 누가복음 17:11-19:27(제자도와 종말론)의 세 단락으로 구별할 수 있다.

마태복음	마가복음	누가복음	
21:1-28:20	11:1-16:8	19:28-24:53	예수와 예루살렘에서 그의 운명(막/Q/S)
21:1-22:46	11:1-12:44 ↓	19:28-21:4	예루살렘 사역(막)
21:1-11	11:1-11 ↓	19:28-40	예루살렘 입성(막)
21:18-19	11:12-14 ↓	13:6-9	무화과나무 저주(막)
21:12-17	11:15-19 ↓	19:45-48	성전 정화(막)
21:20-22	11:20-25 ↓		믿음이 바라보는 것(막)
21:23-27	11:27-33 ↓	20:1-8	믿음의 전권(막)
21:28-32 ↓			똑같지 않은 아들들($S^{마}$)
21:33-46	12:1-12 ↓	20:9-19	악한 포도원 농부(막)
22:1-14 ↓		14:16-24	왕의 혼인잔치(Q)
22:15-22	12:13-17 ↓	20:20-26	가이사의 세금(막)

22:23-33	12:18-27 ↓	20:27-40	죽은 자의 부활(막)
22:34-40	12:28-34 ↓	10:25-28	최고의 계명(막)
22:41-46	12:35-37 ↓	20:41-44	다윗의 아들(막)
23장	12:38-40 ↓	20:45-47	서기관들에 대한 경고(막)
	12:41-44 ↓	21:1-4	과부의 작은 헌금(막)

예수의 예루살렘 사역은 공관복음의 마지막 주요 부분을 형성한다. 마태와 누가는 원칙적으로 마가와 평행을 이룬다. 그러나 '예루살렘 사역', '종말설교', '수난사와 부활 보도'라는 주제 영역이 내러티브적이며 극적으로 형성될 때 고유한 강조점을 갖는다.

마태복음	마가복음	누가복음	
23:1-39 ↓	12:38-40	11:39-51, 20:45-47, 13:34-35	서기관들과 바리새인들에 반대하여(Q/막/S마)
24-25장	13장 ↓	21:5-36	예수의 종말설교(막/Q/S마)
	13:1-3 ↓	21:5-6	장면 도입(막)
10:17-22	13:4-23 ↓	21:7-24	인자가 도래하기까지 시간(막/Q)
	13:24-27 ↓	21:25-28	인자의 도래(막)
	13:28-37 ↓	21:29-36	깨어 있으라는 훈계(막)
24:1-3 ↓	13:1-3		장면 도입(막)
24:4-28 ↓	13:4-23		인자가 도래하기까지 시간(막/Q)
24:29-31 ↓	13:24-27	17:22-37	인자가 도래하기까지(막/Q)
24:32-44 ↓	13:28-37		깨어 있으라는 훈계(막/Q)
24:45-51 ↓		12:41-46	진실한 종과 악한 종(Q)
25:1-13 ↓			지혜로운 처녀들과 미련한 처녀들(S마)
25:14-30 ↓		19:12-27	맡긴 달란트(Q)
25:31-46 ↓			백성들에 관한 심판(S마)

바리새인들과의 논쟁은 마태복음에서 23장의 편집을 통해 분명하게 강조된다. 세 복음서 모두 수난 직전에 예수의 설교를 위치시킨다. 마가복음에서 이 설교는 이미 그 길이로 인해 특별한 위치를 차지한다. 누가는 마가의 대본과 긴밀하게 연결되어 있지만 마태는 종말 설교에서 자신의 고유한 강조점을 부여한다. 마태는 근본적으로 마가복음 13장 자료를 넘겨받으나, 그것을 로기온 자료 및 특수자료에서 온 자료로 보충한다.

마태복음	마가복음	누가복음	
26:1-27:66	14:1-15:47 ↓	22:1-23:56	예수의 수난(막)
26:1-5	14:1-2 ↓	22:1-2	공회의 살해 계획(막)
26:6-13	14:3-9 ↓	7:36-50	베다니에서 향유를 부음(막)
26:14-19	14:10-16 ↓	22:3-13	배신의 결심, 마지막 만찬 준비(막)
26:20-25	14:17-21 ↓	22:21-23	배신 예고(막)
26:26-29	14:22-25 ↓	22:14-20	마지막 만찬(막)
26:30-35	14:26-31 ↓	22:31-34	부인 예고(막)
26:36-46	14:32-42 ↓	22:39-46	겟세마네(막)
26:47-56	14:43-52 ↓	22:47-53	체포(막)
26:57-68	14:53-65 ↓	22:54-55, 66-71, 63-65	공회 앞에서의 심문(막)
26:69-75	14:66-72 ↓	22:56-62	부인(막)
27:1-2, 11-14	15:1-5 ↓	23:1-5	빌라도 앞에서의 재판(막)
27:15-26	15:6-15 ↓	23:13-25	바라바의 석방(막)
27:27-31a	15:16-20a ↓		브라이도리온에서의 조롱(막)
27:31b-38	15:20b-27 ↓	23:33-34	십자가에 못 박히심(막)
27:39-44	15:29-32 ↓	23:35-43	십자가 위에서의 조롱(막)
27:45-56	15:33-41 ↓	23:44-49	예수의 죽음(믹)
27:57-61	15:42-47 ↓	23:50-56	매장(막)

수난사화에서 공관복음서 기자들은 상당 부분 평행을 이룬다. 누가의 경우에만 몇 가지 주목할 만한 위치 변경과 확장이 발견된다. 이들은 누가의 전체 수난사화 묘사에 나오는 주요 모티브에 기인한다. 예수는 수난에서도 본보기로 고난을 당하는 의인이다.(참조. 예를 들어 눅 23:34, 47, 24:26)

마태복음	마가복음	누가복음	
28:1-20	16:1-8	24:1-53	부활 소식(막/S)
28:1-10	16:1-8 ↓	24:1-12	빈 무덤(막)
28:11-15 ↓			대제사장의 사기(S마)
28:16-20 ↓			부활하신 분의 지속적인 현존(R)
		24:13-35 ↓	엠마오 제자들(S눅)
		24:36-49 ↓	열두 제자에게 현현(S눅)
		24:50-53 ↓	승천(S눅)

십자가 위에서 죽음으로써 예수의 지상 생애가 끝난다. 그러나 복음서는 모두 예수의 매장으로 종결되지 않고 독자의 시선이 그의 부활을 향하도록 한다. 마가복음의 대본(臺本)이 이 관점을 단지 암시하는 반면에(참조. 막 16:6-7) 마태, 특히 누가는 다양한 형태와 방식으로 부활의 실재를 강조하는 특수 전승을 사용한다.

3.2.7 공관복음 문제에 대한 추가 이론

두 자료설은 언제나 공관복음 문제에 의해 제기된 문제를 해결하려는 모델일 뿐이었다. 현재 진행되는 연구에서 다음 네 개의 대안적인 해결 모델이 특별한 의미를 지닌다.

1) 두 복음서 가설(Two-Gospel-Hypothesis). 특히 파머(W. R. Farmer)[82]와 그의 제자들에 의해 주로 주장된 이 해결책은, 마태와 누가가 마가와 요한 이전에 기록되었다고 일반적인 형태로 먼저 말한다. 마태는 광범위한

구두 및 문서 전승을 수용하여 처음으로 복음서를 기록했다. 파머는 Q의 존재를 반박한다. 그에 따르면 누가가 마태를 따라 복음서를 기록했으며 마태복음과 그밖에 다른 구전 및 문서 자료를 수용했다. 마침내 마가는 광범위하게 마태와 누가를 끌어들였고 제한된 범위에서 다른 문서 및 구전 자료를 사용했다. 마태 우선설과 함께 그리스바흐를 모범으로 하는 이 사용가설을 위해 다음과 같은 주요 주장을 내세운다.

(1) 교부들의 증언: 유세비우스(HE VI 14, 5-7)에 따르면 알렉산드리아의 클레멘스는 장로들이 전한 옛 전승을 옮겼다. 그 전승에 따라 복음서들이 족보와 함께 먼저 기록되었다. 아우구스티누스(De Consensu Evangelistarum 4, 10. 11)는 일찍부터 마태-누가-마가의 순서를 전제한다.[83]

(2) 이러한 순서가 나타나는 마태 우선설의 전제 아래 설명된다. 마가는 자신의 저작을 세 번째 복음서로 기록했다. 동시에 그는 주로 마태복음에 초점을 두었고, 누가복음에는 덜 집중했다. 이것은 유대전승을 배제하고 마태와 누가 사이에 모순을 조정하려는 마가의 신학적인 의도에서 비롯된 일치와 생략을 설명한다. 또한 마가는 마태복음과 누가복음을 밀어내지 않고 오히려 보충하기를 원했다.

(3) 마가의 접근 방식은 자신의 역사적 위치에서 비롯되었다. 마가복음은 로마에서 생성되었으며, "근본적으로 박해에 직면한 로마 그리스도인을

---

82 파머와 그의 제자들의 현 위치는 최근의 문헌정보에서 가장 잘 읽을 수 있다. D. L. Dungan (Hg.), The Interrelations of the Gospels, 125-230. 참조. J. B. Orchard (Hg.), A Synopsis of the Four Gospels. In Greek. Arranged according the Two-Gospel-Hypothesis, Göttingen 1983.

83 4:11에서 결정적인 본문은 다음과 같다. …마가는 "두 개(즉 마태와 누가)를 가지고 일을 한다. 그가 여러 내용에서 마태와 그토록 일치함에도 불구하고, 다른 여러 영역에서 누가와 더 많이 일치하기 때문이다. 이로써 사자 및 송아지와의 관계가 드러난다.…"(참조. 계 4:6-7, 이전에 아우구스티누스는 마가를 환상 중에 등장하는 인자와 동일시했다.) 이 분석에 관하여는 H. Merkel, "Die Überlieferungen der Alten Kirche über das Verhältnis der Evangelien," D. L. Dungan (Hg.), The Interrelations of the Gospels, 566-90을 참조하라.

위해 마태복음과 누가복음을 재진술한 것이다."[84] 기록 장소인 로마는 바울과의 친밀함을 나타내고 사도행전에 나오는 베드로의 선교 설교가 지향하는 방향 설정을 가리킨다. 그 설교는 먼저 세례자의 등장으로 시작하고 예수의 '구두 말씀(전승)'에 큰 의미를 부여하지 않았다. "베드로의 대중 설교를 자신의 가이드이자 모델로 사용하면서 마가는 사도 베드로가 지속적으로 선포한 일종의 생생한 내러티브 메시지를 만들고자 애썼다."[85]

(4) 사소한 일치(minor agreements)는 마태복음과 누가복음이 마가복음 이전에 기록되었다는 증거이며, 마태 및 누가의 본문을 마가가 개정했다고 본다. 두 복음서 가설은 공관복음 문제의 개별 현상을 매우 의미 있게 설명할 수 있다. 그러나 이 이론에 반대하여 세 가지 근본적인 이의가 제기되었다. (a) 두 복음서를 수용할 때 마가의 신학적-문학적인 의도가 설득력 있게 설명되지 않는다. 특히 마가가 마태복음에서 큰 설교 복합체(예를 들어 마 5-7장)를 해체하는 것을 납득시킬 수 없다. (b) 누가가 마태복음을 사용했을 경우 마태의 본문 복합체를 해체하는 기준이 제시되어야 한다. (c) 로기온 전승에서 광범위한 단어상의 여러 일치는 두 복음서 가설의 또 다른 문제를 드러낸다. 누가가 왜 한편으로는 마태의 구성을 상당 부분 급격히 변경했는지, 다른 한편으로는 로기온 전승과 광범위하게 어떻게 일치하는지를 설명해야 한다. 게다가 만일 로기온 자료가 없었다면 마태 특수자료의 범위는 주목할 만했을 것이다.

2) 브와마르(M. É. Boismard)는 공관복음 문제를 설명하기 위해 매우 복잡한 단계이론(다중-단계가설, Multiple-Stage-Hypothesis)을 주장한다.[86]

---

84 W. R. Farmer, "The Statement of the Hypothesis," D. L. Dungan (Hg.), The Interrelations of the Gospels, (126-56) 155.

85 같은 곳.

86 참조, 기본적으로 P. Benoit/M. É. Boismard, Synopse des quatre évangiles, 불어판은 Tome II: Commentaire, M. É. Boismard, A. Lamouille et P. Sandevoir와 공동 저작, Paris 1972. 이 논의에 관한 참조. M. É. Boismard, "Théorie

그는 두 자료설의 요소만이 아니라 그리스바흐 가설도 수용한다. 그에 따르면 우선 네 개의 문서가 전승의 출발점을 형성하며, 이는 바로 공관복음과 Q의 각각의 이전 단계이다. 그다음 발전 단계에서 두 개의 문서가 마가복음과 마태복음의 기초가 되었다.['중간-마가'(Zwischen-Markus)와 '중간-마태'(Zwischen-Mattäus)] 그리고 세 번째 단계에서는 누가복음의 이전 단계['원-누가'(Proto-Lukas)]가 생성되며, 여기서 Q를 수용하면서 동시에 마태복음 이전 단계의 영향을 받는다. 네 번째 단계에서 공관복음은 최종 형태가 된다. 이 단계에서 '중간-마가'의 요소가 마태복음과 누가복음에 영향을 미치고, 동시에 마가는 '원-누가'와 '중간-마태'의 영향을 받는다. 그러므로 마가는 마태복음과 누가복음의 이전 단계에 종속된다.(그리스바흐 가설에 근접) 마태와 누가는 그들의 입장에서 마가복음의 이전 단계를 통합하고, Q를 두 복음서의 이전 형태로부터 수용한다.(두 자료 이론에 근접) "공관복음 문제는 복잡하다. 그것은 복잡한 해결책으로만 해결될 수 있다."[87]

이 네트워킹 이론의 강점은 의심의 여지없이 유연성에 있으며, 이로 인해 수많은 현상을 구속받지 않고 설명할 수 있다. 하지만 매우 까다롭고 복잡해서 각 복음서마다 가정된 이전 형태가 문학적으로 거의 입증될 수 없기 때문에 단순 가정으로 치우칠 수 있다.

3) 이용가설의 변이 형태: 굴더[88]는 누가가 마태복음을 알고 수용했음을[89] 입증하려고 했다. 기원후 90년경 누가는 마태와 마가를 결합시켜 이방

---

des niveaux multiples," D. L. Dungan (Hg.), The Interrelations of the Gospels, 231-88. 참조. M. É. Boismard/A. Lamouille, Synopsis Graeca Quattuor Evangeliorum, Leuven-Paris 1986.

87 M. É. Boismard, 위의 글, 232.

88 참조. M. D. Goulder, Luke. A New Paradigm, JSNT.S 20, I. II Sheffield 1989.

89 데렌베이커가 현재의 연구를 제공한다.(R. A. Derrenbacker, Ancient Compositional Practices and the Synoptic Problem, 171ff.) 굴더의 이론에서 가장 중요한 선구자는 파러이다.[A. Farrer, "On Dispensing with Q," Studies in the Gospels (FS R. H. Lightfoot), v. E. Nineham (Hg.), Oxford 1955, 55-88.] 이

교회를 위한 복음서를 만들었다. 누가의 특수자료는 "거의 언제나 마태의 자료를 누가가 발전시킨 것으로 볼 수 있다. 누가(L)의 자료(특수자료)는 거의 없었다."[90] 굴더는 Q의 존재를 부인한다.("Q는 완전히 오류이다."[91]) 마태는 마가복음을 자신의 유대 그리스도인 교회를 위해 확대했고, 일반적으로 Q 혹은 특수자료로 분류된 본문들에서 그러한 경우에 해당된다. "그의 복음서에서 Q와 M자료(마태 특수자료 – 역자 주)는 거의 다 마가를 정교화한 것이다."[92]

이 이론의 근본적인 약점은 누가가 마가와 마태를 번갈아가며 사용하는 원칙을 납득할 만하게 설명할 수 없다는 것이다.[93] 무엇보다도 '마태-수용'은 상당히 기이할 수 있다.[94] 그러면 누가는 왜 마태의 설교를 해체하고 (특히 산상수훈!) 자료의 여러 부분을 인식 가능한 배열의 원칙도 없이 단순히 복음서 전체에 분포시키는가?[95] 예를 들어 누가는 주기도문(눅 11:1-4)

로 인해 특히 영국에서는 '파러-굴더 가설'(Farrer-Goulder-Hypothesis)을 자주 언급한다. 참조. M. Goodacre, Goulder and the Gospels: An Examination of a New Paradigma, JSNTSS 133, Sheffiled 1996; ders., The Case against Q, Harrisburg 2002; 독일의 경우에는 W. Kahl, "Vom Ende der Zweiquellen-theorie oder: Zur Klärung des synoptischen Problems," Chr. Strecker (Hg.), Kontexte der Schrift II (FS W. Stegemann), Stuttgart 2005, 404-42.

90 M. D. Goulder, Luke I, 23.

91 위의 책, 22.

92 위의 책, I, 22.

93 비평에 관하여는 다음을 참조하라. Chr. M. Tuckett, Q(아래 3.3.1을 보라.), 16-31; P. Foster, "Is it possible to dispense with Q?," NT 45 (2003): 313-37, R. A. Derrenbacker, Ancient Compositional Practices and the Synoptic Problem, 157.

94 구데이커에 따르면 누가는 우선적으로 마가복음을 지향하며 "마태를 부차적인 방식으로 사용한다."(M. Goodacre, The Case against Q, 89.)

95 구데이커는 누가가 긴 설교를 좋아하지 않는다고 답변한다.(M. Goodacre, The Case against Q, 97.) 그러나 사도행전 7장(참조. 눅 12장)을 살펴보면, 이 견해는 전혀 설득력이 없다.

을 마태가 주제에 따라 배치한 위치(마 6:9-15)에서 분리하여 마리아와 마르다에 관한 설명(눅 10:38-42)과 강청하는 친구(눅 11:5-13) 사이에 놓았으며, 하나님의 뜻이라는 중심 사상 구절을 줄이고(마 6:10b 생략), 최종적으로는 구절들을 더 세분했을 것이다.(마태복음 6:14-15는 가볍게 변경된 형태로 누가복음 11:25-26에 나온다.) 동기가 없는 동일한 작업 과정, 위치 변경, 축약, 단편적인 사용(Atomisierung, 관련성이 없는 개별 구성 부분으로 해체), 그리고 생략은 시험사화(두 번째와 세 번째 시험 순서를 바꿈), 복 선언(마 5:3-12, 눅 6:20b-23), 대립 명제(마 5:21-48, 눅 12:57-59, 16:18, 6:27-30, 32-36), 마태복음 13:24-30, 36-43, 44-46, 47-50의 생략, 포도원 일꾼 및 열 처녀 비유(마 20:1-15, 25:1-13)에서도 드러난다. 누가는 왜 이 두 본문을 생략했어야 했는가?[96] 특히 열 처녀에 관한 설명은 누가에게 중요한 파루시아의 지연(참조. 눅 17:20-21, 19:11-27, 행 1:6-7)을 가장 잘 주제화하고 있지 않은가? 누가의 문서에서 베드로가 두드러진 역할을 수행함에도(참조. 눅 5:1-11, 행 2:14-36 등)[97] 누가는 왜 마태복음 16:17-19에 나오는 '반석 말씀'을 생략하는가? 누가의 서문(눅 1:1-4)에서 조망된 역사적 정확성과 문학적 철저성을 고려하면, 이러한 진행 과정은 결코 이해할 수 없다! 파러-굴더-구데이커가 볼 때, 누가가 마가를 비교적 폭넓게 수용한 반면 마태는 실제로 누가의 부차적 자료일 뿐이다. 그 자료는 인위적인 구성으로 의도를 인식할 수 없을 만큼 파괴되었고, 결국 돌 파편처럼 채석만 가능한 정도로 수용되었다. 그러므로 일반적으로 Q로 그 기원이 돌려진 자료의 출처나 광범위한 누가의 특수자료[98]도 어느 한 방식으로 충분히 설명될 수 없다.

---

96 마태복음 2:1-12, 12:5-7, 13:14-17, 25:31-46의 생략도 단순하게 정당화될 수 없다.

97 여기서 구데이커는 이렇게 설명한다.(M. Goodacre, The Case against Q, 51.) "누가는 전반적으로 베드로에 대해 마태만큼 긍정적이지 않다." 이와 반대로 마태도 부정적인 베드로 전승을 전한다!(참조. 마 26:33-35, 40, 58, 69-73.)

98 볼터에 의하면 어쨌든 "1,149구절 중 대략 550구절이다."[M. Wolter, Lukas(아

헹엘은 마태가 마가와 함께 누가복음을 알았고, 특별한 방식으로 수용했다는 견해로부터 출발한다.[99] 헹엘에 따르면 마태와 누가 사이에 수많은 공통점은 지나치게 빨리 로기온 자료로 귀속되었는데, 그는 로기온 자료를 고정된 문학적 단위가 아니라 순수한 말씀 전승으로 이해해야 한다고 생각했다.[100] 이 자료는 마태, 누가, 추측이지만 심지어 마가도 다양한 형태로 사용했다.[101] 마태와 누가 사이의 사소한 일치도 헹엘에 따르면 그렇게 자유롭게 설명될 수 있다. 마가복음은 기원후 69/70년 예루살렘 정복 직전에 생성되었다. 누가복음은 75-80년, 마태복음은 90-100년, 요한복음은 100-105년 사이에 작성되었다.[102]

이 이론에 대해 무엇보다도 다음 네 가지 반대 이론이 언급된다.[103] (1) 마태가 누가의 특수자료를 도외시한다. (헹엘의 입장을 수용한다고 할 때) 예를 들어 마태는 왜 세례자의 신분설교(눅 3:10-14), 자비로운 사마리아인의 비유(눅 10:25-37), 잃어버린 양 비유(눅 15장), 혹은 부자와 가난한 나사로에 관한 비유(눅 16:19-31)를 받아들이지 않았는가? 그는 특히 누가복음 16:29("아브라함이 이르되 그들에게 모세와 선지자들이 있으니 그들에게 들을지니라.")를 수용했어야 했다! (2) 예수의 유년시절 역사와 부활사화에서도

래 3.6.1을 보라.), 14.]

99 참조. M. Hengel, Die vier Evangelien, 350. "마태는 마가복음과 누가복음을 문서화되어 고정되어 있으며 분명하게 파악할 수 있는 자료라고 전제한다. 그 배후에 베드로의 권위가 있고 마태가 신학적으로 높이 평가하는 마가복음이 마태에게 일차자료로 내러티브의 실마리를 제공했다. 그는 언제나 누가복음을 이차자료로써 절충적으로 사용했다."

100 참조. 위의 책, 274-301.

101 참조. 위의 책, 291.

102 참조. 위의 책, 275.

103 마태의 자료 사용에 관해서는 특히 해프너가 설득력 있게 설명한다. G. Häfner, "Das Matthäus-Evangelium und seine Quellen," D. P. Senior (Hg.), The Gospel of Matthew at the Crossroads of Early Christianity(아래 3.5.1을 보라.), 25-71.

누가가 마태에게 미친 영향력을 인식할 수 없다. 누가가 더 매력적인 설명자료를 제공함에도 불구하고, 마태는 자신의 고유한 전승들을 사용한다. (3) 마태는 누가복음의 중심 단락인 누가복음 9:51-18:14을 도외시한다.[104] (4) 그러므로 마태와 누가는 내러티브 순서에서만 일치한다. 마태와 누가가 마가와 일치한다면, 그것은 두 복음서 기자가 문학적으로 서로 종속되었고, 각기 공통된 중심을 갖고서 마가를 모범으로 사용함을 분명하게 가리킨다.

두 가지의 대안적 모델 모두 '사소한 일치'의 문제를 해결하려고 한다. 대안 모델은 누가가 마태를 읽었고,[105] 마태도 누가를 읽었다[106]고 직접적인 문학적 종속성을 주장함으로써 마가에 대한 상호 일치를 해명한다. 그러나 수많은 개별 질문은 제외하더라도 근본적인 문제가 있다. 파러-굴더-구데이커 모델은 실제로 누가가 마태의 정교한 구성을 해체하고 수많은 본문을 단순 생략했다고 주장하지만, 누가는 '사소한 일치'의 경우(대체로 마가와 대조되는 누가와 마태 사이에 2-5개의 단어까지 일치) 마태의 본문(Vorgabe des Matthäus)을 따랐다.[107] 마찬가지로 헹엘은 마태가—거의 전적으로 마가의 본문을 선호했음에도 불구하고—늘 누가의 본문을 들여다보았고 문체나 내용에서 자신의 마음에 드는 것을 넘겨받았지만,[108] 동시에 다량의 특수자료를 단순 생략했다고 주장한다. 여기에 덧붙여서 대부분의 경우 '사

104 참조. G. Häfner, "Das Matthäus-Evangelium und seine Quellen," 48-50.

105 참조. M. Goodacre, The Case against Q, 154-69; 굴더와 구데이커에 대한 비평은 F. Neirynck, "Goulder and the Minor Agreements," EThL 73 (1997): 84-93을 참조하라.

106 참조. M. Hengel, Die vier Evangelien, 301-20.

107 참조. Chr. Tuckett, Q(아래 3.3.1을 보라.), 28. "사소한 일치가 그렇게 적다는 사실은 누가가 (실제로) 사소한 방식으로 마태 본문에 영향을 받았지만 마태가 마가복음에 실질적으로 추가한 것들에 의해서도 전적으로 영향을 받았다고 믿기는 어렵게 만든다."; G. Häfner, Das Matthäus-Evangelium und seine Quellen, 50. "보조 기록자의 보다 실질적인 개입이 아무 메아리 없이 지속된다면 '사소한 일치'의 수용을 어떻게 설명해야 하는가?"

108 M. Hengel, Die vier Evangelien, 320.

소한 일치'는 결코 단어 그대로의 일치가 아니며, 상호 간 미세한 차이점을 드러내고,[109] 따라서 각각의 경우는 누가 및 마태의 편집으로 추론할 수 있다. 결국 두 모델은 마가의 특수자료를 분명하게 설명하지 못한다. 예를 들어 누가뿐만 아니라 마태도 마가복음 2:27이나 4:26-29를 읽었을 것이나 수용하지 않았기 때문이다. 그러므로 결론적으로 '사소한 일치'는 두 자료설의 문제이면서 대안적인 이용 모델의 지속적인 문제이기도 하다.

4) 전승가설의 변형: 라이케(B. Reicke)는 공관복음 사이의 일치를 오로지 평행으로 전승된 구전전승으로만 그 기원을 돌리려 한다.[110] 누가와 마태는 마가와 Q를 대본으로 사용하지 않았으며, 오히려 일치점은 "마가복음에서처럼 마태복음과 누가복음에서 생생하게 귀로 전달된(청각적) 전승인 세 가지 전승에서 유래되었음을 나타낸다."[111] 문맥상 평행을 이루는 세 가지 전승은 두 가지 전승 및 특수 전승에 의해 보충되었다. 레이케는 예루살렘에 있던 최초 교회(Urgemeinde)가 역사적으로 매우 신뢰할 만한 전승 형성의 출발점이자 중심지라고 추측한다. 베드로가 예루살렘에 있는 복음서 기자 마가의 어머니 집에 자주 출입했으므로(참조. 행 12:12), 마가가 거기에서 모아진 자료를 수용하여 일찍이 그리스어로 번역할 수 있었다는 것이다.

결론: 모든 경우에 순수 문학적으로 적용해서 전체 질문에 답하지 못하는 단 하나의 가설은 여전히 더 큰 곤경을 초래하는 다른 가설로 대체된다. 특히 마가 우선설은 근본적으로 논박될 수 없다. 마태가 가장 오래된 복음서라면, 마가는 자신의 대본을 모순되게 다루었을 것이다. 즉 한편으로는

---

109 나이링크의 목록에서 쉽게 알 수 있다.[F. Neirynck, The Minor Agreements. (아래 3.2.3을 보라.)]

110 참조. B. Reicke, "Die Entstehungsverhältnisse der synoptischen Evangelien," ANRW 25. 2, Berlin 1984, 1758-91; ders., The Roots of the Synoptic Gospels, Philadelphia 1986.

111 B. Reicke, "Entstehungsverhältnisse," 1782.

매우 많이 줄였을 것이며, 다른 한편으로는 상당수의 단락을 확장시켰을 것이다. 그러나 마가는 왜 주기도문, 기도 경청에 관한 말씀들, 충성된 종과 불충한 종에 관한 비유 등 많은 것들을 생략하고, 이와 반대로 야이로 단락의 범위를 거의 세 배로, 거라사인과 간질병자의 단락을 두 배 이상으로 늘렸을까?[112] 마가가 마태와 함께 누가도 알았다는 것을 수용하면, 왜 그가 광범위한 누가의 특수자료만이 아니라 마태와 누가에게서 거의 동일하게 들리는 단락들을 자신의 복음서에 수용하지 않았는가에 대한 질문이 가능하다. 마가, 마태, 누가의 평행단락들에서 나타나는 상당한 단어 일치, 마태와 누가에 의해 이뤄진 수많은 마가 본문의 언어와 내용상의 개정은 공관복음 사이에 어떠한 문학적인 종속 관계도 없다는 추정을 분명하게 반박한다. 더욱이 누가복음 1:1-4는 문학적인 자료의 사용을 명백하게 전제한다!

두 자료설은 특히 형식적(formal)으로(제1원칙: 마태 및 누가의 마가와의 공통점=마가의 수용, 제2원칙: 마가와 대조되는 마태와 누가의 공통점=로기온 말씀들, 제3원칙: 한 개의 본문이 단 하나의 복음서에만 나옴=특수자료), 따라서 가치중립적으로 본문을 다룬다. 반면에 실제적인 대안 이론의 주요 대표자인 굴더만과 헹엘의 경우는 그들의 연구 방식을 일정 정도로 납득시키기 위해 누가와 마태의 신학사적인 위치(특히 마가, 마태 및 누가가 자료를 다루는 방식, 그 자료들이 유대교에 근접한지 혹은 멀리 있는지의 여부, 바울에 대한 그들의 신학적-정치적 입장)를 어떻게 규명하는지 그 방식에 의존한다. 이에 덧붙여 누가나 마태의 접근 방식을 유발시킨 것은 무엇인지, 그들이 무엇을 원했는지 혹은 그들이 무엇을 원치 않았기에 생략하거나 축약했는지에 대한 매우 주관적인 평가가 등장한다.[113] 사실상 굴더(누가가 마가와 마

---

112 참조. R. Morgenthaler, Statistische Synopse(아래 3.2.3을 보라.), 286.

113 참조. 예를 들어 구데이커는 산상수훈인 마태복음 6:19-7:27의 두 번째 부분을 다루는 누가의 접근 방식을 다음과 같이 추측한다. "아마도 누가는 그것을 '잡동사니 모음'과 같은 것으로 생각했으며, 그 상황에 가장 적절하다고 생각한 것을 선택했을 것이다."(M. Goodacre, The Case against Q, 99.) 이것은 (마땅

태를 사용한다.)만이 아니라 헹엘(마태가 마가와 누가를 사용한다.)도 일종의 '두 자료설'로부터 출발하여 세 번째 복음서에서 두 개의 복음서가 서로 얽혀 있다고 주장한다! 이러한 중첩이론은 Q의 가정(Postulat)보다 결코 간단하지 않다! 굴더는 사실상 해체이론(Zerschlagungstheorie)을 주장해야 하며(누가가 마태를 해체), 헹엘은 무시이론(Ignorierungstheorie)에서 시작한다.(마태는 많은 부분에서 누가의 본문을 수용하지 않으며 누가의 이야기 순서를 무시했다.)

문학적-신학적인 모습을 지닌 문서화된 로기온 자료의 존재도 설득력 있게 반박될 수 없다. 최근의 연구는 로기온 자료가 문학적이며 신학적으로 의도된 형태에서 비롯되었다는 것을 보여준다.(아래 3.3.10을 보라.) 결국 특수자료는 그 밖의 또 다른 문서화된 자료나 기존 복음서의 복잡한 이전 형태 및 중간 형태를 수용하지 않고도 전승사적으로 그 위치를 파악할 수 있다. 또한 1945년 이후부터 두 자료설에 기초한 (다시, 처음에는 개신교적인) 공관복음의 편집사적 연구는 그 가치가 잘 입증되었으며 설득력 있는 신학적 결과로 이어졌다. 두 자료설에 이의를 제기한다면 그 결과에 대해서도 문제를 제기해야 한다. 그러나 이러한 시도는 성공하지 못하며 성공할 수도 없다. 그렇게 하는 경우 복음서 기자들의 문학적 접근 방식이나 신학적인 의도를 재현시켜 이해할 수 없기 때문이다.[114] 공관복음 문제에 대한 모든 이론 중에서 두 자료설만 학문적인 연구의 결정적인 기준을 충족한다. 상호 주관적 타당성과 검증 가능성, 즉 학문이론적으로도 두 자료설에 우선권이 부여될 수 있다. 이에 대해 몇몇 주석가만 '그들의' 관점을 주장하는 것은 아니다. 이미 오랫동안 전 세계 대다수 주석가가 두 자료설을

한 것을 찾지 못해서) 어쩔 수 없이 고른 임시방편의 정보이다. 마태복음 6:19-7:27은 '지나친 잡동사니 모음'과는 완전히 다르기 때문이다. 사실상 구데이커는 누가가 마태를 이해하지 못했거나 혹은 악의적으로 파괴했음을 수용해야 했다.

114 참조. U. Luz, Mt I(아래 3.5.1을 보라.), 47.

인정했고 그들의 연구에 적용했다.[115] 여러 대체 이론은 두 자료설이 가진 의심할 여지없는 약점들을 취해 개별 현상을 설명하려 들지만 그와 동시에 여러 거대 가설을 다루어야 하므로 전반적으로 설득력이 없는 새로운 약점을 노출한다. 그러므로 물론 초기보다 개별 사례에서 기계적인 적용을 줄여야 하지만, 공관복음 문제의 출발점은 이전과 마찬가지로 두 자료설이어야 한다. 이 이론은 여전히 가설이지만 최소한의 난이도로 대부분의 현상을 설명한다.

3.3 로기온 자료

3.3.1 참고문헌

본문 재구성

S. Schulz, Griechisch-deutsche Synopse der Q-Überlieferungen, Zürich 1972. • A. Polag, Fragmenta Q, Neukirchen 1979. • W. Schenk, Synopse zur Redequelle der Evangelien, Düsseldorf 1981. • F. Neirynck, Q-Parallels, Leuven ²1995. • J. S. Kloppenborg, Q-Parallels, Sonoma 1988. • J. M. Robinson/P. Hoffmann/J. S. Kloppenborg/J. Verheyden/Chr. Heil (Hg.) Documenta Q, Leuven 1996ff. • Chr. Heil/Th. Hieke, "Der vom Internationalen Q-Projekt rekonstruierte Q Text. Eine Werkstattübersetzung," S. H. Brandenburger/Th. Hieke (Hg), Wenn drei das Gleiche sagen, Münster 1998, 103-20. • J. M. Robinson/P. Hoffmann/J. S. Kloppenborg, The Critical Edition of Q, Leuven 2000. • P. Hoffmann/Chr. Heil (Hg), Die Spruchquelle Q, Darmstadt ³2009.

주석

D. Zeller, SKK.NT 21, Stuttgart 1984. • H. T. Fleddermann, Q. Reconstruction and Commentary, BTS 1, Leuven 2005. • R. Valantasis, The New Q: A Translation with Commentary, Edinburgh 2005.

115 따라서 세계의 모든 주도적인 주석 시리즈가 두 자료설을 전제하고 있는 것은 결코 우연이 아니다.

단행본

A. (v.) Harnack, Sprüche und Reden Jesu, Leipzig 1907. • H. E. Tödt, Der Menschensohn in der synoptischen Überlieferung, Gütersloh [5]1984. • D. Lührmann, Die Redaktion der Logienquelle, WMANT 33, Neukirchen 1969. • P. Hoffmann, Studien zur Theologie der Logienquelle, NTA 8, Münster [3]1982. • S. Schulz, Q-Die Spruchquelle der Evangelisten, Zürich 1972. • A. Polag, Die Christologie der Logienquelle, WMANT 45, Neukirchen 1977. • D. Zeller, Die weisheitlichen Mahnsprüche bei den Synoptikern, fzb 17, Würzburg 1977. • R. Laufen, Die Doppelüberlieferungen der Logienquelle und des Markusevangeliums, BBB 54, Königstein/Bonn 1980. • J. S. Kloppenborg, The Formation of Q, Philadelphia 1987. • M. Sato, Q und Prophetie, WUNT 2. 29, Tübingen 1988. • D. Kosch, Die eschatologische Tora des Menschensohnes, NTOA 12, Freiburg (H)/Göttingen 1989. • J. Schüling, Studien zum Verhältnis von Logienquelle und Markusevangelium, fzb 65, Würzburg 1991. • A. D. Jacobson, The First Gospel. An Introduction to Q, Sonoma 1992. • D. Catchpole, The Quest für Q, Edinburgh 1993. • Th. Bergemann, Q auf dem Prüfstand, FRLANT 158, Göttingen 1993. • Elisabeth Sevenich-Bax, Israels Konfrontation mit den letzten Boten der Weisheit, MThA 21, Münster 1993. • H. T. Fleddermann, Mark and Q. A Study of the Overlap Texts, BETL 122, Leuven 1995. • C. M. Tuckett, Q and the History of Early Christianity, Peabody MA 1996. • J. Schröter, Erinnerung an Jesu Worte, WMANT 76, Neukirchen 1997. • A. K. Kirk, The Composition of the Sayings Source: Genre, Synchrony, and Wisdom Redaction in Q, NT.S 91, Leiden 1998. • J. S. Kloppenborg Verbin, Excavating Q. The History and Setting of the Sayings Gospel, Minneapolis, 2000. • W. E. Arnal, Jesus and the Village Scribes. Galilean Conflicts and the Setting of Q, Minneapolis 2001. • M. Hüneburg, Jesus als Wundertäter in der Logienquelle, ABG 4, Leipzig 2001. • Chr. Heil, Lukas und Q. Studien zur lukanischen Redaktion des Spruchevangeliums Q, BZNW 111, Berlin 2003. • P. Rondez, Alltgäliche Weisheit, AThANT 87, Zürich 2006. • M. Labahn, Der Gekommene als Wiederkommender. Die Logienquelle als erzählte Geschichte, ABG 32, Leipzig 2010.

논문

E. Bammel, "Das Ende von Q," Verborum Veritatis (FS G. Stählin), hg. v. O. Böcher u. K. Haacker, Wuppertal 1970, 39-50. • J. M. Robinson, "LOGOI SOPHON-Zur Gattung der Spruchquelle Q," H. Köster u. J. M. Robinson, Entwicklungslinien durch die Welt des frühen Christentums, Tübingen 1971, 67-106. • J. Delobel (Hg.), Logia-The Sayings of Jesus, BETL 59, Leuven 1982.(주요 논문집) • D. Zeller, "Redaktionsprozesse und wechselnder 'Sitz im Leben' beim Q-Material," J. Delobel (Hg.), Logia, 395-409. • J. Wanke, "'Kommentarworte.' Älteste Kommentierungen von Herrenworten," BZ 24 (1980): 208-33. • H.

Schürmann, "Das Zeugnis der Redequelle für die Basileia-Verkündigung Jesu," ders., Gottes Reich-Jesu Geschick, Freiburg 1983, 65-152. • Ders., "Beobachtungen zum Menschensohn-Titel in der Redequelle," 위의 글, 153-82. • Ders., "Zur Kompositionsgeschichte der Redequelle," Der Treue Gottes trauen (FS G. Schneider), hg. v. C. Bussmann/W. Radl, Freiburg 1991, 325-42. • A. Polag, "Die theologische Mitte der Logienquelle," Das Evangelium und die Evangelien, hg. v. P. Stuhlmacher, Tübingen 1983, 103-11. • F. W. Horn, "Christentum und Judentum in der Logienquelle," EvTh 51 (1991): 344-64. • D. R. Catchpole, "The Beginning of Q: A Proposal," NTS 38 (1992): 205-21. • D. Seeley, "Jesus' Death in Q," NTS 38 (1992): 222-34. • D. Kosch, "Q und Jesus," BZ 36 (1992): 30-58. • M. Karrer, "Christliche Gemeinde und Israel. Beobachtungen zur Logienquelle," Gottes Recht als Lebensraum (FS H. J. Boecker), hg. v. P. Mommer u. a., Neukirchen 1993, 145-63. • R. A. Piper (Hg.) The Gospel Behind the Gospels. Current Studies on Q, NT.S 75, Leiden 1995.(주요 논문집) • R. Uro (Hg.), Symbols and Strata, Göttingen 1996. • J. M. Asgeirsson/K. De Troyer/M. W. Meyer (Hg.), From Quest to Q (FS J. M. Robinson), BETL 146, Leuven 2000. • A. Lindemann (Hg.), The Sayings Source Q and the Historical Jesus, BETL 158, Leuven 2001.(주요 논문집) • J. M. Robinson, The Sayings Gospel Q. Collected Essays, BETL 189, Leuven 2005.

연구 보고서

F. Neirynck, "Recent Developments in the Study of Q," J. Delobel (Hg.), Logia, 29-75. • J. M. Robinson, "History of Q Research," J. M. Robinson/P. Hoffmann/J. S. Kloppenborg, The Critical Edition of Q, xix-lxxi.

3.3.2 로기온 자료의 추정 범위

마태와 누가가 사용한 두 번째 자료인 Q의 존재에 대하여는 다음과 같이 언급된다.

1) 마태와 누가는 마가 이외에 약 4,000단어가 일치하는 공통 자료를 갖는다. 이 공통 자료는 부분적으로 상당 정도 일치하는 단어로 구성되어 있다.(참조. 마 3:7-10/눅 3:7-9, 마 12:43-45/눅 11:24-26, 마 23:37-39/눅 13:34-35)[116] 이 일치는 긴 문장 단락들, 불변화사(Partikel)와 소유대명사에도 해당된다.[117]

2) 마태와 누가는 여러 중복(Dubletten, 마태 혹은 누가이든 한 복음서 기자가 두 번 기록한[117] 한 개 본문)과 이중 전승(Doppelüberlieferungen, 마태와 누가, 두 복음서 기자가 두 번 기록한 본문들; 한 번은 마가와 관련되며, 한 번은 마태 및 누가와만 관련된다.)을 갖는다. 두 경우 마태와 누가가 마가 외에 다른 공통자료를 사용했다는 주장을 지지한다.

중복의 예[118]: 누가는 제자 파송을 9장과 10장에 두 번 기록한다. 한 번은 마가복음 6:7-13과 관련되며, 다른 한 번은 마태복음 10장과 평행을 이룬다. 마태는 요나의 표적에 관한 말씀을 마가의 문맥(16:4)에서, 또한 누가와 평행하여(12:39) 전승한다. 중복의 예를 몇 가지 더 소개하면 다음과 같다. 마태복음 19:9와 5:32(이혼 금지), 마태복음 18:8-9와 5:29-30(실족하는 일에 관하여).

이중 전승의 예: 마태복음 13:12/마가복음 4:25/누가복음 8:18과 마태복음 25:29/누가복음 19:26(가진 자에게 주어질 것이다.), 마태복음 16:24-25/마가

---

116 참조. R. Morgenthaler, Statistische Synopse(위 3.2.3을 보라.), 83; 클포펜보르그는 공통자료로 마태복음에서 4,464개, 누가복음에서 4,652개의 단어를 열거한다.(J. S. Kloppenborg, Q-Parallels, 209.)

117 베르게만은 단어의 일치 정도가 높은 것을 로기온 자료에 본문을 할당하는 유일한 기준으로 만든다.(Th. Bergemann, Q, 47-60.) 일반적으로 로기온 자료에 할당된 단어의 일치가 적은 본문 단위는 "Q로 돌리지 말아야 하며, 구전 전승이나 다른 자료로 설명해야 한다."(Th. Bergemann, 위의 책, 60.) 그는 핵심 부분에서 단지 30%의 단어 일치를 드러내는 '기본설교'(Grundrede, 평지설교의 대본/산상수훈)에서 이 접근 방식을 수행한다.(참조. Th. Bergemann, 위의 책, 230.) 그는 다음과 같이 추론한다. "기본설교의 핵심은 Q의 구성 부분이 아니다. 기본설교의 핵심은 독자적인 전승 복합체이다."(Th. Bergemann, 위의 책, 235.) 주로 단어 통계를 기초로 하는 이 분석은 Q 자료에서 주제별 연결과 편집의 창조력(아래 3.3.5/3.3.6을 보라.)을 거의 주목하지 않았다. 어쨌든 Q의 점진적인 생성(아래 3.3.5를 보라.)은 서로 상이하나 단어 일치 정도가 높은 자료들이 전승 및 형성 과정에서 수용되었다는 것을 기대하게 만든다.

118 전체 중복 목록은 R. Morgenthaler, Statistische Synopse(위 3.2.3을 보라.), 128ff.를 참조하라.

복음 8:34-35/누가복음 9:23-24와 마태복음 10:38-39/누가복음14:27/17:33(십자가를 지는 것에 관하여)

마가는 오로지 한 개의 중복만 언급하기 때문에(막 9:35b/10:43-44) 마태와 누가는 또 다른 공통 자료를 사용했음이 분명하다.[119]

로기온 자료의 존재에 반대하는 일부 영어권 주석가들은 독자적으로 전승된 본문인 Q는 존재하지 않으며, 오히려 가설적으로 재구성되어야 한다고 이의를 제기했다. 이는 타당하지만 마태와 누가에 나오는 이중 전승을 통해 (Q의 존재를) 체계적으로 확인할 수 있고, 고대 문헌의 맥락에서 결코 예외가 아니다. 신약성서에서 고린도전서 5:9는 잃어버린 바울서신을, 누가복음 1:1-4는 더 이상 보존되지 않은 복음서의 이전 형태가 존재했음을 증언한다.

라에르티우스(D. Laertius)[120]의 작품 목록을 훑어보면 고대 저자들의 문서 대부분이 사라졌음을 알 수 있다.[121] 또한 다른 철학자들의 작품, 곧 이차자료로부터 학설, 명언, 전체 철학 체계를 재구성하는 것은 결코 드문 일이 아니다.(예를 들어 피타고라스, 소크라테스/소크라테스 학설 및 방법, 견유학파) 로기온 자료와 평행한 것은 루키아노스가 저술한 견유학파 철학자 데모낙스의 생애 묘사이다.(위 3.1.4를 보라.) 고대 교회 저자들이 로기온 전승에 관한 지식을 가지고 있었는지의 질문은 열어두어야 한다. 그것은 적어도 파피아스의 마태에 관한 메모에서 '로기온/말씀'(τὰ λόγια)을 언급

119 참조. 위의 책, 140.

120 기원후 3세기 초에 알려지지 않은 저자가 『철학자들의 생애와 가르침』(Leben und Lehre der Philosophen)이라는 제목으로 열 권을 썼다. 이 저작은 유일하게 보존된 고대철학 역사로 매우 가치 있는 전승들과 유일무이한 정보들을 보존하고 있다.(독일어판: Diogenes Laertios, 번역 및 편집 F. Jürß, Stuttgart 1998.)

121 한 가지 예를 들면 라에르티오스는 목록 가운데 40개를 에피쿠로스의 작품으로 돌리지만, 그 이름은 선택적으로만 언급되었으며(26회 이상), 세 개의 서신, 주요 이론, 그의 유언만이 온전하게 보존되었다.

한 것으로 볼 때 배제될 수 없다.[참조. 유세비우스, HE III 39, 16. "마태가 이제 히브리어로 로기온/말씀을 모았으나, 각자가 할 수 있는 대로 그것을 번역했다."]

예수의 생애와 선포의 첫 역사인 로기온 자료의 존재에 대해 이미 언급된 논증 외에도, 로기온 자료가 인식 가능한 구조와 의도적인 신학적 구성을 드러낸다는 사실이 다시 한 번 언급될 수 있다.(아래 3.3.6/3.3.9를 보라.)[122]

I. 시작

마태복음		누가복음
[3:1-3(4-6)	세례자의 등장	3:2-4][123]
3:7-10	회개설교/아브라함의 자녀	3:7-9
3:11, 12	오실 분/성령 세례	3:(15)16, 17
(3:13, 16, 17	예수의 수세	3:21, 22)
4:1-11	예수의 시험	4:1-13

122 칼은 다음과 같이 주장한다. "말씀 자료의 범위와 내용은 전적으로 불확실하다."[W. Kahl, Ende(위 3.2.7을 보라.), 410] 이 언급은 지금까지 등장한 본문의 재구성 및 그것과 결합된 신중한 논의에(위 3.3.1과 Documenta Q를 보라.) 근거할 때 단지 논쟁적이라고 밖에 볼 수 없다. 또 다른 로기온 자료의 문학적, 신학적 방향에 관하여는 U. Schnelle, Theologie(위 3.1.1을 보라), 349-68을 참조하라.

123 괄호는 불확실한 본문을 가리킨다. 누가는 Q 본문의 원래 순서를 마태보다 더 잘 보존했다. 이 논증에 관하여는 J. S. Kloppenborg, Formation, 69-80을 참조하라. 주요 논증: (1) 누가의 경우 Q 자료는 근본적으로 마가의 문맥 가운데 두 개의 삽입부인 누가복음 6:20-8:3과 9:51-18:14로 나타난다. 이와 반대로 마태의 경우 Q 본문은 복음서 전체에 걸쳐 분산되어 있다. (2) 누가보다 마태는 Q 자료를 주제화하여 보다 폭넓게 큰 단락으로 다시 배열했다. (3) 마가복음을 수용할 때 누가는 마가의 순서를 약간만 변경했다. 그는 아마 로기온 자료에 대해서도 그렇게 작업했을 것이다.

II. 평지설교/산상수훈

마태복음		누가복음
5:1, 3, 4-5, 6-10	복 선언	6:12, 17, 20, 21
(-	화 선언	6:24-26)
5:44	원수 사랑	6:27, 28
5:39b-41	인내	6:29
5:42	기도/빌리는 일	6:30
7:12	황금률	6:31
5:45-47	하나님께 합당한 행동	6:32-35
5:48	아버지처럼 자비로움	6:36
7:1, 2	판단함-주는 것-헤아림	6:37, 38
15:14	맹인 인도자	6:39
10:24, 25	제자-선생	6:40
7:3-5	들보-티	6:41, 42
7:16-20	선한 나무와 악한 나무	6:43, 44
12:34b, 35	마음의 보화	6:45
7:21	주여 주여 말하는 자	6:46
7:24-27	집을 짓는 일에 관하여	6:47-49
7:28	결론 말씀	7:1a

III. 가버나움의 백부장

마태복음		누가복음
8:5-10, 13	가버나움의 백부장	7:(1b-6a)6b-10

IV. 세례자의 설교

마태복음		누가복음
11:2, 3	세례자의 질문	7:18-20(21)
11:4-6	세례자의 질문에 대한 답변	7:22, 23
11:7-9	세례자에 대한 증언	7:24-26

11:10	말라기 3:1 인용	7:27
11:11	더 큰 자	7:28
11:16-19	완고한 자녀들에 관하여	7:31-35

V. 제자도와 파송

마태복음		누가복음
8:19, 20	제자도-'여우'	9:57, 58
8:21, 22	제자도-'죽은 자 매장'	9:59-60
(-	제자도-'뒤를 돌아봄'	9:61, 62)
(-	선택-파송	10:1)
9:37, 38	큰 수확-소수의 일꾼들	10:2
10:16a	이리들 가운데 양	10:3
10:9-13	길에서의 행동	10:4-7
10:7-15	도시에서의 행동	10:8-12
11:21-23	도시들에 대한 화 선언	10:13-15
10:40	파송의 권위	10:16
11:25-27	환호성	10:21, 22
13:16, 17	목격자들을 축복함	10:23, 24

VI. 기도

마태복음		누가복음
6:9-13	주기도문	11:(1)2-4
7:7, 8	기도 응답	11:9, 10
7:9-11	아버지와 간청하는 아이에 관하여	11:11-13

VII. 여러 논쟁

마태복음		누가복음
12:22-24, 9:32-34	바알세불 비난	11:14, 15(16)

12:25, 26	1. 답변: 사탄의 나라	11:17, 18
12:27, 28	2. 답변: 하나님의 나라	11:19, 20
12:29	더 강한 자에 관하여	11:21, 22
12:30	예수를 위함/예수에게 대항함	11:23
12:43–45	재발에 관하여	11:24–26
12:38, 39	표적 요구/요나의 표적	11:16, 29
12:40	해석 말씀	11:30
12:41, 42	남방 여왕/니느웨 사람들	11:31, 32
5:15, 6:22, 23	등불 말씀	11:33–35(36)
23:25(26)	바리새인들에게 반대 1: 그릇들	11:39b–41
23:23	바리새인들에게 반대 2: 십일조 말씀	11:42
23:6, 7	바리새인들에게 반대 3: 명예욕	11:43
23:27, 28	바리새인들에게 반대 4: 식별하기 어려운 무덤	11:44
23:4	서기관들에게 반대 1: 짐 지움	11:(45)46
23:29–31	서기관들에게 반대 2: 선지자들의 무덤	11:47, 48
23:34–36	서기관들에게 반대 3: 선지자들 살해	11:49–51
23:13	서기관들에게 반대 4: 인식의 열쇠	11:52

VIII. 신앙고백에 관하여

마태복음		누가복음
10:26	감추인 것/드러나는 것	12:2
10:27	숨긴 것/공개되는 것	12:3
10:28	사람을 두려워하지 말 것	12:4, 5
10:29–31	참새보다 더 가치 있음	12:6, 7
10:32, 33	예수에게 신앙고백	12, 8, 9
12:32	성령 훼방	12:10
10:19	법정에서 성령의 도우심	12:11,12
(10:23	이스라엘 여러 동네로 피신	–)

IX. 염려와 깨어 있음에 관하여

마태복음		누가복음
6:25-33	염려에 맞서서	12:22-31
6:19-21	하늘에 쌓는 보화	12:33, 34
(-	깨어 있는 종들에 관하여	12:35-38)
24:43, 44	주인과 도적에 관하여	12:39, 40
24:45-51	신실한 종과 불충한 종	12:42-46

X. 말씀과 비유

마태복음		누가복음
(-	땅 위의 불/세례	12:49, 50
10:34-36	불만족에 관하여	12:51-53
16:2, 3	시대의 징표	12:54-56
5:25, 26	용서에 관하여	12:(57)58, 59
13:31, 32	겨자씨에 관하여	13:18, 19
13:33	누룩에 관하여	13:20, 21
7:13, 14	좁은 문	13:23, 24
7:22, 23	닫힌 문에 관하여	13:(25)26, 27
8:11, 12	동쪽과 서쪽	13:28, 29
20:16	나중 된 자와 먼저 된 자	13:30
23:37-39	예루살렘에 관한 예고	13:34, 35
23:12	높아짐과 낮아짐	14:11/18:14
22:1-10	큰 잔치에 관한 비유	14:(15)16-24
10:37-39	제자도 '십자가를 짐'	14:(25)26, 27/ 17:33
5:13	쓸모없는 소금에 관하여	14:34, 35
12:11, 12	동물과 안식일	14:5
18:12-14	잃은 양	15:(3)4-7
6:24	두 주인에 관하여	16:13

11:12, 13	침입 말씀	16:16
5:18	율법의 효력	16:17
5:32	이혼 금지	16:18
18:7	실족에 관하여	17:1(2)
18:21, 22	용서	17:3, 4
17:20	믿음	17:(5)6

XI. 종말 사건

마태복음		누가복음
24:26	잘못된 메시아 기대 반박	17:(22)23
24:27	해석 말씀: 번개 같이	17:24
24:28	썩은 시체와 독수리에 관하여	17:37b
24:37-39a	노아의 날들과 같이	17:26, 27
24:39b	롯의 날들과 같이	17:(28, 29)30(31)
24:40, 41	두 가지 마지막 운명	17:34, 35
25:14-30	달란트에 관하여	19:12-27
19:28	심판에 참여	22:28-30

마태와 누가의 공통 본문들과 함께, 오직 한 명의 복음서 기자가 단독으로 전한 단락도 Q에 속할 수 있다.(Q마/Q누: 마 5:5, 7-9, 19, 21-30, 33-37, 6:2-8, 16-18, 7:6, 10:5-6, 23, 19:10-12, 눅 3:10-14, 7:3-6a, 29-30, 9:61-62, 11:5-8, 12:16-21, 47-48, 15:8-10, 11, 32, 17:7-10)[124]

위에서 개관한 내용은 로기온 자료가 대체로 말씀자료이며 몇 가지 이

124 참조. H. Schürmann, "Sprachliche Reminiszenzen an abgeänderte oder ausgelassene Bestandteile der Redequelle im Lukas- und Matthäusevangelium," ders., Traditionsgeschichtliche Untersuchungen zu den synoptischen Evangelien, Düsseldorf 1968, 111-25.

야기만을 포함하고 있음을 보여준다.(예수의 유혹 마 4:1-11/눅 4:1-13, 세례자 복합 단락 마 11:2-11/눅 7:18-28) 누가복음 7:21Q와 10:13Q가 예수의 이적 사역을 전제함에도 불구하고 오직 한 개의 이적사화(마 8:5-10, 13/눅 7:6b-10)만이 Q에 수용되었다.[125] 말씀자료에는 위협과 경고 말씀이 지배적이며, 누가복음 14:16-24Q와 누가복음 19:12-27Q에 나오는 두 개의 큰 비유도 Q의 심판 메시지로 사용된다.

두드러진 차이점이 있음에도 불구하고, 로기온 자료는 세례자 요한으로부터 종말 사건들에 관한 가르침에 이르기까지 연대기적인 개요가 분명하게 자료 배열의 원칙을 형성한다는 점에서 공관복음과 일치한다.(아래 3.3.6을 보라.) 특히 마가의 개요와 비교해 볼 때 유혹사화의 위치는 최소한 Q의 후기 편집층이 연대기적-전기적 요소를 수용했음을 보여준다.[126]

3.3.3 기록 장소와 시기

로기온 자료는 추측컨대 (북부) 팔레스타인에서 생성되었을 것이다. 신학적으로 로기온 자료는 주로 이스라엘에 초점을 맞추고 있기 때문이다.[127] Q의 처음과 끝에 나오는 심판설교는 그 대상이 이스라엘이며(참조. 눅 3:7-9Q, 눅 22:28-30Q), 수많은 로기온의 장소와 생활권은 팔레스타인이 중심이

125 Q의 그리스도론의 구성적이며 내용적인 면에서 휘네부르그는 나사렛 예수의 이적 행사자 의미를 강조한다. "이적 행사자로서 예수에 관한 표상은 그가 선포한 하나님 나라를 구약의 약속과 연결시키며, 그 나라의 현재적 성격을 강조하고, 예수의 인격과 결합시키므로 전체를 구성하는 관점이라 할 수 있을 것이나."(M. Hüneburg, Jesus als Wundertäter, 226.)

126 참조. J. S. Kloppenborg, Formation, 262.

127 참조. G. Theißen, Lokalkolorit(위 3.1.1을 보라.), 232-45. 프렌슈코프스키는 로기온 자료의 위치를 기원후 60년대 예루살렘으로 본다.[M. Frenschkowski, "Galiläa oder Jerusalem? Die topographischen und politischen Hintergründe der Logienquelle," A. Lindemann (Hg.), The Sayings Source Q and the Historical Jesus, 535-59.]

다.(참조. 눅 7:1Q, 10:13-15Q 등) 로기온 자료를 전하는 자들은 자신들이 율법에 충실하다고 생각하며(참조. 눅 16:17Q; 11:42Q), 그들의 논쟁은 바리새인들을 향하고 있다.(참조. 예를 들어 눅 11:39b-44Q) 이후에 Q 선교사들이 페니키아(눅 10:13fQ)/또는 시리아 여러 도시에서도 그들의 메시지를 전하기 위해 유대인들을 얻으려 했음을 충분히 생각할 수 있다. 남부-시리아에서의 수용은 마태를 통해 가능했을 것이다.(참조. 마 4:24)

로기온 자료는 성전 멸망 이전에 작성되었으며,[128] 누가복음 13:34-35 Q에 나오는 예루살렘과 성전을 반대하는 말씀은 아직 어떠한 전쟁 사건도 전제하지 않는다. 기록 시기에 관한 보다 정확한 규명은 가설로 남아야 하나, 몇몇 간접 증거는 로기온 자료의 근본적인 생성 과정을 기원후 40-50년 사이로 설정해야 한다는 주장을 옹호한다. (1) 그리스도교 이전 시기로까지 소급할 수 있는 로기온 전승의 전달자들은 유랑하는 예수 전승의 전달자들일 뿐만 아니라 지역교회들이기도 하다.[129] 초기의 연속성과 초지역적 교회 구조의 발전도 로기온 자료의 생성 조건이다. (2) 로기온 자료는 초기 교회들이 팔레스타인 지역에서 유대인들에게 받은 핍박을 전제한다.(참조. 눅 6:22fQ, 11:49-51Q, 12:4fQ, 12:11fQ) 데살로니가전서 2:14-16에서 바울은 기원후 50년경에 이미 지난 일인 유대 지역에서의 그리스도교 핍박을 언급한다. 아그립바 1세에 의한 세베대의 아들 야고보의 처형(참조. 행 12:2)은 기원후 44년경에 일어났다. (3) Q에서 이방인들에 관한 긍정적인 언급(참조. 눅 10:13-15Q, 11:29-31Q, 마 8:5-13Q, 5:47Q, 22:1-10Q)은 이방 선교의 개방을 추론하게 한다.[130] 그 시기로 기원후 40년과 50년 사이 시기를 충분히 생각할 수 있다.[131] 갈릴리로의 집중과 수난사화의 결여도 이

128 참조. A. Jülicher/E. Fascher, Einleitung, 339.

129 참조. M. Sato, Q und Prophetie, 407.

130 참조. D. Lührmann, Redaktion, 86-88; Th. Schmeller, Brechungen, SBS 136, Stuttgart 1989, 97; F. W. Horn, Christentum und Judentum, 363. 눅 10:7, 8Q에 따르면 선교사들에게 음식 규정은 더 이상 유효하지 않다!

시기 설정을 옹호한다. 로기온 자료의 최종 문서 버전은 그 이후에 생성되었을 수 있다. 그 버전이 의도된 문학적 장르를 보여주어야 하기 때문이다. (기원후 50년과 60년 사이)

3.3.4 로기온 자료의 전승과 언어

마태와 누가는 로기온 자료를 문서 형태로 가지고 있었다.[132] 다음과 같은 관찰 결과가 이 사실을 옹호한다.[133] (1) 마태와 누가 사이의 단어 일치가 많은 것. 특히 긴 본문 단락에서는 단어가 거의 100% 대칭을 이룬다. 구전전승은 이 현상을 더 이상 설명할 수 없다. 게다가 Q 본문과의 단어 일치는 수용된 마가 본문보다 그 비율이 더 높다.[134] (2) 단락 순서의 평행은 문서 대본을 암시한다. (3) 중복과 이중 전승은 문서 작업 과정의 간접 증거이다.

---

131 타이센은 예수가 시험을 당한 단락인 마태복음 4:1-11Q에서 기원후 40년 예루살렘 성전에 자신의 동상을 세우도록 한 칼리굴라(Caligula)의 시도에 대한 직접적인 반응을 보고(참조. Jos, Bell II 184-203) Q의 시기를 40년대로 설정한다.[G. Theißen, Lokalkolorit(위 3.1.1을 보라.), 215-32.] 이에 반해 호른은 그리스어로 된 주요 문서 모음집의 시기를 60년 이후로 설정한다.(F. W. Horn, Christentum und Judentum, 346.) 클로펜보르그도 60년경을 주장한다.[J. S. Kloppenborg-Verbin, Excavating Q, 87.("50년대 후반 또는 60년대 이른 초반")]; D. Zeller, "Jesus, Q und die Zukunft Israels," A. Lindemann (Hg.), The Sayings Source, (351-69) 352. 호프만은 Q의 최종 편집 시기를 70년경으로 설정한다.[P. Hoffmann, "QR und der Menschensohn," The Four Gospels, (FS F. Neirynck), Hg., v. F. Van Segbroeck 등, BETL 100, Leiden 1992, 421-56.] 호프만의 경우 Q가 독립적인 문서로 보존되지 않은 이유를 마태/누가와의 짧은 시간 차이라고 본다.

132 예레미아스는 이 연구에서 합의된 이 결과에 동의하지 않는다. J. Jeremias, "Zur Hypothese einer schriftlichen Logienquelle Q," ders., ABBA, Göttingen 1966, 90-92; H. Th. Wrege, Die Überlieferungsgeschichte der Bergpredigt, WUNT 9, Tübingen 1968.

133 참조. J. S. Kloppenborg, Formation, 42-51.

134 참조. M. Sato, Q und Prophetie, 16.

마태와 누가의 공통된 로기온 자료에서 여러 차이점이 보이는 것은 마태와 누가가 두 개의 서로 다른 Q 판본을 가졌을 것을 추측하게 한다.($Q^{\text{마}}$ 및 $Q^{\text{누}}$)[135]

> 예: 마태복음 5:3-12에 아홉 개의 '복' 선언이 나오는 반면, 누가복음 6:20-23에는 단지 네 개만 나온다. 더욱이 두 본문 사이에 상당한 차이점이 있다. 마태는 자신의 Q 사본에서 '화' 선언(눅 6:24-26)을 읽지 않았음이 분명하다. '화' 선언에 대한 누가의 기록은 개연성이 없으므로[136] '화' 선언은 $Q^{\text{누}}$로 배열되어야 한다.[137]

Q가 아람어로 혹은 그리스어로 작성되었는지도 논쟁이 되고 있다. 마태와 누가 사이의 상당한 일치는 그들 앞에 놓인 사본이 그리스어로 기록된 사본이었다고 추정하게 만든다. 칠십인역의 사용은 누가복음 4:4, 8, 10-11, 12Q에 나온다. 로기온 자료가 아람어 원문이었을 것이라는 가정은 수많은 본문(역사적 예수, 부활 이전과 부활 이후의 제자 그룹)의 전승사를 추측하는 것에서 비롯되나, 그것에 대한 언어상의 분명한 간접 증거는 없다.[138] 기원후 1세기에 팔레스타인에서 지배적이던 두 언어뿐만 아니라 정확한 번역의 문제는 오히려 로기온 자료가 원래 그리스어로 기록되었음을 옹호한다. 그렇다고 로기온 자료가 그 이전에 아람어로 기록되었음을 배제하는 것은 아니다.

---

135 참조. 위의 책, 47-62; C. M. Tuckett, Q, 96-100.

136 F. Bovon, Lk I(아래 3.6.1을 보라.), 298.

137 이 분석에 관하여는 F. W. Horn, Glaube und Handeln in der Theologie des Lukas(아래 3.6.1을 보라.), 122-37을 참조하라. 나이링크는 이 문제에 관한 현재의 논의를 개관한다.(F. Neirynck, "Q^{Mt} and Q^{Lk} and the Reconstruction of Q," ders., Evangelica II, BETL 99, Leuven 1991, 475-80.)

138 참조. J. S. Kloppenborg, Formation, 51-64(이와 관련된 모든 문제를 논의하고 있다!); S. Schulz, Q, 27f.; C. M. Tuckett, Q, 83-92.

3.3.5 로기온 자료의 생성

로기온 자료의 생성 과정을 규명하기는 어렵다. Q 자료의 전승사적 이질성은 논쟁거리가 아니지만 전승사, 구성사, 편집사 과정의 여러 단계는 매우 논쟁이 되고 있다. 그 최종 단계에 로기온 자료가 있다. 이와 같이 뤼어만(D. Lührmann)은 초기의 Q 전승(인자-그리스도론과 임박한 파루시아 기대)과 파루시아 지연이 감지되고 이방선교가 전제되며 지혜문학적 요소가 지배적인 후기 자료를 구별한다. 슐츠(S. Schulz)는 팔레스타인-유대 그리스도교적 Q 본문과 시리아의 후기 헬라적-유대 그리스도교적 Q 공동체의 전승을 전승사적으로 구별한다. 슐츠에 따르면 부활 이후 열광주의적 말씀들(예를 들어 '복' 선언, 주기도문), 카리스마적이고 종말론적인 율법 강화(예를 들어 원수사랑 요구, 이혼 금지), 가까이에 계시는 창조자 하나님에 관한 예언적 메시지(예를 들어 마 6:19-21Q)는 가장 초기의 Q층에 속한다. 슐츠는 후기의 Q 층을 지상 예수에 관한 말씀들(예를 들어 마 4:1-11Q), 파루시아 지연(예를 들어 마 7:13fQ), 이스라엘에 대한 심판(예를 들어 마 19:28Q), 세리와 죄인들을 집으로 데리고 오는 것(마 18:12-14Q), 예수의 제자도와 공동체에 관한 말씀들(참조. 마 10:38Q)이라고 본다. 폴락(A. Polag)도 Q 안에서 여러 발전 단계를 고려한다. 아람어 '1차 전승'은 부활 이전의 제자 그룹에 뿌리를 둔다. 이어서 작은 말씀 그룹들을 형성한 '부차적 전승 단계'가 뒤따른다.(예를 들어 눅 6:20-21, 27-36Q, 10:4-11, 16Q) 그 후에 첫 번째 편집 단계인 그리스어로 기록된 Q의 몸체를 형성하는 '주요 수집록'이 연결된다. 전승이 계속 진행되는 가운데 '주요 수집록'에 삽입이 추가된다. 이러한 삽입은 개별 공동체 상황 및 특히 거짓 교사에 반대하는 논쟁에 의해 결정되었다.(참조. 눅 9:57-62Q, 11:1b-13Q, 16:17Q, 17:1fQ 등) 폴락은 후기에 학자에 의한 편집을 다섯 번째 발전 단계로 본다. 여기서 뚜렷한 그리스도론적인 숙고가 발견된다.(참조. 눅 3:7-9, 16fQ, 4:1-13Q, 7:1-10Q 등) 이와 반대로 호프만(P. Hoffmann)은 다양한 편집층으로 나누는 것을 포기하고 현재의 구성에서 Q 본문을 분석하는 것에 초점을 둔다.

클로펜보르그는 3층 모델(Drei-Schichten-Modell)로 Q의 생성을 설명한다. 그에 의하면 '지혜설교'가 Q의 가장 초기 층을 형성한다. 여기에 평지설교/산상수훈의 기본 형태, 파송설교, 나아가 누가복음 11:2-4, 9-13Q, 12:2-12, 22-34Q, 13:24-14:35Q가 속한다.[139] 나중에 이 본문 복합체가 이스라엘에 대항하는 심판 예고와 관련된 자료들(세례자 설교, 가버나움의 백부장, 세례자의 질문, 바알세불 논쟁, 표적 요구, Q 묵시록)과 결합되고 부분적으로는 과도하게 형태가 변경된다(überformt).[140] 마지막 단계로 예수의 시험사화가 덧붙여지며,[141] 이 본문은 하나님을 향한 예수의 모범적인 관계를 묘사된다.

쉬어만(H. Schürmann)은 Q에 관한 복잡한 생성 모델을 제시한다. 그는 Q를 "단계적으로 함께 성장된 복합 구조… 즉 예수의 여섯 개의 주제 설교와 세례자의 작은 설교가 잘 결합되어 배열되고 있다."라고 이해한다.[142] 쉬어만은 '전승사'보다는 네 개의 '구성 형태, 곧 '구성 단계'를 고려한다. (1) '말씀-짝'(Spruch-Paare). '기본 말씀'인 주의 말씀에 '추가 말씀', '주석 말씀'이 조합된다. (2) '말씀-그룹'(Spruch-Gruppen). '말씀-짝'은 '말씀-그룹'으로 결합되고 '이전-말씀'과 '이후-말씀'으로 제공된다. (3) '구조화된 구성'. 이것은 여러 '말씀 그룹'의 의도적 결합으로 생성된다. 여기서 Q의 편집이 '형태와 구조를 부여한다.'[143] (4) '설교 복합체'(Redekompositionen). 이것은 거시본문(Makrotexte)으로서 다양한 구성 형태를 포함하며 부활 이

139 참조. J. S. Kloppenborg, Formation, 171-237.

140 참조. 위의 책, 102-70.

141 참조. 위의 책, 246-62. 클로펜보르그에 대한 비판은 다음을 참조하라. "Eine weisheitliche Grundschrift in der Logienquelle?," The Four Gospels (FS F. Neirynck), Hg., v. F. Van Segbroeck 등, BETL 100, Leuven 1992, 389-401; C. M. Tuckett, Q, 69-74.

142 H. Schürmann, Kompositonsgeschichte, 327.

143 위의 책, 333.

후에 예수의 말씀을 새롭게 해석한 것이다. 대부분의 '설교 복합체'는 이미 Q의 최종 편집 이전에 생성되었다.

사토(M. Sato)는 자신의 형성 모델에서 주어진 여러 말씀 그룹과 말씀 수집록을 포함하고 문학 단위로 결합한 두 개의 큰 편집 블록으로 구분한다. '편집 A'는 '요한-복합체'(눅 3:2-7:35Q), '편집 B'는 '파송-복합체'(눅 9:57-10:24Q)가 포함된다. 말씀 그룹은 '편집 C'로 추가되었고 동시에 이전의 두 편집과 연결되었다. '편집 C'는 이스라엘에 대한 심판 예고와 하나님의 지혜의 모티브가 특징이다. 누가복음 4:1-13Q, 7:27Q, 10:22Q는 확실히 나중에 추가된 것으로서 형식과 내용상 다른 Q 자료들과 구별된다. 사토는 "Q는 한 번에 편집적으로 고정된 것이 아니라 수집, 추가, 편집 및 개작의 긴 과정을 통해 이루어졌다. 연속적으로 이어지는 점진적인 형태화가 Q 자료를 특징짓는다."라고 하면서 열린 모델을 제안한다.[144] 사토에 따르면 이 성장 과정에 대한 더 정확한 묘사는 거의 불가능하다.

Q 연구에서 Q의 연속적인 생성역사 및 그 시작점과 종결점에 관해서는 상대적인 합의만 있을 뿐이다. 합의에 따르면 가장 오래된 말씀자료(참조. 예를 들어 눅 11:52Q, 16:17Q)가 처음으로 말씀 그룹들(참조. 예를 들어 눅 9:57-60Q, 11:39-51Q)로 합쳐진다.[145] 끝으로 예수의 시험사화(마 4:1-11Q)가 원-전기(Proto-Biographie)가 이끄는 방향대로 로기온 자료를 계속 이어간다. 누가복음 7:27, 10:22와 같은 본문 또한 이 후기 단계에서 Q로 삽입되었다.[146] 그 사이에 놓인 형성 단계는 더 작은 단위들이 더 복잡한 구성물로 계속 보충하여 기록되고 이전하는 것으로 특징지어진다. 사회학적으로 이러한 과정은 이스라엘로부터의 분리와 심판사상을 강조함으로써 결정되었다. 이런 방식으로 Q의 구성에서 중요한 시작 부분과 종결 부분이

144 M. Sato, Q und Prophetie, 46.

145 참조. F. W. Horn, Christentum und Judentum, 347-52.

146 참조. M. Sato, Q und Prophetie, 35-38.

이스라엘을 반대하는 첨예한 논쟁으로 두드러진다.(참조. 눅 3:7-9, 15-17Q/눅 17Q, 19:12-27Q, 22:28-30Q) 로기온 자료의 도입부와 유언적인 종결부에 해당하는 이 본문들은 이스라엘에 대한 Q 선교사들의 실패와 (이전에) 선택된 백성과의 종극적인 단절을 예리하게 공식화한다. 메시지의 거절, 사자(Bote)들의 핍박, 그로 인한 이스라엘에 대한 심판이 누가복음 6:22fQ, 7:31-35Q, 11:29-32Q, 11:49-51Q, 13:34fQ와 마태복음 22:6Q를 규정하며, 현재 형태의 로기온 자료에 신학적인 특징을 부여한다.[147] 이러한 층위 모델(Schichtenmodell)과는 대조적으로 Q 자료의 광범위한 구전 및 문서상의 이전 역사(Vorgeschichte)를 고려할 수 있으나, 문학적으로 경계를 정할 수 있는 연속적인 층들은 기대할 수 없다는 주장이 더 많은 영향력을 얻고 있다. 최종 편집 단계에서 의도적이고 문학적이며 신학적인 형태의 자료를 결합시켜 현재의 모습으로 재구성된 로기온 자료가 형성되었다. 개별 논증에서는 상당한 차이를 보이지만 호프만, 터켓(Chr. Tuckett), 슈뢰터(J. Schröter), 하일(Chr. Heil), 라반(M. Labahn), 플레더만(H. T. Fleddermann)이 이 견해를 지지한다.[148]

Q의 형성 과정은 여러 개별 단락에서 더 이상 정확하게 밝혀질 수 없

---

147 참조. F. W. Horn, Christentum und Judentum, 357ff., 카러는 다른 입장을 지지한다.(M. Karrer, Christliche Gemeinde und Israel, 146ff.)

148 참조. P. Hoffmann, "Mutmaßungen über Q," A. Lindemann (Hg.), The Sayings Source, (255-88) 286. "아마도 Q의 다양한 문서 판본에 대해 단 하나의 편집만이 책임이 있을 것이다."; Chr. Tuckett, Q and the History of Early Christianity, 41-82; J. Schröter, Erinnerung an Jesu Worte, 103. "마가복음에서 이미 밝혀진 것, 즉 개별 본문이나 심지어 전체 문서의 이전 단계들을 설명하기 전에 한 문서의 개념이 먼저 그 최종 형태로부터 드러나야 한다는 것은 유사한 방식으로 Q에 적용된다."; Chr. Heil, Lukas und Q, 6-12; M. Labahn, Der Gottessohn, die Versuchung und das Kreuz. Überlegungen zum Jesusporträt der Versuchungsgeschichte in Q 4,1-13, EThL 80 (2004): 402-22; H. T. Fleddermann, Commentary, 180. "이 주석은 Q를 통일된 문학적-신학적 저작으로 이해하는 데 찬성하며 모든 층위(層位)적 분석에 반대한다."

으나, 로기온 자료의 역사에서 한 가지 움직임은 확실하다. 이스라엘의 초기 선교는 회당으로부터 돌아서서 (부분적으로) 이방인에게로 향했다.

> Q의 생성 과정은 지혜문학 자료(참조. 눅 7:35Q, 10:21Q, 11:31, 49Q)[149]만이 아니라 예언적/묵시문학적 자료[150]에 의해서도 특징지어진다. 클로펜보르그와 사토가 구축한 두 전승 사이의 대조는 표면적일 뿐이며 Q에서 이미 극복되었다.(참조. 눅 11:31fQ: 심판의 증인인 솔로몬과 요나, 눅 11:49Q: 지혜의 메신저로 예언자들과 사도들)

3.3.6 로기온 자료의 구조와 장르

현재 우리 앞에 놓인 형태의 로기온 자료는 신중하게 완성된 복합체이다.[151] 세례자로 문을 여는 누가복음 3Q장 다음에 예수의 시험사화인 누가복음 4:1-13Q는 Q 자료에서 내러티브적이며 그리스도론적인 중심 기능을 한다. 지상의 예수 말씀의 전제가 되는 예수에 관한 증명이 여기서 드러나기 때문이다. 예수의 공생애 시작에 관한 묘사 뒤에 기본 설교인 산상수훈이 뒤따른다. 가버나움의 백부장은 처음 이스라엘에게 적용된 하나님의 종말 행동에 이방인이 포함되었음을 분명하게 시사한다. 그것은 세례자 말씀 및 제자가 되는 것에 관한 가르침과 연결된다. 세례자에 관한 매우 긍정적인 설명은, 현재 그들의 스승이 자신의 고유한 가치와 예수의 의미에 관해 가르치는 경쟁적인 세례자 운동을 가리킨다. 기도에 관한 말씀은 뒤따르는 두 난락을 배경으로 이해해야 한다. 곧 오직 하나님께 생생히 매어 있는 것

---

149 참조. W. Grundmann, Weisheit im Horizont des Reiches Gottes, Stuttgart 1988, 130-239; H. v. Lips, Weisheitliche Traditionen im Neuen Testament, WMANT 64, Neukirchen 1990, 197-227, 267-80.

150 참조. M. Sato, Q und Prophetie, 여러 곳.

151 참조. H. Schürmann, Zeugnis der Redequelle, 76f.

만이 분쟁 가운데서도 인자를 향하여 용감하게 신앙을 고백하고, 하나님의 뜻에 합당하게 살아갈 수 있는 힘을 준다. 이스라엘과의 논쟁 및 신앙고백은 Q 공동체의 실제 상황을 특징적으로 보여준다. 염려와 깨어 있음에 관한 말씀도 공동체 문제를 드러낸다. 부에 대한 의존이나 내일에 대한 염려만이 아니라 인자의 재림에 대한 의심도 사람을 사로잡을 수 있다. 종말 사건에 관한 말씀들이 로기온 자료를 적절하게 끝맺기 전에, 매우 다양한 종류의 자료가 끝에서 두 번째 구성 블록을 특징짓는다.

로기온 자료를 전체로 보고 양식사적으로 규명하려는 시도들이 매우 다양하게 나타났다.[152] 그러나 수난사화와 부활사화가 빠져 있기 때문에 로기온 자료는 완전한 복음서라고 할 수 없다. 그래서 윌리허(A. Jülicher)는 Q를 '반(半)복음서'라고 부른다.[153] 밤멜(E. Bammel)은 누가복음 22:28-30을 참조하여 로기온 자료를 '유언'(Testament)으로 분류한다.[154] 로빈슨(J. M. Robinson)은 Q를 콥트어 도마복음과 유사한 지혜문학적 말씀 수집록으로 본다. 그는 장르 명칭으로 '지혜의 말씀'(λόγοι σοφῶν)이라 하고, 최근 간행물에서는 '말씀 복음서 Q'(Sayings Gospel Q)라고 했다.[155] 이러한 이해에 따라서 클로펜보르그는 Q를 '크리에 수집록'(Chrien-Sammlung)으로 본다.[156] 이를 위해 클로펜보르그가 일련의 고대 평행본문을 참조할 수 있지만, Q를 '지혜 수집록'(wisdom collection)[157]으로 규정하면 로기온 자료의

152 클로펜보르그는 개관을 제공한다.(J. S. Kloppenborg-Verbin, Excavating Q, 398-408.)

153 참조. A. Jülicher/E. Fascher, Einleitung, 347.

154 참조. E. Bammel, Das Ende von Q, 48.

155 참조. J. M. Robinson, Logoi sophon, 80ff. ders., "The Sayings Gospel Q," The Four Gospels (FS F. Neirynck), hg., v. F. Van Segbroeck 등, BETL 100, Leuven 1992, 361-88.

156 참조. J. S. Kloppenborg, Formation, 263-345.

157 위의 책, 328. 나중에 클로펜보르그는 다음과 같이 표현한다. "나는 복음의 신학적 범주를 전기의 문학적 범주와 동일시하지 않는다. 그럼에도 불구하고 Q는 두 가지 측면에서 후기 정경 속 복음서들(intracanonical Gospels)과 매우

강한 전기적 요소는 평가절하된다. 무엇보다도 예수의 시험사화가 뒤늦게 추가되었다는 클로펜보르그의 주장은 사실상 입증되지 않는다.[158]

사토는 로기온 자료를 일종의 '선지서'(Prophetenbuch)로 분류한다.[159] 수많은 예언적 미시 장르는 거시 장르를 구축하며 그 배후에 예언을 지향하는 제자 그룹이 있다. 사토에 따르면 많은 로기온의 지혜문학적 지평은 선지자의 주도를 통해 변경된다. 하지만 로기온 자료에서는 선지서 장르의 중심인 예언자들의 소명이 빠져 있고 예수가 선지자로 강조되지 않는다.[160] 쉬어만은 전승사적, 종교사적, 양식사적인 Q의 다양성을 통해 이 '말씀자료'를 문학적 한 장르로 보았다.[161] "여기에 특별하고 새로운 종류로 편집된 장르가 있다. 이 장르는 예수의 '오심', 그의 '운명', 말씀 가운데 그의 현현히 심에 관하여 ['나라'(바실레이아)에 관하여], 끝으로 그의 파루시아에 관하여 보고한다. – 우리가 Q를 잃어버렸기 때문에 – 전승 가운데서 적합한 이름을 발견하지 못했지만, Q는 수난사화와 대조되나 수난사화 옆에서 '복음서'의 두 번째 구성 요소가 되었다."[162] Q의 유일한 특이성은 이 주장의 강점인 동시에 약점이다. 쉬어만의 주장은 말씀자료의 특이점을 올바르게 알려줄 수 있지만 동시에 장르 규명을 불가능하게 만들기 때문이다.[163] 도르마

가깝다."(J. S. Kloppenborg, Excavating Q, 406f.)

158 J. S. Kloppenborg, Formation, 326. "Q에 예수의 시험 내러티브를 추가하는 것만으로는 Q에 대한 전기 장르를 주장하기에 충분하지 않을 것이다. 그러나 시험 내러티브 추가는 그 방향으로 한 걸음 내딛는 것이다." 클로펜보르그에 대한 최근의 비평은 P. Hoffmann, Mutmaßungen über Q, 285-86을 참조하라.

159 참조. M. Sato, Q und Prophetie, 299 등.

160 참조. D. Lührmann, "The Gospel of Mark and the Sayings Collection Q," JBL 108 (1989): (51–71) 65. 뤼어만은 누가복음 7:26/마태복음 11:9, 누가복음 11:31–32/마태복음 12:41–42를 참조한다. 이 구절들에서 '예언적인 것들'/'예언자들'의 범주는 예수의 인격을 표현하는 데 부적절하다.

161 참조. H. Schürmann, Das Zeugnis der Redequelle, 65의 각주 1.

162 위의 책, 77.

이어(D. Dormeyer)는 로기온 자료를 '이상적인 말씀 전기'로 명명한다.[164] 그것은 마태와 누가의 내러티브적인 '이상적 전기'(Idealbiographien)에 가까우며 그들에 의해 마가의 전체 개관에 포함될 수 있었다. 라반(M. Labahn)은 로기온 자료를 의도적으로 형성된 문학작품으로 보고 '말씀 전기'(Spruchbiography)라고 명명한다.[165] 하일(Chr. Heil)은 '내러티브 복음서'(Erzählevangelium = Synoptiker)와 '말씀 복음서'(Spruchevangelium = Logienquelle)를 구분한다.[166] 플레더만(H. T. Fleddermann)은 로기온 자료를 다음과 같이 이해한다. "Q는 복음서 장르의 모든 성격을 지니고 있다."[167]

Q의 전체적인 개요와 더불어 전기적이며 내러티브적인 요소들은 로기온 자료가 '복음서' 방향으로 발전했고, 누가복음 및 마태복음으로의 통합이 논리적이었다는 것을 보여준다. 예수의 생애와 사역에 관한 개별 전승에 매우 중요한 의미를 부여하므로 엄밀하게 보아 장르 명칭은 아니지만 로기온 자료는 '원복음서'(Proto-Evangelium)라고 할 수 있다. Q의 특이성은 다른 장르와의 관계에서 형태 규명만을 가능하게 하므로 전체 장르 규명은 자연스럽게 "Q에 대한 전반적인 평가를 위해 어느 전승이 우선시되는가?"[168]에 의존한다. 로기온 자료가 '복음서' 장르를 향해 발전하기에 로기온 자료는 '원복음서'로 간주될 수 있다.

---

163 참조. M. Sato, Q und Prophetie, 2.

164 참조. D. Dormeyer, Das Neue Testament im Rahmen der antiken Literaturgeschichte(위 2.3.2를 보라.), 214-20.

165 참조. M. Labahn, Der Gekommene als Wiederkommender, 73.(연구 개관: 40-73.)

166 참조. Chr. Heil, "Evangelium als Gattung. Erzähl und Spruchevangelium," Th. Schmeller (Hg.), Historiographie und Biographie im Neuen Testament und seiner Umwelt, NTOA/StUNT 69, Göttingen 2009, 62-94.

167 H. T. Fleddermann, Commentary, 106.

168 H. v. Lips, Weisheitliche Traditionen(위 3.3.5를 보라.), 226.

3.3.7 로기온 전승의 전달자

로기온 전승의 전달자 그룹은 이중 구조를 지닌다. 이는 순회 선교사들과 대체로 한 곳에 정착한 예수의 추종자들이다.[169] 누가복음 9:57-62Q, 10:1-12, 16Q, 12:22-31, 33-34Q와 같은 본문은 순회 선교사를 가리킨다. 그들에게서 고향 및 소유를 잃어버리는 것에 대한 윤리가 명확하게 드러나고, 폭력의 포기(눅 6:27-38Q)가 선포되며, 친족과의 유대관계는 그 의미를 잃는다.(눅 14:26Q, 12:51-53Q)[170] 이러한 생활 방식은 최초 그리스도교 역사에서 예외 현상이 아니다. 이미 바울(그리고 그와 가장 가까운 동역자들)이 그것과 비교할 만한 급진적인 생활 및 선교 방식을 실천했고(참조. 고전 9:5, 14-15), 디다케는 기원후 2세기에도 여전히 이 현상을 확증한다.(참조. Did 11-13) 이와 평행되는 매우 인상적인 예는 견유학파 운동이며, 그들의 급진적 윤리는 여러 면에서 Q 전승과 일치한다.(참조. 에픽테토스, Diss III 22)[171]

---

169 참조. M. Sato, Q und Prophetie, 375ff. 이와 다른 견해는 M. Frenschkowski, "Welche biographischen Kenntnisse von Jesus setzt die Logienquelle voraus?" From Quest to Q (FS J. M. Robinson), hg. v. J. M. Asgeirsson/K. De Troyer/M. W. Meyer, 3-42를 참조하라. 프렌슈코프스키는 다음과 같이 질문한다. "Q를 어떤 형태로든 한 그룹의 대표적인 문서(Dokument)로, 혹은 한 저자나 편찬자가 우선적이지는 않으나 자신의 개인적인 관심으로 모은 개인적인 수집록으로 볼 수 있는가. 실제로 나는, Q의 고유성(Eigenart)은, 이 저작을 어느 한 집단 특유의 신학적 표현이 아니라 오히려 그 문서가 책이 되는 과정 중에 아직 진전이 많지 않은 상태에 있는, 어느 한 저자의 개인적인 관심사와 선택 기준으로 이해할 때 훨씬 더 잘 이해될 수 있다고 본다.(M. Frenschkowski, 위의 책, 36.) 나아가 프렌슈코프스키는 "Q가 마태의 이름으로 유포되었다."라고 추측한다.(M. Frenschkowski, 위의 책, 40.)

170 참조. G. Theißen, "Wanderradikalismus," ders., Studien zur Soziologie des Urchristentums, WUNT 19, Tübingen ^{2}1983, 79-105. 이 입장에 대해 슈멜러가 비평적 문제를 제기한다.[Th. Schmeller, Brechungen(위 3.3.3을 보라.), 50ff.]; C. M. Tuckett, Q, 355-67; 라반(M. Labahn, Der Gekommene als Wiederkommender, 73-93)은 연구사를 제공한다.

수많은 Q 로기온은 겨자씨와 누룩 비유(눅 13:18-21Q), 이혼 금지(눅 16:18Q), 주인과 도적에 관한 말씀(눅 13:39fQ)과 같이 한 곳에 정착한 생활을 전제한다.[172] 지역 공동체에 정착한 동조자들[173]은 숙박(참조. 눅 9:58Q)과 생계(참조. 눅 10:5-7Q)를 제공하므로, 순회 선교사들에게 물질적인 기반을 제공했다. 이것은 Q 그룹의 이중적 사회 계층도 암시한다. 수많은 로기온에 물질적인 가난이 반영되어 있다.(참조. 예를 들어 눅 6:20fQ, 7:22Q, 11:3Q) 동시에 하나님과 맘몬(눅 16:13Q), 하늘 보화와 이 땅의 보화(눅 12:33fQ) 사이에서 결정하라는 요구, 누가복음 6:30Q에서 무제한으로 베푸는 것을 위한 준비 역시 경제적 기초를 추론하게 한다.(참조. 눅 14:15-24Q) 지역 공동체에서 로기온이 수집되었고, 아마도 거기서 자료를 처음으로 작업했을 것이다. 순회 선교사들과 지역 체류자들 사이의 관계를 고정된 것으로 생각해서는 안 된다. 두 그룹이 활발하게 교류한 것은 확실하며 구성원들의 일부는 각기 서로 다른 그룹에서 모집되었다.[174] 여기에도 급진성과 일반성이 서로를 제한하고 보충한다.

Q 그룹의 시작을 그리스도교 이전 시기로 거슬러 추적할 수 있으나,[175]

---

171 핵심 텍스트는 M. Billerbeck, Epiktet: Vom Kynismus, PhAnt 34, Leiden 1978을 참조하라.

172 참조. G. Theißen, Soziologie der Jesusbewegung, TEH 194, München 1977, 21-26.

173 참조. 눅 6:43Q, 6:47-49Q, 7:32Q, 11:11-13Q, 14:42-46Q, 12:58Q, 13:25Q.

174 슈멜러는 다르게 주장한다.[Th. Schmeller, Brechungen(위 3.3.3을 보라.), 93-98.] 그는 순회 선교사를 Q 공동체로부터 위탁받은 대리인으로 보고 자신의 분석 결과를 다음과 같이 제시한다. "1. Q는 공동체 문서이다. 2. Q 공동체는 순회 선교사들을 파송했으며 그들은 카리스마적 방랑자들로 살았다. 3. 어떤(혹은 특정의) Q 말씀이 전적으로 그러한 카리스마적 방랑자들에 의해 전해졌는지를 재구성할 수는 없다. 4. 복음 전파자들의 설교가 공동체 전승이므로 이를 통해 카리스마적 방랑자들의 생활 방식에 대해 건설적인 평가가 가능한 증언에 근접하게 된다."(Th. Schmeller, 위의 책, 96.)

175 M. Sato, Q und Prophetie, 375-79.

부활 이후에야 전승 형성과 순회 선교의 형태, 공동체 구조가 온전하게 시작되었다. 순회 선교사들은 역사적 예수의 말씀을 전했으며(예를 들어 눅 6:20fQ, 10:4-6Q, 11:20Q, 17:26-27, 30Q) 동시에 승천하신 분의 선지자로 활동했다. 그들은 승천하신 분의 대변자로 등장하여 성령의 감동을 직접 받은 설교자로서 공동체에 주의 말씀을 이해할 수 있도록 전했으며, 공동체의 상황, 성서 또는 역사적 예수의 말씀을 해석했다.(참조. 예를 들어 눅 6:22fQ, 10:21fQ, 마 12:31fQ, 마 19:28Q)[176] Q 로기온은 권면, 교리문답, 선교에 사용되었고, 전승의 폭이 추가적인 세분화를 허용하지 않았다. Q의 다수 본문은 (공동체) '밖으로' 그리고 '안으로' 향한다.

3.3.8 로기온 자료와 마가복음

Q와 마가복음의 공통자료(참조. 막 1:2, 1:7-8, 1:12-13, 3:22-26, 27-29, 4:21, 22, 24, 25, 4:30-32, 6:7-13, 8:11, 12, 8:34-35, 8:38, 9:37, 40, 42, 50, 10:10-11, 10:31, 11:22-23, 12:37b-40, 13:9, 11, 33-37)는 항상 마가복음이 로기온 자료를 문학적으로 알고 있거나 혹은 의존한다고 주장하게 한다.[177] 이 견해에 대한 주요 논거로 이중 전승의 마가 버전이 Q에 종속하는 것으로 드러난다는 점이 제시되었다. Q 버전들은 전승사적으로 오래된 것

---

176 보링의 기초 연구는 M. E. Boring, The Continuing Voice of Jesus, Louisville 1991, 15-234를 참조하라.

177 참조. B. Weiß, Lehrbuch der Einleitung in das Neue Testament, Berlin [3]1897, 468f.; W. Bousset, "Wellhausens Evangelienkritik II," ThR 9 (1906): 44; 최근 자료로는 W. Schenk, "Der Einfluß der Logienquelle auf das Markusevangelium," ZNW 70 (1979): 141-65; W. Schmithals, Einleitung, 403; J. Lambrecht, "John the Baptist and Jesus in Mark 1, 1-15: Markan Redaction of Q," NTS 38 (1992): 357-84; D. R. Catchpole, "The Beginnung of Q: A Proposal," NTS 38 (1992): 205-21; H. T. Fleddermann, Mark and Q, passim. 현재 논의에 대한 비평적 언급은 F. Neirynck, Recent Developments, 421-33을 참조하라.

이며, 마가가 그것을 수용하고 개작했다.[178] 마가가 로기온 자료를 알았고 그것에 문학적으로 종속했다고 가정하면, 마가가 전해 받았지만 생략한 자료에 대한 기준을 설명할 수 없다.[179] 이를 위해 제공된 근거는 가설적이며 (로기온 자료에 대한 보충자료로서의 마가복음,[180] 마가복음에 대한 보충자료로서의 Q,[181] 로기온 자료의 그리스도론에 대한 마가의 비평적 논증),[182] Q와 마가복음의 문학적 형태 및 신학적인 방향 설정에서 보이는 상당한 차이는 설득력 있게 설명되지 않는다. 마가와 Q 사이에 직접적인 문학적 연관은 개연성이 없어 보인다.[183] 공통된 본문 복합체는 옛 예수 전승에 대한 두 가지의 독립적 접근을 가리키지만, 편집 이전의 접촉을 배제할 수는 없다.[184]

3.3.9 로기온 자료의 신학적 기본 사상

마가의 신학은 구원이 예수 및 그의 메시지와 관련된다는 기본적인 확신으로부터 유래한다.[185] Q에는 구원의 확신만이 아니라 심판의 위협도 모두 그

---

178 이 모델에서 방법론적으로 특별한 의미를 지니는 것은 Q 편집의 흔적이 마가에게서 입증될 수 있다는 것이다. 즉 로기온 자료의 최종 형태가 마가에게 제공되었다는 것이다. 참조. H. T. Fleddermann, Mark and Q, 211-13.

179 플레더만은 이러한 반대가 너무 일반적이라고 지적함으로써 마가가 왜 로기온 자료를 잘게 쪼개었는가에 대한 근본적인 질문을 회피했다.(H. T. Fleddermann, Mark and Q, 16.)

180 참조. J. Lambrecht, "Q-Influence on Mark 8, 34-9, 1," J. Delobel (Hg.), Logia, (227-304) 304.

181 참조. W. Schmithals, Einleitung, 403. "말씀자료인 Q는 처음부터 마가복음의 보충으로 작성되었고 그것을 전제한다."

182 참조. W. Schenk, Einfluß, 162. "아마도 마가는 Q 편집이 지혜-그리스도론을 비평적으로 파괴한 것에 관심을 두었을 것이다."

183 참조. R. Laufen, Doppelüberlieferungen, 59-77; J. Schüling, Studien, 215.

184 참조. A. Jülicher/E. Fascher, Einleitung, 347. "어쨌든 마가의 계획이 Q에 미치는 영향이 더 개연성이 높다." 물론 윌리허는 마가와 Q가 거의 동시에 생성되었다고 가정한다.

것을 말씀하신 분과 구별되지 않는다. Q에도 예수의 선포 시작부터 구원의 메시지가 함께 있으며, 누가복음 6:20-21Q에서 축복 선언은 어떠한 전제 조건과도 결합되지 않은 구원의 확언을 강조한다. 예수는 눈으로 보는 증인들, 귀로 듣는 증인들을 축복한다.(눅 10:23fQ) 구원의 시간이 시작되었다. "맹인이 보며 못 걷는 사람이 걸으며 나병환자가 깨끗함을 받으며 귀먹은 사람이 들으며 죽은 자가 살아나며 가난한 자에게 복음이 전파"(눅 7:22Q)되기 때문이다. 제자들이 평안을 빌고(눅 10:5fQ), 하나님 나라가 가까이 왔음을 알리기 위해(눅 10:9, 11bQ) 파송된다. 예수와 그의 메시지에 대한 태도는 분명 결과가 따른다. "누구든지 사람 앞에서 나를 시인하면 인자도 하나님의 사자들 앞에서 그를 시인할 것이요, 사람 앞에서 나를 부인하는 자는 하나님의 사자들 앞에서 부인을 당할" 것이기 때문이다.(눅 12:8fQ) 예수의 구원 호소를 거절하면 심판의 위협을 초래한다. Q 선교사들은 '마치 어린 양을 이리 가운데로 보냄과 같이'(눅 10:3Q) 주님과 운명공동체이고, Q 공동체는 유대인들에게 박해를 받는다.(눅 6:22fQ) 그들의 심판 말씀은 예수와 그의 전달자들이 전하는 메시지를 거부하는 '이 세대'에 관한 것이다.(참조. 눅 7:31Q, 11:29Q, 11:30-32Q, 11:50Q) 회개설교는 이스라엘의 많은 지역에서 성공하지 못했다.(참조. 눅 10:13-15Q, 15:7Q) 그들이 예수에게 분노했고(눅 7:23Q), 계속해서 정당성을 더욱 많이 요구했기 때문이다.(눅 11:29fQ) 그러므로 노아의 때와 같이 인자의 때에도 그러할 것이다. "노아가 방주에 들어가던 날까지 사람들이 먹고 마시고 장가 들고 시집 가더니 홍수가 나서 그들을 다 멸망시켰다."(눅 17:26, 27Q)

마가, 마태, 누가와 달리 로기온 자료에는 전체의 구조를 만들고 신학적 특징을 부여하는 어떠한 주제도 없다. "Q 수집록을 내적으로 결합시키는 것은… 신학적 전제, 즉 예수가 그를 만나는 사람들에게 하나님과 그의 통치에 대해 결단하게 하며, 그 결단으로 삶을 살아갈 수 있는 가능성을 열어

185 참조. D. Kosch, Q und Jesus, 44ff.

주었다는 전달자들의 확신이다. 예수 자신의 고유한 말씀이 이 과정에서 역사하는 힘이다."[186] Q에서 초점을 완전히 지혜자이신 예수에게 맞춘 과정에서 왜 예수의 수난, 죽음, 부활이 단지 암시되기만 하고 전혀 언급되지 않았는지, 왜 예수의 대속적 죽음에 대한 설명이 누락되었는지도 설명할 수 있다. 예수의 십자가 죽음이 로기온 자료에 전제되기는 하나(참조. 눅 14:27Q, 13:34fQ, 나아가 눅 6:22fQ, 6:27-29Q, 11:47-51Q, 12:4Q), 다른 신약성서 문서들과 비교해보면 그가 행하는 구원의 차원으로는 전개되지 않는다.[187] Q는 지상에 계신 분과 승천하신 분이 같음에 집중한다.[188] 오직 이러한 동일시가 예수의 말씀에 구속력을 부여하고, 그의 메시지가 현재와 미래에 가장 중요하다는 Q 공동체의 신앙을 확증한다. 로기온 자료에 따르면 예수의 의미는 케리그마적 형태로 전달되지 않고 오히려 예수의 말씀을 직접 듣고 행하는 가운데 경험된다. 이러한 개념에서 볼 때 부활은 낯선 것이 아니지만, 예수의 부활로 인해 그의 말씀이 부활 이후 시기에도 현실성을 잃지 않는다. 부활은 그 자체로 주제화되지 않고, 지상에 계신 분과 승천하신 분의 말씀이 전해지는 것을 요구한다.[189]

---

186 A. Polag, Mitte der Logienquelle, 110.

187 그러나 이것이 로기온 자료가 예수 죽음이 지닌 구원의 의미를 알지 못했다는 것은 아니다. 퇴트는 반대 주장을 펼친다.(H. E. Tödt, Menschensohn, 229.)

188 참조. 누가복음 7:34Q, 9:58Q, 17:24, 26Q에서 지상에 계신 분과 오시는 인자는 같은 분이다. 승귀 표상에 관하여는 W. Thüsing, Erhöhungsvorstellung und Parusieerwartung in der ältesten nachösterlichen Christologie, SBS 42, Stuttgart 1970을 참조하라.

189 이 문제에 대한 다른 해결 방안 모색은 M. Sato, Q und Prophetie, 383을 참조하라. 사토는 Q에 수난사화가 없는 이유에 대한 질문에 다음과 같이 답변한다. "구약성서의 어느 예언서에도 선지자의 죽음에 대해 보고하지 않는다." 립스는 Q가 예수를 (사람들에 의해 - 역자 주) 거부된 지혜의 사신으로 이해했다고 생각한다.[H. v. Lips, Weisheitliche Traditionen(위 3.3.5를 보라.), 278.] 예수의 죽음은 도래하는 나라가 임박했음을 가리킨다. "죽음 자체가 구원의 의미를 지니고 있지 않다."

3.3.10 최근 연구 경향

디벨리우스와 불트만이 로기온 자료를 독자적인 신학적 구상(構想)으로 고려하지 않았던 반면에 퇴트(H. E. Tödt)의 단행본과 1960년대 말 이후 간행된 뤼어만, 호프만, 숄츠, 폴락, 젤러(D. Zeller), 쉬어만의 편집비평 연구는 Q의 형성 역사와 신학적 프로필에 대한 차별화된 시각의 근거를 마련했다. 최근 10년간의 논의는 주로 클로펜보르그와 사토의 구상으로 이루어졌다.[190] 여러 개별 문제에 대한 수많은 의견 차이에도 불구하고 오늘날 로기온 자료가 문학적-신학적으로 복합 구성물이라는 것에 대해 의견 일치가 이루어진 것으로 볼 수 있다. 로기온 자료는 단순히 예수 말씀의 '수집록'이 아니라 독자적인 신학적 구상, 의도적인 구성과 관련되므로 자료의 생성 역사를 분석해야 하며, 문체의 규칙을 드러내야 하고, 신학적 의도를 규명해야 한다. 이러한 연구를 위한 전제는 '국제 Q 프로젝트'(International Q Project)가 만들었듯이, 확실한 본문 토대를 만드는 것이다. 'Q의 비평본'(Critical Edition of Q), '공관복음 콘코던스'(Synoptic Concordance),[191] 연구사와 문제사에 초점을 둔 시리즈 '도큐멘타 Q'(Documenta Q)는 로기온 자료에 대한 확장된 연구의 기본 자료이다.[192] 실제 연구의 중심에는 주제에 따라 여섯 개 영역이 놓인다.

1) Q의 문학적인 생성은 어떻게 진행되었나? 기존 수집록은 광범위한 편집을 거쳤으므로(뤼어만) 편집사 분석이 결정적으로 중요한가? 혹은 편

---

190 연구사에 관하여는 다음을 참조하라. C. M. Tuckett, Q, 1-82; J. Schröter, Erinnerung, 83-143.

191 참조. P. Hoffmann/Th. Hieke/U. Bauer (Hg.), Synoptic Concordance I-IV, Berlin 1999-2000.

192 국제 Q 프로젝트의 역사와 목표 설정에 관하여는 Chr. Heil, "Die Q-Rekonstruktion des internationalen Q-Projekts: Einführung in Methodik und Resultate," NT 43 (2001): 128-43을 참조하라.

집과 전승이 계속하여 동일시되므로, 본문의 현재 구성이 중심이 되는가? (호프만) 연속적 성장 모델(쉬어만, 쩰러) 혹은 단계 모델(사토, 클로펜보르그)이 Q의 생성 역사를 가장 적절하게 설명하는가? 자료 수집과 단일 편집을 고려하는 모델로 충분할 수 있는가?(호프만, 터켓)[193] 라반은 로기온 자료가 의도적이며 내러티브적으로 형성되었고, 내러티브적인 긴장 부분과 오시는 인자인 예수에게 집중하는 중심 내용이 구조화되고 일관된 본문이라고 해석한다. 그는 또한 로기온 자료를 어려운 역사적 상황에서 이해하고 행동하는 능력을 전달하는 자들에게 부여하기 위한 의미 형성 문서로 이해한다. 예수의 오심과 현존 및 인자로서 그의 재림 사이 기간에 로기온 자료의 공동체는 신앙을 지키기 위해 커다란 도전에 직면했을 것이다. 이 연구는 이러한 질문들에 대한 의견 일치와는 아직 거리가 멀다. 그 이유는 무엇보다도 연구 대상이 복잡하다는 데 있다.

2) Q는 어떤 문학적 장르에 속할 수 있는가? 지혜문학에 초점을 둔 말씀 편람(Spruchkompendium) 혹은 말씀 복음서(Spruchevangelium, 예를 들어 로빈슨, 클로펜보르그), 예언서(Prophetenbuch, 사토) 혹은 견유학파의 디아트리베(Diatribe, 예를 들어 B. L. Mack)와 관련되는가?[194] 견유학파의 예수 해석과 Q-해석은 단지 부차적 역할만 하는 반면에[195] 로기온 자료에 대한 지혜문학적(주로 북미)이고 예언적-묵시문학적(주로 유럽) 해석의 대립이 오랫동안 논의의 중심에 있었다. 그러나 기원후 1세기에 예언적-묵시문학적인 전승과 지혜문학적 전승을 정확하게 구분하는 것은 불가능하며 무의

---

193 참조. C. M. Tuckett, Q, 73f.

194 참조. B. L. Mack, The Lost Gospel. The Book of Q and Christian Origins, San Francisco 1993; F. G. Downing, Christ and the Cynics, Sheffield 1988; L. E. Vaage, Galilean Upstarts, Valley Forge 1994.

195 견유학파적 예수 해석에 대한 비평은 M. Ebner, "Kynische Jesusinterpretationen–"disciplined exaggeration?," BZ 40 (1996): 93–100; C. M. Tuckett, Q, 368–90을 참조하라.

미하다는 통찰이 점차 관철되었다.[196]

3) 마가복음은 문학적으로 Q에 종속하는가? 이러한 주장은 최근 연구에서 더 많이 등장하고 있지만, 다소 설득력이 약한 소수 의견이다.(위 3.3.8을 보라.)

4) 로기온 자료는 도마복음과 어떤 관계에 있는가?[197] 예수의 말씀에 대한 영지주의적 해석인 도마복음이 공관복음을 전제하는가?[예를 들어 슈라게(W. Schrage),[198] 피거(M. Fieger),[199] 폽케스(E.-E. Popkes)][200] 혹은 도마복음을 로기온 자료와 함께 예수 전승의 독자적인 발전에 대한 초기 증언으로 간주해야 하기에 그것은 기원후 1세기의 중요한 자료인가?(로빈슨/쾨스터) 미국의 연구가 주로 이런 주장으로 기우는 반면에 유럽의 연구는 이와 구별되는 설명 모델을 추구한다. 이 모델은 도마복음의 개별 로기온에 대한 독립성과 아주 이른 연대를 가정하지만, 전체 복음서의 연대를 매우 이르게 설정하는 것과 전승사적 독립성을 주장하는 것에 대하여는 회의적이다. 시종일관 예수의 말씀에 대한 탈문맥화, 전해 받은 표현의 이차적 문체, 이스라엘 역사로부터의 완전한 분리는 도마복음의 연대가 후기라는 것을 보여준다.[201]

---

196 비평적 논의는 C. M. Tuckett, Q, 325-54를 참조하라.

197 연구사에 관하여는 J. Schröter, Erinnerung, 122-40을 참조하라.

198 참조. W. Schrage, Das Verhältnis des Thomas-Evangeliums zur synoptischen Tradition und zu den koptischen Evangelienbersetzungen, BZNW 29, Berlin 1964.

199 M. Fieger, Das Thomas-Evangelium. Einleitung, Kommentar, Systematik, NTA 22, Münster 1991.

200 참조. E.-E. Popkes, Das Menschenbild des Thomasevangeliums, WUNT 206, Tübingen 2007, 356f. "도마복음의 인간상은 바로 이 저작이 공관복음 전승, 요한 전승 및 바울 전승으로부터 독립적이며, 특히 유대적-지혜문학의 영향을 받은 초기 그리스도교 신학사의 '네 번째 발전'으로 소급되지 않음을 드러낸다. …오히려 도마복음은 이미 진보된 그리스도교 안에서 정체성을 찾는 과정을 전제한다."

5) 로기온 자료가 어느 정도로 진정성 있는 역사적 예수상을 전달하는가?[202] 두 자료설의 틀에서 가장 오래된 전승 줄기인 마가와 Q는 토라가 어떤 중요한 역할도 수행하지 않는 예수상을 보여준다.(마가와 로기온 자료에는 νόμος가 나오지 않는다. 참조. 오직 Q 16:17) 마태만이 나사렛 예수를 토라에 충실한 유대인으로 묘사한다. 반면에 마가와 Q는 상당히 다르다. 로기온 자료에 수난사화는 발견되지 않으며, 예수의 이적만 나오고, 안식일 논쟁이 빠져 있다.[203] 이러한 본문 상황으로부터 로기온 자료는 결코 단독으로 '참된' 예수를 제시하지 않으며, 오히려 전승사적이며 양식사적인 문제제기를 고려하여 모든 전승 줄기(Q, 공관복음, 요한복음, 바울서신, 도마복음)에 대한 재해석이 필요하다는 결론이 나온다. 6) Q 본문의 정치적이며 사회사적인 상황은 무엇인가? 세례자 그룹과 동시대 유대교의 논쟁은 어떻게 평가되어야 하는가?[204] 젤롯당(Zeloten)과 관련 있는가?[205]

---

201 이에 대한 참조. J. Schröter/H.-G. Bethge, "Das Evangelium nach Thomas (NHC II, 2)," H.-M. Schenke/H.-G. Bethge/U. U. Kaiser (Hg.), Nag Hammadi Deutsch I, GCS N. F. 8, Berlin 2001, 151-81. 구원론의 영역에서 설득력을 지닌 논증도 이제 후기 연대를 지지한다. E.-E. Popkes, "Die Umdeutung des Todes Jesu im koptischen Thomasevangelium," J. Frey/J. Schröter (Hg.), Deutungen des Todes Jesu im Neuen Testament, WUNT 181, Tübingen 2005, 513-43.

202 참조. J. S. Kloppenborg, "The Sayings Gospel Q and the Quest of the Historical Jesus," HThR 89 (1996): 307-44.

203 Q 14:5만 이 주제를 다룬다.

204 J. S. Kloppenborg, (Hg.), Conflict and Invention, Valley Forge 1995.

205 참조. P. Hoffmann, Studien, 232f. 호프만은 Q의 전달자들을 젤롯당에 반대하는 '평화운동' 그룹으로 본다. "이 그룹은 유대-로마 전쟁이 시작되기 전 몇 년 동안 팔레스타인의 상황을 결정한 반란당과 평화당 사이의 논쟁에서 인자 예수에 대한 신앙을 고백하고, 그분의 메시지를 전달하면서 후자를 선택한 것으로 보인다. 이렇게 정치적 문제에 관여함으로써 그들의 선포가 특별한 뉘앙스를 지니게 되었고, 자신의 동족을 향해 임박한 심판 앞에서 구원받을 수 있는 유일한 가능성은 원수 사랑의 길이라며 인자 예수의 이름으로 내놓은 길이 그들을 동족과의 격심한 대결로 이끌고 갔다." 이러한 주장에 대한 비평은 C. M.

로기온 자료의 연구는 현재 신약성서 주석에서 가장 역동적인 영역에 속하므로 여전히 많은 연구 검토와 이론을 기대할 수 있다.

3.4 마가복음

3.4.1 참고문헌

주석

KEK 1/2: E. Lohmeyer, ^{8}1967. • HNT 3: E. Klostermann, ^{5}1971; D. Lührmann, 1987. • HThK II 1. 2: R. Pesch, ^{5}1989.^{4}1991. • EKK II 1. 2: J. Gnilka, ^{5}1998.^{5}1999. • ThHK 2: W. Grundmann, ^{10}1989. • ÖTK 2. 1-2: W. Schmithals, ^{2}1986. • NTD 1: E. Schweizer, ^{7}1989. • RNT: J. Ernst, 1981. • AncB 27: J. Marcus, 2000.2009. • (Kap. 1-8). • WBC 34.34a b: R. A. Guelich, 1989; C. A. Evans, 2001. • NTL: G. Boring, 2006. • ANTC: C. C. Black, 2011. • B. van Iersel, Markus-Kommentar, Düsseldorf 1993; ders., Mark. A Reader-Response Commentary, JSNT.S 164, Sheffield 1998. • F. J. Moloney, The Gospel of Mark. A Commentary, Peabody 2002. • R. A. Culpepper, Mark, Macon 2007.

단행본

W. Wrede, Das Messiasgeheimnis in den Evangelien, Göttingen ^{4}1969(=1901). • W. Marxsen, Der Evangelist Markus, FRLANT 67, Göttingen ^{2}1959. • J. M. Robinson, Messiasgeheimnis und Geschichtsverständnis. Zur Gattungsgeschichte des Markus-Evangeliums, TB 81, München 1989(새판). • H. W. Kuhn, Ältere Sammlungen im Markusevangelium, SUNT 8, Göttingen 1970. • K. Kertelge, Die Wunder Jesu im Markusevangelium, StANT 23, München 1970. • D.-A. Koch, Die Bedeutung der Wundererzählungen für die Christologie des Markusevangeliums, BZNW 42, Berlin 1975. • H. Räisänen, Das 'Messiasgeheimnis' im Markusevangelium, Helsinki 1976(영문 개정본에서 상당히 확장됨: The 'Messianic Secret' in Mark's Gospel, Edinburgh 1990). • P. Dschulnigg, Sprache, Redaktion und Intention des Markus-Evangeliums, SBB 11, Stuttgart ^{2}1986. • C. Breytenbach, Nachfolge und Zukunftserwartung nach Markus, AThANT 71, Zürich 1984. • Th. Söding, Glaube bei Markus, SBB 12, Stuttgart ^{2}1987. • L. Schenke, Das Markusevangelium, Stuttgart 1988. • F

Tuckett, Q, 361-63을 참조하라.

Fendler, Studien zum Markusevangelium, GTA 49, Göttingen 1991. • K. Scholtissek, Die Vollmacht Jesu, NTA 25, Münster 1992. • A. Weiser, Theologie des Neuen Testaments II(위 3.3.1을 보라.), 44-78. • P. Müller, "Wer ist dieser?". Jesus im Markusevangelium, BThSt 27, Neukirchen 1995. U. Kmiecik, Der Menschensohn im Markusevangelium, fzb 81, Würzburg 1997. • D. Dormeyer, Das Markusevangelium als Idealbiographie von Jesus Christus, dem Nazarener, SBB 43, Stuttgart 1999. • W. R. Telford, The Theology of the Gospel of Mark, Cambridge 1999. • J. Dechow, Gottessohn und Herrschaft Gottes. Der Theozentrismus des Markusevangeliums, WMANT 86, Neukirchen 2000. • P.-G. Klumbies, Der Mythos bei Markus, BZNW 108, Berlin 2001. • G. Guttenberger, Die Gottesvorstellung im Markusevangelium, BZNW 123, Berlin 2004. • H. N. Roskam, The Purpose of the Gospel of Mark in its Historical and Social Context, NT.S 114, Leiden 2004. • D. Dormeyer, Das Markusevangelium, Darmstadt 2005. • L. Schenke, Das Markusevangelium, Stuttgart 2005. • E.-M. Becker, Das Markus-Evangelium im Rahmen antiker Historiographie, WUNT 194, Tübingen 2006. • D. du Toit, Der abwesende Herr. Strategien im Markusevangelium zur Bewältigung der Abwesenheit des Auferstandenen, WMANT 111, Neukirchen 2006. • C. Jochum-Bortfeld, Die Verachteten stehen auf. Widersprüche und Gegenentwrfe des Markusevangeliums zu den Menschenbildern seiner Zeit, BWANT 178, Stuttgart 2008. • A. Winn, The Purpose of Mark's Gospel. An Early Christian Response to Roman Imperial Propaganda, WUNT 2.245, Tübingen 2008. • Elizabeth Struthers Malbon, Mark's Jesus. Characterization as Narrative Christology, Waco 2009.

논문

R. Pesch (Hg.), Das Markus-Evangelium, WdF CDXI, Darmstadt 1979.(E. Schweizer, G. Strecker, J. Roloff, U. Luz 등이 함께 기고한 주요 논문집) • Ph. Vielhauer, "Erwägungen zur Christologie des Markusevangeliums," ders., Aufsätze zum Neuen Testament, TB 31, München 1965, 199-214. • R. Weber, "Christologie und ‚Messiasgeheimnis‘: ihr Zusammenhang und Stellenwert in den Darstellungsintentionen des Markus," EvTh 43 (1983): 108-25. • M. Hengel, "Probleme des Markusevangeliums," Das Evangelium und die Evangelien, hg. v. P. Stuhlmacher, Tübingen 1983, 221-65. • Ders., "Entstehungszeit und Situation des Markusevangeliums," Markus-Philologie, hg. v. H. Cancik, WUNT 33, Tübingen 1984, 1-45. • F. Hahn (Hg.), Der Erzähler des Evangeliums. Methodische Neuansätze in der Markusforschung, SBS 118/119, Stuttgart 1985.(주요 논문집) • D. Lührmann, "Die Pharisäer und die Schriftgelehrten im Markusevangelium," ZNW 78 (1987): 169-85. • C. Breytenbach, "Grundzüge markinischer Gottessohn-Christologie," Anfänge der Christologie (FS F. Hahn), hg. v. C. Breytenbach u. H. Paulsen, Göttingen 1991, 169-84. • Th. Söding (Hg.), Der Evangelist als Theologe. Studien zum Markusevangelium, SBS 163, Stuttgart

1995.(주요 논문집) • G. Theißen, "Evangelienschreibung und Gemeindeleitung. Pragmatische Motive bei der Abfassung des Markusevangeliums," Antikes Judentum und Frühes Christentum (FS H. Stegemann), hg. v. B. Kollmann u.a., BZNW 97, Berlin 1999, 389–414. • L. Schenke, "Gibt es im Markusevangelium eine Präexistenzchristologie?," ZNW 91 (2000): 45–71. • D. du Toit, "Gesalbter Gottessohn"–Jesus als letzter Bote Gottes. Zur Christologie des Markusevangeliums," "…was ihr auf dem Weg verhandelt habt" (FS F. Hahn), hg. v. P. Müller/Chr. Gerber/Th. Knöppler, Neukirchen 2001, 37–50.

연구 보고서

P. Pokorný, Das Markus-Evangelium. Literarische und theologische Einleitung mit Forschungsbericht, ANRW 25. 3, Berlin 1984, 1969–2035; A. Lindemann, "Das Markusevangelium," ThR 69 (2004): 369–423.

3.4.2 저자

가장 오래된 복음서의 저자는 자신의 이름을 언급하지 않는다. 복음서의 책 제목만이 그 이름을 마가로 명명한다. 히에라폴리스의 파피아스[206]는 기원후 120년경 마가에 관해 다음과 같이 전하고 있다. "마가는 베드로의 '통역관'(ἑρμηνευτής)이었고, 그는 사도들로부터 들은 것 가운데 기억하는 것을 조심스럽게 기록했다. 그러나 주님이 말씀하시고 행하신 것을 순서대로 기록하지는 않는다.(οὐ μέντοι τάξει, τὰ ὑπὸ τοῦ κυρίου ἢ λεχθέντα ἢ πραχθέντα) 왜냐하면 그는 주님(의 말씀)을 듣지도 않았고, (제자로) 그를 따르지도 않았기 때문이다. 그러나 자신의 필요에 따라 강연을 하였으나 주님의 말씀을 일관성 있게 전하기를 원치 않았던 베드로를 따른다. 그러므로 기억하는 대로 몇 가지를 기술한다고 해서 그에게 잘못을 돌릴 수 없

---

206 시기 설정은 기원후 110년과 130년 사이에서 다양하다. 인물과 저작에 관하여는 다음을 참조하라. Ph. Vielhauer, Urchristliche Literatur, 757–65; U. H. J. Körtner, Papias von Hierapolis, FRLANT 133, Göttingen 1983; Ders., "Papiasfragmente," U. H. J. Körtner/M. Leutzsch (Hg.), Schriften des Urchristentums III, Darmstadt 1998, 3–103.

다.(οὐδὲν ἥμαριεν μάρκος) 그는 무엇인가를 잘못 생략하거나 덧붙이지 않을까를 조심했기 때문이다."(유세비우스, HE III 39, 15) 파피아스는 이 전승을 장로 요한에게 소급시켰고, 이 전승은 사도의 여러 전승에 대해 질문한 장로의 제자들에 의해 전해졌다.(유세비우스, HE III 39) 파피아스는 두 가지 관점에서 마가를 변호한다. (1) (다른 복음서와 비교하여 – 역자 주) 마가복음에 없는 순서가 심각한 결함을 나타내지는 않는다. (2) 마가는 예수 생애를 직접 목격한 사람은 아니지만 그의 복음서는 베드로가 주님께 직접 들은 말씀을 기초로 하며, 이것이 마가복음서 기록에 진정성과 신빙성을 부여한다. 마가복음에 대한 처음 비난은 다른 복음서(특히 마태복음)와 마가복음을 비교하면서 생겨났을 것이다.

마가-베드로의 병렬은 신빙성 있는 역사적 전승[207]인가 혹은 변증적인 메모[208]인가? 마가복음을 단지 간접적으로만 베드로에게 소급시키는 파피아스 전승은, 마가라는 이름이 복음서의 저자로 처음부터 전승에 정착되어 있었다는 것을 명확하게 한다. 이는 복음서가 제자나 사도 그룹에 속하지 않았던 한 신학자에게 귀속되었다는 놀라운 사실을 설명하는 유일한 방법이다. 그렇다면 이 사람이 마가인가? 먼저 마가 요한이라는 이름의 선교사가 바울 전승 그룹에 정착된 것은 분명하다. 이는 빌레몬서 24절(골로새서 4:10), 디모데후서 4:11, 사도행전 12:12, 25, 15:37, 39에 나타난다. 이 전승과 파피아스 메모의 직접적인 연관성은 알 수 없다. 그러나 서신서의 저자가 언급하는 베드로전서 5:13에 가능한 연결 고리가 놓였을 가능성이 있다. "택하심을 함께 받은 바벨론에 있는 교회가 너희에게 문안하고 내 아들 마가도 그리하느니라." 마가와 실루아노/실라라는 이름이 바울 전승에서

---

207 예를 들어 M. Hengel, Probleme des Markusevangeliums, 244ff.; Ders., Der unterschätzte Petrus, Tübingen 2006, 58-78.(잘 알려진 논증의 변증적 반복)

208 예를 들어 K. Niederwimmer, "Johannes Markus und die Frage nach dem Verfasser des zweiten Evangeliums," ZNW 58 (1967): 172-88; Ph. Vielhauer, Urchristliche Literatur, 260.

베드로 전승으로 침입했을 가능성이 있다.(참조. 살전 1:1, 고후 1:19, 고후 1:19, 살후 1:1, 벧전 5:12)[209] 그 후에 파피아스 전승에 나오는 마가-베드로의 결합이 베드로전서 5:13에서 출발점이 되었을 수 있다. 그러나 이 전승의 역사적 신빙성은 아직 결정할 수 없다. 마가복음 배후에 베드로 전승을 주장할 수도 없고, 베드로가 마가복음에서 전승의 기준(Vorgabe)을 뛰어넘는 역할을 하지 않기 때문이다. 파피아스 전승이 없었다면 아무도 마가복음의 독자적인 신학 배후에 베드로라는 인물이 있다고 추정하지 않았을 것이다! 또한 바울 신학과 마가복음의 연관성도 인식할 수 없다. 따라서 두 번째 복음서는 마가라는 이름을 지닌, 우리에게 잘 알려지지 않은 어느 그리스도인의 저작이다.[210]

마가는 유대인으로 태어났는가? 복음서에 나오는 수많은 아람어(및 히브리어) 단어들의 정확한 재번역은 이를 옹호한다.[211] 반면에 마가 언어의 독자성은 셈어의 영향력을 가리키지 않고, 오히려 대중문학의 언어 스타일과 문학적으로 코이네에 해당한다.[212] 마가가 이방 그리스도교 교회를 위해 저술하는 것이 입

---

209 참조. U. H. J. Körtner, "Markus der Mitarbeiter des Petrus," ZNW 71 (1980): 160-73.

210 예루살렘의 마가 요한을 마가복음의 저자로 주장하는 이들은 다음과 같다. A. Jülicher/E. Fascher, Einleitung, 296f.; M. Hengel, Probleme des Markusevangeliums, 242ff.; B. Reicke, The Roots of the Synoptic Gospels(위 3.2.6을 보라.), 165. 페쉬는 가능성을 고려한다 (R. Pesch, Mk I, 174.) 마가라는 이름을 지닌 우리에게 잘 알려지지 않은 어느 그리스도인을 저자로 보는 이들은 다음과 같다. W. G. Kümmel, Einleitung, 69, Ph. Vielhauer, Urchristliche Literatur, 346; L. Schenke, Markusevangelium, 29f.; Th. Söding, "Der Evangelist in seiner Zeit," ders. (Hg.), Der Evangelist als Theologe, 24.

211 참조 H. P. Rüger, "Die lexikalischen Aramaismen im Markusevangelium," Markus-Philologie, H. Cancik (Hg.), WUNT 33, Tübingen 1984, 73-84.

212 논증의 예: M. Reiser, Syntax und Stil des Markusevangeliums, WUNT 2. 11, Tübingen 1984.

증되었으므로(아래 3.4.4를 보라.), 그는 그리스어를 사용하는 이방 그리스도인으로 명명될 수 있다. 아람어도 자유롭게 구사했기에 아마도 그는 시리아에서 태어나고 성장한 사람이었을 것이다.[213]

3.4.3 기록 장소와 시기

히브리어와 아람어 표현의 규칙적인 번역(참조. 예를 들어 막 3:17, 5:41, 7:11, 34, 9:43, 14:36, 15:22, 34)에서 드러나듯이 마가는 그리스어를 사용하는 독자와 청중을 위해 복음서를 기록했다. 마가복음 7:3-4, 14:12, 15:42에 나오는 유대교 예전법에 대한 설명도 마가 공동체가 팔레스타인 지역 밖에 정착)하고 있었음을 시사한다. 눈에 띄는 것은 복음서에 나오는 다수의 라틴어이다. 그것은 말(modius, 4:21), 군대(legio, 5:9, 15), 시위병(speculator, 6:27), 데나리온(denarius, 6:37), '팔뚝까지 잘' 또는 '주먹으로'(pugnus, 7:3. 유대교에서 물을 한 움큼 떠서 손을 씻는 의식 – 역자 주), 항아리(sextarius, 7:4), 고드란트(quadrans, 12:42), 채찍질하다(flagellare, 15:15), 브라이도리온(praetorium, 15:16), 백부장(centurio, 15:39, 44-45)[214]이다. 게다가 마가복음 12:42에 나타난 그리스어 '렙돈'(τὸ λεπτόν)이 로마의 화폐 체계로 전환되는 모습을 보여준다. 따라서 로마는 종종 마가복음의 기록 장소로 여겨졌다.[215] 특히 마가-베드로의 연결도 로마를 가리킬 수 있기 때문이다. 그

---

213 마가복음 7:31이 마가의 구성 기술로 의미 있게 통합될 수 있다면[참조. F. G. Lang, "'Über Sidon mitten ins Gebiet der Dekapolis'. Geographie und Theologie in Markus 7, 31," ZDPV 94 (1978): 145-60.] 팔레스타인과 그 주변 경계 지역에 대한 복음서 기자의 지식을 단순히 부인할 수 없다. 그러나 여전히 문제가 되는 것은 갈릴리 호수 바로 근처에 있는 거라사 지역에 관해 마가복음 5:1-2에 전제된 상황이다.

214 또 다른 가능한 라틴어 영향력에 관하여는 P. Dschulnigg, Sprache, 277-78을 참조하라.

215 그렇게 예를 들어 W. Grundmann, Mk, 25f.; R. P. Martin, Mark: Evangelist

러나 라틴어 사용은 군사 혹은 화폐 영역에 등장하며, 이미 그리스어로 통합되었기에 반드시 제국의 중심만을 가리키지 않는다는 반대 주장이 제기되었다. 또한 마가복음보다 대략 14년 전에 기록된 로마서에 등장하는 로마 공동체의 문제는 마가복음에서 어떠한 역할도 수행하지 않으므로[예를 들어 마가복음에는 '율법'(νομος)이 나오지 않는다!] 마가는 로마에서 로마 밖에 있는 공동체를 위해 마가복음을 기록했을 것이다! 따라서 안디옥[216] 혹은 대체로 시리아,[217] 갈릴리,[218] 데가볼리[219]를 기록 장소로 제안하거나, 상세하게 규명하려는 시도를 포기하게 되었다.[220] 그러나 소아시아 지역에서 베드로-마가-전승(벧전 5:13, 히에라폴리스의 파피아스)이 생성되었을 수 있기 때문에 소아시아 또한 기록 장소로 주목할 만하다. 더욱이 마가 공동체의 대다수는 소아시아를 상기시키는 이방 그리스도인들로 구성되었다. 하지만 마가복음을 플라비우스 왕조(특히 베스파시아누스)의 선전(Propaganda)에 대한 답변으로 읽는다면, 로마를 기록 장소로 볼 수 있다.[221]

---

and Theologian, Exeter 1972, 52-70; R. Pesch, Mk I, 13; M. Hengel, Entstehungszeit, 43f.; P. Dschulnigg, Sprache, 276-80. 620; P. Pokorný, Markus-Evangelium, 2021; B. van Iersel, Mark, 49.

216 참조. W. Schmithals, Mk I, 49; H. Köster, Einführung, 602. A. Y. Collins, Mark, 101.(안디옥을 기록 장소로 보는 경향이 있다.)

217 참조. 예를 들어 W. G. Kümmel, Einleitung, 70; Ph. Vielhauer, Urchristliche Literatur, 347; D. Lührmann, Mk, 7; L. Schenke, Markusevangelium, 47; G. Theißen, Lokalkolorit(위 3.1.1을 보라.), 246-61(시리아 남부 지역); Th. Söding, "Der Evangelist in seiner Zeit," ders. (Hg.), Der Evangelist als Theologe, 30; I. Broer, Einleitung I, 87; J. Marcus, Mark, 36. 헹엘은 지리적으로 불분명한 수로보니게(Συροφοινίκισσα)와 관련하여 시리아를 기록 장소로 보는 것에 반대한다.(M. Hengel, Entstehungszeit, 45.)

218 참조. W. Marxsen, Einleitung, 148.

219 참조. S. Schulz, Die Stunde der Botschaft, Hamburg ^{3}1982, 9.

220 참조. J. Gnilka, Mk I, 34. 마가복음은 서방의 이방인 그리스도인에게 쓴 것이다. 귈리히는 기록자나 기록 장소 문제에 대해 답변할 수 없고 복음서 이해를 위해서도 그것은 중요하지 않다고 본다.(R. A. Guelich, Mk, XXIX-XXXI.)

마가복음은 기원후 70년 직전이나 직후에 생성되었다.[222] 정확한 시기는 마가복음 13:2, 14의 해석을 통해 결정된다. 두 구절 모두 현재의 거시본문 맥락에서 기원후 70년경 로마인에 의한 성전 파괴와 관련된다.[223] 그러나 이미 일어난 예루살렘의 몰락을 회고하는 것인지 혹은 이제 시작될 예루살렘 멸망을 예언하는 것인지에 대해서는 논란의 여지가 있다. 헹엘은 기원후 70년 이전으로 마가복음의 기록 시기를 정한다. "마가복음은 추측컨대 네로와 갈바의 살해 이후, 디도로 말미암은 유대 전쟁의 재개 직전, 즉 대략 기원후 68/69년 겨울과 기원후 69/70년 겨울 사이 정치적으로 급박한 시기에 생성되었다. 성전의 멸망은 아직 전제되지 않았으며, 오히려 저자는 성전에 (네로의 귀환으로) 적그리스도가 등장할 것과 파루시아 전에 가장 힘든 마지막 단계인 메시아 고난의 시기가 시작될 것을 기대한다."[224]

---

221 최근 연구에 관하여는 M. Ebner, "Das Markusevangelium," Ebner/Schreiber, Einleitung, 171f.; A. Winn, The Purpose of Mark's Gospel, 77-91을 참조하라.

222 쿰란문서 7Q5 단편과 관련한 티데의 마가복음의 초기 기록설에 관하여는 C. P. Thiede, Die älteste Evangelienhandschrift? Das Markus-Fragment von Qumran und die Anfänge der schriftlichen Überlieferung des Neuen Testaments, Wuppertal 1986을 참조하라. 이에 관한 비평은 H. U. Rosenbaum, "Cave 7Q5! Gegen die erneute Inanspruchnahme des Qumran-Fragments 7Q5 als Bruchstück der ältesten Evangelien-Handschrift," BZ 31 (1987): 189-205를 참조하라.

223 G. Zuntz, "Wann wurde das Evangelium Marci geschrieben?" Markus-Philologie, H. Cancik, Hg.(위 3.1.1을 보라.), 47-71. 준츠는 마가복음 13:14를 예루살렘 성전에 자신의 입상(立像)을 세우도록 한 칼리굴라의 의도와 관련시키고(참조. Philo, Leg Gai 197-337; Jos, Bell II 184-203; Ant XVIII 256-309.), 이 논증으로 전체 복음서의 기록 시기를 기원후 40년으로 설정한다. 타이센도 Lokalkolorit(위 3.1.1을 보라.), 133-76에서 '멸망의 가증한 것'을 칼리굴라의 난(亂)으로 해석하고 마가복음 13장에 나오는 묵시 전승의 생성 시기를 기원후 40년으로 설정한다. 그는 마가복음이 기원후 70년 직후에 생성되었고(참조. G. Theißen, 위의 책, 271의 각주 59, 284.), 마가복음 13:14는 복음서 기자가 수용한 전승이라고 본다.

224 M. Hengel, Entstehungszeit, 43. 마가복음의 기원후 70년 이전 (혹은 직전) 기

그러나 헹엘은 마가복음 13장에서 개정된 대본과 마가의 편집을 구분하지 않고, 마가복음 13:2, 14를 전체 복음서의 기록 시기와 동일시한다. 그러나 두 구절은 아마도 전승일 것이며,[225] 기원후 70년 이전 기록설은 지지될 수 없다. "저자의 입장이 14절의 대본에 기초한다면, 마가복음의 저자는 14-22절에 의거하여 시작해야 한다."[226] 복음서 기자의 시각으로 볼 때 마가복음 13:2, 14는 '사후 예언'(vaticina ex eventu)이며, 마가복음은 기원후 70년대 초 성전 파괴 이후에 기록되었을 것이다.(참조. 막 12:9, 15:38)[227] 이런 다양

록설이 다양한 논증으로 지지되고 있다. W. Marxsen, Einleitung, 148(팔레스타인에서 67-69년 사이에 생성); E. Lohse, Entstehung, 86; P. Dschulnigg, Sprache, 620; L. Schenke, Markusevangelium (2005), 34(66년과 69년 사이); R. A. Guelich, Mk, XXXII; B. van Iersel, Mark, 51(65년과 70년 사이); A. Y. Collins, Mark, 14(68/69년). J. Marcus, "The Jewish War and the Sitz im Leben of Mark," JBL 111 (1992): 441-462. 마르쿠스는 마가복음 10:46 이하, 11:1-10, 12:35-36에 나오는 다윗 모티브를 유대-로마 전쟁 때 다윗-메시아적 슬로건(Parole)에 대한 저항으로 해석한다. 그는 자신의 주석에서 성전에 관해 물론 확정적으로 주장하지는 않으나 "이 복음서가 멸망의 그늘 아래서 기록되었다."라고 말한다.(J. Marcus, 위의 글, 39.)

225 브란덴부르거의 논증. E. Brandenburger, Markus 13 und die Apokalyptik, FRLANT 134, Göttingen 1984, 49-54, 81ff.

226 위의 책, 81.

227 다음 학자들도 마가복음서의 시기를 기원후 70년 이후(직후)로 설정한다. Ph. Vielhauer, Urchristliche Literatur, 347; J. Gnilka, Mk I, 34; R. Pesch, Mk I, 14; G. Theißen, Lokalkolorit(위 3.1.1을 보라.), 284; E. Schweizer, Einleitung, 116; J. S. Kloppenborg, "Evocatio deorum and the date of Mark," JBL 124 (2005): 419-50; F. J. Moloney, Mark, 14; M. Ebner, "Das Markusevangelium," Ebner/Schreiber, Einleitung, 170f.; A. Winn, The Purpose of Mark's Gospel, 56-76. 다음 학자들은 복음서가 70년경에 생성된 것으로 본다. W. G. Kümmel, Einleitung, 70; A. Wikenhauser/J. Schmid, Einleitung, 221; D. Lührmann, Mk, 6; Th. Söding, "Der Evangelist in seiner Zeit," ders. (Hg.), Der Evangelist als Theologe, 17; I. Broer, Einleitung I, 86; Eve-Marie Becker, "Der jüdisch-römische Krieg (66-70 n. Chr.) und das Markus-Evangelium," ders. (Hg.), Die antike Historiographie und die Anfänge der christlichen Geschichtsschreibung, BZNW 129, Berlin 2005, 213-36.

한 견해를 넘어 내러티브 차원에서 여전히 현존하는 성전과 미래에 완전히 파괴되는 성전(막 13:2)의 대조가 시작된 멸망을 전제한다는 일반적인 관찰 역시 기원후 70년 직후의 기록설을 옹호한다. 로마인들이 예루살렘과 성전을 정복하는 것은 예견되었지만, 그것이 성전의 완전한 파괴를 의미하는 것은 아니었다!

3.4.4 수신자

마가는 주로 이방 그리스도인 교회를 위해 복음서를 기록했다.[228] 이미 언급했듯이 이는 유대 관습에 대한 설명과 셈어 표현의 번역에서 드러난다. 전문용어인 νόμος의 결여와 율법 자료의 수용은 마가 공동체에서 율법이 더 이상 예전법으로서가 아니라 도덕법으로서만 중요했음을 나타낸다.(참조. 막 10:1-12, 17-27, 12:28-34)[229] 사랑의 이중 계명은 유대인들과 예수의 율법에 관한 여러 논쟁과 대화의 결론, 목적 그리고 절정을 형성한다. 마가 공동체는 이방선교를 했는데, 복음서에서 예수의 사역과 선포가 이방인을 포함하기 때문이다.[230] 이미 갈릴리에서 예수의 선포(막 1-6장)는 이방인에게도 이르러(막 5:1-20) 예수의 권위 있는 행위에 관한 소식을 이방 지역에 전파시킨다.(막 5:20) 이방인에게 행하는 예수의 사역은 유대교 정결규정 프로그램을 무효화하는 것이다.(막 7:1-23)[231] 이방 여인(막 7:24-30),

---

228 참조. L. Schenke, Markusevangelium, 32ff.

229 참조. H. Hübner, Das Gesetz in der synoptischen Tradition, Göttingen ²1986, 213-26; U. Luz(/R. Smend), Gesetz, Stuttgart 1981, 116-19; H. Sariola, Markus und das Gesetz, AASF, Diss. Hum. Litt. 56, Helsinki 1990; R. Kampling, "Das Gesetz im Markusevangelium," Th. Söding (Hg.), Der Evangelist als Theologe, 119-50.

230 참조. H. W. Kuhn, "Jesu Hinwendung zu den Heiden im Markusevangelium im Verhältnis zu Jesu historischem Wirken in Betsaida," Die Weite des Mysteriums (FS H. Bürkle), Hg., K. Krämer u. A. Paus, Freiburg 2000, 204-40.

귀 먹고 말 더듬는 사람(막 7:31-37)의 치유와 4,000명 급식(막 8:1-10)은 '정결-부정'에 대한 근본적인 구별(막 7:1-23)이 원칙적으로 폐기된 예시로 파악되어야 한다. 마가복음 7:37의 환호는 마가가 이방인에 관해 연속적으로 언급한 뒤에 나온다. 5,000명의 급식(막 6:30-44)으로 유대인을 향한 예수의 사역이 종결되었다면, 이방인을 향한 예수의 사역은 4,000명의 급식으로 끝난다. 마가의 시각에서 마가복음 8:6의 성만찬 암시는, 예수가 이방인들과도 식탁교제를 하였으며 이제는 성만찬에서 그들과 식탁교제를 한다는 사실을 밝혀준다. 유대인의 대다수가 예수를 믿는 일에 스스로 문을 닫는 반면에 이방인들은 하나님의 아들 예수 그리스도께 자신을 열어놓는다. 유대인들이 지닌 구원사적인 특권이 다른 백성에게 넘겨지는 것과(참조. 막 12:9) 전 세계 모든 민족에게 복음이 선포되는 것은(참조. 막 13:10, 14:9) 이러한 관점에서 논리적이다. 결국 본문 안에서는 십자가 아래에(막 15:39) 있던 로마 백부장이 첫 번째로 예수가 하나님의 아들임을 고백한다. 마가의 제자상도 선교 신학적인 특징을 지닌다.[232] 제자들은 모범이 된다. 그들이 예수를 따랐고 예수가 그들을 보냈듯이(막 6:6b-13), 이제 마가 공동체가 파송을 위해 말과 행동을 준비해야 한다. 이러한 선교 경험이 마가복음 4:1-9, 10-12, 13-20을 특징짓는다.

그러나 마가 공동체는 이방 그리스도인들로만 구성되지는 않았다. 정결한 음식과 부정한 음식에 대한 질문(막 7장)은 공동체 내부의 유대 그리스도인들과 관련되어 있기 때문이다. 마가복음 7:18-19에 나오는 예수의 권위 있는 결정에 대한 수용(막 7:15)은 문제에 대한 마가의 해결책을 보여준다. 그는 예수의 전권에서 비롯된 이방 그리스도인과 유대 그리스도인이 함께 살아가는 새로운 실천 방안을 지지한다. 그리스도교 공동체의 식탁

---

231 특히 마가복음 7:19c를 주목하라. 모든 음식물이 깨끗하다.(καθαρίζων πάντα τὰ βρώματα)

232 참조. Z. Kato, Die Völkermission im Markusevangelium, EHS. T 252, Frankfurt 1986.

교제에는 이방 그리스도인과 유대 그리스도인이 포함되며(막 2:15-16, 7:24 이하), 공동체 안에는 새로운 금식 규정(막 2:19-20)이 있고, 그리스도교 안식일 준수의 중심에는 사람이 있다.(막 2:23-28, 3:1-6)

마가의 공동체에서 긴급한 윤리적 분쟁은 보이지 않는다. 마가복음 10:1-45와 12:13-17의 윤리적인 가르침은 보편적인 훈계에 해당한다. 마가의 공동체에서 문제가 되었던 것은 파루시아의 시간과 장소를 공공연하게 선포하는(막 13:21) 은사 받은 자들과 예언자들의 등장이다.(막 13:6) 복음서 기자는 그들을 '거짓 그리스도들'(ψευδόχριστοι)이며 '거짓 선지자들'(ψευδοπροφῆται)로 지칭하고(막 13:22), 그들의 미혹에 대해 강한 어조로 경고한다.(막 13:5-6, 21b, 23) 그 배경에는 유대 전쟁과 성전 멸망으로 촉발되어 공동체 일부에서 고조된 종말 기대가 있었을 것이다. 거짓 교사들이 인자의 도래를 이러한 역사 안에서 일어난 사건들과 결부시킨 반면에 복음서 기자는 오직 하나님만 인자의 도래 시기를 안다고 제한한다. 마가복음 13:9, 13에 나오는 이방 관청 및 유대 관청으로 인한 핍박에 관한 말씀은 주변 세계와의 논쟁 가능성을 가리킨다. 마가복음 4:17, 10:30, 13:19의 환난과 핍박에 대한 언급은 이방적이며 유대적인 환경으로 인해 직접 받은 공동체의 위축을 반영한 것일 수 있다. 따라서 마가는 자신의 공동체를 향해 광범위한 고난을 준비할 것을 강조한다.(참조. 막 8:34-38)[233]

233 유대 전쟁과의 직접적인 맥락에서 타이센은 마가 공동체의 상황과 복음서 기자의 업적을 다음과 같이 기술한다. "그는 정치적 변혁의 시기에 자신의 공동체에게 세상을 구원으로 이끄는 것은 새롭게 부상하고 있는 플라비우스가 아니라 오히려 십자가에 달리신 분, 나사렛 예수 그리스도라는 방향을 제시한다."(G. Theißen, Evangelienschreibung und Gemeindeleitung, 413f.)

3.4.5 내용 구성, 구조, 형식

1:1–8:26	첫 번째 주요 부분: 갈릴리 안과 밖에서 행한 예수의 사역
1:1–6:56	갈릴리에서의 복음 선포
1:1–15	서문
1:16–45	예수의 첫 사역
2:1–3, 6	논쟁 대화
3:7–35	치유: 제자 소명, 예수의 친척
4:1–34	비유
4:35–5:43	이적사화
6:1–56	갈릴리 선포의 결론
7:1–8, 26	이방인을 향한 예수의 사역
7:1–7:23	정결과 부정
7:24–37	이방인 치유
8:1–9	이방 지역 순회 결론으로 4,000명 급식
8:10–26	갈릴리로의 귀환, 첫 번째 시각장애인 치유(8:22–26)
8:27–10:52	두 번째 주요 부분: 수난을 향한 예수의 길
8:27–9:1	베드로의 신앙고백, 첫 번째 수난 예고, 제자들의 몰이해(베드로) 제자 교육: 수난의 제자도
9:2–50	변모, 이적, 두 번째 수난 예고, 제자들의 몰이해(제자들의 서열 다툼) 제자 교육: '첫째가 되고자 하는 자'
10:1–52	예루살렘을 향한 길, 교육, 세 번째 수난 예고, 제자들의 몰이해(야고보와 요한의 특별한 지위), 제자 교육: 주인이 되는 것과 섬기는 것, 두 번째 시각장애인 치유(10:46–52)
11:1–16:8	세 번째 주요 부분: 예루살렘의 예수
11:1–25	예루살렘 입성, 성전정화
11:27–12:44	논쟁 및 교육 대화
13:1–37	마지막 일에 관한 말씀
14:1–15:47	예수의 수난
16:1–8	빈 무덤
(16:9–20)	마가의 추가된(unecht) 결론: 부활하신 분의 현현, 제자 파송

마가복음의 구성은 복음서 기자의 신학적 의지를 간접적으로 표현한다. 마가는 또한 복음서를 구성할 때 자신의 신학적 중심 메시지에 전념한다. 부활하신 예수 그리스도는 다름 아닌 십자가에 달리신 지상의 나사렛 예수이다. 마가에게 지상에 계신 분의 길과 메시지는 십자가에 달리고 못 박힌 분에게 투영된다. 이것은 문학적인 면에서 여러 차원으로 드러난다. 마가복음 1:9-11, 9:7, 15:39(위 3.1.3과 3.4.9를 보라.)가 전체 복음서의 구성적이며 신학적인 근본 뼈대를 형성한다. 그 뼈대의 중심이 되는 하나님의 아들 칭호는 동일하게 예수의 신적 본성, 그의 수난과 죽음의 운명을 가리킨다. 이로써 복음서를 읽는 독자는 처음부터 세례에서 십자가에 이르는 길로 안내되고, 십자가와 부활에서만 예수 그리스도를 이해할 수 있음을 알게 된다. 복음서의 내러티브 경향도 그 신학적 진술에 기여한다. 예수의 갈릴리 활동이 이미 예루살렘을 목표로 하기 때문이다. 마가복음 2:6-7과 마가복음 2:18-22 모두 임박한 예수의 수난을 언급한다. 이미 마가복음 3:6에서 예수에 대한 사형이 결정되고, 예루살렘에서 온 그의 대적자들은 이미 마가복음 3:22, 7:1에서 그와 논쟁한다. 세례자 요한(막 6:14-29)은 죽음에서도 예수의 선구자이다. 실제 수난 사건이 일어나기 전에 마가복음 11:18, 12:12에서 다시 한 번 사형 결정이 있었던 것과 마찬가지로 세 번의 수난 예고(막 8:31, 9:31, 10:32-34)는 예수의 길을 십자가로 향하게 한다.

결국 마가복음을 세 부분으로 구분하는 것은 신학적인 기본 방향과 내러티브 경향에 해당한다.[234] 복음서의 첫 번째 주요 부분은 갈릴리 안과 밖

---

234 참조. Ph. Vielhauer, Urchristliche Literatur, 331f. 페쉬는 문학적 구성 시도에 대한 개관을 제공한다. R. Pesch, Naherwartungen, Düsseldorf 1968, 50-53. 최근에 복음서를 두 부분으로 구성하는 학자로 코흐 등이 있다. D.-A. Koch, "Inhaltliche Gliederung und geographischer Aufriß im Markusevangelium," NTS 29 (1983): 145-66(입문 1:1-13, ① 주요 부분: 1:14-8:26, ② 주요 부분: 8:27-16:8) und L. Schenke, Markusevangelium, 62-74(입문 1:1-13, ① 주요 부분: 1:14-10:52, ② 주요 부분: 11:1-16:8); F. J. Moloney, Mark, 21.[서문: 1:1-13, ① 주요 부분: 1:14-8:30(주요 주제: 예수는 누구인가?), ② 주요

에서 행한 예수의 사역을 묘사한다.(막 1:1-8:26) 마가복음 7:24-8:9에 나오는[235] 이방인을 향한 예수의 사역은 마가신학의 보편적 방향이며 마가복음 7:1-23은 이를 위한 신학적인 기초를 제공한다. 첫 번째 주요 부분은 예수가 갈릴리로 귀환하는 것으로 마무리되고, 두 번째 부분은 예수가 수난을 위해 예루살렘으로 향하는 길로 구성된다.(막 8:27-10:52) 마가복음 8:27과 10:52에서 '길에서'(ἐν τῇ ὁδῷ)라고 한 것은 복음서 기자가 이 단락을 복음서의 독자적인 부분으로 이해하고 있음을 확실히 드러낸다. 길 모티브가 복음서 서문에서 이미 두 번이나 등장하는 것은 우연이 아니다.(막 1:2, 3)[236] 동시에 수난으로 가는 예수의 예루살렘 길은 제자들과 복음서의 독자를 구원으로 이끄는 제자도의 길이다. 내용상 마가복음 8:27-10:52는 그리스도론적 진술이 집중되어 두드러진다.(참조. 특히 베드로의 신앙고백, 고난의 제자도에 관한 말씀들, 변모사화, 세 번의 수난 예고) 베드로의 신앙고백(막 8:27-30) 이후 평행을 이루는 삼중 구성이 뒤따른다.(I: 수난 예고—막 8:31, 9:31, 10:32-34. II: 제자들의 몰이해—막 8:32b, 33, 9:32-34, 10:35-40. III: 제자 교육—막 8:34-9:1, 9:35-37, 10:41-45) 두 명의 시각장애인 치유(막 8:22-26, 10:46-52)로 중간 부분의 틀을 형성하는 것은 은유적 성격을 갖는다. 제자들 및 그들과 함께하는 마가 공동체는 나사렛 예수가 누구

부분: 8:31-15:47(주요 주제: 고난받으시고 입증된 인자, 그리스도, 하나님의 아들), 에필로그: 16:1-8.] 랑은 복음서를 다섯 단락으로 구분한다. F. G. Lang, "Maßarbeit im Markus-Aufbau. Stichometrische Analyse und theologische Interpretation I.II," BN 140, 141 (2009): 111-34, 101-15 [프롤로그: 요단강에서(1:1-13), ① 주요 부분: 설명 1:14-3:6, ② 주요 부분: 전개 3:7-8:21, ③ 주요 부분: 전환 8:22-10:45, ④ 주요 부분: 첨예화 10:46-13:37, ⑤ 주요 부분: 파국 14:1-15:47, 에필로그: 부활의 아침에 16:1-8].

235 마가의 여정에 관하여는 특히 F. G. Lang, Geographie und Theologie in Mk 7, 31(위 3.4.2를 보라.), 154ff.를 참조하라.

236 마가복음 서무의 문학적, 신학적 기능에 관하여는 H. J. Klauck, Vorspiel im Himmel? Erzähltechnik und Theologie im Markusprolog, BThSt 31, Neukirchen 1997을 참조하라.

인지에 대해 눈을 떠야 한다. 그는 고난의 제자도로 부르는 고난받는 하나님의 아들이다. 세 번째 주요 부분은 예루살렘 입성(막 11:1 이하)으로 시작한다. 전승된 마가복음서는 이 부분이 16:1-8로 끝난다. 마가복음 14:28과 16:7에 나오는 현현 예고는 갈릴리로 시선을 돌리게 하며, 동시에 마가에게서 갈릴리와 예루살렘이 신학적으로 중요한 장소라는 사실을 명료하게 드러낸다. 갈릴리는 하나님의 종말적 계시의 장소이며, 그와 반대로 예루살렘은 지속적으로 예수에게 대항하는 적대적인 장소이다. 마가는 유대적 구원 표상을 뒤집으며 구원이 유대인들에게서 이방인들에게로 전이되었음을 강조한다.(참조. 막 12:1-12)

3.4.6 문학적 통일성

바티칸 사본과 시내산 사본은 마가복음 16:9-20을 전하지 않는다.[237] 다시 말해 가장 오래된 마가복음의 사본은 16:1-8로 끝난다. 복음서가 항상 마가복음 16:1-8로 종결되는지 혹은 원래 마가의 결론이 분실된 것인지는 논란이 되고 있다. 잃어버린 마가의 결론을 여러 다른 전승으로부터 재구성하려는 시도가 여러 차례 있었으나(예를 들어 마 28:16-17, 막 16:15-20), 설득력 있는 성과는 없었다.[238] 마가는 복음서를 "그리고 그들이 무서워하

---

237 개별 본문 전승에 관하여는 K. Aland, "Der Schluß des Markusevangeliums," ders., Neutestamentliche Entwürfe, TB 63, München 1979, 246-83을 참조하라.

238 Eta Linnemann, "Der (wiedergefundene) Markusschluß," ZThK 66 (1969): 255-87; 이에 대한 알란트의 답변. K. Aland, "Der wiedergefundene Markusschluß?," ZThK 67 (1970): 3-13. 다른 참조. J. A. Kelhoffer, Miracle and Mission. The Authentication of Missionaries and Their Message in the Longer Ending of Mark, WUNT 2.112, Tübingen 2000. 켈호퍼는 긴 결론이 기원후 120-150년 사이에 생성되었고, 마태, 누가, 요한복음에 대한 지식을 가지고 마가복음 16:1-8을 의도적으로 확장했다고 가정한다. 그 중심에는 그리스도교 선포를 드러내는 기적이 있다.

여 아무에게 아무 말도 하지 못하더라."라는 문장으로 종결했는가? 예수의 고난과 십자가 죽음을 부활한 분의 영광을 위한 통과의례로 보는 영광의 신학(theologia gloriae)을 방지하기 위해 의도적으로 현현사화를 생략했는가?[239] 그렇다면 여인들의 침묵과 현현의 비밀유지는 메시아 비밀의 틀에서 침묵명령을 대신했을 것이다. 결국 예수의 '부재'는 부활한 분이 아니라 우선적으로 지상 예수에게 초점을 맞춘 신학적 프로그램과 결합되었을 것이다.[240] 이러한 또는 이와 유사한 해석은 20세기의 역사비평 해석에서 기인했으나 마가 공동체에 대한 이해의 지평을 적절하게 파악한 것인지는 여전히 의문이다. 마가[241]는 마가복음 9:2-9에서 현현을 선취하고 14:28, 16:7에서 예수의 갈릴리 현현을 예고함으로써 이러한 여러 현현이 보도될 것이라는 기대를 일깨운다. 따라서 원래 마가의 결론이 사라졌을 가능성을 진지하게 고려해야 한다.

3.4.7 전승, 자료

마가는 그의 복음서에서 초기의 여러 전승을 개정했다. 그러므로 마가의 수난 보도(막 14:1-16:8)는 이미 광범위한 전승에 근거한다.[242] 이 전승은

---

239 A. Lindemann, "Die Osterbotschaft des Markus," NTS 26 (1979/80): 298-317.

240 D. S. du Toit, Der abwesende Herr. 이 책에 따르면 마가는 부재하는 예수에 대한 질문에 지상의 예수로 답변한다. "주님의 부재에 직면하여 그것을 메우기 위해 마가는 부활 이후 자신의 백성과 세상이 지상의 예수에게 청종하게 하거니 예수를 내신하게 함으로써 복음서의 구상을 발전시켰다."(D. S. du Toit, 위의 책, 444f.)

241 마가복음 14:28, 16:7의 편집적 성격은 결코 논쟁의 여지가 없다. 참조. J. Gnilka, Mk II, 252. 338; D. Lührmann, Mk, 242. 270. 마가가 의도적으로 복음서를 16:8로 끝맺는다는 것은 언급되지 않은 내용의 중요성으로부터 추론할 수 있다. J. L. Magness, Sense and Absence. Structure and Suspension in the Ending of Mark's Gospel, Atlanta 1986.

242 모이는 연구 개관을 제공한다.(T. A. Mohr, Markus- und Johannespassion,

마가 이전에 이미 개정되었을 수 있고, 최소한 예수의 겟세마네 기도, 체포, 심문, 유죄판결, 십자가 처형, 매장, 빈 무덤에 관한 설명을 포함한다.[243] 페쉬(R. Pesch)는 마가 이전의 수난보도로 마가복음 14-16장만이 아니라 마가복음 8:27-33, 9:2-13, 30-35, 10:1, 32-34, 46-52, 11:1-23, 27-33, 12:1-12, 35-37, 41-44, 13:1-2도 포함시킨다.[244] 그러나 이 본문들은 마가의 편집이나 마가 이전의 전승으로 소급되며, 수난 보도의 구성 부분은 아니다.[245] 예를 들어 마가복음 8:30, 9:9에서 침묵명령은 분명 편집적이며(아래 3.4.9를 보라.), 마가복음 8:31에 나오는 초기 형태의 수난 예고로부터 두 번째와 세 번째 수난 예고를 만들어내고, 세 번째 수난 예고를 복음서 두 번째 부분의 구성적이며 신학적인 기본 뼈대로 만든 사람은 마가였다.[246]

마가는 13장에서 문서 전승만이 아니라 구전 전승도 채택했다. 마가복음 13:7-8, 14-20, 24-27은 십중팔구 문서 대본에 속했을 것이며, 1b, 2, 9b-13, 21-23, 30-36은 구전 전승으로 소급된다.[247] 논쟁대화 수집록은 마가복음 2:1-3:6에서 제시된다. 이 수집록이 마가의 편집으로 소급하는지[248]

AThANT 70, Zürich 1982, 15-35.) 이 분석에 대한 최근 연구에 관하여는 G. Theißen, Lokalkolorit(위 3.1.1을 보라.), 177-211을 참조하라.

243 참조. J. Gnilka, Mk II, 349.

244 참조. R. Pesch, Mk II, 1-27. 다른 과격한 입장은 J. Ernst, Mk, 395-96을 참조하라. 에른스트는 마가복음 15:20b-47, 16:1-8만을 마가 이전의 수난 보도로 본다.

245 페쉬(R. Pesch)에 대한 비평은 특히 F. Neirynck, "L'évangile de Marc. À propos de R. Pesch, Das Markusevangelium (1977. 1979)," ders., Evangelica, BETL 60, Leuven 1982, 491-561을 참조하라.

246 참조. G. Strecker, "Die Leidens- und Auferstehungsaussagen im Markusevangelium (Mk 8, 31; 9, 31; 10, 32-34)," ders., Eschaton und Historie, Göttingen 1979, 52-75.

247 E. Brandenburger, Markus 13(위 3.4.3을 보라.), 166f.(거기에 논증도 나온다!); 참조. F. Hahn, "Die Rede von der Parusie des Menschensohnes Markus 13," Jesus und der Menschensohn (FS A. Vögtle), Freiburg 1975, 240-66; G. Theißen, Lokalkolorit(위 3.1.1을 보라.), 133-76.

혹은 전승인지,[249] 마가 이전의 차원에서 어떤 크기를 지니는지[250]의 문제는 논란이 되고 있다. 마가복음 2:1–3:6에 나오는 모든 본문은 비교할 수 있는 삶의 자리가 있다. 그 텍스트들은 그리스도인과 유대인, 즉 이방 그리스도인과 유대 그리스도인 사이의 여러 분쟁을 반영하며, 이미 마가 이전의 차원에서 구성되었을 것이다.[251] 마가복음 3:1–6도 이 수집록에 속했다.[252] 마가복음 2:24의 바리새인들이 3:2에서도 마찬가지로 주어이고, 3:4에 나오는 예수의 질문은 2:24와 관련되며, 2:23의 '안식일에'(ἐν τοῖς σάββασιν)도 3:1에서 전제되기 때문이다. 마가 이전의 다른 수집록들은 마가복음 4:1–34(비유)[253]에서, 그리고 복음서 기자가 교리문답적 수집록을 결혼(막 10:1–12), 소유(막 10:17–31), 서열 다툼(막 10:35–45)의 주제로 개정하는 마가복음 10장에서 발견된다.[254] 복음서 기자가 마가복음 4:35–6:52에서

248 D.-A. Koch, Wundererzählungen, 33f.; J. Kiilunen, Die Vollmacht im Widerstreit, AASF Diss. Hum. Litt. 40, Helsinki 1985, 249–66; W. Weiss, "Eine neue Lehre in Vollmacht," BZNW 52, Berlin 1989, 20–31.

249 참조. 기초 연구: M. Albertz, Die synoptischen Streitgespräche, Berlin 1921; H. W. Kuhn, Sammlungen. 연구사: W. Weiss, Lehre, 20–31.

250 M. Albertz, Streitgespräche, 5–16(막 2:1–3:6); H. W. Kuhn, Sammlungen, 53–98(막 2:1–28); R. Pesch, Mk I, 149–51(막 2:15–3:6); J. Gnilka, Mk I, 131f.(막 2:15–28); D. Lührmann, Mk, 15, 56(막 2:15–3:5)

251 개별 단락의 근거 논증에 관하여는 H. W. Kuhn, Sammlungen, 86–87을 참조하라.

252 마가복음 3:6은 아마도 복음서 기자에 의해 개정되었을 것이다. '전승'인지(예를 들어 J. Roloff, Das Kerygma und der irdische Jesus, Göttingen, ^{2}1973, 64; R. Pesch, Mk I, 188.) 혹은 '편집'인지(예를 들어 J. Gnilka, Mk I, 126; D. Lührmann, Mk, 67.)의 양자택일은 여기서 적용되지 않는다. 한편으로 2b절은 적대자들의 반응을 요구하고, 다른 한편으로는 복음서의 구성에서 3:6이 중심적 기능을 하게 되기 때문이다.

253 참조. 각 분석에는 차이가 있다. H. W. Kuhn, Sammlungen, 99–146; R. Pesch, Mk I, 225ff.; J. Gnilka, Mk I, 191f.; H. J. Klauck, Allegorie und Allegorese in synoptischen Gleichnistexten, NTA 13, Münster ^{2}1986, 185–259

254 참조. H. W. Kuhn, Sammlungen, 146–91; R. Pesch, Mk II, 127–30; J.

기적사화 수집록을 수용했는지는 여전히 논란이 된다.[255] 마가는 더 큰 단위의 전승 복합체와 작은 설명들을 복음서로 통합시킨다.

3.4.8 종교사적 위치

필하우어(Ph. Vielhauer)는 마가의 그리스도론에 관해 영향력 있는 자신의 논문에서 마가가 그의 복음서를 고대 이집트의 왕위 즉위식과 유사하게 구성했다고 주장했다. "세례는 신격화에 해당한다. …변모사화는 천거(薦擧, Präsentation)에 해당한다. …십자가에 달리심은 실제 즉위식에 해당한다. …",[256] "복음서 기자는 예수 전승의 이질적인 자료를 왕위 즉위식을 통해 결합하고 점검함으로써 세례에서 십자가 죽음에 이르는 예수의 역사를 왕위 즉위식의 과정으로 해석한다. 이를 통해 예수는 종말론적 왕, 하늘에 계신 우주의 통치자로 임명된다."[257] 하지만 필하우어의 주장은 지속될 수 없다. 고대 이집트의 왕위 즉위식이 과연 고정된 세 단계의 형태로 존재했는지부터 매우 의심스럽기 때문이다.[258] 게다가 마가에게 중요한 호칭인 '하나님의 아들'(υἱὸς θεοῦ)은 지혜서(Weish) 2:13, 18에서 유래할 수 있는데, 여기서 고난받는 의인은 '하나님의 종'(παῖς θεοῦ)과 '하나님의 아들'로 나타난다.[259]

Gnilka, Mk II, 105.

255 참조. H. W. Kuhn, Sammlungen, 191-213.

256 참조. Ph. Vielhauer, Christologie des Markusevangeliums, 213; ders., Urchristliche Literatur, 344.

257 Ph. Vielhauer, Christologie des Markusevangeliums, 213.

258 참조. G. Friedrich, "Die formale Struktur von Mt 28, 18-20," ZThK 80 (1983): (137-183) 137-51. 프리드리히는 최근의 이집트학 연구에서 필하우어가 언급한 이집트 왕위 즉위식에 관한 노르덴(E. Norden)의 주장이 더 이상 등장하지 않는다고 한다.

259 참조. D. Lührmann, Mk, 38.

위든(T. J. Weeden)은 마가 공동체가 첨예한 논쟁 상황 가운데 있다고 본다.[260] 복음서 기자가 핍박 상황에 있는 그의 공동체를 수난의 제자도로 초청함으로써 강건하게 만들었지만, 공동체로 유입된 선교사들은 '신(神)-인(人)' 그리스도론을 주장했다. 위든은 대적자들을 마가복음 13:21-22에 나오는 '거짓 선지자들'과 동일시한다. 마가복음 13:6, 21에 따르면 그들은 영적인 흥분 상태에서 자신을 들림받은 주님의 중개자로 이해했을 것이다. 대적자들이 그들의 신학에서 예수의 제자들을 언급했으므로 복음서에서 예수와 제자들 사이의 논쟁은 마가와 대적자들 사이의 갈등에서 투명하게 드러난다. 마가는 대적자들의 주요 전승(기적사화, 비유)을 수용하여 개정하고, 독자적인 신학 구상에 사용했다.[261]

마르틴(R. P. Martin)은 유사한 구상을 주장한다.[262] 따라서 마가는 고린도에서 바울의 대적자들과 마찬가지로 예수의 고난을 부인한 가현설적인 거짓 교사들과 논쟁한다. 이에 맞서 마가는 박해 상황에서 고난받는 인자의 십자가 제자도를 일깨운다.

마가복음의 신학을 서로 경쟁하는 공동체 그룹 사이의 논쟁 결과로 이해하는 이런저런 시도는 회의적으로 평가되어야 한다. 심지어 추정된 대적자들의 종교사적이고 신학사적인 위치를 재구성하는 것조차도, 마가복음이 그에 관하여 아무런 언급을 하지 않고 바울과의 유추는 매우 가설적이기 때문에 성공하지 못한다. 게다가 제자들의 몰이해라는 모티브를 교회 안의 대적자들과 관련 지을 수는 없다.(참조. 막 4:10-12, 14:28, 16:7)

---

260 참조. T. J. Weeden, Mark-Traditions in Conflict, Philadelphia 1971.

261 J. Marcus, Mark I, 78. 마르쿠스는 광범위하게 수정한 위든의 주장을 거부하지만 "마가의 신학은 예수의 죽음과 부활이 가지고 온 엄청난 변화를 잊어버리는 그 교회 일부 구성원의 경향을 바로잡으려고 애쓴다."라고 주장한다.

262 참조. R. P. Martin, Mark: Evangelist and Theologian(위 3.4.3을 보라.).

3.4.9 신학적 기본 사상

마가복음은 세례에서부터 십자가에 이르는 예수 그리스도의 '길'에 대한 서술로서, 고난의 제자도를 향한 예수 그리스도의 부르심이다. 마가는 그의 교회가 예수 그리스도의 위격과 사역에 대해 올바르게 인식하고 예수의 '길'을 따르는 실천으로 이어지기를 바란다.[263] 믿음의 인식과 믿음의 실천은 마가에게서 나눌 수 없다. 마가복음에서 제자들은 이러한 통찰을 전하는 중요한 역할을 한다.[264] 그들은 예수의 부름을 받고(막 1:16-20, 3:13-18), 예수가 이 땅에 있을 때 그의 사역을 계승하기 위해 전권을 부여받는다.(막 6:6b-13) 마가 공동체에서는 제자들의 행함과 가르침을 위한 파송이 매우 중요하다. 제자들의 행함과 가르침 가운데 공동체가 자신의 파송의 기원을 인식하고, 이로써 공동체의 파송이 예수의 행위를 합법적으로 계승하는 것으로 나타나기 때문이다. 제자들은 예수의 시기와 현재 마가 공동체 사이를 연결하는 중개자이다.[265] 마가는 공동체에게 예수 그리스도가 누구이시며 예수를 따르는 제자도가 무엇인지를 명백하게 밝힌다.

예수 그리스도의 인식은 마가의 비밀 이론에 기여한다. 구원자인 예수가 자신을 숨기는 것이 마가복음에서 여러 형태로 등장하며, 각각은 더 높은 수준의 그리스도론적 비밀 이론의 맥락에서 이해되어야 한다.

1) 귀신들의 메시아 인식과 그들을 향한 침묵명령: 마가복음 1:25, 34, 3:12에서 예수 그리스도의 위격에 관해 적절하게 언급한 귀신들을 향한 침

---

263 참조. U. Schnelle, Theologie(위 3.1.1을 보라.), 368-98.

264 마가의 제자 이해에 관하여는 다음을 참조하라. E. Best, Following Jesus. Discipleship in the Gospel of Mark, JSNT.S 4, Sheffield 1981; R. Busemann, Die Jüngergemeinde nach Markus 10, BBB 57, Königstein-Bonn 1983; C. C. Black, The Disciples according to Mark, JSNT.S 27, Sheffield 1989.

265 참조. H. J. Klauck, "Die erzählerische Rolle der Jünger im Markusevangelium. Eine narrative Analyse," NT 24 (1982): 1-26.

묵명령이 등장한다.[막 1:24, '하나님의 거룩한 자'(ἅγιος τοῦ θεοῦ), 막 3:11 '하나님의 아들'(υἱὸς τοῦ θεοῦ)][266] 마가복음 1:25의 침묵명령이 축귀사화 전승 유형에서 축귀의 방법으로 이해될 수 있다면, 마가복음 1:32-34, 3:7-12의 기적 요약에 나오는 귀신들을 향한 두 번의 침묵명령은 편집으로 간주되어야 한다.[267] 마가는 이를 통해 이적행위에 근거하여 예수를 인식하는 것은 하나님의 아들 됨을 포괄적으로 이해하기에 충분하지 못하다는 것을 명백하게 밝히기를 원한다. 여러 기적의 행사는 예수 그리스도를 아직 하나님의 아들로 만들지 못한다.

2) 비밀리에 행해지는 예수의 이적: 선포의 확장이 금지되지만 이 금지계명은 지켜지지 않는다. 마가복음 5:43a, 7:36a에서 예수는 그 자리에 있는 자들이나 치료받은 자에게 치유 사건을 공개적으로 알리는 것을 금한다. 이 명령은 마가복음 7:36b에서 지켜지지 못하고, 마찬가지로 마가복음 1:44에서 나오는 전승으로 앞시 주어진 세빌한 과업도 마가복음 1:45에서 위반된다.[268] 선포의 확장을 금하는 것은 이적에 근거해 예수의 신분을 규명하고 강탈하는 것을 막는다. 여러 이적에서 예수의 비밀은 아직 밝혀지지 않는다. 그러나 동시에 이러한 금지명령을 어기는 것은 예수가 이적을 행하는 분으로 알려지는 것을 막을 수 없으며(참조. 막 7:24!), 예수의 신성이 기적 가운데 현현(epiphan)함을 가리킨다.[269] 마가는 이러한 정황을 결

---

266 마가복음 5:8에서 복음서 기자는 침묵명령 대신에 마가복음 5:7의 귀신들의 알아봄에 대한 반응으로 나오라고 명령한다. 여기서는 침묵명령이 나타나지 않는다. 설명하는 전승에서 이미 예수와 귀신의 대화가 주어졌기 때문이다.

267 이에 관한 분석은 J. Gnilka, Mk I, 76f., 85f., 133. B. Kollmann, "Jesu Schweigegebote an die Dämonen," ZNW 82 (1991): 267-73을 참조하라. 콜만은 마가복음 1:25의 침묵명령도 편집으로 생각한다.

268 마가복음 1:45, 5:43a, 7:36의 편집적 성격에 관하여는 J. Gnilka, Mk I, 91, 211, 296을 참조하라.

269 M. Frenchkowski, Offenbarung und Epiphanie I. II, WUNT 2, 79/80, Tübingen 1995, 1997. 프렌슈코프스키는 마가의 예수-묘사를 고대에 널리 퍼져 있던 모델인 '감추어신 현현'의 모델로 분류한다. "신적인 것(Numen)은 은밀히

코 부정적으로 보지 않는다. 그는 오히려 기적이 요구하는 절대성을 예수의 위격과 관련하여 되돌아보게 한다. 수많은 침묵명령과 금지명령은 본문에 내재된 설명 논리로는 밝혀질 수 없고, 이는 그리스도론적 상위이론(Metatheorie)을 참조하게 한다.

3) 제자들의 몰이해: 마가복음 8:27까지 제자들의 몰이해는 예수의 가르침(막 4:13, 7:18)과 예수의 위격(막 4:40-41, 6:52)에 집중된다. 마가복음 8:27부터는 그 모습이 달라진다. 곧 비밀스런 제자 교육만이 아니라 제자들의 오해도 중첩되어 자주 등장한다. 제자들이 마가복음 8:17, 21에서 아직 완악하고 강퍅하게 묘사되었다면, 8:29에 나오는 베드로의 고백은 전환점이 된다. 제자들의 인식에 변화가 생기며, 그들은 이제 예수가 메시아임을 자각하게 된다. 그러나 마가복음 8:30의 침묵명령과 첫 번째 수난 예고에 대한 베드로의 반응은 마가복음 9:5-6, 9:30-32, 10:32-34에서와 마찬가지로 마가복음 8:27-33의 제자들이 예수 위격과 관련된 고난의 비밀을 잘 이해하지 못했음을 드러낸다. 제자들의 몰이해를 통해 마가는 부정적인 측면에서 예수의 위격에 대한 잘못된 이해가 무엇인지 밝혀준다. 예수의 위격에 대한 온전한 이해는 그의 존귀와 영광만으로 제한될 수 없고 수난을 배제할 수 없다. 오히려 그 둘은 예수에 대한 포괄적 인식에 속한다.

4) 제자들을 향한 침묵명령: 마가복음 8:30과 9:9에서 제자들을 향한 두 가지 침묵명령은 마가의 비밀이론에서 매우 중요하다. 마가복음 8:30의 침묵명령[270]으로 마가는 베드로의 신앙고백이 예수의 위격에 대한 완전하

드러난다. 그것의 참된 본성은 언제나 감추어진 것을 통해 어슴푸레 드러난다."(참조. M. Frenchkowski, 위의 책, II, 211.)

270 페쉬(R. Pesch, Mk II, 33, 39.)와 반대로 마가복음 8:30은 편집으로 간주되어야 한다. 근거: (1) '경고하다'(ἐπιτιμάν)는 마가가 선호하는 단어이다.(참조. 막 3:12, 8:32, 33, 9:25, 10:13, 48) (2) 접속사 ἵνα로 도입되는 목적문은 마가의 문체에 해당한다.(참조. 막 3:9, 12, 5:43, 6:12, 7:36, 9:9, 18, 13:34) (3) '아무도'(μηδείς 및 μηδέ)는 마가의 침묵명령에서 반복되는 구성 부분이다.(참조. 5:43, 7:36, 8:26, 9:9) (4) 베드로만 신앙고백을 했지만, 복수형 '그들'(αὐτοῖς)

며 최종적인 인식과 아직 연결되지 않았음을 밝힌다. 뒤따르는 첫 번째 수난 예고와 베드로의 반응이 그것을 드러낸다. 비밀이론에 대한 마가복음 9:9의 근본적인 중요성을 브레데(W. Wrede)는 이미 인식했다.[271] 마가는 침묵명령의 기한을 예수의 부활까지로 정했으며, 부활에서 예수의 위격에 대한 비밀은 제거된다.[272] 십자가와 부활이 비로소 예수 그리스도에 대한 제약 없는 인식을 가능하게 한다.

마가의 비밀이론과 '간접적인 관계'에 있는 것은 여러 치유기사에서 따로 떨어짐(참조. 막 5:37, 40, 7:33, 8:23), 제자 그룹의 감소(참조. 막 5:37, 13:3), 예수가 뒤로 물러남(참조. 막 1:35, 45, 3:7, 9, 6:31–32, 46, 7:24), '집'(οἶκος, οἰκία 참조. 막 7:17, 24, 9:28, 33, 10:10), '배'들(πλοῖον, πλοιάριον 참조. 막 3:9, 6:32, 54,

---

로 모든 제자가 침묵명령을 받는다. (5) 마가복음 8:30은 내용과 형식상 마가의 다른 침묵명령과 일치한다.(참조. 막 1:34, 3:12, 5:43, 7:36, 8:26, 9:9) 다른 학자들도 마가복음 8:30을 편집으로 생각한다. E. Schweizer, Mk, 88; J. Gnilka, Mk II, 10; R. Weber, Christologie und 'Messiasgeheimnis,' 118; D. Lührmann, Mk, 143.

271 참조. W. Wrede, Messiasgeheimnis, 66f.

272 H. Räisnen, Messiasgeheimnis, 109–17, 161; 페쉬(R. Pesch, Mk II, 39, 77.)는 마가복음 9:9를 전승으로 간주하지만, 내용과 형식에서 마가복음 5:43, 7:36의 침묵명령과 일치한다.

5:43 καὶ διεστείλατο αὐτοῖς…
ἵνα μηδεὶς γνοῖ τοῦτο
7:36 καὶ διεστείλατο αὐτοῖς…
ἵνα μηδενὶ λέγωσιν·
9:9 καὶ…διεστείλατο αὐτοῖς…
ἵνα μηδενὶ…διηγήσωνται

게다가 마가복음 9:2–8의 내재적 내러티브 논리는 부활의 주제나 침묵명령의 기한 설정을 설명할 수 없다. 결국 10절에 나오는 제자들의 몰이해와 9절에 나오는 기한이 정해진 침묵명령은 매우 밀접하게 관련되며, 둘 다 마가의 편집에서 비롯되었다.; 참조. E. Schweizer, Mk, 100; J. Gnilka, Mk II, 40; D. Lührmann, Mk, 157.

8:13 이하), '산'(ὄρος, 참조. 막 3;13, 6:46, 9:2, 9, 13:3), 광야(ἔρημος τόπος 참조. 막 1:35, 45, 6:31–32)와 같이 장소와 관련된 모티브이다.

마가 이전의 '비유이론'(막 4:10–12) 핵심은 마가의 비밀이론의 직접적인 구성 부분이 아니다. 마가에게 비밀사상은 유대인의 불신앙을 설명하기 위한 변증적 이론이 아니며 의식적인 완악함을 내포하지도 않는다. 오히려 비밀사상은 예수의 위격에 대한 바른 이해로 이끈다. 그러므로 복음서 기자는 4:13b에 나오는 비유이론을 중요한 것으로 교정하며 제자의 몰이해 모티브를 통해 비밀이론을 위한 간접적인 연결점을 만든다.[273]

마가의 비밀이론의 각 요소는 역사적 사실의 관심보다는 독자가 예수 그리스도를 포괄적으로 인식하도록 이끈다. 동시에 비밀이론은 복음서 기자 마가가 새로운 문학 양식인 복음서의 틀에 놓인 수난 전승들을 마가 이전의 기적사화에 나오는 예수 전승들과 결합하고 새로운 통일체로 용해시킬 수 있게 한다.[274] 게다가 마가복음 9:9는 비밀이론이 마가의 십자가 신학의 한 형태로 파악되어야 함을 분명히 한다. 마가복음 1:11, 9:7, 15:39에 나오는 하나님의 아들임을 알리는 예수의 계시[275]도 십자가 신학의 한 구성 부분이다. 이전 단락들에서 하나님과 귀신만이 예수의 참된 본질을 알았다면, 십자가 아래의 백부장이 첫 번째로 예수의 위격을 합당하게 고백한다. (위 3.1.3을 보라.) 마가의 십자가 신학의 다른 요소로는 세 번의 수난 예고

---

273 마가복음 4:33–34의 비유이론에 관하여는 J. Gnilka, Mk I, 190–91을 참조하라.

274 참조. 마르쿠스는 이적 전승과 수난 전승의 결합에 주목한다. "그러나 이러한 연결고리를 만들어냄으로써 마가는 문학적인 문제를 스스로 만들어냈고, 이 문제에 대하여 메시아 비밀이 부분적인 해결책이 되고 있다."(J. Marcus, Mark I, 526.)

275 마가복음에서 그리스도론적 호칭에 관하여는 R. Schnackenburg, Die Person Jesu Christi im Spiegel dervier Evangelien, HThK. S4, Freiburg 1993, 58–79를 참조하라.

(막 8:31, 9:31, 10:32-34), 마가복음 8:34-9:1의 고난의 제자도에 관한 말씀이 있다. 마가에게 예수 그리스도를 따른다는 것은 십자가를 따른다는 것을 뜻한다. 예수는 스스로 그 길을 앞서 걸음으로써 믿는 자들에게 그 길을 열어주셨다.

3.4.10 최근 연구 경향

브레데의 결정적인 연구 이래로 '메시아 비밀' 주제가 마가 연구의 중심에 있다. 브레데는 메시아 비밀을 복음서 기자 마가에게 돌리지 않고[276] 오히려 메시아 비밀을 부활 이후이지만 마가 이전 공동체의 활동으로 보았다.[277] 메시아 비밀은 비메시아적 예수의 생애와 부활 이후 공동체의 믿음 사이를 조화롭게 하려는 필요성에서 비롯되었다. "지상에서 예수의 메시아적 주장에 대해 알려진 바가 전혀 없는 시점, 즉 부활이 메시아성의 시작이라 생각되는 시점에 비밀에 관한 견해가 생겨났다는 것 이외에 다른 가능성의 여지를 말하기는 매우 어렵다."[278] 연구사에 비메시아적 예수 전승의 주장이나 메시아 비밀의 마가 이전의 기원에 대한 입장은 존재하지 않았다. 그러므로 에벨링(H. J. Ebeling)은 메시아 비밀을 마가 선포의 일관된 핵심 사상으로 해석했다.[279]

제2차 세계대전 이후 편집사적 문제 제기와 함께 메시아 비밀의 주요

---

276 참조. W. Wrede, Messiasgeheimnis, 145. "메시아 비밀에 대한 견해가 마가의 창작인가? 그것은 전혀 불가능한 생각이다."

277 참조. 같은 곳. "그러나 그것(메시아 비밀사상)이 어디로부터 유래하는가?" 그 견해는 반드시 큰 그룹은 아니더라도 보다 큰 그룹과 관련되었어야 했다. 그러나 브레데는 현재 표현되고 있는 메시아 비밀에 마가가 여러 번 관여하고 있음을 강조한다.

278 위의 책, 227.

279 참조. H. J. Ebeling, Das Messiasgeheeimnis und die Botschaft des Marcus-Evangeliums, BZNW 19, Berlin 1939.

개별 요소와 그 신학적 의도는 마가 기자에게 소급된다는 이해가 계속 이어졌다. 이 견해는 오늘날까지 마가복음 연구에서 의견 일치를 이루며 슈바이처(E. Schweizer)[280]의 연구와 그닐카(J. Gnilka)[281]의 마가복음 주석이 이 견해를 대표한다. 그러나 몇몇 비중 있는 기고를 통해 문제가 제기되었다. 레이제넨(H. Räisänen)은 '비유이론'을 메시아 비밀과 완전히 분리하며,[282] 마가의 비밀이론의 통일성에 대한 질문에 분명하게 부정적으로 대답한다. "브레데에 의해 내적으로 결합된 모티브 가운데 오로지 귀신과 제자를 향한 침묵명령만이 매우 긴밀하게 결합된다. 이 두 모티브가 진정한 '메시아 비밀'을 형성한다."[283] 다른 모든 모티브는 마가의 '메시아 비밀'에서 직접적인 의미를 지니지 못한다. 레이제넨은 마가의 고유한 신학적 사고를 입증한다. "그러나 그의 신학에 대해 다소간 만족스럽고 통일된 전체적인 모습은 해석자의 폭력적이며 인위적인 손길 없이는 거의 얻어낼 수 없다. 따라서 가장 초기의 복음서 기자에게서 최근 연구가 일반적으로 전제한 것 이상의 전달자와 그 이하의 신학자 또는 해석자를 보는 것으로 만족해야 한다."[284] 이와 유사하게 페쉬도 자신의 마가복음 주석에서 논증했다. 그는

280 참조. 마가복음 주석과 특히 다음을 참조하라. E. Schweizer, "Zur Frage des Messiasgeheimnisses bei Markus," ders., Beiträge zur Theologie des Neuen Testaments, Zürich 1970, 11-20; ders., "Die theologische Leistung des Markus," 위의 책, 21-42.

281 참조. J. Gnilka, Mk I, 167-70.(난외 연구: 메시아 비밀)

282 참조. H. Räisänen, Die Parabeltheorie im Markusevangelium, Helsinki 1973, ders., The 'Messianic Secret,' 76-143.

283 H. Räisänen, Messiasgeheimnis, 159.

284 위의 책, 168. Ders., The 'Messianic Secret,' 254. 레이제넨은 비밀이론의 목표를 다음과 같이 언급한다. "…마가는 역사적 예수의 권위에 호소한 Q 전승의 전달자 같은 사람들의 요구를 거부하려 한다. 마가는 논쟁적 관점이 예수 자신에게로 소급됨을 보여줌으로(역사적 수준에서 정당화할 수는 없으나) 그의 헬라적 관점을 변호한다." 비밀이론은 마가가 구체적인 논쟁에 끌어오는 역사화된 부차 개념이다.(H. Räisänen, 위의 책, 257f.)

마가를 메시아-비밀이론을 지탱할 수 없게 하는 보수적 편집자로 보고 있다. “마가는 인식 가능한 독자적인 그리스도론적 개념을 갖고 있지 않았다. 그의 복음서의 그리스도론은 근본적으로 그가 전해 받은 전승의 그리스도론에 의해 규명되며, 그것은 전체 구성에서 분류와 혼합을 통해 예수 그리스도에 관한 전체 모습(1:1)으로 융합되고 있다.”[285] 레이제넨처럼[286] 페쉬도 마가복음 9:9(막 8:30)의 주요 침묵명령을 전승으로 파악한다. 그렇다고 이것이 비밀이론에 기여하는 것은 아니다.[287] 이에 반해 베버(R. Weber)는 마가의 비밀이론이 지니는 근본적인 의미와 통일성을 강조한다.[288] 그는 “이미 십자가와 부활 이전에 하나님의 아들이었음에도 예수는 하나님의 아들로서 적절하게 이해될 수 없었다.”라고 요약한다.[289] 타이센은 비밀 모티브에 실용적인 기능을 부여한다. 복음서의 본문 세계와 독자/청자의 실제 세계 사이의 평행으로부터 비밀이 계속하여 벗겨지는 것과 실제로 사회에서 예수에게 위험이 증가하는 것이 상응하고 있음을 추론할 수 있다. “한마디로 말해서 모든 비밀 모티브의 중심에 놓인 위격의 비밀은 보호의 비밀이다. 예수는 비밀로 보호를 받는 동안 고통을 겪을 필요가 없다. 비밀로부터 벗어나자마자 그는 수난을 맞이한다. 이와 상응하게 그리스도인들은 비

285 R. Pesch, Mk II, 41.

286 참조. H. Räisänen, Messiasgeheimnis, 161; 참조. ders., The ‘Messianis Secret,’ 187. “마가복음 9:9는 마가의 것으로 간주된다.” 그러나 그것이 그 구절의 해석을 아무것도 변경하지 않는다. 레이제넨에 따르면 이 구절은 비밀이론의 열쇠가 아니다.

287 참조. R. Pesch, Mk II, 39. 에른스트도 레이제넨과 페쉬와 유사하게 논증한다. J. Ernst, Mk, 240-45, ders., “Das sog. Messiageheimni – kein ‘Haupuschlüssel’ zum Markusevangelium,” J. Hainz (Hg.), Theologie im Werden. Paderborn 1922, 21-56.

288 참조. R. Weber, Christologie und “Messiasgeheimnis” im Markusevangelium, Diss. theol., Marburg 1978; 레이제넨에 대한 광범위한 또 다른 비판은 F. Fendler, Studien, 105-46을 참조하라

289 R. Weber, Christologie und ‘Messiasgeheimnis,’ 125.

밀을 통해 보호받고 있는 동안 수난을 겪지 말아야 한다. 비밀의 보호로부터 벗어나자마자 그들은 수난을 당하게 된다."[290]

최근 연구에서 분명하게 인식할 수 있는 경향은 더는 메시아 비밀로만 마가를 해석하지 말아야 한다는 것이다. 마가는 그의 문학적, 신학적 능력이 부인될 수 없고, 메시아 비밀로 축소될 수도 없는 권위 있는 신학자로 등장한다. 마가 신학의 다른 관점들이 전면에 등장하는데,[291] 죄딩(Th. Söding)은 마가의 믿음 이해를 강조한다. "마가는 복잡하고 긴장 가득했으나 동시에 신학적으로 탁월한 믿음 이해를 발전시켰다. 그는 믿음을 (부활하고 지상에 있던) 하나님의 아들 예수에 의해 가능하게 된, 하나님의 통치-행위에 대한 응답으로 이해하기 때문이다. 그 응답이 예수 그리스도를 향한 고백적 믿음과 신뢰하는 믿음 사이에서 긴장으로 가득 찬 상호관계가 되듯이, 그와 같은 정도의 믿음의 응답은 하나님을 향한 (자신의 전 생애를 결정짓는) 주저함이 없는 신뢰가 된다."[292] 브라이텐바흐(C. Breytenbach)는 제자도와 미래 기대 사이의 근본적인 관련성을 강조한다. 예수의 부활 이후에도 제자도 내러티브는 패러다임적(범례적) 중요성을 유지한다. 제자들은 예수의 부활을 아는 것에서 "그를 대신하는 복음에 주저 없이 결속했다. …마가의 제자도 표상은 일관되게 미래를 향한다. 그리스도론적 회고는 끊임없이 하나의 전망을 통해 보완된다. 십자가에 달린 분 자신이 다시 오는 인자로 기대된다. 여기에 지금은 아직 감추어져 있으나 확실하게 도래하여 강

---

290 G. Theißen, Evangelienschreibung und Gemeindeleitung, 405.

291 이에 관하여 다음의 기고를 참조하라. K. Scholtissek, "Der Sohn Gottes für das Reich Gottes,"; K. Backhaus, "'Lösegeld für viele' (Mk 10, 45),"; K. Kertelge, "Jüngerschaft und Kirche,"; Th. Söding, "Leben nach dem Evangelium," Th. Söding (Hg.), Der Evangelist als Theologe; 다른 참조. G. Guttenberger, Die Gottesvorstellung im Markusevangelium. 또한 최근 주석들(F. Moloney, J. Marcus, L. Schenke, M. E. Boring)은 메시아 비밀이론을 다양한 방식으로 통합시키지만, 그것을 해석의 열쇠로 삼지는 않는다.

292 Th. Söding, Glaube bei Markus, 552.

한 권세로 시작될 하나님의 통치에 대한 기대가 함께 연결되며(막 8:38, 9:1, 13:26-27), 이 기대로부터 제자도가 동기를 부여받는다."[293] 숄티섹(K. Scholtissek)은 마가의 그리스도론에서 '권위'(ἐξουσία) 개념(막 1:22, 27, 2:10, 3:15, 6:7, 11:28, 29, 33, 13:34에서 편집)의 의미를 지적한다. 그는 예수의 권위가 "임박한 하나님 통치의 선포와 전달을 위한 하나님 아들의 메시아적 파송의 표현"이라고 본다.[294] 크름비스(P.-G. Klumbies)는 그리스도론을 마가의 예수 묘사의 중심으로 생각하지 않는다. "예수가 행한 구원론적 관심이 전면에 놓인다. 서사의 주인공은 하나님이 인간을 향해 자신의 통합과 자유를 개방한 애정을 옹호한다. 신학적인 토대 위에 구성된 구원에 대한 관심이 마가의 중심이다. 그것은 그리스도론적인 틀에도 들어 있다. 그러나 이러한 틀은 메시아의 비밀, 즉 자유주의 신학의 유물인 브레데의 연구를 통해 영향력을 갖게 되었고 또한 변증법적-신학적 영향을 받은 양식사의 변형된 방식으로 채택된 메시아의 비밀 범주와 대조를 이룬다."[295] 해석 스펙트럼의 이러한 확장을 환영해야 마땅하나 동시에 예수 그리스도의 위격의 신비에 대한 질문이 마가의 그리스도론과 신학의 중심 모티브로 남아 있다.

최근 연구의 또 다른 중심은 마가복음의 내러티브 구조이다.('문학비평')[296] 여기서 전체 내러티브는 공시적 관점 아래에 놓이며, 복음서의 내러

---

293 C. Breytenbach, Nachfolge und Zukunftserwartung, 338.

294 K. Scholtissek, Die Vollmacht Jesu, 293.

295 P.-G. Klumbies, Der Mythos bei Markus, 309. 마가복음의 그리스도론적 해석에 관한 비평은 J. Dechow, Gottessohn und Herrschaft Gottes, 42를 참조하라. "마가는 우선적으로 독자들이 예수의 종말론적 메시지를 대면하는 데 관심을 둔다. 그에 반해 메시지를 전하는 사람의 존엄한 정체성은 종속적 역할을 수행한다."

296 참조. W. Kelber, Mark's Story of Jesus, Philadelphia 1979; J. D. Kingsbury, The Christology of Mark's Gospel, Philadelphia 1983; ders., Conflict in Mark, Minneapolis 1989; B. M. F. van Iersel, Reading Mark, Edinburgh 1989; R. M. Fowler, Let the Reader Understand. Reader-Responce Criticism

티브 화자, 내러티브 세계, 내재 독자 또는 역사적 청자/독자가 주목된다. 저자의 내러티브 계획/내러티브 구조(plot), 내러티브 관점(point of view), 즉 저자가 자신의 이야기를 어떻게 소개하는지에 대한 방법과 양식이 파악되어야 한다. 3인칭으로 설명하는 것, 저자가 모든 것을 아는 것, 시간과 공간의 차원, 인물의 등장, 무대, 사건, 연결고리, 장면 구성, 심리적인 표현 요소, 포괄적인 내러티브 구조가 조사되어야 한다. "마가는 수집가, 편집자 혹은 내러티브 화자였는가? …필자의 생각에 마가는 그가 본 그대로 우리에게 예수의 이야기를 묘사한다. 이 사실을 입증할 수 있으며 이런 근거로 그를 내러티브 저자라고 명명하고 싶다."[297] 뤼어만은 조심스럽게 자신의 해석에 새로운 문제 제기를 통합한다. 물론 마가가 앞서 주어진 여러 전승을 수용했지만, 복음서는 "단순히 앞서 형성된 본문에 덧붙인 첨가물이 아니라 새로운 작품으로 이어지는 전승의 새로운 형태로 볼 수 있다."[298] 이에르젤(B. van Iersel)은 "마가복음을 전체적으로 읽어서 이해하려고 하고, 동시에 복음서가 한 명의 화자 형태를 지닌다는 것을 잊지 않는 경우에만 이해할 수 있는 통일성을 지니는 책으로 전해졌다는 것"[299]을 방법론적 출발점으로 택했다. 도르마이어(D. Dormeyer)는 고대 철학적인 통치자 전기의 맥락에서 내러티브적이라고 보며 신학적인 차원으로 마가복음을 해석한다. 주요 개념인 '복음'과 '하나님의 왕적 통치'는 정치적인 영역도 표현한다. "사람이 거주하는 땅(Ökumene)의 정복과 가부장적 지배(Patrocinium)라는 로마의 독점적 요구는 하나님의 왕적 통치가 시작되면서 폐지되고 봉사 직무로 다시 정의된다. 이에 상응하여 로마의 독점적 통치 권력의 정당화를 위한 황제의 신적인 출생과 전권 요구가 나사렛 예수를 통해 폐지되고, 고

---

and the Gospel of Mark, Philadelphia 1991.

297 W. S. Vorster, "Markus-Sammler, Redaktor, Autor oder Erzähler?," F. Hahn (Hg.), Der Erzähler des Evangeliums, (11-36) 35f.

298 D. Lührmann, Mk, 15.

299 B. M. F. van Iersel, Markus, 50.

난받는 메시아와 하나님의 아들 됨이 재정의된다."[300] 쉥케(L. Schenke)는 마가의 내러티브적이며 신학적인 업적을 규명하기 위해 신화 개념을 선택한다. "역사는 과거의 사건이나 역사적 인물을 '내게로' 가까이 인도하고, 신화는 '나를' 과거의 사건이나 역사적 인물에게로 인도한다."[301] 그에 따라 마가는 독자에게 영감을 주고 동기를 부여하는 것을 목표로 한다. "내러티브 이야기는 독자를 움직이게 한다. 부활하신 주님을 보기 위해 갈릴리로 가라! 이전에 갈릴리에서 일어난 그 일이 이미 말한 대로 독자에게도 일어나야 한다."[302] 말본(E. S. Malbon)은 마가복음에 관한 매우 상세한 내러티브 분석을 제시한다. 그는 복음서 안에서 화자와 다른 등장인물이 예수에 관해 말한 것('투사 그리스도론', projected Christology), 예수가 그에 대해 답변한 것('편향 그리스도론', deflected Christology), 예수가 자신과 하나님에 관해 말한 것('굴절 그리스도론', refracted Christology), 예수가 행한 것('실행 그리스도론', enacted Christology), 그리고 다른 행위자의 행동이 예수의 말과 행위와 어떻게 연결되는지('반영 그리스도론', reflected Christology)를 구분한다.[303] 베커(E.-M. Becker)는 다른 방향으로 나아간다. 그는 마가복음을 고대 역사 사료 편찬의 틀에서 이해한다. "마가복음은 '역사적'으로 가치 있는 동시대적인 회상을 담고 있으며, '문학 역사적'으로는 헬레니즘 제국 시대의 다원성(Pluriformität)과 장르의 혁신이라는 긴장 가운데 있고, '문화사적'으로는 가장 초기 그리스도교의 역사적, 신학적 정체성과 공고화에 기여한 것으로 그 가치가 인정된다."[304] 로스캄(H. N. Roskam)은 마가복음을

300 D. Dormeyer, Das Markusevangelium als Idealbiographie, 319.

301 L. Schenke, Markusevangelium (2005), 19.

302 위의 책, 20.

303 참조. Heike Omerzu, "Geschichte durch Geschichten. Zur Bedeutung jüdischer Traditionen für die Jesusdarstellung des Markusevangeliums," EC 2 (2011): 77-99. 그에 따르면 마가의 예수 이야기는 특히 엘리야, 모세, 이사야와의 관련성에서 드러나듯이, 무엇보다도 유대 전승에 뿌리를 두고 있다.

304 E.-M. Becker, Markus-Evangelium, 413.

직접적인 정치적 맥락으로 몰고 간다. 그는 마가복음이 유대 전쟁과 직접 연관된 핍박의 틀에서 기록되었다고 본다. "그것은 무엇보다도 변증문서이며, 위험에 처한 그리스도인이 그리스도교 메시지를 신뢰하게 함으로써 그들이 겪고 있는 여러 고난을 인내하기에 충분할 정도로 강건하게 할 것이다."[305] 특별히 침묵명령은 예수를 정치적인 메시아로 오해하지 못하게 한다. 타이센,[306] 특히 에브너[307]나 빈(A. Winn)은 마가의 그리스도론을 플라비우스 왕가 군주들(특히 베스파시아누스)의 이데올로기에 대한 반역 계획으로 해석한다. 그들은 마가가 플라비우스에 대항하는 풍자와 논쟁으로 가득 찬 반대-복음을 기록했다고 본다. 복음 개념은 물론이고 특히 마가복음 15:9, 10:42-44, 16:1-8(십자가에 달린 자의 신격화)과 베스파시아누스가 공지한 시각장애인 치유와 경쟁할 수 있었을 마가복음 8:22-26, 10:46-52의 시각장애인 치유가 그 증거이다.[308] "결론적으로 마가복음의 일차적 목적은 로마 교회에 위기를 발생시킨 플라비우스의 선전에 대응하는 것이다. 이 대응은 논쟁적이며, 당시 로마 황제 베스파시아누스와 대조되는 예수의 인상적인 이력과 맞물려 있다. 마가복음은 청중에게 예수가 베스파시아누스보다 우월하다는 압도적인 증거를 제공하고, 예수가 하나님의 메시아이며 진정한 세계 통치자임을 확인시켜준다."[309] 요훔 보르트펠트(C. Jochum-Bortfeld)는 또 다른 정치적-문화적 맥락에 복음서 기자 마가를 배치한다. "그의 이야기는 로마-헬레니즘 문화의 위대한 서사에 대한 반론이다. …복음서 기자는 여러 이야기를 설명한다. 그것은 인간이 독립적으로 행동할 수 있는 능력과 자유를 성취하는 이야기, 예수 그리스도가 인

305 H. N. Roskam, Purpose, 236.

306 참조. G. Theißen, Evangelienschreibung und Gemeindeleitung, 394-96.

307 참조. M. Ebner, "Evangelium contra Evangelium. Das Markusevangelium und der Aufstieg der Flavier," BN 116 (2003): 28-42.

308 참조. Neuer Wettstein I/2(아래 8.5.1을 보라.)에 나오는 본문들, 480f.

309 A. Winn, The Purpose of Mark's Gospel, 201.

간을 인간이 되도록 해방하는 이야기, 그가 인간에게 행동 공간을 열어주고 행동을 격려하는 이야기이다."[310]

3.5 마태복음

3.5.1 참고문헌

주석

KEK (Sonderband): E. Lohmeyer (-H. W. Schmauch), ⁴1967. • HNT 4: E. Klostermann, ⁴1971. • HThK I 1. 2: J. Gnilka, ²1988. 1988. • EKK I/1-4.: U. Luz, ⁵2002. ²1996. 1997. 2002. • ThHK 1: W. Wiefel, 1998. • ThKNT 1: P. Fiedler, 2006. • NTD 2: E. Schweizer, ⁴1986. • RNT: A. Sand, 1986. • ZBK 1: U. Luck, 1993. • NEB: R. Schnackenburg, ²1991. 1987. • ICC: W. D. Davies/D. C. Allison, I 1988. II 1991. III 1997. • WBC 33a.b: D. A. Hagner, 1993. 1995. • NIGTC: J. Nolland, The Gospel of Matthew, 2005. • Sacra Pagina: D. J. Harrington, 1991. • H. Frankemölle, Mattähus-Kommentar I.II, Düsseldorf 1994. 1997. • H. D. Betz, The Sermon on the Mount, Hermeneia, Minneapolis 1995.

단행본

G. Bornkamm/G. Barth/G. Held, Überlieferung und Auslegung im Matthäusevangelium, WMANT 1, Neukirchen ⁷1975. • K. Stendahl, The School of St. Matthew, Philadelphia ²1968. • W. Trilling, Das wahre Israel, StANT 10(=EThSt 7), München ³1967. • G. Strecker, Der Weg der Gerechtigkeit, FRLANT 82, Göttingen ³1971. • R. Hummel, Die Auseinandersetzung zwischen Kirche und Judentum im Matthäusevangelium, BEvTh 33, München 1966. • R. Walker, Die Heilsgeschichte im ersten Evangelium, FRLANT 91, Göttingen 1967. • A. Sand, Das Gesetz und die Propheten, BU 11, Regensburg 1974. • E. Schweizer, Mattähus und seine Gemeinde, SBS 71, Stuttgart 1974. • H. Frankemölle, Jahwebund und Kirche Christi, NTA 10, Münster ²1984. • I. Broer, Freiheit vom Gesetz und Radikalisierung des Gesetzes, SBS 98, Stuttgart 1980. • G. Strecker, Die Bergpredigt, Göttingen ²1985. • J. D. Kingsbury, Matthew: Structure, Christology, Kingdom, Minneapolis ²1989. • Ders., Matthew as Story, Philadelphia ²1988. • K. Ch. Wong, Interkulturelle Theologie und multi-

310 C. Jochum-Bortfeld, Die Verachteten stehen auf, 310.

kulturelle Gemeinde im Matthäusevangelium, NTOA 22, Freiburg (H)-Göttingen 1992. • U. Luz, Die Jesusgeschichte des Matthäus, Neukirchen 1993. • D. C. Allison, The New Moses, A Matthean Typologie, Minneapolis 1993. • A. Weiser, Theologie des Neuen Testaments II(위 3.3.1을 보라.), 79-116. • G. Scheuermann, Gemeinde im Umbruch, fzb 77, Würzburg 1996. • Marlis Gielen, Der Konflikt Jesu mit den religiösen und politischen Autoritäten seines Volkes im Spiegel der matthäischen Jesusgeschichte, BBB 115, Bodenheim 1998. • B. Repschinski, The Controversy Stories in the Gospel of Matthew, FRLANT 189, Göttingen 2000. • Chr. Landmesser, Jüngerberufung und Zuwendung zu Gott. Ein exegetischer Beitrag zum Konzept der matthäischen Soteriologie im Anschluss an Mt 9, 9-13, WUNT 133, Tübingen 2001. • P. Foster, Community, Law and Mission in Matthew's Gospel, WUNT 177, Tübingen 2004. • R. Deines, Die Gerechtigkeit der Tora im Reich des Messias, WUNT 177, Tübingen 2004. • M. Konradt, Israel, Kirche und die Völker im Matthäusevangelium, WUNT 215, Tübingen 2007.

논문

J. Lange (Hg.), Das Matthäus-Evangelium, WdF 525, Darmstadt 1980.(G. Bornkamm, E. Schweizer, G. Strecker, U. Luz 등이 기고한 주요 논문집) • G. Bornkamm, "Die Binde- und Lösegewalt in der Kirche des Matthäus," ders., Geschichte und Glaube II(위 2.8을 보라.), 37-50. • H. Stegemann, "'Die des Uria'," Tradition und Glaube (FS K. G. Kuhn), G. Jeremias 등 (Hg.), Göttingen 1971, 246-76. • U. Luz, "Die Erfüllung des Gesetzes bei Matthäus," ZThK 75 (1978): 398-435. • H. D. Betz, Studien zur Bergpredigt, Tübingen 1985. • L. Schenke (Hg.), Studien zum Matthäusevangelium (FS W. Pesch), SBS, Stuttgart 1988. • L. Oberlinner/P. Fiedler (Hg.), Salz der Erde • Licht der Welt. Exegetische Studien zum Matthäusevangelium (FS A. Vögtle), Stuttgart 1991. • J. Roloff, "Das Kirchenverständnis des Matthäus im Spiegel seiner Gleichnisse," NTS 38 (1992): 337-56. • G. Theißen, "Vom Davidssohn zum Weltherrscher. Pagane und jüdische Endzeiterwartungen im Spiegel des Matthäusevangeliums," Das Ende der Tage und die Gegenwart des Heils (FS H.-W. Kuhn), hg. v. M. Becker u. W. Fenske, AGJU XLIV, Leiden 1999, 145-64. • A. v. Dobbeler, "Die Restitution Israels und die Bekehrung der Heiden," ZNW 91 (2000): 18-44. • D. E. Aune (Hg.), The Gospel of Matthew in Current Study, Grand Rapids 2001.(주요 논문집) • R. Kampling (Hg.), "Dies ist das Buch…," Das Matthäusevangelium (FS H. Frankemölle), Paderborn 2004. • M. Konradt, "Die Sendung zu Israel und zu den Völkern im Matthäusevangelium im Lichte seiner narrativen Christologie," ZThK 101 (2004): 397-425. • D. P. Senior (Hg.), The Gospel of Matthew at the Crossroads of Early Christianity, BETL 243, Leuven 2011.

연구 보고서

G. Stanton, "The Origin and Purpose of Matthew's Gospel," ANRW 25. 3, Berlin 1985, 1889-1951. • A. Sand, Das Matthäus-Evangelium, EdF 275, Darmstadt 1991. • A. Lindemann, "Das Matthäusevangelium," ThR 70 (2005): 174-216. 338-82.

3.5.2 저자

파피아스는 그가 사용할 수 있는 장로 전승에 근거하여 마태복음의 저자에 관해 이렇게 말한다. "마태는 히브리어로 '그 말씀들'(τὰ λόγια)을 모았지만 각자가 할 수 있는 대로 그것을 번역했다."[311] 에비온 복음서(EbEv) 단편 4[312]와 각기 2세기 초로 기원이 추정되는 복음서들의 제목은 이 전승이 오래된 것임을 확증한다. 그러나 파피아스의 기록은 마태복음의 전승 복합체를 이루는 히브리어 원본문의 범위를 입증할 수 없으므로 확실한 역사적 추론을 불가능하게 하며, 파피아스의 부록은 마태와 마가를 가리킨다. 주의 제자 마태를 저자로 보는 견해[313]에 반대하는(참조. 마 10:3, 막 3:18, 눅 6:15, 행 1:13) 주장은 두 가지가 있다. (1) 예수 사역을 직접 목격한 증인이 자신의 기록을 위한 기초 자료로 예수의 사역을 직접 목격한 증인이 아닌 마가의 저작을 사용했다는 것은 개연성이 없다.[314] (2) 마태복음 9:9에 나오는 이

311 Euseb, HE, III 39, 16, J. Kürzinger, Papias von Hierapolis und die Evangelien des Neuen Testaments, Eichstätter Materialien 4, Regensburg 1983, 103. "마태는 이제 히브리어 문체로 그 말씀들(주님에 관한)을 문학 형태로 가져왔다. 각자가 할 수 있는 대로 그것을 설명했다." 퀴르칭어는 '방언'(διάλεκτος)을 아람어가 아니라 그리스어 마태복음의 구성과 관련짓는다.

312 EbEv 단편 4=Epiph, Haer 30, 13, 2f.; 이에 관하여는 Ph. Vielhauer/G. Strecker, "Judenchristliche Evangelien," W. Schneemelcher (Hg.), Neutestamentliche Apokryphen I, Tübingen [5]1987, 138-42를 참조하라.

313 이를 지지하는 학자들은 다음을 참조하라. B. Reicke, Roots(위 3.2.6을 보라.), 160; R. H. Gundry, Matthew. A Commentary on his Literary and Theological Art, Grand Rapids 1982, 620.

314 참조. U. Luz, Mt I, 105.

름 변경에서(마가복음 2:14에서 세리는 레위로 불린다.) 예수의 사역을 직접 목격한 증인으로 추정할 수 없는 과정이 분명하게 반영된다. 이러한 절차를 가리키는 평행본문은 마태복음 27:56이며, 여기서 마가복음 15:40의 무명의 살로메가 세베대의 어머니로 대체된다.(참조. 마 20:20) 주의 제자인 마태는 아마도 첫 번째 복음서를 생성한 공동체에서 중요한 역할을 수행했을 것이다. 이를 마태복음 9:9의 이름 변경과 마태복음 10:3에 나오는 '세리'(ὁ τελώνης)가 설명한다.

직접 목격자에 대한 이러한 주장의 신학적 의도는 분명하다. 복음서 기자는 자신의 공동체를 주의 제자이며 열두 사도의 구성원인 한 사람과 연결하고, 이를 통해 지상의 예수, 곧 복음서에 전개된 가르침으로 공동체를 인도하는 예수와 연결한다.[315] 마태복음 13:52, 23:34는 마태가 자신의 공동체에서 교사로 활동하고 있음을 드러내며,[316] 진정한 교사인 예수 그리스도를 소개한다.(참조. 마 23:10) 문서의 이용과 부분적으로 교리문답에 초점을 둔 윤리적 지침도 복음서 기자의 교육 수준을 가늠하게 한다.[317] 마태는 그의 복음서로 공동체 전체 및 자신과 마찬가지로 '옛것'과 '새것'을 전달해야 했던 공동체 안의 다른 교사들에게 향하고 있다.

마태가 유대-그리스도인[318]이었는지 혹은 이방-그리스도인[319]이었는

---

315 참조. U. Luz, Mt II, 42.

316 참조. K. Stendahl, School, 20.(마태복음을 "학교에서 발간한 핸드북으로" 본다.); G. Strecker, Weg der Gerechtigkeit, 39(그리스도교 서기관); W. Schmithals, Art. "Evangelien," TRE 10 (1982), 619(교리문답 학교의 교장); U. Luz, Mt I, 105(마태를 교사로, 교장은 아니지만 공동체의 창의적인 대표자로 본다.); J. Gnilka, Mt II, 516, 532(공동체, 마태 학파, 공동체 내부의 교사직을 구별한다.); M. Hengel, ThR 52 (1987), 342f.의 각주 28.("일종의 그리스도교 학교 교장")

317 루츠는 "그는 아마도 랍비 교육을 받은 주석학자라는 의미의 서기관은 아니었을 것이다."라고 말하며 마태의 훌륭한 그리스어 감각과 회당 교육을 강조한다.(U. Luz, Mt I, 105.)

318 예를 들어 E. Schweizer, Einleitung, 122; U. Luz, Mt I, 85ff.; J. Gnilka, Mt II,

지는 논란이 많다. 복음서는 내용상 두 가지의 가능성을 가리킨다.

마태의 유대 그리스도교적 입장에 대해 다음과 같은 관찰이 있다.

(1) 율법에 대한 긍정(참조. 마 5:17-20, 23:3a, 23b)
(2) 구약성서의 빈번한 재수용과 성취의 사고를 강조한 적용(참조. 마 1:22-23, 2:5-6, 15, 17-18, 3:3, 4:14-16, 8:17 등)
(3) 기본적으로 예수의 선교를 이스라엘로 제한함(참조. 마 10:5-6, 15:24)
(4) 마태 공동체는 여전히 안식일을 지킨다.(참조. 마 24:20)
(5) 마태 공동체는 계속해서 유대교와 연합한다.(참조. 마 17:24-27, 23:1-3)
(6) 마태복음 2:13-18, 4:1-2, 5:1에 나오는 모세-유형론과 마태복음서의 다섯 개의 대설교는 예수를 모세와 유사한 인물로 본다.
(7) 마태복음의 언어, 구성, 성서의 수용, 논증, 영향사는 유대 그리스도인을 서자로 가리킨다.

유대 그리스도교적 해석은 복음서 저자의 이방 그리스도교적 입장을 암시하는 본문과 대조된다.

(1) 복음서의 구원의 보편성(참조. 마 28:18-20, 8:11-12, 10:18, 12:18, 21, 13:38a, 21:43-45, 22:1-14, 24:14, 25:32, 26:13)은 분명 이미 오랜 시간에 걸쳐 실행된 이방선교를 가리킨다.
(2) 예전적 의식의 무효화(참조. 마 15:11, 20b, 23:25-26)

515f.; J. Roloff, Kirchenverständnis, 339; I. Broer, Einleitung I, 103-10.

319 참조. 예를 들어 P. Nepper-Christensen, "Das Matthäusevangelium. Ein judenchristliches Evangelium?," AThD 1, Århus 1954, 202-208; W. Trilling, Israel, 215; G. Strecker, Weg der Gerechtigkeit, 15-35; R. Walker, Heilsgeschichte, passim; J. P. Meier, "Law and History in Matthew's Gospel," AnBib 71, Rom 1976, 14-21.

(3) 율법에 대한 마태의 비판: 특히 산상수훈의 반대 명제(마 5:21-48)에서는 예수가 모세의 권위를 넘어선다고 보는데(참조. 마 19:3-9), 고대 유대교에는 이런 입장의 평행본문이 하나도 없다.

(4) 마태는 전적으로 바리새적인 원인론에 반대한다.(참조. 마 5:20, 6:1 이하, 9:9 이하, 12:1 이하, 9 이하, 15:1 이하, 19:1 이하, 23:1 이하)

(5) 마태는 아람어적 용법을 피한다.(참조. 막 1:13/마 4:2, 막 5:41/마 9:25, 막 7:34/마 15:30, 막 7:11/마 15:5)

(6) 마태 공동체는 유대 공의회와 확실히 거리를 둔다.(참조. 마 23:34b, 마 7:29b)

(7) 안식일의 예전적 규정은 그 의미를 잃었다.(참조. 마 12:1-8)

(8) 이스라엘을 배척하는 구원사적 대체는 마태에게 이미 오래된 현실이다.(참조. 마 21:31, 43, 22:9, 8:11-12, 21:39 이하, 27:25, 28:15)

이러한 증거들을 고려하면 다음과 같은 추측이 가장 적합하다. 복음서 저자 마태는 이미 상당 기간 이방선교에 열려 있던 진보적 헬라 디아스포라-유대교의 대표자였을 것이다.[320] 마태복음에서 할례 논쟁이 삭제된 것이 바로 그러한 경향을 보여준다. 보다 보수적인 팔레스타인 유대교에서는 할례 논쟁이 율법에 대한 경시로 간주되었지만 그러한 관행(Praxis)은 헬라 디아스포라-유대교에 널리 퍼져 있었다.[321] 고대 교회에서 복음서의 영향사 또한 보편적이며 열린 유대 그리스도교를 생각하도록 한다. 더욱이 '유대 그리스도교-이방 그리스도교'와 같은 경직된 역사적 구분은 실제로 이

---

320 슈테게만은 "마태신학의 유대적 구성 요소가 처음부터 헬라적-유대적…"이었음을 주장한다.(참조. H. Stegemann, "Die des Uria," 271.)

321 참조. 위의 책, 273. 복음서 기자가 토라로 가는 관문인 할례를 간과한다는 매우 놀라운 발견은 "그 자신과 그의 공동체의 유대인 신자들이 할례를 행했다."(W. D. Davies/D. C. Allison, Mt III, 703.)라는 추측으로는 제거될 수 없다. 마태가 '그의 스승'인 나사렛 예수에게 할례를 가르치는 것이 허락되지 않는데, 어떻게 그가 여전히 할례를 행했다고 주장할 수 있겠는가?

미 오래전부터 마태 공동체와 복음서 기자의 자기이해에 더 이상 해당되지 않는다.(아래 3.5.9를 보라.)

3.5.3 기록 장소와 시기

광범위한 유대 그리스도교 전승인 마태복음 4:24(καὶ ἀπῆλθεν ἡ ἀκοὴ αὐτοῦ εἰς ὅλην τὴν Συρίαν)와 디다케를 통한 증거(참조. Did 7, 1; 8; 10, 5; 16) 및 안디옥의 이그나티우스(참조. IgnSm 1:1/마 3:15, IgnPhld 3:1/마 15:13)는[322] 마태복음의 생성 장소로 시리아를 가리킨다.[323] 더 정확한 장소 규명(시리아 안디옥,[324] 다메섹,[325] 시돈 또는 두로,[326] 시리아 내부 지역[327])은 복음서에서 추론할 수 없다. 마태복음은 예루살렘 파괴를 전제로 하며(참조. 마 22:7, 21:41, 23:38), 저작의 한계선(terminus ad quem)은 이그나티우스의 복음서 지식(기원후 110년경)에서 유추된다. 이로 미루어 마태복음은 기원후 90년경에 작성되었을 것으로 추정한다.[328]

---

322 참조. W. D. Köhler, Die Rezeption des Matthäusevangeliums in der Zeit vor Irenäus, WUNT 2. 24, Tübingen 1987, 19-56, 73-96.

323 이에 관한 연구는 폭넓은 합의를 이루었다. 참조. G. Strecker, Weg der Gerechtigkeit, 37; U. Luz, Mt I, 100f.; J. Gnilka, Mt II, 514; U. Luck, Mt, 15.

324 E. Schweizer, Matthäus und seine Gemeinde, 138f.; J. Zumstein, "Antioche sur l'Oronte et l'Évangile selon Matthieu," SNTU 5 (1980): 122-38; J. P. Meier, "Antioch," R. E. Brown/J. P. Meier, Antioch and Rome, New York 1983, 11-86; U. Luz, Mt I, 103(분명한 가능성); R. Schnackenburg, Mt I, 8f.; I. Broer, Einleitung I, 113f.

325 참조. J. Gnilka, Mt II, 515.

326 참조. G. D. Kilpatrick, The Origins of the Gospel according to St. Matthew, Oxford 1946, 134.

327 참조. G. Theißen, Lokalkolorit(위 3.1.1을 보라.), 262f.

328 참조. G. Strecker, Weg der Gerechtigkeit, 35f.(기원후 90-95년); J. Gnilka, Mt II, 520(약 80년); R. Schnackenburg, Mt, 9(85-90년); U. Luz, Mt I, 104(80년 이후 오래지 않아 작성); I. Broer, Einleitung I, 110-13(80-90년 사이); 이

3.5.4 수신자

마태 공동체의 상황은 본질적으로 이스라엘과의 단절로 결정되며,[329] 이는 마태 그리스도인들에 대한 탄압과 박해로 이어졌다.(참조. 마 10:17-18, 23:34)[330] 이스라엘과의 거리두기와 대립은[331] 언어적인 면에서 드러난다. 예를 들어 전형화된 표현인 '그들의/너희들의 회당들'(참조. 마 4:23, 9:35, 10:17, 12:9, 13:54, 23:34, 나아가 6:2, 5, 23:6), '서기관들과 바리새인들'(참

와 달리 건드리는 기록 시기를 65-67년으로 본다.(R. H. Gundry, Matthew, 599-609, 위 3.5.2를 보라.) 또한 헤그너와 놀랜드는 70년 이전 기록설을 지지한다.(D. A. Hagner, Mt I, LXXIV; J. Nolland, Mt 16f.)

329 참조. U. Luz, Mt I, 96; K. Pantle-Schieber, "Anmerkungen zur Auseinandersetzung von ἐκκλησία und Judentum im Matthäusevangelium," ZNW 80 (1989): 145-62; J. Roloff, Die Kirche im Neuen Testament, GNT 10, Göttingen 1993, 146-54. 롤로프는 마태 공동체 내부의 상황을 두 개의 논쟁으로 알 수 있다고 본다. (1) 마태는 엄격한 유대 그리스도교 그룹과 논쟁해야 했다. 이 그룹은 "토라의 완전한 수용이라는 조건에서만" 이방선교를 생각할 수 있었다.(J. Roloff, 위의 책, 147.) (2) 공동체의 핵심은 급진적인 카리스마적 순회 지도자 그룹에서 나왔으며, 그들의 에토스는 정착한 공동체 구성원들인 '작은 자들'(참조. 마 10:42, 11:11, 18:6, 14)과 제한적으로만 구분되었다. 쇼이어만은 마태 공동체를 삼중적인 변혁 과정에서 바라본다.(G. Scheuermann, Gemeinde im Umbruch, 250-52.) (1) 회당과의 단절, (2) 외부의 카리스마적 순회 지도자들과의 논쟁(참조. 마 7:15-23, 18:6-9, 24:10-12), (3) 내적인 폐해에 대해 강화된 징계처분이 뒤따른다.(마 18장)

330 동시에 마태복음 10:18에 '이방인들에게도'(καὶ τοῖς ἔθνεσιν)를 추가한 것은 이 논쟁이 복음서 기자에게 상당히 오래전에 있었던 일이고, 그가 이 논쟁을 그의 보편적인 개념으로 통합했다는 것을 분명하게 드러낸다. 참조. G. Strecker, Weg der Gerechtigkeit, 30.

331 보른캄과 훔멜의 견해에 반대한다. 보른캄(G. Bornkamm, "Enderwartung und Kirche im Matthäusevangelium," Bornkamm/Barth/Held, Überlieferung und Auslegung, 36. "마태복음은 곳곳에서 마태가 대표하는 공동체가 유대교로부터 아직 분리되지 않았음을 보여준다.")과 훔멜(R. Hummel, Auseinandersetzung, 29, 31, 159f.)은 마태 공동체가 외적으로는 회당에 소속되고 내적으로는 독립적이었다고 본다.

조. 마 5:20, 12:38, 15:1, 23:2, 13, 15, 23, 25, 27, 29)이 있다. 마태는 바리새인들과 서기관들의 ‘위선적인’ 행위(참조. 예를 들어 마 6:1-18, 23:1-36)를 드러내고, 하늘나라에 들어가기 위한 조건(참조. 마 23:13)인 ‘더 나은’ 의(義, 마 5:20)와 하나님의 본뜻의 완전한 성취(참조. 예를 들어 마 5:21-48, 6:9, 10b, 12:50, 15:4, 18:14, 19:3-9, 21:31)를 통해 그들의 행위를 능가하려고 한다.(참조. 마 23:13) 마태 공동체가 이스라엘을 거부하는 것은 이미 오래전부터 현실(참조. 마 8:11-12, 21:43, 22:9)이었고, 이방인을 위한 선교는 자명한 실천(Praxis)이었다.(참조. 마 28:18-20, 특히 마 12:21, 13:38a, 24:14, 26:13) 전체 복음서에서 해석학적이며 신학적 열쇠로 드러난 선교명령의 위치는(아래 3.5.9를 보라.), 공동체가 처음으로 이방선교를 위한 개방의 길로 간 것이 아니라[332] 이미 오래전부터 계획적으로 이방선교를 실행했음을 드러낸다.[333] 이것은 만인을 향한 보편적 구원을 의미하는 수많은 말

---

332 루츠는 이 중요한 지점에서 자신의 견해를 바꿨다.(참조. U. Luz, Mt IV, 451.) “I권의 초판과 달리 나는 이것이 공동체의 새로운 방향 설정을 의미했음을 더 이상 강조하지 않는다.”

333 도벨러는 이방인을 향한 파송을 마태의 유대 그리스도교적 기본 입장이라고 본다.(A. v. Dobbeler, Die Restitution Israels, 43.) “이방인들을 이스라엘의 하나님께로 돌이키게 하고 그들에게 하나님의 뜻을 가르치기 위해 이방인에게 파송하는 것은, 간략히 묘사된 마태 그리스도인들의 유대적인 자기이해와 결코 모순되지 않는다. 이방인이 더해지는 것은 이스라엘과 여러 민족 사이의 구별이 폐기되지 않고 구원의 때에 여러 백성이 유입될 것을 선포한 예언 전승의 틀에서 파악되기 때문이다.” 콘라트도 비슷하게 주장한다.(M. Konradt, Die Sendung zu Israel und zu den Völkern im Matthäusevangelium, 424.) 그에 따르면 마태의 입장은 “한편으로는 이스라엘의 특별한 위치를 긍정적으로 수용하는 것과 다른 한편으로는 마침내 세계 민족을 향한 개방을 지지하고 선자와 중재시키는 것”이 특징이다. 만약 이것을 기원후 70년 이후 유대교 형성 과정의 맥락에서 복음서의 위치를 규명하려는 앞서 언급한 최근의 시도와 결합한다면, 필자의 생각에 마태의 예수 이야기는 본질적으로 회당에 지배적인 영향력을 행사한 것으로 보이는 바리새파적 변종에 맞서고, 민족들에게 새로운 방식으로 방향을 제시하는 계몽된(geöffnete) 유대교 신앙의 합법화 및 선전의 시도이다.

씀뿐만 아니라 최초 그리스도교 신학 역사에도 나타난다. 마태 공동체가 광범위하게 이방선교에 착수한 지 약 40-50년 후에 바울 이전의, 바울의, 마가 이전의, 누가 이전의 이방선교가 비로소 이 단계를 밟았을 것이라는 가능성은 매우 낮아 보인다.

하나님의 뜻을 행하라는 거듭된 호소(참조. 마 7:21, 12:50, 21:31)는 마태 공동체의 근본적인 문제를 알려준다. 믿음과 사랑 가운데 지치지 않고 하나님의 자비로운 행위 가운데 머물러야 한다. 마태는 광범위한 훈계로 '작은 믿음'(참조. 마 6:30, 14:31, 나아가 8:26, 16:8, 17:20)에 맞선다. 훈계의 강조점은 전체 토라 및 공의(참조. 마 3:15, 5:6, 10, 20, 6:1, 33, 21:32)를 행하는 것(참조. 마 5:17-19), 온전함(참조. 마 5:48, 19:21), 믿음의 열매를 맺는 것(참조. 마 3:10, 7:16-20, 12:33, 13:8, 21:18-22, 33-46)에 있다. 마태는 용기 있는 믿음의 실천과 믿음을 지키는 것을 최후 심판에 대한 조망과 결합한다.(참조. 마 3:10, 5:29, 7:16 이하, 10:15, 18:21-35, 19:30, 23:33, 35-36, 24:42 등) 훈계의 동기를 부여하는 데 사용되는 최후 심판에 관한 여러 묘사(참조. 마 7:21 이하, 13:36 이하, 25:31 이하)가 마태복음에서만 발견되는 것은 우연이 아니다. 공동체는 의인과 불의한 자가 함께 사는 혼합체(corpus permixtum)로 존재하며(참조. 마 13:36-43), 이는 복음서 기자가 공동체에게 '깨어 있으라'고 촉구하는 이유이다.(참조. 마 24:42, 25:13) 그러나 동시에 공동체에게는 약속이 주어진다. "끝까지 견디는 자는 구원을 얻으리라."(마 24:13)

복음서 기자는 마태복음 7:15, 24:11에서 '거짓 선지자들'(ψευδοπροφῆται)을 주의하라고 경고한다. 대적자들의 신학적 프로필은 여전히 불분명하다. 그들은 마태복음 5:17-20, 7:12-27, 11:12-13, 24:10-13을 볼 때 대체로 헬라적 반율법주의자들이다.[334] 마태는 그들을 '불법(ἀνομία 참조. 마 7:23,

334 기본적으로 G. Barth, "Das Gesetzesverständnis des Evangelisten Matthäus," Bornkamm/Barth/Held, Überlieferung und Auslegung, 149-54; 참조. E.

24:12)이라고 비난한다. 그들의 열매는 좋지 않다.(참조. 마 7:16-20) 그들은 하나님의 뜻을 행하지 않는다.(참조. 마 7:21) 대적자들은 마태의 광범위한 윤리적 가르침을 따르지 않았음이 분명하며(참조. 마 24:12), 그 결과 공동체의 통일성을 위협한다.

마태 공동체에는 제도화된 직분이 없으나(참조. 마 23:8-12) 예언자들(참조. 마 10:41, 23:34, 나아가 5:12, 10:20), 서기관들(참조. 마 13:52, 23:34, 나아가 8:19), 은사를 받은 자들(참조. 마 10:8)이 공동체 안에서 활동한다. 베드로는 그곳에서 특별한 위치를 차지한다.[335] 그는 '첫' 사도로 등장하며(마 10:2), 제자들의 대변자이고(마 15:15, 18:21), 그의 행동은 마태복음 14:28-31에서 믿음과 의심의 올바른 관계에 대한 교훈으로 제시된다. 마태복음 16:18의 '반석의 말씀'은 베드로를 교회의 창시자로 등장시키며, 오직 그만이 매고 푸는 권세를 지닌다고 말한다.(마 16:19) 마태복음 18:18에 따르면 이러한 전권은 또한 전체 공동체에 해당되는 것이므로 베드로는 모든 제자의 모범이 된다. 공동체는 베드로에게 부여된 인식, 전권, 믿음의 힘 그리고 믿음의 의심을 자기 자신과 연결할 수 있다. 마태복음의 현재 형태가 유대 그리스도교적인 초기 모습부터 보편적인 이방선교의 실행에 이르는 공동체의 길을 반영한다면, 그것은 오순절 사건에서 부각된 목격자(참조. 고전 15:5)로서 진보적 유대교에 열려 있고(참조. 갈 2:11 이하), 결국 이방선교를 행하는(참조. 고전 9:5) 베드로의 삶의 방향과 일치한다. 아마도 이러한 두드러지는 일치가 마태 공동체 안에서 베드로의 특별한 권위를 입증할 것이다.

Schweizer, "Gesetz und Enthusiasmus bei Matthäus," Das Matthäus-Evangelium, v. J. Lange (Hg.), 350-76. 다양한 언급(열심당, 바리새인들, 에세네파, 엄격한 유대 그리스도인들, 바울주의자들)은 루츠(U. Luz, Mt I, 524f.)에게서 확인할 수 있으며, 그는 거짓 선지자들을 '마가주의자들'로 분류한다.

335 참조. U. Luz, Mt II, 467-71; J. Roloff, Kirche, 162-65.

3.5.5 내용 구성, 구조, 형식

1:1-2:23	전 역사 및 유년시절의 역사
3:1-4:11	세례자 요한, 예수의 수세와 유혹
4:12-25	예수의 공적 사역의 시작
5:1-7:29	설교 블록 1: 산상수훈
8:1-9:34	내러티브 블록: 예수의 이적행위
9:35-11:1	설교 블록 2: 파송설교
11:2-12:50	내러티브 블록: 치유, 논쟁담화
13:1-52	설교 블록 3: 비유설교
13:53-17:27	내러티브 블록: 갈릴리 순회
18:1-35	설교 블록 4: 공동체설교 (갈릴리 사역 결론)
20:17-22:46	내러티브 블록: 예루살렘을 향한 길/예루살렘에서
23:1-25:46	설교 블록 5: 바리새인을 향한 설교, 종말설교
26:1-28:15	내러티브 블록: 수난, 부활, 현현
28:16-20	결론: 승귀하신 분의 위탁

마태복음은 거시적 차원에서 분명한 구성을 인식할 수 없다. 따라서 매우 다양한 종류의 구성이 연구에서 제안되었다. 특별히 의미 있는 것은 다음 두 가지이다. (1) 복음서를 다섯 권의 책으로 나눈 베이컨(B. W. Bacon)의 분류가 많은 영향력을 미쳤다.[336] 베이컨은 마태의 설교 다섯 개를 각각 내러티브 복합체로 분류했다. 따라서 서문(마 1-2장)과 결론(마 26-28장) 외에 다섯 개의 블록이 전체 구조를 결정한다.(마 3-7장, 8-10장, 11장-13:52, 13:53-18장, 19-25장) (2) 마태복음 4:17과 16:21은 종종 구성의 표지(Signal)로 간주된다. 이어서 기본적으로 마가의 개요를 초점으로 하는 두 개의 주요 단락, 즉 마태복음 4:17-16:20(갈릴리와 그 주변에서 행해진 예수의 사역)과 마태복음 16:21-25:46(예루살렘

336 참조. B. W. Bacon, "Die 'fünf Bücher' des Matthäus gegen die Juden," Das Matthäus-Evangelium, v. J. Lange (Hg.), 41-51.

을 향한 예수의 여정)이 나온다. 이 두 주요 단락에 사전 역사와 수난사가 앞뒤로 덧붙는다. 첫 번째 주요 단락의 절정은 가이사랴 빌립보에서 행한 베드로의 신앙고백(마 16:13-20)이다. 마태복음 16:21은 예수의 여정에 관한 내러티브에서 급격한 변화를 보여주는데, 여기서 임박한 수난은 전환점을 암시한다.

전반적으로 거시적 차원에서 설교 블록과 내러티브 블록 사이의 변경이 특징적이다. 다섯 개의 설교는 거의 동일한 종말 구조로 종결되면서 서로 관련된다.(참조. 마 7:28, 11:1, 13:53, 19:1, 26:1) 마찬가지로 마태는 적어도 부분적으로 주제에 초점을 맞춘 설교 뒤에 각각의 내러티브 자료를 배치한다. 설교가 내적 진행 과정에서 외적으로는 멈추는 것을 보여주는 반면에 내러티브 블록은 행동을 가속화한다. 거시적 차원에서 '산-모티브'의 의미도 인식할 수 있다. 예수는 '산 위에서'(마 4:8) 마귀의 유혹에 저항한 후에 '산 위에서' 방향을 제시하는 대 설교(마 5:1)를 하고, 승귀한 분으로서 '산 위에서' 제자들을 세상으로 파송(마 28:16-20)한다.

마태는 새로운 문학 유형인 복음을 수용하는데, 그리스도 사건에 대한 묘사에서 상당한 차이가 있기는 하나 마가의 모델에 초점을 맞춘다.[337] 마가의 개관과 비교하면 마태복음의 시작과 마지막에서 현저한 확장이 눈에 띈다. 마태의 사전 역사(1:1-2:23)는 예수의 공적 사역에 대한 그리스도론적인 동기가 부여된 안내이다. 동시에 예수의 족보(마 1:1-17), 예수의 탄생(마 1:18-25), 마태복음 2장의 유년사화는 구원사를 '앞쪽으로' 확장한다. 복음서의 끝에서 마태는 마가를 넘어서, 죽은 자들 가운데 부활하신 예수의 부활을 믿는 믿음에 관해 증언하는 무덤사화와 부활사화를 전한다.(참조. 마 27:62-66: 무덤 경비, 28:9-10: 여인들에게 현현) 마태의 묘사는 부활한

337 이와 반대로 프랑케묄레는 마태복음을 구약성서의 모델(특히 신명기)에 의거하여 케리그마적인 역사 저작으로 이해하려고 한다.(H. Frankemölle, Jahwebund, 331-400.)

분이 제자들 앞에 나타나고 선교명령을 할 때 절정에 이른다.(마 28:16-20)[338] 복음서 처음의 관점이 예수에게 좁혀지는 반면, 끝의 관점은 예수로부터 전체로 확장된다. 현저하게 확장된 자료의 범위와 각각의 변경에도 불구하고 마태는 근본적으로 마가복음을 따르므로(위 3.2.3을 보라.), 내러티브적 기본 구조 또한 그의 저작의 특징이다. 마태는 산상수훈을 마가복음 1:21과 1:22 사이에 배치한다. 예수의 가르침에 대해 무리가 놀라는 것은 마가의 경우처럼 예수의 첫 번째 설교에 대한 반응이다.(참조. 마 7:28-29) 마태복음 4:23과 9:35에 나오는 거의 동일한 표현을 통해 마태복음 5-7장의 산상수훈과 마태복음 8-9장의 이적 시리즈는 연결된다. 이를 통해 예수는 말씀의 메시아와 행동의 메시아로 등장한다.(참조. 마 11:2)[339] 마태복음 8-9장에서 마가자료를 많이 개입시킨 것은 복음서 기자의 신학적 목표 때문이다. 마태는 여기서 유대인과 이방인으로 구성된 교회의 설립 역사와 그와 연관된 이스라엘의 분열을 설명한다.[340] 예수는 자신을 교사(마 5-7장)와 이적 행사자(마 8-9장)로 소개한 후 마태복음 10장에서 제자들을 파송한다.(참조. 마태복음 4:23이 9:35에서 다시 수용되며, 마태복음 11:5는 8-9장을 다시 연결한다.) 12장부터 마태는 설교를 제외하고는 마가의 방향을 밀접하게 따른다. 예루살렘에서 예수의 사역(마 21-25장)과 수난사화(마 26-28장)가 부각된다.

마태복음 12-20장의 구성은 매우 어려운 것으로 판명되었는데, 주제들

338 마태복음에 나오는 예수 이야기의 보다 더 큰 틀에 관하여는 R. Schnackenburg, Die Person Jesu Christi(위 3.4.9를 보라.), 91-95를 참조하라.

339 참조. J. Schniewind, Das Evangelium nach Matthäus, NTD 1, Göttingen [5]1950, 36. "말씀의 메시아는 5-7장에서 설교하는 자로, 행동의 메시아는 8-9장에서 치유하는 자로 묘사된다."

340 참조. Chr. Burger, "Jesu Taten nach Matthäus 8 und 9," ZThK 70 (1973): 272-87; U. Luz, "Die Wundergeschichten von Mt 8-9," Tradition and Interpretation in the New Testament (FS E. E. Ellis), G. Hawthorne u. O. Betz (Hg.), Grand Rapids/Tübingen 1987, 149-65.

의 중심은 어쨌든 13장과 18장에 나오는 설교이다. 복음서 기자는 예수의 5대 설교를 앞서 주어진 전승으로 구성했다. 마태에 의해 산상설교(마 5-7장), 파송설교(마 10장), 비유설교(마 13장), 공동체 교육(마 18장), 종말설교(마 23-25장)는 "예수가 이 말씀을 마치셨을 때, 그 일이 일어났다.…"(마 7:28, 11:1, 13:53, 19:1, 26:1)로 종결되며, 각각의 설교들은 서로 연결되어 있다. 마태복음 26:1(πάντας τοὺς λόγους τούτους=이 모든 말씀)에 나오는 종결 말씀의 변형은 설교들의 구성적이며 내용적인 관련성을 강조한다. 설교의 배열에서도 구조를 인식할 수 있다. 두 개의 광범위한 외적인 설교는 백성과 제자들을 향하고 있으며, 10장과 18장은 제자들만을 향한다. 반면에 13장은 다시 백성과 제자들을 향한다.(참조. 마 13:2, 10) 13장이 형식상의 중심이라면 하나님 나라의 현실성은 내용상의 중심이다.[341] 설교는 이것을 넘어서 또 다른 논리를 나타낸다. 산상수훈에서 예수의 자기소개는 제자 파송의 전제이며, 이는 다시 교회론 쪽으로 향하는 설교들인 마태복음 13장과 18장으로 유입되고 이어서 적절하게 종말설교가 전체 구성을 끝맺는다. 심판 사상은 마태의 구성에서 지속적(perpetuum)이다. 모든 대설교가 심판을 향한 전망으로 끝날 뿐만 아니라(참조. 마 7:3-27, 10:31-32, 39-42, 13:37-43, 47-50, 18:23-35), 다수의 개별 장도(12:3-37, 38-42, 16:27, 19:30) 마찬가지다. 설교 및 개별 장들에 해당되는 것은 복음서의 끝에서 전체 구성으로 옮겨진다.

심판 사상은 두 아들 비유(마 21:28-32), 포도원 농부 비유(마 21:33-46), 혼인잔치 비유(마 22:1-14)를 통해 등장하고, 무엇보다도 바리새인들을 향한 설교 및 종말설교(마 23장, 24-25장)를 통해 전면에 등장한다. 따라서 마태복음 25:31-46에 나오는 세상 심판의 묘사가 복음서의 5대 설교를

341 프랑케묄레는 다음과 같이 적절하게 말한다.(H. Frankemölle, Mt I, 101.) 그 설교들은 "마태복음을 현재의 상태로 만든다. 그렇지 않으면 마태복음은 단지 이전 역사를 확장한 마가복음의 개정판이었을 것이다."

결론짓는 것은 우연이 아니다. 보다 더 작은 설교 단위들은 마태복음 11:7-19(세례자 요한), 11:20-30(화 선포와 환호성), 12:22-37(바알세불 설교), 15:1-20(정결과 부정에 관한 설교)에서 발견된다. 마태는 어림수 법칙을 좋아하며, 다섯 개의 설교 복합체와 함께 세 개의 마태 이전의 반대명제(Antithesen, 마 5:21-22, 27-28, 33-37)와 세 개의 마태의 반대명제(마 5:31-32, 38 이하, 43 이하), 마태복음 6:1-18에 나오는 구제, 기도, 금식의 세 쌍(Trias), 일곱 개의 축복 선언(마 5:3-9, 마태 이전의 구성), 주기도문에서 일곱 개의 간구(마 6:9-13), 일곱 개의 비유(마 13:1-52), 일곱 개의 화 선포(마 23:1-36), 열 개의 예수의 이적(마 8:1-9:34)이 나온다.

다른 요소들로 마태의 내러티브 기술을 언급할 수도 있다.[342] (1) 즉각적인 맥락에서 설명되지 않지만 오히려 작품을 계속 읽도록 유도하는 사전 지시(참조. 마 1:5-6, 2:3, 23, 3:15, 4:15), (2) 복합적이며 신학적인 표상을 직접 연결하는 열쇠 개념(예를 들어 δικαιοσύνη=의, πατήρ=아버지, ἀκολουθεῖν=따르다, κρίσις=심판), (3) 반복(참조. 예를 들어 마 8:12에 나오는 '울며 이를 가는 것', 13:42, 50, 22:13, 24:51, 25:30), (4) 포괄법(참조. 예를 들어 마태복음 1:23과 28:20의 임마누엘 모티브)

다음과 같은 단어나 표현은 마태가 선호하는 그의 언어 특성[343]이다. '하늘나라'(βασιλεία τῶν οὐρανῶν, 마:32/막:0/눅:0), '돌아가다'(ἀναχωρέω, 마:10/막:1/눅:0), '율법이요 선지자'(νόμος καὶ προφῆται, 마:4/막:0/눅:1), '제자'(μαθητής, 마:72/막:46/눅:37), '내가 너희에게 말하노니'(λέγω δὲ ὑμῖν, 마:7/막:0/눅:4) '하나님/아버지의 뜻'[θέλημα(θεοῦ 또는 πατρός), 마:6/막:1/눅:1], '의'(δικαιοσύνη, Mt:7/Mk:0/Lk:1), '의로운'(δίκαιος, 마:17/막:2/

342 참조. U. Luz, Jesusgeschichte des Matthäus, 12-17.

343 참조. W. Schenk, Die Sprache des Matthäus, Göttingen 1987; U. Luz, Mt I, 52-78.

눅:11), '서기관/바리새인'(γραμματεῖς/Φαρισαῖοι, 마:11/막:3/눅:5), '그가 대답하여 말씀하셨다'(ὁ δὲ ἀποκριθεὶς εἶπεν, 마:18/막:2/눅:0)

3.5.6 문학적 통일성

마태복음의 문학적 통일성은 누구나 인정한다.

3.5.7 전승, 자료

마태는 우리에게 전승된 마가복음의 형태를 가볍게 개정한 본문을 주요 자료로 사용했다.(위 3.2.3의 제2마가를 보라.) 이 본문은 정경 마가 본문에 비해 (누가와 조화를 이루는) 마태의 편집으로 설명될 수 없다.

마태는 자기 앞에 놓인 Q 본문을 그의 복음서의 전체 구성에 통합한다. "그는 Q를 두 번째 예수의 이야기로 사용하지 않고, 마가의 예수 이야기에서 미진한 형태로만 전승되는 '천국 복음'을 덧붙이기 위한 자료 모음으로 사용했다."[344] 마태는 종종 Q 자료를 로기온 자료처럼 마가복음과 자신의 특수자료를 통해 이미 주어진 예수 생애의 여정에 대한 여러 블록으로 다양하게 배치했다.[345] 예수의 대설교는 각각 정형화된 결론을 통해 예수의 사역과 결합된다. 산상수훈에서 예수는 '더 나은 의'의 교사로 등장한다. 마태는 행위를 강조하며 Q가 강조하는 윤리적 동인을 수용(참조. 예를 들어 마 7:21, 24-27)했으며, 동시에 명문화된 실행(Orthopraxie, 참조. 마 7:22)을 상내화하고 Q로 구원의 직설법을 강조(참조. 마 5:3-15)했다. 8-9장에서 예수의 행위를 묘사할 때 Q 자료는 이스라엘과 제자들 사이의 분리

---

344 U. Luz, "Matthäus und Q," Von Jesus zum Christus (FS P. Hoffmann), R. Hoppe, U. Busse Hg., BZNW 95, Berlin 1998, 213.

345 상세한 분석은 E. Schweizer, "Aufnahme und Gestaltung von Q bei Matthäus," Salz der Erde-Licht der Welt (FS A. Vögtle), 111-30을 참조하라.

과정을 강조한다.(참조. 마 8:11-12, 9:32-34) 마태는 Q 자료로써 제자도와 선교의 주제를 발전시킨다.(참조. 예를 들어 마 9:37-38, 10:7-8, 39-40) 복음서 기자는 마태복음 13:16-17에서 제자들의 특별한 위치를 강조하는데, 베드로(참조. 마 16:17-19)와 전체 공동체(참조. 마 18:18)에게 약속된 것이 후에 종말론적 위로를 통해 제자들에게 적용된다. 마태복음 18장의 공동체 설교에서 복음서 기자는 Q 자료를 수용하여 기꺼이 용서할 것을 호소한다.(참조. 마 18:15, 21-22) 마태는 특히 마태복음 23장에서 광범위한 Q 자료를 사용하여 서기관들 및 바리새인들과의 가열되는 논쟁을 구체화한다.(참조. 마 23:4, 6-7, 13, 23, 25-27, 29-32, 34-36) 또한 복음서 기자는 복음서의 끝부분에 나오는 종말설교를 Q 전승의 주요 부분과 관련시켜 구성한다.[참조. 마 25:(10-12) 14-30, 경우에 따라 31-46도)] 따라서 마태복음이 예수를 권위 있는 교사로 묘사하는 것은 근본적으로 로기온 자료에 근거한 것이다.

마태가 그의 복음서에 '숙고 인용문'(성취 인용문)을 포함한 또 다른 상호 연관된 자료를 포함시켰는지는 여전히 논쟁이 되고 있다. 숙고 인용문은 마태복음 1:23, 2:6, 15, 18, 23, 4:15-16, 8:17, 12:18-21, (13:14-15), 13:35, 21:5, 27:9-10의 편집에서 도입부로 나온다.(참조. 마 26:54, 56)[346] 이 구절들에서는 마태의 '구원사' 해석이 '약속-성취'의 모델에 따라 특별하고 분명하게 표현된다. 도입부의 형태는 공통점을 보여주고, 그 다음에 성서구절이 언급되면서 성취 사상이 나오는데 선지자의 이름(이사야, 예레미야)도 언급된다. 인용구절 대부분은 복합 본문이며, 그것은 구약성서의 알려진 모든 본문 형태이다.[347] 슈트레커는 마태가 그리스도교 증언 수집록

---

346 참조. G. Strecker, Weg der Gerechtigkeit, 49-84; W. Rothfuchs, Die Erfüllungszitate des Matthäus-Evangeliums, BWANT 88, Stuttgart 1969; U. Luz, Mt I, 189-99. 마태의 성서 이해 전반에 관하여는 M. Konradt, "Die Rezeption der Schrift im Matthäusevangelium in der neueren Forschung," ThLZ 135 (2010): 919-32를 참조하라.

(Testimoniensammlung)을 사용했다고 주장하고,[348] 로트푹스(W. Rothfuchs)는 숙고 인용문을 복음서 기자에 의해 개정된 구전 전승으로 소급한다.[349] 루츠(U. Luz)는 숙고 인용문이 그 뒤에 나오는 설명과 함께 문서로 전승되었을 것이라고 추측한다.[350] 입증 가능한 편집 부분이 매우 적기 때문에 숙고 인용문의 형태를 마태에게로 소급하는 것은 개연성이 없다고 간주되어야 한다.[351] 숙고 인용문이 마태 이전의 본문 형태라는 게 비교적 확실하다면, 복음서에서 인용문의 배치는 복음서 기자의 의도적인 편집을 뜻하므로 증언 수집록이라는 주장이 가장 개연성이 높다.

3.5.8 신학적 기본 사상

부활하신 예수의 현현과 만물의 통치자로 그의 보좌 즉위 그리고 마태복음 28:16-20의 선교명령은 마태복음의 결론일 뿐만 아니라 전체 복음서의 방향이며, 그것으로부터 복음서가 읽히기를 바라는 소실점(Fluchtpunkt)이다.[352] 이로써 마태복음 28:16-20은 전체 저작의 내용을 이해하게 하는 신

---

347 세부 내용에 관하여는 K. Stendahl, School, 39-142를 참조하라.

348 참조. G. Strecker, Weg der Gerechtigkeit, 83. "이 모든 것으로부터 마태가 숙고 인용문에서 하나의 대본, 즉 문서 형태로 그에게 전승된 선지자들의 예언 수집록을 사용한 것으로 추론된다."

349 참조. W. Rothfuchs, Erfüllungszitate, 89. "여기저기서 만나는 눈에 띄는 '하팍스 레고메나'(Hapaxlegomena: 신약성서에 한 번만 나오는 단어)는 복음서 기자에게 문서로 제공된 예언자들의 말씀 형태를 추측하게 한다. 그럼에도 불구하고 늘 주목해야 하는 마태의 인용 특징은 복음서 기자가 자신이 입수한 대본을 개정했다는 주장을 하게 만든다.

350 참조. U. Luz, Mt I, 194. 루츠는 성취 인용구를 정경 이전의 '자유롭고' '유동적인' 본문 형태에 포함시킨다.

351 참조. 위의 책, 194의 각주 26.

352 Treffend O. Michel, "Der Abschluß des Matthäusevangeliums," J. Lange (Hg.), Das Matthäus-Evangelium, 125. "오직 마태복음 28:18-20의 신학적 전제 아래에서 전체 복음서가 기록되었다.(참조. 마 28:19과 10:5ff., 15:24,

학적이며 해석학적인 열쇠이다.[353]

마태복음 28:16-20의 현재 형태는 복음서 기자의 편집인데, 복음서 기자는 부분적으로 공동체 전승을 흥미롭게 다룬다.[참조. 이전 본문(Praetext)으로는 대하 36:23이 있다.] 그러므로 16, 17절은 언어적으로나 내용적으로 마태가 쓴 것이라 볼 수 있다.[354] 18a도 편집이다.(προσέρχομαι는 마태복음에서 52회 나온다. ἐλάλησεν αὐτοῖς λέγων에서 참조. 마 13:3, 14:27, 23:1) 반면 18b에서 마태 이전의 모티브가 감지된다.[예를 들어 하늘(ὐρανός)-땅(γῆ)의 대조] 19a절은 다시 복음서 기자를 분명하게 가리킨다.(πορεύεσθαι는 마 9:13, 10:7, 18:12, 21:6 등, μαθητεύειν는 마 13:52, 27:57에서 편집이다.) 그에 비해 19b절에 나오는 세례 형식은 공동체에서 실행된 세례 행위를 반영한다. 20절은 마태의 수많은 언어적 특성을 포함한다.(예를 들어 συντελεία τοῦ αἰῶνος에서 τηρεῖν, διδάσκειν 참조. 마 13:39, 49, 24:3) 20b절의 약속은 마태복음 18:20을 수용하므로 복음서 기자에게 소급할 수도 있을 것이다.(참조. 마 1:23: 임마누엘)

마태복음 28:16-20은 예수의 보편적 통치를 중점적으로 소개한다. 이는 18b절의 보좌 즉위, 18b, 19a, b절에 나오는 4회의 πᾶς('각자/모두'), 19, 20a절의 선교명령, 20b절에서 영속하는 현존에 대한 확실한 약속에서도 표현된다. 첫 번째 복음서의 예수 묘사는 마태 공동체의 현재 신앙고백에 기초한다. 예수가 부활을 통해 보편적 '권세'(ἐξουσία)를 부여받았다면, 이는

28:20과 1:23, 세례로의 복귀: 마 3:1) 그렇다. 어떤 방식이든 결론은 처음으로 되돌아가서 전체 복음서, 곧 예수의 역사를 '뒤에서부터' 이해하여 가르친다. 마태복음 28:18-20은 복음서 전체를 이해하는 열쇠이다."

353 참조. G. Bornkamm, "Der Auferstandene und der Irdische. Mt 28, 16-20," Zeit und Geschichte (FS R. Bultmann), E. Dinkler (Hg.), Tübingen 1964, 171-91(=Bornkamm/Barth/Held, Überlieferung und Auslegung, 289-310)

354 참조. G. Strecker, Weg der Gerechtigkeit, 208ff.

지상에 계신 분의 권세에 상응한다.(참조. 마 11:27) 아들에게 권세를 맡기는 분은 언제나 하나님이다. 마태복음 28:18b는 권세 자체가 아니라 그것의 적용 범위를 해체한다. 마태의 경우에 부활한 분과 지상에 있는 분의 요구는 서로 일치한다. 임마누엘 모티브(참조. 마 1:23, 28:20)가 지상 예수의 역사를 하나님을 향해 열어놓는다. 동시에 부활한 분의 영속적인 현존은 지상에 있는 분에게 연결된다. 예수는 유일하고 참된 교사로 등장하며, 그의 계명은 제자들만이 아니라 온 세상을 위해 구속력이 있다. 선교명령은 마태의 예수 내러티브를 지향하는 구조를 강조하고 열린 결말을 통해 마태 공동체의 현재로 이어진다. 부활한 분의 권세는 제자들과 현재의 마태 공동체가 백성들 가운데서 선교하며, 예수의 가르침을 구속력 있게 전파하고, 예수 그리스도의 교회가 그의 가르침 안에 머물게 하는 자격을 부여한다. 이처럼 선교명령에는 복음을 지속적으로 규정하는 마태신학의 중심 주제들이 묶여 있다.

마태복음에서 예수의 길은 처음부터 이방인을 향한 하나님의 길이다.[355] 회당 유대교에 대한 초기 선교는 이미 오래전에 실패했지만(참조. 마 23:34, 10:17), 이제 온 세상이 마태 공동체 선교사들의 영역이다. 마태복음 1:1에서 예수 그리스도는 하나님의 아들이며, 마태복음 1:2에서 예수의 계보는 아브라함으로부터 시작된다. 이를 통해 이미 처음부터 보편적 관점이 암시되고 있다. 하나님은 돌들로도 아브라함의 자녀를 만들 수 있기 때문이다.(참조. 마 3:9) 마태복음 1:3-6에 언급된 여성들(다말, 룻, 라합, 우리야의 아내)은 모두 유대인이 아니다. 여기서 한 번 더 보편주의적 관점이 표현된다.[356] 처음에 나오는 네 명의 이방 여인들은 끝에 나오는 '모든 백성'과

355 이에 관한 상세한 설명은 U. Schnelle, Theologie(위 3.1.1을 보라.), 399-430을 참조하라.

356 참조. H. Stegemann, "Die des Uria," 266ff. 이에 반하여 루츠는 일종의 '보편주의적 어조'(einem 'universalistischen Unterton')에 대해서만 말한다.(U. Luz, Mt I, 94.)

상응한다. 이스라엘이 예수를 거절한 후부터가 아니라 마태의 구상에 따르면 처음부터 하나님의 구원 행위는 이방인에게도 해당된다! 마태복음 2:1-2에서 이방인들은 예수에게 경배하는데 유대의 왕은 어린아이를 죽이려고 한다. 이집트로의 도피와 이집트로부터의 귀환(마 2:13-15, 19-22)은 마태복음 2:23, 4:15, 12:18-21의 인용문처럼 이방인을 향한 예언적인 관점을 강조한다. 이스라엘에 대한 세례 요한의 심판설교(참조. 마 3:1-12)와 산상수훈에 따르면 예수는 사회 변두리에 있는 자들을 치유한다.(마 8:1-4: 나병환자, 8:5-13: 이방인, 8:14-15: 여인) 8-9장은 마태 공동체의 설립자로서 복음서 기자의 위상을 암시한다. 그는 유대 그리스도인과 이방 그리스도인으로 구성된 공동체에 살고 있으며, 한 이방인이 공동체를 위해 신앙의 첫 번째 본보기가 되었다.(참조. 마 8:10) 가버나움 백부장의 내러티브에서 마태 공동체는 자신의 고유한 역사를 인식한다. 백부장은 이스라엘의 구원사적인 우선권을 수용하고(마 8:8) 동시에 이방 그리스도인들의 첫 열매가 되지만, 반면 이스라엘은 심판에 이른다.(마 8:11-12)[357] 마태복음 10:17, 18은 제자들이 유대인과 이방인에게 복음을 선포하는 것을 전제한다.[358] 마찬가지로 마태복음 12:21, 13:38a는 백성들을 향한 보편적인 선교를 가리킨다. 마태복음 12:18-21에서 이방인 선교(사 42:1-4)의 근거는 구약성서로 소급해 밝혀진다.[359] 복음이 모든 백성에게 선포된다면(참조. 마 24:14, 26:13), 최후 심판 때 모든 백성이 인자의 보좌 앞에 나온다는 것은 논리에 맞다.(마 25:31-46)

마태복음에서 예수의 가르침은 하나님 뜻과 결합된 해석으로 나타난다. 부활한 분이 지상에 있는 분의 말씀의 구속력을 선포하기 때문이다.(마 28:20a) 마태의 경우 구약성서에 선포된 하나님의 뜻이 예수 안에서 그 목

357 루츠는 "마태의 가버나움의 백부장을 '미래 관점을 지닌 주변 현상'이라고 한다면, 본문의 의미를 극소화하는 것이다."라고 말한다.(U. Luz, Mt II, 16.)

358 참조. J. Gnilka, Mt I, 376f.

359 참조. R. Walker, Heilsgeschichte, 78f.

표에 이르고 있으며, 특히 숙고 인용문을 통해 명료하게 한다. 복음서 기자는 예수의 등장과 선포를 율법의 폐지가 아니라 성취로 이해한다.(참조. 마 5:17-20) 그러나 예수는 어떤 의미에서 율법을 성취하는가? 이는 결코 구약성서에 표현된 하나님의 뜻을 단순히 되풀이 하는 것만은 아니며, 반대명제들이 드러내듯이 오히려 권위 있는 해석이다. 마태복음 5:20과 5:48의 상응은 반대명제들을 복음서 기자가 요구한 더 나은 의의 구체화로 드러낸다. 첫 번째 반대명제(마 5:21-26)에서 예수는 토라의 살인 금지명령을 과격하게 해석하고, 간음 금지(마 5:27-30)에 관한 두 번째 반대명제도 유대적 사상의 토라 계명을 급진화시킨다. 그에 비해 이혼에 관한 세 번째 반대명제(마 5:31-32)에서는 토라 계명을 폐지(참조. 신 24:1, 3)한다. 예수의 '권위'(ἐξουσία)는 유효한 계명을 무효화하고 참된 하나님의 뜻을 유효하게 한다. 마태복음 5:33-37에 나오는 절대적 맹세의 금지도 구약-유대적 사고를 뛰어넘으며, 예수의 권세와 위엄(Hoheit) 가운데서만 이해할 수 있다. 마태는 이 계명도 이미 앞서 나온 이혼 금지명령과 마찬가지로 예수의 선포 의도를 제거하지 않고 그의 공동체를 위해 실천 가능한 것으로 만들었다. 마태복음 5:38-42에서 보상에 관한 구약성서 기본 원칙의 폐기와 마태복음 5:43-48에서 원수사랑의 절대적 계명인 산상수훈은 당시의 이해를 완전히 벗어나며,[360] 장벽이 없고 온전한 사랑과 의로움 안에만 하나님의 참된 뜻이 있음을 강조한다. 반대명제들은 마태가 예수를 통한 율법의 성취를 어떻게 이해하는가를 드러낸다. 그 유효성과 구속력은 구약 전승이 아니라 오직 예수의 권세에 있다. 그러므로 마태에게 토라의 첨예화와 폐지는 반대 개념이 아니다. 둘 다 예수의 권세를 통해서만 기초가 세워지고 결속력이 유지되기 때문이다. 구약성서의 율법이 아니라 예수를 통한 권위 있는 구약성서 해석만이 마태 공동체에게 구속력이 있다. 동시에 예수의

360 종교사적인 평행본문에 관하여는 J. Piper, Love your Enemies, MSSNTS 38, Cambridge 1979를 참조하라.

전권은 단순하게 토라의 그릇된 해석을 무효화할 뿐만 아니라 부분적으로 토라의 본문에 반대하여 원래 의도를 다시 드러낸다.

이미 반대명제들은 마태의 율법 이해 중심이 사랑의 계명 안에 있음을 밝힌다. 예수가 요구한 더 나은 의(Gerechtigkeit, 마 5:20)와 온전함(마 5:48)은 마태복음 7:12에 나오는 황금률과 동일하다. 그것은 긍휼(참조. 마 9:13과 12:7에 나오는 호세아 6:6. 나아가 마 23:23c), 무제한적인 하나님 사랑과 이웃사랑(참조. 마 19:19, 22:34-40) 안에서 구체화되고, 원수사랑 안에서 절정에 이른다. 마태에게 율법 준수는 많은 개별 규정 및 계명과 규칙을 지키는 것이 아니라 사랑과 의를 행하는 것이다. 마태의 율법 이해의 총체로서 사랑의 계명은 전권을 가지고 하나님의 뜻을 다시 들려주는 분을 통해서만 알 수 있다. 그러므로 마태의 율법 이해는 그리스도론에서 얻어야 한다.

마태 윤리의 특징은 하나님의 뜻을 행하라는 요구이다. 마태는 예수가 선포한 '하나님의 통치의 복음'(참조. 마 4:23, 9:35, 24:14)에 대한 인간의 책임에 호소한다. 예수를 믿는다는 것은 그의 뜻을 행하는 것이다. 예수가 자신의 사역을 모든 의의 성취로 이해했듯이(마 3:15), 마태 윤리의 중심 내용은 '의'(δικαιοσύνη)이다.(마 5: 6, 10, 20, 6:1, 33, 21:32) '더 나은' 의는 하늘나라에 들어가기 위한 전제이며(5:20), 이는 반대명제들에서 예시적이고 구속력 있게 표현된 윤리적 행동으로 드러난다. '더 나은' 의의 목표와 기준은 온전함(5:48)이다.[361] 따라서 제자들은 전권을 지닌 예수의 가르침과 행

---

361 슈트레커에 따르면 마태에게서 δικαιοσύνη는 전적으로 제자들의 윤리적 품행, 그들의 올곧음이다.(G. Strecker, Weg der Gerechtigkeit, 149-58.) 이와 다르게 예를 들어 피들러[M. J. Fiedler, "'Gerechtigkeit' im Matthäus-Evangelium," TheolVers 8 (1977): 63-75.]와 기센(H. Giesen, Christliches Handeln. Eine redaktionskritische Untersuchung zum δικαιοσύνη-Begriff im Matthäus-Evangelium, EHS.T 181, Frankfurt 1982.)은 마태의 '의'는 하나님의 의도 포함한다고 본다.(참조. 특히 마 6:33) 다이네스는 '예수의 의'를 언급한다. "그러므로 이 '의'는 예수 없이 불가능하다는 것을 언급해야 한다. 제자도로의

하심에 자신들의 윤리를 맞춰야 한다. 겟세마네에서(참조. 마 26:42) 예수가 주기도문의 세 번째 간구를 성취하듯이(참조. 마 6:10), 공동체는 하나님의 뜻에 순종해야 한다. 구약성서와 새 계명의 지속적인 윤리적 구속력은 마태에게 모순되지 않고, 그 둘은 예수 그리스도의 권위에서 통일성을 갖는다. 마태는 윤리적 명령법을 강하게 강조하면서 구원의 직설법을 결코 간과하지 않는다.(참조. 마 5:1-12, 28:19, 20: 구원 관계의 근거로서 세례가 가르침 앞에 놓인다.[362] 마 7:7-12: '더 나은' 의의 가능성의 근거로서 계명[363]) 마태는 명령법을 강조하는 직설법과 명령법의 상호 관련성이 특징적이므로, 직설법적인 명령법에 관하여 언급할 수 있다.(참조. 예를 들어 마 11:28-30)[364]

마태의 윤리적 모티브는 보상(참조. 마 5:12, 19, 6:1, 19-21, 10:41-42, 18:1-5, 19:17, 28, 20:16, 23, 25:14 이하)-심판(참조. 마 5:22, 7:1, 21, 13:49-50, 22:13, 24:51, 25:30) 사상이며, 이와 결합된 심판 표상이다.[365] 여러 설교는 의도적으로 심판예고로 끝나며(참조. 마 7:21-27, 10:40-42, 13:49-50, 18:23-35), 심판설교로 구성되었다.(마 23-25장) 예수는 인자-심판자로 다시 오실 것이고(마 7:22-23, 13:30, 41, 16:27, 24:29-31, 25:31), 미래의 심판 때 비로소 부름 받은 사람과 택함받은 사람 사이의 구별이 이루어진다.(참조. 마 24:42-51) 이어서 행위의 기준에 따라 누가 '의인'으로

부름에 순종하는 이들은 그것을 통해 '의'에 참여하게 되므로, 그들이 '의'를 향하도록 요청될 수 있기 때문이다. 그러나 제자들의 '의'는 그 근거에 있어서, 그리고 결과적으로 예수를 향한다."(R. Deines, Gerechtigkeit, 647.)

362 참조. G. Friedrich, "Die formale Struktur von Mt 28, 18-20,"(위 3.4.8을 보라.), 182f ; 참조. P. Nepper-Christensen, "Die Taufe im Matthäusevangelium," NTS 31 (1985): 189-207.

363 참조. W. Wiefel, Mt, 148.

364 참조. G. Strecker, Weg der Gerechtigkeit, 171. "예수의 메시지 내용에 상응하여 그것은 명령법과 동일하며, 바실레이아의 '은혜'는 '요구' 가운데 있다."

365 이에 관하여는 다음을 참조하라. D. Marguerat, Le Jugement dans l'Évangile de Matthieu, Genf 1981 ; U. Luz, Mt III, 544-61.

간주되며 누가 '풀무 불'에 던져질지(참조. 마 13:36-43, 47-50) 드러날 것이다. 개인에게 믿음의 실천은 심판의 결정적인 기준이 된다.[참조. 마 16:27: 행한 대로(κατὰ τὴν πρᾶξιν αὐτοῦ)] 또한 마태에게는 종말 심판의 임박보다 종말 심판의 사실성이 중요하다.[366] 혼인잔치 비유(마 22:1-14)에 따르면 선한 자들과 악한 자들이 부름을 받았으나 '혼인잔치 예복'을 입은 사람, 즉 선한 행실을 입증할 수 있는 사람만이 선택된 자이며 왕에 의해 내던져지지 않는다. 이것으로 마태는 종말 심판과 관련하여 공동체를 향해 그들의 무한 책임을 호소한다. 동시에 그는 마태복음 25:31-46의 세상 심판 이야기로써 모든 기대(Berechnen)를 깨뜨린다. 분별되지 않은 것은 선한 행위와 악한 행위였고, 심판자의 처분은 기대한 것이 아니었다.

마태 공동체는 혼합된 공동체(corpus permixtum)로 하나의 선교 공동체이다. 그 공동체는 부활한 분이 그의 교회와 함께한다는 확언으로 유지됨을 알고 있다.(참조. 마 18:20, 28:20) 부활 사건 이후 제자들은 이제 예수를 따르라고 호소해야 하고 보편적인 선교를 수행해야 한다. 마태복음에서 그들은 언제나 교회를 대표한다.[367] 그들의 설명은 마태 공동체의 현실을 잘 반영한다.(참조. 예를 들어 마 18:1-35) 마태는 그리스도인이 되는 것을 제자가 되는 것으로 보았다.(참조. 마 8:23, 9:19, 37 이하, 12:49-50, 19:16-26, 27-28) 이제 역사적 예수를 따르라는 제자도로의 부르심은 복음서에 펼쳐진 승귀한 예수 그리스도의 뜻에 복종하는 것과 일치한다. 예수를 따르는 제자도는 곤경 속에서 성취되며(참조. 마 8:23 이하), 그것은 고난의 준비(참조. 마 10:17 이하), 겸손(참조. 마 18:1 이하)과 섬김의 능력(참조. 마20:20 이하), 긍휼을 베푸는 사랑의 능력(참조. 마 25:31-46)을 요구한다.

366 참조. S. Schulz, Ethik des Neuen Testaments(위 2.4.9를 보라.), 455.

367 마태의 제자 이해에 관하여는 U. Luz, "Die Jünger im Matthäusevangelium," J. Lange (Hg.), Das Matthäusevangelium, 377-414를 참조하라.

3.5.9 최근 연구 경향

마태 연구의 중심은 복음서 기자의 신학적 의도를 묻는 것이다. 마태복음은 각 본문의 다양한 경향과 어떤 관계에 있는가? 트릴링(W. Trilling), 슈트레커(G. Strecker), 발커(R. Walker), 마이어(J. P. Meier)는 마태를 이방 그리스도인으로 본다. 트릴링은 자신의 주장을 위해 마태의 교회론을 언급한다. "최종 편집자인 마태는 결정적으로 이방 그리스도교적이고 보편적으로 사고한다."[368] 슈트레커는 편집과 전승을 분리할 때만 마태 신학의 위치를 제대로 파악할 수 있다고 본다. 그는 복음서의 편집에서 유대 그리스도교적 입장을 찾을 수 없으며, 그런 입장은 수정된 전승에 국한된다고 주장한다. 그의 주장에 따르면 마태는 최초 그리스도교 신학사에서 한 단계 발전된 단계를 대표한다. 그의 예수 묘사는 전승의 역사화, 선포의 윤리화, 전승 자료의 제도화로 특징지어지기 때문이다.[369] "편집의 비유대적, 헬라적 요소들은 저자를 이방 그리스도교로 분류하게 만든다."[370] 발커도 마태복음이 이방 그리스도교적이라고 강조한다. 그에 따르면 "마태복음에서 '이스라엘'은 구원사의 지나간 현상이며, 새로운 구원사의 시간은 이방인을 부르는 시간이다."[371] 보른캄(G. Bornkamm)은 다른 방식을 통해 마태복음의 지역 분권적 경향과 보편주의적 경향 사이의 긴장 관계를 해결한다. 마태복음의 유대적 강조점은 마태의 기록 환경을 반영한다. 그러나 유대 그리스도교 공동체의 대표자인 마태는 새로운 과제(예를 들어 이방선교) 앞에 서 있다. 훔멜(R. Hummel), 슈바이처와 함께 루츠도 마태복음을 유대 그리스도교적 복음으로 해석한다.[372] 루츠는 유대적 특징을 지니는 문헌과 유대적으로 사

368 W. Trilling, Das wahre Israel, 215.

369 참조. G. Strecker, "Das Geschichtsverständnis des Matthäus," J. Lange (Hg.), Das Matthäus-Evangelium, 326-49.

370 G. Strecker, Weg der Gerechtigkeit, 34.

371 R. Walker, Heilsgeschichte, 145.

고하는 복음서 기자의 뿌리, 구약성서를 인용하는 마태의 율법 이해, 여러 유대 그룹에 미친 마태복음의 영향사를 내세운다. 그는 배타적 의미에서 편집과 전통 사이의 모순이라는 가정을 거부하며, 복음서 기자는 그의 전승들로부터 분리될 수 없음을 강조한다. 물론 마태 공동체는 더 이상 회당에 속하지 않으며,[373] 이미 이방선교를 시작했다. 이스라엘로부터의 분리와 모든 민족에 대한 보편적 선교는 마태와 그의 공동체의 신학적 근본 토대이다.[374] "마태복음은 대다수 이스라엘이 예수에게 '아니오' 한 것에 대한 답변이다. 그것은 그러한 거절을 소화하고 위기와 과도기 상황에서 공동체의 정체성 형성과 보호에 기여하려는 시도이다."[375] 그닐카(J. Gnilka)도 마태를 그의 공동체를 회당으로부터 이끌어내려고 애쓰는 유대 그리스도인으로 본다. "그러나 회당과의 연결이 완전히 단절되지는 않았다. 회당의 사법적 권한이 공동체 또는 공동체 구성원들에게 여전히 현실(Faktum)이었음은 진지하게 고려되어야 한다."[376] 롤로프도 마태복음을 유대 그리스도교적인 책으로 이해한다. 그러나 마태 공동체는 이미 회당 연합체로부터 분리되었고 이방선교에 참여하고 있다.[377] 프랑케묄레(H. Frankemölle)는 구약

---

372 참조. U. Luz, Mt I, 85ff.

373 참조. 위의 책, 96.

374 참조. 위의 책, 91f. IV, 450f. 루츠는 그의 주석의 이전 판과 견주어볼 때 견해를 결정적으로 바꾸었고, "마태 공동체의 중심부에서도 이미 이방선교가 진행되고 있었음"을 가정했다.(Mt IV, 451.); 참조. J. Roloff, Kirche, 146-54.(위 3.5.4를 보라.); P. Foster, Community, Law and Mission, 253.("복음서가 기록되는 시기에 그 그룹은 이전의 종교적 환경으로부터 독립한 단체로 운영되고 있었다.") 이와 다른 의견으로는 M. Konradt, Die Sendung zu Israel und zu den Völkern im Matthäusevangelium, 415를 참조하라. "보편적인 이방선교가 이스라엘에서 예수를 거부하는 것 혹은 이스라엘을 거부하는 것에 대한 답변은 아니다."

375 U. Luz, Mt I, 98.

376 J. Gnilka, Mt II, 534.

377 참조. J. Roloff, Kirche(위 3.5.4를 보라.), 146f.

성서적 역사 개념(신명기, 역대기)의 영향사에 유대 그리스도인 마태를 편입시킨다. "양식사적으로 Q의 로기온 수집록과 마가복음은 신약성서의 역사신학이 되었다. 이 역사신학은 예수의 사역, 그의 공동체의 존재, 예루살렘의 멸망으로 말미암아 변경된 역사적 상황을 구약성서적 계약신학의 지평에서 설명하려고 한다."[378]

트릴링과 슈트레커의 연구에서 전승과 편집 사이의 양자택일은 유지될 수 없을 것이다. 복음서 기자가 강한 유대 그리스도교적 여러 전승을 복음서 안에 수용했고, 그것이 자신의 생각을 결정하는 데 도움이 되었기 때문이다. 다른 한편으로 오늘날의 마태복음 주석은 마태복음을 유대교나 유대 그리스도교에 위치시키기 위해 복음서 기자의 이방 그리스도교적 입장에 관한 분명한 언급을 간과하고 있다. 결국 남겨진 질문은 이방 그리스도교와 유대 그리스도교 사이의 구별이 마태복음의 합당한 이해를 위해 발견적인 기능을 할 수 있는가이다. 마태는 분파적-유대 그리스도교적 전승을 보편적-이방 그리스도교적 본문들과 병합한다. 마태의 작업은 바로 이 두 흐름의 융합이다.[379]

마태복음의 내러티브 분석에서 이스라엘 및 그 지도자들과의 논쟁은 내용과 구성에 결정적이다.[예를 들어 킹스베리(J. D. Kingsbury)] "마태는

---

378 H. Frankemölle, Jahwebund, 394f.

379 슈낙켄부르크는 "마태는 이스라엘을 향한 역사적 예수의 파송과 모든 백성에게로 가라는 부활한 분의 위탁을 병렬시킨다."라고 주장하며 마태의 건설적인 작업을 적절하지 않다고 본다.(R. Schnackenburg, Die Person Jesu Christi, 107, 위 3.4.9를 보라.) 이와 달리 웡은 '이방 그리스도교적, 유대 그리스도교적' 본문을 마태 공동체 안에서 이방 그리스도인들과 유대 그리스도인들의 동등한 권리를 지니는 병치와 상호 관계에 근거하여 설명하려고 한다.(K. Ch. Wong, Interkulturelle Theologie, 125-54.) 타이센은 마태가 그의 주변 환경의 메시아 기대를 수용하고 변형시켰다고 강조한다.(G. Theißen, Vom Davidssohn zum Weltherrscher, 163.) 예수 그리스도 안에서 "유대적이며 이교도적인 기대들이 성취되어 간다. 그의 통치는 모든 정치적 세계의 통치권에 대한 하나의 양자택일이다."

예수의 역사를 '내적 원칙'에 따라 구상했다. 그는 그것을 이스라엘과 예수의 논쟁사로 설명했다."[380] 프랑케묄레는 독자의 관점에서 구상한 자신의 주석에서 다음의 내용을 강조한다. "마태는 내러티브 신학의 대표자이다. 그는 이야기와 설교의 단일체로 자신의 신학을 설계했다. 성서에 나오는 그의 선임자들처럼 마태는 자신이 설명하는 역사가 하나님에 의해 형성되었고 온전한 목적에 따라 인도된다고 굳게 확신했으며, 역사의 흥망성쇠 가운데 일하는 하나님의 영속적이고 항구적인 행동을 믿었다."[381]

특히 북미의 주석은 마태를 유대교 안에서 이해하고 해석하려고 한다. 마태가 그의 신학과 그리스도론에서 유대교 내부 담론의 대표였다는 것이다.[382] 최근 독일어권의 연구, 특히 콘라트(M. Konradt)와 크라우스(W. Kraus)는 다음과 같이 주장한다.[383] 마태는 유대교 내부 담론 안에 위치하며, 거기서 선교명령의 보편주의는 이스라엘 선교의 실패 때문이 아니라 "오히려 아브라함의 자녀됨의 모티브와 모든 민족을 위하여 아브라함에게

---

380 U. Luz, Jesusgeschichte des Matthäus, 78.

381 H. Frankemölle, Mt I, 125.

382 참조. A. Overman, Matthew's Gospel and Formative Judaism, Minneapolis 1990; A. J. Saldarini, Matthew's Christian-Jewish Community, Chicago 1994; D. C. Sim, The Gospel of Matthew and Christian Judaism, Edinburgh 1998; W. D. Davies/D. C. Allison, Mt III, 695. 데이비스와 앨리슨은 마태 공동체가 이방 그리스도인과 접촉했음을 알면서도 다음과 같이 주장한다. "마태의 공동체는 여전히 일탈적인 유대교 연합체였다."

383 독일어권의 연구에 관하여는 M. Gielen, Der Konflikt Jesu, 473을 참조하라.("마태와 그의 공동체의 자기이해는 유대적이며, 예수 그리스도께 신앙을 고백하지 않는 동료 신자들과의 분리는 아직 완성되지 않았다."); M. Vahrenhorst, "Ihr sollt überhaupt nicht schwören." Matthäus im halachischen Diskurs, WMANT 95, Neukirchen 2002; 콘라트는 "복음서 기자가 그의 공동체를 이스라엘의 신학 유산의 합법적 관리자로 보는 데 관심을 두었음"을 환기시킨다.(M. Konradt, Die Sendung zu Israel und zu den Völkern im Matthäusevangelium, 424.); 피들러는 "이스라엘 내부의 예수 그리스도의 교회"를 언급한다.(P. Fiedler, Mt, 29.); 마태를 완전히 유대교 안에 위치시키려는 기획에 대한 비판은 U. Luz, Mt I, 95; IV, 451을 참조하라.

주어진 축복의 약속을 수용하고 실행하는 것 때문이다."[384] 콘라트는 다음과 같이 강조한다. "마태복음 28:19에서 제자들은 더 이상 이스라엘만이 아니라 모든 민족에게 보내진다. 이스라엘이 여전히 포함되는지의 여부, 즉 주석에서 많이 논의되는 질문은 마태에게 전혀 문제가 되지 않는다. 반대로 그의 관심은 지금부터 모든 (남은) 민족이 포함된다는 것이다."[385] 아마도 반유대적 진술(참조. 마 27:25)이 유대인 내부 논쟁의 정당한 형태로 간주되어야 한다는 것은 분명 의도된 부작용이다.[386] 이러한 입장에 대해 특히 루츠와 다이네스(R. Deines)가 비평적이다. 다이네스는 마태복음 5:17-20이 유대교 내부의 특수 그룹으로서의 마태 공동체 특징에 대한 근거로 사용될 수 없음을 검증한다.[387] 무엇보다도 할례 문제를 고의적으로 무시하는 것은 마태복음이 지속적이고 배타적으로 유대교 안에 위치한다고 주장하기 어렵게 만든다.[388] 로기온 자료와 세 공관복음에 '할례'(περιτομή)가 없는 것은[389] 결코 우연이 아니다. 유대 그리스도인인 마태는 할례 없는 유대교가 없으며 내부 유대교와의 진정한 대화도 없다는 사실을 피할 수 없

384 W. Kraus, "Zur Ekklesiologie des Matthäusevangeliums," D. P. Senior (Hg.), The Gospel of Matthew at the Crossroads of Early Christianity, (195-239) 212.

385 M. Konradt, Israel, Kirche und die Völker, 339.

386 참조. A. J. Saldarini, "Reading Matthew without Anti-Semitism," The Gospel of Matthew in Current Study (FS W. G. Thompson), D. E. Aune (Hg.), Grand Rapids 2001, 166-84.

387 참조. M. Ebner, "Das Matthäusevangelium," Ebner/Schreiber (Hg.), Einleitung, 141. "우리는 서사를 유대 그리스도교 공동체를 위해 글을 쓰는 유대 그리스도인 작가로 가정한다. 그러나 그 공동체는 전환점, 보다 정확히 말해서 복음서가 헤쳐 나와야 할 위기 가운데 놓여 있다."

388 이 문제에 대한 여러 답변은 설득력이 없다. 그에 반해 복음서의 상황은 분명하다. 할례가 아니라 세례, 선교, 가르침(참조. 마 28:6-20)이 마태 그리스도교의 입문 예식/기본 노선이다.

389 περιτεμεῖν('할례를 행하다')은 누가복음 1:59, 2:21에만 나온다.(이기 예수의 할례)

기 때문이다.[390] 세니어(D. Senior)도 마태 공동체가 "초기 그리스도교에서 교차로(crossroads)에 위치한다고 본다. 비록 마태 공동체는 스스로 유대인의 유산에 대해 충실하다고 확고하게 믿었지만, 예수를 믿음으로 말미암아 많은 동료 유대인 및 그들의 지도자들과 대립하고 있음을 알고 있었다. 동시에 유대 역사와 가르침에서 개화(開花)를 의미하는 예수를 믿는 믿음이 이방 세계를 향한 세계 선교 사명의 지평을 열었고, 예수의 가르침에 기꺼이 응답하여 그를 믿는 자들이 하나님의 구원받은 백성에 속하도록 이방인들을 초청했다."[391]

지난 수십 년간 마태복음 주석의 중심은 산상수훈의 해석이었다. 논쟁이 된 것은 그 본문 단락의 문학적 장르였다. 베츠(H. D. Betz)가 산상수훈을 마태 이전의 유대 그리스도교적 구성으로 여기는 반면에 대다수 주석가는 산상수훈을 마태의 구성으로 본다. 산상수훈의 주제 또한 매우 다양하게 규명되고 있다. 슈트레커가 산상수훈의 주제와 중심을 마태복음 5:17-20에서 본다면, 루츠는 주기도문을 예수의 첫 번째 대설교의 실제 중심으로 이해한다.[392] 산상수훈은 누구에게 적용되는가? 그것이 모든 사람을 향하고 있다면 그것은 그리스도교 교회 안에서만 유효한가? 혹은 배타적 그룹이나 개인이 산상수훈의 급진적인 요구를 성취할 수 있는가?[393] 여전히 격렬하게 논쟁되는 것은 산상수훈의 요구를 실현할 수 있는가에 관한 질문이다. 마태에게 산상수훈의 윤리적인 급진주의는 유대인들과 이방인들로 이루어진 그리스도교 공동체임을 드러내는 더 나은 의에 대한 표현이다.

---

390 참조. 할례가 아브라함 및 전체 이스라엘과의 영원한 계약의 표시로 나오는 곳은 오직 창세기 17:7, 13이다. 할례를 행하지 않는 자는 계약을 위반하는 것이며 축출되어야 한다.(창 17:14)

391 D. Senior, "Matthew at the Crossroads of Early Christianity," ders. (Hg.), The Gospel of Matthew at the Crossroads of Early Christianity (3-23) 22.

392 참조. U. Luz, Mt I, 457f.

393 참조. G. Lohfink, "Wem gilt die Bergpredigt?," ThQ 163 (1983): 264-84.

그러나 산상수훈의 윤리적인 요구가 과연 시대를 초월하는 명령으로 실현될 수 있는가? 아마도 윤리적인 급진주의의 실현 가능성에 대한 문제도 잘못 제기되었을 수 있다. 그 질문은 예수나 마태가 의도하지 않은 율법주의와 기능화로 이끌어 갈 것이기 때문이다. 따라서 에커르트(J. Eckert)는 임박한 하나님의 나라를 앞두고 하나님의 뜻에 온전히 자신을 내맡기라는 호소로 급진주의를 이해하고, 그렇게 함으로써 (참된) 인간이 될 수 있다고 한다.[394] 타이센은 마태복음에서 동시대의 통치 개념에 대한 반대를 본다. "세계 통치에 관한 완전히 새로운 방식, 즉 윤리적 계명을 통한 세계 통치가 예고된다. 이것은 로마와 헤롯의 통치와는 다른 차원이고, 동양의 통치권에 대한 기대와도 다른 차원이다. 이것은 당대의 유대교의 메시아 기대와도 구별된다. 그러나 우리가 마태복음에서 관찰할 수 있는 것은 이러한 기대를 충족시키는 것만이 아니다. 마태복음서는 정치권력이 윤리로 변형되는 것에 대한 증언이다."[395] 구약성서와의 관계에서 마태복음의 신학적-문학적 기여에 대해 루츠는 "성서 전승이 예수의 역사를 위한 준거틀을 형성하는 것이 아니라, 예수의 역사가 성서 전승을 위한 준거틀을 형성한다."[396]라고 주장한다. 이처럼 역사적 기초 관점(Grundgeschichte)이 바뀌었기 때문에 유대 그리스도교적인 마태복음서에서도 성서 전승 형성의 통일성을 말할 수 없다. 오히려 "새로운 기본 본문의 새로운 서술인 마태복음은 성서를 다루는 데 전적으로 새롭게 접근한다."[397]

---

394 참고. J. Eckert, "Wesen und Funktion der Radikalismen in der Botschaft Jesu," MThZ 24 (1973). 301-25.

395 G. Theißen, Vom Davidssohn zum Weltherrscher, 164.

396 U. Luz, "Das Matthäusevangelium – eine neue oder eine neu redigierte Jesusgeschichte?," Biblischer Text und theologische Theoriebildung, S. Chapman, Chr. Helmer, Chr. Landmesser (Hg.), BThSt 44, Neukirchen 2001, (53-76) 72.

397 위의 책, 73.

3.6 누가복음

3.6.1 참고문헌

주석

KEK I/3: H. Klein, Das Lukasevangelium, 2006. • HNT 5: M. Wolter, 2008. • HThK III 1. 2/1: H. Schürmann, ^{3}1984. 1993(=Kap. 1-11:54). • EKK III/1-3: F. Bovon, 1989. 1996. 2001(=Kap. 1:1-19:27). • ThHK 3: W. Wiefel, 1988. • ÖTK 3,1.2: G. Schneider, ^{2}1984. • NTD 3: E. Schweizer, ^{2}1986. • RNT: J. Ernst, 1977. • ZBK 3.1: W. Schmithals, 1980. • W. Radl, Das Lukasevangelium I, Freiburg 2004(=Kap. 1:1-9:50). • NICNT: J. B. Green, The Gospel of Luke, 1997. • NIGTC: I. H. Marshall, 1978. • AncB 28.28a: J. A. Fitzmyer, 1981. 1985. • WBC 35a-c: J. Nolland, 1989. 1993. • Sacra Pagina: L. T. Johnson, 1991.

단행본

H. Conzelmann, Die Mitte der Zeit, BHTh 17, ^{6}1977. • H. Flender, Heil und Geschichte in der Theologie des Lukas, BEvTh 41, 1965. • J. Jeremias, Die Sprache des Lukasevangeliums, KEK Sonderband, 1980. • W. C. Robinson, Der Weg des Herrn, ThF 36, 1964. • T. Schramm, Der Markus-Stoff bei Lukas, MSSNTS 14, 1971. • G. Lohfink, Die Himmelfahrt Jesu, StANT 26, München 1971. • Ders., Die Sammlung Israels, StANT 39, München 1975. • E. Gräßer, Das Problem der Parusieverzögerung in den synoptischen Evangelien und in der Apostelgeschichte, BZNW 22, Berlin ^{3}1977. • C. P. März, Das Wort Gottes bei Lukas, EThSt 11, Leipzig 1974. • U. Busse, Die Wunder des Propheten Jesus, fzb 24, Stuttgart/Würzburg 1977. • J. M. Nützel, Jesus als Offenbarer nach den lukanischen Schriften, fzb 39, Würzburg 1980. • L. Schottroff/W. Stegemann, Jesus von Nazareth • Hoffnung der Armen, Stuttgart ^{3}1990. • J. W. Taeger, Der Mensch und sein Heil, StNT 14, Gütersloh 1982. • F. W. Horn, Glaube und Handeln in der Theologie des Lukas, GTA 26, Göttingen ^{2}1986. • M. Klinghardt, Gesetz und Volk Gottes, WUNT 2. 32, Tübingen 1988. • G. Nebe, Prophetische Züge im Bilde Jesu bei Lukas, BWANT 127, Stuttgart 1989. • W. Stegemann, Zwischen Synagoge und Obrigkeit. Zur historischen Situation der lukanischen Christen, FRLANT 152, Göttingen 1991. • J. D. Kingsbury, Conflict in Luke, Minneapolis 1991. • R. Morgenthaler, Lukas und Quintilian: Rhetorik als Erzählkunst, Zürich 1993. • A. Weiser, Theologie des Neuen Testaments II(위 3.3.1을 보라.), 117-52. • M. Korn, Die Geschichte Jesu in veränderter Zeit, WUNT 2. 51, Tübingen 1993. • E. Reinmuth, Pseudo-Philo und Lukas, WUNT 74, Tübingen 1994. • W. Radl, Der Ursprung Jesu. Traditionsgeschichtliche Untersuchungen zu Lukas 1-2, HBS 7, Freiburg 1996. • Ulrike Mittmann-Richert, Magnifikat und Benediktus. Die ältesten Zeugnisse der judenchristlichen Tradition von der Geburt des Messias, WUNT 2.90, Tübingen 1996. • C. M. Tuckett, Luke, Sheffield 1997. • K. Löning, Das Geschichtswerk des Lukas I, Stuttgart 1997. • P. Pokorný, Theologie der lukanischen Schriften, FRLANT 174, Göttingen 1998. • G. Wasserberg, Aus Israels Mitte • Heil für die Welt, BZNW 82, Berlin 1998. • Martina Böhm, Samarien und die Samaritai bei Lukas, WUNT 2.111, Tübingen 1999. • D. P. Moessner, Jesus and the heritage of Israel. Luke's narrative claim upon Israel's legacy, Harrisburg 1999. • Christina Kurth, "Die Stimme der Propheten." Jesu Geschick und "Die" Juden nach der Darstellung des Lukas, BWANT 148, Stuttgart 2000. • H. Ganser-Kerperin, Das Zeugnis des Tempels, NTA 36, Münster 2000. • R. v. Bendemann, Zwischen ΔΟΞΑ und ΣΤΑΥΡΟΣ, Eine exegetische Untersuchung der Texte des sogenannten Reiseberichts im Lukasevangelium, BZNW 101, Berlin 2001. • L. Bormann, Recht, Gerechtigkeit und Religion im Lukasevangelium, StUNT 24, Göttingen 2001. • Chr. Heil, Lukas und Q(위 3.3.1을 보라.) • K. Löning, Das Geschichtswerk des Lukas II, Stuttgart 2006. • D. Marguerat, Lukas, der erste christliche Historiker, AThANT 92, Zürich 2011. • M. Bauspieß, Geschichte und Erkenntnis im lukanischen Doppelwerk, ABG 42, Leipzig 2012

논문

G. Braumann (Hg.), Das Lukas-Evangelium, WdF CCLXXX, Darmstadt 1974.(주요 논문집, H. Conzelmann, E. Lohse, E. Haenchen, W. G. Kümmel, G. Klein 등) • F. Bovon, Lukas in neuer Sicht, Neukirchen 1985.(논문집) • P. v. d. Osten-Sacken, "Zur Christologie des lukanischen Reiseberichtes," EvTh 33 (1973): 476-96. • O. Merk, "Das Reich Gottes in den lukanischen Schriften," ders., Wissenschaftsgeschichte und Exegese(위 1.1을 보라.), 272-91. • E. Schweizer, "Zur Frage der Quellenbenutzung durch Lukas," ders., Neues Testament und Christologie im Werden, Göttingen 1982, 33-85. • G. Schneider, Lukas, Theologe der Heilsgeschichte, BBB 59, Bonn 1985(논문집). • C. Bussmann/W. Radl (Hg.), Der Treue Gottes trauen (FS G. Schneider), Freiburg 1991. • M. Wolter, "'Reich Gottes' bei Lukas," NTS 41 (1995): 541-63. • C.-P. März, "Die theologische Interpretation der Jesus-Gestalt bei Lukas," Gedenkt an das Wort (FS W. Vogler), hg. v. Chr. Kähler u. a., Leipzig 1999, 134-49. • J. Verheyden (Hg.), The Unity of Luke-Acts, BETL 142, Leuven 1999.(주요한 논문집) • M. Wolter, "Das lukanische Doppelwerk als Epochengeschichte," C. Breytenbach/J. Schröter, Die Apostelgeschichte und die hellenistische Geschichtsschreibung(아래 4.1을 보라.), 253-84. • M. Hengel, "Der Lukasprolog und seine Augenzeugen: Die Apostel, Petrus und die Frauen," St. C. Barton/L. T. Stuckenbruck/B. G. Wold (Hg.), Memory in the Bible and Antiquity, WUNT 212, Tübingen 2007, 195-242. • R. v. Bendemann, "Lukas," RAC 23, Stuttgart 2009, 646-76.

연구 보고서

M. Rese, "Das Lukas-Evangelium. Ein Forschungsbericht," ANRW II 25. 3, Berlin 1985, 2258-2328. • W. Radl, Das Lukas-Evangelium, EdF 261, Darmstadt 1988. • F. Bovon, Luc le Théologien. Vingt-cinq ans de recherches (1950-75), Neuchâtel/Paris ²1988; A. Lindemann, "Das Lukasevangelium," ThR 70 (2005): 174-216.

3.6.2 저자

세 번째 복음서의 저자는 알려지지 않았다. 기원후 180년경 리옹의 이레네우스가 처음으로 누가를 복음서의 저자로 명명한다. "누가는 바울의 여행 동료로 바울이 선포한 복음을 기록했다."(Haer III 1, 1; 참조. 유세비우스, HE V 8, 3)[398] 이레네우스(Haer III 14, 1)는 이 추가 기록을 사도행전에 나오는 '우리'-구절로 입증한다.(행 16:10-17, 20:5-15, 21:1-18, 27:1-28:16), 여기서 누가는 바울의 가까운 동역자이다.(참조. 골 4:14: Λουκας ὁ ἰατρὸς ὁ ἀγαπητός='사랑을 받는 의사 누가', 몬 24절, 딤후 4:11) 무라토리 경전(기원후 200년경)은 누가복음에 대해 이렇게 언급한다. "의사 누가가 그리스도의 승천 이후, 그리고 바울이 학문적으로 교육받은 그를 영입한 이후 자신의 이름으로 (자신의) 의견에 따라 글을 썼다."[399] 실제로 순교자 유스티누스(기원후 150년경)는 누가복음을 알고 있었다. 그가 인용한 일련의 인용구로 그 사실을 추정할 수 있다.(참조. 예를 들어 유스티누스의 Apol I 50, 12와 눅 24:44-45 및 행 1:8)[400] 교부들(특히 테르툴리아누스, AdvMar IV 281)은 마르키온이 기원후 140년경 누가복음을 삭제하고 수정하여 자신의 '복음서'를 얻었다고 한다. 마르키온이 만든 '복음서'는 누가복음의 존재에 대한 오

398 이 전승에 대한 이레네우스의 (로마) 자료에 관하여는 C. J. Thornton, Der Zeuge des Zeugen(아래 4.1을 보라.), 10-39를 참조하라.

399 H. Merkel, Die Pluralität der Evangelien(위 3.2.2를 보라.), 11에서 재인용.

400 참조. E. Haenchen, Apg(아래 4.1을 보라.), 22f.; J. Wehnert, Wir-Passagen (아래 4.1을 보라.), 56f.

래된 증언이지만,[401] 반면 그 저자에 관해서는 아무것도 언급하지 않는다.[402] 누가복음에 관한 파피아스의 메모는 전해지지 않았으나, 가이사랴의 안드레아스(기원후 600년경)가 기록한 계시록-주석의 아람어 번역에서 파피아스가 누가복음 10:18을 인용했다는 단편이 언급되었다.[403] 세 번째 복음서의 저자로서 바울의 수행원인 누가에 관한 전승이 기원후 150년 이전에 상당히 널리 퍼져 있었다.[404]

이 전승의 생성에 관하여는 다만 추측만 할 수 있다. 가장 개연성 있는 가정은 데오빌로 각하에게 보내는 두 가지 저작과 누가가 연결되었다는 것이 사도행전과 바울 및 제2바울서신 진술들의 결합에서 비롯되었다는 가정이다.[405] 빌레몬서 1:24, 골로새서 4:14, 디모데후서 4:11에서 누가라는 이름은 세 번째 복음서의 저자인 누가와 아직 결합되지 않았다. 따라서 세 번째 복음서의 저자를 누가로 보는 전승은 아마도 이 세 서신을 전제했을 것

401 마르키온의 '누가복음'에 관하여는 특히 A. v. Harnack, Marcion(아래 5.5.3을 보라.), 52ff.를 참조하라.

402 소위 반(反)마르키온적 복음서 서문은 누가에 관해 이렇게 언급한다. "누가는 안디옥 출신의 시리아인이며, 직업은 의사이고, 사도들의 제자였으며, 나중에 바울이 순교하기까지 그를 수행했다. 그는 흠 없이 주님을 섬긴 후, 부인도 자녀도 없이 84세에 뵈오티엔(Böotien)에서 성령이 충만하여 죽었다." 레굴은 이 서문이 공통된 기원이 없으며, 반마르키온적인 방향도 아니고, 빨라야 기원후 4세기에 생겨났음을 입증한다.(J. Regull, Die antimarcionitischen Evangelienprologe, Freiburg 1969.)

403 참조. F. Siegert, "Unbeachtete Papiaszitate bei armenischen Schriftstellern," NTS 27 (1981): (605-14) 606; 이에 관하여 비평적으로 전체 자료를 다루는 것은 다음을 참조하라. U. H. J. Körtner, "Papiasfragmente," Papiasfragmente/Hirt des Hermas, U. H. J. Körtner/M. Leutzsch (Hg.), Darmstadt 1998, 15; D. A. Gregory, The reception of Luke and Acts in the period before Irenaeus, WUNT 2.169, Tübingen 2003.

404 참조. J. Wehnert, Wir-Passagen(아래 4.1을 보라.), 59f.; C. J. Thornton, Der Zeuge des Zeugen(아래 4.1을 보라.), 69.

405 가장 최근 논쟁에 관하여는 J. Wehnert, Wir-Passagen(아래 4.1을 보라.), 60-66을 참조하라.

이다. 사도행전의 두 번째 부분에서 복음서 저자가 바울이 로마에 투옥되기까지의 생애에 대한 광범위한 지식을 갖추고 있었음을 유추할 수 있다. 이 주장에 따르면 로마에서 기록된 디모데후서(참조. 딤후 1:17)는 사도행전이 끝나는 바로 그곳에서 시작한다.(참조. 행 28:30-31) 디모데후서 4:11은 누가를 바울에게 충실한 마지막 동역자라고 말한다. 이것이 다른 동역자와 구별되는 점이며, 데오빌로에게 보내는 두 가지 저작의 저자가 되게 한다.[406]

그러나 고대 교회 전승의 생성이 전승의 역사적 가치를 결정하는 것은 아니다. 누가복음과 사도행전의 저자가 바울의 동역자였는가? 누가와 바울 신학의 비교는 이 질문에 대해 부정적으로 답변할 수도 있다.[407] 누가는 바

---

406 토른톤은 디모데후서 4:11의 의미를 평가절하한다.[C. J. Thornton, Der Zeuge des Zeugen(아래 4.1을 보라.), 79.] "세 번째 복음서와 사도행전이 2세기 초까지 익명으로 남아 있었다면, 누군가 아주 확실하지 않은 이유로 변두리에 있던 바울의 수행원인 누가의 중요성을 키워서 20여 년 후에 다시 그의 이름을 이중 저작의 저자로 요구한 것일까?" 그와 반대로 다음과 같이 주장할 수도 있다. 이중 저작은 기원후 90년경에, 디모데후서는 100년경에, 누가 전승은 2세기 초에 생성되었다면 시간 순서가 잘 완성된다!

407 참조. G. Schneider, Lk I, 32f.; W. Wiefel, Lk, 4; F. Bovon, Lk I, 22-24; E. Schweizer, Lk, 4. 저자 문제는 열려 있다. 피츠마이어는 누가가 의사이며 바울 선교를 직접 목격한 증인(행 16:10ff.)으로 본다.(J. A. Fitzmyer, Lk I, 53.) M. Hengel, Geschichtsschreibung(위 2.1을 보라.), 60; ders., Lukasprolog, 215ff.(누가는 열두 사도의 보도를 직접 목격한 의사요 바울의 동역자이다.); C. J. Thornton, Der Zeuge des Zeugen(아래 4.1을 보라.), 341; J. Jervell, Apg(아래 4.1을 보라.), 63. 슈툴마허는 사도행전 13:1과 로마서 16:21에 나오는 Λούκιος와 Λουκᾶς가 동일하다고 보고[P. Stuhlmacher, Biblische Theologie des Neuen Testaments I(위 2를 보라.), 227f.] 다음과 같이 추정한다. "누가는 개종한 디아스포라 유대인이며 안디옥의 그리스도교 교사였다. 거기서 그는 바울을 만났고 때때로 사도의 선교여행을 수행했다."(P. Stuhlmacher, 위의 책, 228.) 볼터는 바울의 수행원들 가운데 누가를 누가복음과 사도행전의 저자로 보지만 바울의 여행을 지속적으로 수행한 것이 아니라 바울이 1인칭 복수로 선교여행에 관해 설명하는 장소에만 참여했다고 말한다.(M. Wolter, Lk, 7f.)

울 신학의 중심 요소를 사도행전 서술에 다시 가져오지 않는다.(바울과의 유사점은 다음과 같으며 칭의론에 대한 유사점은 사도행전 13:38에서만 발견된다. 참조. 행 1:8과 28:28의 보편적인 진술, 행 15:9 혹은 15:11의 믿음의 강조) 누가의 신학은 바울과 상당히 구별된다.[408] 필하우어는 이에 동의하며 "사도행전 저자의 그리스도론은 바울 이전에 속하며, 그의 자연신학, 율법이해, 종말론은 바울 이후에 속한다. 사도행전 저자에게서 고유하며 특징적인 바울의 사고는 하나도 발견되지 않는다."[409]라고 주장한다.

게다가 누가는 바울 선교 사역의 중요한 세부사항을 잘 알지 못한다. 예를 들어 사도행전은 바울의 다섯 번의 예루살렘 여행을 언급하는 반면 바울서신은 세 번의 예루살렘 여행만을 언급한다. 게다가 협상 상대에 대한 다양한 설명(행 15:5-21: 야고보는 개종한 바리새인들과 베드로 사이의 중재자이며, 베드로는 바울과 야고보 사이의 중재자이다. 갈 2:9: 한 편에는 바울과 바나바가 있고, 다른 한 편에는 야곱, 게바, 요한이 있다.)과 사도회의의 결정(참조. 갈 2:10과 행 15:22-29)은 누가가 바울의 수행원이 아니었음을 가리킨다.(참조. 행 16:1-3, 갈 2:3-4) 누가는 사도의 칭호를 열두 제자로 제한하지만(행 14:4, 14의 전승은 예외이다.) 바울에게 사도직을 인정받은 것은 그의 자기이해(고전 9:1-2)와 선교활동(고전 15:9-10, 갈 2:8)의 기본 토

---

408 참조. 슈나이더는 이에 대해 신중하게 검토했다.[G. Schneider, Apg I(아래 4.1을 보라.), 112-18.] 누가의 바울상에 관한 신학적 기본 노선에 관하여는 G. Schille, Das älteste Paulus-Bild(아래 5를 보라.), 17-33을 참고하라. 예를 들어 바울과 누가의 인간론은 근본적으로 구별된다. 태거는 다음과 같이 적절하게 표현한다. "하나님은 인간의 구원을 원하신다. 사람이 어떻게 이 구원에 참여하게 되는지에 대해 선포자들은 – 여러 관점에서 – 결정적인 발걸음을 인간 자신이 내딛어야 한다(아니 내디딜 수 있다.)고 말한다."(J. W. Taeger, Der Mensch und sein Heil, 222.) 헹엘은 "그(누가)가 나중에 자신의 작품을 통해 사도들에 관하여 알릴 기회가 더 이상 없었다."라고 추측하며 문제를 피하려고 한다.[M. Hengel, Geschichtsschreibung(위 2.1을 보라.), 60.]

409 Ph. Vielhauer, Paulinismus(아래 4.1을 보라.), 26.

대가 되었다.[410] 사도행전 16:3, 4에 나온 누가가 전하는 바울의 모습과 사도 바울의 자기 진술 사이에는 큰 모순이 있다. 사도행전 16:3에 따르면 바울은 유대인들을 고려하여 헬라인인 디모데에게 할례를 행한다. 반면에 갈라디아서 2:3에서는 헬라인 디도가 사도회의에 의거하여 할례 받지 않은 것을 매우 축하한다. 갈라디아서의 논증은 아마도 디모데의 할례를 완전히 믿을 수 없는 것으로 만들었을 것이다! 사도행전 16:4에서 바울은 사도칙령의 주요 대표자이다.(참조. 행 15:19-21, 28-29, 21:25) 그러나 갈라디아서 2:11-14에서 바울은 안디옥 돌발 사건의 내용을 격렬하게 반박한다. 누가가 초기 그리스도교 역사에서 소식과 서신에 대해 반복해서 말하고(참조. 행 15:22-29, 23:23-30, 33-34) 바울을 서신의 전달자(행 9:2)로, 즉 함께 전하는 자(행 15:30)로 기록함에도 불구하고 그를 바울서신이나 편지의 기록자로는 언급하지 않는다! 누가를 바울의 동역자로 볼 때 이는 설명하기 어려운 실제 정황이다.[411] 사도 자신의 진술과 밀레도의 설교에서 공동체의 책임자/감독으로 장로를 임명하는 것도 서로 양립할 수 없다.(참조. 행 20:17, 28) 진정성 있는 바울서신에서 장로들은 전혀 등장하지 않으며, 빌립보서

---

410 포코르니는 적절하게 이렇게 말한다. "직접적인 바울의 제자이며 동역자라면 사도행전에서 누가가 하는 것처럼 결코 그의 스승의 사도 칭호를 부정하지 않을 것이다."(P. Pokorný, Theologie 14.)

411 볼터가 다음 사항을 언급하며 이러한 논증을 무력화하고자 한다. "이 사실 정황은 모든 바울서신이 사도행전 16:17과 20:5의 사이, 즉 정확하게 '우리'에 해당하는 화자가 바울과 함께 있지 않았던 바로 그 시기에 기록되었다는 납득할 만한 설명이 된다."(Wolter, Lk, 8.) 누가의 이 구성을 역사적인 것으로 고려한다면, 누가가 사도행전 16:17과 20:5의 사이 기간에 부재함에도 왜 바울서신에 나오지 않는 많은 것들을 보고해야 했는지에 대한 문제가 제기된다! 그가 바울의 수행원으로 사도의 아주 인상적인 서신들(참조. 고후 10:10)이나 성공적인 서신 저자인 바울에 관해 아무것도 듣지 못하고 알지 못해야 했는가? 바울이 교회들과 얼마나 강력한 소통을 했는지를 누가는 잘 몰라야 했는가? 필자의 견해로는 누가가 바울의 동역자였고, 서신들에 관해 아무것도 몰랐거나 모르기를 원했다는 추측이 더 설득력이 있다는 가정은 매우 개연성이 없다.

1:1에 나오는 독특한 복수형인 '감독들'(ἐπίσκοποι, '책임자/감독')은 누가가 언급한 감독과 아무 관련이 없다.[412] 또한 사도행전(13:6-12, 14:8-18, 20:7-12)에서 '신적인 인간'(θεῖος ἀνήρ, 기적 행사자)으로 표현된 바울의 모습은 역사적으로 적절하지 않을 수 있고(참조. 행 10:1-11:18) 갈라디아서 2:1-10과 모순된다. 거기서 바울은 '세 기둥', 또 베드로와 맞서서 자신의 이방선교를 변호해야 했다. 사도행전 17:22-31에서 바울은 인간이 하나님과 가까이에 있다는 것을 언급하며 스토아의 가르침을 거론한다.[413] 논쟁이 되지 않는 진정한 바울서신에서는 이에 대한 평행본문이 하나도 없다. 따라서 누가는 바울의 선교 사역에 관한 여러 전승을 알고 있었으나, 사도의 개인적인 수행원은 아니었다고 가정할 수 있다. 그는 바울이라는 사람과 그의 신학보다는, 최초 선교 역사에서 바울의 위치에 관심을 두었다. 결국 초대 교회 전승이 누가를 바울의 수행원으로 결정한 것은 오직 신약성서에서 유래했음을 보여준다.

세 번째 복음서의 알려지지 않는 저자는 누가복음 1:1-4에서 독자들에게 무엇보다도 그리스도교적 가르침의 전승의 확실성을 입증하기를 원하는, 문학 교육을 받은 신학자이자 역사가로 자신을 드러낸다. 누가가 헬라적 교육을 받았다는 것이 그가 유대 그리스도인 또는 이방 그리스도인 출신이라는 추론을 허용하는 것은 아니다. 그러나 칠십인역에 대한 친숙함, 성문서, 율법서, 예언서에 대한 관심, 예루살렘의 의미를 부각시킨 것, 누가복음 4:16-30과 사도행전 13:14-41에 나오는 회당 예배의 설명, 수많은 특수 전승이 갖는 유대적 환경은 누가가 유대 그리스도인임을 옹호한다. 다른 한편 누가는 셈어 개념을 피하고, 예전 문제(참조. 실제 막 7:1-23의 생략)에 대한 논증에 무관심하다. 또한 그가 목표로 삼은 독자 그룹은

412 참조. D.-A. Koch, Die Entwicklung der Ämter in frühchristlichen Gemeinden Kleinasiens(아래 5.1을 보라.), 168ff.

413 참조. M. Pohlenz, "Paulus und die Stoa," K. H. Rengstorf (Hg.), Das Paulusbild in der neueren deutschen Forschung(위 2를 보라.), 522-64.

이방 그리스도교일 가능성이 높으며 그의 구원론의 특징은 대속 개념의 쇠퇴이다. 따라서 누가는 디아스포라 회당과 교제하며 지냈고, 저작에 의도적으로 유대 그리스도교의 여러 전승을 통합한 유대 그리스도인으로 보아야 한다.[414]

3.6.3 기록 장소와 시기

누가의 두 가지 저작 기록 시기는 모호하다. 누가는 마가복음과 Q 자료를 수용했다. 동시에 그는 누가복음 21:24(참조. 13:35)에서 예루살렘의 멸망을 되돌아본다. 사도행전 20:25, 38과 21:13은 바울의 죽음을 전제한다. 누가는 구원사의 시대 설명에 관심이 있었던 최초 그리스도교의 제3세대 관점에서 쓰고 있다. 이로 인해 누가복음의 시기는 기원후 90년경으로 설정된다.[415] 문제가 되는 것은 기록 장소이다. 제안된 장소인 에게,[416] 안디

---

414 누가가 이방 그리스도인이라고 옹호하는 이들은 다음과 같다. G. Schneider, Lk I, 32; F. Bovon, Lk I, 23[누가는 빌립보보다 더 가까운 마케도니아 출신이다.]; P. Pilhofer, Philippi I(위 2.9.1을 보라.), 248-54(필호퍼는 누가의 지역 역사에 대한 훌륭한 지식을 논증으로 인용한다.); W. Wiefel, Lk, 4; I. Broer, Einleitung I, 131(유대 그리스도인보다는 이방인이다.); Chr. Heil, Lukas und Q, 358-67.[누가는 도시 환경(에베소)에서 교육받은 이방 그리스도인이다.] 누가를 '하나님을 경외하는 사람'으로 생각하는 이들은 다음과 같다. E. Schweizer, Lk, 4; P. Pokorný, Theologie 17; R. E. Brown, Introduction, 268.; J. A. Fitzmyer, Lk I, 42(피츠마이어는 누가를 '비-유대인 셈족'으로 본다.); M. Hengel, Lukasprolog, 205.(누가는 이방인으로 하나님을 경외하는 자였다.)

415 참조. W. Wiefel, Lk, 5; F. Bovon, Lk I, 23; J. A. Fitzmyer, Lk I, 57; G. Schneider, Lk I, 34; E. Plümacher, Lukas als griechischer Historiker(아래 4.1을 보라.), 238; G. Theißen, Lokalkolorit(위 3.1.1을 보라.), 288-94(누가복음과 마태복음은 기원후 80-90년에 생성되었다.); I. Broer, Einleitung I, 136f.(80-100년 사이); R. v. Bendemann, Lukas, 659(80년대); M. Wolter Lk, 10(80년대 초). 다른 견해로는 A. Mittelstaedt, Lukas als Historiker. Zur Datierung des lukanischen Doppelwerkes, TANZ 43, Tübingen 2006, 254를 참

옥,[417] 에베소, 마케도니아, 아가야, 가이사랴,[418] 소아시아[419] 중 어느 하나도 확실하지 않기 때문이다. 그러나 사도행전의 특징인 예루살렘에서 로마로 향하는 관점은 세계 제국의 수도를 기록 장소로 가리킨다.[참조. 사도행전 1:8에서 '세상(땅)의 끝'은 로마를 뜻한다.(참조. PsSal 8:15) 나아가 사도행전 19:21에서 바울은 예루살렘으로 여행하기를 원하기에 로마로 '보아야만 한다.'] 클레멘스1서 5, 42장과 누가의 두 가지 저작 사이의 일치(바울의 모습, 직제 이해)도 로마를 가리킨다.[420]

3.6.4 수신자

누가는 대부분 이방 그리스도인 교회를 위해 글을 쓴다.[421] 율법으로부터 자유로운 이방선교를 전제하기 때문이다.(참조. 행 10장, 28:28) 게다가 그에게 이스라엘의 구원사적인 해체는 이미 현실이다.(참조. 눅 21:22, 24, 행

조하라. 미텔슈태트에 따르면 "사도행전은 어쨌든 기원후 64년 이전에, 오히려 62년 이전에 완성되었고, 복음서를 위한 자료는 매우 이른 시기인 57-59년에 가이사랴에서 수집되었다."

416 참조. H. Conzelmann, "Der geschichtliche Ort der lukanischen Schriften im Urchristentum," G. Braumann (Hg.), Das Lukas-Evangelium, 244f.

417 슈나이더가 고려한다.[G. Schneider, Lk I, 34; ders., Apg I(아래 4.1을 보라.), 121.]

418 참조. H. Klein, "Zur Frage nach dem Abfassungsort der Lukasschriften," EvTh 32 (1972): 467-77.

419 참조. W. Schmithals, Einleitung, 367.

420 참조. F. Bovon, Lk I, 23; J. Roloff, Apg(아래 4.1을 보라.), 5; G. Theißen, Lokalkolorit(위 3.1.1을 보라.), 267, 270(누가가 바라보고 있는 지역은 팔레스타인의 서쪽이다.); M. Korn, Die Geschichte Jesu in veränderter Zeit, 12의 각주 25; M. Wolter, Lk, 10. 기록 장소에 대한 질문을 해결할 수 없는 것으로 보는 학자들도 있다. Ph. Vielhauer, Urchristliche Literatur, 407; J. A. Fitzmyer, Lk I, 57; R. v. Bendemann, Lukas, 656f.

421 교회 상황에 관하여는 R. v. Bendemann, Lukas, 659-62를 참조하라.

28:25-27) 그는 그리스-로마의 역사 기술을 잘 알고 있으나(참조. 눅 1:1-4), 팔레스타인 지역의 지리에 대해 언제나 정통한 것은 아니다.(참조. 눅 17:11, 9:10, 12, 4:29)[422] 그는 셈어적 개념을 피하거나(참조. 눅 22:40, 23:33) 그리스어로 대체한다.[참조. 예를 들어 눅 18:41/막 10:51: '랍오니'(ραββουνι) 대신에 '주여'(κύριε), 눅 9:33/막 9:5: '랍비'(ῥαββί) 대신에 '에피스타테스'(ἐπιστάτης), 눅 22:42/막 14:36: '아바 아버지'(αββα ὁ πατήρ) 대신에 '아버지'(πάτερ), 눅 6:15/막 3:18: '가나안인'(Καναναῖος) 대신에 '젤롯당'(ζηλωτής)], 마태(마 1:1: 다윗, 아브라함)와 다르게 누가의 족보는 예수에서 아담으로 거꾸로 올라가며(눅 3:38) 보편적인 관점을 제시한다. 누가는 교회에서 더 이상 현실적이지 못하고 팔레스타인적 특성이 지배적인 마가의 단락과 로기온 자료의 본문도 생략한다.(참조. 막 7:1-23, 7:24-30, 7:31-37, 8:1-10, 8:11-13, 8:14-21, 8:22-26, 또한 마 5:19a, 5:21-48, 6:1-8, 16-18) 또한 칠십인역의 사용[423]과 팔레스타인을 유다로 표현하는 것(참조. 눅 1:5, 4:44, 6:17, 7:17, 23:5, 행 2:9, 10:37)은 누가가 팔레스타인 지역 밖 대다수의 이방 그리스도인인 공동체를 위해 복음서를 쓰고 있음을[424] 가리킨다.

누가 공동체의 상황은 세기의 전환기 무렵 최초 그리스도교의 세 번째 세대의 특징적인 문제에 의해 규명된다.

---

422 참조. C. C. McCown, "Geographie der Evangelien. Fiktion, Tatsache und Wahrheit," G. Braumann (Hg.), Das Lukas-Evangelium, 13-42; 이에 맞서서 헹엘[M. Hengel, Der Historiker Lukas und die Geographie Palästinas in der Apostelgeschichte, ZDPV 99/100 (1983/84): 147-83)]은 누가가 몇몇 해안도시, 예루살렘에서 가이사랴로 향하는 길, 성전과 병사(兵舍)의 관계를 자신의 고유한 관점으로 잘 알고 있었다고 강조한다.(M. Hengel, 위의 글, 182.)

423 참조. T. Holtz, Untersuchungen über die alttestamentlichen Zitate bei Lukas, TU 104, Berlin, 1968.

424 비펠은 이방 그리스도인 누가를 '그리스인들의 복음서 기자'라고 명명한다.(W. Wiefel, Lk, 4.) 물론 누가 공동체 안에서 영향력 있는 소수 유대 그리스도인들을 고려해야 한다. 클링하르트는 누가의 신학에서 유대 그리스도교적인 요소를 강하게 강조한다.(참조. M. Klinghardt, Gesetz und Volk Gottes, 여러 곳.)

1) 임박한 파루시아 기대의 감소. 최초 그리스도교 1세대와 2세대의 임박한 파루시아 기대는 누가와 그의 공동체가 파루시아 시간의 연장을 요청하면서 문제가 되었다.[425] 누가는 끊임없는 임박한 파루시아 기대에서 파생된 억측을 거부한다.(참조. 눅 17:20-21, 19:11, 21:8, 행 1:6-8) 그는 마가복음 1:15의 예수 선포를 요약한 말씀을 나사렛에서 행한 예수의 첫 설교로 대체하고(참조. 특히 눅 4:21), 마가복음 9:1의 임박한 기대의 로기온을 수정하며(참조. 눅 9:27), 므나 비유(눅 19:12-27) 앞에 누가복음 19:11로 도입부를 배치한다. 그러나 누가가 이것으로 파루시아 기대를 포기하는 것은 아니며,[426] 오히려 재림의 불확실한 시간(참조. 눅 12:40, 17:24, 26-30, 행 1:7)을 인내하며(참조. 눅 8:15) 깨어 있을 것(참조. 눅 12:35 이하, 21:34, 36)에 대한 호소와 결합한다. 하나님의 통치가 가까이 온 것에 대한 말씀(참조. 눅 10:9, 11)도 누가가 임박한 파루시아를 근본적으로 포기한 것이 아니라 게으름과 배교의 위험이 도사리고 있는 공동체 상황에서 그리스도의 도래, 그리고 결부된 심판을 윤리적 훈계와 결합하고 있음을 드러낸다.

2) 공동체에서 부와 가난.[427] 세기의 전환기에는 명망이 높은 사람들과

---

425 참조. E. Gräßer, Problem der Parusieverzögerung, 특히 G. Schneider, Parusiegleichnisse im Lukas-Evangelium, SBS 74, Stuttgart 1975; M. Wolter, "Israels Zukunft und die Parusieverzögerung bei Lukas," Eschatologie und Schöpfung (FS E. Grässer), Hg. v. M. Evang-H. Merklein/M. Wolter, BZNW 89, Berlin 1997, 405-26.

426 이에 반대하여 E. Haenchen, Apg(아래 4.1을 보라.), 107; H. Conzelmann, Mitte der Zeit, 127; 참조. G. Schneider, Apg(아래 4.1을 보라.), 142.

427 참조. F. W. Horn, Glaube und Handeln in der Theologie des Lukas, 특히 H. J. Degenhardt, Lukas-Evangelist der Armen, Stuttgart 1965; M. Hengel, Eigentum und Reichtum in der frühen Kirche, Stuttgart 1973; W. Schmithals, "Lukas-Evangelist der Armen," ThViat XII (1973/74): 153-67; L. Schottroff/W. Stegemann, Jesus von Nazareth; H. J. Klauck, "Gütergemeinschaft in der klassischen Antike in Qumran und im Neuen Testament," ders., Gemeinde-Amt-Sakrament, Würzburg 1989, 69-100; G. Theißen, "Urchristlicher Liebeskommunismus," Texts and Contexts (FS L. Hartman),

재산가들도 그리스도교 공동체에 속했다.(참조. 행 17:4, 18:8) 그래서 돈과 소유물을 올바로 사용하는 것이 누가 윤리의 중심 문제로 발전했다.(참조. 눅 3:11, 행 2:45, 4:34-37) 공동체에서 부유한 사람은 독선적이고 탐욕스러웠으며(참조. 눅 12:13-15, 16:14-15), 가난한 사람을 경멸하고(참조. 눅 18:9), 부를 추구함으로써 믿음에서 떨어져 나갈 위험에 처해 있었다.(참조. 눅 8:14, 9:25) 복음서 기자는 그의 공동체 안에 나타난 이런 부정적 현상에 맞서 자발적인 사랑의 공동체로 최초 교회를 대조시킨다. 사랑의 공동체는 궁핍한 사람들을 위해 소유를 포기(행 2:45, 4:34)하고 사유재산을 공동으로 사용(행 4:32)했다. 누가가 교회를 사랑의 공동체로 표현함으로써 그는 예수의 요구와 연결된다. 사도행전 20:35는 이를 다음과 같이 요약한다. "주는 것이 받는 것보다 더 복되다." 주제 단락인 누가복음 12:13-34, 16:1-31에서 예수는 부에 관해 문제를 제기한다. 생명(삶)의 의미는 소유에 있는 것이 아니다.(참조. 눅 12:15) 탐심과 돈을 좋아하는 것은 하나님의 뜻에 합당하지 않다.(참조. 눅 12:15, 16:14) 또한 제자들의 서열 다툼(눅 9:46-48, 22:24-27)과 혼인잔치(눅 14:7-24)에 관한 이야기에서 부유한 그리스도인의 태도는 비판을 받는다. 예수를 따르는 제자도와 소유에 대한 포기는 서로 필요충분조건이다.(참조. 눅 5:11, 28, 8:3, 9:3, 10:4, 18:28) 누가복음 14:33은 곧바로 다음과 같이 표현한다. "이와 같이 너희 중의 누구든지 자기의 모든 소유를 버리지 아니하면 능히 내 제자가 되지 못하리라." 예수는 소유하는 것에 대해 거리를 두라는 자신의 요구를 자선을 베풀 준비를 하

---

hg. v. T. Fornberg u. D. Hellholm, Oslo 1995, 689-712; D. A. Ayuch, Sozialgerechtes Handeln als Ausdruck einer eschatologischen Vision. Vom Zusammenhang von Offenbarungswissen und Sozialethik in den lukanischen Schlüsselreden, MThA 54, Altenberge 1998; K. Mineshige, Besitzverzicht und Almosen bei Lukas, WUNT 2.163, Tübingen 2003.-V. Petracca, Gott oder das Geld. Die Besitzethik des Lukas, TANZ 39, Tübingen 2003; N. Neumann, Armut und Reichtum im Lukasevangelium und in der kynischen Philosophie, SBS 220, Stuttgart 2010.

는 것과 결합시킨다.(참조. 눅 12:21, 33-34, 16:9, 27-31)[428] 그러므로 부자 관리(눅 18:18-23)에서 제자도로의 부르심은 '모든 것'(πάντα는 눅 18:22에만 나온다!)을 팔아 가난한 자들에게 주라는 요구와 결합된다. "낙타가 바늘귀로 들어가는 것이 부자가 하나님의 나라에 들어가는 것보다" 쉽기 때문이다.(눅 18:25) 덧붙여서 누가는 각자 가능한 역량에 따라(참조. 행 5:4) 자발적으로 헌금을 하라고 확고하게 밝힌다.(참조. 행 11:29) 원래 여러 상황을 하나님께서 내세에 역전시키실 것을 선포한 에비온파의 전승들(눅 1:46-55, 6:20-26, 16:19-26)이 누가복음에서는 현재 인간에게 돌이켜 회개하라고 요청하는 호소가 되었다.

누가의 권면은 그의 공동체 안에서 주로 부자들을 향하며, 신앙에서 떨어져 나갈 위험에 직면하여 그들이 부와 거리를 둘 것을 호소한다. 그러므로 누가는 '부유한 자들의 복음서 기자'로나 '가난한 자들의 복음서 기자'라고 단면적으로 명명될 수 없다. 오히려 그는 '교회 공동체의 복음서 기자'이다.[429] 그의 목표는 부자에 대한 타협 없는 비판이 아니라 공동체 안에서 가난한 자와 부자 사이의 사랑의 공동체를 실현하는 것이다. 그 전제는 바로 부자들이 구제헌금을 준비하는 것이다. 이러한 점에서 누가는 가난한 자를 위해 부유한 자를 향해 복음서를 기록한다. 그리스도인의 현존은 부유함과 과잉이 아니라 이웃을 위한 사랑의 봉사에 목적이 있다. 누가는 예수의 제자들과 최초 그리스도교 공동체의 소유 포기를 모범으로 삼았다. 무조건적인 제자도와 사랑의 실천이 그의 공동체에 구현되어야만 했다.

3) 국가와 교회의 관계.[430] 누가는 예수와 국가 대표자들의 만남을 로마

---

428 호른은 부자들을 향한 자선 권면에서 누가의 사회윤리적 개념을 본다.(F. W. Horn, Glaube und Handeln in der Theologie des Lukas, 231 및 여러 곳.) 이에 반대하여 쇼트로프와 슈테게만은 공동체 내부의 소유의 균형을 누가의 사회적 목표로서 언급한다.(L. Schottroff/W. Stegemann, Jesus von Nazareth, 150)

429 F. W. Horn, Glaube und Handeln in der Theologie des Lukas, 243.

제국의 교회 상황과 관련하여 설명한다. 따라서 유대인들은 예수와 그리스도인들의 핍박자로 묘사된다.(막 15:16-20은 누가복음에서 나온다. 참조. 행 13:50, 17:5-7, 13, 21:17 이하) 로마의 총독 빌라도는 예수의 무죄를 세 번 확인하고(참조. 눅 23:4, 14-15, 22) 그의 석방을 주장한다.(참조. 눅 23:16, 20, 22) 오로지 유대인들만이 예수의 죽음에 책임 있는 자로 등장한다. 바울은 합법적인 로마 시민으로 표현되고(참조. 행 25:8) 그의 로마 시민권은 행정당국에 의해 받아들여진다.(행 16:37 이하, 22:25 이하) 결국 행정당국은 유대인들에게서 바울을 빼내어(참조. 행 23:10, 27) 로마에서 완화된 감금을 허락한다.(행 28:30-31) 유대인들이 그리스도인들을 공격할 때, 로마 행정당국은 그리스도인들 앞에 서서 그들을 보호한다.(행 19:23-40, 23:29, 25:25, 26:31) 누가는 그의 공동체가 하나님께 예배를 드리고 공동체생활의 실천적 구현을 위해 필요한 자유공간을 국가로부터 확보하기 원하는 것으로 보인다. 누가는 그리스도인들이 행정당국에 충성하고 국가에 위협이 되지 않는다는 것을 증명함으로써 국가의 가능한 공격에 대응한다. 그렇다고 누가가 비판적으로 말하지 못하고(참조. 눅 3:19, 13:32-33) 베드로가 사도행전 5:29에서 사람보다 하나님께 순종해야 한다고 말하지 못하는 것은 아니다.

---

430 참조. W. Stegemann, Zwischen Obrigkeit und Synagoge, 특히 G. Schneider, Verleugnung, Verspottung und Verhör Jesu nach Lukas 22, 54-71, StANT 22, München 1969; W. Radl, Paulus und Jesus im lukanischen Doppelwerk. Untersuchungen zu Parallelmotiven im Lukasevangelium und in der Apostelgeschichte, EHS.T 49, Bern/Frankfurt 1975; W. Walaskay, 'And So We Came to Rom'. The Political Perspective of St. Luke, SNTSMS 49, Cambridge 1983; Ph. F. Esler, Community and Society in Luke-Acts, SNTSMS 57, Cambridge 1987; M. Wolter, "Die Juden und die Obrigkeit bei Lukas," Ja und Nein (FS W. Schrage), hg. v. K. Wengst/G. Sass, Neukirchen 1998, 277-90; F. W. Horn, "Die Haltung des Lukas zum römischen Staat im Evangelium und in der Apostelgeschichte," J. Verheyden (Hg.), The Unity of Luke-Acts (아래 4.1을 보라.), 203-24.

이러한 불가피한 문제 외에도 누가 공동체 안에는 정확한 규명이 어려운 '거짓 교사들'과의 논쟁이 있었다.(참조. 행 20:29-30)[431] 누가는 전승과 올바른 가르침의 연속성을 언급하며 거짓 가르침에 대응한다.(행 20:27-28) 또한 첨예한 핍박의 상황을 전제하지 않으며,[432] 오히려 유대공회와 로마 행정당국 사이의 긴장관계에서 지역적인 침체와(참조. 행 13:45, 50, 14:2, 5, 19, 16:9 이하, 17:5-6, 13, 18:12, 17, 19:9, 23-40) 공동체의 위협에 직면하여 열려진 신앙고백을 호소한다.(참조. 눅 12:1-12)[433]

3.6.5 내용 구성, 구조, 형식

1:1-4	서문
1:5-2:52	원역사: 세례 요한의 탄생과 예수의 탄생
3:1-4:13	예수의 공생애 준비: 세례자 요한, 예수의 수세, 예수의 족보와 시험
4:14-9:50	갈릴리에서 예수의 사역
9:51-19:27	여행 보도
9:51-13:21	제자도와 선교
13:22-17:10	잃은 자들의 구원
17:11-19:27	제자도와 종말론
18:28-21:38	예루살렘에서 예수의 사역
22:1-23:56	예수의 수난
24:1-49	부활사화
24:50-53	승천 I

431 롤로프는 그들을 영지주의자로 추측한다.[J. Roloff, Apg(아래 4.1을 보라.), 5.]

432 특히 슈미탈스(W. Schmithals)에 의해 개진된 이 주제에 관한 비평에 관하여는 F. W. Horn, Glaube und Handeln in der Theologie des Lukas, 216-20을 참조하라.

433 분석에 관하여는 W. Stegemann, Zwischen Obrigkeit und Synagoge, 40-90을 참조하라.

누가복음은[434] 누가가 목표를 설정하고 복음서 기록을 규명하는 1:1-4의 서문으로 말미암아 다른 복음서와 구별된다.[435] '매우 존경하는 데오빌로'(눅 1:3, 참조. 행 1:1)에게 헌정하는 것은 아마도 공동체의 보호자였던 역사적인 인물과 관련이 있었을 것이다. 예수의 탄생과 유년기 역사를 앞에 배치함으로써 복음서 양식의 전기적 요소가 확장되었고, 동시에 세례자 요한과 예수의 대비는 전체 역사를 형성한다.[436] 또 다른 문학적 시작은 누가복음 3:1-4:13에서 발견된다. 먼저 복음서 기자는 길을 예비하는 자로 세례자 요한을 등장시키며(눅 3:1-20), 이어서 예수가 등장하고 시험을 받는다. (눅 3:21-4:13) 나사렛에서 행한 예수의 설교를 통해 갈릴리에서의 사역 목표가 설정되었는데(눅 4:14-9:50), 여기에서 나오는 짧은 갈릴리 부분(눅 4:16-30)은 매우 중요하며, 이 설교는 예수의 공생애 사역의 시작을 표시한다.[437] 누가가 특수자료와 Q 전승을 통합한 여행 보도(눅 9:51-19:27)[438]는 마가복음에 비하여 가장 큰 전환점이다. 이것은 누가복음 18:15에서 마가의 내러티브 순서를 다시 수용하기 전에 등장한다.[439] 예수

---

434 참조. 복음서의 구성 문제에 관하여는 특히 H. Conzelmann, Mitte der Zeit, 12-86을 참조하라.

435 참조. 특히 G. Klein, "Lukas 1,1-4 als theologisches Programm," G. Braumann (Hg.), Das Lukas-Evangelium, 170-203.

436 분석에 관한 최근 연구는 M. Korn, Die Geschichte Jesu in veränderter Zeit, 33-55를 참조하라.

437 참조. 위의 책, 56-85. 코른은 첫 설교에서 누가의 두 개 저작 전체의 시작을 본다.

438 여행 보도의 다른 경계 구분: 누가복음 9:51-19:28[참조. G. Sellin, "Komposition, Quellen und Funktion des lukanischen Reiseberichtes(Lk 9, 51-19, 28)," NT 20 (1978): 100-35]; 누가복음 9:51-19:44(참조. P. v. d. Osten-Sacken, Christologie, 476의 각주 2; M. Korn, 위의 책, 87); 누가복음 9:1-18:43 (참조. M. Wolter, Lk, 18.)

439 벤데만은 누가의 여행 보도의 존재에 대해 이의를 제기한다. 그의 주된 주장은 다음과 같다. 여행 보도의 앞과 뒤의 경계를 납득할 만하게 구분하는 문제, 여행 보도에서 설득력 있는 지리적 구분이 불가능한 것, 여행 보도를 양식사적으

의 생애에 관한 누가 기술의 목적지는 예루살렘이며, 거기서 예수는 특별히 성전에서 교사로 활동한다.(눅 19:29-21:38) 누가는 고난의 시간을 영광의 길(참조. 눅 24:26)로 이해하며, 그에게 수난과 부활은 불가분의 일치를 이룬다. 부활 사건은 하루 만에 일어난 예수의 승천으로 절정을 이루고 끝난다. 전승의 삽화적 문체를 세련되게 다듬는 것 외에도 누가의 내러티브 기술의 결정적인 요소는 도입과 종결로 프레임의 역할을 하는 긴 본문 단위의 구성도 해당한다.(참조. 눅 4:16-30) 그밖에 누가의 구성적 기술의 특징은 이야기의 추가, 보충 그리고 변형이다.[440] 나아가 누가가 각 책(참조. 눅 15:11-32, 행 15:1-35)의 중심부에 핵심 내러티브를 배치하는 것은 결코 우연이 아니다.

누가는 예수 전승을 전기적으로 묘사할 때 마가복음에 초점을 둔다. 마

로 구분하는 것의 누락, 누가의 전략은 고대의 문학적 관습의 여행 보도 형태를 수용하지 않고도 설명 가능함.(이솝의 생애) "누가복음 9:51로 시작된 이야기의 주요 단락은 (누가적인) 예수가 '이스라엘'과 대립하는 특별한 (구원사적) 단계에 해당되는데, 이는 세 번째 복음서에 나오지 않는다. 누가의 두 저작은 전체적으로 '이스라엘'의 역사에서 '하나님의 구원'(σωτήριον τοῦ θεοῦ)의 뿌리를 내러티브적으로 제시하는 것이 목표이다.(눅 3:6-행 28:28) 이야기를 회고하는 관점에서 다양한 긴장이 묘사되며, 그런 긴장이 발생하는 가운데 하나님의 구원(눅 1:69, 71, 77, 19:9, 행 4:12, 7:25, 13:26, 47, 16:17, 27:34)은 이방인/백성을 향하고 마침내는 (그리스도교) 독자들에게 이르러 유대인과 이방인으로 구성된 하나의 '교회' 안에서 실현되었다."(R. v. Bendemann, Zwischen ΔΟΞΑ und ΣΤΑΥΡΟΣ, 392.) 그러나 필자는 의도적으로 형성된 누가의 여행 보도의 존재에 대한 아직 무효화되지 않은 두 가지 주장이 남아 있다고 본다. (1) 누가는 9:51과 19:28에서 그리고 13:22과 17:11에서 예수의 생애 묘사 가운데 예루살렘으로 향하는 예수의 길을 구성적일 뿐만 아니라 신학적으로 독립적인 단락으로 이해하는 분명한 언어 표시를 한다. (2) 누가의 자료 작업 방식은 의도적이고 특별한 형태이다. 세 번째 복음서 기자는 누가복음 18:15-43을 제외하고는 여행 보도에서 로기온 자료와 특수자료를 통합하고 있으며 그로써 여행 보도를 확실하게 강조하기 때문이다.

440 참조. A. Dauer, Beobachtungen zur literarischen Arbeitstechnik des Lukas, BBB 79, Frankfurt 1990.

가에 비해 예루살렘을 향한 여행이 이례적으로 확장된 것은 세 번째 복음서 기자가 지닌 자료 때문이다. 누가는 그 자료를 마가의 개요에 통합해야 했다. 그럼에도 불구하고 누가는 복음서 기자 중에서 유일하게 서문에 문필가로서의 문학적 포부와 신학적 의도를 분명하게 언급한다. 누가의 작업 방식의 특징은 역사화 및 그와 결합된 전승의 전기화 그리고 구성[441]의 수사학적 형태화이다. 역사가로서 누가는 완벽함, 정확성, 견고함을 위해 노력하며, 분명하게 고대의 역사 사료 편찬 전통과 연결된다. 그러므로 '사건들'(πράγματα)과 '이야기/보도'(διήγησις)는 누가 시대[442]의 고대 역사 사료 편찬의 전문용어이며, 시간적 일치(눅 1:5, 2:1, 2, 3:1, 2, 행 11:28, 18:12)와 날짜 기록은 누가가 역사가임을 입증해준다. 게다가 구원사를 뚜렷하고 비중 있는 시기로 나누는 것은 누가의 고유한 특징이지만, 동시대적인 평행 구문이 없는 것은 아니다. 역사가 살루스트(Sallust)의 역사책이 비슷한 구조를 보여주기 때문이다.[443] 그러므로 누가의 이중 저작, 곧 예수의 생애에 관한 누가적인 표현 방식이 그대로 남아 있는 두 책은 역사적 단행본으로 명명할 수 있다.[444] 누가는 널리 퍼져 있던 역사적 단행본 장르를 통해 예수의 공생애 사역을 시대별로 나누어 포괄적으로 묘사한다.

3.6.6 문학적 통일성

누가복음의 문학적 통일성은 논쟁이 되지 않는다.

---

441 참조. M. Diefenbach, Die Komposition des Lukasevangeliums unter Berücksichtigung antiker Rhetorikelemente, FTS 43, Frankfurt 1993.

442 용례 참조. E. Plümacher, EWNT I, 779f.

443 참조. E. Plümacher, "Neues Testament und hellenistische Form. Zur literarischen Gattung der lukanischen Schriften," TheolViat 14 (1977/78): 109-23.

444 참조. 위의 글, 116f.

3.6.7 전승, 자료

광범위한 누가의 특수자료로 인해 누가가 마가와 로기온 자료 외에 또 다른 세 번째 자료를 사용했는가에 대한 문제가 지속적으로 제기되고 있다.(S누 혹은 L)[445] 바이스(B. Weiß)[446]는 누가의 특수자료(S누)를 로기온 자료와 평행하는 전승으로 이해하여 예루살렘이 본산지였을 것으로 추정되는 독립적인 자료층으로 보았다. 부스만(W. Bussmann)도 누가의 특수자료를 주장하지만, 이 자료를 언어로 재구성하는 데는 어려움이 있다고 본다. 부스만은 이 특수자료의 기록자를 의사이자 바울의 여행 동행인인 누가라고 생각한다.[447] 누가에 의해 Q와 로기온 자료로부터 만들어진 '첫 번째-누가'(Proto-Lukas)를 상정하는 슈트리터(B. H. Streeter)의 논제가 영향력이 있는 것으로 드러났다.[448] "누가가 원래 Q의 로기온 자료를 결합한 사람이었을 수 있으며, 그 후 어느 날 마가로부터 온 많은 발췌문을 통합하고 예수의 유년 시기에 대한 설명을 앞에 추가하여 이전 작업의 확장판을 만들었다. …원-누가(Proto-Luke)는 마가와 무관한 문서로 보이나 그 시기는 대체로 같다."[449] 그러므로 현재의 누가복음은 마가자료를 포함하여 원-누가를 확장한 두 번째 판이다. 예레미야스(J. Jeremias)[450]와 레코프(F. Rehkopf)[451]는

---

445 연구사에 관하여는 다음을 참고하라. K. Grobel, Formgeschichte und synoptische Quellenanalyse, FRLANT 53, Göttingen 1937, 67ff.; W. Schmithals, Einleitung, 329-32.

446 참조. B. Weiß, Die Quellen des Lukasevangeliums, Stuttgart u. Berlin 1907.

447 참조. W. Bussmann, Synoptische Studien III, Halle 1931; E. Hirsch, Frühgeschichte des Evangeliums II, Tübingen 1941, 171ff. 히르쉬는 누가의 특수자료를 로기온 자료와 가까운 시기에 생성되었을 '복음서'(=Lu II)로 본다.

448 참조. B. H. Streeter, The Four Gospels(위 3.2.1을 보라.), 199-222. 이 주장은 테일러에 의해 확대되었다.(V. Taylor, Behind the Third Gospel. A Study of the Proto-Luke-Hypothesis, Oxford 1926.)

449 B. H. Streeter, The Four Gospels, 200.

450 참조. J. Jeremias, Die Abendmahlsworte Jesu, Göttingen [4]1967, 91ff.

세 번째 복음서 기자가 마가자료를 통합한 특수자료로부터 시작하여[눅 (1:1-2:52), 3:1-4:30, 6:12-16, 20-49, 7:1-8:3, 9:51-18:14, 19:1-28, 22:14-24:53) 원-누가 가설을 수정했다고 본다.

연구사에서는 누가의 경우에 세 자료설을 적용할 수 없다. 독립적인 세 번째 누가 이전의 자료를 언어적으로 증명하지 못했고, 특수자료 내에는 언어적인 차이가 있으며, 특수자료 전승은 복음서 기자에 의해 편집되었기 때문이다. 결국 자료의 모순뿐만 아니라 내부의 순서 원칙 결여도 모두 독립적인 누가의 특수자료를 반대한다.[452]

3.6.8 신학적 기본 사상

누가의 신학에 대한 적합한 설명은 누가 자신에 의해 1:1-4에서 제기된 역사적, 문학적, 해석학적 언급에서부터 시작해야 한다. 누가의 특징은 역사적이고 신학적인 견고함이다. 누가는 처음 입교자들을 교육하기 위해 보다 확실한 토대를 구축했다. 그는 세례 요한의 탄생으로부터 로마에서 사도 바울의 하나님 나라에 관한 담대한 설교로 끝나는 구원사를 기술한다.[453]

구원사적인 의도는 이미 세례 요한의 탄생과 예수의 탄생에서 드러난

---

451 참조. F. Rehkopf, Die lukanische Sonderquelle, WUNT 5, Tübingen 1959.

452 오래된 이론과의 논쟁에 관하여는 W. G. Kümmel, Einleitung, 100ff.를 참조하라. 최근 연구에서 특히 슈바이처가 누가의 특수자료를 옹호한다.(E. Schweizer, Zur Frage der Quellenbenutzung durch Lukas, 83-85.) 그는 다음 내용을 주요 논거로 삼는다. "1. 마가와 Q로 제어할 수 있는 단락들과의 유사성(Analogien), 2. 서문에서 '수많은' 선진들에 관한 진술, 3. 언어적인 고유성, 4. 내용 면에서 특히 여성과 가난한 사람들에 대한 집중뿐만 아니라 순수한 은혜에 대한 강조, 5. 특히 수난사화에서 마가와 비교했을 때의 변경사항들, 6. 특히 수난사화와 부활 사건에서 마가에 반대하는 요한과 때때로 마태와의 일치, 7. 수많은 전승층을 드러내는 긴장…."(E. Schweizer, 위의 책, 84f.)

453 누가신학에 관하여는 U. Schnelle, Theologie(위 3.1.1을 보라.), 431-89를 참조하라.

다.(눅 1:5-2:21)[454] 누가복음 2:29-35에 나오는 시므온의 예언은 복음서와 사도행전을 구성하는 구원의 보편성을 내러티브의 시작 부분에 고정한다. 누가복음 2:1과 3:1-2의 동시적 배열을 통해 누가는 예수의 역사를 자기 시대의 역사와 연결하고 예수의 등장을 보편적 세계사의 가장 중요한 부분으로 이해한다. 누가는 사탄이 예수를 시험한 후에 떠났다가(눅 4:13) 유다가 배신을 할 때 비로소 다시 등장했다는(눅 22:3) 사실에 주목함으로써 예수의 사역을 인류와 함께하는 하나님의 역사의 특별한 부분으로 특징짓는다. 예수의 시대는 누가가 관심을 갖는 표현대로, 콘첼만(H. Conzelmann)이 말한 '사탄으로부터 벗어난 시대'로 특징지을 수 있다.(참조. 눅 10:18)[455] 나사렛에서 예수의 등장 설교(눅 4:16-30)도 그 등장의 고유한 성격을 명백히 드러낸다. 그는 성령을 지닌 분이며(눅 4:18), 그에게서 성서의 증언이 성취된다.(눅 4:21)[456]

갈릴리에서의 예수의 공생애 사역 이후에 누가복음 9:51은 분명한 전환점이 된다. 예수는 고난과 부활의 장소인 예루살렘으로 향한다. 누가는 마가복음 10장에 묘사된 갈릴리로부터 예루살렘으로 가는 길을 복음서의 3분의 1이 넘는 여행 보도(눅 9:51-19:27)로 확장한다. 여기에서 여행 보도라는 개념이 적합한데 누가복음 9:51 이후에 9:52-53, 56-57, 10:38, 13:22, 33, 14:25, 17:11, 19:1, 11은 언제나 다시 여행 모티브로 등장하기 때문이다. 누가는 이러한 구성과 누가복음 9:51의 "예수께서 승천하실 기약이 차가매"(συμπληροῦσθαι τὰς ἡμέρας τῆς ἀναλήμψεως αὐτοῦ, 눅

---

454 참조. Chr. G. Müller, Mehr als ein Prophet. Die Charakterzeichnung Johannes des Täufers im lukanischen Erzählwerk, HBS 31, Feiburg 2001, 296. "요한은 예수와 함께 누가의 이중 저작에서 그의 생애 전체가 탄생의 특별한 상황에서 죽음에 이르기까지, 그리고 죽음을 넘어서는 지속적인 사역에 이르기까지 내러티브로 설명되는 유일한 인물이다. 사건을 설명하는 누가에게 세례 요한은 주변인물이라기보다는 주인공임이 분명하다."

455 참조. H. Conzelmann, Mitte der Zeit, 146.

456 참조. U. Busse, Das Nazareth-Manifest Jesu, SBS 91, Stuttgart 1978.

9:51)라는 신학적 진술을 연결한다. '때가 찼다'(συμπληροῦν)로 준비된 구원사의 윤곽이 예수의 죽음, 부활, 승천과 관련되는 날들(τὰς ἡμέρας)을 통해 확장되고 있다.[457] 따라서 여행 보도는 고난을 향하는 예수의 길뿐만 아니라 예수의 부활과 승천도 포함한다. 여행 보도에서 예수는 공동체를 가르쳐서 그가 부재할 시기에 그의 뜻대로 살아갈 수 있도록 한다. 이로써 누가의 여행 보도는 그리스도론적 단초와 교회론적-윤리적 목표 사이의 끊을 수 없는 관계를 밝힌다. 주의 재림 때 심판대에서 책임을 져야 할 교회가 언급된다. 은 열 므나 비유(눅 19:11-27)의 권면이 본보기로 보여주듯이 소유에 대한 올바른 태도(위 3.6.4를 보라.)와 재림에 대한 합당한 이해가 중요하다.

여행 보도에서 누가복음 16:16은 누가신학의 열쇠 구절이다. 콘첼만은 16a절의 '요한의 때까지요'(μέχρι Ἰωάννου)와 바로 다음에 이어지는 '그 후부터'(ἀπὸ τότε)를 고유하게 해석할 것을 주장한다.[458] 율법과 선지자의 시대는 세례 요한까지이다. 예수의 등장으로 새로운 시기, 곧 '시간의 중심'이 시작된다. 한편 누가복음 16:16을 포괄적으로 해석하기 위해 다음과 같이 주장할 수 있다. (1) 누가복음 3:1-2에 나오는 동시적 배열(Synchronismus)을 통해 결정적인 구원의 시기에 세례 요한이 위치한다.[459] (2) 누가복음 3:18은 오시는 메시아를 선포하는 세례 요한의 복음 설교로 본다.(눅 3:16f.) (3) 사도행전 1:21-22에 따르면 결정적인 구원사의 시대는 세례 요한의 등장으로 시작한다. (4) 누가의 이해에 따르면 세례 요한과 예수의 탄생사화의 평행은 두 사람이 서로 다른 구원사의 시대에 속하지 않음을 드러낸다. 그러므로 누가복음 16:16은 구원 역사를 개별 시대로 나누는 누가의 결정에 사용될 수 없다.

---

457 참조. F. W. Horn, Glaube und Handeln in der Theologie des Lukas, 260-68.

458 참조. H. Conzelmann, Mitte der Zeit, 17 등.

459 그 다음 하나님의 통치에 관한 설교는 세례 요한으로 시작한다. 참조. W. G. Kümmel, "Das Gesetz und die Propheten gehen bis Johannes," G. Braumann (Hg.), Das Lukas-Evangelium, 398-415.

예루살렘에서 예수의 사역, 십자가 죽음, 부활이 예수의 시기를 종결하므로 구원사의 세 번째 시대(교회의 시기)를 규명하는 것은 누가의 이중 저작에서 다시 불확실하게 된다. 콘첼만의 경우 교회의 시기를 오순절 성령 강림 사건으로 시작한다.[460] 시기 규명에서 문제가 되는 것은 예수 승천의 시기 구분이다. 이미 누가복음 24:47이 세계 선교로 확장된 길을 언급하며(참조 행 1:8) 24:49는 성령의 수여를 조망한다.(참조. 행 1:4-5, 8) 사도들의 눈앞에서 승천이 일어났기에(눅 24:51, 행 1:9-11) 그들에게 직접 목격자의 권한이 부여되며(참조. 눅 1:1-4), 이는 사도들의 활동을 설명하는 데 결정적 사건이 된다. 그러므로 승천은 예수의 시기와 사도들이 대표하는 교회의 시기 사이의 연속성을 보존한다. 예수의 시기와 교회의 시기를 엄격히 구분하는 것은 불가능하고, 예수의 승천은 세상 속 공동체의 존재를 가능하게 한다. 누가에게서 예수의 시기는 구원의 중심이 되는 시기이며 교회가 이 시기에 출현했다. 교회는 늘 이 시기를 거듭 언급해야 한다.[461]

> 누가 교회론의 중심 주제를 하나의 시대 도식으로 억지로 끼워 맞출 수는 없다.(이스라엘과 교회 사이의 연속성)[462] 누가에게서 교회는 하나님의 작품이며(참조. 눅 1:54, 68, 72, 2:34, 행 5:35-39, 13:40-41, 15:16-18, 20:28), 예수나 사도들의 등장으로 시작하지 않는 한 과정의 일부이다. 스데반의 설교는 이스라엘이 모든 시대마다 하나님의 뜻에 거슬렀음을 밝힌다.(참조. 행 7:51) 이미 구약성서의 시기에 '이스라엘에 모으는 것과 분리하는 것'[463]이 있었다. 동시에 누가의 사전 역사(눅 1:5-2:40)는 이스라엘에서 경건하고 의로운 사람은 언제나

---

460 참조. H.Conzelmann, Mitte der Zeit, 199 등.

461 참조. J. Roloff, Kirche(위 3.5.4를 보라.), 191. "교회가 예수 복음의 증언을 통해 발전했듯이, 교회는 하나님의 행동에 의해 결정된 예수의 역사와 연속성을 유지한다."

462 참조. P. Pokorný, Theologie, 38-85

463 G. Lohfink, Die Sammlung Israels, 93.

구속을 기다렸음을 강조한다. 누가는 세례 요한에게서도 이스라엘과 교회 사이의 연속성을 드러낸다.(참조. 행 13:23, 24) 예수는 자신이 이스라엘의 자녀들을 모으기 위해 보내진 것을 알고 있으며, 제자 공동체 안에서 그 모습이 발견된다. 부활과 성령 강림 시기에 제자 공동체가 예루살렘에 머무는 것은 누가가 의도한 참된 이스라엘의 연속성을 강조하는 설명이다. 이스라엘의 믿지 않는 일부가 예수를 거부하는 반면, 이방인들이 구원으로 인도되어(행 10-11장) 참된 이스라엘의 일부가 된다. 유대인들로부터 이방인들로 이어지는 최초 그리스도교 선교 역사의 전환기에 구원사적인 연속성에 대한 주요 증인은 누가에게 개종한 유대인이며 이방인의 사도인 바울이다. 누가의 경우에 교회는 참된 이스라엘로 등장한다. 교회는 하나님의 영원한 경륜으로 예수의 피로 샀으며, 성령의 인도함을 받는다는 사실을 알고 있다.(행 20:27, 28)

누가는 자신의 구원사 개념으로 공동체에게 시간과 역사에 대한 방향을 제시한다. 이는 파루시아 지연으로 말미암아 필연적으로 발생한 것이다. 누가는 임박한 기대를 포기하지 않으면서 파루시아 지연 문제를 진지하게 고려했다.(위 3.6.4를 보라.) 오히려 임박한 기대를 붙잡는 것은 곧바로 시간이 연장되기 시작한 것을 고려하게 했다. 누가는 파루시아에 대한 기대가 아니라 파루시아의 기한을 설정하는 것을 거부한다! 누가가 국가와 교회의 관계를 의도적으로 규명한 것은 변화된 역사적 상황에서 방향을 제시하는 것이다.(위 3.6.4를 보라.) 그것은 누가에게 불가피한 것으로 교회는 이 세상에 계속 존재해야 하고 존재하기를 원하기 때문이다. 열두 사도직에 대한 누가의 개념[464]도 누가가 추구한 새로운 결정의 배경에서 파악되어야 한다. 누가에게 열두 사도는 초창기의 증인이다.(참조. 눅 1:1, 2, 행 1:8,

464 다양한 구상에 관하여는 G. Klein, Die Zwölf Apostel, FRLANT 77, Göttingen 1961; J. Roloff, Apostolat-Verkündigung-Kirche, Gütersloh 1965, 169-235를 참조하라.

21-22, 2:14, 37) 그들은 교회 전승의 기초를 놓고 동시에 이후 교회 직제를 맡는 자들의 전형이다. 맛디아의 선택(참조. 행 1:21-26)은 예수 시대와 교회 시대 사이의 연속성을 위한 열두 제자 그룹의 기본 의미를 명백하게 한다. 열두 사도의 파송은 오순절과 함께 시작하며, 예수 자신이 성령을 베푼다.(참조. 행 1:8, 2:1-2) 누가의 설명에 따르면 열두 사도의 사역은 바울을 통해 지속된다. '사도회의'로 열두 사도의 시대가 끝나지만(참조. 행 15:22-29, 16:4), 누가는 동시에 열두 사도의 유일회성과 고유성을 강조한다.

누가 신학의 구원사적 기본 구상에는 성령의 사역에 관한 것도 포함된다. 그 기초는 예수가 성령을 지닌 분이라는 것이다.(참조. 눅 1:35, 3:22) 이제 예수 자신이 성령과 불로 세례를 베푼다.(참조. 눅 3:16, 행 1:5, 11:16) 성령이 예수를 광야로 이끌고(눅 4:10), 나사렛으로 인도한다.(눅 4:14) 예수는 나사렛에서 중심 메시지를 선포한다. "주의 성령이 내게 임하셨으니… 내게 기름을 부으시고"(눅 4:18a) 그러므로 누가에게서 성령 강림은 이미 세례자 요한에 의해 전해진 예수의 성령 세례의 성취이다.(참조. 눅 3:16, 행 1:5, 2:4) 예수는 승천에 앞서 제자들에게 성령을 보낼 것을 약속한다.(참조. 눅 24:49) 사도행전 1:6-8에 따르면 성령의 은사는 예수가 부재할 때 그리스도의 증인들을 위한 결정적인 준비이다. 세례 받을 때에 성령이 그리스도인들에게 주어지며(참조. 행 2:38), 성령이 선교 역사의 실제 주체가 된다.(참조. 행 8:29, 39, 11:12, 16:7-8) 성령은 구원사의 과정에 반복적으로 개입할 뿐만 아니라(참조. 눅 1:41-43, 67-69, 10:21, 12:12), 사도회의의 합의(참조. 행 15:28)와 공동체 장로들의 직제 임명(참조. 행 20:28)과 같이 중요한 교회사적 설정과 진로에도 역사한다. 그러므로 성령은 예수의 사역을 교회에서 지속시키고, 역사 속에서 하나님의 구원 행동의 연속성을 이어간다. 누가의 하나님 나라 선포는 성령과 직접적으로 결합된다. 또한 누가는 하나님 나라의 현재를 예수의 위격과 연결한다.(눅 4:43, 11:20, 17:20-22) 예수(눅 4:43, 8:1, 9:11, 16:16b, 행 1:3), 제자들, 사도들, 바울(눅 9:2, 60, 행 8:12, 14:22, 20:25, 28:23, 31)이 선포한 내용이 바로 하나님 나라이다. "부활하고 또 현존하는 분이 하나님 나라에 관해 말하나(행 1:3), 그 나라가 곧 바로 세워지는 것을 부인하고, 대신에 성령의 수여와 세계선교가 위탁됨으로써(행 1:6-8) 누가는 교회를 위해 하나님 나라를 예수의 구원의 현재와 연결한다."[465] 예수는 성령의 인도에 따라 하나님 나라를 선포하는 교회에 현존한다. 누가는 그의 공동체에 하나님 나라의 선포를 중심적이고 지속적인 당면 과제로 제시한다. 이것은 로마에서 행한 바울의 하나님 나라 설교를 통해 분명하게 드러난다.(행 28:23, 31)

3.6.9 최근 연구 경향

누가의 두 저작의 신학적인 경향에 대한 논의는 여전히 콘첼만의 테제에 의해 결정된다. 그에 따르면 누가는 파루시아 지연을 구원사적 구상으로 극복했다. "누가는 임박한 파루시아 기대를 전할 수 없음을 이해했다. 그는 임박한 파루시아 기대가 단지 사라진 것이 아니라 구원사의 표상으로 대체되었음을 의도적으로 드러냈다."[466] 이러한 누가의 구원사적 구상은 세 개의 연속적 시대로 구분된다.[467] 이 세 시대에서 인간과 함께하는 하나님의 계획은 창조로부터 파루시아 때까지 실현된다. (1) 율법과 예언자들의 시대로서 이스라엘의 시대(눅 16:16), (2) 시간의 중심으로서 예수의 시대(눅 4:14-22:2), (3) 성령의 시대로서 교회의 시대(행 2:1 이하). 콘첼만 이후 예수의 사역도 세 단계, 즉 예수의 '메시아 자의식'(참조. 눅 3:21-9:17), 예수의 '고난의 자의식'(참조. 눅 9:18-19:27), 예수의 '왕의 자의식'(눅 19:28-23:56)으로 구분된다. 누가의 이중 저작에서 시대 구분은 오해의 여지가 있을 수 없다. 누가는 역사 속 하나님의 구원 행위를 굳게 믿었다. 반면에

465 O. Merk, Das Reich Gottes, 282.

466 H. Conzelmann, Theologie(위 2를 보라.), 160.

467 여러 면에서 중요한 콘첼만의 해석은 배어에 의해 예상되었다.(H. v. Baer, Der Heilige Geist in den Lukasschriften, BWANT 39, Stuttgart 1926.)

최근 주석은 콘첼만이 수행한 구원사의 명확한 시대 구분을 문제가 있는 것으로 여긴다. 누가복음 16:16을 절대적인 의미로 이해할 수 없기 때문이고, 예수의 승천이 예수의 시기와 교회의 시기 사이를 연결하는 중간기를 형성하기 때문이다.

콘첼만에 반대하는 슈나이더(G. Schneider)는 누가의 구원사적 설명이 두 부분으로 구성되어 있다고 강조한다. "누가는 예수의 시기를 교회의 시기와 매우 긴밀하게 결합하고(하나님 나라의 선포의 관점에서), 두 시기를 율법과 선지자의 시기와 대조한다."(눅 16:16)[468] 슈나이더도 누가의 구원사를 포기된 임박한 기대에 대한 대안으로 보지는 않는다. "오히려 구원사적인 방향 설정이 선지자들로부터 예수에게로, 예수로부터 그의 사도적 증인들을 거쳐 실제 이방 선교사인 바울에게까지 이어지는 선포의 연속성을 제시하는 것에도 기여한다."[469] 뢰닝(K. Löning)은 누가의 구원사적 시대 사유를 논박한다. "오히려 누가가 보도하는 사건 모두는 이스라엘의 역사에 속하며, 이스라엘의 시대와 구별되는 역사의 특정 시기에 부분적으로 할당할 수 없다. 누가복음의 내러티브에서 예수의 등장보다 앞서고 예수의 사역 시대로부터 과거로 명명될 수 있는 내러티브의 시간 국면에 이스라엘 주제를 포함시키는 것은 불가능하다."[470] 볼터(M. Wolter)는 오로지 한 시대에

468 G. Schneider, Apg I(아래 4.1을 보라.), 136f.; 참조. J. Roloff, Die Paulusdarstellung des Lukas(아래 4.1을 보라.), 528의 각주 53; A. Weiser, Apg I(아래 4.1을 보라.), 31f. 코른은 "내용상 예수의 역사가 '시간의 중심'이라고 본다. 시간의 중심은 역사를 기대와 성취의 시기로 구분한다. 예수의 공생애 사역은 그의 이름으로 행하는 교회의 사역과 함께 복음의 선포를 통해 규정되는 종말의 구원 시기를 형성한다.(눅 16:16)"라고 주장한다.(M. Korn, Die Geschichte Jesu in veränderter Zeit, 272.) 포코르니는 누가의 이중 저작의 두 부분을 다음과 같이 지정한다. "두 단계는 예수의 사역의 지상적 시작과 사도행전 2장에서 시작되는 성령으로 행해지는 예수의 사역이다."(P. Pokorný, Theologie, 31.)

469 G. Schneider, Apg I(아래 4.1을 보라.), 137.

470 K. Löning, Das Evangelium und die Kulturen. Heilsgeschichtliche und kulturelle Aspekte kirchlicher Realität in der Apostelgeschichte, ANRW 25. 3,

관해서만 언급한다. "누가는 그리스도교-유대교의 분리의 역사를 이스라엘 역사의 한 시대[471] 또는 하나님 백성의 역사의 한 부분이라고 한다."

파루시아 문제의 극복이 누가의 역사 기술 중심에만 있는 것은 아니다. 누가가 임박한 파루시아 기대를 포기하지 않고, 그의 구원사적 구상은 소위 포기된 표상을 대체하는 대안 이상이기 때문이다. 그의 구원사적 구상은 누가 공동체에서 그 시기에 필요한 방향 설정과 구원사의 연속성에 대한 확신이었다. 그러므로 케제만(E. Käsemann), 필하우어(Ph. Vielhauer), 슐츠(S. Schulz)가 누가에 대해 제기한 '초기 공교회주의'라는 비난은 누가 신학의 고유성을 파악하는 데 적절하지 못하다.[472] 누가는 구원사적 개념으로 파루시아 표상을 대체했다기보다는 그것을 해석한다. 누가의 교회론은 전승의 지속적 전달에 초점을 두지[473] 사도적 승계에는 관심이 없다. 오히려 사도행전 20:17-38에서 직분자의 임명은 성령과 연결되어 있다.(28절) 누가는 직제에 큰 관심을 드러내지 않으며, 다만 그의 시대의 조직 구조, 즉 장로의 법을 바울 시대로 되돌려놓을 뿐이다.(행 14:23) 누가의 윤리도 내용상 '초기 공교회주의' 개념이 아니다. 누가는 (고후 9:6-7의 바울과 마찬가지로) 선행과 내세의 보상(예를 들어 눅 6:35, 38, 12:33-34, 16:9, 행 10:31) 사이의 관계를 알고 있다. 심판 사상이 권면의 모티브인 것은 자명하다. 그러므로 그의 구원사적 시대 구분을 옹호하는 탈종말론화를 언급할 수는 없다.

Berlin 1985, (2604-46) 2608. 이스라엘 주제가 이중 저작에 일관되게 존재한다는 뢰닝의 말은 옳다. 그렇다고 예수의 시기와 교회의 시기라는 두 중심 시대는 포기되지 않는다!

471 M. Wolter, Das lukanische Doppelwerk als Epochengeschichte, 272.

472 참조. 특히 W. G. Kümmel, "Lukas in der Anklage der heutigen Theologie," G. Braumann(Hg.), Das Lukas-Evangelium, 416-36.

473 쉬어만이 이 관점을 강조한다. 그에 따르면 누가는 교회의 사람이다. "그는 자신의 저술이 교회에 기여하기를 원하고, 더 상세히 말하면 그가 교회 전승을 안전하게 지킴으로써" 기여하기를 원한다.(H. Schürmann, Lk I, 3.)

네베(G. Nebe)는 누가의 예수상(像)에서(참조. 눅 4:16-30, 7:16, 39, 9:7-8, 19, 24:19-21) 예언자적 특징을 부각시킨다. 누가에게 예언자 개념은 "주제의 광범위하고 복잡한 역사적 동기와 내용적인 관점에서 말씀, 행위, 운명뿐만 아니라 그리스도론이라는 더 큰 맥락에서 예수를 표현할 수 있는 훌륭한 가능성을 제공해주었다."[474] 슈미탈스(W. Schmithals)에 따르면 박해 상황은 누가의 이중 저작을 이해하기 위한 구성 요소[475]인 반면에 슈테게만(W. Stegemann)에 따르면 누가 공동체의 구체적인 역사적 상황은 회당이나 행정당국이 자행하는 박해에 의해 결정되지 않는다. "실제로 디아스포라 회당과 누가의 그리스도교 사이의 관계는 거리두기라는 개념에서 합리적으로 파악되고 이해된다. 이로 인해 또는 이교도 대중과의 긴장으로 인해 그리스도인들의 법적 갈등도 발생할 수 있었으므로 국가 조치에 따른 위험을 언급했을 수는 있지만, 진정한 의미의 박해를 말할 수는 없다."[476] 보르만(L. Bormann)은 또 다른 사회역사적 맥락에서 누가복음의 위치를 지정한다. 그는 고대 사상의 구성요소인 법과 종교의 관계를 고찰한다. "누가는 외부의 시선을 받아들인다. 그렇게 하여 그는 더 광범위한 의미에서 로마와 그리스-헬레니즘 세계의 독자들에게, 즉 헬라적 유대인과 그리스인에게 혹은 헬레니즘 세계의 표상에 친숙한 로마인들에게 예수 전승을 개방한다."[477]

간과할 수 없는 가장 최근의 누가 연구의 경향이 있다. 대다수 주석가들이 이스라엘에 대한 관계를 누가 신학의 중심 주제로 삼고 있다. "누가의 역사 저작은 그리스도교 공동체의 유대 역사에 관련한 초기 그리스도교 논쟁의 문서이다. 누가의 역사 저작은 그리스도교 최초로 역사에 대해 독창적이고 통일된 구상을 보여준다. 누가는 유대적인 희망의 역사와 관련하여 당

474 G. Nebe, Prophetische Züge, 207.

475 참조. W. Schmithals, Apg(아래 4.1을 보라.), 11ff.

476 W. Stegemann, Zwischen Synagoge und Obrigkeit, 268.

477 L. Bormann, Recht, Gerechtigkeit und Religion, 358.

대 (바울 이후) 그리스도교의 역사적-신학적 기억의 범위를 결정한다."[478] 이스라엘이 복음을 거절한 것이 이방인의 선교를 가져온 것이 아니라 하나님의 구원은 태초부터 유대인과 이방인에게 동등하게 적용된다.[479] 볼터는 그리스도교-유대인의 분리를 이스라엘 역사의 한 시대로 규명했다. 따라서 "누가에게 '이스라엘 시대'는 요한까지만이 아니라 '예수의 시간'과 '교회의 시대'로 계속 이어지고 물론 현재에도 끝나지 않았다."[480] 이스라엘의 주제는 이중 저작(누가복음과 사도행전 – 역자 주)을 통일된 내러티브로 인식하고 시종일관 그 시선을 유지하는 누가의 내러티브적 성취로의 전환과 관련된다.[481] "누가-행전은 그 자체로 완결된 내러티브이다."[482] 또한 벤데만에 따르면 누가는 유대교를 향한 그리스도교의 새로운 길(행 9:2, 24:14)

---

478 K. Löning, Geschichtswerk des Lukas I, 9; 참조. E. Reinmuth, Pseudo-Philo und Lukas, 245-49; "누가는 이 새로운 현실(위에서 상술한 바와 같이 교회를 가리킴)을 하나님의 뜻대로 표현하고 동시에 이스라엘의 유산으로 보존하고자 애썼다."(P. Pokorný, Theologie, 38.); "누가는 무엇보다도 하나님의 백성과 그의 역사에 관심을 두었다. 이 역사 안에서만 교회를 이해할 수 있기 때문이다. 사람들이 '백성'(λαός)이라고 명명할 수 있는, 즉 이스라엘이 존재한다. 이스라엘의 역사는 결코 끝나지 않고, 교회 안에서 일직선으로, 즉 하나님의 한 백성의 역사로 계속된다."[J. Jervell, Apg(아래 4.1을 보라.), 92f.]

479 참조. G. Wasserberg, Aus Israels Mitte-Heil für die Welt, 134-147 그리고 빈번히; C.-P. März, Die theologische Interpretation der Jesus-Gestalt bei Lukas, 149. "그러므로 이스라엘을 향한 예수의 사역은 이미 그의 승귀와 세계 선교를 위한 사신의 파송을 이행하고자 하는 추진력으로 나타난다. 그의 길은 구별화의 단계로서 이스라엘에서 분리되는 것으로 표명된다. 이는 여러 번 거절당해도 무효화되지 않고, 이제는 이스라엘에 대한 언급을 놓치지 않으면서 백성들을 향한 자신의 길을 찾는 방식으로 사람들에게 구원을 제공한다. 사도행전의 열린 결말은 이 과정이 아직 끝나지 않았음을 알린다."

480 M. Wolter, Das lukanische Doppelwerk als Epochengeschichte, 273의 각주 59.

481 기본적으로 R. C. Tannehill, The Narrative Unity of Luke-Acts I.II, Minneapolis 1986. 1990.

482 G. Wasserberg, Aus Israels Mitte-Heil für die Welt, 31.

에 대한 관계 규명을 통해 연속성의 문제를 다룬다. "처음부터 세례 요한은 하나님의 구원 행위의 통합적인 구성 부분이므로 누가의 내러티브는 유대인들이… 고도로 암호화된 '하나님의 아들', '왕적 메시아', 아브라함 언약의 보증인, 선지자, 지혜의 대표자, 의인들과 인자를 거부한 것, 즉 '이스라엘' 대다수가 그의 초대를 거부하고 그리스도교의 증언을 거절한 것이 어떻게 발생할 수 있었는지에 대한 질문으로 결정된다."[483]

483 R. v. Bendemann, Lukas, 673f.

E I N L E I T U N G

I N D A S

N E U E

T E S T A M E N T

제4장

사도행전

4.1 참고문헌

주석

KEK III: E. Haenchen, ^{7}1977; J. Jervell, 1998. • HNT 7: H. Co nzelmann, ^{2}1972. • HThK V 1.2: G. Schneider, 1980. 1982. • EKK V/1. 2: R. Pesch, 1986. • ThHK 5: G. Schille, ^{3}1990. • ÖTK 5/1. 2: A. Weiser, ^{2}1989. 1985. • NTD 5: J. Roloff, ^{2}1988. • ZBK 3. 2: W. Schmithals, 1982. • ICC: C. K. Barrett, 1994. 1998. • AncB 31: J. A. Fitzmyer, 1998. • Hermeneia: R. I. Pervo, 2009. • ANTC: B. Gaventa, 2003. • Sacra Pagina: L. T. Johnson, 1992. • O. Bauernfeind, Kommentar und Studien zur Apostelgeschichte, WUNT 22, Tübingen 1980. • G. Lüdemann, Das frühe Christentum nach den Traditionen der Apostelgeschichte, Göttingen 1987. • B. Witherington III, The Acts of the Apostles. A Socio-Rhetorical Commentary, Grand Rapids 1998.

단행본

The Beginnings of Christianity I-V, hg. v. F. J. F. Jackson/K. Lake, London 1920-33. • U. Wilckens, Die Missionsreden der Apostelgeschichte, WMANT 5, Neukirchen ^{3}1974. • Chr. Burchard, Der dreizehnte Zeuge, FRLANT 103, Göttingen 1970. • E. Plümacher, Lukas als hellenistischer Schriftsteller, SUNT 9, Göttingen 1972. • V. Stolle, Der Zeuge als Angeklagter, BWANT 102, Stuttgart 1973. • K. Löning, Die Saulustradition in der Apostelgeschichte, NTA NF 9, Münster 1971. • R. Maddox, The Purpose of Luke-Acts, FRLANT 126, Göttingen 1982 • C. J. Hemer, The Book of Acts in the Setting of Hellenistic History, WUNT 49, Tübingen 1989. • J. Wehnert, Die Wir-Passagen der Apostelgeschichte, GTA 40, Göttingen 1989. • C. J. Thornton, Der Zeuge des Zeugen. Lukas als Historiker der Paulusreisen, WUNT 56, Tübingen 1991. • B. W. Winter u. a., The Book of Acts in Its First Century Setting 1-6, Grand Rapids 1993-97. • H. J. Klauck, Magie und Heidentum in der Apostelgeschichte des Lukas, SBS 167, Stuttgart 1996. • S. Porter, The Paul of Acts, WUNT 115, Tübingen 1999. • F. Avemarie, Die Tauferzählungen der Apostelgeschichte, WUNT 139, Tübingen 2002. • D. Marguerat, The First Christian Historian. Writing the 'Acts of the Apostles,' SNTS. MS 121, Cambridge 2002. • R. I. Pervo, Dating Acts. Between the Evangelists and the Apologists, Santa Rosa 2006. • M. Lang, Die Kunst des christlichen Lebens. Rezeptionssthetische Studien zum lukanischen Paulusbild, ABG 29, Leipzig 2008. • J. Börstinghaus, Sturmfahrt und Schiffbruch, WUNT 2.274, Tübingen 2010.

논문

M. Dibelius, Aufsätze zur Apostelgeschichte, hg. v. H. Greeven, FRLANT 60, Göttingen [5]1968.(기본 논문집) • Ph. Vielhauer, "Zum 'Paulinismus' der Apostelgeschichte." ders., Aufsätze zum Neuen Testament, TB 31, München 1965, 9-27. • E. Plümacher, "Lukas als griechischer Historiker," PRE. S 14 (1974), Sp. 235-64 • Ders., Art. "Apostelgeschichte," TRE 3 (1978), 483-528. • J. Roloff, "Die Paulusdarstellung des Lukas," EvTh 39 (1979): 510-31. • A. Weiser, Das "Apostelkonzil" (Apg 15, 1-5): Ereignis, Überlieferung, lukanische Deutung," BZ 28 (1984): 145-67. • J. Kremer (Hg.), Les Actes des Apôtres, BETL XLVIII, Leuven 1979.(논문집) • I. H. Marshall u. D. Peterson (Hg.), Witness to the Gospel. The Theology of Acts, Grand Rapids 1998. • J. Verheyden (Hg.), The Unity of Luke-Acts, BETL 142, Leuven 1999.(주요 논문집) • D.-A. Koch, Kollektenbericht, 'Wir'-Bericht und Itinerar. Neue(?) Überlegungen zu einem alten Problem," NTS 45 (1999): 367-90. • F. W. Horn (Hg.), Das Ende des Paulus, BZNW 106, Berlin 2001. • T. Nicklas/M. Tilly (Hg.), Apostelgeschichte als Kirchengeschichte, BZNW 120, Berlin 2003. • E. Plümacher, "Rom in der Apostelgeschichte," ders., Geschichte und Geschichten, WUNT 170, Tübingen 2003, 135-69. • C. Breytenbach/J. Schröter (Hg.), Die Apostelgeschichte und die hellenistische Geschichtsschreibung (FS E. Plümacher), AJEC 57, Leiden 2004. • J. Schröter, "Lukas als Historiograph," E.-M. Becker (Hg.), Die antike Historiographie und die Anfänge der christlichen Geschichtsschreibung, BZNW 129, Berlin 2005, 237-62. • K. Backhaus, "Lukas der Maler: Die Apostelgeschichte als intentionale Geschichte der christlichen Erstepoche," K. Backhaus/G. Häfner, Historiographie und fiktionales Erzählen, BThSt 86, Neukirchen 2007, 30-66. • J. Frey/C. K. Rothschild/J. Schröter (Hg.), Die Apostelgeschichte im Kontext antiker und frühchristlicher Historiographie, BZNW 162, Berlin 2009. • D. Marguerat (Hg.), Reception of Paulinism in Acts, BETL 229, Leuven 2009.

연구 보고서

E. Plümacher, "Acta-Forschung 1974-1982," ThR 48 (1983): 1-56; 49 (1984): 105-69; J. Schröter, "Actaforschung seit 1982," ThR 72 (2007): 179-230, 293-345, 383-419; 73 (2008): 1-39, 150-96, 282-333.

4.2 저자

누가복음 1:3의 헌사가 사도행전 1:1에서 재수용될 뿐만 아니라 누가복음과 사도행전 사이에 수많은 언어적이고 신학적인 일치와 관련성이 있음은 두 저작이 동일한 저자로부터 나왔고, 구성과 신학에서 단일체로 파악될 수 있음을 가리킨다.(누가복음: 위 3.6.2를 보라.) 사도행전은 이레네우스(Haer III 13, 3) 이래로 '사도들의 행적'(πράξεις ἀποστόλων)이라는 제목을 갖게 되었다. 아마 원래는 이 제목이 아니었을 것이다. 누가의 이중 저작 중 두 번째 책에는 사도들의 행적보다는 초기 그리스도교 선교 역사에서의 하나님의 행동이 중심에 놓이기 때문이다.

4.3 기록 장소와 시기

누가복음에서와 마찬가지로 사도행전에도 최초 그리스도교의 세 번째 세대의 문제들이 반영된다. 세 번째 세대는 스스로를 초기 시기와 의식적인 연속성 가운데 있는 것으로 본다. 그리고 그것을 통해 현재의 자기 위치를 규명하는데, 그들의 표상(Vorstellung)은 목회서신에 전제되어 있고 클레멘스1서 42장에서도 개진된다.[1] 사도행전도 1세기 그리스도교 시기 말엽에 속한다는 분명한 표시가 있다. 누가복음이 기원후 90년경에 기록된 것이라면, 사도행전의 기록 시기는 기원후 90-100년경으로 설정할 수 있다.[2]

---

1 참조. G. Schille, Frei zu neuen Aufgaben. Beiträge zum Verständnis der dritten urchristlichen Generation, Berlin 1986.

2 참조. J. Roloff, Apg, 5; G. Schille, Apg, 41; G. Schneider, Apg I, 121; A. Weiser, Apg I, 40f., 80-90; W. Schmithals, Apg, 17, 90-110; C. K. Barrett, Acts II, XLII(기원후 80년대 후반 또는 90년대 초); J. Jervell, Apg, 86(80-90년); R. v. Bendemann, Lukas(위 3.6.1을 보라.), 659(90년대). 초기 기록설을 주장하기도 한다. 예를 들어 C. J. Hemer, Book of Acts, 408(62년). 최근 논의에서는 후기 기록설이 등장했다. 특히 R. I. Pervo, Dating, 346; ders., Acts, 5(115년). 그의 주장은 다음과 같다. (1) 누가가 요세푸스의 저작을 알았고 사용했다.(Jos, Antiquitates) (2) 누가는 바울서신 수집록에 접근할 수 있었다. (3) 사도행전에 전제된 교회적이고 정치적인 상황은 변증적 경향을 지녔는데 '복음서 기록자들과 변증가들' 사이의 시기를 가리킨다. 물론 이러한 논증은

지리적인 중요도로 보면, 사도행전의 기록 장소는 에게해나 로마 지역일 것이다. 바울의 사역은 에게해의 서쪽 지역에서 끝나고, 하나님의 구원사적 계획은 바울을 유럽으로 인도한다. 콘첼만(H. Conzelmann)은 이러한 관찰로부터 다음과 같이 결론을 내린다. "이제 에게해와 로마는 배제되지 말아야 한다. 저자는 에게해 지역에서 성장했고 나중에 로마로 갔을 수 있다."[3]

이 책 3.6.3에서 언급한 논증은 로마를 지지한다. (1) 복음의 확장에 대한 누가적인 표현은 로마를 그 목적지로 한다.(참조. 행 1:8, 19:21) (2) 누가의 이중 저작과 클레멘스1서 5, 42장은 바울의 모습과 직제 이해에서 공통점이 있다.

4.4 수신자

사도행전이 기록된 시기는 누가 공동체와 연관이 되는데, 누가 공동체에 관하여는 이 책 3.6.4에서 설명된 것 이외에 다른 어떤 상황도 가정할 수 없다.

검증하기가 어렵다. 요세푸스에 관한 근거를 입증할 수 없기 때문이다. 바울은 사도행전에서 자신의 기록자로 소개되지 않으며, 교회적/정치적 상황은 기원후 115년에도, 90-100년 사이에도 속할 수 있기 때문이다. 특히 페르보는 누가복음의 기록 시기를 기원후 110년경으로 추정해야 했다.(R. I. Pervo, Dating, 340.) 하지만 이것은 누가복음 1:1-4에서 볼 때 설득력이 없다.

3 H. Conzelmann, Der geschichtliche Ort der lukanischen Schriften(위 3.6.3을 보라.), 245. E. Plümacher, Rom, 161; K. Löning, Paulinismus in der Apostelgeschichte(아래 4.8을 보라.), 204-209; R. I. Pervo, Acts, 5. 페르보는 에베소를 시사한다.

4.5 내용 구성, 구조, 형식

1:1-14	헌사, 승천 II
1:15-8:3	예루살렘에서 복음의 증인들인 사도들
	행 6:1 이하: 최초 교회(Urgeminde)의 전환점
8:4-11:18	사마리아와 해안 지역에서 복음의 선포
	사도행전 9:32 이하: 이방선교 조망
11:19-15:35	안디옥 선교
	행 15:1-33: 사도회의-교회의 마지막 시기의 끝
15:36-19:20	소아시아와 그리스에서 바울의 선교
19:21-21:17	예루살렘(과 로마)으로 향하는 바울
21:18-26:32	바울의 체포와 소송
27:1-28:31	로마로 가는 바울의 여행, 로마에서 바울의 사역

사도행전 1:8에서 누가는 전체 기술의 프로그램을 기록한다. "오직 성령이 너희에게 임하시면 너희가 권능을 받고 예루살렘과 온 유대와 사마리아와 땅 끝까지 이르러 내 증인이 되리라." 누가는 성령의 인도 아래 복음의 확장을 확실히 지리적인 관점으로 표현한다. 사도행전 1:1-14의 서문에 이어서 1:15-8:3은 예루살렘 최초 교회에서의 사도들의 선포와 증언이다. 사도행전 6:1 이하에서 묘사된 헬라인들의 등장은 최초 공동체 내부에서 새로운 발전을 이룬다. 그들과 함께 복음이 그 근원지인 예루살렘을 넘어서 유다와 사마리아와 그 주변 지역으로 퍼졌기 때문이다. 사도행전 8:4-11:18은 이러한 선교의 모습을 그린다. 이러한 발전의 첫 번째 부분을 사도행전 9:31이 보여주는데, 성령의 인도 아래 이루어지는 그 지역 교회 공동체들의 성장이 언급된다. 이방선교는 9:32부터 조망된다. 베드로가 고넬료에게 세례를 베풀고 그 뒤를 잇는 베드로의 해명에서 목표 설정의 근거를 볼 수 있다. 최초의 그리스도교 선교 역사의 분기점은 안디옥 선교(행 11:19-15:35)이다. 그 중심에 바울과 바나바의 선교 활동이 있다. 사도행전

15:1-33에 기록된 사도회의는 사도행전의 구성과 내용의 중심으로 간주될 수 있다. 사도회의에서 특히 예루살렘 중심의 최초 교회 시기가 끝나고 율법으로부터 자유로운 이방선교의 시기가 시작되는데, 그 대표자는 바울이다. 사도행전 15:35부터 누가의 서술은 바울에게만 집중된다. 교회의 이후 역사에 기초가 되는 과정인 소아시아 선교가 상세하게 묘사된다. 사도행전 19:21은 또 다른 전환점을 언급한다. 이제 바울은 성령의 인도 아래 예루살렘으로 향할 것이고 그 후로는 로마를 향할 것이다. 이렇게 예루살렘으로부터 로마로 방향을 설정한 것은 전체 구성의 기초가 되며 이는 사도행전의 목표 설정과 같다. 사도행전 19:21-21:17은 예루살렘을 향한 사도의 길을, 21:18-26:32는 바울의 체포와 소송을 다룬다. 사도행전의 결론은 바울의 로마 여행과 당시 세계적 도시에서 방해받지 않은 그의 사역 활동이다.(행 27:1-28:31) 바울과 함께 하나님 나라 복음(행 28:31)이 '땅끝까지', 즉 로마에까지 이르렀다.

전체 구성은 두 단락(I: 1:1-11:18; II: 11:19-28:31)[4]으로 나누는 것부터 세 단락(도입 1:1-26; I: 2:1-5:42; II: 6:1-15:35; III: 15:36-28:31)[5] 또는 다섯 단락(서문 1:1-26; I: 2:1-5:42; II: 6:1-9:31; III: 9:32-15:35; IV: 15:36-19:20; V: 19:21-28:31)[6]까지 제안된다. 사도행전의 주요 주제들(최초의 공동체, 헬라인들, 바울 이전과 바울 이후의 선교, 로마로 향하는 바울)은 서로 뒤얽혀 있어서 일관되고 정확한 구성 원리를 발견하기 어렵다. 이것이 각 본문의 영역을 구분하기가 어려운 이유이다.

누가는 고급 코이네-그리스어를 쓰는데, 사도행전에는 칠십인역의 문제가 분명하게 느껴지는 부분(참조. 행 2:14-36, 3:12-26, 4:9-12, 5:29-32,

---

4 참조. G. Schille, Apg, VIIIf. 플뤼마허는 두 단락 구성을 옹호하지만 사도행전 15:33 이후 구절을 생략한다.(E. Plümacher, "Apostelgeschichte," 486.)

5 참조. G. Schneider, Apg I, 66. 다소 다르게는 A. Weiser, Apg I, 27f. (1) 2:1-8:3, (2) 8:4-15: 35, (3) 15:36-28:31을 참조하라.

6 참조. J. Roloff, Apg, 13f.

20:18-35)과 고전 시대의 고급 헬레니즘 작품에 가까운 본문이 있다.(행 17:22-31, 26:2-27) 이러한 문체 모방 현상은 헬라적 사료와 동일하며 목표는 저자가 인물이나 역사 시대에 특정한 성격을 부여하는 것이다.[7]

사도행전의 내러티브 문체의 특징은 큰 생동감이다. 누가는 추상적인 문장의 형태가 아니라 공통점을 인식하도록 유도하는 생생한 장면들을 통해 독자에게 신학적 통찰력을 제공한다. 오순절사화(행 2장), 백부장 고넬료 내러티브(행 10:1-11:18), 아덴의 아레오바고에서 행한 설교(행 17:16-33), 밀레도에서 행한 바울의 설교(행 20:17-38)는 그러한 내러티브 문체의 특징을 드러낸다.

누가의 내러티브 기술은 작은 세부사항에서도 나타난다. 예를 들어 사도행전 7:58에서 그는 그리스도인들을 박해하던 사울을 스데반의 순교의 증인으로 소환해 내러티브 안으로 데려온다. 누가의 다른 내러티브 문체 기술로는 중요한 사건을 강조하기 위해 내러티브를 갑작스럽게 새로 삽입(예를 들어 행 10:1 이하, 18:12)하거나 의도적으로 반복하는 것을 들 수 있다.(참조. 행 9:1-22, 22:3-21, 26:9-20에서 바울의 회심) 누가의 또 다른 문체 형식은 교회의 지속적인 성장이 보고된 요약 보고와 종합 보고이다.(참조. 행 1:14, 6:7, 9:31과 2:42-47, 4:32-35, 5:12-16)

전체 서술 안에서 내러티브에는 리듬이 있다. 예루살렘에서 일어난 사건들(행 2-5장)은 매우 폭넓고 상세하게 묘사된다. 누가는 최초 공동체의 다소 정적인 상황 묘사에서 시작하여 6-15장에서 매우 다양한 장소에서 일어나는 여러 장면을 매우 빠른 순서로 진행시킨다. 소아시아와 그리스에서 행한 바울 선교에 대한 설명(행 15:36-19:20)도 사도가 쉬지 않고 여행했음을 일깨운다. 그 결과 바울은 복음을 역동적으로 선포하게 된다.[8] 사도

---

7 참조. E. Plümacher, "Apostelgeschichte," 489-91, 501ff.

8 사도행전의 '극적인 에피소드 문체'에 관하여는 Plümacher, Lukas als hellenistischer Schriftsteller, 80-136을 참조하라.

행전의 마지막 큰 단락(19:21-28:31)에서는 다른 내러티브 리듬이 나오는데, 여기서는 먼저 유대 대적자들 및 로마 통치자들과 바울의 만남이 상세하게 설명된다. 누가는 일련의 개별적인 장면을 차례로 덧붙임으로써, 교회와 유대교 사이의 단절과 예루살렘에서 로마로 향하는 바울의 경로가 하나님이 계획한 발전적 결과라는 사실을 독자에게 전달하고자 한다. 거시적 차원에서 사도행전은 '역사적 단행본'(historische Monographie)이라 할 수 있으며,[9] 특히 시대별로 구분된 역사의 전개가 특징이다.

4.6 사도행전의 본문

사도행전의 본문 전승은 신약성서 본문비평의 특별한 문제를 드러낸다.[10] 소위 '서방' 본문의 형태(주요 증거 D 05, G 67,[11] P^{38}, P^{48}, sy^{hmg})[12]가 알렉산드

9 참조. H. Conzelmann, Apg, 7; E. Plümacher, "Die Apostelgeschichte als historische Monographie," J. Kremer (Hg.), Les Actes des Apôtres, 457-66; G. Schneider, Apg I, 123; A. Weiser, Apg I, 31. 장르에 대한 다른 명칭은 다음과 같다. '철학적 전기'(참조. C. H. Talbert, Literary Patterns, Theological Themes and the Genre of Luke-Acts, SBLMS 20, Missoula 1974, 125-40.), '사도소설'(H. Köster, Einführung, 484.), '헬라적, 비극적, 전기적 역사 기록'(M.-Chr. Holzbach, Plutarch: Galba-Otho und die Apostelgeschichte-ein Gattungsvergleich, Münster 2006.)

10 이 문제에 관하여는 메츠거가 훌륭하게 안내한다.(B. M. Metzger, A Textual Commentary on the Greek New Testament, London/New York 1975, 259-72.)

11 참조. H. M. Schenke (Hg.), Apostelgeschichte 1,1-15,3 im mittelgyptischen Dialekt des Koptischen (Codex Glazier), TU 137, Berlin 1991. 쉥케는 코덱스 글라지에르(Glazier)를 두 번째로 중요한 'D 본문'의 증거라고 평가한다.

12 나아가 P^{29}, P^{69} 0171. '서방' 본문이라는 전문용어는 호르트(F. J. Hort, 1828-92)에게로 소급된다. 이 본문 형태의 특징이 먼저 고대 교회에서 (라틴어를 사용하는) 서쪽 지역의 소문자수사본(HS)에서 일러서서 '서방' 본문으로 명명되었다.이와는 반대로 알란트 부부는 'D 본문'을 선호한다.[K. u. B. Aland, Text des Neuen Testaments(위 1.3을 보라.), 63ff.]

리아 전승보다 약 8.5%가 더 길기 때문이다. 서방 본문의 형태에서는 문체와 언어의 다듬기(참조. 예를 들어 행 12:4-5), 명료화와 정확화(참조. 예를 들어 행 12:1, 3, 4-5, 7, 10, 16:10-11, 18:2, 19:9, 20:15, 21:1), 가정된 혹은 실제의 긴장(참조. 예를 들어 행 3:11, 10:25, 12:22, 14:6-7, 14:18-19, 15:34, 16:30, 35, 39, 20:4) 및 내용적인 변경이 발견된다. 이에 대한 명백한 예시는 사도행전 15:20, 29에 나오는 사도칙령의 규정이다. '이집트' 본문의 형태가 그것을 예전 규정으로 파악하는 반면에 '서방' 본문의 형태는 '목매어 죽인 것'을 생략하고 황금률을 덧붙임으로써 윤리적으로 해석한다. 사도행전 13:27-28에서는 예수의 죽음에 대한 유대인들의 죄가 강조되고, 19:1에서는 성령이 이끄는 선교사들의 인도가 강조된다.(참조. 신학적 해석으로 행 11:28, 14:25, 16:35, 18:27, 28:31)[13]

사도행전의 '서방' 본문의 생성에 관하여는 많은 추측이 있었다. 블라스(F. Blaß)는 누가가 작성한 두 개의 사도행전 본문을 고려했다. 그중 오래된 본문이 '서방' 본문을 반영한다.[14] 이 주장은 짠(Th. Zahn)에 의해 다루어졌고[15] 최근에는 브와마르(M. É. Boismard)와 라무이(A. Lamouille)에 의해 보다 광범위하고 새롭게 논증되었다.[16] 프렌슈코프스키(M. Frenschkowski)는 고대 책 제작의 실용적인 요구사항을 통해 '서방' 본문을 설명한다. 즉 미리 지정된 분량에 도달하기 위해 사도행전을 늘리고 채웠다는 것이다.[17]

---

13 참조. E. J. Epp, The Theological Tendency of Codex Bezae Cantabrigiensis in Acts, SNTSMS 3, Cambridge 1966.

14 참조. F. Blaß, "Die zwiefache Textberlieferung in der Apostelgeschichte," ThStKr 67 (1894): 86-119.

15 참조. Th. Zahn, Die Urausgabe der Apostelgeschichte des Lukas, FGNK 9, Leipzig 1916.

16 참조. M. É. Boismard/A. Lamouille. "Le Texte Occidental des Actes des Apôtres. Reconstruction et réhabilitation I-II," Synthèse 17, Paris 1984.

17 M. Frenschkowski, "Der Text der Apostelgeschichte und die Realien antiker Buchproduktion," T. Nicklas/M. Tilly (Hg.), Apostelgeschichte als Kirchengeschichte, 87-107.

그러나 대다수의 본문 비평가와 주석가는 사도행전의 '서방' 본문 형태를 문체 다듬기, 명료화, 추정된 긴장을 제거하는 측면에서 수행된 의도적인 개정이라고 본다.[18]

'서방' 본문의 형태는 로마제국이 아니라 시리아에서 시작되었을 개연성이 매우 크다. 시리아에서 "그리고 그곳에서만 '서방' 본문의 형태를 제공하는 독립된 수많은 번역본이 있다. …그러므로 필자는 '서방' 주요 편집본이 시리아, 곧 안디옥의 동쪽 어딘가에서 시작되었을 것이라고 주장한다. 시리아어 사용 지역에서의 신속하고 집중적인 확산에 대한 설명을 할 수 있을 정도로 그 지역에서는 그리스어가 여전히 충분히 살아있는 언어였을 뿐만 아니라 익숙한 언어였다."[19] '서방' 본문은 통일되고 완결된 크기로 파악할 수 없으며, 시리아에서 시작되었고, 주요 편집본은 3세기 전반기에 만들어졌으며, 본문 형태의 초기 형성은 2세기로 소급된다. 그러나 이 본문 형태는 3세기 후반의 그리스어 수사본에서야 처음으로 파악되고, 파피루스들은 3세기 초까지 이에 관한 어떤 흔적도 보이지 않는다.[20] 그러므로 '서방' 본문의 증거들은 다른 모든 수사본과 마찬가지로 본문비평상으로 중요

18 참조. B. Aland, "Entstehung, Charakter und Herkunft des sogenannten westlichen Textes. Untersucht an der Apostelgeschichte," EThL 62 (1986): 5-65.

19 위의 글, 63. 이레네우스의 사도행전 본문에 관하여는 위의 글, 43-56을 참조하라. 결론적으로 "이레네우스가 사용한 사도행전 본문은 패러프레이즈(paraphrase) 기법의 초기 수사본이었다. 우리는 이 유형을 다른 수사본들에서도 알고 있다. 그 수사본들이 반드시 이레네우스와 직접 관련된 것은 아니다. 그것들은 다만 자유로운, 즉 패러프레이즈된 해석에서 유래한다.… 이 증거들과 이레네우스의 본문 사이의 영적인 관련성은 확실하게 인식할 수 있지만, 원래 대본과 사본의 단순한 범주에서, 그리고 본문 유형과 본문 유형의 구성원으로 파악될 수 없다."(위의 글, 53.)

20 참조. K. Aland, Alter und Entstehung des D-Textes im Neuen Testament. Betrachtungen zu P69 und 0171, Miscellània Papirològica Ramon Roca-Puig en el seu vuitantè Aniversari, Barcelona 1987, 37-61.

한 개별적인 결정에만 사용할 수 있다. 그들의 독법(讀法)은 대부분 부차적인 것으로 판명되고, 독창적인 것은 예를 들어 사도행전 12:10, 19:1, 20:15, 27:5를 고려할 수 있다.

4.7 전승, 자료

사도행전 연구에서 중심 문제는 여전히 누가가 그의 두 번째 책에서도 광범위하게 자료를 사용했는지의 여부이다. 최근 연구는 사도행전의 세 자료설을 제기한 하르낙[A. (v.) Harnack][21]의 자료 재구성에서 출발한다. 그 세 자료는 다음과 같다. 자료(Quelle) A: 예루살렘 및 가이사랴로부터의 자료(행 3:1-5:16, 8:5-40, 9:31-11:18, 12:1-23), 자료 B: 역사적으로 평가절하된 자료(행 2:1-47, 5:17-42), 자료 C: 안디옥 자료(행 6:1-8:4, 11:19-30, 12:25-15:35). 특히 사도행전 6-15장에 기초한 '안디옥 자료'의 가정은 큰 지지를 얻었으며 현재까지도 중요하다. 그의 주장은 불트만(R. Bultmann),[22] 헹엘(M. Hengel),[23] 주엣(R. Jewett),[24] 한[F. Hahn, 안디옥 공동체의 '변호 보고'(Rechenschaftsbericht)],[25] 페쉬(R. Pesch),[26] 슈나이더(G. Schneider, 조심

---

21 이에 덧붙여 사도행전 3부작을 참조하라. A. (v.) Harnack, Lukas der Arzt, der Verfasser des dritten Evangeliums und der Apostelgeschichte, Beiträge zur Einleitung in das NT 1, Leipzig 1906; Ders., Die Apostelgeschichte, Beiträge zur Einleitung in das NT 3, Leipzig 1908; Ders., Neue Untersuchungen zur Apostelgeschichte und zur Abfassungszeit der synoptischen Evangelien, Beiträge zur Einleitung in das NT 4, Leipzig 1911.

22 참조. R. Bultmann, "Zur Frage nach den Quellen der Apostelgeschichte," ders., Exegetica, E. Dinkler(Hg.), Tübingen 1967, 412-23.

23 참조. M. Hengel, Urchristliche Geschichtsschreibung(위 2.1을 보라.), 60.

24 참조. R. Jewett, Paulus-Chronologie(위 2.1을 보라.), 27ff. 주엣은 '안디옥 자료'를 '대략' 다음 본문 뒤에서 보고자 한다. 행 6:1-8:4, 9:1-30, 12:25-14:23, 15:35ff.(Jewett, 위의 책, 28.)

25 참조. F. Hahn, "Zum Problem der antiochenischen Quelle in der Apostelge-

스럽게)][27]에 의해 옹호된다. 페르보(R. I. Pervo)는 이 주장을 변경하여 '안디옥 자료'가 아니라 '이방선교 자료'[28]라고 말하며, 이에 관한 흔적으로 사도행전 2:1-13, 4:36-37, 6:1-6, 8:1-13, 10:10-16, 11:19-26, 12:12-17, 13-14장을 언급한다. 또한 광범위한 '안디옥' 자료 가설에 반대하여 자료 구분의 기준으로 사용되는 '안디옥'의 성격이 설득력 있게 규명될 수 없다는 점, 실제로 자료를 찾는 데 검증 가능한 기준이 없으므로 자료의 범위가 언제나 다양하게 규명되었다는 점을 지적한다.[29] 이와 연관된 '안디옥 자료'는 실제로 입증될 수 없다.[30] 그러나 누가는 사도행전의 첫째 부분에서 의심의 여지 없이 비교적 큰 전승 복합체와 개별 전승들을 사용했다. 전승 자료에는 누가가 이미 문서로 가지고 있던 베드로 전승이 속했을 것이다. (참조. 행 3:1-10, 9:32-35, 10:1-11,18, 12:1-17에서 누가 이전의 전승들)[31] 나아가 누가는 문서로 전승된 이름 명단(참조. 행 1:13, 6:5, 13:1, 나아가 20:4), 예루살렘과 안디옥의 교회생활에서 나온 소식들(행 4:36, 37, 6:1-6, 11:20, 26), 맛디아가 선택된 것이나 유다의 죽음 같은 개별 전승들(행 1:15-26), 전승된 기적 내러티브(참조. 행 5:1-11, 9:36-43, 14:8-18), 사도들의 핍박에 관한 전승들(참조. 행 4장 이하, 6장 이하, 12장), 선교 전승들(참조. 행 8:26-40, 9:1-9, 나아가 22:3-16, 26:12-18)을 채택했다.[32]

---

schichte," Rudolf Bultmanns Werk und Wirkung, B. Jaspert (Hg.), Darmstadt 1984, 316-31.

26 참조. R. Pesch, Apg I, 48.

27 참조. G. Schneider, Apg I, 103.

28 참조. R. I. Pervo, Acts, 13f.

29 참조. E. Plümacher, "Apostelgeschichte," 493.

30 참조. 예를 들어 M. Dibelius, Aufsätze zur Apostelgeschichte, 94(사도행전 1-12장의 경우 자료에 해당되는 근거는 없다.); E. Haenchen, Apg, 94-6; H. Conzelmann, Apg, 5; Ph. Vielhauer, Urchristliche Literatur, 386; E. Plümacher, "Apostelgeschichte," 493; A. Weiser, Apg I, 37.

31 참조. J. Roloff, Apg, 10, 68; G. Schneider, Apg I, 103

32 물론 이러한 개별 전승들의 전승사적이고 양식사적인 규명이 매우 다양하게

사도행전의 두 번째 부분의 본문 상태는 자료가 사용되었음을 보여준다.['우리-보도'(Wir-Berichte), '여정 기록'(Itinerar)] 갑자기 시작했다 끝나는 '우리-단락'(Wir-Passagen, 행 16:10-17, 20:5-15, 21:1-18, 27:1-28:16)[33]은 세 가지 진정성 있는 가능성을 제공하는데 이들은 부분적으로 서로 겹친다.[34]

1) 누가는 바울의 동역자이자 사도행전의 저자로서 그의 고유한 경험과 사건에 대한 자신의 관점을 내러티브에 가져온다.[35] 여기에 전제되고 있는 저자 문제에 관한 어려움을 간과한다면(참조. 위 3.6.2를 보라.), 왜 그의 전승의 확실성을 고려한 누가(참조. 눅 1:3, 4)가 최초 그리스도교 선교 역사의 결정적인 지점이 아니라 부차적인 세부 내용에서 자신이 직접적인 목격

나타난다. 목록 제시는 다음을 참고하라. J. Roloff, Apg, 10; A. Weiser, Apg I, 37; G. Schille, Apg, 18-24.

33 '우리-단락'에 대한 본문비평적인 재구성과 정확한 규명에 관하여는 J. Wehnert, Wir-Passagen, 5-46을 참조하라.

34 연구사에 관하여는 위의 책, 47-124를 참조하라. 나아가 J. Börstinghaus, Sturmfahrt und Schiffbruch, 282-304도 참조하라.

35 최근 주석에서 이 설명 모델은 다음의 학자들이 대표한다. E. E. Ellis, The Gospel of Luke, CeB, London ²1974, 40-54; J. Munck, The Acts of the Apostles, AB 31, Garden City (NY), 1967, XXIX-XXXV; R. Jewett, Paulus-Chronologie(위 2.1을 보라.), 32-8(유보적임!); M. Hengel, Urchristliche Geschichtsschreibung(위 2.1을 보라.), 60f.; C. J. Thornton, Der Zeuge des Zeugen, 192ff 등등. 그러나 토른톤은 우리-단락을 직접 목격에 관한 입증 자료로 보지 않는다. "누가에게는 다만 다음 내용이 중요하다. 바울의 선교적 야심이나 우연한 여행 상황이 복음을 유럽으로 이끈 것이 아니라 하나님이 이 발걸음을 주도하셨다. 누가는 그것에 대한 증인이다. 그러나 그것은 역사적인 직접 목격이라는 의미에서 증언이 아니라 함께 체험한 과거가 하나님이 인도한 역사라는 것에 대한 믿음의 증언이다."(C. J. Thornton, 위의 책, 364.) 그는 직접 목격자의 증언 문제에 관하여 다음과 같은 해결책을 제안한다.(C. J. Thornton, 위의 책, 341.) "바울의 동역자인 누가는 그가 우리-형식으로 설명하는 세 개의 여행에 처음부터 끝까지 참여할 수 있었다. 사도행전 16:20-21과 아마도 27장 이하에서 그는 자신이나 다른 여행 참여자가 작성한 자료를 사용할 수 있었다."

자라고 하는지를 설명할 수 없다.

2) '우리-단락'(Wir-Stücke)은 한 자료의 일부이다. 주로 19세기에 순수 문학비평적으로 등장한 이 이론(쉴라이에르마허, 드 베테 등)[36]은 노르덴(E. Norden)[37]에 이어 디벨리우스(M. Dibelius)에 의해 양식사적 관점에서 계속 전개되면서 동시에 결정적으로 변경되었다.[38] 누가는 사도행전 13:1-14:28, 15:35-21:18에서 '여행지 목록'을 사용했다. 이것은 양식적인 특징[중요하지 않은 여행 지점들의 기록, "(선교사로) 받아들여지고 환대를 받는 것, 활동, 성공에 관한 언급"[39]]에 근거하여 전승된 것으로 입증되었다. 디벨리우스는 물론 '여정 기록'과 원래 세속적인 내러티브에 기초한 로마 여행 보도(행 27:1-28)를 구분한다.[40] 그는 여정 기록의 삶의 자리(Sitz-im-Leben)를 선교 활동으로 본다. 누가는 "분명히 여행지 목록을 가지고 있었다. 이는 그러한 여행이 반복될 때 그 경로와 오랜 친구를 다시 찾기 위해서라는 실질적인 이유로 여행지 목록이 만들어지는 것과 같다."[41] 그러나 디벨리우스는 어떻게 '우리-보도'와 '여정 기록'이 서로 관련되는지에 대한 설명은 포기한다.[42] 아마도 '우리'를 삽입한 사람은 누가 자신이었을 것이다.[43] 그에

---

36 베너르트는 양식사에 관하여 상세히 설명한다.(J. Wehnert, Wir-Passagen, 66-103.)

37 참조. E. Norden, Agnostos Theos, Darmstadt [6]1974(=1913), 313-27.

38 디벨리우스는 물론 순수 문학적인 분석을 반대하지만, 자료-표상(Quellen-Vorstellung)은 구성적 요소로 본다. "자신의 자료를 잘 사용하는 저자의 경우에 - 문자적으로 구약성서에서와 같이 단락의 경계가 구분된 - 한 자료가 본문으로부터 분리되었을 수 있다는 것은 거의 개연성이 없다. 게다가 '우리-단락'은 어휘와 문체에서 '그들-단락'(Sie-Stüke)과 닮았다. 그러나 아마도 누가가 바울의 여행 자료로 여행지 목록을 사용했다고 가정해야 한다."(M. Dibelius, Aufsätze zur Apostelgeschichte, 93.)

39 같은 곳.

40 참조. 위의 책, 173f.

41 위의 책, 110.

42 참조. 위의 책, 67의 각주 2. "여정 기록이 동일한 저자에 의해 유래하는지와 이 자료의 본문에 이미 '우리'가 늘 기록되어 있었는지 혹은 사도행전을 기록할

반해 빈데만(W. Bindemann)에 따르면 우리-단락(Wir-Stücke)은 누가의 역사상에 견주어 형식상 공통점, 누가의 역사관과의 차이점 및 독자적이고 이상적인 모습을 드러낸다. 따라서 이 자료는 어떤 한 자료(eine Quelle)로부터 유래했을 것이다. 이 자료는 "더 작고 독립적인 여러 개의 여정 지점 메모로 서로 결합된 복합적인 단일체"로 구성되어 있다.[44]

3) 해당 개별 단락에서 1인칭 복수 형태('우리')는 복음서 기자 누가에게로 거슬러 올라간다.[45] '우리-보도'의 상당 부분이 바다 항로에 대해 쓰고 있기 때문에, 누가가 당대 문헌의 항해 역사 기술에 나오는 1인칭 복수 표현을 사용한 것일 수도 있다. '우리'라는 표현으로 누가는 자신이 널리 여행했고 경험이 많은 사람임을 주장한다. 이것은 다른 한편으로 당시 역사 편찬 관행의 화두에 속한다.[46] 그러나 누가가 직접적인 목격자임을 암시하는 '우리'를 단지 문학적 관습에 따라 사용했을 뿐인지는 여전히 의문으로 남는다. '우리'-단락 모두가 항해에 대한 설명은 아니기 때문이다.(참조. 행 16:12-17, 20:7-8, 21:8-18) 베너르트도 해당 단락들에 나오는 '우리'를 누

때에야 비로소 삽입된 것인지에 대한 질문을 다루는 것을 나는 포기한다. 나의 연구에서 이에 대한 답변은 중요하지 않기 때문이다."

43 참조. 위의 책, 93.

44 W. Bindemann, "Verkündigter Verkündiger. Das Paulusbild der Wir-Stücke in der Apostelgeschichte: seine Aufnahme und Bearbeitung durch Lukas," ThLZ 114 (1989): (705-20) 710.

45 특히 G. Schille, Apg, 337을 참조하라. "물론 우리-자료에 대한 가정은 잘못되었다. '우리'는 거의 전적으로 편집 작업으로 이해할 수 있는 부분에서 등장하기 때문에 누가의 수정으로 소급되어야 한다. …'우리'가 실라와 디모데를 가리켜야 한다면, 너무 늦은 후기로 갈 것이다. 오히려 누가는 '순간의 중요성을 표시하기'를 원했다."(F. Overbeck)

46 참조. H. Conzelmann, Apg, 150, 156; E. Plümacher, "Apostelgeschichte," 514; V. K. Robbins, "The We-Passages in Acts and Ancient Sea Voyages," BR 20 (1975): 5-18. H. Conzelmann, Apg, 6; E. Plümacher, "Apostelgeschichte," 494f. 이들은 여정 기록 주장에 매우 회의적으로 맞서며 주로 개별 전승을 사용한 것으로 생각한다.

가에게로 돌리지만 이에 대해 새로운 설명 모델을 제공한다. 그는 다니엘 1-6장의 3인칭 주격 단수 표현이 다니엘 7:2의 1인칭 단수 표현으로 전이되는 과정과 사도행전 16:8 이하가 구조적으로 같음을 보고 '우리'를 헬라적 유대교 전승에서 사용하는 문체로 분류한다. 이러한 문체로써 누가는 바울의 동역자인 실라에게로 거슬러 올라가는 전승을 사용했다. 그러나 거기서 중요한 것은 자료 혹은 여행일지가 아니라 "실라(눅 1:2에서 출처로 언급된 직접 목격 증인?)가 실제로 누가의 정보원이었다면, 사도행전에서 수정된 언어 형태로 수용된[47] 구전 전달을 생각할 수 있다."라는 점이다. 누가는 나-화자(Ich-Sprecher)를 사용할 수 없었으므로, 바울의 동역자의 정보를 소급하여 사용했고, 그것을 '우리'를 통해 강조한 것이다.

누가는 대부분의 '우리-단락'에서 1인칭 복수를 공식적으로 사용했고, 아마도 그것을 사도행전 27장 이하에서 가져왔을 것이다.[48] 현재 본문의 순서에서 '우리-단락'은 무엇보다 유럽으로 넘어가는 것과 예루살렘 및 로마 여행을 강조한다. "그러므로 이 책의 저자가 왜 자신의 자료에서 바로 이 부분에 우선권을 부여하려고 했는지는 상당 부분 납득할 수 있다. 직접 목격자가 보증한 자료의 출처는 그들이 되어야 한다."[49] 1인칭 복수에 대한 평가와는 별개로 '우리-단락' 대부분은 누가가 소아시아, 마케도니아, 그리스를 통과하여 고린도까지 이르는 바울의 여행을 위해 사용한 '여정 기록'의 구성 요소일 것이다.[50]

---

47 J. Wehnert, Wir-Passagen, 189. 베너르트의 주장은 두 가지 문제를 드러낸다. 첫째, 실라는 사도행전 18:5에서 처음으로 언급된다. 사도행전 20장, 21장, 27장 이하에 나오는 정보들은 어디에서 오는가? 둘째, 베너르트도 해당 본문들에서 1인칭 복수 사용에 대한 정확한 평행본문을 제공할 수 없다.

48 참조. A. Weiser, Apg II, 391.

49 G. Schneider, Apg I, 94f.

50 최근의 주석에서는 여러 학자가 각기 다양한 논증으로 여정 기록을 옹호한다. J. Roloff, Apg, 239; G. Schneider, Apg I, 91; A. Weiser, Apg II, 387-92(상세한 논증!); G. Lüdemann, Das frühe Christentum, 28. E. Haenchen, Apg,

바울 주변에서 유래하는 여정 기록은 여행길에 관한 짧은 보도, 여행 중에 발생한 특별한 사건이고, 그 주요 내용은 사도행전 15:36-19:40에서 사용되었다. 물론 이러한 합의를 넘어서는 정확한 여정 기록의 경계는 매우 다양하게 나타난다. 디벨리우스에 따르면 여정 기록은 사도행전 16:4-21:18에 나오는 바울 여행의 설명을 위한 토대를 형성했고, 롤로프는 여정 기록을 사도행전 16-19장으로 정하면서 20, 21장에 나오는 '모금 대표단의 변호적 보도'[51]를 구별했다. 코흐(D.-A. Koch)는 차별화된 모델을 제시한다. 그는 사도행전 20:4-21:18에서 자신이 주장하는 모델의 자료 조각을 본다. "(역사적으로 확실하게 위치를 규명할 수 있는) 바울이 선교한 교회들이 예루살렘을 위해 모은 돈을 전달하는 과제를 지닌 대표단의 변호 보도가 중요하다."[52] 코흐는 사도행전 13-28장에 대한 광범위한 자료이론에 반대 입장을 표명하고 다음과 같이 방법론적인 전제를 요구한다. "특정한 여행에 관한 설명이 한 자료에 근거하는 것인지, 혹은 자료의 출처가 없는 누가의 문학적 구성인지를 판단하는 것은 개별적으로 검토되어야 한다. 사도행전 20-21장에 해당되는 것이 16장에 해당될 필요는 없으며, 그 반대도 마찬가지다."[53]

개별 본문이 연속하는 성격에 관해 보다 확실한 결정을 내릴 수는 없으나, 누가가 개별 전승 및 그 자신에 의해 구성된 단위를 이미 그에게 주어진 틀에 삽입했다는 것은 분명하다. 여행 노트와 여행 지점 표시에 대한 기본

97ff. 헨헨은 모금 대표단의 어느 구성원의 여행일기인 사도행전 20:5-21:18에서 우리-단락을 고려한다.(참조. E. Haenchen, Apg, 557의 각주 5.) 사도행전 16:10부터 누가는 '많이 사용된 여정 기록'(E. Haenchen, 위의 책, 468.)에 의지했다. 여정 기록 가설에 대한 최근 비평에 관하여는 특히 다음을 참조하라. J. Wehnert, Wir-Passagen, 106-8(여정 기록에 대한 설득력 있는 양식사적 평행본문은 없다.); C. J. Thornton, Der Zeuge des Zeugen, 273-74.

51 참조. J. Roloff, Apg, 239.

52 D.-A. Koch, Kollektenbericht, 389; 유사하게 R. I. Pervo, Acts, 13.

53 같은 곳.

구상은 대략 다음의 본문을 포함했을 것이다.[54] 사도행전 16:6-8, 11-12a, 17:1, 10-11b, 15a, 17, 34, 18:1-3, 7-8, 11, 18, 19a, 21b, 22-23, 19:1, 9b, 10a, 20:1b-6, 13-15, 21:1-4a, 7-9, 15-16. 사도행전 16-19장(20, 21장)에 사용된 여정 기록이 13장과 14장에 삽입되는 대본(Vorlage)의 연속인지, 혹은 13-14장의 바울 선교에 대한 설명이 안디옥 공동체의 독자적인 선교 보도에 소급하는지에 관한 문제에 답하기는 쉽지 않다.[55] 마찬가지로 사도행전 21:27-26:32에 나오는 바울의 투옥과 재판에 관한 보도 전승도 논쟁의 여지가 있는 것으로 판단된다. 디벨리우스 이후[56] 누가가 전체 서술을 위해 바울 전승에서 유래한 개별 전승을 사용했다는 의견이 다양하게 수용된 반면에[57] 다른 이들은 사도행전 21:27-36, 22:24-29, 23:12-24, 23:26-27, 25:1-12에 기초 구상이 나오는 누가 이전의 감금 보도를 고려한다.[58]

사도행전 27:1-28:16에 나오는 로마로 가는 바울의 항해에 관한 설명의 토대는 '우리-문체'로 작성된 고대 세속문학의 바다 여행 보도였을 것이고, 이 보도는 누가에 의해 바울 구절들(행 27:3b, 9-11, 21-26, 31, 33-36, 43a, 28:2-10)이 삽입됨으로써 개정되었다.[59] 이 구절들이 없으면 사도행전 27:1-2, 3a, 4-8, 12-20, 27-30, 32, 37-42, 43b-44, 28:1, 11-12에서 한 단위로 구성되는 내러티브의 문맥이 분명해진다. 게다가 내용상의 긴장도 해소되는데, (사도행전 27장) 8절에서 12절로, 20절에서 27절로 직접적인 연결을 통해 내러티브의 순서가 매끄럽고 분명해지기 때문이다. 롤로프는 또

54 참조. A. Weiser, Apg II, 388.

55 J. Roloff, Apg, 10; 이에 반대하여 G. Schneider, Apg II, 195를 참조하라.

56 참조. M. Dibelius, Aufsätze zur Apostelgeschichte, 14.

57 참조. 예를 들어 E. Plümacher, "Apostelgeschichte," 500; G. Schneider, Apg I, 102; A. Weiser, Apg II, 390.

58 참조. V. Stolle, Der Zeuge als Angeklagter, 260-67; J. Roloff, Apg, 316; G. Lüdemann, Das frühe Christentum, 28.

59 이에 관한 설득력 있는 분석은 A. Weiser, Apg II, 390ff., 656ff.를 참조하라.

다른 설명의 가능성을 제공한다. 그는 본문의 토대에 바울의 동역자인 아리스다고의 체험 보도가 있었을 것이라고 가정한다. 그 체험 보도는 사도행전 27:1-9a, 12-20, 27-30, 32, 38-44, 28:1, 11-13, 14b, 16b를 포함한다.[60] 누가는 바울 장면과 '우리-문체'를 삽입함으로써 원본을 개작했다. 그러나 다른 한편으로는 누가가 처음으로 바울을 내러티브의 중심인물로 만들었다고 볼 수 있다. 특히 이 체험 보도의 내용이 바울의 동역자까지 거슬러 올라간다면, 왜 처음부터 바울이 내러티브의 중심인물이 아니었는지의 이유는 여전히 설명되지 않는다.

사도행전의 거의 3분의 1을 차지하는 24편 설교의 전승 기초에 대한 질문은 특별한 문제를 제기한다.(베드로의 설교: 행 1:16-25, 2:14-39, 3:12-26, 4:8b-12, 5:29-32, 10:34-43, 11:5-17, 15:7-11. 바울의 설교: 행 13:16-41, 14:15-17, 17:22-31, 20:18-35, 22:1-21, 24:10-21, 26:2-27, 27:21-26, 28:17-20. 스데반의 설교: 행 7:2-53. 그 외의 설교(연설): 행 5:35-39(가말리엘), 15:13-21(야고보), 19:25-27(데메드리오), 19:35-40(에베소의 서기관), 24:2-8(더둘로), 25:24-27(베스도). 사도행전의 설교들이 그 기본 특징에서 늘 진정성 있는 보도로 거듭 주장됨에도 불구하고,[61] 연구사에서는 그 설교들이 실제 행해진 설교를 제대로 묘사하지 않는다고 주장되었다. 이것은 설교와 설교의 직접적인 문맥 사이의 여러 긴장에서 드러난다. 이에 대한 고전적인 예는 아레오바고 설교이다. 사도행전 17:16에 따르면 바울이 아덴에 도착했을 때 그 지역의 우상 숭배에

60 참조. J. Roloff, Apg, 359; 이와 유사하게 이미 E. Haenchen, Apg, 98. 뤼데만 역시 아리스다고의 체험 보도를 고려한다.(G. Lüdemann, Das frühe Christentum, 269.) 뵈어스팅하우스는 사도행전 27장에서 가이사랴 해안가 교회의 구성원에 의한 변호 보도를 가정한다. 그는 교회의 위탁으로 바울의 여행을 안내하고 곁에서 도움을 주었다.(J. Börstinghaus, Sturmfahrt und Schiffbruch, 304-34.)

61 참조. M. B. Dudley, "The Speeches in Acts," EvQ 50 (1978): 147-55.

대해 분노한 반면에 사도행전 17:22에서는 아덴 사람들의 경건함을 강조하며 그들을 칭찬했다. 에베소에서 장로들에게 행한 설교(행 20:18-35)에서 바울은 그를 반대하는 비난이 제기되지 않았음에도 사도행전 20:20-21, 27, 33-34에서 자신의 사역을 강렬하게 변호한다. 그러므로 사도행전 설교는 직접적인 문맥보다는 전체 저작의 틀에서의 기능으로서 의미가 있다. 설교는 특정한 역사적 사건을 재현하는 것이 아니라 독자에게 "관련된 역사적 순간의 초역사적 의미에 대한 통찰"[62]을 보증한다. 이로써 설교는 고대 역사가의 연설 의도에 부합하고 있다. 사도행전에서 전승물(Traditionsgut)을 구별하는 분명한 기준이 없다는 점이 누가 이전의 문서 단위의 규명을 어렵게 하지만, 그럼에도 누가가 여러 설교에서 전승 자료를 다양한 범위로 사용했을 것으로 추정된다.[63] 사도행전에서 특수 그룹으로서 선교설교(행 2:14-39, 3:12-26, 4:8b-12, 5:29-32, 10:34-43, 13:16-41)도 누가의 설명이다.[64] 선교설교는 교회사의 전환점을 이루고 있으며, 그 자체로 이어지는 사건들을 불러일으킨다.(참조. 예를 들어 행 2:14-39로 인한 2:41-42의 상황)

누가는 그의 이중 저작 중 두 번째 책에서 관련된 문서 자료(바울 여행의 '여정 기록')만이 아니라 문서와 구전 형태로 그에게 제공된 다양한 범위의 개별 전승도 수용했다. 형성된 모든 전승이 누가에 의해 편집되고 다듬

---

62 M. Dibelius, Aufsätze zur Apostelgeschichte, 121.

63 참조. F. Hahn, "Das Problem alter christologischer Überlieferungen in der Apostelgeschichte unter besonderer Berücksichtigung von Act 3,19-21, J. Kremer (Hg.), Les Actes des Apôtres, 129-54. 롤로프도 설교에서 옛 전승을 얻는 것을 긍정적으로 언급한다.(J. Roloff, Apg, 49-51.); 나아가 A. Weiser, Apg I, 99f. 이에 반해 슈미탈스는 회의적이다.(참조. W. Schmithals, Apg, 16:33, 35f.)

64 참조. U. Wilckens, Missionsreden, 200ff.(누가는 헬라적 유대교를 통해 전달된 신명기 회개설교로 소급한다.); 나아가 A. Weiser, Apg I, 100, M. Korn, Die Geschichte Jesu in veränderter Zeit(이 책 3.6.1을 보라.), 214-25.

어졌으며 저작 전체의 맥락 안으로 통합되었다. 전승의 기원을 확실하게 규명할 수는 없으나, 누가는 공동체 전승, 인물 전설, 독자적인 선교사들 및 공동체가 파송한 이들에 관한 보도를 사용한 것으로 추정할 수 있다. 어떻게 누가가 그 자료들을 입수했는지는 이 이상으로 확실히 규명할 수 없다. 아마도 그는 세 번째 복음서의 기자일 것이며, 헬라적 역사가로서 "여행자들과의 인터뷰, 자신의 여행, 편지나 중개인을 통해 보증할 만한 다양한 사람에게 문의함으로써" 스스로 자료를 입수했을 것이다.[65]

4.8 신학적 기본 사상

사도행전의 독자적인 신학에 관하여는 제한된 범위에서만 언급할 수 있다.[66] 그러나 누가는 그의 이중 저작의 두 번째 책에서 신학적 강조점을 명확하게 설정한다. 누가는 자신이 이전에 기록한 복음서를 "예수께서 행하시고 가르치신 일"(행 1:1)을 나타내는 것으로 이해한다. 성령의 선택과 은사가 이제 예수의 시대와 사도들의 사역을 연결한다.(참조. 행 1:2) 사도행전 1:8에서 떠나는 주님은 마지막으로 사도들에게 성령이 충만한 가운데 예루살렘과 온 유대와 사마리아와 땅끝까지 이르러 증인이 되는 사역을 위탁한다고 말씀하셨다. 사도행전은 예수가 위탁한 이것을 증인들을 통해 성취하는 것과 다르지 않다.[67]

누가에게 파루시아(그리스도의 재림) 문제와 사도들의 역사적 사역 사

---

65 E. Plümacher, "Apostelgeschichte," 500; 참조. E. Haenchen, Apg, 97.(누가는 필요한 자료를 스스로 얻을 수 있는 "다양한 가능성에 열려 있었다.")

66 코른은 복음서와 사도행전 사이의 관계를 다음과 같이 규명한다. "누가복음과 사도행전 사이에 원인과 결과에 해당되는 불가역적인 관계가 있다."[M. Korn, Die Geschichte Jesu in veränderter Zeit(위 3.6.1을 보라.), 270.]

67 누가의 구원사적인 연속성에 대한 기본 사상에 관하여는 R. Pesch, Apg I, 51을 참조하라.

이에는 긴밀한 관계가 있다. 언제 파루시아가 도래할 것인지에 대한 물음(행 1:6)은 분명 거절되었고(행 1:7), 사도행전 1:8은 파루시아 질문에 대한 답변으로 복음을 전파하고 증언하라는 명령을 언급한다. 동시에 사도행전 1:11은 예수의 파루시아를 확고히 붙잡고 있으나, 예수 승천을 본 증인들이 파루시아의 증인이 되지는 않을 것이다. 누가는 세상에서 성령의 주도로 그리스도를 증언하는 길을 표현함으로써 지금까지 지체되고 있는 파루시아에 대한 답변을 제공한다. 자신의 약속에 대한 하나님의 신실하심은 곧바로 사도들의 증언 직무에서 드러난다. "그러므로 누가는 전승된 예수 전승에서 나타난 가까운 기대 대신에 종말을 바라보며 항상 준비할 것을 권고한다."[68] 그럼에도 사도행전 1:11, 3:21, 10:42, 17:31에서 볼 수 있듯이 사도행전에도 임박한 파루시아에 대한 기대가 누가 종말론의 요소로 남아 있다. 물론 누가의 구원사 관점이 파루시아 지연 문제를 극복하는 데 기여하지만, 파루시아는 교회 시간의 종말이자 동시에 하나님의 구원사적 행동의 목적이다.

그러므로 누가의 구원사적 구상은 절망적인 임박한 파루시아 소망에 대한 소망 이상이다. 누가는 하나님의 약속의 신실함을 강조하고 역사 속에서 일어나는 성령의 사역을 강조하는 것만이 아니라 이방 그리스도인 교회가 하나님의 백성에 속하는지에 대한 누가 공동체의 주요 질문에 대해서도 답한다. 이미 사도행전 1:6b에서 이스라엘 나라의 회복에 대한 질문은 이스라엘을 향한 하나님의 신실하심을 다룬다. 누가는 사도행전에서 성령으로 역사하는 하나님의 행하심을 서술함으로써 이 문제에 대해 답한다 하나님의 행하심으로써 유대인과 이방인으로 구성되는 참된 이스라엘로서의 교회가 탄생되었다. 사도들은 전승의 보증인으로서 교회의 선포만이 아니라 최초 교회가 에큐메니컬 교회를 향해 문을 여는 것을 정당화한다. 이미 사도행전 8:26-40에 나오는 에디오피아 내시의 세례와 바울의 회심에

---

68 G. Schneider, Apg I, 142.

대한 삼중 보도(행 9:1-22, 22:3-21, 26:9-20)는 그 목적에 기여한다. 고넬료 내러티브(행 10:1-11:18)는 하나님의 보편적 구원의 경륜에 이방인이 포함되는 것을 상세하게 숙고한다. 하나님은 이방인도 그리스도의 구원에 참여되어야 함을 고넬료만이 아니라 베드로에게도 계시하신다. 이방인에게도 주어지는 성령의 은사(행 10:44)는 사도행전 1:5에 나오는 예수의 약속의 성취이며 예루살렘의 오순절 사건에서처럼 하나님의 구원 계획의 새롭고 결정적인 단계의 시작이다. 사도행전 11:16(참조. 행 1:5)에서 부활한 자의 말씀을 재수용한 것은 이방인에게도 성령이 부어지는 것이 하나님의 보편적 구원의 의지일 뿐 아니라 부활한 자의 약속에도 부합한다는 것이 누가의 명백한 관점이다. 하나님의 뜻에 따라 이방인도 구원에 이르게 되는 이 새로운 통찰을 예루살렘 유대 그리스도인도 기쁨으로 받아들이고 수용한다.(참조. 행 11:18) 교회당과 이방 그리스도교 사이의 단절(분열)로 잘못된 것은 교회가 아니라 오히려 유대교이다. 바울의 설교에서는 유대인에게 언제나 구원이 주어졌지만(참조. 행 13:45-48, 18:5-7, 28:17-28), 이스라엘이 구원을 받아들이지 않았으므로 이방인이 이스라엘을 대신하여 선택된 백성으로 등장한다.(행 15:14)

그러나 누가에게 유대인으로부터 이방인에게로 이어지는 최초 교회 선교 역사의 전환기에서 구원사의 연속성에 대한 주요 증인은 회심한 유대인 바울이다.[69] 그는 사도행전 7:58에서는 엑스트라로 거의 눈에 띄지 않지만, 이것은 나중에 이 책의 실제 주인공이 되기 위함이었다.[70] 누가에게 바

69 누가의 바울상에 관하여는 Chr. Burchard, J. Roloff 이외에 G. Schille, Das älteste Paulusbild(아래 5를 보라.), 9-52를 참조하라. 특히 다음을 참조하라. K. Löning, "Paulinismus in der Apostelgeschichte," K. Kertelge (Hg.), Paulus in den ntl. Sptschriften(아래 5를 보라.), 202-34; R. Maddox, Luke-Acts, 66-90.

70 사도행전에서 전기적인 바울 본문의 분석에 관하여는 특히 Chr. Burchard, Der dreizehnte Zeuge를 참조하라.

울은 사도들처럼 믿음의 근본적인 증인이 아니라 제2세대 그리스도인의 대표자이다. 누가가 바울을 묘사하며 설정한 신학적 목표는 예루살렘으로부터 로마로 향하는 바울의 여정이 그려진 사도행전의 세 번째 부분(행 19:21-28:31)에서 공고해진다.[71] 여기서 근본적으로 중요한 것은 예루살렘과 로마의 대립이 발전하고 있다는 것이다. 예루살렘은 누가복음에서 이스라엘의 구원의 장소로 처음 나타난다. 여기서 최초 공동체는 참된 이스라엘로서 모범적으로 공동체생활(행 2:42-47, 4:32-35)을 하며, 예루살렘은 이스라엘과 교회의 연속성을 대표한다.[72] 그러나 동시에 예루살렘은 이스라엘의 지도자들과 또한 그들에게 선동당한 백성들이 그리스도의 메시지를 점점 더 거역하는 곳이기도 하다. 사도들과 최초 교회가 지속적인 박해에 노출되었듯이(참조. 행 4:1-22, 6:8-15, 7:54-60, 8:1) 바울도 고난받는 증인이 된다.(참조. 행 21:27–22:21, 23:1-11, 12-22) 예루살렘은 열두 사도, 최초 교회, 그리고 바울의 증언을 거부함으로써 구원의 장소에서 재앙의 장소가 된다. 그러나 누가는 하나님이 참된 이스라엘인 교회를 예루살렘에 묶어두지 않으셨음을 분명히 한다. 따라서 누가는 이방선교를 통해 스스로 새로운 삶의 공간을 개척했고, 그 대표 지역은 세계 수도인 로마였다. 유대인으로부터 이방인에게로 향하는 구원사적 전환은 누가의 관점에서 예루살렘으로부터 로마로의 전환과 같다. 따라서 누가는 1세기 말엽에 이방 그리스도교 교회와 자신의 교회의 마지막 발전 모습을 묘사한다. 이스라엘과의 최종적인 결별에 직면하여 바울은 이방인 그리스도인들과 유대인 그리스도인들로 구성된 교회를 정당화한다. 누가는 의도적으로 이스라엘의 가장 고유한 희망을 선포하는 토라와 성전에 충실한 유대인으로 표현된다. 동시에 누가의 바울은 사도행전 28:25-27에서 유대인 선교의 실패

---

71 마지막 단계에 관하여는 M. Labahn, "Paulus-ein homo honestus et iustus. Das lukanische Paulusportrait von Act 27-28 im Lichte ausgewählter antiker Parallelen," F. W. Horn (Hg.), Das Ende des Paulus, 75-106을 참조하라.

72 참조. G. Lohfink, Sammlung Israels(위 3.6.1을 보라.), 93-99.

를 완고함 때문으로 해석함으로써 자신의 고유한 신학적이고 역사적인 관점을 표명한다. 곧 이스라엘의 완고함에 대해 이방 백성이 경청과 믿음의 준비로 대응한다.(행 28:28) "누가의 교회에서 바울은 정체성을 제공하는 인물이 되었으며, 이를 근거로 교회가 자신의 고유한 역사 가운데 일어나는 전환을 이해하고 소화했다."[73]

누가는 바울을 예로 들어 "그리스도교의 선포가 제국에 영향을 끼치지 않았다."[74]라는 사실을 표방한다. 바울을 핍박하는 것은 로마제국이 아니라 유대인(참조. 행 13:50, 17:5-7, 13, 21:27 이하)이다. 유대인은 바울에게 불법 조치를 취하거나(참조. 행 23:12-15, 25:3) 국가에 도움을 청하지만(참조. 행 18:12 이하, 24:1 이하, 25:5) 끊임없이 거절당한다. 누가의 관점에서 볼 때 국가는 악행과 범죄에 맞서서 조치를 취해야 하지만, 종교적인 분쟁에 간섭하는 것은 그 과제가 아니다.(참조. 행 18:12-17) 그러므로 갈리오(행 18:15)나 베스도(행 25:18, 25)가 바울을 고발할 이유는 하나도 없다. 로마법에 따르면 바울은 무죄이고 실제로 석방되어야 했으며(참조. 행 25:25, 26:31-32), 로마 당국의 부패와 실패(참조. 행 24:26-27, 25:9)만이 바울로 하여금 가이사에게 상소하도록 강요한다.

사도행전 신학의 실제적인 중심은 누가의 바울 묘사이다. 바울은 두 번째 세대의 대표자 역할을 하며, 누가 공동체는 그들의 믿음에 빚을 지고 있다. 결코 바울이 열두 제자에 비해 강등되어서는 안 되는데, 부활하신 주님이 그를 부르셨기 때문이다.(참조. 행 22:15, 26:16)

4.9 최근 연구 경향

최근 연구에서는 사도행전의 역사적 가치에 대한 질문이 다시 큰 관심을

73 J. Roloff, Paulus-Darstellung, 520.

74 H. Conzelmann, Apg, 12.

끌었다. 순수 편집사에 초점을 맞춘 주석(헨헨, 콘첼만, 필하우어)이 역사적 신빙성을 평가절하했다면, 롤로프, 헹엘, 바레트(C. K. Barrett)는 누가가 사도행전에서 역사적으로 신뢰할 만한 수많은 옛 전승을 보존했다고 주장한다. 헹엘은 누가의 저작을 "원자료로 진지하게 수용해야 한다."[75]라고 주장하며, 롤로프도 자료 문제를 "사도행전에서 너무 성급히"[76] 접어 두는 것에 반대한다.[77] 연속된 자료나 재구성이 가능한 전승 단위에 대한 탐구는 일반적으로 쉴레(G. Schille)와 슈미탈스(W. Schmithals)의 회의적인 입장에도 불구하고 보다 더 긍정적으로 평가되고 있다. 여기서는 누가가 그리는 바울 묘사의 기반이 된 전승의 기초에 초점을 둔다. 극단적인 판단('바울 선교의 직접 목격자로서 누가'-'소설가로서 누가')은 그 의미를 상실하고, 대신에 관심은 누가가 사용한 전승의 범위와 유형에 집중된다. 특히 최근의 역사이론적 논쟁은 누가가 어떤 주도적인 사상 아래에서 수많은 전승을 다룸으로써 다른 고대 역사가처럼 연구했음을 드러낸다. 하나님이 역사를 인도하며 스스로 이방 교회의 생성을 초래한다는 것이다.[78] 특히 플뤼마허에 의해 다시 강조되었듯이 문필가이자 역사가인 누가가 헬라적 역사기술을 통해 미친 강한 영향력은 거의 논쟁이 되지 않는다. 베너르트는 '헬라적 문필가'인 누가를 향한 집중이 "긴급하게 종교적 인간(Homo religious)인 누가 쪽으로, 더욱 좁혀서는 헬라적 유대교에 대한 그의 종교적인(결과적으로 문학적인) 관계로 확대되어야 할 것을 요구한다."[79]라고 주장한다. 전반적으로 사도행전의 내러티브적[마르게라트(D. Marguerat)]이고 문화사적/종교사

---

75 M. Hengel, Geschichtsschreibung(위 2.1을 보라.), 61.

76 J. Roloff, Apg, 9.

77 바레트는 누가복음에서 바울의 직접적인 동행인을 보지는 않으나, 선교여행에 참여한 그룹으로부터 나온 우리-자료와 다른 전승들을 고려한다.(C. K. Barrett, Acts II, XXVIIIf.)

78 참조. J. Schröter, Lukas als Historiograph, 254-61.

79 J. Wehnert, Wir-Passagen, 199.

적인 분석이 점점 더 중요해지고 있다. 누가는 수많은 유대적, 헬라적 전승을 보존하여 그의 저작에 예술적으로 통합시킨 것이다.

누가의 역사적인 업적과 문학적-신학적 업적을 새롭게 평가하는 연구의 경향은 명백하다. 누가의 역사기술의 우선적인 목적은 더 이상 파루시아 지연의 문제를 극복하는 것으로 보이지 않으며, 오히려 슈나이더(G. Schneider), 롤로프, 바이저(A. Weiser) 등에 따르면 누가는 구원 역사에서 그리스도교 제3세대가 차지하는 위치와 선지자들, 예수, 직접 목격한 증인들에 대해 공동체가 들려주는 그리스도교 증언의 연속성, 그리고 궁극적으로 이스라엘과 온 백성을 향한 하나님의 약속의 신실함을 드러내는 것에 중점을 둔다. 볼터(M. Wolter)는 누가복음과 사도행전이 다음과 같이 서로 관련된다고 본다. "예수의 역사는 누가가 두 번째 책에서 설명하는 그의 증인들의 선포에서 재현되었을 뿐만 아니라 증인들의 시간을 어느 정도 '추월하며', 누가의 해석에 따르면 예수의 역사는 예수 그리스도를 선포하고 믿는 도처에 현존한다."[80]

사도행전에 관한 최근 연구는 두 가지 중점 사항을 분명하게 드러낸다.[81] 1) 바울의 수용. 이 새로운 발전의 시작에는 롤로프가 있다. 그는 바울 묘사를 사도행전의 실제적인 중심으로 강조한다. "누가는 바울을 묘사함으로써 이방 그리스도교 교회가 그들의 구원사적인 위치를 이해하고 정체성을 찾도록 돕고자 한다."[82] 바울은 처음에 하나님께 대항하는 전사(戰士)로 등장했으나, 교사,[83] 기적 행사자,[84] 그리고 순교자로서 하나님의 가장 중요한

---

80 M. Wolter, Lk(위 3.6.1을 보라.), 33.

81 주제 모음집도 참조할 수 있다. "Apostelgeschichten," ZNT 18 (2006).

82 J. Roloff, Die Paulus-Darstellung des Lukas, 531; 기초가 되는 기고는 K. Löning, "Paulinismus in der Apostelgeschichte," K. Kertelge (Hg.), Paulus in den neutestamentlichen Spätschriften, QD 89, Freiburg 1981, 202-34를 참조하라.

83 참조. B. Heininger, "Einmal Tarsus und zurück (Apg 9, 30; 11, 25-26). Paulus als Lehrer nach der Apostelgeschichte," MThZ 49 (1998): 125-43.

증인이 되었다. 아레오바고 설교(행 17:16-34)의 의미는 여전히 논쟁 중이다. 고전적인 연구(디벨리우스/헨헨)가 그 설교를 사도행전 전체의 중심으로 간주하는 반면에[85] 예르벨(J. Jervell)은 문학적으로 볼 때 이 본문을 부차적인 것으로 간주하고,[86] 그리스의 '이교도적' 사상에 대한 신학적 비평으로 분류한다.[87] 이러한 시각은 당연히 지속될 수 없었다. 사도행전의 바울이 그리스-로마의 사고 방식에 가깝게 표현되기 때문이다. 랑(M. Lang)은 누가의 바울 묘사에서 새로운 종교(religio nova)와 동시대의 문화 지식에 대한 이해/수용이 중심에 있음을 본다. 이 새로운 종교가 전파된 역사는 주인공인 바울과 함께 긴장감 있게 설명되고 묘사된다. 여기서 바울은 그리스도교적 생활/미덕의 모범이다. 데오빌로에게 글을 쓰는 저자 누가는 사도행전에서 바울을 세상이 합목적이라고 보며 세상을 의미심장하게 바라보는 인물로 묘사한다.[88] 사도행전이 바울의 전기는 아니지만, 사도행전을 "상세한 서문을 지닌 바울의 역사"로 볼 수도 있다.[89] 하이닝거(B.

---

84 참조. St. Schreiber, Paulus als Wundertäter, BZNW 79, Berlin 1996, 13-158; B. Kollmann, "Paulus als Wundertter," U. Schnelle/Th. Söding/M. Labahn (Hg.), Paulinische Christologie, Göttingen 2000, 76-96; B. Heininger, "Im Dunstkreis der Magie: Paulus als Wundertäter nach der Apostelgeschichte," E.-M. Becker/P. Pilhofer (Hg.), Biographie und Persönlichkeit des Paulus, WUNT 187, Tübingen 2005, 271-91.

85 참조. M. Dibelius, "Paulus auf dem Areopag," ders., Aufsätze zur Apostelgeschichte, 29-70. 디벨리우스는 이 단락을 "이 책의 절정"으로 설명한다.(M. Dibelius, 위의 책, 29.)

86 참조. J. Jervell, Apg, 454. "아레오바고 설교는 신약성서에서만이 아니라 누가의 저작에서도 낯선 부분이다."(452쪽)

87 위의 책, 443. 예르벨은 누가의 바울에 관하여 다음과 같이 언급한다. "그가 여기서 만나는 것은 순전히 이방 세계이다."

88 M. Lang, Die Kunst des christlichen Lebens, 89.

89 P. Lampe/U. Luz, "Nachpaulinisches Christentum und pagane Gesellschaft," J. Becker (Hg.), Die Anfänge des Christentums, Stuttgart 1987, (185-216) 186; 참조. L. Alexander, "Acts and Ancient Intellectual Biography," B. W.

Heininger)는 바울의 모습과 양식 문제를 결합한다. "헬라적 철학 전기 전승으로 누가복음과 사도행전을 읽는 것은 의미 있다. 첫째 저작은 학파의 설립자인 예수의 '전기'(βίος)를 묘사하고, 두 번째 저작은 가장 중요한 두 학생, 즉 베드로와 바울의 전기를 묘사한다."[90]

2) 연구사의 두 번째 중점 사항은 문학적 장르의 규명이다. 최근 연구 대부분도 사도행전을 '역사적 단행본'에 근접하는 것으로 보거나 그러한 것으로 분류한다.[91] 역사 단행본에서는 주로 플루타르코스(Plutarchos)의 전기와 라에르티우스(D. Laertius)의 『철학자들의 생애와 가르침』의 일부가 기준틀이다. 수많은 종류의 미묘한 차이(Nuancen)는 모두 이 틀 안에 있다. 그러므로 바크하우스(K. Backhaus)는 사도행전을 기원과 설립에 대한 기억이 확보되어 있으며 역사관이 통일되어 현재와 관련되는 '변증적이며 역사 기록적인 부분적 단행본'[92]으로 명명한다. "역사 사료 편찬(Historiographie)은 무엇보다도 흩어져 있는 전승 파편에 의미 있는 맥락을 주입하는 예술이다. 기억을 그리는 것이 관객에게 깊은 인상을 주기 위해서는 조화로운 단

Winter/A. D. Clarke (Hg.), The Book of Acts in its Ancient Literary Setting, Grand Rapids 1993, (31-63), 34. 이 책에 따르면 사도행전의 경우에는 다음의 사항이 해당된다. "바울의 전기만이 아니라 바울적인(pauline) 전기를 포함한다."

90 B. Heininger, "Das Paulusbild der Apostelgeschichte und die antike Biographie," Die griechische Biographie in hellenistischer Zeit, M. Erler/St. Schorn (Hg.), Berlin 2007, (407-29) 423.

91 참조. R. Riesner, "Das lukanische Doppelwerk und die antike Biographie," D. Dormeyer/H. Mölle/Th. Ruster (Hg.), Lebensgeschichte und Religion, Münster 2000, 131-44; R. v. Bendemann, Lukas, 669(사도행전은 "역사 단행본이라는 가능성을 향하고 있다."); J. Schröter, "Zur Stellung der Apostelgeschichte im Kontext der antiken Historiographie," J. Frey/C. K. Rothschild/J. Schröter (Hg.), Die Apostelgeschichte im Kontext antiker und frhchristlicher Historiographie, (27-47) 47.(누가는 "그리스-로마 시대 역사 기록의 장르적 방법론을 사용한다.")

92 K. Backhaus, Lukas der Maler, 33.

위로 작용해야 한다."[93] 도르마이어(D. Dormeyer)는 전기적이며 사료 편찬적인 요소를 강조하고 다음과 같이 정의한다. "사도행전은, 특히 설교는 비평적이며 실용적인 다양한 부분을 포함하며, 높은 수준의 수사적 문체로 기록된 비장하고 전기문학적인 보편 역사이다."[94] 페르보는 이러한 분류에 대해 비평한다.[95] 소설가인 누가에게 사도행전은 '대중 역사'(popular history)에 속하며("사도행전은 '대중적인' 저작이다.")[96] 따라서 사도행전은 사도 소설(Apostelroman)이다.[97] 의심의 여지없이 사도행전에는 고대 소설에 근접하는 에피소드들이 나오긴 하지만(참조. 모험 가득한 바울의 로마 여행)[98] 그렇다고 그것이 누가의 문학적이며 역사적인 전반적인 다양성을 폭넓게 담고 있지는 않다. 게다가 여러 장르는 존재론적인 차원이 아니라 언제나 혼합 형태로 나타나므로 결정적인 여러 동기(Motive)가 무엇인지에 초점을 맞추어야 한다. 누가의 경우 그것은 현재를 이해하도록 독자를 이끄는 역사적인 내러티브이다.

---

93 위의 책, 51.

94 D. Dormeyer, "Die Gattung der Apostelgeschichte," J. Frey/C. K. Rothschild/J. Schröter (Hg.), Die Apostelgeschichte im Kontext antiker und frühchristlicher Historiographie, (437-75) 475.

95 참조. R. I. Pervo, Acts, 17f. 이 책에서 페르보는 사도행전을 고대 사료 편찬으로 이해하는 것에 반대하는 열 가지 논증을 제시한다.

96 위의 책, 18.

97 상세한 논증은 R. I. Pervo, Profil with Delight. The Literary Genre of the Acts of the Apostles, Philadelphia 1987을 참조하라. 그는 자신의 사도행전 주석에서 이 주장을 더욱 조심스럽게 진행한다.

98 참조. J. Börstinghaus, Sturmfahrt und Schiffbruch, 447. "그러므로 우리는 누가를 문필가로 이해해야 한다. 그는 자신의 이중 저작에 고대 문학에서 매우 사랑받던 모티브 복합체를 받아들였고 자신의 목적을 위해 사용했다. 누가가 이 모티브 복합체를 그의 저작에 포함함으로써, 그는 확실히—필자가 감히 주장하건대—대중 문학의 관습과 그 시대의 취향에 초점을 맞추었다. 그러므로 소설 문학의 영향력을 원칙적으로 부인하지 말고, 그 반대로—최소한 사도행전 27장 이하에 나오는 내러티브가 관련되기에—그것을 인정해야 한다."

제5장

제2바울서신

바울 영향사에 관한 문헌

G. Strecker, "Paulus in nachpaulinischer Zeit," ders., Eschaton und Historie, Göttingen 1979, 311-19. • U. B. Müller, Zur frühchristlichen Theologiegeschichte, Gütersloh 1976. • G. Schille, Das älteste Paulusbild, Berlin 1979. • A. Lindemann, Paulus im ältesten Christentum, BHTh 58, Tübingen 1979. • E. Dassmann, Der Stachel im Fleisch. Paulus in der frühchristlichen Literatur bis Irenäus, Münster 1979. • K. Kertelge (Hg.), Paulus in den ntl. Spätschriften, QD 89, Freiburg 1981. • P. Müller, Anfänge der Paulusschule, AThANT 74, Zürich 1988. • K. Scholtissek (Hg.), Christologie in der Paulus-Schule, SBS 181, Stuttgart 2000. • Th. Schmeller, Schulen im Neuen Testament?, HBS 30, Würzburg 2001. • A. Dettwiler, "L'école paulinienne: évaluation d' une hypothèse," A. Dettwiler/J. D. Kaestli/D. Marguerat (Hg.), Paul, une théologie en construction, Genf 2004, 419-40. • R. I. Pervo, The Making of Paul, Minneapolis 2010.

5.1 역사적 및 신학적 현상으로서 차명문서

H. Balz, Anonymität und Pseudepigraphie im Urchristentum, ZThK 66 (1969), 403-36. • N. Brox, Falsche Verfasserangaben, SBS 79, Stuttgart 1975. • N. Brox (Hg.), Pseudepigraphie in der heidnischen und jüdisch-christlichen Antike, WdF, Darmstadt 1977. • W. Speyer, Die literarische Fälschung im heidnischen und christlichen Altertum, HAW 1. 2, München 1971. • M. Hengel, "Anonymität, Pseudepigraphie und 'Literarische Fälschung' in der jüdisch-hellenistischen Literatur," Pseudepigrapha I, hg. v. K. v. Fritz, Genf 1972, 231-308. • K. M. Fischer, Anmerkungen zur Pseudepigraphie im Neuen Testament, NTS 23 (1977), 76-81. • P. Pokorný, Das theologische Problem der neutestamentlichen Pseudepigraphie, EvTh 44 (1984), 486-96. • D. G. Meade, Pseudonymity and Canon, WUNT 39, Tübingen 1986. • M. Wolter, Die anonymen Schriften des Neuen Testaments, ZNW 79 (1988): 1-16. • E. Reinmuth, "Zur neutestamentlichen Paulus-Pseudepigraphie," ders., 2Thess(아래 5.4.1을 보라.), 190-200. • A. D. Baum, Pseudepigraphie und literarische Fälschung im frühen Christentum, WUNT 2. 138, Tübingen 2001. • M. Janssen, Unter falschem Namen, ARGU 14, Frankfurt 2003. • M. Frenschkowski, "Pseudepigraphie und Paulusschule," F. W. Horn (Hg.), Das Ende des Paulus(위 4.1을 보라.), 239-72. • R. Zimmermann, Unecht-und doch wahr? Pseudepigraphie im Neuen Testament als theologisches Problem, ZNT 12 (2003),

27–38. • K. M. Schmidt, Mahnung und Erinnerung im Maskenspiel(아래 7.4.1을 보라.), 9–156. • J. Frey/J. Herzer/M. Janssen/C. K. Rothschild (Hg.), Pseudepigraphie und Verfasserfiktion in frühchristlichen Briefen, WUNT 246, Tübingen 2009.

신약성서 27권 중 오직 진정성이 있는 바울서신만 바울의 이름으로 기록되었다. 요한계시록과 요한2서, 요한3서도 원저자를 언급하지만(참조. 계 1:1, 4, 9, 요이 1절, 요삼 1절), 바울서신과는 대조적으로 요한계시록의 선지자 뒤에 그리고 요한2서와 요한3서의 '장로'(πρεσβύτερος) 뒤에 누가 있는지는 불분명하다. 신약성서 가운데 일곱 권은 익명으로 작성되었으며, 전승 과정에서 나중에 저자의 이름을 추가했다.(마태복음, 마가복음, 누가복음, 사도행전, 요한복음, 히브리서, 요한1서) 신약성서의 다른 책들은 차명으로 저술되어야 했다. 다시 말해 역사적으로 정확하지 않은 저사 정보로 출간된 것이다.[1]

신약의 차명문서(pseudepigrapie)는 고대 문헌에서 특별한 사례가 아니며, 그리스-로마 문헌과 유대 문헌 모두에서 수많은 익명 또는 차명 저술을 찾을 수 있다. 선사 시대의 신화적 인물(오르페우스)은 코스의 유명한 의사 히포크라테스만큼 수많은 저작물로 기록되었다.[2] 플라톤, 아리스토텔레스, 피타고라스라는 이름으로 수많은 가짜 저술이 출판되었다. 차명문서는 그리스 문학의 차명 저술에서 그 절정에 이른다.[3] 그리스 지성사에 등장하는 거의 모든 위인은 서신을 주고받았으며 일부는 그 범위가 넓었다.(예를 들어 에우리피데스, 데모크리토스, 소크라테스, 플라톤, 알렉산더 대왕) 무엇보다 견유학파의 서신은 신약성서의 차명문서와 비슷한 현상으로 보아야

1 개념 정의에 관하여는 다음을 참조하라. W. Speyer, Die literarische Fälschung, 13–44; N. Brox, Falsche Verfasserangaben, 11–15.

2 그리스-로마의 차명문서에 관하여는 특히 W. Speyer, 위의 책, 111–49를 참조하라.

3 참조. J. Sykutris, Art. "Epistolographie," PRE. S 5 (1931), 185–220; L. R. Donelson, Pseudepigraphy(아래 5.5.1을 보라.), 23–42.

한다. 키케로(Cicero)는 기원전 45년경(Tusc V 90) 견유학파의 조상으로 간주되는 아나카시스(S. Anacharsis, 기원전 6세기)의 (것으로 주장되는) 서신을 거침없이 인용한다.[4] 기원전 1세기부터 기원후 2세기까지 피타고라스나 피타고라스 학파의 서신,[5] 소크라테스의 서신[6] 및 견유학파의 서신[7]이 작성되었다. 대부분의 '영웅'은 사실상 수 세기 전에 사망했지만, 그들의 편지는 여전히 받아들여졌다. 바로 여기에서 '학파 차명문서'의 존재가 가능하다. 다시 말해 학파 운동의 철학적 기본 가르침은 처음부터 유명 인물의 이름을 차용해 편지 형식으로 쓰는 것이었는데, 이러한 특성은 당시 일반적으로 받아들여졌다. 그러니까 그것은 내용에 따라 모두 명목상의 저자와 매우 적절하게 연관되어 있는 것이다.

구약성서 가운데 다수의 책이 차명 또는 익명으로 전해졌다. 모세오경 내에서 모든 율법 전통은 시내산에서 하나님의 불변하고 최종적인 뜻을 받은 모세에까지 거슬러 올라간다. 모세의 말로 스스로 증언하는 신명기(참조. 신 1:1)는 이 발전의 정점이자 중심으로 보아야 한다. 선지자의 책도 개정되고 증보되었다.(참조. 제2이사야, 제3이사야)[8] 솔로몬은 열왕기상 5:9-14에서 볼 때 지혜 담지자의 유형에 해당한다.[9] 그가 기록했다는 책으로는 잠언, 아가서, 전도서, 지혜서뿐만 아니라 기원전 1세기에 바리새인에게서 나온 솔로몬의 시편과 그리스도교 시대의 솔로몬의 송가(기원후 2세기)도

---

4 참조. F. H. Reuter (Hg.), Die Briefe des Anacharsis, Berlin 1963.(서신의 작성 시기를 기원전 3세기로 설정함.)

5 참조. A. Städele (Hg.), Die Briefe des Pythagoras und der Pythagoreer, BKP 115, Meisenheim 1980.

6 참조. J.-F. Borkowski (Hg.), Socratis quae feruntur Epistolae, BAK 94, Stuttgart/Leipzig 1997, 16.

7 참조. A. J. Malherbe (Hg.), The Cynic Epistles, Atlanta 1977; E. Müseler (Hg.), Die Kynikerbriefe I. II, Paderborn 1994.

8 참조. D. G. Meade, Pseudonymity, 17-43.

9 유대 지혜문학에 있는 차명문서에 관하여는 위의 책, 44-72를 참조하라.

있다. 여기에서 특정 내용과 장르를 유명인에게 할당하여 인정받으려는 것을 명확하게 볼 수 있다. 차명문서는 유대 묵시문학에서 정점에 이른다.[10] 특히 기원전 3세기와 2세기에 과거의 위대한 예언자들로 거슬러 올라가는 수많은 저술이 나타났다. 구약 전통의 흐름은 본질상 닫혀 있었기 때문에 묵시적 그룹은 과거의 종교적 영웅에게 자신의 문서를 배정하여 인정받아야 했다. 예를 들어 창세기 5:24에 따라 하늘로 들림을 받은 에녹은 광범위한 저술을 배정받았으며, 중요한 책으로는 에티오피아 에녹서와 슬라브어 에녹서를 들 수 있다.[11] 문서들은 12족장의 유언서(Test XII)와 마찬가지로 모세(Assumptio Mosis)에게도 배속되었다. 예레미야의 제자 바룩(바룩 묵시서) 및 에스라(예를 들어 4 Esra)와 같은 후기의 인물들도 저자 그룹의 관심사를 알고 있는, 의심할 여지가 없는 권위자로 여겨졌다. 유대의 차명문서도 시빌집(기원전 2세기-기원후 1세기)이나 아리스테아스 편지(기원전 2세기)와 같이 비유대인 작가의 이름으로 나타났다. 그리스와 유대의 차명문서의 존재는 신약성서의 차명문서를 특별한 경우로 간주할 필요가 없음을 보여준다. 차명문서를 저술하게 된 동기는 매우 다양하여 거의 비교할 수 없을 정도이지만,[12] 비그리스도교나 그리스도교의 차명문서가 권위를 가진 자에게 그 기록을 배정하여 저작물의 유효성을 주장하려는 노력에서는 일치한다. 그러나 차명문서의 이러한 일반적인 경향과 종교사적 유사점은 신약성서 차명문서의 특수성을 설명하기에 충분하지 않다.

신약성서의 차명문서는 시간상 명확하게 구분될 수 있으며, 대부분 기

10 참조. 위의 책, 73-85. 외경과 위경의 개론학적 문제에 관하여는 L. Rost, Einleitung in die alttestamentlichen Apokryphen und Pseudepigraphen einschließlich der großen Qumran-Handschriften, Heidelberg [3]1985를 참조하라.

11 에녹서 문헌에 관하여는 D. G. Meade, Pseudonymity, 91-102를 참조하라.

12 참조. W. Speyer, Die literarische Fälschung, 131ff., 218ff.; N. Brox, Falsche Verfasserangaben, 49-67.

원후 60/70-100년 사이에 작성되었기에, 바울서신과 클레멘스1서(기원후 약 96년) 및 이그나티우스의 서신(기원후 약 110년)이 각각 그 시간상의 경계를 형성한다. 언급된 기간은 최초 그리스도교 역사에서 격변과 방향 전환의 시대였다. 첫 번째 증인의 세대는 이미 사라졌고, 전체 교회 조직은 아직 존재하지 않았으며, 교회 내 직분은 이제 막 등장했을 뿐이고, 파루시아(παρουσία, 그리스도의 재림)가 지연되는 문제가 명백해졌다. 첫 박해가 광범위하게 벌어졌고, 마침내 유대교로부터의 고통스러운 분리뿐만 아니라 그들 자신 내부에서 거짓 가르침과의 격렬한 논쟁도 그 시기의 특징을 드러냈다. 데살로니가후서 2:2는 적대자도 차명문서를 통해 바울의 권위를 주장했음을 시사한다. 이런 상황에서 직분의 문제는 특히 중요했다. 교회 직분의 발전은 일반적으로 기원후 70-100년 사이에 이루어진 것으로 여겨진다.[13] 아직 직분의 권위가 없던 시기에 차명문서를 통해 첫 증인 세대의 권위를 주장하려는 것이 본질적인 이유였다. 반면에 로마의 클레멘스와 안디옥의 이그나티우스는 지역을 넘어서 인정받은 권위자이기에 자기의 이름으로 거듭 편지를 썼다. 직분은 그들에게 이전에는 존재하지 않았던 직무를 수행하도록 필요한 권위를 부여했다.

전승된 전통을 향한 방향 전환과 이와 연계된 필수적인 재해석의 단계에서 차명문서는 최초 그리스도교 내의 많은 그룹의 발전에 영향을 끼치는 가장 효과적인 수단이었다.[14] 전체 교회에 권위를 갖는 인물이 더는 존재하지 않았기 때문에 차명문서의 저자들은 변화하는 교회사적 상황에서 각자

---

13 참조. D.-A. Koch, "Die Entwicklung der Ämter in frühchristlichen Gemeinden Kleinasiens," Neutestamentliche Ämtermodelle im Kontext, hg. v. Th. Schmeller/M. Ebner/R. Hoppe QD 239, Freiburg 2010, 166-206.

14 참조. K. M. Fischer, Anmerkungen zur Pseudepigraphie, 79ff. 볼터는 추가적인 요인으로서 전통에 대한 새로운 개념을 요구한 유대교로부터의 분리를 강조한다. 이제 예수는 "새로운 전통의 원형이자 새로운 정체성의 보증인이 되었다. 따라서 이 둘은 모두 궁극적으로 하나님이 승인한 것이다."(M. Wolter, Die anonymen Schriften, 15.)

의 목표를 적절하게 표현하기 위해 과거 권위에 의지했다. 차명문서도 익명서와 마찬가지로 기원후 1세기의 마지막 3분의 1 기간의 문제와 갈등을 다루며 영향력을 얻었다. 차명문서는 당시의 문제에 대해 적절한 해법을 찾기 위한 문학적 수단이었다. 바울 학파(위 2.2.2를 보라.)의 존재는 바울의 차명문서에서 매우 중요했다. 골로새서, 에베소서, 데살로니가후서와 목회서신의 저자는 사도의 유산을 각 교회에 전하려고 한 바울의 제자였기 때문이다. 차명문서에서 사도의 인격은 본을 받아야 할 대상이 되고 규범적인 의미를 부여받았다. 사도가 요구한 본받음(참조. 고전 4:16)은 제2바울서신에서도 문학적 수준에서 구체화되었다. 그래서 우리가 제2바울서신의 경우에도(예를 들어 견유학파의 서신에서처럼) 수용된 '차명문서 학파'에 대해 말할 수 있는가의 여부는 두고 봐야 한다. 한편으로 바울에 대한 언급과 학파의 맥락에서 그의 가르침을 현실화하는 것은 명백하지만, 다른 한편으로는 시간의 간격(바울의 죽음까지)은 견유학파와 비교해볼 때 매우 짧은 상태여서 교회는 적어도 제2바울서신의 일부를 진정한 바울서신으로 이해할 수 있었다.

따라서 신약성서의 차명문서는 매우 특정한 역사적 상황에 통합되었으며, 최초 그리스도교 제3세대의 중심 문제에 대처하기 위한 성공적인 시도로 보아야 한다. 신약성서 차명문서의 목표는 사도들이 죽은 후대에 사도적 전통의 연속성을 보장하는 것만이 아니고, 당시에 사도의 권위를 새롭게 높이는 것까지 포함했다. 저자는 전통의 기원을 언급함으로써 현재에 발생한 문제를 고려하여 자신의 재해석이 옳다는 주장을 정당화했다. 2차 저자에 대한 정보는 항상 1차 저자의 중요성을 증언한다!

구체적으로 차명문서의 저자는 매우 다양한 수단을 이용했다. 예를 들어 히브리서 13:23은 서신서가 바울에 의해 기록되기를 원한다는 암시만을 제공하고, 목회서신은 바울에 관한 비사실적 이야기를 완전히 제공한다. 서신의 서두와 결미는 수신자 정보, 인사, 그리고 이름 및 개인 메시지로써 바울의 스타일을 모방한다.(참조. 딤전 1:1-2, 6:21, 딤후 1:1-3, 4:19-22, 딛 1:1-4, 3:12-15) 또한 저자는 그것을 넘어서 바울의 삶의 정황의 세세한 부분까지 기술하고(참조. 딤전 1:20, 딤후 4:13), 임박한 죽음에 대한 사도의 생각까지 제시한다.(참조. 딤후 4:6-8, 17-18) 문체에서의 모방 요소, 연대순 정보를 통한 가상 또는 역사적 상황의 설명, 요청된 권위자의 개인 상황을 표현하는 것은 또 다른 신약성서 차명문서의 수단이다. 그것들은 각각의 권위 있는 인물(예를 들어 바울이나 베드로)에 대한 기본적인 언급을 강조하기 위한 문체적 장치이다. 여기서 작가가 선택한 문체와 차명문서 저작이 영향을 미치는 상황은 서로 의존한다. 예를 들어 디모데전서 5:23에서 바울이 디모데에게 그의 건강 때문에 포도주를 마시라고 권고했다면, 이 개인적인 권고는 또한 서신의 기록자가 디모데전서 4:3-9에서 싸우던 엄격한 금욕적 노력에 대항하는 것이기도 하다.(참조. 골 2:16)

신학적 평가는 위조나 사기라는 도덕적 범주에서 시작해서는 안 되며,[15] 오히려 시대적 상황과 신약성서 차명문서 현상 사이의 내적 연관성을 보는 것에서 시작해야 한다. 차명이라는 문학적 형식은 1세기 그리스도교의 마지막 3분의 1 시기에 새롭게 등장한 문제를 저자가 차명인의 권위에 의지하여 자신의 관점에서 해결하는 가장 효과적인 수단이었다. 따라서 위조라는 도덕적 범주는 차명문서의 목적을 포착하는 데 적합하지 않다. 사도의 권위가 말한 내용의 유효성을 보증하는 역할을 하는 '차용인 저자 정보'라고 하는 것이 더 적절하다.[16] 신약성서의 차명문서는 변화하는 상황에

---

15 참조. N. Brox, Falsche Verfasserangaben, 81ff. 헤르쩌는 (부정적) '위조'와 (허용된) '학파 차명문서'를 구별하려고 한다. 학파 차명문서는 말하자면 차명성의 '개방된' 형태로서 위조할 의도가 없으나 합의가 포함된 문학적이고 의도적인 수단이다. [J. Herzer, Fiktion oder Täuschung?(아래 5.5.1을 보라.), 532-33.]

16 참조. N. Brox, 위의 책, 105. 여기서 브록스는 차명문서의 '상위 과거에 대한 참여동기'가 중요하다고 강조한다. 바움은 문서 수용의 기준으로 다음과 같은 사실을 강조한다. "고대 책의 문학적 진정성은 그 표현에 근거하여 판단되는 것이 아니라 전적으로 그리고 일관성 있게 그 내용의 기원에 근거하여 판단된

서 사도적 전통을 보존하는 동시에 새로운 상황과 질문에 필요한 답변을 제공하기 위해 신학적으로 정당하고 교회론적으로 필요한 시도로 간주해야 한다. 여기서 전체 교회 차원의 관점은 차명문서 기록물의 특징이며, 교회일치 운동의 책임에서 비롯되었다.[17]

5.2 골로새서

5.2.1 참고문헌

주석

KEK IX/2: E. Lohse, ²1977. • HNT 12: H. Hübner, 1997. • HThK X 1: J. Gnilka, 1980. • EKK XII: E. Schweizer, ²1980. • ThHK 10/I: P. Pokorný, 1987. • ThKNT 12: I. Maisch, 2003. • ÖTK 12: M. Wolter, 1993 • NTD 8/1: U. Luz, 1998. • RNT: J. Ernst, 1974. • ZBK 10: A. Lindemann, 1983. • WBC 44: P. T. O'Brien, 1982. • ICC: R. McL. Wilson, 2005. • Sacra Pagina 17: Margaret Y. MacDonald, 2000. • NIGTC: J. D. G. Dunn, 1996. J. • NTL: J. L. Sumney, 2008.

단행본

E. Käsemann, Leib und Leib Christi, BHTh 9, Tübingen 1933. • E. Percy, Die Probleme

---

다. 따라서 주로(즉 저자에 의해) 저자의 이름이 제공된 글(시를 제외하고)은 제목에 언급된 저자와 그 내용이 맞지 않는 경우에는 문학적 위조로 간주했다."(A. D. Baum, Pseudepiographie, 3-4.)

17 룬세의 주장과는 완전히 다르게 프렌슈코프스키는 다음과 같이 주장한다. "차명문서는 의도적이고 계획된 속임수이며, 이 속임수가—드러난다면—일반적으로 오늘날과 마찬가지로 당시의 독자들도 모욕했을 것이다. 오직 그리스도교 독자의 순수함과 순진함이 그들의 분별력을 가로막았다." 여기서는 초기 그리스도교의 형성 및 차별화 과정에서 차명문서의 역사적, 신학적 정당성이 거부될 뿐만 아니라 초기 그리스도인의 검증되지 않은 순진함이 오늘날 주석가의 소위 비판적 지성이라고 일컫는 것과 대조된다 (M. Frenschkowski, Pseudepigraphie und Paulusschule, 251.)

der Kolosser- und Epheserbriefe, SVSL, Lund 1946. • J. Lähnemann, Der Kolosserbrief. Komposition, Situation und Argumentation, StNT 3, Gütersloh 1971. • W. Bujard, Stilanalytische Untersuchungen zum Kolosserbrief als Beitrag zur Methodik von Sprachvergleichen, SUNT 11, Göttingen 1973. • F. Zeilinger, Der Erstgeborene der Schöpfung, Wien 1974. • Helga Ludwig, Der Verfasser des Kolosserbriefes. Ein Schüler des Paulus, Diss. theol., Göttingen 1974. • Chr. Burger, Schöpfung und Versöhnung, WMANT 46, Neukirchen 1975. • H. E. Lona, Die Eschatologie im Kolosser- und Epheserbrief, fzb 48, Würzburg 1984. • T. J. Sappington, Revelation and Redemption at Colossae, JSNT.S 53, Sheffield 1991. • R. Hoppe, Der Triumph des Kreuzes, SBB 28, Stuttgart 1994. • C. E. Arnold, The Colossian Syncretism, WUNT 2. 77, Tübingen 1995. • Angela Standhartinger, Studien zur Entstehungsgeschichte und Intention des Kolosserbriefes, NT.S 94, Leiden 1999. • G. H. van Kooten, Cosmic Christology in Paul and the Pauline School, WUNT 2. 171, Tübingen 2003. • M. Dübbers, Christologie und Existenz im Kolosserbrief, WUNT 2. 191, Tübingen 2005. • O. Leppä, The Making of Colossians, SFEG 86, Göttingen/Helsinki 2005. • N. Frank, Der Kolosserbrief im Kontext des paulinischen Erbes, WUNT 2. 271, Tübingen 2009.

논문

G. Bornkamm, "Die Häresie des Kolosserbriefes," ders., Das Ende des Gesetzes, München ^{3}1961, 139-56. • E. Gräßer, "Kolosser 3, 1-4 als Beispiel einer Interpretation secundum homines recipientes," ders., Text und Situation, Gütersloh 1973, 123-51. • E. Lohse, "Christologie und Ethik im Kolosserbrief," ders., Die Einheit des Neuen Testaments, Göttingen 1973, 249-61. • Ders., "Christusherrschaft und Kirche," 위의 책, 262-75. • E. Stegemann, "Alt und neu bei Paulus und in den Deuteropaulinen (Kol-Eph)," EvTh 37 (1977): 508-36. • A. Lindemann, "Die Gemeinde von Kolossä," WuD 16 (1981): 111-34. • H. Merklein, "Paulinische Theologie in der Rezeption des Kolosser- und Epheserbriefes," Paulus in den ntl. Spätschriften(위 5를 보라.), 25-69. • J. Ernst, Art. "Kolosserbrief," TRE 19 (1989): 370-76. • P. Müller (Hg.), "Kolosser-Studien," BThSt 103, Neukirchen 2009. • P. Müller, "Gegner im Kolosserbrief," Beiträge zur urchristlichen Theologiegeschichte (FS U. B. Müller), hg. v. W. Kraus, BZNW 163, Berlin 2009, 365-94.

연구 보고서

E. Schweizer, "Zur neueren Forschung am Kolosserbrief," ders., Neues Testament und Christologie im Werden, Göttingen 1982, 122-49. • W. Schenk, "Der Kolosserbrief in der neueren Forschung (1945-1985)," ANRW 25. 4, Berlin 1987, 3327-64.

5.2.2 저자

골로새서 1:1에 따르면 골로새서의 저자는 사도 바울과 그의 동역자 디모데이다. 수신자는 부분적으로 1인칭 복수로 언급되지만(참조. 골 1:3, 9, 27), 골로새서 1:24, 2:1, 4:7, 18에서는 사도 바울만 화자로 나타나고 있어서, 서신은 그의 편지로 보이며 사도적 권위를 지닌다. 빌레몬서와의 근접성과 골로새서 4:18의 개인적 인사는 이러한 주장을 뒷받침한다.[18] 이러한 골로새서의 자체 진술에 대해 1838년 마이어호프(E. Th. Mayerhoff)[19]는 처음으로 의문을 제기했다. 바우르(F. Chr. Baur)[20]는 골로새서를 2세기 영지주의 시대의 바울의 추종자 문서로 보았다. 홀츠만(H. J. Holzmann)은 골로새서에서 원래 바울의 편지를 찾아내어 그 편지가 에베소서의 저자에 의해 영지주의적으로 수정되었다고 했다.[21] 오늘날 대다수 주석가는 골로새서를 차명문서로 간주한다.[22] 그러나 바울이 저자라는 가정은 비판적 연구에서 여전히 중요하다.[23] 디모데가 편지의 저자여야 한다는 비서 및 동역자 가설

18 다음의 동역자 이름을 참조하라. 아킵보(몬 2절/골 4:17), 아리스다고(몬 24절/골 4:10), 데마(몬 24절/골 4:14), 에바브라(몬 23절/골 1:7, 4:12), 누가(몬 24절/골 4:14), 마가(몬 24절/골 4:10), 오네시모(몬 10절/골 4:9).

19 참조. E. Th. Mayerhoff, Der Brief an die Colosser mit vornehmlicher Berücksichtigung der drei Pastoralbriefe kritisch geprüft, Berlin 1838.

20 참조. F. Chr. Baur, Paulus, der Apostel Jesu Christi II, Leipzig [2]1867, 10f.

21 참조. H. J. Holtzmann, Kritik der Epheser- und Kolosserbriefe auf Grund einer Analyse ihres Verwandtschaftsverhältnisses, Leipzig 1872. 이에 대한 요약은 H. J. Holtzmann, Einleitung [2]1886, 295ff.를 참조하라.

22 참조. G. Bornkamm, Häresie, 139의 각주 1; H. Conzelmann, Kol, 176f.; E. Lohse, Kol, 133-40, 249-57; J. Gnilka, Kol 19ff.; A. Lindemann, Kol, 9-11; P. Pokorný, Kol, 2-4; M. Wolter, Kol, 31; A. Standhartinger, Entstehungsgeschichte und Intention, 1-3; Margaret Y. MacDonald, Col, 6-10; R. McL. Wilson, Col, 31-35; J. L. Sumney, Colossians, 6.

23 골로새서를 원바울서신으로 간주하는 자료로는 특히 다음을 참조하라. M. Dibelius, Kol, 53; E. Lohmeyer, Die Briefe an die Kolosser und an Phile-

은 슈바이처(E. Schweizer),[24] 올로그(W. H. Ollog),[25] 던(J. D. G. Dunn)[26]과 루츠(U. Luz)[27] 등이 주장한다. 레네만(J. Lähnemann)[28]은 에바브라를 서신의 저자로 본다.(참조. 몬 23절, 골 1:7, 4:12) 골로새서의 진정성을 지지하는 사람들은 의심할 여지없는 서신의 특성으로 교회 내의 이단에 대한 반감을 든다. 완전히 새로운 교회의 상황이 바울 신학의 또 다른 공식 표명을 요구했다는 것이다. 이것과는 대조적으로 진정성에 이의를 제기하는 사람은 골로새서의 언어와 스타일의 특성을 지적한다.[29]

골로새서에는 신약성서에 '한 번만 등장하는 단어'(Hapaxlegomena)[30]가 37개 나온다. 몇 가지 예는 '기쁘게 함'(ἀρεσκεία, 1:10), '보이는'(ὁρατός, 1:16), '으뜸

---

mon, KEK IX/2, Göttingen 91953, 12; A. Jülicher/E. Fascher, Einleitung, 134; E. Percy, Probleme, 66, 136과 여러 곳; W. G. Kümmel, Einleitung, 298-305[골로새서와 데살로니가후서를 위한 조심스러운 수정: ders., L'exégèse scientifique au XXe siècle: le Nouveau Testament, in: Le monde contemporain et la Bible, hg. v. C. Savart/J. N. Aletti, BiToTe, Paris 1985, (473-515) 483f.]; J. Ernst, Art. "Kolosserbrief," 373.

24 참조. E. Schweizer, Kol, 27. 상세한 근거에 관하여는 E. Schweizer, "Der Kolosserbrief-weder paulinisch noch nachpaulinisch?," ders., Neues Testament und Christologie im Werden(위 5.2.1을 보라.), 150-63을 참조하라.

25 참조. W. H. Ollrog, Paulus und seine Mitarbeiter(위 2.2.2를 보라.), 219-32.

26 참조. J. D. G. Dunn, Col, 38.

27 참조. 루츠는 골로새서가 바울이 아직 살아 있을 때 저작되었다고 보았다.(U. Luz, Kol, 190.) 이 견해에 대한 반대 논증은 다음과 같다. 바울이 살아 있는 시점에 바울의 이름을 붙인 차명문서를 친필로 서명까지 덧붙여서 저작하는 것이 가능한가?(참조. 골 4:18)

28 참조. J. Lähnemann, Kolosserbrief, 181-82의 각주 82.

29 참조. W. Bujard, Stilanalytische Untersuchungen, 해당 쪽; E. Lohse, Kol, 133-40; H. Ludwig, Der Verfasser des Kolosserbriefes, 8-51; W. Schenk, Kolosserbrief, 3328-38.

30 K. Aland (Hg.), Vollständige Konkordanz zum griechischen Neuen Testament, Bd. II: Spezialübersichten, Berlin 1978, 456.

이 되다'(πρωτεύειν, 1:18), '화평을 이루다'(εἰρηνοποιεῖν, 1:20), '굳건한 것'(στερέωμα, 2:5), '철학'(φιλοσοφία, 2:8), '신성'(θεότης, 2:9), '초하루'(νεομηνία, 2:16), '의지하다'(ἐμβατεύειν, 2:18), '순종하다'(δογματίζειν, 2:20), '자의적 숭배'(ἐθελοθρησκία, 2:23), '충족'(πλησμονή, 2:23), '부끄러운 말'(αἰσχρολογία, 3:8), '스구디아인'(Σκύθης, 3:11), '불만'(μομφή, 3:13), '위로'(παρηγορία, 4:11) 등이다. 또한 골로새서에 등장하는 28개의 단어 중 신약성서의 나머지 책에는 나타나지만, 바울서신에는 나오지 않는 단어가 있다. 15개의 단어는 에베소서, 골로새서 및 나머지 신약성서에 나오지만, 7편의 진정한 바울서신에는 나오지 않는다.[31] 다른 한편으로 골로새서에는 일련의 바울의 중심적인 개념이 나오지 않는다. 예를 들면 '계시'(ἀποκάλυψις), '의'(δικαιοσύνη), '칭의'(δικαιοῦν), '자유'(ἐλευθερία), '해방하다'(ἐλευθεροῦν), '복음'(ἐπαγγελία), '자랑하다'(καυχᾶσθαι), '자랑'(καύχημα), '친교'(κοινωνία), '율법'(νόμος), '믿다'(πιστεύειν), '구원하다'(σῴζειν), '구원'(σωτηρία) 등이다.[32]

그러나 이 조사 결과는 조건적으로만 의미가 있다. 1회만 등장하는 단어 중 상당수가 전통적인 자료(골 1:15-20)나 거짓 가르침과의 논쟁(골 2:6-23)에서 발견되는 것으로 보아, 이 단어들은 저자에게 미리 주어진 것이다. 게다가 진정성 있는 바울서신에도 수많은 1회 등장 단어가 나온다. 그리고 데살로니가전서에서는 이후의 서신들에서 등장하는 많은 중심 개념을 찾을 수 없다.

골로새서의 스타일도 특징이 있다. 골로새서의 수신자는 형제의 이름으로 언급되지 않는다. 바울서신에서 자주 접하는 연결어[예를 들어 '더욱'(μᾶλλον), '결코 아니다'(οὐδέ), '누구든지'(εἴ, τις), '만일'(εἴπερ), '아니다'(οὐ), '오직'(μόνον), '그러나-하지만'(δέ-ἀλλά), '더 이상 ~아니다'(οὐκέτι)] 및 추

31 단어 목록은 E. Lohse, Kol, 134를 참조하라.

32 참조. 위의 책, 135.

론의 의미를 지닌 첨가어['그렇기 때문에'(διό), '왜냐하면'(διότι), '그러므로'(ἄρα), '그러므로 이제부터'(ἄρα οὖν)]가 빠져 있는가 하면, 속격의 연결이 자주 나타나고(참조. 골 1:5, 1:13, 1:27, 2:2, 2:11), 전치사 '~안에'(ἐν)의 사용도 특징적이며, 전반적으로 확신을 주는 문체 스타일이 특징적이다.(참조. 예를 들어 골 1:3-11) 개별 단락이 느슨하게 결합하기에 부정사, 관계절 및 분사구문의 명확한 구분이 가능하지 않을 때도 있다. 사고의 흐름은 계속 연계된다. 많은 곳에서 논증은 원바울서신에서처럼 설득력이 있거나 주도적으로 보이지 않는다. 골로새서에는 의문문이 없다! 따라서 언어적 및 문체적 특성만으로는 골로새서가 제2바울서신임을 증명할 수 없으며, 그것은 편지의 내용과 관련된 신학적 특성과 관련해서만 분명해진다.

1) 그리스도론: 온 우주를 위한 예수 그리스도의 구원 사역이 골로새서 그리스도론의 중심이다. 그리스도는 모든 피조물보다 먼저 나신 분이며 그 안에서 우주가 창조되었고 그를 통해 존속하고 있고(참조. 골 1:15-17) 피조물의 주재이며 피조물의 중보자로서 보이지 않고 보이는 모든 피조물을 다스린다. 그리스도는 모든 권세의 머리이며(골 2:10) 우주 권세를 이긴다.(골 2:15) 우주는 그리스도 안에 존속하며, 그는 모든 힘에 그 의미를 부여한다. 교회는 현재 그리스도의 이 통치에 이미 참여하고 있다. 그리스도는 죽음을 통해 신자를 하나님과 화목하게 했고(골 1:22), 신자를 고발하는 고발증서를 없앴다.(골 2:14) 이제 세상의 주이신 그리스도가 이방인에게도 선포될 수 있다.(골 1:27) 골로새서 3:11d는 서신의 그리스도론을 명확하게 표현한다. '오직 그리스도만 만유이시며 만유 안에 계시느니라.'(τὰ πάντα καὶ ἐν πᾶσιν Χριστός)

통치의 영역과 공간을 특징으로 하는 골로새서의 우주적 그리스도론은 그리스도의 우주적 통치권이 선포된 바울서신의 진술과 연결될 수 있다.(참조. 고전 8:6, 빌 2:9-11, 3:21) 골로새서의 저자는 우주론적 차원을 그리스도론의 기초와 중심으로 삼음으로써 전통적인 진술을 뛰어넘는다. 더욱이 그는 자신의 그리스도론을 발전시키기 위해 진정성 있는 바울의 전승을 사용하지 않는다. 오히려 골로새서 1:15-20의 찬가는 전체 서신의 그리스도론의 출발점이자 기초를 형성한다.

2) 종말론: 골로새서의 종말론[33]은 그리스도론의 관점에서 설계되었으며 접근 방식에서 이미 우주론을 지향한다.[34] 신자는 세례를 통해 그리스도와 함께 죽고 그와 함께 부활해서(골 2:12, 13, 3:1) 다른 권세가 더는 그들을 지배할 수 없게 되었다. 권세는 '아래'에 속한다. 반면에 그리스도인은 그리스도가 계신 '위'를 향해야 한다.(참조. 골 3:1, 2) 세례 받은 자가 예수 그리스도의 죽음과 부활에 온전히 참여하는 것은 골로새서 2:12, 13, 3:1의 '함께'(σύν) 구절에서 드러난다. 여기서는 로마서 6:3-4와는 대조적으로 과거시제인데도 '종말 사건들'로 해석했다.[35] 반면에 바울에게서는 영 안에 있는 새로운 실재(참조. 고후 1:22, 5:5, 롬 8:23)가 파루시아에서만 완전하게 드러나는 것이 특징이다.(참조. 롬 6:3-5 외에도 특히 고전 13:12, 고후 4:7, 5:7, 고전 15:20-23, 46) 그러므로 바울은 이미 일어난 부활에 대해 언급한 적이 없고, 자신의 고유한, 신학적 가정하에서도 말할 수 없다. 여기서 골로새서의 종말론과 사도의 종말론 사이의 결정적인 차이가 드러난다. 두 종말론은 부활의 실재에 참여하는 정도를 근본적으로 다르게 결정짓는다![36] 바울에게서 영은 첫 열매(롬 8:23), 미래의 마지막 사건에 대한 보증

---

33 모든 질문에 대한 포괄적 논의에 관하여는 E. Lona, Eschatologie, 83-240(골로새서는 바울의 입장을 따르지만 다른 생각을 갖고 있다.)을 참조하라.

34 참조. N. Walter, "'Hellenistische Eschatologie' im Neuen Testament," Glaube und Eschatologie (FS W. G. Kümmel), hg. v. E. Gräßer u. O. Merk, Tübingen 1985, (335-56) 344ff. 골로새서에는 공간적 대립쌍의 개념이 우세하다. 예를 들면 '감추임' - '드러남', '아래' - '위' 등이다.

35 로마서 6장과 골로새서 3:1-4이 연속성과 불연속성에 대해 상세히 다룬 문헌으로는 다음을 참조하라. E. Gräßer, Kolosser 3, 1-4, 129ff.; P. Müller, Anfange der Paulusschule(위 5를 보라.), 87-134; N. Frank, Kolosserbrief, 163-201.

(고후 1:22, 5:5)이다. 골로새서에서 미래는 과거시제로 언급된다. 게다가 골로새서는 현재를 열광적으로 초월하는 것을 반대하여 유보 조건을 두지만[37] 동시에 바울이 만든 시간적, 물질적 제한을 제거한다.[38] 또 다른 눈에 띄는 특징은 '소망'(ἐλπίς)이라는 개념이다. 소망은 골로새서 1:5, 23, 27에서 내세의 객관적인 구원으로 나타난다. 소망은 더 이상 미래의 것을 보는 것이 아니다.(참조. 롬 8:24) 신자에게 소망의 구원은 하늘에 예비되어 있다.

3) 교회론: 골로새서 교회론의 중심은 '그리스도의 몸'(σῶμα Χριστοῦ) 사상이다.[39] 바울은 이 단어를 윤리적 문맥에서 사용했지만(참조. 특히 고전 12장, 롬 12장),[40] 골로새서에서는 우주론적 의미를 지닌다. 교회는 예수 그리스도에 의해 가능해지고 관리되는 우주적 구원의 공간이다.(참조. 골 1:18, 24, 2:17, 19, 3:15) 바울은 그리스도를 교회의 몸이라고 부르는데(참조. 고전 12:12-13, 롬 12:4-5), 골로새서 1:18에서 그리스도는 몸의 머리이

---

36 뒤버스는 이 기본적 차이를 최소화하려고 한다.(M. Dübbers, Christologie und Existenz, 238-42.) 만일 뒤버스가 '함께 부활함'을 은유적 언급이라고 생각한다면, "이 은유적 진술로써 저자는 수신자의 실존은 부활한 자와 결합하며 전적으로 그에 의해 충만하게 규정됨을 분명히 할 것이다."(M. Dübbers, 위의 책, 242.) 바울도 그렇게 생각하지만 '부활함'을 언급하지는 않는다!

37 참조. 골로새서 2:12의 '믿음으로 말미암아'(διὰ τῆς πίστεως)와 골로새서 3:3의 '감추어졌다'(κέκρυπται); 영광 중에 나타나는 날인 그리스도의 재림(골 3:4).

38 다음의 반대 견해를 참조하라. H. Merklein, Rezeption, 43ff.; G. Klein, Art. "Eschatologie," TRE 10 (1982): 286-87.

39 종교사적 자료를 제공하는 견해로는 E. Schweizer, Art. "σῶμα," ThW VII, 1024-91을 참조하라. 골로새서 부분은 1073-75를 참조하라.

40 바울의 입장은 다음을 참조하라. E. Käsemann, "Das theologische Problem des Motivs vom Leibe Christi," ders., Paulinische Perspektiven, Tübingen ²1972, 178-210; U. Schnelle, Gerechtigkeit und Christusgegenwart(위 2.4.10을 보라.), 139-43, 243-45. 골로새서의 종말론은 J. Roloff, Kirche(위 3.5.4를 보라.), 223-31을 참조하라.

다.(참조. 고전 12:21과 대조) 그렇게 함으로써 저자는 바울이 교회의 구체적인 상황을 반영하기 위해 사용하는 도식을 포기하고 그리스도가 머리인 교회의 전 세계적인 몸이라는 우주론적 개념을 수용한다. 골로새서는 바울의 개념을 더는 발전시키지 않고 오히려 헬레니즘계 유대교(아래 5.3.8을 보라.)를 통해 소개된 사상을 접목한다.[41] 그것은 우주의 광대함을 다스리는 신의 개념(참조. 예를 들어 필로, Migr 220, Fug 108-13)이다. 그리스도는 우주를 창조하고 화해시켰으며 현재 몸의 머리가 되어 다스리고 있다.

4) 사도의 기능: 바울이 전파한 예수 그리스도의 복음은 '그리스도 혹은 하나님의 비밀'(μυστήριον τοῦ Χριστοῦ 또는 Θεοῦ)인데, 이것은 골로새서의 중심 메시지이다.(참조. 골 1:26, 27, 2:2, 4:3)[42] 이 신비 뒤에는 사도의 선포에 힘입어 세워지는 교회가 있다. 그렇기에 사도의 인격과 고난도 신비의 내용이다.(참조. 골 1:24-29) 그렇게 함으로써 골로새서 1:24b가 두드러진다. 이 구절에 따르면 사도의 고난은 그의 교회를 위한 예수 그리스도의 고난을 보완/완성하는데, 사실 이것은 바울에게는 불가능한 생각이다! 그리스도의 몸의 일꾼으로서 사도는 교회에 하나님의 비밀스러운 뜻을 알린다. 그리스도의 인격은 더 이상 복음의 내용과 분리될 수 없다. 비록 육체적으로 존재하지는 않지만, 그리스도의 인격은 사도가 선포한 것처럼 그리스도를 선포하기로 되어 있는 교회(골 2:5)에 여전히 영으로 임재한다.(골 2:6) 다른 모든 선포는 사람의 가르침이지(골 2:8), 사도의 전통은 아니다. 복음은 그 내용인 예수 그리스도뿐만 아니라 본질상 사도의 선포를 통해서도 정의된다.

5) 믿음 개념: 바울에게 '믿음'(πίστις)은 골로새서의 저자가 골로새서 1:23, 2:5, 7에서 확실히 규정한 개념처럼 하나님과의 새로운 관계와 새로

---

41 메르크라인은 이 과정을 전통 자료의 바울화라고 부른다.(H. Merklein, Rezeption, 63.)

42 참조. 위의 책, 28ff.

운 자기이해의 선물이다. 머무는 것, 확고한 것, 기초를 다진다는 표현은 골로새서의 믿음이 전통을 고수한다는 것을 뜻한다. 여기서 다시 한 번 전통 사상의 힘이 여실히 드러난다.

6) 성령론: 특이하게도 골로새서에서는 성령론이 후퇴한다. '영'(πνεῦμα)은 골로새서 1:8, 2:5에만 나타난다. 바울에게 성령론은 신학과 그리스도론의 역동적인 요소인데, 골로새서에서는 단지 주변 주제일 뿐이다. 왜냐하면 여기서 공간적 차원과 정적(statisch) 차원이 그리스도론과 종말론 안에서 우세하기 때문이다. 사도 바울의 모습과 그와 관련된 전통조차 여기서는 더 이상 기본적인 영적 경험을 허용하지 않는다.(참조. 이와는 반대로 살전 5:19, 고전 14:1)

7) 바울은 일생 동안 다양한 방식으로 이스라엘 문제에 몰두했지만, 골로새서에서는 그것이 중요하지 않다! 골로새서 1:26에서 전개된 하나님의 구원 의지가 영원 전에 결정되어 지금 계시된 것이 이스라엘을 지나 교회에서 실현된다는 사상은 바울과 완전히 다르다.

골로새서의 언어적, 문체적, 내용적 특성은 서신을 쓴 사람이 바울이 아니라 사도의 제자라는 결론을 내릴 뿐이다. 바울서신에 대한 지식과 바울 신학의 내용도 이 제자단을 가리킨다. 따라서 골로새서의 저자는 바울서신의 인사말의 형식적 구조를 수용한다. 골로새서 1:1은 문자 그대로 고린도후서 1:1과 상응하고, 골로새서 1:2는 고린도후서 1:2와 대체로 일치한다. 빌레몬서와 골로새서의 인사 목록의 유사점은 골로새서의 저자도 이 바울서신을 알고 있음을 보여준다.[43] 골로새서의 거시적 구조는 바울서신에 기반을 두고 있다. 교리적인 내용이 대부분을 차지하고 그 후에 윤리적인 부분으로 구성된 모습은 갈라디아서와 로마서에 이미 드러나 있기 때문이다. 옥중서신인 골로새서(참조. 골 4:3, 10, 18)와 빌립보서 1:7, 13, 17이 내용상

---

43 전반적인 관련성에 관하여는 R. Reuter, Synopse zu den Briefen des Neuen Testaments I, Frankfurt 1997, 48-225를 참조하라.

근접한 것은 두 서신 모두 바울서신들에 관한 지식을 전제로 하기 때문이다. 바울 신학에 친숙하다는 사실은 골로새서 2:12에서 나타나는데 여기서 부분적으로 로마서 6:4에 비견되기 때문이다. 또한 골로새서 2:20과 갈라디아서 4:3, 9('세상의 초등학문', στοιχεῖα τοῦ κόσμου) 사이에는 어느 정도 밀접한 관계가 있으며, 골로새서 1:4-5의 삼중법, 즉 '믿음'(πίστις), '사랑'(ἀγάπη), '소망'(ἐλπίς)이라는 언급도 바울의 영향을 나타낸다.(참조. 살전 1:3, 5:8, 고전 13:13, 갈 5:5-6, 또한 몬 5절, 살전 3:6)[44] 저자는 바울서신의 양식과 내용을 이용하여 차명문서의 수단으로 사용할 뿐만 아니라[45] 이단과 관련한 자신의 주장을 정당화하고 관철하기 위해 바울의 저작설을 주장한다.

골로새서의 저자를 보다 정확하게 규정할 수 있을까? 디모데가 저자라는 가정은 반복적으로 제기되어 왔지만 입증할 수도, 반박할 수도 없다. 그러나 더 많은 차명 바울서신의 존재는 바울 학파 내에서 활발한 문학적 활동이 있었음을 나타내기에 골로새서의 저자는 알려지지 않은 바울의 어떤 제자라는 추정이 보다 개연성이 높다.

5.2.3 기록 장소와 시기

골로새서에는 서신의 기록 장소에 대한 정보가 포함되어 있지 않다. 바울은 포로로 잡혀 있지만(골 4:3, 10, 18), 이러한 정보는 차명문서적 허구이다.

---

44 참조. Th. Söding, Die Trias Glaube, Hoffnung, Liebe bei Paulus(위 2.5.9를 보라.), 177ff.

45 린데만은 한편으로 골로새서는 바울의 유산에 연결되어 있고, 다른 한편으로는 직접적 문학적 연결은 빌레몬서에서만 증명될 수 있다고 강조한다.[A. Lindemann, Paulus im ältesten Christentum(위 5를 보라.), 114-22.] 슈탄트하르팅어도 골로새서가 다만 빌레몬서에 종속되어 있음을 추측한다.(A. Standhartinger, Entstehungsgeschichte und Intention, 61-89.) 골로새서의 차명 개념에 관하여는 A. Standhartinger, 위의 책, 29-59를 참조하라.

서신에 골로새(골 1:2), 라오디게아(골 2:1, 4:13, 15, 16), 히에라볼리(골 4:13)의 도시가 언급되어 있으므로 골로새서가 이 도시들에 근접해 있는 곳에서 혹은 바울 학파의 소재지로 개연성이 높은 에베소[46]에서 기록되었다고 추측할 수 있다. 어쨌든 골로새서는 소아시아 남서부 지역에서 유래했다.[47] 서신의 저자는 분명히 바울의 동역자들에 관한 개인적 정보를 알고 있었다. 골로새서 4:7에 언급된 두기고는 사도행전 20:4의 모금 전달을 위한 파송단 목록에만 나타나므로 두 기록 사이의 문학적 종속성이 배제될 수 있기 때문이다. 교회 설립자 에바브라에 대한 정보(골 1:7, 4:12) 역시 역사적으로 정확한 것으로 간주해야 한다. 언급된 교회들이 그 교회들의 기원을 알기 때문이다. 이 서신에서 이단과 싸우는 것은 갈라디아에서의 논쟁에 어느 정도 근접함을 보여준다. 골로새서의 저자는 복음의 왜곡에 대항하여 싸움을 계속한다. 제2바울서신 중에서 사도와 가장 가까운 골로새서는 기원후 70년경에 기록되었을 것이다.[48]

5.2.4 수신자

'골로새'(Κολοσσαί) 도시의 시작은 암흑에 가려져 있다.[49] 도시는 이미 기원전 5세기에 이르러 브루기아(참조. 헤로도토스, VII 30, 1)의 중요한 대도시로 여겨졌다. 골로새는 에베소에서 길리기아의 다소까지 이어지는 큰 무역로와 가까워서 접근하기 좋은 위치에 있었다. 골로새의 중요성은 기원전

---

46 참조. E. Lohse, Kol, 256의 각주 2; J. Gnilka, Kol, 22; P. Pokorný, Kol, 15.

47 참조. A. Lindemann, Kol, 11; J. L. Sumney, Colossians, 10.

48 참조. J. Gnilka, Kol, 23; P. Pokorný, Kol, 15; A. Lindemann, Kol, 11(기원후 70년과 80년 사이); E. Lohse, Kol, 256의 각주 2(80년경); M. Wolter, Kol, 31(70년과 80년 사이); R. McL. Wilson, Col, 34-35(70년과 75년 사이). 섬니는 골로새서가 바울의 사망 직후인 62-64년에 저작되었다고 보는데, 그에 대한 논거로 빌레몬서와의 근접성을 든다.(J. L. Sumney, Colossians, 9.)

49 참조. E. Lohse, Kol, 36-38; J. Gnilka, Kol, 1-4.

1세기에 인근의 라오디게아의 경제적인 번영으로 말미암아 감소했다.(참조. 스트라보, XII 8, 13. 16) 타키투스는 라오디게아가 기원후 60/61년에 지진으로 파괴되었다는 사실을 보도한다.(타키투스, Ann XIV 27, 1) 오로시우스는 기원후 5세기에 라오디게아, 히에라폴리스 및 골로새가 지진으로 파괴되었다고 기록한다.(AdvPaganos VII, 7, 12) 이 지진이 골로새에 어느 정도로 영향을 미쳤는지, 그리고 오로시우스가 타키투스와 동일한 사건을 언급하고 있는지는 확인할 수 없다. 라오디게아는 주민들이 스스로의 힘으로 재건했지만(타키투스, Ann XIV 27, 1), 골로새의 운명은 불확실하다.[50] 61년 이후 골로새에 교회가 존재했는지는 확실히 부정할 수도 긍정할 수도 없다. 이 서신은 골로새에 있는 교회에 보내는 것이지만 처음부터 더 많은 청중과 독자를 대상으로 했다. 이것은 골로새서 4:16에 나온다. "또 이 편지를 너희가 읽은 후에 라오디게아인의 교회에서도 소리 내이 읽게 하고 라오디게아의 편지도 너희가 읽어라." 라오디게아(골 2:1, 4:13, 15, 16)와 히에라폴리스(참조. 골 4:13)의 언급은 이단이 영향력을 행사할 수 있는 모든 교회에 골로새서가 보내졌음을 드러낸다.[51]

언급된 교회에는 주로 이방 그리스도인들이 함께 있었다.(참조. 골 1:27, 2:13)[52] 동시에 강력한 유대계 그리스도교의 영향도 고려되어야 한다.(참조. 골 4:11b!) 안티오키우스 3세로 인해 그 조상이 골로새로 와서 정착한 수많은 유대인이 도시의 인구에 포함되어 있었기 때문이다.(참조. 요세푸스, Ant XII 147-53; 키케로, Flacc 28) 골로새서 2:11의 할례에 대한 언급과 2:16의 안식일 준수 역시 유대계 그리스도인을 가리킨다. 교회는 바울

50 볼터는 골로새가 지진 이후에도 중요한 장소였다는 비문의 문구를 강조한다. (M. Wolter, Kol, 35.)

51 린데만은 골로새가 '표면적 수신지'였다고 언급한다. 골로새서의 저자는 원래 라오디게아 교회를 염두에 두었다는 것이다.(A. Lindemann, Kol, 12-13.)

52 교회의 상황에 관하여는 A. Standhartinger, Entstehungsgeschichte und Intention, 175-94를 참조하라.

이 아니라(참조. 골 2:1), 골로새서 1:7에서 보듯이 교회에 복음을 전파했으며, 골로새서 4:12-13에서는 골로새, 라오디게아 및 히에라볼리에 있는 교회들을 위해 기도로 분투한 한 에바브라에 의해 설립되었다. 교회는 전승된 신앙을 고수하고 모든 성도에 대한 사랑을 보여준 것을 분명히 확인했다.(참조. 골 1:3-8) 그러나 이제는 매혹적인 연설(참조. 골 2:4)과 새로운 '철학'(참조. 골 2:8)이 교회를 전승된 가르침에서 단절시키려고 위협하고 있다. 골로새서는 이 '철학'(φιλοσοφία)에 반대하는 동시에 사도적 신앙에 서도록 교회를 격려한다.

5.2.5 내용 구성, 구조, 형식

서신 서두	1:1-2	인사말
	1:3-14	감사와 간구
서신 몸통	1:15-2:23	1. 주요 본문 부분
	1:15-20	그리스도 찬양시
	1:21-23	찬양시를 교회에 적용시킴
	1:24-2:5	사도직
	2:6-23	거짓 교사와 논쟁
	3:1-4:6	2. 주요 본문 부분
	3:1-4	전이 부분
	3:5-17	덕 목록, 악덕 목록
	3:18-4:1	가훈표
	4:2-6	일반적인 권고
서신 결미	4:7-9	사도의 방문
	4:10-17	인사
	4:18	결문

골로새서는 명확한 구조를 보여주며, 서신의 서두(인사말, 감사) 다음에 교리적이고 윤리적인 부분으로 된 서신의 몸통이 따라온다.[53] 서신의 결미도 이전 요소와 마찬가지로 진정한 바울서신의 형식적 체계를 기반으로 한

다. 갈라디아서와 로마서의 비교는 골로새서의 저자가 바울서신의 체계에 익숙했으며 의식적으로 그것을 채택했음을 보여준다. 주요 교리 부분에서 골로새서 1:15-20의 찬가는 신학적 논증의 전반적인 기초이다. 이단에 대한 명시적 논의는 2:6-23에서 이루어지며, 여기서 2:12-13은 편지 작성자의 입장을 간결하게 요약한다. 3:1-4는 이전 단락의 주요 사상이 채택되고 동시에 윤리적으로 해석되는 이중적 기능을 하고 있다.

골로새서를 보다 교리적이고 윤리적인 주요 부분으로 나누는 것은 '그리스도 안에'(ἐν Χριστῷ) 및 '주 안에'(ἐν κυρίῳ)를 사용하는 것을 통해 확인된다. 바울이 사용한 두 가지 공식, 곧 '그리스도 안에'는 교리적 진술에 상응하고, '주 안에'는 윤리적 진술에 상응한다.[54] 골로새서의 저자도 바울을 따른다. 그 이유는 편지의 교리적 부뷰에는 '그리스도 안에'(골 1:2, 4, 28)만 나오고, 윤리석 단락에는 '주 안에'(골 3:18, 20, 4:7, 17)가 나오기 때문이다.

편지의 의도는 이단의 위협을 받는 리코스 밸리(Lykostal, 오늘날 튀르키예 서부—역자 주) 지역의 모든 교회를 포함하므로, 골로새서는 '회람서신'이라고 부를 수 있다.

5.2.6 문학적 통일성

골로새서의 문학적 통일성은 연구에서 논란이 되지 않는다.

---

53 참조. E. Lohse, Kol, 29f.; U. Luz, Kol, 183; E. Schweizer, Kol, 20f.; A. Lindemann, Kol, 14. 그닐카는 서신 전체를 3등분하는 것(1:9-29, 2:1-19, 2:20-4:6)에 찬성한다.(J. Gnilka, Kol, 8.) 4등분(1:3-23, 1:24-2:5, 2:6-23, 3:1-4:6)에 관하여는 P. Pokorný, Kol, 19-22를 참조하라. 캐논은 다음과 같은 문단을 제안한다. 인사 1:1, 2, 감사 1:3-23, 본통 1:24-4:9, 결미 4:10-18.(G. E. Cannon, The Use of Traditionalaterials in Colossians, Macon 1983, 136-66.)

54 참조. F. Neugebauer, In Christus, Göttingen 1961, 65-149.

5.2.7 전승, 자료

골로새서는 일반적으로 바울서신과 관계된다. 이에 따라 다음 본문의 단락,[55] 즉 데살로니가전서 4:1-12, 고린도전서 2:1-13, 3:5-10, 10:31-11:9, 15:24-58, 고린도후서 5:1-11, 갈라디아서 3:27-4:10, 5:13-25, 로마서 2:5-11, 6:3-17, 빌립보서 1:1-12, 27-30, 2:1-11, 19, 30, 3:14, 19-20, 빌레몬서 등이 중요하다. 골로새서는 이 본문들을 자신의 신학 프로그램에 집어넣어 우주론, 현재적 종말론, 수정된 교회론으로 다룬다. 바울과 마찬가지로 골로새서도 주어진 전통으로부터 자신의 신학을 상당히 발전시켰다. 골로새서 1:15-20의 그리스도 찬가는 그리스도론의 중심이다.[56]

> 전통적인 찬가는 15절에서 시작하는데, 여기서 문체의 급격한 변화가 나타난다. 골로새서 1:3-14는 서신 문체의 전형적인 요소(분사구문, 느슨하게 연결된 부정사, 잦은 동의어 사용, 빈번한 소유격 사용과 반복)를 보여준다. 그러나 이러한 것들이 15-20절에는 보이지 않는다.[57] 여기에 언어적 특징도 나타난다. '볼

---

55 N. Frank, Kolosserbrief, 336-55의 분석을 참조하라. 특히 352쪽은 골로새서 4:16의 바울의 편지를 교회에서 읽고 서로 교환하고 보존하라는 권고와 다수의 본문의 관련성이 골로새서를 첫 번째 서신 모음집으로 만든다는 사실을 강조한다.

56 골로새서 1:15-20에 대한 주석서 외에도 특히 다음을 참조하라. H. Hegermann, Die Vorstellung vom Schöpfungsmittler im hellenistischen Judentum und Urchristentum, TU 82, Berlin 1961, 89-93; Chr. Burger, Schöpfung, 3-53; R. Deichgräber, Gotteshymnus und Christushymnus in der frühen Christenheit, SUNT 5, Göttingen 1967, 143-55; K. Wengst, Christologische Formeln und Lieder des Urchristentums, StNT 7, Gütersloh 1972, 170-79; F. Zeilinger, Der Erstgeborene der Schöpfung, 179-205; J. Habermann, Präexistenzaussagen(위 2.9.7을 보라.), 225-66; Chr. Stettler, Der Kolosserhymnus, WUNT 2. 131, Tübingen 2000.

57 참조. H. Ludwig, Der Verfasser des Kolosserbriefes, 32ff.

수 있는'(ὁρατός, 골 1:16), '으뜸이 되다'(πρωτεύειν, 골 1:18), '화평을 이루다'(εἰρηνοποιεῖν, 골 1:20)는 신약성서에서 유일하게 나타나는 어휘이다. 바울서신에는 '보좌'(θρόνοι)도 '태초'(18절의 ἀρχή를 우리말 개역개정역에서는 '근본'으로 번역했다. - 역자 주)도 등장하지 않는다. 바울은 전승된 전통과 관련해서만 그리스도의 피에 대해 말하는데(참조. 롬 3:25, 고전 10:16, 11:25, 27), '그의 십자가의 피'(αἷμα τοῦ σταυροῦ αὐτοῦ, 골 1:20)라는 말은 그의 서신에서는 나타나지 않는다.

찬가의 구조는 15절과 18b절의 병행구인 '그는 ~이다.'(ὅς ἐστιν)에 기초하는데, 이는 두 마디로 되어 있음을 암시한다. 또한 15절에서 '모든 피조물보다 먼저 나신 이'(πρωτότοκος πάσης κτίσεως)는 18b절의 '죽은 자들 가운데서 먼저 나신 이'(πρωτότοκος ἐκ τῶν νεκρῶν)에 해당한다. 각각의 관계절 뒤에는 입증하는 '그러므로'(ὅτι, 16, 19절)가 온다. 17절과 18a절은 각각 '또한 그가'(καὶ αὐτός)로 시작하고, 20절은 '또한 그로 말미암아'(καὶ δι' αὐτοῦ)로 시작한다. 찬가는 형식뿐만 아니라 내용상으로도 두 연으로 나뉜다. 첫 번째 연(15-18a절)이 그리스도 사건의 우주론적 의미를 말한다면, 두 번째 연(18b-20절)은 구원론적 차원에 초점을 맞춘다. 그런데 18a절의 '몸의 머리'(ἡ κεφαλὴ τοῦ σώματος)에 추가된 주석적 속격(genitivus epexegeticus) '교회의'(τῆς ἐκκλησίας)는 이 구조로 나누는 것(두 연으로 나누는 구조 - 역자 주)을 방해한다. 이미 첫 번째 연에서 구원론적이고 교회론적인 차원을 소개하기 때문이다. 게다가 이 해석은 골로새서 1:24에서 골로새서 저자가 전개한 그리스도의 몸으로서의 교회에 대한 이해와도 일치한다. 또 다른 해석은 이중 전치사구 '그의 십자가의 피로'[διὰ τοῦ αἵματος τοῦ σταυροῦ αὐτοῦ(δι' αὐτοῦ), 20절]에 나타나 있다. 십자가 사건에 대한 언급은 골로새서 저자가 그리스도 사건의 우주적 차원을 십자가 역사에 연결하는 것으로 보아야 한다.[58]

58 참조. 위의 책, 79.

이 찬가가 빌립보서의 찬가와 평행을 이루는 것은 틀림없다. 둘 다 전승이 맥락의 해석을 통해 연결되기 때문이다. 종교사의 관점에서 찬가는 헬레니즘계 유대교 사상과 관련이 있어서 여기서는 그리스도 찬가에 적용되는 술어에 지혜가 덧붙여진다.[59] 저자는 아마도 소아시아에서 유래한 이 그리스도교 찬가를 찬가 전통이 매우 중요했던 교회에서 논의의 출발점으로 삼았을 것이다. (참조. 골 3:16b)

골로새서의 저자는 골로새서 3:5-17의 미덕과 악덕의 목록에 전통적인 형식을 사용한다.[60] 본문은 명확한 구조를 보여주며, 첫 번째 부분과 두 번째 부분은 각각 병렬로 구성된 부분으로 시작한다.(참조. 골 3:5, 12) 첫 번째 단락에는 악덕 목록(5-11절)이 나오고, 두 번째 단락에는 미덕 목록(13-14절)이 나온다. 결론은 화평과 교회를 위한 소망으로 이루어진다.(15-17절) 5절과 8절에 있는 악덕 목록은 12절에 있는 미덕 목록처럼 다섯 개의 단어가 접속사 없이 연속 정렬된 구조로 나열된다.(참조. 바울의 편지에서는 롬 1:29-31, 고후 12:20, 21, 갈 5:19-21, 갈 5:22-23) 11절에서 저자는 갈라디아서 3:28, 고린도전서 12:13 등에서 약간 변형된 형태로 나타나는 전통을 수용한다. 골로새서 3:18-4:1의 가훈표는 전통적이다.[61] 가훈표는 문체적 특징이 없이 내용과 형식면에서 두드러질 뿐이다. 그리스도인 가정의 구성원은 세 쌍(여성/남성, 자녀/아버지, 노예/주인)으로 언급된다.

---

59 이에 대한 증명은 다음을 참조하라. E. Lohse, Kol, 85-103; T. J. Sappington, Revelation and Redemption, 172-76을 참조하라.

60 주석서 외에도 특히 다음을 참조하라. S. Wibbing, Die Tugend- und Lasterkataloge im Neuen Testament und ihre Traditionsgeschichte unter besonderer Berücksichtigung der Qumran-Texte, BZNW 25, Berlin 1959; E. Schweizer, "Gottesgerechtigkeit und Lasterkataloge bei Paulus (inkl. Kol und Eph)," Rechtfertigung (FS E. Käsemann), hg. v. J. Friedrich u. a., Tübingen 1976, 453-77.

61 이에 관하여는 D. Hellholm, "Die Gattung Haustafel im Kolosser- und Epheserbrief," P. Müller (Hg.), Kolosser-Studien, 103-28을 참조하라.

가장 친밀한 관계(아내와 남편)에서 종/주인의 관계까지 내림차순으로 표시되는 것을 볼 수 있다. 각각의 경우에 연약한 지체가 앞에 놓이고, 두 지체는 상호 훈계의 관계이며, 호칭, 훈계 및 이유가 따라 나온다. 원바울서신에는 가훈표가 나오지 않는데, 에베소서 5:22-6:9가 가훈표와 비슷하다.

5.2.8 종교사적 위치

골로새서가 싸운 이단은 종교사적으로 어떻게 분류될 수 있는가? 이단의 본질적인 요소는 서신에서 확인된다. (1) 이방 그리스도인의 할례는 적대자의 요구 중 하나였다.(참조. 골 2:11) (2) 금욕적 식사 규정과 절기 규례는 이단의 특징이었다.(참조. 골 2:16-17, 21-22, 23b) 성적인 금욕도 조장되었을 가능성이 있다.(골 2:21a) (3) 적대자의 가르침의 중심 요소는 각종 규례(Elemente)의 준수였다.(참조. 골 2:8, 15, 20) (4) 천사 숭배(참조. 골 2:18)는 골로새인들의 '철학'(φιλοσοφία, 참조. 골 2:8)에 속한다.[62] 이단의 또 다른 요소는 서신 저자의 논란에서 추론할 수 있다. 그는 공동체의 거짓 교사가 부과하는 규례에 대해 자신을 변호하고(골 2:20), 적대자의 가르침을 사이비 지혜와 육신의 교만(참조. 골 2:23)으로 묘사(참조. 골 2:18, 23)한다. 분명 수사학 훈련을 받은 적대자(골 2:4)가 규범을 세웠다. 골로새 그리스도인들은 그러한 규범을 지키면서 우주의 구성 원소의 권세로부터 자신을 해방해야 했다.(참조. 골 2:14)

골로새의 철학이 종교사적 측면으로 볼 때 매우 복잡한 구조를 지니고 있기에 그 출처를 밝혀보려고 많은 시도가 있었던 것은 놀라운 일이 아니다.[63] 그중에

62 섬니는 추정하기를, '거짓 교사는 (금욕을 통해) 천사의 천상 예배에 비전으로 침입하고, 거기서 죄를 용서받았다.'라고 한다.(J. L. Sumney, Colossians, 11.)
63 권터는 골로새서에 대해 44가지나 되는 다양한 제안이 있다고 한다.[J. J. Gunther, Paul's Opponents(위 2.6.8을 보라.), 3-4.] 뮐러는 적대자의 입장에 대한

서 중요한(부분적으로 중복되는) 해석 모델은 다음과 같다. (1) 쿰란 에세네파[데이비스(W. D. Davies)]의 영향,[64] (2) 유대 배경을 지닌 헬레니즘 영지주의[로마이어(E. Lohmeyer)],[65] (3) 혼합주의적 신비주의 숭배[디벨리우스(M. Dibelius)],[66] (4) 영지주의적 유대교[보른캄(G. Bornkamm)],[67] (5) 혼합 유대교[로제와 그닐카(E. Lohse/J. Gnilka)],[68] (6) 강력한 신피타고라스학파의 영향을 받은 혼합주의적 가르침[슈바이처(E. Schweizer)],[69] (7) 브리지아의 자연종교, 이란의 원소신화, 헬레니즘화된 유대교의 혼합 구조[레네만(J. Lähnemann)],[70] (8) 유대-영지주의 혼합주의[린데만(A. Lindemann)],[71] (9) 영지주의의 영향[포코르니(P. Pokorný)],[72] (10) 유대 묵시문학의 배경을 지닌 금욕-신비 경건[새핑톤과 던(T. J. Sappingdon/J. D. G. Dunn)],[73] (11) 헬레니즘-유대인 계시의 지

위험인 '거울-읽기'에 대해 논한다.(우리는 적대자의 입장을 오직 골로새서의 부분적인 진술을 통해서만 알고 있다.)(P. Müller, Gegner im Kolosserbrief, 369-74.) 그래서 그는 적어도 "적대적 관점의 부분적 측면"(P. Müller, 위의 책, 388.)이 발견될 수 있다고 생각한다. 그것은 철학과 지혜, 전통 의존, 세계의 요소, 천사 숭배, 정확한 '탐색', 상사에 대한 겸손, 휴일 및 음식/금기 규정 준수 등이다.

64 참조. W. D. Davies, "Paul and the Dead Sea Scrolls: Flesh and Spirit," K. Stendahl (Hg.), The Scrolls and the New Testament, New York 1957, 166-68.

65 참조. E. Lohmeyer, Kol, 3-8.

66 참조. M. Dibelius, Kol, 35f.

67 참조. G. Bornkamm, Häresie des Kolosserbriefes, 153; H. M. Schenke, "Der Widerstreit gnostischer und kirchlicher Christologie im Spiegel des Kolosserbriefes," ZThK 61 (1964): 391-403; H. F. Weiß, "Gnostische Motive und antignostische Polemik im Kolosser- und Epheserbrief," K. W. Tröger (Hg.), Gnosis und Neues Testament, Berlin 1973, (311-24) 313f.

68 참조. E. Lohse, Kol, 186-91; J. Gnilka, Kol, 163-70.

69 참조. E. Schweizer, Kol, 100-104.

70 참조. J. Lähnemann, Kolosserbrief, 82-100.

71 참조. A. Lindemann, Kol, 81-86.

72 참조. P. Pokorný, Kol, 95-101.

73 참조. T. J. Sappington, Revelation and Redemption, 170; Col, 33-35.

혜[볼터(M. Wolter)],[74] (12) 강력한 유대 영향과 결합한 헬레니즘 마술과 신비 행위의 혼합 현상[아놀드(C. E. Arnold)],[75] (13) 금욕적인 유대인 그리스도인 [루츠(U. Luz)].[76]

골로새 철학의 종교사적 분류의 출발점은 유대적 요소여야 한다. 또한 갈라디아에서는 할례 요구(갈 5:2, 6), 절기의 준수(갈 4:10) 및 세상의 초등학문(갈 4:3, 9)이 이단의 요소이다.(위 2.7.8을 보라.) 갈라디아서의 유대교 교리와는 대조적으로 율법 문제가 골로새서에서는 어떠한 역할도 하지 않는다.('율법' 개념이 없다!) 구약은 적대자뿐만 아니라 골로새서의 저자에 의해서도 추론의 기반으로 인용되지 않는다.(구약 인용이 없다!) 또한 적대자의 철학에서 혼합주의적 요소를 명확히 확인할 수 있다. 갈라디아서와 달리 골로새서의 세상의 초등학문은 율법의 완성과 시대의 질서 사이의 연결을 가리키는 것이 아니라 헬레니즘 철학의 영역을 가리킨다.

우주를 구성하고 조화를 이루는 강력한 요소인 흙, 물, 공기, 불(및 에테르)을 '초등학문'(στοιχεῖα)이라고 한다.[77] 이 요소들은 우주의 구성적 요소로서 인간

---

74 참조. M. Wolter, Kol, 162.

75 참조. C. E. Arnold, Colossian Syncretism, 228-44.

76 참조. U. Luz, Kol, 215-19. 루츠는 '골로새의 철학'을 재구성하는 것에 대해 매우 회의적이어서 "적대자는 천사를 숭배하고 교회에 몇 가지 추가 조건과 종교적으로 제안하는 금욕주의적 유대계 그리스도교도"일 것으로 본다.(U. Luz, 위의 책, 219.)

77 자료에 관하여는 다음을 참조하라. G. Delling, Art. "στοιχεῖον," ThW VII, 666-87; J. Blinzler, Lexikalisches zu dem Terminus τὰ στοιχεῖα τοῦ κόσμου bei Paulus, AB 18, Rom 1963, 429-43; E. Schweizer, Die "Elemente der Welt" Gal 4, 3, 9, Kol 2, 8. 20(위 2.7.8을 보라.); E. Lohse, Kol, 146-49; E. Schweizer, "Altes und Neues zu den 'Elementen der Welt'" in Kol 2, 20; Gal 4, 3. 9 in: Wissenschaft und Kirche (FS E. Lohse), hg. v. K. Aland u. S. Meurer, Bielefeld 1989, 111-18; D. Rusam, "Neue Belege zu den στοιχεῖα

의 운명에도 영향을 미치며 신화화되어 움직이는 영혼으로 제시되었다. 천사 숭배 및 절기 준수와 결합한 세계 구성 요소에 대한 가정은 헬레니즘계 유대교의 혼합주의 사상에서 찾을 수 있지만,[78] 신피타고라스 문헌[79]에도 상당한 유사점이 발견된다. 그렇게 우주의 질서에 끼워넣어 숭배해야 하는 힘과 요소를 드러내려는 경향이 분명히 있다.

골로새서 2:8에서 그리스도와 '세상의 초등학문'의 비교는 적대자의

τοῦ κόσμου(Gal 4, 3. 9, Kol 2, 8. 20)," ZNW 83 (1992): 119-25; M. Wolter, Kol, 122-24.

78 로제는 헬레니즘계 유대교에서 파생된 거짓 가르침에 대해 권세 숭배, 달력 준수(골 2:16) 그리고 천사 숭배 사이의 관련성을 암시(골 2:18)한다.(E. Lohse, Kol, 149-150.) 러삼은 '세상의 초등학문'은 물질적 네 가지 요소인 불, 물, 흙, 공기로 이해될 수 있다고 추론한다.(D. Rusam, Neue Belege, 125.) '세상의 초등학문'을 '살아 있는 영들'로 보는 로제와 쉴러의 가정은 사전적 근거가 없다. 단어 조합에 대한 증거가 하나도 없기 때문이다. 이 판단은 아마도 순수 어휘 발견에 적용될 수 있지만, 골로새서의 특정 용례를 설명하지는 않는다. 예를 들어 골로새서 2:8에서 '세상의 초등학문'을 '그리스도'와 비교하면 인격적 요소 없이는 이해하기 어렵다.

79 슈바이처는 기원전 1세기의 폴리히스토르(A. Polyhistor)의 텍스트를 반복해서 언급하는데, 이것은 골로새의 철학과 많은 유사점을 보여준다. 폴리히스토르에 따르면 "가시적 몸체는 최초의 단자(Anfangsmonade)에서 발생하는데, 그중 불, 물, 흙, 공기의 네 가지 요소도 있으며, 전반적으로 변화하고 회전한다. 그것들로부터 구형이고 사람이 사는 지구를 가운데로 둘러싸고 있는 생기 있고 영적인 구형 우주(kugelförmige Kosmos)가 생겨난다는 것이다…. 지구를 둘러싸고 있는 에테르는 불안정하고 건강하지 않으며 그 안에 있는 모든 것이 죽지만 위쪽은 항상 움직이고 순수하고 건강하며, 그 안에 있는 모든 것이 불멸이며 따라서 신성하다는 것이다. …헤르메스는 영혼을 육체와 땅과 바다에서 이끌어내기 때문에 영혼의 아버지라고 한다. 가장 높은 것(원소 또는 순환), 그러나 불순한 것은… 에리니에스(Erinyes)에 의해 끊어지지 않는 사슬로 묶여… 성화는 정화와 목욕에 의해… 그리고 그것들은 식용 동물의 고기, 바다의 물고기, 넙치 물고기, 알, 알을 낳는 동물, 콩, 그리고 성전에서 봉헌하는 자들을 위해 처방된 다른 것들이다."(E. Schweizer, "Altes und Neues zu den Elementen der Welt," 113-14에서 인용함.)

철학에서 '세상의 초등학문'이 인격적인 힘으로 제시되었음을 시사한다. 그것들은 인간을 지배하려는 세력으로 나타난다.(참조. 골 2:10, 15) 골로새인들은 아마도 자연을 숭배하고 두려워했을 것이다. 금욕주의에 더하여 할례, 겸손의 태도, 천사 숭배가 거대한 우주의 구성 원소의 요구를 정당하게 수행하는 수단이 되었다. 골로새서의 철학은 신비적 제의의 형태로 실행되었다. 골로새서 2:18(참조. 아풀레이우스, Met XI 23:5 이하)의 '그가 그 본 것에 의지하여'(ἅ ἑόρακεν ἐμβατεύων)와 골로새서 2:23의 '자의적 숭배'(ἐθελοθρησκία)는 할례가 입문 의식으로 기능하는 신비한 봉헌식을 암시하기 때문이다.[80]

헬레니즘계 유대교, 브루기아-리디아식 민속의 경건 및 당대 신피타고라스 철학 및 신비주의 숭배의 요소가 다양한 강도로 골로새의 철학으로 흘러 들어갔고, 따라서 단일한 종교사적 유래는 불가능해 보인다.[81] 골로새서의 적대자들은 분명 교회 내에서 자신들의 가르침과 숭배를 실천했다. 그들은 스스로를 이단자로 보지 않고 자신들의 철학을 그리스도교 신앙의 정당한 표현 형식으로 보았다.

5.2.9 신학적 기본 사상

골로새서는 적대자의 철학에 맞서 자체 신학을 전개한다. 적대자가 그리스도교 신앙과 권력이나 권위에 대한 봉사 사이의 연관성을 주장한다면, 골로새서의 저자는 이러한 가르침에 '그리스도만'(solus Christus)으로 대응한

---

80 참조. E. Lohse, Kol, 189.

81 슈탄트하르팅어는 골로새서의 사상에 대한 반대되는 가르침의 중요성을 최소화한다. "필자의 견해에 따르면 저자들은 교회를 위험에 빠뜨리는 특정한 '이단'이나 '철학'을 염두에 두지 않았다."(A. Standhartinger, Entstehungsgeschichte und Intention, 284.) 대신에 그녀는 유대교의 이원론적 지혜 전통이 골로새서에 미친 영향을 강조한다.

다.[82] 거짓 교사의 주장에 따르면 그리스도만으로는 구원에 참여하기에 충분하지 않다. 세상에서의 두려움과 교회의 불안정과는 대조적으로 골로새서의 저자는 예수 그리스도 안에 있는 구원의 완전한 현재를 강조한다.[83] 찬가는 서신의 그리스도 중심주의를 정당화하고 거짓 교사와의 논쟁에 관여하고 있다.(참조. 골 2:9에서 골 1:19, 더 나아가 골 2:10에서 1:16b, 17의 수용) 십자가는 승리의 장소(참조. 골 1:20, 2:14)이다. 따라서 십자가는 "교회의 현재적 구원 개념에 결정적인 기반"[84]이다. 저자의 그리스도 중심적 입장은 골로새서 2:6-23에서 '그 안에서'(ἐν αὐτῷ, 2:6, 7, 9, 10, 15)와 '그 안에'(ἐν ᾧ, 2:11, 12) 그리고 '함께'(σύν, 2:12, 13, 20)에 명확하게 표현되어 있다. 골로새인들은 이미 세례를 통해(골 2:12) 모든 것을 포용하는 그리스도의 통치 영역에서 살고 있다.[85] 그들은 세례를 받고 모든 권능을 다스리는 그리스도와 함께 다시 살아났으며, 이에 따라 그들의 존재도 규정될 것이다.(참조. 골 3:1-4) 신자가 현재적 구원에 참여하는 것은 모든 권력과 권세에 대한 그리스도의 주권만큼이나 포괄적이다. 예수 그리스도의 우주적 통치는 할례, 금욕주의, 겸손, 천사 숭배를 하라는 적대자의 요구를 무의미하게 만든다. 신자는 이미 화목하고(골 1:20, 22), 할례를 받았으며(골 2:11), 예수 그리스도의 승리에 참여하였기에 더 이상 다른 권세를 섬길 필요가 없다.(참조. 골 2:15, 18, 20, 23) 구원에 온전히 참여하기 위해 더 이상의 실천

82 H. Löwe, "Bekenntnis, Apostelamt und Kirche im Kolosserbrief," Kirche (FS G. Bornkamm), hg. v. D. Lührmann u. G. Strecker, Tübingen 1980, (299-314) 310. "서신의 저자는 신성하다고 선언된 인간의 전통(골 2:8)과 세례 고백(골 2:6)에 포함된 예수 그리스도의 전통을 대조한다." 골로새서 신학의 요약에 관하여는 A. Lindemann, Kol, 86-89를 참조하라.

83 이에 대한 견해에 관하여는 J. L. Sumney, Colossians, 13을 참조하라. "골로새서의 핵심 주제는 구원론이다."

84 R. Hoppe, Triumph des Kreuzes, 260.

85 포코르니에 따르면 골로새서의 신학은 2:12-13에서 집중된다. "이 주제는 골로새서와 에베소서를 그 밖의 바울서신으로부터 분리하고 동시에 신학적 주장의 중추를 형성한다."(P. Pokorný, Kol, 22.)

은 필요 없다. 편지 작성자는 거짓 교사에 대응하기 위해 '철학'(φιλοσοφία), '전통'(παράδοσις) 및 '세상의 초등학문'(στοιχεῖα τοῦ κόσμου)과 함께 거짓 교사 자체의 특징을 사용하기도 한다. '철학'은 '헛된 속임수'(κενὴ ἀπάτη)로, '전통'은 '인간의'(τῶν ἀνθρώπων) 전통이며 '그리스도를 따름이 아니다.'(οὐ κατὰ Χριστόν)로 기술되었다. 모든 지혜는 그리스도 안에 있으며(골 1:28, 2:3, 3:16), 그리스도 외에 다른 지혜의 근원이 없기에 적대자는 겉으로 드러난 지혜만 나타내 보일 뿐(골 2:23)이다.

그러므로 그리스도론, 우주론 및 현재적 종말론은 적대자의 도전에 대한 대응으로 이해되어야 한다. 골로새서에서 지배적인 공간적 사고는 대체로 적대자의 개념에 기인하지만, 서신의 저자 역시 공간적 사고의 영향을 강하게 받고 있다. 그러나 그는 구원의 현재만이 상위 공간 영역을 지배하는 열광주의적 신학을 주장하지 않는다. 골로새인들은 구원에서 양도할 수 없는 몫을 가지고 있는데, 그것은 믿음 안에 있다.(골 2:12) 그들의 부활의 생명은 객관적이기는 하지만 아직 드러나지 않은 실재이다. 그것이 그리스도와 함께 하나님 안에 숨겨져 있고(참조. 골 3:3), 인간의 모습과는 멀기 때문이다. 미래적 진술은 공간 개념을 위해 골로새서에서 후퇴하지만, 동시에 공간적 사고에 통합되고 이를 통해 이해 가능하다.[86] 골로새서 신학의 중요성은 파루시아에서 행할 하나님의 미래적 구원 행위를 확고하게 주장하는 것이다.(참조. 골 3:4, 24) 미래적 진술이 윤리적 권면을 구성한다. 그리스도인은 구원에 참여하지만 아직 '위'의 하늘 영역에 살고 있지 않기 때문이다. 오히려 미래에 드러나는 구원에 초점을 맞추고 그에 따라 살아야 한다. 내용상 일반적인 훈계가 우세하고(참조. 골 3:5-17, 3:18-4:1), 윤리의 영역에서는 갈등이 없다. 최초 그리스도교 최초의 차명문서인 골로새서는 바울에 대한 이해를 확장하는 전환을 기록하고 있다. 사도의 인격과 명성은 사도

86 참조. H. E. Lona, Eschatologie(위 5.2.1을 보라.), 234. "시점은 골로새서에서 제거되는 것이 아니라 그리스도론적 개념으로 통합된다."

의 사역을 위태롭게 하는 사태에 대처하는 데 사용된다.[87]

5.2.10 최근 연구 경향

저자 문제에 대하여는 대체로 의견이 일치하고 있으며, 소수의 주석가만 골로새서를 바울서신으로 간주한다. 비서가설은 슈바이처, 던과 루츠가 주로 제안하고 있으며 여전히 중요하다. 교회 내부의 이단에 대한 투쟁이 의심의 여지없는 서신의 진정한 목적이라면, 이단에 대한 종교사적 분류는 여전히 논란의 여지가 있다. 최근의 토론에서는 다음의 세 가지 해석 모델이 특히 중요하다. 골로새의 철학은 혼합주의 지향적인 헬레니즘계 유대교(따라서 개별 주장에 큰 차이가 있다. 예를 들면 로제, 그닐카, 볼터, 던, 루츠)의 산물이다. 신피타고라스 학파의 영향을 결정적으로 여기거나(슈바이처), 혼합주의적 영지주의의 강한 영향을 받았음을 의심(포코르니)한다. 골로새서 1:15-20에 나오는 원래 찬가의 재구성은 자연히 다르게 나타난다. 18절의 '교회의'(τῆς ἐκκλησίας)와 20절의 '그의 십자가의 피를 통하여'(διὰ τοῦ αἵματος τοῦ σταυροῦ αὐτοῦ)는 대다수 주석가에 의해 서신의 작성자가 추가한 것으로 간주되지만, 추가로 가능한 편집 작업의 개입에 대하여는 동의하지 않는다.

최근 연구의 중심은 골로새서의 바울 수용에 대한 것이다.(메르크라인, 린데만, 다스만, 위 5를 보라.) 이 서신의 구성뿐만 아니라 논증의 내용도 서신의 저자가 바울 신학의 전문가나 바울의 제자임을 증거한다. 여기서 바울의 인격이 결정적인 역할을 하는데(참조. 골 1:25) 바울의 인격은 그 자체가 선포되고 있는 바울의 복음에 속하기 때문이다. 그러므로 이 편지는 사도의 인격뿐만 아니라 근본적으로 그의 신학을 지향한다고 할 수 있다. 그러나

87 필하우어에 의하면 골로새서도 에베소서의 사변적 그리스도론과 목회서신의 정통 교회의 고유성을 준비한다.(Ph. Vielhauer, Urchristliche Literatur, 202-203.)

내용면에서 이것은 바울 신학의 진정한 연속이 아니다. 골로새서 저자의 주된 관심은 헬레니즘 유대 그리스도교의 전통을 취하여 사도의 인격과 연결하는 것이다. 전통적인 것들을 '바울화'한 것은 복음의 정체성을 확보하기 위한 것이다. '바울화'는 "－바울화가 집중적으로 수행될수록－바울을 넘어 마침내 에베소서에서 수용한 우주적 그리스도론을 교회론적 그리스도론의 개념으로 확장한다는 점에서 혁신적인 관점을 열어준다."[88] 슈탄트하르팅어(A. Standhartinger)는 골로새서의 저작 동기와 의도를 사도의 죽음으로 말미암아 야기된 위기의 극복으로 보았다. "바울이 죽기 전에 그리스도가 다시 오지 못한 것은 신학적 불확실성으로 이어졌는데, 저자는 이것을 골로새서로 극복하려고 한다. 그러므로 필자의 견해로는, 골로새서 기원의 역사와 의도는 본질상 그의 영향을 받은 교회에서 바울의 죽음으로 인해 발생한 문제에서 설명될 수 있다."[89] 프랑크(N. Frank)는 골로새서의 간본문석(intertextuellen) 전략을 중요하게 본다. "골로새서의 저자는 바울을 어떻게 이해하기를 원하는가? 그는 이러한 이해를 어떤 방법으로써 보장하고, 다른 독법을 배제하기 위해 어떤 방법을 사용하는가?"[90] 이것은 무엇보다도 골로새서의 현재적인 사회적 관점과 그의 교회에 대한 이해와 관련이 있다.

5.3 에베소서

5.3.1 참고문헌

주석

KEK VIII: G. Sellin, 2008. • HNT 12: H. Hübner, 1997. • HThK X 2: J. Gnilka, ³1982. •

---

88 H. Merklein, Rezeption, 63.

89 A. Standhartinger, Entstehungsgeschichte und Intention, 282.

90 N. Frank, Kolosserbrief, 356.

EKK X: R. Schnackenburg, [2]2003. • ThHK 10/II: P. Pokorný, 1992. • ÖTK 10: F. Mußner, 1982. • NTD 8/1: U. Luz, 1998. • RNT: J. Ernst, 1974. • ZBK 8: A. Lindemann, 1985. • AncB 34. 34a: M. Barth, 1974. • WCB 42: A. T. Lincoln, 1990. • ICC: E. Best, 1998. • Sacra Pagina 17: Margaret Y. MacDonald, 2000. • H. Schlier, Der Brief an die Epheser, Düsseldorf [7]1971.

단행본

H. Schlier, Christus und die Kirche im Epheserbrief, BHTh 6, Tübingen 1930. • F. Mußner, Christus, das All und die Kirche, TThSt 5, Trier [2]1968. • P. Pokorný, Der Epheserbrief und die Gnosis, Berlin 1965. • J. Ernst, Pleroma und Pleroma Christi, BU 5, Regensburg 1970. • K. M. Fischer, Tendenz und Absicht des Epheserbriefes/Berlin-Göttingen 1973. • H. Merklein, Das kirchliche Amt nach dem Epheserbrief, StANT 33, München 1973. • A. Lindemann, Die Aufhebung der Zeit, StNT 12, Gütersloh 1975. • H. E. Lona, Die Eschatologie im Kolosser- und Epheserbrief(위 5.2.1을 보라.). • C. E. Arnold, Ephesians: Power and Magic, SNTSMS 63, Cambridge 1989. • E. Faust, Pax Christi et Pax Caesaris, NTOA 24, Freiburg (H)/Göttingen 1993. • M. Gese, Das Vermchtnis des Apostels, WUNT 2. 99, Tübingen 1997.

논문

E. Käsemann, "Das Interpretationsproblem des Epheserbriefes," ders., Exegetische Versuche und Besinnungen II, Göttingen [3]1970, 253-61. • K. G. Kuhn, "Der Epheserbrief im Lichte der Qumrantexte," NTS 7 (1960/61): 334-46. • C. Colpe, "Zur Leib-Christi-Vorstellung im Epheserbrief," Judentum-Christentum-Kirche (FS J. Jeremias), hg. v. W. Eltester, BZNW 26, Berlin 1960, 172-87. • A. Lindemann, "Bemerkungen zu den Adressaten und zum Anlass des Epheserbriefes," ZNW 67 (1976): 235-51. • F. Mußner, Art. "Epheserbrief," TRE 9 (1982): 743-53. • U. Luz, "Überlegungen zum Epheserbrief und seiner Paränese," Vom Urchristentum zu Jesus (FS J. Gnilka), hg. v. H. Frankemölle u. K. Kertelge, Freiburg 1989, 376-96. • G. Sellin, "Adresse und Intention des Epheserbriefes," Paulus, Apostel Jesu Christi (FS G. Klein), hg. v. M. Trowitzsch, Tübingen 1998, 171-86. • Th. K. Heckel, "Kirche und Gottesvolk im Epheserbrief," Kirche und Gottesvolk (FS J. Roloff), hg. v. M. Karrer, W. Kraus u. O. Merk, Neukirchen 2000, 163-75.

연구 보고서

H. Merkel, "Der Epheserbrief in der neueren Diskussion," ANRW 25. 4, Berlin 1987, 3156-246.

5.3.2 저자

에베소서는 사도 바울이 감옥에 있는 중에 기록한 서신이다.(참조. 엡 3:1, 4:1, 6:21) 이러한 서신의 자체 증언은 제2바울서신 저자설을 가리키는 중요한 논증에 반대된다.

1) 에베소서는 언어적 특징을 가지고 있다. 신약성서에서 유일하게 사용되는 35개의 어휘가 등장한다.[91] 그중 가장 중요한 것은 다음과 같다. '하나'(ἑνότης, 엡 4:3, 13), '세상 주관자'(κοσμοκράτωρ, 엡 6:12), '나뉜 벽, 중간의 벽'(μεσότοιχον, 엡 2:14), '나라 밖의 사람-시민권'(πολιτείας, 엡 2:12). 바울서신에 나오지 않는 에베소서의 신학을 특징짓는 어휘는 다음과 같다.[92] '신령한 복'(εὐλογία πνευματική, 엡 1:3), '창세, 세상의 시작'(καταβολὴ κόσμου, 엡 1:4), '죄 사함'(ἄφεσιν τῶν παραπτωμάτων, 엡 1:7), '그 뜻의 비밀'(μυστήριον τοῦ θελήματος αὐτοῦ, 엡 1:9), '진리의 말씀'(ὁ λόγος τῆς ἀληθείας, 엡 1:13), '영광의 아버지'(ὁ πατὴρ τῆς δόξης, 엡 1:17), '이 세상'(αἰῶνα τοῦ κόσμου τούτου, 엡 2:2), '영원부터 예정하신 뜻'(ἡ πρόθεσις τῶν αἰώνων, 엡 3:11), '심령'(τὸ πνεῦμα τοῦ νοός, 엡 4:23), '하나님을 본받는 자'(μιμηταὶ τοῦ θεοῦ, 엡 5:1), '그리스도와 하나님의 나라'(βασιλεία τοῦ Χριστοῦ καὶ τοῦ θεοῦ, 엡 5:5). 골로새서와 마찬가지로 에베소서도 긴 문장(참조. 엡 1:3-14)뿐만 아니라 같은 의미의 단어를 묶는 것을 선호한다.(참조. 엡 1:19, 6:10) 명사를 수식하는 속격의 구문을 광범위하게 사용하는 것도 인상적이다.(참조. 엡 1:6, 10, 18-19 등)[93]

2) 사도바울에 대한 언급과 그의 인격과 신학에 대한 회상은 에베소서

---

91 K. Aland (Hg.), Vollständige Konkordanz(위 5.2.2를 보라.), 456의 열거에 따른다.

92 참조. J. Gnilka, Eph, 16f.

93 참조. G. Sellin, "Über einige ungewöhnliche Genitive im Epheserbrief," ZNW 83 (1992): 85-107.

의 구성에 기여한다. 에베소서 3:1 이하는 구원사의 차원에서 이방인을 위한 바울의 사도직을 반영한다. 바울은 거룩한 사도들과 선지자들과 함께 유대인과 이방인으로 구성된 보편 교회를 이끈 하나님의 계시를 받은 자이다. 바울의 사도직에 대한 논쟁(참조. 고전 9:1 이하)과 유대인과 이방인 그리스도인 사이의 심각한 갈등의 흔적은 없다. 바울은 자신의 지위를 위해 싸우지 않았으며 이미 교회사적 차원에서 그의 위치는 인정되고 있다.[94]

3) 에베소서 4:11-12에 나오는 직분의 열거는 바울서신과 비교해볼 때 교회 구조가 크게 변했음을 나타낸다.[95] 고린도전서 12:28에는 사도와 선지자가 언급되지만 복음 전하는 자라는 칭호는 나오지 않는다. 교사들은 세 번째 순서에 등장하는 반면에 에베소서 4:11에서는 사도, 선지자, 복음 전하는 자, 목자 다음으로 등장한다. 에베소서에는 기적, 병 고침, 방언과 같은 카리스마적 직분이 없다. 에베소서는 사역을 맡았음을 전제로 하는데, 선지자와 복음 전하는 자는 아마도 방랑 선교사일 것이며, 목자와 교사는 지역교회에서 설교하고 교육하고 가르치는 책임을 맡은 자였을 것이다. 사도직은 더는 기능적이 아니라 신학적 의미에서 고려된다. 사도는 교회의 기초(엡 2:20)이며, 그에게 그리스도 사건의 비밀이 계시(참조. 엡 3:5)[96]되었다.

4) 에베소서는 분명 문학적으로 골로새서를 원본으로 사용했다.(아래 5.3.7을 보라.)

5) 에베소서의 신학은 한편으로는 제1바울서신과 상당한 차이점을 보이고[97] 다른 한편으로는 골로새서와 큰 유사점을 보인다. 그리스도론에서는 예수 그리스도의 우주적 통치라는 개념이 지배적이다. 부활한 분이 하나님 우편에 앉아 계시고(엡 1:20), 창조주 하나님은 모든 것을 그의 발아래

---

94 참조. H. Merklein, Rezeption(위 5.2.1을 보라.), 32f.

95 분석에 관하여는 H. Merklein, Das kirchliche Amt, 57-117을 참조하라.

96 에베소서의 직분론과 바울과의 관계에 관하여는 위의 책, 235-383을 참조하라.

97 여기서 R. Schnackenburg, Eph, 23ff.는 '관점의 변화'를 말한다.

두었으며(엡 1:22a), 그의 생명의 권능으로 만물을 다스리신다(엡 1:23). 신약성서에 에베소서처럼 교회론이 두드러진 경우는 없다.[98] 바울과 마찬가지로 교회는 예수 그리스도의 십자가 희생에 그 기원을 두고 있다.(엡 2:13-14, 16) 그러나 동시에 그리스도의 몸인 교회의 역동적 개념이 골로새서의 조정을 통해 에베소서에서는 머리인 그리스도와 그의 몸인 교회에 대한 공간적인 개념, 즉 정적인 개념으로 변형된다. 에베소서의 세계상[99]에 따르면 현재적 종말론이 지배적이다.(참조. 엡 2:5-6, 8, 19, 3:12) 칭의론은 세례문 진술 속에서 관련하여 완전히 논쟁의 여지가 없는 것처럼 들릴 뿐이다.(참조. 엡 2:5, 8-10)[100]

6) 사도행전 19:9-10에 따르면 사도는 에베소에서 2년 이상 시역했다. 그래서 그는 교회에 알려졌고 에베소의 상황에 대해 알게 되었다. 반면에 에베소서 1:15와 3:2는 마치 사도와 교회가 서로 전혀 모른다는 인상을 수고 있다. 또한 전체 서신은 매우 비인격적이라는 인상을 준다. 예를 들어 에베소서에는 교인들에게 전하는 인사가 전혀 없다. 마지막으로 장소에 관한 서술 '에베소에'(ἐν Ἐφέσῳ, 엡 1:1)는 원래의 독법으로 볼 수 없다.(아래 5.3.4를 보라.)

대다수의 주석가는 에베소서를 제2바울서신으로 평가한다. 예를 들면 디벨리우스(M. Dibelius), 큄멜(W. G. Kümmel), 막센(W. Marxsen), 쉥케/피셔(H. M. Schenke/K. M. Fischer), 필하우어(Ph. Vielhauer), 비켄하우저/슈미트(A. Wikenhauser/J. Schmid), 에른스트(J. Ernst), 그닐카(J. Gnilka), 무스너(F

98 슈나켄부르그와 롤로프는 코페르니쿠스적 전환을 언급한다. "바울서신의 중심에는 항상 그리스도 사건이 있고, 교회가 그 관련 속에 있다면, 제2바울서신은 그리스도 사건을 해석하기 위해 교회를 출발점으로 수용한다."[R. Schnackenburg, Eph, 299-319(에베소서의 교회); J. Roloff, Kirche(위 3.5.4를 보라.), 231-32.]

99 에베소서의 세계관에 관하여는 A. Lindemann, Eph, 121-23을 참조하라.

100 참조. F. Mußner, Eph, 28.

Mußner), 슈낙켄부르크(R. Schnackenburg), 린데만(A. Lindemann), 포코르니(P. Pokorný), 베스트(E. Best), 루츠(U. Luz) 및 젤린(G. Sellin) 등이다.[101] 그리고 현재 룬(A. van Roon)이 비서가설을 제시하고 있다.[102] 슐리어(H. Schlier), 브루스(F. F. Bruce) 및 바르트(M. Barth)는 편지의 진정성을 주장한다.[103] 슐리어는 1930년에는 에베소서를 제2바울서신으로 간주했으나,[104] 그의 주석에서는 바울서신으로 간주한다.[105] 슐리어는 로마에 투옥된 연로한 사도의 상황을 에베소서의 특성으로 설명한다. 이제 바울이 구원 사건에 대한 새로운 내적 이해, 사물에 대한 더 깊은 견해에 이르렀다는 것이다. 그러나 이 노년설은 바울과 에베소서 사이의 차이가 너무 커서 설득력이 없다.

저자에 대해 말할 수 있는 것은 거의 없다. 그는 바울 학파에 속했으며 헬레니즘계 유대 그리스도인이었다.[106] 에베소서 1:3-14, 2:20-22, 3:20-21, 6:13-17이 이를 암시한다. 그의 목표는 소아시아 지역사회에서 위협

---

101 참조. M. Dibelius, Eph, 83f.; W. G. Kümmel, Einleitung, 318; W. Marxsen, Einleitung, 188f.; H. M. Schenke/K. M. Fischer, Einleitung I, 181-86; Ph. Vielhauer, Urchristliche Literatur, 207-12; A. Wikenhauser/J. Schmid, Einleitung, 488f.; J. Ernst, Eph, 258-62; J. Gnilka, Eph, 13; F. Mußner, Eph, 33; R. Schnackenburg, Eph 22; A. Lindemann, Eph, 9-12; P. Pokorný, Eph, 40-42; E. Best, Eph, 36; U. Luz, Eph, 108f.; G. Sellin, Eph, 57f.; 더욱이 Margaret Y. MacDonald, Eph, 17. "저자는 바울 교회의 교인이던 유대계 그리스도인이었다."

102 참조. A. van Roon, The Authenticity of Ephesians, NT. S 39, Leiden 1974, 207-208 등. 룬은 에베소서의 본래 저자를 사도 바울로 본다. "…바울이 에베소서의 저자라는 것은 그럴듯할 뿐만 아니라 개연성이 있다."(참조. A. van Roon, 위의 책, 440.)

103 참조. M. Barth, Eph I, 36-50.

104 참조. H. Schlier, Christus und die Kirche, 39의 각주 1.

105 참조. H. Schlier, Eph, 22-28. 그러나 슐리어는 결국 바울 출처에 대해 다시 의심한다.; 참조. R. Schnackenburg, Eph, 21의 각주 16.

106 참조. J. Gnilka, Eph, 18; R. Schnackenburg, Eph, 33; E. Faust, Pax Christi, 219. "교회 전체에 헌신한 유대계 그리스도인."

을 받는 유대인과 이방인 그리스도인으로 구성된 교회의 일치를 이루는 것이었다.

5.3.3 기록 장소와 시기

에베소서의 정확한 기록 장소를 알 수는 없지만, 골로새서와 깊은 친숙함은 소아시아 지역을 가리킨다.[107] 추가로 그 범위를 제한하는 것(예를 들어 에베소[108])을 고려해볼 수도 있다. 저작 시기를 결정하는 데 골로새서는 하한선이고, 이그나티우스의 서신은 그 상한선이다.(참조. IgnPol 5:1의 엡 5:27, IgnEph 9:1의 엡 2:20-22)[109] 이러한 전제에서 보면 에베소서는 기원후 80-90년 사이에 기록되었을 개연성이 있다.[110]

5.3.4 수신자

장소에 관한 언급 '에베소에서'(ἐν Ἐφέσῳ)는 P^{46}, B^{*}, $\aleph^{*}$, 1739 및 424와 오리게네스에게의 증언에는 없다. 마르키온도 이 장소에 관한 언급을 읽지

---

107 참조. W. G. Kümmel, Einleitung, 323; H. M. Schenke/K. M. Fischer, Einleitung I, 187; R. Schnackenburg, Eph, 34(리코스 밸리 지역 교회 출신인 무명의 저자); A. Lindemann, Eph, 12.

108 에베소에 찬성하는 학자에 관하여는 다음을 참조하라. J. Ernst, Eph, 263; F. Mußner, Eph, 36; J. Gnilka, Eph, 20; P. Pokorný, Eph, 42; E. Best, Eph, 46.

109 이그나티우스의 에베소서(IgnEph) 12:2("바울… 모든 편지에서 당신을 기억하시오.")에 관하여는 A. Lindemann, Paulus im ältesten Christentum(위 5를 보라.), 84-85를 참조하라.

110 참조. H. M. Schenke/K. M. Fischer, Einleitung I, 187; F. Mußner, Eph, 36; R. Schnackenburg, Eph, 30; P. Pokorný, Eph, 43; E. Best, Eph, 45; G. Sellin, Eph, 58(기원후 80년과 100년 사이). 필하우어는 저작 시기를 1세기에서 2세기로의 전환기라고 주장한다.(Ph. Vielhauer, Urchristliche Literatur, 215.) 그닐카는 90년 초로 본다.(J. Gnilka, Eph, 20.)

않았고(참조. 테르툴리아누스, AdvMar V 11, 12), 이 편지를 라오디게아에 보낸 편지라고 명명했다. 따라서 외증에 관한 본문비평은 '에베소에서'(ἐν Ἐφέσῳ)라는 두 낱말이 원본에 실재했다는 주장에 반대한다. 내증에 관한 본문비평도 마찬가지다. 서신에는 원래 장소에 관한 언급이 포함되어 있지 않았지만, 바울서신 및 골로새서의 형식적 도식과 유사하게 만들기 위해 나중에 첨부했다고 생각해볼 수 있다. 바울이 이 도시에서 오랫동안 사역했고, 그가 이 교회에 편지를 쓸 가능성도 있었기 때문에 에베소가 수신지로 제안되었다. 동시에 '에베소에서'를 삭제할 만한 그럴듯한 이유도 없으므로 본문비평 규칙에 따라 장소에 관한 언급은 2차 진술로 간주한다.[111]

장소에 관한 언급이 없는 본문을 문법적으로나 문체적으로 어떻게 이해할 수 있는가? '이다, 있다'(εἶναι) 분사의 명사적 용법에 따라 장소에 관한 언급이 탈락한 것은 눈에 띄지만,[112] '…있는 성도들과 신실한 자들에게'(τοῖς ἁίοις τοῖς οὖσιν καὶ πιστοῖς)라는 본문은 구문상 두 부분으로 된 '성도들과 신자들…'로 이해하는 것이 가능하다.[113] 젤린은 다음과 같이 주장한다. "성도는 그리스도인이다. 수신자에 대한 이러한 해석에서 에베소서의 저자는 실수하지 않았을 것이다. 필요한 두 번째 결정은 (ἐν Ἐφέσῳ라는 낱말 대신에) '그리고 예수 그리스도 안에 있는 신실한 자들에게'(καὶ πίστοῖς ἐν Χριστῷ Ἰησοῦ)로 구성되기 때문이다. 수신지 해석이 옳다면, 에베소서는 '공동서신'(소아시아의 모든 그리스도인에게 보내는 편지)이다."[114] 베스트는 또 다른 설명 모델을 제안한다.[115] 이 회람서신의 본래 수신자는 '…있는

111 참조. M. Dibelius, Eph, 56f.; R. Schnackenburg, Eph, 37-39. 표면적 수신지로 '에베소에서'(ἐν Ἐφέσῳ)를 지지하는 입장으로는 다음을 참조하라. J. Gnilka, Eph, 5-7; A. Lindemann, Anlass des Epheserbriefes, 238-39.

112 P^{46}에서 관사 τοῖς가 οὖσιν 앞에서 탈락한다.

113 M. Dibelius, Eph, 56f.; R. Schnackenburg, Eph, 38. 물론 τοῖς οὖσιν는 '거기', '그 시간의'라는 뜻으로 번역된다.

114 G. Sellin, Eph, 69f.

115 참조. E. Best, "Ephesians 1.1 Again," Paul and Paulism (FS C. K. Barrett),

성도들과 그리스도 예수 안에 있는 신실한 자들'(τοῖς ἁγίοις τοῖς οὖσιν καὶ πιστοῖς ἐν Χριστῷ Ἰησοῦ)이다. '에베소'가 지리적으로 더 근접한 설명으로 추가되어 '성도들에게'(τοῖς ἁίοις)가 '에베소에 있는 성도들에게'(πρὸς τοὺς ἁγίους τοὺς ὄντας ἐν Ἐφέσῳ)로 확장되었다. "그러나 일부 서기관들은 원래 편지에 지리적인 언급이 없다는 것을 기억하고, 필사할 때 단순히 에베소에 대한 언급을 생략하여 바티칸 사본의 텍스트를 만들었다."[116] 이 제안도 물론 본문 전승의 관점에서 볼 때 단지 추측일 뿐이다.

그러나 골로새서의 수용(아래 5.3.7을 보라.)은 에베소서가 아시아 지역의 그리스도인들에게 보내진 것임을 분명하게 보여준다. "에베소는 아시아 지방의 수도였으며 바울의 주 거주지이자 그가 세운 교회가 있었던 곳이다. 따라서 에베소서가 도착해야 할 가장 중요한 집단은 에베소 교회라는 사실을 전제해야 한다."[117]

서신의 수신지 교회의 상황에는 분명 유대인과 이방인 그리스도인 사이의 긴장이 드러난다. 서신의 독자는 에베소서 2:11, 3:1, 4:17에서 직접적으로 이방인 그리스도인으로 언급되고, 유대계 그리스도인과의 관계는 에베소서 2:11-22의 교훈의 유일한 내용이자 동시에 이 서신의 지배적인 주제 중 하나이다. 에베소서는 함께 그리스도의 몸을 이루는 이방인과 유대교인으로 구성된 교회의 개념을 설명한다. 그렇게 하여 저자는 소아시아 지역 교회의 반대로 치닫는 전개에 대응한다. 유대계 그리스도인들은 이미 소수이며, 이방 그리스도인들은 더 이상 그들을 동등한 동반자로 보지 않는다.[118] 이와는 대조적으로 에베소서는 "유대인으로서 유대인이 그리스도인

---

hg. v. M. D. Hooker u. S. G. Wilson, London 1982, 273-79. 더 오래된 이론에 관하여는 R. Schnackenburg, Eph, 38-39를 참조하라.

116 E. Best, Ephesians 1. 1, 278. 이와 비슷하게 루츠에 따르면 에베소서는 회람서신으로서 인사말에 빈틈이 있었다고 한다. "그 자리에 각 수신지 교회의 이름이 삽입될 수 있었다."(U. Luz, Eph, 108.)

117 P. Pokorný, Eph, 37.

이 되는 것을 불가능하게 만든 결정을 방지"하려고 한다.[119]

에베소의 종교적, 문화적 상황은 지역 제의, 신비종교 그리고 다양한 (또한 마법 같은) 관습을 가진 지배적인 아르테미스 숭배이다.[120] 에베소서 1:15-23, 3:14-19, 20-21, 6:10-20에서 하나님 혹은 그리스도의 능력을 현저하게 강조한 것은 이러한 종교적 환경의 배경에서 이해해야 하며, 새로 유입된 많은 교인들의 종교적 불안을 드러낸 것으로 볼 수 있다. 에베소서는 그들에게 다음과 같이 선포한다. 하나님의 능력은 마귀의 세력과 권세, 하늘에 있는 흑암의 권세와 악의 영들 위에 있다!(참조. 엡 6:12)[121]

5.3.5 내용 구성, 구조, 형식

서신 서두	1:1-2	인사말
	1:3-14	첫 번째 감사말
	1:15-23	두 번째 감사말

118 참조. K. M. Fischer, Tendenz und Absicht, 79-94.

119 위의 책, 93.

120 에베소서의 종교적 부대시설(특히 아르테미스 숭배)에 관하여는 다음을 참조하라. W. Elliger, Ephesos(위 2.2.2를 보라.), 113-36; C. E. Arnold, Power and Magic, 20ff.; R. Oster, "The Ephesian Artemis as an Opponent of Early Christianity," JAC 19 (1976): 24-44; P. Lampe, "Acta 19 im Spiegel der ephesischen Inschriften," BZ 36 (1992): 59-76; G. H. R. Horsley, "The Inscriptions of Ephesos and the New Testament," NT 34 (1992): 105-68; S. J. Friesen, Twice Neokoros. Ephesus, Asia and the Cult of the Flavian Imperial Family, Leiden 1993; H. Köster (Hg.), Ephesos. Metropolis of Asia, HThS 41, Valley Forge PA 1995; R. Strelan, Paul, Artemis and the Jews in Ephesus(위 2.2.2를 보라.), 1-125; St. Witetschek, Ephesische Enthüllungen I, BTS 6, Leuven 2008, 66-139; J. Murphy-O'Connor, St. Paul's Ephesus: Texts and Archaeology, Collegeville 2008.

121 참조. C. E. Arnold, Power and Magic, 122.

서신 몸통	2:1-3:21	1. 주요 본문 부분
	2:1-10	신자들의 이전과 지금
	2:11-22	유대인과 이방인의 교회
	3:1-13	계시의 비밀의 봉사자로서 사도
	3:14-21	서신의 기도와 송영
	4:1-6:9	2. 주요 본문 부분
	4:1-16	그리스도의 몸의 연합을 깨달으라는 권면
	4:17-24	옛 사람과 새 사람
	4:25-5:20	개별 권면
	5:21-6:9	가훈표
서신 결미	6:10-20	결론적 권면
	6:21-22	두기고 추천
	6:23-24	결문

에베소서는 거시적 구조에서 골로새서와 일부 바울서신의 본문과 일치한다. 교리적인 부분 뒤에는 권면 부분이 따라온다. 그러나 중요한 차이점도 있다. 우선 서신의 서두에 있는 이중의 머리말이 눈에 띄는데, 두 번째 머리말만이 서신의 본래 주제로 이어진다.(참조. 엡 1:15-23) 에베소서는 골로새서의 1. 주요 본문 부분(골 1:1-2, 2:15-29 제외)을 선택적으로 취하고, 골로새서 3:5-4:6의 권면을 포괄적으로 받는다. 서신의 말미에는 인사, 여행 계획 또는 개인 메시지가 거의 나오지 않는다. 이는 에베소서의 시대를 초월한 성격을 강조하는 것으로, 임의의 기록이 아니라 소아시아에 있는 바울의 교회에 보내는 회람서신으로 설명될 수 있다. 다른 분류로는 '신학적 교리서신',[122] '지혜 단론',[123] '묵상',[124] '예언적 설교',[125] '신학 논문',[126] '기

122 참조. F. Mußner, Art. "Epheserbrief," 743.

123 참조. H. Schlier, Eph, 21.

124 참조. W. Marxsen, Einleitung, 194.

125 참조. J. Gnilka, Eph, 33.

126 참조. A. Lindemann, Paulus im ältesten Christentum(위 5를 보라.), 41; G.

도편지'[127]가 있다.

5.3.6 문학적 통일성

에베소서의 문학적 통일성에 대한 논란은 없다. 에베소서 2:5b 및 2:8-9가 주석일 가능성은 여전히 고려되어야 한다. 여기서 자연스럽지 못한 것은 1인칭 복수에서 2인칭 복수로 갑작스럽게 전환하는 것과 두 단락의 내용적 독립성이다.[128]

5.3.7 전승, 자료

에베소서의 저자는 골로새서를 모범으로 사용한 것 같다. 이것은 두 서신 사이에 유사점이 많은 것으로 보아 분명하다.[129]

1) 거시구조에서의 접촉. 에베소서와 골로새서는 공통적으로 교리적인 부분과 권면 부분으로 구분될 뿐만 아니라 인사말과 마무리 말에도 유사점이 있다. 골로새서와 에베소서에서만 수신자가 '성도들'(ἅγιοι) 및 '그리스

Strecker, Literaturgeschichte(위 2.1을 보라.), 71f.

127 참조. U. Luz, Überlegungen zum Epheserbrief, 386.

128 참조. H. Hübner, "Glossen in Epheser 2," Vom Urchristentum zu Jesus (FS J. Gnilka), hg. v. H. Frankemölle u. K. Kertelge, Freiburg 1989, 392-406.

129 덧붙여서 다음을 참조하라. M. Dibelius, Eph, 83-85; C. L. Mitton, The Epistle to the Ephesians, Oxford 1951, 280-318; J. Gnilka, Eph, 7-13; A. Lindemann, Aufhebung der Zeit, 44-48; R. Schnackenburg, Eph, 26-30; P. Pokorný, Eph, 3-5; H. M. Schenke/K. M. Fischer, Einleitung I, 181-86. R. Reuter, Synopse zu den Briefen des Neuen Testaments I(위 5.2.2를 보라.), 248-619.; E. Best, Whosed Whom? The Relationship of Ephesians and Colossians, TS 43 (1997), 72-96; ders., Eph, 36-40. 베스트에 따르면 바울의 두 제자가 거의 동시에 골로새서와 에베소서를 저작했을 것이라고 한다. 그렇다면 두 서신의 공통 부분은 앞선 학파 논의로부터 설명할 수 있다.

도 예수 안에 있는 신실한 자들'(πιστοὶ ἐν Χριστῷ Ἰησοῦ)로 표시된다. 두 기고의 파송을 전하는 두 단락은 마무리 말에서 거의 동일하다.(엡 6:21-22/골 4:7-8) 에베소서 6:18-20과 골로새서 4:2-3절에 나오는 기도 제목도 분명 유사성을 띠고 있다. 마지막으로, 에베소서 5:19-6:9와 골로새서 3:16-4:1의 단락 구조가 눈에 띈다. 가훈표는 각각 유사한 예배 지침을 따른다.(엡 5:19-20/골 3:16-17) 아내와 남편, 자녀와 아버지의 관계, 노예와 주인의 관계를 차례로 다루는데, 이 세 그룹의 순위가 여기에만 나타난다.

2) 언어 및 주제의 유대 관계. 이에 대한 비교 구절은 에베소서 1:6-7/골로새서 1:13-14, 에베소서 1:10/골로새서 1:20, 에베소서 1:13/골로새서 1:5, 에베소서 1:15-16/골로새서 1:3-4, 에베소서 1:20/골로새서 2:12, 3:1, 에베소서 2:1-6/골로새서 2:12-13, 에베소서 3:3-5/골로새서 1:26, 에베소서 3:1-13/골로새서 1:23-28, 에베소서 4:22-24/골로새서 3:9-10 등이 있다. 또한 윤리적인 부분에서 대등한 덕목(엡 4:2-3/골 3:12-14, 엡 4:32/골 3:12-13)과 악덕(엡 4:19/골 3:1, 엡 4:31/골 3:8)이 나타나는 것도 주목할 만하다.

3) 더 작은 구절과 일치. '그 앞에서 흠이 없는 자의'(ἀμώμους κατενώπιον αὐτοῦ, 참조. 엡 1:4/골 1:22), '영광의 풍성함'(πλοῦτος τῆς δόξης, 참조. 엡 1:18, 3:16/골 1:27) 및 에베소서 1:21/골로새서 1:16의 권능의 서술과 에베소서 2:11/골로새서 2:11의 할례에 대한 주제도 비슷하다.

4) 사상의 차이가 있는 용어의 일치. 에베소서 4:16/골로새서 2:19, 에베소서 1:9, 3:5, 9 이하/골로새서 1:26, 2:2, 4:3, 에베소서 2:16/골로새서 1:20, 22, 에베소서 3:2/골로새서 1:25가 그것이다. 에베소서의 저자는 골로새서를 도식적으로 사용하지 않았고, 자신의 관심을 위해 필요한 사상을 채택했다. 골로새서 외에도 에베소서의 저자는 고린도 서신서도 사용해야 했을 것이다.(참조. 엡 1:22a/고전 15:27, 엡 1:3-4/고후 1:3-5, 엡 6:19-20/고후 5:19-20) 그리고 로마서도 알았다.(엡 4:1-16/롬 12장)[130]

에베소서의 저자는 최초 그리스도교의 예배 전통을 자신의 글에 통합했다. 생각해볼 수 있는 전통 요소는 에베소서 1:3-14, 1:20-23, 2:4-10, 2:14-18, 2:19-22, 5:14이다. 이러한 전통 단위의 존재, 경계 및 재건은 당연히 뜨거운 논쟁거리가 되지만, 세례 전통으로 간주되는 에베소서 2:4-10 및 5:14ab에 대해서만 일정한 합의가 나타난다.[131] 서신의 윤리적 부분은 주로 헬레니즘계 유대교(그리스도교)의 권면 전통에서 강하게 영향을 받았다.(참조. 엡 4:17-19, 4:22-24, 5:3-6, 5:22-6:9, 6:11-17)

5.3.8 종교사적 위치

에베소서는 복잡한 종교사적 배경을 가지고 있다. '충만'(πλήρωμα, 엡 1:10, 23, 3:19, 4:13), '사람'(ἄνθρωπος, 참조. 엡 2:15, 3:5, 16, 4:8, 14, 24, 5:31, 6:7), '온전한 사람'(τέλειος ἀνήρ, 엡 4:13), '담의 장벽'(μεσότοιχον τοῦ φραγμοῦ, 엡 2:14)과 관련하여 교회가 그리스도의 몸이라는 관념(참조. 엡 1:22-23, 2:14c, 2:21, 4:3-4, 4:12, 15, 5:23)뿐만 아니라 그리스도의 신부(참조. 엡 5:21-33), 그리스도의 충만(참조. 엡 1:23, 3:19, 4:10, 4:13), 그리고 하늘의 건축물로서 그리스도의 몸이라는 사상은 설명이 필요하다. 에베소서의 현재적 종말론(참조. 엡 1:20-23, 2:6, 8, 5:14)은 영지주의적 현존 이해의 일부일 수 있다. 마지막으로, 골로새서와 달리 에베소서는 어떤 이단도 반대하지 않는다. 이것은 종교사에 대한 영향을 포함하고 구분하는 측면에서 서신 저자의 위치 설정을 훨씬 더 어렵게 만든다.

---

130 참조. J. Gnilka, Eph, 22; A. Lindemann, Paulus im ältesten Christentum(위 5를 보라.), 122-30(오직 고린도전서와 문학적 관계); P. Pokorný, Eph, 15-21(바울 학파 전통에 에베소서의 뿌리내림); M. Gese, Das Vermächtnis des Apostels, 54-85.(그는 빌립보서를 제외하고 모든 바울서신과 관련된 것으로 본다.)

131 연구사와 방법론적 문제에 관하여는 H. Merkel, Epheserbrief, 3222-37을 참조하라.

이러한 조건 아래에서 에베소서에 대한 종교사적 평가는 매우 다르게 나타난다. 영지주의의 영향은 특히 슐리어(H. Schlier), 케제만(E. Käsemann), 포코르니(P. Pokorný), 콘첼만(H. Conzelmann), 린데만(A. Lindemann) 및 수정된 견해를 주장하는 피셔(K. M. Fischer)에서 볼 수 있다.[132] 쿤(K. G. Kuhn)과 무스너(F. Mußner)는 옛 유대적 배경(쿰란)을 의심한다.[133] 헬레니즘계 유대교의 전통에 따라 에베소서를 해석하는 학자로는 헤거만(H. Hegermann), 콜페(C. Colpe), 슈바이처(E. Schweizer), 그닐카(J. Gnilka), 슈낙켄부르크(R. Schnackenburg) 및 젤린(G. Sellin) 등이 있다.[134]

에베소서와 비교할 수 있는 관념은 헬레니즘계 유대교와 영지주의 문헌 모두에서 찾을 수 있다. 그러나 헬레니즘계 유대교와의 유사 관념은 영지주의보다 시간상 우선권을 지니는 원칙적 이점이 있다. 그리스도의 몸 사상의 우주적 차원은 결코 영지를 뜻하지 않는다. 필로에게도 우주는 몸으로 나타나며 그 머리는 로고스이다.(참조. Fug 108-13, QuaestEx II 117) 우주는 '온전한 사람'(τέλειος ἄνθρωπος, Migr 220, 참조. 엡 4:13)으로, '위대한 사람'(RerDivHer 155)으로, '가장 완벽한 생명체'(SpecLeg I 210-11)로,

---

132 참조. H. Schlier, Christus und die Kirche, 74-75; E. Käsemann, Leib und Leib Christi, BHTh 9, Tübingen 1933, 145 등; P. Pokorný, Epheserbrief und Gnosis, 82ff.(보다 소극적인 견해는 포코르니의 Eph, 22-24를 참조하라.); H. Conzelmann, Eph, Göttingen 1976, 87; A. Lindemann, Eph, 121; K. M. Fischer, Tendenz und Absicht, 173-200.

133 참조. K. G. Kuhn, "Der Epheserbrief im Lichte der Qumrantexte," NTS 7 (1960/61): 334-46; F. Mußner, "Beiträge aus Qumran zum Verständnis des Epheserbriefes," Neutestamentliche Aufsätze (FS J. Schmid), Regensburg 1963, 185-98.

134 참조. H. Hegermann, "Zur Ableitung der Leib Christi-Vorstellung im Epheserbrief," ThLZ 85 (1960): 839-42; C. Colpe, Leib-Christi-Vorstellung im Epheserbrief, 178ff.; E. Schweizer, "Die Kirche als Leib Christi in den paulinischen Antilegomena," ders., Neotestamentica, Zürich 1963, 293-316; J. Gnilka, Eph, 33-45; R. Schnackenburg, Eph, 33, G. Sellin, Eph, 59-61.

그리고 '신의 아들'로 불린다.(SpecLeg I 96) 필로에게는 '충만'이라는 용어와 비교되는 우주를 지배하는 신성한 능력에 대한 사상이 있으며, 이 용어는 다시 거시적인 인간에 대한 사상과 연결된다.(VitMos II 132-33; QuaestEx II 68, 120; QuaestGen IV 130)[135] 에베소서 2:20-22에 있는 건물로서의 교회 개념은 고대 유대교에 널리 퍼진 그림 언어와 연결되어 있다. 특히 쿰란 공동체는 자신들을 하나님의 건물, 성전, 거처로 여겼다.(참조. 1QS 5:5, 8:7, 8, 1QH 6:26-27, 7:8-9 등)[136] 그러나 여기에도 직접적인 종속성은 없다. 모든 차이점에도 불구하고 에베소서는 바울 위에 기초해야 한다. 그리스도는 흔들리지 않는 기초(고전 3:11)이고, 교회는 영으로 충만한 하나님의 성전(고전 3:16, 17)인 건축물(고전 3:9)이기 때문이다.

몸의 성장에 대한 개념(엡 2:21, 22, 4:12, 15-16)은 골로새서 2:19로 거슬러 올라간다. 건물의 터와 머리이신 그리스도는 또한 그의 능력으로 건물을 완성하기 때문에 성장의 목표이기도 하다. 교회가 그리스도의 신부라는 관념(엡 5:21-33)도 영지주의적 영향을 가리키는 것이 아니라[137] 구약의 이미지 자료를 수용한다.(참조. 호 1-3장, 겔 16장, 렘 2:2, 사 62:5) 또한 바울은 고린도후서 11:2에서 자신을 그리스도와 교회를 약혼시킨 중매자로 본다. 골로새서 1:19, 2:9-10의 교회론적 확장은 교회에 관한 이야기에서 우주를 채우는 분의 충만함을 보여준다.(참조. 특히 엡 1:22-23) 스토아, 필로 또는 영지주의의 견해는 에베소서의 충만 개념에 대한 특별한 점을 설명할 수 없다. 교회는 모든 것을 아우르는 그리스도의 충만함이 효과적이고 강력한 공간이다.

에베소서 2:14-16에 나오는 분리의 담을 허물고 새 사람을 창조하는

---

135 참조. H. Hegermann, Vorstellung vom Schöpfungsmittler(위 5.2.7를 보라.), 58ff., 106ff.

136 참조. F. Mußner, Eph, 89ff.

137 피셔는 에베소서가 영지주의적 사상을 긍정적으로 수용한 것으로 생각한다. (K. M. Fischer, Tendenz und Absicht, 176-200.)

것 역시 영지주의적 배경이 아니다. 오히려 여기서 토라는 유대인과 이방인으로 구성된 하나의 교회에서 극복된, 분열을 일으키는 분리의 담으로 간주된다.(참조. 15a절 또한 Arist 139!)[138]

에베소서 4:9-10에서 구속자의 하강과 상승은 영지주의 사상으로 이어지는 것 같다. 그럼에도 불구하고 상당한 차이가 있다. 전체 논증이 에베소서 4:8에서 시편 68:18의 그리스도론적 적용에 기인하는 부활에 대한 최초 그리스도교 신앙에서 파생된 구원자의 승천에 대한 사상으로 시작되기 때문이다.(엡 4:8, 9a) 그래야만 영지주의 신화에서 흔히 볼 수 있는 차례로 '하강-상승'의 일반적인 순서가 따른다.

에베소서의 신학을 결정짓는 요소는 유대교나 이교 전통의 흐름에서 나온 유사점이 아니라 무엇보다도 형식과 내용면에서 에베소서를 형성한 골로새서이다. 이것은 이미 에베소서의 단일한 종교사적 위치 설정을 배제한다. 초기(그리스도교의) 영지주의의 영향을 배제할 수는 없지만, 헬레니즘계 유대교와의 유사점과 바울 사상과 제2바울서신(골로새서)의 사상은 에베소서의 신학을 포괄적으로 설명한다.

5.3.9 신학적 기본 사상

에베소서의 그리스도론은 공간적 우주관에 의해 형성된다.[139] 우주의 창조주이신 하나님과 예수 그리스도는 하늘에 있는 만물 위에 좌정하며, 그 사이 공간에는 세대의 지배 세력, 천사 그리고 마귀가 통치하고, 아래에는 인간과 죽은 자들의 세계가 있다. 동시에 예수 그리스도는 에베소서가 '모든 것'(τὰ

138 참조. F. Mußner, Eph, 75ff.; R. Schnackenburg, Eph, 113-16. 이에 반대하여 A. Lindemann, Eph, 47ff.는 에베소서의 저자가 에베소서 2:14-16에서 "비그리스도교적인 영지주의의 본문을 소급한다."라고 추측한다.(A. Lindemann, 위의 책, 49.)

139 개요에 관하여는 A. Lindemann, 위의 책, 122를 참조하라.

πάντα)으로 명확하게 표현한 모든 실재를 성취한다.(참조. 1:10-11, 23, 3:9, 4:10, 15)

에베소서의 저자는 이러한 세계관의 틀에서 승천과 통치 그리스도론을 전개한다. 부활한 그리스도는 하나님 우편에 앉았다.(엡 1:20, 참조. 4:8, 10a) 하나님은 그의 영원한 계획에 따라 만물을 그의 발아래 두었고(엡 1:10, 22a), 그의 충만한 생명으로 우주를 채운다.(엡 1:23, 4:10b) 그리스도는 만물을 능가하는 교회의 머리(참조. 엡 1:22b, 5:23)이며 교회를 그의 우주적 위치에 포함시켰다. '그리스도의 몸'(σῶμα Χριστοῦ)인 교회는 그리스도가 열고 다스리는 구원의 공간이다.(참조. 엡 1:22-23, 2:16, 4:15-16) 교회는 그리스도 없이 존재하지 않으며, 교회 없이 그리스도도 존재하지 않는다. 하나님은 교회를 통해 권세자에게 그의 지혜를 계시한다.(엡 3:10) 심지어 교회는 에베소서 3:21에서 송영의 주제이다. 그러나 에베소서의 교회론은 '승리하는 교회'(ecclesia triumphans)라는 의미로 이해될 수 없으며, 저자는 복음의 교회론적 타당성에 관심을 두고 있다. 교회는 한편으로는 마땅히 있어야 할 것이지만, 다른 한편으로는 아직 그 본질이 드러나지 않았다. 이것은 성장의 은유에서 나타나며 에베소서는 유대 및 이방 그리스도인 사이의 관계에서 이것을 구체화한다. 그리스도의 화해 행위를 통해 유대인과 이방인 사이의 대립이 폐지되었고(참조. 엡 2:11-13 및 2:19-22), 두 영역 사이의 경계인 율법(참조. 엡 2:14, 15)은 분리의 의미를 상실했다.[140] 그리스도는 교회의 구주이며(참조. 엡 5:23), 그러므로 에베소서의 교회론은 구원론의 기능으로 이해해야 한다.

교회론은 바울의 모습으로 가득 찬 전통 사상과 연결되어 있다. 바울에게서 드러난 은총은 유대인과 이방인 사이의 담을 허물고(참조. 엡 3:3, 6),

---

140 참조. G. Sellin, Adresse und Intention, 186. "에베소서의 주요 주제는 단일화이다. 이 단일화는 바울이 사역하여 이방인과 유대인 사이의 담을 허물어버린 교회에 존재한다."

하나의 보편 교회를 가능하게 했으며, 그 규모는 에베소서에서 고려되고 발전되었다. 그리스도는 사도들과 선지자들의 터 위에 세워진 교회의 모퉁이 돌이다.(엡 2:20) 바울이 보증하는 사도직은 그리스도와 유대하는 규범으로 나타난다.

에베소서에서 완료의 시제는 일관되게 종말의 것들(Eschata)로 옮겨졌다. 그리스도가 이미 승리를 이룬 것처럼(참조. 엡 1:20-23), 선택된 공동체(참조. 엡 1:5, 9, 11, 19, 2:10, 3:11)는 현재의 구원 공간에 이미 있다. 신자는 세례를 통해 은혜로 구원받고(엡 2:5, 6, 8), 부활하여 하늘로 올려진다.(엡 2:6) 하나님의 성도들과 동일한 시민과 권속으로서(엡 2:19) 그들은 그리스도의 피로 말미암아 구속에 온전히 참여한다.(참조. 엡 1:7) 바울의 종말론과 관련하여 분명한 변화는 시간 범주의 후퇴와 공간 범주의 진출이다. 현재와 미래 사이의 긴장은 덜 중요해지고 있으며, 이제는 위와 아래의 대소가 지배적이다. 공간 지향적인 골로새서의 신학, 찬가의 전통(기도에 관하여: 엡 1:3-23, 3:14-19, 6:18-20, 송영에 관하여: 엡 3:14-19) 그리고 성례전에서의 구원의 현재적 경험은 에베소서에서 미래가 현재를 결정하는 것이 아니라 현재가 미래를 결정한다는 신학으로 이끌었다. 미래에 이루어질 일이 이미 현재에서 완전하고 명백하다. 이 개념에서는 파루시아의 지연 문제가 더는 발생하지 않는다. 그러나 에베소서의 현재적 종말론은 일반적으로 시간과 역사를 제거하지 않는다. 에베소서는 교회의 무시간적 존재론을 대표하지도 않는다. 이러한 방법으로 세례 받은 사람은 '악한 날'(엡 6:13)에 그들을 압제하는 세력에 맞서도록 부름을 받는다. 다가오는 심판은 권면에 동기를 부여하고(엡 6:8), 우상 숭배자는 하나님의 왕국을 유업으로 받지 못할 것이다.(엡 5:5) 하나님의 신노가 불순종하는 자에게 임하기 때문이다.(엡 5:6) 다가오는 세대도 그리스도의 주권 아래 있다.(엡 1:21b) 에베소서는 그리스도인들에게 그들의 소망을 상기시키고(엡 1:18, 4:4), 그날을 향해 봉인되는 구속의 날(엡 4:30)을 언급한다. 신자는 현재를 맛보아야 한다.(엡 5:16) 지금이 마지막 때이기 때문이다. 바울의 경우(고후 1:21, 5:5,

롬 8:23)처럼 에베소서의 경우에도 성령은 미래의 구원을 위한 보증(엡 1:13-14, 4:30)이다. 그리스도의 몸인 교회는 미래를 바라보는 것뿐만 아니라 성장과 성숙의 과정을 거쳐야 한다.(참조. 엡 2:21-22, 3:19, 4:13, 16)

지속적 영향을 미치는 윤리적 관심이 에베소서에 명시되어 있으며,[141] 여기서 골로새서 저자는 단락을 더 확장하여 윤리적인 권면을 한다.(참조. 골 3:5-4:6) 에베소서 4:1-16의 윤리의 기초는 이방인들의 삶의 방식에 대해 날카로운 비판으로 연결된다.(참조. 엡 4:17-5:20) 그것은 하나님과 분리된 삶의 결과이며, 이방인들은 하나님 앞에서 소외된 상황에 있다.(엡 4:18) 이와는 대조적으로, 그리스도인들은 그들이 받은 주님의 가르침(엡 4:20-21)을 따른다. 그리스도의 이 가르침은 에베소서의 그리스도교 신앙의 해석과 일치한다.

5.3.10 최근 연구 경향

에베소서 차명성의 성격과 골로새서에 대한 문학적 의존성은 널리 알려져 있으며, 최근 연구에서는 에베소서가 기록된 상황에 관한 질문이 집중되고 있다. 린데만은, 에베소서에는 상황이나 역사에 관한 내용이 없다고 가정한다. 무엇보다 그는 에베소서 사상의 비역사화를 종말론과 연결하려고 한다. 종말론은 서신의 전체 신학과 마찬가지로 영지주의의 영향을 받았다는 것이고, 미래의 측면을 거의 완전히 제거한다는 것이다. "에베소서에서 시간과 역사는 '그리스도 안에' 있다. 이것은 신학이 '교회 안에 있다.'라는 사실을 강조하는 것을 의미한다. 그러한 현재로부터 시작하여 모든 미래는 취소된다."[142] 이와는 대조적으로 무스너와 로나는 에베소서에서 시간이 결

---

141 참조. G. Sellin, "Die Paränese des Epheserbriefes," Gemeinschaft am Evangelium (FS W. Popkes), hg. v. E. Brandt 등, Leipzig 1996, 281-300.

142 A. Lindemann, Aufhebung der Zeit, 248.

코 제거된 것이 아니라 오히려 여기서 미래가 '현재의 현현'으로서 나타난다고 강조한다.[143] 피셔는 에베소서를 매우 구체적인 역사적 상황으로 본다. 에베소서는 감독적인 교회 질서의 도입을 반대한다. "에베소서는 사도들과 선지자들이 교회의 유일한 기초"이다.[144] 에베소서 4:11은 현재의 사역자들(전도자, 목자, 교사) 및 과거의 사역자들(사도 및 선지자) 사이를 구별하지 않는다는 논제의 증거이다. "그러므로 주석적 관점에서 단 하나의 가능성만 있다. 에베소서에서 사도와 선지자는 여전히 교회의 결정적인 직분이며, 서신은 이 직분을 단호하게 고수하고 있다."[145] 피셔의 분석에 따르면 직분에 대한 문제 외에도 유대계 그리스도인과 이방 그리스도인 간의 관계가 에베소서를 결정한다. 에베소서는 강화되는 이방 그리스도교의 반유대주의를 배경으로 그리스도의 몸 안에서 유대계 그리스도인의 평등한 상속을 옹호한다. "에베소서의 논제는 선명하고 명료하다. 이스라엘은 하나님의 백성이며, 하나님의 언약이 있다. 이방인에게는 아무것도 없다. 이것이 출발 위치이다. 그러나 이때 그리스도께서 이방인과 유대인 사이의 담, 곧 자신의 계명으로써 율법을 허물어 하나의 교회 안에서 이방인이 하나님께 나아가게 하는(2:11 이하) 이해할 수 없는 기적이 일어난다."[146] 에베소서는 소아시아 교회에 만연한 경향에 대립해 있다. 무스너는 완전히 다른 적대적 위치에서 에베소서를 해석한다. 그는 당시의 정치철학에서 머리-몸-교회론을 이끌어낸다. 당시의 텍스트[예를 들어 아그립바의 우화에서!]가 로마제국(=몸)에 대한 황제(=머리)의 완전한 통치를 다룬다면, 에베소서의 몸 그리스

---

143 참조. F. Mußner, Eph, 28-30; H. E. Lona, Eschatologie(위 5.2.1을 보라), 241ff.는 에베소서의 '교회론적 종말론'을 언급한다. "구원의 현재와 미래에 대한 언급은 교회의 현재와 관련되어 나타난다."(H. E. Lona, 위의 책, 442.) 또한 에베소서 1:13-14, 4:30은 "구원의 현재가 미래의 완성과 대립되어 있다."라는 사실이 드러난다.(H. E. Lona, 위의 책, 427.)

144 K. M. Fischer, Tendenz und Absicht, 33.

145 위의 책, 38.

146 위의 책, 80.

도론은 대안적인 개념을 제공한다는 것이다. 예수 그리스도의 우주적 권세에 관한 주장은 의도적으로 황제 숭배에 대립한다. "특히 소아시아의 그리스도교는 구원의 현재에 관해 특별한 관심을 가졌고, 그리스도론과 관련해서는 만물의 창조자-그리스도에 더 가까웠으며 소아시아에서 특히 만연하던 황제 숭배에 대한 의식적인 반대를 선호했던 것 같다."[147] 로나는 또한 그리스도의 몸 관념의 사회적 관련성을 본다. "교회의 보편적 차원은 로마 제국 시민의 우주적 개방성과 상응한다."[148] 젤린은 에베소서의 중심을 통일성의 모티브로 규정하고, 특히 보편주의를 강조한다. "에베소서는 신약성서에서 공간적으로나 시간적으로 가장 강력하게 보편주의를 지향하는 기록이다. 세상을 향한 하나님의 편인 그리스도는 우주와 그 권세와 백성을 다스린다."[149]

에베소서의 종교사적 위치는 여전히 논란 중이다. 린데만, 피셔 및 포르코니 등이 계속해서 매우 다른 형태로 영지주의적 영향에 의존하는 반면, 구약성서 또는 헬레니즘 유대교에서 에베소서 세계관의 뿌리를 보는 사람들의 수도 증가하고 있다.(무스너, 슈낙켄부르크, 그닐카, 루츠, 젤린)

최근 몇 년 동안 관심의 초점은 에베소서의 바울상에 있었다. 메르크라인(H. Merklein)은 서신에 대한 전통적 이해를 위해 바울의 규범적 기능을 강조한다. 사도들과 선지자들은 더는 사람의 속임수에 의존하지 않는 그리스도교의 기초와 규범을 이룬다.(엡 4:14) 사도는 복음의 비밀을 전하는 자이기 때문에(엡 6:20) 이 비밀은 그만이 제대로 선포할 수 있다. 따라서 바울의 회상과 이와 결부된 에베소서의 차명성의 특성은 필연적으로 서신 속에 전달된 바울의 이미지에서 비롯된다. 게제(M. Gese)는 사도의 죽음으로 말미암아 필요하게 된 바울 신학의 개혁 과정을 추적하고 그 의도를 규정

147 F. Mußner, Art. "Epheserbrief," 747.

148 H. E. Lona, Eschatologie(위 5.2.1을 보라.), 444.

149 G. Sellin, Eph, 61.

한다. "바울 이후의 서신 중에서 에베소서는 바울 신학에 대한 포괄적이고 압축된 표현을 제공하는 유일한 서신이며, 이 서신은 시대를 초월하여 타당성과 구속력이 있다고 주장한다. 이것은 에베소서를 바울 학파의 신학적 유산으로 언급하는 것을 정당화한다."[150]

5.4 데살로니가후서

5.4.1 참고문헌

주석

KEK 10: E. v. Dobschütz, 1909(=1974). • HNT 11: M. Dibelius, ³1937. • EKK 14: W. Trilling, 1980. • NTD 8/2: E. Reinmuth, 1998. • ZBK 11. 2: W. Marxsen, 1982. • AncB 32B: A. J. Malherbe, 2000. • WBC 45: F. F. Bruce, 1982. • NCeB: I. H. Marshall, London 1983. • NIGTC: C. A. Wanamaker, 1990. • PKNT 3: Chr. M. Kreinecker, 2010.

단행본

W. Wrede, Die Echtheit des zweiten Thessalonicherbriefes, Leipzig 1903. • W. Trilling, Untersuchungen zum zweiten Thessalonicherbrief, EThSt 27, Leipzig 1972. • R. Jewett, The Thessalonian Correspondence(위 2.4.1을 보라.). • G. S. Holland, The Tradition that you have received from us: 2 Thessalonians in the Pauline Tradition, HUTh 24, Tübingen 1988. • F. W. Hughes, Early Christian Rhetoric and 2 Thessalonians, JSNT. S 30, Sheffield 1989. • K. P. Donfried, The theology of 2 Thessalonians, in: The theology of the shorter Pauline letters(위 2.4.1을 보라.), 81-113. • P. Metzger, Katechon. II Thess 2, 1-12 im Horizont apokalyptischen Denkens, BZNW 135, Berlin 2005. • F. W. Röcker, Belial und Katechon, WUNT 2. 262, Tübingen 2009.

논문

H. Braun, "Zur nachpaulinischen Herkunft des zweiten Thessalonicherbriefes," ders., Gesammelte Studien zum NT und seiner Umwelt, Tübingen 1962, 205-209. • A. Linde-

---

150 M. Gese, Das Vermächtnis des Apostels, 275.

mann, "Zum Abfassungszweck des zweiten Thessalonicherbriefes," ZNW 68 (1977): 35-47. • R. F. Collins (Hg.), "The Thessalonian Correspondence," BETL 87, Leuven 1990, 373-515 (wichtige Aufsätze zum 2 Thess!). • W. Trilling, "Literarische Paulusimitation im 2. Thessalonicherbrief," K. Kertelge (Hg.), Paulus in den ntl. Sptschriften(위 5를 보라.), 146-56. • J. A. Bailey, "Who wrote II Thessalonians?," NTS 25 (1978/79): 131-45. • E. E. Popkes, "Die Bedeutung des zweiten Thessalonicherbriefes für das Verstäntdnis paulinischer und deuteropaulinischer Eschatologie," BZ 48 (2004): 39-64. • H. Roose, "Die Thessalonicherbriefe im Kontext urchristlicher Überlieferungsprozesse. Methodische Reflexionen," Beiträge zur urchristlichen Theologiegeschichte (FS U. B. Müller), hg. v. W. Kraus, BZNW 163, Berlin 2009, 343-64.

연구 보고서

W. Trilling, "Die beiden Briefe des Apostels Paulus an die Thessalonicher," ANRW 25. 4, Berlin 1987, 3365-403.

5.4.2 저자

데살로니가후서의 바울 저작설은 19세기 초 이후에 논란이 되었다.[151] 바우르(F. Chr. Baur)는 반대이론(데살로니가전서의 문학적 의존성과 비바울 사상 및 어구, 종말론의 중대한 차이)을 받아들이고, 두 서신 모두 똑같이 독자적인 내용이 부족한 것을 근거로 친서가 아니라고 설명했다.[152] 브레데(W. Wrede)는 1903년 데살로니가후서의 진위성 연구에서 저작설의 열쇠가 되는 두 서신의 문학적 관계에 관한 질문을 제기하면서 새로운 기반을 다졌다. 브레데는 상세한 개별 조사에서 데살로니가후서의 저자가 문학적 모델로 데살로니가전서를 사용했다는 증거를 제시했는데, 이것은 오늘날에도 여전히 유효하다. 데살로니가전서에 대한 데살로니가후서의 문학적 의존성은 여전히 데살로니가후서의 차명성의 특성에 대한 주요 논거이다.(아래

151 연구사에 관하여는 W. Trilling, Untersuchungen, 11-45를 참조하라.

152 참조. F. Chr. Baur, Paulus, der Apostel Jesu Christi II(위 5.2.2를 보라.), 94, 341ff.

5.4.7을 보라.)

데살로니가전서 4:13-18, 5:1-11과 데살로니가후서 2:1-12, 1:5-10의 종말론적 가르침 사이에는 근본적인 차이가 있다.[153] 데살로니가전서의 종말론은 빌립보서에 이르기까지 모든 종말론적 진술의 내용적 중심을 형성하는 즉각적인 파루시아 기대를 통해 형성된다.(참조. 빌 4:5b) 데살로니가후서 2:2에서 저자는 '주의 날이 이르렀다'(ἐνέστηκεν ἡ ἡμέρα τοῦ κυρίου)라는 슬로건에 반대하여 마지막 사건의 시간표를 작성하는데, 이것은 데살로니가전서의 설명과 호환되지 않는다. 데살로니가전서 4:13-18의 초점은 주님의 오심과 모든 그리스도인의 휴거에 있다. '주님과 함께 있음'(σὺν κυρίῳ εἶναι, 살전 4:17)은 종말론적 사건의 목표이다. 데살로니가후서 2:1-12는 완전히 다른 과정을 제시한다. 파루시아가 있기 전에 우선 하나님의 적수로서 그의 자리를 대신하는 '불법의 사람'(ἄνθρωπος τῆς ἀνομίας, 살후 2:3)이 먼저 나타나야 한다. 이 적대자의 완전한 나타남은 여전히 보류 중이지만(살후 2:6-7), 그는 이미 일하고 있으며 불신자들을 유혹하고 있다. 이 적대자는 여전히 붙잡혀 있지만(아래 5.4.8을 보라.), 파루시아 때에 그리스도는 그를 멸망시키고, 불신앙을 고집하는 자들은 심판을 받게 된다. 파루시아의 지연 문제(살후 2:6, 7)와 종말론적 적대자의 등장은 모두 데살로니가후서 2:1-12를 데살로니가전서 4:13-18, 5:1-11과 근본적으로 구별하게 한다. 데살로니가전서 5:1은 파루시아의 때에 관한 예측을 명시적으로 거부하지만, 데살로니가후서 2:1-12에는 종말론적 시간표에 관한 예측을 허용할 뿐만 아니라 요구한다.(참조. 5절!)

바울이 항상 부활한 자의 출현에 초점을 맞추고 있는 반면에(참조. 살전 4:16, 고전 15:23) 데살로니가후서 2:8의 파루시아 사건은 적그리스도의 멸망에 초점을 맞춘다. 바울의 종말론이 '이미 지금'과 '아직 아니' 사이의 긴장을 특징짓는다면, 데살로니가후서의 논증 구조는 '지금은 아직 아니'-

153 참조. P. Müller, Anfänge der Paulusschule(위 5를 보라.), 20-67.

'그러나 미래에는'의 특징을 지닌다.

두 번째 서신의 저자는 첫 번째 서신을 사용했지만, 언어와 문체에 독특성이 있다.[154] 데살로니가후서에만 나오고 신약의 다른 곳에서는 나타나지 않는 17개의 구절이 의미하는 바가 많다.[155] 바울서신과 대조적으로 반제적 진술(antithetische), 견유학파의 논증 어법 방식(diatribenartig)의 구절 및 실제 질문이 데살로니가후서에는 없다.(예외: 살후 2:5) 바울서신의 활기차고 때로는 갑작스러운 논증과 비교할 때 데살로니가후서는 주제적으로 협소하게 제한된 교과서처럼 보인다. 데살로니가후서의 관용구는 두 번 이상 사용되는 42개의 단어와 구를 특징으로 한다.[156] 요약하면 다음과 같이 말할 수 있다. "단어 사용법, 문체 및 사고 과정을 함께 봐야 한다. 전형적인 생각, 단어, 구절은 의심할 여지없이 진정한 바울서신의 상황보다 교리와 그리스도인의 생활에서 더 발전된 상황을 가리킨다."[157] 데살로니가후서를 제2바울서신으로 간주하는 학자들은 윌리허와 파셔(A. Jülicher/E. Fascher), 브라운(H. Braun), 트릴링(W. Trilling), 로제(E. Lohse), 막센(W. Marxsen), 필하우어(Ph. Vielhauer), 쾨스터(H. Köster), 린데만(A. Lindemann), 홀랜드(G. S. Holland), 휴즈(F. W. Hughes), 뮐러(P. Müller) 및 라인무트(E. Reinmuth) 등이다.[158] 데살로니가후서를 바울서신으로 보는 학자들은 도브쉬츠(E. v.

154 참조. W. Trilling, Untersuchungen, 46-66; Chr. M. Kreinecker, 2. Thessaloniker, 38-99.(바울이 데살로니가후서의 저자가 아닐 수 있다는 사실을 입증하는 광범위한 언어 사용의 증거에 관하여)

155 참조. 위의 책, 49.

156 참조. 위의 책, 62.

157 위의 책, 66.

158 참조. A. Jülicher/E. Fascher, Einleitung, 67; H. Braun, Zur nachpaulinischen Herkunft des zweiten Thessalonicherbriefes, 205-209; W. Trilling, 2 Thess, 27f.; E. Lohse, Entstehung, 53f.; W. Marxsen, 2 Thess, 9ff.; Ph. Vielhauer, Urchristliche Literatur, 99; H. Köster, Einführung, 679; A. Lindemann, Paulus im ältesten Christentum(위 5를 보라.), 130ff.; G. S. Holland, 2 Thessalonians in the Pauline Tradition, 129; F. W. Hughes, Early Christian Rhetoric,

Dobschütz), 디벨리우스(M. Dibelius), 리고(B. Rigaux), 큄멜(W. G. Kümmel), 브루스(F. F. Bruce), 슈툴마허(P. Stuhlmacher), 니부어(K. W. Niebuhr) 및 말허비(A. J. Malherbe) 등이다.[159] 슈미탈스(W. Schmithals)는 데살로니가후서를 진정한 것으로 간주하지만, 이 가정을 두 서신에 대한 종교사적(아래 5.4.8을 보라.) 및 문학비평(위 2.4.6을 보라.) 가설과 연결한다. 주엣(R. Jewett)은 데살로니가후서의 진위성에 동의하지만 동시에 그 서신은 "'아마도 바울'의 범주에 속해야 한다."라고 지적한다.[160] 데살로니가후서의 알려지지 않은 저자가 좁은 의미에서 바울 학파에 속했는지에 관한 것은 결정되지 않았다.[161] 그의 작품 어디에도 바울 신학을 창조적으로 수용하거나 더 발전시킨 곳이 없기 때문이다.

5.4.3 기록 장소와 시기

데살로니가후서의 외증[마르키온, 폴리카르포스, Phil 11:3-4(?)[162]]을 통해서

95; P. Müller, Anfänge der Paulusschule(위 5를 보라.), 5-13. E. Reinmuth, 2 Thess, 159-61.

159 참조. E. v. Dobschütz, Thessalonicherbriefe, 32-47; M. Dibelius, 2 Thess, 40f.; B. Rigaux, Les Épîtres aux Thessaloniciens, EtB, Paris-Gembloux 1956, 112-52; W. G. Kümmel, Einleitung, 231-32(그러나 Einleitung, 231-32의 각주 16을 참조하라!); F. F. Bruce, 1. 2 Thessalonians, XXXII-XXXIII. 141f.: 저자는 바울, 실루아노, 디모데이며 그 내용 전체는 바울에 의해 승인된다.; P. Stuhlmacher, Biblische Theologie des Neuen Testaments II, Göttingen 1999, 59; K. W. Niebuhr, "Die Thessalonicherbriefe," ders., (Hg.), Grundinformation Neues Testament, Göttingen 2000, 275; A. J. Malherbe, 2 Thess, 375.("데살로니가후서는 고린도에서 기록되었는데, 아마도 그의 첫 번째 편지로부터 몇 달 후인 기원후 51년 초일 것이다.")

160 R. Jewett, Thessalonian Correspondence, 17.

161 트릴링은 서신의 저자가 바울 학파에 속하지 않았다고 본다.(W. Trilling, 2 Thess, 27.)

162 린데만과 트릴링에 따르면 폴리카르포스의 서신에는 데살로니가후서의 인

는 정확한 연대 설정을 할 수 없다. 내적 기준으로 보면 파루시아의 지연 문제는 기원후 1세기 말을 가리킨다. 이와 비슷한 주제가 베드로후서 3:1-13에서 발견된다.[163] 메르크(O. Merk)는 차명성의 특징을 전제로 데살로니가후서의 이른 연대 설정을 주장한다.[164] 그의 주장에 따르면 데살로니가전서의 갱신인 이 서신은 사도 바울이 아직 살아 있을 때 또는 그가 죽은 직후에 기록되었다는 것이다.

데살로니가후서의 진정성을 옹호하는 사람은 일반적으로 서신의 기록 시기를 데살로니가전서와 가깝게 설정한다. 큄멜은 바울이 "데살로니가전서가 그의 기억에 아직 생생하게 남아 있는 몇 주 후에" 데살로니가후서를 썼을 것으로 추정한다.[165] 기록 연대는 기원후 50/51년이고, 기록 장소는 고린도이다.[166] 그러나 이러한 가정에서는 바울이 데살로니가후서에서 데살로니가전서 4:13-18의 마지막 사건에 대한 묘사를 크게 벗어나 파루시아 이전에 죽은 자들의 문제를 다루지 않는 이유를 설명하기는 어렵다. 데살로니가후서의 진정성을 부정하는 사람은 당연히 기록 장소를 정확히 언급할 수 없고, 대체로 소아시아나 마케도니아를 기록 장소로 본다.

5.4.4 수신자

데살로니가후서는 교회의 전형적인 문제를 다루지 않고 개교회의 영역을

용이 나타나지 않는다는 것이다.(A. Lindemann, Abfassungszweck, 42; W. Trilling, 2 Thess, 27-28.)

163 1세기가 끝나는 무렵에 데살로니가후서가 기록되었다고 보는 견해로는 예를 들어 다음을 참조하라. W. Trilling, 2 Thess, 28; W. Marxsen, Einleitung, 55; J. A. Bailey, Who wrote II Thessalonians?, 143; A. Lindemann, Paulus im ältesten Christentum(위 5를 보라.), 133.

164 참조. E. Würthwein/O. Merk, Verantwortung, Stuttgart 1982, 153.

165 W. G. Kümmel, Einleitung, 231f.; F. F. Bruce, 1. 2 Thessalonians, XXXV.

166 F. F. Bruce, 위의 책, XXXV도 고린도에 찬성한다.

벗어난 긴급한 문제를 다루고 있다.[167] 데살로니가후서 1:4-5에서 박해에 대해 언급하지만 당시 교회의 상황에 대해서 거의 침묵한다. 그것은 박해의 주체와 범위가 여전히 불분명하며 아마도 데살로니가전서 1:6-7, 2:14-16, 3:3 이하의 환난과 박해에 대한 언급에 문학적으로 연결되어 있기 때문일 것이다. 언급된 교회의 핵심 문제와 서신의 기록 동기는 데살로니가후서 2:2에 나와 있다. 파루시아의 날의 시점에 대한 예언적 발표는 분명히 교회에 혼란과 불확실성을 일으켰다. 이 현재적 종말론을 지지하는 자들은 성령에 의한 통찰과 사도의 말과 바울(이라고 주장되거나 혹은 실제)의 편지(참조. 살후 2:2, 15)에 호소했다. 그러나 '이미 지금'이 종말이라는 주장과 그 시간이 연장되고 있는 그리스도교 교회의 현실은 종말론적 도취 속에 있는 현재를 뛰어넘지 않고서는 모순 없이 양립할 수 없다. 옛 시대는 서신의 저자에게 여전히 지속된다. 주의 재림이 날은 아직 이르지 않았고 아직 동이 트지 않았다. 이는 옛 시대의 하나님의 적대자가 여전히 다스리기 때문이다. 재림 지연의 문제는 종말론적 계획에 의해 해결되어야 하는데, 현재의 특성은 적그리스도의 활동이 계속되는 기간으로 정의되며, 미래는 마침내 그리스도의 통치가 드러날 시점으로 정의된다.

데살로니가후서 3:6-12에서 저자는 무질서하게 살면서 일하지 않고 헛된 일을 하는 교인을 언급하고 있다. 진술의 일반성과 데살로니가전서 5:13-14와 데살로니가후서 3:6, 10의 유사점은 (살후 2:2의 구호를 통해 발생한) 배경에는 잘못된 점이 없다는 것을 시사한다.

5.4.5 내용 구성, 구조, 형식

서신 서두	1:1-2	인사말
	1:3-12	감사말

167 참조. W. Trilling, 2 Thess, 27.

서신 몸통	2:1-12 2:13-3:5 3:6-15	적그리스도 등장 이후의 파루시아 교회의 선택에 대한 감사, 권면과 중보 특별한 지침
서신 결미	3:16 3:17-18	평화의 인사 결문

데살로니가후서는 단순하게 구성된다. 인사말에 이어 본문에서 세 개의 주제 복합체가 뒤따른다. 그중에 데살로니가 2:1-12만이 데살로니가전서에 병행구절이 없다.[168] 서신의 결미는 바울에게 출처의 근거를 두는 것으로 끝맺는다. 눈에 띄는 것은 데살로니가전서 2:13에 방향을 맞추어 데살로니가후서 2:13에서 '감사할 것은'(εὐχαριστεῖν)으로 시작하는 새로운 단락이다.[169]

내용의 흐름에 따라 데살로니가후서는 일반적인 권면과 가르침의 편지로 명명될 수 있다.

5.4.6 문학적 통일성

데살로니가후서의 문학적 통일성은 대체로 논란이 되지 않는다.[170]

5.4.7 전승, 자료

데살로니가전서는 데살로니가후서의 초안으로 사용되었다. 이것은 두 서신

168 그 외에 M. J. J. Menken, "The Structure of 2Thessalonians," R. F. Collins (Hg.), The Thessalonian Correspondence, 373-82. 멩켄은 데살로니가후서를 (서신 서두와 결미를 제외하고) 대략 같은 크기의 세 부분인 1:3-12; 2:1-17; 3:1-16으로 구성한다. 그의 견해로는 데살로니가후서 3:1의 '끝으로'(τὸ λοιπόν)는 마무리 권면의 시작을 가리킨다.

169 이에 관하여는 F. Schnider/W. Stenger(위 2.3.2를 보라.), 46-47를 참조하라.

170 슈미탈스의 논제에 관하여는 위 2.4.6을 보라.

의 구조에서 유사성뿐만 아니라 본문의 많은 표현의 일치에서 드러난다.[171]

1) 구조의 일치

인사말	
살전 1:1	살후 1:1-2
첫 번째 감사말	
살전 1:2-3	살후 1:3
살전 1:6-7	살후 1:4
살전 1, 2, 3, 4장(부분적으로!)	살후 1:11
두 번째 감사말	
살전 2:13	살후 2:13
권면으로 옮겨감	
살전 3:11, 13	살후 2:16, 17
요청과 권면	
살전 4:1	살후 3:1
살전 4:1	살후 3:6
살전 4:10-12	살후 3:10-12
교회 안의 무질서	
살전 5:14	살후 3:6, 7, 11
서신 결미	
살전 5:23	살후 3:16
살전 5:28	살후 3:18

이 비교에서 놀라운 일치가 나타난다. 특히 중요한 것은 서신의 서두와 결미의 유사성과 두 번째 감사발과 권면으로 옮겨감 부분의 중보기도의 유

171 선제 조망은 다음을 참조하라. W. Wrede, Echtheit, 3-36; W. Marxsen, 2 Thess, 15-41; R. Reuter, Synopse zu den Briefen des Neuen Testaments I(위 5.2.2를 보라.), 652-739.

사성이다. 이러한 유사성은 우연의 일치로 설명될 수 없으며 문학적 의존성을 나타낸다.

2) 본문의 일치

서신 서두		
살전 1:1 Παῦλος καὶ Σιλουανὸς καὶ Τιμόθεος τῇ ἐκκλησίᾳ Θεσσαλονικέων ἐν θεῷ πατρὶ καὶ κυρίῳ Ἰησοῦ Χριστῷ, χάρις ὑμῖν καὶ εἰρήνη.	바울과 실루아노와 디모데는 하나님 우리 아버지와 주 예수 그리스도 안에 있는 데살로니가인의 교회에… 은혜와 평강이 너희에게	살후 1:1, 2 Παῦλος καὶ Σιλουανὸς καὶ Τιμόθεος τῇ ἐκκλησίᾳ Θεσσαλονικέων ἐν θεῷ πατρὶ … καὶ κυρίῳ Ἰησοῦ Χριστῷ, χάρις ὑμῖν καὶ εἰρήνη…
권면으로 옮겨감		
살전 3:11 Αὐτὸς δὲ ὁ θεὸς καὶ πατὴρ ἡμῶν καὶ ὁ κύριος ἡμῶν Ἰησοῦς …	하나님 우리 아버지와 우리 주 예수 그리스도…	살후 2:16 Αὐτὸς δὲ ὁ κύριος ἡμῶν Ἰησοῦς Χριστὸς καὶ ὁ θεὸς ὁ πατὴρ ἡμῶν …
서신 결미		
살전 5:23 Αὐτὸς δὲ ὁ θεὸς τῆς εἰρήνης	평강의 하나님이 친히	살후 3:16 Αὐτὸς δὲ ὁ κύριος τῆς εἰρήνης
살전 5:28 ἡ χάρις τοῦ κυρίου ἡμῶν Ἰησοῦ Χριστοῦ μεθ' ὑμῶν	우리 주 예수 그리스도의 은혜가 너희에게	살후 3:18 ἡ χάρις τοῦ κυρίου ἡμῶν Ἰησοῦ Χριστοῦ μετὰ πάντων ὑμῶν

데살로니가후서의 저자는 데살로니가전서를 두 가지 방식에서 문학적 모델로 사용한다. 거시적 영역에서 그는 첫 서신을 모델 삼아 자신의 기록

을 구성한다. 이러한 일반적인 의존성 외에도 개별 모티브를 선택적으로 수용하기도 한다. 그래서 데살로니가후서 저자는 1:11에서 데살로니가전서 1:2-4의 주제를 다시 수용하기 위해 데살로니가후서 1:5-10에서 데살로니가전서를 벗어나서 파루시아 때 심판에 관한 단락을 간결히 서술한다. 또한 데살로니가후서 2:1-12도 데살로니가전서와 일치하진 않지만, 데살로니가후서 2:13에서 저자는 데살로니가전서 2:13을 다시 수용하여 문학적 본보기로 의존한다. 데살로니가후서의 데살로니가전서에 대한 문학적 의존성 주제는 이러한 유사성으로 충분히 설명될 수 있다.

5.4.8 종교사적 위치

데살로니가후서가 투쟁하고 있는 종말론적 관심은 종교사적으로 학사들 사이에서 논란이 되고 있다. 그것은 '주의 날이 이르렀다.'(ἐνέστηκεν ἡ ἡμέρα τοῦ κυρίου, 살후 2:2)이다. 슈미탈스는 이 구호를 영지주의 집단에서 나온 것으로 보고, 이것은 교회의 종말론의 영성화 또는 재해석을 다룬다고 주장했다.[172] 영지를 수용함으로써 부활은 이미 일어났고, 미래의 주의 날도 이미 발생했다는 것이다. 슈미탈스가 인용한 영지주의 텍스트들(예를 들어 이레네우스, Haer I 25, 5, III 31, 2; EvThom Log 51)은 그리스도인의 부활이 이미 일어났다고 하지만, 그 텍스트들은 데살로니가후서보다 나중에 기록되었다. 또한 데살로니가후서 2:1-12는 영지주의의 이단에 대한 언급이라기보다는[173] 오히려 열광적인 예언자적 예지를 언급한다.(참조. 막 13:22. 마 7:15, 24:23-24) 따라서 데살로니가후서 2:2-3의 언어 및 사유는 분명 묵시적 영향을 받았음을 보여준다.[살후 2:3의 '나타내다'(ἀποκαλύπτειν)는 살후

172 참조. W. Schmithals, Die historische Situation der Thessalonicherbriefe(위 2.4.6을 보라.), 146ff.

173 슈미탈스의 주장과의 논쟁은 W. Trilling, Untersuchungen, 125ff.를 참고하라.

1:7의 그리스도의 현현과 의도적으로 대조한 것이다. 살후 2:2의 '흔들리다'(σαλεύω)에 대하여는 사 13:10, 겔 32:7-8., 욜 2:10, 4:15-16, äthHen 102:2, 막 13:25 병행구절과 비교해보라. 살후 2:2의 '두려워하다/당황하다'(θροεῖσθαι)에 대하여는 같은 묵시 구절인 막 13:7/마 24:6과 비교해보라. 살후 2:3의 '배교'(ἀποστασία)에 대하여는 äthHen 93:9, Jub 23:16 이하와 비교해보라.] 최초 그리스도교의 예언자들은 그들이 파루시아 날의 현재를 알릴 때 아마도 성령의 음성과 바울의 편지(살후 2:2)를 언급했을 것인데, 여기서 바울의 편지는 오직 데살로니가전서만을 의미할 수 있다.[174] 바울은 데살로니가전서 4:15, 17에서 파루시아가 임박했을 때 자신이 여전히 살아 있을 것으로 생각한다. 최초 그리스도교 예언자는 아마도 이 진술을 받아들였을 것이다. 그러나 바울이 임박했다고 믿었던 주의 날은 사도가 죽은 후에도 여전히 거기에 있었다. 그 예언자들은 그들의 종말론적 개념을 바울 사상의 일관된 연속이라고 이해했지만, 동시에 바울에게 근본적인 '이미 지금'과 '아직 아니' 사이의 긴장을 제거했다. 그렇기에 데살로니가후서의 저자는 비록 바울의 사상이 아닌 것을 접목했으나, 그릇된 종말론적 가르침에 맞서 전적으로 사도의 사상으로써 투쟁하고 있다.

데살로니가후서 2:6-7에서 서신의 저자는 적그리스도의 계시를 막는 능력에 대해 말한다. '막는 자'(τὸ κατέχον)는 일정 시점까지 하나님께 대적하는 자의 출현을 늦춘다. 여기에서 데살로니가후서는 아마도 하박국 2:3의 전통에 의존한다.[175] "묵시(네가 보는 것)는 정한 때가 있나니 그 종말이 속히 이르겠고 결코 거짓되지 아니하리라 비록 더딜지라도 기다리라 지체되지 않고 반드시 응하리라." 서신의 저자는 '막는 자'라는 묵시문학적 모티브로써 비록 늦더라도 하나님은 이미 선언된 종말을 일으킨다는 사실을

174 참조. W. Trilling, 2 Thess, 76f.; W. Marxsen, 2 Thess, 80.

175 참조. A. Strobel, Untersuchungen zum eschatologischen Verzögerungsproblem, NT.S 2, Leiden 1961, 98-116.

강조한다. 마지막 때의 사건들은 하나님의 뜻에 종속되며 그의 계획에 따라 일어난다. 억지력은 개인적으로나 세계사적으로(로마제국) 해석되어야 하는 것은 아니지만,[176] 궁극적으로 적그리스도의 출현을 정해진 때까지 막는 것은 하나님 자신이다. '막는 자'와 하나님을 직접적으로 동일시하는 것은 불가능하지만(참조. 살후 2:7b), 그것은 논증의 논리적 결과이다. 파루시아 지연은 하나님의 뜻에 해당하며, 그 자체가 저지하는 능력이다.[177]

5.4.9 신학적 기본 사상

데살로니가후서 2:1-12의 종말론적 담론은 서신의 중심 관심사를 다루고 있다. 서신의 저자는 마지막 사건에 대한 자신의 설명을 데살로니가전서 4:13-5:11에 근거한 황홀한 현재적 종말론과 대조한다. 저자는 예언적이고 묵시적인 주제를 취하여(참조. 단 11:36 이하, 사 11:4) 다가오는 배교, 사악한 자의 출현과 그의 능력을 최종 사건의 단계로 언급한다. 그것들은 파루시아보다 앞서며, 이제 교회는 경쟁적인 종말론적 설계가 현실과 일치하는지 아닌지를 스스로 조사하고 판단할 수 있다. 말세의 대적에 대한 계시가 아직 남아 있으므로 파루시아는 일어날 수도 없고 임박할 수도 없다. 그러나 동시에 현재에도 이미 악이 활동하고 있으며, 교회는 악이 나타나는 것을 막는 이는 하나님 한 분뿐이라는 것을 안다. 동시에 악의 영향력은 현재를, 미래를 위한 결정의 시간으로 규정한다. 그러므로 심판은 파루시아와 연결되어 있다.(참조. 살후 2:10b-12, 1:3-12) 불신자들이 심판을 받는다면,

---

176 개별 문제와 해석사에 관하여는 다음을 참조하라. W. Trilling, 2 Thess, 94-105; P. Metzger, Katechon, 15ff.

177 참조. W. Trilling, 2 Thess, 92; 그러나 메츠거는 '막는 자'를 다시 로마와 관련시킨다 (P. Metzger, Katechon, 283-95.) 확대한 해석의 가능성에 대한 견해로는 F. W. Röcker, Belial und Katechon, 473을 참고하라. "여기에 제시된 제안은 남성 분사 ὁ κατέχων이 하나님과 복음 전파자를 의미한다고 가정한다."

현재적 위기 속에서 교회는 미래의 구원으로 위로를 받을 수 있다.(살후 1:10-12)

데살로니가후서의 권면은 형식적으로 데살로니가전서에 기반하며, 내용상으로는 사도 바울에 대한 포괄적인 언급이 그 특징이다. 사도가 교회에 전한 가르침은 윤리적 규범으로 작용한다.(참조. 살후 2:15, 3:6, 14) 또한 바울은 교회가 본받아야 할 모범이다.(살후 3:7-9) 사도는 교회[살후 3:4, 6, 10, 12의 '명령하다'(παραγγέλλειν)]에게 하나님의 택하심을 따라 거룩하게 살라고 권고한다.(살후 2:13) 교회는 그들을 통찰과 회심으로 이끌기 위해 무질서한 사람들에게서 자신을 분리해야 한다.(참조. 살후 3:6-12)

데살로니가후서의 전체 논증은 사도 바울의 인격에 기초하고 있다. 교회의 소명은 바울의 복음과 불가분의 관계에 있다.(살후 2:14) 교회는 사도의 가르침을 고수함으로써 거짓 교사들에 저항하고(살후 2:5, 6, 참조. 1:10b) – 사도처럼 – 악인에게 어떤 자리도 주지 않는다.(참조. 살후 3:6) 사도의 권위 있는 말뿐 아니라 그의 삶의 방식(참조. 살후 3:8)은 교회가 현재의 혼란 속에서 자신의 역할을 찾고 사도의 선포를 고수하도록 돕는다.

그러나 서신이 바울을 지향하고 있는 것이 골로새서와 에베소서와는 달리 변화된 상황에서 바울 신학을 더는 생산적으로 발전시키지 못한다는 사실을 숨길 수 없다.[178] 데살로니가후서에는 칭의 교리에 대한 반향이 없으나, '믿음'(πίστις)이라는 용어의 중립적 사용에 대한 공식(참조. 살후 1:3, 4, 11, 3:2)이 있다.(참조. 살후 2:11-12) 데살로니가후서는 데살로니가전서의 종말론에 대한 잘못된 해석을 바로잡기 위한 것일 뿐이다.

5.4.10 최근 연구 경향

최근 주석에서는 데살로니가후서의 차명 성격에 대해 폭넓게 합의한다. 이

178 참조. A. Lindemann, Paulus im ältesten Christentum(위 5를 보라.), 132f.

러한 전제에서 연대 설정 문제는 논쟁의 여지가 있다. 바울의 생애 동안이나 바울이 죽은 직후(메르크)라는 주장과 데살로니가전서까지 수십 년 동안의 간격이 있다는 주장이 둘 다 주어질 수 있기 때문이다. 연구의 중심은 데살로니가후서의 본래 저작 의도로 옮겨갔다. 데살로니가후서는 데살로니가전서 4:13-5:11에 대한 잘못된 해석을 원점으로 돌이키려고 했는가 혹은 데살로니가전서를 밀어내고 싶었는가? 힐겐펠트(A. Hilgenfeld)[179] 및 홀츠만(H. J. Holtzmann)[180]에 연계하여 린데만은 데살로니가후서가 데살로니가전서의 반박 및 철회라고 주장한다. 특히 린데만에 따르면 데살로니가후서 2:2의 '우리에게서(ὡς δι' ἡμῶν)라는 문구와 데살로니가후서 3:17의 친필로써 진위를 표시하는 것은 데살로니가후서가 첫 번째 서신이 가짜임을 드러내는 것이다. "'바울'은 '그의' 데살로니가서('두 번째' 데살로니가서가 아님)에서 그에게 귀속된 어떤 종말론적 교리가 결코 그가 주장한 것이 아니라고 선언한다. 오히려 '영과 말씀으로' 교회를 혼란스럽게 하는 사람은 위조된 서신에 의존하고 있다. 그는 이제 '데살로니가인'에게 보내는 이 편지에서 정확한 종말론적 '전승'(παράδοσις)을 제시한다."[181] 막센(W. Marxsen)[182]과 라우브(F. Laub)[183]도 채택한 이 주장에 따르면 데살로니가후서는 위조에 대한 대응책으로 이해되어야 한다. 저자는 차명문서라는 수단을 통해 '첫 번째' 것으로 추정되는 데살로니가 서신을 대체하려고 시도했을 것이다.

그러나 이 주장에 대한 강력한 반론도 있다. 데살로니가전서가 작성된

---

179 참조. A. Hilgenfeld, "Die beiden Briefe an die Thessalonicher," ZWTh 5 (1862): 225-64.

180 참조. H. J. Holtzmann, "Zum zweiten Thessalonicherbrief," ZNW 2 (1901): 97-108.

181 A. Lindemann, Abfassungszweck, 39.

182 참조. W. Marxsen, 2 Thess, 33ff.

183 참조. F. Laub, "Paulinische Autoritat in nachpaulinischer Zeit," R. F. Collins (Hg.), The Thessalonian Correspondence, 403-17.

지 약 40년이 지난 후 이를 가짜라고 부를 수 있었을까? 데살로니가전서에 대한 강한 의존은 데살로니가후서의 저자가 자신이 사용할 수 있는 첫 번째 서신의 진정성을 확신했음을 시사한다. 그렇다면 그는 자신이 알고 있는 더 나은 지식에 모순되게 데살로니가전서를 가짜라고 생각한 것이 된다. 신약의 저자에게 매여서는 안 된다! 데살로니가후서 전체가 주장하는 사도의 권위는 바울을 '바울'로 세우기 위한 것이 아니라 데살로니가전서의 종말론적 진술에 대한 잘못된 해석을 막는 것이다.[184] 사도 자신도 반대자의 종말론적 구호를 공유하지 않았을 것이므로, 데살로니가후서는 그 상황에서 바울을 정당하게 주장하지만 진정한 바울의 종말론을 반영하지 않았을 것이다.

5.5 목회서신

디모데전서, 디모데후서, 디도서를 '목회서신'이라고 부르는 것은 18세기에 할레(Halle)의 주석가 안톤(P. Anton)에 의해 시작된 것으로 보인다.[185] 그는

184 라인무트는 데살로니가후서 2:2b를 "우리가 기록한 것과 같은 편지로" 번역하고 다음과 같이 확인한다. "저자는 잘 알려진 데살로니가전서를 자신의 변조 서신으로 대체하는 데 거의 성공하지 못했을 것이다."(E. Reinmuth, 2 Thess, 162-63.); 폽케스는 데살로니가후서가 골로새서와 에베소서의 현재 종말론을 (강하게) 공격하고, 미래 종말론을 고수함으로써 바울 학파의 붕괴를 기록한다고 생각한다.(E. E. Popkes, Die Bedeutung des zweiten Thessalonicherbriefes, 45ff.) 그러나 데살로니가후서 2:1-12의 전통사적 전체 배경은 이 주장에 반대된다. 루스는 데살로니가전서의 모조 서신인 데살로니가후서가 독자에게 어떤 지시를 내리는지를 묻는다. "적대자들과의 논쟁에서 익명의 저자의 수사학적 전략은 종말론적 시간의 문제를 무력화하고 그것을 정의의 문제로 대치하는 데 있다. 그렇게 하여 데살로니가전서의 종말론적 구절은 의미의 범주가 이동된다."(H. Roose, Thessalonicherbriefe, 363.)

185 참조. P. Anton, Exegetische Abhandlung der Paulinischen Pastoral-Briefe,

세 서신의 저작 의도를 잘 파악했다. 이 서신들은 교회의 목회 사역을 위한 직무를 수립하고 발전시키는 것에 위해 기여했다. 디모데후서의 경우에는 이 사실이 제한된 범위에만 적용되지만, 그럼에도 불구하고 최근에는 서신들이 하나의 단위로 간주되고 있다. 세 서신 모두 개인에게 보내는 것이긴 하나 사적인 서신이라기보다는 권위 있는 요구가 담긴 서신이다. 목회 직무의 올바른 수행을 위한 지침은 일반적으로 적용 가능하다. 또한 목회서신은 전제된 교회의 상황과 신학적 용어 사용에 대체로 일치한다. 이 서신들을 연결하는 요소는 거짓 교사로부터 거리를 두고 외면하라는 지속적인 요구이다. 이런 요소들은 그가 보증한 전통에 상응할 뿐만 아니라 사도 바울의 인격과 관계를 맺는 것과도 일치한다. 목회서신이 저자는 바울의 모범에 기초하여 구체적인 지침을 주며 서신을 받을 교회에서 바울의 정체성이 위협받고 있는 상황에 대응하고 있다.

5.5.1 참고문헌

주석

HNT 13: M. Dibelius (-H. Conzelmann) [4]1966. • HThK XI/2.1-3: L. Oberlinner, 1994. 1995. 1996. • EKK XV (1 Tim): J. Roloff, 1988; XVI/1 (2 Tim): A. Weiser, 2003. • ThHK 13: G. Holtz, [5]1992. • NTD 9/1: H. Merkel, 1991. • RNT VII/2: N. Brox, [5]1989. • ZBK 12: V. Hasler, 1978. • ICC: I. H. Marshall, 1999. • AncB 35A (1.2 Tim): L. T. Johnson, 2001. • WBC 46: W. D. Mounce, 2000. • ANTC: J. M. Bassler, 1.2 Timothy/Titus, Nashville 1996. • NTL: R. F. Collins, 1.2 Timothy and Titus, Louisville 2002. • NICNT: Ph. H. Towner, The Letters to Timothy and Titus, Grand Rapids 2006. • SP 12: B. Fiore, The Pastoral Epistles, Collegeville 2007.

단행본

H. v. Campenhausen, Kirchliches Amt und geistliche Vollmacht in den ersten drei Jahr-

---

Halle I 1753, II 1755; 이에 관하여는 다음을 참조하라. H. v. Lips, "Von den 'Pastoralbriefen' zum 'Corpus Pastorale'," Reformation und Neuzeit, hg. v. U. Schnelle, Berlin 1994, 49-71을 참조하라.

hunderten, BHTh 14, Tübingen [2]1963. • P. Trummer, Die Paulustradition der Pastoralbriefe, BET 8, Frankfurt 1978. • H. v. Lips, Glaube-Gemeinde-Amt. Zum Verständnis der Ordination in den Pastoralbriefen, FRLANT 122, Göttingen 1979. • L. R. Donelson, Pseudepigraphy and Ethical Argument in the Pastoral Epistles, HUNT 22, Tübingen 1986. • M. Wolter, Die Pastoralbriefe als Paulustradition, FRLANT 146, Göttingen 1988. • E. Schlarb, Die gesunde Lehre. Häresie und Wahrheit im Spiegel der Pastoralbriefe, MThSt 28, Marburg 1990. • Karoline Läger, Die Christologie der Pastoralbriefe, Münster 1996. • Hanna Stettler, Die Christologie der Pastoralbriefe, WUNT 2. 105, Tübingen 1998. • G. Häfner, Nützlich zur Belehrung (2 Tim 3, 16). Die Rolle der Schrift in den Pastoralbriefen im Rahmen der Paulusrezeption, HBS 25, Freiburg 2000. • A. Merz, Die fiktive Selbstauslegung des Paulus. Intertextuelle Studien zur Intention und Rezeption der Pastoralbriefe, NTOA 52, Freiburg(H)/Göttingen 2006. • T. Glaser, Paulus als Briefroman erzählt. Studien zum antiken Briefroman und seiner christlichen Rezeption in den Pastoralbriefen, NTOA 76, Göttingen 2010.

논문

H. Hegermann, "Der geschichtliche Ort der Pastoralbriefe, TheolVers II," Berlin 1970, 47-64. • G. Haufe, "Gnostische Irrlehre und ihre Abwehr in den Pastoralbriefen," Gnosis und Neues Testament, hg. v. K. W. Tröger, Berlin 1973, 325-39. • W. Stenger, "Timotheus und Titus als literarische Gestalten," Kairos 16 (1974): 252-67. • O. Merk, "Glaube und Tat in den Pastoralbriefen," ders., Wissenschaftsgeschichte und Exegese(위 1.1을 보라.), 260-71. • J. Roloff, Art. "Amt/Ämter/Amtsverständnis," TRE 2 (1978): 509-33. • L. Oberlinner, "Die 'Epiphaneia' des Heilswillens Gottes in Christus Jesus. Zur Grundstruktur der Christologie der Pastoralbriefe," ZNW 71 (1980): 192-213. • G. Lohfink, "Paulinische Theologie in den Pastoralbriefen," K. Kertelge (Hg.), Paulus in den ntl. Spätschriften(위 5를 보라.), 70-121. • P. Trummer, "Corpus Paulinum-Corpus Pastorale," K. Kertelge (Hg.), Paulus in den ntl. Spätschriften, 위의 책, 122-45. • G. Kretschmar, "Der paulinische Glaube in den Pastoralbriefen," Der Glaube im Neuen Testament (FS H. Binder), hg. v. F. Hahn und H. Klein, BThSt 7, Neukirchen 1982, 113-40. • J. Roloff, "Pfeiler und Fundament der Wahrheit. Erwägungen zum Kirchenverständnis der Pastoralbriefe," Glaube und Eschatologie (FS W. G. Kümmel), hg. v. E. Gräßer und O. Merk, Tübingen 1985, 229-47. • J. Zmijewski, "Die Pastoralbriefe als pseudepigraphische Schriften," ders., Das Neue Testament. Quelle christlicher Theologie und Glaubenspraxis, Stuttgart 1986, 197-219. • M. Reiser, "Bürgerliches Christentum in den Pastoralbriefen?," Bib 74 (1993): 27-44. • A. Standhartinger, "Eusebia in den Pastoralbriefen. Ein Beitrag zum Einfluss römischen Denkens auf das entstehende Christentum," NT 48 (2006): 51-82. • G. Häfner, "Biographische Elemente der

Paulusrezeption," Th. Schmeller (Hg.), Historiographie und Biographie im Neuen Testament und seiner Umwelt (NTOA 69), Göttingen 2009, 179–207. • J. Herzer, "Fiktion oder Täuschung? Zur Diskussion über die Pseudepigraphie der Pastoralbriefe," J. Frey/J. Herzer/M. Janssen/C. K. Rothschild (Hg.), Pseudepigraphie und Verfasserfiktion in frühchristlichen Briefen, WUNT 246, Tübingen 2009, 489–536.

5.5.2 저자

슐라이어마허(F. D. E. Schleiermacher)[186]와 아이히호른(J. G. Eichhorn)[187]의 중요한 선행 작업 이후에 바우르(F. Chr. Baur)는 목회서신의 바울 저작설을 포괄적으로 비판했다.[188] 그는 목회서신의 역사적 위치를 2세기 영지주의와의 대결 시점으로 설정했다. 홀츠만(H. J. Holtzmann)은 1880년에 출판한 주석서에서 목회서신의 차명 성격에 대해 포괄적으로 정당성을 제시했다.[189]

목회서신의 바울 저작설에 반대하는 논증의 내용은 다음과 같다.[190]

1) 서신에 전제된 역사적 상황은 사도행전이나 바울서신의 진술과 일치하지 않는다. 디모데전서 1:3에 따르면 바울은 에베소에서 마게도냐로 갔고 디모데는 에베소에 머물렀다. 사도는 에베소로 빨리 돌아오려고 하고 있었기 때문에(딤전 3:14, 4:13) 대체로 자유로웠다. 편지에는 투옥에 관한

---

186 참조. F. D. E. Schleiermacher, Über den sogenannten ersten Brief des Paulos an den Timotheos, Berlin 1807.

187 참조. J. G. Eichhorn, Einleitung in das NT III/1, Leipzig 1812, 315–28.

188 참조. F. Chr. Baur, Paulus II(위 5.2.2를 보라.), 108. "이 서신들이 보다 정확하고 선입견 없이 공평하며 비평적으로 그리고 주석적으로 검토될수록, 서신들의 보다 후대의 기원에 대한 의구심은 더 줄어들 것이다."

189 참조. H. J. Holtzmann, Die Pastoralbriefe, kritisch und exegetisch behandelt, Leipzig 1880.

190 참조. J. Roloff, 1 Tim, 21–39; H. Merkel, Past, 5–16; L. Oberlinner, 1 Tim, XXXIII–XLV.

암시가 포함되어 있지 않다. 한편 사도행전 19:22에 따르면 바울은 마게도냐로 가지 않고 디모데는 에베소에 머물렀으나, 에베소에 머물고 있는 사도에 의해 먼저 마게도냐로 보내졌다. 당시 디모데는 마게도냐에서 기록된 고린도후서의 공동 저자이며, 사도행전 20:4에 따르면 바울과 함께 예루살렘을 여행한 연보의 전달 대표단에 속해 있었다. 이런 내용의 불일치는 편지의 정보에서도 발생한다. 디모데는 여러 해 동안 바울의 가장 가까운 동역자였으며, 사도가 떠나기 전에 거짓 교사들에 대해 조치하라는 명시적인 권고를 다시 한 번 받았다.(딤전 1:3) 바울의 짧은 부재를 고려한다면(딤전 3:14, 4:13) 서신의 기능은 무엇인가? 서신은 바울 선교팀에서 다년간 봉사한 디모데가 몰랐던 어떤 주제와 문제를 다루고 있는가?

바울이 선교활동 중에 디모데전서와 디도서를 썼다면, 그는 디모데후서에서 죽음에 가까운 고통받는 죄수(딤후 1:8, 12, 16, 2:9)로서 자신을 드러냈을 것이다.(딤후 4:6, 8) 이러한 상황에서 그는 왜 디모데에게 드로아에 남겨 둔 겉옷과 책들을 가져오라고 하는가?(참조. 딤후 4:13) 디모데후서 1:15, 4:10-11, 16에 따르면 누가를 제외한 바울의 동역자들은 모두 떠났다. 반면에 디모데후서 4:21에서 바울은 네 명의 동역자와 '모든 형제'에게 인사를 전한다! 디모데후서 4:20에 따르면 드로비모는 밀레도에서 병이 들어 있었고, 사도행전 21:29에 따르면 그는 바울과 함께 예루살렘으로 갔다. 마지막으로 디모데가 바울의 투옥을 부끄러워해야 하는 이유는 설명되지 않는다.(참조. 딤후 1:8)

바울은 디도서의 저자라는 사실은 의심을 받는다. 바울서신이나 사도행전에서는 디도서에 전제한 그레데에서의 공동 선교와 니고볼리에서의 바울의 겨울 나기에 관한 보고가 없기 때문이다.(딛 3:12) 그레데는 사도행전 27:7-8에서만 죄수 바울이 로마로 압송되어 가는 여정 중 한 곳으로 언급된다. 디도가 가능한 빨리 바울에게 와야 한다는 열망이 표현된 디도서 3:12와 그가 그레데의 도시를 두루 다니고 장로들을 임명하라는 명령을 받은 디도서 1:5 사이에는 내용상 긴장이 있다.

2) 목회서신은 최초 그리스도교의 3세대 문제를 반영한다. 따라서 교회의 법은 바울의 가르침보다 더 발전된 것이다. 조직 구조는 더 이상 가정교회가 아니라 고대 가정의 모델에 따라 구성된 지역교회이다.(참조. 딤전 3:15, 딤후 2:20-21, 딛 1:7) 감독, 장로, 집사는 다른 교회 권위자의 안수로 영구적으로 임명되고 유지된다.(참조. 딤전 1:18, 3:1-7, 8-13, 4:14, 5:17-22, 딤후 1:6, 2:1-2, 딛 1:5-9) 바울서신의 은사주의적이고 기능적인 교회 구조(참조. 고전 12:4-11, 28-29, 롬 12:3-8)는 직분 제도로 대체되었다. 지도자로서 그들은 공익에 부합하게 행동해야 한다.(참조. 딤전 3:7, 10, 5:8, 14, 6:11 이하, 딛 2:5, 8) 근본적으로 중요한 것은 '건전한 교리'(참조. 딤전 1:10)인 사도적 신앙 전통이다. 직분자는 증인들 앞에서 사도적 신앙 전통을 고백한다.(참조. 딤전 6:12-13, 또한 4:6) 유대교와의 대결은 더 이상 중요하지 않으며, 비그리스도교-이교도 환경에서 그리스도교 교회의 위치가 초점이 된다. 그러므로 '그리스도인은 권위자를 존중하고 경건하고 의롭게 살아야 한다.'(참조. 딤전 2:2)는 원칙은 의미가 있다.

3) 목회서신에는 많은 언어적 독특성이 있다.[191] 신약에 한 번만 등장하는 어휘(hapaxlegomena)가 디모데전서에서 66개, 디모데후서에서 60개 그리고 디도서에서 32개가 나온다.[192] 목회서신은 (다른 바울서신과 비교하여) 특수 어휘면에서도 특별하다. 목회서신은 3,484개의 요약 어휘로 구성되어 있는데, 특수 어휘 숫자는 일반적으로 고린도후서와 갈라디아서의 중간 정도에 해당하는 130개 정도여야 한다. 그러나 실제 목회서신에는 총 335개의 특수 어휘가 나타나는데, 이는 두 배나 긴 로마서보다도 50개가 더 많은 것이다! 이것은 물론 목회서신의 비진정성을 매우 강력하게 말해주는 숫자이다."[193] 목회서신의 신학적 특징을 나타내는 용어로는 '사랑'(ἀγάπη), '순

191 이에 대한 의미 있는 조사는 H. J. Holtzmann, Pastoralbriefe, 84-118을 참조하라.

192 참조. K. Aland (Hg.), Vollständige Konkordanz(위 5.2.2를 보라), 456-57.

193 R. Morgenthaler, Statistik des neutestamentlichen Wortschatzes, Zürich

결한(ἅγνος), '시간'(αἰών), '진리'(ἀλήθεια), '가르침'(διδασκαλία), '가르치다'(διδάσκειν), '의'(δικαιοσύνη), '영광'(δόξα), '평화'(εἰρήνη), '지식'(ἐπίγνωσις), '현현'(ἐπιφάνεια), '경건'(εὐσέβεια), '깨끗한'(καθαρός), '나쁜'(κακός), '좋은'(καλός), '말씀'(λόγος), '배우다'(μανθάνειν), '신화'(μῦθος), '믿음'(πίστις), '영'(πνεῦμα), '양심'(συνείδησις), '구원하다'(σῴζειν), '구원'(σωτήρ), '건강하다'(ὑγιαίνειν) 등을 들 수 있다.

4) 목회서신은 바울 진정서신의 신학과 상당한 차이를 보인다. 목회서신에는 '하나님의 의', '자유', '십자가', '하나님의 아들' 또는 '그리스도의 몸'과 같은 용어가 빠져 있다. 특히 바울의 칭의론에 대한 반영은 디도서 3:4-7에서만 발견되며, '육-영'이라는 테마도 보이지 않는다. 또한 내용의 변화도 관찰할 수 있는데, 바울에게서는 믿음이 구원의 조건으로 나타나지만, 디모데전서에서는 믿음의 내용이 가르침의 의미로 우세하게 드러난다.[194] '가르침'(διδασκαλία)은 신약성서에 등장하는 21회 중 목회서신에서만 15회가 나오는 중심 개념이다. 믿음은 이단과 대조되는 참된 믿음으로 나타나며(참조. 딤전 1:19, 4:1, 6, 6:21, 딤후 2:18, 3:8) 그리스도인의 태도이다. 믿음은 다른 덕목과 더불어 '선한 양심'(딤전 1:5, 19, 3:9), '신중함, 사랑과 거룩함'(딤전 2:15), '정절'(딤전 4:12), '의, 경건, 인내, 온유'(딤전 6:11)로 언급된다.(참조. 딤후 1:13, 2:22, 3:10-11, 딛 2:2) 목회서신에서 파루시아는 그리스도의 현현인데, 이는 미리 정한 시간에 일어나며(참조. 딤전 6:14, 딤후 4:1, 8, 딛 2:13) 동시에 무한히 후퇴한다. 목회서신의 여성상은 바울서신과 대조적으로 당연한 협력과 참여의 모델이 아니라 종속적이다. (참조. 딤전 2:9-15, 5:14)

5) 유대교와의 신학적 논쟁은 더 이상 의미가 없으며, 순수 논박으로 축소된다.(참조. 딛 1:10) 더 큰 문제 이는 비그리스도교-이교도의 환경에서

---

[3]1982, 38.

194 참조. G. Kretschmar, Glaube, 113ff.

그리스도교 교회의 위치이다.

6) 마지막으로 디모데후서 1:5("이는 네 속에 거짓이 없는 믿음이 있음을 생각함이라 이 믿음은 먼저 네 외조모 로이스와 네 어머니 유니게 속에 있더니 네 속에도 있는 줄을 확신하노라." 참조. 딤후 3:14-15)에서 그리고 바울 자신에 관해서는 디모데후서 1:3a("청결한 양심으로 조상적부터 섬겨 오는 하나님께 감사하고")에서 표현되지만, 그러나 바울은 그리스도교 신앙을 가족 전승의 한 요소로 생각하지 않는다.[195] 그러나 신앙으로 양육이라는 모티브는 목회서신의 양육과 오이코스 개념에 유기적으로 부합한다. 집은 신앙의 전승과 양육의 장소가 된다.

대다수의 주석가는 목회서신에서 차명 기록을 본다. 대표적인 학자들로는 디벨리우스와 콘첼만(M. Dibelius, H. Conzelmann), 윌리허와 파셔(A. Jülicher/E. Fascher), 큄멜(W. G. Kümmel), 브록스(N. Brox), 필하우어(Ph. Vielhauer), 롤로프(J. Roloff), 메르켈(H. Merkel), 오버린너(L. Oberlinner), 마샬(I. H. Marshall), 콜린스(R. F. Collins), 바슬러(J. M. Bassler), 바이저(A. Weiser), 메르츠(A. Merz) 등을 들 수 있다.[196] 이와 반대로 서신의 진정성을

---

195 참조. P. Trummer, Paulustraditionen, 125-27, 129. 디모데후서 1:5는 목회서신의 역사적 위치를 분명히 보여준다. 그것은 가족의 그리스도교 신앙 전통을 말할 수 있는 세기의 전환기이다.; 참조. A. Merz, Fiktive Selbstauslegung, 83. 필자의 견해로는 디모데후서 1:5만으로 이 서신(혹은 디도서)을 바울이 기록한 것으로 보는 것은 불가능하다. 그렇게 주장하는 견해로는 J. Herzer, "Abschied vom Konsens? Die Pseudepigraphie der Pastoralbriefe als Herausforderung an die neutestamentliche Wissenschaft," ThLZ 129 (2004): 1267-83를 참고하라. 문제가 과장된 견해로는 L .T. Johnson, 2 Tim, 342를 참조하라. 존슨은 바울에게서 그런 믿음 이해에 관한 어떤 증거도 제시할 수 없다고 주장한다. "디모데전서에 대한 우리의 분석에 따르면 그 서신은 믿음의 풍성함과 복잡성의 일부를 보여주었다." 이것은 작은 '선결 문제 요구의 오류'(petitio principii)이다. 디모데전서는 디모데후서처럼 바울의 저작이 아니기 때문이다!

196 참조. M. Dibelius, Past, 1-4; A. Jülicher/E. Fascher, Einleitung, 165ff.; W. G. Kümmel, Einleitung, 326ff.; N. Brox, Past, 22ff.; Ph. Vielhauer, Urchristliche Literatur, 225; J. Roloff, 1 Tim, 23-39; H. Merkel, Past, 6-9; L. Oberlinner,

주장하는 학자들로는 짠(Th. Zahn), 슐라터(A. Schlatter), 미카엘리스(W. Michaelis), 라이케(B. Reicke)[197] 및 브루겐(J. van Bruggen)[198] 등이 있다. 최근에 주석서를 쓴 마운스(W. D. Mounce), 존슨(L. T. Johnson) 및 타우너(Ph. H. Towner)도 바울 저작설을 옹호한다.[199]

바울이 목회서신의 직접적 저자라는 것은 거의 불가능하다고 생각해야 할지라도, 간접적인 구성의 가능성은 남아 있다. 여기에서 비서 저작가설이 특히 의미가 있다.[200] 이 가설에 따르면 목회서신은 사도의 지시와 정보 제공에 따라 그의 동역자가 자신의 필치로 기술했다는 것이다.[이 가설은 롤러(O. Roller), 예레미아스(J. Jeremias), 홀츠(G. Holtz), 켈리(J. N. D. Kelly), 무울(C. F. D. Moule) 등이 주장한다.][201] 그러나 이 가설은 바울의 저작설이 직면한 어려움을 해결

---

1 Tim, XXXIX-XXXX; I. H. Marshall, Pastoral Epistles, 92(아마도 사도의 사망 직후 로마에서 저작되었을 것이다.); R. F. Collins, 1.2 Timothy and Titus, 9(1세기말 그리고 차명으로); J. M. Bassler, 1. 2 Timothy/Titus, 22-24; A. Merz, Selbstauslegung, 72-86.

197 참조. B. Reicke, "Chronologie der Pastoralbriefe," ThLZ 101 (1976): 81-94.

198 참조. Th. Zahn, Einleitung I(위 2.9.3을 보라.), 459-92; A. Schlatter, Der Glaube im Neuen Testament, Stuttgart [4]1927, 405ff.; W. Michaelis, Einleitung in das Neue Testament, Bern [3]1961, 238-59; J. van Bruggen, Die geschichtliche Einordnung der Pastoralbriefe, Wuppertal 1981, 해당 쪽.

199 참조. W. D. Mounce, Pastoral Epistles, XCVIII-XCIV; L. T. Johnson, 1. 2 Tim, 98f.; Ph. H. Towner, The Letters to Timothy and Titus, 88. "이 주석의 견해는 바울서신을 상기시키는 것과 마찬가지로 바울이 이 세 서신의 저자라는 것이다."

200 오늘날 더 이상 관련이 없는 다른 이론으로는(목회서신의 저자를 초기 그리스도교의 인물로 동일시하는 단편가설) J. Roloff, 1 Tim, 32-36을 참조하라.

201 참조. O. Roller, Das Formular der paulinischen Briefe(위 2.3.2를 보라.), 16ff.; J. Jeremias, Die Briefe an Timotheus und Titus, NTD 9, Göttingen [11]1975, 8; G. Holtz, Past, 13-16; J. N. D. Kelly, A Commentary on the Pastoral Epistles, BNTC, London 1963, 34; C. F. D. Moule, The Birth of the New Testament, London 1962, 220f. 이 가설의 변형을 주장하는 견해로는 I.

하지 못한다. 목회서신은 공동 저자가 없으며, 특히 디모데전서와 디도서가 오직 바울의 부추김으로 기록되었다는 것은 분명하지 않다. 사도는 그가 받아쓰게 한 편지에서 자신의 언어를 사용한다.(참조. 롬 16:22) 그러므로 목회서신의 언어적 독특성의 문제는 비서 저작가설로 결코 해결되지 않는다.

목회서신의 저자는 바울 학파의 무명 회원이었고, 그는 바울서신의 "이전 저작물을 새롭게 간행하는 과정에서"[202] 서신을 쓰고 배포했다. 바울의 첫 번째 서신 모음집과 목회서신 사이의 연결이 암시된다. 아마도 목회서신이 "동시에 존재했으며 세 부분으로 된 편지 모음의 형태로 간행되었기"[203] 때문일 것이다. 목회서신은 이단으로 촉발된 교회 내부의 위기를 극복하고, 변화된 상황에서 적절한 사역 구조를 구현하며, 전체 교회에서 사도 바울의 지속적인 영향력을 확보하려고 한다. 저자는 당대의 고상한 구어체를 사용하고, 그리스와 헬레니즘-유대 전통과 형식을 지향한다.(아래 5.5.5를 보라.) 그는 시적인 단어를 인용하고(참조. 딛 1:12) 철학적 용어를 사용한다.[참조. 딤전 6:6, '자족'(ἀυτάρκεια)] 그는 아마도 교육받은 헬레니즘계 (유대인) 그리스도인으로 소아시아의 어느 도시에 살면서 주변 교회를 돌보는 그리스도인이었을 것이다.

5.5.3 기록 장소와 시기

디모데전서와 후서[204]는 에베소 교회의 상황을 언급하고 있는데, 에베소에

H. Marshall, The Pastoral Epistles, 83-84를 참조하라. 마샬은 '익명성'에 관하여 다음과 같이 언급한다. "죽은 사람과 가까운 누군가가 그가 했을 것 같은 (그들은 그렇게 생각했던) 글을 계속 쓰는 상황으로 가는 것은 그리 대단한 단계가 아니다."(I. H. Marshall, 위의 책, 84.)

202 P. Trummer, Corpus Paulinum-Corpus Pastorale, 133.

203 J. Roloff, 1 Tim, 43.

서 유래했을 수도 있다.[205] 그렇게 디모데는 에베소(참조. 딤전 1:1-3)에서 바울 신학의 관리자로 나타나며, 심지어 자신의 청원으로 로마에서 기록되었다고 주장하는 디모데후서(참조. 1:17, 1:8, 2:9)도 에베소에서의 디모데 사역을 전제한다.(참조. 1:18, 4:19) 요한계시록 2:1-6은 기원후 1세기 말에 에베소에 큰 그리스도교 교회가 존재했다고 한다. 이처럼 바울 학파가 자리하던 에베소는 매우 중요한 의미를 지녔다. 바울서신의 첫 번째 모음집과 목회서신의 작성 사이의 내적 연관은 저작 장소로 에베소를 가리킨다.[206]

목회서신의 저작 시기를 기원후 100년경[207]으로 보는 이유는 다음과 같다. (1) 목회서신의 바울 개인 전통은 여전히 생생한 교회 전통으로부터 유래한다. (2) 목회서신의 직분 구조는 기원후 110-30년 사이에 이그나티우스와 폴리카르포스에 의해 제시된 질서와는 다르다.[208] (3) 목회서신은 바울 저작물 형성 과정의 일부이다. (4) 그리스도교 영지주의의 초기 형태인 거짓 가르침 역시 기원후 100년경을 가리킨다.

---

204 디도서는 그것이 생겨난 조건에 대해 아무 말도 하지 않지만, 의심할 여지없이 디모데 서신 바로 곁에 있다.

205 참조. J. Roloff, 1 Tim, 42; H. Hegermann, Ort, 61f.; N. Brox, Past, 58(소아시아); Ph. Vielhauer, Urchristliche Literatur, 237(소아시아/에베소); E. Dassmann, Stachel im Fleisch(위 5를 보라.), 172(소아시아). 로마를 주장하는 학자들은 다음과 같다. A. Lindemann, Paulus im ältesten Christentum(위 5를 보라.), 149; H. Merkel, Past, 13.

206 참조. "보론 3. 바울서신의 수집과 정경화."

207 목회서신도 기원후 100년경에 기록되었다. N. Brox, Past, 58; J. Roloff, 1 Tim, 45f.; H. Merkel, Past, 10; H. Hegermann, Ort, 47; A. Lindemann, Paulus im ältesten Christentum(위 5를 보라.), 47; L. Oberlinner, 1 Tim, XLVI. H. v. Lips, "Die Timotheus- und Titusakten und die Leidensthematik in den Pastoralbriefen. Aspekte zur Entstehung und Intention der Pastoralbriefe," EC 2 (2011): (219-41) 등은 기록 연대를 기원후 110-20년경으로 설정한다.(디모데 문서 및 디도서 문서를 사용하여)

208 폴리카르포스의 제2빌립보서 4:1은 디모데전서 6:7, 10을 암시하고 있지만 인용을 입증할 수는 없다.

디모데전서 6:20의 '반론'(ἀντιθέσεις)이라는 용어에 마르키온의 '반제'에 대한 암시가 있는가?[209] 이 (잃어버린) 저술은 신약에 대한 '입문'과 같은 것으로서 기원후 140년경에 기록되었다.[210] 그러면 목회서신은 이 시기까지 거슬러 올라가야 하고 마르키온을 반대하는 논쟁으로 간주될 수 있다. 그러나 이와 달리 목회서신이 거짓 교리와의 싸움에서 분명 구약을 긍정적으로 받아들이는 것은(아래 5.5.8을 보라.) 마르키온이 구약을 가혹하게 거부한 것과는 양립할 수 없는 것이다. 또한 분명히 후기 마르키온주의자가 목회서신을 그들의 바울 편지 모음집에 포함시켰다.[211] '반론'(ἀντιθέσεις)이라는 용어는 거짓 교사들의 편향된 입장에 대해 자신의 '부탁한 것'(παραθήκη)을 대비시키는 목회서신 저자의 의도적인 반어적 표현이다.[212]

목회서신의 선두에는 디모데전서가 있다. 디모데전서 1:12-17의 포괄적인 자기소개는 디모데전서뿐만 아니라 목회서신 전체를 소개하기 때문이다. 디모데전서 3:14, 4:13에서 사도의 임박한 방문이 언급되었으나 디도서는 더 이상 그것에 대해 말하지 않으며, 디모데후서는 사도의 지속적인 부재를 명시적으로 가정한다. 디모데후서에 바울의 유언이 나오는데(참조. 딤후 4:1-8), 그것이 서신 모음집의 결론이다. 의도적인 지리적 정렬은 디모데전서-디도서-디모데후서의 의도된 순서에 대해서도 말해준다. 디모데전서 1:3에 따르면 바울은 마게도냐로 가는 중이다. 디도서 3:12-13에서 바울은 그리스 북서쪽 도시인 니고볼리에 있는데, 그곳에서 율법교사 세나가 그와 합류하기로 되어 있었다. 이것은 로마에서 받을 재판에 대한 분명한 표

209 바우어의 연구 결과이다. W. Bauer, Rechtgläubigkeit und Ketzerei im ältesten Christentum, BHTh 10, mit einem Nachtrag hg. v. G. Strecker, Tübingen ²1964, 229; Ph. Vielhauer, Urchristliche Literatur, 237.

210 참조. A. v. Harnack, Marcion: Das Evangelium vom fremden Gott, Leipzig ²1924, 26.(기원후 139년과 144년에 생성된 '반제')

211 참조. 위의 책, 170f.

212 참조. E. Schlarb, "Miszelle zu 1 Tim 6,20," ZNW 77 (1986): 276-81.

시이다. 마지막으로 디모데후서에서 바울은 마침내 로마에 온다.(딤후 1:17)

5.5.4 수신자

디모데전서는 바울의 가장 가까운 동역자를 언급한다. 이 사람은 데살로니가전서 1:1, 고린도전서 1:1, 고린도후서 1:1, 빌립보서 1:1 및 빌레몬서 1장에서 공동 발신인으로 나온다. 디모데는 아마도 바울에 의해 회심했을 것이고(참조. 고전 4:17, 행 16:1)[213] 바울의 선교 사역에 참여하여 바나바를 대신했다. 사도 바울은 그를 높이 평가했다.(참조. 고전 4:17, 살전 3:2-3, 빌 2:20-22, 롬 16:21) 고린도전서 16:10에서 바울은 디모데에 대해 다음과 같이 말한다. "그도 나와 같이 주의 일을 힘쓰는 자임이라." 디모데는 바울의 교회에서 사도의 중요한 동역자로 알려져 있었기 때문에 그의 이름을 가상의 수신자로 선택한 것이 분명하다.

이방인 그리스도인 디도는 바울의 첫 동역자 중 한 사람으로 바나바와 함께 예루살렘에 있는 사도회의에 갔다.(갈 2:3) 사도회의와 모금의 마지막 단계 사이에 디도에 대한 소식은 없으며, 고린도후서에서만 비로소 디도가 모금을 위한 조직에서 그리고 바울과 교회 사이의 갈등을 해결하는 데 결정적인 역할을 한다.(참조. 고후 2:13, 7:6, 13-14, 8:6, 16, 23, 12:18)

바울이 선교한 소아시아 서부의 교회들이 간접적으로 언급되지만, 그 교회들은 사실상 서신 저자의 대화 상대이다. 디모데와 디도는 이미 바울의 편지에 사도의 대리인으로 등장한다.(참조. 디모데는 고전 4:16-17, 16:10-11, 살전 3:2-3, 빌 2:19, 23, 디도는 고후 2:13, 7:14 이하, 8:23) 그들

213 그리스도인 디모데의 할례(행 16:3)에 관하여는 역사적으로 개연성이 없는 것으로 간주된다. 그것은 갈라디아서 2:3에서 보도하는 내용에 모순되기 때문이다. 디모데와 디도에 관하여는 다음을 참조하라. H. v. Lips, Timotheus und Titus. Unterwegs für Paulus, Leipzig 2008; B. J. Malina, Timothy: Paul's Closest Associate, Collegeville 2008.

은 엄중한 교회 상황에서 그의 지시를 이행했다. 목회서신은 사도의 가르침 외에는 아무것도 포함되어 있지 않으며, 그것은 사도 이후 시대에 직분자의 이상형(디모데/디도)을 통해 교회에 전달되고 있다. 목회서신에는 부재한 바울이 언급되어 있는데, 디모데전서 3:15에 따르면 그의 육체적인 방문은 지연될 수 있다. 그럼에도 불구하고 바울은 목회서신을 통해 자신의 교회에 도달하고 현재적 위기에 당면해 있다.

목회서신의 교회들은 이방인 그리스도인들로 구성되어 있지만 상당수는 유대계 그리스도인이었다.[214] 따라서 헬레니즘 유대계 그리스도교의 전례 공식문이 디모데전서 1:17, 6:15-16에 나타난다. 디모데후서 3:8에 나오는 얀네와 얌브레와 거짓 교사들을 비교하는 것은 구약에 언급되지 않은 이들에 관한 유대 전설의 배경[215]에서만 이해할 수 있으며, 교회에서 장로의 직분을 맡는 것은 유대 전통에서 유래한다.(아래 5.5.9를 보라.)

교회들은 사회적 복합성이 특징이다. 그리스도인 집주인이 여러 번 언급된다.(참조. 딤전 3:4-5, 12, 5:4, 8, 딤후 1:16, 4:19, 또한 딤전 5:13, 딤후 3:6, 딛 1:11) 귀중한 가구가 있는 큰 집은 드문 일이 아니었다.(참조. 딤후 2:20) 그리스도교 신자의 집은 교회의 자기이해의 지침 역할을 하며, 목회서신의 교회론은 집의 은유에 기초를 두고 있다.(참조. 딤전 3:15, 3:4)[216] 여자의 단장(참조. 딤전 2:9), 그리스도인 주인의 종(참조. 딤전 6:2), 탐욕과 탐욕에 대한 경고(참조. 딤전 6:6-10, 딤후 3:2, 딛 1:7) 그리고 디모데전서 6:17-20의 부자에 대한 별도 훈계는 상류층 사람들이 과거 교회에 속했음을 보여준다.[217]

---

214 참조. H. Merkel, Past, 12.

215 참조. Billerbeck III, 660-64.

216 목회서신의 '집'(οἶκος) 사상에 관하여는 특히 E. Schlarb, Gesunde Lehre, 314-56을 참조하라.

217 참조. P. Dschulnigg, "Warnung vor Reichtum und Ermahnung der Reichen," BZ 37 (1993): 60-77.

교회들은 상당한 재원을 소유하고 있었다. 장로들이(확실히 감독처럼)[218] 급여를 받았기 때문이다.(참조. 딤전 5:17-18, 3:1) 또한 과부들을 위한 공동체 기금이 있었다.(참조. 딤전 5:16) 이 제도의 오용(참조. 딤전 5:4-15)은 복지 시스템의 효율성을 간접적으로 입증한다. 목회서신은 공동체생활을 지배하는 부자도 언급하지만 노예(참조. 딤전 6:1; 딛 2:9-10)와 과부(참조. 딤전 5:3 이하), 장인(참조. 딤후 4:14), 율법사(참조. 딛 3:13)를 언급하며 가난한 자를 보살피라고 요구한다.(참조. 딤전 5:10) 부분적으로 성공적인 선동을 통해 위기를 불러일으킨 최초 그리스도교의 교사들이 교회에서 사역한다.(참조. 딤전 1:3, 7, 4:1, 6:3, 딤후 4:3, 딛 1:11) 교회는 외부적으로는 선량한 시민의식을 통해 비방을 방지하고, 권위를 위해 기도하며, 흠 없는 삶을 살기 위해 노력한다.(참조. 딤전 2:2, 딛 3:1) 목회서신의 저자에게 교회 지도자들의 대중적 평판은 교회의 개별 구성원의 공존(참조. 딛 2:1-10) 못지않게 중요(참조. 딤전 3:1-13)하다.

바울이 죽은 지 거의 40년이 지난 후에 목회서신은 어떻게 소아시아 교회에서 권위를 얻었는가? 개인에게 보내는 사적 편지였기에 개인이 소유하고 있다가 매우 늦게 공개되었을 수도 있다. 히브리서 13:23에 따르면 디모데는 로마 감옥에서 풀려나서 선교 사역을 계속했다. 만일 목회서신의 수신자들이 사망한 이후에(실제 또는 추정) 서신이 작성되고 출간되었다면, 디모데(및 디도)에 관한 이와 유사한 전통들은 서신의 기록 시기 설정과 관련하여 시간상 상당한 여유를 제공한다.

5.5.5 내용 구성, 구조, 형식

목회서신의 양식사적 분석에서 디모데전서/디도서를 디모데후서와 분리하여 취급하는 것이 바람직하다. 디모데후서에는 교회에 대한 직분의 지침

218 참조. J. Roloff, 1 Tim, 308f.

이나 언급이 없고, 법적 범주에 관한 관심이 거의 없다.[219] 이와는 대조적으로 사도적 교회 지침과 디모데전서와 디도서의 후기 교회 규정에 해당하는 요소(예를 들어 직분 규정, 과부에 관한 규칙, 직제)는 두 서신을 모두 '교회 및 회중 규정'으로 분류하게 만든다.[220] 그러나 이렇게 정의한 양식은 디모데전서와 디도서의 요소를 구성적으로 설명하거나 가정된 특정 소통의 상황을 정의하지 못한다. 디모데전서와 디도서는 공식 권한을 갖고 지시를 내릴 권한이 있는 직분자 개인에 대한 공식 서면 지침이다.[221] 이그나티우스가 폴리카르포스에게 보낸 서신(기원후 110년경 기록)에서처럼 개인에 대한 지시는 공동체 윤리 규정과 혼합된다. 더 많은 문학적 유사성은 통치자로부터 고위 관리에게까지 사용된 서신 및 서면 지시에서 찾을 수 있다. [mandata principis(참조. 예를 들어 플리니우스와 트라야누스 황제 사이의 서신), 헬레니즘 왕실의 서신](황제가 그의 대리인에게 내리는 지침—역자 주)[222]

---

219 디모데전서/디도서와 디모데후서 사이의 차이에 관하여는 M. Wolter, Pastoralbriefe als Paulustradition, 143-54를 참조하라.

220 참조. M. Dibelius, Geschichte der urchristlichen Literatur, 148ff.; H. W. Bartsch, Die Anfänge urchristlicher Rechtsbildungen, ThF 34, Hamburg 1965, 160ff.; W. G. Kümmel, Einleitung, 339; A. Wikenhauser/J. Schmid, Einleitung, 536f.; H. M. Schenke/K. M. Fischer, Einleitung I, 222ff.; H. Köster, Einführung, 740.

221 참조. M. Wolter, Pastoralbriefe als Paulustradition, 196; J. Roloff, 1 Tim, 48f.; H. Merkel, Past, 11.

222 모든 중요한 본문의 분석은 M. Wolter, 위의 책, 161-77을 참조하라. 그레서는 목회서신의 양식사적 분류를 다음과 같이 제안한다. "바울 소책자와 서신 형식 사이의 근본적인 유사성은 언뜻 보면 분명하다. 그들은 함께 읽고—조각난 것처럼—이야기를 형성할 수 있는 개인에게 보내는 여러 서신이다."(T. Glaser, Briefroman, 168.) 그러나 '편지 형식'이라는 형식에 관한 정의는 매우 일반적이며(주요 특징: '영웅'의 역사적, 도덕적 발전에 초점을 맞춘 이야기가 전달/구성된다.) 실제로 고대 문학에서 입증되지도 않는다.

디모데전서의 문단

서신 서두	1:1-2	인사말
	1:3-20	디모데의 과제: 거짓 교사와 투쟁
서신 몸통	2:1-3:16	1. 주요 본문 부분
	2:1-7	모든 사람을 위한 기도
	2:8-15	남자들과 여자들의 기도
	3:1-13	감독직과 집사직의 전제 조건
	3:14-16	교회생활을 위한 기본 설명
	4:1-6:2	2. 주요 본문 부분
	4:1-11	믿음의 가르침으로 거짓 교사와 투쟁
	4:12-5:2	교회 지도자의 모범
	5:3-16	과부
	5:17-25	장로직
	6:1-2	그리스도인 노예
서신 결미	6:3-19	마무리 권면
	6:20-21	마무리 권고와 인사

서신의 서두는 발신인과 수신자의 차원이며 정당성을 확보하는 기능을 발휘한다. 바울은 디모데에게 그가 수행할 임무를 알려준다. 서신의 몸통에서 교회는 의사소통 사건에 들어선다. 모든 사람을 위한 교회의 기도는 구원에 대한 하나님의 뜻의 보편성과 일치한다. 기도에 관한 지시 이후 예배의 외적 순서에 대한 지시가 따른다.(딤전 2:8-15) 1. 주요 본문 부분은 의무 목록에 명시된 교회 직분자의 자격에 중점을 둔다. 1. 주요 본문 부분에서 지침은 지역교회에 직접 제공되는 반면, 2. 주요 본문 부분에서 디모데는 바울에게서 받은 지역교회의 지침을 제공한다.(참조. 딤전 4:11!) 이단자에 대한 행동과 교회 내에서 직분자의 의무는 상호 의존적이며, 교회 지도자의 절대적인 권위만이 이단을 물리칠 수 있다.(참조. 딤전 4:7) 과부의

복지에 대한 규칙은 이미 존재하는 사회적 조치의 재구성을 목표로 한다. 현재 감독이 극복해야 할 장로 회의와 관련하여 교회 안에 문제가 있었던 것으로 보인다. 서신의 결미는 다시 한 번 디모데의 명령을 상기시킴으로써 서신의 서두를 다시 가져온다.(참조. 6:12-16) 결문은 짧은 마지막 경고와 마지막 인사로 구성된다.

디도서의 문단

서신 서두	1:1-4	인사말
서신 몸통	1:5-16	교회의 질서
	1:5-6	장로
	1:7-9	감독
	1:10-16	거짓 교사
	2:1-15	교회의 질서
	2:1	표제
	2:2	늙은 남자
	2:3-5	늙은 여자와 젊은 여자
	2:6-8	젊은 남자
	2:9-10	노예
	2:11-15	그리스도인의 윤리적 태도의 기초
	3:1-11	확대된 권면
서신 결미	3:12-14	마무리 지침
	3:15	인사와 축복

인사말은 로마서에 기반을 두고 있으며, 장로와 감독의 생활방식에 대한 지침이 뒤따라 나온다. 디도서 1:10-16은 교회 지도자들에게 이단과의 싸움을 중심 과제로 지정한다. 이단자들의 물리침 다음에는 공동체생활에 대한 긍정적인 묘사가 나온다.(딛 2:1-10) 모든 계층은 흠잡을 데 없는 생

활로 부름을 받았으며, 이것이 신학적으로는 디도서 2:11-15에 나오는 구주 예수 그리스도의 현현에 대한 전망을 기초한다. 일반적인 지침은 교회의 훈육 규칙으로 이어진다.(딛 3:10-11) 서신의 결미는 고린도전서와 로마서의 요소를 지닌다.

디모데전서와 디도서가 지시를 내릴 권한이 있는 직분자에게 주는 서면 권고로 이해될 수 있다면, 디모데후서는 다른 의사소통의 상황이다. 여기서 교회는 무시되며 사도와 사도의 제자 사이의 관계가 다루어진다. 다른 제2바울서신에서처럼 디모데후서에서도 내용의 일관성은 (교회가 아니라—역자 주) 개인적인 일관성이다. 그러나 이러한 위치 설정은 디모데후서에서 교회가 바울의 가르침을 지속적으로 실천하도록 만들어 이 서신이 유언에 나오는 훈계로 묘사될 수 있게 한다. 디모데후서의 유언적 성격은 사도행전 20:17-35(밀레도에서 바울의 고별사)와 비교해볼 수 있다. 떠나는 사도가 거짓 교사들의 출현을 예언(행 20:29-30/딤후 3:1-5a, 6-7, 4:3-4)하고 엄격한 경계를 요구(행 20:28/딤후 3:5b, 4:5)한다. 그는 자신의 모범적인 활동을 강조하고(행 20:18-21, 27, 35, 딤후 4:7), 임박한 자신의 죽음을 생각하고(행 20:23/딤후 4:6) 있다.

디모데후서의 문단

서신 서두	1:1-2	서언
	1:3-5	여는 말
서신 몸통	1:6-2:13	1. 주요 본문 부분
	1:6-14	자기소개
	1:15-18	바울의 투옥 상태에 대한 보고
	2:1-13	고난의 모범으로서 사도
	2:14-4:8	2. 주요 본문 부분
	2:14-26	개인 윤리의 검증

	3:1-9	거짓 교사들
	3:10-17	사도적 제자도-디모데
	4:1-8	바울의 유언
서신 결미	4:9-18	바울의 상황
	4:19-21	인사
	4:22	축복

서신의 서두는 바울의 진정한 서신 형태를 기반으로 하며, 디모데전서와 디도서와는 달리 감사말이 인사말 뒤에 이어 나온다. 이어지는 자기소개와 함께 저자는 바울서신의 전통에 서 있다. 사도의 모범은 2:1-13의 고난의 계승에 대한 단락을 결정한다. 2. 주요 본문 부분의 중심 단락은 다음과 같이 명료하게 설명된다. 식분자의 검승은 이단을 다룰 때 나타난다. 이단자의 부정적인 이미지는 디모데의 모범과 대조된다.(딤후 3:10-17) 바울의 유언과 같은 마무리 지침은 서신의 몸통을 결론짓는다. 서신의 결미는 상세한 개인 전통이 특징적이다.

5.5.6 문학적 통일성

목회서신의 문학적 통일성은 논란이 되지 않는다.

5.5.7 전승, 자료

목회서신은 분명 이미 작은 바울서신 모음집을 전제로 한다.[223] 고린도전서와 로마서는 디모데전서의 주요 출처이다. 따라서 디모데전서 1:2는 고린도전서 4:17과 관련이 있고, 디모데전서 1:8-10a는 로마서 3:21, 28, 7:12

223 참조. A. Lindemann, Paulus im ältesten Christentum(위 5를 보라.), 134-49.

와 디모데전서 1:12-13는 고린도전서 7:25와, 디모데전서 1:20은 고린도전서 5:5와, 디모데전서 2:6-7은 로마서 9:1과, 디모데전서 2:11-15는 고린도전서 14:33b-36과, 디모데전서 5:18은 고린도전서 9:8-14와, 디모데전서 6:4-5는 로마서 1:28-30과 관련이 있다. 또한 디모데전서 3:15b는 고린도후서 6:16을 암시하고, 디모데전서 1:12-13은 빌립보서 4:13을, 디모데전서 4:6-10은 골로새서 1:24-29를 암시한다.[224] 한편 디모데전서가 사도행전을 사용했다는 것은 증명되지 않는다.[225] 디모데전서는 교회의 전승으로부터 다양한 전통을 이어받았다. 여기에는 디모데전서 3:1-13, 5:17의 교회 직분에 대한 규칙과 디모데전서 5:3-10의 과부에 대한 진술, 디모데전서 6:1-2의 노예에 대한 진술이 포함된다. 디모데전서 5:19-21에 나오는 교회의 규율에 대한 자세한 규정도 교회 전통에서 나온 것이다. 이 전통적인 자료는 그 자체로는 일관성이 없기에, 디모데전서(목회서신 전체와 마찬가지로)를 위한 교회 질서에 관한 출처로 채택하는 것은 가능하지 않을 것이다. 디모데전서에는 규정 전통 이외에도 케리그마 공식문(딤전 2:5-6), 그리스도 찬가(딤전 3:16) 및 안수에 관한 권면의 요소(딤전 6:13-14)가 포함되어 있다. 디도서 3:3-7은 갈라디아서 4:3-7을 언급한다. 디도서 1:5-9의 장로 및 감독 임명에 관한 지시와 디도서 2:1-10의 교회의 규범은 교회 전통에서 비롯된다.

디모데후서는 로마서 1:8-15를 따른다. 디모데후서 1:7과 로마서 8:15 사이에, 디모데후서 1:8과 로마서 1:16, 디모데후서 2:8과 로마서 1:3, 디모데후서 2:4-6과 고린도전서 9:7, 그리고 디모데후서 2:11-13과 로마서 6:3-4 사이에 명확한 연결이 보인다. 디모데후서의 바울에 대한 회상은 확실히 부분적으로는 교회에서 전승된 개인 전통에 근거하고 있다.(참조.

---

224 포괄적인 목록에 관하여는 R. Reuter, Synopse zu den Briefen des Neuen Testaments II, Frankfurt 1998, 40-592를 참조하라.

225 참조. J. Roloff, 1 Tim, 40.

딤후 1:3, 4:16-18)

바울서신에 대한 지식과 사용, 살아 있는 교회 전통의 수용은 상호 배타적이라기보다는 목회서신에서 서로를 보완하는 것이다. 이러한 관계는 1세기 말엽의 바울 전통을 다루는 특징으로 보아야 한다.

5.5.8 종교사적 위치

목회서신은 교회 내부의 매우 다양한 요소가 혼재한 이단과 싸운다. 이단의 교사들은 자신들이 '지식'(γνῶσις)을 지니고 있다고 주장한다.(딤전 6:20-21, 딤전 4:3, 딤후 3:7, 딛 1:16) 결혼과 특정 음식에 대한 금욕적인 요구는 초기 형태의 그리스도교 영지주의의 방향을 가리키기도 한다.(딤전 4:3, 이것에 대하여 NHC IX/3 29, 20 이하; 이레네우스, Haer I 24, 2, 28, 1. 4) 부활이 이미 일어났다는 적대자의 주장과 영지주의적 유사점을 찾을 수도 있다.(딤후 2:18; NHC I/4 49, 15 이하; NHC II/3 104, 15-19; 121:1-8) 디모데전서 1:4, 4:7, 디모데후서 4:4, 디도서 1:14, 3:9에 따르면 거짓 가르침에는 신화와 끝없는 족보가 속한다. 마찬가지로 영지주의 텍스트에도 수많은 신화적 추측이 있다.

유대적 요소도 이단을 형성했다. 그래서 적대자는 율법 선생이라고 주장한다.(딤전 1:7, 딛 1:9) 디도서 1:10에 따르면 유혹하는 사람들은 할례파이고, 디도서 1:14에서는 신화적인 사변가들을 '유대인의 허탄한 이야기'(Ἰουδαϊκοὶ μύθοι)라고 한다. 아마 적대적 가르침이 외부에서 교회로 침투하지는 않았을 것이다. 이 가르침의 대표자는 교회 집회에서 공개적으로 등장했기 때문이다.(참조. 딤후 2:16, 25, 3:8, 딛 1:9, 3:9) 그들은 교회 내에서 상당한 성공을 거두었으며, 가정 전체가 새로운 교리를 받아들였다. 이 가르침은 교회의 부유한 여성들을 다수의 추종자로 삼았다.(참조. 딤후 3:6) 또한 디모데전서 1:20, 디모데후서 2:17, 4:14의 이름 언급은 이단이 교회 내의 일부 사람에 의해 수행되었음을 보여준다.

적대적 가르침[226]은 종교사적으로 대부분 유대계-그리스도교의 영지주의의 한 형태로 분류된다.[227] 이 주장에서 유대적 요소는 이단의 구성적인 부분이며, 종종 영지주의의 유대 기원이 가정된다. 그러나 이 가정에 대하여는 논란이 많다. 유대교 신앙의 핵심 요소(엄격한 유일신 신앙, 창조주 하나님, 창조에 대한 긍정적 평가)는 영지주의 체제의 기본적인 반창조적 태도와 결합하기 어려울 수 있기 때문이다. 더욱이 유대 요소를 이단의 주변적 현상으로만 분류한다면, 적대적 가르침을 그리스도교 영지주의의 초기 형태로 보는 것이 타당해 보인다.[228] 적대적 가르침의 금욕적인 경향은 목회서신의 이단이 금욕적(enkratitisch) 방랑 예언자에 기인한다는 의심으로 이어졌다.[229] 그러나 '지식'을 끌어대는 것과 신화와 끝없는 족보에 대한 집착은 이 설명 모델에 통합될 수 없다.[230]

---

226 연구 보고서는 J. J. Gunther, St. Paul's Opponents(위 2.6.8을 보라.), 4-5를 참조하라. 군터는 서로 다른 적대자를 17가지로 구분한다. 양식사에 관하여는 E. Schlarb, Gesunde Lehre, 73-82를 참조하라.

227 참조 l. M. Dibelius, Past, 53; W. G. Kümmel, Einleitung, 333f.; W. Schmithals, Gnosis und Neues Testament(위 2.6.8을 보라.), 93f.; N. Brox, Past, 33ff.; G. Haufe, Gnostische Irrlehre, 332f.; H. M. Schenke/K. M. Fischer, Einleitung, 219f. 또한 헤프너는 유대계 그리스도교와 영지주의적 요소가 뒤섞인 적대자의 가르침을 전하는 단일 그룹을 가정한다.[G. Häfner, "Die Pastoralbriefe," Ebner/Schreiber (Hg.), Einleitung in das Neue Testament, Stuttgart 2008, 463-65.] 헤르쩌는 통일된 적대적 전선에 찬성하지 않는다.[J. Herzer, "Juden-Christen-Gnostiker. Zur Gegnerproblematik der Pastoralbriefe," BThZ 25 (2008): 143-68.] 오히려 디도서에는 크레타인의 맥락에서 유대적 영향이 있을 것이다.(딛 1:2) 반면에 디모데후서는 바울의 종말론을 올바로 이해하려는 논쟁의 맥락에서 읽어야 한다.(딤후 2:17f.) 디모데전서는 영지주의의 영향을 드러낸다.(딤전 6:20)

228 참조. J. Roloff, 1 Tim, 228-39; M. Wolter, Pastoralbriefe als Paulustradition, 265f.; H. Merkel, Past, 10, 13; L. Oberlinner, Tit., 52-73.

229 참조. G. Kretschmar, Glaube, 117, 138; U. B. Müller, Zur frühchristlichen Theologiegeschichte(위 5를 보라.), 58ff. 뮐러는 두 적대자 그룹을 생각한다. (1) 금욕적인 유대계 그리스도교 방랑 예언자, (2) 열광주의적 바울주의자

230 비판에 관하여는 M. Wolter, Pastoralbriefe als Paulustradition, 261-64를 참조하라.

따라서 종교사적 관점에서 볼 때, 목회서신이 투쟁하는 가르침은 유대 요소가 내용을 결정하기보다는 교회 안으로 흘러 들어간 초기 형태의 그리스도교 영지주의이다. 적대자는 분명하게 현재의 구원에 대한 단호한 이해를 드러냈으며, 이는 아마도 세례와 그와 관련된 영의 소유에 대한 해석에서 비롯되었을 것이다. 적대적 가르침의 금욕적 경향은 현존하는 세계가 감옥의 장소로 인식되었음을 나타내고, 영지주의자는 구원하는 신에 관한 지식을 통해 자신을 해방시키려고 했다. [적대적 가르침에서] 창조와 창조주 하나님은 부정적으로 평가를 받으며, 적대적 가르침의 유일한 목적은 오직 적대적인 물질 세계를 극복하는 것이었다. 이에 반해 디모데전서 4:4-5는 흠이 없는 하나님의 선한 창조 사역을 강조한다. 거짓 교사의 선교는 주로 소규모 가정교회에서 이루어졌는데(딤후 3:6 이하), 이는 영지주의 가르침의 밀의의 특성과 일맥상통한다. 소아시아에 있는 교회의 거짓 가르침에 대한 요한계시록의 진술(참조. 계 2:6, 14, 15, 20, 24)은 시간과 내용면에서 이 적대적 가르침에 가장 가깝다.

5.5.9 신학적 기본 사상

목회서신의 신학적 기초는 사도이자 교사인 바울에 대한 회고이다. 바울은 하나님의 뜻에 따라 예수 그리스도로부터 위임받은 사도이며 복음의 사역자이다.(참조. 딤전 1:1, 2:7, 딛 1:1, 딤후 1:1, 11) 바울의 사도직은 모든 민족에게 적용(참조. 딤전 2:7, 딤후 4:17)되며, 바울은 하나님이 그에게 맡기신 복음을 그들에게 선포(딤전 1:11, 2:6-7, 딤후 1:10-11, 12, 딛 1:3)한다. 목회서신에서 복음은 교회의 가장 귀중한 보물이 '맡겨진 것'(παραθήκη)이다.(참조. 딤전 6:20-21, 딤후 1:12, 14) 구원의 사건은 복음에서 선포되었으며, 이제 복음은 사도적 가르침으로 보존되어야 한다.

복음의 선포자이자 전통의 보증자인 바울은 목회서신에서 교사로 등장한다. 교사 바울은 건전한 교리로 회중을 가르친다.(참조. 딛 2:1) 복음은 이 가르침에 속하지만(참조. 딛 2:11-14), '맡겨진 것'(παραθήκη)은 목회서신에서 선포와 윤리적 가르침으로서 교회에 위탁한 전체를 칭한다. 거짓 교사가 거짓 가르침으로 회중을 분열시키는 동안, 디모데와 디도와 언급된 교회는 원래의 가르침과 성서를 굳게 지켜야 한다.(참조. 딤전 1:3-7, 6:3-5, 딤후 3:10-12, 15-16, 딛 1:10-2:15) 목회서신의 저자는 회중이 이단을 다루는 것을 금지하고, 토론이 아니라 거리를 둘 것을 요구한다.(참조. 딤전 6:20, 딤후 2:14, 16, 23, 3:5, 딛 3:9-11) 오랫동안 목회서신은 공적 지시로 읽혔으며(참조. 예를 들어 딤전 2:1, 8, 12, 3:2, 7, 딛 2:1, 15, 딤후 1:13-14, 2:1, 14, 22-23, 3:10) 무엇보다도 그 지시를 준수하는 것이 이단을 밀어내는 것이다.

신앙의 원형인 바울은 교회의 모범이다.(참조. 딤전 1:15-16) 교회는 가르침과 생활과 믿음과 고난에서도 사도를 따라야 한다.(참조. 딤후 3:10-11, 1:13) 바울이 본문에서 디모데의 모범으로 나타난 것처럼 디모데는 교회의 모범으로 제시된다.(참조. 딤전 4:12, 딤후 3:10-11, 또한 딛 2:7) 신앙에 있어서 디모데와 디도는 사도의 자녀이기 때문에(참조. 딤전 1:2, 18, 딤후 1:2, 2:1, 딛 1:4) 바울의 모범은 교회의 직분자에게 나타난다. 대체로 목회서신은 설교자, 교사, 목회자 및 교회 행정가로서 교회를 위해 싸우는 바울의 매우 강력한 모습을 소개한다. 바울은 사도이자 교회의 권위자이며 동시에 그리스도인의 이상형이다. 목회서신의 저자는 교회 안에서 자신의 탁월한 위치를 정당화할 필요가 없었으며, 오히려 생생한 바울 전통의 맥락을 기록했다.

교회를 이끄는 직분[231]에 대한 목회서신의 진술은 바울의 인격과 밀접하게 연결되어 있다. 바울과 연결하는 것은 교회의 지도력에 권위를 부여한다. 하나님이 바울에게 맡기신 복음의 사역(참조. 딤전 1:12)은 이제 사도의 부재 상황에서 디모데와 디도를 교회 지도자의 원형으로 인식하게 한다.

---

231 참조. J. Roloff, 1 Tim, 169-89; H. Merkel, Past, 90-93; L. Oberlinner, Tit, 74-101.

범사에 바울이 복음의 진리에 헌신한 것처럼 교회의 지도자도 바울이 선포한 전통을 지키는 임무를 지닌다.(참조. 딤전 6:20, 딤후 1:2, 14) 목회서신의 저자는 (공동체에 이미 존재하는)[232] 두 가지 규정의 형식을 결합하고 재해석해야 하는 과제에 직면했다. 목회서신에는 장로의 규정(딤전 5:17-18, 19, 딛 1:5-6)과 감독과 집사의 의무(딤전 3:2-13, 딛 1:7-9)에 대한 진술이 있다. 장로의 직분과 감독/집사 직분의 통합은 1세기 말에 여러 번 확인된다.(참조. 행 14:23, 20:17, 벧전 5:1-5, 1 Klem 40-44장) 유대 전통에서 유래한 장로의 직분[233]은 남자의 나이와 성숙함을 결정적인 자격으로 본다. 바울(의 서신)에 이 직책이 나타나지 않는 이유는 그에게 늙음은 은사가 아니며 모든 기능과 사역은 성령의 권위로 말미암은 것이기 때문이다.(참조. 고전 12:28-31)[234] 바울의 사역 말기 서신인 빌립보서는 '감독'(ἐπίσκοπος)과

232 롤로프에 따르면 저자는 새로운 직분을 도입하지 않고 "우선 기존의 직분과 봉사를 전체적인 관점에서 최대한 통합하고 보다 심층적인 재해석을 통해 직무와 요구 사항에 부합하도록 재설계하는 것에 관심을 둔다. 그의 교회 상황이 그것을 가능하게 한다."(J. Roloff, 1 Tim, 170.) 반면에 메르켈에 따르면 목회서신의 교회 직분에 대한 긴장된 진술은 "가장 간단하게 추측해보면, 장로의 직분이 교회에 알려져 있었고, 반면에 서신의 저자는 감독/집사 모델을 소개하려고 한다."라는 것이다.(H. Merkel, Past, 13.) 오버린너에 따르면 목회서신의 저자는 "감독은 교회의 책임 있는 지도자로 인정되는 동시에 다른 직분자보다 위에 있는, 권위로 인정되는 교회 구조"를 옹호한다.(L. Oberliner, Tit, 91.) 이것은 마치 장로들과 집사들과 여집사들이 임명된 직임으로 인정되는 것과 같다. 이 모델을 비판하는 코흐는 융합의 논제를 거절한다. "바울의 감독 헌장도 없었고, 장로의 직분도 기원후 1세기와 2세기의 유대교 회당 공동체의 특징이 아니다. 따라서 목회서신의 조직 및 직분의 구조는 3세대의 새로운 초안이다."[D.-A. Koch, "Die Einmaligkeit des Anfangs und die Fortdauer der Institution," Die kleine Prophetin Kirche leiten (FS G. Noltensmeier), hg. v. M. Böttcher/A. Schilberg/A.-Chr. Tübler, Wuppertal 2005, (157-68) 167.]

233 A. Deissmann, Licht vom Osten(위 2.3.1을 보라.), 378-80에서 기원후 70년 예루살렘의 비문을 참조하라. 더욱이 사도행전 1:30, 14:23, 15:2, 4, 22f., 야고보서 5:14도 참조하라.

234 목회서신의 성령에 관한 희박한 진술에 관하여는 M. Wolter, Pastoralbriefe als

'집사'(διάκονος, 빌 1:1)의 봉사를 언급한다. 분명 감독들은 초기에 가정교회의 지도자로서 각 지역교회에서 다양한 책임을 맡았다. '집사들' 또한 성찬례와 가난한 자를 돌보는 일을 하며 교회 안에서 기능을 수행했다.(참조. 막 10:43-44, 고후 3:6, 4:1, 5:18) 목회서신이 이 두 규정을 나란히 싣고 있는 것은 서신의 저자가 추구한 질서에 관해 질문을 제기한다. 두 규정의 구조와 융합은 분명 저자의 목표가 아니었다. 디도서 1:5-9에서 두 명령이 실제로 연결되지 않고 나란히 드러나기 때문이다. 오히려 목회서신의 저자는 감독과 집사의 질서를 선호한다.[235] 디모데전서 3:1에 따르면 감독직은 얻고자 힘써야 할 선한 일이다. 감독은 더 이상 가정교회만을 관장하는 것이 아니라 집사와 책임 있는 장로가 함께하는 지역교회를 이끄는 역할을 맡고 있다. 디모데전서 4:14에서 디모데의 안수는 감독직의 바람직한 재조직과 장로 회의에 대한 점진적인 극복을 예시한다. 비록 장로가 디모데 위에 손을 얹었지만(디모데후서 1:6에 따르면 디모데는 바울에 의해 안수를 받았다.), 그는 전체 교회의 감독으로 안수받았다.[236] 마지막으로 중요한 것은 이단의 발생으로 말미암아 제대로 기능하는 리더십 직분을 세우는 것이 가속화되었다는 점이다. 감독은 전체 교회를 책임져야 했기 때문이다.(참조. 딤전 5:1-22) 교회는 거룩한 건물과 하나님 위에 세워진 기관이다. 예수 그리스도 안에 계시되고 유일한 구원 진리가 현존하는 곳이 교회이다.(참조. 딤전 3:15-16, 딤후 2:19-21) 교회는 거짓 가르침에 맞서야 한다. 그럼에도 불구하고 법적 범주는 감독의 본질을 포착하지 못한다. 감독은 영적 직분이며, 그의 가르치는 능력은 교회 지도자의 자격을 지닌다.(딤전 3:2, 딛

Paulustradition, 41ff.를 참조하라.

235 참조. J. Roloff, 1 Tim, 175.

236 참조. H. v. Lips, Glaube-Gemeinde-Amt, 279. "직분자에 대한 권한 및 능력 부여로서의 안수의 중요성은 한편으로는 지역사회에서 그의 공식적인 기능과 권위 표방을 목표로 하고, 다른 한편으로는 공식적으로 전통과의 연속성을 갖게 함으로써 전통을 보존하는 것을 목표로 한다."

1:9) 감독은 올바른 가르침을 고수하고 적대자들에게 저항하는 하나님의 청지기(딛 1:7-9)이다. 사도가 복음으로 교회를 인도한 것처럼, 이제 사도의 지시를 받은 제자가 이 일에 착수한다.(참조. 딤전 4:11, 13, 16, 딤후 1:13, 2:24, 3:10, 14-17, 딛 2:1) 사도가 없는 상황이지만, 그가 선포한 복음과 교회를 향한 지칠 줄 모르는 봉사는 사도의 제자에게 봉사의 규범으로 남아 있으며, 이에 따라 교회의 지도자는 방향을 잡는다. 하나님의 영으로 충만한 성서(참조. 딤후 3:16)로서 목회서신은 교회에 의무를 지우는 사도 바울의 뜻을 포괄적이고 결정적으로 서술한다.

목회서신은 사리분별력이 있고 덕목이 있는 믿음의 삶, 사랑의 행위, 인내, 겸손, 환대 및 폭넓은 자선이 특징인 삶과 경건을 전파한다.(참조. 딤전 2:2, 4:7, 12, 6:6-11, 17-19, 딤후 1:7, 2:22, 3:10, 딛 1:8, 2:1-2, 6, 11-13, 3:4-7) 목회서신의 저자는 당대의 관습적 규범을 지향하는데, 그의 목표는 교회의 사회적 편입이다.(참조. 딤전 2:2) 그러므로 감독은 비그리스도인들에게 좋은 평판을 얻어야 하고(딤전 3:7), 여자에게는 가르치는 것이 허용되지 않으며(딤전 2:12), 종은 주인을 공경하고(딤전 6:1) 복종해야(딛 2:9) 한다. 목회서신의 교회에서는 기본적으로 사도 바울에 대한 근본적인 언급과 이방인의 윤리에 동시 적응하는 것에 분명히 모순이 없었다. 둘 다 교회의 정체성과 안정을 위한 전제 조건이었다. 거짓 교사가 공동체에 새로운 정체성을 부여하려고 바울에 대한 언급에 의문을 제기함과 동시에 탈세속화를 전파했다면, 이러한 사회적 고립과 전통과의 단절은 교회의 존재를 위태롭게 했을 것이다.

목회서신의 저자는 그의 특별한 역사적 상황에서 바울 신학의 진정한 요소와도 연결된다. 디도서 3:3-7, 디모데후서 1:8-10은 바울의 칭의론의 본질을 정확히 반영한다. 하나님은 율법의 행위 없이 오직 은혜로 사람을 의롭다고 칭한다.(참조. 갈 2:16, 롬 3:21 이하) 디도서 3:5의 세례와 의의 관계는 고린도전서 6:11, 로마서 6장에도 등장한다. 목회서신에서 지배적인 명령형은 디도서 3:3-7에서는 직설법에 고정되어 있다. 세 서신을 지배하는 직분자와 전체 교회의 롤 모델로 바울을 묘사하는 것도 바울 사도가 자신을 교회의 롤 모델로 반복해서 추천하는 바울서신에서 그 모티브를 가져왔다.(참조. 살전 1:6-7, 고전 4:16-17, 11:1, 갈 4:12, 빌 3:17, 4:9) 반면에 목회서신의 성령론은 분명 신학적으로 부족하고, 영적인 진술을 거의 하지 않는다. 성령이 오직 직분자에게 국한된 것은 아니지만(참조. 딛 3:5), 그들은 분명 구별되는 영을 지닌 사람들이다.(참조. 딤후 1:6, 14, 딤전 4:14) 영적 및 법적 제도적 행위로서의 안수는 직분자의 권위와 전통의 보존을 동시에 목표로 한다.[237] 종말론적 진술은 후퇴하며, 파루시아는 '기약이 이르면'(딤전 6:15) 일어난다. 이러한 상황은 교회를 위한 견고한 기초, 즉 건전한 교리를 요구한다.(참조. 딤후 4:1, 2-3) 목회서신의 종말론은 불확실한 것(Unbestimmte)이 아니라 항상성(Beständige)이 특징이다.

분명 목회서신은 사도의 사역 마지막에 초점을 맞춘 독자적인 바울 서사의 일부이다. 교회가 사도행전을 알지 못했다면, – 진정성 있는 바울서신에 대한 지식에서 – 바울의 생애 마지막에 관한 주요 질문이 제기되거나 불분명했을 것이다. 이 사실에 대해 목회서신은 사도의 마지막 사역을 그들 자신의 현재 교회 상황과 연결함으로써 대답한다.

5.5.10 최근 연구 경향

목회서신은 종종 바울 신학을 표준으로 하여 측정되었으며, 부정적 신학 발전의 산물로 평가되었다. 그래서 슐츠(S. Schulz)는 시대사적 필연성은 인정하지만 목회서신 신학의 적절성은 인정하지 않는다. "초기 공교회의 직분, 사도적 계승 및 전통 이해, 그리스도교 형제애의 이상, 경건한 삶 등의 주제에 대한 영향사를 살펴보면, 우리는 바울을 위해 이 초기 공교회의 발전을 정확하게 이해할 수 없지만, 오히려 바울 이해로 돌아가서 초기 공교회의

237 참조. H. v. Lips, Glaube-Gemeinde-Amt, 277ff.

발전을 이해해야 할 것이다."[238] 최근 연구에서는 더 이상 전반적인 비판은 하지 않지만, 목회서신의 특수한 역사적 상황과 신학적 성취를 정당하게 평가하려고 노력한다. 여기서 초점은 바울을 받아들이는 목회서신의 의도이다. 롤로프(J. Roloff)는 강조하기를, 목회서신의 저자는 엄격한 전통의 원리를 실천하는 것이 결코 아니라 "전해오는 것을 적절히 해석하여 새로운 상황에 적용하는 것이라고 한다. 바울의 가르침은 교회가 역사 속에서 복음을 접하는 통로이다. 바울의 가르침만이 구속력 있는 지시와 인도를 기대할 수 있는 권위이다. 교회는 이러한 확신에서 실제로 사도의 가르침을 다루는 모델을 개발했다. 이 발전 과정은 바울의 진정한 서신에서 이미 준비되었지만, 결코 당연한 발전 과정은 아니었다. 사도의 가르침이 교회 선포의 주제가 된다."[239] 볼터(M. Wolter)는 목회서신의 교회에서 바울의 영향력을 언급한다. "바울은 목회서신의 저자와 원래 그의 교회에게 단순한 권위 이상이었다. 바울은 그 교회의 그리스도교 정체성의 필수불가결한 부분이었다."[240] 목회서신은 모든 그리스도교 교회에 존재하는 문제를 해결하려고 시도했다. "그것은 교회의 역사적 현재가 변화하고, 외부로부터의 이질적인 침투로 더욱 증대되는 정체성 상실의 위협이 있다는 점에서 규범적인 것을 지향하기 시작한 것이다."[241] 이러한 해석의 맥락에서 목회서신의 직분론은 신학적으로 논쟁의 여지를 잃는다. 감독직 구성은 역사적으로 필요하고 신학적으로 정당한 정체성을 보증하는 필수적인 도구이기 때문이다. 목회서신의 교회론은 전통이나 직분의 관념으로 설계되지 않았다. "교회의 시각에서 결정적 요인은 목회서신에서도 마찬가지로 그리스도 사건이다."[242]

목회서신의 윤리를 전반적으로 '부르주아'라고 낙인찍을 수는 없다.

---

238 S. Schulz, Die Mitte der Schrift, Stuttgart 1976, 109.

239 J. Roloff, 1 Tim, 377f.

240 M. Wolter, Pastoralbriefe als Paulustradition, 270.

241 같은 곳.

242 J. Roloff, 1 Tim, 216.

"때때로 목회서신은 바울 자신에게서 전혀 기대하지 않은 곳에서 바울에게서 시작되는 사상과 경향의 발전을 거의 기대하지 않는 곳에서만 제시한다."[243]

진정한 바울 신학에 대한 목회서신의 근접성은 다르게 평가된다. 메르켈(H. Merkel)은 서신을 전적으로 바울의 노선을 따라 관찰한다. "목회서신의 신학적 기초는 칭의 교리이다."[244] 반면에 롤로프는 목회서신에 바울의 칭의 교리가 상당히 축소되었다고 본다. 그 서신들은 "한편으로는 죄와 율법과 율법의 행위, 다른 한편으로는 그리스도와 은혜와 믿음 사이의 긴장 영역, 곧 바울의 칭의론이 있는 영역을 더 이상 인식하지 못한다.…"[245] 브록스(N. Brox)의 판단에 따르면 목회서신은 "실천적 그리스도교의 지침보다도 덜 독립적이고 덜 독창적인 신학을 제공한다."[246] 종종 주장되는 신학적 전문지식의 결여에 대해 도넬슨(L. R. Donelson)은 목회서신의 폐쇄적 그리고 숙고된 논증을 제시한다. 도넬슨은 아리스토텔레스적 논리에 전념한다.[247] "예수에게 접근할 수 없고 성령이 상대적으로 침묵한다는 신학적 사실을 고려할 때, 이 서신들은 교육받고 안수받은 성직자가 합리적이고 도덕적인 그리스도교의 해석을 제공하고 있음을 시사한다."[248]

목회서신의 그리스도론은 새롭게 평가된다. 래거(K. Läger)와 스테틀러(H. Stettler)의 연구에 따르면 목회서신은 사색적이면서 구원론적으로 강조된 그리스도론을 가지고 있으며, 이 그리스도론은 예수 그리스도를 하나님 곁에 있던 선재자이자 동시에 하나님이 보낸 모든 사람의 구원자로 이해한다. 목회서신은 '구원자'(σωτήρ) 및 '현현'(ἐπιφάνεια)이라는 용어를 사용하여 예수 그리스도 안에 있는 과거, 현재, 미래의 사람에게 하나님의 은혜

---

243 M. Reiser, Bürgerliches Christentum?, 43.

244 H. Merkel, Past, 14.

245 J. Roloff, 1 Tim, 380.

246 N. Brox, Past, 50.

247 참조. L. R. Donelson, Pseudepigraphy, 67-113.

248 위의 책, 201.

로운 돌이키심을 명확히 하기 위해 헬레니즘 세계를 향한 그리스도론을 '번역'한다.

본문(Corpus)이론, 즉 세 개의 목회서신이 모두 처음부터 한 저자에 의해 구상되고 작성되었는지에 관한 질문이 최근 연구의 중심이 되고 있다. 해프너(G. Häfner)가 본문이론을 다시 주장하고 세 서신을 모두 차명문서로 간주한다면,[249] 헤르쩌(J. Herzer)는 각 서신의 차이점을 지적하고 세 명의 다른 저자가 (디도서-디모데후서-디모데전서 순서로) 그것을 썼다고 가정한다. 세 서신의 유사점은 저자들이 이전 편지(들)를 참조한다는 사실이다. 헤르쩌는 디모데전서를 차명문서로 분류하지만, 디도서와 디모데후서는 진정한 바울서신의 방향으로 재정의하려고 한다.

목회서신(전체적으로 또는 개별적으로)을 바울의 것으로 돌리려는 시도(주로 북미권에서 나온)는 다소 설득력이 있다. 이와는 달리, 언급한 수많은 개별 주장 외에도 무엇보다 명확하게 인식할 수 있는 목회서신의 신학사적 위치는 기원후 1세기 말/2세기 초에 집필되었음을 나타낸다. 강력한 내부(그리고 아마도 외부) 위협에 직면하여 소아시아의 주요 도시 교회에서 그리스도교를 안정시키려는 그들의 노력 면에서 목회서신은 진지하게 받아들여져야 한다. 목회서신은 교회의 직분과 정경화를 통해 구성된 교회의 중요한 단계를 나타낸다. 상호본문성의 연구는 목회서신과 같은 차명 저작의 동기와 전략을 규명하려고 시도하기 때문에 목회서신의 이해에서 매우 중요하다. 메르츠(A. Merz)는 목회서신을 바울의 '허구적 자기 해석'으로 이해하는데, 여기서 상호본문적 의미 구성은 허구적 자기 참조를 통해 이루어진다. 목회서신은 "그 존재와 가능한 효과에 대해 권위 있는 앞선 본문들의 신세를 지고 있다. 서신들은 독자들을 의도적으로 속이는 다양한 전략을 통해 일련의 바울서신에 자신을 배치하고, 심지어 허구의 방식(유언의 성격,

249 참조. G. Häfner, "Das Corpus Pastorale als literarisches Konstrukt," ThQ 187 (2007): 258-73.

지정된 후계자에게 일반적인 교회 지침을 전달하는 방법인 이중 차명성 등)을 통해 바울의 유산에 대한 최종 해석을 주장하기도 한다."[250]

보론 3: 바울서신의 수집과 정경의 형성

참고문헌

A. v. Harnack, Die Briefsammlung des Apostels Paulus und die anderen vorkonstantinischen christlichen Briefsammlungen, Leipzig 1926. • H. Lietzmann, "Einführung in die Textgeschichte der Paulusbriefe," ders., An die Römer(위 2.8.1을 보라.), 1-18. • C. L. Mitton, The Formation of the Pauline Corpus of Letters, London 1955. • W. Schmithals, Zur Abfassung und ältesten Sammlung der paulinischen Hauptbriefe, ZNW 51 (1960), 225-45. • H. Gamble, The Redaction of the Pauline Letters and the Formation of the Pauline Corpus, JBL 94 (1975), 403-18. • K. Aland, "Die Entstehung des Corpus Paulinum," ders., Neutestamentliche Entwürfe, TB 63, München 1979, 302-50. • A. Sand, "Überlieferung und Sammlung der Paulusbriefe," K. Kertelge (Hg.), Paulus in den neutestamentlichen Spätschriften(위 5를 보라.), 11-24. • D. Trobisch, Die Entstehung der Paulusbriefsammlung, NTOA 10, Freiburg (H)/Göttingen 1989. • U. Schmid, Marcion und sein Apostolos, ANTT 25, Berlin 1995.

신약 정경의 역사

Th. Zahn, Geschichte des Neutestamentlichen Kanons I. II, Leipzig-Erlangen 1888. 1892. • A. (v.) Harnack, Das Neue Testament um das Jahr 200, Freiburg 1889. • H. Lietzmann, "Wie wurden die Bücher des neuen Testaments heilige Schrift?," ders., Kleine Schriften II, hg. v. K. Aland, TU 68, Berlin 1958(=1907), 15-98. • J. Leipoldt, Geschichte des neutestamentlichen Kanons I. II, Leipzig 1907. 1908. • A. Jülicher (- E. Fascher), Einleitung, 451-558. • H. v. Campenhausen, Die Entstehung der christlichen Bibel, BHTh 39, Tübingen 1968. • W. G. Kümmel, Einleitung, 420-51. • E. Käsemann (Hg.), Das Neue Testament als Kanon, Göttingen 1970. • K. H. Ohlig, Die theologische Begründung des neutestamentli-

250 A. Merz, Selbstauslegung, 383f.

chen Kanons in der Alten Kirche, Düsseldorf 1972. • A. Sand, Kanon. Von den Anfängen bis zum Fragmentum Muratorianum, HDG I 3a(1), Freiburg 1974. • W. Schneemelcher, Art. Bibel III, TRE 6 (1980), 22–48. • D. Lührmann, Gal 2, 9 und die katholischen Briefe. Bemerkungen zum Kanon und zur regula fidei, ZNW 72 (1981), 65–87. • W. Schneemelcher, "Haupteinleitung," ders., Neutestamentliche Apokryphen I(위 3.5.2를 보라.), 1–61. • H. Y. Gamble, The New Testament Canon. Its Making and Meaning, Philadelphia 1985. • O. Merk, Art. Bibelkanon 2, EKL 1 (1986), 470–74. • A. M. Ritter, "Die Entstehung des neutestamentlichen Kanons: Selbstdurchsetzung oder autoritative Entscheidung?," anon und Zensur, hg.v. A. u. J. Assmann, München 1987, 93–99. • F. Stuhlhofer, Der Gebrauch der Bibel von Jesus bis Euseb. Eine statistische Untersuchung zur Kanonsgeschichte, Wuppertal 1988. • H. Paulsen, "Sola scriptura und das Kanonproblem," Sola scriptura, hg. v. H. H. Schmid u./J. Mehlhausen, Gütersloh 1991, 61–78. • Th. Söding, "Erweis des Geistes und der Kraft. Der theologische Anspruch der paulinischen Evangeliumsverkündigung und die Anfänge der neutestamentlichen Kanons-Bildung," ders., Das Wort vom Kreuz(위 2.5.1을 보라.), 196–221. • A. F. J. Klijn, Die Entstehungsgeschichte des Neuen Testaments, ANRW II 26. 1, Berlin 1992, 64–97. • B. M. Metzger, Der Kanon des Neuen Testaments, Düsseldorf 1993. • D. Trobisch, Die Endredaktion des Neuen Testaments, NTOA 31, Freiburg (H)/Göttingen 1996. • J. Barton, Holy Writings, Sacred Text. The Canon in Early Christianity, Louisville 1997. • Th. K. Heckel, Vom Evangelium des Markus zum viergestaltigen Evangelium, WUNT 120, Tübingen 999. • U. Schmid, Die Buchwerdung des Neuen Testaments, WuD 27 (2003), 217–32. • H. v. Lips Der neutestamentliche Kanon, Zürich 2004. • Silke Petersen, Die Evangelien und die Entstehung des neutestamentlichen Kanons, ZNW 97 (2006), 250–74. • D. R. Nienhuis, Not by Paul Alone. The Formation of the Catholic Epistle Collection and the Christian Canon, Waco 2007.

연구 보고서

Th. K. Heckel, "Neuere Arbeiten zum Neutestamentlichen Kanon," ThR 68 (2003): 286–312, 441–59.

바울서신은 처음부터 교회에서 큰 소리로 낭독되었고(참조. 살전 5:27, 롬 16:16), 수신자는 원본을 직접 받아 보았다.(참조. 갈 6:11) 갈라디아서 1:2의 복수형 '갈라디아의 교회들에게'[ταῖς ἐκκλησίαις τῆς (Γαλατίας)]와 고린도후서 1:1b('고린도와 아가야의 모든 성도')의 인사말에서 보여주듯이 사도는 자신의 서신이 계속 전달되는 것을 염두에 두었다. 각 교회 간의 바울서신 교환은 골로새서 4:16에서 확인된다. 아마도 바울서신을 의식적으로 수집했다는 첫 번째 표시일 것이다. 데살로니가후서 2:2, 3:17에서는 '위조된' 바울서신의 존재가 고려되는데, 이것은 교회들 사이에 여러 바울서신이 유통되고 있었음을 전제한다. 마지막으로 베드로후서 3:15-16은 수많은 바울서신의 존재와 그것에 관한 지식이 있음을 증언한다. 바울은 그의 모든 서신에서 이해하기 어려운 것에 관해 말한다는 것이다.

심지어 바울서신을 다룬 소수의 신약성서 본문들은 그것들이 받은 높은 존경을 증언한다. 바울서신은 당시 어떤 이유로 기록되었지만, 그것은 일반적인 글쓰기 이상이었다. 바울의 부재 동안 사도를 대신한 서신은 바울의 복음과 교회생활에 필요한 윤리적 지침을 담고 있었다. 교회에서 서신은 결코 서랍 속으로 사라지지 않았다.[251] 에베소를 제외하고는 사도가 비교적 짧은 기간 동안만 교회에 머물렀기 때문에 그의 서신은 그가 살아 있는 동안에 이미 중요하게 취급되었다. 고린도후서 10:10-11에 따르면 바울서신의 설득력은 적대자에게도 찬사를 받았기 때문에 단시간에 그 효력을 잃었다고 단정할 수는 없다.

사도가 죽은 후 그의 동역자와 제자들은 새로운 교회-역사적 상황에서 바울의 유산을 보존하려는 바울 차명문서의 지지자가 되었다. 제2바울서신주의(Deuteropaulinismus)는 바울의 인격과 그의 편지에 대한 지속적인 중요성을 전제로 하므로, 바울의 편지 수집에서 핵심적인 기능을 한다.[252] 이

---

251 쉥케는 이에 반대한다. "그것(즉 바울서신)은 수취인에게 읽혀졌고, 의도된 효과가 어느 정도 있었거나 그렇지 않기도 했다. 바울서신은 담당자 중 한 사람의 보관소로 사라졌다." [H. M. Schenke(-K. M. Fischer), Einleitung I, 239.]

252 트로비쉬의 논제는 문제가 있는 것으로 간주돼야 한다.(D. Trobisch, Paulusbriefsammlung, 119-20.) 그에 따르면 바울은 스스로 자신의 편지들 모음의 기반을 닦았다는 것이다. "그는 예루살렘으로 가는 길에 에베소에서 온 사절을 다시 만난다. 그는 그들에게 로마서 한 권을 주고, 거기에 개인적인 인사와 마지막 소원을 덧붙이고, 고린도후서 한 권을 준다. 자신도 모르는 사이에 바울은 세계 문학에서 가장 널리 읽힌 서신 모음집인 '바울 서신집'(Corpus Pauli-

것은 고린도전서, 고린도후서, 빌레몬서, 로마서, 갈라디아서 및 빌립보서를 알고 있던 골로새서에 의해 이미 확인되었다.[253] 골로새서의 개정과 확장인 에베소서는 고린도전서, 로마서, 갈라디아서와도 관계하는 것으로 보인다. 데살로니가후서는 바울의 진정한 서신을 기반으로 한다. 여기서 특히 중요한 것은 목회서신의 본문이다. 저자는 고린도전서, 고린도후서, 로마서, 빌립보서, 골로새서 및 빌레몬서도 수용했다. 에베소서와 데살로니가후서는 분명 개별 저작물에 기초하고 있지만, 목회서신의 본문은 이 바울서신의 모음집을 전제로 해야 한다. 디모데후서 3:16에서 목회서신이 영감 받은 기록이라고 언급될 때, 이것은 초기 그리스도교 문헌 내에서 수집 및 구분의 과정이 있었음을 가리킨다. 따라서 트룸머(P. Trummer)의 가정은 정확하다. "목회서신은 이전 본문의 새 판본의 형성 과정에서 바울의 차명문서로만 작성되고 배포될 수 있었다. 쉽게 잊어버리는 목사의 성향과 때로는 초기 그리스도교계의 무비판적인 행동에서 그리고 매우 민감한 비판과 저항에 부딪혀야 하는 상황에서 다른 기원을 제시해야 했을 것이다."[254] 증가하는 바울의 본문은 분명 목회서신에 의해 보충되었다. 그렇게 함으로써 목회서신의 저자는 진정성을 의심받지 않는 바울서신에 더하여 바울의 살아있는 구전 전통을 끌어낼 수 있었다.

제2바울서신들은 바울 본문의 점차적 출현을 증언한다. 처음에는 작은 지역 모음집이 형성되었고,[255] 이후에는 더 큰 단위로 확장되었으며, 바울

---

num)이 중간 단계를 거쳐 성장한 모음집 의 토대를 마련했다."(D. Trobisch, 위의 책, 130.) 트로비쉬의 가정은 저자 리뷰의 논제를 기반으로 하며, 이에 따르면 바울은 스스로 자신의 편지들의 편집 최종본(작은 편지들로 구성된)에 책임이 있다.(고린도후서에 관해서는 Trobisch, 위의 책, 123-28을 참조하라.) 이렇게 하여 극도로 논쟁되는 문학비평 가설이 구축(참조. "보론 1"과 아래 2.6.6)이 역사적 가설들의 기초가 된다.

253 참조. E. Lohse, Kol(위 5.2.1을 보라.), 255f.

254 P. Trummer, Corpus Paulinum Corpus Pastorale(위 5.5.1을 보라.), 133.

255 참조. W. Bauer, Rechtgläubigkeit und Ketzerei(위 5.5.3을 보라.), 224; K.

본문은 촉매 역할을 하는 목회서신의 본문을 통해 보충되었다. 또한 고린도전서 14:33b-36, 고린도후서 6:14-7:1, 로마서 7:25b, 16:25-27 같은 주해는 바울서신의 수집과 기초적인 개정을 드러낸다. 바울의 서신을 모으는 데 외부의 자극(예를 들어 마르키온)은 필요하지 않았고[256] 오히려 그 수집은 사도의 사후에 시작된 자연스러운 과정이었다. 사도의 동역자와 그의 전통에 있는 교회들은 그의 서신들을 모았는데, 그것은 그들의 신학적 방향을 서신들에 따라 설정하기 위함이었다. 또한 바울서신은 서신의 모음과 규범적 기능을 지닌 것으로 요청하는 진실 추구(Wahrheitsanspruch)의 문제를 제기한다.(참조. 살전 1:5, 2:13, 고전 2:4, 3:11, 롬 1:16, 10:14-17)[257]

최초의 작은 서신 모음집의 규모에 대하여는 추측만 할 수 있지만, 고린도전서, 고린도후서, 로마서, 갈라디아서, 빌립보서 및 빌레몬서는 처음부터 그 일부였을 수 있다. 소아시아에 있던 바울의 이전 선교 지역도 분명 바울의 서신을 수집하는 데 결정적인 역할을 했다. 그러므로 바울의 첫 번째 편지 모음집이 에베소에 있었다고 종종 가정된다.[258] 이러한 추정에는 많은 암시가 있다. (1) 바울 학파의 소재지인 에베소 교회에는 분명히 여러 바울서신이 있었다. (2) 원래 이름이 없는 에베소서를 에베소 교회로 돌린 것은 최초 그리스도교 선교와 신학의 중심지인 이곳의 중요성을 확인시켜준다. (3) 골로새서와 목회서신은 아마도 에베소에서 기록되었을 것이며, 이것은 제2바울서신에 대한 이 교회의 중요성을 강조한다. 마지막으로 유명한 고

Aland, Corpus Paulinum, 335ff.

256 Gegen H. v. Campenhausen, Die Entstehung der christlichen Bibel, 207. "그러나 마르키온의 성서 덕분에 바울서신의 순위와 위치에 대한 추가 질문은 피할 수 없게 되었다."

257 참조. Th. Söding, Erweis des Geistes und der Kraft, 208.

258 참조. E. J. Goodspeed, The Formation of the New Testament, Chicago ^{2}1927, 28; C. L. Mitton, Formation, 44-49, 75-76; 특히 D. Trobisch, Paulusbriefsammlung, 113-17.

대 작가들의 서신 모음집은 확실히 이 다문화 도시에 알려져 있었고,[259] 사도행전 19:19는 에베소에서 책이 출판되고 있었다는 사실을 증언한다. 그러나 최초의 바울서신 모음집은 다른 지역교회에서도 출판되고 있었다.[260] 예를 들어 로마에서는[261] 로마서 외에 고린도전서가 알려져 있었고, 아마도 처음으로 바울서신 모음집에 히브리서가 포함되었을 것이다. 초기의 보다 작은 바울서신 모음집은 아마도 중복되어 출판되었을 것이고, 순차적으로 '원-본문들'(Ur-Corpora)과 더 큰 단위 본문들로 바뀌었을 것이다. 더 큰 모음집을 향한 이 과정은 세기가 바뀔 무렵 시작되었다.[262]

신약성서 외의 기록으로 기원후 96년경 로마에서 기록된 클레멘스1서는 고린도전서, 고린도후서와 로마서의 존재를 전제한다.(참조. 1 Klem 47:1-3)[263] 서신의 인사말과 결문(1 Klem 65:2)은 분명 바울서신의 형식에 기반을 두고 있다.(참조. 1 Klem 3:3/고전 4:10, 1 Klem 24장/고전 15장, 1 Klem 32:2/롬 9:5, 1 Klem 35:5-6/롬 1:29-32) 그러나 다른 바울서신을 수용했는지는 확실하게 증명할 수 없다. 아마도 클레멘스1서는 히브리서를 전제로 했을 것이다.(참조. 히 1:3-13과 1 Klem 36:2-5)[264] 그러나 히브리서를 바울의 서신으로 간주했는지는 알 수 없다. 트라야누스 통치 기간(기원후 110-117년)에 소아시아에서 짧은 기간 동안 기록된 이그나티우스의 서

---

259 고대의 서신 모음집에 관하여는 D. Trobisch, 위의 책, 84-104를 참조하라.

260 고린도가 바울서신의 본래 수집 장소라는 견해에 관하여는 다음을 참조하라. Th. Zahn, Geschichte des Neutestamentlichen Kanons I/2, 836f.; A. v. Harnack, Briefsammlung, 8-10; W. Schmithals, Zur Abfassung und ältesten Sammlung, 243-44.

261 로마를 지지하는 견해로는 H. Lietzmann, Einführung, 3을 참조하라.

262 참조. K. Aland, Corpus Paulinum, 336. '원모음집'은 기원후 80-90년 사이에 생성되었을 것이다

263 참조. A. Lindemann, Paulus im ältesten Christentum(위 5를 보라.), 177-99.

264 참조. K. Aland, "Methodische Bemerkungen zum Corpus Paulinum bei den Kirchenvätern des zweiten Jahrhunderts," Kerygma und Logos (FS C. Andresen), hg. v. A. M. Ritter, Göttingen 1979, (29-48) 33ff.

신[265]은 이그나티우스가 적어도(참조. IgnEph 12:2!) 고린도전서(참조. IgnEph 16:1/고전 6:9-10, IgnEph 18:1/고전 1:18, 20, 23, IgnRöm 5:1/고전 4:4) 및 로마서(참조. IgnEph 8:2/롬 8:5, 8-9)를 알고 있었음을 보여준다.[266] 서머나의 폴리카르포스도 여러 바울서신을 사용했다.(참조. 2 Phil 3:2, 11:3) 그는 고린도전서(참조. 2 Phil 3:2-3/고전 13:13, 2 Phil 5:3/고전 6:9-10, 2 Phil 11:2/고전 6:2)와 고린도후서(참조. 2 Phil 6:2b/고후 5:10), 갈라디아서(참조. 2 Phil 3:3/갈 6:2), 디모데전서(참조. 2 Phil 4:1/딤전 6:10a)를 알았다.[267] 그는 또한 이그나티우스의 서신 모음을 아마도 바울의 편지 모음과 유사하게 구성했을 것이다.(참조. 1 Phil)[268]

2세기의 추가적인 발전은 더 작거나 더 큰 바울서신 모음집이 처음부터 통일되지 않았음을 드러낸다. 교리적인 이유로 마르키온은 그의 신학의 기초인 갈라디아서를 모음집의 시작 부분에 배치했다.[갈/고전·후/롬/살전후/라오디게아서(=엡), 골/빌/몬] 마르키온은 고린도인에게 보낸 편지와 데살로니가인에게 보낸 편지를 하나의 단위로 세어 길이에 따라 다른 편지들을 배열했다.[269] 기원후 200년경에 나온 무라토리 경전은 아마도 그

265 이그나티우스에 의해 차명문서로 분류된 이그나티우스 모음집의 늦은 연대 설정(기원후 165-75년경)을 지지하는 견해로는 R. M. Hübner, "Thesen zur Echtheit und Datierung der sieben Briefe des Ignatius von Antiochien," ZAC 1 (1997): 44-72를 참조하라. 이에 반대하는 견해로는 다음을 참조하라. A. Lindemann, "Antwort auf die "Thesen zur Echtheit und Datierung der sieben Briefe des Ignatius von Antiochien," ZAC 1 (1997): 185-94(그는 그 서신들을 진정성이 있는 것으로 간주하고 연대를 기원후 130년경으로 설정한다.); T. Nagel, Rezeption des Johannesevangeliums(아래 8.5.1을 보라.), 207f.; W. Uebele, Die Gegner in den Briefen des Ignatius von Antiochien und in den Johannesbriefen(아래 8.4.1을 보라.), 20-27.

266 참조. A. Lindemann, Paulus im ältesten Christentum(위 5를 보라.), 199-221.

267 참조. 위의 책, 221-32.

268 참조. H. Lietzmann, Einführung, 3.

269 마르키온의 '성서'에 관하여는 A. v. Harnack, Marcion(위 5.5.3을 보라.), 35ff.를 참조하라.

가 바울서신을 열거하면서 가지고 있던 필사본을 따랐을 것이며, 고린도전서, 고린도후서, 에베소서, 빌립보서, 골로새서, 갈라디아서, 데살로니가전서, 데살로니가후서, 로마서, 빌레몬서, 디도서, 디모데전서, 디모데후서의 순서로 배열했다. 서신의 길이에 따른 배열은 P^{46}(기원후 200년경)에 존재하는 것으로 보이는데, 로마서, 히브리서, 고린도전서, 고린도후서, 에베소서, 갈라디아서, 빌립보서, 골로새서, 데살로니가전서, (데살로니가후서, 본문 파손)의 순서이다.[270]

가장 초기의 정경 목록에는 일반적으로 적용할 수 있는 배열 원칙이 나와 있지 않다. 이 점에서 바울의 본문이 아마도 고린도전서, 고린도후서, 갈라디아서, 로마서, 히브리서, 에베소서, 빌립보서 그리고 데살로니가전서, 데살로니가후서가 속한 보다 작은 모음집으로부터 형성되었을 것이라고 추측할 수 있다. 전승의 과정에서 더 많은 책이 추가되었고, 서신의 길이에 따른 배열 그리고 각 공동체에 보내는 서신과 개인에게 보내는 서신 사이의 분류는 이미 인정된 원칙이 없었다.

주의 말씀 전승과 구약의 그리스도교적 해석(칠십인역/마소라 텍스트)[271]은 최초 그리스도교 전통의 형성을 위한 출발점을 이룬다. 정경화의

270 이 사본에 관하여는 D. Trobisch, Paulusbriefsammlung, 26-28을 참조하라. 히브리서의 특이한 위치(고린도전서보다 짧음)는 로마서의 전승과 관련이 있을 수 있다.

271 리터는 고대 교회의 중요한 신학자들이 히브리어 성서 본문(오리게네스, 안디옥의 루키아노스, 히에로니무스)을 연구하기 위해 항상 노력했음을 올바르게 강조한다 (A. M. Ritter, Entstehung des Kanons, 93-94.) 고대의 정경에 관하여는 G. Wanke, Art. "Bibel I," TRE 6 (1980): 1-8을 참조하라. 고대 교회의 정경은 얌니아 회의에서 결정되지 않고 기원후 100년경부터 긴 과정을 거쳐 형성되었으며, 테두리는 아직 완전히 완료되지 않았다.[참조. G. Stemberger, Jabne und der Kanon, JBTh 3 (1988): 163-74; 또한 H. P. Rüger, Das Werden des christlichen Alten Testaments, JBTh 3, 175-89.] 아울러 Jos, Ap I 38-41; 4 Esr 14, 44-47은 기원후 1세기 말경에 고대 교회의 정경은 22(24)권을 당연하게 전제했다고 입증한다.

과정 시작 즈음에 바울의 서신 모음이 있었다.[272] 이와 함께 전통은 해석할 수 있는 첫 번째 형태를 갖추었다. 여러 방식으로 최초 그리스도교의 다른 문헌에서도 가정할 수 있는 수용 과정이 시작된다. 이 과정은 사도 교부들에게서 첫 번째 윤곽이 드러난다. 그들은 구약성서(칠십인역)를 당연하게 '성서'(γραφη)로 인용하며 바울서신 외에 다양한 방식으로 예수 전승을 받아들인다. 공관복음 전통에 대한 회상은 클레멘스1서, 디다케, 이그나티우스, 바나바서, 헤르마스의 목자서, 폴리카르포스, 클레멘스2서에서 찾을 수 있다. 예수의 말씀은 복음서들의 정경적 지위를 식별할 수 없어도 최고의 권위를 부여받았다. 클레멘스1서는 기록된 복음서를 어디서도 언급하지 않는다.[273] 공관복음(참조. 1 Klem 13:2, 46:8) 기자들과의 접촉은 구전 전

272 필자의 생각에 따르면 이것은 연대기적 이유와 바울서신의 수용 과정이 먼저 시작된다는 관찰에서 비롯된 것이다. 참조. E. J. Goodspeed, "The Editio princeps of Paul," JBL 64 (1945): 193–204; C. L. Mitton, Formation, 58ff.; A. Lindemann, Paulus im ältesten Christentum(위 5를 보라.), 33–35; F. Hahn, "Die Heilige Schrift als älteste christliche Tradition und als Kanon," ders., Exegetische Beiträge zum ökumenischen Gespräch, Göttingen 1986, 34; F. Stuhlhofer, Gebrauch der Bibel, 108–12; Th. Söding, Erweis des Geistes und der Kraft, 206. Faktisch vertritt auch Th. Zahn, Grundriß der Geschichte des Neutestamentlichen Kanons, Wuppertal ³1985(=Leipzig ²1904), 35–41, 이 입장은 정경의 가장 오래된 흔적에서 바울서신을 먼저 취급한 경우이다. 이에 반해 메츠거는 복음서가 먼저 정경적 권위를 얻었다는 논제의 증거로 인용 빈도를 언급한다.(B. M. Metzger, Der Kanon des Neuen Testaments, 243–48.) 물론 신학적 이유로 최초 그리스도교와 고대 교회에서 예수의 전통은 분명 바울의 전통보다 중요하게 취급되었다. 그러나 이러한 가치 평가는 정경화에 영향을 미칠 수 없다! 주의 말씀 모음인 복음서는 2세기 중반에 와서야 권위를 인정받았다. 바울서신에서는 이러한 과정이 훨씬 더 일찍 시작된다. 이와는 달리 짠은 기원후 80-110년에 네 권의 형태의 복음서가 이미 인정을 받고 있었다고 주장한다.(Th. Zahn, Grundriß, 41.) 헤켈은 사복음서 모음이 '대략 110–20년 사이에' 생성되었다는 사실을 주장한다.(Th. K. Heckel, Vom Evangelium des Markus zum viergestaltigen Evangelium, 353.)

273 참조. A. Lindemann, Die Clemensbriefe, HNT 17, Tübingen 1992, 18.

통으로 거슬러 올라간다. 디다케 8, 2; 11, 3; 15, 3-4에서 '복음'은 마태복음을 가리킨다.[274] 그래서 기원후 110년경에 나타난 문서[275]는 하나의 위대한 복음의 초기 권위를 증언한다. 이그나티우스는 공관복음의 전통에 익숙했지만, 그가 마태복음을 기록된 형태로 가지고 있었는가에 관해서는 논란의 여지가 있다.[276] 이그나티우스는 고정된 문학적 크기를 언급하지 않고 여러 차례 '복음'(IgnPhld 5:1, 2, 8:2,[277] 9:2, IgnSm 5:1, 7:2)에 대해 이야기한다.

폴리카르포스는 마태복음과 누가복음(참조. phil 2:3, 7:2)을 잘 알고 있었으나 두 복음서 모두 '거룩한 문서'로 작용하지는 않았다. 바나바서의 저자(기원후 130년경)가 마태복음(참조. 그러나 Barn 4:14)을 알았는지의 여부는 불확실하다. 그에게 성서는 구약이다. 헤르마스의 목자서는 공관복음 전통에 대한 언급을 포함하고 있다.(참조. sim IX 20, 1-2; mand IV 1, 1; IX 8; vis 2, 6) 저자는 기원후 140년경 로마에서 복음서를 분명히 알고 있었지만, 그것을 권위 있는 것으로 인용하지는 않았다.[278] 클레멘스2서에서 우리는 더 많은 수의 공관복음 형식의 로기온(참조. 2 Klem 2:4, 3:2, 4:2, 6:1, 2, 8:5, 9:11, 13:4)을 접하게 되며, 그중 일부는 인용 공식구(Zitationsformeln)로 나타난다. 그밖에 출처를 알 수 없는 인용문도 있다.(참조. 2 Klem 4:5, 5:2-4, 12:2, 13:2) 이 조사 결과와 클레멘스2서 8:5(λέγει γὰρ ὁ κύριος ἐν τῷ εὐαγγιλίῳ='왜냐하면 주께서 복음으로 말씀하신다.')의 도입 공식구는 클레멘스2서의 저자가 구약과 더불어 전승되지 않은 외경 복음서를 사용했다

274 참조. K. Wengst, Schriften des Urchristentums II(위 3.1.4를 보라.), 24-32.

275 참조. K. Niederwimmer, Die Didache, KAV 1, Göttingen 1989, 79.

276 참조. H. Köster, Synoptische Überlieferung bei den Apostolischen Vätern, TU 65, Berlin 1957, 24-61; H. Paulsen, Studien zur Theologie des Ignatius von Antiochien, FKDG 29, Göttingen 1978, 37-39.

277 참조. W. Bauer/H. Paulsen, IgnPhld(위 2.9.6을 보라.), 86. '증서'는 구약성서의 기록물이다.

278 참조. H. Köster, Synoptische Überlieferung, 242-56.

는 사실을 시사한다.[279] 클레멘스2서에서는 주님의 권위를 경전에 귀속시키는 경향이 분명히 보인다. 특히 파피아스는 최초 그리스도교 전통의 전승(참조. 유세비우스, HE III 39, 4)과 마가복음과 마태복음 기원의 관계(위 3.4.2/3.5.2를 보라.)에 관심을 보인다. 파피아스는 아직 살아 있는 구전 전통을 우선시한 것으로 보이며, 기록된 복음서는 아직 그에게는 권위 있는 위치에 있지 않았다.[280]

이 이미지는 기원후 2세기 중엽에 점차 변화한다. 유스티누스(Justinus, 기원후 165년경 사망)는 그의 독자들에게 사도들의 '회고록'(ἀπομνημονεύματα)을 복음서(Apol I 66, 3)라고 하며 주일 예배에서 '사도들의 회고록 또는 선지자의 글'이 낭독(Apol I 67, 3)되는 사실을 설명한다. 회고록의 저자는 사도들과 그들을 따르던 자들이다.(Dial 103, 8) 유스티누스는 네 복음서를 모두 알고 있을 뿐만 아니라 자연스럽게 예배에서 사용했다.[281] 유스티누스에 의해 개종한 타티아누스(Titianus)의 Evangelienharmonie[복음서의 화합(διὰ τεσσάρων=네 복음서를 통하여)]도 네 복음서에 대한 지식과 타당성을 증거하는데,[282] 이것은 2세기 중후반 시기에 전승으로부터 크게 자유로웠음을 확인하게 한다. 정경 복음과 외경 복음을 구별하는 것은 이레네우스 후대에야 가능해졌다.

이레네우스(Irenaeus, 기원후 200년경 사망)는 신약 정경 형성의 첫걸음

---

279 참조. K. Wengst, Schriften des Urchristentums II(위 3.1.4를 보라.), 217-24; A. Lindemann, Die Clemensbriefe, 192-95.

280 참조. W. Schneemelcher, Art. "Bibel," 31f.

281 네 복음서 외에도 유스티누스는 요한계시록과도 관계되며, 바울서신에 대하여는 추정할 뿐이다. 유스티누스에 관하여는 다음을 참조하라. H. v. Campenhausen, Die Entstehung der christlichen Bibel, 106-121; E. F. Osborn, Justin Martyr, BHTh 47, Tübingen 1973.

282 타티아누스 개인과 저작에 관하여는 M. Elze, Tatian und seine Theologie, FKDG 9, Göttingen 1960을 참조하라. R. M. Grant, "Tatian and his Bible," Studia Patristica 5, hg. v. K. Aland/F. L. Cross, TU 63, Berlin 1957, 297-306도 참조하라.

을 내딛는다.[283] 그는 네 복음서의 구성에 대해 다음과 같이 언급한다. "베드로와 바울이 로마에서 복음을 전파하고 교회를 세울 때, 마태는 히브리인들 가운데서 그들의 언어로 복음서를 출판하고 있었다. 그들이 죽은 후 베드로의 제자이자 통역자인 마가는 그의 선포를 책에 기록했다. 바울의 동반자인 누가는 바울이 전한 복음을 기록했다. 마지막으로 주님의 가슴에 안겨 있던 제자 요한도 아시아의 에베소에 머무는 동안 복음서를 펴냈다."[284] 더욱이 이레네우스에게 신약성서는 사도행전과 바울의 13서신이다.(빌레몬서는 인용되지 않았다.)[285] 이레네우스는 공동서신 중 베드로전서, 요한1서와 요한2서 그리고 요한계시록을 언급하고, 헤르마스의 목자서를 '말씀'(γραφή)으로 분류한다.(Haer IV 20, 2) 유세비우스(Euseb, HE V 26)에 따르면 이레네우스는 히브리서도 알고 있었다. 이레네우스에게 이미 네 복음서가 주어졌으며, 그는 그것을 옹호한다. 요한계시록 4:7의 네 생물은 네 복음서를 상징한다.(Haer III 11, 8) 따라서 기원후 180년경에는 3부로 구성된 신약성서가 존재했으며(적어도 프랑스 남부에서) 다만 세 번째 부분은 아직 확정되지 않았다. 이레네우스는 자신이 규범적으로 간주하는 문서들(주로 네 복음서) 가운데 사도들이 선포하고 전수했으며, 승계의 과정에 있는 감독들과 장로들이 사도들의 교회에서 충실하게 보존한 하나의 복음을 제시한다.[286] 이레네우스는 정경에 관하여 성찰하기보다는 정경의 원칙을 전제로 한다. 그는 영지주의자들을 다룰 때 적절한 신학의 기준으로서 진리

283 참조. H. v. Campenhausen, Die Entstehung der christlichen Bibel, 213ff.; W. Schneemelcher, Haupteinleitung, 19. 이레네우스의 신약 문서에 대한 서평에 관하여는 J. Hoh, Die Lehre des Hl. Irenäus über das Neue Testament, NTA VII/4. 5, Münster 1919를 참조하라.

284 Iren, Haer III 1, 1=Euseb, HE V 8, 2-4.

285 참조. E. Preuschen, Analecta II, Leipzig ^{2}1919, 12-17.

286 이 기준은 종종 '보편적 규범'으로 묘사된다. 그것은 신앙의 규칙(regula fidei), 정경(Kanon), 직제(Amt)이다. 이에 관하여는 K. Beyschlag, Grundriß der Dogmengeschichte I(위 2.5.8을 보라.), 165-89를 참조하라.

의 법칙(κανὼν τῆς ἀληθείας, 참조. Haer I 9, 4; II 27, 1; 28, 1; III 2, 1; 11, 1; 12, 6; 15, 1)을 사용한다. 그것은 세례에서 받아들여지고 신앙고백으로 확증된 사도적 전승의 형태로 된 예수 그리스도의 가르침을 담고 있다.[287] 이레네우스는 교회의 분명한 가르침과 영지주의자들의 축소 및 왜곡을 대조한다. 그는 "교회가 선포한 가르침은 신실하나, 영지주의자들의 정신 구조는 거짓"(Haer I 9, 5)이라고 분명히 간주한다.

또한 2세기 말에 정경이 구약과 신약의 두 부분으로 형성(Werden)하는데 비엔느(Vienne)와 리옹(Lyon)의 교회가 계시록을 '성서'(γραφή)로 생각하고 있는 소아시아의 믿음의 형제들에게 보낸 편지도 증거가 된다.(참조. 유세비우스, HE V 1, 58) 변증가 아테나고라스(Athenagoras, 180년경)는 자신의 글에서 구약성서, 마태복음, 마가복음, 요한복음과 바울서신을 인용하지만 이름을 명시적으로 밝히지는 않았다. 기원후 180년경 사르디스의 멜리토(Melito von Sardis)는 구약 정경[참조. 유세비우스, HE IV 26, 14; '구약의 책들'(τὰ τῆς παλαιᾶς διαθήκης βιβλία)]을 편찬했는데, 이것은 "그가 정통 신약성서를 확립하는 데도 비슷한 노력을 기울였음"[288]을 암시한다. 익명의 반몬타누스주의자인 어느 저자는 기원후 192년에 '새 언약의 복음의 말씀'(τῷ τῆς τοῦ εὐαγγελίου καινῆς διαθήκης λόγῳ)을 더하거나 빼서는 안 된다고 강조했다.(참조. 유세비우스, HE V 16) 여기에서 '새로운 언약'(καινὴ διαθήκη)과 그리스도교 문헌과의 연결이 처음 발생하는데,[289] 저자는 변경할 수 없는 비교적 폐쇄적이고 규범적인 책 모음집을 가정한다. 테르툴리아누스(Tertullianus, 기원후 160년경 출생)는 야고보서, 베드로후서, 요한2서, 요한3서를 제외한 모든 신약을 인용한다. 그는 히브리서를 바나바

287 이에 관하여는 J. N. D. Kelly, Altchristliche Glaubensbekenntnisse, Göttingen 1972, 80-86을 참조하라.

288 B. M. Metzger, Der Kanon des Neuen Testaments, 125.

289 참조. W. C. van Unnik, "Ἡ καινὴ διαθήκη - A Problem in the early History of the Canon," ders., Sparsa Collecta 2, NT.S 30, Leiden 1980, 157-71.

와 관계된 것으로 여긴다.[290] 테르툴리아누스는 구약과 신약의 두 부분으로 된 성서를 가정한다. 알렉산드리아의 클레멘스(Clemens, 기원후 215년 이전에 사망)는 빌레몬서, 야고보서, 베드로후서, 요한2서, 요한3서를 제외하고 신약성서의 모든 책을 인용한다. 그는 히브리서를 바울서신으로 본다.(참조. 유세비우스, HE VI 14, 2-4)[291] 클레멘스는 이집트 복음서와 히브리 복음서도 인용하지만 '네 복음서'[292]와는 구별한다. 클레멘스는 나중에 이단으로 분류된 고대 작가와 저술을 받아들이는데, 그에게 정경의 테두리가 여전히 열려 있었음을 보여준다.

2세기 말에는 그리스도교의 권위 있는 저술 목록이 작성되었다. 현존하는 가장 오래된 목록으로 중요한 무라토리 경전은 아마도 로마에서 유래한 것으로 보인다.[293] 네 복음서가 먼저 나열되어 있고,[294] 그다음으로 사도행전과 13편의 바울서신이 나열되어 있다. 이 서신 목록의 끝에 저지는 두 통의 위조된 바울서신(라오디게아서, 알렉산드리아서)을 언급하고, 이어서 유다서와 요한의 두 서신을 언급한다. 놀라운 것은 '솔로몬의 친구들이 그의 영광을 위하여 쓴' 지혜서에 대한 언급이다. 묵시록 중에서는 베드로와 요한에게 주어진 계시록이 언급되어 있으며, 헤르마스의 목자서는 가정 독

290 텍스트는 E. Preuschen, Analecta II, 24-26을 참조하라.

291 클레멘스에 따르면 바울은 히브리어로 히브리서를 썼고 누가는 그것을 번역했다.

292 텍스트는 E. Preuschen, Analecta II, 18-24를 참조하라.

293 본문은 슈니멜히어의 책에 있다. W. Schneemelcher, Haupteinleitung, 27-29; 무라토리 경전에 관하여는 특히 H. v. Campenhausen, Die Entstehung der christlichen Bibel, 282-303을 참조하라. 무라토리 경전에서 논란이 되는 늦은 연대 설정(로마제국의 동쪽 지역에서 기원후 4세기)에 관하여는 다음을 참조하라. A. C. Sundberg, "Canon Muratori: A Fourth-Century List," HThR 66 (1973): 1-41; G. M. Hahneman, The Muratorian Fragment and the Development of the Canon, Oxford 1992.

294 참조. B. M. Metzger, Der Kanon des Neuen Testaments, 188. 비록 본문이 왜곡되어 있지만, 첫 줄에서 마가복음을 언급하고 있고 그 이전에 마태복음이 언급되어 있다는 학자들의 일치된 견해가 있다.

서용 저작물에만 포함된다. 마지막에 명시적으로 거부된 영지주의 거짓 교사들의 책들이 나온다.

기원후 200년경에는 분명한 형태가 드러난다. 네 복음서, 사도행전, 13편의 바울서신이 '성서'로 간주된다. 그러나 공동서신에서 각 문서의 위치는 여전히 논란이 되었는데, 히브리서와 요한계시록이 가장 심했다. 사도성, 믿음의 규칙, 모든 교회의 사용과 인정은 정경 형성의 기준이 되었다.

2세기 정경 형성의 결정적 시기에 영지주의, 마르키온 및 몬타누스주의는 어떤 의미를 갖는가? 그리스도교 영지주의는 구약성서와 나중에 정경에 해당하는 신약 문서를 자의적으로 해석하여 상당한 정도로 그들의 체계를 발전시켰다.[295] 바실리데스(Basilides)와 카르포크라테스(Karpokrates), 그리고 발렌티누스(Valentinus)와 그의 제자들도 주석가였다. 신약 문서의 첫 번째 해석은 발렌티누스의 제자 헤라클레온(Herakleon, 2세기 후반)의 요한 주석이다.[296] 또한 영지주의 공동체는 수많은 외경을 만들고 사용했다.[297] 그렇게 함으로써 그들은 역설적으로 교회가 규범적 전통을 결정하고 보호하도록 압박했다.

정경 형성에서 가장 중요한 것은 2세기 중반에 마르키온(Marcion, 기원후 85-160년경)에게서 나온다. 그는 권위 있는 최초 그리스도교 문서의 모

295 참조. G. Heinrici, Die valentinianische Gnosis und die heilige Schrift, Berlin 1871; Carola Barth, Die Interpretation des Neuen Testaments in der Valentinianischen Gnosis, Leipzig 1911; B. M. Metzger, Der Kanon des Neuen Testaments, 81-95. 또한 D. Lührmann/E. Schlarb, Fragmente apokryph gewordener Evangelien, MThSt 59, Marburg 2000.

296 참조. Elaine Pagels, The Johannine Gospel in Gnostic Exegesis: Heracleon's Commentary on John, New York 1973, 57.

297 참조. H. Chr. Puech, "Gnostische Evangelien und verwandte Dokumente," E. Hennecke/W. Schneemelcher (Hg.), Neutestamentliche Apokryphen I, Tübingen [4]1968, 158-271; W. Schneemelcher (Hg.), Neutestamentliche Apokryphen I(위 3.5.2를 보라.), 189-329.(여기서 중요한 것은 나그 함마디 텍스트이다.)

음집을 처음으로 결정했다.[298] 수정된 누가복음과 유대교의 변조라고 주장되는 것에서 자유로운 10편의 바울서신이 마르키온 교회의 '정경'을 형성했다. 마르키온은 이 '성서'에 자신의 주석적이고 체계적인 결정을 정당화하는 작업인 '반대 논제'를 적용했다.(위 5.5.3을 보라.) 한편 율법과 복음의 대조를 두 하나님, 즉 율법으로 다스리는 창조주 하나님과 복음 안에서 자비롭고 선하게 행하는 '낯선' 하나님이라는 관념과 연결했다. 구약성서가 창조주 하나님을 선포한다면, 거짓이 없는 사도적 형상과 복음은 예수 그리스도 안에 나타난 선하고 의로운 하나님을 선포한다. 하르낙(A. v. Harnack)에 따르면 마르키온은 "그리스도교의 거룩한 문서의 창시자"이다.[299] 정경과 함께 갑자기 새로운 것이 교리사에 들어왔다.[300] 캄펜하우젠(H. v. Campenhausen)은 다음과 같은 입장을 취했다. "마르키온은 또 하나의 그리스도교적 성서의 이념과 실재를 만들었다. 이 점에서 그의 작업을 배격한 교회는 여기서 그를 앞서지 않고 – 형식적으로는 – 그의 모범을 따랐다."[301] 마르키온 이전에는 성서에 대한 규범적 정의가 없었지만, 복음서와 무엇보다도 바울의 서신이 오랫동안 그리스도교 전통과 불가분의 관계였던 것은 사실이다. 복음서와 바울서신은 예배에서 낭독되었고 권위 있게 인용되었다. 마르키온이 바울 문서에 의지한 것은 2세기 중반에 이 문헌이 얼마나 높이 평가되었는지를 보여준다.[302] 마르키온의 본문 개정과 그것이 촉발한 반응은

---

298 기초적인 연구인 A. v. Harnack, Marcion(위 5.5.3을 보라.) 외에도 다음을 참조하라. H. v. Campenhausen, Die Entstehung der christlichen Bibel, 173–93; A. Lindemann, Paulus im ältesten Christentum(위 5를 보라.), 378–95; B. Aland, Art, "Marcion/Marcioniten," TRE 22 (1991), 89–101; B. M. Metzger, Der Kanon des Neuen Testaments, 96–103; G. May/K. Greschat/M. Meiser (Hg.), Marcion und seine kirchengeschichtliche Wirkung, TU 150, Berlin 2002.

299 A. v. Harnack, Marcion(위 5.5.3을 보라.), 151.

300 참조. A. v. Harnack, Lehrbuch der Dogmengeschichte I, Tübingen [5]1931, 378, 387.

301 H. v. Campenhausen, Die Entstehung der christlichen Bibel, 174.

규범적 전통의 범위와 형태에 대한 인식이 이미 있었음을 가정하는 경우에만 설명될 수 있다. 마르키온은 아마도 그전에 이미 시작된 발전의 일부일 뿐일 것이다. 마르키온 이전에 바울서신의 모음집이 있었던 것으로 보이기 때문이다.[303] 구약을 거부한 마르키온의 이원론적 기본 개념을 간과할 수는 없다. 마르키온의 이원론적 개념은 최초 그리스도교와 고대 교회의 전통 형성과 발견의 전체 과정에 내재해 있다. 따라서 마르키온은 정경화를 촉발했다기보다는 그것의 일부로서 가속화에 기여했음을 가정할 수 있다.[304]

몬타누스주의는 기원후 172년(또는 157년) 브루기아에서 시작된 예언 운동이었고,[305] 그 지도자들은 성령의 순간적인 계시를 받는다고 주장했다. 몬타누스주의의 목표는 교회생활의 개혁(결혼, 금식, 회개, 순교)이었다. 몬타누스파는 두 가지 측면에서 정경을 형성하는 데 중요하다. (1) 순간적 종말예언 현상은 현재적 계시와 전승된 전통 사이의 관계에 관해 의문을 불

302 참조. A. Lindemann, Paulus im ältesten Christentum(위 5를 보라.), 381은 2세기 동안 바울이 '침묵'(헤르마스의 목자서, 유스티누스, 헤게시푸스)한다는 주장을 증명한다.(참조. Paulus im ältesten Christentum, 263ff.)

303 슈미트는 다음의 사실이 입증되었다고 간주한다. "마르키온 이전에 바울의 모음집이 존재했다는 사실이 입증되어야만 한다. 그것은 아마도 연대순으로 배열되었으며, 더 오래된 부분 모음집(갈라디아서, 고린도전서, 고린도후서, 로마서) 자료도 있었을 것이다. 그것은 갈라디아서, 고린도전서, 고린도후서, 로마서(14장만!), 데살로니가전서, 데살로니가후서, 라오디게아서(=에베소서), 골로새서(빌레몬서?) 순서로 구성된 10편의 바울서신으로, 검증 가능한 가장 오래된 바울서신 모음집이다."(U. Schmid, Marcion und sein Apostolos, 296.)

304 참조. W. G. Kümmel, Einleitung, 431; W. Schneemelcher, Art. "Bibel," 37; O. Merk, Art. "Bibelkanon," 472; A. M. Ritter, Entstehung des Kanons, 96; B. M. Metzger, Der Kanon des Neuen Testaments, 103.

305 개론으로는 W. H. C. Frend, Art. "Montanismus," TRE 23 (1993): 271-79; 정경의 역사에 관하여는 다음을 참조하라. H. Paulsen, "Die Bedeutung des Montanismus für die Herausbildung des Kanons," VigChr 32 (1978): 19-52; B. M. Metzger, Der Kanon des Neuen Testaments, 104-10.

러일으켰다. (2) 몬타누스주의자들은 새로운 저작물을 많이 만들었고(참조. 유세비우스, HE VI 20, 3: καινὰς γραφάς) 무엇보다 요한복음과 요한계시록을 받아들였다. 그렇게 함으로써 그들은 이 두 저작의 정당성에 대해 논쟁했고(알로거, 가이우스),[306] 따라서 규범적 전통에 대한 인식을 고취시켰다. 몬타누스주의 또한 "'신약성서'에서 정경화를 촉발하는 방아쇠"[307]는 아니었지만, 마르키온처럼 정경화의 과정을 앞당겼다.

3세기 정경의 공고화와 4세기 정경화의 결정적 결론은 본질상 각 교회 지역의 역사에 의해 형성되었다.

오리게네스(기원후 약 185-254년)는 폭넓은 여행을 통해 그리스어를 사용하는 동방에서 정경의 역사에 대한 중요한 증인이 되었을 뿐만 아니라[308] 어떤 저술이 일반적으로 교회에서 타당성을 지니는지를 최초로 확립한 사람이다.(참조. 유세비우스, HE VI 25) 그는 문서를 세 부류로 구분했다. (1) 호모로구메나(ὁμολογούμενα): 일반적으로 '인정되는 문서'(네 개의 복음서, 사도행전, 13편의 바울서신, 베드로전서, 요한1서, 요한계시록), (2) 암피발로메나(ἀμφιβαλλόμενα): 진정성이 '의심되는 문서'(베드로후서, 요한1서, 요한2서, 히브리서,[309] 야고보서, 유다서), (3) 프슈데(ψευδῆ): 이단자들이 쓴 거짓 '위서'(도마복음, 이집트 복음서, 마티아스의 복음서 및 바실리데스의 복음서). 오리게네스는 일부 저작물에 대하여는 주저했다. 따라서 정경의 경계가 아직 정확하게 결정되지 않았다. 특히 동방에서 요한계시록에 대한 논쟁이

---

306 참조. S. G. Hall, Art. "Aloger," TRE 2 (1978): 290-95.

307 H. v. Campenhausen, Die Entstehung der christlichen Bibel, 257.

308 참조. B. M. Metzger, Der Kanon des Neuen Testaments, 135-41.

309 오리게네스는 히브리서의 사상을 바울의 것으로 여기지만 표현과 문체는 아니라고 본다. 그의 정보에 따르면 히브리서는 로마의 클레멘스 또는 누가가 쓴 편지이다. 교회가 이 서신을 바울의 것으로 설명하면 수용될 수는 있지만 동시에 "이 서신을 누가 기록했는지는 오직 하나님만이 아신다."라고 생각했다. (Euseb, HE VI 25, 14: τίς δὲ ὁ γράψας τὴν ἐπιστολήν τὸ μὲν ἀληθὲς θεὸς οἶδεν.)

일었다. 3세기 중반 알렉산드리아의 감독 디오니시우스는 요한계시록을 사도 요한의 저술로 인정하기를 거부하고, 알려지지 않은 요한의 것으로 돌렸다.(참조. 유세비우스, HE VII 25) 그의 주장은 오래 지속되었는데, 유세비우스(기원후 약 264-340년)는 기원후 300년 이전을 다루는 자신의 교회사 책에서 "우리가 원한다면"(HE III 25, 2)[310] 요한계시록을 신약과 동종의 문서(Homologumena)로 볼 수 있다고 했다. 여기에는 의심할 여지없이 네 복음서, 사도행전, 14편의 바울서신(히브리서 포함[311]), 베드로전서, 요한1서가 포함된다. 두 번째 범주는 야고보서, 유다서, 베드로후서, 요한2서, 요한3서와 같이 상당수 교회 지역에서는 인정되고 다른 영역에서는 거부된 문서(ἀντιλεγόμενα)로 구성된다. 유세비우스는 헤르마스의 목자서, 바나바서, 디다케, 바울행전, 베드로의 묵시록, 히브리인의 복음, 그리고 요한계시록을 거부된 거짓 책으로 여겼다.(HE III 25, 4) 요한계시록이 두 번 언급되었다는 사실은 개별 사례에서 나중에라도 합의가 아직 이루어지지 않았음을 보여준다. 예루살렘의 키릴(Cyril of Jerusalem), 나지안주스의 그레고리우스(Gregorius of Nazianzenus), 이고니온의 암필로키우스(Amphilochius of von Iconium)도 요한계시록을 거부했다. 이것은 코덱스 클라몬타누스(Codex Claramontanus, D^p, 6세기)에 의해 확인되는데, 코덱스 클라몬타누스에는 빌레몬서와 히브리서가 라틴어로 전해졌지만, 기원후 300년경에 출판된 성서 목록에는 원래 그리스어로 기록되었다고 한다.[312] 네 복음서와 바울서신[313] 외에 7편의 공동서신과 요한계시록도 '정경'으로 간주되었지만 히브리서는

310 유세비우스에 관하여는 A. D. Baum, "Der neutestamentliche Kanon bei Eusebios (Hist. Eccl. III, 25, 1-7) im Kontext seiner literaturgeschichtlichen Arbeit," EThL LXXIII (1997): 307-48을 참조하라.

311 Euseb, HE III 3, 4; 38, 1-3. 유세비우스는 이에 대해 반대한다.

312 추가로 Th. Zahn, Geschichte des Neutestamentlichen Kanons II/1, 157-72를 참조하라. 다른 주장으로는 A. Jülicher (-E. Fascher), Einleitung, 525를 참조하라.

313 빌립보서, 데살로니가전서와 데살로니가후서는 실수로 제외되었을 것이다.

제외되었다. 목록에는 바나바서, 헤르마스의 목자서, 사도행전, 베드로의 묵시록도 나열되어 있다. 특히 동방에서는 공동서신의 수에 대해 오랫동안 논쟁했는데(참조. 유세비우스) 아타나시우스의 39번째 부활절 서신(기원후 367년)에서야 숫자 7이 주장되었다.[314] 다음과 같은 27개의 문서는 '구원의 근원'으로 간주되는 데 제약이 없다. 그것은 네 복음서, 사도행전, 7편의 공동서신, 14편의 바울서신(히브리서 포함), 요한계시록이다. 아타나시우스는 이 목록에 이렇게 덧붙인다. "이 책들은 구원의 근원이니 목마른 자가 그 속에 담긴 말씀으로 자기를 만족하게 하려 함이다. 이 책들 안에서만 경건의 교리가 전파된다. 누구도 거기에 더하거나 빼지 말아야 한다.…"[315] 그럼에도 요한계시록의 위치는 그리스의 교회에서 수 세기 동안 논쟁거리였다. 9세기의 니케포로스의 스티코메트리(Stichometrie of Nikephoros)도 정경에 요한계시록을 넣지 않았다.

서방 라틴계에서는 정경의 확정이 보다 빨리 진전되었다. 그러나 각각의 공동서신과 무엇보다도 바울서신으로서의 히브리서에 대한 정경 타당성에 대하여는 오랫동안 논쟁했다. 따라서 가이우스(Gaius)는 바울서신에 히브리서를 포함하지 않으며,[316] 무라토리 경전도 이를 무시한다. 키프리아누스(Cyprianus, 기원후 258년 사망)는 네 복음서, 사도행전, 13편의 바울서신, 베드로전서, 요한1서, 요한계시록을 입증하고, 반면에 야고보서, 베드로후서, 요한2서, 요한3서, 히브리서는 거부한다. 북아프리카의 정경(Kanon

---

314 뤼어만은 7이라는 숫자를 갈라디아서 2:9와 관련하여 무라토리 정전 이후에 주어진 규범의 원리로 보아야 한다고 생각한다. "공동서신을 통해 신약성서의 서신 부분이 바울서신 너머로 확장되었다. 이것은 교회의 가르침을 위한 사도의 공통된 증언을 문서화하기 위해 바울서신 곁에 '원사도' 세 명의 서신도 둔다는 의미이다."(Lührmann, Gal 2:9 und die katholischen Briefe, 72.)

315 W. Schneemelcher, Haupteinleitung, 40.

316 참조. Euseb, HE VI 20, 3. 여기서 유세비우스는 다음과 같이 명시적으로 언급한다. "오늘날까지도 어떤 로마 사람들은 그것을 사도의 글이라고 여기지 않는다."

Mommsen, 기원후 360년경 제작)에는 야고보서, 유다서, 히브리서가 없다.[317] 암브로시아스터(Ambrosiaster, 기원후 370년경)와 펠라기우스(Pelagius, 기원후 360-418년경) 역시 바울서신에 히브리서를 넣지 않는다. 아타나시우스의 정경 목록과 히에로니무스(기원후 347-420년) 저작의 영향으로 서방에서는 27개의 저작물로 된 정경이 확립되었다. 교황 젤라시우스의 칙령(Decretum Gelasianum)[318]에는 기원후 382년의 로마 종교회의로 거슬러 올라가는 정경 목록이 포함되어 있다. 여기에는 순서가 다르지만 아타나시우스계 정경 27권이 포함되어 있다. 히포 레기우스공의회(기원후 393년)와 카르타고공의회(기원후 397년)는 히브리서를 정경에 포함시켰지만 바울서신과는 분명하게 구별했다. 히브리서는 기원후 419년의 다른 공의회에서 비로소 바울서신에 포함되었다.[319] 4세기와 5세기에 접어들 때 정경이 완성되어 라틴 교회에 받아들여졌다.

시리아어를 사용하는 지역교회에서는 특별한 발전이 일어났다.[320] 타티아누스의 디아테사론(Diatessaron)은 5세기까지 많은 교회에서 유효했다. 그밖에도 바울서신(히브리서는 포함하지만 빌레몬서는 제외)과 사도행전은 함께 사용되었고, 공동서신과 요한계시록이 제외되었다. 그것을 넘어서 에브라임(Ephraem, 기원후 306-73년)은 이른바 세 번째 고린도서신을 알았으며 그것을 정경으로 여겼다. 가장 오래된 시리아어역 네 복음서, 사도행전 및 14편의 바울서신은 기원후 300년경에 만들어졌다.(Vetus Syra) 가장 널리 퍼진 시리아어 성서인 페쉬타(Peshitta, 5세기 전반)와 함께 그리스 정경에 대한 조정이 이루어졌다. 세 번째 고린도서신서는 더 이상 언급되지 않았고, 복음서 이외에 사도행전과 14편의 바울서신(히브리서 포함)되고, 3

---

317 텍스트는 E. Preuschen, Analecta, 36-40을 참조하라.

318 텍스트는 W. Schneemelcher, Haupteinleitung, 30-33을 참조하라.

319 히브리서의 수용의 역사에 관하여는 F. Stuhlhofer, Gebrauch der Bibel, 105-108을 참조하라.

320 참조. B. M. Metzger, Der Kanon des Neuen Testaments, 209-18.

편의 위대한 공동서신(야고보서, 베드로전서, 요한1서)도 포함되었으며 요한2서, 요한3서, 베드로후서, 유다서, 요한계시록은 제외되었다. 따라서 시리아 정경은 22개의 책으로 구성되었다. 이 정경은 동부 시리아의 네스토리우스 교회에 남았다. 단성론(Monophysite)을 받아들이는 서부 시리아 교회에서는 기원후 508년 그리스어 사본(요한2서, 요한3서, 베드로후서, 유다서, 요한계시록을 수용)을 기반으로 필록세누스(Philoxenus) 주교의 요청에 의해 페쉬타가 개정되었다. 그럼에도 야고보서, 베드로후서, 유다서, 요한2서, 요한3서, 요한계시록의 권위는 오랫동안 논란이 되었다.

트로비쉬(D. Trobisch)는 완전히 다른 사본 전승을 참조하여 신약이 오랜 수집 과정의 결과가 아니라 기원후 2세기 편찬자 그룹의 출판이라고 주장한다. 그는 "요한복음 21장은 요한복음뿐 아니라 네 복음서에 대한 후기이며, 복음서 모음집들이 정경의 핵심을 이루고 있기에 신약성서 전체를 위한 후기라고 이해될 수 있다고 생각한다."[321]라고 말한다. 최종 편집의 목적은 의도적으로 독자를 암시함으로써 갈라디아서에 언급된 예루살렘 당국과 바울 사이의 갈등을 완화하는 것이었을 것이다. 트로비쉬는 이러한 가설에 대해 진지하게 두 가지 논거를 제시한다. (1) 거룩한 이름(nomina sacra)의 사용과 코덱스 형식의 사용은 일반적인 관습이 아니라 편찬자 그룹의 의도적인 결정이다. (2) 신약 본문의 순서는 일부 설명 가능한 예외를 제외하고 사본 내에서 동일하며, 이것 또한 의도적인 편찬자의 결정이다. (1)에 대한 반론: 코덱스 형식은 기원후 1세기에 특히 로마에서 발전되고(참조. 마르티알리스, Epigrams 1, 2; 14, 186. 188. 190. 192) 두루마리 문서에 비해 훨씬 더 많은 본문을 담을 수 있기에 분명 가장 실용적인 형태의 책이었다.[322] 그러므로 거룩한 이름과 코덱스 형식의 책의 실제 사용은 그리스도

321 D. Trobisch, Endredaktion, 125.

322 코덱스에 관하여는 D. C. Parker, An Introduction to the New Testament Manuscripts and their Texts(위 1.3을 보라.), 13-20을 참조하라. 그러나 두루마리 필사본도 있다. C. D. Parker, 위의 책, 19-20의 목록을 참조하라.

인을 통한 수용이지 개별 결정에 의한 것이 아니라는 것을 설명하는 것이다. 실용적인 이유에 대한 설명은 '거룩한 이름'(Nomina Sacra)[323]의 경우에도 제시된다. 이것은 주로 하나님, 주, 예수, 그리스도라는 단어와 관련된 사본의 약어 체계이다. 특히 숫자에 대한 표시 및 약어 체계는 청구서 및 문서, 동전에도 고유명사가 존재하여 이 실용적인 시스템이 채택될 수 있었다.[324] (2)에 대한 반론: 가장 초기(기원후 200년경)이자 가장 중요한 파피루스 중 하나인 P[46]은 이미 바울서신을 단수의 순서로 제공한다.(로마서/히브리서/고린도전서/고린도후서/에베소서/갈라디아서/빌립보서/골로새서/데살로니가전서) D 05(5세기)에서는 복음서의 순서가 마태복음/요한복음/누가복음/마가복음으로 나타난다. 게다가 P[45](3세기)의 문서의 순서도 불확실하다. 트로비쉬는 이러한 결과를 의미 없는 예외로 보려고 한다.[325]

트로비쉬의 가설에 반하는 것은 무엇보다도 고대 교회의 전승에는 "2세기와 3세기에 경전에 대한 교회의 공식적 선전이나 시행에 대한 신뢰할 만한 정보가 없다."[326]라는 것이다. 만일 2세기 후반부터 '정경적' 판본이 있었다고 한다면, 수 세기 동안 고대 교회 내에서 벌어진 정경과 비정경 문서(참조. 특히 이레네우스, 무라토리 경전, 오리게네스, 유세비우스)에 대한 토론과 논쟁을 이해하기 어렵다. 또한 아무리 늦더라도 유세비우스는 그러한 근본적인 결정과 관련 판본에 대해 알고 있어야 했다! 기원후 200년경부터 주로 코덱스 형식으로 유통되는 부분 모음집을 근거로 통용되던 지배적인

---

323 참조. L. Traube, Nomina Sacra. Versuch einer Geschichte der christlichen Kürzung, München 1907; A. H. R. E. Paap, Nomina Sacra in the Greek papyri of the First Five centuries A. D., PLB 8, Leiden 1959; L. Hurtado, "The Origin of the Nomina Sacra. A Proposal," JBL 117 (1998): 655-73.

324 추가로 A. R. Millard, Pergament und Papyrus, Tafeln und Ton. Lesen und Schreiben zur Zeit Jesu, Gießen 2000, 66-71을 참조하라.

325 그에 비하여 K. Aland/B. Aland, Text(위 1.3을 보라.), 91-92는 순서의 변동성을 강조해서 드러낸다.

326 U. Schmid, Die Buchwerdung des Neuen Testaments, 231.

본문 유형이 확실히 존재했다. 그러나 그런 본문 유형이 우세하긴 했지만 권위 있는 결정이라고 할 수는 없다. 물론 이 가설에는 본문의 역사와 정경의 역사가 계속해서 서로 관련될 수 있게 하는 큰 장점이 있기는 하다.

신약의 정경화 과정에서 기본적으로 각 저작물은 권위를 가진 교회를 통해 인정되고 결정되었다. 성서의 수집은 개인, 운동 또는 회의의 권위 있는 주장에 의해서가 아니라[327] 내적 일관성과 불가피성을 따지는 과정의 문제였다. 이미 존재하는 정경으로서의 구약 및 바울서신과 복음서들의 자체 증언과 기원이 되는 사건과 점점 멀어지는 상황은 그리스도교 신앙을 위한 권위 있는 증거들의 수용을 요구했다. 마르키온, 몬타누스주의 및 4세기 제국 교회의 형성은 이러한 발전을 가속화했다. 따라서 정경화는 교회의 필연적이고 일관된 자기 정의의 과정에 속한다. 다음과 같이 순서를 배치하는 의도는 분명하다. 사도행전은 바울서신을 읽기 위한 다른 사도들의 글이자 보충 지침서로서 네 편의 예수 그리스도 이야기 문서에 뒤따른다. 이 지침서는 마침내 요한계시록의 종말론적 관점으로 이끈다. 이러한 전승의 과정에서 그리스도인이 본문 전달을 위해 두루마리 형식을 선택하지 않고 주로 코덱스 형식을 선택했다는 것은 결정적으로 중요했다.[328] 코덱스는 두루마리와는 달리 부분 모음집(예를 들어 바울서신, 복음서)을 실용적인 형태로 전달한다는 큰 장점이 있었다. 코덱스 형태는 기원후 200년경의 본문 전승뿐만 아니라 대단하다고 간주되는 문서들을 보다 안정적으로 만들었다.[329]

---

327 '정경'(κανών)이라는 단어는 '권위 있는 규범표'라는 의미로 라오디게아공의회의 법령 59조(Can. 59)에 처음으로 등장한다.(기원후 360년경) 이에 관하여는 Th. Zahn, Grundriß, 1-11; B. M. Metzger, Der Kanon des Neuen Testaments, 272-76을 참조하라.

328 추가로 U. Schmid, Die Buchwerdung des Neuen Testaments, 220-30을 참조하라.

329 참조. 위의 책, 231. "코덱스 형태로 유통되던 복음서, 바울서신, 사도들의 모음집은 정경이 되어가는 문헌의 모음, 즉 폭넓게 생산되던 최초 그리스도교 저작

수집의 과정인 정경화는 동시에 선택의 과정이었다.[330] 여기서 고대 교회는 권위 있는 저작물의 축소(마르키온, 타티아누스)의 유혹과 팽창의 위험(영지주의)에 저항했다.[331] 교회는 27개의 정경 문서로 다원주의가 아니라 다원성을 고수했다.

물에서 이러한 특별한 부분을 정확하게 파악해야 하는 문헌 수집에 대한 합의를 준비하는 데 적합했다."

330 이것은 필수불가결한 과정이다. 참조. Th. Luckmann, "Religion-Gesellschaft-Transzendenz," Krise der Immanenz, hg. v. H. J. Höhn, Frankfurt 1996, 121. "주관적 초월 경험을 상호주관적으로 재구성하는 사회적 체계화는 선택과 거부, 시성화(Kanonisierung)와 검열을 포함한다."

331 임시 또는 지역적 정경 문헌에 관하여는 B. M. Metzger, Der Kanon des Neuen Testaments, 163-84를 참조하라.(예를 들어 히브리복음서, 이집트복음서 및 베드로복음서; 바울행전, 요한행전 및 베드로행전; 바울의 고린도3서, 라오디게아서; 베드로묵시서, 바울묵시서)

E I N L E I T U N G

I N D A S

N E U E

T E S T A M E N T

제6장

히브리서

6.1 참고문헌

주석

KEK 13: H. F. Weiß, 1991. • HNT 14: H. Windisch, ^{2}1931; H. Braun, 1984. • EKK XVII/1-3: E. Gräßer, 1990. 1993. 1997. • ThHK 16: H. Hegermann, 1988. • ÖTK: 20/1. 2: M. Karrer, 2002. 2008. • RNT: K. Backhaus, 2009. • NTD 9: A. Strobel, ^{4}1991. • AncB 36: C. R. Koester, 2001. • Hermeneia: H. W. Attridge, 1989. • WBC 47a. b: W. L. Lane, 1991. • NIC: F. F. Bruce, ^{2}1990.

단행본

E. Käsemann, Das wandernde Gottesvolk, FRLANT 55, Göttingen ^{2}1957. • F. J. Schierse, Verheißung und Heilsvollendung. Zur theologischen Grundfrage des Hebräerbriefes, MThS 9, München 1955. • E. Gräßer, Der Glaube im Hebräerbrief, MThSt 2, Marburg 1965. • G. Theißen, Untersuchungen zum Hebräerbrief, StNT 2, Gütersloh 1969. • O. Hofius, Katapausis, WUNT 11, Tübingen 1970. • H. Zimmermann, Das Bekenntnis der Hoffnung, BBB 47, Bonn 1977. • F. Laub, Bekenntnis und Auslegung, BU 15, Regensburg 1980. • W. R. G. Loader, Sohn und Hoherpriester, WMANT 53, Neukirchen 1981. • M. Rissi, Die Theologie des Hebräerbriefes, WUNT 41, Tübingen 1987. • A. Vanhoye, Structure and Message of the Epistle to the Hebrews, Rom 1989. • L. D. Hurst, The Epistle to the Hebrews. Its Background of Thought, MSSNTS 65, Cambridge 1990. • H. Löhr, Umkehr und Sünde im Hebräerbrief, BZNW 73, Berlin 1994. • G. H. Guthrie, The Structure of Hebrews, NT.S 73, Leiden 1994. • K. Backhaus, Der Neue Bund und das Werden der Kirche, NTA 29, Münster 1996. • D. Wider, Theozentrik und Bekenntnis, BZNW 87, Berlin 1997. • W. Eisele, Ein unerschütterliches Reich. Die mittelplatonische Umformung des Parusiegedankens im Hebräerbrief, BZNW 116, Berlin 2003. • G. Gäbel, Die Kulttheologie des Hebräerbriefes, WUNT 2.212, Tübingen 2006. • G. Gelardini, "Verhärtet eure Herzen nicht," Leiden 2007. • C. K. Rothschild, Hebrews as Pseudepigraphon. The History and Significance of the Pauline Attribution of Hebrews, WUNT 235, Tübingen 2009.

논문

H. Braun, "Die Gewinnung der Gewißheit in dem Hebräerbrief," ThLZ 96 (1971): 321-30. • E. Gräßer, "Zur Christologie des Hebräerbriefes," FS H. Braun, Tübingen 1973, 195-206. • J. Roloff, "Der mitleidende Hohepriester," ders., Exegetische Verantwortung in der

Kirche, Göttingen 1990, 144-67. • A. Vanhoye, Art. "Hebräerbrief," TRE 14 (1985): 494-505. • F. Laub, "'Schaut auf Jesus' (Hebr 3:1). Die Bedeutung des irdischen Jesus für den Glauben nach dem Hebräerbrief," Vom Urchristentum zu Jesus (FS J. Gnilka), hg. v. H. Frankemölle u. K. Kertelge, Freiburg 1989, 417-32. • H. Hegermann, "Christologie im Hebräerbrief," Anfänge der Christologie (FS F. Hahn), hg. v. C. Breytenbach u. H. Paulsen, Göttingen 1991, 337-51. • F. Laub, "'Ein für allemal hineingegangen in das Allerheiligste' (Hebr 9:12). Zum Verständnis des Kreuzestodes im Hebräerbrief," BZ 35 (1991): 65-85. • Th. Söding, "Zuversicht und Geduld im Schauen auf Jesus. Zum Glaubensbegriff des Hebräerbriefes," ZNW 82 (1991): 214-41. • E. Gräßer, "Aufbruch und Verheißung," Ges. Aufsätze zum Hebräerbrief, hg. v. M. Evang u. O. Merk, BZNW 65, Berlin 1992 (wichtige Aufsatzsammlung). • K. Backhaus, "Der Hebrärerbrief und die Paulus-Schule," BZ 37 (1993): 183-208. • R. Kampling (Hg.), "Ausharren in der Verheißung," Studien zum Hebräerbrief, SBS 204, Stuttgart 2005. • G. Gelardini (Hg.), Hebrews, Atlanta 2008. • K. Backhaus, "Der sprechende Gott," Gesammelte Studien zum Hebräerbrief, WUNT 240, Tübingen 2009.

연구 보고서

E. Gräßer, ThR 30 (1964): 138-236; ThR 56 (1991): 113-39. • H. Feld, Der Hebräerbrief, EdF 228, Darmstadt 1985.

6.2 저자

저자 문제는 히브리서의 큰 수수께끼이다. 이 편지에는 저자에 대한 아무런 암시도 없다. 바울이 저자임은 편지의 마무리 부분인 히브리서 13:23-24에 넌지시 암시될 뿐이다. "우리 형제 디모데가 놓인 것을 너희가 알라 그가 속히 오면 내가 그와 함께 가서 너희를 보리라 너희를 인도하는 자들과 및 모든 성도들에게 문안하라 이달리야에서 온 자들도 너희에게 문안하느니라." 이 정보는 앞에 나오는 편지의 내용을 고려할 때 예상치 못하게 등장한다. 그래서 이 마무리 부분, 즉 히브리서 13:22-25는 바울서신들을 수집하고 편집한 이가 바울서신들에 기초하여 이차적으로 첨가한 것일 가능성도 있다.[1] 이와는 반대로 이 마무리 부분이 원래 있었던 것이라면, 일단은 히브리서저자가 자신의 이 문서가 바울 신학의 맥락 안에서 이해되길 원했다고 할 수 있다. 이러한 전승의 상황을 고려할 때 해석의 역사에서 히브리서의 저자로 최초 그리스도교의 매우 많은 인물이 거론된 것은 놀라운 일이 아니다. 그 스펙트럼은 바울부터 주의 어머니인 마리아까지 그 폭이 매우 넓다.[2]

대부분의 최근 주석은 우리에게 알려지지 않은 어떤 저자가 히브리서를 썼다고 본다.[3] 그 저자가 헬레니즘과 유대교 교육에 정통했다는 것은 논란의 여지가 없다. 그는 구약성서와 헬레니즘의 해석 전통을 포괄하는 지식과 수준 높은 수사학적 능력을 갖고 있었다. 그는 공동체의 교사(참조. 히 6:1-2; 계속해서 5:12, 13:9를 참조하라.)이자 청취자(참조. 히 1:2; 2:1, 3)로서 그리스도 선포를 포함한 새로운 해석을 통해 신앙의 확신을 다시 일깨우고자 했다. 스트로벨(A. Strobel)은 히브리서의 저자를 아볼로로 본다.[4] 아볼로는 헬레니즘과 알렉산드리아 방식의 교육을 받았으며, 사도 바울과 개인적인 관계가 있다. 헤거만(H. Hegermann) 역시 히브리서의 저자를 바울과 가까운 사람으로 내세운다. 즉 유대교와 헬레니즘 교육을 받아 바울과 동행한 사람이 히브리서를 작성했을 것이라고 주장하는 것이다.[5] 이와 대조적으로 그레서(E. Gräßer)는 히브리서가 절반은 위서라는 주장이 우연은 아니라고 본다. "히브리서는 처음부터 익명의 형태로 되어 있는 신학적 토

---

1 참조. E. Gräßer, Hebr I, 22. 히브리서가 가장 오래된 사본인 P^{46}(기원후 약 200년)에서 로마서 다음에 위치한다는 사실이 이 논제를 뒷받침한다. 정경 형성 과정에서 변경 가능한 히브리서의 역사에 관하여는 "보론 3: 바울서신의 수집과 정경의 형성"을 참조하라.

2 그레서의 언급은 E. Gräßer, Hebr I, 19-21을 참조하라.

3 각각의 주장의 차이는 다음을 참조하라. H. Braun, Hebr, 3; F. F. Bruce, Hebr, 20; H. W. Attridge, Hebr, 6; F. Laub, Hebräerbrief, SKK 14, Stuttgart 1988, 17; C. P. März, Hebräerbrief, NEB 16, Würzburg ²1990, 18-20; E. Gräßer, Hebr I, 19-22; H. F. Weiß, Hebr, 61.

4 참조. A. Strobel, Hebr, 12.

5 참조. H. Hegermann, Hebr, 9f.

대로부터 시작했다."[6] 저자 문제는 이 문서의 신학적 이해에서는 사소한 것이다. 히브리서에서 신학적으로 중요한 것은 그 내용이다.

6.3 기록 장소와 시기

히브리서 13:23-24를 근거로 이 편지가 이탈리아(로마)[7]에서 기록되었다는 주장은 개연성이 있다. 클레멘스1서 36:2-5에서 히브리서 1:3-4를 수용한 것은 로마가 기록 장소라는 사실을 말해준다.[8] 게다가 이 두 편지의 본문 배후에는 두 저자가 속한 공동체의 전통이 존재했을 것이다.[9] 히브리서 13:7, 17, 24와 클레멘스1서 1:3에서 공동체의 '책임자들'(ἡγούμενοι)이 나타나는 것도 그렇다. 그러나 여기서 확실한 것을 얻을 수는 없다. 히브리서가 로마에서 기록되었다는 주장과는 달리, 다른 장소, 즉 대략 로마제국의 동쪽에서 기록됐을 것이라는 주장도 가능하다.[10]

히브리서의 작성 시기는 단지 가정할 수 있을 뿐이다. 예루살렘 성전 파괴에 대한 암시가 없다는 사실은(참조. 히 8:13) 히브리서가 기원후 70년

---

6 E. Gräßer, Hebr I, 22.

7 히 13:24, "이탈리아에서 온 사람들이 여러분에게 인사합니다." 이 용법은 두 가지 해석이 가능하다. (1) 이탈리아에서 온 그 사람들이 인사합니다.(참조. A. Strobel, Hebr, 185.) (2) 이탈리아 출신의 그 사람들이 지금은 이탈리아 밖에 있어서 이탈리아를 향해서 인사합니다.(참조. B. H. Hegermann, Hebr, 287.)

8 브루스, 라우브, 필하우어는 히브리서의 기록 장소가 로마라는 것에 찬성한다(F. F. Bruce, Hebr, 14; F. Laub, Hebr, 18; Ph. Vielhauer, Urchristliche Literatur, 251; E. Gräßer, Hebr I, 22; C. R. Koester, Hebr, 49f.; K. Backhaus, Hebr, 25.) 스트로벨은 이탈리아를 히브리서의 기록 장소로 본다.(A. Strobel, Hebr, 13.) 브라운, 헤거만, 바이스는 더 이상 기록 장소를 명시할 수 없다고 생각한다.(H. Braun, Hebr, 2; H. Hegermann, Hebr, 11; H. F. Weiß, Hebr, 76.)

9 참조. H. Hegermann, Hebr, 33; E. Gräßer, Hebr I, 22.

10 알란트의 주장을 참조하라.[K. Aland, Corpus Paulinum bei den Kirchenvätern, 43f.(참조. "보론 3")]

이전에 기록되었다는 주장에 힘을 실어준다.[11] 그러나 히브리서는 성전이 아니라 성막에 방향을 맞추고 있다.(참조. 히 9:1-7) 히브리서의 주장은 전적으로 역사적 전제로부터 독립해 있다.[12] 히브리서는 이미 예수 전승의 시작을 회고하고 있으며, 성찰이 이루어진 전승의 이해를 다루고 있다.(참조. 히 2:3, 13:7) 이 공동체는 박해를 견뎌내야 했고(참조. 히 10:32-34), 그 결과 이 문서는 기원후 80-90년 사이에 작성되었다고 보는 것이 타당하다.[13] 클레멘스1서와 전승사적으로 가깝다는 사실은 히브리서의 신학사적 위치를 1세기 말로 확정한다.[14]

6.4 수신자

수신자의 어떤 상황이 히브리서 저자[15]로 하여금 '권고의 말'(λόγος τῆς παρακλήσεως, 히 13:22)을 쓰도록 자극한 것일까? 이 공동체는 구원 복음

11 참조. F. F. Bruce, Hebr, 22(기원후 70년 이전); A. Strobel, Hebr, 11(기원후 약 60년); G. Gäbel, Kulttheologie, 484. 게벨은 히브리서를 초기 유대교의 제사 신학적 배경에서 해석한다. 예루살렘의 성전 제사는 공동체에게 커다란 매력을 주었다. 그 결과 히브리서는 기원후 70년 이전으로 기록 시기를 정할 수 있다.

12 참조. E. Gräßer, Hebr I, 25.

13 참조. Ph. Vielhauer, Urchristliche Literatur, 251; F. Laub, Hebr, 19; H. Hegermann, Hebr, 11; E. Gräßer, Hebr I, 25; H. F. Weiß, Hebr, 77; C. R. Koester, Hebr, 50-54(기원후 60-90년 사이); K. Backhaus, Hebr, 36(기원후 80년대나 90년대 초).

14 참조. K. Aland, Corpus Paulinum bei den Kirchenvätern, 44. 클레멘스1서에 히브리서가 수용된 것은 알란트의 논제에서 결정적인 주장이다. 히브리서는 기원후 70년경에 해당한다.

15 참조. E. Gräßer, Hebr I, 41-45. '히브리인들에게'(Πρός Ἑβραίους)라는 제목은 일반적으로 오늘날 이차적인 것으로 여겨진다.; 참조. K. Backhaus, Hebräerbrief und die Paulus-Schule, 196ff. 로마의 어떤 공동체 그룹이 히브리서의 수신자로 자주 언급된다.

에 대하여 귀가 어두워졌고 태만해졌다.(참조. 히 5:11, 6:11, 12) 예배 참석이 느슨해졌으며(참조. 히 10:25), 공동체는 신앙의 기초부터 전적으로 다시 시작해야만(참조. 히 5:12-6:2) 했다. 배교 및 그와 관련된 두 번째 회개의 문제는 공동체 안에서 실제적인 주제였다.(참조. 히 6:4-6, 10:26-29, 12:16-17; 계속해서 3:12, 12:25)[16] 신앙을 부인하는 사람은 하나님의 아들을 발로 밟는 것이며 언약의 피를 더럽히는 것이다.(히 10:29) 광야 세대처럼 히브리서 공동체 역시 하나님의 은혜를 업신여길 위험에 처해 있다.(참조. 히 3:7-4:13, 12:15) 그러나 그 공동체가 믿고 순종함으로써 약속 위에 흔들리지 않고 굳게 서면, 그들은 광야 세대와는 반대로 종말론적 안식에 들어감을 약속받는다. 공동체는 신앙의 확신을 내팽개쳐서는 안 되며(참조. 히 10:35), 피곤한 손과 연약한 무릎이 강해져야만 한다.(참조. 히 12:12) 예수 그리스도의 십자가 죽음이 그들의 행동으로 인해 조롱거리가 되지 않아야 한다.(참조. 히 6:6) 공동체는 인내(ὑπομονή, 히 10:36, 참조. 히 3:14, 6:11-12, 11:1, 12:1)가 필요하고, 그들은 신앙고백을 굳게 붙잡아야 하며(참조. 히 3:1, 4:14, 10:23), 그렇게 하여 신앙적으로 지치지 않아야 한다. 공동체가 배교까지 가는 신앙의 정지 상태의 위험에 처해 있기 때문에 히브리서에는 경고가 지배적이다.(참조. 히 2:2-3, 3:13, 6:4-8, 10:24-25, 12:5, 25-29, 13:9, 17, 22) 히브리서 저자는 공동체의 피로와 무기력함, 깨달음의 감소, 소심함, 막혀버림에 대한 감정을 신앙고백의 해석을 통해 극복하고자 한다.[17]

---

16 텍스트 분석에 관하여는 Ingrid Goldhahn-Müller, Die Grenze der Gemeinde, GTA 39, Göttingen 1989, 75-114를 잠조하라.

17 C. R. Koester, Hebr, 64-79. 쾨스터는 히브리서 공동체가 하위문화로서 유대교와 그 우위에 있던 그리스-로마 문화 사이에 있으며 복합적으로 자기를 정의하는 과정에 있었다고 본다. "그리스도인들은 유대교의 하위문화와 지배적인 그리스-로마 문화에 친화력이 있었지만 어느 것 하나에 전적으로 맞지 않았기 때문에, 히브리서는 유대교와 그리스-로마의 이미지를 차용하고 공동체를 강화하는 방식으로 변형하면서 공동체의 정체성을 정의하도록 돕고 있다."

히브리서 6:1-2에 따르면 수신자들은 스스로 '죽음의 행실'로부터 벗어나 '하나님에 대한 믿음'으로 가고 있는데, 거기에서 이방인 제사에 대한 암시를 볼 수 있다. 히브리서 3:12는 '살아 계신 하나님으로부터 타락하는 것'을 경고하고 있으며, 그러므로 유대인과 이방인의 대립이 히브리서에서는 지배적인 역할을 하지 않는다. 그 결과 수신자들 가운데 이방인 그리스도인들을 자주 보게 된다.[18] 그럼에도 불구하고 수신자들을 순수한 이방인 그리스도인으로 설명할 수는 없다. 저자가 신앙의 강화와 갱신이라는 목표에 도달하고자 할 경우, 청중에게 구약성서와 유대교 제사는 더 이상 신뢰할 수 없는 것이 되어야 한다. 히브리서의 세밀한 주석학적 논증(참조. 예를 들어 히브리서 7장)은 그들에게 이해가 되는 것이어야 했다. 히브리서 8:10에서는 예레미야 31:33(칠십인역)을 인용하면서 이스라엘 집과의 새로운 언약이 체결된다. 그래서 그 공동체는 이방인 공동체로만 존재할 수는 없었을 것이다.

히브리서 13:9-10 안에는 정결함과 부정함의 질문에 관한 공동체 안에서의 갈등을 볼 수 있고(참조. 히 9:14), 저자는 유대교 혹은 유대 그리스도교적인 거짓 교사들에 대한 암시를 하고 있을 가능성이 있다. 이방인 그리스도인과 헬레적 유대 그리스도인[19]이 함께 모였을 개연성이 있다. 히브리서에서 전개되는 구약에 대한 관계와 유대교와 헬레니즘의 해석 전통은 그들의 신앙에서 분명 큰 의미가 있었을 것이다. 이것에 반대해서 공동체 구성원들의 출신에 관한 질문을 중요하게 여기지 않는 사람[20]은 수신자들

(Koester, 위의 책, 73.)

18 예를 들어 다음을 참조하라. H. Windisch, Hebr, 127; W. G. Kümmel, Einleitung, 352f.; H. Hegermann, Hebr, 10; H. F. Weiß, Hebr, 72ff.

19 스트로벨은 유대 그리스도교-헬레니즘 수신자 공동체를 언급한다.(A. Strobel, Hebr, 10.); 리시는 유대 그리스도교의 특수 그룹에 관하여 말한다.(M. Rissi, Theologie, 11-12, 23-24.)

20 참조. A. Vanhoye, Art. "Hebräerbrief," 497; E. Gräßer, Hebr I, 24.

의 입장에서 히브리서 신학의 수용을 위한 전제를 과소평가하게 된다. 특히 이 편지가 의심을 극복하고 확신을 전달하려는 목적이라면 히브리서가 펼친 논증을 이해하고 긍정하는 것이 가능할 것이다.

6.5 내용 구성, 구조, 형식

1부 1:1-4:13	
1:1-4	아들 안에서 아버지가 마지막 때의 말씀을 하신다.
1:5-14	아들에 관한 성서의 증거
2:1-4	권고: 말씀을 경청하라.
2:5-18	아들과 자녀들
3:1-6	권고: 대제사장 예수를 바라보라.
3:7-4:11	믿음으로 하나님의 안식에 들어감
4:12-13	권고: 하나님의 말씀이 심판하신다.
2부 4:14-10:31	
4:14-16	충고
5:1-10	부르시고 공감하시는 대제사장 예수
5:11-6:20	권고: 신앙의 깨달음과 신앙의 확신에 대한 촉구
7:1-28	멜기세덱의 순서를 따르는 대제사장
8:1-13	새 계약
9:1-28	새로운 하늘의 제사
10:1-18	단 한 번의 희생제물이 되신 예수
10:19-31	권고: 신앙의 확실성에 대한 촉구
3부 10:32-13:25	
10:32-39	고난 속에서 신앙 지키기
11:1-40	옛 신앙 증인들의 실례
12:1-29	신앙 지키기

13:1–19	마지막 권고
13:20–21	축복 기원
13:22–25	권고

히브리서는 편지의 서론(히 1:1–4)과 마지막 인사(히 13:20–21) 사이의 본론을 다음과 같이 다섯 부분으로 구분해 연구한다. 1부. 1:5–2:18, 2부. 3:1–5:10, 3부. 5:11–10:39, 4부. 11:1–12:13, 5부. 12:14–13:19[21]

히브리서 1:1:1–4의 서문 이후 2:1–4에는 권고의 중심이 되는 천사와 대조되는 예수의 주권에 대한 가르침이 이어진다. 2:5–18 역시 권고로 이어진다.(히 3:1–6) 4:12–13은 심판에 대한 전망으로 세 번째 하위 단락을 마무리한다. 1부의 시작과 마지막은 일치를 이룬다. 1부는 두 개의 찬가와 예전적 부분으로 구성된다. 1부의 내용은 하나님이 아들 안에서 말씀하신다는 것이다.[22]

2부는 히브리서 4:14–16의 권고의 말로 시작한다. 이 권고는 10:19–23에서 수용되어 변형된다. 4:14–16 다음에는 예수의 대제사장직의 특성에 관한 단락이 이어진다.(히 5:1–10) 이 단락은 신앙의 확실성에 대한 전반적인 권고로 이어진다.(히 5:11–6:20) 교훈적인 7:1–10:18은 예수의 지

---

21 특히 A. Vanhoye, Literarische Struktur und theologische Botschaft des Hebräerbriefes I, SNTU IV (1979), 119–47; II, SNTU V (1980), 18–49를 참조하라.

22 여기에 제시된 내용 구분에 관하여는 특별히 W. Nauck, "Zum Aufbau des Hebräerbriefes," Judentum–Urchristentum–Kirche (FS J. Jeremias), hg. v. W. Eltester, BZNW 26, Berlin 1960, 199–206을 참조하라. 헤거만도 비슷하게 내용을 구분한다.(H. Hegermann, Hebr, 4–6.) 그레서는 세 부분으로 나누어 내용을 구분한다.(E. Gräßer, Hebr I, 28–30.) 다만 그레서는 2부를 히브리서 7:1에서 시작하며, 4:14–6:20은 사이에 들어간 본문으로 설명한다. 바이스는 2부를 히브리서 10:18에서 끝낸다.(H. F. Weiß, Hebr, 47.)

위를 다음과 같이 주제화한다. 대제사장(히 7:1-28), 그의 직무의 장소와 특징(히 8:1-9:28), 단 한 번의 희생제물(히 10:1-18). 이후 이것과 연결된 권고가 이어지는데, 깨달음을 얻은 사람에게는 다음과 같은 적절한 결과가 도출되어야 한다. 그것은 신앙고백을 확고히 붙잡는 것과 일어날지도 모르는 배교로부터 신앙을 지켜내는 것이다. 2부도 심판에 대한 전망(히 10:30-31)으로 마무리된다. 그리스도가 하나님의 오른편에 계신 참된 대제사장이라는 것이 2부의 주제이다.

3부는 다시 하나의 틀을 통해 고난 상황을 암시한다.(히 10:32 이하, 13:7) 그 틀의 결론은 믿음 안에서 굳세게 서는 것(히 10:35, 13:9)과, 인내와 확신을 가지는 것(히 10:36, 13:14)이다. 저자는 수신자들이 신앙을 지켜야 한다고 충고(히 10:32-39)하면서 옛 신앙의 증인들의 모범(히 11:1-40)을 첨가한다. 그것은 신앙의 창시자이며 완성자이신 예수를 바라보게 하려는 것이다.(히 12:2) 공동체는 그들의 실존에서 자신을 예수에게 맞추어야 한다.(히 12:1-29) 히브리서 13:1부터 편지의 마지막 부분이 시작된다. 이 부분은 형식상 바울의 편지들에 방향을 맞추고 있다.[23] 마지막 권고(히 13:1-19) 다음에 축복 기원(히 13:20-21)이 이어진다. 그 다음에 나오는 것들은 마지막 훈계(히 13:22), 사도의 방문(히 13:23), 안부를 전하는 것과 안부 인사를 받는 것(히 13:24), 마무리 때의 의례적인 축복 기원(히 13:25)이다. 신앙에 굳게 서며 믿음의 창시자이자 완성자이신 예수를 따르라는 것이 3부의 주제이다.

히브리서의 내용 구분은 저자의 신학적 목표와 일치한다. 구조의 핵심은 권고와 신앙의 토대가 되는 단락이 함께 작용하는 곳에 있다. 저자는 이러한 단락들을 의도적으로 서로 연관시켜서 상호 보완적으로 만들었다.[24] 저자는 그의 공동체가 신앙의 확실성과 신앙적 확신에 이르도록 도와주기

---

23 참조. F. Schnider/W. Stenger, Studien(위 2.3.2를 보라.), 73ff.

24 참조. F. Laub, Bekenntnis und Auslegung, 4f.

를 원하고 있다. 저자의 본래 의도는 논증의 목표인 권고에서 볼 수 있다. 히브리서는 거시적인 지평(기본 토대-전개-권고)뿐만 아니라 세 개의 주요 단락에서도 내용이 뚜렷하게 구분된다. 저자는 세 개의 주요 단락을 문학적으로 서로 다르게 처리한다. 그것은 주제의 통일성의 틀을 구성하는 것(참조. 히 7:1-10, 7:11-28, 8:3-9:28, 10:1-18), 주제 알리기(참조. 히 1:4, 2:17, 5:10, 7:22, 10:39), 문학적 종류(신앙의 기본 토대, 권고)의 변화이다. 저자는 문학적으로 수사학의 요소도 다룬다.[25]

히브리서 연구사에서는 편지의 시작이 없다는 사실 때문에 히브리서를 다른 문학 형식으로 분류하기도 한다. 히브리서는 편지,[26] 설교,[27] 설교문,[28] 신비적인 설교,[29] 논박문,[30] 신학적 명상,[31] 경구적 연설(epideictic oration),[32] 책[33]으로 분류되기도 한다. 이러한 형식 규정은 히브리서의 문학적인 특수성을 고려하게 하고, 동시에 그것들은 부정확하고 대부분 실제적인 유사성이 존재하지 않는다. 그 결과 자주 히브리서를 위한 형식의 명칭은 '편지'로 유지되고 있다.[34]

히브리서 10:32-34, 12:4, 13:10 안에 존재하는 공동체의 상황에 대한

---

25 참조. E. Gräßer, Hebr I, 15.

26 참조. A. Deissmann, Licht vom Osten(위 2.3.1을 보라.), 207.

27 참조. O. Michel, Der Brief an die Hebräer, KEK 13, Göttingen [14]1985, 4; A. Wikenhauser, J. Schmid, Einleitung, 545; A. Vanhoye, Homilie für haltbedürftige Christen. Struktur und Botschaft des Hebräerbriefes, Regensburg 1981, 11.(히브리서는 신약성서에서 독특한 설교이다.)

28 A. Lindemann, Paulus im ältesten Christentum(위 5를 보라.), 234.

29 Ph. Vielhauer, Urchristliche Literatur, 242.

30 참조. H. Windisch, Hebr, 122.

31 M. Rissi, Theologie, 13.

32 H. W. Attridge, Hebr, 14.

33 E. Gräßer, ThR 56, 138. "오히려 히브리서는 하나의 책이다. 그것은 신약성서에서 그리스도가 참된 대제사장이라는 오직 하나의 주제를 가진 유일한 책이다."

34 참조. A. Strobel, Hebr, 9; K. Berger, Formgeschichte des Neuen Testaments, Heidelberg 1984, 366; H. Hegermann, Hebr, 1f.

구체적인 암시는 편지의 마무리, 그리고 저자와 수신자들의 서로 떨어져 있는 상황과 나란히 편지의 요소로 언급된다. 게다가 권고하는 여러 단락은 수신자의 상황이 저자에게 알려졌다는 것을 짐작케 한다. 요한1서가 비교 본문으로 언급될 수 있다. 마찬가지로 요한1서에는 편지의 시작이 없고 교리적인 것과 권고적인 단락의 병존이 전체 구조를 위해 두드러진다. 그러나 이 편지의 마지막은 편지가 아니라 오히려 심사숙고한 설교로 계획되었다는 것이 히브리서의 바꿀 수 없는 특징이다. 그러므로 저자가 자신의 작품에 '권고의 말'(λόγος τῆς παρακλήσεως, 히 13:22)이라고 부여한 형식의 명칭을 수용해야 한다. 이것은 이 기록의 방향성인 권고에 해당한다. 중요한 것은 '권고의 말'이다.[35]

6.6 문학적 통일성

편지의 마무리 부분인 히브리서 13:22-25의 원래 성격은 논란이 된다. 히브리서의 시작과 신학을 고려한다면 바울 편지의 형식을 따라 편지를 마무리하는 것은 놀라운 일이다. 이로 말미암아 히브리서는 바울의 권위 아래 자리 잡았을지도 모른다. 이것이 저자의 원래 의도에 어울리는 것인가? 그는 그리스도를 위한 사도의 칭호를 기록했다.(참조. 히 3:1) 히브리서의 익명성은 저자의 의도일 가능성이 있다. "이에 대한 하나의 근거로서 그는 최초 그리스도교의 나머지 익명의 문헌이 오직 예수 그리스도를 절대적인 개인의 권위와 전통의 근원적 규범으로 요구하고 있다고 보았다.(히 2:3) 다

35 위버락커는 히브리서 13:22-25의 마지막 부분을 원래의 것으로 보고 히브리서를 '권고의 말'이라고 한다. 그는 이것을 조언의 문학으로 본다.(W. G. Übelacker, Der Hebräerbrief als Appell, CB.NT 21, Lund 1989.) 바이스는 히브리서를 유내교-헬레니즘의 설교 방식을 따르는 '권고설교'로 분류한다.(H. F. Weiß, Hebr, 35-41.) 바크하우스는 히브리서를 수사학적으로 구조화된 공서인 조언설교/신앙설교/예배설교로 분류한다.(K. Backhaus, Hebr, 39f.)

른 근거는 다음의 내용과 관련이 있다. 히브리서는, 구원은 오직 마음대로 처리할 수 없는 하나님의 말씀 안에 주어진 것으로 본다. 사도적인 직무를 지닌 자들이 구원을 보장한다는 것은 저자의 말씀 신학의 본질에 반한다."[36] 그렇게 되면 편지의 마무리 부분은 부차적인 것이 될 것이고 저자의 의도와 반대 방향으로 향하게 될 것이다.[37]

편지의 기능과 히브리서의 서신적인 요인은 13:22-25의 원래 성격을 위해 인용되곤 한다. "그에 따르면 히브리서는 하나의 편지이다. 즉 바울 편지의 형식을 띤 최초 그리스도교의 선포를 위한 편지이다."[38] 히브리서의 편지로서의 실제적인 기능이 거부된다면 다음에 나오는 디벨리우스(M. Dibelius)의 마지막 추론이 가능하다. "저자는 설교로 계획한(하지만 실제로는 그렇게 하지 않은) 그의 글을 권고나 소식을 전하고 인사로 끝맺는다. 이것은 그들에게 바울의 편지를 따라(디모데 언급) 관습적으로 편지를 끝맺는 것이다. 그러면서도 그는 그것을 편지로 보낼 의도는 없었다."[39] 아니면 저자는 원래 전달하지 않으려고 생각한 히브리서에 편지의 마무리를 덧붙여서 보낸 것일 수도 있다.

이러한 가능성 가운데 존재하는 결정은 무조건 난제에 빠진다. 예를 들어서 후대에 편집자가 바울에게 기대고 있는 서두(Präskript)를 통해 허구성을 분명하고 완전하게 관철해내지 못했다는 관찰은 편지의 결말이 순수하게 허구적이라는 가정과 모순된다.[40] 다른 면에서 히브리서는 단순히 바울

36 E. Gräßer, Hebr I, 17.

37 참조. E. Gräßler, Hebr III, 409f. "히브리서 13:22-25는 다른 사람이 쓴 추신이다. 이 부분은 히브리서에게 정경으로의 문을 열어야 했는데 마침내 그 문을 열었다."

38 H. Hegermann, Hebr, 2.

39 M. Dibelius, Geschichte der urchristlichen Literatur, 128; Ph. Vielhauer, Urchristliche Literatur, 240f.도 비슷하다. 바이스에 따르면 히브리서 13:22-25는 히브리서 저자에 의해 작성된 추가 기록이라는 사실이 중요하다.(H. F. Weiß, Hebr, 38.)

편지의 형식에 종속되지 않는다. 저자는 편지 형식의 마무리 요소와 함께 계속되는 진술이라는 관점에서 자신의 작품을 제공했을 개연성이 있다. 히브리서 13:22-25는 편지의 첨부 기록이다. 여기에서 22절의 주는 것(수여)에 대한 조치는 특별한 의미를 지닌다.[41] 이에 따르면 히브리서는 권고설교이다. 이 설교는 공동체 모임에서 큰 소리로 읽혔다. 그러나 여기에는 아직 불확실성이 남아 있다. '해야 할 말'(λόγος δυσερμήνευτος, 히 5:11)의 내용처럼 히브리서의 문학적인 통일성과 형식은 규정하기 어렵다.

6.7 전승, 자료

히브리서의 저자는 다양한 전통의 관계 속에 존재한다. 그는 히브리서 3:1, 4:14, 10:23, 13:15에서 최초 그리스도교의 신앙고백을 언급하고 있으며, 적어도 히브리서 1:3에서 최초 그리스도교의 찬송가를 인용하고 있다.[42] 5:7-10과 7:1-3, 26에서도 찬송가의 특징을 고려할 수 있다.[43] 히브리서는 다른 신약문서처럼 구약성서와 연결되어 있다. 약 35개의 문자적 본문 인용과

---

40 A. Wikenhauser, J. Schmid, Einleitung, 545.

41 특히 위버락커의 분석을 참조하라.(W. G. Übelacker, Der Hebräerbrief als Appell, 197ff.) 히브리서 13:22-25가 원래의 것이라는 입장에 관하여는 아트리지도 찬성한다.(H. W. Attridge, Hebr, 405.) 위버락커는 편지의 마지막을 문학적으로나 수사학적으로 심사숙고한 히브리서의 전체 구성으로 여긴다. 바크하우스에 따르면 히브리서 13:22-25의 마무리는 히브리서 저자와 로마의 바울 학파 사이의 접촉을 암시하게 한다.(K. Backhaus, Hebräerbrief und die Paulus-Schule, 194-96.)

42 여기서는 하버만의 주석을 같이 참조하라.[J. Habermann, Präexistenzaussagen (위 2.9.7을 보라.), 267-99.]

43 여기서는 찜머만의 주석을 참조하라.[H. Zimmermann, Das Bekenntnis der Hoffnung, 44ff.] 히브리서 5:7과 7:1-3, 26을 찬송가 인용으로 보지 않는 회의적인 입장에 관하여는 E. Gräßer, Hebr I, 312ff.; H. Hegermann, Hebr, 해당 쪽을 참조하라.

구약 본문에 대한 약 80개의 암시가 존재한다. 히브리서는 오로지 칠십인역만을 인용하고 있으며, 거기서 벗어나는 인용은 저자에게 다른 칠십인역 필사본이 있었거나 혹은 그가 임의로 인용한 경우일 것이다.[44] 인용의 길이가 주목을 끄는데, 그것은 신약성서에 나오는 예레미야 31:31-34가 오로지 히브리서 8:8-12에서만 온전하게 인용되고 있기 때문이다. 이것은 히브리서 10:15-18에서 다시 한 번 짧은 형식으로 인용된다. 성서해석의 형식 중에는 고대 유대교의 해석 방법과 평행을 이루는 본문이 제시되기도 한다.[45] 그래서 히브리서 3:7-4:11에는 시편 95:7-11에 대한 미드라쉬가 들어 있다. 예를 들어 간결한 페쉐르(히브리어로 '해석'을 의미한다. 짧은 문장의 의미적 해석을 일컫는 것이다.—역자 주) 형식의 주석은 히브리서 2:6-9에 존재하며, 알레고리적 해석은 히브리서 3:6, 13:13에서 만날 수 있다. 저자가 제시하는 유형론에 속하는 것(예를 들어 6:13-20; 히 7장의 멜기세덱) 역시 다양하다. 그것은 예언-성취 도식(예를 들어 히 1:5, 13, 5:5, 8:8-12)처럼 옛 구원의 순서를 능가하는 것이 예수 그리스도 안에서 이루어진 구원을 통해 옛 구원의 질서에 대한 능가를 설명하는 것이다. 히브리서 저자가 완결된 복수의 본문들이나 혹은 자신이 가지고 있었거나 그의 공동체 안에서 형성되어 공동체의 목표와 일치하는 개별적인 문장들에 의존했을 가능성이 있다.(참조. 히 3:7-4:11,[46] 7:11-25, 28, 8:4, 6-13, 9:9b, 10:1a, 3-10:14) 유대교 지혜 문서들의 구약 해석의 특징은 히브리서 11장의 위대한 모범의 순서에 나타난다.(참조. 예를 들어 집회서 44장 이하)

게다가 히브리서와 최초 그리스도교는 연결된다.[47] 그래서 히브리서

---

44 분석을 위하여는 F. Schröger, Der Verfasser des Hebräerbriefes als Schriftausleger, BU 4, Regensburg 1968, 35-197, 247-56을 참조하라.

45 상세한 목록은 위의 책, 256-99를 참조하라.

46 H. Hegermann, Hebr, 6.

47 K. Backhaus, Hebr, 51f. 바크하우스에 따르면 히브리서는 분명 초기 그리스도교의 전승과 관계가 있다.

1:1-4는 요한복음 1:1-18, 빌립보서 2:6-11, 로마서 1:3-4, 고린도전서 8:6, 골로새서 1:15 이하와 일치한다. 바울(참조. 갈 3장, 롬 4장)처럼 히브리서 역시 6:13-20과 11:18-19에서 아브라함의 약속을 다루고 있다. 화목제물 사상은 로마서 3:25에서처럼 히브리서 2:17-18에도 나온다. 바울(참조. 고전 11:23-26)처럼 히브리서는 첫 계약-새 계약이라는 대립명제를 알고 있다. 바울과 히브리서 사이에 존재하는 전승사적 일치가 헬레니즘적인 유대 그리스도교로부터 유래하는 공동의 출처에 대한 것을 가리킬 수 있지만, 신학적으로 히브리서와 바울 신학 사이에는 현저한 차이가 존재한다.[48] 칭의 주제가 히브리서를 위해서는 아무런 의미가 없으며, 율법 이해에서도 현저한 차이가 드러난다. 한편으로는 분명한 연속성이 존재하는데 이는 바울이나 히브리서가 율법이 구원을 이루지 못한다는 사실에서 출발하기 때문이다.

그리스도 사건은 최종적으로 율법의 구원론적 약점을 드러냈다. 그러나 히브리서는 주로 제사 율법에 방향을 맞추고 있다. 바울에게는 본질적인 율법과 죄, 율법과 칭의 사이의 연결이 히브리서에는 실제적으로 받아들여지지 않았다. 신앙의 개념에서도 두드러진 차이가 나타난다. 히브리서에서 '믿음'(πίστις)에 관한 설교는 주로 권고적인 방향이다. 그러므로 히브리서는 한편으로는 바울과 비교할 수 있는 전통의 흐름에 서 있으면서도, 다른 한편으로는 히브리서의 저자가 바울 학파의 사람이 아닌 것으로 여겨진다. 오히려 히브리서는 독자적인 신학을 보여주고 있다.

6.8 종교사적 위치

히브리서의 복합적인 성격은 다양한 종교사적 해석이 가능하다. 연구사[49]

48 참조. A. Lindemann, Paulus im ältesten Christentum(위 5를 보라.), 233-40.
49 연구사에 관하여는 H. F. Weiß, Hebr, 96-114를 참조하라.

에는 세 개의 주요 방향이 있다.

1) 영지주의 해석

케제만(E. Käsemann)은 유랑하는 하나님의 백성이라는 모티브를 히브리서 신학의 기초로 본다.[50] 이 모티브는 영혼의 하늘 여행이라는 영지주의 모티브를 독자적으로 수용한 것이다. 원인간이 자신의 영적 출처에 관한 모든 부분을 기억하면서 그것들을 다시 하늘의 세계로 인도해간다. 케제만 해석의 열쇠가 되는 본문은 히브리서 2:11이다.[51] 여기서는 아들과 자녀의 본질적 동질성이 언급되고 있다. 히브리서 공동체에게 구원은 하나님의 안식으로 가고 있는 구원받은 자들의 여행으로 실현된다. 그 과정에서 대제사장 예수 그리스도는 그의 사람들보다 앞서간다. 타이센(G. Theißen)은 히브리서의 영지주의 해석을 정확히 규정했다. 히브리서의 '친족관계'(συγγένεια) 사상에는 영지주의와 상응하는 것이 있다. 그리스도와 그의 사람들은 공통의 기원과 공동의 목표를 통해 서로 연결되어 있다. 그것은 바로 하늘의 도성으로 행진해 들어가는 것이다.[52]

그레서[53]와 라우브(F. Laub)[54] 역시 구원하는 자와 구원받는 자들 사이에 존재하는 본질의 존재론적 유사관계에서 영지주의 세계관과의 결합을 찾았다. 그러나 히브리서에는 영혼의 선재 사상이 존재하지 않는다. 히브리서 2:11은 창조신학적으로도 해석된다. 아들과 자녀는 창조자이신 하나님 안에서 그들의 근원이 동일하다.[55] 아들의 창조 중재자 사상(참조. 히

---

50 참조. E. Käsemann, Das wandernde Gottesvolk, 156.

51 참조. 위의 책, 90ff.

52 참조. G. Theißen, Untersuchungen, 123. "공동의 출처는 공동의 목표를 설정하며 그 반대이기도 하다."

53 참조. E. Gräßer, Hebr I, 135f.

54 참조. F. Laub, "Schaut auf Jesus," 427.

55 참조. H. Hegermann, Hebr, 75.

1:2)과 그 방법에 관한 긍정적인 진술은 근본적으로 히브리서를 영지주의로부터 분리해낸다. 공동체는 그러한 노선 위에 존재하고 있다. 그 길은 신앙, 고난, 인내의 길이다.

2) 묵시적 해석

미헬(O. Michel)과 호피우스(O. Hofius)는 주로 유대교 묵시 사상의 배경에서 히브리서의 종교적 입장을 규정한다. "히브리서는 강력한 묵시 사상의 동기를 받아들였지만, 헬레니즘-알렉산드리아의 모티브들을 소재로 사용한 그리스도교 전통 안에 존재하고 있었다."[56] 히브리서의 묵시 사상 구조는 약속과 성취라는 평행 구조 안에 있다. 공동체는 지금 하늘의 선물과 미래 세계의 시간을 소유하고 있음을 이미 알고 있다.(히 6:5) 호피우스는 케제만과의 논쟁에서 '안식'(κατάπαυσις) 모티브를 연구하여 다음과 같은 결론에 이르렀다. "히브리서는 하늘로 가는 것과 하늘에 예비된 장소로 간다는 사상을 알지 못하고, 오히려 묵시적인 기대를 가지고 있다. 그 기대는 선재하는 구원의 장소가 마지막 완성의 날에 숨겨진 상태로부터 드러난다는 것이다."[57] 케제만은 하나님 보좌 앞에 있는 장막 사상(참조. 히 6:19-20, 10:19-20) 역시 영지주의 문맥으로 해석하는데, 호피우스는 그것이 다른 전통과의 관련성을 참조하게 만든다고 본다. "히브리서 저자는 고대 유대교 신비주의의 메르카바 비밀종교를 수용하여 하나님 보좌 앞 장막 사상과 하늘의 성소에 관해 신학적으로 서술(Theologumenon)했다."[58] 히브리서에는 유대교와 랍비 전통의 연결이 분명히 드러나고 있지만 그것들이 히브리서의 복합적인 종교사의 입장을 설명하기에는 충분하지 못하다.

---

56 O. Michel, Hebr(위 6.5를 보라.), 58.

57 O. Hofius, Katapausis, 150.

58 O. Hofius, Der Vorhang vor dem Thron Gottes, WUNT 14, Tübingen 1972, 95.

3) 유대교-알렉산드리아/중기 플라톤 신학

스트로벨과 헤거만은 히브리서를 헬레니즘-알렉산드리아 유대교의 세계관과 신학, 특히 알렉산드리아의 필로(Philo)에 매우 근접한 것으로 본다. 히브리서와 필로 사이에는 수많은 유사점이 있다. 각 사상과 개념의 수용과 적용은 우주 생성론(Kosmologie, 히 1:1-4와 필로의 Conf 145-48; Som I 215를 비교해보라.), 대제사장에 관한 사변(히 4:14-5:10을 필로의 SpecLeg I 82-97, 228, 230; II 164; Som I 214-16; Fug 106-18; VitMos II 109-35와 비교해보라.), 멜기세덱에 관한 진술(히 7:1을 필로의 All III 79-82; Abr 235 이하; Congr 99와 비교해보라.), 신앙의 본질에 관한 숙고(히 11장을 필로의 Abr 268-70; Her 90-95와 비교해보라.)에서 다양하게 일치를 이룬다.[59] 히브리서와 필로의 저작에서 언어와 사유의 일치는 비교 가능한 전통과 종교사적 환경을 참조하도록 만든다. 그것은 바로 알렉산드리아의 특징을 가진 헬레니즘 유대교이다. 아이젤레(W. Eisele)는 처음부터 끝까지 필로의 저작과 유사하게 히브리서에 존재하는 중기 플라톤 사상의 강한 영향에 주목했다. 무엇보다도 하늘과 땅, 보이는 것과 보이지 않는 것, 사라지는 것과 남아 있는 것, 요동치는 것과 요동하지 않는 것, 변하는 것과 변하지 않는 것, 타향과 고향, 시간과 영원의 분리[60]는 중기 플라톤 사상의 영향이다.(참조. 예를 들어 히 8:5, 9:23, 11:3, 10, 13, 12:22-24, 25-29, 13:14)[61] 히브리서는

59 스트로벨(A. Strobel)과 헤거만(H. Hegermann)의 주석서를 함께 참조하라. 특히 윌리암슨의 주석서를 참조하라.(R. Williamson, Philo and the Epistle to the Hebrews, ALGHJ IV, Leiden 1970.) 윌리암슨은 관계 있는 유사한 본문을 모두 조사했다.

60 참조. Plut, Delphi 19. "지금 실제적으로 존재하고 있는 것은 무엇인가? 영원과 무생성과 불변함, 그것에 대해 시간 역시 아무런 변화를 주지 못하네."

61 아이젤레의 논증에 관하여는 W. Eisele, Ein unerschütterliches Reich, 375-414를 참조하라. 참된 폴리스에 관한 스토아 사상 역시 고려해야 한다. "스토아 사상가들에게 하늘은 원래의 의미에서 폴리스이지만, 반면에 여기 지상에 있는 것은 결코 그것이 아니기 때문이다."(SVF III, 327.)

(종말이) 가까움에 대한 대망의 관점을 확고히 유지하고 있지만, 동시에 (중기 플라톤 사상의 영향을 받아) 공간적 진술을 선호한다. 이것은 시간을 초월하는 새로운 존재의 존재론적 상태를 보다 강하게 강조하려는 것이다.[62] 하지만 히브리서 저자는 필로의 직접적인 제자가 아니며[63] 중기 플라톤주의자도 아니다. 그 이유는 유대교-헬레니즘 지혜문헌과 관계를 맺고 있다고 확신할 수 있기 때문이다.(히 1:3을 지혜서 7:26과 비교해보라. 또한 히 11:1-38을 집회서 44-50장, 지혜서 10장과 비교해보라.) 히브리서의 신학은 최초 그리스도교의 다양한 전통의 흐름을 통해 두드러진다. 히브리서의 종교사적 위치를 획일적으로 설명할 수는 없을 것이다.[64] 그러나 히브리서가 유대교-알렉산드리아의 신학과 중기 플라톤 사상과 매우 가까운 것은 사실이다.

6.9 신학적 기본 사상

히브리서는 외부와 논쟁하지 않고 오히려 내부를 향해 권고한다. 히브리서에서 중요한 것은 신앙을 지탱하는 기둥이 흔들리는 상황에 처한 공동체의 자발적 확신이다. 히브리서 주장의 기본 토대는 구원의 길이었던 옛 구원 질서를 더 이상 고려할 필요가 없다는 깨달음이다. 구원으로부터 분리시키

---

62 참조. W. Eisele, Ein unerschütterliches Reich, 132. "전통적으로 묵시 사상의 시간적 도식은 그 도식에서 공간적이고 존재론적인 사상 뒤로 후퇴한다. 이미 현재 공존하고 있는 흔들리는 세상과 흔들리지 않는 세상 사이에 존재하는 분열은 이미와 아직 아님 사이에 존재하는 긴장의 자리로 이동하고 있다."

63 C. Spicq, L'Épître aux Hébreux I/II, Paris 1952/53. 스트로벨은 스피크의 책(L'Épître aux Hébreux I/II)을 검토하였다.(참조. A. Strobel, Hebr, 16.) 그러나 윌리암슨은 스트로벨의 입장에 반대한다.(참조. R. Williamson, Philo and the Epistle to the Hebrews의 해당 항목.)

64 참조. K. Backhaus, Hebr, 52-56. 바크하우스는 초기 유대교와 중기 플라톤 사상이 가깝다고 본다. 그러나 동시에 다양한 사조를 독자적으로 종합하는 히브리서의 능력도 강조한다.

는 죄의 세력은 율법을 통해서는 폐지될 수 없다. 율법은 완성으로 인도하지 못하기 때문이다.(히 7:18, 19a) 율법은 죄를 없애기에는 약하고 무능력하다.(히 10:1-2, 11) 율법은 인간이 스스로 자기를 결정하도록 인도하는 능력, 곧 하나님 본질의 거룩함과 영광의 몫에 도달하고 하나님께 자유롭게 나아가도록 할 수 없다. 오직 아들만이 이것을 할 수 있다. 그는 자신의 형제들과 모든 면에서 똑같이 되신 분이다. "이는 하나님의 일에 자비하고 신실한 대제사장이 되어 백성의 죄를 속량하려 하심이라."(히 2:17) 예수는 스스로 고난을 당하고 죄의 유혹에 넘겨졌지만 죄의 힘에 굴복하지 않았기 때문에, 오직 그만이 죄로부터 깨끗하게 하실 수 있다.(참조. 히 1:3, 2:17, 18, 4:15, 5:7, 8) 히브리서의 구원론은 히브리서 4:15에 있는 '죄 없이'(χωρὶς ἁμαρτίας)라는 두 단어에 달려 있다! 예수의 죄 없음은 단지 그의 신적 '본성'(Natur)뿐만 아니라 투쟁과 의식적 결단의 결과이기도 하다.(참조. 히 12:2-3) 그러므로 죄 없음이라는 것은 모든 사람과 비교하여 예수의 성육신적이고 신 현현적인 차이를 나타낸다. 하나님과 멀어진 상태에서 잃어버린 바 된 인간, 그가 책임져야 하는 하나님과 멀어진 상태는 극복되지 않는다. 그는 오직 예수의 피를 통해서 죄에서 벗어나 완성에 이를 수 있다.(히 7:11-19, 9:11-12) 아들의 구원 행위는 옛 제사와 대립하는데, 히브리서는 그것을 이미 제사의 범주 안에서 전개하고 있다.

히브리서는 대립명제를 내세우는 방식으로 새로운 구원 질서의 우월성을 설명한다. 즉 계시의 우월성은 천사들과 대조를 이루는 예수의 지위에서 드러난다. 그는 모든 면에서 그들을 능가하고 먼저 존재했다.(참조. 히 1:5-2:16) 지상의 대제사장은 자신의 죄를 위해 희생제물을 바쳐야 했지만, 죄 없는 하늘의 대제사장 예수는 참된 희생제물을 드렸으며 그 속에서 영원한 구원의 창시자가 되었다.(참조. 히 5:1-10, 8:1-6) 멜기세덱의 순서를 따르는 대제사장의 구원의 질서는 아브라함과 레위가 받은 순서보다 높다.(참조. 히 7장) 예수는 더 나은 계약의 중개자로 나타났으며(히 8:6), 하늘의 지성소는 모든 면에서 지상의 지성소를 능가한다. 예수는 손으로 만들어진 지성소에 들어가지 않고 하늘 자체에 들어가기 때문이다.(히 9:23 이하) 공동체는 그들 구원의 인도자(히 2:10)와 앞서가신 분(히 6:20)이 하늘의 지성소에 들어가 참된 희생제물을 바쳤음을 알아야 한다.(참조. 히 7:26, 8:1-2, 9:11, 24) 신앙인은 예수를 의식적으로 따라가야 한다. 그들은 자신의 고난 속에서 아들의 고난을 통해 완성에 이르러 그 구원에 참여해야 한다. 구원의 확신과 구원의 현재는 공동체 안에 존재하는 신앙의 정체 상태를 극복해야 한다. 공동체는 아들 안에서 말씀하시는 하나님을 신뢰해야 한다. 아들은 십자가에서 단 한 번의 죽음으로(참조. 히 7:27, 9:28, 10:10, 12, 14) 하늘의 장막을 통과해 들어갔다. 이것(하늘의 장막)은 믿는 사람을 위해 중보기도를 하려고 들어가는(참조. 히 9:24, 4:16) 그의 육체이다 (τοῦτ ἔστιν τῆς σαρκὸς αὐτοῦ, 히 10:20)

히브리서는 십자가를 능가하는 결정적 구원 사건을 알지 못하며, 아들이 영원히 자기 자신을 바치는 것을 말하지도 않는다. 오히려 히브리서는 "십자가와 높임의 그리스도 사건을 제사신학적으로 땅과 하늘, 시간과 영원을 포함하는 구원 사건으로 설명하는 데 성공했다."[65] 새로운 계약 사상 역시 공동체가 구원을 확신하는 데 도움이 된다. 예수는 참된 새 계약의 중재자이며, 그만이 구원을 가져다 줄 수 있다.(히 9:15; 참조. 특히 히 7:22, 8:6, 10, 10:16-18, 29, 12:24) 히브리서 13:20이 예수가 그의 피를 통해 영원한 계약을 이루었음을 분명히 하면서 마무리되는 것은 결코 우연이 아니다. 예수의 구원의 일을 경시하는 배교를 하지 말라는 권고는 예수 그리스도의 희생의 유일회성과 위대함에 기인한다. 물러섬은 배교한 자에게 구원을 주지 못한다. 물러섬으로 인해 예수 그리스도의 죽음이 짓밟히기 때문이다.(참조. 히 6:4-6, 10:26-29, 12:16-17) 히브리서의 종말론 역시 현재적 구원 약속이며, 여기서 강조하는 것은 구원의 완전함이다. 공동체는 이미 구원의 장소에 도달해 있고(히 12:22-24) 하나님의 안식에 들어갔다.(히

65 F. Laub, Zum Verständnis des Kreuzestodes, 80.

4:3-4, 10) 공동체는 지성소에 들어갈 권리를 갖고 있다.(히 10:19-22) 종말론적 유보(예를 들어 히 13:14)는 신앙의 내용이나 현재의 구원 상태와 관련되지 않고, 직접적으로 어려움을 당하고 있는 신앙의 투쟁 속에서 구원을 보존하는 것과 연결된다. 믿는 사람이 "처음의 굳건함을 마지막까지 굳세게 붙들고 있다면"(히 3:14b) 그는 그리스도에게 참여하고 있는 사람(히 3:14a)이다.

6.10 최근 연구 경향

히브리서의 개요에 대한 고전적 질문들은 해결될 수 없으며, 그런 질문들이 이 문서의 신학을 위해 무의미하다는 인식이 점점 인정받고 있다.[66] 기록 장소와 시기에 관한 문제는 가설에서 벗어나지 못하고 있다. 저자에 관한 질문도 바울 학파와의 관계가 결정적 문제이다. 히브리서 저자가 바울 사도의 환경에 속했거나(헤거만, 스트로벨), 혹은 역사적으로나 신학적으로 중요하지 않을 수도 있다. 히브리서는 원래부터 익명의 문서로 구성되었기 때문이다.(그래서) 히브리서의 문학적 형식은 논란거리이다. 히브리서의 문학적 통일성 문제에서 편지 형식의 마무리 부분을 다시 원래의 것으로 보고자 하는 경향이 두드러지게 나타난다. 히브리서의 구성은 대개 세 부분 혹은 다섯 부분으로 구분된다.

히브리서에 유대교-알렉산드리아 신학이 강하게 영향을 미쳤다는 것은 논란이 되지 않는다. 이와 함께 히브리서의 종교사적 배열도 아직 해결되지 않았다. 왜냐하면 유대교적이고 알렉산드리아적인 사상과 유대교 묵시 사상으로부터 유래하는 동기는 유대교적이고 알렉산드리아적인 신학과 영지주의처럼 어떤 대립을 제시하지 않기 때문이다.[67] 히브리서 구원론의

66 참조. E. Gräßer, Hebr I, 19. "히브리서를 이해하기 위해 누가 그것을 썼는지를 알 필요는 없다."

중심 사상을 영지주의적이라고 볼 수 있는지는 영지주의에 관한 정의에 달려 있다.(아래 8.5.8을 보라.) 그레서는 "예수는 '완전해진 자'(τελειωθείς)로서 '완전한 분'(τελειωτής)이다.(히 12:2) 그는 구원을 받은 구원자이다. 그는 스스로 완전에 이르렀는데, 그에게 순종하는 모든 이를 위해 영원한 구원의 창시자가 되었다."[68]라고 주장한다. 그레서의 이런 생각이 영지주의적이라고 평가될 수 있는가에 대하여는 열려 있다.[69]

이와 대조적으로 호피우스는 히브리서의 영지주의 해석을 단호하게 거부한다. 헤거만과 스트로벨 역시 히브리서를 유대교-알렉산드리아 신학의 맥락에서 보고 있다. 바이스(H. F. Weiß)는 종합적인 해결 모델을 제시한다. 히브리서는 당시의 종교사적 상관관계 속에서 다양한 사상을 받아들였으나 그것들을 자신의 목적이자 기본 관심사 아래에 두었다.[70] 더 나아가 시 히브리서의 사상을 규정하고자 중기 플라톤 형이상학과 연결하기도 한다.(아이젤러) 그 이유는 특히 히브리서의 공간과 시간에 대한 생각이 중기 플라톤 사상에 영향을 받은 것으로 보이기 때문이다. 카러(M. Karrer)와 바크하우스(K. Backhaus)의 최근 주석들은 하나의 입장을 가지고 있는 설명 모델에서 벗어나 히브리서에 의한 보다 많은 전통 노선에 대한 창조적인 처리를 강조하고 있다.(무엇보다 유대교-알렉산드리아 신학/유대교 제사 사상/중기 플라톤 사상)

최근 연구의 중심에는 히브리서의 신학적 의도에 관한 질문이 존재한

67 G. Gelardini, Verhärtet eure Herzen nicht, 388. 가브리엘라 겔라르디니는 다른 종교사적 모델을 제시한다. 그녀는 히브리서를 고대 회당 설교의 맥락에서 이해하고 유대교의 금식일 티샤 베-아브(Tischa be-Aw: 유대교 달력의 아브월 9일—성전 멸망의 슬픔의 날—역자 주)와 밀접한 관계가 있다고 본다. "일치하는 동기는 특히 마무리되면서 모든 중요한 구약과 티샤 베-아브를 위해 회당에서 읽은 본문들을 통해 확정된다."

68 위의 책, 309.

69 참조. 위의 책, 309의 각주 351.

70 H. F. Weiß, Hebr, 114.

다. 그것은 그리스도론에서 십자가와 높임의 관계에 관한 것이다. 그레서의 온건한 영지주의 해석에서 보면, "예수의 삶과 십자가는 에피소드라는 특징을 유지한다. 높임은 목표로 남아 있다."[71] 히브리서 저자는 그의 시선을 오로지 예수의 높임을 통해 열려진 영원에 두었다. 그레서와 브라운은 십자가와 높임을 서로 다르게 보지만, 라우브는 그것이 내용을 통일하는 결정적인 것이라고 이해한다. 라우브는 높임과 그 후에 지속되는 그리스도의 구원 행위 때문에 십자가의 구원의 의미를 과소평가하는 것에 반대한다. 그는 히브리서의 제사 개념을 십자가 사건과 관련 짓는다. 히브리서 10:19-20은 십자가 사건의 열쇠가 되는 본문이다. 브라운은 '성막/휘장'(καταπέτασμα)을 사라져버리는 지상세계와 하늘 하나님의 구원세계를 가르는 분수령으로 해석한다. 예수는 십자가의 죽음에서 당신의 육체를 "구원을 방해하는 것으로 여기고"[72] 자신의 뒤로 보내버렸고 성막을 관통하여 그렇게 길을 만들었다. 호피우스[73]는 히브리서 10:20b에 '통해'(δία)를 추가하면서, '그의 육체의'(τῆς σαρκὸς αὐτοῦ) 어구를 해석하는 도구적 진술로 이해하고 그것을 성육신과 연결한다. 이를 통해 그는 예수의 육신과 성막과의 일치를 배제한다. 이와 대조적으로 라우브는 히브리서 10:20의 독법에 상응하려면 '성막'(καταπέτασμα)과 예수의 '육체'(σάρξ)를 동일하게 놓아야 한다고 주장한다. 그러므로 다음과 같은 결과가 도출된다. "십자가의 '앞으로 나아가는 것'(προσφέρειν)에서 예수의 대제사장적인 '들어감'(εἰσέρχεσθαι)이 일어난다."[74] 히브리서 제사의 범주는 십자가의 구원의 의미에 대한 해석과 다르지 않다. 카러는 히브리서 10:20에서 바로 초기 그리스도교 신학사의 요점을 본다. "하늘 지성소의 성막은 하늘의 내세를 지켜

71 E. Gräßer, "Hebräer 1:1-4. Ein exegetischer Versuch," ders., Text und Situation, Gütersloh 1973, (182-228) 224.

72 참조. H. Braun, Hebr, 308.

73 참조. O. Hofius, Vorhang vor dem Thron Gottes(위 6.8을 보라.), 80ff.

74 F. Laub, Zum Verständnis des Kreuzestodes, 77.

준다. 하지만 이 성막이 예수의 육신을 통해 규정되기 때문에 예수는 하늘을 더 이상 인간의 현세적이고 육신적인 삶으로부터 떼어놓지 않는다. 오히려 예수는 인간을 육신적 삶으로부터 이 삶을 인정받는 하나님께로 인도한다."[75]

75 M. Karrer, Hebr II, 218.

E I N L E I T U N G

I N D A S

N E U E

T E S T A M E N T

제7장

공동서신

야고보서, 유다서, 두 개의 베드로서신, 세 개의 요한서신은 유세비우스(HE II 23, 25; VI 14, 1) 이래로 공동서신(가톨릭 서신)으로 언급된다.[1] 이것들이 '그리스도교 전체'(ἡ καθολικὴ ἐκκλησία)를 겨냥한 것으로 여겨지기 때문이다. 라틴어를 사용한 서쪽에서는 이러한 기본 의미가 '교회 안에서 일반적으로 인정된 것'이라는 뜻으로 바뀌기도 했다. 최근에는 요한서신을 공동서신의 틀 안에서 분석하지 않고, 요한 학파의 문서로 분류하여 다룬다. (아래 8을 보라.)

7.1 야고보서

7.1.1 참고문헌

주석

KEK 15: M. Dibelius (-H. Greeven), [6]1984. • HNT 15/I: Chr. Burchard, 2000. • HThK XIII 1: F. Mußner, [4]1981. • ThHK 14: W. Popkes, 2001. • ÖTK 17/1.2: H. Frankemölle, 1994. • NTD 10: W. Schrage, [12]1980. • RNT: F. Schnider, 1987. 1982. • NICNT: S. McKnight, 2011. AncB 37A: L. T. Johnson, 1995. • WBC 48: R. P. Martin, 1988. • CNT II, 13a: F. Vouga, 1984. • BNTL: S. Laws, 1980. • NIC: P. H. Davids, 1982.

단행본

A. Meyer, Das Rätsel des Jacobusbriefes, BZNW 10, Gießen 1930. • R. Hoppe, Der theologische Hintergrund des Jakobusbriefes, fzb 28, Würzburg 1977. • W. Popkes, Adressaten, Situation und Form des Jakobusbriefes, SBS 125/126, Stuttgart 1986. • W. Pratscher, Der Herrenbruder Jakobus und die Jakobustradition, FRLANT 139, Göttingen 1987. • Martina

---

1 공동서신 개념과 이전 역사에 관하여는 A. Jülicher, E. Fascher, Einleitung, 186-89를 참조하라.

Ludwig, Wort als Gesetz, EHS 502, Frankfurt 1994. • M. Klein, "Ein vollkommenes Werk," BWANT 139, Stuttgart 1995. • M. Tsuji, Glaube zwischen Vollkommenheit und Verweltlichung, WUNT 2. 93, Tübingen 1997. • M. Konradt, Christliche Existenz nach dem Jakobusbrief, SUNT 22, Göttingen 1998. • R. Bauckham, James, London. • G. Garleff, Urchristliche Identität im Matthäusevangelium, Didache und Jakobusbrief, BVB 9, Münster 2004, 222-321. • J. R. Strange, The Moral World of James, New York 2010. • St. Wenger, Der wesenhaft gute Kyrios. Eine exegetische Studie über das Gottesbild im Jakobusbrief, AThANT 101, Zürich 2011.

논문

K. Aland, "Der Herrenbruder Jakobus und der Jakobusbrief," ders., Neutestamentliche Entwürfe, TB 63, München 1979, 233-45. • W. H. Wuellner, "Der Jakobusbrief im Licht der Rhetorik und Textpragmatik," LingBibl 43 (1978): 5-66. • Chr. Burchard, "Gemeinde in der strohernen Epistel," Kirche (FS G.Bornkamm), hg. v. D. Lührmann u. G. Strecker, Tübingen 1980, 315-28. • U. Luck, "Die Theologie des Jakobusbriefes," ZThK 81 (1984): 1-30. • M. Hengel, "Jakobus der Herrenbrude-der erste 'Papst?'," Glaube und Eschatologie (FS W. G. Kümmel), hg. v. E. Gräßer u. O. Merk, Tübingen 1985, 71-104. • Ders., "Der Jakobusbrief als antipaulinische Polemik," Tradition and Interpretation in the New Testament (FS E. E. Ellis), hg. v. G. F. Hawthorne und O. Betz, Grand Rapids/Tübingen 1987, 248-78. • H. Paulsen, Art. "Jakobusbrief," TRE 17 (1987), 488-95. • H. Frankemölle, "Gesetz im Jakobusbrief," Das Gesetz im Neuen Testament, hg. v. K. Kertelge, QD 108, Freiburg 1986, 175-221. • J. Zmijewski, "Christliche Vollkommenheit. Erwägungen zur Theologie des Jakobusbriefes," ders., Das Neue Testament-Quelle christlicher Theologie und Glaubenspraxis, Stuttgart 1986, 293-324. • E. Baasland, "Literarische Form, Thematik und geschichtliche Einordnung des Jakobusbriefes," ANRW II, 25. 5, Berlin 1988, 3646-84. • F. Mußner, "Die ethische Motivation im Jakobusbrief," Neues Testament und Ethik (FS R. Schnackenburg), hg. v. H. Merklein, Freiburg 1989, 416-23. • M. Karrer, "Christus der Herr und die Welt als Stätte der Prüfung," KuD 35 (1989): 166-88. • M. Lautenschlager, "Der Gegenstand des Glaubens im Jakobusbrief," ZThK 87 (1990): 163-84. • F. Avemarie, "Die Werke des Gesetzes im Spiegel des Jakobusbriefes," ZThK 98 (2001): 282-309. • P. v. Gemünden/M. Konradt/G. Theißen, "Der Jakobusbrief," BVB 3, Münster 2003. • O. Wischmeyer, "Beobachtungen zu Kommunikation, Gliederung und Gattung des Jakobusbriefes," Das Gesetz im frühen Judentum und im Neuen Testament (FS Chr. Burchard), hg. v. D. Sanger • M. Konradt, NTOA 57, Freiburg (H)/Göttingen 2006, 319-27. • R. T. Webb/J. S. Kloppenborg (Hg.), Reading James with New Eyes, London 2007. • M. Konradt, "'Jakobus der Gerechte'. Erwägungen zur Verfasserfiktion des Jakobusbriefes," J. Frey/J. Herzer/M.

Janssen/C. K. Rothschild (Hg.), Pseudepigraphie und Verfasserfiktion in frühchristlichen Briefen, WUNT 246, Tübingen 2009, 575-97. • O. Wischmeyer, "Polemik im Jakobusbrief. Formen, Gegenstände und Fronten," O. Wischmeyer/L. Scornaienchi (Hg.), Polemik in der frühchristlichen Literatur, BZNW 170, Berlin 2011, 357-79.

연구 보고서

F. Hahn/P. Müller, "Der Jakobusbrief," ThR 63 (1998): 1-73. • M. Konradt, "Theologie in der 'strohernen Epistel'," VuF 44 (1999): 54-78. • K.-W. Niebuhr, "'A New Perspective on James?' Neuere Forschungen zum Jakobusbrief," ThLZ 129 (2004): 1019-44.

7.1.2 저자

신약성서에서 '야고보'('Ἰάκωβος)라는 이름으로 알려진 사람은 다섯 명이다. 그들은 세베대의 아들 야고보(막 1:19, 3:17 평행본문, 행 12:2), 알패오의 아들 야고보(막 3:18 평행본문), 예수의 동생 야고보(막 6:3 평행본문, 고전 15:7, 갈 1:19, 2:9, 12, 행 12:17, 15:13, 21:18, 유 1장), 작은 야고보(막 15:40 평행본문), 사도 유다의 아버지 야고보(눅 6:16, 행 1:13)이다. 야고보서는 최초 그리스도교 안에서 알려지고 인정받은 남자에 의해 기록된 것이어야 했다. 그 결과 저자로서의 세베대의 아들 야고보와 주의 동생 야고보는 야고보서의 자기 진술에 의해 고려되어야 한다. 그러나 세베대의 아들 야고보는 아그립바(Agrippa) 1세가 통치하던 기원후 44년에 처형당했다.(참조. 행 12:2) 따라서 야고보서의 저자에서 배제된다. 야고보서는 최초 그리스도교 역사에서 분명 후대의 상황을 전제하고 있기 때문이다. 주의 동생 야고보는 사도가 아니었다. 그는 예수 그리스도의 죽음과 부활 이후에야 비로소 그리스도교 공동체와 연결된다.(참조. 막 3:21, 31 이하, 요 7:5) 초대 공동체에서 주의 동생의 영향은 지속적으로 증가했고, 바울은 처음으로 예루살렘에 갔을 때 그를 방문했다.(참조. 갈 1:19) 아그립바 1세 치하의 초대 공동체 박해와 베드로가 예루살렘에서 도주한 사건(참조. 행 12:1-17)은 기원후 43-48년의 최초 공동체 지도 체계에 결정적 변화를 가져왔다.[2] 갈라디아서 2:9에서 야고보는 지도부의 정상(기둥)으로 여겨지는데, 이는 그가 예루살렘 최초 공동체의 지도자였다는 개연성이 된다. '야고보의 사람들'(갈 2:12)의 등장으로 일어난 안디옥 사건(갈 2:11-14의 에피소드 – 역자 주)은 엄격한 유대 그리스도교의 실천뿐만 아니라 광범위하게 미치는 주의 동생 야고보의 교회법에 관한 주장을 알게 해준다. 대제사장 안나스가 통치하던 기원전 62년, 야고보는 율법을 어겼다는 이유로 이름을 알 수 없는 어느 유대 그리스도인과 함께 돌로 쳐서 죽임을 당하는 판결을 받았다.(참조. 요세푸스, Ant XX, 199-203)[3]

주의 동생에 관한 내용들은 편지의 자기 진술과 어떻게 일치될 수 있을까? 예수에 관한 전승과 매우 밀접한 많은 유대 그리스도교 전통은 야고보서 1:1의 자기 진술 속 야고보를 주의 동생으로 본다. 또한 야고보서 2:14-26 배후에 존재하는 바울과의 논쟁은 주의 동생 야고보에 대해 좋게 생각하게 만든다. 결국 믿음과 행위에 대한 강조는 엄격한 유대 그리스도인이던 야고보를 돌아보게 한다. 야고보서의 훌륭한 그리스어와 그 저자의 수사학 훈련[4]은 더 이상 주의 동생이 야고보서의 저자임을 반대하는 논증으로 사용될 수 없다. 왜냐하면 1세기의 예루살렘과 전체 팔레스타인에서는 대부분이 이중 언어를 사용할 수 있었기 때문이다.[5]

그럼에도 불구하고 주의 동생을 야고보서의 저자로 보지 않는 중요한 근거도 있다. 할례, 안식일, 이스라엘, 정결법 같은 유대교의 엄격한 주제와 성전이 이 편지에서는 아무 역할을 하지 않는다. 야고보서는 신약성서에서

---

2 이에 관하여는 G. Lüdemann, Paulus II(위 2.5.8을 보라.), 67-84를 참조하라.

3 본문 비교를 위하여는 M. Hengel, Jakobus der Herrenbruder, 73-75를 참조하라.

4 참조. F. Mußner, Jak, 26-33.

5 참조. H. B. Rosén, "Die Sprachsituation im römischen Palästina," G. Neumann, J. Untermann (Hg.), Die Sprachen im römischen Reich der Kaiserzeit, Köln, Bonn 1980, 215-39.

이스라엘과 유대인의 이름을 언급하지 않는 몇 안 되는 문헌이다. 최초 그리스도교에서 구약을 윤리적 맥락에서 수용(참조. 약 2:21-25, 5:10-11, 17-18)하고 율법을 언급하는 일은 일반적이었으며, 이런 모습은 어디서나 볼 수 있었다. 그러나 안디옥 사건에서 서로 대립하던 이방인 그리스도인/유대 그리스도인의 문제는 야고보서에 나타나지 않는다. 구원론에서의 근본적인 차이(아래 7.1.9를 보라.)는 야고보서의 저자가 주의 동생 야고보와 일치하지 않을 수 있음을 암시한다. 갈라디아서 2:9에 따르면 그는 바울에게 손을 내밀었고 이방인에게 전하는 바울의 복음을 분명하게 인정했다. 야고보서의 저자는 야고보서 1:1에서 자신을 '하나님과 주 예수의 종'(δοῦλος θεοῦ καὶ κυρίου Ἰησοῦ Χριστοῦ)이라고 부르며, 3:1에서는 최초 그리스도교의 교사로 생각하게 만든다. 게다가 특별한 지위와 위치는 야고보서 1:1의 '종'(δοῦλος)의 칭호와 연결되어 있다. 물론 저자가 자신을 주의 동생이나 지위를 드러내는 호칭(참조. 갈 2:9)인 '기둥'(στῦλος)으로 소개하지 않은 것은 의문으로 남는다. 그는 야고보서 3:1-2에서 자신을 최초 그리스도교 교사들의 큰 그룹(참조. 행 13:1, 고전 12:28-29)에 포함시키면서도 자신의 특별한 권위를 포기하고 있다. 그 권위란 주의 동생으로서, 최초 공동체의 세 '기둥' 가운데 하나로서, 그리고 안디옥 갈등으로부터 얻은 것이다. 그뿐만 아니라 야고보서 3:1 이하는 교사가 되려고 하는 것과 그와 관련된 위기를 전제한다. 이는 최초 그리스도교에서 주의 동생 야고보의 위치와 맞지 않는다.

더구나 주의 동생 야고보가 저자라고 한다면, 야고보서 5:10-11에서 고난받을 준비가 된 모범으로 예수가 아니라 욥을 끌어들이는 것도 이상하다.[6] 야고보서 2:14-26에 전제된 논쟁은 또한 후대의 상황을 가리킨다. 야

6 다음의 주장에 반대한다. K.-W. Niebuhr, "A New Perspective on James?," 1039f. 니부어는 '야고보와 그의 큰형'이라는 제목을 가지고 야고보서를 "예수의 가장 가까운 친척으로부터 기인하는" 예수에 관한 증거로 이해하고자 했다.

고보서에 나타난 공동체의 사회적 갈등은 무엇보다 누가의 문헌, 목회서신, 요한계시록과 유사하다. 그것은 1세기 말 최초 그리스도교 공동체 안에서 나타나는 결정적인 사회 변화이다. 점점 더 많은 부자가 공동체 안으로 들어와 가난한 구성원과 부유한 구성원의 격차가 날카롭게 벌어져 그들 사이에 논쟁이 발생했다. 신앙과 행위에 관한 갈등은 옛날 바울이 선교하던 지역의 공동체들 안에서 바울이 당면한 새로운 존재와 새로운 행위에 관한 일치가 서로 분리되는 바울 이후의 시간을 가리킨다. 바울은 야고보서의 논쟁을 접하지 못했다.(아래 7.1.9를 보라.) 따라서 주의 동생 야고보가 바울 신학에 무지했거나, 아니면 바울 이후 시기의 논쟁을 가정해야만 한다. 제2바울서신과 베드로후서 3:15-16은 이 논쟁이 매우 다양한 지평에서 서로 다른 강조점을 가지고 실제 일어났음을 증명해준다. 야고보서가 주의 동생에 의해 작성되었다면, 바울에 대한 야고보의 날카로운 비판을 제2바울서신에서 반영하지 않고 있다는 사실은 의심의 여지로 남는다. 결론적으로 정경의 역사도 주의 동생이 야고보서의 저자라는 사실에 반대한다.

기원후 200년 이전의 야고보서의 문학적 이용은 증명되지 않는다.[7] 마찬가지로 무라토리 경전(200년경)에는 테르툴리아누스(Tertullianus)에게서처럼 야고보서가 빠져 있다. 그리고 유세비우스(HE II 23, 24b. 25)는 야고보서에 관해 다음과 같이 언급한다. "이것은 야고보의 역사이다. 소위 공동서신 중 첫 번째 편지는 야고보에 의해 작성된 것으로 보지만, 그 편지는 순수한 것이라고 할 수 없다는 사실에 주목해야 한다. 옛 사람 가운데 많은 사람이 야고보서와 마찬가지로 공동서신에 해당하는 유다서를 언급하지 않았기 때문이다. 하지만 우리에게는 이 두 개의 편지 역시 나머지 편지처럼 대부분의 교회 안에서 공개적으로 낭독되었다는 사실이 알려져 있다." 야

---

7 여기서는 다음을 참조하라. M. Meinertz, Der Jakobusbrief und sein Verfasser in Schrift und Überlieferung, BSt (F) X 1-3, Freiburg 1905, 55-130. F. Mußner, Jak, 33-47; H. Frankemölle, Jak, 94-101.

고보서는 기원후 200년부터 비로소 통용되기 시작했고, 오리게네스[Select Ps 30, 6(PG 12, 1300)]가 처음으로 야고보서를 인용했다. 야고보서는 계속 논쟁이 되었으며 매우 늦은 시기에 정경의 명성에 이르게 되었다. 매우 특별한 과정, 즉 야고보서가 주의 동생 야고보에 의해 기록되었을 것이고 이것 역시 최초 그리스도교 안에서 알려져 있었다는 것이다. 짠(Th. Zahn), 키텔(G. Kittel), 미카엘리스(W. Michaelis)는 야고보서 안에서 가장 오래 보존된 문서를 보고 있다.[8] 무스너(F. Mußner), 헹엘(M. Hengel), 존슨(L. T. Johnson), 보캄(R. Bauckham)도 야고보서의 저작권이 주의 동생 야고보에게 있다고 확신한다. 무스너는 야고보서가 바울에 의해 해결된 믿음과 행위의 관계에 대한 논쟁의 정점에서 기록되었다고 보지만 그의 논의는 제한적으로 이루어진다. "편지의 언어와 문체는 아마 그리스어를 말하는 동역자로부터 나왔을 것이다. 하지만 이 가정은 '비서가설'(비서가 기록했을 것이라는 가설－역자 주)과는 아무 관련이 없다."[9] 헹엘 역시 야고보서를 반바울적 논쟁으로 이해한다. "야고보서의 저자는 그 과정에서 육신의 형제와 가까이 서 있다. 그래서 그는 지속적으로 예수를 증인으로 소환하거나 인용할 필요가 없었다."[10] 존슨은 아직도 설명하지 못한 그리스도론과 사회윤리적 문제에 대한 토론, 무엇보다도 예수의 말씀에 대한 근접성을 초기 생성의 징후로 보고 주의 동생 야고보를 저자로 결론내린다.[11] 보캄은 야고보서가 예수를 메시아로 공경하는 디아스포라 유대인들에게 보내는 회람서신의 형태라고 본다.[12] 니부어(K.-W. Niebuhr)는 야고보서 해석을 위한 '바울의

---

8 참조. Th. Zahn, Einleitung I(위 2.9.3을 보라.), 52-109; G. Kittel, "Der geschichtliche Ort des Jakobusbriefes," ZNW 41 (1942): 71-105; W. Michaelis, Einleitung(위 5.5.2를 보라.), 280-82; 다음도 참조하라. A. Schlatter, Der Brief des Jakobus, Stuttgart ^{3}1985(=1932), 7ff.

9 F. Mußner, Jak, 8.

10 M. Hengel, Jakobusbrief, 264.

11 참조. L. T. Johnson, James, 118-21.

12 참조. R. Bauckham, James, 16.

안경'을 거부하며 무엇보다 신학적 구상에서 예수의 충동적 변화에 주목한다. 야고보는 신앙 개념뿐만 아니라 율법 개념에서도 '형'(예수)의 영향을 받았다. 야고보서 1:12/13-25에서 신학적 기초는 "서두와의 관련성을 관찰해볼 때, 편지 저자가 그의 수신자들을 경고하고 있는 신앙과 행위 관계가 예수에 관한 근본적인 충격을 받은 것이며 부활설의 그리스도 사건 안에서 토대를 세웠다는 사실에 대하여는 의심이 가지 않는다."[13]

폽케스(W. Popkes)는 수정된 형식의 진정성 논제를 대변한다. "그러므로 야고보서는 마지막 판본이 후대에 형성되었음에도 불구하고 확실하게 주의 형제의 기록 자료로 여겨질 수 있다.[14] 따라서 야고보서의 설교들은 편지의 기초가 되었으며, 주의 동생의 제자들에 의해 보충되고, 업데이트되어 발행된다. 무엇보다 폽케스는 그의 주석에서 이러한 두 단계 이론에 더 이상 동조하지 않고, 오히려 야고보서를 초기 그리스도교 신학을 위한 후대의 증언으로 평가한다.[15]

다수의 주석학자는 야고보서가 상당한 그리스어 교육을 받았지만 이름이 알려지지 않은 헬레니즘적 유대 그리스도인에 의해 작성된 위서 기록이라고 여긴다.[16]

---

13 K.-W. Niebuhr, "A New Perspective on James?," 1039.

14 W. Popkes, Adressaten, Situation und Form, 188.

15 참조. W. Popkes, Jak, 68의 각주 500.

16 이러한 관점으로 주장하는 학자들을 참조하라. M. Dibelius, Jak, 23-35; H. Windisch, Jak, 3f.; K. Aland, Der Herrenbruder Jakobus, 해당 본문들; W. G. Kümmel, Einleitung, 364f.; W. Schrage, Jak, 10f.; F. Vouga, Jacques, 18; A. Lindemann, Paulus im ältesten Christentum(위 5를 보라.), 241; G. Lüdemann, Paulus II(위 2.5.8을 보라.), 194; S. Laws, James, 38ff.; R. Hoppe, Hintergrund, 148; F. Schnider, Jak, 16-19; W. Pratscher, Jakobus, 209-13; H. Paulsen, Art. "Jakobusbrief," 492; H. Frankemölle, Jak, 45-54; Chr. Burchard, Jak, 3-5; W. Popkes, Jak, 69; G. Theißen, "Die pseudepigraphische Intention des Jakobusbriefes," P. v. Gemünden, M. Konradt, G. Theißen, Der Jakobusbrief, 54-82; M. Konradt, "Der Jakobusbrief im frühchristlichen

7.1.3 기록 장소와 시기

야고보서의 기록 장소는 주로 가설로만 규정할 수 있다. 장소에 대한 제안은 예루살렘,[17] 시리아,[18] 로마,[19] 알렉산드리아,[20] 이집트[21]부터 확정을 포기하는 데까지 이른다.[22] 다수는 알렉산드리아로 본다. 야고보서의 상징세계(참조. 약 1:6, 3:7, 12, 5:7, 18의 바다/물에 관한 언급과 약 3:4의 배에 관한 언급)와 마찬가지로 야고보서 4:13-17에 전제하는 전 세계적 상업은 동방의 대도시 항구를 생각하게 만든다. 게다가 알렉산드리아는 유대교-헬레니즘 지혜문학의 중심이었다.

순수성의 대변자들(야고보서를 주의 동생 야고보가 기록했다고 주장하는 사람들 – 역자 주)은 야고보서의 형성 시기를 이른 날짜로 정하고 있지만,[23] 편지의 위서 특징을 전제하면 이는 1세기 말로 받아들여야 한다.[24] 여기에

Kontext," J. Schlosser (Hg.), The Catholic Epistles and the Tradition, BEThL 176, Leuven 2004, 171-212.

17 참조. 예를 들어 F. Mußner, Jak, 23.(물론 야고보서의 순수성을 전제한다!)

18 참조. B. Noack, "Jakobus wider die Reichen," StTh 18 (1964): 10-24; H. M. Schenke, K. M. Fischer, Einleitung II, 240; Chr. Burchard, Jak, 7(안디옥).

19 참조. S. Laws, Jak, 26; W. Popkes, Jak, 69(조심스럽게 로마).

20 참조. F. Schnider, Jak, 18.

21 참조. H. Paulsen, Art. "Jakobusbrief," 492.

22 참조. Ph. Vielhauer, Urchristliche Literatur, 580; W. Schrage, Jak, 12f.; H. Frankemölle, Jak, 60f.

23 참조. 짠은 기원후 50년경[Th. Zahn, Einleitung I(위 2.9.3을 보라.), 93.]; 미카엘리스는 50년대 중반 직후[W. Michaelis, Einleitung(위 5.5.2를 보라.), 282.)]; 무스너는 60년경(F. Mußner, Jak, 19.); 헹엘은 58-62년(M. Hengel, Der Jakobusbrief, 259.)으로 본다.

24 참조. 슈니더는 기원후 80-100년 사이(F. Schnider, Jak, 18.), 파울젠은 70-100년 사이(H. Paulsen, Art. "Jakobusbrief," 492.), 프랑크묄레는 1세기 75년 후반 내지 2세기 초(H. Frankemölle, Jak, 60.), 부어카드(Chr. Burchard, Jak, 7.)와 폽케스(W. Popkes, Jak, 61.), 콘라트(M. Konradt, "Der Jakobusbrief," Ebner/Schreiber (Hg.), Einleitung, 504.)는 70-80/85년 사이로 본다.

신학사적 위치(가난한 자와 부자의 갈등, 논쟁이 되는 바울에 관한 해석, 야고보서 5:7의 파루시아 지연)에 더하여 야고보서 1:1이 유다서 1장에 수용되었다는 가능성도 이와 부합한다.(아래 7.3.2를 보라.)[25]

7.1.4 수신자

야고보서는 '디아스포라의 열두 지파', 즉 팔레스타인 밖에 있는 그리스도인 전체를 겨냥하고 있다.(참조. 벧전 1:1)[26] 편지를 받은 공동체들의 상황은 사회적 긴장관계를 두드러지게 보여준다. 곤궁한 사람들을 보살피는 일은 이루어지지 않고 있으며(약 1:27, 2:15-16), 부자와 가난한 자들은 동등한 대우를 받지 못하고 있다.(약 2:1 이하) 질투, 싸움, 분쟁이 그들 공동체를 지배하고 있다.(약 3:13 이하, 4:1 이하, 11-12, 5:9) 부자는 예배 때 우대를 받았으며(약 2:1 이하) 가난한 사람은 종교적 미사여구에 속았다.(약 2:16) 부자는 자기 자신을 믿었을 뿐이지 하나님을 믿지 않았다.(약 4:13-17) 대지주는 노동자를 계속 착취했다.(약 5:1-6) 결론적으로 공동체는 사회적 억압에 내몰렸다.(참조. 약 2:6)[27] 야고보서의 부자와 가난한 자에 관한 많은 진술이 영적인 가난의 경건과 반드시 일치하는 것은 아니었다.[28] 오히려 이 주제는 공동체 안에서의 어떤 경험을 배경으로 한다. 야고보서는 그리스도인의 태도 변화를 목표로 하고 있다.[29] 게다가 야고보서의 긴장은 바울 이후의 그리스도교 사회사로 평가할 수 있다.[30] 이미 바울에게서 시작된 발전

---

25 F. Schnider, Jak, 19; H. Paulsen, Art "Jakobusbrief," 492. 베드로전서, 클레멘스1서, 헤르마스의 목자서에는 단지 전승사적인 여운만 있을 뿐이다.

26 참조. M. Hengel, Der Jakobusbrief, 248.

27 참조. F. Schnider, Jak, 61.

28 디벨리우스의 의견에 반대한다.(M. Dibelius, Jak, 161-63.)

29 참조. F. Schnider, Jak, 57f.; H. Frankemölle, Jak, 57-62. 251-59.

30 참조. P. Lampe, U. Luz, "Nachpaulinisches Christentum und pagane Gesellschaft," Die Anfänge des Christentums, hg. v. J. Becker, Stuttgart 1987, 185-

이 계속되고 있다. 그것은 바로 경제적, 사회적 지위가 서로 다른 계층을 통합하는 것이었다. 이미 바울의 선교 공동체는 사회적으로 결코 단일 그룹이 아니라는 것을 보여준다. 오히려 모든 계층의 사람들이 그 공동체와 연결되어 있었다. 바울 이후의 시대에 이르러 갈등은 공개적으로 첨예화되기 시작했다. 부자가 그리스도교 공동체 안으로 들어왔고 각 그룹 사이의 균열은 커져만 갔다. 그래서 목회서신은 스스로 만족하기를 촉구하고 있으며(참조. 딤전 6:6-8), 돈 욕심을 추구하는 것을 강력하게 경고하는 것이다.(참조. 딤전 6:9-10) 디모데전서가 부자에 대한 권고로 끝나는 것은 결코 우연이 아니다.(딤전 6:17-19) 두 작품의 저자인 누가 역시 부유함에 대해 경고하며 그의 공동체에서 부와 소유가 문제가 되었음을 분명하게 알게 한다. (위 3.5.4를 보라.) 히브리서도 소유욕(히 13:5)과 신앙의 퇴색(히 2:2 이하)을 경고한다. 태만은 사랑을 행함으로써 극복되어야 한다.(히 6:10-12) 결론적으로 요한계시록은 부에 대한 유대 그리스도교 공동체의 날카로운 비판에 대한 인상을 주는 증언이다.(참조. 계 3:17-19, 18:10 이하, 15 이하, 23-24)

그러므로 야고보서의 사회적 모습은 헬레니즘적이며 바울 이후의 그리스도교의 전체 발전 안으로 통합된다. 이 발전에서 사회적 계층화와 공동체 구성원의 근본적 변화, 이에 따른 신앙과 행함이 서로 차이가 나는 것이 특징적이다.

7.1.5 내용 구성, 구조, 형식

1:1	서두
1:2-18	유혹의 위험
1:19-27	말씀을 듣고 행하기
2:1-13	예수에 대한 믿음과 율법

216; W. Popkes, Jak, 16-22.

2:14-26	행함과 믿음을 통한 칭의
3:1-12	말에 대한 책임
3:13-18	지혜의 본질
4:1-12	다툼과 비방에 대한 반대
4:13-17	시간은 하나님의 손안에 놓여 있다.
5:1-6	비사회적 부자들에 대한 반대
5:7-11	파루시아를 인내하면서 기다리라는 권고
5:12	심판에 대한 맹세
5:13-18	기도의 힘
5:19-20	길을 잃은 형제를 위한 책임

야고보서 1:1의 서두는 확실히 편지의 형식을 띤다. 저자는 한 문장 안에 보낸 사람, 받는 사람, 그리고 인사말, 이 세 가지를 모두 적는 그리스식 형식을 사용한다.(유사한 비교 본문으로는 행 15:23, 23:26을 참조하라.) 디벨리우스(M. Dibelius)는 편지의 요소가 적다는 사실과 여러 구절에서 드러나는 사상적 연관성이 부족하다는 이유로 야고보서가 단지 격언을 나열하고 소논문들을 요약한 교육 문헌이라고 비판했다.[31] 디벨리우스에 따르면 야고보서는 대부분의 단락뿐만 아니라 권고 부분에서도 맥락이 잘 맞지 않으며 상황에 대한 언급이 없다는 것이 일반적인 특징이다.[32] 그렇다고 야고보서에 사상적 연관성이 하나도 없다는 의미는 아니다![33] 야고보서 1:2-18은

31 참조. M. Dibelius, Jak, 13-23.

32 참조. 위의 책, 14. "문서 전체에 사상적 연결이 빠져 있다."

33 여기서는 뷜르너의 분석을 참조하라.(W. H. Wuellner, Jakobusbrief, 37ff.) 빌르너는 명확한 사유 과정을 확정한다. 바아스란트는 야고보서의 성향과 스타일에 헬레니즘의 문학 장르와 학교 수사학의 강한 영향을 강조한다.(E. Baasland, Literarische Form, 3654-61.) 프랑크묄레는 야고보서의 형식과 내용의 통일성을 강조하는데, 야고보서 1:2-18[서론(Prolog/Exordium)]과 5:7-20[결론(Epilog/Peroratio)]의 일치는 특히 의미가 있다고 본다.(H. Franke-

유혹 모티브에 의해 규정되고, 야고보서 1:19-27로의 이행은 '형제들'(ἀδελφοί)이라는 직접적 호칭을 통해 이어진다. 야고보서 1:19-27의 내용은 '하늘로부터 오는 완전한 선물'에 관한 직설법적 진술과 1:16-17의 '진리의 말씀'을 전개한다. 야고보서 1장은 전체가 전통적 격언 지혜 형식의 특징을 보여주며, 저자는 개별 격언들을 공동의 표제어로 모아 해석한다. 2장과 3장에는 보다 제한적이면서 포괄적인 통일성이 존재한다. 야고보서 2:1, 2:14, 3:1에 나오는 '나의 형제들'(ἀδελφοί μου)이라는 호칭은 특징적이다. 각 구절은 내용적으로 내적 통일성을 통해 두드러지는 도덕적 교훈이라는 점에서 중요하다. 야고보서 2:1-3:12의 권고 목표가 지혜를 통해 보장되는 변화에 있다면, 3:13-18에는 내용상 지혜가 어디로부터 오는 것인가에 관한 질문이 생겨난다. 4:1-12는 직접적으로 새로운 시작을 보여준다. 그러나 이 단락은 1:2-18의 유혹에 대한 주제를 다시 받아들인다. 4:13-17의 권고와 5:1-6의 예언자적인 고발은 가끔 문맥에 비해 두드러져 보이며 독립적인 전승을 보여준다. 저자는 '형제들'이라는 전형적인 호칭을 가지고 야고보서 5:7-20을 소개하는데, 이 단락은 양식사적으로 전통적 격언 권고로 분류할 수 있다.

대화 형식의 도덕 설교들은 훌륭한 통일성을 보여준다. 동시에 그것들은 각 상황과 내용적으로 연결되어 있다. 형식적인 측면에서 저자는 '형제들'(참조. 약 1:2, 16, 19, 2:1, 5, 14, 3:1, 10, 12, 4:11, 5:7, 9, 10, 12, 19)이라는 개인적인 호칭을 통해 이것에 도달하고 있다. 이어지고 있는 호칭의 성격은 야고보서의 형식적 특징이다. 그러나 또한 내용의 지평에서는 편지 내에서 수많은 결합이 존재하고 있다. 전체 기록의 특징은 신앙에 합당한

---

mölle, Jak, 71-73, 152-80.) 편지의 본론(참조. Jak 1:19-27, 2:1-13, 2:14-26, 3:1-12, 3:13-18, 4:1-12, 4:13-5:6)에서 야고보서 문장의 특징은 기능적으로 대조하며 기술하는 점이다. 야고보서의 의미론적 및 주제적 연결에 대한 증명에 관하여는 다음을 참조하라. M. Klein, "Ein vollkommenes Werk," 33-41; M. Tsuji, Glaube, 97f.; M. Konradt, Christliche Existenz, 311-15.

지혜에 관한 질문이다. 신앙은 존재와 행위의 일치로 드러난다. '믿음'(πίστις)이라는 표제어는 야고보서 1:2-18과 2:14-26을 연결한다. 마찬가지로 '완전한'(τέλειος)이라는 형용사는 야고보서 1:2-18을 1:19-27, 3:1-12와 연결한다. '위로부터 오는 지혜'(σοφία ἄνωθεν) 사상은 야고보서 1:2-18을 3:13-18과 연결해준다. '위로부터 오는 완전한 선물'을 받고 보전하는 사람은 야고보서 3:2의 '완전한 사람'(τέλειος ἀνήρ)이고 3:13의 지혜로운 사람이다.

야고보서의 장르에 대한 설명은 매우 다양하다. 그것은 '권고',[34] '권고적 교훈'(Didache),[35] '그리스도교 윤리 교과서',[36] '권고적 목적의 종교 조약'[37]의 '공용 텍스트',[38] '디아스포라 서신',[39] '예언자적 지혜설교',[40] '회람서신',[41] '문학적 설교 본문',[42] '권고편지'[43]부터 세례 교리문답의 '초보자 교육'[44]까지 이른다. 편지의 요소(약 1:1)와 함께 전체를 관통하는 호칭의 성

34 참조. M. Dibelius, Jak, 16; W. Schrage, Jak, 6.

35 참조. H. Windisch, Jak, 3; F. Mußner, Jak, 24.

36 참조. E. Lohse, "Glaube und Werke-zur Theologie des Jakobusbriefes," ders., Die Einheit des Neuen Testaments, Göttingen 1973, (285-306) 301.

37 참조. G. Strecker, Literaturgeschichte(위 1.2를 보라.), 72.

38 참조. W. H. Wuellner, Jakobusbrief, 65.

39 참조. F. Schnider, Jak, 13; 비슷한 입장은 다음을 참조하라. H. Paulsen, Art. "Jakobusbrief," 489; M. Tsuji, Glaube, 26; K. W. Niebuhr, "Der Jakobusbrief im Licht frühjüdischer Diasporabriefe," NTS 44 (1998): 420-43; W. Popkes, Jak, 69.(야고보서는 디아스포라 '현상'을 관심 있게 다룬다.) '디아스포라 편지'에 대한 포괄적인 것은 Th. Klein, Bewährung in Anfechtung(아래 7.2.1를 보라.), 17-181을 참조하라.

40 참조. E. Baasland, Literarische Form, 3654.

41 참조. H. Frankemölle, Jak, 66.

42 O. Wischmeyer, Beobachtungen, 326.

43 참조. Chr. Burchard, Jak, 9; M. Konradt, "Der Jakobusbrief," Ebner/Schreiber (Hg.), Einleitung, 502.

44 참조. W. Popkes, Adressaten, Situation und Form, 176ff.

격, 수많은 명령법과 그와 관련된 세례문답 형식의 전통은 야고보서가 권고와 교육을 위한 편지임을 암시한다.

7.1.6 문학적 통일성

야고보서의 문학적 통일성은 논란이 되지 않는다.

7.1.7 전승, 자료

초기 연구는 야고보서가 유대교의 '기본 문서'를 개작했다고 보았다. 스피타(F. Spitta)는 야고보서의 기본 문서가 기원전 1세기에 형성되었다고 보고 야고보서를 유대교 문서라고 여겼다. 그 후 한 그리스도교 편집자가 이 문서를 주의 동생 야고보의 것으로 돌렸고, 1:1, 2:1 안에서 예수 그리스도의 이름을 첨가했을 것이라고 보았다.[45] 마이어(A. Meyer)는 스피타의 논제를 변조하여 야고보서의 '기본 문서'에서 기원후 1세기 중반의 유대교적이고 헬레니즘적인 위서를 관찰했다. 이 기본 문서의 중심에는 유대교의 명칭학(Onomastik)에서 기원하는 족장들에 관한 우의적인 해석이 존재한다.[46] 그 후 이것은 특히 예수 그리스도의 이름을 추가하여 기원후 80/90년경 그리스도교화된 것으로 보이지만[47] 야고보서에는 이차적으로 그것을 그리스도교적인 것이 되도록 한 표시가 전혀 없기 때문에 주석에서 이 논제는 반향을 일으키지 못했다.[48]

---

45 참조. F. Spitta, Der Brief des Jakobus. Zur Geschichte und Literatur des Urchristentums II/1, Göttingen 1896, 1-239.

46 참조. A. Meyer, Rätsel, 240-305.

47 참조. 위의 책, 305-307.

48 예외적인 것은 다음을 참조하라. A. Jülicher, E. Fascher, Einleitung, 211f.; H. Windisch, Jak, 3f.; R. Bultmann, Theologie(위 2를 보라.), 515.

그러나 야고보서 저자는 의심의 여지없이 지혜 사상으로 각인된 자기 공동체의 전승을 받아들였다. 그래서 야고보서 3:3-12는 혀의 힘에 관해 빈틈없이 논의한다. 야고보서 1:2-18, 3:13-18, 5:1-6, 13-18은 주로 야고보서 저자가 수집하고 재배열하여 약간 개작한 전통적 지혜 격언이다.

야고보서와 공관복음의 예수 전승 사이에는 많은 공통점이 존재한다.[49] 특히 다음과 같은 산상설교(평지설교)와 밀접한 지점이 있다. 야고보서 1:2-4/마태복음 5:48 평행본문(완전함), 야고보서 1:5/마태복음 7:7 평행본문(지혜를 간청함), 야고보서 1:22-23/마태복음 7:24-26 평행본문(단지 말씀을 듣는 자가 아니라 행하는 자), 야고보서 2:5/마태복음 5:3 평행본문[(성령 안에 있는) 가난한 자들을 위한 하나님 나라], 야고보서 2:13/마태복음 5:7(자비함의 보상), 야고보서 3:18/마태복음 5:9(평화에 대한 약속), 야고보서 4:13-15/마태복음 6:34(계획을 포기함), 야고보서 5:1/누가복음 6:24(부자에게 미치는 화), 야고보서 5:2/마태복음 6:20 평행본문(좀이 부유함을 갉아 먹음), 야고보서 5:10/마태복음 5:12 평행본문(고난의 모범자인 예언자), 야고보서 5:12/마태복음 5:33-37(맹세 금지).

야고보서와 산상설교 간의 일치는 올바른 경건으로 확장된다. 그것은 바로 자비, 율법에 대한 올바른 이해와 하나님의 뜻을 따르는 행위이다. 이것은 문학적 의존성을 통해 설명되지 않는다. 주의 동생 야고보는 예수의 전승을 알고 있었고 그것을 다시 재현했을 가능성이 있다.[50] 하지만 야고보서와 산상설교는 공동의 전통, 곧 지혜 사상으로 각인된 유대 그리스도교에 기인한다. 이러한 전통의 신학 중심에는 율법의 완성을 통한 윤리적 완전 사상이 존재한다. 율법의 완성은 지혜의 선물을 통해 가능하다.[51]

---

49 다음의 본문 분석을 참조하라. R. Hoppe, Hintergrund, 123-45; W. Popkes, Adressaten, Situation und Form, 156-76.

50 참조. M. Hengel, Jakobusbrief, 251. 헹엘은 야고보서가 수용한 전승을 매우 이른 단계에 배열한다.

51 야고보서의 모든 전승의 목록과 해석에 관하여는 W. Popkes, Jak, 27-44를 참

7.1.8 종교사적 위치

야고보서는 유대교-헬레니즘의 지혜 사상에 뿌리를 내리고 있다. 많은 모티브와 표현은 집회서와 솔로몬의 지혜서를 참조하도록 지시한다.(야고보서 1:2를 집회서 2:1 이하와 비교하라. 야고보서 1:19를 집회서 5:11과 비교하라. 야고보서 3:13-18을 지혜서 7:22-30과 비교하라.)[52] 야고보서에만 나오는 유일회성 본문들(Hapaxlegomena)은 지혜서(칠십인역)로부터 나온 것들이다.[53] 야고보서는 유대교의 지혜 사상으로부터 강하게 영향을 받은 신약 문헌으로 보아야 한다.

7.1.9 신학적 기본 사상

야고보서 사상의 출발점과 중심은 '위로부터 오는' 지혜 사상이다.(참조. 약 1:17, 3:15, 17) 지혜는 세례 받을 때 그리스도인에게 구원하는 진리의 말씀으로서 선물로 주어지며(약 1:21) 그에게 율법에서 분명해지는 하나님의 뜻을 완성하게 하는 상황으로 바꾸어준다. '위로부터' 오는 지혜는 하나님의 선물로서 사람을 새롭게 하고, 그의 신앙을 실천에 이르게 하여 하나님 앞에서 옳다고 인정받게 한다. 인간의 일관성과 완전함을 목표하는 인간론은 이러한 신 중심-지혜 사상의 기본 구상과 일치한다.(참조. 약 1:2-4, 3:2,

---

조하라.

52 포괄적인 증명에 관하여는 다음을 참조하라. R. Hoppe, Hintergrund, 해당 페이지; U. Luck, "Weisheit und Leiden," ThLZ 92 (1967): 253-58. 프랑크묄레에게는 다음이 중요하다. "야고보서는 집회서의 다시 읽기이다."(H. Frankemölle, Jak, 85.) '지혜문서'로 분류하는 것과 대조적으로 언급하는 것은 다음을 참조하라. H. v. Lips, Weisheitliche Traditionen(위 3.3.5를 보라.), 431-37; M. Konradt, Christliche Existenz, 260-65.

53 참조. B. R. Halson, "Epistle of James: Christian Wisdom?," StEv IV (1968): 308-14.

13-18)[54] 인간의 분열 상태는 극복되어야만 한다.[참조. 약 1:8, 4:8의 인간의 분열(δίψυχος)] 야고보서는 말과 행위가 일치하는 구원받은 인간을 원한다. 인간의 분열된 상태는 의심함(약 1:6), 말과 행위가 서로 분리됨(약 1:22-27), 혀를 잘못 놀림(약 3:3-12), 세상을 사랑함(약 4:4 이하), 하나님의 뜻을 멸시함(약 2:1-13; 5:1 이하), 계속되는 다툼(약 4:1 이하), 예와 아니요의 뒤섞임(약 5:12)을 의미한다. 이러한 인간의 분열 상태는 욕심에 그 근거가 있다.(약 1:14-15, 4:1-2) 욕심은 죄를 낳고 인간을 죽음에 이르게 한다.(약 1:15) 그래서 외적으로 나타난 갈등은 내적인 갈등의 결과이다. 공동체의 대다수 구성원은 사회적 명성을 위해 노력한다. 그들은 자매나 형제와의 사귐을 고려하지 않는다. '위로부터'의 지혜가 아니라 '세상의 지혜'가 분열된 인간을 규정한다.(참조. 약 3:15) 야고보서에 따르면 그리스도인은 이러한 분열 상태를 믿음과 일치하는 지혜의 선물을 통해 극복한다. 믿음뿐만 아니라 지혜도 행함으로 증명이 가능하다. 지혜의 행위는 '왕적인 율법'(약 2:8)과 '완전한 자유의 율법'(약 1:25, 2:12)에 방향이 맞추어져 있다. 야고보서에서 사랑의 계명은 율법의 목표이고 중심이기 때문에(참조. 약 2:8), 선물로 주어진 지혜인 믿음과 행함 사이에는 유기적인 일치가 존재한다. 오직 위로부터 오는 지혜와 믿음만이 사랑의 계명 안에서 율법의 성취를 통해 온전함과 믿음을 가능하게 하고, 바로 그렇게 행함의 일치를 가능하게 한다.[55]

야고보서에서 믿음과 율법은 믿음과 행함 같은 대립이 아니다. 오히려 그것은 동전의 양면이다. 야고보서에서 사랑의 계명으로 요약되는 율법이 그리스도교적 행위의 기준이라면, 심판도 율법의 기준을 따른다.(참조. 약

54 참조. H. Frankemölle, "Gespalten oder ganz. Zur Pragmatik der theologischen Anthropologie des Jakobusbriefes," H. U. v. Brachel, N. Mette (Hg.), Kommunikation und Solidarität, Freiburg/Münster 1985, 160-78; ders., Jak, 305-20; W. Popkes, Adressaten, Situation und Form, 191ff

55 참조. U. Luck, Theologie des Jakobusbriefes, 10-15.

2:12-13, 3:1b, 4:12, 5:1, 9) 야고보서는 기본적으로 모든 계명이 동등하다는 가치에서 출발한다.[참조. 약 2:10의 '전체 율법'(ὅλον τὸν νόμον)] 하나님 사랑, 이웃 사랑, 율법을 지키는 것이 완전한 일치로 나타난다. 율법 안에 계시된 하나님의 뜻은 그리스도인의 불완전하고 부분적이며 분열된 행위를 극복한다. 결론적으로 야고보서의 율법 신학은 사회윤리로 이끌고, 부수적으로는 경제윤리로 이끈다. 사랑의 요구는 삶의 모든 영역에서 제한이 없기 때문이다. 야고보서와 바울의 차이는 명백하다. 바울에게 죄는 율법을 이용하며 인간을 속이고 개인을 초월하는 힘을 보여주는 반면에(참조. 롬 7:7 이하) 야고보서에서 죄는 전체 율법을 지키는 것으로 극복된다.(약 2:10, 4:17, 5:19, 20) 결과적으로 야고보서 안에는 믿음과 행함의 대립이 존재하지 않으나, 야고보서는 그의 대화 상대에서 그 대립을 전제하고 있다.

이 대화의 상대는 바울인가? '믿음과 행함'의 대립이 바울 앞에서는 어디에서도 입증되지 않기 때문에,[56] 야고보서에서 바울과의 관계는 받아들여져야 한다. 게다가 야고보서 2:10은 갈라디아서 5:3과 관계가 있는 것으로 보이며(전체 율법), 야고보서 2:24는 로마서 3:28에 대한 암시가 분명하다. 결론적으로 아브라함 주제에서 접촉이 나타난다.(참조. 롬 4:2/약 2:21) 로마서 4:3/야고보서 2:23에서 창세기 15:6의 인용은 두 가지 점에서 칠십인역 본문과 일치하지 않는다. 그것은 '아브람'('Αβράμ) 대신에 '아브라함'('Αβραάμ)을, 그리고 '그가 믿었다'(ἐπίστευσεν) 뒤에 '그러나'(δέ)를 붙인 것이다.[57] 야고보서 2:14-26의 논쟁은 바울에 해당하는 것이 아니다. 바울에게 행함 없는 신앙은 없기 때문이다.(다음만 비교해보아도 된다. 롬 1:5, 13:8-10, 갈 5:6) 야고보서는 바울의 위치를 의도적으로 잘못 묘사했거나

---

56 참조. M. Hengel, Jakobusbrief, 254.

57 참조. A. Lindemann, Paulus im ältesten Christentum(위 5를 보라.), 244-51; G. Lüdemann, Paulus II(위 2.5.8을 보라.), 197-201.

오해했을 수 있다. 야고보서가 갈라디아서와 로마서를 몰랐을 가능성도 있지만, 단지 우리에게 알려지지 않은 문서의 중간 단계(오히려 우리가 알지 못하는)를 알고 있었으리라는 가정도 가능하다.[58] 혹은 야고보서는 행함이 없는 믿음만 실천하고, 그 과정에서 바울에게 근거를 두고자 한 그리스도인을 반대하여 논증을 펼쳤을 것이다. 데살로니가후서 2:2와 디모데후서 2:18은 소아시아와 그리스에 있는 바울 이후의 선교 공동체들이 종말론적으로 들떠 있는 분위기를 알려준다. 당시의 분위기가 행위를 경시하도록 만들었고, 이는 야고보서가 투쟁한 지점과 일치할 가능성이 있다. 그러한 가정에서는 야고보서에 대해 반드시 바울 신학의 완전한 몰이해 혹은 바울 사상에 대한 악의적인 왜곡을 부여하게 된다.

야고보서는 자연적이고 해체할 수 없는 믿음과 행위를 강조한다. 야고보서 2:22에서 저자의 입장을 볼 수 있다. 믿음과 행위는 상호작용하며, 그 결과 믿음은 온전함에 도달하게 된다. 완전한 믿음은 하나님 앞에서 의롭다함에 이른다. 야고보서에서 믿음과 행위의 상호작용을 신인협력(Synergismus)으로 이해하면 안 된다. 이는 2:22에서 믿음이 주체로 계속 존재하기 때문이며, 믿음이 행함보다 먼저 나오기 때문이다. 야고보서에서 중요한 것은 의롭다 인정받아 행함을 낳는 믿음이다. 이 믿음은 행함에서 보전되며 행함으로써 완전해진다. 완전함은 믿음의 목표이고, 행함은 이 목표에 기여한다. 하나님은 세례 가운데 친히 인간에게 말씀을 심으셨고(참조. 약 1:18, 21), 이 말씀은 자유의 완전한 율법 외에 다른 것이 아니다.(약 1:25) 그래서 들음과 행위의 일치는 하나님의 뜻에서 나오는 것이며 그리스도인에게 개방된 완전함이다.

---

58 다른 입장은 M. Mitchell, "The Letter of James as a Document of Paulinism?," R. T.Webb/J. S. Kloppenborg (Hg.), Reading James with New Eyes, 75–98을 참조하라. 이 본문에 따르면 야고보서는 후기 바울의 그리스도교 문맥 안에서 의식적으로 갈라디아서와 로마서에 반대해서 기록하고 있으며 동시에 고린도전서에 소급해서 이야기를 시작한다.

신 중심적 문서인 야고보서는 그의 신학을 인간론과 윤리로 전개한다. 예수의 이름은 단지 두 번 언급되고 있지만(약 1:1, 2:1), 이 본문의 상태와 내용은 그리스도론에 특별한 무게를 부여한다. 야고보서 1:1의 '하나님'(θεοῦ) 용법은 예수와 관계될 경우, 신약성서 안에서 유일무이한 신학적 고백이 제시되고 있는 것일 수 있다.[59] 야고보서 2:1에서도 수많은 술어가 예수에게 덧붙여진다. 예수는 '주님'과 '영광의 기름 부음 받은 자'로 나타난다. 야고보서에서 예수는 하나님의 영광에 함께 받아들여지고 있다. "그는 주님이시며, 하나님의 영광 중에 그리스도인의 믿음과 그들의 활동을 규정하신다."[60] 야고보서 1:1, 2:1의 비범한 서술들과 야고보서 5:7, 8, 15에서 예수를 '주'(κύριος)로 언급하는 것은 야고보서 신학의 그리스도론적 의미를 강조하는 것이다.

7.1.10 최근 연구 경향

최근 연구에서 일치를 이루는 것은 야고보서의 문학적 그리고 주제적 완결성이다. 이와 달리 저자 문제는 논쟁이 계속되고 있다. 무스너, 헹엘, 존슨, 니부어는 서로 다른 근거를 가지고 편지의 직간접 저자로 주의 동생 야고보를 고집하는 반면에 주석학자 다수는 야고보서에서 위서 성격의 기록에 집중한다. 타이센(G. Theißen)은 다시 한 번 주요 주장들을 간추리면서[61] 저자의 핵심 전략을 다음과 같이 언급한다. "야보고서는 유대 그리스도교에 대한 오해를 방어하고자 야고보를 유대 그리스도교의 상징으로 주장한다."[62] 야고보서의 일관된 지혜 사상의 배경은 호페(R. Hoppe)와 루크(U. Luck)에 의해 인상적으로 확증되었다. 호페에 따르면 야고보서는 통일성

---

59 예를 들면 M. Karrer, Christus der Herr, 169와 같다.

60 위의 책, 173.

61 G. Theißen, Die pseudepigraphische Intention, 55-58.

62 위의 책, 58.

있는 신학적 구상을 가지고 있다. "인간에게 종말론적 약속을 베푸시는 하나님의 감추어진 지혜는 믿음 안에서 나누어진다. 인간은 믿음 안에서 그가 받은 지혜에 관심을 기울여야 하고 새롭게 실현해야 한다."[63] 슐라터(A. Schlatter)에 이어서 루크는 핵심적 문제 제기를 통해 야고보서를 규정한다. "중요한 것은 생명이다. 생명으로 인도하는 것은 지혜이다."[64] 지혜 사상이 야고보서의 신학을 포괄적으로 규정한다면, 바울에게 가능했던 반대명제는 해석의 의미를 잃어버린다. 야고보서의 신학은 독자적 사상이라는 전제를 가지고 있다. 그것은 바울과의 대립 속에서 발전하지 않았다. 또한 빈디쉬(H. Windisch), 로제(E. Lohse), 루크, 프랑크묄레(H. Frankemölle), 하일리겐탈(R. Heiligenthal), 바아스란트(E. Baasland), 콘라트(M. Konradt), 부어카드(Chr. Burchard), 폽케스[65]도 이런 방식으로 야고보서를 해석한다. 심지어 프랑크묄레는 다음과 같이 의견을 피력한다. "야고보서는 편지 전체에서 율법의 교훈을 발전시키지 않는다. 엄밀한 의미에서 율법은 어디서도 주제가 되지 않는다. 율법이 등장하는 곳에서는 주요 사상이 아니라 오히려 그 기능이 문제가 된다."[66]

이와는 반대로 야고보서의 반바울적인 입장도 고수되고 있다. 린데만(A. Lindemann)에 따르면 야고보서 저자는 "바울 신학을 만나 반박해보기를 원했을 것이고, 게다가 그 바울 신학 자체의 수단을 가지고 그랬을 것이다."[67] 헹엘은 야고보서를 바울에 대항하는 논쟁, 즉 초기 그리스도교 논쟁

63 R. Hoppe, Hintergrund, 147.

64 U. Luck, Theologie des Jakobusbriefes, 6.

65 참조. H. Windisch, Jak, 20f.; E. Lohse, Glaube und Werke(위 7.1.5를 보라.), 290f.; U. Luck, Theologie des Jakobusbriefes, 27f.; H. Frankemölle, Gesetz, 196ff.; R. Heiligenthal, Werke als Zeichen, WUNT 2. 9, Tübingen 1983, 49-52; E. Baasland, Literarische Form, 3678f.; M. Konradt, Christliche Existenz, 242-48; Chr. Burchard, Jak, 18f.; W. Popkes, Jak, 22-26.

66 H. Frankemölle, Gesetz, 202.

67 A. Lindemann, Paulus im ältesten Christentum(위 5를 보라.), 249.

의 대작으로 설명한다.[68] 디벨리우스, 큄멜(W. G. Kümmel), 필하우어(Ph. Vielhauer), 슈라게(W. Schrage), 슈니더(F. Schnider)의 의견에 따르면 야고보서는 바울을 직접 반대하지 않고 바울 이면의 입장을 반대한다.[69] 바울과 야고보에 관한 옛 질문은 미첼(M. Mitchell)과 비슈마이어(O. Wischmeyer)의 새로운 문제 제기로 다시 의미를 얻게 되었다. 미첼은 야고보서를 바울의 신학사에 배열한다. 야고보서는 바울 편지의 초기 수집을 알고 있었고, 무엇보다 고린도전서로부터 갈라디아서의 입장을 비판했다. "야고보서의 저자는 몇 개의 바울서신 수집물을 알고 있었다. 그리고 그는 (바울에 반대하기보다는 오히려) 바울 사상(Paulism) 내에서 타협의 문서를 창조하고자 글을 썼다. 즉 그 화해는 '바울과 바울'의 화해이며 '바울과 기둥들'의 화해이다."[70] 미첼은 고린도전서(갈라디아서는 반대하고)를 재수용하면서 '바울과 바울'의 화해, 야고보라는 가명 저자의 진술에서 기둥들과의 화해를 관찰했다. 비슈마이어 역시 야고보서를 문학적으로 바울 사상의 틀에서 이해했지만, 이러한 도덕설교 형식의 교훈 기록의 의도를 다르게 규정한다. "야고보서의 교육을 위한 기록의 주제는 두 개의 고전적 영역에 집중하고 있는 윤리이다. 하나는 말 혹은 설교의 윤리이고, 다른 하나는 행위 혹은 행함의 윤리이다. 부분적으로 매우 날카로운 이 편지의 논쟁은 율법의 올바른 모델화에 가치를 두고 있으며 적대적 전선(신학적인 차이에 기인하는 논쟁－역자 주)을 가진 신학 논쟁이 아니다. 전선은 존재하나, 그것은 악이나 사탄인 것이지 바울이 아니다."[71]

---

68 M. Hengel, Jakobusbrief, 253. 먼저 H. Lietzmann, Geschichte der Alten Kirche I, Berlin [2]1937, 213을 참조하라. 이 논문에 따르면 야고보서는 "분명 의식적으로 바울 교훈에 반대하는 논쟁"이다.

69 참조. M. Dibelius, Jak, 220f.; W. G. Kümmel, Einleitung, 362; Ph. Vielhauer, Urchristliche Literatur, 573; W. Schrage, Jak, 35; F. Schnider, Jak, 77.

70 M. Mitchell, The Letter of James as a Document of Paulinism?, 79.

71 O. Wischmeyer, Polemik im Jakobusbrief, 375.

디벨리우스와 연결되는 야고보서의 사회사적 진술은 빈번하게 역사적 배경이 없는 순수한 권고로 여겨진다. 그 다음에 그 사례들은 억지로 만들어낸 것으로 평가된다. 권고는 단지 수사학적으로 영향력이 큰 도덕설교 문체이다. 이와는 대조적으로 폽케스는 교회와 사회사적 수신자 공동체의 상황을 상세하게 규정하려고 시도했다. "야고보서는 상황과 동떨어진 분석으로 작성된 것이 아니라 역사적 과정에 관여하며 작성되었다."[72] 공동체들은 그들과 부자들이 점점 더 연결되는 변혁 과정에 있었던 후기 바울의 헬레니즘적 그리스도교의 틀 속에 존재하고 있었다. 이를 통해 사회적이고 신학적인 갈등과 오해가 나타나게 되었다. 야고보서는 초보자 교육으로서 이 상황 속에 들어가 믿음과 행함의 일치를 지키려고 노력했다. 슈니더, 프랑크묄레, 츠이(M. Tsuji)에게서도 야고보서에 묘사되고 있는 상황은 공동체 안에 존재하는 역사적 배경을 가지고 있다. 그러나 무스너는 편지에서 언급된 사례가 고안된 것이며 수사학적으로 설계되었다는 입장을 고수한다. 그렇다고 이로부터 구체적인 공동체 관계를 성급하게 재구성해서는 안 된다.[73]

루크, 무스너, 폽케스, 프랑크묄레, 부어카드, 클라인,[74] 콘라트[75]는 야고보서의 사상을 위해 윤리와 인간론의 근본적 의미를 강조한다. 야고보는 스스로 위험에 처한 인간에게 조언을 청하고 있다.(역설적인 의미로 위험에 처한 사람이 올바른 선택을 하도록 요청한다는 의미로 이해된다. – 역자 주) 그

---

72 W. Popkes, Adressaten, Situation und Form, 121.

73 참조. F. Mußner, Die ethische Motivation im Jakobusbrief, 421.

74 참조. M. Klein, "Ein vollkommenes Werk," 207. "야고보서의 '계획'은 도덕적 완전함을 목표로 하여 유혹 가운데 믿음을 지킴을 의미한다. 이 완전함만이 인간의 종말론적인 구원을 가져올 수 있다."

75 참조. M. Konradt, Christliche Existenz, 310. "그리스도교 실존의 핵심적인 위대함은 그리스도인에게 있는 '심천적인' 말씀이다. 이 말씀은 영향력 있는 '생명'으로 만들어지고 말씀이 명령법에서 보면 삶의 변화 속에 존재하는 그리스도교 실존이 형성되어가는 것을 결정하고 기여한다."

는 유혹에 노출되어 있는데, 그것은 증거를 하는 것일 수도 있고 배교의 결과에 이를 수도 있다. 인간의 분열, 마침내 그리스도교 공동체의 분열을 초래하는 유혹과 죄는 인간의 욕심으로부터 성장한다. 야고보서 저자는 이런 그리스도교적 실존의 분열을 극복하기 원한다. 그에게 중요한 것은 그리스도인의 통전성과 완전함이다. 그러나 그 과정에서 연결의 중심은 개인적 실존이 아니라 공동체이다. 하지만 윤리와 인간론은 신학에서 분리되지 않는다. "야고보서는 신약성서에서 단독적이면서도 매우 심사숙고하여 구상된 신 중심의 기록이다. 야고보서는 모든 양가성과 자기 자신과의 갈등, 그리고 동료 그리스도인과의 갈등 속에 있지만, 신 중심의 기초 위에서 유대교 교사들처럼 독자들에게 성공하는 삶을 위한 가르침을 주는 것에 관심을 가진다."[76] 타이센은 야고보서 윤리의 중심으로 사랑의 계명이 가지는 의미를 강조한다.[77] "신약의 어떤 저자도 사랑의 계명을 그처럼 분명하게 동등한 대우를 위한 의무로 이해하지 못했다." 동시에 그는 상대적으로 그것을 외부에 존재하는 사람을 위해 개방된 것으로 명확하게 표현했다. 갈렙(G. Garleff)은 야고보서를 유대 그리스도교의 정체성을 보전하고 혹은 새롭게 세우고자 한 시도로 이해한다. 그 정체성은 사회적이고 신학적인 갈등을 통해 각인된 변혁의 단계에 있던 바울 이후의 헬레니즘적 그리스도교 내부에서 위협을 겪고 있었다. 이것은 신 중심적 기본 입장에서 인간론과 윤리를 믿음과 행위/행함의 일치를 지키려고 노력하는 것이다. 야고보서는 공동체의 정신을 대변한다. "그 정신은 무엇보다도 공동체 내부의 연대성과 평등을 통해 두드러진다."[78]

---

76 H. Frankemölle, Jak, 16.

77 G. Theißen, "Nächstenliebe und Egalität," P. v. Gemünden, M. Konradt, G. Theißen, Der Jakobusbrief, (120-42) 120f.

78 G. Garleff, Urchristliche Identität, 312.

7.2. 베드로전서

7.2.1 참고문헌

주석

KEK 12/1: L. Goppelt, 1978. • HNT 15: H. Windisch (- H. Preisker), [3]1951. • HThK XIII 2: K. H. Schelkle, [3]1970. • EKK 21: N. Brox, [4]1993. • ThHK 15/I: R. Feldmeier, 2005. • NTD 10: W. Schrage, [13]1985. • RNT: O. Knoch, 1990. • ZBK 15: E. Schweizer, 1998. • AncB 37B: J. H. Elliott, 2000. • WBC 49: J. R. Michaels, 1988. • Hermeneia: P. J. Achtemeier, 1996. • NIC: P. H. Davids, 1990. • ANTC: M. E. Boring, 1999. • NTL: L. R. Donelson, 2010.

단행본

H. Goldstein, Paulinische Gemeinde im ersten Petrusbrief, SBS 80, Stuttgart 1975. • H. Millauer, Leiden als Gnade, EHS XXIII 56, Frankfurt 1976. • F. Schröger, Gemeinde im 1. Petrusbrief, Passau 1981. • J. H. Elliott, A Home for the Homeless. A Sociological Exegesis of 1 Petr, Its Situation and Strategy, Philadelphia 1981. • W. L. Schutter, Hermeneutic and Composition in 1 Peter, WUNT 2. 30, Tübingen 1989. • Angelika Reichert, Eine urchristliche praeparatio ad martyrium, BET 22, Frankfurt 1989. • F. R. Prostmeier, Handlungsmodelle im ersten Petrusbrief, fzb 63, Würzburg 1990. • R. Feldmeier, Die Christen als Fremde, WUNT 64, Tübingen 1992. • R. Metzner, Die Rezeption des Matthäusevangeliums im 1. Petrusbrief, WUNT 2. 74, Tübingen 1995. • J. Herzer, Petrus oder Paulus?, WUNT 103, Tübingen 1998. • K. M. Schmidt, Mahnung und Erinnerung im Maskenspiel. Epistolographie, Rhetorik und Narrativik der pseudepigraphischen Petrusbriefe, HBS 38, Freiburg 2003. • J. de Waal Dryden, Theology and Ethics in 1 Peter, WUNT 2. 209, Tübingen 2006. • P. A. Holloway, Coping with Prejudice. 1 Peter in Social-Psychological Perspective, WUNT 244, Tübingen 2009. • Th. Popp, Die Kunst der Konvivenz. Theologie der Anerkennung im 1. Petrusbrief, ABG 33, Leipzig 2010. • G. Guttenberger, Passio Christiana, SBS 223, Stuttgart 2010. • Th. Klein, Bewährung in Anfechtung. Der Jakobusbrief und der Erste Petrusbrief als christliche Diaspora-Briefe, NET 18, Tübingen 2011.

논문

W. Bornemann, "Der erste Petrusbrief-eine Taufrede des Silvanus?," ZNW 19 (1919/20), 143-65. • R. Bultmann, "Bekenntnis- und Liedfragmente im ersten Petrusbrief," ders., Exegetica, hg. v. E. Dinkler, Tübingen 1967, 285-97. • C. H. Hunzinger, "Babylon als

Deckname für Rom und die Datierung des 1 Petrusbriefes," Gottes Wort und Gottes Land (FS H. W. Hertzberg), hg. v. H. Reventlow, Göttingen 1965, 67-77. • L. Goppelt, "Prinzipien neutestamentlicher Sozialethik nach dem 1.Petrusbrief," Neues Testament und Geschichte (FS O. Cullmann), hg. v. B. Reicke u. a., Zürich/Tübingen 1972, 285-96. • G. Delling, "Der Bezug der christlichen Existenz auf das Heilshandeln Gottes nach dem ersten Petrusbrief," Neues Testament und christliche Existenz (FS H. Braun), hg. v. H. D. Betz u. a., Tübingen 1973, 95-113. • E. Lohse, "Paränese und Kerygma im 1.Petrusbrief," ders., Die Einheit des NT, Göttingen 1973, 307-28. • J. B. Bauer, "Der erste Petrusbrief und die Verfolgung unter Domitian," Die Kirche des Anfangs (FS H. Schürmann), hg. v. R. Schnackenburg u. a., Leipzig 1977, 513-27. • Chr. Wolff, "Christ und Welt im 1 Petrusbrief," ThLZ 100 (1975): 333-42. • W. Marxsen, "Der Mitälteste und Zeuge der Leiden Christi," Theologia Crucis-Signum Crucis (FS E. Dinkler), hg. v. C. Andresen u. G. Klein, Tübingen 1979, 377-93. • F. Neugebauer, "Zur Deutung und Bedeutung des 1 Petrusbriefes," NTS 26 (1980): 61-86. • M. Karrer, "Petrus im paulinischen Gemeindekreis," ZNW 80 (1989): 210-31. • E. Schweizer, "Zur Christologie des ersten Petrusbriefes," Anfänge der Christologie (FS F. Hahn), hg. v. C. Breytenbach u. H. Paulsen, Göttingen 1991, 369-81. • Th. Söding (Hg.), Hoffnung in Bedrängnis. Studien zum 1. Petrusbrief, SBS 216, Stuttgart 2009. • F. W. Horn, "Der Beitrag des 1. Petrusbriefes zur frühchristlichen Tauftheologie," Beiträge zur urchristlichen Theologiegeschichte (FS U. B. Müller), hg. v. W. Kraus, BZNW 163, Berlin 2009, 409-25.

7.2.2 저자

베드로전서는 고대 교회 초기부터 분명하게 사도 베드로의 기록으로 인정받았다. 기원후 110년에 기록된 베드로후서(참조. 벧후 3:1)는 이미 이 편지에 대한 높은 평가를 증명한다. 폴리카르포스(Phil 8:1, 참조. 더 나아가 1:3, 10:2)와 파피아스(유세비우스, 『교회사』 III 39, 17. 원래 파피아스의 작품이 남아 있지만 유세비우스의 『교회사』 안에 있는 자료로 재구성해서 파피아스 저작을 유추하기에 유세비우스 작품에 들어 있다는 뜻이다. — 역자 주)도 베드로전서를 전제하고 있다. 이와 대조적으로 무라토리 경전 목록에 이 편지에 관한 언급이 없는 것은 주목할 만하다. 베드로를 이 편지의 저자로 처음 명시한 것은 이레네우스의 『이단반박문』(Haer IV 9, 2; 16, 5; V 7, 2)이다. 그러나 베드로의 저작권을 강하게 반대하는 기류가 다음과 같이 일어나고 있다.

1) 베드로전서는 수준 높은 그리스어로 작성되었다.[79] 팔레스타인 안에서 지배적이던 이중 언어 사용과 그리스어를 사용하는 지역 안에서 베드로의 뒤늦은 선교 활동(참조. 고전 9:5; 1:12)은 이 언어 능력을 가능한 것으로 보이게 한다. 하지만 베드로전서의 문체는 구두 형식이 아니라 문학적인 코이네(그리스어 안에서 '보통'이라는 의미를 가지며, 기원전 333년 알렉산드로스 대왕의 동방원정 이후 문학적으로 복잡하던 고대 그리스어를 실용적인 언어로 사용하여 간결해진 형태를 의미한다. – 역자 주)이다. 이것은 그리스어가 저자의 모국어라는 사실을 매우 명백히 암시해준다.[80] 그러나 고대 교회의 바가 전승(위 3.4.2를 보라.)은 베드로가 충분한 수준에서 그리스어를 정복하지 못했다는 것을 전제하고 있다.

2) 저자는 베드로전서 1:1에서 자신을 '사도'(ἀπόστολος)로 소개한다. 그것과 반대로 베드로전서 5:1에서는 '동료 장로'(συμπρεσβύτερος)라고 말한다. 열두 명으로 구성된 동아리 중의 한 명, 한 사람의 사도, 예수 그리스도 부활의 첫 번째 증인은 최초 그리스도교의 교회론 내부에 존재하는 후대의 칭호에 거의 소급해 갈 수 없다. 의심스럽게도 이 편지는 명목상의 저자에게 개인적인 면모를 부여하지 않는다. 예수 그리스도의 수난은 다만 최초 그리스도교 전통의 언어에서만 파악된다.(참조. 벧전 2:22-25) 목격자 증인의 우위에 해당하는 지식이 편지 전체에서 빠져 있다.[81]

---

79 참조. 예를 들어서 55개의 유일회적인 본문(Hapaxlegomena)은 K. Aland, Vollständige Konkordanz, 458(위 5.2.2를 보라.)에 따른 계산이다. 이 중 일부는 동시대의 수준 높은 그리스어에서 유래한다.

80 참조. K. H. Schelkle, 1 Petr, 13; L. Goppelt, 1 Petr, 45-47, 67; N. Brox, 1 Petr, 45.

81 참조. N. Brox, 위의 책, 45.

3) 베드로전서와 바울 편지 사이의 여러 연관성(아래 7.2.7을 보라.)은 베드로전서 저자가 소아시아의 공동체 전통을 받아들이고 있음을 보여준다. 그러나 그는 예수 생애와 초기 그리스도교 선교 역사의 목격자가 되어 기록하지는 않는다. 그래서 안디옥의 우발 사건(갈 2:11-14)과 관련된 문제가 베드로전서 안에는 나타나지 않는다.

4) 베드로전서 저자는 구약을 주로 칠십인역에서 인용한다.(벧전 4:8의 잠 10:12는 예외이다.)

5) 베드로전서가 전제하고 있는 소아시아에서의 그리스도교 확산과 5:9b, 13의 경제적 관점 역시 최초 그리스도교 선교 역사의 후기 단계를 가리킨다.[82]

베드로의 저작권에 대한 비판은 전적으로 19세기에 생겨났다.[83] 최근의 주석은 베드로전서를 대부분 위서로 본다.[84] 볼렌베르그(G. Wohlenberg), 셀윈(E. G. Selwyn), 미흘(J. Michl)과 슈방크(B. Schwank)는 편지의 순수성을 변호한다.[85] 쉘클레(K. H. Schelkle)와 노이게바우어(F. Neugebauer)는 '비

---

82 참조. 위의 책, 46f.; L. Goppelt, 1 Petr, 67.

83 특히 H. H. Cludius, Uransichten des Christenthums nebst Untersuchungen über einige Bücher des neuen Testaments, Altona 1808을 참조하라.

84 참조. R. Knopf, Die Briefe Petri und Judä, KEK 12, Göttingen ^{7}1912, 24f.; H. Windisch, 1 Petr, 51; W. Schrage, 1 Petr, 64f.; L. Goppelt, 1 Petr, 66-70; N. Brox, 1 Petr 43-47; R. Feldmeier, Christen als Fremde, 197; P. J. Achtemeier, 1 Petr, 42f.; J. H. Elliott, A Home for the Homeless, 270ff. 엘리엇은 베드로전서 배후에 로마의 '베드로 그룹'이 있다고 추정한다. 베드로전서는 그들의 산물이라는 것이다.[다음도 비슷하다. O. Knoch, 1 Petr, 143-47; ders., "Gab es eine Petrusschule in Rom?," SNTU 16 (1991): 105-26.] 그러나 베드로전서나 다른 최초 그리스도교 문서에는 '베드로 그룹'에 대해 확신할 수 있는 암시가 없다.

85 참조. G. Wohlenberg, Der erste und zweite Petrusbrief und der Judasbrief, KNT XV, Leipzig $^{1.2}$1915, XXI; E. G. Selwyn, The First Epistle of St. Peter, London ^{2}1947, 59f.; J. Michl, 1 Petr, RNT 8.2, Regensburg ^{2}1968, 101; B. Schwank, Der erste Brief des Apostels Petrus, Geistliche Schriftlesung 20,

서가설'을 제시한다.[86] 실루아노(참조. 벧전 5:12)는 편지를 전달하기만 한 것이 아니라 베드로의 위임을 받아서 그의 이름으로 편지를 썼다.[87] 실루아노는 바울의 동역자 실라와 동일 인물로 보인다.(참조. 행 15:22-32) 그러면 베드로전서와 바울 신학과의 가까움이 설명된다. 하지만 이것으로 위에서 언급한 이의 제기가 논박되지는 않는다.(특히 2번과 5번) 질문은 계속 이어진다. 실루아노는 왜 자신의 저작권을 감추었을까? 베드로의 인격이 아주 강하게 배경에 등장하기 때문일까? 결론적으로 베드로후서는 실루아노의 공동 저작에 관해 아무것도 알지 못하며, 베드로전서를 베드로의 것으로 돌리고 있다.(참조. 벧후 3:1)[88]

베드로전서는 위서의 기록이며, 최초 그리스도교의 전통을 전한 동아리가 베드로와 실루아노의 것으로도 돌린 그 전통에 의해 결정되었다.[89]

7.2.3 기록 장소와 시기

베드로전서에는 기록 장소에 관한 직접적인 진술이 없다. 그러나 1:1의 수신자에 관한 진술이나 바울의 특징을 드러내는 신학을 수용한 것을 볼 때 소아시아를 기록 장소로 볼 수도 있다.[90] 게다가 권고와 위로는 베드로전서

Düsseldorf 1963, 7-11.

86 참조. K. H. Schelkle, 1 Petr, 14f., 134; F. Neugebauer, Zur Deutung und Bedeutung, 69.

87 그러나 누구를 통해 편지를 쓴다(γράφειν διά τινος)는 용법은 일반적으로 편지 전달자를 명명하는 것인지 저자를 언급하는 것은 아니다.(참조. IgnRöm 10:1; IgnPhld 11:2; IgnSm 12:1)

88 '비서가설'에 대한 포괄적인 비판은 H. Windisch, 1 Petr, 80f.를 참조하라.

89 여기서 L. Goppelt, 1 Petr, 348의 숙고를 참조하라.

90 소아시아에 동의하는 사람에 관하여는 다음을 참조하라. R. Knopf, 1 Petr(위 7.2.2를 보라.), 25; C. H. Hunzinger, Babylon, 77; J. B. Bauer, Der erste Petrusbrief, 524f.; Ph. Vielhauer, Urchristliche Literatur, 588; W. Marxsen, Einleitung, 234f.; A. Lindemann, Paulus im ältesten Christentum(위 5를 보

의 저자가 소아시아 공동체의 실제 상황을 잘 알고 있었음을 전제한다. 다른 한편으로 베드로전서 5:13의 "바벨론에 있는 함께 선택받은 여인(아니면 교회)이 여러분에게 인사합니다."(ἀσπάζεται ὑμᾶς ἡ ἐν Βαβυλῶνι συνεκλεκτή)라는 편지의 자기 진술에 따르면 로마에서 기록되었다고 볼 수 있다. 바벨론은 기원후 70년 이후부터 로마를 나타내는 암호로 등장하는데(참조. 계 14:8, 16:19, 17:5, 18:2, 10, 21),[91] 이것은 공동체에 입회한 사람들을 위한 분명한 상징이다. 로마로 출신지를 밝힌 것과 베드로-바울의 전승(참조. 1 Klem 5:4, IgnRöm 4:3), 그리고 클레멘스1서와 베드로전서와의 밀접함[92]은 베드로전서의 기록 장소가 당시 세계의 수도였다는 징후이다.[93] 그러나 베드로전서 5:13의 바벨론은 "베드로전서가 로마에서 기록되기를 원한 것일 뿐, 그것이 실제로 그곳에서 작성된 것은 아니었음을 말해준다."[94] 장소에 대한 언급 역시 위서 형식의 기록에서는 허구일 수 있다. 결국 베드로전서가 로마에서 형성된 것이라면 저자는 왜 별칭을 사용한 것일까? 확실한 결론을 내리는 것은 불가능하다.

필자의 견해로 볼 때, 편지 수신자의 연관성은 로마보다는 오히려 소아시아를 찬성하고 있다. 베드로전서의 수용사는 다음과 같다. 이 편지가 제일 처음에는 동방에서 알려졌다.(참조. 폴리카르포스, Phil 1:3, 2:1-2, 5:3,

---

라.), 253; A. Reichert, Eine urchristliche praeparatio ad martyrium, 525ff.

91 다음 문헌들도 참조하라. Sib 5:143, 5:159; syrBar 11:1, 67:7; 4 Esr 3:1, 28, 31.

92 슈뢰거의 목록을 참조하라.(F. Schröger, Gemeinde im 1 Petrusbrief, 219-22.)

93 이런 의미에 관하여는 다음을 참조하라. W. Bauer, Rechtgläubigkeit und Ketzerei(위 5.5.3을 보라.), 110f., 220f.(소아시아 그리스도인들에게 보내는 로마 공동체의 선언); W. G. Kümmel, Einleitung, 374; W. Schrage, 1 Petr, 63f.; L. Goppelt, 1 Petr, 66; N. Brox, 1 Petr, 42f.(의구심을 가지는 입장이다.); F. Schröger, Gemeinde im 1 Petrusbrief, 212; F. R. Prostmeier, Handlungsmodelle, 123-26; J. H. Elliott, 1 Petr, 127-30; R. Feldmeier, 1 Petr, 28.

94 N. Brox, 1 Petr, 42.

7:2, 8:1-2, 10:2, 파피아스) 동방에서 로마는 바벨론을 가리킨다.[95]

대개는 (위서 형식인) 베드로전서의 형성을 기원후 65-80년[96] 혹은 70-100년[97] 사이로 추정한다. 기록 시기를 한정하여 90년경으로 본다면, 다음과 같은 주장이 가능하다.[98] (1) 고난에 대한 권고를 주제로 삼는 갈등 상황은 그리스도인에 대한 계획적이고 포괄적인 박해를 전제하는 것일 수 있다. 그러나 동시에 그것은 분명 지역적 구별을 넘어선다. 이는 도미티아누스 황제의 통치 말기(93-96년)에 있었던 논쟁의 상황을 가리킨다.[99] (2) 베드로전서는 플리니우스를 통해 기원후 90년경으로 확정되는 것처럼(플리니우스, Ep X 96, 6. 7) 소아시아(특히 본도와 비두니아)의 그리스도교 확장을 전제하고 있다.[100] (3) 베드로전서에는 유대 그리스도인과 이방인 그리스도인, 이스라엘과 교회 사이에 존재하는 분리 노선이 사라지지 않고 있으며,

---

95 참조. C. H. Hunzinger, Babylon, 77. C. P. Thiede, "Babylon, der andere Ort: Anmerkungen zu 1 Petr 5, 13 und Apg 12, 17," ders. (Hg.), Das Petrusbild in der neueren Forschung, Wuppertal 1987, 221-29. 티데는 바벨론을 사치, 부 그리고 무절제한 삶을 나타내는 암호로 이미 기원후 70년 이전에 증명될 수 있는 것을 언급한다. 그러나 그것은 베드로전서 5:13의 용법에 일치하지 않는다.

96 참조. L. Goppelt, 1 Petr, 65; O. Knoch, 1 Petr, 21.

97 그런 경향의 학자들에 관하여는 다음을 참조하라. W. Schrage, 1 Petr, 64(1세기 말); J. H. Elliott, A Home for the Homeless, 87(73년과 92년 사이); N. Brox, 1 Petr, 41; P. J. Achtemeier, 1 Petr, 49f.(80년과 100년 사이). 확정하지 않는 입장은 K. H. Schelkle, 1 Petr, 7-11을 참조하라.

98 이러한 의미로 보는 입장은 다음을 참조하라. R. Knopf, 1 Petr(위 7.2.2를 보라.), 24f.; H. Windisch, 1 Petr, 81; A. Jülicher, E. Fascher, Einleitung, 196f.; J. B. Bauer, Der erste Petrusbrief, 522ff; K. M. Fischer, Das Urchristentum, Berlin 1985, 174; F. R. Prostmeier, Handlungsmodelle, 71; R. Feldmeier, Christen als Fremde, 199(81년과 90년 사이); P. A. Holloway, Coping with Prejudice, 18f.(90년 초); L. R. Donelson, 1 Peter, 14f.(85년과 95년).

99 아래 7.2.4를 보라.

100 참조. A. v. Harnack, Die Mission und Ausbreitung des Christentums in den ersten drei Jahrhunderten II, Leipzig [4]1924, 736f.

오히려 그리스도인과 이방인 환경 사이에 분리 노선이 존재한다. 이는 선교 역사의 후기 단계를 지시한다.[101] (4) 베드로전서는 바울 신학의 영향을 받는 영향사에 속한다.(아래 7.2.7을 보라.) (5) 모든 국가의 종교적 단독 대표를 가리키는 암호로서 '바벨론'이라는 언급은 70년 이후에 비로소 입증된다.[102]

7.2.4 수신자

이 편지는 '본도, 갈라디아, 갑바도기아, 아시아, 비두니아에서 디아스포라로 사는 선택받은 외국인들에게' 보낸 것이다.(벧전 1:1) 유대교 디아스포라처럼 그리스도인들은 이 지역 안에 넓게 흩어져 소수로 살아가고 있었다. 저자는 본도, 갈라디아, 갑바도기아, 아시아, 비두니아를 언급하는데, 이는 소아시아의 지역이 아니라 로마의 속주에 해당하는 지역이다.[103] 그 이름들은 속주로 서로 연결되는 지역(거의 소아시아 전체)인 반면, 지역가설에서 브리기아, 비시디아, 리가오니아 같은 그리스도교 공동체들을 생략한 것은 설명이 되지 않는다. 또한 (허구적인 로마라는) 저자의 관점은 실제적이고 정치적인 입장을 암시한다. 편지를 받은 대부분의 공동체들은 이전의 삶의 경험에 대한 반복되는 암시(벧전 1:14, 18; 2:25; 4:3), 하나님의 백성으로 부르심(벧전 2:10), 아브라함의 후손으로 부르심(벧전 3:6)을 보여주고 있다.[104] 더구나 베드로전서 3:1은 말을 건네고 있는 그리스도인 아내의 남

---

101 참조. F. R. Prostmeier, Handlungsmodelle, 39ff.

102 참조. C. H. Hunzinger, Babylon, 67ff.

103 다음의 예를 참조하라. K. H. Schelkle, 1 Petr, 27f.; N. Brox, 1 Petr, 25f.; 소아시아의 선교 역사에 관하여는 A. v. Harnack, Mission und Ausbreitung(위 7.2.3을 보라.), 732-47을 참조하라.

104 마지막으로 다음을 참조하라. F. R. Prostmeier, Handlungsmodelle, 38ff.; R. Feldmeier, 1 Petr, 1-12.

편을 이방인으로 명시한다. 노예도 그 공동체에 속해 있었는데(벧전 2:18 이하), 그들의 주인은 골로새서 4:1과 에베소서 6:9와는 달리 언급되지 않는다. 저자의 시야에 그리스도인 노예 소유자가 없었을 가능성이 있다. 베드로전서 2:13-17, 18, 25, 3:1-6, 7의 사회윤리적인 의무의 범주는 베드로전서 5:5에서 요구하는 '젊은이' 그룹의 복종처럼 공동체 안에서 실제적인 갈등을 가리키는 것이 아니라 관례적인 권고에 해당한다.[105] 베드로전서는 공동체 안에 은사에 따른 봉사뿐만 아니라(벧전 4:10-11) 장로의 체제(벧전 5:1-4)가 존재하고 있었음을 알게 해준다. 분명히 지역 공동체의 지도력은 장로들의 손에 놓여져 있었고, 동시에 그 공동체들 안에서 카리스마적 직무 수행이 진지하게 받아들여졌다.[106]

베드로전서의 고난에 대한 권고 안에 전제된 갈등 상황은 수신자의 상황을 판단하는 데 결정적이다. 이미 언어의 상태는 주제의 의미심장한에 대한 신호가 된다. '고난당하다'(πάσχειν)라는 말은 신약성서에서 42회 확인되는데, 베드로전서에만 12회 나온다! 소아시아의 그리스도인들이 고난을 당하는 것은 지역적 억압인가, 아니면 그리스도인들을 반대하는 전체 행위가 전제되어 있는 것인가? 본문의 정황은 복잡한 그림을 제공한다. 베드로전서 2:21-25, 3:18, 4:1에서는 그리스도의 고난과 그리스도인들의 고난이 연결된다. 그리스도가 당한 고난의 모범은 그리스도인들이 당하는 고난을 부각시킨다. 고난은 그리스도교적 실존의 확정적 요소로 나타난다. 고난은 이 세상에서 신앙인이 나그네로 살아가는 삶의 자연적인 결과이다.(참조. 벧전 1:6-7, 5:10) '고난당하다'는 '고통'(λύπη, 벧전 2:19), '견디다'(ὑπομένειν, 벧전 2:20), '욕을 당하다'(λοιδορεῖν, 벧전 2:23), '의'(δικαιοσύνη, 벧전 3:14) '선을 행하다/악을 행하다'(ἀγαθοποιεῖν/κακοποιεῖν, 벧전 3:17, 4:15, 19), '남의 일에 간섭하는 자'(ἀλλοτριεπίσκοπος, 벧전 4:15)와 결합한다. 이러한

105 베드로전서 5:5를 위하여는 클레멘스1서 44.3-6을 참조하라.

106 여기서는 F. Schröger, Gemeinde im 1.Petrusbrief, 110-24를 참조하라.

결합은 사회적 차별의 영역이 있음을 가리킨다. 그리스도인들은 신앙을 공개적으로 증거했고 그들의 품성(Ethos)을 세상으로부터 스스로를 구별했으며(참조. 벧전 2:11-18, 3:1-4, 7, 16), 이로 인해 불법적인 제재조치가 생겨났다. 하지만 베드로전서의 몇몇 본문은 사회적 긴장의 반영으로 충분하게 설명이 되지 않는다. 베드로전서 4:15-16에 따르면 그리스도인은 오로지 '그리스도인'(ὡς Χριστιανός)이기 때문에 살인자, 도둑, 악행자처럼 재판관 앞에서 심판을 받는다. 시련의 불길은 그리스도인 위에 갑자기 덮친다.(참조. 벧전 4:12) 그리스도인은 온 세상에 두루 다니며 모든 그리스도인에게 이와 같은 고통을 주는 악마와 맞서야 한다.(벧전 5:8-9) 여기서 박해는 분명 차원이 다르다. 중요한 것은 지역적 억압 그 이상이라는 것이다.[107] 이것은 특히 그리스와 소아시아 지방까지 지배자 숭배가 확장된 도미티아누스 황제 후기를 가리킨다.[108] 직접적이고 포괄적인 국가적 조치가 아니라 지방 관청이 지원하는 조치가 그리스도인들을 차별과 박해로 이끌었다.[109] 그리스도인들에 대한 비난은 무엇보다 사도행전 안에 암시되어 있으며 나중에는 타키투스(Ann 15, 44)와 플리니우스(Ep X 96)에게서 증명되었다. 그 비난의 내용은 그리스도인들이 인간을 혐오하며, 반국가적 태도를 지니고, 신성을 모독하며, 미신을 섬기고, 제사 때 음행을 저지르며, 경제적 피해를 준다는 것이다.[110]

---

107 참조. A. Reichert, Eine urchristliche praeparatio ad martyrium, 74f.; 다음의 주장에 대하여는 반대한다. N. Brox, 1 Petr, 30. "이 편지는 초기 그리스도교의 '일상적 상황'을 충분히 설명한다."

108 특히 K. M. Fischer, Das Urchristentum(위 7.2.3을 보라.), 168-72를 참조하라.

109 L. Goppelt, 1 Petr, 61. 고펠트는 베드로전서에서 증명할 수 없는 신들과 황제의 우상 앞의 희생제물이 다음의 논제라고 한다. 즉 베드로전서는 도미티아누스 황제 이전의 시간으로 날짜를 정할 수 있다는 것이다. 그러나 베드로전서는 왜 이렇게 단순한 검증도구를 언급해야 했을까?(참조. A. Reichert, Eine urchristliche praeparatio ad martyrium, 78f.) 게다가 베드로전서 2:13은 황제 숭배를 암시한다. 황제는 피조물일 뿐이며 '주 예수 그리스도'(κύριος Ἰησοῦς Χριστός) 아래에 있다.

베드로전서의 상황은 두 가지 핵심 문제에서 젊은 플리니우스(기원후 약 111-113년 비두니아와 본도의 황제의 총독)와 트라야누스 황제(기원후 98-117년) 간의 편지에서 다루어진 문제와 비슷한 내용을 제시하고 있다.[111] (1) 그리스도인은 오로지 그리스도인(이름 때문에)이라는 이유만으로 박해를 받는다.(벧전 4:16, Ep X 96, 2) (2) 국가는 그리스도인을 수색하여 찾아내지 않는다.(Ep X 97, 2) 그들은 분명 (익명으로) 고발당한다.(Ep X 96, 2. 5. 6) 이것은 베드로전서 전체에 나타나는 그리스도교 공동체에 대한 비방과 일치한다.(벧전 2:12, 3:14, 4:4c, 12-13, 16 등) 플리니우스는 자신의 질문에서 이미 (일부가 자의적이며 그렇기 때문에 개선이 필요한) 그리스도인에 대한 소송 행위를 전제하고 있다. 그는 몇몇 배교자가 이미 20년 전, 즉 도미티아누스 황제 때 그리스도인 됨을 포기했다고 강조한다.(Ep X 96, 6) 게다가 클레멘스1서 1:1, 요한계시록 2:12-13, 13:11-18은 도미티아누스 통치 때 시작되는 그리스도인 박해를 입증하고 있다.

> 기원후 64년 네로 치하 때 로마에서 일어난 그리스도인 박해(타키투스, Ann XV 44, 2-5)는 베드로전서의 고난에 대한 권고의 역사적 배경이 아니다.[112] 그 박해는 지역적으로 제한되어 있기 때문이다. 소아시아에서의 그리스도인 박해에 대해 베스파시아누스 통치 시기(기원후 69-79년)와 티투스 통치 시기(기원후 79-81년) 같이 이른 시기는 보고된 바 없다.[113]

---

110 여기서는 R. Feldmeier, Christen als Fremde, 105-32를 참조하라.

111 참조. J. B. Bauer, Der erste Petrusbrief, 518ff.; A. Reichert, Eine urchristliche praeparatio ad martyrium, 76ff.

112 관련성을 언급하는 쉘클레에 반대한다.(K. H. Schelkle, 1 Petr, 10.)

113 고펠트의 추측에 반대한다.(L. Goppelt, 1 Petr, 62.) 고펠트는 베드로전서에 전제된 상황이 "네로의 행동 이후부터 전체 제국에서 가능했을 것이다."라고 추정한다. 고펠트가 우선시하는 기원후 65-80년에 대하여는 그리스도인 됨이 이미 범죄였다면, 약 40년 후의 플리니우스의 태도는 설명하기 어려운 것이다.

7.2.5 내용 구성, 구조, 형식

1:1-2	서두	편지의 시작
1:3-9	감사	
1:10-12	편지 형식의 자기 추천	
1:13-2:10	거듭남의 새로운 삶	편지의 본론
2:11-3:12	세상의 질서 속에 있는 그리스도인	
3:13-4:11	환난 가운데 고난의 준비	
4:12-19	박해에서 견뎌냄	
5:1-11	마지막 권고	편지의 결론
5:12	편지 전달자	
5:13	안부 인사	
5:14	마지막 인사	

베드로전서는 편지의 모든 요소를 보여준다. 서두는 바울의 형식에 의존하고 있다.(참조. 고전 1:1-3, 고후 1:1-2) '베드로'(Πέτρος)라는 발신자 이름 다음에는 '예수 그리스도의 사도'(ἀπόστολος Ἰησοῦ Χριστοῦ)라는 칭호 부여가 이어진다. 베드로전서 1:1b의 수신자에 대하여는 유사한 본문이 구약과 유대교 문헌에 존재한다.(참조. 2 Makk 1:1-9, 1:10-2:18, syrBar 78:1-86:3, 단 3:31, 6:26) 베드로전서 1:2의 축복 기원[114]은 분명 디아스포라 편지 형식에 속한다.[참조. R. Gamaliel, 유대인 탈무드(bSanh) 11b. "바빌론 디아스포라 거주자인 우리 형제들과 메데에 있는 형제들과 이스라엘의 나머지 디아스포라에게 평화가 있기를 바랍니다."][115] 서두 다음의 베드로전서 1:3-9에는 축복이 이어진다.(참조. 고후 1:3, 엡 1:3) 이 축복문은 9절에서

114 '은혜와 평화'(χάρις καὶ εἰρήνη)에 관하여는 살전 1:1b, 고전 1:3, 고후 1:2, 갈 1:3, 롬 1:7, 빌 1:2, 몬 3절을 참조하라.

115 참조. F. Schnider/W. Stenger, Studien(위 2.3.2를 보라.), 34.

종말론적인 절정을 이루며 마무리된다. 축복문은 수신자들을 향하고 있지만, 편지 형식의 자기 추천(벧전 1:10-12)은 구약의 예언자와 복음의 사도적 선포자와 관련된다.

편지의 본론은 베드로전서 1:13의 명령법으로 시작된다. 본론의 구조는 명확하다. 편지의 저자는 세례에서 기초가 세워진 그리스도인의 새로운 삶에서 세상에 있는 신자의 보이는 행위를 입증하고 고난에 대한 준비를 이끌어낸다. 베드로전서 5:1에서 마지막 권고는 '그러므로'(οὖν)와 '내가 권고합니다'(παρακαλῶ)로 시작하고, 5:10-11은 축복 기원을 형성하며 마무리된다. 5:12a에는 편지의 전달자가 추천된다.(참조. 행 15:23, IgnRöm 10:1, IgnPhld 11:2, IgnSm 12:1, Polyk 14:1) 저자는 5:12b에서 한 번 더 권고한다.(참조. 히 13:22) 5:13의 안부 인사(참조. 롬 16:16b, 고전 16:19, 20a, 고후 13:12b)와 5:14의 마지막 인사(마지막 인사에 대하여는 롬 16:16a, 고전 16:20b, 고후 13:12a. 평화 인사에 대하여는 롬 15:33, 고전 16:23, 고후 13:13, 갈 6:18을 참조하라.)는 편지의 마지막 부분을 형성한다.

본론에 빠져 있는 편지 교환의 특징은 베드로전서가 편지라는 특성을 의심하게 한다.[116] 이러한 특수성은 화용론과 형식이 서로 뒤섞여 있다는 것으로 설명된다.[117] 베드로전서의 저자는 소아시아의 그리스도인에게 권고하며 그들을 강화하기 원했다.(참조. 벧전 5:12b) 그 과정에서 그는 개별 공동체의 문제에 관여할 수는 없었지만, 수신자 모임에 일치하는 본보기가 되는 전통과 장르를 선택한다. 그러므로 베드로전서는 양식사의 입장에서 볼 때

---

116 참조. A. Deissmann, Licht vom Osten(위 2.3.1을 보라.), 206f.("편지의 형식은 단지 장식이다."); M. Dibelius, Geschichte der urchristlichen Literatur, 122f.; 마지막으로 N. Brox, 1 Petr, 23("허구적인 편지로 작성된 회람서신")을 참조하라.

117 여기서는 다음을 참조하라. A. Reichert, Eine urchristliche praeparatio ad martyrium, 96-143; F. R. Prostmeier, Handlungsmodelle, 119-21; R. Feldmeier, Christen als Fremde, 133-74.

편지 형태의 '회람서신'으로 분류된다.[118]

7.2.6 문학적 통일성

베드로전서의 문학적-양식사적 통일성은 기존 연구에서 자주 문제가 되었다.[119] 1911년 페르델비츠(R. Perdelwitz)가 제시한 논제는 많은 반향을 일으켰다. 그 논제는 베드로전서 1:3-4:11이 세례식을 베풀 때 언급되는 세례 언어일 것이라는 설명이다. 여기에 간략한 권고와 위로의 내용이 베드로전서 1:1-2와 4:12-5:14에 추가되었다는 것이다. 이에 대한 근거로 페르델비츠는 베드로전서 속의 다양한 상황을 언급한다. 베드로전서 1:3-4:11이 단지 다가오는 고난의 가능성에 관해 말하는 것이라면, 베드로전서 4:12-5:14는 현재의 고난을 전제한다.[120] 빈디쉬(H. Windisch)는 베드로전서의 현재 형태를 편지의 이차적 확대로 설명한다.[121] 저자는 베드로전서 1:3-4:11에서 — 자신의 견해인 — 세례를 주장하고 있으며, 그것을 지금 존재하는 베드로전서의 권고편지를 통해 확장했다. 프라이스커(H. Preisker)는 이 모델을 수정했다. 그는 "그 자체로 완결된 특별한 작품인 이 편지는 변화(Übergang)되지 않고 각각 특별한 문체를 지니고 있다."[122]라는 양식사 연구에서 출발한다. 그러므로 베드로전서 1:3-4:11은 최초 그리스도교의 세

---

118 참조. L. Goppelt, 1 Petr, 45; D. E. Aune, Literary Environment(위 2.3.1을 보라.), 221f.; A. Reichert, Eine urchristliche praeparatio ad martyrium, 102; F. R. Prostmeier, Handlungsmodelle, 120('회람편지'); G. Strecker, Literaturgeschichte(위 1.2를 보라.), 71.

119 연구사에 관하여는 A. Reichert, Eine urchristliche praeparatio ad martyrium, 27-72를 참조하라.

120 페르델비츠의 논제를 긍정적으로 수용하는 입장은 Ph. Vielhauer, Urchristliche Literatur, 585를 참조하라.

121 참조. H. Windisch (- H. Preisker), 1 Petr, 76f., 82.

122 (H. Windisch -) H. Preisker, 1 Petr, 157.

례식 예배가 전체 공동체의 폐회예배(벧전 4:12-5:11)와 함께 마무리된다는 것의 문서상의 확정을 발견했다.(세례식 예배가 예배의 폐회를 위한 마지막 예식이라는 의미로 해석된다.－역자 주) 베드로전서 1:21과 1:22 사이에 자리 잡고 있는 세례의 실제는 교훈의 비밀유지라는 이유로 언급되지 않고 있다. 이에 따르면 베드로전서와 함께 "최초 그리스도교 예배의 가장 오래된 문서"[123]가 존재하고 있다. 막센(W. Marxen)은 베드로전서가 세 단계로 형성되었다고 설명한다. 근본적으로 자명한 베드로전서 1:3-4:11 본문은 동일한 저자에 의해 현실화되었고(벧전 4:12-5:11), (이차적으로) 1:1-2와 5:12-14가 (동일한 혹은 다른 저자에 의해) 덧붙여졌다는 것이다.[124]

베드로전서 1:3-4:11과 4:12-5:11 사이에 존재하는 수많은 결합은 이것들과는 반대로 베드로전서의 문학성과 구성상의 통일성에 찬성하고 있다. 고난의 주제는 두 단락에서 동일한 모델을 가지고 다루어진다.[125] (1) 시험으로서의 고난(참조. 벧전 1:6-7/4:12), (2) 예수의 고난과 그리스도인의 고난(참조. 벧전 2:18 이하, 2:21, 4:1/4:13), (3) 고난은 하나님의 뜻에 기인한다.(참조. 벧전 1:6, 3:17/4:19) (4) 고난과 미래의 영광(참조. 벧전 1:1, 7/4:13, 5:4). 겸손을 위한 일관된 권고도 두 개의 본문 덩어리를 결합한다.(참조. 벧전 3:8, 4:7/5:6, 8)

베드로전서 1:3-4:11과 긴장관계에 있으며 완전히 새롭고 예상치 못한 수신자적 관점은 베드로전서 4:12-5:11에서 확인되지 않는다.[126] 게다가 보다 포괄적인 고난이 극적으로 시야에 들어오지만, 그 고난은 이전처럼 그리스도의 고난과 연결된다. '고난 속 희망'이라는 주제는 베드로전서 전체의 특징이다. 결론적으로 베드로전서 1:3, 2:3, 3:21의 세례 관련 본문은 어떤 문학비평적 귀납 추론도 허락하지 않는다. 그것은 본문 밖에 존재히

123 같은 책.

124 참조. W. Marxsen, Zeuge, 384ff.

125 참조. A. Reichert, Eine urchristliche praeparatio ad martyrium, 37-39

126 상세한 분석을 하고 있는 위의 책, 46-59를 참조하라.

는 공동체의 시간의 입장에서 정확하게 이루어진 세례를 전제하는 것이 아니다.

7.2.7 전승, 자료

베드로전서의 저자는 특징적인 전통을 자신의 편지에 받아들이고 있다. 베드로전서 1:18-21, 2:21-25, 3:18-22는 예전적 전통으로부터 추론할 수 있다. 이 본문의 문학적 구분과 양식사적 분류는 다양하다.

> 베드로전서 1:18-21의 문체는 일관성이 없다.(18, 19, 21절은 수준 높은 산문이고 20절은 리듬이 있는 평행구이다.) 그러나 이 본문의 요소는 다양한 전승사적 특징을 통해 전통적인 것임을 증명한다.[18절은 이사야 52:3, 19절은 유월절 어린양 그리스도(참조. 고전 5:7, 요 1:29, 19:36), 20절은 이전과 지금의 도식(참조. 롬 16:25-26, 골 1:26, 엡 3:5, 9, 딤후 1:9-10), 21절은 부활의 양식(참조. 고후 4:14, 갈 1:1, 롬 8:11)] 완결된 전통은 2:21-25에 제시된다.[127] 21b절은 내용적으로나 형식적으로도(단지 여기서만 분사형 문체) 전통에서 벗어난다. 이 본보기에는 네 개의 관계 문장이 이어진다. 세 번은 관계대명사 ὅς(그는)와 함께, 한 번은 οὖ(그의)와 함께 시작된다. 25절은 산문체로 된 본문의 상징적인 해석이며 편지 저자의 것으로 보인다. 21b, 25절과 나란히 23c절[128]과 24b절[129] 또한 편지 기록자가 기입한 것이다. 재구성된 본문은 내용이 분명하게 구분되며, 전승사적으로 이사야 53장에 방향을 맞추고 있고, 양식사적으로는 그리스도 찬가로

---

127 이를 주장하는 주석가로 불트만이 있다. R. Bultmann, Bekenntnis- und Liedfragmente, 295-97; R. Deichgräber, Gotteshymnus und Christushymnus(위 5.2.7을 보라.), 140-43; K. Wengst, Christologische Formeln(위 5.2.7을 보라.), 83-85.

128 참조. R. Bultmann, Bekenntnis- und Liedfragmente, 296.

129 R. Deichgräber, Gotteshymnus und Christushymnus(위 5.2.7을 보라.), 141.

명명할 수 있다. 본문의 순수한 구원적 진술은 베드로전서의 저자에 의해 이상적인 의미에서 권고적으로 해석되고 있다. 3:18-22에서는 통일성 있는 본문을 재구성하지 않고 여러 전승 자료의 개작이 나타난다.[130]

베드로전서 2:11-3:7의 권고는 고대나 최초 그리스도교의 가정생활 지침이나 규정에 존재하던 것이다.[131] 베드로전서는 최초 그리스도교 가훈 도식(위 5.2.7을 보라.)의 전형적인 특징과 대조되는 다음과 같은 변화를 보여준다. (1) 국가 질서에 대한 그리스도인의 행위를 위한 지시는 새로운 것이다. (2) 비그리스도교적 '가정'(οἶκος)의 상황이 포함되어 있다. (3) 권고의 대립성은 한 가지 예외(남자-여자)를 제외하고는 없다. (4) 가족 구성원에 대한 지침에서 명령법의 자리에 분사가 쓰였다. 베드로전서 2:11-3:7을 '가정생활 지침이나 규정'이라고 부르는 것은 이 단락의 특별한 구조에 적합하지 않은데, 왜냐하면 단지 규정만 언급하고 있지 않은 데다(참조. 벧전 2:13-17), 가훈 도식에 주인, 아버지, 자녀에 대한 말이 빠져 있기 때문이다. 그러므로 본문은 내용상 '사회윤리적 의무 목록'이라고 할 수 있다.[132]

베드로전서와 마태복음의 접촉은 이목을 끈다.(참조. 벧전 3:14/마 5:10, 벧전 4:13-14/마 5:10, 벧전 4:13-14/마 5:11-12, 벧전 2:12/마 5:16, 벧전 3:9/마 5:38-48) 이것은 독립적인 구두 전승에 기인한 것이거나 베드로전서가 마태복음을 통해서 직접 영향을 받았음을 알 수 있다.[133]

베드로전서는 바울과 바울 이후 신학의 영향권 안에 있다.[134] 우선 베드

---

130 참조. L. Goppelt, 1 Petr, 239-64.

131 포괄적인 분석은 F. R. Prostmeier, Handlungsmodelle, 141-448을 참조하라.

132 G. Strecker, Literaturgeschichte(위 1.2를 보라.), 111. '사회윤리적 의무론'

133 R. Metzner, Rezeption, 283. 메츠너에 따르면 "베드로전서는 넓게 퍼져 있던 권고적이고 교리문답적인 전승 자료를 최초 그리스도교적인 방식으로 수용하였을 그 자체로는 마태복음으로 되돌아간다."

134 다음 학자들의 유사 본문에 대한 목록과 (비판적인) 평가를 참조하라. F. Schröger, Gemeinde im 1.Petrusbrief, 212-16, 223-28; L. Goppelt, 1 Petr,

로전서 1:1-2의 지리적 언급이 그런 맥락이다. 바울의 편지 형식을 많이 참조한 것과 바울의 동역자 실루아노(참조. 살전 1:1, 고후 1:19, 살후 1:1, 행 15:22, 27, 32, 40, 16:19-25, 29, 17:4, 10, 14-15, 18:5)와 마가(참조. 몬 24절, 골 4:10, 딤후 4:11, 행 12:12, 25, 13:5, 13, 15:37, 39)가 그렇다. 바울 신학의 핵심 개념과 사상은 베드로전서의 신학도 규정한다. '은혜'(χάρις, 벧전 1:2, 10, 13, 2:19-20, 4:10, 5:10, 12), '의'(δικαιοσύνη, 벧전 2:24, 3:14), '계시'(ἀποκάλυψις, 벧전 1:7, 13, 4:13), '자유'(ἐλευθερία, 참조. 벧전 2:16, 갈 5:13), '구원으로 부르다'(καλεῖν, 참조. 벧전 1:15, 2:9, 21, 3:9, 5:10), '선택'(벧전 1:1, 2:9)이 그 예이다. 바울에게 핵심적인 '그리스도 안에서'(ἐν Χριστῷ) 사상은 단지 베드로전서 3:16, 5:10, 14에서만 확인된다. 결론적으로 베드로전서의 권고적인 선행과 바울의 권고 사이에는 많은 접촉점이 드러난다. 그중에서 베드로전서 2:13-17과 로마서 13:1-7 사이의 일치는 유난히 두드러진다. 게다가 베드로전서 안에는 바울 신학의 중요한 신학적인 서술이 빠져 있다.(예를 들어 상세하게 설명된 칭의론과 그것과 결합된 율법 문제) 그러나 그것이 제2바울서신들에 대하여는 서로 다른 기준으로 적합하다. 인정을 받고 있던 바울 사상이 베드로전서의 신학을 각인해주지는 않았으나 바울 신학을 통한 전승사적 영향을 받은 것은 부정할 수 없다.

7.2.8 종교사적 위치

감옥에 있는 '영들'(πνεύματα)에게 그리스도가 선포했다는 표현은 신약성서에서 베드로전서 3:19가 유일하다.[135] 영들은 누구인가? 타락한 천사들인

48-51; N. Brox, 1 Petr, 47-51; A. Lindemann, Paulus im ältesten Christentum(위 5를 보라.), 252-61; J. Herzer, Petrus oder Paulus?, 22ff.(모든 접촉점에 대한 포괄적인 분석).

135 포괄적 분석은 A. Reichert, Eine urchristliche praeparatio ad martyrium, 213-47을 참조하라.

가, 아니면 죽은 인간들인가? 천사론적 해석[136]을 위해서는 주목할 만한 종교사적 유사 본문들이 열거될 수 있다. 창세기 6:1-4의 천사 타락에 관한 진술은 유대교 묵시 사상에서 포괄적인 신화로 작성되었다.[137] 이에 따르면 천사들은 하나님에게 반기를 들고 불복종했고(참조. äthHen 21:6) 인간들을 악으로 유혹했다. 하나님은 그들을 결박하여 지하 세계의 감옥으로 추방하셨다.(참조. äthHen 18:14, 21:10) 천사들은 대홍수 이전의 상태에 대해서도 책임이 있다.(참조. äthHen 10:1-22, 67:1-7, 106:13-18, Jub 5:1-11) 하나님은 그들이 자비함과 평화를 기대할 수 없다는 사실을 선포하려고 그들에게 에녹을 보내셨다.(참조. äthHen 16:4) 베드로후서 2:4와 유다서 6절은 최초 그리스도교가 신화를 가공했음을 알게 한다. 그러나 이 신화는 베드로전서 3:19에서 약화되지 않고 전해진다.[138] 신약성서에서 '선포하다'(κηρύσσειν)는 주로 구원 선포를 의미한다. 그리스도는 감옥에 있는 영들에게 저주를 확정하신 것이 아니라 그들의 구원을 선포하신 것이다. 하지만 이는 유대교 전승과 베드로후서 2:4, 9, 유다서 6-7, 13-15절에서는 명백하게 모순으로 존재하는 것 같다. 그러므로 베드로전서 3:19에 관한 인간론적 해석이 우선 될 수 있다. 영들은 타락한 천사들이 아니고 "회개하지 않는 노아 시대 사람들의 영혼이다."[139] 사후 실존의 표시인 영은 다양하게

136 이 주장은 다음 학자들에 의해 대변된다. H. Gunkel, 1 Petr, SNT III, Göttingen ^{3}1917, 281f.; R. Knopf, 1 Petr(위 7.2.2를 보라.), 149-52; K. H. Schelkle, 1 Petr, 106f.

137 자료 목록은 다음을 참조하라. H. J. Vogels, Christi Abstieg ins Totenreich und das Läuterungsgericht an die Toten, FThSt 102, Freiburg 1976, 74-86; 계속해서 다음을 참조하라. F. Spitta, Christi Predigt an die Geister, Göttingen 1890; B. Reicke, The Disobedient Spirits and Christian Baptism, ASNU 13, Kopenhagen 1946.

138 천사론적 해석의 어려움에 관하여는 A. Reichert, Eine urchristliche praeparatio ad martyrium, 231-37을 참조하라.

139 L. Goppelt, 1 Petr, 249; 인간론적 해석에 관하여는 다음을 참조하라. G. Friedrich, Art. "κηρύσσω," ThW III, 706; E. Schweizer, Art. "πνεῦμα," ThW

증명되고 있으며,[140] 베드로전서 4:6은 죽은 자들을 향한 복음의 선포를 분명하게 강조한다. 구원의 제시는 세례에서 선사되는 구원의 현실로부터 시작하여 물의 모티브를 넘어 회개하지 않는 노아 세대에 이르는 구원 제시의 보편성을 강조한다.

7.2.9 신학적 기본 사상

베드로전서 1:1의 서두는 기본적으로 해석학적 기능을 가지고 있다. 저자는 수신자 공동체를 '디아스포라 안에 있는 선택받은 나그네'[나그네(παρεπίδημος)는 벧전 1:1, 2:11, 히 11:13]라고 지칭함으로써 자신의 그리스도교적 실존 이해를 분명히 한다. 세상은 그리스도인의 고향이 아니다. 거기에 보호와 쉼은 없다.[141] 그리스도인은 설령 그들이 태어나고 자란 곳에 거주하고 있더라도 낯선 곳에 흩어져 산다. 그리스도인에 대한 이러한 규정은 세상에 대한 고대의 적대감과 다르다. 그 규정은 객관적 근거를 가지고 있다. 그리스도인은 '예수 그리스도의 부활을 통해 죽은 자로부터 산 소망을 위하여' 거듭난다.(벧전 1:3) 죽은 자로부터의 부활은 인간 실존의 무가치함과 사라져버리는 것으로부터 믿는 사람들을 이끌어냈다. 예수는 죽음의 고난을 통해 다시 값을 치르고 그들을 사서(벧전 1:18) 치유하고(벧전 2:24) 구원했다(벧전 4:18). 그들은 새로운 삶의 상황으로 옮겨졌고, 이제 파루시아에 대한 기쁨과 희망이 삶을 결정한다. 이 개혁이 일어나는 장소가 세례이다.(참조. 벧전 1:3, 18, 23, 3:21)[142] 그리스도인의 삶의 전환은 바

VI, 446; H. J. Vogels, Christi Abstieg ins Totenreich, 86; A. Reichert, Eine urchristliche praeparatio ad martyrium, 247.

140 참조. 히브리서 12:23. 유대교와 이방인 세계의 증거에 관하여는 A. Reichert, 위의 책, 239-43을 참조하라.

141 참조. F. Schröger, Gemeinde im 1.Petrusbrief, 234. "공동체는 세상에서 나그네이지만 하늘에 집이 있는 백성이다."

로 여기서 일어난다.(참조. 요 3:5, 딛 3:5)[143] 베드로전서에 따르면 그리스도교적 실존은 세례로부터 오는 실존이다! 세상에서 세례 받은 사람은 부활과 파루시아 사이의 시간에 들어섰지만 세상의 위협에서 해방되지 못했다. 그러나 그들에게는 세상을 지배하는 능력이 주어졌다. 새로운 실존의 근원을 세상적인 것으로 증명할 수는 없지만(참조. 벧전 1:3b, 5:10) 동시에 새로운 실존의 현실과 결과를 간과할 수는 없다.[144] 마찬가지로 베드로전서는 신학적 정체성과 세례 받은 사람의 사회적 위치를 고려하고 있다.

'그리스도교적 실존의 새로움'은 세상을 향한 증거에서 가시화된다. 그리스도인은 거룩(벧전 1:14-15, 2:1-2)과 형제 사랑(벧전 1:22) 안에서 변화한다. 그는 육적 욕망을 억제하며(벧전 2:11-12), 주변의 악행을 피하고(벧전 4:3) 의를 이루는 삶을 산다(벧전 4:1-2). 새로운 행위는 분명 새로운 존재와 일치하기 때문에, 믿는 사람은 주변의 비방에 내던져져 있다.(참조. 벧전 3:17) 무언가 다른 그리스도인의 존재는 이방인에게 불쾌한 느낌을 주어(벧전 4:4) 공격을 유발한다. 그리스도인은 사회에서 올바르게 행동함에도 불구하고 하나님과의 유대 때문에 고난을 당한다. 이러한 고난은 하나님 앞에서 은혜이지만 죄로 인한 고난은 은혜가 아니다.(벧전 2:19, 3:14, 2:20) 그리스도인은 고난받도록 부름을 받았다. 그리스도도 죄 없이 고난을 당했기 때문이다.(벧전 2:21-25) 베드로전서의 사회윤리적 가르침은 공동체가 그들의 정체성을 유지하면서 동시에 사회와 통합하는 것을 목표로 한다. 사회윤리적인 가르침은 그것들이 포괄적인 의미와 현재적인 고난의 상황에 대한 극복을 제공하는 한 순수 행위의 범위을 넘어 공동체에 실제적으로 적용된 케리그마(선포)이다.

---

142 참조. O. Knoch, 1 Petr, 105f.

143 베드로전서의 세례에 관하여는 특히 F. Schröger, Gemeinde im 1. Petrusbrief, 31-54를 잠조하라.

144 참조. R. Feldmeier, Christen als Fremde, 192. "그리스도인에게 요구되는 상징적 실존은 바로 나그네이다."

그러나 고난은 사회 속에 존재하는 그리스도인의 새로운 행위의 결과만은 아니다. 고난은 그리스도교적 실존의 본질적 요소이며, 고난의 자리에서 하나님의 뜻과 만난다.(벧전 4:19) 고난은 믿음의 시험을 위하여 발생한다.(벧전 1:6, 4:12) 지금 죄 없이 고난을 당하는 사람은 미래의 하나님의 심판을 먼저 받는 것이다. 그와 반대로 하나님의 복음에 불순종하면 곧 심판을 받게 될 것이다.(벧전 4:16-19) 그리스도에게 그렇듯 고난은 그리스도인들에게도 영광에 이르는 길이다.(벧전 1:11, 4:13, 5:1) 그리스도인은 잠시이지만 여전한 시대의 위협에서 해방되는 마지막 때의 '구원'(σωτηρία)을 소망해야 한다.(벧전 1:5, 9, 10, 2:2)[145] 훈계적인 차원 역시 현재의 고난에 해당하는데 이는 "육신으로 고난을 당하는 사람은 죄에 대하여는 끝났기 때문이다."(벧전 4:1b) 베드로전서의 신학은 근본적으로 고난당하는 그리스도와 고난당하는 그리스도인의 결합이라는 사상에 의해 형성된다. 의로우신 분이 불의한 자들을 위해 고난을 받았으니(벧전 3:18) 그들도 이제 의인이라 일컬음을 받을 수 있다(벧전 4:18).

7.2.10 최근 연구 경향

최근의 주석은 베드로전서가 위서의 성격을 갖고 있다는 면에서는 일치된 견해를 보인다. 하지만 편지가 전제하는 공동체 상황에 대하여는 많은 논란이 있다. 도미티아누스 치하의 박해와 직접적으로 관련되어 있다는 주장은 오늘날 대부분 거부된다.(고펠트, 브록스) (로마) 세계 전체에서 자행되던 박해가 아니라 베드로전서의 그리스도인들이 지역적인 억압에 내던져져 있었다는 것이다. 이미 '미신'(superstitio)[146]에 대한 도덕적이고 정치적인

145 E. Schweizer, Christologie, 372. 슈바이처는 베드로전서의 '미래에 대한 여덟 가지 중요성'을 언급한다.

146 참조. D. Lührmann, "SUPERSTITIO-die Beurteilung des frühen Christentums durch die Römer," ThZ 42 (1986): 193-213.

비난만으로도 소수민의 학살(Pogrome)을 야기할 수 있었으며 사회적 차별로 이끌 수 있었다. "그러므로 대결은 그리스도교가 로마제국과 경쟁하면서 내세운 보편성과 통합을 강조한 결과가 아니다. 오히려 그 대결은 각각의 자기이해에 근거하여 통합하려는 상황과 다양한 관점의 사회적-정치적 후유증이다."[147] 바우어(J. B. Bauer), 피셔(K. M. Fischer), 라이헤르트(A. Reichert)는 이러한 사회학적 설명 모델이 베드로전서 전체 본문의 증언을 정당화하는지의 여부에 대해 의심한다. 펠트마이어(R. Feldmeier)는 중간 입장, 즉 사회적 충돌과 그에 따른 정치적 충돌은 동일한 이유를 가진다는 입장이다. "그 충돌은 그리스도인의 배타적인 종교적 결합에 근거한다. 그것은 동시에 지금까지의 종교적, 사회적, 정치적 통합(Koine)과 경쟁하는 독자적이고 사회적이며 윤리적인 기준 체계를 만들어낸다."[148]

바울 전승과 베드로전서의 관계는 논쟁의 여지가 있다. 피셔는 베드로전서를 바울 사상의 문서로 단호하게 평가하고, 심지어 베드로전서가 제2바울서신으로 기록되었다고 말한다.[149] 원래 베드로전서 안에는 Π/ΕΤΡ/ΟΣ가 존재하던 것이 아니고 Π/ΑΥΛ/ΟΣ가 존재했다!(이 문장은 초기 그리스도교 안에 바울 사상이 매우 비중 있었음을 비유적으로 서술하고 있는 것으로 보인다.—역자 주) 린데만은 판단을 유보한다. "베드로전서는 바울 전승과 바울의 편지에 직접 영향을 받았지만, 근본적으로는 바울이 아닌 그리스도교의 증인임을 증명했다."[150] 고펠트(L. Goppelt)도 베드로전서가 제한적으로 바울로부터 영향을 받았지만, 그런 인상을 주지 않는다고 확정한다.[151]

---

147 F. R. Prostmeier, Handlungsmodelle, 59f.

148 R. Feldmeier, Christen als Fremde, 124.

149 참조. H. M. Schenke, K. M. Fischer, Einleitung I, 199-203.

150 A. Lindemann, Paulus im ältesten Christentum(위 5를 보라.), 260; 참조. A. Reichert, Eine urchristliche praeparatio ad martyrium, 515-57. 앞의 자료는 베드로전서에 대한 바울과 바울 이후의 영향을 변호한다.

151 참조. L. Goppelt, 1 Petr, 50.

슈뢰거(F. Schröger)는 한 걸음 더 나아가서 사람들이 "베드로전서에 있는 바울 사상에 관해 말하는 것을 중지해야 한다."[152]라고 요구한다. 엘리엇(J. H. Elliott)은 베드로전서 배후에서, 바울로부터 독립하여 베드로 전통에 서 있는 동아리를 관찰했다.[153] 헤르쩌(J. Herzer)는 베드로전서에 대한 바울의 영향을 분명하게 부인한다. "베드로전서는 바울과 그의 학파와 나란히 존재하는 초기 그리스도교의 전승 안에서 독자적 증인의 지위를 유지해야만 했다."[154]

베드로전서의 양식이 서로 다르게 평가되는 반면에(위로와 권고의 기록, 편지, 허구적 회람서신) 베드로전서의 현재 모습을 설명하는 문학비평적 모델을 거부하는 데에는 커다란 합의가 존재한다. 베드로전서의 저자가 예전적 전승을 수용했다는 견해도 대부분 유보적이다. 최근에 라이헤르트는 베드로전서 1:20, 3:18de, 19, 22bc를 베드로전서의 저자가 비판적으로 해석한 온전한 구원 사상의 전승으로서 바울 이후의 노래라고 추측한다.

역사적 상황과 문학적 형성의 내적 의존관계로부터 시작하는 문학적-사회적 해석 모델이 중요해지고 있다. 프로스트마이어(F. R. Prostmeier)는 베드로전서의 구성상의 독자성에 대해 "베드로전서는 '표'(Tafel) 방식의 권고 모습으로 세계 구조 및 세계와의 경쟁과 그리스도의 모범을 독자적으로 결합한다."[155]라고 주장한다. 이 권고의 실용성은 일상에서 증거하기 위한 목표가 된다. "그리스도가 보여준 모범은 이어주는 규범이자 가능성의 결합이며 세상의 구조와 병존하는 윤리적 내용의 도덕성을 위한 기준이다."[156]

---

152 F. Schröger, Gemeinde im 1. Petrusbrief, 227.

153 참조. J. H. Elliott, A Home for the Homeless, 270ff.; M. Karrer, Petrus im paulinischen Gemeindekreis, 222ff. 카러는 베드로전서와 바울의 결합이 밀접하지 않은 것으로 본다.

154 J. Herzer, Petrus oder Paulus?, 261.

155 F. R. Prostmeier, Handlungsmodelle, 480.

156 위의 책, 512.

베드로전서에서 일상의 행동 모델들은 예수 그리스도를 통한 하나님 뜻의 모범적인 성취 방향인 구원론-종말론적 구상과 결합되어 있다.

최근의 연구 경향은 공동체에게 해석 능력과 고난을 견디는 힘을 주려는 베드로전서의 신학적이고 사회심리학적인 전략에 주목한다. 구텐베르거(G. Guttenberger)는 베드로전서의 정체성을 형성하는 상징 분야를 연구했다. "무엇보다 개인적인 것들을 위한 출산의 은유와 거룩함의 개념을 중심으로 결속하고 건축물의 은유는 집단적 정체성 구축을 위한 구조를 제공한다. 이 두 개의 묶음은 선택 사상 안에서 함께 융합된다."[157]

폽(Th. Popp)은 고대의 인정 담론(세네카, 에픽테토스, 플루타르코스)에 베드로전서를 포함한다. 공동체를 어려운 상황에서 안정시키는 동시에 외부인에게 매력적으로 보이게 하는 편지의 인정 모델과 공생 모델은 베드로전서 전체를 관통하는 전략이다. "형제자매의 사랑과 하나님 경외가 특징인 하나님 백성 됨을 통해 이전의 행위 패턴과 경계를 설정하는 것은 이교도 사회에서 정직한(loyal) 공동생활을 배제하지 않고 오히려 포함한다. 일반적으로 인간적인 함께함은 서로 존중하는 것이어야 한다. 이러한 기본적인 태도는 그리스도인을 '두 가지 상황 사이를 정기적으로 오고가는 사람'(Pendler)으로 규정한다. 그들은 복음의 토착화라는 형태 안에 존재하는 선교적 책임에 대해 더는 올바른 것으로 판단될 수 없을 것이다. 선교는 인간의 관계에서 일어나며 그런 이유로 항상 문화적 접촉이기 때문이다."[158]

죄딩(Th. Söding)은 베드로전서의 역사적-신학적인 가치를 평가한다. 그는 서사를 실루아노로 보며 초기 그리스도교의 대화(무엇보다 바울과 야고보의 대화) 속에 있는 베드로의 목소리로 편지의 장소를 결정했다.(베드로의 초기 그리스도교의 위상을 인정한다는 의미로 해석된다. – 역자 주) "이 편

157 G. Guttenberger, Passio Christiana, 27.

158 Th. Popp, Die Kunst der Konvivenz, 247f.

지의 신학적 메시지는 베드로의 것이어야 한다. 그것은 말에 의한 것이 아니라 좋은 내용의 일부가 내용에 따라서 그렇게 되어야 한다."[159]

7.3 유다서

7.3.1 참고문헌

주석

KEK XII/2: H. Paulsen, 1992. • HNT 15: H. Windisch (-H. Preisker), ^{3}1951. • HThK XIII/2: K. H. Schelkle, ^{6}1988. • EKK XXII: A. Vögtle, 1994. • ThHK 15: W. Grundmann, ^{2}1979. • NTD 10: W. Schrage, ^{2}1980. • RNT 8: O. Knoch, 1990. • CNT 13b: E. Fuchs • P. Reymond, L'Épître de Saint Jude, ^{2}1988. • WBC 50: R. J. Bauckham, 1983. • AncB 37C: J. H. Neyrey, 1993. • PNTC: P. H. Davids, 2006. • NTL: L. R. Donelson, 2010.

단행본

F. Spitta, Der zweite Brief des Petrus und der Brief des Judas. Eine geschichtliche Untersuchung, Halle 1885. • F. Maier, Der Judasbrief, BSt X/1-2, Freiburg 1906. • H. Werdermann, Die Irrlehrer des Judas- und des 2. Petrusbriefes, BFChTh XVII 6, Gütersloh 1913. • D. F. Watson, Invention, Arrangement and Style. Rhetorical Criticism of Jude and 2 Peter, SBLDS 104, Atlanta 1988. • R. J. Bauckham, Jude and the Relatives of Jesus in the Early Church, Edinburgh 1990. • R. Heiligenthal, Zwischen Henoch und Paulus. Studien zum theologiegeschichtlichen Ort des Judasbriefes, TANZ 6, Heidelberg 1992. • A. Gerdmar, Rethinking the Judaism-Hellenism Dichotomy. A Historiographical Case Study of Second Peter and Jude, CB.NT 36, Stockholm 2001. • Chr. Blumenthal, Prophetie und Gericht. Der Judasbrief als Zeugnis urchristlicher Prophetie, BBB 156, Göttingen 2008.

논문

E. E. Ellis, "Prophecy and Hermeneutic in Jude," ders., Prophecy and Hermeneutic in Early Christianity, WUNT 18, Tübingen 1978, 221-38. • F. Hahn, "Randbemerkungen zum

---

159 Th. Söding, "Grüße aus Rom," ders. (Hg.), Hoffnung in Bedrängnis, (11-45) 44.

Judasbrief," ThZ 37 (1981): 209-18. • J. J. Gunther, "The Alexandrian Epistle of Jude," NTS 30 (1984): 549-62. • G. Sellin, "Die Häretiker des Judasbriefes," ZNW 77 (1986): 206-25. • H. Paulsen, Art. "Judasbrief," TRE 17 (1988), 307-10. • S. J. Joubert, "Language, Ideology and the Social Context of the Letter of Jude," Neotestamentica 24 (1990): 335-49. • J. D. Charles, "Literary Artifice in the Epistle of Jude," ZNW 82 (1991): 106-24. • J. Frey, "Der Judasbrief zwischen Judentum und Hellenismus," Frühjudentum und Neues Testament im Horinzont Biblischer Theologie, hg. v. W. K raus/K.-W. Niebuhr, WUNT 162, Tübingen 2003, 180-210. • J. Frey, "Autorfiktion und Gegnerbild im Judasbrief und im Zweiten Petrusbrief," J. Frey/J. Herzer/M. Janssen/C. K. Rothschild (Hg.), Pseudepigraphie und Verfasserfiktion in frühchristlichen Briefen, WUNT 246, Tübingen 2009, 683-732.

연구 보고서

R. Heiligenthal, "Der Judasbrief," ThR 51 (1986): 117-29. • R. J. Bauckham, "The Letter of Jude: An Account of Research," ANRW 25. 2, Berlin 1988, 3791-826. • P. Müller, "Der Judasbrief," ThR 63 (1998): 267-89.

7.3.2 저자

유다서의 저자로 언급되는 사람은 다음과 같다. (1) 예수의 동생 유다(참조. 마 13:55, 막 6:3),[160] (2) 열두 사도 중 한 사람인 유다(참조. 눅 6:16, 행 1:13), (3) 사도행전 15:22, 27, 32의 유다 바나바,[161] (4) 알려지지 않은 제자가 유다서를 편지 형식으로 위조.

유다서는 자기주장에 따르면 주의 동생 유다에 의해 기록되었다. 이는 유다서 1절이 주의 동생 유다에 관한 과도한 주장을 나타내는 신호가 된다.[162] 고린도전서 9:5는 주의 동생들의 선교 활동을 말하고 있으며, 유다는 그 활동의 증인이 될 수 있다. 게다가 유다서의 유대 그리스도교적 사상 세

160 유세비우스의 『교회사』(HE III 19, 1-20, 6)에 나오는 헤게십(Hegesipp)도 참조하라.

161 E. E. Ellis, Prophecy, 221-30.

162 참조. H. Paulsen, Jud, 44. 야고보와의 관련성과 구별을 위한 별명의 누락은 앞에서 언급한 본문 내용 (2)와 (3)의 가능성을 반대하는 것이다.

계를 볼 때 저자를 예수의 동생이라고 생각할 수도 있다.[163] 후대의 저자는 왜 그렇게 불확실한 형식으로 유다라는 이름에 소급해가는 것일까?[164] 그러나 다음 주장은 주의 동생 유다를 저자로 보는 것을 반대한다. (1) 왜 저자는 자신을 예수의 동생이라 하지 않고 야고보의 동생이라고 했을까? (2) '형제'(ἀδελφός)에는 다양한 의미가 있다. 이 단어는 신약성서에서 '동역자'라는 의미로 자주 사용된다.(참조. 예를 들어 골 1:1) (3) 유다서 3절과 20절의 전승 개념, 정통과 이단 사이의 논쟁, 마지막 때 거짓 교사의 등장(참조. 딤전 4:1-3, 딤후 4:3-4, 요일 2:18, 4:1-3, Did 16, 3)은 사도 이후의 시대를 가리킨다. (4) 유다서 17-18절에서 저자는 신앙의 기초가 확립된 사도 시대를 되돌아보는 최초 그리스도교의 후기에 자신을 편입시키고 있다.

유다서가 위서라는 사실은 매우 개연성이 높으며,[165] 이름을 알 수 없는 어느 유대 그리스도인이 주의 동생 유다의 권위를 실제 논쟁에서 요구하고 있었던 것으로 보인다.

7.3.3 기록 장소와 시기

유다서는 기록 장소에 대해 매우 제한적으로 설명한다. 그래서 팔레스타인/시리아, 알렉산드리아, 소아시아 등 여러 장소가 거론되는데, 주의 형제

---

163 참조. R. J. Bauckham, Jud, 16.

164 참조. E. E. Ellis, Prophecy, 226f.

165 참조. R. Knopf, Jud(위 7.2.2를 보라.), 206f.; A. Jülicher, E. Fascher, Einleitung, 213f.; W. G. Kümmel, Einleitung, 377f.; Ph. Vielhauer, Urchristliche Literatur, 593f.; R. Heiligenthal, Zwischen Henoch und Paulus, 24; H. Paulsen, Jud, 44f.; A. Vögtle, Jud, 4-11; J. Frey, Autorfiktion, 686-93. 유다서의 순수성을 가능하다고 보는 입장은 다음을 참조하라. K. H. Schelkle, Jud, 140-43; W. Grundmann, Jud, 15; R. Bauckham, Jud, 3-16. O. Knoch, Jud, 159-62. 크노흐는 저자로 주의 형제 유다(야고보)의 주변에서 나온 유대 그리스도교적인 교사를 생각한다.

유다에게 유다서의 기록을 돌리는 것과 기록의 유대 그리스도교 사상세계는 팔레스타인/시리아를 기록 장소로 찬성하는 이유가 되었다.[166] 그러나 공동체의 상황(아래 7.3.4를 보라.)이나 시리아어 영역에서 유다서에 대한 미약한 수용은 이를 반대한다.'[167] 유다서의 영향사(참조. Strom III 2, 11; Paed III 8, 44)와 야고보서와의 연관성은 알렉산드리아를 기록 장소로 짐작케 한다.[168] 하지만 기원후 1세기 말 알렉산드리아의 그리스도교에 관한 지식은 매우 적은 편이었기에 그것은 순전히 가설로만 여겨져야 한다. 유다서와 골로새서 사이에 존재하는 천사론의 일치와 목회서신들과의 근접성은 기록 장소로 소아시아[169]를 가리킨다.(아래 7.3.8을 보라.) 게다가 유다서는 바울 신학이 영향을 준 역사의 증거로 이해된다.(참조. 유 19, 20, 24-25절) 베드로후서가 유다서를 일찍 수용한 것은 소아시아를 생각하게 한다.

유다서의 형성 시기는 대개 기원후 80-120년으로 여겨진다.[170] 그러나 이러한 추측은 엄밀히 따져보아야 한다. 유다라는 가명을 빈번하게 사용한 것은 언제 의미를 가졌고 가능했던 것인가? 여기서는 기원후 1세기 말경인 80년이 고려된다. 당시 대부분의 위서와 묵시적 사상 요소는 다양한 방식으로 수용되었으므로 유다서는 기원후 80-100년 사이에 형성된 것으로 추정된다.[171]

---

166 참조. R. Knopf, Jud(위 7.2.2를 보라.), 209; K. H. Schelkle, Jud, 138; W. Grundmann, Jud, 15(갈릴리와 시리아에서 유래, 반경은 소아시아까지); F. Hahn, Randbemerkungen, 216(팔레스타인).

167 참조. J. S. Siker, "The Canonical Status of the Catholic Epistles in the Syriac New Testament," JThS 38 (1987): 311-40.

168 참조. J. J. Gunther, Epistle; H. Paulsen, Jud, 45.

169 기록 장소로 소아시아를 주장하는 입장은 R. Heiligenthal, Zwischen Henoch und Paulus, 165를 참조하라.

170 예를 들면 다음과 같다. F. Hahn, Randbemerkungen, 215(기원후 90-120년); H. Paulsen, Jud, 45.

171 참조. R. Knopf, Jud, 208; W. G. Kümmel, Einleitung, 378; H. Köster, Einführung, 682f.; A. Vögtle, Jud, 11f.; L. R. Donelson, Jud, 165.(기원후 90

7.3.4 수신자

유다서 공동체의 윤곽은 오직 지배적인 적대자 논쟁에 직면해서만 그 윤곽을 알아낼 수 있다. 유다서의 출발점은 편지를 받고 있는 공동체(들)가 당하는 신앙에 대한 실제적 위협이다.(유 3절) (저자의 시각에서 볼 때) 무신론자들이 공동체 안으로 몰래 잠입했고, 그들은 '주 예수 그리스도'(κύριος Ἰησοῦς Χριστός)를 부인한다.(유 4절) 유다서의 대적자 논쟁은 전통적 모티브를 가지고 계속 수행된다. 그 결과 대적자들 중에 주변을 돌아다니던 방랑 설교자가 문제인지, 아니면 지역에 정착한 공동체의 지도자들이 문제가 되는 것인지 결정하는 것은 거의 불가능하다.[172] 하지만 그들이 공동체의 아가페 축제에 참여하는 것(유 12절)은 앞에서 말한 후자의 가능성을 지지한다.

유다서는 이단의 위험에 직면하여 공동체의 정체성을 강화하고자 했다. '부름 받은 자'(유 1절)와 '거룩한 자'(유 3절)라는 호칭으로 자신들을 이단과 경계 짓는다. 이단의 거짓 가르침과 비도덕적인 행위는 파멸에 이르게 된다.(참조. 유 4, 7-11절) 이와 대조적으로 거룩함과 순결함은 공동체의 특징이다. 공동체는 긴장된 종말론적 기대 속에서 살아간다. 마지막 때 거짓 교훈을 거부(참조. 유 4, 11, 13, 15절)하는 것은 영생으로 이끄는 구원(유 21절)이다. 그러한 자의식을 지닌 사람들은 주로 유대 그리스도교 공동체였을 가능성이 있다. 그들 가운데 묵시적 사유와 에녹 전승이 살아 있었다.[173] 유다서 22, 23절에는 공동체를 이탈한 그룹을 위한 지시사항이 주어진다.(유 21절) 잘못된 길을 가는 사람들은 다가오는 불 심판으로부터 건져

년대로 본다.)

172 참조. H. Paulsen, Jud, 55.

173 참조. R. Heiligenthal, Zwischen Henoch und Paulus, 89-94. 그는 이러한 일반적인 이해(Bestimmung)를 넘어 그리스도교적인 바리새인들을 유다서를 전한 사람들로 추측한다.

져야 하는 사람들로서 그들에 대한 동정은 교회에 대한 주님의 동정과 일치한다.[174]

7.3.5 내용 구성, 구조, 형식

1-2절	서두	편지의 서론
3-4절	동기와 주제	
5-16절	거짓 교사들	편지의 본론
17-23절	기억과 권고	
24-25절	마지막 송영	편지의 결론

서두는 바울/제2바울서신의 전승과 결이 같고(참조. 빌 1:1, 롬 1:1-2, 고전 1:1-2), 특히 유다서 2절의 축복 기원은 디모데전서 1:2, 디모데후서 1:2, 디도서 1:4를 기억하고 있다.[175] 유다서 3-4절은 주제 언급으로서 다음으로 이어가는 기능을 하며 17-23절과 일치하는 것을 알 수 있다. 본론은 참조 부분(유 5-16절)과 종속 부분(유 17-23절)으로 구분된다.[176] 참조 부분은 거짓 교사들의 본질과 운명을 다루고, 종속 부분은 '너희 사랑하는 자들아'(ὑμεῖς δέ, ἀγαπητοί, 17, 20절)라는 직접적인 호칭으로 경험의 지평과 공동체의 판단에 호소한다. 마지막 송영은 다시 바울의 편지 형식과 가깝다.(참조. 롬 16:25-27)[177]

유다서의 양식사적 분류는 논란의 여지가 있다. 논란은 '특정한 상황을

174 유다서 23b절에 관하여는 H. Paulsen, Jud, 85를 참조하라.

175 참조. 위의 책, 52f.

176 참조. R. Heiligenthal, Zwischen Henoch und Paulus, 17-21.

177 다르게 내용을 나누는 것에 관하여는 다음을 참고하라. R. J. Bauckham, The Letter of Jude, 3800-804; R. Heiligenthal, Zwischen Henoch und Paulus, 14-16.

위한 조약문',[178] '이단 반대 전단',[179] '회람서신'[180]으로부터 '미드라쉬'[181]를 넘어 실제 편지라는 데까지 이른다.[182] 서두와 마지막 송영, 무엇보다도 사도의 편지 전통에 위치시키는 저자의 주장은 유다서가 편지라는 개념을 지지한다.[183] 게다가 유다서는 상황과 무관한 편지가 아니다. 전통적인 논쟁 형식의 수용은 구체적인 상황에 영향을 주고자 하는 편지의 목표에 대해 반대하고 있다.

7.3.6 문학적 통일성

유다서의 문학적 통일성은 문제가 되지 않는다.

7.3.7 전승, 자료

유다서의 주장은 광범위하고 복잡한 전승에 얽혀 있다.[184] 구약성서는 수많은 참조와 암시로 언급된다.[185] 주목할 만한 것은 고대 유대교의 전승을 재

---

178 참조. M. Dibelius, Geschichte der urchristlichen Literatur, 133f.

179 참조. K. H. Schelkle, Jud, 137; A. Vögtle, Jud, 4('전단지 형식의 문서').

180 참조. W. Grundmann, Jud, 17.

181 참조. E. E. Ellis, Prophecy, 220-26.

182 최근에 다음의 학자들이 그렇게 주장한다. R. J. Bauckham, Jud, 3; R. Heiligenthal, Zwischen Henoch und Paulus, 14ff.; H. Paulsen, Jud, 41f.

183 참조. F. Vouga, "Apostolische Briefe als 'scriptura'. Die Rezeption des Paulus in den katholischen Briefen," Sola Scriptura, hg. v. H. H. Schmid u. J. Mehlhausen, Gütersloh 1991, 194-210.

184 다음의 주석도 참조하라. R. J. Bauckham과 H. Paulsen의 주석, 특히 R. Heiligenthal, Zwischen Henoch und Paulus, 해당 본문, 특히 185.

185 유다서의 언어(14회 나오는 유일한 어휘나 문장)와 구약 수용(주로 마소라 본문을 알고 있지만 칠십인역도 알고 있음)에 관하여는 R. J. Bauckham, Jud, 6-8을 참조하라.

수용한 것이다. 유다서 5-7절에 열거된 사례는 그릇된 삶과 하나님의 심판 사이의 연관성을 전개하고 있으며, 집회서(Sir) 16:6-15, 다마스쿠스 문서(CD) 2:17-3:12, 제3마카베오서(3 Makk) 2:4-7, 납달리의 유언서(TestNaph) 3:4-5와 유사하다. 유다서 6절은 창세기 6:1-4에 대한 유대교적 해석의 연장선 위에 있으며, 비교 가능한 본문은 에티오피아 에녹서 10:4-6, 11-13, 12:4-13:1이다.

유다서 7절이 언급하는 소돔과 고모라의 운명은 유대교와 그리스도교의 여러 본문에서 나타난다.(참조. 3 Makk 2:5; Jub 16:6, 20:5, 22:22; TestAss 7, 1; 요세푸스, Bell V 566; 마 10:15, 11:24, 눅 10:12, 17:29) 외경의 모세 전승은 유다서 9절에 수용되었으며[186] 가인, 발람과 고라 자손의 관계는 유대교 수용사의 배경에서만 윤곽을 얻을 수 있다.[187] 저자는 유다서 14b-15절에서 대적자들의 무신론과 그들 위에 임박한 심판의 필연성을 강조하기 위해 에티오피아 에녹서 1:9[188]를 인용한다.

유다서가 보여주는 성서적 논증을 위한 인용이나 암시, 기법은 저자가 고대 유대교의 전승을 얼마나 강하게 생각했는가를 보여준다.

7.3.8 종교사적 위치

유다서의 대적자는 최초 그리스도교의 어떤 사조에 속하는 것일까? 연구사에서는 두 가지 설명 모델이 우세하다.

1) 대적자들은 초기 영지주의의 자유 사상을 가진 대변자이다.[189] 이를

186 가능한 자료들에 관하여는 H. Paulsen, Jud, 66f.를 참조하라.

187 참조. R. Heiligenthal, Zwischen Henoch und Paulus, 42-61.

188 세부적인 것은 H. Paulsen, Jud, 74ff.를 참조하라.

189 (개별 주장과 구별하여) 다음을 참조하라. W. G. Kümmel, Einleitung, 375; Ph. Vielhauer, Urchristliche Literatur, 590; H. M. Schenke, K. M. Fischer, Einleitung II, 316; W. Schrage, Jud, 224. 일반적인 영지주의 논제의 변형은

위한 주장으로는 일반적으로 다음과 같은 것들이 거론된다. (1) 유다서 4절에 따르면 대적자들은 예수 그리스도의 통치를 부인한다. 그들은 예수 그리스도를 하늘의 중간 존재로 격하시킨다. (2) 유다서 12절은 대적자들의 순수한 개인구원 사상과 성례 사상을 증명한다. (3) 유다서 8, 10절의 천사 존재에 대한 부정은 영지주의적 동기가 된다. (4) 유다서 19절에는 물질적인 것(Psychiker)과 영적인 것(Pneumatiker) 사이에 전형적인 영지주의적 구별이 존재한다. (5) 대적자들은 도를 넘어서 자유의식을 드러내고 있다.(유 4, 7, 8, 10, 13절) 이러한 일련의 주장에 대한 이의 제기도 있다.[190] 유다서의 언급은 귀납적 추론을 허용하는 데 특별한 것은 아니다. 영지주의 체계의 특징인 원형적 이원론(아래 8.5.8을 보라.)이 유다서에서는 증명되지 않는다. 열광주의적이고 자유주의적인 경향은 결코 영지주의 사상이 아니다. 유다서 19절의 '물질적인 것'(ψυχικός)과 '영적인 것'[πνεῦμα(πνευματικός)]의 대립이 바울 이전(참조. 고전 2:14, 15:44, 46)에는 입증되지 않는다.[191] 그런 대립은 영지주의가 아니라 유대교-헬레니즘의 지혜 사상에 뿌리를 두고 있다.

2) 대적자들은 유다서 저자처럼 바울 신학의 유산을 둘러싼 논쟁의 환경에 속한다.[192] 다음의 논제들이 이러한 주장을 찬성한다. (1) 대적자들을

대적자들이 '초기' 영지주의 대변자라고 추정하게 만든다. 이런 의미의 입장에 관하여는 다음을 참조하라. K. H. Schelkle, Jud, 230-34; W. Grundmann, Jud, 17-19; F. Hahn, Randbemerkungen, 213; H. Paulsen, Jud, 49(유보적인 입장).

190 마이어(F. Maier)와 연결된 입장에 관하여는 특히 다음을 참조하라. R. Heiligenthal, Judasbrief, 122; ders., Zwischen Henoch und Paulus, 128-34.

191 참조. G. Sellin, Streit um die Auferstehung der Toten(위 2.5.1을 보라.), 181-89.

192 개별 주장에서 (현격한) 차이를 보이는 입장에 관하여는 다음을 참조하라. U. B. Müller, Zur frühchristlichen Theologiegeschichte(위 5를 보라.), 23-26; R. J. Bauckham, Jud, 12; G. Sellin, Häretiker, 224f.; O. Knoch, Jud, 154-57; R. Heiligenthal, Zwischen Henoch und Paulus, 128ff.; J. Frey, Autorfiktion,

향한 핵심 비난으로서 천사 경시 모티브[193](유 8절)는 고린도전서 6:3("우리가 천사를 판단할 것을 너희가 알지 못하느냐"), 고린도전서 13:1("천사의 말을 할지라도"), 골로새서 2:18-19("아무도 꾸며낸 겸손과 천사 숭배를 이유로 너희를 정죄하지 못하게 하라")이다. 분명 바울 이후의 시대에 천사 숭배에 관한 정당성 논쟁은 바울을 내세웠다. 그 가운데 골로새서 2:18-19와 유다서는 한편으로는 "율법 규정과 천사 숭배, 다른 한편으로는 반율법주의 사상과 천사 경시"[194]를 증언하고 있다. (2) 유다서 19절의 물질적인 것과 영적인 것의 대립은 직접적으로 고린도전서 2:14(15:44, 46)로 소급하지만, 이 대립은 단지 신약성서에서만 입증된다. 저자는 대적자들을 단순한 물질적 존재로 낙인찍고(참조. 유 10b절) 그들에 의해 그럴듯하게 고양된 영적 주장을 단순하게 뒤집어서 배격한다. (3) 유다서 5절에서뿐만 아니라 고린도전서 10:1-11에서도 우월감을 가지고 있던 당시의 대적자들을 경고하고자 광야에서 다수의 백성이 멸망한 사건에 대한 암시가 나타난다.(민 14장) (4) 유다서 4절은 대적자들이 하나님의 '은혜'(χάρις)를 '무절제'(ἀσέλγεια)라는 잘못된 길로 바꾸었다고 비난한다. 여기에는 바울의 칭의론 어휘가 반향을 울린다.(참조. 롬 3:23-24, 엡 2:7-9) 바울이 로마서 3:8에서 언급한 문제가 배후에 존재하는 것일 수 있다. 그것은 바로 하나님의 은혜를 잘못 이해한 반율법주의 사상이다.[195] (5) 제2바울서신에서와 마찬가지로 전승의 원칙(참조. 유 3, 17, 20절)은 대적자를 방어하기 위한 것이다.[196] (6) 유다서에

---

700. 프라이에 따르면 유다서는 골로새서가 보이는 천사의 우주론적이고 신학적인 의미를 거부하는 것에 투쟁하고 있다. "이것으로부터 에녹 전승과 그 천사론을 높이 평가하는 유다서의 저자는 더 많이 주장할 수 있다. 하나님의 세계질서를 부인하는 사람은 자신의 오만함으로 하나님과 그리스도의 통치(4절)도 부인하게 될 것이고 마침내 모든 도덕적 기준을 잊게 될 것이다."

193 참조. G. Sellin, Häretiker, 219-22.

194 위의 책, 222.

195 위의 책, 209-12.

196 참조. F. Hahn, Randbemerkungen, 209ff.

의존하고 있는 베드로후서는 올바른 바울 이해에 관한 논쟁을 입증한다. (벧후 3:15-16)

바울/제2바울 신학의 연결노선은 유다서의 대적자들이 (가능한 한 바울을 내세우면서) 열광주의적인 교훈(과 실천)을 대변했음을 시사한다. 그들은 천사의 권세를 경시했고, 자신들을 영적인 사람으로 보았으며 전통적인 경계를 없애버렸다.[197]

7.3.9 신학적 기본 사상

유다서는 그들 중심에서 스스로 경계선을 정하고자 했던 '공동체의 정체성'을 분명히 하는 데 도움이 된다. 이 과정에서 전승 사상은 근본적으로 중요하다. 공동체는 '단번에 성도들에게 전해진'(유 3절) 믿음을 위해 투쟁하고 있다. 이것은 '이전에 하신 사도들의 말씀'(유 17절)과 일치하며 공동체의 기초를 세운다.(유 20절) 거짓 교훈을 통한 위험은 전승의 형성과 관철을 요구했다! 이 전승은 전적으로 유대교 사상에 뿌리를 두고 있으며, 본질적인 부분은 에녹 전승이다. 그러나 전승 사상은 형식적인 원칙으로 사용되지 않고, 공동체가 그 유산에 책임이 있다는 것을 아는 데 있다. 유다서의 그리스도론 중심에는 오시는 주님에 대한 기대가 존재한다. 그분은 그의 천사들과 함께 심판을 위해 나타날 것이다.(유 14-15절) 그리스도는 공동체를 향해 친히 긍휼함을 보여주었으나(유 21절) 대적자들은 그들의 무신론적인

---

197 A. Vögtle, Jud, 95-98. 푀크틀레는 대적자들을 신학사적 관점에서 분류하는 것을 포기하고 그들을 비타협주의자들로 명명한다. "그들은 사회 협약의 도덕적 제약을 능가하는 엘리트주의적인 영의 소유자들이라는 자의식으로 자신들을 고상하다고 느꼈고, 특히 심판과 구원의 완성을 위한 그리스도의 재림에 대한 믿음을 공허하고 쓸데없는 것이라고 하였다.(A. Vögtle, 위의 책, 3.) 블루멘탈(Chr. Blumenthal)에 따르면 유다서와 그의 대적자들 간의 논쟁은 재림에 대한 확신이나 거부, 그리고 마지막 때에 대한 믿음의 확신이나 거부이다.

행위에 대해 처벌을 받아야 한다. 천사 숭배는 유다서 공동체 안에서 자명한 것이었다. 유대교적 정결 사상은 윤리에서 중요한 의미가 있었던 것으로 보인다.(참조. 유 8, 12, 23절)

7.3.10 최근 연구 경향

유다서는 신약성서 주석에서 오랫동안 주목을 받지 못했다. 케제만이 이 편지를 초기 공교회주의의 전형적인 대변자로 분류한 것이 이에 대해 적지 않은 영향을 주었다. "여기서 영은 더 이상 전승을 통해 효력을 발휘하지 못하고 있다. 오히려 영은 전통 안에서 나타난다. 그러므로 이미 목회서신 안에서나 사도행전 안에서처럼 '직책의 영'을 가진 사람이 교회의 가르침의 식책이 된나. 솔직히 베드로후시 1:20 안에서 고전적으로 나타나는 것처럼 권한을 위임받지 못한 주석과 성서의 해석은 금지되고 있다."[198] 슈라게는 케제만의 평가를 수용하면서 유다서가 교회 안에서 주목을 받지 못한 것은 부당한 것이 아니었다고 분명하게 확정한다.[199]

최근에는 이러한 부적격 평가가 신중한 해석을 통해 약해지고 있다. 그 해석은 최초 그리스도교 신학사 안에서 유다서의 위치에 관해 엄밀하게 문제를 제기하고 있다. 한(F. Hahn)은 유다서의 전통 개념을 단순히 부정적으로 분류하지 않고, 그 개념을 거짓 교사들과의 논쟁 안에서 분명하게 인정한다. 역사적으로 유다서는 야고보서와 베드로후서 사이에 존재한다. "유다서는 그 시대의 팔레스타인 전통에 의지하면서 자신의 세대와 다음 세대를 위해 지속적으로 유효한 사도신앙 전승의 기초를 만들어냈고, 이를 통해

198 E. Käsemann, "Begründet der neutestamentliche Kanon die Einheit der Kirche?," ders., Exegetische Versuche und Besinnungen I, Göttingen ⁶1970, 220.

199 참조. W. Schrage, Jud, 223.

대적자들을 전형화함으로써 효과적인 이단과의 투쟁을 가능하게 했다."[200] 젤린(G. Sellin)은 광범위하게 전개되는 그의 분석에서 최초 그리스도교 신학사에 존재하는 거짓 교사들의 자리를 규정한다. 그들은 영적인 것으로 방향을 정한 방랑 교사들이었으며, 골로새서와 에베소서의 연속성 가운데 천사들을 경시하고 바울을 앞세워 반율법적 입장을 대변했다. 하일리겐탈(R. Heiligenthal)은 유다서를 새롭게 해석했다. "유다서는 전승사적으로 광범위하게 유대교적인 전승으로부터 설명된다. 에녹 문헌과 유다서의 관계는 매우 큰 것이다. 그래서 유다서는 에녹 문헌의 그리스도교화한 일부로 파악될 수 있다."[201] 하일리겐탈에게 유다서는 "그리스도교의 기초가 이미 유대교와 함께 조정될 수 있었다는 것을 보여준다."[202] 따라서 유다서는 유대교와 그리스도교의 대화에서 중요한 증거이며 이런 기능 속에서 올바르고 진지하게 받아들여져야 한다고 말한다. 프라이(J. Frey)는 유다서를 유대교와 헬레니즘 사이에 존재하는 것으로 본다. 왜냐하면 유다서는 그의 대적자 논쟁에서 유대교 묵시문학의 전통을 수용하고 있지만, "원래의 의미에서 유다서는 그럼에도 불구하고 유대 그리스도교적인 것이 아니다."[203] 그 이유는 유다서가 (소아시아 안에 존재하던) 바울 신학의 유산에 관한 논쟁에 해당하기 때문이다."

200 F. Hahn, Randbemerkungen, 218.

201 R. Heiligenthal, Zwischen Henoch und Paulus, 156.

202 위의 책, 166.

203 J. Frey, Judasbrief, 210.

7.4 베드로후서

7.4.1 참고문헌

주석

KEK XII/2: H. Paulsen, 1992. • HNT 15: H. Windisch (-H. Preisker), ^{3}1951. • HThK XIII/2: K. H. Schelkle, ^{6}1988. • EKK XXII: A. Vögtle, 1994. • ThHK 15: W. Grundmann, ^{2}1979. • NTD 10: W. Schrage, ^{2}1980. • RNT 8: O. Knoch, 1990. • CNT 13b: E. Fuchs • P. Reymond, La Deuxième Épître de Saint Pierre, ^{2}1988. • WBC 50: R. J. Bauckham, 1983. • AncB 37C: J. H. Neyrey, 1993. • NTL: L. R. Donelson, 2010.

단행본

F. Spitta, Der zweite Brief des Petrus und der Brief des Judas(위 7.3.1을 보라.) • H. Werdermann, Die Irrlehrer des Judas- und des 2. Petrusbriefes(위 7.3.1을 보라.) • T. Fornberg, An Early Church in a Pluralistic Society. A Study of 2 Peter, CB.NT 9, Lund 1977. • Th. J. Kraus, Sprache, Stil und historischer Ort des zweiten Petrusbriefes, WUNT 2. 136, Tübingen 2001. • A. Gerdmar, Rethinking the Judaism-Hellenism Dichotomy(위 7.3.1을 보라.) • K. M. Schmidt, Mahnung und Erinnerung im Maskenspiel. Epistolographie, Rhetorik und Narrativik der pseudepigraphischen Petrusbriefe(위 7.2.1을 보라.), 297-399. • H. J. Riedl, Anamnese und Apostolizität. Der zweite Petrusbrief und das theologische Problem neutestamentlicher Pseudepigraphie, RStTh 64, Frankfurt 2005.

논문

E. Käsemann, "Eine Apologie der urchristlichen Eschatologie," ders., Exegetische Versuche und Besinnungen I, Göttingen ^{6}1970, 135-57. • H. C. C. Cavallin, "The False Teachers of 2PT as Pseudo-Prophets," NT 21 (1979): 263-70. • J. H. Neyrey, "The Form and Background of the Polemic in 2 Peter," JBL 99 (1980): 407-31. • A. Vögtle, "Petrus und Paulus nach dem Zweiten Petrusbrief," Kontinuität und Einheit (FS F. Mußner), hg. v. P. G. Müller u. W. Stenger, Freiburg 1981, 223-39. • K. Berger, "Streit um Gottes Vorsehung. Zur Position der Gegner im 2. Petrusbrief," Tradition and Re-Interpretation in Jewish and Early Christian Literature (FS J. C. H. Lebram), StPB 36, Leiden 1986, 121-35. • P. Dschulnigg, "Der theologische Ort des Zweiten Petrusbriefes," BZ 33 (1989): 161-77. • A. Vögtle, "Christologie und Theologie im zweiten Petrusbrief," Anfänge der Christologie (FS F. Hahn), hg. v. C. Breytenbach u. H. Paulsen, Göttingen 1991, 383-98. • Th. K. Heckel, "Die Traditionsverknüpfungen des Zweiten Petrusbriefes und die Anfänge einer neutestamentlichen biblischen Theologie," Die bleibende Gegenwart des Evangeliums (FS O. Merk), hg. v. R. Gebauer, M. Meiser, MThSt 76, Marburg 2003, 189-204. • J. Frey, "Autorfiktion und Gegenbild im Judasbrief und im Zweiten Petrusbrief," J. Frey/J. Herzer/M. Janssen/C. K. Rothschild (Hg.), Pseudepigraphie und Verfasserfiktion in frühchristlichen Briefen, WUNT 246, Tübingen 2009, 683-732.

연구 보고서

R. J. Bauckham, "2 Peter: An Account of Research," ANRW 25. 5, Berlin 1988, 3713-52.

7.4.2 저자

베드로후서는 사도 시몬 베드로의 유언이라는 주장이 있다.(참조. 벧후 1:1, 13-15) 예수의 변모 사건에 대한 암시(벧후 1:18), 베드로후서의 재수용(참조. 벧후 3:1), 베드로후서 3:15-16이 전하는 바울의 모습은 이런 인상을 가지게 한다. 그러나 위 7.2.2의 몇 가지 언급은 사도 시몬 베드로를 저자로 보는 데 반대한다.[204] 무엇보다 베드로후서에 대한 다음 세 가지 연구가 그러한 입장에 반대한다. (1) 베드로후서는 유다서를 완전히 수용하고 있다.(아래 7.4.7을 보라.) 사도 베드로를 주장하는 입장이라면 객관적이고 연대기적 근거를 제시하는 방법은 배제해야 한다. (2) 저자는 베드로후서 3:4에서 자신이 창조한 허구의 저자를 깨트리고 있다. 선조들은 이미 죽어 잠들었고, 그 결과 이제 파루시아에 대한 의심이 생긴다. 베드로 자신 역시 (죽은) 선조들에게 속해 있다! (3) 베드로후서는 베드로전서와 근본적으로 구별된다.[205] 두 개의 편지는 동일한 저자로부터 나온 것이 아니다. 설령 베

204 베드로후서의 언어는 주목할 만하다. 이 편지는 49개의 유일회적 어휘를 보여 준다.[이 계산은 K. Aland, Vollständige Konkordanz(위 5.5.2를 보라.), 459를 참조한 것이다.] 베드로후서는 편지 길이에 비해 신약성서에 존재하는 대부분의 유일회적 어휘를 가지고 있다. 세부사항은 R. J. Bauckham, 2 Petr, 135-38을 참조하라.

205 Vgl. K. H. Schelkle, 2 Petr, 179ff.

드로전서가 진정한 것이라 할지라도 베드로후서는 위서로 분류되어야 한다! 베드로후서 1:20-21의 발전된 성서영감론과 고대 교회의 베드로후서의 수용(아래 7.4.3을 보라.) 또한 후기를 가리킨다.[206]

베드로후서의 저자는 헬레니즘 교육을 받은 (유대) 그리스도인이다.[207] 그는 (일어나지 않는) 파루시아에 대한 논쟁에서 그의 공동체에게 베드로후서를 가지고 해결 모델을 제공한다.

7.4.3 기록 장소와 시기

베드로후서의 기록 장소와 시간에 관해서는 단지 추측만 할 수 있다. 그에 대한 암시는 편지의 수용사로부터 생겨난다. 이 편지는 분량이 많은 2세기의 베드로 관련 문학에 속한다.[208] 기원후 135년경 이집트에서 형성된 것으로 보이는 베드로계시록은 베드로후서를 전제로 한다.[209] 유다서가 원점

---

206 베드로후서의 신빙성을 주장하는 최근의 주석은 없다. 참조. K. H. Schelkle, 2 Petr, 181; W. Grundmann, 2 Petr, 58; R. J. Bauckham, 2 Petr, 158-62; O. Knoch, 2 Petr, 215-18; H. Paulsen, 2 Petr, 93; A. Vögtle, 2 Petr, 122-25. 짠은 베드로가 작성했다고 주장했다.(참조. Th. Zahn, Einleitung in das Neue Testament II, Leipzig ^{2}1900, 43ff.) 쾨크틀레와 보캄은 저자를 로마 공동체의 베드로 모임의 한 구성원으로 생각한다. 포괄적인 연구사는 H. J. Riedl, Anamnese und Apostolizität, 13-142를 참조하라.

207 헬레니즘의 종교적-철학적 어휘의 사용은 주목을 끈다. 그런 어휘는 다음에 제시되는 것들이다. ἐπίγνωσις, γνῶσις, εὐσέβεια, ὑπομονή, ἐγκράτεια, ἀρετή, ἐπάγγελμα, θεία δύναμις. 베드로후서 1:3-7의 덕행론의 분석은 T. Fornberg, Early Church, 97-101을 참조하라.

208 다음의 기초 논문을 참조하라. W. Schneemelcher (Hg.), Neutestamentliche Apokryphen I.II, Tübingen ^{5}1987. ^{5}1989, 특히 R. Pesch, Simon Petrus, Stuttgart 1980; K. Berger, “Unfehlbare Offenbarung. Petrus in der gnostischen und apokalyptischen Offenbarungsliteratur,” Kontinuität und Einheit (FS F. Mußner), hg. v. P. G. Müller u. W. Stenger, Freiburg 1981, 261–326.

209 참조. C. D. G. Müller, “Offenbarung des Petrus,” W. Schneemelcher (Hg.),

(terminus a quo)인 어휘의 수용(아래 7.4.7을 보라.)과 베드로후서 3:15-16에 가정한 바울의 편지 모음과 클레멘스1서 23-37장에 있는 파루시아 문제 역시 형성 시기를 기원후 110년경으로 암시한다.[210] 베드로후서를 정경에 수용하는 것은 오랫동안 논란이 되었다. 이 편지는 무라토리 경전에서 빠져 있으며, 오리게네스도 이 편지를 '문제 있는' 문서로 생각했다.(참조. 유세비우스, HE VI 25, 8; 계속해서 HE III 25, 3도 참조하라.)

베드로후서의 기록 장소는 불분명하며, 최근 연구에서는 주로 이집트[211]와 로마[212]가 거론된다. 이집트를 지지하는 입장은 베드로후서의 수용사 때문이고, 로마를 지지하는 입장은 베드로와 바울의 관계 때문이다.

7.4.4 수신자

위명으로 시몬 베드로를 끌어들이는 것과 베드로전서를 의식적으로 재수용한 것은 베드로후서 역시 베드로전서 1:1에서 언급된 소아시아의 공동체에게 보내진 것임을 추측하게 한다.[213] 헬레니즘적 개념[214]과 위험의 양상 역

Neutestamentliche Apokryphen II, 562ff.; R. J. Bauckham, 2 Petr, 149.

210 참조. K. H. Schelkle, 2 Petr, 179(1세기 말 혹은 2세기 초); O. Knoch, 2 Petr, 213; H. Paulsen, 2 Petr, 94(115년경); R. J. Bauckham, 2 Petr, 158. 보캄은 베드로후서의 시기를 기원후 80-90년으로 본다. 보다 후기로 보는 것(2세기 전반이나 후반)에 대하여는 다음을 참조하라. A. Jülicher, E. Fascher, Einleitung, 224(100-180년 사이); W. Grundmann, 2 Petr, 65(가장 빨라도 110-150년); W. G. Kümmel, Einleitung, 383(2세기 중반까지); Ph. Vielhauer, Urchristliche Literatur, 599(2세기 중반경); Th. J. Kraus, Sprache, Stil und historischer Ort, 413(110-130년 사이); L. R. Donelson, 2 Peter, 209(120-150년 사이).

211 참조. H. Paulsen, 2 Petr, 95(알렉산드리아).

212 참조. O. Knoch, 2 Petr, 213(모든 주장을 심사숙고한 설명).

213 참조. 위의 책, 2 Petr, 199.

214 T. Fornberg, Early Church, 112ff. 포른베르크는 베드로후서의 수준 높은 그리스어로부터 공동체의 역사적인 상황인 도시 구조를 추론한다. 계획하고 있던 실제 수신자들에 대한 상황화는 J. Frey, Autorfiktion und Gegnerbild, 711-14

시 결정적으로 유대 그리스도교의 지분을 가진 이방인 그리스도교 공동체를 가리킨다. 윤리적 불확실성(참조. 벧후 1:5, 10, 2:2, 3:14 등), 성서해석에 관한 논쟁(참조. 벧후 1:20-21), 무엇보다 전승되어 온 파루시아가 가깝다는 대망은 공동체의 특징을 보여준다.(아래 7.4.8을 보라.) 저자는 하나님의 신뢰와 약속을 언급하면서 이러한 불확실성에 맞서고 있다.(아래 7.4.9를 보라.)

7.4.5 내용 구성, 구조, 형식

1:1-2	서두	편지의 서론
1:3-11	발단부	
1:12-21	떠나는 사도와 기억의 힘	편지의 본론
2:1-22	대적자들의 등장	
3:1-13	주님은 분명히 오신다.	
3:14-18a	마지막 권고	편지의 결론
3:18b	송영	

베드로후서는 면밀한 구성을 보여준다. 이미 베드로후서 1:4에서 '귀하고 지극히 위대한 약속'이라는 주제가 나타난다. 베드로가 이 약속의 확실성을 보증하며(1:18-19), 거짓 교사들은 베드로후서 2:1-22에서 베드로와 대립한다. 저자는 하나님의 신뢰를 언급함으로써 주님의 오심에 대한 거짓 예언자들의 의심에 대처하고 있다. 하나님은 당신의 약속을 지체하지 않으신다. 다만 인내와 선하심 때문에 심판을 연기해놓으셨다.(참조. 벧후 3:9) 편지는 짧은 권고로 마무리된다.

베드로후서는 편지와 유언의 문학 형식에 부합한다.[215] 서두, 발단부, 역

를 참조하라.

215 특히 다음을 참조하라. O. Knoch, Die 'Testamente' des Petrus und Paulus,

사적 상황에 대한 구체적인 관련성과 마지막 권고는 편지의 관습에 해당한다. 임박한 베드로의 죽음에 대한 암시(벧후 1:13-14)와 그로 인한 고별 상황, 사도의 '기억'(벧후 1:12, 13, 3:1), 미래에 발생할 일들에 관한 그의 '지식'(참조. 벧후 1:20, 3:3)은 '유언'[216]이라는 문학 형식에 해당한다. 전권을 위임받은 전승의 전달자는 고별 상황에서 위기로 인해 불안해하는 신앙 공동체에게 구속력 있는 지시를 전달하고 있다. 편지에서 유언 형식이 우세하다는 것은 양식사적으로 분명하므로,[217] 베드로후서는 편지라고 보아야 한다.[218]

7.4.6 문학적 통일성

베드로후서의 문학적 통일성은 주석에서 문제가 되지 않는다.

7.4.7 전승, 자료

베드로후서와 유다서 사이에는 긴밀하게 접촉하는 지점이 존재한다.

SBS 62, Stuttgart 1973, 65-81; ders., 2 Petr, 251-54.

216 참조. E. v. Nordheim, Die Lehre der Alten I.II, ALGHL XIII.XVIII, Leiden 1980. 1985.

217 참조. H. Paulsen, 2 Petr, 90.

218 참조. T. Fornberg, Early Church, 19ff.; F. Vouga, Apostolische Briefe(위 7.3.5를 보라.), 208('사도의 편지'); H. Paulsen, 2 Petr, 89. 크노흐는 가상의 '사도의 유언'에 관해 말한다.(O. Knoch, 2 Petr, 202.); 필하우어는 '편지 형식의 유언'에 관해 말한다.(Ph. Vielhauer, Urchristliche Literatur, 595.); 푀크틀레는 '문서 형태의 유언 교훈'에 관해 말한다.(A. Vögtle, 2 Petr, 122.); 크라우스는 '편지 형식의 유언'으로 분류한다.(Th. J. Kraus, Sprache, Stil und historischer Ort, 411.)

유다서	베드로후서
2절	1:2
4절	2:1-3
5a절	1:12
6절	2:4
7절	2:6, 10a
8절	2:10b
9절	2:11
10절	2:12
11절	2:15
12절	2:13
12-13절	2:17
16절	2:18
17절	3:2
18절	3:3

유다서는 베드로후서에 거의 완전하게 통합되어 있다. 문학비평적 가설은 베드로후서가 유다서를 의도적으로 수용했다고 본다.[219] 베드로후서는 유다서의 자료를 간결하게 만들어 변화된 역사적 상황에 맞추었으나 유다서의 위서 형식의 자료는 받아들여지지 않았다.[참조. 유다서 14-15절과 천사장 미카엘(유 9절) 부분 삭제] 또한 베드로후서는 경고가 되는 광야 세대의 사례에 관심이 없다.(참조. 유 5b절) 베드로후서는 유다서의 대적자 논쟁에서 중심이 되는 19절을 삭제했다. 그 이유는 영의 문제가 대적자와의 논쟁의 핵심이 아니었기 때문이다. 그럼에도 불구하고 베드로후서가 유다서에 얼마나 강하게 의존하는지에 대해 많은 내용뿐만 아니라 어휘의 개별

219 포괄적인 증명은 T. Fornberg, Early Church, 33-59를 참조하라. 계속해서 W. Grundmann, 2 Petr, 102-107도 참조하라. 정반대의 논제(유다서가 베드로후서에 의존하고 있다.)에 관하여는 F. Spitta, Der zweite Brief des Petrus und der Brief des Judas, 381-470을 참조하라.

내용의 일치, 나아가 두 편지의 구조가 상응하는 데서 드러난다. 두 저자는 도입 인사 이후 그들 공동체에게 전승된 믿음을 상기시키며 거짓 교사들의 위험에 직면하여 그 신앙을 지켜야 한다고 말한다. 이어서 거짓 교사들에 대한 묘사가 이어진다. 올바른 신앙을 굳게 붙잡고 깨어 있어야 한다는 권고는 그러한 묘사와 연결된다.

베드로후서는 유다서를 의도적으로 새롭게 해석함으로써 그 본문을 (제한하거나) 대체하려고 하지 않는다.[220] 오히려 베드로후서는 자신의 관심에 도움이 되도록 유다서를 의도적으로 활용한다.

베드로후서와 마태복음 사이의 접촉은 눈길을 끈다.[221] 변모 사건 구절(참조. 특히 벧후 1:17/마 17:5)과 베드로의 모습에 대한 공통된 관심뿐만 아니라 베드로후서 2:6/마태복음 10:15(소돔과 고모라), 베드로후서 2:21/마태복음 21:32('의의 길'), 베드로후서 2:22/마태복음 7:6('개와 돼지')을 언급할 수 있다.

베드로후서의 저자는 유대 그리스도교의 마지막 대망 전승을 수용한다. 베드로후서 3:5-7, 10, 12, 13에서 홍수와 최후 심판과 형벌의 수단인 물과 불의 결합은 아담과 하와의 생애(VitAd) 49, 3, 요세푸스 『유대고대사』(Ant) I 70-71, 시빌린 오라클(Sib) IV 172 이하, V 155 이하, 512 이하, 에티오피아 에녹서(äthHen) 83:3-5에 있는 유사 본문을 참조하게 한다. 지연에 대한 변론은 하박국 2:1-4와 연결해서 전개된다.[참조. 예를 들어 베드로후서 3:9와 하박국 주석(1QpHab) 7:1-14] 그 변론은 주로 확실히 나타날 심판의 토대 위에서 하나님의 오래 참으심에 대한 주의를 환기시킨다.[222]

---

220 파울젠의 입장에 반대한다.(H. Paulsen, 2 Petr, 99.)

221 접촉 목록은 P. Dschulnigg, Der theologische Ort, 168-76을 참조하라. 드슐닉에 따르면 베드로후서의 저자는 마태복음서의 유대 그리스도교에 기반을 두고 있었다. 그는 자신의 편지에서 자신의 신학을 전반적으로 옹호했다.(P. Dschulnigg, 위의 책, 177.) 문학적이고 전승사적인 관계에 대한 포괄적인 목록은 Th. J. Kraus, Sprache, Stil und historischer Ort, 368-97을 참조하라.

7.4.8 종교사적 위치

베드로후서가 싸운 대적자들의 종교사적 분류는 연구사에서 논쟁이 되고 있다. 교환 가능한 대적자 논쟁을 제거하면,[223] 다음의 그림이 나온다. (1) 대적자들은 제멋대로 성서를 해석한다.(벧후 1:20, 21) 그렇기 때문에 그들은 분명 거짓 교사들(ψευδοδιδάσκαλοι)이다.(벧후 2:1) 바울의 편지들 역시 '거짓으로' 해석된 문서들에 속한다.(벧후 3:15-16) (2) 대적자 교사들은 전통적 종말론적 가르침(천사, 파루시아, 최후의 심판, 세상 멸망)의 본질적인 요소를 비난하며, 이러한 세계관을 회의하고 조롱한다.(참조. 벧후 1:16, 3:3-5, 9) 대적자들의 핵심 주장은 베드로후서 3:4에서 재현된다. "그들은 말한다. 그의 파루시아 약속이 어디 있는가?" 파루시아의 지연과 그 상태에 대한 해석은 논쟁의 핵심이었던 것으로 보인다. (3) 대적자들은 주님을 '부인한다.'(벧후 2:1) 그들은 진리와 하늘의 권세를 비방하고 경시한다.(벧후 2:2, 10) 그들은 오만하고, 불손하며, 거짓된 자유 교훈을 전파한다.(벧후 2:18a, 19) (4) 대적자들은 매일 연회를 즐긴다.(벧후 2:13) 그들은 베드로후서의 관점에서 볼 때 불결한 삶을 산다.(참조. 벧후 2:10, 18b, 20)

대적자들의 교육 체계에 대한 이런 요소들의 병렬은 단지 제한적으로만 성공을 거둘 수 있다.[224] 대다수 반대자들은 물론 영지주의에 관한 특정한 상징이 전제될 때는 반대자들이 대개 영지주의자들로 분류된다.[225] 그

---

222 참조. A. Strobel, Untersuchungen zum eschatologischen Verzögerungsproblem (위 5.4.8을 보라.).

223 다음 학자들의 목록을 참조하라. K. Berger, Streit um Gottes Vorsehung, 122; J. Frey, Autorfiktion und Gegnerbild, 714-21

224 최근 연구에서 유다서와 베드로후서의 대적자들이 일치하지 않는다는 견해가 관철되고 있다. 베드로후서의 유다서 삭제를 주목하라.

225 참조. W. G. Kümmel, Einleitung, 381; Ph. Vielhauer, Urchristliche Literatur, 597; W. Schrage, 2 Petr, 125f.; H. M. Schenke, K. M. Fischer, Einleitung II, 323f.

다음에 영지주의에 관한 그 상징은 텍스트들 안에서 다시 발견된다.[226] 게다가 베드로후서 안에는 영지주의 체계를 확정하는 이원론이 빠져 있다. 대적자들을 영지주의자로 부르지 않고 영지주의에 근접해서 대적자들을 알고자 하는 모든 시도는 보다 막연한 것이며, 그럼에도 불구하고 역설적으로는 보다 정확한 것이기도 하다.[227]

선조들의 죽음과 파루시아의 지연은 분명 2세기 초 확산된 회의주의에 원인을 제공했는데(참조. 1 Klem 23:3-4, 2 Klem 11:2-4),[228] 회의주의는 유대교와 유대 그리스도교적 구원과 마지막 때에 대한 표상[참조. 벧후 2:1: 속죄제물 그리스도론; 벧후 1:16: 신화(μῦθος)[229]로 전승된 파루시아 표상]을 극복된 것으로 여겼다. 대적자들은 그들의 입장을 위해 바울의 편지를 내세웠고[230] 하나님에 대한 이성적 인식[베드로후서 1:5, 6, 3:18의 '지식'(γνῶσις)과 베드로후서 1:2, 3, 8, 2:20의 '지식'(ἐπίγνωσις)을 비교해보라.]과 자유 개념에 방향을 맞춘 신앙의 실천을 선언했다.

---

226 다음 비판을 참조하라. K. Berger, Streit um Gottes Vorsehung, 121; H. Paulsen, 2 Petr, 95f.

227 참조. W. Grundmann, 2 Petr, 59-64; O. Knoch, 2 Petr, 208-12; A. Vögtle, 2 Petr, 118, 266-72.

228 이교도 영역에 관하여는 K. Berger, Streit um Gottes Vorsehung, 124f.를 참조하라. 특히 플루타르코스 부분을 참조하라.(Plut, SerNumVind.) 그리고 주로 이교도 환경으로부터(에피쿠로스 사상의 재수용: 신은 세상의 흐름에 개입하지 않는다.) 대적자들의 입장 설명은 다음을 참조하라. T. Fornberg, Early Church, 119f.; J. H. Neyrey, Form and Background; R. J. Bauckham, 2 Petr, 154-57; K. Berger, Streit um Gottes Vorsehung, 해당 본문 참조.

229 A. Vögtle, Christo-logie und Theo-logie, 384. 푀크틀레는 베드로후서의 저자가 대적자들에 대한 비난을 받아들이면서 동시에 그들에 대해 반대했다고 올바르게 추측한다.(참조. 벧후 2:3, 18)

230 관련 본문에 대한 목록은 O. Knoch, 2 Petr, 210f.를 참조하라.

7.4.9 신학적 기본 사상

베드로후서는 다양한 수준에서 대적자들의 근본적인 비판을 받는다. '시몬 베드로'라는 위명의 선택은 이미 저자의 입장과 의도를 암시한다. 그는 자신을 '정통' 교회의 대변자라고 하면서 성서를 올바로 해석할 것을 주장한다. 유언 문학 형식의 수용은 현재의 논쟁에 도움이 되고 있다. 죽어가는 사람의 말은 논쟁의 여지가 없이 권위를 소유하고 있기 때문이다. 유언은 돌이킬 수도, 변할 수도 없다. 베드로는 편지라는 허구적인 영역에서 '예언의 말씀'(προφητικὸς λόγος)을 소유하고 있으며(벧후 1:19), 그래서 '주의 날'에 대한 확신을 책임질 수 있다고 주장하고 있다. 그는 대홍수 심판과 최후의 심판에 관한 유형론적인 일치 사상(벧후 3:5-7), 시편 90:4(벧후 3:8: "주께는 하루가 천 년 같고, 천 년이 하루 같다"), 도둑 모티브(벧후 3:10, 살전 5:2, 마 24:29 이하, 43, 계 3:3, 16:15)에 소급해서 이야기를 하고 있다. 이것은 파루시아에 대한 예측 불가능성과 흔들리지 않는 믿음을 균형 있게 강조하려는 것이다. 베드로후서 3:9는 지금까지 지연되고 있는 파루시아의 이유를 다음과 같이 말한다. 하나님의 오래 참으심[231]은 여전히 회개할 기회를 보장한다. 창조와 역사의 주인이신 하나님은 시간에 대한 다른 관점을 가지고 계실 뿐만 아니라 대적자들에게 조롱을 받는 것도 사실은 그분의 선하심이다! 그러므로 그들은 자신의 본질을 드러내며 자기기만과 죄 가운데 산다.(참조. 벧후 1:9, 2:10-12, 14, 18) 그들은 하나님의 의로운 심판이 그들에게 임한다는 사실을 알지 못한다.(참조. 벧후 2:3b, 12-13)

베드로후서는 '예수 그리스도를 주님과 구세주로 올바르게 아는 지식'을 목표로 한다.(참조. 벧후 1:1-2) 그 안에서 하나님은 자신을 계시하신다.(벧후 1:17) 이제 하나님은 역사의 주인이시다.(참조. 벧후 3:8-10, 15a, 18)[232]

---

231 μακροθυμία에 관하여는 R. Stuhlmann, Das eschatologische Maß im Neuen Testament, FRLANT 132, Göttingen 1983, 85ff.를 참조하라

저자는 예수의 신적인 본성을 강조한다.(참조. 벧후 1:3-4, 3:18, 또한 1:1, 11) 예수 그리스도의 '신적 본성'(θεία φύσις)에 참여하는 것은 그리스도교적 삶의 목표이다.(벧후 1:4) 베드로후서의 그리스도론 강조는 '우리 주요 구원자이신 예수 그리스도'(벧후 1:11, 2:20, 3:18)에서, 그리고 편지의 시작과 마지막 사이의 일치에서 드러난다. 그것은 바로 '주'(κύριος)요 '구세주'(σωτὴρ)이신 '예수 그리스도'(Ἰσοῦς Χριστός)에 대한 찬양이 편지의 틀을 이루기 때문이다.(참조. 벧후 1:1-2, 3:18)

7.4.10 최근 연구 경향

유다서처럼 베드로후서 역시 오랫동안 신학적으로 무의미하다는 혹평을 받았다. 케제만은 베드로후서의 신학을 다음과 같이 요약한다. "사도의 개념은 이렇게 변화되었다. 복음의 사자는 전통의 보증인이 되었고, 부활의 증인은 거룩한 역사(historia sacra)의 증인이 되었고, 하나님의 종말론적 행위의 담지자는 구원의 기초가 되었고, 다투는 자는 평정(securitas)을 가져다는 주는 사람이 되었다."[233] 케제만은 종말론의 그리스도론적 지향의 결여를 지적했고,[234] 베드로후서를 교육의 관점이 혼재된 것으로 여겼으며 "초기 공교회주의(Frühkatholizismus)의 가장 명확한 증거"로 평가했다.[235] 이런 혹평은 오랫동안 영향력을 미쳤으며, 특히 슈라게의 해석을 형성하는 데까지 이르게 된다. 그는 베드로후서를 정경에 포함시키는 것에 근본적인 질문을 제기한다. "사실상 신약의 정경 안에서 그의 위치와 위상은 개신교 신학과 교회에 대체로 해결이 되지 않는 문제를 만들어주었다. 이 편지에

---

232 특히 베드로후서 3장에서 하나님의 심판과 '주'(κύριος)의 재림이 약해진다. 참조. A. Vögtle, Christo-logie und Theo-logie, 392ff.

233 E. Käsemann, Apologie, 141.

234 위의 책, 147.

235 위의 책, 157.

는 확고하고 절대주의적 측면에서 신약성서의 핵심뿐만 아니라 개신교의 기본 입장과 경쟁하는 신학적 견해가 포함되어 있음을 부인할 수 없다."[236] 최근의 연구는 그와 같이 부정적으로 평가하는 판단에서 벗어나 베드로후서 논증의 역사적 필요성과 신학적 정당성에 대해 묻는다.

포른베르크(T. Fornberg)는 베드로후서를 평가하기 위해 '초기 공교회주의' 개념을 거부하고 편지의 장소를 헬레니즘적 환경에서 결정하고자 한다. 그 과정에서 윤리는 이해의 열쇠로 증명된다. 그것은 베드로후서가 상당 부분 권고와 다르지 않기 때문이다. 크노흐는 그의 신중한 해석에서 베드로후서에 교회 교직자의 가르치는 권위에 대한 그 어떤 암시도 없다는 것을 지적한다. 다만 사도적 권위는 (제2바울서신에서와 마찬가지로) 요구되고 있다. 베드로후서는 가능한 한 많은 사람을 구원하려는 하나님의 인내를 진지하게 받아들일 것을 가르친다. 베드로후서는 "말씀이 완전한 의미 속에서 '공'(katholisch)교회를 위한 '사도적' 발전을 인정하며 모든 합법적인 그리스도교의 전통을 교회에서 보전하고 유지하려고 진지하게 노력한다."[237]

파울젠(H. Paulsen)은 그의 해석에서 한편으로는 케제만의 비판과 연결되지만, 다른 한편에서는 그것에 대한 경계를 다음과 같이 날카롭게 보여준다. "베드로후서(와 유다서)의 비판은 역사적인 의미에서 볼 때 실제적인 배경에서 그 텍스트들이 생겨난 상황을 도외시할 수 있다.[238] 파울젠에게 베드로후서는 고대 교회로의 이행을 보여주는데 이는 과거의 해석학이 신학의 상수가 되고 있기 때문이다. 크라우스(Th. J. Kraus)는 베드로후서 저자의 위대한 언어적·문학적 능력을 강조한다. "베드로후서의 저자가 매우 상당한 언어 능력을 소유하고 있었다는 사실을 추론할 수 있다. 그 능력은

236 W. Schrage, 2 Petr, 122.
237 O. Knoch, 2 Petr, 231
238 H. Paulsen, 2 Petr, 102.

다음과 같은 결과로 나타났다. '베드로후서의 저자는 매우 주목할 만한 언어 능력을 소유하고 있었다. 그 능력은 그 외에도 특수한 문헌들(고전 텍스트, 비문이나 파피루스에 나타난 숙어 용법, 유대교 묵시 사상처럼 헬레니즘적 추상개념 등)에 대한 능통함을 보여준다.'"[239] 헤켈(Th. K. Heckel)은 베드로후서에 존재하는 상호내재적 인격(interpersonell)과 상호내재적 텍스트(intertextuell)의 암시를 베드로후서를 이해하는 열쇠로 본다. '베드로'라는 위명의 선택에서, 공관복음의 전승(특히 마태)을 암시하는 것에서, 베드로전서의 재수용에서(벧후 3:1), 무엇보다 베드로후서 3:15-16에서 바울(그 편지들)을 과도하게 수용함으로써 베드로후서는 자신의 파루시아 지연 해석에 대한 모든 증거를 가지고 있다고 명확하게 주장한다. 베드로후서에서 베드로와 바울은 이제 진리의 일치와 증인으로 등장한다.[240]

베드로후서가 의도적 위조이며, 따라서 부당하게 신약성서 정경 안에 들어 있게 된 것인지에 대한 질문은 최근 논의의 중심이 되고 있다. 프라이는 이 점에 대해 명확한 판단을 내리지 않았지만, 허구의 저자와 허구의 대적자의 밀접한 결합을 환기시킨다. "저자와 대적자의 가명 구조를 세심하게 구별하여 설명할 때 그 의도, 논증적 가치, 윤리적-정경신학적 정당성에 대해 질문할 수 있다."[241] 리들(H. J. Riedl)은 베드로후서에 존재하는 위서와 재인식(Anamnese) 간의 밀접한 연관성을 강조하고 그것으로부터 문제를 해결하고자 한다. "문학적이고 역사-비평적 관점에서 볼 때 이 편지는 위서이다. 초기 그리스도인 저자가 사도 베드로가 죽은 지 오랜 시간 후에 자신이 그 사도이며 이 편지를 썼다고 주장하기 때문이다. 이와 반대로 재인식의 관점에서 보면 베드로후서를 위서라고 하는 것은 부적절하다. 이 편지는 재인식 속에서 전적으로 베드로적인 것이며 사도적인 것이기 때문이

239 Th. J. Kraus, Sprache, Stil und historischer Ort, 367.

240 참조. Th. K. Heckel, Traditionsverknüpfungen, 193-95.

241 J. Frey, Autorfiktion und Gegnerbild, 732.

다."[242] 루프(M. G. Ruf)는 '거룩한 예언자들'(벧후 3:2), 사도들(벧전 3:2), 바울(벧전 3:15-16), 베드로전서(벧후 3:1)와의 관계에서 베드로후서의 상호 내재적 텍스트의 네트워크와 교육 전략을 강조한다. 베드로후서는 기억의 편지 그 이상이 되어야 한다는 것이다. "베드로후서는 가장 중요한 사도인 베드로의 유언 편지라는 형식을 선택한다. 이는 그리스도교 가르침의 발전에 개입하여 그 발전을 올바른 방향으로 영원히 이끌어야 한다는 자의식을 반영한다."[243]

242 H. J. Riedl, Anamnese und Apostolizität, 239

243 M. G. Ruf, Die heiligen Propheten, 600.

E I N L E I T U N G

I N D A S

N E U E

T E S T A M E N T

제8장

요한 학파의 문헌

8.1 요한 학파

8.1.1 참고문헌

R. A. Culpepper, The Johannine School, SBL DS 26, Missoula 1975. • O. Cullmann, Der johanneische Kreis, Tübingen 1975. • Elisabeth Schüssler-Fiorenza, "The Quest for the Johannine School: The Apocalypse and the Fourth Gospel," NTS 23 (1977): 402-27. • R. E. Brown, Ringen um die Gemeinde, Salzburg 1982. • G. Strecker, "Die Anfänge der johanneischen Schule," NTS 32 (1986): 31-47. • U. Schnelle, Antidoketische Christologie im Johannesevangelium(아래 8.5.1을 보라.), 53-75. • F. Vouga, "The Johannine School: A Gnostic Tradition in Primitive Christianity?," Bib 69 (1988): 371-85. • J. W. Taeger, Johannesapokalypse und johanneischer Kreis(아래 9.1을 보라.). • M. Hengel, Die johanneische Frage(아래 8.5.1을 보라.), 219ff., 275ff. • A. Heinze, Johannesapokalypse und johanneische Schriften, BWANT 142, Stuttgart 1998. • J. Zumstein, "Zur Geschichte des johanneischen Christentums," ders., Kreative Erinnerung(아래 8.5.1을 보라.), 1-14. • U. Schnelle, Die Johannesbriefe(아래 8.2.1을 보라.), 50-55, 188-96. • U. Schnelle, "Die Reihenfolge der johanneischen Schriften," NTS 57 (2011): 91-113.

8.1.2 요한 학파의 존재에 대한 준거

1) 우선 세 개의 요한서신과 요한복음 사이에 존재하는 신학적 일치가 요한 학파[1]의 존재를 말해준다. 이들 사이의 몇 가지 공통적 핵심 사상을 언급하면 다음과 같다. (1) 아버지와 아들의 일치(요이 9절, 요일 1:3, 2:22 이하,

1 이에 대한 연구사는 다음을 참조하라. E. Schüssler-Fiorenza, "Johannine School," 406-10; J. W. Taeger, Johannesapokalypse, 11-20; W. Schmithals, Johannesevangelium und Johannesbriefe(아래 8.5.1을 보라.), 208-14(슈미탈스는 요한 학파의 존재에 대해 비판적이다.); C. Cebulj, "Johannesevangelium und Johannesbriefe," Th. Schmeller, Schulen im Neuen Testament?, HBS 30, Freiburg 2001, 254-342.

4:14, 요 5:20, 10:30, 38, 14:10), (2) 예수 그리스도의 성육신(요이 7절, 요일 4:2, 요일 1:14), (3) 하나님과 세상의 이원론(요이 7절, 요일 2:15-17, 4:3-6, 요 14-17장), (4) '하나님으로부터 태어났다'(요일 2:29, 3:9, 4:7, 요 1:13, 3:3 이하), (5) 하나님을 '알다'(요일 2:3-5, 13-14, 3:1, 6, 4:6-8, 요 1:10, 8:55, 14:7, 16:3), (6) 하나님, 예수, 진리, 가르침 안에 '머묾'(요이 9절, 요일 2:6, 24, 27, 4:12-15, 요 8:31, 14:10, 17, 15:4-10), (7) 예수 그리스도의 물과 피(요일 5:6-8, 요 19:34-35), (8) 사랑의 계명(요이 4-6절, 요일 2:7-8, 3:11, 요 13:34-35), (9) '진리로부터 나왔다', '진리를 알다'(요이 1절, 요삼 3, 8절, 요일 2:21, 3:19, 요 8:32, 18:37), (10) '하나님으로부터 나왔다'(요삼 11절, 요일 3:10, 4:1-6, 요 8:47), (11) 계명을 지킴(요일 2:3-4, 3:22, 24, 5:2-3, 요 14:15, 21, 23, 15:10).

2) 세 개의 요한서신과 요한복음 사이에 존재하는 언어의 공통점은 요한 학파의 존재에 대한 두 번째 증거가 된다.[2] 언어의 공통점은 각 저자의 언어 사용을 넘어 요한 학파의 언어사회학을 보여준다. 요한의 편지와 복음서에는 자주 등장하지만 신약성서의 다른 문헌에서는 경우에 따라 보다 적게 확인되는 요한의 특별한 단어는 많은 것을 시사한다.[3] 그 외에도 신약성서에서 자주 등장하는 단어가 요한의 문서에서는 드물게 사용되거나, 혹은 수용되지 않는 것도 유익한 간접 증거가 될 것이다.[4]

3) 요한복음 21장은 요한 학파가 실재했다는 분명한 증거를 제공한다. 이차적인 첨가 장(Kapitel)을 만든 저자, 그리고 아마도 이 복음서 전체의 편집자도 24b절에서 "우리는 그의 증언이 참되다는 것을 알고 있습니다."(καὶ

---

2 요한의 개념 형성은 그의 특별한 관점 표현으로 이해되어야 한다.; 참조. F. Mußner, Sehweise, 80ff.

3 예를 들면 다음과 같은 단어이다. ἀγαπᾶν, ἀλήθεια, ἀληθής, γεννᾶν, γινώσκειν, ἐντολή, ζωή, κόσμος, μαρτυρεῖν, μένειν, μισεῖν, πιστεύειν, τηρεῖν

4 다음과 같은 것들을 언급할 수 있다. ἀπόστολος, γραμματεύς, δέχεσθαι, δύναμις, ἐλπίς, ἐπαγγελία, εὐαγγελίζεσθαι, εὐαγγέλιον, κηρύσειν, παραβολή, παρακαλεῖν, πίστις, πιστός, προσερχέσθαι, πρόσωπον, σοφία

οἴδαμεν ὅτι ἀληθὴς αὐτοῦ ἡ μαρτυρία ἐστίν)라는 문장으로 말하고 있다. 그들은 '사랑하는 제자'를 요한복음의 저자로 만들고 있으며 베드로와 그의 관계를 새롭게 확정한다. 이 부록의 첨가가 존재한다는 사실과 더불어 문자적인 의미는 아니지만 공동의 복수로 이해되는 24b절의 '우리'[5]는 요한 학파의 존재에 대한 암시가 된다.

4) 요한서신과 요한복음에 등장하는 '교회론적인 용어'도 요한 학파의 존재를 가리킨다. 장로는 요한3서 15절에서 '친구들'(οἱ φίλοι)을 그의 공동체를 위한 자기 칭호로 선별하고 있고, 마찬가지로 그 칭호를 수신자를 위해서도 사용한다.(참조. 요 11:11, 15:14-15) 요한 학파에서 통상적인 호칭은 '어린 자녀들'(τεκνία)과 '하나님'(θεοῦ)의 '자녀들'(τέκνα)이다. 어린 자녀들과 관련된 호칭은 요한1서 2:1, 12, 28, 3:7, 18, 4:4, 5:21, 요한복음 13:33을, 하나님의 자녀들과 관련된 호칭은 요한2서 1, 4, 13절, 요한3서 4절, 요한1서 3:1, 2, 10, 5:2, 요한복음 1:12, 11:52에서 살펴볼 수 있다. 요한 학파의 존칭은 '형제'(ἀδελφός)이다.(참조. 요삼 3, 5, 10절, 요 20:17, 21:23)

5) 편지와 복음서에 나타나는 윤리적인 진술[6]도 요한 학파의 실체를 말해준다. 이 진술들은 보편적이라기보다는 그룹과 관련해서 이해되기 때문이다. 그 가운데서 형제 사랑 계명은 분명 요한 윤리의 핵심이다.(참조. 요

---

5 특별히 하르낙을 참조하라. A. v. Harnack, "Das 'Wir' in den Johanneischen Schriften," ders. Kleine Schriften zur Alten Kirche, Leipzig 1980(=1923), (626-43) 642f. 하르낙은 짠(Zahn)과의 논쟁에서 요한 문헌의 '우리'가 저자의 목격자 증언을 위한 것이 아니라 단지 소아시아에 존재하던 요한의 모임에 대한 배경으로 이해할 수 있음을 증명한다.

6 요한의 윤리에 관한 어려운 문제에 관하여는 R. Schnackenburg, Die sittliche Botschaft des Neuen Testaments, HThK.S II/2, Freiburg 1988, 148-92를 참조하라. 요한 윤리의 원래 그룹에 관해서는 일치된 연구가 존재하지 않는다. 오히려 요한의 개념이 일반적으로 물질적인 가르침, 그리고 어떤 성질의 세상에 대한 개방성을 허용하는가 혹은 그렇지 않은가 하는 질문이 논란이 되고 있다.

이 5-6절, 요일 2:7-11, 요 13:34-35)

6) 요한 학파의 실체를 증명하는 또 다른 간접 증거는 예수를 '선생님'[7]으로 설명하는 것이다. 다른 복음서는 예수를 '랍비'(ῥαββί)라고 부르지 않는다.(요한복음 9회, 마가복음 3회, 마태복음 2회) 요한복음은 예수가 가르치는 것을 여러 번 보도한다.(요 6:59, 7:14, 28, 8:20, 18:20) 하나님이 예수를 가르치며(요 8:26, 28), 예수의 가르침은 '하나님으로부터'(ἐκ θεοῦ) 나온다.(요 7:16, 17) 예수는 아버지로부터 받은 모든 것을 그의 친구에게 가르쳐준다.(참조. 요 15:15, 17:26) 그 결과 요한 학파는 공간으로 나타나며, 그 공간 안에서 아버지의 계시가 아들에게 계속 주어지고 장려된다.

8.1.3 요한 학파의 문헌

요한서신들과 요한복음이 요한 학파에 속한다는 것은 세 개의 요한서신과 요한복음 사이에 존재하는 언어적이고 신학적인 공통점으로부터 나오는 것이다. 그와 반대로 요한계시록의 위치가 논란이 되고 있다. 요한계시록은 여러 가지 면에서 요한 학파의 것이라고 직접 평가되지는 않는다. 반면에 태거(J. W. Taeger)는 요한계시록이 요한의 문서에 속한다는 입장에 찬성한다. 그는 요한계시록과 제2요한의 사상 사이에 존재하는 강한 연결노선에 주목한다. 제2요한의 사상은 요한서신과 요한복음의 편집층에서 나타난다. 이에 따르면 미래적 방향을 지닌 제2요한의 두 단계 종말론(참조. 요 5:28-29, 6:39, 40, 44, 54, 12:48, 요일)과 요한계시록은 하나의 개념에서 만나는데 그 개념은 "요한의 전승 안에 주어져 있던 생명의 현재 관점을 미래 관점으로 확대하여 이 둘을 서로 연결한다."[8] 태거는 요한계시록과 제2요한의 사상 사이에 존재하는 다른 공통점으로 심판의 진술, 적그리스도에 대

7 참조. R. A. Culpepper, Johannine School, 273ff.

8 J. W. Taeger, Johannesapokalypse, 133.

한 설명, 로고스 주제, 승리의 주제를 꼽고 있다. 그러나 요한계시록은 원래의 요한 혹은 제2요한의 것으로 구별될 수 없고, 요한계시록 안에 강화되어 계속 진행된 발전을 고려할 때 '제3의 요한'[9]이라고 할 수 있다. 하지만 그런 것을 풍부하게 추론해내는 텍스트의 기초는 매우 빈약하다. 그리고 태거가 주장하는 전제에도 문제가 많다. 그는 최근 연구에서 논란이 되고 있는 요한복음에 대해 불트만(R. Bultmann)이 설명한 모델에 경도되어 있다. 태거가 전제로 삼은 핵심 문제는 다음과 같다. 이 복음서에서 미래 종말에 대한 진술은 제2요한의 편집층을 가리키는 것인가? 혹은 그것들이 이 복음서 기자의 신학적 기본 개념에 통합될 수 있는가? 게다가 한편에서는 요한계시록, 다른 한편에서는 요한서신들과 아울러 요한복음 사이에는 언어, 심판에 대한 전망, 구약의 의미, 그리스도론, 인간론, 교회론, 전체 사고 구조에 차이가 존재한다.(아래 9.2를 보라.) 요한계시록을 직접적으로 요한학파에 속한 것으로 보지 않고 오히려 간접적으로 다른 요한의 문헌과 연결하여 존재하는 공통점을 해명하는 것은 의미가 있어 보인다.[10]

---

9 위의 책, 207.

10 이것과 관련된 의미에 관하여는 다음을 참조하라. U. B. Müller, Offb(아래 9.1을 보라.), 46-52; J. Roloff, Offb(아래 9.1을 보라.), 19f.; E. Lohse, "Wie christlich ist die Offenbarung des Johannes?," NTS 34 (1988): (321-38) 326; A. Heinze, Johannesapokalypse, 353-58. 피오렌자는 요한계시록과 제4복음서의 언어와 내용을 연결하는 작업을 통해 전승사적 연결을 구체화했다.(E. Schüssler-Fiorenza, Johannine School, 410-18.) 그러나 그런 후에 두 개의 독자적인 학파의 전통을 말한다. 이와 대조적으로 뵈허는 요한계시록과 다른 요한 문헌 사이의 전승과 문헌사의 연결을 함께 고려하고 있다.[O. Böcher, "Das Verhältnis der Apokalypse des Johannes zum Evangelium des Johannes," J. Lambrecht (Hg.), L'Apocalypse(아래 9.1을 보라.), 289-301; ders., "Johanneisches in der Apokalypse des Johannes," NTS 27 (1981): 310-21.] 이것과 같은 의미의 논의에 관하여는 다음을 참조하라. H. Kraft, Offb(아래 9.1을 보라.), 10; P. Prigent, L'Apocalypse(아래 9.1을 보라.), 369-71; J. Frey, Erwägungen(아래 9.1을 보라.), 415ff.

8.1.4 요한 학파의 장소

요한 학파의 자리는 에베소로 추정된다.[11] 에베소 지역에는 서로 다른 요한 공동체가 존재하고 있었다.(참조. 요한2서와 요한3서) 그중에서 중심이 된 교회는 에베소 안에 존재했다. 이와 같이 가정하는 근거는 다음과 같다. (1) 고대 전승에 따르면 요한복음은 에베소에서 형성되었다. 이레네우스(Irenaeus)는 180년경 주가 사랑하는 제자 사도 요한이 황제 트라야누스 시대까지 살아 있었고 고령의 나이에 에베소에서 요한복음을 기록했다[12]는 전승을 전해준다. 그는 주가 사랑하는 제자와 함께 소아시아로 온 장로들을 증인으로 내세운다. 무엇보다도 그는 폴리카르포스(Polykarpos)와 파피아스(Papias)를 요한의 제자로 생각하면서 그들을 증인으로 내세운다.[13] 파피아스는 소아시아에 있던 요한 전승의 가장 오래된 증인이지만, 그들 중 어떤 사람이 요한복음을 작성했는지는 알 수 없다.[14] 그래서 전승의 초기 단계에서 소아시아의 요한 전통은 신빙성을 높여주는 제4복음서 저자 문제와 연결되지 않았다. (2) 제4복음이 영향을 미친 역사(로고스를 부인하는 자들, 몬타누스주의자들, 요한행전, 영지주의에서의 수용)는 분명하게 소아시아 쪽과 로마제국의 서쪽이었다.[15] 요한1서는 작성된 후 곧바로 소아시아에서 인

---

11 다음의 자료들을 참조하라. R. E. Brown, JohBr, 102f.; U. Schnelle, "Paulus und Johannes," EvTh 47 (1987), (212-28) 225f.; G. Strecker, JohBr, 27; J. W. Taeger, Johannesapokalypse, 22; R. Schnackenburg, "Ephesus: Entwicklung einer Gemeinde von Paulus zu Johannes," BZ 35 (1991): (41-64) 60; M. Hengel, Die johanneische Frage(아래 8.5.1을 보라.), 302; I. Broer, Einleitung I, 247.

12 참조. Iren, Haer III 1, 1(=Euseb, HE V 8, 4); II 22, 5(=Euseb, HE III 23, 3).

13 Iren, Haer V 33, 3-4; Euseb, HE V 20, 4-6; III 39, 1. 아래 8.5.2에 있는 텍스트의 분석을 참조하라.

14 참조. Euseb, HE III 39, 4. 아래의 8.2.2에 있는 텍스트 분석도 참조하라.

15 요한계시록이 영향을 미친 역사에 관하여는 M. Hengel, Die johanneische Frage(아래 8.5.1을 보라.), 9-95를 참조하라.

증받았다.(참조. 폴리카르포스, Phil 7:1) 바울과 요한 신학 사이에 존재하는 신학적 일치는 바울과 요한 학파의 공통의 자리로 에베소를 가리킨다.(아래 8.5.7을 보라.) 여기서 바울과 요한 신학 사이에 존재하는 전승사의 결합이 나타난 것으로 추정된다.

결론적으로 요한계시록의 회람서신(참조. 계 2장과 3장)과 이그나티우스의 서신은 에베소에 대한 간접적 증명이 될 수 있다. 이 편지들은 요한 학파 주변에 있는 교회에게 보내졌다. 요한 학파는 단순히 요한 공동체와 일치하지 않는다.[16] 요한의 그리스도인 모두가 그 공동체에 포함되지만 요한의 신학 형성에 능동적으로 참여한 사람들만이 요한 학파에 포함된다.

8.1.5 요한 문헌의 순서

요한 문헌의 순서에 관하여는 두 개의 모델이 논의되고 있다.[17] 전통적인 모델(요한복음→요한1서→요한2서→요한3서)은 교회화되어 가는 사상의 특징을 갖는 반면에 양자택일 모델에는 요한 신학의 성장·발전과 전개를 설명하는 장점이 있다. 요한2서→요한3서→요한1서→요한복음서로 진행되는 두 번째 모델에 대해 다음과 같은 논증을 제시할 수 있다.[18]

---

16 요한 문헌에 나오는 가정 유비는 요한 공동체가 가정 공동체로 조직되어 있었음을 추정하게 한다. D. Rusam, Die Gemeinschaft der Kinder Gottes(아래 8.4.1을 보라.), 15-169; K. Scholtissek, "Kinder Gottes und Freunde Jesu, Beobachtungen zur johanneischen Ekklesiologie," Ekklesiologie des Neuen Testaments (FS K. Kertelge), R. Kampling, Th. Söding (Hg.), Freiburg 1996, 199-209. 요한2서와 요한3서는 개별 공동체 사이에 방랑 선교사들의 교류가 있었음을 보여준다.

17 연구사에 관하여는 J. Chr. Thomas, "The Order of the Composition of the Johannine Epistles," NT 37 (1995): 68-75; M.-G. Kim, Zum Verhältnis des Johannesevangeliums zu den Johannesbriefen, EHS 23.761, Frankfurt 2003을 참조하라.

1) 언어상의 현상

요한2서/요한3서를 요한복음/요한1서와 비교하면 중대한 언어상의 차이가 나타난다. 요한복음(약 1,028개의 어휘)에 비해 요한서신(약 296개의 어휘)은 상대적으로 적은 어휘를 보여준다. 무엇보다 핵심 개념의 사용 여부는 차이를 암시하는 바가 크다. 핵심 개념의 사용 여부는 개별 문서의 객관적이며 시대적인 순서를 귀납적으로 추론하게 한다.

(1) 하나님: '하나님'(θεού)은 요한복음에 83회, 요한1서에 62회, 요한2서에 2회, 요한3서에 3회 나온다. 요한2서 3, 9절과 요한3서 6, 11절(2회)은 두 개의 작은 요한서신 신학이 요한복음의 환경이나 요한1서의 환경에 어울리지 않음을 보여준다.[19]

(2) 그리스도론 칭호의 구분은 매우 두드러진 현상이다. '예수'('Ιησοῦς)는 요한복음에 24회, 요한1서에 12회, 요한2서에 2회 나오며, 요한3서에서는 확인되지 않는다. '그리스도'(Χρίστος)는 요한복음에 19회, 요한1서에 8회, 요한2서에 3회 나오며, 요한3서에서는 확인되지 않는다. '아들'(υἱός)은 요한복음에 55회, 요한1서에 22회, 요한2서에 2회 나오며, 요한3서에서는 확인되지 않는다. '주'(κύριος)는 요한복음에 53회 나오지만, 세 개의 요한서신에는 나오지 않는다. 요약하면 요한3서에는 단 1회의 간접적인 그리스도론 진술이

---

18 이에 대한 개별 논증은 다음 섹션을 참조하라. 요한복음보다 요한서신이 먼저 기록되었다고 주장하는 학자들은 다음과 같다. G. Strecker, JohBr(아래 8.2.1을 보라.), 19-28; M. Hengel, Die johanneische Frage(아래 8.5.1을 보라.), 201-203; J. Frey, Eschatologie III(아래 8.5.1을 보라.), 46-60; M. Labahn, Jesus als Lebensspender(아래 8.5.1을 보라.), 17-21; P. Stuhlmacher, Theologie II, 209; E. E. Popkes, Theologie der Liebe Gottes(아래 8.5.1을 보라.), 296ff.; P. E. Kinlaw, The Christ is Jesus(아래 8.5.1을 보라.), 73; H. Thyen, Art. "Johannesbriefe,"(아래 8.2를 보라.) 195는 두 개의 작은 서신을 가장 오래된 요한 신학의 문서로 본다.

19 참조. U. Schnelle, Theologie(위 3.1.1을 보라.), 620-28.

있을 뿐이다.(요삼 7절) 요한2서의 그리스도론 칭호의 사용은 무엇보다 전통 사상의 특징을 가진다.(요이 9절) 그 사상은 육신으로 오신 예수 그리스도에 대한 올바른 고백을 말한다.(요이 7절) 요한1서와 요한복음의 그리스도론적 칭호의 사용은 '미발달한 그리스도론'(rudimentäre Christologie)과 분명하게 구별된다.

(3) 진리: '진리'(ἀλήθεια)는 요한복음에 25회, 요한1서에 9회, 요한2서에 5회, 요한3서에 6회 등장한다. 이 개념은 전체 요한 신학의 핵심 개념이다. 요한복음과 서신에서 진리를 아주 다르게 사용한다는 것에 주목해야 한다. 두 개의 작은 서신에서 진리는 전통 개념과 연결되어 있을 뿐[요이 24절/요삼 3, 4절, '진리 안에서 행하다'(περιπατεῖν ἐν ἀληθείᾳ)], 요한복음의 그리스도론적 함의를 직접 가리키지는 않는다. 진리 안에서 행한다는 것은 장로의 편지에서 예수 그리스도를 적절히 이해하려는 질문과 전체적으로 아주 분명하게 연결되어 있다. 다시 말해 그것은 우선적으로 교훈적 차원으로 장로가 옹호하는 것처럼(참조. 요삼 8절) 올바른 가르침을 고수하는 것, 또는 그 안에 확고히 서 있는 것을 말한다. 이원론적 진술 안에 진리를 적고 있는 것과 마찬가지로 진리 개념의 그리스도론적 의미는 빠져 있다.(참조. 요 8:32, 40, 44, 18:37)

(4) 사랑: '사랑'(ἀγάπη)은 요한복음에 7회, 요한1서에 18회, 요한2서에 2회, 요한3서에 1회 나온다. '사랑하다'(ἀγαπᾶν)는 요한복음에 59회, 요한1서에 28회, 요한2서에 2회, 요한1서에 1회 나온다. '사랑받는'(ἀγαπατός)은 요한복음과 요한2서에 나오지 않으며, 요한1서에 6회, 요한3서에 4회 나온다. 요한2서와 요한3서의 증거는—진리 개념에서와 마찬가지로—'사랑/사랑한다'에서도 전승된 합당한 전통을 고수하고 있음을 분명히 보여준다.(참조. 요이 3, 6절, 요삼 6절) 이 과정에서 사랑의 개념은 진리 개념의 교훈적이고 전통에 방향을 맞춘 이해와 부합한다.

(5) 세상: '세상'(κόσμος)은 요한복음에 78회, 요한1서에 23회 나온다. 하나님/믿는 사람들과 '세상'의 대립은 이 두 문서에서 본질적이다. 이와 대조적으

로 세상은 요한2서 7절에만 나오고 요한3서에는 나오지 않는다. 즉 이 핵심 개념이 두 개의 작은 요한의 편지에서는 실제적인 의미가 없다는 것이다.

(6) 알다: 주요한 동사인 '알다'(γινώσκειν)는 요한복음에 57회, 요한1서에 25회 나온다. 반면에 작은 요한의 편지들 중에서는 단지 요한2서 1절에만 나오는데, 여기서도 진리를 지킨다는 의미이다.

(7) 요한복음의 요점은 예수를 본 사람은 하나님을 본 것인 반면에(참조. 요 14:9 "나를 본 자는 아버지를 보았거늘." 참조. 1:18, 34, 5:37, 6:36, 46, 8:38, 14:7, 20:18, 24-29) 요한의 작은 편지들은 그런 그리스도론적 함의 없이 단지 한 번 '하나님을 보는 것'에 관해 말한다.(요삼 11절) 요한복음의 특징적인 설명은 요한1서 1:1-3에만 존재한다.(이와 함께 요일 3:2, 4:20을 참조하라.)

(8) 증거: '증거'(μαρτυρία)는 요한복음에 14회, 요한1서에 6회, 요한2서에는 나오지 않으며, 요한3서에는 한 번 나온다. '증거하다'(μαρτυρέω)는 요한복음에 33회, 요한1서에 6회, 요한2서에는 나오지 않으며, 요한3서에는 4회 나온다. 요한3서에서 확인되는 것은 아버지 혹은 아들에 대한 증거가 아니라 전승된 진리/교훈을 증거하는 것이다.

(9) 교회: '교회(공동체', ἐκκλησία)는 요한3서에 3회 나오고, 요한2서, 요한1서, 요한복음에는 나오지 않는다.

이렇게 내용적 차이점/특이점에 더하여, 요한2서/요한3서에는 없는 것이 있다. 즉 요한2서/요한3서 안에는 요한복음(과 부분적으로 요한1서)에서 사용된 핵심 용어가 결여되어 있다.

(1) 믿다: 요한복음에서 '믿다'(πιστεύειν)는 신학적으로 중요한 동사이다.(98회, 요한1서에 9회) 적어도 요한2서에서는 합당한 믿음이 중요함에도 불구하고 요한2서/요한3서에는 이 동사가 나오지 않는다.

(2) 영: '영'(πνεῦμα)은 요한복음(24회)과 요한1서(12회)의 신학적 기본 개념으로 핵심적 위치를 차지한다. 그러나 이것이 요한2서/요한3서에는 나오지 않는다.

(3) 죄: '죄'(ἁμαρτία)는 요한복음과 요한1서에 각각 17회 나온다. '죄를 짓다'(ἁμαρτάνειν)라는 동사는 요한복음에 4회, 요한1서에 10회 나온다. 그러나 이 두 개념이 요한2서/요한3서에는 나오지 않는다.

(4) 생명: '생명'(ζωή)은 요한1서(13회)와 요한복음(36회)에서 핵심적 신학 개념이다. 그러나 이 개념이 두 개의 작은 요한서신에는 나오지 않는다. 이러한 차이는 '죽음'(θάνατος)도 마찬가지다.

(5) 빛: '빛'(φῶς, 요한복음에 23회, 요한1서에 6회)은 요한2서와 요한3서에 나오지 않는다. '어둠'(σκοτία, 요한복음 8회, 요한1서 6회)도 마찬가지다.

(6) (하나님의) 뜻: '(하나님의) 뜻'(θέλημα)은 요한복음에 11회, 요한1서에 2회 나오지만, 요한2서/요한3서에는 나오지 않는다.

이러한 현상은 어떤 결과를 보여주는가? 이것은 요한2서/요한3서가 요한1서, 요한복음과 밀접하게 짝을 이루면서도 아주 분명하게 구별되는 독자적 언어와 신학적 면모를 가지고 있다는 것을 보여준다. 요한1서는 그리스도론 논쟁에서(요일 2:22, 4:1-3) 요한2서 7절과 가깝다. 그러나 요한1서는 요한2서/요한3서와 대조적으로 언어적 독자성을 보여주며[예를 들어 '기름 부음'(χρῖσμα), '낳다'(γεννάω), '알다'(γινώσκω), '죄'(ἁμαρτία), '생명'(ζωή), '아들'(υἱός), '세상'(κόσμος)], 무엇보다 신학과 그리스도론의 전개에서 요한복음서에 가깝다는 것이 드러난다.

2) 발전의 퇴보인가

요한서신을 요한복음 다음에 배열하고 요한2서/요한3서를 요한 전승 노선의 맨 마지막에 두는 사람은 장로의 편지 안에 존재하는 그리스도론이 전체적으로 축소되고 있다는 것을 설명해야 한다. 두 개의 작은 요한의 편지의 길이나 이 공동체의 상황을 지적하는 것(이것으로는 어떤 중요한 결론도 내릴 수 없다.)으로는 충분하지 않다. 왜냐하면 요한2서/요한3서의 그리스도론과 교회론 논쟁은 요한복음의 그리스도론으로부터 시작하여 보다 효과적이며 무엇보다 더욱 차별화되고 광범위하게 진행될 수 있거나 진행되어야만 했기 때문이다.[20] 이 급진적인 탈그리스도론화에 대한 실제적인 설명도 제시되지 못하고, 마찬가지로 이 서신들(무엇보다 요한2서/요한3서)이 서신들 안에서 아버지-아들의 관계, 구원론, 종말론, 성령론, 인간론, 신앙의 개념, 성례전, 이원론 같은 요한복음의 핵심적 주제가 줄어든 것에 대한 설명도 제시되지 못한다.[21]

결론적으로 요한의 편지를 요한복음 이후의 시기로 정할 경우 요한 공동체의 연합은 심각한 위기에 빠졌을 때 곧바로 침묵했다는 것이 되고, 요한복음의 신학적 논증 모델을 사용하지 않았다는 것이 된다. 무엇보다 요한2서/요한3서의 장로는 신학적으로 무능하다고 비난을 받아야 했을 것이다. 예민한 갈등 상황에서 직접 요한복음(과 요한1서)에 관심을 가지지 않

20 H.-J. Klauck, Die Johannesbriefe(아래 8.2.1을 보라.), 126. 이러한 논의는 편지의 상황을 다음과 같이 서술할 경우에만 유효하다. "세 개의 서신 모두 동일하게 요한복음의 기본 토대에서 여전히 알 수 없는 갈등이 가득한 공동체의 상황을 전제로 하고 있으며, 이러한 요한 내부의 분열을 다스리기 위해 상대적으로 짧은 시기에 작성되었다." 이러한 설명은 요한1서를 위해서는 가능하지만 요한2서/요한3서를 위해서는 불가능하다. 요한2서와 요한3서는 분열을 다스리기 위해 무엇을 전달하고 있는가? 이 편지들은 요한1서의 논증으로 되돌아가며 요한복음의 방대한 신학 내용을 담아내지 못하기 때문이다.

21 J. Beutler, Die Johannesbriefe(아래 8.2.1을 보라.), 144. 보이틀러에 따르면 "요한2서는 요한1서의 사상을 받아들였지만 그것을 형식적으로 굳어지게 했고, 경우에 따라서는 이해가 되지 않을 정도로 미숙하게 연결해버렸다. 그 결과 이쪽에서 보면 첫 번째 편지에 대한 두 번째 편지의 순서가 거꾸로 된 것으로 추정된다." 요한의 신학이 막바지에 이르러 경직되었다는 가정은 가능하다. 그러나 그런 가정은 다음과 같이 내적으로 강력한 세 가지 전제 조건이 있어야 한다. (1) 그의 선배의 신학적 유산을 이용하지 못하는 장로 요한의 무능력, (2) 풍부하게 남아 있는 신학적 세계가 장로에게서는 발견되지 않고 있음을 의미하는 요한복음의 실제적 영향력의 부재, (3) 요한3서의 관점에서 볼 때 신학적 논증의 실제적 단절. 요한복음과 요한1서의 신학적 풍부함과 제4복음서의 영향사에 비추어볼 때 이 세 가지 가정은 필자에게 개연성이 없고 사변적인 것으로 보인다.

았기 때문이다. 그러므로 이 경우는 신학/그리스도론의 후퇴와 논쟁의 무능력이 포괄적으로 얽혀 있다고 가정해야 할 것이다.

3) 해석 모델

그와 반대로 요한서신이 요한복음서 이전에 형성되었고 요한2서/요한3서가 요한 전승 노선의 시작을 만들었다고 한다면 설득력 있고 역사적이며 언어적, 신학적 설명이 가능하다. 장로가 쓴 두 개의 편지는 유대 그리스도교적 특징을 지닌 요한 학파의 시작, 개별 교회 사이에 존재하는 갈등, 가현설 그리스도론의 등장을 반영한다. 이 편지들은 인식 가능한 신학적 담론으로 들어가는 대신 개인의 권력과 상징적 행동을 고수하고 있다. 또한 신학적 논증에서 오히려 미진한 상태로 남아 있으며 처음의 그리스도론적 갈등을 실제적으로 다루지 않는다. 이와 대조적으로 요한1서, 무엇보다도 요한복음은 요한 신학 형성의 새로운 단계를 증명해 나간다.

요한1서와 함께 요한 신학의 형성 단계는 분명하게 끝이 난다. 이제 요한의 사상은 체계적인 자격을 획득했으며 포괄적인 신학적 담론으로 들어갔다. 요한1서의 용어와 논증은 요한2서/요한3서와 대조적으로 더욱 발전했고 무엇보다도 그리스도론 논쟁에서 설득력을 획득한다. 요한2서/요한3서에서와는 달리, 요한1서 저자(들)의 신학적, 정치적 입장은 이제 포괄적이고 신학적인 토대를 구축한다. 이 과정에서 요한1서는 어떤 면으로도 요한복음에 토대를 두지 않는다.(아래 8.4.3을 보라.)

요한1서는 가현설을 주장하는 거짓 교사들과 논쟁 중에 있었으며, 거짓 교사들은 요한2서 7절에서 모습을 드러낸다. 사회학적으로 요한1서 배후에는 장로의 편지에 대립한 공동체의 연합이 있었을 것이다.[22] 성장한 공동체 연합 주변에 교사들 다수가 요한1서 1:1-4의 '우리'와 함께 조언을 청하고 있으며, 그 공동체 연합은 분열 이후에도 살아 있었다. 요한1서는 공

---

22 D. Rusam, Die Gemeinschaft der Kinder Gottes(아래 8.4.1를 보라.), 214-18.

동체의 활력 넘치는 예배생활을 증거하는데, 그 결과 기도의 의미(요일 3:22, 5:14-16), 영의 기름 부음(참조. 요일 2:20, 27), 성례전의 올바른 이해에 관한 투쟁이 제시된다. (참조. 요일 5:8) 이제 요한복음은 독자적인 예수 그리스도의 역사라는 맥락 안에서 요한의 사상을 반영함으로써 다른 단계를 보여준다.[23]

요한복음은 요한신학의 정점과 결말을 형성한다. 요한은 전환점에 서 있었다. 그는 그의 시대가 그리스도 사건의 언어적이고 사상적인 새로운 형성에 대한 모험을 감행하고자 한다면 그 시대가 오로지 예수 그리스도와 그리스도교의 기원만을 신뢰한다는 것을 분명히 알고 있었다. 그러면서 제4복음서 기자에게는 자기 자신의 시대를 위해 예수 그리스도의 복음을 새롭게 형성하는 것과 마찬가지로 나사렛 예수에게 다시 되돌아가는 것이 매우 중요했다. 이와 함께 요한 문헌의 전체 상태는 다음의 가정을 하게 한다. 요한의 편지들은 요한복음에서 그 정점에 도달한 요한신학 형성의 문헌적이고 신학적인 출발점이 된다.

8.2 요한2서

요한서신 개론 문헌

H. H. Wendt, Die Johannesbriefe und das johanneische Christentum, Halle 1925. • R. Bultmann, Art. "Johannesbriefe," RGG³ III (1959): 836-39. • E. Haenchen, "Neuere Literatur zu den Johannesbriefen," ders., Die Bibel und Wir, Tübingen 1968, 235-311 (FB!). • H. Thyen, Art. "Johannesbriefe," TRE 17 (1987): 186-200. • J. Beutler, Die Johannesbriefe in der neuesten Literatur, ANRW 25. 5, Berlin 1988, 3773-90. • K. Wengst, Probleme der

23 그 과정에서 편지들의 갈등이 받아들여지고 개작되었다. 다음의 자료들을 참조하라. E. E. Popkes, "Die Polemik um die Christologie im Ersten Johannesbrief und ihr Verhältnis zu den polemischen Zügen des Johannesevangeliums," O. Wischmeyer/L. Scornaienchi (Hg.), Polemik in der frühchristlichen Literatur, BZNW 170, Berlin 2011, 331-55.

Johannesbriefe, ANRW 25. 5, Berlin 1989, 3753-72. • J. Lieu, Theology of the Johannine Epistles, Cambridge 1991.

8.2.1 요한2서와 요한3서 참고문헌

주석

KEK XIV: R. Bultmann, ^{2}1969; G. Strecker, 1989. • HNT 15: H. Windisch (-H. Preisker), ^{3}1951; F. Vouga, 1990. • HThK XIII/3: U. Schnelle, 2010. • R. Schnackenburg, ^{6}1979 • EKK XXIII/2: H. J. Klauck, 1992. • ThHK 17: W. Vogler, 1993. • ÖTK 16: K. Wengst, 1978. • NTD 10: H. Balz, ^{2}1980 • RNT: J. Beutler, 2000. • ZBK 17: G. Schunack, 1982. • AncB 30: R. E. Brown, 1982. • WBC 51: S. S. Smalley, 1984. • Sacra Pagina: J. Painter, 2002. • U. van Wahlde, The Gospel and Letters of John III: Commentary on the Three Johannine Letters, Grand Rapids 2010.

논문

E. Käsemann, "Ketzer und Zeuge," ders., Exegetische Versuche und Besinnungen I, Göttingen ^{6}1970, 168-87. • G. Bornkamm, Art."πρεσβύτερος," ThW VI, 651-83. • R. Bergmeier, "Zum Verfasserproblem des II. und III. Johannesbriefes," ZNW 57 (1966): 93-100. • R. W. Funk, "The Form and Structure of II. and III. John," JBL 86 (1967): 424-30. • J. W. Taeger, "Der konservative Rebell. Zum Widerstand des Diotrephes gegen den Presbyter," ZNW 78 (1987): 267-87. • B. Bonsack, "Der Presbyteros des dritten Briefes und der geliebte Jünger des Evangeliums nach Johannes," ZNW 79 (1988): 45-62. • H.-U. Weidemann, "Was von Anfang an war," Der Streit um Christus und die Taufe in den Gemeinden der Johannesbriefe," ThQ 191 (2011): 223-41.

연구 보고서

H. J. Klauck, Die Johannesbriefe, EdF 276, Darmstadt 1991.

8.2.2 저자

요한2서는 요한3서와 마찬가지로 편지 서두에 저자를 '장로'(πρεσβύτερος)[24]로

24 하르낙, 바우어, 케제만은 이 문제에 대한 해결을 시도했다. 헨헨도 그와 같은 연

밝히고 있다. 언어상으로 볼 때 장로는 나이든 사람이라는 의미이다.[25] 이는 그의 나이와 인생의 경험을 바탕으로 특별한 위치를 지님을 의미한다. 물론 장로와 대적자 간의 논쟁이 그의 권위가 고령의 나이에 근거한다는 것을 알게 해주지는 않는다.[26] 한편 장로는 그 직위를 통해 특별한 권위를 갖는 지역 교회의 직분자라는 의미로도 해석될 수 있다. 특히 케세만[27]이 제시한 이러한 논제와는 반대로 최초 그리스도교에서 장로 지위는 의결기구라는 틀 안에서만 알 수 있고(행 11:30, 14:23, 딤전 4:14, 딛 1:5), 이름을 언급하지 않고 장로로 표기하는 것은 특별한 것일 수 있다는 주장도 설득력이 있다. 장로의 공식적인 신분도, 요한3서 9절에 언급되는 그의 대적자의 공식적인 신분도 입증되지 않는다. 장로는 특별히 존경하는 교사를 위한 존칭이었을 것이다.[28] 장로는 요한 학파 내에서 두드러진 모습을 보여주는데 심지어 교회의 개척자일 개연성도 있다. 정경이 요한2서와 요한3서를 보전하고 받아들인 사실 자체가 그런 설명을 가능하게 하기 때문이다.[29] 어떤 것도 요한2서와 요한3서의 장로를 '그 장로 요한'(ὁ πρεσβύτερος Ἰωάννης)과 동일시하는 것에 반대하지 않는다. 파피아스는 그를 세베대의 아들 요한과 분명히 구별하면서 그를 전승의 보증인으로 소개한다.(유세비우스, HE III 39, 4: "장로를 따르던 어떤 사람이 오면 나는 장로의 가르침에 관하여 물을 것이다. 안드레 혹은 베드로가 무엇을 말했고, 빌립, 도마 혹은 야고보, 요한 혹은

구를 했다.(E. Haenchen, "Neuere Literatur zu den Johannesbriefen," 282-311.) 참조. R. E. Brown, JohBr, 648-51.

25 H. H. Wendt, Johannesbriefe, 7-8은 장로가 고령의 나이임을 강조한다.

26 참조. G. Bornkamm, Art. "πρεσβύτερος," 670.

27 E. Käsemann, "Ketzer und Zeuge," 177. 케제만은 장로를 "그 공동체의 연합과 선교의 핵심부를 이끌고 있으며 낯선 교회 안에서 자기 조직의 지지 기반을 세우려고 노력하면서 가장 최상의 교회 정치를 하는 사람"으로 본다. 이에 대한 비판에 관하여는 G. Bornkamm, 위의 글, 671의 각주 121을 참조하라.

28 G. Bornkamm, 위의 글, 671; 계속해서 R. Schnackenburg, JohBr, 306을 참조하라.

29 참조. H. Thyen, Art. "Johannesbriefe," 195.

마태 혹은 어떤 다른 주의 제자들, 아리스톤과 장로 요한, 또한 주의 제자들이 무엇을 말하는지 물어볼 것이다.") 요한서신의 장로뿐만 아니라 파피아스의 장로 요한은 직무를 가진 사람이 아니라 전승을 전해주는 사람이다.[30] 요한 전승을 전하는 사람으로서 혹은 창시자로서 요한2서와 요한3서의 장로는 존경을 받았고, 파피아스 문헌에 특별한 전승의 전달자로 나온다.

> 파피아스는 스스로 높게 평가하는 구전 전승을 장로의 제자들로부터 얻었다. 그는 그들에게 사도의 전승에 관해 물었다. 전승의 연결은 사도들-장로들(=사도의 제자들)-장로의 제자들-파피아스[31]로 이어진다. 처음 그룹(사도들)과 주의 제자들의 두 번째 그룹(아리스톤과 장로 요한) 사이에 존재하는 관계는 규정하기 어렵다. 서로 다른 시제의 사용[사도들에게 사용하는 '말했다'(εἶπεν)와 아리스톤과 장로 요한에게 사용하는 '말하고 있다'(λέγουσιν)]은 아리스톤과 장로 요한이 파피아스 시대까지도 살아 있었을 것이라는 결론에 이르게 한다. 그 결과 파피아스가 이 두 사람을 알고 있었는가 하는 질문이 제기되어야 한다. 유세비우스는 분명하게 이 사실을 긍정한다.(참조. HE III 39, 15. 16. 17) 파피아스의 언급도 이 사실에 가깝다. 그 이유는 두 번째 간접의문문 안에 관계대명사 'ἅ'(~것들)에 의해 한편으로는 의문문 '무엇'(τί)이 다시 받아들여지는 반면에 다른 한편에서는 '그리고'(τε)와 새로운 술어인 '말하고 있다'(λέγουσιν)가 새로운 문장이 되기 때문이다. 이 경우 파피아스는 아리스톤과 장로 요한으로부터 직접 전승을 받았으며 그들의 제자일 가능성이 높다.[32]

---

30 참조. Ph. Vielhauer, Urchristliche Literatur, 763은 파피아스가 장로들 가운데 전승의 전달자를 이해하고 있었다는 사실을 설명한다.

31 참조. W. Heitmüller, "Zur Johannes-Tradition," ZNW 15 (1914): (189-209) 195; E. Haenchen, Joh(아래 8.5.1을 보라.), 9.

32 Euseb, HE III 39, 3에 나오는 절대적인 '진리'(ἀληθεία)가 그것을 증명한다. ("…왜냐하면 나는 대다수의 사람이 많은 말을 하는 것을 기뻐하지 않고 진리를 가르치는 것을 기뻐하기 때문입니다.") 이것은 요한2서/요한3서를 기억하는 것이다.

8.2.3 기록 장소와 시기

요한2서와 요한3서의 저자가 요한 학파의 창설자로서 파피아스가 말하는 장로 요한이라면 그 어떤 것도 두 개의 작은 편지 안에 요한 학파의 가장 오래된 문서가 존재한다는 견해를 반대하지 못할 것이다.[33] 요한2서는 두 개의 작은 요한의 편지 안에서 시간상 우위를 가지는데, 그 이유는 요한3서 9절이 요한2서를 지시하기 때문이다.

이것에 반대하여 다른 의견이 다양하게 제시된다. 요한3서 9절은 순회 선교사를 위한 추천서와 관계가 있는 것이 틀림없어 보이지만, 요한2서는 그렇지 않다고 한다.[34] "내가 그 교회에 편지를 써 보냈습니다."(ἔγραψά τι τῇ ἐκκλησίᾳ, 새번역)라는 문장에서 장로가 그 이전에 한 차례 공동체에게 편지를 썼다는 것이 드러난다. 10절에서 비로소 순회 선교사를 다루고 있는데, 그 결과 9절의 디오드레베의 거부는 장로와 요한2서에서 제시된 그의 신학적 입장과 거기에 내재된 권력에 대한 요구와 관련이 있을 수 있다.[35]

---

33 이런 의미로 해석하는 학자(개별 논증은 다르지만)들은 다음과 같다. H. H. Wendt, Johannesbriefe, 1-7; G. Strecker, JohBr, 28; U. Schnelle, Antidoketische Christologie(아래의 8.5.1을 보라.), 65; H. Thyen, Art. "Johannesbriefe," 195; M. Hengel, Die johanneische Frage(아래의 8.5.1을 보라.), 123, 156; G. Lüdemann, Ketzer, Stuttgart 1995, 175-88.

34 예를 들어 다음을 참고하라. R. Schnackenburg, JohBr, 326; W. G. Kümmel, Einleitung, 394; R. Bultmann, JohBr, 99; K. Wengst, JohBr, 248.

35 요한2서에 대한 요한3서의 관계를 지지하는 학자들은 다음과 같다. Th. Zahn, Einleitung in das Neue Testament II(위 7.4.2를 보라.), 581; H. H. Wendt, Johannesbriefe, 23; M. Dibelius, Art. "Johannesbriefe," RGG² III (1929), 348; A. Jülicher, E. Fascher, Einleitung, 235; G. Strecker, JohBr, 357f., 368; F. Vouga, JohBr, 18; W. Vogler, Die Briefe des Johannes, ThHK 17, Leipzig 1993, 30; M. Hengel, Die johanneische Frage(아래 8.5.1을 보라.), 132.

요한2서에 대한 첫 번째 증거는 폴리카르포스에게서 발견되며(폴리카르포스, Phil 7:1을 요이 7절과 비교해보라.), 요한2서가 기원후 90년경에 기록되었을 개연성이 크다.

8.2.4 수신자

요한2서는 편지를 받는 개인을 언급하지 않고 편지를 받는 지역교회를 '선택받은 여주인'(ἐκλεκτὴ κυρία)으로 부른다.[36] 그와 함께 장로는 구약의 은유적인 문제를 받아들이고 있다.(참조. 렘 4:31, 31:21, 습 3:14) 그러나 신약의 다른 문헌에서도 교회를 그리스도의 신부로 언급하는 곳이 있다.(참조. 고후 11:2, 계 12:17, 19:7, 21:2, 9) 신자 전체가 '선택받은 사람'이고(참조. 벧전 1:1, 계 17:4), 개별 공동체(교회)도 '선택받은 것'으로 간주될 수 있다.'(참조. 벧전 5:13)[37] 이 교회는 여주인(κυρία)으로 표시되고 있는데, 이는 교회가 선택을 통해 주 예수 그리스도의 통치에 참여하고 있기 때문이다. 요한2서 13절은 여주인에 대한 교회론적 해석을 확증하는데 그 이유는 편지의 기록자가 인사를 하는 것이 아니라 선택된 자매들의 자녀들, 즉 자매 교회가 인사를 하기 때문이다. 여기서 요한 학파의 편지 작성의 구조가 드러난다. 요한 학파는 자율적인 교회들로 연합체를 형성하고 있었으며, 그들은 인사하며, 연락하며 돕고 있었다. 장로와 교회 사이의 관계는 좋은 상태이다.(요이 3절) 그는 모든 문제를 구두로 논의하려고 교회를 곧 방문하고 싶

---

36 이런 의미로 해석하는 학자들은 다음과 같다. R. Bultmann, JohBr, 103; R. Schnackenburg, JohBr, 306; K. Wengst, JohBr, 236; G. Strecker, JohBr, 317ff.; F. Vouga, JohBr, 80.

37 고대 그리스어에서 선택된 모임은 공동체의 특별한 모임을 나타냈다. 그 모임은 부양과 안전이라는 중요한 문제를 다루었다. H. J. Klauck, "κυρία ἐκκλησία in Bauers Wörterbuch und die Exegese des zweiten Johannesbriefes," ZNW 81 (1990): 135-38.

어 한다.(요이 12절) 그러나 동시에 장로는 요한 학파의 교회 안으로 들어오는 거짓 교사들에게 경고를 보내고 있다.(요이 7-8절) 그러면서 순회 설교자들을 문제삼는다. 그들은 개교회를 방문하고 있었으나 장로는 그들을 받아들이지 못하게 하고 있다.(요이 10절)

8.2.5 내용 구성, 구조, 형식

1-2절	서두	편지의 서론
3절	인사	
4절	감사의 말	
5-6절	사랑의 계명	편지의 본론
7-9절	거짓 교사들	
10-11절	거짓 교사들과의 사귐 경고	
12절	사도의 방문 예고	편지의 결론
13절	인사	

요한2서는 실제로 편지이며, 이 편지는 고대 세계에서의 개인 서신의 특징을 보여준다. 그 특징은 제목(superscriptio), 수신자(adscriptio), 인사(salutatio), 본론의 시작(Proömium), 부탁한다(ἐρωτῶ)라는 말을 지닌 청원, 계획된 방문의 알림, 마지막 인사로 이루어져 있다는 것이다.[38] 헬레니즘 형식의 편지에서 일반적으로 '내가 너에게 부탁한다.'(ἐρωτάω σε)라는 형식은 요한2서가 청인의 편지임을 보여준다. 요한2서의 편지 형식이 허구일 것이라는 추측은 증명되지 않는다.[39] 또한 (파피루스의) 길이와 구조로 볼 때

38 A. Deissmann, Licht vom Osten(위 2.3.1을 보라.), 159에 인쇄되어 있는 편지를 참조하라.

39 특별히 불트만이 그렇다. R. Bultmann, JohBr, 103; J. Heise, Bleiben. Menein in den Johanneischen Schriften, HUTh 8, Tübingen 1967, 164-70; G. Schunack, JohBr, 108f.; U. H. J. Körtner, Papias von Hierapolis(위 3.4.2를

도 고대의 개인 서신과 일치한다. 구체적인 질문을 다루는 것, 교회의 문제에 개입하는 것과 곧 있을 방문을 알리는 것은 편지의 특징을 드러낸다. 수사학적 관점에 따라서 내용을 구분하면 다음과 같다.[40] 4절의 시작(exordium, 1-3절 포함), 5절의 본론 진술(narratio), 6-11절의 검증(probatio), 12절의 마지막 말(peroratio, 13절).

8.2.6 문학적 통일성

요한2서의 문학적 통일성은 문제가 되지 않는다.

8.2.7 전승, 자료

요한2서에는 저자가 가지고 작업한 전승이나 자료가 없다.

8.2.8 종교사적 위치

요한2서 7절에서 장로는 거짓 교사들에게 경고한다. 그들은 순회 설교자들로 행동하고 있으며 예수 그리스도가 육신을 입고 오심(Ἰησοῦν Χριστὸν ἐρχόμενον ἐν σαρκί)을 고백하지 않는다. 대적자들은 예수 그리스도의 역사와 인격을 부인함과 동시에 요한1서 4:2에서처럼 그리스도가 본질적으로 육신이 되심, 지상의 예수와 하늘 그리스도의 일치, 그리고 근본적인 성례전의 구원적 의미를 부인한다.[41] 그러므로 그들에 의해 대변되는 그리스도론

보라.), 197-201.

40 참조. D. F. Watson, "A Rhetorical Analysis of 2 John according to Greco-Roman Convention," NTS 35 (1989): 104-30; H. J. Klauck, "Zur rhetorischen Analyse der Johannesbriefe," ZNW 81 (1990): 217ff.

41 참조. R. Schnackenburg, JohBr 312f.; R. E. Brown, JohBr, 685f.; K. Wengst, JohBr, 240; C. Colpe, Art. "Gnosis II," RAC 11 (1981): 611; M. Hengel, Die

은 요한1서 4:2의 가현설 같은 것으로 설명된다.(아래 8.4.8을 보라.) 장로는 요한2서 7b절에서 거짓 교사들을 적그리스도로 본다. 이렇게 복수에서 단수로의 자명한 변화는 '미혹하는 자'(πλάνος)[42]와 '적그리스도'(ἀντίχριστος, 요일 2:18, 22, 4:3)[43]가 장로에게는 마지막 때에 알려진 두 가지 모습이었다는 사실이 분명해진다. 장로에게는 마지막 때에 등장하는 적그리스도가 이미 반대하는 자의 모습으로 나타났다. 요한2서 9절은 거짓 교사들의 다른 특징을 말해준다. 그들은 앞서 전해진 그리스도의 가르침에 머물지 않는다. 이미 요한2서 5절에서 장로가 거짓 교사들을 물리쳐야 한다고 전통에 대한 견해를 소개한 것과 같다. 거짓 가르침의 본질은 바로 근본적이고 입증된 가르침에서 벗어나는 것이다.

8.2.9 신학적 기본 사상

요한2서의 핵심에는 '진리'(ἀληθεία)의 개념이 존재한다. 이 개념은 처음 네 절에서 5회나 등장한다.[44] 언급한 공동체는 그 진리를 알았고, 진리는 그들에게 영원히 있을 것이다.(요이 2절) 여기서 진리는 하나님의 실재성이며, 공동체 안에서 현재 활동하고 있다. 진리 안에서 걷는 것은 사랑으로

---

johanneische Frage(아래 8.5.1을 보라.), 140ff. 다른 의견을 보이는 학자는 슈트레커이다. 슈트레커는 '오다'(ἐρχόμενον)를 미래적으로 해석하고 장로가 새로운 사람들에 의해 거부된 천년설의 교리를 가르쳤다고 주장한다.(G. Strecker, JohBr, 332ff.)

42 '속이는'(Πλάνος)은 요한 문헌에서는 여기만 나온다. 그밖에 '속이다'(πλανάω)는 요한1서 1:8, 2:26, 3:7, 요한복음 7:12, 47에 나오고, '속임'(πλάνη)은 요한1서 4:6에 나온다.

43 참조. G. Strecker, JohBr, 337-43.

44 두 개의 작은 서신에서의 진리 개념에 관하여는 R. Bergmeier, Zum Verfasserproblem des II. und III. Johannesbriefes를 참조하라. 다른 한편으로는 R. Schnackenburg, "Zum Begriff der 'Wahrheit' in den beiden kleinen Johannesbriefen," BZ 11 (1967): 253-58을 참조하라.

완성된다.(참조. 요이 4b-6절) 누구든지 아버지로부터 받은 이 계명을 따라서 살아가는 사람은 진리 안에서 걷는 것이다. 사랑 안에 있는 사람만이 진리 안에 있고, 진리 안에 있는 사람만이 사랑 안에 있기 때문이다. 반대로 거짓 교사들은 신앙과 윤리의 밀접한 관계로부터 벗어났다. 그들은 장로에 의해 형성된 전통의 사상을 거부하고 그리스도의 가르침 안에 머물지 않는다.(요이 9절) 그들의 지나치게 '나감'(προάγειν)은 진리뿐만 아니라 사랑도 폐기해버린다. 거짓 교사들이 전해진 신앙의 토대를 떠나서 새로운 가르침을 공동체 안으로 가져올 때, 그들은 스스로 공동체 밖에 서 있는 것이 된다. 그들이 더는 아버지와 아들을 모시지 않기에 거짓 교사들을 받아들여서는 안 되고 그들에게 인사도 하지 말아야 한다. 만일 그렇게 한다면 그들의 악한 일에 참여하는 것이다.(요이 10-11절) 요한2서의 신학을 구성하는 것은 장로가 대변하는 전통 사상이며, 가르침과 윤리의 영역이 동일하게 연관되어 있다. 장로는 어떤 자리에서도 요한복음이나 요한1서에 근거를 두지 않는다.[45] 요한복음과 요한1서의 인용이나 인용에 대한 암시도 증명되지 않는다. 오히려 장로는 그가 예수 그리스도를 아는 진리와 형제 사랑으로 이끌어왔으며, 그가 세운 요한 학파의 전승에 근거를 두고 있다. 그러므로 장로의 위치는 초기 공교회적인 사상으로 설명할 수 없다. 전승에 대한 생각뿐만 아니라 교훈에 대한 비판적 기능은 바울에게도 존재하기 때문이다.(예를 들면 고전 15:1-3a, 갈 1:12, 롬 6:17, 16:17)[46]

8.2.10 최근 연구 경향

요한2서는 짧은 데다가 신학적으로 중요해 보이지 않는 내용 때문에 최근

45 장로가 요한복음과 요한1서의 권위에 근거를 두고 있다는 부가의 입장(F. Vouga, JohBr, 16ff.)을 반대한다.

46 참조. G. Strecker, JohBr, 348-54.

까지 별다른 주목을 받지 못했다. 하지만 파피아스가 언급했듯이 편지의 기록자와 일치하는 장로 요한이 요한 학파의 창설자라면, 요한2서는 근원적인 문서로서 요한 신학의 시작 때부터 존재했다는 큰 의미를 지닌다. 요한복음의 특징적 이원론은 요한2서에서 처음으로 초보적 형태로 나타난다. 반면에 진리와 사랑, 그리고 그와 연결되어 있는 전통 사상 사이에 존재하는 연관성은 요한 신학의 기본적인 요소에 해당한다. 아버지의 계명 안에서 행하는 것과 그리스도의 가르침 안에 머무는 것은 진리와 사랑 안에서 동시에 이루어진다. 장로의 신학에서 전통 사상의 근본적인 기능은 그리스도의 가르침에서 볼 수 있다.

최근 연구에서 슈트레커(G. Strecker), 슈넬레(U. Schnelle), 튀엔(H. Thyen), 헹엘(M. Hengel), 뤼데만(G. Lüdemann), 폽케스(E. E. Popkes)는 두 개의 작은 요한서신에서 요한 학파의 가장 오래된 기록을 보고 있다. 그와 반대로 벵스트(K. Wengst), 브라운(R. E. Brown), 슈낙켄부르크(R. Schnackenburg), 부가(F. Vouga), 클라우크(H. J. Klauck)는 요한2서를 요한복음과 요한1서에서 나온 것으로 해석한다. 요한2서가 편지 형식임은 최근 연구에서 확실해졌지만, 장로의 대적자에 대한 질문은 여전히 논란이 되고 있다. 주로 요한1서 2:22, 4:2와 요한2서 7절 사이에 존재하는 일치에 근거해서 통일된 대적자 전선을 상정하는데, 그 성격은 연구자들마다 다르게 규정된다.(대적자가 영지주의자라는 입장: 벵스트, 가현설주의자라는 입장: 슈넬레, 헹엘, 유대인이라는 입장: 튀엔) 이런 주장과 달리 슈트레커는 요한2서가 싸우고 있는 대적자들을 요한1서의 대적자들과 일치시키지 않는다. 슈트레커는 장로를 어떤 천년주의자, 즉 세상의 마지막이 시작되기 전에 메시아의 천년왕국 건설이 이루어진다는 견해의 대변자로 본다. 신약성서에서는 단지 요한계시록 20:1-10에만 이런 견해가 증명되고 있지만, 신약성서 이후에는 매우 자주 나타났다.[유스티누스, Dial; Barn 15:4 이하(?); 케린투스(참조. 유세비우스, HE III, 28, 2); 파피아스(참조. 유세비우스, HE III, 39, 12): 이레네우스; 테르툴리아누스] 장로가 천년주의자였다면 이 가르침을 거부하는 이들은 '새로운 것을 추구하는 자들'(Neuerrer)일 것이다. 요한2서 7절의 분사형 '오심'(ἐρχόμενον)에 대한 슈트레커의 미래적인 해석은 가능하지만, 요한2서 7절과 요한1서 2:22, 4:2 사이에 존재하는 일치는 두 경우에 동일한 대적자 전선을 받아들이고 있음을 암시한다.

8.3 요한3서

8.3.1 참고문헌

위 8.2.1을 보라.

8.3.2 저자

요한3서의 저자도 요한2서의 발신자 언급처럼 장로이다. 편지 형식과 언어에서 요한2서와 요한3서 사이의 커다란 일치는 요한3서 역시 장로 요한에 의해 작성되었다는 결론에 이르게 한다.

8.3.3 기록 장소와 시기

요한3서 9절은 요한2서와 연결되며, 그 결과 요한3서는 장로의 두 번째 서신이 되어야 한다. 요한2서와 요한3서 사이의 시간적 거리를 정확히 규정할 수는 없다. 단지 요한3서가 요한2서 이후에 오래지 않아서 작성되었다고 가정할 뿐이다. 편지의 작성은 기원후 90년이 조금 지났을 때 이루어진 것으로 보인다. 작성된 장소는 요한2서처럼 에베소일 가능성이 있다.[47]

---

47 참조. W. Vogler, JohBr, 33.

8.3.4 수신자

요한3서는 잘 알려지지 않은 가이우스에게 보내졌다. 그는 요한3서 2, 5, 11절에서 '사랑하는 (형제)'로 불린다. 그러므로 중요한 것은 그가 한 사람의 그리스도인이었으며, 장로는 그와 좋은 관계를 유지하고 있었다는 사실이다. 요한3서 4절에 의하면 가이우스는 장로의 자녀이다. 그는 장로에 의해 개종했거나 세례를 받았을 것이다. 장로는 요한3서 3-5절에서 가이우스가 여행을 하는 형제들을 환대하며 진리와 사랑 안에서 행하고 있다고 칭찬한다. 가이우스가 요한3서 9절이 언급하는 디오드레베 공동체의 구성원인지의 여부는 열려져 있는 문제이지만 적어도 그 교회의 지도력에 속해 있지는 않았다는 것을 알 수 있다. 장로가 그의 이전의 편지와 디오드레베의 갈등을 강조하지 않았기 때문이다.(요삼 9절 이하) 장로는 편지를 통해 가이우스의 원조를 부탁하고 있으며, 어려움에도 불구하고 디오드레베의 교회에서 영향력을 미치고자 했다. 그 결과 가이우스와 디오드레베 사이에는 어떤 연관성이 존재한다. 요한3서 12절에서 언급되는 데메드리오는 장로와 디오드레베 공동체 사이의 편지 중개인이다. 그는 장로가 부재중일 때 공동체에서 디오드레베의 맞수가 될 수 있다. 가이우스는 그를 도와야 했고 장로가 가이우스에게 오기까지 장로의 입장을 강화시켜야 했다.(요삼 13-14절) 장로는 처음에 분명하게 실패로 끝난 시도 이후에 두 번째로 디오드레베의 교회에 대해 영향력을 가지길 원하고 있다.

8.3.5 내용의 구성, 구조, 형식

1절 2절 3-4절	서두 인사 감사	편지의 시론

5-8절 9-10절 11-12절	가이오에 의한 선교사들의 지속적인 후원 디오드레베와의 갈등 가이오에게 주는 권면과 데메드리오 추천	편지의 본론
13-14절 15a절 15b절 15c절	사도의 방문 예고 마지막 권고 안부를 전함 인사를 통한 위임	편지의 결론

요한2서처럼 요한3서도 고대의 개인 서신의 형식을 띠고 있다. 평안을 기원하는 전형적인 인사와 감사의 말은 편지의 머리말 다음에 온다. 본론에서 초점은 디오드레베와의 관계에 대한 정보이다. 요한3서 12절은 추천서라는 사실을 보여준다.[48] 고대 세계의 편지에서 다양하게 증명이 되는 계획된 방문 예고가 편지의 결론을 이끌고, 마지막 인사가 이어진다. 수사학적 관점에 따라서 내용을 구분하면 다음과 같다. 서두[exordium, 2-4절(1절)], 이야기 도입(narratio, 5-6절), 논증(probatio, 7-12절), 결말[peroratio, 13-14절(15절)].[49]

8.3.6 문학적 통일성

문학적 통일성은 논란이 되지 않는다.

8.3.7 전승, 자료

편지의 저자는 전승과 자료를 가지고 아무런 작업도 하지 않았다.

---

48 참조. F. Vouga, JohBr, 4.

49 참조. D. F. Watson, "A Rhetorical Analysis of 3 John: A Study in Epistolary Rhetoric," CBQ 51 (1989): 479-501; H. J. Klauck, "Zur rhetorischen Analyse der Johannesbriefe,"(위 8.2.8을 보라.) 217ff.

8.3.8 종교사적 위치

요한3서는 장로와 디오드레베 사이에 존재하는 갈등에 참여하는 사람들의 종교사적 위치에 관한 어떤 정보도 주지 않는다. 그러므로 요한2서에서 언급된 대적자와의 관련성과 장로와 디오드레베 사이에 존재하는 갈등에 대한 평가가 대체로 이 문제를 결정한다.(아래 8.3.9/8.3.10을 보라.)

8.3.9 신학적 기본 사상

요한2서처럼 요한3서에도 진리(요삼 1, 3, 4, 8, 12절)와 사랑(요삼 1, 2, 5-6, 11절)이 중심 개념이다. 가이우스는 진리와 사랑 안에서 걷고 있으며, 장로와 연결된 순회 선교사들을 받아들이고 있다. 데메드리오도 진리를 증거하고 있기에 장로는 그를 가이우스(가이오)에게 추천한다.(요삼 12절) 요한3서의 진리 개념은 내용적으로 규정하기 어렵지만 본질적으로 장로의 순회 선교사들에 대한 행동과 관련이 있다. 장로의 교회는 포괄적으로 (이방인) 선교를 하고 있었고, 그 과정에서 요한 학파의 다른 교회를 원조하고 있었다. 가이우스가 장로의 순회 선교사들에게 필요한 원조를 한 반면에 디오드레베는 선교사들을 받아들이지 않았으며 원조를 수행하던 다른 사람을 방해했다.(요삼 10절) 장로는 디오드레베의 태도가 악을 따르는 것이라고 말한다.(요삼 11절) 장로의 관점에서 보면 디오드레베는 하나님을 보지 못했기 때문에 악에 붙잡혀 있는 것이다.(요삼 11절) 디오드레베가 그렇게 행동하는 이유는 분명하지 않지만 그가 장로의 권위를 인정하지 않았다는 것만은 분명하다. 그는 그의 교회에서 '첫째'가 되기를 원했으며(요삼 9절), 교인들을 몰아내고 장로의 권위와 순회 선교사들을 함부로 대했다(요삼 10b절).

요한3서는 장로와 디오드레베 사이에 일어난 갈등의 근본 원인이 정통과 이단의 갈등이나 영과 직제의 대립이라고 보지는 않는다. 요한3서의 증언에 따르면 갈등의 대상은 단지 장로의 순회 선교사들에 반대하는 행동이다. 장로의 순회 선교사들은 갈등을 해결한 것인가, 아니면 그들에게 반대하는 행동은 단지 어떤 다른 지역과의 논쟁에 대한 결과인가? 요한3서 7-8절은 서로 다른 선교 이해가 장로와 디오드레베 사이의 갈등의 원인이었음을 암시한다. 장로의 교회는 포괄적으로 선교하면서 이를 위해 개별 교회의 원조에 의존한 반면에 디오드레베는 선교에 대한 그런 생각을 거부했다. 그는 분명 개별 교회에 집중된 특정 교회론 개념을 대표했다. 하지만 장로는 아마도 보편적 교회론 사상을 추구했을 것이다. 이런 사실은 요한3서 8절로부터 나온다. 순회 선교사들을 받아들이는 사람은 단지 진리만 증거하는 것이 아니라 진리의 동역자가 되는 것이다.

8.3.10 최근 연구 경향

장로와 디오드레베 사이의 논쟁의 원인, 배경, 본질은 요한3서 연구의 중심이다. 두 가지 해석 모델은 오늘날에도 여전히 근본적으로 중요하다. (1) 교회법 논쟁의 다툼이 다루어지고 있다. (2) 장로와 디오드레베의 논쟁은 신학적이고 교리적인 이유를 가지고 있다.[50] 교회법과 관련된 해석 모델은 하르낙(A. v. Harnack)이 철저하게 다루었다. 그의 연구에 따르면 장로는 아시아 지방의 전체 선교 조직의 지도자이다. 그는 선교사들을 파송하고 교회를 대변했다. 디오드레베의 교회는 장로의 이런 조직과 통치권 요구를 반대했다. "이것은 오래된 가부장적이고 지역 총괄적인 선교 조직과 이에 대항하는 독자적으로 통합되어 가고 있던 개별 공동체 사이의 투쟁이다. 개별 공동체는 그들의 내부 통합과 외부로부터의 엄격한 고립을 목적으로

50 E. Haenchen, "Neuere Literatur zu den Johannesbriefen,"(위 8.2를 참조하라.) 282ff.의 연구사를 참조하라.

군주적 총감독제를 그들의 중심에서 몰아냈다."[51] 디오드레베는 처음으로 알려진 군주적 주교이다.

교리적 해석 모델은 바우어(W. Bauer)가 제시했다. 그에 따르면 장로와 디오드레베의 논쟁에는 이단과 정통의 갈등이 반영되어 있다. 바우어는 장로를 정통 신앙의 대변자로 본다. 장로는 이단의 우두머리 디오드레베의 영향을 방어한 사람이다. 디오드레베는 그의 교회에서 장로의 영향력을 물리치는 데 성공했다. 장로는 잃어버린 영역을 요한3서를 통해 다시 확대하려고 시도한다.[52]

바우어의 논제와 반대로 케제만(E. Käsemann)은 디오드레베를 군주적 주교로 보며, 영지주의적 거짓 교훈을 가르쳤다는 이유로 출교당한 장로를 요한2서와 요한3서, 그리고 요한복음의 저자라고 생각한다. 장로는 그리스도교적 영지주의사로서 영지주의 환경에서 복음서를 쓰려고 생각했다. 요한복음은 정통의 관점에서 보면 이단적 영지주의의 거짓 교훈이다. 그 교훈이 장로를 출교시킨 것이다. "디오드레베는 소종파의 수장이 아니라 군주적 주교로서 장로와 그의 추종자들에게 자신의 교회까지 영향을 미치는 교회의 징계권을 행사했다."[53] 교회법과 교리적 해석 모델의 개별 요소는 연구사의 과정에서 자주 결합되어 논의되었다.

불트만(R. Bultmann)은 오히려 교리적으로 방향을 맞춘 케제만의 해석 시도와 연결하는 반면에[54] 슈낙켄부르크는 장로와 디오드레베 사이의 법적 논쟁의 차원을 강조한다. 디오드레베는 독자적으로 교회를 지도하고 있었으나 아직 군주적 주교가 아니었다. "우리는 군주제 형태의 주교직이 공고

51 A. v. Harnack, Über den 3. Johannesbrief, TU XV/3b, Leipzig 1897, 21.

52 참조. W. Bauer, Rechtgälubigkeit und Ketzerei im ältesten Christentum(위의 5.5.3을 보라.), 96f.

53 E. Käsemann, "Ketzer und Zeuge," 173f.

54 참조. R. Bultmann, JohBr, 99f.

해지는 과도기 상태에 있었다."[55] 벵스트는 하르낙처럼 디오드레베를 처음으로 알려진 군주적 주교로 본다. "정통 신앙에 관한 것이지 이단에 관한 것이 아니다."[56] 디오드레베는 자신의 주장을 통해 서열의 구조를 가지고 있지 않았던 요한 공동체의 교회 구조에 대한 문제를 제기했다.

슈낙켄부르크와 비슷하게 브라운은 디오드레베를 단지 지역이나 가정 교회의 지도자로 보지 않고 오히려 "디오드레베가 목회 제도에서 장로-주교가 되는 그런 과정에 있었다."[57]라고 본다. 태거는 디오드레베를 보수적인 요한 학파의 사람으로 제시했다. 디오드레베는 장로에 대항하여 반기를 들었다. 그가 전통적 교회 이해와 일치하지 않는 어떤 권위를 가지고 있었기 때문이다. "참으로 요한의 입장에서 영은 교회 질서의 주체였다. 영은 교회를 지도하고 가르쳤다. 교회는 영과 더불어 그리스도의 유일한 지배 아래 있었다. 하지만 높임을 받은 분은 영/보혜사 안에서 현존하고 계신다.(요 14:16-17, 25-26)"[58] 장로는 군주적 주교제로 가고 있는 요한의 교회를 걱정하는 상태에 있었고, 그와 반대로 디오드레베는 참된 요한의 사상을 보존하고자 시도했다. 슈트레커는 케제만처럼 장로를 이단의 입장에서 보고 있다. 장로가 천년주의자로서 디오드레베로부터 분명하게 거부당한 가르침을 제시했기 때문이다.[59] 클라우크는 하르낙의 입장에 의존하면서 구조 갈등 이론에 찬성한다. "디오드레베는 그의 강력한 손길을 기꺼이 신뢰하는 교회 안에서 최고의 권위로 자리를 잡았다. 그는 요한복음 21장의 반응에 대응하는 입장을 근본적으로 대변하고 있다. 그는 그것을 실천했으며 보다 열심히, 보다 난폭하고 무자비하게 성취해냈다. 미래는 그가 옳았음을 증명했다. 이단, 특히 모습을 드러낸 영지주의와의 투쟁은 어떤 확고한 통

55 R. Schnackenburg, JohBr, 329.
56 K. Wengst, JohBr, 233.
57 R. E. Brown, JohBr, 738.
58 J. W. Taeger, Der konservative Rebell, 286.
59 참조. G. Strecker, JohBr, 365-68.

솔력이 없이는 성공을 거두지 못했다."[60]

슈넬레에 따르면 요한2서/요한3서가 묘사하는 갈등은 서로 연결된 네 개의 입장에서 움직인다. (1) 갈등의 출발점은 분명 예수 그리스도를 올바르게 이해함에 관한 교훈적 논쟁이다. 유대 그리스도인이던 장로(참조. 요삼 7절)는 예수 그리스도가 육신으로 오심을 진리의 기초로 보았고, 그래서 유대인들에게 나사렛 예수를 말하고 믿음의 역사성에 결정적 의미를 제시했다.(요이 7절) 그와 반대로 그리스인으로 태어난 디오드레베는 그의 문화적 배경에서 주로 예수 그리스도의 신성을 강조했고, 그리스도의 육신이 되심을 본래의 것이 아닌 것으로 평가했다. 전체적으로 장로는 오히려 (나중에 승리를 거둔) 정통 편에 서 있었을 것이며, 디오드레베는 (나중에 소위) 이단 편에 서 있었을 것이다. 무엇보다 역사적인 상황을 정확하게 판단하기 위해 이런 후대의 교회 역사 서술의 가치 개념은 충분한 것이 아니다. 왜냐하면 요한2서/요한3서는 올바른 그리스도에 대한 이해를 위해 일반적으로 구속력이 있는 교리적 결정이 아직 일어나지 않았던 시대의 논쟁의 증거이기 때문이다. (2) 지도력과 가르침의 갈등, 즉 권력 갈등은 일찍이 논쟁의 교훈적 차원과 연결된다.(참조. 요이 9-10절) (3) 서로 다른 교회론에 대한 생각이 이 논쟁을 결정했을 것이다. 장로는 지역을 넘어서는 지도적인 권리를 다른 요한의 교회에게만 강조한 것이 아니라 그가 보낸 사람들/순회 선교사들/추종자들을 통해 실제적으로 관철하고자 시도했고, 더불어 그 확장을 추구했다. 디오드레베는 분명하게 하나의 가정/지역 공동체에 집중하고 있는 부분적인 소수의 생각을 대변했다. (4) 마지막으로 문제가 되는 것은 개인적인 갈등이다. 장로와 디오드레베는 비교할 수 있는 인격 체계를 보여준다. 두 사람은 개인적인 요구를 제시하며 항상 첫째가 되고자 했다. 그런 개인적 갈등/경쟁관계는 초기 그리스도교 안에서 드문 일이 아니었다. 이전의 두 협력자의 우정은 변하여 적대관계가 되어버렸다. 그런 종

60 H.-J. Klauck, 2. 3 Joh, 110.

류의 갈등은 항상 권력에 대한 요구와 연결되어 있기 때문에,[61] 요한2서/요한3서에서 분명하게 인식할 수 있는 이런 개인적 관점이 이전보다 더 많이 고려되어야 한다.

8.4. 요한1서

8.4.1 참고문헌

주석

KEK XIV: R. Bultmann, ²1969; G. Strecker, 1989. • HNT 15/III: H. Windisch (-H. Preisker), ³1951; F. Vouga, 1990. • HThK XIII/3: R. Schnackenburg, ⁶1979. • EKK XXIII/1: H. J. Klauck, 1991. • ThHK 17: U. Schnelle, 2010. • ÖTK 16: K. Wengst, 1978. • NTD 10: H. Balz, ²1980. • RNT: J. Beutler, 2000. • ZBK 17: G. Schunack, 1982. • MNTC: C. H. Dodd, ⁴1961. • AncB 30: R. E. Brown, 1982. • WBC 51: S. S. Smalley, 1984. • Sacra Pagina: J. Painter, 2002. • U. van Wahlde, The Gospel and Letters of John III: Commentary on the Three Johannine Letters, Grand Rapids 2010.

단행본

A. Wurm, Die Irrlehrer im ersten Johannesbrief, Freiburg 1903. • W. Nauck, Die Tradition und der Charakter des ersten Johannesbriefes, WUNT 3, Tübingen 1957. • K. Wengst, Häresie und Orthodoxie im Spiegel des 1. Johannesbriefes, Neukirchen 1976. • J. Bogart, Orthodox and Heretical Perfectionism in the Johannine Community as Evident in the First Epistle of John, SBLDS 33, Missoula 1977. • D. Rusam, Die Gemeinschaft der Kinder Gottes, BWANT 133, Stuttgart 1993. • W. Uebele, "Viele Verführer sind in die Welt ausgegangen," Die Gegner in den Briefen des Ignatius von Antiochien und in den Johannesbriefen, BWANT 151, Stuttgart 2001.

논문

R. Bultmann, "Analyse des ersten Johannesbriefes," ders., Exegetica, Tübingen 1967, 105-23; Ders., "Die kirchliche Redaktion des ersten Johannesbriefes," Exegetica, 381-93. • H.

61 참조. A. Landwehr, Historische Diskursanalyse, Frankfurt 2008, 91f.

Conzelmann, "Was von Anfang war," ders., Theologie als Schriftauslegung, BEvTh 65, München 1974, 207-14. • G. Klein, "Das wahre Licht scheint schon," ZThK 68 (1971): 261-326. • H. J. Venetz, "Durch Wasser und Blut gekommen (1 Joh 5, 6)," Die Mitte des Neuen Testaments (FS E. Schweizer), hg. v. U. Luz u. H. Weder, Göttingen 1983, 345-61. • J. Blank, "Die Irrlehrer des ersten Johannesbriefes," Kairos 26 (1984): 166-93. • E. Stegemann, "Kindlein hütet euch vor den Götzenbildern," ThZ 41 (1985): 284-94. • U. Wilckens, "Die Gegner im 1. Johannesbrief," Religionsgeschichte des Neuen Testaments (FS K. Berger), hg. v. A. v. Dobbeler, K. Erlemann u. R. Heiligenthal, Tübingen 2000, 477-500.

8.4.2 저자

요한2서/요한3서와 달리 요한1서의 저자는 알 수 없다. 그를 두 개의 작은 요한서신 또는 요한복음의 저자와 동일시할 수 있는가는 논란이 된다. 빈디쉬(H. Windisch), 도드(C. H. Dodd), 슈낙켄부르크(R. Schmackenburg), 브라운(R. E. Brown), 룩슈툴(E. Rucksthuhl), 클라우크(H. J. Klauck), 보글러(W. Vogler), 헹엘(M. Hengel)은 요한2서/요한3서의 장로를 요한1서의 저자로 본다.[62] 그들은 모두 세 요한서신의 공통 문체를 주요 논거로 제시한다. 그러나 문체상의 유사점은 요한 학파의 언어사회학에서 비롯되는 것일 수 있다. 또한 한편의 요한2서/요한3서와 다른 한편의 요한1서 사이에는 언어와 문체상의 특징적인 차이점이 존재한다.

'매우 기뻐하였다'(ἐχαλην λίαν, 참조. 빌 4:10) 용법은 요한2서 4절/요한3서 3절에만 나오며, '진리 안에서 걷는다'(περιπατεῖν ἐν ἀληθείᾳ) 용법도 요한2서 4

62 참조. H. Windisch, JohBr, 143; C. H. Dodd, Johannine Epistles, LXVIIIf.; R. Schnackenburg, JohBr, 298; R. E. Brown, JohBr, 19; E. Ruckstuhl, P. Dschulnigg, Stilkritik und Verfasserfrage(아래 8.5.1을 보라.), 45f.; H. J. Klauck, 2. 3 Joh(위 8.2.1을 보라.), 21, 23; W. Vogler, JohBr(위 8.2.3을 보라.), 6; M. Hengel, Die johanneische Frage(아래 8.5.1을 보라.), 151; 계속해서 H.-U. Weidemann, "Was von Anfang an war," 224를 참조하라.

절/요한3서 3절과 4절에만 나온다. 요한2서에는 '선택받은 여주인'(ἐκλεκτῇ κυρίᾳ, 요이 1절), '너희 안에 거하는 진리'(τὴν ἀλήθειαν τὴν μένουσαν ἐν ἡμῖν, 요이 2절), '아버지의 아들 예수 그리스도로부터'(παρὰ Ἰησοῦ Χριστοῦ τοῦ υἱοῦ τοῦ πατρὸς, 요이 3절), '진리와 사랑 안에서'(ἐν ἀληθείᾳ καί ἀγαπῃ, 요이 3절), '너희 자신을 보라'(βλέπετε ἑαυτούς, 요이 8절)가 독점적으로 나온다. 요한 학파에서 유일하게 두 개의 작은 요한서신에 나오는 어휘는 '잉크'(μέλαν, 요이 12절/요삼 13절, 고후 3:3), '펜'(κάλαμος, 요삼 13절), '자비'(ἔλεος, 요이 3절), '보상'(μισθός, 요이 8절), '선을 행하다'(ἀγαθοποεῖν), '악을 행하다'(κακοποεῖν, 요삼 11절), '잘되다'(εὐοδοῦσθαι, 요삼 2절)이다. 신약에서 유일하게 한 번만 사용된 '첫째가 되기를 좋아하다'(φιλοπρωτεύων, 요삼 9절)와 '종이'(χάρτης, 요이 12절)는 요한2서와 요한3서에 나온다.

더군다나 요한1서가 장로가 쓴 것이라면 왜 이 편지에 발신자에 대한 언급이 없는지가 설명되지 않는다. 요한2서/요한3서의 저자는 분명 장로라는 존경의 칭호를 특별한 전승 보유자라는 의미로 그의 대적자와의 논쟁에 의도적으로 내세우고 있다. 그 칭호가 그에게는 품격을 표현하는 것으로 이용되고 있으며 그의 권위에 대한 진술을 확증한다. 왜 장로는 대적자와 극에 달하는 논쟁을 하면서 요한1서에서 익명의 '우리'를 사용하며 자신에게 해당하는 존경의 칭호를 곧바로 포기해야만 했을까? 게다가 요한1서의 형식도 저자로서의 장로를 반대하고 있다. 요한2서/요한3서는 개체 교회 또는 개인에게 보내는 문체에 맞는 개인의 편지인 반면에 요한1서에는 본질적인 편지의 특징이 없다. 결론적으로 요한2서/요한3서의 이원론은 단지 미지한 형식으로 존재하며, 객관적인 입장 변화를 확정할 수 있다. (1) 요한2서 4-6절에서 사랑의 계명은 새로운 것이 아니라 '처음부터' 주어진 것이다. 이와 반대로 요한1서 2:7-11에서는 사랑의 계명이 변증법적으로 처음부터 있었던 계명이지만 동시에 새로운 계명으로 설명된다. 게다가 요한1서 2:10-11은 명시적으로 형제사랑에 관해서만 말한다. (2) 요한2서 7

절에서는 '적그리스도'(ἀντίχριστος)의 개념이 단수로 나타나지만, 요한1서 2:18에서는 복수형 '적그리스도들'(ἀντίχριστοι)이 단수형과 나란히 존재한다.

요한2서/요한3서의 언어적 독자성, 고대 개인 서신의 형식, 장로라는 발신자에 관한 진술, 요한1서와의 내용적 차이는 요한2서/요한3서와 요한1서의 저자가 서로 다르다는 것을 의미한다.[63]

요한복음과 요한1서의 저자가 동일한가의 물음은 요한 학파의 이해를 위해 중요한 의미가 있다. 요한1서에는 요한복음의 주요 개념이 나오지 않기 때문에 우선 언어적 이유는 이 가정을 반대한다.(γραφή, δόξα, δοξάζειν, ζητεῖν, κρίνειν, κύριος, νόμος, πέμπειν, προσκυνεῖν, σῴζειν, χάρις) 다른 면으로 요한1서의 핵심적 신학 어휘가 요한복음에는 나오지 않는다.[ἀντιχριστος, ἐλπίς, ἱλασμος, κοινωνία, σπέρμα(θεοῦ), χρῖσμα] 요한1서는 구조와 문체에서도 언어적 독자성을 지닌다.[64] 그러므로 다음과 같은 결론이 나온다. "요한1서의 언어는 요한복음과 많은 공명을 이루지만 그럼에도 불구하고 저자는 동일하지 않은 것으로 추정된다."[65] 게다가 요한1서에만 있는 특별한 신학적 설명이 있다. 예를 들어 요한1서 2:1에서만 예수 그리스도가 보혜사와 일치한다. 요한복음에서는 미래적 종말론이 제거될 수 없음에도 불구하고 현재적 종말론의 진술이 분명 우세하다. 그와 반대로 요한1서에서는 미래적 종말론이 우세하다.(참조. 요일 2:28, 3:3) 예수를 '속죄제물'

63 요한1서와 요한2서/요한3서가 다른 저자라는 것을 옹호하는 학자들은 다음과 같다. R. Bultmann, JohBr, 10; H. Balz, JohBr, 159; K. Wengst, JohBr, 230f.; G. Strecker, JohBr, 49ff.

64 이에 대해 상세히 증명하는 학자들은 다음과 같다. H. J. Holtzmann, "Das Problem des ersten johanneischen Briefes in seinem Verhältnis zum Evangelium II," JPTh 8 (1882): (128-43) 135ff.; C. H. Dodd, Johannine Epistles, XLVIIff. 연구사를 비판적으로 조망하려면 E. Haenchen, "Neuere Literatur zu den Johannesbriefen,"(위 8.2를 보라.) 238-42를 참조하라.

65 E. Haenchen, 위의 글, 242.

(ἱλασσμός)로 설명하는 곳은 요한1서 2:2, 4:10뿐이다.(요일 1:7, 9, 3:5의 속죄의 죽음에 관한 진술을 참조하라.) '기름 부음'(χρῖσμα)은 전체 신약성서에서 요한1서 2:20, 27에서만 독점적으로 언급된다. (19회 구약을 인용하는) 요한복음과 달리 요한1서에서는 구약을 인용하지 않는다. 단지 요한1서 3:12(가인)에서만 구약과의 관련이 나타난다. 또한 그리스도인의 죄 없음에 관한 핵심적 윤리의 문제(참조. 요일 1:8-10, 3:4-10, 5:16-18)는 요한복음에 나오지 않는다. 결론적으로 요한1서는 요한복음과는 다른 상황을 전제한다. 요한1서는 격렬하게 자신의 교회 안에서(참조. 요일 2:19) 형성된 그리스도론의 거짓 가르침에 대해 투쟁한다. 반면에 요한복음은 그런 예민한 갈등을 알지 못한다.

언어, 신학적 설명의 환경, 서로 다른 상황은 요한1서와 요한복음이 서로 다른 저자에 의해 기록되었음을 추측하게 한다.[66]

8.4.3 기록 장소와 시기

일반적으로 요한1서는 요한복음 이후에 기록된 것으로 본다. 그럴 경우 요한1서는 요한의 목회서신이 되며, 요한복음의 신학을 전제로 하여 변화된

66 서로 다른 저자임을 지지하는 학자들은 다음과 같다. H. J. Holtzmann, Das Problem des ersten johanneischen Briefes II, 136ff.; R. Bultmann, JohBr, 9; R. Schnackenburg, JohBr, 335; E. Haenchen, "Neuere Literatur zu den Johannesbriefen,"(위 8.2를 보라.) 282; H. Conzelmann, "Was von Anfang war," 211; G. Klein, "Das wahre Licht scheint schon"의 해당 본문 참조; K. Wengst, JohBr, 24f.; C. H. Dodd, JohBr, VI; H. Balz, JohBr, 160; R. E. Brown, JohBr, 30; G. Strecker, JohBr, 53; H. J. Klauck, 1Joh, 45; W. Vogler, JohBr(위 8.2.3을 보라.), 6-10. 이와 반대로 다음의 학자들은 동일 저자로 본다. W. G. Kümmel, Einleitung, 392; A. Wikenhauser, J. Schmid, Einleitung, 623; G. Schunack, JohBr, 108; M. Hengel, Die johanneische Frage(아래 8.5.1을 보라.), 204; E. Ruckstuhl, P. Dschulnigg, Stilkritik und Verfasserfrage(아래 8.5.1을 보라.), 46-54.

역사적 환경에서 그 신학을 해석하고 응용한 것이 된다.[67] 요한복음으로부터 요한1서로의 이동은 요한1서가 요한복음을 알고 이해할 수 있었다는 증거가 된다. 그러나 이런 해석 모델은 무엇보다 왜 편지에 요한복음 인용이 하나도 없는지를 설명하지 못한다. 요한1서와 요한복음 사이에 존재하는 일치는 편지의 기록자가 요한복음을 문헌으로 알고 있었음을 반영하는 것일 수 있다. 그러나 그런 일치는 요한 학파의 공통 전승에 근거를 두는 것일 수도 있다. 이 두 번째 가능성은 요한1서의 저자가 요한복음을 문학적으로 사용하지도 않았고, 알지도 못했다는 것을 실제로 증명할 수 없다는 사실에 의해 뒷받침된다.[68] 요한1서 1:1-4의 서문은 요한복음 서문에 대한 새로운 이해를 다양하게 보여준다. 요한1서와 요한복음의 서문에서 '시작'(ἀρχή)이라는 용어의 사용은 특징적으로 구별된다. 전체 요한 문헌에서 '처음에'(ἐν ἀρχῇ)는 단지 요한복음 1:1-2에만 나온다. 이 두 구절에서 선재하는 로고스의 존재는 하나님과 함께 세계 창조 이전의 절대적 시작 안에 있었다는 것이 언급된다. 그와 반대로 요한1서 1:1의 '처음부터'(ἀπ ἀρχῆς)는 전체 구원 사건을 교회를 위한 의미로 설명하며, 그 과정에서 창조에 관해서는 아무 언급도 하지 않는다. 여기서 구원 사건의 명백함과 실제성을 두드러지게 강조하는 것은 요한1서 2:22-23, 4:1-3에서 투쟁하고 있는 대적자를 목표로 한다. 요한1서 2:24에서처럼 '처음부터'는 편지의 시작에서도 거짓 교사들에 대한 비판적 판단으로 요한의 전통과 연결된다. 요한1서와 요한복음의 서문은 요한 학파의 공통 전승사의 뿌리로 거슬러 올라간다. 그렇다고 요한복음 1:1-18이 요한1서 1:1-4의 문학적 토대를 형성한 것은 아니다.[69]

---

67 최근 문헌에서 이런 의미로 보는 입장은 다음과 같다. H. Conzelmann, "Was von Anfang war"의 해당 본문; F. Vouga, JohBr, 11ff.; H. J. Klauck, Johannesbriefe(위 8.2.1을 보라.), 46f.

68 포괄적인 근거를 제시하는 입장은 다음과 같다. U. Schnelle, Reihenfolge der johanneischen Schriften(위 8.1.1을 보라.), 99-110

69 참조. U. Schnelle, Antidoketische Christologie(아래 8.5.1을 보라.), 65f.; G.

보혜사에 관한 설명도 요한복음의 시간적 우위 가정에 대한 근거를 제시하지 못한다. 보혜사에 관한 요한복음의 설명은 오히려 요한1서가 요한복음보다 먼저 작성되었다는 것을 증명할 뿐이다. 요한1서 2:1은 독점적으로 예수 그리스도를 보혜사와 일치시키고 있으며, 그래서 요한복음에서는 보혜사 개념의 확장(참조. 요 14:17, 26, 15:26, 16:13)이 존재한다. 요한1서가 요한복음과 연결되어 나중에 작성되었다면, 비록 이 편지가 그 다음에 요한 학파의 연장된 시간 그리고 그와 함께 교회의 역사로 들어감의 경계를 표시함에도 불구하고, 그럴 경우에 왜 이 편지를 쓴 사람이 보혜사의 교회론적인 기능을 받아들이지 않은 것인지는 설명하기가 어렵다. 결론적으로 요한복음 14:16 안에는 요한1서 2:1에 대한 언급이 들어 있다. 왜냐하면 예수는 아버지에게 '다른 보혜사'를 요청하고 있고 자신을 간접적으로 보혜사라고 부르기 때문이다.

요한복음과 요한1서 사이에 존재하는 종말론의 차이는 요한복음의 작성이 요한1서보다 빨리 이루어졌다는 증거로 평가되고 있다. 요한복음에서는 '순수한'(genuin) 현재적 종말론의 구성을 파악할 수 있고, 요한1서의 '재묵시화'에서는 최초 그리스도교의 지배적인 미래적 종말론에 대한 균형을 볼 수 있다는 것이다.[70] 이런 견해에 반대하여 근본적이고 방법론적인 반대 의견을 제시할 수 있다. 요한복음과 요한1서의 종말론적 진술 사이에 존재하는 실제적인 모순은 불트만을 따라 요한복음의 미래 종말론적 본문은 문학적으로 볼 때 이차적인 것으로 설명된다. 그러나 이것은 증명이 되지 않는다.(petitio principii) 적어도 논쟁이 되고 있는 요한복음의 해석은 요한1

Strecker, JohBr, 56ff.; M. Hengel, Die johanneische Frage(아래 8.5.1을 보라.), 157. 요한1서의 서문이 요한복음 1:1-18을 의존하고 있음을 지지하는 학자들은 다음과 같다. R. Bultmann, JohBr, 13; R. Schnackenburg, JohBr, 51; H. Balz, JohBr, 167; R. E. Brown, JohBr, 176ff.; M. Theobald, Die Fleischwerdung des Logos(아래 8.5.1을 보라.), 400-37.

70 G. Klein, "Das wahre Licht scheint schon," 287을 예로 들 수 있다.

서의 종말론을 결정하기 위한 토대를 형성하기 때문이다.[71]

요한1서 2:14는 이 편지보다 먼저 작성된 편지가 존재할 가능성을 암시하고 있는데, 그것이 요한복음일 가능성은 없다. 왜냐하면 여기서 암시하는 편지는 단 하나의 편지만 의미한 것일 수 있기 때문이다. 요한복음이 아니라 벤트(H. H. Wendt)가 추정한 것처럼 요한1서 2:14 안에는 요한2서에 대한 암시가 존재한다고 볼 수 있다.

참고문헌 가운데서 소개한 것처럼 요한1서에 대한 요한복음의 시간적 우위성의 주장은 설득력을 보여주지 못했다. 요한1서에는 요한복음에서 인용한 것이 없으며, 요한복음으로부터 요한1서로의 신학적 강조점의 이동도 자주 주장되기는 하지만 존재하지 않는다. 그러한 주장은 원하는 결과를 예단하는 요한복음에 대한 특정한 해석에 근거한 것일 뿐이다. 가현설적 거짓 교사들과의 갈등도 요한복음의 시간적 우선성을 증명하지 못하고 오히려 요한1서가 요한복음보다 앞서 작성되었다는 것을 알게 해준다. 요한1서의 저자는 대적자에게 자신의 눈에 합법적으로 보이는 요한 학파가 가르친 전통을 제시한 것이지 요한복음을 제시한 것이 아니다. 그와 반대로 요한복음은 요한1서의 예민한 논쟁을 이미 전제하고 있으며 그것을 신학적으로 개작했다.[72] 그래서 요한복음 6:60-71은 명백하게 요한1서 2:19의 분열과 연결된다. 두 개의 본문에서 예수의 성육신에 대한 구원론적 의미가 제자들이 분열하는 동기가 된다.[73] 가현설 그리스도론에 반대하는 복음서 기

---

71 참조. H. H. Wendt, "Die Beziehung unseres ersten Johannesbriefes auf den zweiten," ZNW 21 (1922): 140-46.

72 요한복음에 요한1서가 수용된 역사를 언급할 수 있는 한에서 그렇다. 나는 부가의 의견에 반대한다.(Vouga, JohBr, 11-13.) 그는 요한1서 안에 존재하는 요한복음 수용의 역사로부터 시작하며 적중하지 못하는 명백한 관련성의 문제를 다음과 같이 해결한다. "요한1서 수신자의 유일한 전제 조건은 그가 요한복음을 잘 알지만 공식 권위로 인정하지 않는다는 것이다."(Vouga, 위의 책, 12.)

73 참조. L. Schenke, "Das johanneische Schisma und die 'zwölf' (Johannes 6, 60-71)," NTS 38 (1992): 105-21. 쉥케는 무엇보다 그 분열에서 가현설주의자

자의 근본적인 논증 안에는 첨예한 논쟁으로 입장을 고수하고 있는 요한서신과의 시간적이고 객관적인 거리감이 나타난다. 가현설 그리스도론에 반대하는 요한복음에 넓게 깔려 있는 근본적인 논증은 고수하고자 하는 요한서신의 절박한 논쟁과의 시간적이고 내용적인 거리를 보여준다. 요한1서는 그 문제를 언급하지만, 신학적 답변은 비로소 요한복음에 나타난다. 그러므로 요한1서는 요한복음보다 먼저 존재했다고 할 수 있다.[74] 그러나 요한2서/요한3서보다는 이후에 기록되었을 것이다. 요한1서의 기록 시기는 기원후 95년경이며,[75] 기록 장소는 요한 학파의 자리인 에베소일 개연성이 크다.[76] 파피아스는 요한1서를 알고 있었고(참조. 유세비우스. HE III 39, 17), 폴리카르포스는 요한1서의 존재를 처음으로 증명했다.(요일 4:2를 폴리카르포스, Phil 7:1과 비교해보라.)

8.4.4 수신자

요한2서를 개교회에, 요한3서를 개인에게 보낸 것이라면, 그와 반대로 요한

를 보지 않는다. 슈트레커와 슈넬레가 다시 최근에 논의로 끌어들인 편지의 기록 시기가 요한복음보다 앞섰다는 견해에 대한 다른 의견은 M. Hengel, Die johanneische Frage(아래 8.5.1을 보라.), 156의 각주 18을 참조하라. 요한복음은 "이미 되어가는 과정에 있었다. 그것은 이미 요한서신이 기록되었을 때 훌륭한 텍스트로 고정이 되었을 것이다. 그러나 요한복음은 어느 정도의 시간이 지난 후에, 그러니까 저자가 죽은 후에 그의 제자에 의해—필자의 견해로 볼 때 편지와 함께—발행되고 개작되었을 것이다."

74 참조. K. Berger, Theologiegeschichte des Urchristentums(위 2를 보라.), 270-75.

75 요한1서를 요한복음 이후에 기록된 것으로 볼 경우 그 시기는 대부분 기원후 100/110년경이다. 예를 들어 다음을 참조하라 K. Wengst, JohBr, 30; H. J. Klauck, 1 Joh, 49.

76 참조. K. Wengst, JohBr, 30(서쪽의 소아시아); R. E. Brown, JohBr, 102f.; S. S. Smalley, JohBr, XXXII; H. J. Klauck, 1 Joh, 49.

1서에는 편지의 본질에 해당하는 외적인 특징이 빠져 있다. 다른 한편으로 저자는 독자를 '자녀들'(τεκνία, 참조. 요일 2:1, 12, 28, 3:7, 18, 4:4, 5:21) 혹은 '사랑하는 사람들'(ἀγαπητοί, 참조. 요일 2:7, 3:2, 21, 4:1, 7, 11)이라고 부른다. 자주 반복되는 '쓰다'(γράφειν) 동사도 편지의 상황을 가리킨다.(참조. 요일 1:4, 2:1, 7-8, 12-14, 21, 26, 5:13) 요한1서 5:13에 따르면 편지의 독자는 '하나님의 아들의 이름을 믿는 자들'이다. 그러므로 요한1서는 요한 학파의 특정 지역 교회로 보낸 것이 아니라 전체 교회를 언급하는 것이다.[77] 요한1서는 상황 편지도 아니고, 추상적인 신학 논문도 아니다. 또한 상황을 뛰어넘는 명상록으로 이해되어서도 안 된다. 오히려 요한1서는 근본적인 질문으로써 교회를 가르치기 위해 교훈과 경고의 단락을 가지고 있는 편지이다. 이 과정에서 저자는 청자와 독자의 구체적 문제에 관여한다. (1) 그리스도인의 죄 없음에 관한 물음은 분명 시급한 교리적, 윤리적 문제였다.(참조. 요일 1:18 이하, 3:4 이하, 5:16 이하) 요한1서는 그 시점에 요한 학파 내에 서로 다른 입장이 나타났다는 것과 저자의 견해에서 가능한 해결책이 어떠했는지를 분명히 알게 한다. (2) 요한2서처럼 요한1서에도 교회에서 나간 거짓 교사들과의 논쟁이 핵심적 주제이다.(참조. 요일 2:22-23, 4:2 이하, 5:6 이하) 거짓 교사 논쟁의 범위는 대적자들의 영향이 요한 학파에서 결코 철회되지 않았고, 항상 심각한 위험을 나타내고 있었다는 사실을 보여준다. (3) 요한1서 3:17에서 궁핍함을 겪고 있는 형제를 위한 구체적인 사회적 도움 요청과 관련하여 형제를 사랑하라는 계속되는 권고는 요한 학파 안에 현저한 사회적 차별이 존재하고 있었음을 추정하게 한다. 요한1서의 저자는 이 문제를 사회적인 원조에까지 이르도록 실행 가능한 형제 사랑이라는 지속적인 권고를 통해 해결하거나 완화시키려고 한다.

77 전제된 공동체의 구조에 관하여는 D. Rusam, Gemeinschaft der Kinder Gottes, 210ff.를 참조하라.

8.4.5 내용 구성, 구조, 형식

1:1–4	서언: 생명의 말씀
1:5–2:17	권고: 하나님과의 사귐과 그 사귐이 위험에 처함/긍정적인 그 사귐은 죄로부터의 자유와 형제 사랑에서 실현된다.
2:18–27	교훈의 실행: 적그리스도인의 그리스도이신 예수를 부인
2:28–3:24	권고: 주의 오심과 계명을 지킴
4:1–6	교훈의 실행: 진리와 거짓의 구분
4:7–5:4a	권고: 하나님을 사랑하는 것은 형제 사랑이다.
5:5–12	교훈의 실행: 물과 피와 영에 의한 증거
5:13–21	후기: 영원한 생명과 위험에 처한 영생

압도적으로 '윤리적'이고, 압도적으로 '교훈'에 방향을 맞춘 단락들이 강하게 맞물려 있는 것이 요한1서의 특징이다. 이 단락들은 서언과 후기에 의해 틀이 정해진다. 하지만 그런 구분은 더 이상 도움이 되는 구조가 아니며 일차적인 방향 제시도 하지 못한다. 왜냐하면 저자의 한결같은 사고방식과 서술방식은 요한1서의 내용을 실제적으로 확실히 구분하는 것을 어렵게 하기 때문이다.[78] 거시적 지평에서 구별되는 내용 구분의 특징은 식별하기 어렵다. 요한1서의 구조적 특징은 신앙의 내용과 신앙의 실천의 반복이다. 저자는 신앙의 내용과 신앙의 실천이 나누어질 수 없이 함께 속해 있으며 서로 의존적 관계라고 본다. 근본적 의미는 요한1서 1:1–4의 서문에 드러난다. 서문은 기록하는 사람의 요구를 공식화하고 있는데, 이미 거짓 교사들과의 논쟁이라는 관점에서 작성되었다.

이렇게 긴장이 팽배한 정황은 연구사에서 매우 다른 형식에 대한 규정

78 연구사에 관하여는 H.-J. Klauck, Die Johannesbriefe, 59–68을 참조하라. 클라우크는 중요한 모든 (두 개에서 일곱으로 나누는) 구조 모델을 제시한다. 그는 편지의 본문이 세 부분으로 나누어진다고 본다. 요일 1:5–2:17, 2:18–3:24, 4:1–5:12.

으로 나타났다. 그래서 요한1서는 '목회적 회람서신',[79] 직무상 공적 파송서신,[80] 권위적 경고서신,[81] 종교적 논문,[82] 편지 형식의 설교,[83] 권고,[84] 요한복음 해설,[85] 권고나 상징적 편지[86] 혹은 회심 이후의 권고설교[87]로 지칭된다. 요한1서의 장르에 대한 설득력 있는 구분은 성공을 거두지 못했다. 중요한 편지 형식의 결여, 근본적인 신앙 문제에 대한 상론(예를 들어 죄에 관한 주제), 일반 윤리적 특징과 거짓 교사 문제는 모순 없이 조화를 이루지 못한다. 그러므로 요한1서는 (편지 형식을 가진 어떤 서식의) 신학적 담론으로 설명되어야 한다. 담론(Diskur)이라는 말은 라틴어 'discurro'(주변을 돌다, 확장되다), 'discurso'(여기저기 달리다)에서 나왔다. 그러므로 여기서 이 단어는 의도된 단순한 의미로 이해되어야 한다. 담론은 논증을 통해 설명된 의사소통의 형식이다. 이 형식은 특정한 역사적 의사소통 상황에서 현실을 창조/변경하기 위해 정당화와 타당성을 주장하는 어떤 그룹/사회에서 이루어진 주요 주제를 모두 포괄한다.[88] 담론은 늘 힘에 대한 요구와 그 의미에 대한 투쟁과 결합되어 있다. 그러면서 특별한 현실성에 대한 견해와 지식

---

79 참조. O. Baumgarten, Die Johannesbriefe, SNT 4, Göttingen ^{3}1920, 185.

80 참조. W. Nauck, Die Tradition und der Charakter des ersten Johannesbriefes, 126f.

81 R. Schnackenburg, JohBr, 4.

82 H. Windisch, JohBr, 107.

83 G. Strecker, JohBr, 49.

84 참조. W. Vogler, JohBr(위 8.2.3을 보라.), 24.

85 R. E. Brown, JohBr, 91.

86 참조. F. Vouga, JohBr, 5; H.-J. Klauck, 1 Joh, 32. 클라우크는 좋은 설득, 충고, 하지 못하도록 말리는 것을 주된 관심사로 하는 충고편지라고 한다.

87 참조. K. Berger, Formgeschichte des Neuen Testaments, Heidelberg 1984, 133; J. Beutler, JohBr, 28.

88 담론에 관하여는 다음의 연구사와 해설을 참조하라. R. Keller, Diskursforschung, Wiesbaden ^{2}2004, 13-60; M. u. S. Jäger, Deutungskämpfe. Theorie und Praxis Kritischer Diskursanalyse, Wiesbaden 2007, 17-37; A. Landwehr, Historische Diskursanalyse(아래 8.3.10을 보라.), 60-90.

의 형식을 관철시키고자 한다. 역사적 영역에서 담론은 일반적으로 개별 텍스트의 집합으로 나타난다.

8.4.6 문학적 통일성

요한1서의 문학적 통일성에 관한 질문은 최근 주석에서 요한1서 5:14-21에 집중되고 있다.[89] 요한1서 5:14-21이 이차적 특징을 가진다는 논증은 (1) 편지의 결말이 5:13에 있다는 것, (2) '사망에 이르는 죄'와 '사망에 이르지 않는 죄'의 구별이 편지의 이전 진술과 모순된다는 것, (3) 요한1서 5:14-21에는 많은 유일회적 언급과 편지에서 볼 수 없는 표현이 존재한다는 것이다. 요한1서 5:13에는 실제적인 편지의 결말이 있는 게 아니라 저자가 이 구절을 가지고 이전에 기록한 것을 되돌아보며 마지막 단락을 끌어들이고 있다.[90] 요한1서 5:14-21에 기록된 두 가지 죄에 관한 진술이 요한1서 1:8 이하, 3:4 이하와 근본적인 긴장관계에 있는 것은 아니다. 저자의 관점에서 볼 때 이 진술은 요한 학파 내부의 그리스도인의 죄 있음에 관한 갈등의 해결이기 때문이다.(아래 8.4.9를 보라.) 유일회적 언급도 요한1서 5:14-21이 이차적 특징을 가진다는 사실을 증명하지 못한다. 편지 본문에도 중요한 유일회적 언급이 존재하기에 문학비평적 결론을 이끌어내지 못하기 때문이다.[91] 요한1서 5:14-21은 단순히 이전의 글을 마무리하는 것이 아니다. 여기에 등장하는 죄 문제에 대한 해결책과 배교에 대한 경고는 호

---

89 R. Bultmann, "Die kirchliche Redaktion des ersten Johannesbriefes," ders., Exegetica, Tübingen 1967(=1951), 381-93. 불트만은 마지막 부분 옆에 묵시적 진술(예를 들어 요일 2:28, 3:2, 4:17)과 그리스도론적 속죄에 관한 진술(요일 1:7c, 2:4, 4:10)을 자신의 '교회적 편집'에 배치했다.

90 참조. G. Strecker, JohBr, 291ff. 요한복음 20:31과 요한1서 5:13은 어휘와 구조가 유사하지만, 둘 사이에는 문학적 의존성이 없음을 가리킨다.

91 참조. G. Strecker, JohBr, 293의 각주 6.

소적 성격을 띠며, 이는 요한1서의 전체적 이해를 위해 본질적인 것이다.

8.4.7 전승, 자료

불트만은 요한1서의 형성 모델을 요한복음의 문학 분석과 비교하여 제시했다.[92] 그가 제시한 모델에 따르면 요한1서의 저자는 이교 영지주의적 자료로 된 문서를 토대로 이용했다. 그 자료는 2행시 형식으로 된 26개의 대립 명제로 되어 있으며, 불트만이 요한복음에서 주장한 계시설교 자료와 내용적으로나 형식적으로 가깝다. 그 자료의 범위와 순서는 다음과 같다. 요한1서 1:5-10, 2:4, 5, 9, 10, 11, 29, 3:4, 6-10, 14, 15, 24, 4:7, 8, 12, 16, 5:1, 4, 4:5, 6, 2:23, 5:10, 12, 요한2서 9절. 불트만은 1927년에 제시된 이 분석[93]을 다양한 방식으로 변형하고 확대했다. 그는 원래의 요한1서가 2:27로 끝나며 이후 이어지는 단락은 새로운 생각이 아니라 앞선 부분의 변형에 지나지 않는다고 말한다. 불트만은 요한1서 2:28-5:12의 성격을 결정하는 데 주저한다. 그는 그것이 개요나 묵상 혹은 학습 모임의 기록인데, 이후 원본 편지의 저자가 추가했거나 '그의 제자가 덧붙인 것'이라고 추정한다.[94] 이러한 믿을 만한 자료의 확장에 근거하여 '교회의 편집' 작업이 완성되었다. 요한1서 형성의 역사에 대한 이러한 논제는 관철될 수 없었다. 요한1서에서 경우에 따라 동일한 구조를 가진 평행본문으로부터 원자료를 찾아내는 것은 불가능하기 때문이다. 게다가 불트만의 재구성 과정을 이끌던 형식적, 방법론적 근원성의 원리가 지금의 관점에서는 의심스러워 보인다.[95] 요한1

---

92 연구사에 관하여는 W. Vogler, JohBr(위 8.2.3을 보라.), 33-38을 참조하라.

93 참조. R. Bultmann, "Analyse des ersten Johannesbriefes," ders., Exegetica, Tübingen 1967(=1927), 105-23; E. v. Dobschütz, "Johanneische Studien," ZNW 8 (1907): 1-8.

94 R. Bultmann, JohBr, 48.

95 포괄적인 비판에 관하여는 E. Haenchen, "Neuere Literatur zu den Johannes-

서 2:27에 있는 원문의 결론도 증명할 수 없는데, 이는 2:28로 시작하는 부분에서 저자가 새로운 주제를 다루기 때문이다.(예를 들어 미래적 종말론, 성례전과 사망에 이르는 죄) 그러나 원자료설을 거부한다고 해서 요한1서의 저자가 요한 학파 안에서 형성된 구전 전승과 텍스트를 근거로 하고 있다는 가능성은 배제되지는 않는다. 그러므로 편지의 서론(요일 1:1-4)도 요한1서 2:12-14의 윤리적, 교리적 가르침과 마찬가지로 요한 학파의 특정한 전승으로부터 나왔다고 할 수 있다. 요한1서 1:8 이하, 3:4 이하, 5:16 이하에서 그리스도인과 죄의 관계에 대한 서로 다른 진술은 그런 핵심 문제에 대한 요한 학파의 논의였을 것이다.

8.4.8 종교사적 위치

여기서는 요한1서가 싸우고 있는 대적자를 종교사적으로 분류하는 질문이 핵심이다. 그들은 한때 같은 교회에 속해 있었고(참조. 요일 2:19), 편지 기록자의 관점에서 볼 때 지상의 예수와 하늘의 그리스도 사이의 구원론적 정체성을 부인하고 있다.[참조. 요일 2:22의 '예수는 그리스도가 아니다.'(Ἰησοῦς οὐκ ἔστιν ὁ Χριστός)와 요일 4:15, 5:1, 5의 정체성에 관한 진술들][96]

---

briefen,"(위 8.2를 보라.) 250ff.를 참조하라.

96 참조. R. Bultmann, JohBr, 44; H. Balz, JohBr, 183; K. Wengst, JohBr, 112; R. E. Brown, JohBr, 352; G. Strecker, JohBr, 129; H. Windisch, JohBr, 127f.; E. Haenchen, "Neuere Literatur zu den Johannesbriefen,"(위 8.2를 보라.) 274. 요한1서 2:22를 떼어내서 본다면, 그것은 예수의 메시아성에 대한 유대교적인 거부가 될 수 있다. 하지만 그것은 2:19에 의해 배제되었다. 필자는 바이스의 의견에 반대한다. 바이스는 예수의 하나님의 아들 됨을 부인하는 것으로 보면서 적대적 가르침의 다양한 관점을 내다본다.[K. Weiß, "Die 'Gnosis' im Hintergrund und im Spiegel der Johannesbriefe," Gnosis und Neues Testament, hg. v. K. W. Tröger, Berlin 1973, (341-56) 343.] 튀엔은 부엄(A. Wurm)을 따라서 적대자를 정통 유대인으로 보고, 그들은 하나님을 알기 위해 하늘 계시자의 필요성을 거부했다고 본다.[H. Thyen, Art. "Johannesbriefe,"

대적자들에게 아버지와 하늘의 그리스도는 구원의 중요성이 분명했지만, 역사적 나사렛 예수의 삶과 죽음은 그렇지 않았다. 그와 반대로 요한1서의 저자에게 아들의 활동을 거짓으로 가르치는 자는 아버지를 모시지 않는 자이다.

요한1서 4:2(참조. 요일 1:2, 3:8b)의 성육신 진술은 선재한 그리스도의 육신 되심에 대한 투쟁과 연결된다.[97] 그들에게는 역사적 나사렛 예수의 수난(참조. 요일 5:6b)이 그의 속죄의 죽음(참조. 요일 1:9, 2:2, 3;16, 4:10)처럼 아무 구원의 의미가 없다. 그들은 하늘 구원의 그리스도와 지상의 예수 사이를 엄격하게 구분했다. 하늘의 그리스도는 지상 현현 이후 단지 가상의 몸만 가졌다는 것이다. 이러한 해석으로 요한1서 4:3을 '예수를 아버지로부터 해체하는 모든 영은 하나님으로부터 나온 것이 아닙니다.'(καὶ πᾶν πνεῦμα ὃ λύει τὸν Ἰησοῦν ἐκ τοῦ θεοῦ οὐκ ἔστιν)[98]라고 읽을 수도 있다. 대적자들은 예수를 그들의 가르침으로부터 제거했으며, 구원자의 인간적 측면을 부인했다.[99]

(위 8.2를 보라.) 194.] 비슷한 의견으로는 U. Wilckens, Die Gegner im 1. Johannesbrief, 483; D. R. Street, They Went out from Us, 358이 있다.("요한1서는 유대교 환경에서 기록되었고 요한복음서와 동일한 주제를 언급하고 있는데, 그것은 예수의 메시아성에 관한 것이다.")

97 참조. R. Bultmann, JohBr, 50ff.; G. Strecker, JohBr, 211f.; C. H. Dodd, JohBr, XIX. 다음 학자들에 의하면 요한1서 4:2에는 성육신에 대한 진술이 제시되어 있지 않다. R. Schnackenburg, JohBr, 221; P. S. Minear, "The Idea of Incarnation in First John," Interp 24 (1970): (291-302) 300f.; F. Vouga, JohBr, 47.

98 '해체하다'(λύει)로 읽는 독법을 지지하는 학자들은 다음과 같다. R. Schnackenburg, JohBr, 222(상세한 근거를 제시한다.); R. Bultmann, JohBr, 67; R. E. Brown, JohBr, 494-96; P. Weigandt, Der Doketismus im Urchristentum und in der theologischen Entwicklung des zweiten Jahrhunderts, Diss. theol., Heidelberg 1961, 104; K. Wengst, Häresie und Orthodoxie, 17의 각주 14; M. Hengel, Die johanneische Frage(아래 8.5.1을 보라.), 171ff.; 다른 예로는 H. J. Klauck, 1 Joh, 234-37을 들 수 있다.

99 P. Weigandt, Doketismus, 105.

이그나티우스도 마찬가지로 그의 편지에서 가현설 그리스도론에 반대했다.[100] 그는 예수 그리스도의 신체성을 두고 싸운 자신의 대적자들을 비난했다. 그들은 주님이 몸을 지니고 있다는 것을 부인했다.(이그나티우스, Sm 5:2) 이에 반대해서 이그나티우스는 예수 그리스도가 동정녀 마리아에게서 실제적으로 태어났고, 요한에게 세례를 받았으며, 본디오 빌라도에 의해 실제로 우리를 위해 육체로 못 박힘을 당했음을 강조한다.(Sm 1:1, 참조. Trall 9:1) 대적자들은 예수 그리스도가 가상으로 고난을 당했다고 한다.(참조. Trall 10, 참조. Sm 2, 4:2) 이에 반대하는 이그나티우스는 그리스도의 고난과 죽음을 인상적으로 제시한다.(참조. Eph 7:2, 20:1, Trall 9:1, 11:2, Röm 6:1, Sm 1:2, 6:2) 지상의 예수 그리스도가 '마치 ~인 것처럼 보이는 것'(τό δοκεῖν)이었다면, 그는 실제로 고난을 당하지 않았다. 그래서 대적자들은 그의 부활도 부인해야만 했다. 이것은 이그나티우스가 대적자들의 관점에서 예수 그리스도의 육신 부활을 열정적으로 강조한 그 열정을 설명하는 유일한 방법이다.(참조. Sm 1:2, 3:1, 7:1, Trall 9:2, Eph 20:1, Magn 11) 대적자들이 부활을 부인한다면 성만찬도 헛된 것이 되고 그리스도의 은혜도 약해진다.(Sm 6:2) 그 결과 대적자들이 성만찬 거행을 멀리한다면 그것은 논리적으로는 맞다.(참조. Sm 7:1, 계속해서 6:2) 대적자들이 예수 그리스도의 참된 육체의 실존, 그의 고난과 십자가에 못 박힌 분의 부활에 대해 싸웠기 때문에 그로부터 성만찬에 대한 결과가 생겨났고 '마치 ~인 것처럼 보이는 것'(τό δοκεῖν)이라는 핵심어가 생겨났으며, 이 가르침을 가현설(Doketismus)이라고 부르게 되었다.[101] 예수 그리스도의 모든 지상의 실존은 '가현'(δόκησις)으로 요약된다. 예수 그리스도는 단지 가상으로 나타난 것이지

---

100 이그나티우스의 텍스트를 상세하게 분석한 것은 W. Uebele, "Viele Verführer sind in die Weltausgegangen," 37-92를 참조하라.

101 참조. W. Bauer, Die Briefe des Ignatius von Antiochien und der Polykarpbrief, HNT.EB II, Tübingen 1920, 239f.; P. Weigandt, Doketismus, 57f.; W. Bauer, H. Paulsen, IgnTrall(위 2.9.6을 보라.), 64f.; W. R. Schoedel, Die Briefe des Ignatius von Antiochien, München 1990, 250ff.; W. Uebele, "Viele Verführer sind in die Welt ausgegangen," 91f.

육체로 태어난 것이 아니라는 것이다.[102]

구원자 스스로 배타적으로 신의 본성을 갖고 그 자신이 아니라 가현으로 지상에 나타났다는 단성 그리스도론(monophysitische Christologie)을 가현설이라고 부를 수 있다.[103] 이런 방식으로 정의가 내려진 가현설은 이그나티우스의 서신 이외에도 사토르닐(Satornil), 케르돈(Kerdon), 마르키온(Markion)과 요한행전에 존재한다. 가현설의 결론은 지상의 예수 그리스도의 존재를 완전한 빈 껍데기로 만드는 것이다.[104]

---

102 참조. W. Bauer, IgnTrall, 239.

103 참조. P. Weigandt, Doketismus, 16, 18. 특히 δοκεῖν과 εἶναι가 대립하는 플라톤의 영향(참조. Pol 2 361b. 362a)이 가현설에 영향을 미쳤을 것이다.(많은 텍스트의 예로써 포괄적으로 근거를 세우는 입장에 관하여는 U. Schnelle, 1 Joh, 138-44를 참조하라.) 본질적인 존재는 영적인 이데아의 존재이다.(ουσία ὄντως ὄύ ὅ ἔστιν ὄν) 반면에 감지할 수 있는 세계(가현설주의자의 견해로 볼 때 예수의 몸의 존재)는 외적으로 보이는 것(δοκειύ δόκησις) 아래에 있다. "존재가 생성과 관계하듯 진리도 믿음과 관계된다."(Platon, Tim 29c.) 플라톤의 영향을 받은 헬레니즘적 유대인이 하나님의 존재를 어떻게 생각하는가는 이미 필로가 잘 설명했다.(Philo, Sacr 101.) "세속적이지 않은 것, 죽지 않는 것, 변하지 않는 것, 거룩한 것, 오직 행복한 존재인 하나님의 생각에서 볼 때, 그렇게 멀리 떨어진 영혼은 변하는 것이고 거룩하지 못한 것이다." 가현설과 영지주의는 결코 일치하지 않는다. "오히려 가현설은 영지주의적인 구원론의 전제이다."[C. Colpe, Art. "Gnosis II," RAC 11 (1981): 611.]; 이런 차별화의 입장은 다음을 참조하라. P. Weigandt, Doketismus, 4-19; W. R. Schoedel, Briefe des Ignatius, 255; N. Brox, "'Doketismus'-eine Problemanzeige," ZKG 95 (1984): (301-14), 312ff.; P. E. Kinlaw, The Christ is Jesus(아래 8.5.1을 보라.), 79-93; M. Bauspieß, "'Doketimus' als theologisches Problem. Zur Bultmann-Käsemann-Kontroverse um den Wirklichkeitsbezug der johanneischen Theologie," M. Bauspieß/Chr. Landmesser/Fr. Portenhauser (Hg.), Theologie und Wirklichkeit, Neukirchen 2011, 185-219.

104 참조. P. Weigandt, Doketismus, 28, 82-86. 대적자들의 그리스도론은 케린투스(Kerinth)의 신학과 다양하게 연결되거나 혹은 일치된다.(특히 다음을 참조하라. K. Wengst, Orthodoxie und Häresie, 24ff.; R. E. Brown, JohBr, 65ff.) 케린투스의 교리와 요한1서에서 추측 가능한 대적자의 그리스도론 사이에 존재하는 일치는 부인되지 않는다.(하늘의 그리스도와 지상의 예수, 예수의 세례

특히 이그나티우스와 폴리카르포스가 대적자들과 싸우고 있는 평행 본문(참조. 폴리카르포스, Phil 7:1)은 요한1서의 대적자들 역시 가현설적인 그리스도론을 가르쳤음을 확증해준다.[105] 하나님의 아들의 신체적 성질은 항상 논란이 되어왔다. 하늘의 그리스도만 구원을 위해 중요한 것이고, 지상 예수의 실존은 그와 반대로 구원론적 기능에 미치지 못한다. 요한1서의 저자는 대적자들에게 반대하여 그의 눈에 적합한 요한 학파의 전통을 내놓았지만, 요한복음은 그렇지 않다.(참조. 요일 1:1-4, 2:7-8, 3:11의 ἀπ' ἀρχῆς) 대적자들이 실제로 구원자의 모습을 서로 다르게 나타내고자 했다면, 이 편지의 저자는 지상의 예수와 하늘의 그리스도가 구원의 통일성이 있음을 강조한다.(참조. 요일 2:22, 4:2, 9, 15, 5:1, 5) 신앙고백은 거짓 교훈과 대립하는 것이 되었다. 대적자들은 구원자가 몸의 형태로 나타나는 것을 중요하게 여기지 않았으나, 요한1서 저자에게 육체적 형태의 나타남은 중요한 의미를 지닌다.(참조. 요일 2:6, 3:3-4, 4:17) 요한1서는 교회를 떠난 자들의

대한 높은 평가) 그러나 그들 사이에는 상당한 차이가 있다. 케린투스의 체계를 구성하는 것은 우주론(Kosmologie)이다. 그러나 이 우주론이 요한1서의 반대자들에게는 증명될 수 없다. 또한 영적이고 고난을 당하지 않는 그리스도와 임시 머무는 도구로 하늘의 그리스도에게 적합한 인간 예수 사이에 존재하는 차이 역시 요한1서 2:22, 5:6으로부터 추측할 수 없다.

105 참조. H. J. Holtzmann, Johanneische Briefe, HC IV, Freiburg ²1893, 236f.; H. Windisch, JohBr, 127(Kerinth), R. Bultmann, JohBr, 67; H. Balz, JohBr, 157(가현설주의자들과 관련이 있다는 입장); C. H. Dodd, JohBr, XIX; P. Weigandt, Doketismus, 193ff.; R. E. Brown, JohBr, 65ff.(케린투스라는 입장); J. Bogart, Orthodox and Heretical Perfectionism, 128f; U. B. Müller, Die Geschichte der Christologie in der johanneischen Gemeinde, SBS 77, Stuttgart 1975, 59-63; C. Colpe, Art. "Gnosis II," RAC 11 (1981): 611; G. Schunack, JohBr, 75(가현설의 전 단계); G. Strecker, JohBr, 131-39; M. Hengel, Die johanneische Frage(아래 8.5.1을 보라.), 185, 192; W. Uebele, "Viele Verführer sind in die Welt ausgegangen," 93-147. 이와 관련된 연구사를 제시하는 자료는 H. J. Klauck, 1 Joh, 34-42를 참조하라. 클라우크는 대적자의 구체적인 역사적 위치를 결정하지 않았다.

영적인 자의식에 반대하여 교회의 기름 부음(참조. 요일 2:20, 27)을 강조한다. 그 기름 부음은 수신자들에게 참된 것과 거짓된 것에 관해 가르친다.

8.4.9 신학적 기본 사상

요한복음의 서문처럼 요한1서 1:1-4의 서언은 요한1서를 바르게 읽기 위한 지시 기능을 가진다. 저자는 고백하고 증거하는 '우리' 용법과 더불어 '우리는 들었습니다.'(ἀκηκόαμεν), '우리는 보았습니다.'(ἑωράκαμεν), '우리는 주목해서 보았습니다.'(ἐθεασάμεθα)라는 현재완료형 용법을 통해 시작부터 예수 그리스도의 참된 인간 되심과 구원 사건의 실재성과 역사성을 강조한다. 성육신 그리스도론은 요한1서 전체를 규정한다. 이 그리스도론은 요한1서 2:22-23, 4:2-3, 5:6-8에서 가현설주의자들과의 대결을 형성한다. 적그리스도와 미혹하는 자는 하나님의 아들 예수 그리스도의 실제 인간 되심을 부인하는 것에서 드러난다. 교회는 적그리스도의 등장에서 마지막 때가 시작되었음을 깨닫는다. 지금은 마지막 때이며(요일 2:18), 파루시아는 아주 가까이에 있다(요일 2:28). 교회는 마지막 때의 긴장된 기대 속에서 예수 그리스도의 계시를 희망한다. 그렇게 되면 종말론적 미뤄둠이 끝나기 때문이다. 믿는 사람은 예수와 같게 될 것이며 그가 계신 그대로 그를 볼 것이다.(요일 3:1-3) 이렇게 미래적 종말론에 대한 진술이 두드러지는 것은 요한1서의 특수성이다.

요한1서는 마태복음이나 히브리서처럼 세례 받은 그리스도인이 계속해서 죄를 지을 수 있는가, 어떻게 교회가 죄인들을 그들의 중심에 머물게 해야 하는가 하는 질문에 관해 최초 그리스도교가 격렬히 논쟁했음을 알려준다.[106] 요한1서 1:8-10에서 저자는 교회 안에 죄가 실재한다고 확정한다.

---

106 본문 분석에 관하여는 J. Goldhahn-Müller, Grenze der Gemeinde(위 6.4를 보라.), 27-75를 참조하라.

그는 죄의 실재성을 부인하는 교회의 구성원에게 확실히 반대하며 논쟁한다. 그들은 예수를 거짓말쟁이로 만들고 있다. 그 이유는 그분 안에서 교회는 하나님과 함께 계신 변호자를 갖는데, 그가 우리의 죄를 위한 속죄의 제물로 죽으셨기 때문이다.(요일 2:1-2) 요한1서 3:9에는 완전히 다른 진술이 들어 있다. 그것은 그리스도인에게는 죄를 짓는 것이 불가능하다는 주장이다. 하나님은 그리스도교적 실존의 근원이며 기초이기 때문에 죄는 불가능한 가능성으로 나타난다. 저자가 사망에 이르는 죄와 사망에 이르지 않는 죄를 구분하는 요한1서 5:16-17은 이렇게 잘못 생각하는 모순의 해결을 제시한다. 요한1서는 사망에 이르는 죄를 가지고 그리스도인의 존재와 죄를 짓는 자들의 불일치를 확증한다. 죄를 짓는 사람은 영과 생명의 영역에 있는 것이 아니다. 그는 사망의 영역에 속해 있다. 다른 측면에서 요한1서의 저자는 사망에 이르지 않는 죄에 관해 말할 때 공동체의 현실을 고려하고 있는 것이다. 형제자매는 이러한 죄에 대해 하나님께 죄 용서를 구해야 한다.

요한1서의 윤리는 전체적으로 형제 사랑의 계명에 의해 규정된다. 예수 그리스도는 그리스도인이 예수 그리스도처럼 살아야 하는 원형과 모범이다.(참조. 요일 2:6) 바울과 비교하여 생각할 수 있는 형식에는 직설법과 명령법이 있다.[참조. 4:19의 '그가 먼저 우리를 사랑했으므로 우리도 사랑하자.'(ἡμεῖς ἀγαπῶμεν, ὅτι αὐτὸς πρῶτος ἠγάπησεν ἡμᾶς), 계속해서 요일 2:7-11, 4:10] 사랑에 대한 생각은 요한1서에서 우선 형제 사랑을 가리키지만, 그렇다고 이웃 사랑을 배제하는 것은 아니다.[107] 요한1서 2:6, 3:3, 7, 16은 이것을 증명한다. 이 구절은 명시적으로 모범이 되는 예수의 행위와 그에 일치하는 제자들의 행위를 요구한다. 결론적으로 요한1서 3:17-18의 형제에 대해 구체적인 사회적 행동을 요구하는 것은 요한의 윤리를 비밀집

107 다른 의견은 M. Rese, "Das Gebot der Bruderliebe in den Johannesbriefen," ThZ 41 (1985): 44-58을 참조하라.

단이라는 의미에서 해석하거나 고상한 윤리로 해석하는 것을 차단한다.

이미 이 윤리가 요한복음 안에서 세상에 대한 적대성에 관해 언급될 수 없다는 사실을 보여주는 것이라면, 이것은 세상에 관한 진술임을 확인해주는 것이다. 오직 믿음만이 인간이 세상에 속하는 것인지, 아니면 하나님께 속하는 것인지를 결정한다. 하나님은 사랑으로 당신의 아들을 세상에 보내셨다.(참조. 요일 4:9, 14) 예수는 세상의 '구세주'(σωτὴρ τοῦ κόσμου)이다.(참조. 요일 2:2, 4:14) 세상은 불신앙이 인간의 존재와 행위를 결정짓는 장소, 하나님을 대적하는 영역이 될 뿐이다. 요한1서의 저자는 세상에 거리를 두는 것이 아니라 불신앙의 장소인 세상에 대해 세상 안에서의 극복을 요구한다.(참조. 요일 5:4-5)

8.4.10 최근 연구 경향

요한1서를 해석할 때 자료비평과 문학비평의 질문이 불트만의 요한 해석의 영향을 받아 오랫동안 전면에 등장했다. 그러나 요한1서에 대한 문헌의 토대만 고려되고, 오직 편지의 결론이 심각한 문학비평의 문제를 제시하는 상황에 근본적인 변화가 나타났다. 새로운 논의의 핵심은 요한1서와 요한복음과의 관계에 대한 질문이다. 여기에는 콘첼만(H. Conzelmann)에 의해 요한1서를 요한의 목회서신으로 분류한 것이 큰 영향을 미쳤다. 콘첼만의 시각에서 보면, 요한1서의 저자는 요한복음을 권위 있는 것으로 본다. 콘첼만에게 요한1서와 요한복음 사이에 존재하는 신학적 이동은 그 편지가 기록된 변화된 교회(공동체) 역사의 상황에서 생겨난 것이다. 교회는 그 근원으로 거슬러 올라가 종말론적 자의식을 '공동체(Sozietät)의 역사적 본질'[108]로 옮겨 새로운 상황에 적응했다. 클라인(G. Klein), 슈낙켄부르크, 브라운, 부가(Vouga), 클라우크 역시 요한1서 안에 존재하는 요한복음의 수

108 H. Conzelmann, "Was von Anfang war," 213.

용의 역사로부터 시작한다. 거기서 요한1서는 부록이나 요한복음을 읽기 위한 보조자료가 아니라 요한복음이 작성되기 전에 존재하던 요한신학의 독자적 증거이다. 요한 신학을 요한1서에서 교회에 맞게 만들었다는 가설은 항상 원래의 가르침으로부터 타락이라는 개신교의 생각에 방향을 맞추고 있다. 그 가르침이 여기서는 첨가한 것들에 의해 해소된 요한복음의 신학 안에서 관철된다. 이와 대조적으로 슈트레커(G. Strecker)는 전승에 대한 생각, 미래적 종말론, 속죄의 죽음에 관한 진술과 성례전에 대한 강조를 신학적 주제로 삼았다. 그 주제는 요한 학파 안에서 처음부터 우세했다.

연구의 중심은 항상 요한1서에서 싸우고 있는 대적자들에 대한 규정이다.[109] 요한2서와 마찬가지로 여기에도 유대 그리스도인으로부터 영지주의자와 가현설자에 이르기까지 다양하다. 주석학자 다수는 대적자들에게서 가현설자들과 영지주의자들을 보고 있으며, 그들의 가르침은 이그나티우스가 싸웠던 거짓 교사들과 가까우며 예수의 지상 실존의 구원론을 빈껍데기로 만드는 것이다. '형제 사랑'이라는 핵심 단어와 결합된 요한1서의 윤리는 격렬한 투쟁을 보여준다. 케제만[110]의 요한 해석을 따라 슈라게(W. Schrage),[111] 레제(M. Rese), 막센(W. Marxen)[112]과 그 밖의 다른 학자들은 요한1서의 윤리를 '폐쇄된 비밀집단의 윤리'로 설명하는 반면에 슈트레커는 요한의 '아가페'(ἀγάπη) 개념의 보편적 경향을 강조한다.[113] 이러한 내용의 문제는 요한의 교회를 소종파로 분류하는 것과 밀접하게 연결되어 있다.

---

109 참조. G. Strecker, "Chiliasmus und Doketismus in der Johanneischen Schule," KuD 38 (1992): 30-46.

110 참조. E. Käsemann, Jesu letzter Wille(아래 8.5.1을 보라.), 118-52.

111 참조. W. Schrage, Ethik des Neuen Testaments, GNT 4, Göttingen ^{2}1989, 301-24.

112 참조. W. Marxsen, "Christliche" und christliche Ethik des Neuen Testaments, Gütersloh 1989, 263. 막센은 "요한 공동체의 형제 사랑은 신약 안에서 전례 없는 사랑의 결핍으로써 얻어졌다."라고 강조했다.

113 참조. G. Strecker, JohBr, 224-30.

전적으로 부정적인 세상 개념과 순전히 그룹 중심적인 요한1서의 윤리적인 개념이라는 가정은 '소종파 정신'(Sektenmentalitaet)[114]이라는 꼬리표를 붙이는 것에 가깝다. 그러나 제시된 본문의 증거는 이러한 분류와 모순되며, 요한의 이 서신 역시 교회를 소종파적 비밀집단으로 퇴보시키는 것을 결코 허용하지 않는다.[115] 이 요한서신을 요한복음 앞에 놓는 것(슈넬레)은 요한 학파의 역사적이고 신학적인 발전이라는 새로운 견해로 이끈다. 그러면 어떤 해결의 기능이 요한1서에 이르게 되는데, 그럴 경우 해법의 기능은 요한1서에 부합한다. 왜냐하면 요한1서는 처음으로 아주 분명한 요한의 사상과 요한 학파 안에 존재하는 근본적인 그리스도론 갈등을 증명하기 때문이다. 그리고 나서 이 논쟁은 요한복음 안에서 폭넓게 개정되었다.

8.5 요한복음

8.5.1 참고문헌

주석

KEK II: R. Bultmann, [11]1978 (EH 1968). • Sonderband: C. K. Barrett, Das Evangelium nach Johannes, 1990. • HNT 6: H. Thyen, 2005. • HThK IV.1-4: R. Schnackenburg, [6]1986. [5]1990. [5]1986. 1990. • ICC: J. F. McHugh, 2009. • U. Schnelle, [4]2009. • ThKNT 4, 1-2: K. Wengst, 2000. 2001. • ÖTK 4. 1-2: J. Becker, 1991. • RNT: Michael Theobald, 2009 (Kap. 1-12). • NTD 4: U. Wilckens, 1998. • ZBK 4, 1-2: Chr. Dietzfelbinger, 2001. • NEB: J. Gnilka, 1983. • AncB 29 A. B.: R. E. Brown, 1966. 1970. • E. Haenchen, Das Johannesevangelium, hg. v. U. Busse, 1980. • J. Blank, Das Evangelium nach Johannes, GSL.NT 4. 1-3, 1977-1981. • NCeB: B. Lindars, London 1972. • WBC 36: G. R. Beasley Murray, 1987. • D. A. Carson, The Gospel according to John, Leicester/Grand Rapids, 1992. • Sacra Pagina: F. J. Moloney, 1998. • L. Schenke, Johannes, Düsseldorf 1998. • ANTC: D.

114 W. Rebell, Gemeinde als Gegenwelt(아래 8.5.1을 보라.), 112-23.

115 S. Schulz, Neutestamentliche Ethik(위 2.4.9를 보라.), 525.

M. Smith, John, Nashville 1999. • BNTC: A. Lincoln, The Gospel according to St. John, London 2006. • U. van Wahlde, The Gospel and Letters of John I–II, Grand Rapids 2010. • NICNT: J. R. Michaels, 2011.

단행본

C. H. Dodd, The Interpretation of the Fourth Gospel, Cambridge 1953. • E. Ruckstuhl, Die literarische Einheit des Johannesevangeliums, NTOA 5, Freiburg (H)/Göttingen [2]1987. • W. Wilkens, Die Entstehungsgeschichte des vierten Evangeliums, Zürich 1958. • J. Blank, Krisis, Freiburg 1964. • F. Mußner, Die johanneische Sehweise, QD 28, Freiburg 1965. • E. Käsemann, Jesu letzter Wille nach Johannes 17, Tübingen [4]1980. • Luise Schottroff, Der Glaubende und die feindliche Welt, WMANT 37, Neukirchen 1970. • R. T. Fortna, The Gospel of Signs, MSSNTS 11, Cambridge 1970. • W. Langbrandtner, Weltferner Gott oder Gott der Liebe, BET 6, Frankfurt 1977. • J. A. Bühner, Der Gesandte und sein Weg im 4. Evangelium, WUNT 2.2, Tübingen 1977. • J. L. Martyn, History and Theology in the Fourth Gospel, Nashville [2]1979. • S. S. Smalley, John. Evangelist and Interpreter, Exeter 1978. • R. A. Culpepper, Anatomy of the Fourth Gospel, Philadelphia 1983. • T. Onuki, Gemeinde und Welt im Johannesevangelium, WMANT 56, Neukirchen 1984. • W. Grundmann, Der Zeuge der Wahrheit, Berlin 1985. • H. Kohler, Kreuz und Menschwerdung im Johannesevangelium, AThANT 72, Zürich 1987. • U. Schnelle, Antidoketische Christologie im Johannesevangelium, FRLANT 144, Göttingen 1987 (engl.: Antidocetic Christology in the Gospel of John, Minneapolis 1992). • W. Rebell, Gemeinde als Gegenwelt. Zur soziologischen und didaktischen Funktion des Johannesevangeliums, BET 20, Frankfurt 1987. • M. Theobald, Die Fleischwerdung des Logos, NTA 20, Münster 1988. • J. Ashton, Understanding the Fourth Gospel, Oxford 1991. • E. Ruckstuhl/P. Dschulnigg, Stilkritik und Verfasserfrage im Johannesevangelium, NTOA 17, Freiburg (H)/Göttingen 1991. • J. Painter, The Quest for the Messiah, Edinburgh 1991. • K. Wengst, Bedrängte Gemeinde und verherrlichter Christus, München 1992(NA). • W. R. G. Loader, The Christology of the Fourth Gospel, BET 23, Frankfurt [2]1992. • K. M. Bull, Gemeinde zwischen Integration und Abgrenzung, BET 24, Frankfurt 1992. • W. Schmithals, Johannesevangelium und Johannesbriefe. Forschungsgeschichte und Analyse, BZNW 64, Berlin 1992. • L. Schenke, Das Johannesevangelium, Stuttgart 1992. • M. Hengel, Die johanneische Frage, WUNT 67, Tübingen 1993. • P. N. Anderson, The Christology of the Fourth Gospel, WUNT 2.78 Tübingen 1996. • J. Frey, Die johanneische Eschatologie I. II. III, WUNT 96.100.117, Tübingen 1997. 1998. 2000. • K. Berger, Im Anfang war Johannes, Stuttgart 1997. • J. Rahner, "Er aber sprach vom Tempel seines Leibes," Jesus von Nazaret als Ort der Offenbarung Gottes im vierten Evangelium, BBB 117, Bodenheim 1998. • M. Lang, Johannes und die Synoptiker, FRLANT 182, Göttingen 1999. • M. Labahn, Jesus als Lebensspender, BZNW 98, Berlin 1999. • Ders., Offenbarung in Zeichen und Wort, WUNT 2.117, Tübingen 2000. • K. Scholtissek, In ihm sein und bleiben. Die Sprache der Immanenz in den johanneischen Schriften, HBS 21, Freiburg 2000. • H.-Chr. Kammler, Christologie und Eschatologie. Joh 5, 17-30 als Schlüsseltext johanneischer Theologie, WUNT 126, Tübingen 2000. • P. Dschulnigg, Jesus begegnen. Personen und ihre Bedeutung im Johannesevangelium, Münster 2000. • J. G. van der Watt, Family of the King. Dynamics of Metaphor in the Gospel according to John, BIS 47, Leiden 2000. • T. Nagel, Die Rezeption des Johannesevangeliums im 2. Jahrhundert, ABG 2, Leipzig 2000. • Christina Urban, Das Menschenbild nach dem Johannesevangelium, WUNT 2.137, Tübingen 2001. • Th. Popp, Grammatik des Geistes. Literarische Kunst und theologische Konzeption in Johannes 3 und 6, ABG 3, Leipzig 2001. • Neuer Wettstein I/2: Texte zum Johannesevangelium, hg. v. U. Schnelle u. Mitarb. v. M. Labahn/M. Lang, Berlin 2001. • J. Becker, Johanneisches Christentum, Tübingen 2004. • R. Zimmermann, Christologie der Bilder im Johannesevangelium, WUNT 171, Tübingen 2004. • G. van Belle/J. G. van der Watt/P. Maritz (Hg.), Theology and Christology in the Fourth Gospel, BETL 184, Leiden 2005. • E. E. Popkes, Die Theologie der Liebe Gottes in den johanneischen Schriften, WUNT 2.197, Tübingen 2005. • P. E. Kinlaw, The Christ is Jesus. Metamorphosis, Possession, and Johannine Christology, SBL.AB 18, Atlanta 2005.

논문

G. Richter, Studien zum Johannesevangelium, BU 13, Regensburg 1977(주요 논문 모음집). • G. Bornkamm, "Zur Interpretation des Johannes-Evangeliums," ders., Geschichte und Glaube I, BEvTh 48, München 1968, 104-21. • K. M. Fischer, "Der johanneische Christus und der gnostische Erlöser," Gnosis und Neues Testament, hg. v. K. W. Tröger, Berlin 1973, 245-66. • H. Thyen, "Entwicklungen innerhalb der johanneischen Theologie und Kirche im Spiegel von Joh 21 und der Lieblingsjüngertexte des Evangeliums," M. de Jonge (Hg.), L'Évangile de Jean, BETL 44, Leiden 1977, 259-99. • J. Gnilka, "Zur Christologie des Johannesevangeliums," Christologische Schwerpunkte, hg. v. W. Kasper, Düsseldorf 1980, 92-107. • J. L. Martyn, The Gospel of John in Christian History, New York 1978(논문 모음집). • D. M. Smith, Johannine Christianity, Columbia 1984(논문 모음집). • W. Klaiber, "Die Aufgabe einer theologischen Interpretation des 4. Evangeliums," ZThK 82 (1985): 300-24. • H. Weder, "Die Menschwerdung Gottes," ZThK 82 (1985): 325-60. • H. Thyen, Art. "Johannesevangelium," TRE 17 (1987): 200-25. • U. Schnelle, "Johanneische Ekklesiologie," NTS 37 (1991): 37-50. • A. Denaux (Hg.), John and the Synoptics, BETL 101, Leuven 1992(주요 논문 모음집). • J. Zumstein, "Der Prozeß der Relecture in der johanneischen Literatur," NTS 42, (1996): 394–411. • Th. Söding, "Die Schrift als Medium des Glaubens," Schrift und Tradition (FS J. Ernst), hg. v. K. Backhaus und F. G. Untergaßmair, Paderborn 1996, 343–71. • O. Hofius/H. Chr. Kammler, Johannesstudien, WUNT 88, Tübingen 1996(주요 논문 모음집). • U. Schnelle, "Johannes als Geisttheologe," NT 40 (1998); 17–31. • J. Zumstein, Kreative Erinnerung. Relecture und Auslegung im Johannesevangelium, Zürich [2]2004. • J. Frey/U. Schnelle (Hg.), Kontexte des Johannesevangeliums, WUNT 175, Tübingen 2004. • J. Frey/J. van der Watt/R. Zimmermann (Hg.), Imagery in the Gospel of John, WUNT 200, Tübingen 2006. • G. van Belle (Hg.), The Death of Jesus in the Fourth Gospel, BETL 200, Leuven 2007. • R. Bauckham/C. Mosser (Hg.), The Gospel of John and Christian Theology, Grand Rapids 2008. • G. v. Belle/M. Labahn/P. Maritz (Hg.), Repetitions and Variations in the Fourth Gospel, BETL 223, Leuven 2009.

연구 보고서와 요한복음 연구 목록

H. Thyen, "Aus der Literatur zum Johannesevangelium," ThR 39 (1974): 1–69, 222–52, 289–330; ThR 42 (1977): 211–70; ThR 43 (1978): 328–59; ThR 44 (1979): 97–134. • R. Kysar, The Fourth Evangelist and His Gospel, Minneapolis 1975. • J. Becker, "Aus der Literatur zum Johannesevangelium," ThR 47 (1982): 279–301, 305–47; ThR 51 (1986): 1–78. • E. Malatesta, St. John's Gospel: 1920–1965, AB 32, Rom 1967. • G. van Belle, Johannine Bibliography 1966–1985, BETL LXXXII, Leuven 1988. • W. Schmithals, Johannesevangelium und Johannesbriefe, 1–214. • K. Scholtissek, ThRv 97 (2001): 267–88. • K. Haldimann/H. Weder, "Aus der Literatur zum Johannesevangelium 1985–1994," ThR 67 (2002): 328–48, 425–56; ThR 69 (2004): 75–115; ThR 71 (2006): 310–24. • U. Schnelle, "Aus der Literatur zum Johannesevangelium 1994–2010 I: Die Kommentare als Seismographen der Forschung," ThR 75 (2010): 265–303.

8.5.2 저자

기원후 180년경 이레네우스는 요한복음의 저자에 관한 전승을 전해준다.[116]

116 2세기의 요한복음 수용에 대한 이해는 다음을 참조하라. W. v. Loewenich, Das Johannes-Verständnis im zweiten Jahrhundert, BZNW 13, Berlin 1932; T. Nagel, Die Rezeption des Johannesevangeliums im 2. Jahrhundert, 55ff. 제4복음서는 말씀을 부인하는 자들(Aloger)에 의해 거부되었다.(Epiph, Haer 51.)

이 전승은 그 전에 소아시아에서 형성되었고, 200년경에는 일반적으로 인정을 받았다. "그것에 따르면 주님의 가슴에 기대었던 제자 요한이 아시아의 에베소에 머물 때 요한복음을 썼다."(이레네우스, Haer III 1, 1=유세비우스, HE V 8, 4) 이레네우스는 다른 곳에서 요한의 나이에 관해 말한다. "아시아에서 주의 제자 요한과 함께 온 모든 장로는 요한이 이것을 전했다는 것을 증명했다. 그가 트라야누스 시대까지 그들과 함께 머물렀기 때문이다."(이레네우스, Haer II 22, 5=유세비우스, HE III 23, 3)[117] 이레네우스는 장로들의 전승에 근거를 두고 있는데, 그들은 주의 제자 요한과 함께 소아시아로 온 사람들이다. 이레네우스는 무엇보다 폴리카르포스와 파피아스를 요한의 제자로 생각한다.[118] 이레네우스는 파피아스에 관해 다음과 같이 말한다. "요한에게 들은 사람이며 폴리카르포스의 친구이고 고령인 파피아스는 이것을 그의 네 번째 책에서 글로 증명하였다."(이레네우스, Haer V 33, 4=유세비우스, HE III 39, 1) 소아시아 요한 전승에서 가장 나이가 많은 증인이던 파피아스는 사도 요한과 장로 요한을 언급하지만 이 둘 중 누가 요한복음을 작성했는지에 관해서는 알지 못한다.(참조. 유세비우스, HE III 39, 4) 그러므로 그를 이레네우스가 전한 전승의 대변인이라고 볼 수는 없다.[119]

이레네우스는 폴리카르포스(약 156년경 사망)에 관해 다음과 같이 말한다. "폴리카르포스는 사도들에게 교육을 받지 않았고 주님을 본 사람들과 교제하지도 않았지만 사도들에 의해 소아시아에서 감독으로 세움을 받았다. 우리도 어린 시절에 그를 보았다. 그는 오래 살았으며 고령의 나이에 명

117 참조. Iren, Haer III 3, 4=Euseb, HE III 23, 4. "요한은 트라야누스 황제 때까지 바울이 세운 교회에 살았는데, 그 교회도 사도적 전승의 참 증인이다."

118 이 본문의 해석을 위해서는 다음을 참조하라. E. Haenchen, Joh, 2-22; W. Schmithals, Johannesevangelium und Johannesbriefe, 3-28; M. Hengel, Die johanneische Frage, 13-25.

119 참조. F. Siegert, Unbeachtete Papiaszitate(위 3.6.2를 보라.), 607-609. 파피아스가 제4복음서를 알았을까 하는 것은 열려져 있는 문제이다. 후기 아르메니아 전승은 이것을 전제로 한다.

예롭고 매우 빛나는 순교를 함으로써 죽음을 맞이했다." 그에 관해 들은 사람들이 있었다. 주의 제자 요한이 에베소에서 목욕을 하고 있을 때 그곳에 케린투스가 있는 것을 보자 폴리카르포스가 목욕을 그만두고 자리를 떠나면서 다음과 같이 외쳤다고 한다. "우리 도망칩시다. 목욕탕이 무너질까 두렵습니다. 진리의 대적자인 케린투스가 그 안에 있기 때문입니다."(이레네우스, Haer III 3, 4 = 유세비우스, HE IV 14, 3-4. 6) 이레네우스는 그의 친구 플로리누스(Florinus)에게 보내는 편지에서 폴리카르포스를 만난 것에 대해 이렇게 이야기한다. "그러므로 나 또한 아직도 거룩한 폴리카르포스가 말하고자 할 때 앉아 있었던 곳을 말할 수 있다. 그리고 또한 그가 들어가고 나간 자리를 말할 수 있고, 그의 삶의 방식, 신체적인 모습, 군중 앞에서의 그의 설교, 요한과 다른 사람들과의 교류에 관한 그의 이야기를 말할 수 있다. 그 사람들은 주님을 본 사람들이다. 나는 그들을 가르친 것에 관한 그의 보도를 말할 수 있고, 심지어 그가 주님에 관해 그들로부터 그의 기적과 그의 가르침을 들은 것들에 관한 것을 말할 수 있다."(유세비우스, HE V 20, 6)

이레네우스가 주장한 요한과의 관계는 주로 폴리카르포스와의 관계로, 폴리카르포스가 전해준 몇 개의 문서는 밝혀지지 않았다. 무엇보다 이그나티우스가 기원후 110년경 에베소에 있는 교회로 보내는 그의 편지에서 요한이 에베소에 머물고 있다는 것을 언급하지 않은 것은 주목할 만한 것이다.[120] 그와 함께 주의 제자인 세베대의 아들 요한이 트라야누스 황제의 시대까지(기원후 98-117년) 고령의 나이로 에베소에서 요한복음을 썼다는 전승은 이레네우스 이전에는 확실하게 증명이 되지 않는다. 이레네우스는 이 전통의 창시자에 관해 확신하지 않았다. 그러나 아마도 그는 그 전승의 권위 있는 전달자였을 것이다.[121]

---

120 참조. C. K. Barrett, Joh, 117.

121 파피루스 P^{66}이 2세기 중반으로 날짜가 정해진다면[다음의 경우가 그렇다. B. J. B. Bauer, "Zur Datierung des Papyrus Bodmer II (P^{66})," BZ 12 (1968): 121f.] 적어도 그 기록은 (사도) 요한을 가리키는 것을 증명하는 것이다.

요한복음은 예수의 생애를 목격한 사람의 문서로 이해될 수 있는가? 예수의 생애에 대한 요한복음의 설명은 공관복음의 모델에서 현저하게 벗어난다. 공관복음과 반대로(참조. 막 11:15-17과 평행본문) 성전정화 이야기는 요한복음에서 예수의 공생애 시작 부분에 위치하고 있으며(요 2:14-22) 끝에는 나오지 않는다. 마가복음에서는 예수가 공생애 활동의 마지막에 예루살렘으로 한 번 올라가지만, 요한복음에서는 예수가 적어도 세 번 예루살렘으로 여행한다.(참조. 요 2:13, 5:1, 7:10) 요한복음에서의 예수의 선포 역시 예수 생애를 목격한 사람이 요한복음을 작성했다는 가정과 반대된다. 공관복음에 따르면 다가오고 있으며 예수의 인격 안에서 현재화되고 있는 하나님의 나라가 선포의 핵심이다.(참조. 예를 들어 눅 11:20, 17:21) 그와 대조적으로 요한의 설명에 따르면 예수의 선포 속 하나님의 나라는 단지 매우 이차적인 역할을 한다. '하나님의 나라'(βασιλεία τοῦ θεοῦ) 용법은 요한복음 3:3, 5에만 나온다. 요한복음 안에서 예수는 자신을 선포한다.(참조. 요 6:35a, 8:12, 10:7, 11, 11:25, 14:6, 15:1의 ἐγώ εἰμί 용법) 요한의 계시 설교는 공관복음에 평행본문이 없다. 마찬가지로 요한의 이원론과 파송 그리스도론은 공관복음에서 일치하는 곳이 없다. 요한복음 안에 현재적 종말론(참조. 예를 들어 요 5:25, 11:25-26)이 지배하고 있다면, 공관복음 안에는 예수의 미래적 종말론 선포가 지배하고 있다.

다른 방식의 설명, 독자적인 신학, 수많은 특수 전승과 분명하게 부활절 이후로 방향을 맞춘 사상 세계는 요한복음이 예수의 생애를 목격한 증인이 작성한 것이 아니라는 결론에 이르게 한다.[122] 그는 보다 늦은 시대의 신학

---

122 최근 주석에는 사도의 저작설을 옹호하는 것이 있다. L. Morris, The Gospel according to John, NICNT, Grand Rapids ²1995, 4-25. 사도(와 세베대의 아들/사랑하는 제자)는 제4복음서의 저자는 아니지만, 아마도 요한복음의 정신적 창시자였을 것이다. 슈낙켄부르크는 사도 요한과 복음서 기자를 구분한다. "복음서 기자는 한편으로 사도 요한의 전승과 선포를 전달한 사람이지만, 다른 한편에서는 그 자신이 말하는 독자들을 위한 신학자이고 선포자이다."[브라운

자였으며 포괄적인 전승의 토대 위에서 예수의 생애를 특별한 방식으로 해석하고 설명했다.[123]

요한복음 21장의 이차적 부록에서 사랑하는 제자는 복음서의 발행인에 의해 [21:24의 우리는 '안다'(οἴδαμεν)] 복음서의 저자로 만들어졌다. 이 과정에서 이차적인 동등한 취급이 문제가 된다. 그 이유는 요한복음 1-20장에서 사랑하는 제자는 요한 전승의 보증이었을 것이기 때문이다. 그러나 그는 복음서의 저자가 아니었다. 세베대의 아들 야고보와 요한이 단지 요한복음 21:2에만 나오는 것도 우연이 아니다. 부록의 저자는 주님이 사랑하는 제자인 세베대의 아들 요한이 요한복음의 저자라고 이레네우스가 처음 파악한 결론을 제시한다.

은 슈낙켄부르크와 비슷한 입장이다. R. E. Brown, Joh, XCVII-CII. 슈낙켄부르크의 후기 입장에 관하여는 H. Thyen, FB (ThR 42), 239ff.를 참조하라.] 바레트에 따르면 "사도 요한은 팔레스타인으로부터 나와서 에베소에서 살았다. 그는 그곳에서 자기 주변에 학생을 모았다. 이 학생 중 한 사람이 대담한 사상가였다. 그는 유대교와 헬레니즘의 영역에 살고 있었고, 요한복음 1-20장을 만들어냈다."(K. Barrett, Joh, 148.) 헹엘은 파피아스가 언급하고 있는 장로 요한을 요한복음과 세 개 서신의 저자로 본다.(M. Hengel, Die johanneische Frage, 306-25.) 요한복음은 예루살렘 상류층에서 나와 나중에 에베소에서 산 유대 그리스도인의 죽음 이후 그의 제자들에 의해 생겨났다. 그들은 장로를 사랑하는 제자와 동일하게 일치시켰다. 헹엘은 장로에게서 세베대의 아들 요한을 보는 것이 아니라 "그가 어떤 방식으로든지 젊은 사람으로서 예수와 밀접하게 교류하였고 그에 의해 깊은 영향을 받았다."라는 의견이다.(M. Hengel, 위의 책, 321.) 빌켄스도 비슷한 의견이다.(U. Wilckens, Joh, 16f.)

123 린다스는 요한이라는 이름을 가진 알려지지 않은 저자라고 한다.(B. Lindars, Joh, 33.) 헨헨은 세 명의 저자(기적 복음서의 저자, 복음서 기자, 교회의 '자료를 보충한 사람')에 관해 말한다.(E. Haenchen, Joh, 44.) 튀엔은 21장에서 '본래의' 복음서 기자를 본다.(H. Thyen, Entwicklungen, 267.)

8.5.3 기록 장소와 시기

작성 장소는 대부분 요한복음의 전체 이해와 밀접하게 연결되어 있다. 요한복음을 영지주의적 사조의 배경에서 해석한다면, 작성된 장소는 시리아가 유력할 것으로 보인다.[124] 만다어 문헌과의 접촉, 솔로몬 송가와 이그나티우스에 근접해 있는 것은 내용적 검토가 필요하다. 유대교와 세례 운동 사이의 논쟁은 시리아가 작성 장소라는 간접 증거로 여겨져왔다. 많은 경우 요한복음은 팔레스타인 지역, 트란스요르단[125]이나 혹은 아그립바 2세의 남부, 특별히 동요르단의 북쪽인 바타네아(바니아스)와 골란고원 지역에서 작성되었을 것으로 추정된다.[126] 벵스트(K. Wengst)는 요한복음 배후에 그리스어를 말하는 유대 그리스도교 교회가 우위를 점하고 있었다고 본다. 그 교회는 유대인이 지배하는 환경에서 소수로 살았고, 아직까지는 회당으로부터 분리되지 않았으며, 얍니아(Jabne) 회의에서 결정되고 요한복음 9:22, 12:42, 16:2에서 증명되는 것처럼 회당 축출로 어려움을 당했을 것이다. 작성 장소로 이집트가 거론되기도 했지만,[127] 고대 교회의 전승과 요한복음 수용의 역사는 이에 대해 반대한다.[128] 이미 언급된 고대 교회의 전승

---

124 참조. W. Bauer, Das Johannesevangelium, HNT 6, Tübingen ^{3}1933, 244; R. Bultmann, Art. "Johannesevangelium," RGG^{3} III (1959): 849(시리아에서 작성, 소아시아에서 편집); W. G. Kümmel, Einleitung, 212; Ph. Vielhauer, Urchristliche Literatur, 460; H. Köster, Einführung, 616; J. Becker, Joh I, 64; M. Theobald, Joh, 96f (무엇보다 영지주의 논제와 관계가 없다.)

125 참조. O. Cullmann, Der johanneische Kreis(위 8.1.1을 보라.), 102ff.

126 참조. K. Wengst, Bedrängte Gemeinde, 183f. G. Reim, "Zur Lokalisierung der johanneischen Gemeinde," BZ 32 (1988): 72-86. 라임은 벵스트를 따라 요한 공동체를 벳세다나 가버나움과 멀지 않은 곳에 위치시키고 싶어 한다.

127 참조. J. L. Martyn, History and Theology, 73의 각주 100; M. Frenschkowski, "Τὰ βαΐα τῶν φοινίκων(Joh 12, 13) und andere Indizien für einen ägyptischen Ursprung des Johannesevangeliums," ZNW 91 (2000): 212-29.

128 참조. T. Nagel, Die Rezeption des Johannesevangeliums im 2. Jahrhundert,

은 요한복음의 작성 장소로 소아시아를 가리킨다. 더욱이 요한서신, 요한신학 영향의 역사와 바울 신학과의 접근성은 소아시아를 가리키고 있다. 슈낙켄부르크(R. Schnackenburg)는 요한복음이 형성된 자리에 관한 모든 추측을 다음과 같이 제시한다. "팔레스타인에 뿌리를 두고 있는 요한의 전승은 소아시아(에베소)에서 자리를 잡기 전에 시리아의 영향을 매개로 진행되어 확정되고 편집되었다."[129]

요한복음의 작성 장소에 관한 모든 가능성 중에서 소아시아(에베소)가 그 자체로 가장 큰 개연성을 가진다.[130] 고대 교회의 전승도 이를 증명하지만, 이 전승은 초기 단계에서(파피아스) 요한복음의 저자 문제와는 연결되어 있지 않았다. 요한복음의 반가현설 방향과 그 영향의 역사(로고스를 부인하는 자, 몬타누스주의자)도 소아시아를 가리킨다. 에베소는 바울과 요한신학이 서로 만나는 장소가 될 수 있었다.(아래 8.5.7을 보라.) 마지막으로 요한복음 2:6, 11:55, 18:20, 28b, 19:40b의 유대교 관습에 대한 설명, '메시아'(Μεσσίας)를 즉시 '그리스도'(Χριστός)로 번역하는 것(요 1:41, 4:25), 요한복음 4:9에서 유대인과 사마리아인 사이의 관계를 주목하는 것은 팔레스타인과의 직접적인 관계를 찾을 수 없는 독자를 암시하는 것이다. 드물게 주장되고 있는 요한 신학과 영지주의 신학이 가깝다는 것은 성립하지 않는다.(아래 8.5.8을 보라.)

---

475. 나겔은 다음과 같이 주장한다. "시간과 공간적으로 찾아낼 수 있는 요한복음의 수용에 대한 좌표들은 제4복음서가 로마에서 혹은 이집트에서 형성되었을 것이라는 사실을 개연성 있게 하지 않는다. 오히려 그런 흔적은 소아시아와 시리아 지역을 가리킨다."

129 R. Schnackenburg, Joh I, 134.

130 틸보그는 요한복음을 에베소의 지역 역사 안에 기록해 넣고자 시도했다.(van Tilborg, Reading John in Ephesus, NT.S 83, Leiden 1996.) 그 과정에서 그는 무엇보다 그리스도론의 칭호를 가리킨다. 뮐러는 에베소를 지지한다.[U. B. Müller, "Die Heimat des Johannesevangeliums," ZNW 97 (2006): (44–63) 61.]

시리아가 요한복음의 형성 장소라는 주장은 사실상 설득력이 없다. 요한복음 안에 전제되어 있는 유대인들과의 논쟁이 시리아를 강제적으로 지시할 수는 없고 오히려 소아시아에 있는 주요 유대교 공동체를 생각할 수 있다.[131] 벵스트와 라임(G. Reim)이 제시한 요한 교회의 지역 설정은 개연성이 없다. 복음서 기자는 이 지역에 대해 관심이 없으며 요한복음 9:52, 12:42, 16:2의 '회당 축출'(ἀποσυνάγωγος)은 18기도문의 이단 저주문과 연결이 되지 않기 때문이다.(아래 8.5.4를 보라.)[132] 요한복음 자체와 고대 교회의 전승 안에는 슈낙켄부르크의 논제를 지지하는 암시가 없기 때문에, 그 논제는 멋있고 역사적이지만 개연성 있는 가능성을 만들어내지는 못한다.

요한복음의 기록 시기를 정하는 시점(terminus a quo)은 예루살렘의 멸망을 전제하고 있는 요한복음 11:48에 나온다.[133] 2세기 전반의 그리스도교 작가들(안디옥의 이그나티오스, 서머나의 폴리카르포스, 바나바서, 헤르마스의 목자서)이 요한복음을 알고 있었다는 사실은 증명되지 않으나, 유스티누스(Justinus)는 요한복음을 알고 있었을 가능성이 있다.(Apol I 61:4-5를 요 3:3, 5와 비교해보라.) 역사적으로 요한복음을 수용한 가장 일차적인 증거는 발렌티누스의 제자인 헤라클레온(Herakleon)의 주석일 것이다.[134] 이 주석

---

131 필로는 소아시아와 시리아를 일련의 영역으로 언급한다.(Philo, Leg 245.) 그곳에서 유대인들은 각 도시에 큰 무리를 이루며 살았다. 소아시아의 유대인들에 대한 설명은 E. Schürer, The History of the Jewish People in the Age of Jesus Christ III/1을 참조하라. 이것을 G. Vermes, F. Millar, Edinburgh 1986, 17–36(22f.: 에베소)이 개작했다.; P. R. Trebilco, Jewish Communities in Asia Minor, MSSNTS 69, Cambridge 1991. 요세푸스의 저작(Ap II 39)에 따르면 유대인들은 초기 헬레니즘 시대 이래로 에베소에서 살았다.

132 벵스트에 대한 비판은 M. Hengel, Die johanneische Frage, 290f.를 참조하라.

133 K. Berger, Im Anfang war Johannes, 84–90. 베르거는 이른 시기(기원후 66년 바로 전에)를 주장하면서 성전과의 관계에 대해 논의한다. 그러나 요한복음 11:48에서 요한은 성전 파괴가 유대교의 지도자들로 하여금 자신들이 미래를 예언하게 하고 있음을 분명하게 보여준다. 요세푸스, Ant. XX 123은 이 사건에 대해 형식이나 내용이 같은 본문을 제공한다.

은 2세기 후반에 기록되었다. 요한복음의 작성 시기에 관한 가능한 최종적인 시기는 텍스트의 전승(참조. P^{52}, P^{90}, P^{66})[135]으로부터 나오는데, 일반적으로 P^{52}는 요한복음 18:31-33, 37-38을 가지고 있는 사본으로서 그 시기를 기원후 125년경으로 정할 수 있기 때문이다.[136] 이 연대는 의심의 여지가 없지만[137] 요한복음의 수용사뿐만 아니라 본문의 전승은 요한복음이 기원후 100-110년 사이에 형성된 것을 가리킨다.[138]

---

134 K. Rudolph, Die Gnosis, Göttingen ³1990, 22. 루돌프는 그것을 2세기 중엽으로 본다. 그 시간은 아마도 기원후 160-170년 사이였을 것이다. 헤라클레온 외에 제4복음서를 수용했다는 확실한 증인은 다음과 같다. Tatian, Diatessaron; Or. 13, 1-2(요 1:5b 인용); Apollinaris von Hierapolis, Fragment aus Περί τοῦ Πάσχα(170년경. 그와 관련된 자료는 다음을 참조하라. Text: I. C. Th. Otto, CorpAg IX, Fragm. IV, 487; O. Perler, SC 123, 244-46). 여기서는 분명히 요한복음 3:14와 19:34-37이 인용되었다. 같은 시기의 자료는 다음을 참조하라. Ep. Ap. 18(요 13:34a 인용); Ep. Ap. 29(요 20:17 인용).

135 참조. K. Aland, "Der Text des Johannesevangeliums im 2. Jahrhundert," Studien zum Text und zur Ethik des Neuen Testaments (FS H. Greeven), hg. v. W. Schrage, BZNW 47, Berlin 1986, 1-10.

136 참조. K. u. B. Aland, Text des Neuen Testaments(위 1.3을 보라.), 94f.

137 C. H. Roberts, An unpublished Fragment of the Fourth Gospel in the John Ryland's Library, Manchester 1935, 14f.,16ff., 23. 로버츠는 파피루스 사본(P^{52})의 연대를 정하면서 에거톤 파피루스(P. Egerton 2)의 가족과 같은 유사성을 매우 강조한다. 그는 에거톤 파피루스 연대를 기원후 150년경으로 본다. 지금 쾰른(Köln)에서 하나의 단편이 에거톤 파피루스의 일부인 것으로 확인되었다. 그것은 3세기를 가리키는데(다른 가능성은 200년경이다.) 자음 사이에 생략부호(Apostroph)가 존재하기 때문이다.; 참조. M. Gronewald, "Unbekanntes Evangelium oder Evangelienharmonie (Fragment aus dem 'Evangelium Egerton')," Kölner Papyri Bd. 6, RWA Sonderreihe Papyrologica Coloniensia Vol VII, Opladen 1987, 136-45. A. Schmidt, "Zwei Anmerkungen zu P. Ryl. III 457," APF 35 (1989): 11-12는 파피루스 52(P^{52})를 체스터-비티 파피루스 10(P. Chester Beatty X)과 비교하여 기원후 170년경(+/-25)으로 정하고 125년경의 초기 날짜 결정을 배제한다. 이것은 파피루스 52(P^{52})의 연대 측정에서 125년경으로 확정하는 것이 확실히 더 이상 유지될 수 없음을 의미한다. 최소 약 25년의 여유 시간을 더하더라도 기원후 150년경이다.

8.5.4 수신자

이방인 그리스도인이 다수를 이루고 있는 이 전도자 공동체[139]는 그들의 역사 진행 과정에서 장로 요한의 추종자들, 유대교, 요한 학파 안에 존재하는 가현설의 거짓 교사들과의 논쟁을 통해 영향을 받으면서 형성되었다.

세례 공동체와의 초기 경쟁 상황은 그리스도 사건을 순수하게 증거하려고 세례 요한의 공동체[140]를 전반적으로 격하하는 것에 나타난다.(참조. 요 1:1:6-8, 15, 19 이하, 3:28 이하, 5:33-35, 10:40-42) 요한 학파는 세례 요한의 제자들을 얻고(참조. 요 1:35 이하) 선교 과정에서 세례 요한의 공동체를 능가하는 데 성공했다. 그래서 예수의 세례 활동에 관한 주목할 만한 언급은 잘 이해가 된다. 즉 예수는 세례 요한보다 더 성공적이었다.(참조. 요 3:22 이하, 4:1) 에베소에서 요한의 제자들을 언급하는 것(참조. 행 19:1-7)[141]은 세례 운동이 짧은 시간 안에 동요르단에서 소아시아로 확장되었음을 보여준다. 외부 사람들에게는 경쟁하고 있던 두 운동의 모습이 비슷해 보였다.

---

138 최근의 주석 대부분은 요한복음의 기록 연대를 1세기 말이나 100년경으로 본다. 참조. C. K. Barrett, Joh, 143; R. E. Brown, Joh I, LXXXIII; J. Becker, Joh I, 66; U. Schnelle, Joh, 8; H. Thyen, Art. “Johannesevangelium,” 215; W. G. Kümmel, Einleitung, 211; Ph. Vielhauer, Urchristliche Literatur, 460; M. Theobald, Joh, 94(90년경 혹은 보다 일찍). 이른 시기로 연대를 정하는 입장은 K. Berger, Im Anfang war Johannes, 11을 참조하라. 베르거는 늦은 시기의 수용에 관하여는 언급하지 않는다. 늦은 시기(기원후 140년경)에 대한 주장은 W. Schmithals, Johannesevangelium und Johannesbriefe, 422를 참조하라.

139 참조. M. Hengel, Die johanneische Frage, 300-305.

140 요한복음 본문에 관하여는 다음을 참조하라. K. Backhaus, Die “Jüngerkreise” des Täufers Johannes, PaThSt 19, Paderborn 1991, 230-65. 345-66; M. Stowasser, Johannes der Täufer im Vierten Evangelium, ÖBS 12, Klosterneuburg 1992.

141 본문 분석을 위하여는 H. Lichtenberger, “Täufergemeinden und frühchristliche Täuferpolemik im letzten Drittel des 1. Jahrhunderts,” ZThK 84 (1987): (36-57) 47-51을 참조하라.

예수의 메시아성에 관한 질문은 일반적으로 요한 공동체와 유대교 사이의 논쟁 주제였다. 모세와 예수 사이에는 구속사의 연속성이 존재하지 않는다. 그리스도인은 은혜와 진리 아래에 존재하지 율법 아래에 존재하지 않는다.(요 1:17) 율법은 유대인 쪽에 속하고(참조. 요 7:19, 8:17, 10:34), 그리스도인은 율법 종교의 단계를 오래전에 떠났다.(참조. 요 4:20 이하) 심지어 율법은 예수를 증거한다.(참조. 요 7:19, 23, 8:17, 10:31-39, 15:25) 마찬가지로 모세는 예수의 메시아성을 증거하고(참조. 요 5:45-47), 아브라함도 그날('나의 때')을 보았다면 즐거워했을 것이다.(참조. 요 8:56 이하) 유대인은 예수를 거부함으로써 결국 하나님과 대립하게 되며, 그렇기 때문에 마귀가 그들의 아버지가 된다.(참조. 요 8:37-45) 요한에게 율법은 예수로부터 설명되는데, 예수는 율법과 성서의 내용이고 목표이며 주인이다.(참조. 요 2:22, 5:39, 7:38, 42, 10:35, 17:12, 19, 24, 28, 36-37, 20:9) 율법을 지키는 것은 유대교적 생활을 유지하는 두드러진 특징인데, 이것이 그리스도를 고백하는 것과 함께 유대 그리스도교 신학의 특징이 된다면,[142] 요한복음은 율법 이해가 달라서 유대 그리스도교적이라 할 수 없다. 요한복음이 유대교와 얼마나 큰 거리감을 가지고 있는가 하는 것은 율법의 이해를 넘어 외국어인 히브리어와 아람어를 번역하는 과정(참조. 요 1:38, 41, 42, 4:25, 5:2, 9:7, 11:16, 19:13, 17, 20:16, 24),[143] 명절을 언급할 때 거리를 두는 언급(참조. 요 2:13, 5:1, 6:4, 7:2, 11, 11:55)과 유대인이라는 용어 사용에서 드러난다. 유대교와의 거리감이 확실하게 드러나는 부분은 '유대인'('Ιουδαῖος)을 언급하는 요한의 용법이다.[144] 무엇보다도 유대인은 단순히 저주받은 무리(massa damnata)가 아니다. 예수는 유대인이며(요 4:9), 구원은 유대인으로

---

142 참조. G. Strecker, Art. "Judenchristentum," TRE 17 (1988), 311.

143 요한복음은 비문학적 언어인 코이네 그리스어로 기록되었다. E. Haenchen, Joh, 57-74; 참조. E. Ruckstuhl/P. Dschulnigg, Stilkritik und Verfasserfrage의 해당 내용.

144 H. Kuhli, EWNT II, 479-80의 개괄을 참조하라.

부터 나온다.(요 4:22) 니고데모(요 3:1 이하, 7:50, 19:39)와 아리마대 요셉(요 19:38)은 예수를 동정한 사람이며, 많은 유대인이 예수를 믿었다.(참조. 요 8:30-31, 11:45, 12:11) 그럼에도 불구하고 증거의 거의 절반이 예수와 그의 대적자와의 갈등이라는 점은 중요하다. 예수에 관해 투덜대는 유대인들(요 6:41, 7:12)은 그를 따르기도 하고(요 5:16), 죽이려고도 한다(요 5:18, 7:1, 19, 8:22-24). 그들은 예수를 돌로 쳐서 죽이려고도 하며(요 8:59, 10:31, 33, 11:8), 예수가 소송을 당할 때 결정적인 대적자들로 나타난다(요 18:36, 38, 19:7, 12, 20). 그들이 예수를 주로 비난하는 점은 예수가 자신을 하나님과 동등하게 보고 있다는 것이다.(요 5:18, 10:33, 19:7) 제자들(요 20:19), 니고데모(요 3:2), 나면서 눈먼 자의 부모(요 9:22), 아리마대 요셉(요 19:38)은 아브라함의 자녀(참조. 요 8:33-40) 혹은 하나님의 자녀(참조. 요 8:41-43, 45-47)가 아니라 마귀의 자녀(요 8:44)인 유대인을 두려워한다.[145]

> 요한복음의 '유대인'에 대한 묘사와 세상에 관한 진술이 일치하는 것은 늘 인상적이었다.[146] 세상은 예수를 거부하고(요 1:10, 3:19) 미워한다(요 7:7). 세상은 하나님을 알 수 없고(요 17:25) 진리의 영을 받을 수 없다(요 14:17). 예수처럼(요 8:23) 제자들도 세상으로부터 나오지않았기 때문에(요 15:19, 17:14, 16) 세상의 미워함을 견뎌야 한다(요 15:18-19, 17:14, 참조. 16:20, 33). 결론적으로 세상은 대적자가 지배하는 영역이다.(ἄρχων τοῦ κόσμου, 요 12:31, 14:30, 16:11) 그의 힘은 이미 철저히 파괴되었지만 아직 영향력이 없는 것은 아니다. 유대인들(οἱ Ἰουδαῖοι)과 세상(ὁ κόσμος)의 일치는 요한복음 14-17장에서 분명하게 나타난다. 거기에는 세상이라는 단어의 78회 용법 중 38회가 나오지

145 참조. R. Schnackenburg, Joh II, 286-90.

146 참조. R. Bultmann, Joh, 222; J. Blank, Krisis, 231ff.; E. Gräßer, "Die antijüdische Polemik im Johannesevangelium," ders., Der Alte Bund im Neuen, Tübingen 1985, (135-53) 150f.; G. Baumbach, "Gemeinde und Welt im Johannesevangelium," Kairos 14 (1972): (121-36) 123f.

만, 유대인들이라는 말은 나오지 않는다. 예수의 생애라는 텍스트 안에서 유대인들의 기능은 이제 예수의 고별설교 틀에서 텍스트 밖 세상의 청취자와 독자 공동체를 위한 기능으로 넘어간다. 유대인들로부터 예수가 해를 당했다면, 현재는 교회가 '세상'으로부터 해를 당한다. 요한복음 본문에서 유대인들은 무엇보다 계시에 직면한 세상의 위기라는 패러다임의 역할을 한다.[147]

의심할 바 없이 요한 학파의 역사에는 유대교와의 논쟁이 있었다. 유대교의 세계가 요한복음의 본문에서는 예수의 생애로 표현되었다.(참조. 예를 들어 요 9장, 16:1-4, 19, 38) 그러나 이 논쟁은 요한복음이 작성될 당시 요한 학파의 실제 상황을 더 이상 규정하지 못한다.[148] 그리스도교가 유대교로부터 분리되는 과정은 이미 바울의 이방인 선교 상황과 가장 오래된 신약 전승 안에 고려되고 있었다.(참조. 눅 6:22-23, 살전 2:14-16) 요한복음은 이렇게 고통스러운 분열의 과정을 회상하고 있다.[149] 요한서신은 이러한 상황을 확정하는데, 그 편지 안에는 유대인들('Ιουδαῖοι)이라는 개념이나 불신앙의 유대인들에 대한 논쟁이 빠져 있다.[150]

---

147 참조. R. Bultmann, Joh, 59; ders., Theologie(위 2를 보라.), 380ff.; E. Gräßer, "Polemik," 152f.; W. Bauer, Joh(위 8.5.3을 보라.), 28f. 요한의 반유대교 사상은 다음을 참조하라. F. Mußner, Traktat über die Juden, München 1979, 281ff.; F. Hahn, "'Die Juden' im Johannesevangelium," Kontinuität und Einheit (FS F. Mußner), hg. v. P. G. Müller u. W. Stenger, Freiburg 1981, 430-38; U. Schnelle, "Die Juden im Johannesevangelium," Gedenkt an das Wort (FS W. Vogler), hg. v. Chr. Kähler u. a., Leipzig 1999, 217-30; R. Bieringer u. a. (Hg.), Anti-Judaism and the Fourth Gospel. Papers of the Leuven Colloquium 2000, JCH 1, Assen 2001.

148 M. Hengel, Die johanneische Frage, 300. "유대인들과의 논쟁은 오랫동안 더 이상 이 작품의 주요 주제가 아니었다."

149 위의 책, 298. 헹엘은 요한 학파가 이미 오래전에 회당에서 분리되었음을 강조한다. "추방이나 분리는 오래전으로 거슬러 가는 것이고, 요한 학파는 추측하건데 서로 다른 방식으로 점차 완성되어갔다."

150 이런 관찰은 편지들이 요한복음 이후에 기록된 것이라 할지라도 중요성을 가

요한복음 9:22, 12:42, 16:2의 회당 축출(ἀποσυνάγωγος)과 기원후 85-90년 사이에 개최된 가말리엘 2세가 주관한 얌니아 회의에서 어린 슈무엘(Schmuel)을 통해 18기도문에 '이단 저주'(בִּרְכַּת הַמִּינִים, birkat-ha-minim)를 넣어 공식화한 것 사이의 직접적 연관성을 반대하는 중요한 주장이 제기된다.[151] (1) 얌니아 회의는 정확한 날짜를 지정할 수 없다. (2) 이단 저주 본문은 더 이상 재구성할 수 없다. (3) 이단자(מִינִים, minim)는 원시 유대 그리스도인을 가리키지 않는다. (4) 유대 그리스도인(נוֹצְרִים, nucherim) 삽입은 매우 나중에서야 이뤄졌다.[152] 18기도문에 이단 저주를 삽입한 것은 유대인의 통합을 위협하는 모든 그룹에 반대하는 유대교 내부의 결정이었을 가능성이 매우 높다.[153]

유대인에 대한 요한의 묘사는 당대의 역사적 논쟁이 아니라 그리스도론적 관심과 드라마 같은 전략이 그 특징이다. 요한복음 1-4장에서는 유대인이 긍정적이거나 중립적으로 묘사된 반면에 5장에서는 예수와 유대인들과의 논쟁이 점점 증가하기 시작하고, 요한복음 11:47-53에서는 그 갈등이

진다. 요한복음의 기록 후 약 10년간 모든 것을 지배하던 주제가 완전히 시야에서 사라진다면, 요한 신학의 역사를 어떻게 설명해야 할까?

151 참조. J. Becker, Joh I, 56f.; S. S. Smalley, John, 83; R. Schnackenburg, Joh II, 317; C. K. Barrett, Joh, 108; J. L. Martyn, History and Theology, 31ff.; K. Wengst, Bedrängte Gemeinde, 75ff.

152 נוֹצְרִיאַם(nucheriam)에 대한 언급은 고려할 필요가 없다. G. Hoennicke, Das Judenchristentum, Berlin 1908, 388f.; M. Friedländer, Die religiösen Bewegungen innerhalb des Judentums im Zeitalter Jesu, Berlin 1905, 223; M. Avi-Yonah, Geschichte der Juden im Zeitalter des Talmud, Berlin 1962, 141f.; J. Maier, Jüdische Auseinandersetzung mit dem Christentum in der Antike, EdF 177, Darmstadt 1982, 137ff.; P. Schäfer, "Die sogenannte Synode von Jabne," Jud 31 (1975): (54-64, 116-24) 60; ders., Geschichte der Juden in der Antike, Stuttgart-Neukirchen 1983, 54.

153 참조. P. Schäfer, Synode, 60; G. Stemberger, "Die sogenannte 'Synode von Jabne' und das frühe Christentum," Kairos XIX (1977): (14-21) 18; J. Maier, Auseinandersetzung, 140.

예수를 죽이려는 결정으로써 정점에 이른다. 두 노선은 수난사에도 수용되었다. 수난사에서 유대인들은 다시 예수의 대적자로 등장하는데(참조. 요 18:36, 19:7, 12, 38b), 요한에게 예수는 '유대인의 왕'이다.(참조. 요 19:3, 14, 19, 21-22)

요한서신은 가현설을 가르친 거짓 교사들과의 갈등(위 8.4.8을 보라.)을 증언하고 있는데, 이 갈등은 요한복음 그리스도론의 핵심 요소이다. 요한복음서 기자는 요한복음 1:14에서 선재한 로고스의 성육신을 확실히 반가현설적으로 강조한다.[154] 기적은 세상에서 계시자의 실제적이고 간과할 수 없는 행동이다. 요한복음은 세례에서의 구원의 실재성(요 3:5)과 성만찬(요 6:51c-58, 19:34b, 35)을 강조하고 있으며, 예수의 성육신과 실제 고난을 전제한다. 요한복음에서 십자가는 구원의 장소이며(요 19:28-30), 예수의 길은 처음부터 십자가의 관점으로 해석된다.(아래 8.5.5를 보라.) 가현설주의자들이 지상의 예수와 하늘의 그리스도를 나눈다면, 요한복음서 기자는 역사적 예수와 하늘의 그리스도의 일치를 주장한다.(요 20:31) 요한복음은 거짓 교사들의 활동으로 위협받고 있는(참조. 요일 2:19) 공동체의 일치를 분명하게 강조한다.(참조. 예를 들어 요 17:11, 21)

---

154 요한복음의 반가현설적 경향에 관하여는 다음을 참조하라. E. C. Hoskyns (F. N. Davey), The Fourth Gospel, London ²1947, 48-57; B. Lindars, Joh, 61-63; E. Schweizer, "Jesus der Zeuge Gottes. Zum Problem des Doketismus im Johannesevangelium," Studies in John (FS J. N. Sevenster), NT.S 24, Leiden 1970, 161-68; C. Colpe, Art. "Gnosis II," RAC 11 (1981): 611; U. Schnelle, Antidoketische Christologie, 해당 부분; W. Schmithals, Johannesevangelium und Johannesbriefe, 431f.; R. Deines, Jüdische Steingefäße und pharisäische Frömmigkeit, WUNT 2. 52, Tübingen 1993, 249-74f.; M. Hengel, Die johanneische Frage, 183의 각주 91, 194, 265; J. Roloff, Einführung, 235; R. Schnackenburg, Die Person Jesu Christi(위 3.4.9를 보라.), 323. 요한복음의 반가현설적 방향성은 다음의 학자들에 의해 논쟁이 되고 있다. U. B. Müller, Die Menschwerdung des Gottessohnes, SBS 140, Stuttgart 1990, 62-83; J. Becker, Joh II, 745-52.

요한 공동체의 상황은 역사의 표면적 입장만으로는 충분하게 설명되지 않는다. 요한 공동체의 그리스도인은 그리스도에 대한 그들의 고백을 통해 자신을 이해한다.(아래 8.5.9을 보라.) 요한복음은 보혜사의 인도를 받으며(참조. 요 13:25) 부활절 이후 그리스도교 사건을 회상하면서 형성되었다(참조. 요 2:17, 22, 12:16, 13:7).[155] 보혜사가 공동체의 현재를 결정하고 그들의 미래를 설명하는 것처럼 '사랑하는 제자'는 독자적인 방식으로 지상에서 활동하던 예수의 과거와 공동체를 연관시킨다.(참조. 요 14:26)[156] 사랑하는 제자는 십자가에서 예수가 실제로 죽었음을 증언(요 19:34b, 35)하고 부활의 첫 번째 증인(요 20:2-10)이 된다. 그는 예수를 해석하고, 제자 공동체를 대변한다.(요 13:23-26a) 그는 공격을 당할 때 주님을 신뢰(요 18:15-18)하며 그렇게 예수의 십자가 아래에서 참된 증인, 참된 제자(요 19:25-27)가 된다. 사랑하는 제자라는 문학적인 인물 배후에는 요한 학파의 창시자가 숨어 있으며, 그는 요한2서/요한3서의 장로이고, 파피아스가 언급한 장로 요한과 일치한다.(위 8.2.2를 보라.) 요한 학파의 창시자를 부활절 이후 전승의 참된 목격자와 보증인으로 만드는 동안에 그 모임이 완성되었다. 요한복음은 '사랑하는 제자' 그리고 보혜사와 함께 앞과 뒤를 향한 시간 지평의 이중적인 만남을 완성했다. 그 과정에서 부활절은 항상 중심이며 출발점이다. 요한 공동체는 특별한 방식으로 지상의 예수와 높임을 받은 예수를 연결한다. 요한 공동체의 그리스도인은 '하나님의 교사들'(διδακτοὶ θεοῦ, 요 6:45)이다. 그들은 이러한 자의식과 자기이해를 가지고 선교(참조. 요 4:5-42, 7:35-36, 12:20-22, 17:18, 20, 21, 20:22)[157]했고 성례전을 거행

155 요한의 성령론은 G. M. Burge, The Anointed Community, Grand Rapids 1987을 참조하라.

156 사랑하는 제자에 대한 본문은 다음의 자료를 참조하라. T. Lorenzen, Der Lieblingsjünger im Johannesevangelium, SBS 55, Stuttgart 1971; J. Kügler, Der Jünger, den Jesus liebte, SBB 16, Stuttgart 1988.

157 참조. M. R. Ruiz, Der Missionsgedanke des Johannesevangeliums, fzb 55,

(요 3:5, 6:51c-58, 19:34b-35)했으며, 사랑하라는 계명을 실천의 중심 과제(참조. 요 13:34-35)로 삼았다.

8.5.5 내용 구성, 구조, 형식

1:1-18	프롤로그: 로고스이신 예수
1:19-12:50	세상에서 계시자의 활동
1:19-51	세례 요한의 증거와 처음 제자들
2:1-4:54	예수의 1차 공적인 활동[가나-순환구성(Ringkomposition)] 2장: 가나의 포도주 기적, 성전정화 3장: 니고데모와 세례 요한의 증거 4장: 사마리아 여인, 가나의 두 번째 기적
5:1-47	예수와 유대인들의 첫 논쟁
6:1-71	갈릴리의 예수(오천 명을 먹이심, 물위를 걸으심, 생명의 떡, 베드로의 고백)
7:1-11, 54	점점 더 심해지는 유대인들과의 갈등 7장: (예루살렘 성전에서) 초막절 설교 8장: 세상의 빛, 아브라함의 자녀됨 9장: 안식일에 눈먼 자를 고치심 10장: 선한 목자, 예수의 하나님의 아들 됨 11장: 나사로의 부활
11:55-12:50	예루살렘에서의 마지막 유월절과 수난에 직면한 예수 (베다니에서의 기름 부음, 예루살렘 입성)
13:1-20:29	예수의 계시, 수난, 부활한 자의 높임과 현현
13:1-17:26	제자들에게 계시 13:1-30: 세족식, 예수의 마지막 식사, 배신자에 대한 언급 13:31-14:31 첫 번째 고별설교 15:1-16:33 두 번째 고별설교 17장: 아버지께 드리는 아들의 기도

Würzburg 1987.

18:1-20:29	수난과 부활절 18장: 예수의 체포, 베드로의 부인, 아나니아 앞의 예수, 빌라도 앞의 예수 19장: 고문당함, 판결, 십자가에 달림, 죽음과 매장 20장: 빈 무덤, 막달라 마리아, 제자들, 도마에게 부활한 자의 현현
20:30-31	후기: 복음에 대한 이해에 관하여
부록 21:1-23 21:24-25	 디베랴 바다에서 부활한 자의 현현 책의 두 번째 마무리

본문에서 프롤로그는 예정된 과정을 열어주는 기능을 한다. 이 프롤로그는 독자에게 요한복음의 방향을 알려주며, 요한복음서 기자가 의도한 과정을 이해할 수 있게 준비한다. 요한복음 1:1-18과 요한복음 20:30-31은 서로 일치하는데, 후자의 본문에는 복음서 기자가 복음서를 기록한 목적이 나온다. 그 목적은 하나님의 아들 예수에 대한 믿음을 일깨우고 새롭게 하려는 것이다. 요한복음서 기자에 의해 독자는 그의 작품 속으로 들어가는데, 독자가 요한복음 20:31에 나온 믿음의 기초에 대한 설명에 동의한다면, 그는 그것에 대한 이해를 할 수 있을 것이다. 거시적 수준에서 요한복음은 명확하게 둘로 나뉜다. 계시자가 세상에서 행한 사역 소개(요 1:19-12:50) 이후 예수가 자신의 사람들에게 계시한 것에서부터 부활 현현까지에 대한 묘사(요 13:1-20:29)가 이어진다. 요한복음 전체의 일관된 구조적 요소는 수난에 대한 수많은 언급이다. 요한복음 1:29, 36은 요한복음 2:1a, 4c처럼 수난을 암시한다. 요한복음서 기자는 성전정화를 통해(요 2:14-22) 처음부터 예수의 활동을 의도적으로 수난의 관점으로 본다. 공관복음과 대조를 이루는 요한복음의 특수성은 예수가 스스로 자신의 운명을 성취하는 요한복음 2:13, 5:1, 7:10에 나오는 예루살렘으로의 여행이다. 요한복음 7-10장에서 요한복음서 기자는 예수와 유대인들 사이에 점점 증가하는 논쟁을 극적으로 묘사한다.[158] 이 논쟁은 나사로의 부활과 그 결과 유대교 지도자들

이 예수를 살해하려고 결의하는 장면에서 정점에 도달한다.(참조. 요 11:1-44, 45-54) 신약성서에서 가장 위대한 기적이 역설적으로 예수를 죽이려는 원인이 된 것이다.

요한복음의 결론적 입장은 구조상 요한복음 2부의 프롤로그에 해당하는 세족식(요 13:1-20)에 나타난다. 요한복음 13:1은 이미 언급된 수난 예고를 받아들여서 독자의 시선을 마침내 임박한 예수의 수난으로 향하게 만든다. 동시에 세족식은 고별설교로 연결된다. 자기 사람들에 대한 예수의 사랑과 그 결과로 주어지는 제자들 상호 간의 사랑이 그것이다.(참조. 요 13:15) 누가복음 22:14-38에서 예수가 저녁식사 때(참조. 막 14:17-21) 그의 제자들과 잠시 함께한 시간을 요한복음은 고별설교로 의도적으로 확대한다. 이러한 경향을 보이는 요한복음은 고별의 상황을 전체 요한복음의 핵심이 되도록 만든다. 고별설교는 전체 요한복음의 구성에서 미리 준비되었다. 핵심 단어인 '떠나가다'(ὑπάγειν, 참조. 요 7:33-34, 8:14, 21-22, 13:3, 33, 36, 14:4-5, 28, 16:5, 10, 17)가 이미 주제를 드러내기 때문이다. 요한복음 17장의 대제사장적 기도가 고별설교의 결론이라면, 요한복음 18:1-20:29의 수난사는 그것과 연결된다.

마가복음처럼 요한복음도 예수의 활동에 대한 설명을 복음서라는 문학의 형식으로 만들어냈다. 마가복음처럼 요한복음도 예수의 본질과 활동

---

158 참조. L. Schenke, Das Johannesevangelium, 202-23. 쉥케는 요한복음을 드라마로 본다. 이런 분류에 반대하여 요한복음 안에는 거의 대부분 드라마적이고 서사적인 문체 요소가 긴장감 넘치는 통일성을 목적으로 결합되어 있다는 이의 제기가 있다. 복음서 기자는 풍부한 이야기 수단을 가지고 있었다.(예를 들어 대화, 독백, 보도 단락들, 주석, 드라마적 상승, 서로 다른 시간적 견해) 그는 그것들을 텍스트 외부와 내부의 관점을 끊임없이 병합하면서 효과적으로 이용했다. 무엇보다 요한복음을 드라마라고 단적으로 정의할 수 없는 것은 해결책이 이야기의 끝에 나오는 것이 아니라 이미 첫 구절에 제시되고 있기 때문이다. 테오발트는 요한복음을 '드라마 이야기'로 분류한다.(M. Theobald, Joh, 14-29.) 무엇보다 이러한 혼합 형식의 특징은 개별적인 문체 요소가 항상 기본 형식인 이야기와 다시 연결되어 있다는 사실이다.

은 십자가와 부활로부터 설명된다. 이 핵심적 신학 사상을 두 복음서는 서로 다른 방식으로 그들의 구성을 떠받치는 요인으로 만들었다. 요한복음은 로고스의 지상 사역뿐만 아니라 아버지께로의 귀환을 끊임없이 십자가라는 시각에서 조망한다.

8.5.6 문학적 통일성

요한복음의 문학적 통일성은 최근 요한복음 주석에서 격렬하게 논란이 되고 있다.[159] 지금까지는 주로 불트만 주석의 영향을 받아서 이야기의 흐름을 방해하는 본문의 순서와 이차 개작의 역사가 추정되어왔다. 불트만은 요한복음 편집자가 외부의 영향을 받아 순서의 혼란을 일으켰고, 그래서 원래의 요한복음을 순서대로 배열하지 못하게 되는 손상을 입었을 뿐만 아니라 편집자의 눈에 거슬리는 신학적 진술을 부드럽게 하려고 어떤 것을 덧붙이는 실수를 범했다는 가설을 주장했다.[160] 불트만의 견해에 따르면 요한복음의 편집자는 원래의 본문 순서를 재구성하는 데 실패했다. 그 결과 그는 자기 스스로 주석가로서 이 과제(편집자의 입장으로 요한복음을 재구성하는 것—역자 주)에 관심을 기울였다. 해석의 대상은 최종 형태의 요한복음이 아니라 모든 모순을 제거하고 원래의 순서로 배열한 본문이다.

최근의 주석은 이러한 방법에 문제가 있다고 본다. 무엇보다도 문학비

159 E. Haenchen, Joh, 48-57은 연구사 개관을 제공한다. 새로운 구상에 관하여는 H. Kohler, Kreuz und Menschwerdung, 85-124를 참조하라. 종말론 관점에 대한 상세한 연구사는 J. Frey, Die johanneische Eschatologie I, 해당 본문을 참조하라.

160 참조. R. Bultmann, Joh, 164의 각주 2. 불트만은 텍스트가 손실됐으며 순서가 바뀌었다고 생각한다.(참조. R. Bultmann, 위의 책, 238.) 그의 다음 논문도 참조하라. "Hirschs Auslegung des Johannes-Evangeliums," EvTh 4 (1937): (115-42) 119. 본문의 순서가 바뀌었다는 가설에 대한 비판은 E. Haenchen, Joh, 48-57을 참조하라.

평의 도움을 받아 재구성되는 요한복음의 원래 형태가 과거에 진짜 있었는가라는 질문이 제기된다. 더 나은 본문과 문학적 긴장을 고려하여 텍스트의 위치를 바꾸고 소위 이차 단락들을 잘라내는 것으로 요한복음의 원래 형태를 복원하려는 시도는 본문을 재구성하는 데 결코 충분하지 못하다. 사실 원래의 순서를 재구성하는 데는 주석가의 주관적 느낌, 재구성하고 본문들을 결합할 때 얻는 즐거움, 다양하고 복잡하며 부분적으로 서로 모순이 되는 이론을 증명하는 주석가의 전체적인 신학적 평가가 지배한다. 따라서 본문의 재구성은 전승된 본문의 배열이 문학비평적 수준에서뿐만 아니라 신학적 지평에서도 부적절함이 입증될 때에만 정당화된다. 바로 이러한 조건 아래에서 요한복음 4-7장, 13-17장의 원래 배열과 이후 편집 과정에서 이루어진 사소한 첨가가 논의되어야 한다.

I. 요한복음 4-7장의 순서: 요한복음 6:1은 예수가 갈릴리 바다 건너편으로 갔다고 하는데, 그렇다면 예수는 그전에 어쨌든 갈릴리 바다 어느 한쪽에 있었을 것이다. 그러나 5장에서 예수는 예루살렘에 있다! 그 반대로 6장은 예수가 이미 갈릴리에 있는 4장과 잘 연결된다. 마찬가지로 5장은 7장에 어울리는데, 그것은 요한복음 7:1이 유대 지방에서의 체류를 전제하기 때문이다. "그러므로 원래의 순서는 4, 6, 5, 7장이었을 것이다."[161] 그렇다면 현재의 본문 순서는 무의미한가? 4장에서 5장으로의 이동은 문제가 없다. 요한복음서 편집자가 기적에 이어서 예수를 설교하러 예루살렘으로 가게 하려고 요한복음 5:1에 축제를 언급하기 때문이다. 요한복음 2:12-13은 요한복음의 비약적인 전환이 특별한 것이 아니라는 사실을 보여준다.(참조. 요 4:3, 43, 7:9, 10, 10:40, 11:54 이하) 요한복음서 기자에게는 몇 개의 구절로 예수를 갈릴리에서 예루살렘으로 이동시키는 것이 가능하다. 요한복음의 축제 여행은 많은 불특정 장소의 이름처럼 "역사적이고 연대기적인 가

161 R. Bultmann, Joh, 154. 불트만은 서로 다른 개별 논증을 가지고 추적한다. R. Schnackenburg, Joh II, 6-11; J. Becker, Joh I, 35.

치가 없는 문학적 수단일 뿐이다."[162] 그러므로 그것들은 어떤 경우에는 상황에 맞게 준비된 것이 아닐 수 있다. 5장에서 6장으로 갑작스럽게 건너뛰지만 장(Kapitel)의 순서를 바꾸는 것은 옳지 않다. 요한복음 6:2는 명백히 전승된 장의 순서를 전제하고 있기 때문이다.[163] 요한복음 6:2b는 요한복음 4:46-54, 요 5:1-9ab의 두 가지 기적과 연결되며 이 장의 순서는 복음서 편집자에게서 유래한다.(참조. 요 2:23b, 4:45, 11:45) 6장을 4장 뒤로 위치시킨다고 해서 순서가 매끈해지는 것은 아니다. 요한복음 6:1은 예수가 게네사렛 호수 서쪽 물가(특히 요 6:17, 24에 따르면 다시 귀환하고 있는 가버나움)에 체류하고 있는 것을 전제로 하고 있기 때문이다. 그러나 예수는 요한복음 4:46에서는 가나에 있고, 4:54에서는 혼자 갈릴리에 있다.[164] 7:1-14도 복음서 기자의 것으로 돌릴 수 있는데,[165] 그는 이 갈릴리 에피소드를 단

---

162 E. Haenchen, Joh, 266; 참조. W. Bauer, Joh(위 8.5.3을 보라.), 251.

163 R. Bultmann, Joh, 156의 각주 3. 불트만은 2절에서 복음서 편집자의 추가를 본다. 그러나 그의 견해에 따르면 이것은 단지 요한복음 4:46-54가 예수의 기적을 위한 하나의 예라는 것이다. 필자의 견해로 볼 때 요한복음 6:2의 복수형은 반드시 요한복음 4:46-54와 요 5:1-9ab를 전제로 한다.

164 M. Theobald, Joh, 421. 테오발트에 따르면 편집자는 요한복음 6장과 5장의 순서를 바꾸었다. 이는 부활 이야기인 5장이 세례(거듭남)와 연결되는(인간은 베데스다의 구원의 물이 필요 없다!) 반면, 식사 기적 이야기와 떡 이야기는 성만찬과 연결되기 때문이다. 그러면 그 진술들은 편집을 통한 그 장(요 6장)의 다시 읽기(Relecture)로 소급하는 것이다.(참조. 6:4, 23, 53-58) 그것은 (편지의 추가 본문이 없는) 복음서 기자의 본문은 원래 '성만찬의 구속을 받지 않는다는 것'을 의미하는 것이 아니라 아마 그의 우선순위에 해당하는 그리스도론과 구원론의 관심이 그의 공동체의 성례전적 식사의 실천을 위한 관련성을 암시의 모습으로 기대하게 했다는 것을 의미한다. 복음서 기자가 무슨 까닭으로 단지 '암시'를, 그것에 반대해서 편집은 성례전에 대한 명확한 관련성을 만들어내야 했는지 하는 것 역시 이 모델에 있어서도 완전히 불명확한 상태에 머물러 있다.

165 참조. R. Schnackenburg, Joh II, 190ff. 예수는 나사로의 부활과 함께 다시 한번 예루살렘을 떠났을 것이다.(참조. 요 10:40-42, 11:54, 12:12) 그러나 초막절을 위한 여행의 기능에서 그것은 아무것도 변하게 하지 않았다

지 6-7장과 연결하는 것이 아니라 매우 중요한 축제일에 예수가 유대인들에게 자신의 파송을 설명하지만 거부당하는 예루살렘으로 이끈다.

요한복음 4-7장의 순서는 무질서하던 작품을 잘못 재구성한 시도이거나 편집자의 설득력 없는 재구성 작업이 아니라 복음서 기자인 요한이 예수를 항상 다시 예루살렘으로 가게 하는 목표를 가지고 의도한 순서이다. 예수는 예루살렘에서 불신의 세상과 논쟁을 하게 되며 그의 운명을 완성한다.[166]

II. 13-17장의 순서[167]: 요한복음 14:31c와 요한복음 18:1이 대응된다는 점과 요한복음 14:31c이 요한복음 15:1로 거칠게 넘어가는 부분은 요한복음의 문헌비평에서 계속되는 쟁점이다. 지금의 본문을 설명하는 다섯 가지의 모델이 있다.

1) 본문의 위치 변경에 의한 문제 해결. 불트만은 요한복음 13:1-30, 17:1-26, 13:31-35, 15:1-16, 33, 13:36-14:31을 원래 본문의 순서라고 생각한다.[168] 불트만의 방식에 제기된 반론은 그가 방법론적으로나 '더 나은' 본문을 재구성하는 데 성공하지 못했다는 것이다. 이것은 요한복음 17장에

---

166 이런 경향이 요한복음 7-10장에서 받아들여졌고 정교하게 다듬어졌다. 참조. L. Schenke, "Joh 7-10: Eine dramatische Szene," ZNW 80 (1989): 172-92.

167 이것을 위하여 다음을 참조하라. U. Schnelle, "Die Abschiedsreden im Johannesevangelium," ZNW 80 (1989): 64-79; M. Winter, Das Vermächtnis Jesu und die Abschiedsreden der Väter, FRLANT 161, Göttingen 1994; A. Dettwiler, Die Gegenwart des Erhöhten, FRLANT 169, Göttingen 1995; Christina Hoegen-Rohls, Der nachösterliche Johannes, WUNT 2.84, Tübingen 1996; J. Neugebauer, Die eschatologischen Aussagen in den johanneischen Abschiedsreden, BWANT 140, Stuttgart 1995; Chr. Dietzfelbinger, Der Abschied des Kommenden, WUNT 95, Tübingen 1997; K. Haldimann, Rekonstruktion und Entfaltung. Exegetische Untersuchungen zu Joh 15 und 16, BZNW 104, Berlin 2000; G. L. Parsenios, Departure and Consolation. The Johannine Farewell Discourses in Light of Greco-Roman Literature, NT.S 117, Leiden 2005.

168 참조. R. Bultmann, Joh, 348-51.

서 실패하게 되는데, 17장은 고별설교의 정점으로서 의미심장하게 결론을 맺는다. 예수는 제자들과 이전에 대화를 나누었듯이 이제 작별의 시간에 아버지께 기도를 드리고 있다.

2) 해결을 위한 두 번째 제안은 요한복음 15-17장에서 후대의 편집을 보는 것이다. 슈낙켄부르크[169]와 베커[170]가 주장한 이 논제는 편집자가 전제하고 있다는 작업 방식에서 무너진다. 편집자가 요한복음 14:31과 요한복음 18:1 사이에 요한복음 15-17장을 무리하게 끼워넣음으로써 20/21세기의 주석이 해결하려고 노력하는 모든 문제를 야기했다는 것이다. 편집자가 요한복음 15-17장을 요한복음 14:30 앞에 위치시켰다면 모든 어려움을 비켜갈 수 있으며, 독자와 청중을 위한 만족스러운 본문의 순서를 만들어 냈을 것이다. 결론적으로 요한복음 15-17장의 후기 요한적 특성은 증명되지 않는다.

3) 가설의 다른 변형인 부록은 반복 읽기(Relecture) 모델이다. "반복 읽기 과정은 첫 번째 텍스트가 두 번째 텍스트를 형성하고, 두 번째 텍스트가 첫 번째 텍스트를 통해서만 온전하게 이해될 때 발생한다."[171] 이 모델은 고전적 문헌비평 방법과 두 가지 점에서 차이가 난다. (1) 저자 개인에 관한 질문은 그 배후에 요한 학파가 있다는 가설 때문에 등장했다. (2) 요한복음 15-17장은 더는 요한복음 13:31-14:31과 경쟁하는 것도 아니고 수정한 것도 아니다. 변화된 역사적인 상황 혹은 신학적인 성찰의 추진력을 통해 제한될 수 있는 계속된 기록에 대한 가정은 근본적인 것이다.[172] 이 모델에 대해 세 가지 반론이 제기된다. (1) 개인 저자라는 입장을 실제로 포기하는 것은 선승 과정을 익명의 것이 되게 한다. (2) 반복 읽기 모델은 '교회의 편집'

169 참조. R. Schnackenburg, Joh III, 101-103.

170 참조. J. Becker, Joh II, 572f.

171 J. Zumstein, Relecture, 404; 참조. A. Dettwiler, Gegenwart des Erhöhten, 44-52.

172 A. Dettwiler, Gegenwart des Erhöhten, 302.

과 마찬가지로 본문에서 증명되지 않는 변해버린 역사적 상황이나 신학의 결합을 계속 기록하기 위한 동기로 고려하는 것이다. (3) 동일한 저자가 새롭고 더 많은 측면을 소개할 수도 있으나, 이후 '계속 기록했다'는 정황은 아무것도 없다. '계속 기록했다'는 모델은 원칙적으로 요한의 전승이라는 입장에서 고려할 만한 것이다. 그러므로 여기서도 역시 본문에 대한 이해가 복음서 기자의 차원에서 불가능하다면, 그 경우에는 단지 하나의 본문이 복음서 기자 요한에게 귀속되지 않고 보다 나중의 개정작업에 귀속될 수 있다는 방법상의 규칙이 유효하다. 결정적인 방법론적 질문은 다음과 같다. 본문의 상태가 정상에서 벗어났다(일차 본문이 이차 본문이 되는)라고 가정하려면 필요한 것은 무엇인가? 결론적으로 고려할 것은 해석학적 논증이다. 반복 읽기 모델의 대표자는 요한복음을 해석하지 않고 반복 읽기 과정을 담당하는 서클인 요한의 이해를 해석한다는 것이다. 본문의 상태에 관한 질문은 설명되지 않은 상태로 남아 있다. 그 이유는 원래 본문과 이차 본문인지의 여부가 특히 해석에서 본질적인 차이를 드러내기 때문이다.

4) 요한복음 14:31c의 상징적 해석에서는 일반적으로 예수의 요구에 대한 문자적 복종이 아니라 지시의 성격(Verweischarakter)이 그 중심이다. 그래서 도드는 "그 운동은 영의 운동이다."[173]라고 확정할 수 있었다. 튀엔은 그 절을 독자들에 대한 요구로 이해한다. "그는 지금 일어나야만 한다."[174]라는 것은 그가 어디든 가게 될 것이라는 긴장을 경험해야 한다는 의미이다. 이러한 해석은 문헌비평적 문제를 넘어 다른 해석 모델보다 더욱 주관적이다.

5) 최근의 연구는 고대와 초기 유대교의 본문을 비교하는 것, 또한 그리스-로마의 문학 형식과 비교하는 것이 요한복음의 고별설교 해석을 위해

---

173 C. H. Dodd, Interpretation, 409.

174 H. Thyen, Art. "Johannesevangelium," 216(튀엔은 확실히 도드에 기댄다. 참조. H. Thyen, Das Johannesevangelium, 642f.); Chr. Hoegen-Rohls, Der nachösterliche Johannes, 122.

중요하다는 사실을 보여준다. 예를 들어 고별설교의 기능에 대해 질문한다면, 세네카의 문헌과 수많은 비교점이 나타난다.[175] 항상 삶과 죽음의 뒤엉킴과 두려움을 통해 어떤 의미가 전달되고 어떤 목표가 제시된다. 세네카는 영혼의 영원한 평화에 대한 전망과 죽음의 피할 수 없음과 자연스러움에 대해 통찰한다. 요한은 예수의 죽음을 보혜사를 보내주기 위한 전제와 아버지와 아들의 완전한 일치로 전망한다. 무엇보다 파르세니오스(C. L. Parsenios)는 고별설교가 그리스-로마의 문학에 영향을 받았다는 표시를 세족식(문학 심포지엄)—고별설교(위로의 본문)의 순서에서 찾았다.[176] 플라톤은 '말의 향연'에 관해 말했고(Tim 27b), 특히 플루타르코스(Mor 6,686b)는 축제 향연과 거기에 직접 참여하지 않고 이익을 얻는 철학적 상론의 밀접한 연관성을 제시했다. 그러므로 고별설교에는 다음과 같은 의미가 있다. "말의 향연은 예수를 초대하고 나중에는 제자들을 그의 현존으로 초대하며, 그들을 예수가 죽기 전날 밤에 그의 원래 제자들과 나눈 말씀의 축제로 끌어들인다. 그러므로 요한의 말씀 향연(logodeipnon)은 철학자가 제자에게 보내는 교육 편지와 유사하며 스승과 제자 사이의 간격을 메워주는 기능을 한다."[177] 파르세니오스는 요한복음 14:31/15:1에서 그리스 문학의 모티브 구절을 본다. 왜냐하면 동시적인 내적 발전의 과정에서 외적 정지 상태라는 모델은 그리스 비극의 한 요소이기 때문이다. 소포클레스(Sophokles)의 『안티고네』 876-943쪽 같은 본문은[178] 다른 모든 행위가 배경으로 사라지고, 죽어가는 사람의 말/연설이 그것을 통해 무대상에서 더 강화될 수 있음

---

175 참조. M. Lang, "Johanneische Abschiedsreden und Senecas Konsolationsliteratur," J. Frey/U.Schnelle (Hg.), Kontexte des Johannesevangeliums, 365-412; 고별설교를 위로의 이야기로 보는 것에 관하여는 G. L. Parsenios, Departure and Consolation, 90-109를 참조하라.

176 참조. G. L. Parsenios, Departure and Consolation, 111-49.

177 위의 책, 143f.

178 서로 다른 모티브에 대한 분석과 본문에 관하여는 위의 책, 49-70을 참조하라.

을 보여준다.[179] 죽어가는 자들의 말과 그 의미만 핵심이 되어야 한다. "그리스 비극의 출구는 예수가 떠나 아버지에게로 되돌아가는 것을 강조하여 극적으로 만들기 위해 준비된 문학적 형식을 제공한다."[180]

요한은 내적으로는 진보인 동시에 외적으로는 정체 상태의 문학 모델을 위해 그리스 비극에 기대지 않고 그가 수용한 전통에 의지했다. 요한은 마가복음 14:42-43을 언급하는데, 특히 43절에서 예수가 유다와 만나기 전에 무엇인가 말했다고 한다. 그것과 함께 이야기 안에서 그가 작성한 본문들과 마찬가지로 계속되는 전통과 그의 복음서 서술의 진행 과정을 통합하기 위해 요한복음서 기자를 위해 문학적인 장소가 주어졌다. 여정의 길이라든지 설교의 지속 시간에 관한 심리학적 관찰은 적합하지 않다. 그 이유는 여기서 관찰되는 문학적 방법이 요한복음서 기자에게는 결코 특별한 것이 아니기 때문이다. 갑작스러운 전환은 요한에게 드문 일이 아니며, 게다가 그는 이야기한 것을 다시 받아들이는 문학적인 수단을 알고 있었다.(참조. 예를 들어 요 1:43과 2:1, 요 2:1-11과 4:46, 요 7:14와 7:25-30, 요 9장과 10:21, 요 11:1-45와 12:9, 요 12:15-16과 18:33 이하) 그 수단은 요한복음 18:1에서도 제시되고 있다. 예루살렘으로 가는 예수의 축제여행은 요한복음 14:31c, 15:1, 18:1 안에 존재하는 복음서 기자의 처리 방식에 대해 확실한 평행본문으로 간주될 수 있다.(참조. 요 2:13, 5:1, 7:10) 이 여행도 문맥상 준비되지 않았던 것이며, 단지 예수를 적들의 자리에 두기 위한 목적으로 이용된다. 그와 함께 요한복음 14:31과 요한복음 18:1 사이에 요한복음 15-17장을 끼워넣은 것은 문학적 방법으로 이해할 수 있다. 이러한 문학적 방법의 출발점은 예수가 떠나라는 명령 이후, 그리고 유다와의 만남 이전에 제자들에게 아직도 무엇인가를 말했다는 것은 복음서 기자에게 전

179 위의 책, 68. "행동은 어중간하고 줄거리는 이야기가 결론에 이르기까지 얼어 있다."

180 위의 책, 152.

통적으로 주어져 있던 것이었다. 요한복음 14:31c의 촉구는 요한이 그 결합을 반대하는 분리의 표시가 된다. 예수가 아버지께로 감에도 불구하고, 그 공동체는 포도나무와 가지들이 내적으로 서로 연결되어 있는 것처럼 그와 연결되어 있다.(요 15:1-17)

복음서 기자의 방식은 텍스트 안에서의 지평뿐만 아니라 독자의 텍스트 밖에서의 지평에서도, 그리고 요한 공동체에도 의미가 있다. 요한복음 14:31c에서 예수의 요구는 '신호'라는 특징을 가진다. 왜냐하면 부활절 이후의 독자 공동체들에게는 요한복음의 이야기 차원에서 처음으로 이어지는 결과는 예수의 명령으로 이미 자연스럽게 현재적인 것이기 때문에, 그 결과 요한복음 15-17장의 윤리적이고 교회론적인 수행은 적절한 것이다. 예수의 각성은 이미 하나님의 아들의 죽음과 높여짐을 통해 발생하는 상황의 신호가 되며, 요한의 독자 혹은 청중은 이미 그 상황 속에 존재한다. 요한복음 15-17장의 일관된 권고의 특징은 요한복음 14장과 적절하게 이어지며, 그러므로 이제 계시 사건이라는 전제 아래(참조. 요 15:3, 9의 직설법) 공동체가 구원을 보전하는 것에 대해 언급한다.[181]

고별설교의 '삶의 자리'가 신학적인 비극 작업이고[182] 무엇보다 위로와 강화를 통해 그때마다 신학적 깨달음을 얻어 완성되는 미래의 방향성이라면, 유사한 주제의 반복, 변형, 확장, 그리고 수용은 이차 텍스트를 위한 것이 아니라 저자가 의도적이며 심사숙고하여 만들어낸 문학의 수단이다! 계속되는 관찰은 이러한 가정을 증명해준다. 고별설교는 전반적으로 사랑이

181 참조. T. Onuki, Gemeinde und Welt, 125ff. 오누키는 다음 두 사람의 의견에 반대한다. R. Schnackenburg (Joh III, 102ff.); J. Becker (Joh II, 572ff.). 이 두 학자는 변경된 관점에서 요한복음 15-17장이 후대의 편집에 기인한다고 본다.

182 참조. Th. Popp, "Die konsolatorische Kraft der Wiederholung: Liebe, Trauer und Trost in den johanneischen Abschiedsreden," G. v. Belle/M. Labahn/P. Maritz (Hg.), Repetitions and Variations in the Fourth Gospel, 523-87.

라는 핵심어 아래에 있다. 그것은 예수에 대한 하나님의 사랑(요 15:9, 10, 16:27, 17:23, 24, 26), 하나님에 대한 예수의 사랑(요 14:31), 제자들에 대한 하나님의 사랑(요 14:21, 23, 16:27, 17:23), 제자들에 대한 예수의 사랑(요 13:1, 14:21, 15:9, 12, 13), 예수에 대한 제자들의 사랑(요 14:15, 21, 23-24, 28, 16:27)과 제자들 간의 사랑(요 13:35, 15:10, 12, 17)이다.[183] 고별설교와 요한복음에서 수많은 내적인 연결과 강조는 복음서 기자의 기본 신학 프로그램의 요소와 변형이다. 예수 그리스도 안에 있는 하나님의 사랑의 계시는 세상에 대한 하나님의 사랑이며, 하나님과 예수 안에 머무는 믿는 자는 사랑의 계명 가운데 머문다. 이러한 내적 상호 의존성은 고별설교의 현재 형태가 요한복음을 해석하는 열쇠이며, 그러므로 문학비평적으로 축소하는 것은 그 의미의 내용을 제대로 드러내지 못한다는 사실을 확인시켜준다.

III. 이차적 삽입: 요한복음 21장의 이차적 성격에 관한 연구는 상대적으로 합의가 이뤄졌다. 언어와 문체의 독특성은 요한복음 21장을 실질적인 수많은 주장이 있지만 부록이라 할 수 없게 만든다.[184] 21장에는 갈릴리에서는 빠져 있던 현현이 공개적으로 추가되었고, 요한복음 20:19-29의 제자들에게 나타난 예수의 현현은 무시되고 있다. 제자들은 영을 주심과 파송

183 참조. U. Schnelle, "Die johanneischen Abschiedsreden und das Liebesgebot," G. v. Belle/M. Labahn/P. Maritz (Hg.), Repetitions and Variations in the Fourth Gospel, 589-608.

184 제자들을 언급하는 요한복음 21:5의 '자녀들'(παιδία)과 그리스도인을 나타내는 '형제들'(ἀδελφοί)은 유일하게 한 번만 나오는 주요 어휘이다. 곱틱어 필사본(4세기경)이 요한복음 텍스트의 모양을 증명하고 있는 것은 주목할 만하다. 그것은 분명 20장으로 끝난다. 참조. Gesa Schenke, "Das Erscheinen Jesu vor den Jüngern und der ungläubige Thomas," L. Painchaud/P.-H. Poirier (Hg.), Coptica-Gnostica-Manichaica (FS W.-P. Funk), BCNH.E 7, Québec/Leuven 2006, 893-904. 그러므로 요한복음 21장의 이차적 성격은 증명이 되지 않는다. 그러나 21장이 없는 필사본(과 함께 원본도)이 존재한다는 것이 드러났다.

이후에(요 20:21-22) 요한복음에 전혀 언급되지 않은 그들의 옛 직업인 어부로 되돌아간다. 게다가 요한복음 20:29는 모든 나타남을 금하는데, 이는 보지 않고 믿는 것이 중요하기 때문이다. 또한 14절의 횟수에 대한 언급은 21장이 부록임을 가리킨다. 그 이유는 요한복음 20:19-23, 24-29에서 두 번의 현현을 전제하고 보충하기 때문이다. 요한복음 21:2에만 세베대의 아들들이 나온다. 여기서 왜 나다나엘이 가나에서 왔다고 하는지를 물어야 한다. 더욱이 요한복음 21:24-25에는 21장의 저자와 전체 요한복음의 발행인을 알 수 있다. 사랑하는 제자에 대한 증거는 요한복음 1-20장과는 반대로 두 가지 방식으로 존재한다. (1) 사랑하는 제자가 전체 요한복음의 저자라는 것은 요한복음 21장에만 나온다. (2) 요한복음 21장은 베드로와 사랑하는 제자의 관계를 교정한다. 베드로는 요한복음 21장에서 특별한 의미가 없다. 그는 처음으로 부름 받은 사람이 아니며(요 1:40 이하, 안드레가 그를 예수에게 데려온다.) 단지 많은 제자 중 한 사람이다. 요한복음 20장의 현현 이야기들은 베드로에게 먼저 현현한 것에 관해 아무것도 말하지 않는다. 그러나 베드로는 단지 사랑하는 제자와 대비해서 확실히 강조된다. 예수는 그를 목자의 직무에 앉히며 지상의 대변자로 만든다.(요 21:15-17. 이와 반대로 요 19:25-27을 참조하라.) 결론적으로 요한복음 20:30, 31에 이미 책의 종결이 포괄적으로 제시되는데 이는 요한복음 21:24-25를 분명 이차적인 것으로 보이게 한다.[185] 요한복음 21:24에서 요한복음의 편집자는 자

185 요한복음 21장을 이차적인 것으로 보는 학자들은 다음과 같다. R. Bultmann, Joh, 542ff.; E. Haenchen, Joh, 580ff.; J. Becker, Joh II, 758ff.; U. Schnelle, Joh, 314f.; C. K. Barrett, Joh, 551ff.; K. Wengst, Bedrängte Gemeinde, 23f.; M. Lattke, "Joh 20, 30f als Buchschluß," ZNW 78 (1987): 288-92. 라트케는 테르툴리아누스의 Adversus Praxean 25, 4에서 요한복음이 상당히 오랫동안 후기(21장)가 없이 유포되고 있었다는 증거에 주목한다.(참조. M. Lattke, 위의 글, 289.) 요한복음 21장이 원래부터 존재했다고 주장하는 학자들은 다음과 같다. W. Bauer, Joh(위 8.5.3을 보라.), 234f.; R. E. Brown, Joh II, 1077ff.(Epilog); P. S. Minear, "The Original Function of John 21," JBL 102 (1983): 85-

신의 기여(요 21장)와 선행하는 본문(요 1-20장)을 구분한다.

최근의 주석은 요한복음의 이차적 개작에 관한 질문을 더 이상 '교회 편집자'의 오해라는 개념으로 다루지 않고, 복음서 기자 이후의 편집에 편입시키는 본문에 관해 질문한다. 그렇게 이차적 개작이 이루어진 층에 대한 내용적이고 문학적인 관점은 요한복음 5:28, 29, 6:39, 40, 44, 54, 12:48(미래적 종말론)과 요한복음 6:51c-58, 19:34b, 35(성만찬) 같은 본문에서 진지하게 문제가 제기되고 있다.

요한복음의 미래적 종말론의 기원에 관한 질문은 문학비평의 문제가 아니라 주로 요한복음서에 대한 신학적 평가와 관련이 있다.(아래 8.5.9를 보라.) 요한복음 6:51c-58의 성만찬 단락은 새로운 논증의 지평을 통해 생명의 떡[186]에 대한 전통적인 설교와 대조를 이룬다. 하늘에서 내려온 떡은 예수의 살과 피이며 구원자의 몸이 중심이다. 요한은 한편으로는 생명의 떡이라는 주제를 계속 이끌어가면서 동시에 예수 그리스도의 성육신을 강조하고, 성만찬에서 그의 고난에 진심으로 참여함을 강조하는 반가현설적(antidoketisch) 어조를 설정한다. 요한복음 6:51c-58의 문학적 형태와 신학적 의도를 설명하면서 요한복음 이후의 편집에 의존하는 것은 문학적으로나 신학적으로 설득력 있는 근거를 제공하지 못한다.[187] 요한복음 6:51c-58에 믿음의 개념이 빠져 있는 것도 이 단락의 이차적인 성격에 대한 증거가 되지 못한다. 오히려 요한복음서 기자는 성만찬에 참여하는 사람들이 예수 그리스도를 믿는 사람들이라는 것을 당연하게 전제하고 있다. 게다가

98; G. Reim, "Johannes 21-Ein Anhang?," Studies in New Testament Language and Text (FS Kilpatrick), NT.S XLIV, Leiden 1976, 330-37. H. Thyen, Art. "Johannesevangelium," 210과 여러 곳. 튀엔은 요한복음 21장의 '에필로그'를 모든 이야기의 흐름이 모이는 요한복음 이해의 열쇠라고 강조한다.

186 참조. U. Schnelle, Antidoketische Christologie, 221.

187 요한복음 6장의 문학적, 구성적, 신학적 통일성을 증명하는 것은 Th. Popp, Grammatik des Geistes, 256-456을 참조하라.

성만찬 단락에서 요한복음 6장의 구성은 그 정점에 이르고 있다. 26-29절은 요한복음 6:30-51ab의 생명의 떡을 준비하는 것이며, 복음서 기자가 구성한 요한복음 6:51c-58의 성만찬은 6장 전체에서 두 개의 주요 부분(요 6:1-25, 30-58)을 서로 연결한다.[188] 요한복음 19:34b-35도 요한 이후의 편집으로 고려되지 않는다.[189] 이 단락은 언어적으로나 주제로 볼 때 복음서 기자 요한의 손을 암시하기 때문이다. 복음서 기자는 요한복음 19:34b-35를 가지고 수난사의 결말에서 다시 한 번 예수의 죽음에 대한 그의 반가현설적 이해를 공식화하고, 사랑하는 제자의 증언을 요한 전승에서 인정받는 보증으로 수용하며, 그것으로써 공동체의 성례전 실행을 보장한다.

요한복음은 21장까지 그리고 본문비평상 분명히 이차적인 5:3b, 4, 7:53-8:11 단락[190]과 4:2의 주해 단락을 문학적인 통일성으로 이해할 수 있다.[191] 요한복음서 기자는 요한복음 20:30-31에서 수많은 전승을 근거로 삼아 신학적으로 고려했을 때 자신이 비판적으로 선택된 요한복음의 저자로 인식되도록 언급하고 있다.

---

188 요한복음서 기자의 지평에서 요한복음 6:51c-58을 생명의 떡에 대한 설교의 의미심장한 연속으로 보는 입장은 다음의 학자들이다. E. Ruckstuhl, Einheit, 243ff.; E. Schweizer, "Das johanneische Zeugnis vom Herrenmahl," ders., Neotestamentica, Zürich 1963, 371-96; P. Borgen, Bread from Heaven, NT.S X, Leiden ²1981; L. Schenke, "Die formale und gedankliche Struktur von Joh 6, 26-58," BZ 24 (1980): 21-41; ders., "Die literarische Vorgeschichte von Joh 6, 26-58," BZ 29 (1985): 68-89; U. Schnelle, Antidoketische Christologie, 214-28(상세한 개별 논증); W. Schmithals, Johannesevangelium und Johannesbriefe, 355. 요한복음 6:51c-58을 요한 이후의 편집으로 주장하는 학자들은 다음과 같다. R. Bultmann, Joh, 161f.; G. Richter, Studien, 105ff.; J. Becker, Joh I, 263ff.

189 개별 논증에 관하여는 U. Schnelle, Antidoketische Christologie, 228-30을 참조하라.

190 참조. U. Schnelle, Joh, 150-53.

191 M. Hengel, Die johanneische Frage, 224-64. 헹엘도 요한복음 1-20장의 통일성에 찬성한다.

8.5.7 전승, 자료

요한복음의 자료와 전승에 관한 질문은 오랫동안 불트만의 자료이론에 의해 결정되었다. 불트만은 문체와 언어적 특징을 근거로 요한복음 2:11, 4:54 같은 기적 이야기를 '표적자료', '계시설교자료', '수난사 본문'으로 나누었다.[192]

요한복음 18:1-19:30이 수난사의 기본 토대라는 것은 일반적으로 받아들여지고 있다. 그것은 주로 요한의 특수자료로 구성되어 있으며, 그 자료는 복음서 기자에게 문헌상 토대가 되었고, 그에 의해 개작되었을 것이다.[193] 요한 이전의 수난사에 추가된 편집은 요한복음 18:4-9, 13b, 14, 15b, 16, 19b-21, 23-24, 28b, 29, 32, 33a, 34-38a, 19:4, 5, 7-11, 20-22, 23a, 26-28a이다.[194] 예수의 십자가 처형과 매장에 관한 요한의 설명(요 19:30-42)과 요한복음 20장의 부활과 현현 이야기는 전통적인 이야기에 근거를 두고 있다. 여기서 요한복음서 기자의 편집으로 볼 수 있는 것은 요한복음 19:31c, 34b, 35, 39, 40c, 42b, 20:2, 3b, 4, 5b, 6, 8, 10, 11a, 12, 13, 14a, 17b, 21, 24-29이다. 함께 연결되어 있는 요한복음 이전의 수난사 보도에 관해서는 언급할 수 없다. 요한은 매우 오래되고 역사적으로 신뢰할 수 있는 수난사의 전승들을 부분적으로 개작하며 그의 신학의 핵심 주제들과 연결하였고, 마가복음(과 누가복음)을 기반으로 하여 그가 만든 전체 구성 콘텍스

---

192 불트만이 주장한 원천 자료는 스미스에 의해 그리스어로 인쇄되었다. D. M. Smith, The Composition and Order of the Fourth Gospel, New Haven-London 1965, 23-34(계시설교자료), 38-44(표적자료), 48-51(수난자료).

193 그에 대한 논증에 관하여는 U. Schnelle, "Johannes und die Synoptiker," The Four Gospels (FS F. Neirynck), hg. v. G. Van Segbroeck u. a., BETL 100, Leuven 1992, 1799-814를 참조하라.

194 (개별적으로는 편차를 보이지만) 재구성한 것을 보려면 A. Dauer, Die Passionsgeschichte im Johannesevangelium, StANT 30, München 1972, 334를 참조하라.

트에 삽입했다.[195] 요한복음서 기자의 문학적이고 신학적인 구성 의지는 복음서의 다른 부분에서처럼 요한복음 18-20장에 전체적으로 반영되고 있다.

요한복음의 '계시설교자료'라는 불트만의 논제는 연구에서 인정받지 못했다. 불트만은 이 자료들을 영지주의와 가까이 두려고 했으며, 특정한 문체적 특징을 근거로 내세워 재구성했다. 그 설교들은 산문이 아니라 시로 작성되었으며 주요 특징은 (반명제) 평행법(antithetische Parallelismus membrorum)이다. 불트만의 견해에 따르면 계시설교의 각 본문은 요한복음서의 외적인 파손과 '교회 편집' 작업을 통해 부분으로 나뉘어 멀리 갈라져 나갔다. '계시설교자료'의 종교사적인 자리매김뿐만 아니라 그것의 재구성에 문제가 많은 것으로 보인다. 불트만이 끌어들인 문학적 평행본문들(솔로몬 송가, 민디어 문헌 등)은 일반적으로 요한복음보다 훨씬 이후 시기이기 때문에 비교할 만한 가치가 없다. 문체비평의 도움으로 자료의 원천을 재구성하는 과정에서 불트만은 방법론적이고 해석학적인 테두리 안에서 작업한다. 요한복음서 밖에는 형식적이고 내용적인 평행본문들은 없으며, 따라서 텍스트 외부의 조정 기관은 존재하지 않는다.[196] '출처'의 본문과 요한복음서 기자의 문체가 서로 분리되지 않는다면, 불트만이 여러 곳에서 인정해야 했던 것처럼 그의 방법론에 문제가 있다는 것은 분명하다.

최근 주석에서는 표적자료(Semeia-Quelle)의 존재가 격렬한 논쟁을 불러일으키고 있다. 불트만은 표적자료가 그리스도교 신앙을 위해 이전에 존재하던 세례 요한 제자들의 선전에서 나왔다고 추정한다.[197] 표적자료는 예

---

195 참조. M. Lang, Johannes und die Synoptiker의 해당 본문.

196 불트만을 비판하는 것은 다음을 참조하라. E. Haenchen, Literatur zum Johannesevangelium, 305f.; R. Schnackenburg, Joh I, 39f.

197 R. Bultmann, Joh, 76의 각주 6. 표적자료에 대한 논증에 관하여는 R. T. Fortna, The Gospel of Signs를 참조하라. 특히 W. Nicol, The Semeia in the Fourth Gospel, NT.S 32, Leiden 1972; J. Becker, Joh I, 134-42; M. Theobald, Joh,

수를 '신적인 인간'(θεῖος ἄνθρωπος)으로 보여준다. 사람을 알아보는 그의 놀라운 힘은 그와 만나는 사람들을 압도한다.[198] 요한 이전의 표적자료 가설은 오랫동안 요한 해석 논쟁의 토대였다. 포르트나(R. Fortna)는 심지어 그 자료를 표적 복음으로까지 확대했다. 최근의 주석에서 표적자료와 표적 복음의 존재에 대해 문제가 제기되고 있다.[199] 표적자료가 실재했다는 본질적인 증거는 요한복음 2:11, 4:54에서 기적 이야기의 순서를 매기는 것이다. 이 자료에서는 기적을 세는데, 오직 처음 두 개의 기적만 센다. 왜 처음 두 기적은 숫자를 세고, 이후에는 중단한 것일까? 이러한 질문에 대한 대답

32-42. 기존 주제의 변형은 H. P. Heekerens, Die Zeichen-Quelle der johanneischen Redaktion, SBS 113, Stuttgart 1984를 참조하라. 헤커렌스는 단지 요한복음 2:1-11, 12, 4:46-54, 21:1-14만 공통의 자료라고 한다. 이 자료들은 요한복음 21장의 저자에 의해 요한복음에 포함되었다.

198 R. Bultmann, Joh, 75.

199 전반적인 연구사는 G. van Belle, The Signs Source in the Fourth Gospel, BETL 116, Leuven 1994를 참조하라. 벨라는 최근의 연구에서 이러한 가설에 대해 비판이 우위를 나타내고 있음을 제시한다.; 참조. U. Schnelle, Antidoketische Christologie, 87-194(상세한 개별 논증); W. J. Bittner, Jesu Zeichen im Johannesevangelium, WUNT 2. 26, Tübingen 1987; D. Marguerat, "La 'source des signes' existe-t-elle? Réception des récits de miracle dans l'évangile de Jean," La communaute johannique et son histoire, hg. v. J. D. Kaestli, J. M. Poffet u. J. Zumstein, Genf 1990, 69-93; C. K. Barrett, Joh, 36f.; E. Ruckstuhl/P. Dschulnigg, Stilkritik und Verfasserfrage im Johannesevangelium, 238-41; F. Neirynck, "The Signs Source in the Fourth Gospel. A Critique of the Hypothesis," ders., Evangelica II, BETL XCIX, Leuven 1991, 651-78; H. Thyen, Art. "Johannesevangelium," 207; G. Strecker, "Literaturgeschichte,"(위 1.2를 보라.), 208; J. Painter, Quest for the Messiah, 80-87; K. M. Bull, Gemeinde, 87; W. Schmithals, Johannesevangelium und Johannesbriefe, 124-26; M. Hengel, Die johanneische Frage, 246f.; F. Vouga, Geschichte des frühen Christentums, Tübingen 1993, 10; U. Wilckens, Joh, 9f.; F. J. Moloney, John, 86; M. Labahn, Jesus als Lebensspender, 76. 유보적 견해의 학자는 다음과 같다. R. Schnackenburg, Die Person Jesu Christi(위 3.4.9를 보라.), 268.

은 표적자료의 존재에 대한 증거가 되지 못한다. 요한복음 2:11, 4:54의 언어에 대한 분석은 이 구절과 숫자를 세는 것이 분명 요한복음서 기자인 요한으로부터 나온 것임을 알려준다. 요한복음서 기자는 가나에서 일어난 예수의 두 가지 기적을 세는데, 이는 예수의 공식적인 활동의 처음과 끝을 강조하기 위함이었다. 요한복음 2:23과 요한복음 4:45에 나오는 기적에 대한 언급은 예루살렘에서 기적을 요약하여 보도하기 때문에 모순이 없다. 그러므로 요한 이전의 표적자료의 존재는 사라진다. 요한복음 20:30-31은 기적 이야기와 밀접하게 연결되어 빈번하게 표적자료의 마지막으로 여겨진다. 여기서도 언어 분석은 확실히 요한복음서 기자인 요한에게 소급하고 있음을 보여준다. 그는 표적(σημεῖον) 개념을 이용함으로써 이미 요한복음서에 기술된 예수의 사역에 대한 신앙을 불러일으키고, 예수가 한 활동의 계시적 특성을 강화하며, 동시에 도마가 부활한 분을 알아차린 것을 기적으로 만들었다. 소위 요한복음서 기자의 신학과 표적자료의 그리스도론 사이에 존재하는 긴장, 모순, 대립은 요한복음 4:48이 보여준다.[200] 그러나 여기서는 원칙적인 요한의 기적 비판이 드러나지 않고 오히려 예수가 요한복음 2:4에서처럼 기적을 다음에 실행하기 위해 표적에 대한 단순한 요구를 거부하고 있다.(참조. 8:11-12, 마 12:39-42, 16:1-2, 4, 눅 11:16, 29-32의 표적 요구 거부) 게다가 요한 이전의 서로 다른 기적 이야기의 전승사와 종교사적 배경은 '표적자료'의 존재에 대해 반대한다.

요한 이전의 기적 이야기는 전승이 완결된 것도 아니다. 문체 비판도 표적자료를 재구성할 수 없다. 그 이유는 한편으로는 요한복음서 기자의

---

200 예를 들어서 L. Schottroff, Der Glaubende und die feindliche Welt, 263ff. 비트너는 요한복음 4:48에 대해 다른 해석을 제안하는데, 48절을 긍정적으로 해석한다.(W. J. Bittner, Jesu Zeichen, 128-34.) 아버지의 당부의 입장에서 보면 "이 말은 일반적으로 인정받는 보편적인 통찰이다. '너희가 표적과 기적을 보지 않으면 믿으려고 하지 않는다.' 그때 예수는 표적 체험을 뛰어넘는 믿음에 이르는 길을 명확히 표현한다."(W. J. Bittner, 위의 책, 134.)

문체에서 벗어나고, 다른 한편으로는 표적자료 여러 곳에서 입증된 문체가 존재하지 않기 때문이다.[201] 표적자료에 대한 양식사의 평행본문은 존재하지 않는다. 또한 표적자료의 일관된 신학과 그리스도론도 알 수 없다. 오히려 요한복음서 기자인 요한 자신은 매우 상이한 기적 이야기를 자신의 복음서에 통합했다. 그 과정에서 요한이 받아들인 기적 이야기의 숫자는 우연이 아니다. 창세기 2:2에 따르면 7이라는 숫자는 충만과 완성이라는 가치가 있기 때문이다. 게다가 요한복음은 요한 학파의 주변에서 7이라는 숫자가 중요하다는 사실을 보여준다.(참조. 계 1:4, 12, 5:1, 8:2, 10:3-4, 12:3) 7은 기적에 나타난 예수 계시의 충만을 강조하려는 요한의 작품 구성을 위한 도구임이 분명하다. 각각의 기적은 예수의 공적인 활동 위에 계획적으로 분산되어 있고 지속적으로 상승해 가다가 요한복음 11장에서 그 정점에 도달하여 유대인들과의 논쟁과 연결된다. 요한복음서 기자는 그의 학파의 특수 전승(요 2:1-11, 5:1-9ab, 9장, 11장)뿐만 아니라 공관복음에 근거한(요 4:46-54, 6:1-25) 기적 이야기를 자신의 복음서 안에 받아들였다. 이 이야기들은 다양한 방식으로 그의 특별한 신학과 연결되어 있다.

요한복음서 기자 앞에는 보혜사와 '나는 ~이다.'라는 말의 수집이 놓여 있다. '나는 ~이다.'의 수집은 생명의 떡(요 6:35a), 세상의 빛(요 8:12), 문(요 10:7), 목자(요 10:11), 부활과 생명(요 11:25), 길, 진리, 생명(요 14:6), 포도나무(요 15:1)의 일곱 가지 상징 모티브를 담고 있다.[202] 요한복음 14:16-17, 14:26, 15:26, 16:7-11, 16:13-15는 보혜사의 말을 수집한 것이다.

요한 학파의 여러 개별 전승과 함께 요한복음서 서술의 토대를 형성하는 것은 구약성서이다. 구약성서에서 찾아볼 수 있으며 확정할 수 있는 인

---

201 참조. E. Ruckstuhl, "Sprache und Stil im johanneischen Schrifttum," ders., Die literarische Einheit, 304-31.

202 M. Theobald, Joh, 31f. 테오발트는 '나는 ~이다.'라는 말을 '주의 말씀'이라는 보다 큰 범주에 포함시킨다.(요 3:3, 5, 3:14f., 5:19b-20c, 7:33f., 37f., 8:31bc, 32, 8:51, 12:24, 13:16, 20, 14:2f., 21:22f.)

용은 요한복음 1:23, 1:51, 2:17, 6:31, 6:45, 10:34, 12:13, 15, 27, 38, 40, 13:18, 15:25, 16:22, 19:24, 28, 36, 37, 20:28, 그밖에 요한복음 3:13, 7:18, 38, 42, 17:12이다. 이러한 여러 인용에서 그것이 인용인지, 암시인지 혹은 지시인지를 명확하게 구분할 수는 없다.[203] 인용을 분석해보면, 일반적으로 요한은 칠십인역을 사용하고 있지만, 경우에 따라서 히브리어 본문을 참조하고 있다. 요한복음의 두 개의 주요 부분에서 서로 다른 서론 양식이 인상적이다. 요한복음의 첫 번째 부분에는 '기록되었다'(γεγραμένον)라는 분사가 '~이다'(ἐστίν)와 5회 결합되어 있다.(참조. 요 2:17, 6:31, 6:45, 10:34, 12:14)[204] 요한복음의 두 번째 부분에 나오는 일곱 개의 서론 형식(요 12:38부터)은 예수 그리스도의 수난에서 하나님의 뜻이 성취되었음을 명시적으로 언급한다. 구약성서 역시 요한복음의 여러 설교를 위한 전승사의 배경이 된다. (참조. 예를 들어 요한복음 10장과 15장) 그것은 요한 학파 안에서 요한복음서 기자가 구약을 당연하게 사용하는 권위를 보여준다.

요한복음의 또 다른 자료는 공관복음이다. 요한복음과 공관복음 사이에는 다음과 같은 일치가 존재한다.

공통의 이야기 본문

요 1:29-34/막 1:9-11/마 3:13-17/눅 3:21-22: 예수의 세례

요 2:14-22/막 11:15-17/마 21:12-13/눅 19:45-46: 성전 정화

요 4:46-54/마 8:5-13/눅 7:1-10: 가버나움의 백부장

요 5:8, 9/막 2:11, 12/마 9:6b-8/눅 5:24b, 25: 마비된 병자에게 내리는 명령

---

203 참고. G. Reim, Jochanan. Erweiterte Studien zum alttestamentlichen Hintergrund des Johannesevangeliums, Erlangen 1995; B. C. Schuchard, Scripture within Scripture, SBL.DS 133, Atlanta 1992; M. J. J. Menken, Old Testament Quotations in the Fourth Gospel, BET 15, Kampen 1996; A. Obermann, Die christologische Erfüllung der Schrift im Johannesevangelium, WUNT 2. 83, Tübingen 1996

204 그밖에 요한복음 1:23, 7:38의 '그가 말한 것처럼'(καθὼς εἶπεν)을 참조하라.

요 6:1-15/막 6:32-44/마 14:19-21/눅 9:10b-17: 5,000명을 먹이심

요 6:16-21/막 6:45-52/마 14:22-23: 물 위를 걸으심

요 6:22-25/막 6:53-54, 8:10/마 14:34-35: 호수를 건너감

요 6:26/막 8:11-13/마 16:1-4, 12:38-39/눅 11:16, 29, 12:54-56: 표적을 요구함

요 6:66-71/막 8:27-30/마 17:13-20/눅 9:18-21: 베드로의 고백

요 12:1-8/막 14:3-9/마 26:6-13/눅 7:36-50, 10:38-42: 베다니에서 기름 부음

요 12:12-19/막 11:1-10/마 21:1-9/눅 19:28-40: 예루살렘 입성

요 18:3-12/막 14:43-50/마 26:47-56/눅 22:47-53: 체포된 예수

요 18:25-27/막 14:66-72/마 26:69-75/눅 22:56-62: 베드로의 부인

요 18:39-40/막 15:6-14/마 27:15-23/눅 23:17-23: 유월절 사면

요 19:1-3/막 15:16-20a/마 27:27-31a: 예수를 조롱함

요 19:16b-19/막 15:20b-26/마 27:31-37/눅 23:33-34: 예수의 십자가 처형

요 19:24b-27/막 15:40-41/마 27:55-56/눅 23:49: 십자가 아래의 증인들

요 19:38-42/막 15:42-46/마 27:57-60/눅 23:50-54: 예수를 장사 지냄

요 20:19-29/눅 24:36-49: 예수께서 제자들에게 나타나심

(요 20:2-10, 11-18/눅 24:12, 24:4: 무덤으로 달려감/천사들의 나타남)

(요 21:1-19/눅 5:1-11: 기적 같은 물고기 잡이)

어록 전승의 일치

요 1:27/막 1:7/마 3:11bc/눅 3:16cd: " 내 뒤에 오시는 이"

요 1:33b/막 1:8/마 3:11d/눅 3:16e: "그는 성령으로 세례를 준다."

요 1:34/막 1:11/마 3:17/눅 3:22: 하늘의 음성

요 1:43/막 3:16b/마 16:17/눅 6:14a: 시몬을 위한 별명

요 2:19/막 14:58/마 26:61, 15:29b/마 27:40a/행 6:14: 성전에 관한 어록

요 4:44/막 6:4/마 13:57/눅 4:24: 예언자는 고향에서 환영을 받지 못한다.

요 5:23b/눅 10:16b: "나를 멸시하는 자는…"

요 6:42/막 6:3/마 13:55/눅 4:22: 예수의 부모

요 10:14/마 11:27/눅 10:22: 아버지와 아들은 서로를 안다.

요 11:27/마 16:16: 당신은 그리스도, 하나님의 아들

요 12:25/막 8:35/마 16:25/눅 9:24: 자기의 목숨을 사랑하는 것 혹은 미워하는 것

요 12:27/막 14:34 이하/마 26:38 이하/눅 22:42: 올리브산에서의 예수의 슬픔

요 13:16, 15:20/마 10:24/눅 6:40: 종은 주인보다 크지 못하다.

요 13:20/막 9:37b/눅 9:48b/마 10:40/눅 10:16: "내가 보내는 사람을 받아들이는 사람"

요 15:21/막 13:13/마 10:22a, 24:9/눅 21:17: "내 이름 때문에"

요 16:32/막 14:27/마 26:31: 제자들의 흩어짐

요 20:23/마 18:18: 매고 푸는 것

기타 다른 접촉점

요 11:1/눅 10:38-39: 마리아와 마르다

요 12:2/눅 10:40: 섬기는 마르다

요 9:6/막 8:23: '침을 뱉으시다'(πτύω)는 신약성서에서 여기만 나온다.

요 11:47, 53/마 26:3-4: 유대교 지도자들이 살해 결의를 하다.

요 14:16/눅 24:49: 예수가 성령을 보내신다./높은 곳으로부터 오는 능력

요한복음을 구성하는 유비

요 6:1-15/막 6:32-44: 식사 이적; 요 6:16-21/막 6:45-52: 물위를 걸으심; 요 6:22-25/막 6:53-54, 8:10: 호수를 건너가심; 요 6:26/막 8:11-13: 표적 요구; 요 6:66-71/막 8:27-33: 베드로의 고백; 요 18:3-12/막 14:43-50: 체포를 당하심; 요 18:13-14/막 14:53: 대제사장의 예언; 요 18:15-18/막 14:54: 베드로의 부인 1부; 요 18:19-22/막 14:55 이하: 대세사장의 심

문; 요 18:25-27/막 14:66-72: 베드로의 부인 2부; 요 18:28/막 15:1: 새벽에 빌라도에게 넘겨지심; 요 18:33-38a/막 15:2-5: 빌라도의 심문; 요 18:38b-40/막 15:6-12, 15: 사면을 위한 제안; 요 19:1-5/막 15:15-20: 채찍질과 조롱

요한복음과 공관복음의 관계는 다섯 가지의 모델로 논의되고 있다.[205] (1) 요한복음서 기자나 자료 그리고 나중에 요한복음을 개작한 층들은 공관복음을 알지 못했다.[206] 이 논제에서 각 전승의 유사성은 예수 전승의 '큰 흐름에' 구전 전승의 수용을 통해 설명된다.[207] (2) 요한복음서의 기자 요한은 공관복음을 전제하지 않았다. 오히려 공관복음의 수용은 요한 이전의 전승에 나타난다.[208] 현재 존재하는 유사성은 직접적인 문학적 종속성이 아니라 요한 이전의 입장에 다양한 (공관적) 전승이 합쳐졌음을 의미한다. (3) 이차적 구전 특성(secondary orality)이라는 모델은 초기 그리스도교 공동체의 예배에서 공관복음을 낭독함으로써 이미 공관복음에 문서화된 자료들이 구두 전승 속으로 새롭게 등장하는 사실을 고려한다. 공관복음과의 유사점과 차이점은 요한 학파가 스스로 참여한 새로운 전승 과정을 통해 설명된다. 공관적으로 편집한 본문과 추가 개작은 이차

205 새로운 연구의 토대가 된 것은 P. Gardner-Smith, Saint John and the Synoptic Gospels, Cambridge 1938이다. 가드너-스미스는 요한복음이 공관복음으로부터 독립해 있음을 주장했다. 연구사에 관하여는 다음을 참조하라. J. Blinzler, Johannes und die Synoptiker, SBS 5, Stuttgart 1965; A. Dauer, Johannes und Lukas, fzb 50, Würzburg 1984, 15-37; F. Neirynck, "John and the Synoptics: 1975-1990," A. Denaux (Hg.), John and the Synoptics, 3-62. D. M. Smith, John among the Gospels, Columbia ²2001; M. Labahn/M. Lang, "Johannes und die Synoptiker," J. Frey/U. Schnelle (Hg.), Kontexte des Johannesevangeliums, 443-515.

206 참조. 예를 들어 J. Becker, Joh I, 41ff.

207 위의 책, 45.

208 참조. 예를 들어 A. Dauer, Die Passionsgeschichte im Johannesevangelium, 121, 164 등 여러 곳; ders., Johannes und Lukas, 297 등 여러 곳.

적 구전의 특성에 수용되었다.[209] (4) 요한이 공관복음을 문학적으로 이용했다는 것이 튀엔(H. Thyen)에게는 단순히 출처의 문제뿐만 아니라 해석학적 개념의 일부분이다.[210] 요한은 공관복음을 알고 있었을 뿐만 아니라 공관복음의 본문을 '다루고 있으며' 그의 독자들에게 이 뛰어나고도 종종 아이러니한 '게임'에 참여하고 즐기며 통찰력을 얻을 수 있도록 초대한다. 튀엔은 분명 텍스트의 고고학을 포기하고 그의 앞에 놓여 있는 일종의 공관복음을 옮겨 쓴 것이며 팔림프세스트(Palimpsest: 양피지 사본에 기록되어 있던 기존 내용을 지우고 다른 내용을 기록한 사본)로 이해될 수 있는 요한의 본문을 주목한다. (5) 복음서 기자 요한(요 1-20장)은 마가와 누가복음을 아는 상태에서 자신의 복음서를 써냈다. 그는 복음이라는 새로운 문학 유형을 그의 예수 생애를 위한 공간으로 선택했고, 그 과정에서 직접적으로 그 자신 또는 그의 학파가 개작한 공관복음의 전승을 수용했다.[211]

요한과 개별 공관복음 사이의 주목할 만한 유사성은 세부적으로는 늘 상이한 해석에 열려 있는 반면에 복음서 형식의 수용과 구성상의 유비는

---

209 M. Labahn, Jesus als Lebensspender, 195ff.(요한복음 4:46ff.는 누가복음 7:1-20을 전제하고 있다.); ders., Offenbarung in Zeichen und Wort, 272-75.(요한복음 6:1-21은 마가복음 6:30-52을 전제하고 있다.) 이차적 구전의 특성에 관하여는 M. Labahn, Jesus als Lebensspender, 195(Lit.)를 참조하라.

210 참조. H. Thyen, Joh, 4. "이 모든 것과 대조적으로 내 생각에는 이 모든 것에 반하여 이유가 될 수 없다. 사례들이 보여주는 것처럼 이 주석에서 나는 요한복음이 출처와 편집 이론의 관점에 거의 도움이 되지 않는 문학 작품으로 요한복음을 해석하는 완전히 다른 흔적을 추적하고 있다. 물론 그것이 나에게는 더 개연성이 있어 보인다. 내가 보기에 요한은 유대교 성서 외에 그에게 익명과 구두로 전승된 공관복음과 유사한 전통을 알고 그것을 자료로 이용했을 뿐만 아니라 공관복음처럼 전승을 편집한 모습으로 구약성서도 그렇게 다룬다. 심지어 그는 마가복음만이 아니라 마태와 누가복음을 가지고도 그런 작업을 했을 것이다."

211 참조. 예를 들어 C. K. Barrett, Joh, 59-71; M. Lang, Johannes und die Synoptiker의 해당 본문.

요한의 공관복음에 대한 지식을 알려준다. 제4복음서가 마가복음으로부터 완전히 독립해서 형성되었다면, 요한 전승에서 복음서의 형식은 두 번째로 새롭게 재구성되었을 것이다. "그러므로 그(요한)는 제2의 마가이다."[212] 복음서 형식의 창안 이후 30년 그리고 마태나 누가가 이를 수용한 지 10-20년 동안 제2의 신학자가 마가복음을 모르면서 이 형식을 만들었다는 것은 역사적으로 매우 개연성이 없는 것으로 보인다. 따라서 요한이 이미 '기초복음서'나 '기본 문서' 혹은 그가 받아들이고 확장한 표적의 복음서를 제시했을 것이라는 주장은 다양하게 수용되었다.[213] 그러나 요한복음 입장의 표적자료와 수난보도 사이에 이 논제를 위한 확정적인 결합은 증명되지 않는다.[214] 게다가 '표적자료'의 존재는 점점 더 문제가 되고 있다. 그 결과 요한복음의 예비 단계인 '표적 복음'은 더 이상 적용되지 않는다. '기본 문서'처럼 다른 초기의 형식은 자료에 맞도록 정확하게 재구성되지도 않고 있으며 양식사적으로도 확실하게 분류되지 않는다. 가설의 원래 본문으로 다시 돌아가는 것은 문제를 해결하지 못하고, 오히려 그것을 더 이상 분명하게 할 수 없는 어둠 속의 잃어버린 문헌으로 밀어놓았다. 복음서 형식의 독특성과 새로움은 요한을 위해 유일하게 존재하는 원본인 마가를 지시한다. 게다가 요한은 마가로부터 복음서 유형의 두 개의 확정적인 요인도 넘겨받았다. (1) 예수 그리스도는 복음서에서 말하고 행동하는 주체이다.(막 1:1, 14: 요한복음에서는 보혜사와 '나는 ~이다.'의 말들을 참조하라.) (2) 십자가와 부활은 복음서 작성의 접점이다.(위 3.4.5와 8.5.5를 보라.)

---

212 J. Becker, Joh I, 47.

213 그렇게 설명하는 학자는 포르트나이다. "그의 표적 복음은 그리스도교의 처음 복음이며, 보다 순수하고 단순했고, 거의 확실하게 마가복음보다 빨랐을 것이다."(R. T. Fortna, The Fourth Gospel and its Predecessor, Edinburgh 1989, 206.)

214 참조. J. M. Robinson, "Die johanneische Entwicklungslinie," H. Köster/J. M. Robinson, Entwicklungslinien durch die Welt des frühen Christentums, Tübingen 1971, 230ff.; U. Schnelle, Antidoketische Christologie, 171-77.

더욱이 마가와 요한의 수난사에 존재하는 구성상의 유비는 큰 의미가 있다.[215] 요한은 공공연하게 그의 수난사의 핵심적인 단락을 마가 본문의 순서를 의지하면서 형성했다. 그 차이는 요한 이전의 특수 전승의 수용을 통해 편집 단락과 복음서 기자의 특별한 신학적 의도를 통해 설명된다. 많은 일치점이 마가 이전과 요한 이전의 입장의 연결선을 가리키는 것으로 보아 요한은 누가복음도 알았을 것이다. 누가복음이 요한 학파에 알려졌다면, 왜 복음서 기자가 그것을 몰랐는지 확실한 범주를 언급할 수는 없다. 아무튼 요한은 공관복음의 문학적 관계가 암시하는 것처럼 마가복음이나 누가복음을 그런 방식으로 받아들이지 않았다. 요한복음서 기자의 작업 방식은 자료의 완전한 수용이 아니라 요한복음 20:30-31에서 제시된 복음서 기록의 목표에 따라 개별 전승을 목적에 맞게 수용하는 것이다.[216]

요한이 바울서신을 문학적으로 사용했다는 사실은 입증되지 않지만,

---

215 참조. U. Schnelle, Johannes und die Synoptiker, 1805-13.

216 최근에 요한이 (하나 혹은 여러) 공관복음을 알고 있었음을 지지하는 매우 다양한 근거가 존재한다. F. Neirynck, "John and the Synoptics," M. de Jonge (Hg.), L'Évangile de Jean, BETL 44, Leuven 1977, 73-106; M. Sabbe, "The Arrest of Jesus in Jn 18, 1-11 and it's Relation to the Synoptic Gospels," M. de Jonge (Hg.), L'Évangile de Jean, 203-34; W. Schenk, Der Passionsbericht nach Markus, Gütersloh 1974, 127ff.; K. Wengst, Bedrängte Gemeinde, 182; P. Stuhlmacher, "Zum Thema: Das Evangelium und die Evangelien," Das Evangelium und die Evangelien, Tbüingen 1983, 15; Rosel Baum-Bodenbender, Hoheit in Niedrigkeit, fzb 49, Würzburg 1984, 199f., 350; T. A. Mohr, Markus- und Johannespassion, AThANT 70, Zürich 1982, 250; E. Stegemann, "Zur Tempelreinigung im Johannesevangelium," Die Hebräische Bibel und ihre zweifache Nachgeschichte (FS R. Rendtorff), hg. v. E. Blum u. a., Neukirchen 1990, 507; W. Schmithals, Johannesevangelium und Johannesbriefe, 123; H. Thyen, "Johannes und die Synoptiker," A. Denaux (Hg.), John and the Synoptics, 81-107(이 책에 기고한 다음의 학자들도 참소하라. F. Neirynck, C. K. Barrett, R. Kieffer, F. Vouga, U. Busse, M. Sabbe); M. Hengel, Die johanneische Frage, 208f.; U. Wilckens, Joh, 2-5; L. Schenke, Joh, 432.

수많은 유사점은 바울과 요한, 바울과 요한 학파 사이에 전승사적 결합이 에베소에서 형성되었음을 가리킨다.[217] 요한복음은 매우 복잡한 전승사적 배경을 지니고 있다. 요한복음서 기자는 복음서를 서술하면서 요한 학파의 수많은 전승을 받아들였다. 그는 구약에서 그리스도 사건을 위한 증거와 확증을 찾았고, 마가와 누가복음의 서로 다른 의도성을 수용하였으며, 바울의 신학 사상을 받아들였다. 또한 다양한 자료를 선별했고(참조. 요 20:30) 요한복음 20:31에서 자신의 접근 기준을 언급했다. 그는 그리스도 사건에 대한 해석과 성육신하신 하나님의 아들 예수 그리스도에 대한 믿음을 요구하고자 자신의 의견에 적합한 전승들을 자신의 복음서에 통합했다. 이러한 수용 과정은 제4복음서 기자의 신학적이고 작가적인 능력을 보여준다. 요한은 전승과 편집을 이야기 형식으로 구성하여 전체를 신학적으로 새롭게 만들어냈다.

8.5.8 종교사적 위치

지난 세기는 제4복음서가 영지주의와 어떤 관계를 갖는지가 요한복음의 종교사적 문제의 중심이었다. 바우어(W. Bauer)는 요한복음 해석에서 당시 새롭게 등장한 만다어 자료에 대한 흥미를 유발시켰다. 불트만은 요한복음을 영지주의 신화의 배경에서 해석했다. 최근의 요한 연구도 요한신학이 영지주의적 관점에 가깝다는 사실을 강조하고 있다. 그래서 쇼트로프(L. Schottroff)는 "영지주의 구원론이 요한복음과 함께 정경에 들어오게 되었다."[218]라고 주장하기도 했다. 베커(J. Becker)는 전반적인 요한의 관점이

---

217 참조. D. Zeller, "Paulus und Johannes," BZ 27 (1983): 167–82; R. Schnackenburg, "Paulinische und johanneische Christologie," ders., Joh IV, 102–18; U. Schnelle, Paulus und Johannes(위 8.1.4를 보라.); R. Schnackenburg, Ephesus: Entwicklung einer Gemeinde von Paulus zu Johannes.(위 8.1.4를 보라.)

"영지주의와 가까우며 영지주의화 되어가는 신학"이라고 보았다.[219] 우선 이 주제를 객관적으로 다루려면 요한복음 문헌의 시간 문제를 살펴야 한다.[220] 교부들은 그리스도교적 영지주의 시각에서 요한복음 수용사를 설명한다.(참조. 예를 들어 헤라클레온의 요한복음 주석) 하지만 요한복음 수용사는 요한복음의 형성 시기에 존재하던 영지주의와의 관계에 대한 해명을 제공하지는 못한다. 마니교적 의미로 보는 뵐리히(A. Böhlig)의 판단이 그 대표적인 예이다. "신약성서가 마니(Mani)로부터가 아니라 마니가 신약성서로부터 해석된다."[221] 만다어 문헌들은 기원후 7, 8세기에 바벨론에서 편집되었다. 물론 만다어의 본질적 요소들은 이미 기원후 3, 4세기에 존재하고 있었다. 만다어 문헌의 가장 오래된 것은 2세기까지도 거슬러 올라간다. 당연히 수세기에 걸친 전승을 추적하는 것은 불확실성의 부담이 크기에, 연대 설성에서 2세기 중엽을 넘어서는 만다어 문헌과 관계된 모든 모티브는 전적으로 가설로 설명된다. 대부분 4세기 중엽으로 연대가 정해지는 나그 함마디(Nag Hammadi)도 마찬가지다. 수많은 나그 함마디 텍스트들을 위해 부분적으로 기원후 2세기까지 거슬러 올라가는 보다 긴 전통과 편집의 역사는 개연성 있게 만들어질 수 있다.[222] 나그 함마디 문헌에서 유래하는 두 개의 문서는 요한복음에 특별한 의미가 있다. 하나는 '요한외경'(BG 2; NHC II, 1; III, 1; IV, 1)이고, 다른 하나는 '세 가지 형상의 프로텐노이아'(Protennoia, NHC XIII)이다. 이 두 문서의 가장 오래된 층은 기원후 2세기

---

218 L. Schottroff, Der Glaubende und die feindliche Welt, 295.

219 J. Becker, Joh I, 55; 참조. H. M. Schenke/K. M. Fischer, Einleitung II, 188ff.; W. Schmithals, Johannesevangelium und Johannesbriefe, 149. 이들은 요한복음을 그리스도교적 영지주의 문헌으로 본다.

220 M. Hengel, Der Sohn Gottes, Tübingen ^{2}1977, 53ff.

221 A. Böhlig, "Neue Initiativen zur Erschließung der koptisch-manichäischen Bibliothek von Medinet Madi," ZNW 80 (1989): (240-60) 255.

222 만다어 텍스트의 연대기에 관하여는 K. Rudolph, Die Mandäer I, FRLANT 74, Göttingen 1964, 53-58을 참조하라.

중엽에 형성된 것으로 추정된다.[223] 그러나 이 문서 또는 다른 나그 함마디 문헌이 요한 사상에 미친 영향은 입증되지 않는다. 프로텐노이아 문서는 요한복음의 서문과 비슷해서 인상적이다.[224] 그렇다고 프로텐노이아가 요한의 서문을 위한 자료라는 것은 아니다.[225] 헤라클레온과 나그 함마디 문서(EvVer, EvPhil, EpJac)에 요한복음의 수용뿐만 아니라 요한복음과 내용상 유사한 나그 함마디 문서(참조. NHC VII, 2; NHC VI, 2)도 요한복음이 이 문서의 형식에 의해 영향을 받은 것이 아니라 오히려 제4복음서가 매우 독자적인 해석을 가지고 영지주의적 동아리 안에 존재했음을 가리킨다.[226] 최초 그리스도교와 영지주의는 일정 기간 동안 서로 독자적으로 발전했으며,[227] 이 둘은 1세기 말경에 처음으로 접촉했다.(참조. 딤전 6:20) 이 접촉으로 말미암아 2세기 초반에 그리스도교와 영지주의는 부분적으로 융합되었다. 오늘날의 영지주의 연구에 따르면 완전하게 형성된 영지주의의 구원자 신화의 배경(필로가 대표자)에서 요한복음을 연구하는 불트만의 해석은 더 이상 불가능하다.[228]

---

223 권위 있는 독일어 번역으로는 H. M. Schenke/H.-G. Bethge/U. U. Kaiser (Hg.), Nag Hammadi Deutsch I. II, GCS N. F. 8. 12, Berlin 2001, 2003을 참조하라.

224 C. Colpe, "Heidnische, jüdische und christliche Überlieferung in den Schriften von Nag Hammadi III," JAC 17 (1974): (109-25) 123의 목록을 참조하라.

225 K. Rudolph, "Die Nag Hammadi-Texte und ihre Bedeutung für die Gnosisforschung," ThR 50 (1985): (1-40) 20f.

226 W. G. Röhl, Die Rezeption des Johannesevangeliums in christlich-gnostischen Schriften aus Nag Hammadi, EHS 32. 428, Frankfurt 1991. 영지주의 안에서 요한복음을 포괄적으로 수용한 것에 관해 언급하는 것은 없다.

227 K. W. Tröger, Das Christentum im zweiten Jahrhundert, Berlin 1988, 116-28. 영지주의는 독자적인 종교 현상이었다.

228 참조. Chr. Markschies, Art. "Gnosis/Gnostizismus," NBL I (1991): 869. "그리스도교 이전에 영지주의가 존재했다는 것은 개연성이 없다. 그런 자료는 결코 얻을 수 없다."

불트만에게 그리스도교 이전의 영지주의적 구원자 신화가 요한복음의 해석학적이고 역사적인 열쇠였다면, 영지주의적 구원자 신화의 개별 요소의 배열은 그리스도교 이후의 시간에 일어났다.[229] 게다가 영지주의적 사상의 개별 요소는 이미 초기 그리스도교 시대에 형성되었고, 종교 혼합주의적인 신화의 형성은 이후의 그리스도교 시대, 즉 주로 2세기부터 이루어졌다.[230] 그러므로 최초 그리스도교와 영지주의의 관계에서 그리스도교 이전 혹은 최초 그리스도교의 구원자 신화를 뛰어넘어 연대기 문제를 다루는 것은 더 이상 불가능하다.

의심할 바 없이 요한복음과 영지주의 문헌 사이의 언어, 내용, 모티브가 유사한 본문들은 오랫동안 제4복음서가 영지주의 사상에 접근했다는 증거였다. 그래서 바우어[231]와 불트만[232]은 요한복음 10:1-18과 요한복음 15:1-8, 9-17에 기록된 두 개의 설교를 영지주의적인 배경에서 해석했고 구약과 비교할 수 있는 것들은 평가절하했다. 마침내 이 두 개의 설교가 전승사적으로 볼 때 구약의 설명에 의해 영향을 받았다는 사실이 드러났다. (참조. 예를 들어 요한복음 10장을 위하여는 에스겔 34장,[233] 요한복음 15장을 위하여는 예레미야 2:21, 이사야 5:1-7a[234]) 그 결과 현저하게 보다 이후의 영지주의 텍스트를 요한의 상징과 표상을 설명하기 위해 끌어들여서는 안 된다.

---

229 참조. C. Colpe, Art. "Gnosis II," RAC 11 (1981): 542.

230 H. Thyen, Art. "Johannesevangelium," 220. "영지주의의 구원자 신화는 심오한 구조로 요한복음의 배경에 있지 않고 요한복음 전면에 있었던 것이라고 말할 수 있다."

231 참조. W. Bauer, Joh(위 8.5.3을 보라.), 143f., 189f.

232 참조. R. Bultmann, Joh, 285, 288, 407의 각주 6.

233 참조. M. R. Ruiz, "El Discurso del buen Pastor (Jn 10, 1-18)," EstB XLVIII (1990): 5-45; J. Beutler/R. T. Fortna, The Shepherd Discourse of John 10 and it's Context, MSSNTS 67, Cambridge 1991, Beate Kowalski, Die Hirtenrede (Joh 10, 1-18) im Kontext des Johannesevangeliums, SBB 31, Stuttgart 1996.

234 참조. R. Borig, Der wahre Weinstock, StANT 16, München 1967.

요한복음에 있는 어떤 개념이나 설명도 영지주의적 근원을 강하게 가리키고 있지 않다. 오히려 유사한 평행본문들은 구약과 유대교와 신약의 문헌에서 발견된다.[235]

영지주의에 대한 정의가 영지주의와 요한복음과의 밀접한 관계를 결정한다. 영지주의를 고대의 특별한 존재 이해라고 한 요나스(H. Jonas)의 정의는 영지주의에 대한 정의에 큰 영향을 미쳤다.[236] 영지주의 개념을 이렇게 넓게 이해하여 고대 후기의 서로 다른 운동을 포괄했기에 구체적인 종교사 연구는 더욱 어려워졌다. 영지주의 사상(Gnostizismus)과 영지주의(Gnosis)를 구분해야 한다는 제안이 1966년 메시나(Messina) 회의에서 제기되었다. 영지주의 사상은 기원후 2세기에 결성된 "조직들의 그룹을 언급하는 것이고, 영지주의 개념은 '지식인들에게만 보전되던 신적인 비밀에 관한 어떤 지식'이 되었다."[237] 그러나 이러한 해석도 계속 진척되지는 않았다. 사실상 개념만 단순히 교환되었기 때문이다. 이전에 '영지주의'라고 불리던 것은 이제 '영지주의 사상'이라고 불려야 한다. 그러므로 영지주의를 언급하기 위해 어떤 기본 개념이 존재해야 하는지를 정확하게 명명하는 정의만이 혁신적이라고 할 수 있다. 그러므로 젤린(G. Sellin)은 영지주의 사상에 대한 정의로 다음과 같은 것들을 선택했다. "세상(과 현세적인 존재인 인간)은 빛의 세계로부터 추락한 창조신(Demiurg)이며 그로부터 신을 대적하는 힘이 만들어졌다."[238] 일반적으로 세 개의 기본 원칙이 영지주의 체계의 특

235 K. Berger, Art. "Gnosis/Gnostizismus I," TRE 13 (1984): 520의 방법론 규칙을 참조하라. "개별 개념을 영지주의적 세계관이나 발전된 신화로 추론해서는 안 된다. 게다가 일관성 있는 영지주의적 용어도 없다."

236 H. Jonas, Gnosis und spätantiker Geist I, FRLANT 51, Göttingen ^{3}1964, 12ff.

237 참조. C. Colpe, "Vorschläge des Messina-Kongresses von 1966 zur Gnosis-Forschung," Christentum und Gnosis, hg. v. W. Eltester, BZNW 37, Berlin 1969, (129-32) 129f.

238 G. Sellin, Der Streit um die Auferstehung der Toten(위 2.5.1을 보라.), 200. 다르게 정의하는 자료는 C. Colpe, Art. "Gnosis II," RAC 11 (1981): 559를 참

징이다. (1) 하나님과 계시자의 피안적 특성, (2) 태초에 선과 악이 분리된다는 원초적인 이원론, (3) 위의 세계와 아래의 세계를 구분하는 우주론적 사유. 영지주의 사상과 영지주의에 관한 이러한 정확한 정의를 요한복음에 적용한다면 영지주의 사고와 요한복음의 차이는 분명해진다. 이미 요한복음 서문에 선한 것의 시간 이전의 특성이 언급되고 있으며, 창조는 선재하던 로고스의 활동에 기인한다. 이 로고스를 통해 존재하는 모든 것이 만들어졌다.(참조. 요 1:1-4) 하나님은 그를 믿는 사람들을 구원하기 위해 사랑으로 아들을 세상에 보내셨다.(요 3:16, 요일 4:9) 예수는 세상의 구세주(σωτὴρ τοῦ κόσμου, 요 4:42, 참조. 요일 2:2)이고, '생명의 떡'(요 6:30-50)이며, 세상의 빛(요 8:12)이다. 게다가 요한복음은 십자가 신학의 방향성 때문에 영지주의 사상과 근본적으로 구별된다. 요한복음은 유일회적인 사건에 구원의 기반을 삼고서 영지주의적인 존재와 구원 이해로부터 벗어난다.[239] 후기 영지주의 문헌에 요한복음의 개념, 아이디어와 그 완성이 보인다는 잠재적 '영지주의화의 가능성'(Gnostisierbarkeit)은 요한복음의 '영지'와 동일하지 않다.

마찬가지로 요한복음의 종교사적인 입장[240]도 전승사의 배경처럼 하나

조하라. "영지주의는 인식의 기관(organ)이며 본질이다. 그것은 이원론적으로 두 개의 본질로 나누어져 있다가 영지를 통해 다시 하나로 모아진다." Chr. Markschies, Art. "Gnosis/Gnostizismus," 870은 영지주의의 모티브가 되는 특징을 다음과 같이 언급한다. (1) 완전한 피안의 상위 하나님에 대한 경험, (2) 그 이상의 신적인 형태의 경험, (3) 악한 창조물인 세상과 물질에 대한 평가, (4) 저급한 창조신에 대한 소개, (5) 신화론적인 드라마를 통해 부정적인 현상내를 설명, (6) 피안이 구원자에 의해 유지되는 현상내에 대한 인식 (7) 영지에 의한 구원, (8) 인간에 대한 예정, (9) 모든 수준에서 분명하게 드러나는 이원론. 영지주의적인 체계에 대한 소개는 다음을 참조하라. Chr. Markschies, Die Gnosis, München 2001; K.-W. Tröger, Die Gnosis, Freiburg 2001.

239 참조. K. W. Tröger, "Ja oder Nein zur Welt. War der Evangelist Johannes Christ oder Gnostiker?," TheolVers VII, Berlin 1976, 61-80; H. Kohler, Kreuz und Menschwerdung, 137-39.

의 원인으로 설명되지 않는다. 그것은 구약과 헬레니즘 유대교의 지혜문학 안에 뿌리가 있으며(참조. 예를 들어 요 1:1-18, 3:16), 동시에 제4복음서는 쿰란과 12족장의 유언서와 밀접한 관계가 있다.(이원론)[241] 각각의 관념은 헬레니즘 철학과[242] 후기 영지주의 텍스트와 유사한 부분도 있지만, 그렇다고 이들로부터 어떤 종속성을 이끌어 내지는 못한다.

8.5.9 신학적 기본 사상

요한복음에서 그리스도 사건의 전개는 부활절 이후 성령의 상기(Anamnese) 시키는 활동으로 완성된다.(참조. 요 2:17, 22, 12:16, 13:7, 20:9)[243] 현존하는 보혜사[244](참조. 요 14:26)는 예수 그리스도의 인간 되심, 지상에서 활동

---

240 관련되는 종교사적 비교 모델은 다음과 같다. Neuer Wettstein I/2. Texte zum Johannesevangelium, hg. v. U. Schnelle u. Mitarb. v. M. Labahn u. M. Lang, Berlin 2001.

241 참조. O. Böcher, Der johanneische Dualismus im Zusammenhang des nachbiblischen Judentums, Gütersloh 1965; J. H. Charlesworth (Hg.), John and Qumran, London 1972; R. Bergmeier, Glaube als Gabe bei Johannes, BWANT 112, Stuttgart 1980. 이원론 개념 연구에 관하여는 다음을 참조하라. E. E. Popkes, Die Theologie der Liebe Gottes, 11-51; J. Frey, "Zu Hintergrund und Funktion des johanneischen Dualismus," D. Sänger/U. Mell (Hg.), Paulus und Johannes, WUNT 198, Tübingen 2006, 3-73. 이 학자들은 요한의 동기를 언급한다.

242 고대 세계의 어록철학에 관하여는 B. Jendorff, Der Logosbegriff, EHS R. XX, Bd. 19, Frankfurt 1976을 참조하라.; 장소와 관련이 없는 영으로 채워진 하나님 경배에 관하여는 Joh 4, 21-24와 Sen, Ep 41, 1-2를 참조하라.; D. Zeller, "Jesus und die Philosophen vor dem Richter (zu Joh 19, 8-11)," BZ 37 (1993), 88-92.

243 F. Mußner, Sehweise, 45ff.; U. Schnelle, Perspektiven der Johannesexegese, SNTU 15 (1990), (59-72) 61ff.

244 보혜사의 종교사적 배경을 보려면 U. B. Müller, "Die Parakletvorstellung im Johannesevangelium," ZThK 71 (1975): 31-77을 참조하라.

하심, 고난과 높임, 영광을 받으심에 관해 깊은 이해를 갖게 해준다. 보혜사는 조력자, 해석자, 교사, 변호자, 예수의 대변자, 증인으로서 공동체를 이끌며(참조. 요 14:15-17, 26, 15:26, 16:7-11, 13-15) 유일회적인 구원 사건을 현재화한다. 요한계 그리스도인의 자의식은 예수 그리스도에 대한 신앙을 분명하고 올바른 방식으로 표현하게 하는 보혜사의 인도 가운데 있다.

요한 사상의 기초는 아버지와 아들의 존재와 활동이며(참조. 요 10:30, 17:21), 그 중심에는 예수 그리스도 안에서 하나님의 인간 되심이 놓여 있다.[245] 이미 책을 열어주는 서문에 요한 신학의 이러한 성육신의 근본 특징이 나타난다.(요 1:14) 요한복음의 서문은 요한복음서의 전반적인 이해를 위한 선이해를 제공한다. 이어지는 요한복음의 내용에서 로고스의 계시는 사람들 가운데 펼쳐지고, 예수 그리스도의 구원의 의미가 고찰된다. 요한은 예수의 지상 사역을 처음부터 십자가의 관점에서 파악한다.(참조. 요 1:29, 36) 예수의 공식 활동 초기에 나오는 성전정화(2:14-22)는 십자가와 부활의 의미를 인상적으로 강조한다. 수난 암시는 요한복음 전체를 관통하는데(참조. 요 2:1, 4c, 10:11, 15, 17, 11:13, 12:16, 32-33, 13:1-3, 7, 37, 15:13, 17:19, 18:32), 이것은 성육신하신 분이 다름 아닌 십자가에 달린 분이라는 사실을 분명히 하기 위함이다.

성육신과 십자가는 발 씻김과 마찬가지로(요 13:1-20) 아래로 향하는 사랑의 움직임과 같다. 예수는 십자가의 죽음을 통해 제자들을 형제 사랑의 새로운 실존으로 인도하셨다. 요한복음에서 십자가의 계시는 그 목표에

---

245 H. Weder, Die Menschwerdung Gottes, 352; M. M. Thompson, The Humanity of Jesus in the Fourth Gospel, Philadelphia 1988. W. G. Röhl, Rezeption des Johannesevangeliums(위 8.5.8을 보라.)에 따르면 영지주의 그룹이 요한복음을 제한적으로 수용한 이유는 성육신 사상에 있다. "영지주의자들은 육신을 입은 그리스도를 원하지 않는다. 그들에게 인간의 육체성은 극복해야 하는 구원과는 너무도 거리가 먼 모습이기 때문이다."(참조. 위의 책, 209f.)

도달한다. 십자가에서 아들은 아버지의 뜻을 완성하고(참조. 요 13:1, 32, 14:31, 17:5, 19:11a), 성서의 내용을 성취하며(요 19:28), 거기에서 육신이 되신 그리스도는 '다 이루었다'(τετέλεσται, 요 19:30)라고 말한다. 요한은 요한복음 20:24-29의 도마 단락이 손으로 붙잡을 수 있는 것처럼 기록하고 있듯이 선재하신 분과 성육신하신 분을 십자가에 달리고 영광을 받은 분과 일치시키고 있다. 그렇게 십자가에서 치욕적으로 죽음을 당한 분은 하나님에 의해 높임을 받은 살아 계신 하나님의 말씀이다. 요한복음에서는 아들을 높임이 구원의 장소인 십자가에서 동시에 발생한다.(참조. 요 12:27-33)

요한의 사상에서 구성적인 이원론도 부활절 이후 그리스도 사건의 재인식(Anamnese)으로부터 이해되어야 한다.[246] 요한은 거부와 수용의 범주 안에서 육신이 되신 로고스에 대한 인간의 결단을 생각하고 있다. 믿는 사람은 '하나님으로부터'(ἐκ θεοῦ) 나왔으며(참조. 요 1:13, 8:47), 그들은 하나님의 말씀을 듣고(참조. 요 5:24, 6:45) 하나님의 뜻을 실행한다(참조. 요 3:21, 13:15, 15:14). 그들은 빛의 자녀이며(요 12:36a) 진리로부터 나왔다(요 18:37). 그와 반대로 세상의 불신은 죄가 확정된 상태이다. 믿지 않는 사람은 세상으로부터 나왔으며 악마를 아버지로 삼고 있다. 하지만 요한은 원초적인 이원론을 제시하는 것이 아니다. 요한복음에서는 세상에 붙잡힌 존재에서 믿음을 통해 하나님의 영역으로 옮겨가는 것이 역사적으로 일어난다. 인간은 믿음으로 하나님의 구원 영역에 들어가고, 그 믿음은 예수 그리스도의 인격과 연결된다. 예수에 대한 믿음이 요한복음 안에서는 아들을 보냄 안에서 자신을 계시하는 하나님에 대한 믿음이다.(참조. 요 5:24, 6:29, 11:42, 12:44, 17:8) 솔직히 요한에게 구원하는 사건으로서의 믿음은 효과가 없는 게 아니다. 왜냐하면 그는 영원한 생명의 구원의 성취를 밝히기 때

246 참조. T. Onuki, Gemeinde und Welt; F. Mußner, "Die 'semantische Achse' des Johannesevangeliums. Ein Versuch," Vom Urchristentum zu Jesus (FS J. Gnilka), hg. v. H. Frankemölle u. K. Kertelge, Freiburg 1989, 246-55.

문이다.(참조. 요 3:15-16, 5:24, 6:47, 11:25-26) 심판은 믿는 사람에게는 과거에 해당하며, 믿는 사람은 다가오는 심판자의 진노로부터 구원을 받는다.(참조. 요 3:18) 이렇게 믿음은 생명과 죽음을 결정하며 인간의 참된 현실을 드러낸다. 요한의 세상 이해 역시 원초적인 이원론을 반대한다. 시간 이전의 선함의 특성은 이미 창조에서 나타났고(참조. 요일 1:1-4), 이원론적인 빛과 어둠의 대립은 창조 이후에 비로소 나타났다(참조. 요 1:5). 하나님은 사랑으로 자기 아들을 세상에 보내셨다.(참조. 요 3:16, 10:36) 예수 그리스도는 하늘에서 내려온 떡으로서 세상에 생명을 주며(요 6:33) 세상의 빛이다(요 9:5). 예수는 세상을 구원하기 위해 오셨다.(참조. 요 3:17, 4:42, 12:47)

요한 사상의 공간적인 차원은 근원적으로 부활절 이후의 회상 및 이원론과 연결되어 있다.[247] 고대의 세계상에서 신의 세계인 '위'와 현세의 '아래'는 예수 그리스도에게서 하나로 통합된다. 계시자는 '위로부터'(요 8:23) 왔다. 그는 하늘에서 왔으며 모든 것 위에 계신다.(참조. 요 3:31, 6:38) 하늘은 성육하신 분 위에 열려 있다. 그는 올라가고 내려오는 인자로서 하늘의 세계와 연결되어 있으며, 그분 안에서 하늘과 땅은 하나로 통합된다.(참조. 요 1:51, 3:13) 인간 본성은 '아래'로 방향을 맞춘다.(참조. 요 8:23) 그러므로 그는 '새롭게', 즉 '위로부터' 거듭나야 한다.(요 3:3, 5, 7)

요한에게서 시간의 연결은 공간의 연결과 일치한다. 전통적으로 미래의 과정은 이미 현재 안에 들어와 있다.(참조. 요 5:25) 종말론적인 사건들은 현재적인 실재성을 가지며, 미래적인 것들이 현재를 결정한다.(참조. 요 3:18) 계시자의 말씀과 현재의 만남에서 심판은 이미 이루어지고, 현재에서 미래의 결정이 일어난다.(참조. 요 8:51 등) 영원한 생명의 구원 상태는 믿음 안에서 현재적인 것이 되기 때문에 생명에서 죽음으로 가는 것은 미래에

247 참조. J. A. Buhner, "Denkstrukturen im Johannesevangelium," Theol Beitr 13 (1982): 224-31.

일어나는 것이 아니라 믿는 자들에게 그것은 이미 과거가 된다.(참조. 요 5:24) 요한복음을 지배하는 현재적 진술이 요한의 종말론의 전체 스펙트럼을 드러내는 것은 아니다. 오히려 요한의 특별한 사유는 미래-종말론적 진술을 더 많이 요구한다. 부활절 이후의 회상은 시간의 차이에서 이미 일어난다. 요한 공동체의 그리스도인은 요한복음 텍스트의 내적 차원에서 보면 이미 미래에 존재하고 있다. 그러므로 요한 공동체는 미래-종말론의 진술을 그들의 현재와 연결해야 했다. 믿음은 시간을 부정하지 않고 그 시간에 새로운 가치와 방향을 부여한다. 요한은 이 주제를 무엇보다도 고별 설교에서 전개하고 있으며, 이 설교의 원래 수신자는 텍스트 밖에 있는 독자와 청중이다. 그래서 요한복음 14:2-3은 파루시아를 전망하며, 요한복음 14:18-21, 14:28, 16:13e, 16:16은 고대하던 파루시아를 주제로 삼고 있다.

요한복음 5:28, 29, 6:39, 40, 44, 54에 나오는 마지막 때 죽은 자들의 부활에 대한 예고는 텍스트 밖의 독자 공동체를 목표로 한다. 미래에 대한 결정은 현재에서 일어나지만, 그렇다고 믿음이 죽은 자들의 부활을 일어나게 하지는 않는다. 그것은 요한의 생명 개념이 물리적인 죽음을 배제하지 않기 때문이다. 오히려 부활은 아버지께서 죽은 자 가운데서 일으키는 권능을 주신 예수와의 만남에서 발생하는 새 창조이다.(참조. 요 5:21) 텍스트 내부에서는 이것을 나사로의 단락에서 설명하고 있으며, 거기서 예수는 생명과 죽음을 지배하는 주(Herr)이다.(참조. 요 11:1-44) 반면에 요한 공동체는 전반적으로 그와는 다른 상황에 놓여 있다. 예수는 아버지와 함께 있으며, 믿는 자는 파루시아에서야 비로소 예수를 만난다. 그 후에 예수는 현재 이미 결정되어 있지만 아직 시작이 되지 않은 것을 완성할 것이다. 그것은 죽은 자들의 부활이다. 요한에게서 현재적이고 미래적인 종말론은 대립이 아니라 서로를 보완한다. 현재에 확립된 것은 미래에도 지속된다. 현재적인 구원 진술은 상대화되는 것이 아니라 공동체의 실제라는 관점에서 보다 명확해진다.[248]

8.5.10 최근 연구 경향

제4복음서 연구는 근본적인 변화 가운데 있다. 수십 년간 지배해온 불트만과 그를 따르는 사람들의 요한 해석을 출발점으로 삼는다면, 요한 연구의 새로운 시기가 도래했다고 해도 과언이 아니다.[249] 요한복음 주석에서 변화는 방법론적인 전제뿐만 아니라 종교사적이고 신학적인 제4복음서의 핵심적인 질문들(영지주의, 성육신과 십자가 신학, 종말론, 성령론, 공관복음과의 관계, 요한 이전의 자료들)에서 드러난다. 불트만 해석의 중심에는 전승된 요한복음이 존재하는 것이 아니라 주석학자의 창조적(gestalterisch)인 능력이 존재했다. 그는 공시적이고 통시적인 복음서의 구조를 세 개의 층을 지닌 두 개의 전승과 편집 이론으로 설명했다. 그것은 종교사적이고 신학적인 역사(영지주의적 구원자 신화, 교회의 편집)를 배열한 후 결론적으로는 그것을 자신이 주장한(비신화화, 실존론적 해석) 해석 방법에 종속시켰다. 이러한 접근 방식의 난제는 지난 40년 동안 명백했다.[250] 텍스트의 이전 역사에

---

248 요한의 종말론에서 미래적인 내용의 필요성에 관하여는 다음의 학자들이 동의한다. C. K. Barrett, Joh, 83-86; W. G. Kümmel, Die Theologie des Neuen Testaments, GNT 3, Göttingen ^{3}1976, 261f.; L. Goppelt, Theologie des Neuen Testaments, hg. v. J. Roloff, Göttingen ^{3}1978, 640-43; J. Gnilka, Neutestamentliche Theologie, NEB, Würzburg 1989, 140f.; U. Wilckens, Joh, 119-21. 요한의 종말론에 대한 불트만의 해석을 반대하는 입장은 다음과 같다. 참조. J. Frey, Die johanneische Eschatologie I. II. III의 해당 본문.

249 불트만의 주석에 방향을 맞추는 학자들은 다음과 같다. S. Schulz, Das Evangelium nach Johannes, NTD 4, Göttingen 1972; J. Becker, Das Evangelium nach Johannes I. II. 중간 입장의 대표적 학자는 테오발트(M. Theobald)이다. 요한복음 6:39와 다른 여러 구절의 '마지막 날에'라는 형식과 마찬가지로 요한복음 5:28-29에 있는 미래적 종말론의 진술은 문학비평적으로 제거된다. 그럼에도 불구하고 미래적인 종말론은 요한복음의 핵심이다. "요한복음서 기자 역시 구원의 현재가 전부가 될 수 없음을 알고 있었다. 그는 그리스도가 그를 믿는 자들을 죽음에서 당신에게로 이끄시거나(요 12:32) 혹은 당신 아버지의 집으로 인도하실 것(요 14:2)을 믿는다."(Theobald, Joh, 72.)

대한 집중은 현 요한복음 텍스트의 거시 구조를 등한시하는 결과를 초래했다. 게다가 "독자는 그것을 이해하려고 더 이상 텍스트의 배후를 볼 필요가 없다. 나는 요한복음의 이해에서 그런 지식이 흥미롭고 도움이 될 수 있다는 것을 부인하고 싶지는 않지만 요한복음의 이전 역사를 들여다보자는 견해는 잘못된 것"이라고 생각한다.[251]

최근 연구에서 요한복음은 내적인 응집력이나 문학적인 면에서 가장 난해한 텍스트라는 평가를 받는다. 요한복음의 모든 문장은 요한복음 전체로부터, 곧 요한복음의 구조로부터 이해되어야 한다. 컬페퍼(R. A. Culpepper)와 튀엔은 이 새로운 관점을 결정적으로 발전시켰고, 폽(Th. Popp)은 핵심 본문인 요한복음 3장과 6장에서 요한복음이 지닌 높은 수준의 문학적, 신학적 능력을 증명했다. 요한복음 본문의 의미를 결정짓는 것은 이전 역사나 이후 역사가 아니다. 각각의 텍스트를 이해하는 열쇠는 항상 요한복음 전체 텍스트의 내부에 놓여 있다.[252] 본문을 공시적으로 읽는 것과 문학적 문제들을 하나로 통합하는 것은 요한복음의 독자나 청중에게 저자와 그의 서술 의도, 본문의 이해 조건, 그리고 본문의 수용을 지시한다. 특정한 의사소통 구조의 틀에서 단지 문학적으로 요한복음의 기능을 이해한다면, 그러한 이해는 작품이나 작가만을 주목하는 방식이다. 무엇보다 튀엔은 새로운 주석에서 이 개념에 대한 책임이 있음을 알고 있다. "이제 우리는 우리에게

---

250 참조. 불트만에 대한 비판: J. Frey, Die johanneische Eschatologie I, 119-50.

251 L. Schenke, Joh, 7.

252 참조. F. J. Moloney, John, 13. "다음의 주석 작업은 제4복음서를 관통하는 강력한 서사의 통일성을 확인할 수 있다는 확신에서 가능하다." 쉥케(L. Schenke)도 독자에게 방향을 맞춘 그의 주석에서 요한복음의 이전 역사를 연구하지 않았고, 그것의 문학적인 층도 분석하지 않았으며 전승과 편집 사이를 구분하지도 않았다. 오히려 그는 자신이 문학적으로는 성공으로 그리고 신학적으로는 매우 중요한 작업으로 간주하는 요한복음의 마지막 본문으로 향한다. 그는 본문을 통해 독자를 안내하고, 노선과 연결고리, 주제와 반향에 주의를 기울이며, 저자와 첫 번째 청중 혹은 독자 사이에서 완성되는 의사소통에 참여하려고 한다.

정경으로 전해진 요한복음 1:1부터 21:25까지를 내적인 응집성이 있는 수준 높은 시문학의 본문으로 놓고 주석할 것이다."[253] 튀엔의 해석학적인 기본 원리는 다음과 같다. 요한복음 1-21장까지 현재 앞에 놓여 있는 해석의 대상이 될 수 있다. 텍스트 비평을 통해 이차 본문인 요한복음 7:53-8:11이 도외시된다면, 텍스트의 이전 형식과 추가에 관해서는 의문의 여지가 없지만, 공시적 첨예화 과정에는 요한복음 1-21장인 현재 텍스트가 유일하다. 이러한 입장에 대한 실제적인 논증이 시작되었다. 그래서 튀엔은 필사본의 증거들이 본문의 순서를 바꾼 것이나 이후 추가 편집에 대한 증거를 제공하지 않는다고 지적한다. 그러므로 "우리의 요한복음은 전승된 정경의 형태 이외에 결코 다른 형태로 공개적으로 존재해서는 안 된다. 여기서 우리는 요한복음을 두고 추측한 질문, 곧 기원 추정, 자료 추정 또는 이미 문학적으로 봤을 때 이전의 편집자(포르트나) 추정, '교회 편집'에 의한 이차 작업 추정(불트만, 베커 등)에 관한 모든 논의를 그만둔다."[254]

이와는 아주 다른 입장은 무엇보다 테오발트의 주석이다. 그는 대부분의 문학비평적 판단에서 불트만의 입장에 선다. 그러나 지금 텍스트의 형성에 관하여는 다른 설명을 제시한다. "요한복음이 하나의 틀에서 나왔고, 1-21장을 한 명의 저자로 보는 가설이 다시 유행하고는 있지만, 그것은 문학비평의 발견을 외면하는 것이다. 몇몇 단락의 첨가 성격은 간과할 수 없다.(참조. 요 15-17:21, 7:53-8:11) 이미 말한 것처럼 요한복음은 공동체의 책이고, 요한 공동체는 요한복음을 반복해서 읽었으며, 요한복음으로부터 믿음의 방향성을 얻었다."[255] 그러므로 요한복음에는 개작이 진행되어 왔고, 복음서의 전체 단락은 '반복해서 읽는' 공동체 안에서 다루어졌으며, 그 결과 '첨가' 형식으로 요한복음 안에 통합되었다. 이 첨가들은 공동체의 종

---

253 H. Thyen, Joh, 1.

254 같은 책.

255 위의 책, 70.

교적이고 사회적인 성격에 따라 이루어졌다. 그것은 요한복음서 기자의 개인적 언어에 영향을 받긴 했으나 그와 일치하지는 않았다. "전반적으로 '첨가 부분'은 요한1서 저자의 신학적 노선 위에서 진행되지만, 그것들은 요한1서의 저자에게서 나타나는 갈등과 예외 없이 일치하지는 않는다. 이차 편집에서는 무엇보다 창조적인 방식으로 형성된 '고별설교들'(요 15:1-16:4c, 16:4d-33, 17장)이 보여주는 것처럼 통일성 있는 층이 중요한 것이 아니다. 전체 교회에서 중요한 베드로 상을 표현한 요한복음 21장은 편집의 가장 늦은 단계를 보여준다."[256] 독일권과 영어권의 최신 주석은 요한복음을 본질적으로 (대부분 요한복음 21장을 배제하면서) 통일성이 있는 텍스트로 본다.(몰로니, 빌켄스, 벵스트, 슈넬레의 주석 참조) 그리고 매우 강하게 문학비평적으로 논증하는 주석과 논평도 있다.[257]

모든 것이 서로 소통하며(내재적 텍스트성) 일관되게 다른 텍스트의 구조와 연결(상호 텍스트성)된다고 제4복음서를 새롭게 해석하는 것은 요한

256 같은 책.

257 테오발트처럼 독일어권에서 유사한 견해를 가진 학자는 지거르트이다.(F. Siegert, Das Evangelium des Johannes in seiner ursprünglichen Gestalt, Göttingen 2008.) 지거르트는 슈바르츠와 벨하우젠의 전통에 굳게 서 있다. "요한복음은 사상적 측면에서, 심오함과 정교함에서, 그리고 무질서와 모순을 통해 당황하게 만드는 특징이 있다. 위대한 대담성에 놀라지 않고 동시에 논리와 흐름에서 만나는 모호함과 내용의 궤도 이탈을 이상하게 여기지 않고서는 이 요한복음을 읽을 수 없다."(F. Siegert, 위의 책, 15.) 영어권 주석으로는 발데(U. C. von Wahlde, 요한복음은 세 개의 편집으로 형성되었다. 그 과정에서 세 번째 편집은 작성되기 얼마 전에 요한1서의 영향을 받았다.)가 있고, 앤더슨(P. N. Anderson)은 매우 복잡한 모델을 제시했다. 그는 요한복음을 역사적 예수에 대한 증언으로 보며, 요한의 역사를 세 단계로 나눈다. (1) 팔레스타인 시기(기원후 약 30-70년), (2) 소아시아 I 단계: 공동체의 형성(기원후 약 70-85년), (3) 소아시아 II 단계: 요한 공동체와 다른 그룹들과의 관계. 이 마지막 단계에서 사랑하는 제자의 죽음 이후 그의 증언으로서 장로의 편지와 그 편지를 통해 요한복음이 최종 편집되고 배포되었다."(P. N. Anderson, "Das 'John, Jesus, and History'-Projekt," ZNT 23 (2009): (12-26) 22.

복음을 종교사적인 측면에서 영지주의라는 한 가지 정황으로만 볼 수 없다고 인식한 것처럼 요한 신학의 내용을 결정하는 데 지속적으로 영향을 미쳤다. 그러므로 최근에 유행하는 논쟁의 중심에 성육신, 십자가, 파송 그리스도론이 우연히 존재하는 것이 아니다. 여기서 제4복음서의 전체를 판단하는 근본적인 결정이 내려지기 때문이다. 문학적, 종교사적, 신학적인 판단은 바로 요한 그리스도론의 이러한 핵심 질문과 서로 분리할 수 없다. 불트만에 이어 베커는 이원론적 파송 그리스도론의 틀에서 아들의 파송과 귀환을 요한 신학의 핵심으로 본다. "그러므로 십자가는 구원의 실재 토대가 아니고 파송의 종결로 나타나는 높임이다."[258] 그러면 죽음은 단지 "세상으로부터의 탈출"[259]이다. 뮐러(U. B. Müller)도 비슷하게 파송 그리스도론을 내용상 십자가 신학 앞에 위치시킨다. "보내심 받은 자의 문제에 중점을 두면 예수의 죽음은 주로 생명의 여정에 있는 정거장, 즉 하늘의 세계로 가는 길목처럼 보인다. 하지만 요한복음의 근본 경향이 하늘에서 보낸 자로서 예수의 정당성을 증명하려는 것이라면 아무것도 기대할 수 없다. 이 정당성을 의심하지 않으면, 예수의 죽음은 그 자체로 어떤 의미도 없을 것이다."[260] 이러한 정당성 증명 개념이라면 성육신은 고유한 사건이 아니게 된다. 그리고 요한복음에 나오는 수많은 십자가 신학을 지시하는 것은 단지 비본질적인 의미가 된다. 이와 반대로 십자가 신학을 지시하는 많은 구절(참조. 요 1:29, 36, 2:14-22, 3:14-16, 10:15, 17-18, 11:51-52, 12:27-32, 19:30)은 제4복음서의 십자가 신학의 방향성을 위한 간접 증거로 새롭게 논의되고 있다.(슈넬레,[261] 콜러,[262] 헹엘,[263] 베더,[264] 크뇌플러,[265] 쭘슈타인[266])

---

258 J. Becker, Joh II, 470.

259 위의 책, 472.

260 U. B. Müller, "Zur Eigentümlichkeit des Johannesevangeliums," ZNW 88 (1997): 40.

261 참조. U. Schnelle, Antidoketische Christologie, 189-92; ders., "Die Tempelreinigung und die Christologie des Johannesevangeliums," NTS 42 (1996):

무엇보다 성전 정화를 앞에 배치한 것, 세족식의 십자가 신학의 방향성(참조. 요 13:1-3, 18-19), 요한복음 19:30의 십자가 위에서의 예수의 마지막 말씀은 예수의 계시가 십자가에서 그 목표에 도달함을 드러낸다. 십자가는 단지 파송 그리스도론의 틀로 볼 때 지나가는 과정의 중간 지점이 아니라 요한에게서는 파송의 목표이며 구원의 장소이다. 실제로 하나님의 아들의 인간 되심뿐만 아니라 그의 실제 고난은 요한복음 그리스도론의 강한 반가현설의 방향성을 가리킨다.(슈넬레, 헹엘, 프라이)[267] 성육신과 십자가 신학이 요한 사상의 내적 논리와 관계가 있다면, 밖에 있는 수신자 공동체의 자기이해 그리고 그와 함께 제4복음서 기자의 신학에서 근본적인 의미가 있는 문제가 새로운 논의로 전면에 등장한다. 이 문제가 불트만에게서는 현재와 미래 종말론의 대립으로 축소된다. 그의 종말론은 후기 유대교 묵시문학의 미래적 종말론과 영지주의의 현재적 종말론의 종교사적인 대립이

359-73.

262 참조. H. Kohler, Kreuz- und Menschwerdung im Johannesevangelium의 해당 본문.

263 참조. M. Hengel, "Die Schriftauslegung des 4. Evangeliums auf dem Hintergrund der urchristlichen Exegese," JBTh 4 (1989): 249-88.

264 참조. H. Weder, "Die Asymmetrie des Rettenden," ders., Einblicke ins Evangelium, Göttingen 1992, 435-65.

265 참조. Th. Knöppler, Die theologica crucis des Johannesevangeliums, WMANT 69, Neukirchen 1994.

266 참조. J. Zumstein, "Johannes 19, 25-27," ZThK 94 (1997): 131-54.

267 참조. U. Schnelle, Antidoketische Christologie의 해당 본문; M. Hengel, Die johaneische Frage, 183, 247; ders., "The Prologue of the Gospel of John as the Gateway to Christological Truth," R. Bauckham/C. Mosser (Hg.), The Gospel of John and Christian Theology, (265-94) 284의 각주 85. "요한서신들과 마찬가지로 요한복음의 그리스도론은 강하게 반가현설이다."; J. Frey, Eschatologie III, 396f.; Th. Popp, Grammatik des Geistes, 365; P. E. Kinlaw, The Christ is Jesus, 171; E. E. Popkes, Die Theologie der Liebe Gottes, 261. H. Thyen, Joh, 91은 요한복음의 반가현설적 방향에 대해 회의적이다.

었다. 이 과정에서 현재적 진술들은 본래 역사성의 실현으로서 실제로는 철학적인 영원한 진리가 된다. 미래적 종말론은 내용적으로 그것과 반대이다. 게다가 불트만은 그의 해체를 통해 고별설교의 내용적 중요성을 평준화했다.

최근 논의에서는 요한의 시간 이해를 고별설교를 통해 알 수 있다는 주장도 있다. 고별설교의 특별한 시간에 대한 관점은 보혜사 이해와 연결되어 근본적으로 요한의 전체 종말론의 특징을 보여준다. 고별설교를 의도적으로 부활절 이후에 배치한 것과 고전적 종말론의 본문에 있는 세심한 현재와 미래의 배열은 당시 요한 공동체의 상황에 대한 요한복음서 기자의 진중한 반성을 강조하는 것이다. 그는 신앙의 탈역사화를 위해 노력하는 것이 아니라 그리스도 사건의 다양한 내용 및 시간과 공간을 이해하려고 노력하고 있다.(슈넬레, 프라이)[268]

공관복음과 제4복음서의 관계는 새로운 평가를 받고 있다. 몇 년 전에 그에 관한 해석이 다양하게 제시되었지만, 요한복음은 공관복음으로부터 독립해 있고, 오늘날에는 요한복음과 마가와 누가복음 사이에 존재하는 문학적 관계에 대한 가설이 지배적이다.[랑(M. Lang)의 증명] 제4복음서의 종교사적 작업에는 요한이 구약/고대 유대교뿐만 아니라 헬레니즘에도 자리를 같이하고 있었다는 것이 점점 더 분명해지고 있다.(Neuer Wettstein I/2) 이렇게 부분적으로 겹치는 영역 사이의 양자택일은 역사적으로 불가능하고 신학적으로도 무의미하다.

요한복음의 문학적 구조와 신학적 중심에 대한 문제는 여전히 논쟁이 되고 있다. 무엇보다 지난 수년간의 논의는 근본적인 전환점의 신호가 되고 있다. 현존하는 요한복음의 본문이 받아들여질 뿐만 아니라 신시하게 받아들여지고 있다. 문학적이며 신학적으로 균형을 맞추어 철저하게 숙고

268 참조. Anders H.-Chr. Kammler, Christologie und Eschatologie의 해당 본문. 캄러는 제4복음서가 전체적으로 엄격한 현재적 종말론을 대변한다고 강조한다.

할 때, 제4복음서의 구조는 추측하던 자료나 주장해오던 개정 작업처럼 이차적 현상을 이해하도록 허락하지 않는다. 그 가운데 라반(M. Labahn)이 기적 이야기의 예에서 그리고 숄티섹(K. Scholtissek)이 요한의 내재적 진술에 대해 설명하는 것처럼 요한은 개별 전승을 세심하게 자신의 복음서의 전체 구성에 통합시켰다. 요한복음의 신학은 전체적으로 하나의 그리스도론에 집중한다. 그 결과 요한복음의 신학적 중심에 대한 질문은 성육신-그리스도론, 십자가-그리스도론, 고양-그리스도론에서 하나의 적절한 대답을 발견했다. 따라서 사랑 사상에서 요한 신학의 중심을 보는 폽케스(E. E. Popkes)의 논제는 옳다. "요한의 의미론적 동기는 제4복음서의 이해를 위한 열쇠이다. 이 동기들은 어떤 변경 가능한 체계 안에 있다. 이를 통해 제4복음서의 인상적인 신학 사상이 드러난다. 제4복음서의 신학 사상은 하나님 사랑의 드라마적 그리스도론으로 드러난다. 예수의 말씀과 행위는 인간이 되신 하나님의 사랑의 구체화이기 때문이다."[269] 요한의 사상 가장 깊은 곳에는 사랑이 새겨져 있다. 아버지가 보낸 사랑은 사람들의 불신앙에도 불구하고 "당신이 나를 사랑하는 것처럼 나를 보내셨고 당신이 그들을 사랑하고 있다."(요 17:23)라는 사실을 마침내 세상이 알 때까지 아들과 제자들의 활동으로 계속된다.

269 E. E. Popkes, Die Theologie der Liebe Gottes, 355.

E I N L E I T U N G

I N D A S

N E U E

T E S T A M E N T

제9장

요한계시록

9.1 참고문헌

주석

KEK 16: W. Bousset, [6]1906. • HNT 16: E. Lohmeyer, [2]1953; 16a: H. Kraft, 1974. • ThHK 18: W. Hadorn, 1928. • ÖTK 19: U. B. Müller, [2]1995. • NTD 11: T. Holtz, 2008. • E. Lohse, [7]1988 • RNT: H. Giesen, 1997. • ZBK 18: J. Roloff, [2]1987. • ICC: R. H. Charles, The Revelation of St. John I. II, Edinburgh 1920. • WBC 52 A.B.C: D. E. Aune, 1997, 1998. • ANTC: L. L. Thompson, 1998. • NIGTC: G. K. Beale, 1999. • B. J. Malina/J. J. Pilch, Social-science Commentary on the Book of Revelation, Philadelphia 2000. • P. Prigent, Commentary on the Apokalypse of St. John, Tübingen 2001. • S. S. Smalley, The Revelation to John, Downers Grove/Ill 2005.

단행본

R. Schütz, Die Offenbarung des Johannes und Kaiser Domitian, FRLANT 50, Göttingen 1933. • T. Holtz, Die Christologie der Apokalypse des Johannes, TU 85, Berlin [2]1971. • M. Rissi, Was ist und was geschehen soll danach. Die Zeit- und Geschichtsauffassung der Offenbarung des Johannes, AThANT 46, Zürich 1965. • A. Satake, Die Gemeindeordnung in der Johannesapokalypse, WMANT 21, Neukirchen 1966. • K. P. Jörns, Das hymnische Evangelium, StNT 5, Gütersloh 1971. • U. B. Müller, Messias und Menschensohn in jüdischen Apokalypsen und in der Offenbarung des Johannes, StNT 6, Gütersloh 1972. • E. Schüssler-Fiorenza, Priester für Gott. Studien zum Herrschafts- und Priestermotiv in der Apokalypse, NTA 7, Münster 1972. • H. W. Günther, Der Nah- und Enderwartungshorizont in der Apokalypse des heiligen Johannes, fzb 41, Würzburg 1980. • M. Karrer, Die Johannesoffenbarung als Brief, FRLANT 140, Göttingen 1986. • C. J. Hemer, The Letters to the Seven Churches of Asia in their Local Setting, JSNT.SS 11, Sheffield 1986. • J. W. Taeger, Johannesapokalypse und johanneischer Kreis, BZNW 51, Berlin 1988. • L. L. Thompson, The Book of Revelation, Oxford 1990. • B. J. Malina, On the Genre and Message of Revelation. Star Visions and Sky Journeys, Peabody 1995. • H. Uhland, Die Vision als Radikalisierung der Wirklichkeit in der Apokalypse des Johannes, TANZ 21, Tübingen 1997. • Daria Pezzoli-Oligiati, Täuschung und Klarheit, FRLANT 175, Göttingen 1997. • J. Kerner, Die Ethik der Johannes-Apokalypse im Vergleich mit der des 4. Esra, BZNW 94, Berlin 1998. • G. Glonner, Zur Bildersprache des Johannes von Patmos, NTA 34, Münster 1999. • J. U. Kalms, Der Sturz des Gottesfeindes, WMANT 93, Neukirchen 2001. • F. Tóth,

Der himmlische Kult. Wirklichkeitskonstruktion und Sinnbildung in der Johannesoffenbarung, ABG 22, Leipzig 2006. • Th. Witulski, Kaiserkult in Kleinasien, NTOA 63, Göttingen 2007. • Th. Witulski, Die Johannesoffenbarung und Kaiser Hadrian, FRLANT 221, Göttingen 2007. • K. Huber, Einer gleich einem Menschensohn. Die Christusvisionen in Offb 1, 9-20 und Offb 14, 14-20 und die Christologie der Johannesoffenbarung, NTA 51, Münster 2007. • J. Dochhorn, Schriftgelehrte Prophetie, WUNT 268, Tübingen 2010. • K. Wengst, "Wie lange noch…?," Neukirchen 2010.

논문

G. Delling, "Zum gottesdienstlichen Stil der Johannes-Apokalypse," ders., Studien zum Neuen Testament und zum hellenistischen Judentum, Berlin 1970, 425-50. • F. Hahn, "Die Sendschreiben der Johannesapokalypse," Tradition und Glaube (FS K. G. Kuhn), hg. v. G. Jeremias, H. W. Kuhn und H. Stegemann, Göttingen 1971, 357-94. • A. Strobel, Art. "Apokalypse des Johannes," TRE 3 (1978): 174-89. • J. Lambrecht (Hg.), L'Apocalypse johannique et l'Apocalyptique dans le Nouveau Testament, BETL 53, Leuven 1980. • A. Satake, "Kirche und feindliche Welt," Kirche (FS G. Bornkamm), hg. v. D. Lührmann und G. Strecker, Tübingen 1980, 329-49. • D. Georgi, "Die Visionen vom himmlischen Jerusalem in Apk 21 und 22," Kirche (FS G. Bornkamm), 위의 책, 351-72. • K. M. Fischer, "Die Christlichkeit der Offenbarung des Johannes," ThLZ 106 (1981): 165-72. • P. Lampe, "Die Apokalyptiker-ihre Situation und ihr Handeln," Eschatologie und Friedenshandeln, SBS 101, Stuttgart 1981, 59-114. • Chr. Wolff, "Die Gemeinde des Christus in der Apokalypse des Johannes," NTS 27 (1981): 186-97. • O. Böcher, Kirche in Zeit und Endzeit. Aufsätze zur Offenbarung des Johannes, Neukirchen 1983(주요 논문집). • U. B. Müller, "Literarische und formgeschichtliche Bestimmung der Apokalypse des Johannes als einem Zeugnis frühchristlicher Apokalyptik," Apocalypticism in the Mediterranean World and the Near East, hg. v. D. Hellholm, Tübingen 1983, 599-619. • E. Schüssler-Fiorenza, The Book of Revelation, Philadelphia ²1989(주요 논문집). • J. Roloff, "Neuschöpfung in der Offenbarung des Johannes," JBTh 5, Neukirchen 1990, 119-38. • H. J. Klauck, "Das Sendschreiben nach Pergamon und der Kaiserkult in der Johannesoffenbarung," Bib 72 (1991): 183-207. • M. E. Boring, "The Voice of Jesus in the Apocalypse of John," NT 34 (1992): 334-59. • Ders., "Narrative Christology in the Apocalypse," CBQ 54 (1992): 702-23. • J. Frey, "Erwägungen zum Verhältnis der Johannesapokalypse zu den übrigen Schriften des Corpus Johanneum," M. Hengel, Die johanneische Frage(위 8.3.1을 보라.), 326-429. • H. Giesen, "Das Römische Reich im Spiegel der Johannes-Apokalypse," ANRW II, 26. 3, Berlin 1996, 2501-14. • O. Böcher, Art. "Johannes-Apokalypse," RAC 18 (1997): 595-646. • H. Giesen, Studien zur Johannesapokalypse, SBAB 29, Stuttgart 2000. • J. Frey, "Die Bildersprache der Johannesapokalypse," ZThK 98 (2001): 161–85. • K. Backhaus (Hg.), Theologie als Vision. Studien zur Johannes-Offenbarung, SBS 191, Stuttgart 2001. • D. E. Aune, Art. "Johannes-Apokalypse," RGG[4] (2001), 540–48. • F. W. Horn/M. Wolter (Hg.), Studien zur Johannesoffenbarung und ihrer Auslegung (FS O. Böcher), Neukirchen 2005. • M. Ebner/E. Esch-Wermeling (Hg.), Kaiserkult, Wirtschaft und Spectacula, NTOA 72, Göttingen 2011. • B. Heininger (Hg.), Mächtige Bilder. Zeit- und Wirkungsgeschichte der Johannesoffenbarung, SBS 225, Stuttgart 2011. • M. Labahn/O. Lehtipuu (Hg.), Imagery in the Book of Revelation, Leuven 2011. • M. Labahn/M. Karrer (Hg.), Die Johannesoffenbarung-Ihr Text und ihre Auslegung, ABG 38, Leipzig 2012. • J. Frey/A. Kelhoffer/F. Tóth (Hg.), Die Johannesapokalypse: Kontexte-Konzepte-Wirkungen, WUNT, Tübingen 2012.

연구 보고서

H. Kraft, "Zur Offenbarung des Johannes," ThR 38 (1974): 81–98. • J. W. Taeger, "Einige neue Veröffentlichungen zur Apokalypse des Johannes," VF 29 (1984): 50–75. • O. Böcher, Die Johannesapokalypse, EdF 41, Darmstadt [3]1988.

9.2 저자

요한계시록 저자의 설명에 따르면 요한계시록은 하나님과 예수 그리스도에게 근거를 둔다.(계 1:1a, 22:16) '종 요한'(δοῦλος Ἰωάννης, 계 1:1b)은 내용 전달자의 임무를 수행하며 보고 들은 것의 진실성을 증명하고 있다.(계 1:2, 22:8) 그는 권위를 갖고서 요한계시록 1:4에서 소아시아의 일곱 교회를 언급한다. 그럼에도 불구하고 자신의 특별한 직무나 역할에 대해 더 이상 설명하지 않고, '형제'(ἀδελφός)나 '동료'(συγκοινωνός)라는 용어로 스스로를 표현하며 편지를 받는 공동체와 자신을 관계 짓는다.(계 1:9) 요한은 그가 전하는 소식이 '예언'(προφητεία)이라고 반복해서 언급한다.(계 1:3, 19:10, 22:7, 10, 18–19) 요한계시록 10:11에 따르면 천사들은 요한에게 임무를 부여한다. "네가 많은 백성과 나라와 방언과 임금에게 다시 예언하여야 하리라." 요한은 자신을 예언자로 이해하고 있으며, 요한계시록 22:9에 의하면 예언자로서 최초 그리스도교 예언자 그룹을 이끄는 동료였다.(참조. 계 22:6)[1] 예수는 공동체를 강화하려고 예언자 그룹에게 요한계시록에 확정된 하나님의 역사적 행위(계 22:16)에 관한 통찰력을 준다.

편지의 수신자 그룹의 폭이 예언자 요한이 이미 이름을 언급한 공동체에서 순회 선교사로 활동했고, 지금은 박해 상황에서 그들에게 향하고 있음을 시사한다.[2] 최초 그리스도교 신학 역사에서 이와 병행하는 이야기가 시리아 교회에 존재하며, 마태(참조. 마 10:41, 23:34)와 디다케(참조. Did 11, 1-12, 13, 15:1)도 순회 예언자들을 전제하고 있다.[3] 시리아 팔레스타인 전승과의 전승사적 연결과 셈어화 된 그리스어(아래 9.7을 보라.)는 예언자의 고향을 시리아/팔레스타인으로 보게 한다. 요한이 유대 전쟁 이후(기원후 66-73/ 74년) 다른 유대 그리스도인들처럼 팔레스타인을 떠나 소아시아에서 활동했음을 충분히 짐작할 수 있다.(참조. 유세비우스, HE III 31, 3; 37; 39; V 24, 2)[4]

고내 교회 전승에서 예언자 요한은 유스티누스의 대화(Dial 81, 4)에서 처음으로 세배대의 아들 요한과 일치한다.[5] 이레네우스는 요한계시록뿐만 아니라 제4복음서와 요한서신들도 주의 제자 요한의 것으로 돌리고 있다.(참조. Haer II 22, 5; III 1, 2; 3, 4; 11, 7; V 30, 1. 3) 요한계시록이 서방에서는 200년경에 인정받았고 동방에서는 알로거(Aloger, 요한 문헌의 로고스를 부인하는 사람들 – 역자 주)와 알렉산드리아의 디오니시우스(Dyonisius)에 의해 거부되었다.(유세비우스, HE VII 25)[6] 유세비우스도 요한계시록이 사

1 참조. J. Roloff, Offb, 17.

2 참조. U. B. Müller, Offb, 50

3 참조. U. B. Müller, Theologiegeschichte(위 7.3.8을 보라.), 36f.

4 참조. U. B. Müller, Offb, 51f.; J. Roloff, Offb, 17; H. Giesen, Offb, 40; D. E. Aune, Revelation I, LVI. 예언자는 경직된 유대 그리스도교를 대변하지 않았고, 이방인 선교가 전제되어 있다.(참조. 계 7:9f., 5:9) 그는 유대인을 '유대인의 회당'에 종속시키지 않았다.(아래 9.8을 보라.); 참조. W. Bousset, Offb, 139f.

5 파피아스는 요한계시록을 알았을지도 모른다.(참조. Euseb, HE III 39, 12.) 그가 누구를 이 작품의 작성자로 보고 있는지는 전해지지 않는다.

도의 문헌임을 확신하지 못했다. “요한의 계시로 생각되는 것이 좋을 수 있지만, 그것에 관해 여러 가지 의견이 존재하고 있다.”(HE III 25, 2) 요한계시록의 자체 증언도 고대 교회의 사도 저작권 전승을 지지해주지 못한다. 왜냐하면 요한계시록 18:20, 21:14 안에서는 사도가 과거의 위대한 인물로 나타나기 때문이다. 예언자로서의 계시록 저자는 솔직히 자신을 그 사람들에게 포함시키지 않는다. 추측만으로 이 소아시아의 묵시 사상가를 세베대의 아들이나 사도 요한과 일치시키는 것은 불가능하다. 이 경우 약 90세의 노인이 이렇게 활력 넘치는 문헌을 작성한 것이 되기 때문이다.[7] 예언자를 파피아스 목록에 나오는 ‘장로’(πρεσβύτερος)와 일치시키는 것(위 8.2.2를 보라.)[8]은 거의 개연성이 없다. 그 이유는 요한계시록의 저자가 이 칭호를 자신의 것으로 사용하지 않으며[9] 최초 그리스도교의 교사를 지칭하기는 하지만 어떤 예언자를 가리키지는 않기 때문이다.[10]

예언자 요한은 요한복음과 요한서신들의 저자와 어떤 관계인가? 우선 요한계시록에 ‘요한’(Ἰωάννης)이라는 이름이 나오는 것이 주목을 끈다.

---

6 다음 학자들의 증거 분석이 중요하다. W. Bousset, Offb, 19-34; A. Wikenhauser/J. Schmid, Einleitung, 643-48.

7 다음의 학자들은 사도 요한을 요한계시록의 저자로 보지 않는다. W. Bousset, Offb, 35f.; E. Lohmeyer, Offb, 203; H. Kraft, Offb, 9; T. Holtz; Offb, 7; O. Böcher, Johannesapokalypse, 35; H. M. Schenke/K. M. Fischer, Einleitung II, 298f.; U. B. Müller, Offb, 46; J. Roloff, Offb, 19. 다음의 학자들은 요한계시록을 사도의 저작으로 본다. W. Hadorn, Offb, 225; E. Stauffer, Die Theologie des Neuen Testaments, Gütersloh [4]1948, 24f.; W. Michaelis, Einleitung(위 5.5.2를 보라.), 314f.

8 그것을 대변하는 학자들은 다음과 같다. W. Bousset, Offb, 43f, 49; E. Lohmeyer, Offb, 203.

9 ‘장로’는 요한계시록에서 4:4, 10, 5:5f., 8, 11, 14, 7:11, 13, 11:16, 14:3, 19:4에 나오며, 특별히 하늘의 24장로와 관계가 있다. 그렇다고 이들이 지상의 장로 체계를 반영하지는 않는다. 참조. A. Satake, Gemeindeordnung, 149.

10 참조. H. Kraft, Offb, 9; U. B. Müller, Offb, 47; O. Böcher, Johannesapokalypse, 35.

(1:1, 4, 8, 22:8)[11] 요한계시록과 제4복음서는 생명의 물 모티브에서 그 주제가 결합된다.(참조. 계 7:16-17, 21:6, 22:1, 17 / 요 4:10, 13-14, 7:37-39) 요한계시록 19:13은 다시 오시는 예수 그리스도를 '하나님의 말씀'(ὁ λόγος τοῦ θεοῦ)으로 나타낸다.(참조. 요 1:1) (하나님의) 어린양 그리스도에 대한 설명은 요한계시록(29회, τὸ ἀρνίον)과 요한복음(요 1:29, 36의 ὁ ἀμνὸς τοῦ θεοῦ)의 그리스도론에서 핵심적인 의미이다. 요한계시록에서 승리에 대한 주제는 전면에 나타난다.[승리하다(νικᾶν)는 신약에 총 24회 나오며, 요한계시록에 17회, 요한 문헌에 7회 나온다. 승리(νίκη)는 요한1서 5:4에만 나온다.][12] 증거하다/증거 모티브(증거하다: 76회, 증거: 신약에서 37회)는 요한계시록(증거하다: 43회, 증거: 21회)과 요한 학파의 문헌(증거하다: 43회, 증거: 21회)에 자주 등장한다. 이러한 연결선들은 확실한 귀납적 추론을 허용하지 않는다. 왜냐하면 순수하게 언어 통계적이고 모티브-역사적 간접 증거 이면에서는 현저하게 서로에게서 벗어나는 신학적인 개념들이 정해질 수 있고[13] 혹은 일치하는 것들은 비교 가능한 전승사의 배경으로 소급될 수

---

11 프라이는 편집적인 면에서 이름을 언급했을 뿐이라고 보며, 계시록을 위서로 분류한다.(J. Frey, Erwägungen, 425ff.)

12 '환상'(ὄψις)은 요한복음 7:24, 11:44, 요한계시록 1:16에만 나온다. '죽이다, 도살하다'(σφάζειν)는 요한1서 3:12, 요한계시록 5:6, 9, 12, 6:4, 9, 13:3, 8, 18:24에만 나온다. 저작 동기와 전승사의 연결에 관하여는 J. Frey, Erwägungen, 385-415를 참조하라. 하지만 프라이는 이 연결 흐름을 뒤집고 싶어 한다. "간접 증거들은 전반적으로 묵시 전승이 보다 오래된 시기라는 것과 요한복음에서는 이 모티브가 정교화되어 발전된 성격을 드러낸다."(J. Frey, 위의 책, 414.)

13 승리에 대한 모티브에 관해서는 다음과 같이 말할 수 있다. 요한1서 안에서는 (이미 성공한) 세상에 대한 극복으로서 그리스도에 대한 믿음으로서의 '승리'(νικᾶν)를 언급한다. 요한계시록 안에서는 그것과 반대로 전투와 어린양에 대한 설명이 지배한다.(참조. 계 12:11, 17:14) 그리고 전투의 장소인 세상 안에서 그리스도인임을 증명하는 것이 지배한다.(참조. 계 2:7, 11, 17) 증거의 모티브에 관해서는 다음과 같이 말할 수 있다. 요한복음과 요한서신 안에서의 증거는 주로 예수의 인격과 관련이 있다. 그러나 요한계시록 안에서는 그것과 반대

있기 때문이다.[14] 여기에 언어, 그리스도론, 교회론, 종말론에서 중대한 차이가 나타난다.

1) 언어: 요한계시록의 셈어화 된 그리스어는 부셋(W. Bousset)과 찰스(R. H. Charles)[15] 이후 다음과 같은 논제에서 본질적인 논거였다. 그 논제는 요한계시록과 제4복음서가 동일한 저자에 의해 기록되었다는 것이다. 요한계시록의 '셈어적인 숙어'의 특징으로는 다음 몇 가지가 언급된다.[16] (1) 화합을 경시하는 점(참조. 계 1:5, 2:13, 20, 3:12, 4:1, 5:11-12, 11:15), (2) 병렬접속사 카이(καί, 그리고)를 가지고 뒤에 문장을 도입하는 것은 히브리어 와우 'ו'-결과(종속)문과 유비가 된다는 점(참조. 계 3:20, 6:12, 10:7, 14:9-10), (3) 시제의 사용이 매우 자유로우며 미래, 현재, 과거 시제가 자주 나란히 쓰이면서도 동일한 의미를 나타내는 점(참조. 계 4:9-11, 6:15-17, 11장, 14:2-3, 16:21, 20:7-8), (4) 부정사(참조. 계 12:7, 13:10) 혹은 분사 문장(참조. 계 10:2, 12:2, 19:12, 21:12, 14)으로 정형동사를 대체하는 점, (5) 비정상적 전치사 용법(예를 들어 ἐπί)을 사용하는 점,[17] (6) 신약성서에서 유일회성

로 '본 것'(das Geschaute)을 말한다.

14 생명의 물 모티브에 관하여는 F. Hahn, "Die Worte vom lebendigen Wasser im Johannesevangelium," God's Christ and His People (FS N. A. Dahl), hg. v. J. Jervell u. W. A. Meeks, Oslo-Bergen-Tromsö 1977, 51-70을 참조하라.

15 참조. W. Bousset, Offb, 159-77; R. H. Charles, Revelation I, CXVII-LIX (묵시록의 간단한 문법); G. Mussies, The Morphology of Koine Greek as Used in the Apokalypse of St. John, NT.S 27, Leiden 1971; St. Thompson, The Apocalypse and Semitic Syntax, MSSNTS 52, Cambridge 1985, 해당 본문; D. E. Aune, Revelation I, CLX-CVII. J. Frey, Erwägungen, 336-82에서 프라이는 요한계시록과 요한복음의 언어를 비교하여 다음과 같이 확신한다. "결론적으로 동일한 저자가 두 작품을 기록했다는 가정은 개연성이 없다."(J. Frey, 위의 책, 381.)

16 요한계시록 저자의 원래 언어는 더 이상 분명하게 설명되지 않는다. 톰슨은 히브리어나 아람어의 가능성도 주장한다.(St. Thompson, "Apocalypse and Semitic Syntax," 106-108.)

용법(Hapaxlegomena)이 128개나 나오는 점이다.[18]

2) 그리스도론: 제4복음과 요한서신은 성육신을 중점적으로 설명한다. 여기서 성육신에 대한 설명은 아버지와 아들의 일치에 근거를 두고 있으며, 성육신한 분은 선재한 분이고 높임을 받은 분이다.(위 8.5.9를 보라.) 이와 대조적으로 요한계시록에서는 어린양과 그리스도가 분명히 하나님에게 종속되어 있다.(참조. 예를 들어 계 3:5, 5:6-7, 13, 6:16, 7:10, 14:14, 15:3, 20:11-15) 요한계시록의 그리스도론은 '하나님 아들'(υἱός τοῦ θεοῦ, 이 표현은 단지 요한계시록 2:18에만 나온다.)의 성육신이 아니라 세상과 역사의 통치자로서 그리스도의 임명이다.[19]

3) 교회론: 이미 회람서신들은 요한계시록에서 교회론이 중요하다는 사실을 암시한다.(ἐκκλησία라는 단어가 요한계시록 2-3장에 15회 나온다.)[20] 예언자 요한은 당시 종교적인 국가 이데올로기에 교회가 순응하는 것을 반대했다. 그에게는 교회와 당시 사회 사이의 올바른 관계가 중요했다. 그는 새 예루살렘에 대한 비전(요한계시록 21장)으로써 그 관계를 표현한다. 이를 규정하는 보편적 요소가 요한복음과 요한서신에는 없다. 국가와 사회의 관계가 요한복음과 요한서신에는 전혀 나오지 않거나 미약하게만 나타난다.

4) 종말론: 요한계시록은 강한 직설법을 강조한다.(참조. 예를 들어 계 1:5-6) 그렇지만 이것은 요한복음에서 지배적인 현재적 종말론과는 비교할 것이 못된다. 요한계시록에는 현재에 의해 규정되는 미래가 우선적인 의미를 가진다. 그것은 임박한 예수 그리스도의 강력한 현현을 기대하는 미래이다.(참조. 계 1:3과 22:20 또한 1:7, 19:11 이하, 22:7, 17) 예수 그리스도는 세상의 심판자로서 각자의 행위에 따라 결정할 것이다.(계 22:12) 천

---

17 참조. W. Bousset, Offb, 165f.

18 D. E. Aune, Revelation I, CCVII-CCXI의 목록을 참조하라.

19 참조. J. Roloff, Offb, 20.

20 참조. J. Roloff, Kirche(위 3.5.4를 보라.), 169-89.

년설(참조. 계 20:1-10)은 마지막 때의 새 창조처럼 요한복음과는 이질적이다.(참조. 계 21:5) 게다가 요한계시록에는 요한복음의 본질적 요소인 이원론(빛-어둠, 생명-죽음, 진리-거짓)이 빠져 있다.

요한계시록의 저자와 요한 문헌의 저자는 같지 않다.(위 8.1.3을 보라.) 요한계시록의 저자는 유대 그리스도교의 방랑 예언자였을 것이다. 그는 오랫동안 이전에 바울이 세운 소아시아의 교회에서 활동했고, 지금은 다양한 위협에 직면한 그들에게 어떤 방향성을 주고자 노력하고 있다.[21] 그는 영에 의해 영감을 받은(참조. 계 19:10) 그리스도의 대변자로 등장하고 있으며, 교회를 위해 현재와 미래를 드러내 보여주고 있다.[22]

9.3 기록 장소와 시기

요한계시록 1:9에 따르면 예언자 요한은 환상을 봤을 때 에게해의 밧모섬(Patmos)에 있었다. 밧모섬은 소아시아 서쪽 해안에서 배로 하루 안에 도달할 수 있는 거리에 있었다. 요한은 "하나님의 말씀과 예수를 증언하려고" 거기에 머물렀다고 한다. 그는 황제 숭배를 비판하다가(위 9.8을 보라.) 이 섬으로 추방되었을 것이다.[23] 요한이 요한계시록을 썼을 당시에도 밧모섬

---

21 이것을 전체적으로 적절하게 설명한 학자는 안톤이다.[P. Anton, Exegetische Abhandlung der Paulinischen Pastoral-Briefe II(위 5.5를 보라.), 513.] 안톤은 요한계시록의 회람서신을 '요한의 목회서신'이라고 부른다.

22 예언자 요한의 유래에 관하여는 U. B. Müller, Zur frühchristlichen Theologiegeschichte(위 5를 보라.), 46-50을 참조하라.

23 참조. J. Roloff, Offb, 39; U. B. Müller, Offb, 81. W. Bousset, Offb, 191f. 전치사 διά는 이러한 가정에 찬성한다. 이 전치사는 요한계시록에서 대격(3격)으로 쓰이며 목적보다는 근거를 가리킨다. 특히 계 6:9, 20:4를 참조하라. 다른 입장은 다음을 참조하라. 혼은 추방이라는 입장보다는 생명이 위협당하는 상황 가운데 예언자가 밧모섬에 있었다고 본다.(F. W. Horn, "Johannes auf Patmos," F. W. Horn/M. Wolter (Hg.), Studien zur Johannesoffenbarung und ihrer Auslegung, 139-59.) 크래프트는 예언자의 밧모섬의 체류가 예언자적 자

에 있었는지는 불확실하다. 요한계시록 1:9의 단순과거형 ἐγενόμην은 그의 과거의 체류를 가리킨다.[24]

요한계시록의 기록 시기는 전제된 공동체의 상황으로부터 나온다.(위 9.4/9.8을 보라.) 도미티아누스 통치 마지막 시기에 황제 숭배가 가속화되고 그로 인해 생긴 갈등이 요한계시록의 역사적 콘텍스트이다. 그렇다면 요한계시록은 기원후 90-95년 사이에 기록되었을 것이다.[25] 이에 대한 일곱 가지의 논증이 있다. (1) 도미티아누스의 인격과 성격에 관한 상이한 설

의식과 연결되었다고 추측한다.(H. Kraft, Offb, 40-42.) 그는 계시를 받기 위해 고독 속으로 되돌아왔다. 이러한 논제를 비판하는 사람은 카러이다.(M. Karrer, Johannesoffenbarung als Brief, 187의 각주 213.)

24 참조. W. Bousset, Offb, 192; U. B. Müller, Offb, 81.

25 이미 이레네우스가 그렇다. 참조. Irenäus, Haer V 30, 3; Euseb, HE V 8, 6f.; W. Bousset, Offb, 133f.(기원후 93년); R. H. Charles, Revelation I, XCI; R. Schütz, Offenbarung, 해당 본문; E. Stauffer, Christus und die Caesaren, München 71966, 172; W. G. Kümmel, Einleitung, 414; Ph. Vielhauer, Urchristliche Literatur, 503; E. Lohse, Die Offenbarung des Johannes, NTD 11, Göttingen 71988, 7; O. Böcher, Johannesapokalypse, 41; A. Y. Collins, "Dating the Apocalypse of John," BR 26 (1981): (33-45) 41-43; J. Roloff, Offb, 19; U. B. Müller, Offb, 41f.; C. J. Hemer, Letters, 2-12; H. J. Klauck, Sendschreiben nach Pergamon, 161; L. L. Thompson, Book of Revelation, 15; H. Giesen, Offb, 42; T. Holtz, Offb. 10; D. E. Aune, Art. "Johannes-Apokalypse," 541. 아우네는 오래된 편집 과정을 고려한다. "그는 60세에 시작하여 트라야누스 황제가 통치(기원후 98-117년)를 시작하는 90세 후반에 비로소 마쳤을 것이다." 이른 시기에 작성되었다고 주장하는 학자들은 다음과 같다. W. Hadorn, Offb, 221(70년 이전); A. A. Bell, "The Date of John's Apokalypse," NTS 25 (1979): 93-102(68/69년) 늦게 작성되었다고 주장하는 학자들은 다음과 같다. H. Kraft, Offb, 10, 222(97/98년); J. W. Taeger, Johannesapokalypse, 22(트라야누스 시대); Th. Witulski, Ein neuer Ansatz zur Datierung der neutestamentlichen Johannesapokalypse, SUNT 30 (2005), 39-60. 비툴스키는 하드리아누스 때 황제 숭배가 강조되었다는 사실을 이유로 요한계시록이 132-135년의 하드리아누스 황제 시기에 작성되었다고 본다. 하드리아누스는 도미티아누스보다 훨씬 더했다.

명(위 9.4를 보라.)은 분명 그의 통치 말경(기원후 96년 사망)에 그가 자기에게 말을 건 사람과 집단에게 점점 더 예민해져 갔다는 사실을 보여준다. (2) 황제 숭배의 가속화는 도시에 명예 칭호를 수여하는 것(무엇보다 아시아 지역)과 그와 관련된 (신전) 건축에서 나타난다.[26] (3) 고대 교회의 요한계시록 수용은 기록 시기를 도미티아누스 때로 정하는 것을 뒷받침한다. 그래서 유세비우스의 『교회사』(HE III 39, 6. 12)는 파피아스(기원후 120년경)가 요한계시록을 알고 있었음을 전제하고 있으며, 유스티누스는 『변증론』(Apol I 28, 1), 『대화』(Dial 81, 4)에서 그리고 이레네우스는 『이단반박문』(Haer V 30, 3)에서 요한계시록이 확실히 도미티아누스 때 기록된 것으로 본다. (4) 요한계시록의 개별 본문은 시대사적 색채를 띠고 있다. 요한계시록 6:6은 분명 도미티아누스가 명령을 내린 92년경을 가리킨다. 소아시아에서 포도원을 없애라는 도미티아누스의 법령은 시행되지는 않았다.(수에토니우스, Dom 7, 2; 14, 2) 요한계시록 4:11에서 '우리 주 하나님'(ὁ κύριος καὶ ὁ θεὸς ἡμῶν) 용법은 수에토니우스(Dom 13, 2)의 기록에 나오는 도미티아누스가 명령한 칭호였던 '우리 주 하나님'(dominus et deus noster)과는 다르다.(참조. 계 15:4, 19:10, 20:4, 22:9) (5) 요한계시록 13장과 17장이 전제하는 다시 태어난 네로 전설은 도미티아누스에 대한 가장 생생한 묘사이다.[27] (6) 기원후 90-95년으로 날짜를 정하는 것은 요한의 이름과 연결된 초기의 묵시적 설명이 지배적이던 전체 전승의 역사와 연결된다.(아래 9.10을 보라. 슈트레커, 프라이) (7) 예언자가 설명한 소아시아의 (바울) 공동체의 모습도 이런

---

26 M. Dräger, Die Städte der Provinz Asia in der Flavierzeit, Frankfurt 1993, 107-229; F. Tóth, Der himmlische Kult, 97-120. 에베소, 스미르나(서머나), 페르가몬(회람서신의 처음 세 공동체) 사이에는 특히 도미티아누스 시대에 황제가 고조시킨 쓰라린 순위 다툼이 있었다.

27 참조. Juv, Sat 4, 38. 유베날리스(Juvenalis)는 도미티아누스를 냉혹한 두 번째 네로로 묘사했다. H. Giesen, Das Römische Reich im Spiegel der Johannes-Apokalypse, 2566-70도 참조하라.

시간적인 설정을 지지한다. 거짓 교사들에 의한 내부의 약화와 위협하는 위기의 징후는 제2바울서신으로 증명된다.

9.4 수신자

편지를 받는 소아시아의 교회는 분명 바울의 전승 가운데 있었다. 예언자는 요한계시록 1:4-5a의 서두에서 바울의 전승을 의식하며 받아들이고 있다. 요한계시록의 텍스트 세계는 주로 비유대교적 헬레니즘 지역에 존재하는 수신자들을 생각할 수 있지만, 편지를 받는 교회 내에는 소수이지만 강한 유대 그리스도인도 있었다.[28] 공동체의 사회 구조에 대하여는 모호하게 언급할 수 있을 뿐이다. 특히 상업도시였던 라오디게아의 교회는 스스로를 신학적으로나 물질적으로 부자라고 생각했다.(계 3:17-18) 이와 반대로 경제적으로 가난했던 스미르나(서머나) 교회는 사실상 부유했다.(계 2:9) 그리스도인들은 또한 요한계시록 18:11-12에서 공격을 받고 있던 상인들에 속해 있었을 가능성도 있다. 그들은 창녀 바벨론과 무역을 하여 부자가 되었으나 동시에 사고팔기 위하여 짐승의 표를 지니고 다녀야 했을 것이다.(참조. 계 13:16-17)[29] 이런 암시에서 소아시아에 존재하던 바울 이후 그리스도교의 다양한 사회적 모습을 확인할 수 있다.(위 5.5.4를 보라.)

그리스도인들은 다양한 위협에 내몰린 것으로 보인다. 내부로부터는 거짓 교사들(아래 9.8을 보라.)이 공동체의 정체성을 위협(참조. 계 2:2, 2:6, 15, 2:14, 2:20 이하)했다. 그러나 요한계시록은 신앙의 미지근함에 관해서도 말하고 있으며(계 2:4-5, 3:15-16), 몇몇 공동체는 생동감이 없고(계 3:8) '죽어 있었다'(계 3:1). 외부로부터는 전쟁의 위험(계 6:2-4),[30] 물가의 상승

---

28 참조. M. Karrer, Johannesoffenbarung als Brief, 151.

29 참조. H. J. Klauck, Sendschreiben nach Pergamon, 178f

30 요한계시록 6:2는 파르티아 제국의 공격과 연결될 수 있으며(참조. 계 9:13ff., 16:12), 6:3-4는 제국 내부의 논쟁과 연결된다.; 참조. U. B. Muller, Offb,

(계 6:5-6)[31]에 시달렸으며 유대인들이 교회를 억누르고(계 2:9-10, 3:9) 있었다. 소아시아에서는 소름끼치는 짐승(계 12:18-13:10)인 로마의 황제와 두 번째 짐승인 황제의 제사장(계 13:11-17, 16:13-14, 19:20)이 지배하고 있었다. 그 제사장은 모든 시민에게 황제 숭배를 충성의 의무로 선전했고 심지어 황제의 입상에 기도하는 것도 고안해냈다.(계 14:9)[32] 황제 숭배를 위한 많은 제도는 회람서신을 보내는 일곱 개의 도시에도 있었다.[33] 에베소에서는 황제의 신전에 도미티아누스의 흉상이 실제보다 네 배나 크게 만들어져 세워졌다.[34] 페르가몬에서는 제우스 신전이 도시 위에 우뚝 솟아 있었고,[35] 스미르나(서머나) 역시 황제 숭배의 중심지였다.

교회는 신성한 것처럼 부풀려진 로마제국의 권력 아래에 있음을 알았고, 그것을 정교한 이미지와 상징적 언어로 묘사한다. 예언자는 신화적 언어로 짐승의 미친 행동을 묘사하였으며(계 13, 17, 18장), 회람서신은 역사적인 배경을 제시한다.(계 2:9)[36] 그리스도인들은 위협을 당했으며(계 2:9), 감옥

167; J. Roloff, Offb, 81.

31 참조. W. Bousset, Offb, 135f.

32 W. Bousset, Offb, 386은 요한계시록 14:11에서 계시록의 경향성을 명시적으로 언급한다. "그것은 황제 숭배에 반대하는 선전포고여야 한다."

33 참조. S. R. F. Price, Rituals and Power. The roman imperial cult in Asia Minor, Cambridge 1984; W. Burkert, Art. "Griechische Religion," TRE 14 (1985): 248. "전반적으로 소아시아의 정치 조직은 황제 숭배를 중심으로 움직인다." 지배자 숭배의 종교적이고 정치적인 차원에 대한 설명은 M. Clauss, Kaiser und Gott. Herrscherkult im römischen Reich, Stuttgart/Leipzig, 1999를 참조하라.

34 참조. W. Elliger, Ephesos(위 2.2.2를 보라.), 96-99.

35 이 신전에 대한 해석은 A. Deissmann, Licht vom Osten(위 2.3.1을 보라.), 240의 각주 8을 참조하라.; E. Lohmeyer, Offb, 25는 요한계시록 2:13의 사탄의 왕좌에 대해 설명한다. 황제 숭배 신전을 지지하는 입장은 다음과 같다. U. B. Müller, Offb, 110; H. J. Klauck, Sendschreiben nach Pergamon, 161; 페르가몬의 종교적 설비에 관하여는 Sendschreiben nach Pergamon, 157-59를 참조하라.

에 갇혔고(계 2:10), 어떤 증인은 죽임을 당했다.(계 2:13의 안디바, 참조. 계 6:9-11) 시험의 때가 온 세상에 닥칠 것이다.(계 3:10)[37]

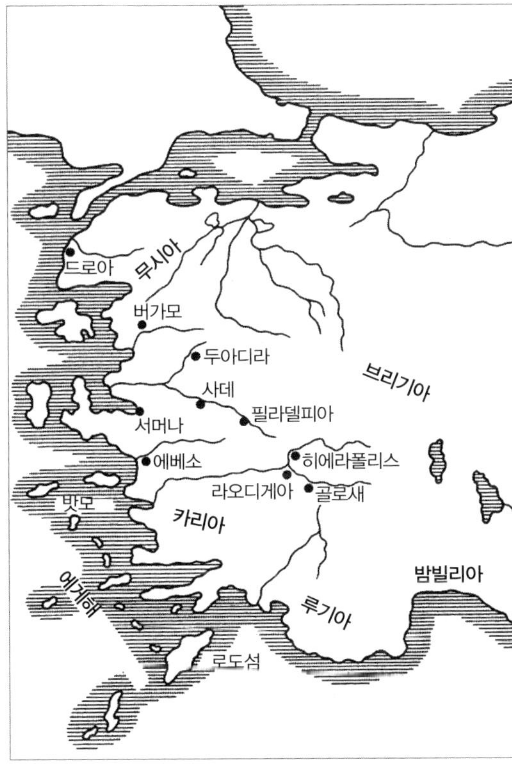

계시의 교회들

도미티아누스(기원후 51년 출생, 81-96년 재위)[38]는 기원후 85년부터 자신을 '우리 주 하나님'으로 부르게 했다.(참조. 수에토니우스, Dom 13, 2. 참조. 계 4:11) 그는 통치 말기에 반대자들을 억압했다.(참조. 수에토니우스, Dom 14, 4; 10, 5; 11, 1-3) 이미 수년 전부터 시행하고 있던 반대자들에 대한 처형에 더하여, 93년에는 모든 철학자를 로마와 이탈리아에서 추방했다.(수에토니우스, Dom 10, 3; 디오 카시우스, 67 31, 1 이하) 기원후 95년에는 사촌 플라비우스 클레멘스(Flavius Clemens)

---

36 요한계시록 11:7-9, 13:15, 17:6, 18:24, 20:4에서 죽이는 것과 박해를 언급한 것은 신화적 콘텍스트이며, 역사적 사건과 확실하게 연결할 수는 없다.

37 참조. H. E. Lona, "Treu bis zum Tod," Neues Testament und Ethik (FS R. Schnackenburg), hg. v. H. Merklein, Freiburg 1989, 442-61.

38 도미티아누스의 모습을 설명하는 학자들은 다음과 같다. L. L. Thompson, Book of Revelation, 96-115, Christiana Urner, Kaiser Domitian im Urteil antiker literarischer Quellen und moderner Forschung, Augsburg 1993. 두 연구가는 (음울한) 도미티아누스의 모습을 새롭게 평가하려고 한다.

를 처형하고 아내 플라비아 도미틸라(Flavia Domitlla)를 추방했다.[39] 그녀는 그리스도인이었을 것이다.[40] 프루사의 디온(Dion von Prusa, 약 40–120년)과 도미티아누스의 개인적인 적대관계는 주목할 만하다. 디온은 도미티아누스에 의해 추방당했고(디온 크리소스토모스, Or 13, 1) 황제를 날카롭게 비판했다. "내가 친구가 없고 물질적 궁핍이나 육신의 허약함에 굴하지 않고 망명생활을 어떻게 견뎠는지 모른다. 나는 그 원수 아래에서 모든 것을 견뎠다. 그 원수는 사람들이 언급하곤 하는 최고가 아니었다. 오히려 그는 모든 그리스인과 비그리스인에게 주와 신으로 불렸지만, 가장 강력하고 잔인한 군주였고 사실은 악마였다."(디온 크리소스토모스, Or 45, 1) 풍자시인 마르티알리스(Martialis, 38–102년)는 도미티아누스를 '세상의 주와 신'이라고 반복하여 조롱했고, 트라야누스 때 황제의 이 칭호는 폐지되었다.(마르티알리스, Epigr 4, 30; 8, 2; 10, 72)[41] 도미티아누스는 스타티우스(1세기 중엽 출생)에 의해 "인간들의 지도자와 신들의 조

---

39 참조. Dio Cass, 67 14, 1f. "같은 해 도미티아누스는 다른 많은 사람 외에도 그의 사촌이자 플라비아 도미틸라의 남편인 집정관 플라비우스 클레멘스를 처형했다. 두 사람 모두 '무신론자'(ἀθεότης)로 고발되었다. 많은 사람은 유대인들의 관습에 빠졌다고(τὰ τῶν' Ιουδαίων ἤθη) 재판을 받았다. 그들 중 일부는 처형당했고, 일부는 재산을 잃었다. 도미틸라는 판다테리아(Pandateria)로 추방당했다." 이 텍스트의 분석은 P. Lampe, Die stadtrömischen Christen(위 2.8.1을 보라.), 166–72를 참조하라. 람페는 도미틸라를 그리스도인으로, 플라비우스 클레멘스는 도미티아누스의 후계자라는 이유로(참조. Suet, Dom 15, 1.) 처형당했다고 본다.

40 참조. R. Hanslik, Art. "Domitian," KP II, 124.

41 도미티아누스 때 그리스도인들에 대한 박해는 Dio Cass 68 1, 2의 황제 네르바의 개혁 부분에 나온다. "게다가 네르바는 황제의 존엄을 모욕한 것 때문에 재판에 회부된 모든 사람을 석방했다. 그는 추방당한 사람들을 다시 불러들였다. 반면에 그의 주인들에게 반대한 모든 노예와 자유인을 처형했다. 그밖에 이러한 그룹에 속하는 모든 사람에게는 그들의 주인에 반대하여 제기한 탄원을 금지했다. 어느 누구도 황제의 존엄을 모욕한 것과 유대교 관습('Ιουδαϊκοῦ βίου)을 수용했다는 이유로 더 이상 고발을 할 수 없었다. 또한 많은 사람이 밀고자에 의해 처형을 당했는데, 철학자였던 세라스(Seras)도 그중 하나였다.

상"[42]으로 언급되었고 그의 주화에는 주피터의 번개창을 지닌 최초의 황제로 그려졌다.(도미티아누스가 신으로 등극하는 것에 관하여는 M. Clauss, Kaiser und Gott, 119-32를 참조하라.) 유베날리스(55년경 출생)는 마침내 대머리 도미티아누스를 제2의 네로로 묘사했다.[43] 도미티아누스가 그리스도인 박해를 주도했는지는 확실하게 말할 수 없다.[44] 그의 전기들은 일반적으로 원로원과 관련하여 의미가 있는데(수에토니우스, 타키투스) 황제의 모습은 의도적으로 격하되어 있다.[45] 하지만 프루사의 디온과 마르시알리스의 진술을 받아들인다면 명확한 그림이 나온다. 도미티아누스는 실제로 부당하게 개인적이고 정치적인 이유에서 소아시아에서 황제 숭배를 하게 만들었다.(위 9.3을 보라.) 회람서신 공동체에서 황제 숭배 강화는 그 지역의 탄압으로 이어졌을 것이다.[46] 황제 숭배에 참여하지 않으면 부분적으로 이미 도미티아누스 시대에도 있었던 젊은 플리니우스(위 7.2.4를 보라.)와 같은 조치가 취해질 수 있다.[47] 그리스도인들은 익명(예

---

42 Statius, Silvae IV 3, 139. "인간들의 지도자이며 신들의 조상의 만수무강을 빌며."(Salve, dux hominum et parens deorum)

43 Juv, Sat 4, 38. "마지막 플라비아 가문의 사람으로 이미 반은 죽어버린 세상을 갈갈이 찢어놓았고 로마의 냉혹한 네로의 노예였다."

44 참조. R. Freudenberger, Art. "Christenverfolgungen," TRE 8 (1981): 25; K. Aland, "Das Verhältnis von Kirche und Staat in der Frühzeit," ANRW II 23, 1, Berlin 1979, (60-246) 224; A. Y. Collins, Crisis and Catharsis. The Power of the Apocalypse, Philadelphia 1984, 69ff.; J. Ulrich, "Euseb, HistEccl III, 14-20 und die Frage nach der Christenverfolgung unter Domitian," ZNW 87 (1996): 269-89. 도미티아누스 때 그리스도인들의 박해했다는 가정에 확실히 반대하는 입장은 Ulrike Riemer, Das Tier auf dem Kaiserthron? Eine Untersuchung zur Offenbarung des Johannes als historischer Quelle, Beiträge zur Altertumskunde 114, Stuttgart/Leipzig 1998을 참조하라. 스타우퍼는 전통적인 반대 입장을 취한다.[E. Stauffer, Christus und die Caesaren(위 9.3을 보라.), 172.] "우리가 묵시록을 로마에 있는 황제 신(Gottkaiser)의 전쟁 이야기에 저항하는 사도의 반대 이야기로 이해한다면, 새로운 눈으로 묵시록을 읽는 것이다."

45 참조. R. Hanslik, Art. "Domitian," KP II, 125.

46 참조. U. B. Müller, Offb, 260.

를 들어서 황제 숭배를 선전하는 사람들)에 의해 고발당했다.(플리니우스, Ep X 96, 5) 그들이 황제 숭배를 거부하고 신앙을 굳게 지키면 결국 처형당했다.(Ep X 96, 3)

그리스도인들이 신들과 지배자 숭배를 받아들이지 않는 것은 오직 교회가 위기에 처하게 된다는 이유 때문이었을 것이다. 마찬가지로 예언자의 눈에는 이방인의 종교 방식에 공공연하게 동화되는 것이 문제였을 것이다. (아래 9.8을 보라.) 그렇게 이방인의 종교에 동화되는 것은 말세 교회의 순수성에 문제가 되었고, 동시에 교묘한 형태의 배교였다.[48]

9.5 내용 구성, 구조, 형식

1:1-3	서두
1:4-8	편지 도입부
1:9-20	임무 위임 환상
2:1-3:22	일곱 교회로 보내는 회람서신
4:1-5:14	보좌 환상
6:1-8:1	일곱 도장 환상
8:2-11:19	일곱 나팔 환상
12:1-13:18	하나님의 대적자
14장	어린양과 구원받은 사람들
15:1-16:21	일곱 대접 환상

47 Ep X 96, 6(20년 전에 밀고자들은 그들의 신앙을 철회했다.)은 Ep X 96, 5를 가리킨다. 여기서 플리니우스는 그리스도인들에 대한 자신의 요구를 언급한다. "말한 것처럼 확신을 가진 그리스도인들은 결코 그런 요구에 굴하지 않았다." 이것은 그런 실천이 이미 소아시아에서 일반적이었음을 전제한다.

48 참조. U. B. Müller, Offb, 113; H. J. Klauck, Sendschreiben nach Pergamon, 181f.

17:1–19:10	음녀 바벨론
19:11–22:5	마지막 환상
22:6–21	책의 결말

요한계시록 1:19에서 예언자는 자신의 작품을 내용적으로 구분하는 분명한 지침을 보여준다.[49] “네가 본 것과 지금 있는 일과 장차 될 일을 기록하라.” 이 첫 언급은 소명 환상과 연결되며, 현재는 회람서신에서, 미래는 이어지는 환상에서 주제가 된다. 이러한 구조는 요한계시록 1:19를 4:1이 의도적으로 받아들이는 것에서 확인되며, 그렇기 때문에 거시적 수준에서 이분법이 언급될 수 있다.(회람서신/묵시적인 부분)[50] 여기서 요한계시록 1:9–20은 양쪽 부분을 소개한다.[51]

일곱 교회로 보내는 회람서신은 분명한 구조를 보여주지만, 묵시가 중심인 본문의 구조는 결정을 내리기가 어렵다. 하지만 여기서 일곱이라는 숫자[52]는 세 개의 커다란 환상의 순서를 보여주고 내용을 구분하는 원리이다. 하늘의 존재(어린양, 천사들)의 행위는 경우에 따라 지상에서 일어나는

49 참조. U. B. Müller, Offb, 29. 피오렌자는 이 입장을 반대한다.(E. Schüssler-Fiorenza, “The Composition and Structure of Revelation,” ders., The Book of Revelation, 173.) 피오렌자는 계시록 1:19가 회람서신만을 언급한다고 본다.

50 참조. F. Hahn, “Zum Aufbau der Johannesoffenbarung,” Kirche und Bibel (FS E. Schick), Paderborn 1979, (145–54) 149: 계 1:9–3:20, 4:1–22:5. 계시록을 세 부분으로 나누는 입장을 지지하는 학자들은 다음과 같다. M. Karrer, Johannesoffenbarung als Brief, 227: 계 4–11장, 12–19:10, 19:11–22:5. N. Baumert, “Ein Ruf zur Entscheidung. Aufbau und Botschaft der Offenbarung des Johannes,” Die Freude an Gott–unsere Kraft (FS O. Knoch), hg. v. H.-J. Degenhardt, Stuttgart 1991, 197–210.

51 참조. U. B. Müller, Offb, 30.

52 참조. G. G. G. Reinhold (Hg.), Die Zahl Sieben im Alten Orient, Frankfurt 2008.

고통의 일곱 가지 순서를 설명한다.(참조. 계 6:1-8:1, 8:2-11:19, 15:1-16:21) 요한계시록 15:1의 마지막 일곱 재앙에 대한 언급도 작품 구성을 제시한다.[53] 그러나 일곱이라는 숫자는 요한계시록의 구조를 파악하는 데 충분하지 않고, 오히려 내용의 소재들을 배열하는 의도를 질문해야 한다. 그런 배열은 독자를 이끌어간다.[54] 해결의 실마리는 요한계시록 4:1-5:14의 보좌 환상에 나타난다.[55] 이 환상의 주제는 이미 시작된 그리스도의 통치이다. 교회는 이러한 구원의 서술에서 위로를 얻어 도래할 계시를 대망했을 것이다.

요한계시록 6:1-8:1의 일곱 봉인을 여는 것은 어린양의 권력이 관철됨을 나타낸다. 처음 단락은 요한계시록 9:21과 10:1 사이의 처음 여섯 나팔 환상이고, 이후 단락은 요한계시록 11:15-19부터 종결되기 전까지이다. 요한계시록 12:1 이하부터는 여인(계 12:1)과 용(계 12:3)이라는 새로운 이야기가 전개된다. 이 이야기는 다음의 내용을 규정한다. 요한계시록 13장의 짐승 환상은 5장의 어린양의 구원 형상과 대조되는 모습이다. 요한계시록 14장의 구원 환상과 15:1-16:21의 연속되는 재앙 순서는 7장과 8-9장의 순서와 일치한다. 17-18장의 바벨론 이야기는 19:1-10에서 하나님의 통치를 기뻐하는 것으로 종결된다. 새로운 시작은 요한계시록 19:11부터 다시 시작되고, 22:5까지는 마지막 현상에 대한 전망이 다뤄진다. 그것은 일반적인 세계 심판, 선택된 자들을 모으는 것과 하나님의 마지막 창조 행위이다. 요한계시록 21:1-25에서 하늘의 예루살렘을 보는 것은 4장의 보좌가 있는 하늘 궁정 환상과 일치한다. 22:6-21의 결론은 처음으로 돌아가서 다시 한 번 책의 주인이 예수임을 밝히고, 감사의 예배가 요한계시록의 환상과 공동

---

53 참조. 같은 곳.

54 참조. M. Karrer, Johannesoffenbarung als Brief, 224-48.

55 롤로프는 이 텍스트를 요한계시록의 신학적 중심으로 본다.(J. Roloff, Offb, 66.) 뮐러가 요한계시록 4장을 '전주'로 격하시키는 것(U. B. Müller, Offb, 30.)은 옳지 않다.

체의 삶의 실재가 연결되는 공간으로 나타난다.[56] 요한계시록의 구조는 전반적으로 목표를 향해 움직인다. 다시 말해 재앙과 마지막 때의 대적자가 있음에도 불구하고 하나님의 통치가 승리한다는 것이다.

요한계시록은 편지 형식으로 1:1-3에서[57] 미리 제목이 정해졌다. 이에 기초하여 1:4-6은 바울 편지의 예를 따른다. 그러나 그것은 독자적인 강조점을 가진 서두이기도 하다.[58] 발신자(superscriptio)와 수신자(adscriptio)가 있고, 확대된 인사(4b, 5a절)가 있으며 감사의 말이 들어가야 하는 자리에 송영(5b-6절)이 자리하고 있다. 요한계시록 22:21의 마지막 인사도 바울 편지의 형식을 따른다.(살전 5:28, 고전 16:23, 빌 4:23) 요한계시록의 예배 방식에 따라 주의 오심을 청원하고(계 22:21) 이에 대한 응답인 축복으로 책이 마무리된다.(참조. 고전 16:22, 23)[59] 요한계시록의 편지 형식은 전체 수신사와의 관련성을 직접적으로 표현하고 있다. 예언자는 바울의 전통을 따르는 교회에게 편지를 쓰고 있으며, 의도적으로 바울 편지의 형식을 따르면서 자신의 복음을 수용하라고 요청한다. 요한계시록이 편지라는 사실은 회람서신에서 분명하게 드러난다. 예언자는 편지로 의사소통하고 있다.[60] 수신자를 언급하는 것, 발신자를 밝히는 것, 기록하라는 명령과 공동체의 상황을 '안다'는 것(참조. 살전 1:3 이하)은 이러한 방향성을 가리킨다. 회람서신들은 고정된 형식[61]에 따라 작성되었다. (1) 기록하라는 명령, (2) 전달자에게 말하는 형식, (3) 상황 묘사, (4) 깨어 있으라는 요구, (5) 이기는 자들에게 주시는 약속이 그 형식이다. 요한은 회람서신들을 예언의 편지 장르

56 참조. J. Roloff, 위의 책, 209.

57 M. Karrer, Johannesoffenbarung als Brief, 86-108의 분석을 참조하라.

58 참조. 위의 책, 66-83의 증명.

59 참조. J. Roloff, Offb, 213.

60 참조. M. Karrer, Johannesoffenbarung als Brief, 160; U. B. Müller, Offb, 91f.

61 참조. F. Hahn, Sendschreiben, 366ff.(한은 쓰라는 명령과 연결하지 않는다.); U. B. Müller, Offb, 91-96.

와 연결한다.(참조. 렘 29:4, 31, 대하 21:12) 사도의 편지들처럼 예언의 편지들은 부재중인 사람을 대신하여 공동체의 현 상황에서 그 사람의 영향력이 미치게 한다. 회람서신의 개별 주제는 그것과 이어지는 환상을 가리킨다.[62] 여기에는 찬송(아래 9.7을 보라.) 외에도 더 많은 형식적 요소, 특히 예언자적 환상, 일련의 재앙, 그리고 숫자를 추측하는 것이 있다.[63]

거시적 차원에서 요한계시록의 형식을 규정하려면 묵시에서 전형적인 요소(상징, 환상, 숫자 유희)와 비전형적인 요소(위서 같은 내용이 없음)가 편지의 방향과 의미 있게 일치한다고 이해할 때 가능하다. 요한계시록은 (회람) 서신인 묵시서로서 예배에서 읽어야 한다고 주장한다.(참조. 살전 5:27, 골 4:16, syrBar 86:1–2, ParJer 7:19)[64] 그러므로 의도된 목적은 형식을 유발하고 저자의 의사소통의 목표와 일치한다.

---

62 참조. J. Roloff, Offb, 47.

63 분석을 위해서는 U. B. Müller, Literarische und formgeschichtliche Bestimmung, 608–18을 참조하라.

64 참조. U. B. Müller, Offb, 92; 롤로프는 다음과 같이 형식을 규정한다. "요한계시록은 예언자적 기록으로서 수많은 묵시적 동기와 문체의 요소를 가지고 있다. 요한계시록의 형식의 특징은 의사소통의 목적을 지닌 편지라는 것이다."(J. Roloff, Offb, 16.) 피오렌자는 다음의 견해를 주장한다. "저자는 사도적인 편지의 형식을 이용해 예언의 작품을 쓰려고 했다."(E. Schüssler-Fiorenza, The Composition and Structure of Revelation, 176.) 카러는 요한계시록의 문학적 독자성을 강조하고, 요한계시록을 회람서신으로 보며, 계시 문학의 편지로 그 특징을 규정한다. "계시 문학의 편지는 그리스-헬레니즘처럼 유대교 전통과 로마-황제의 계시 전통을 통합하고 편지를 매개로 전달한다."(M. Karrer, Johannesoffenbarung als Brief, 302f., 305.) 보링은 요한계시록의 서사적 차원을 강조한다. "요한계시록은 서사적인 틀을 가지고 있는 계시문학의 장르이다." (R. M. E. Boring, Narrative Christology, 703.) 아우네는 요한계시록을 예언적 묵시문학으로 본다.(D. E. Aune, Revelation I, LXXXIXf.) 뵈허는 "요한계시록의 장르는 순수한 묵시문헌이다."라고 강조한다.(O. Böcher, Art. "Johannes-Apokalypse," 604.)

9.6 문학적 통일성

요한계시록 2-3장의 회람서신과 묵시적으로 주요한 부분인 4-22장 사이에 누락되어 보이는 연결선은 문학비평적 해결 모델을 찾게 만든다. 회람서신들은 후대의 첨가로 취급되기도 하고,[65] 그 서신들 안에서 요한계시록의 가장 오래된 부분을 보기도 한다.[66] 두 경우 모두에서 회람서신과 중심부분의 서로 다른 관점이 본질적인 논란이 된다. 그것은 한편으로는 지역적 박해를 언급하는 것이기도 하고, 다른 한편으로는 보편적 환란의 시간을 언급하는 것이기도 하다. 앞에서 언급한 두 단락 사이에 존재하는 수많은 구성과 내용의 연결선(위 9.5를 보라.)은 요한계시록이 점진적으로 발생했다는 가정에 반대한다.

최근의 주석에서는 세기가 바뀔 즈음에 전성기를 경험한 자료가설들이 거의 동의를 얻지 못하고 있다.[67] 그리스도교 편집자가 개작했다는 유대-묵시문학적 기본 문서는 수용이 포기된 반면, 단편가설을 내세운 부셋의 해결 방법은 영향력을 얻었다. "우리는 점차적으로 확장된 기본 문서와 기술적으로 작업한 편집자를 가정하는 것이 아니라 묵시문학적 작가를 가정한다. 그는 많은 부분을 자유롭게 만들어낸 것이 아니고 오래된 단편들과 잠정적이고 모호하게 남아 있는 전승들을 개작했다."[68] 이 모델은 요한계시록의 복잡한 전승사의 배경을 진지하게 받아들였고(위 9.7을 보라.) 기본 문서 가설에 대한 유연성과 개방성에서 두드러진다.[69] 하지만 이질적인

65 M. Dibelius, "Rom und die Christen im ersten Jahrhundert," ders., Botschaft und Geschichte II, Tübingen 1956, (177-228) 223-25; H. Kraft, Offb, 14f.

66 R. H. Charles, Revelation I, XCIV.

67 연구사는 다음을 참조하라. W. Bousset, Offb, 108ff., 234ff.; O. Böcher, Johannesapokalypse, 11ff.

68 W. Bousset, Offb, 129.

69 부셋의 시도는 큄멜에 의해 긍정적으로 받아들여졌다. W. G. Kümmel, Einleitung, 409; Ph. Vielhauer, Urchristliche Literatur, 500; H. M. Schenke/K. M.

(그리고 부분적으로는 문서로 된[70]) 자료들과 저자의 편집 경향으로부터 추정에 의한 긴장 관계가 생겨난다고 하는 가정은 수긍할 만하다.[71] "전체 구성에서 요한계시록은 처음부터 끝까지 저자의 신학적 의도에 따라 일관성 있게 구조화된 저작이다."[72]

9.7 전승, 자료

요한계시록의 예언자는 구약을 주요 자료로 사용한다. 그의 작품을 특징짓는 수많은 암시,[73] 곧 구약의 광범위한 참조/인용 단편 혹은 인용[74]이 요한계시록 1:7, 2:27, 4:8, 6:16, 7:16, 17, 11:11, 14:5, 15:3, 4, 19:15, 20:9, 21:4, 7에 등장한다. 구약의 인용과 참조는 부분적으로 칠십인역(LXX) 혹은 나중에 번역된 구약의 영향을 받지만, 히브리어나 아람어 텍스트에 대한 독자적인 지식도 다양하게 드러난다.[75] 에스겔, 이사야, 예레미야, 다니엘과 시

Fischer, Einleitung II, 294, 312.

70 전승의 모체는 요한계시록 11:1-14, 12:1-5, 14-16, 14:6-20, 17:8-18, 18:1-24 배후에 있다.

71 참조. U. B. Müller, Offb, 38f.

72 J. Roloff, Offb, 21. 이와 반대로 아우네는 요한계시록이 두 단계로 성장했다고 본다.(참조. D. E. Aune, Revelation I, CXX-XXXIV.) 처음의 편집은 요한계시록 1:7-2a와 4:1-22:5, 두 번째 편집은 1:1-3, 4-6과 1:12b-3:22, 22:6-21이다. 저자/편집자는 오랫동안(기원후 20-30년) 서로 다른 자료들을 모았고 두 개로 되어 있는 자료들을 새로운 신학적인 의도를 가지고 있는 지금의 작품으로 엮었다.

73 비켄하우저와 슈미트에 따르면 요한계시록의 예언자는 약 580회 구약과 연관을 가진다.(A. Wikenhauser/J. Schmid, Einleitung, 643.)

74 요한계시록 안에 구약으로부터 유래하는 "문자적인 직접 인용이 존재하지 않는다."(W. G. Kümmels, Einleitung, 411.)라는 큄멜의 언급은 올바른 것이 아니다. 요한계시록 4:8, 15:4, 19:15, 20:9에는 칠십인역에서 유래하는 직접적인 인용이 있다.

75 참조. R. H. Charles, Revelation I, LXVI-LXXXII.

편이 요한계시록과 관련이 있다.[76] 또한 헬레니즘으로부터도 전승의 요소를 받아들였다.[77]

요한계시록에서 두 번째로 큰 전승 자료는 예배이다. 이 작품의 예배 지향성은 요한계시록 1:10과 22:20에 드러난다. 예언자는 그의 환상을 주님의 날에 받고 있으며, 예배 때 듣고 있는 공동체를 직접적으로 참여시키기 위해 주의 만찬을 참조한다.(참조. 계 3:20) 찬양 단락 대부분은 교창으로 작성되었다.(참조. 계 4:9/11, 5:9b-10/12, 7:10b/12, 11:15b/17-18, 16:5b-6/7b, 19:1b- 8a)[78] 전승된 형식은 다음과 같다. (1) 영광송(계 1:6, 4:9, 5:13, 7:12), (2) 세 번 외치는 거룩(계 4:8c), (3) 합당하다는 선언(계 4:11, 5:9b-10, 5:12), (4) 감사기도(계 11:17-18), (5) 심판송(계 16:5-7), (6) 신에 대한 명사형 서술(계 4:8, 11, 15:3, 16:7, 19:6)과 분사 문체(계 4:9, 5:13, 7:10, 11:17, 16:5), (7) 평행구(계 4:11, 5:9-10, 11:15, 17, 12:11, 12, 13:4, 15:3-4, 16:6), (8) 순교자들의 탄원(계 6:10), (9) 승리의 외침(계 7:10, 12:10, 19:1), (10) ὅτι 문장에서 찬양의 이유(계 4:11, 5:9, 11:17, 12:10, 15:4, 16:5, 18:20, 19:2, 6). 찬양하는 본문 대부분은 상황이 드러나 있다.(참조. 계 4:8 이하, 5:9 이하, 11:15 이하, 15:3-4, 16:5-6, 19:1 이하) 그것들은 지나갔거나 혹은 이어지는 사건에 대해 하나님을 찬양하고 세상의 위기를 하나님의

76 에스겔은 예언자에게 아주 특별한 구약의 참고문헌이다. 참조. B. Kowalski, Die Rezeption des Propheten Ezechiel in der Offenbarung des Johannes, SBS 52, Stuttgart 2004; D. Sänger (Hg.), Das Ezechielbuch in der Johannesoffenbarung, BThSt 76, Neukirchen 2006.

77 참조. O. Böcher, "Hellenistisches in der Apokalypse des Johannes," Geschichte-Tradition-Reflexion III (FS M. Hengel), hg. v. H. Lichtenberger, Tübingen 1996, 473-92; F. Tóth, Kult als Wirklichkeitskonstruktion, 75-120.

78 참조. G. Delling, Zum gottesdienstlichen Stil, 해당 본문; K. P. Jörns, Das hymnische Evangelium, 해당 본문; R. Deichgräber, Gotteshymnus und Christushymnus(위 5.2.7을 보라.), 44-59.

영광과 연결한다.[79] 찬양의 본문들은 대부분 예배에서 일어나는 일을 반영한다. 언급된 형식 외에 요한계시록에서 응답의 요소도 언급할 수 있다.[노래의 절, 응답송, 계 5:14, 7:12a, 19:4의 '아멘'(ἀμήν), 계 19:1, 3, 4, 6의 찬양의 할렐루야] 그러나 예배 순서를 어떤 형식으로든 재구성하는 것은 불가능하다.[80]

새로운 연구들은 예언자가 주어진 (제한된) 자료나 전승을 자신의 작품에 받아들였는지 그렇지 않은지에 대한 질문에 서로 다르게 답했다. 예를 들어서 요한계시록 11장과 12장[81] 혹은 10:1-11, 11:1-14, 14:6-20, 17:8-18, 18:1-24는 전통적 특성으로 간주된다.[82]

9.8 종교사적 위치

회람서신에서 예언자는 편지를 받는 교회의 내부 상황을 집중적으로 다루고 반대 경향을 공격한다.[83] '교훈'(διδαχή, 계 2:14, 15, 24)과 '가르치다'(διδάσκειν, 계 2:14, 20)라는 단어를 사용한 것은 교훈에 대한 싸움이 논쟁의 배경이라는 결론에 이르게 한다. 버가모 교회에는 발람의 가르침을 따르는 그리스도인들이 있었다.(계 2:14) 발람은 유다서 11절, 베드로후서 2:15-16에서도 소유욕이 강한 거짓 교사의 원형으로 등장한다. 발람은 유대교 전승사에서 항상 부정적인 모습이다.[84] 니골라당의 교훈(참조. 계 2:6)

79 델링은 요한계시록의 예배 본문을 묵시적 사건으로 해석한다.(G. Delling, Zum gottesdienstlichen Stil, 448.) 다른 입장으로 외른스는 찬송의 선취적 특성으로 본다.(K. P. Jörns, Das hymnische Evangelium, 175-78.)

80 K. P. Jörns, Das himmlische Evangelium, 180ff.

81 참조. U. B. Müller, Offb, 39.

82 참조. J. Roloff, Offb, 22.

83 스미르나(서머나)와 필라델피아의 대적자들은 이 맥락에 속하지 않는다. 여기에 그리스도교 공동체와 유대인 공동체 사이에 긴장이 있다.(참조. 계 2:9f., 3:9)

84 민수기 22-24장의 긍정적인 모습은 이미 민수기 31:16에서 변경되었다. 참조. Philo, VitMos I 296-99; Jos, Ant IV 129f.

은 요한계시록 2:15의 '그러므로'(οὕτως)와 '~같은'(ὁμοίως)이라는 단어에서 이전에 공격을 받은 견해임을 알 수 있다. 두아디라 교회에는 여성 예언자(이세벨)[85]가 등장한다. 그녀도 공동체의 지도자들을 우상과 음행의 식사로 유혹했다.(계 2:20) 요한은 상대적으로 같은 형태의 대적자들의 흐름과 논쟁을 벌이고 있다.[86] 예언자들과 여성 예언자들에 의해 전해진 그런 흐름은 에베소, 버가모, 두아디라[87] 교회에 다양하게 영향을 미쳤다. 요한은 구약 인물의 가명[88]을 이용하여 다른 가르침에 실격 판정을 내리고 우상에 바쳐진 제물을 먹는 문제를 논쟁의 중심으로 제기한다. 오직 세상의 제사 음식을 멀리하는 사람만이 감추인 하늘의 만나를 먹는다.(참조. 계 2:17) 일반적으로 우상 제물을 먹는 것은 고대 세계에서 이방인들과 만나려면 피할 수 없는 것이었고, 이미 바울 때도 그 문제로 교회 안에 갈등이 있었다.(참조. 고전 8-10장)

예언자와 그의 대적자들 사이의 결정적인 차이는 두아디라 교회에 전달된 사도적 훈령(행 15:28-29)[89]이 나오는 요한계시록 2:24-25에서 볼 수 있다. "나는 너희에게 다른 짐을 지우지 않겠다. 너희가 가지고 있는 그것을 굳게 붙잡고 있어라." 사도행전 15:28의 '부담'(βάρος)이 요한계시록 2:24에서는 율법적인 최소한의 부담이고, 그것은 이방인들에게도 유효하다. 아마도 대적자들은 그들의 가르침에서 이러한 최소한의 법적 의무를 폐지하고 특별한 통찰력에 호소했을 것이다.(요한계시록 2:24의 '사탄의 깊은 것'을 고린도전서 2:10과 비교해보라.) 한 분 참 하나님에 대한 지식은(참

---

85 참조. 왕상 16:29-33, 18:19, 19:2.

86 참조. U. B. Müller, Offb, 112, 118; H. J. Klauck, Sendschreiben nach Pergamon, 166.

87 사르디스(사데)에도 거짓 가르침의 영향이 있었다.(참조. 계 3:4)

88 롤로프에 따르면 발람의 가르침이라는 용법은 적대자에게 근거를 두는 것이다.(J. Roloff, Offb, 54.)

89 참조. U. B. Müller, Zur frühchristlichen Theologiegeschichte(위 5를 보라.), 17-21. M. Karrer, Johannesoffenbarung als Brief, 201f.

조. 고전 8:4, 6) 그들에게 이방인 세계와 편견 없는 접촉을 가능하게 하며, 예언자의 눈에는 거짓된 타협과 위험한 현실 적응 전략을 가능하게 하는 것이었다. 예언자는 그것들에 반대해서 이방인들의 국가와 종교적 실천과는 거리를 두면서 우상 숭배를 피하는 최소한의 대책을 요구한다.

최초 그리스도교 역사에서 반대 집단을 어떻게 분류할 수 있는가? 이름을 언급하는 것은 어떤 암시를 제공한다. 개종자 니골라(행 6:5)는 급진화 되어가던 예루살렘에서 그리스도교의 시작과 연관된 바울 이후의 그리스도교의 조상 배열에 잘 부합한다. 니골라당은 구약 율법과의 연결을 부인하고 그들의 특별한 지식과 연결하여 기초를 세우고 있다. 그들은 순회 사도들이나 예언자들로 등장하기도 하였으며(참조. 계 2:2, 20)[90] 이방인 세계와의 교류, 그 세계의 제도와 헛된 의식에 대한 공개적인 접근 방식을 성공적으로 전파했다. 이러한 태도는 결코 영지주의적 자의식[91]의 표현이 아니라 오히려 바울 이후의 열광주의적 그리스도교로 설명된다.[92] 이 열광주의적 그리스도교는 2세기의 영지주의를 위한 과정에 있었다.[93]

90 참조. U. B. Müller, Offb, 101.

91 반대 의견은 다음과 같다. J. Roloff, Offb, 49, 54; M. Karrer, Johannesoffenbarung als Brief, 99, 102. 이들은 영지주의에 대해 미리 정의를 내리지 않고 영지주의 혹은 영지주의화 되어가는 경향을 언급한다. E. Schüssler-Fiorenza, "Apocalyptic and Gnosis in Revelation and in Paul," ders., Book of Revelation, 115-17; H. Kraft, Offb, 87-94(니골라당은 이그나티우스 서신의 가현설주의자들과 함께 동일선상에 있을 수 있다.); H. Köster, Einführung, 689; A. Strobel, Art. Apokalypse, 187은 대적자들을 (적어도 경향으로 볼 때) 영지주의에 포함시킨다.; R. Heiligenthal, "Wer waren die 'Nikolaiten'?," ZNW 82 (1991): 133-37은 니골라당은 교부들의 반이단 문헌들에서 단지 영지주의자들로 이해되고 있음을 지적한다.

92 예시 논증에 관하여는 다음을 참조하라. U. B. Müller, Offb, 96-99; R. Heiligenthal, "Wer waren die Nikolaiten'?", 136-37. 하일리겐탈은 심지어 바울의 전통노선에서도 니골라당을 보고 있다. 그러나 동시에 정결 제의 개념을 거부하는 (유대교 대적자들의 경우처럼) 이방인의 계몽된 회의론을 배경으로 의심했다.

93 참조. H. J. Klauck, Sendschreiben nach Pergamon, 169.

전반적으로 요한계시록은 광범위한 종교사적 배경이 특징이다. 예언자 요한은 서로 다른 전통의 지식들을 개작했다. 그 과정에서 그는 많은 문헌과의 연관성을 분명하게 알고 있었다. 그 연관성들은 그가 학자적인 예언자라는 사실을 보여준다.(참조. 예를 들어 계 12장)[94] 동시에 그에게는 그리스-로마의 영역에서 나오는 수많은 동기와 그의 문화사적 넓이를 문서화하여 그것들을 끌어들인 입장이 존재한다.[95]

9.9 신학적 기본 사상

예언자 요한은 그의 작품을 이미 시작되어 관철되어 가는 하나님의 통치의 관점에서 기록한다. 하나님이 지배자와 심판자 되심은 그의 사상을 결정하며, 세계사를 끝이 있는 역사로 해석한다. 영원 전의 하나님의 창조 활동(참조. 계 4:11, 10:6, 14:7)은 이제 그분의 종말론적 활동과 일치한다. 그것은 "보라 내가 만물을 새롭게 하노라"(계 21:5)로 유효하게 된다. 악마는 지상의 모습인 용으로 잠시 동안만 교회를 위협할 수 있을 뿐이다. 하나님이 오시기 때문이다.(계 1:4, 8, 4:8, 22:6-7) 하나님은 '전능자'(παντοκράτωρ, 계 1:8, 4:8, 11:17, 15:3, 16:7, 14, 19:6, 15, 21:22)로서 그의 '정의로운 심판'(계 15:3-4, 16:5-7)을 통해 로마제국의 사탄의 모습과 하나님 없이 살아가는 모든 사람을 파멸한다. 요한계시록의 신 중심성[96]은 철저히 신 개념으로부

---

94 도흐호른은 그것을 증명한다. "요한계시록 12장은 문서 예언의 산물로 해석된다."(J. Dochhorn, Schriftgelehrte Prophetie, 393.)

95 M. Karrer, "Apoll und die apokalyptischen Reiter," M. Labahn/M. Karrer (Hg.), Die Johannesoffenbarung-Ihr Text und ihre Auslegung, 223-51.

96 참조. T. Holtz, "Gott in der Apokalypse," J. Lambrecht (Hg.), L'Apokalypse, 247-65. 적절한 것으로는 K. Backhaus, "Die Vision vom ganz Anderen," ders. (Hg.), Theologie als Vision, 26을 참조하라. 예언자는 그리스도교의 신 중심적인 정체성의 구도를 옹호한다. 그것이 예언자에게는 (로마제국과 소아시아) 세계에 대립하는 하나의 통합 거부를 포함하는 것이다.

터 나온 것으로서 권능, 주권, 그리고 심판의 측면이 특징이다.

그리스도론의 기본 토대는 그리스도 안에 있는 하나님의 행위이다. 그리스도론은 종말론적인 구원을 세우며 세상 권력으로부터 구원하는 것이다.(참조. 예를 들어 계 1:5b, 6, 5:9-10, 7:15, 12:11) '어린양'(αρνίον)이라는 칭호(요한계시록에 28회)는 예수의 특별한 품격을 표현한다.[97] 이 칭호는 그의 사람들과 그의 통치 실현을 위한 예수의 희생을 의미한다.(계 5:6)[98] 어린양이라는 품격은 그의 낮아짐에 근거를 두고 있으며(참조. 계 5:9, 12), 죽은 자들 가운데서 먼저 나신 분(계 1:5)은 높임을 받은 어린양이다. 예수는 하나님의 위임을 받은 자로서 책임을 다하고 있으며, 요한계시록 5장은 그가 하나님의 마지막 때의 계획을 관철하기 위해 높임을 받았음을 분명하게 서술하고 있다.[99] 요한계시록은 요한복음(참조. 요 10:30)과 반대로 하나님과 그리스도의 본질이 같음을 알지 못하지만, 기능상의 일치는 알고 있다.[100] 그리스도는 하나님을 대적하는 권세와의 싸움에서 구원하고 심판하는 하나님의 행위를 완성한다. 그리스도는 교회를 위해 존재하는 현재적인 주님이다.(참조. 계 2-3장) 그리스도는 직접 교회에게 말을 건네며 경고하고 위로한다. 그리스도는 지금 이미 그의 희생의 죽음을 통해 믿는 사람들을 통치자와 제사장들로 세웠다.(계 1:6, 5:10) 하지만 미래에서야 이것이 비로소 분명해진다.(참조. 계 20:6, 22:5) 세상의 권세는 사실상 이미 무너졌지만, 높임을 받은 그리스도는 그의 다시 오심에서 하늘과 땅의 갱신으

---

97 참조. T. Holtz, Christologie, 78-80; U. B. Müller, Offb, 160-62.

98 참조. O. Böcher, Johannesapokalypse, 47. 뵈허는 천상의 메시아의 전권과 권세를 표현하기 위해 어린양(ἀρνίον)을 숫양으로 번역하기를 원한다. 호피우스는 이를 반대한다.[O. Hofius," 'Αρνίον-Widder oder Lamm?," ZNW 89 (1998): 272-81.] 그는 언어학적으로 모든 것이 ἀρνίον을 어린양으로 번역하는 것을 찬성한다고 지적한다.

99 요한계시록 5장에 관하여는 T. Holtz, Christologie, 27-54를 참조하라.

100 U. B. Müller, Offb, 55. 종속적인 특징은 오해될 수 없다.; 참조. 요한계시록 1:13, 14:14; 계속해서 11:15, 12:10, 20:4, 6의 그리스도(기름 부음 받은 자).

로서 하나님의 능력을 궁극적이고 가시적으로 관철한다.(참조. 계 19:11 이하) 그리스도인은 살아 계신 하나님의 인장을 가지고 있지만(참조. 계 7:1-8, 3:12) 반대로 하나님이 없는 사람은 그 인장 없이 사탄의 유혹에 아무런 보호 없이 넘겨져버린 중간 상태에 산다.(계 9:4) 이러한 기본 사상이 요한계시록의 그리스도론의 특징이다. 그리스도는 현재 통치하는 분이면서 동시에 미래에 오시는 분이다.

또한 요한계시록의 종말론적인 진술들은 현재적인 구원의 실재를 증명하는 데도 유효하다. 요한계시록 1:5b, 6, 5:9-10 그리고 14:3-4에서 구원의 현재에 대한 언급은 종말론의 기초이다. 그리스도인은 어린양의 희생의 죽음을 통해 이미 왕의 통치에 참여한 사람들이다.(계 1:9)[101] 미래의 사건들은 역사의 근본적인 전환을 가져 오지 않고, 오히려 하나님의 권세를 증거한다.[102] 이미 어린양이 용을 진리로써 이겼기 때문에, 그리스도는 교회를 향해 "보라 내가 곧 올 것이다."(계 3:11, 참조. 1:7, 2:16, 3:11, 20, 4:8, 22:7, 12, 17, 20)라고 말한다. 교회가 역사 속에서 하나님의 역사가 어떻게 일어났고 어떻게 성취될 것인지를 알고 견디어 낸다면 임박한 사건들이 교회를 이길 수는 없다. 어린양의 죽음으로 세워진 미래 구원의 현재성은 이미 하늘의 영역에서 완성된 것으로 보았던 것이 세상의 저항에도 불구하고 현재 안에서 관철되기 시작했다는 요한계시록 종말론의 특징이다.[103]

예언자가 주장하는 윤리의 기본 토대는 요한계시록 1:5이다. 그리스도인은 예수 그리스도 안에 있는 하나님의 구원 행위를 통해 과거의 죄를 용

101 참조. T. Holtz, Christologie, 70. "공동체의 구원은 현재의 현실이다. 그들은 예전에 옛 계약의 공동체에게 종말론적인 선물로 약속된 것을 소유하고 있다."

102 참조. M. Karrer, Johannesoffenbarung als Brief, 136.

103 현재와 미래의 의도적인 배열을 고려할 때 말리나의 논제는 엉뚱하다.(B. J. Malina, On the Genre and Message of Revelation, 266.) "고대 지중해 세계가 전혀 미래에 방향을 맞춘 것이 아니라는 것이 매우 확실해 보인다. 다시 말해 요한계시록에는 미래에 대한 언급이 아무것도 없다. 심지어 새 예루살렘도 지금 내려온다."

서받았다. 예언자의 급진적인 명령은 이런 직설법 위에 토대를 두고 있다.[104] 예언자는 교회가 스스로를 이방 세계와 분명하게 구분하라고 요구한다. 심판은 행위 이후에 일어나기 때문이다.(참조. 계 2:23, 20:12-13) 요한에게 행위는 예수 그리스도의 구원 사역의 자연스러운 결과이지[105] 결코 유대교의 율법에 매인 것이 아니다.(νόμος가 빠져 있다.) 이기는 자의 말씀에서(참조. 계 2:7, 11, 17, 26, 3:5, 12, 21) 요한계시록의 윤리적 개념은 분명하게 드러난다. 하나님의 통치가 미래에 관철된다는 약속은 현재의 유혹에 맞서 굳건함을 유지하는 동기를 부여한다. 그리스도인의 관용과 고난은 그리스도의 고난에 상응할 것이다.(참조. 계 2:3, 6:9) 긍정적인 면에서 이것은 마지막 때에 하나님의 통치 속에 그리스도인들이 세워지는 것이다.(참조. 계 3:21, 20:4)

예언자의 교회론은 형제의 교회라는 사상으로부터 형성된다. 요한은 자신을 형제라고 부른다.(계 1:9, 19:10, 22:9) 그는 현재의 고난에 참여하고 있다. 교회의 모든 구성원은 종이며(참조. 2:20, 7:3, 19:2, 5, 22:3), 천사도 동료이다.(계 22:9)[106] 심지어 그리스도는 그리스도인들과 형제로서 통치 자리를 함께 나눈다.(참조. 계 3:21, 20:6, 21:7) 이러한 기본 개념은 세기말 소아시아의 상황이던 직무에 대해 눈에 띄게 침묵하는 것을 설명해준다.(목회서신, 이그나티우스의 서신들)[107] 요한은 제도를 설명하기보다는 예

104 요한계시록 1:5-6을 5장과 연결하는 것에 관하여는 T. Holtz, Christologie, 70f.를 참조하라.

105 참조. T. Holtz, "Die 'Werke' in der Johannesapokalypse," Neues Testament und Ethik (FS R. Schnackenburg), hg. v. H. Merklein, Freiburg 1989, 426-41.

106 M. Karrer, Johannesoffenbarung als Brief, 169-86. 카러에 따르면 예언자는 의도적으로 천사의 위치와 기능을 격하시켰다. 수신자들이 천사를 그리스도와는 별개로 경배하고 있었기 때문이다.

107 U. B. Müller, Zur frühchristlichen Theologiegeschichte(위 5를 보라.), 33-34. 뮐러는 요한이 의도적으로 이런 구조를 무시하고 교회의 하늘 대변자인 공동체의 천사에게 편지를 쓴다고 추측한다.

언자의 직무만 언급한다. 그는 에큐메니컬 관점에서 개교회의 문제를 진지하게 받아들이고 있다. 그러한 문제들이 전체 교회의 운명에 결정적이기 때문이다.

요한계시록에서 전체적으로 중요한 것은 "당신께 속한 자들에게 구원을 베풀고 보증하는 하나님과 기름 부음 받은 어린양 예수의 통치의 유효성과 확실성을 증명하는 것이다."[108] 신화론적 언어와 상징 세계도 이러한 목적을 위해 기여한다. "무엇(Was) 혹은 어떻게(Wie)가 아니라 요한의 관심사의 초점은 사실(Dass)이다."[109] 이러한 기본 관점은 직선적-종말 역사적 해석이라기보다는 예언자의 사상의 핵심을 예수가 이미 성취한 주권으로 파악하는 해석이다.

9.10 최근 연구 경향

저자 문제를 다루는 연구는 큰 합의점에 이르렀다. 일반적인 관점에서 요한계시록의 저자는 사도이자 세베대의 아들인 요한이 아니다. 최근에는 요한 문헌과 요한계시록의 관계가 논쟁이 되고 있다. 롤로프(J. Roloff), 뮐러(U. B. Müller), 피오렌자(E. Schüssler-Fiorenza), 로제(E. Lohse)는 상대적으로 요한계시록의 독자성을 강조하는 반면, 뵈허(O. Böcher), 특히 태거(J. W. Taeger)는 요한계시록이 다른 요한 문헌과 가깝다고 본다.(위 8.1.3을 보라.) "요한계시록과 요한 문헌의 관련성은 추정일 뿐만 아니라 정당한 근거가 있어야 한다."[110] 태거가 요한계시록을 제4복음서의 영향사 안에서 해석하는 반면, 슈트레커(G. Strecker)는 천년설 묵시문학적인 견해를 요한 학파의 시작부터 전승된 내용으로 본다.[111]

---

108 M. Karrer, Johannesoffenbarung als Brief, 247.

109 M. E. Boring, Christology in the Apocalypse, 718.

110 J. W. Taeger, Johannesapokalypse, 206.

111 참조. G. Strecker, Literaturgeschichte(위 1.2를 보라.), 275; J. Frey, Erwägun-

도미티아누스의 통치 말년은 여전히 요한계시록의 시대사적 배경이다. 하지만 도미티아누스 치하에서 일어난 그리스도인에 대한 전면적인 박해라는 가정은 최근 연구에서 점점 더 문제가 되고 있다. 그리스도교 공동체와 이방인 사이의 지역 분쟁이라는 해석 모델(뮐러, 롤로프, 클라우크, 기센)이 등장하고 있는 것이다. 황제의 형상 앞에 (드물게 요구된) 제물을 바치는 것은 요한에게 중요한 문제가 아니다. "예를 들어 어떤 사람이 축제의 무리 속으로 달려가거나, 혹은 종교적인 분위기의 공동식사에 참여하는 경우처럼 예언자는 '부드러운' 황제 숭배를 더 위험하다고 보았다. 그는 직업적인 이유로 그 관계를 차단할 수 없다고 생각했기 때문이며, 이것 때문에 신앙고백이 영향을 받는 것을 전혀 보지 못했기 때문이다."[112] 게다가 공동체 내부의 경향에 반대하는 예언자는 헬레니즘적이고 로마 사회와의 친밀함과 거리두기의 문제를 놓고 논쟁한다. 여기서 분명하게 두 가지 해석이 등장한다. 적대적인 흐름은 초기 그리스도교의 영지주의의 맥락이나(피오렌자, 롤로프, 카러) 바울 신학의 영향에서(뮐러) 볼 수 있다. 비툴스키(Th. Witulski)는 요한계시록의 다른 시대사를 주장한다. 비툴스키에 따르면 그 시대는 하드리아누스 황제(기원후 117-138년) 시대에 속하며, 요한계시록은 기원후 132-135년 사이에 기록되었다. "그리스도인들이 종교 제사 형식의 하드리아누스 숭배에 참여해도 된다고 생각하며 그것을 신학적으로 정당화하려는 그리스도교계에 반대하여, 묵시자는 그의 수신자들에게 단호히 거부할 것을 촉구했고, 이교도 환경의 보복에 맞서 굳게 서서 신실한 믿음에 머물러 있으라고 권고했다."[113]

지난 10년 동안 요한계시록 전체의 문학 형식에 대한 질문은 요한계시

---

gen, 414ff.

112 H. J. Klauck, Sendschreiben nach Pergamon, 181. 클라우크는 실용적 본문의 관점에서 "내 백성아, 거기서(소위 큰 성 바벨론) 나오라."(계 18:4)라는 요청에서 저자의 주요 관심사를 본다.(참조. H. J. Klauck, 위의 책, 176-80.)

113 Th. Witulski, Johannesoffenbarung, 350.

록 연구의 중심이었다. 피오렌자와 뮐러, 롤로프가 요한계시록의 편지 구조를 완성했는데, 카러(M. Karrer)는 다음의 사실을 강조한다. 전체 "작품은 최신의 특정 상황에 대해 편지로 기록되었다."[114] 이러한 수용미학적(rezeptionsästhetisch) 접근 방식은 의심의 여지없이 요한계시록 1-3장을 입증해 주지만, 환상 부분에 대한 증거는 아직 없다.[115] 요한계시록의 신학적 목적은 무엇보다도 현재 공격당하는 공동체에게 구원의 확신을 강화하는 것이겠지만, 요한계시록의 주된 관심사는 공동체를 위로하는 것에 있지 않고[116] 하나님의 강력한 구원 행위의 지평에서 현재와 미래를 이해하라고 호소하는 데 있다. 요한계시록은 암호화된 것이 아니라 가시적이며 개방적이다. 요한계시록은 사변적으로 내다보다는 것(Aus-Sichten)이 아니라 들여다보는 것(통찰력, Ein-Sichten)을 준다.[117]

새로운 사회사적 본문 연구와 해석학적 문제 제기를 통해 지난 몇 년간 요한계시록 연구는 신약성서 주해의 초점이 되었다. 퇴트(F. Tóth)는 의미론적 해석을 시도했다. 그에 따르면 요한계시록의 저자는 인상적인 거룩한 건축물을 발전시켰는데, 천상의 제사로써 지상의 사건과 역경을 새롭게 해석하고 이해하게 만들었다. "요한계시록은 삶의 세계와 역사적인 자의식을 포괄하는 해석 개념을 제공한다. 여기서 경험과 기대의 지평은 제의의 모체이다. 동시에 이 제사는 구원이나 재앙에 대한 묵시적인 기대를 위해 해석의 지평, 좀 더 정확하게는 해석의 공간을 제공한다."[118] 라반(M. Labahn)은 요한계시록에서 하늘로부터 세상을 새롭게 해석하는 체제 전복적인 이

---

114 같은 책.

115 M. Karrer, Johannesoffenbarung als Brief, 30.

116 위의 책, 220-81. 카러가 요한계시록의 두 번째 부분을 요약으로만 다룬 것은 결코 우연이 아니다.

117 큄멜은 다른 입장을 보인다. 그는 요한계시록을 '위로의 책'으로 본다.(W. G. Kümmel, Einleitung, 407.)

118 참소. K. Backhaus, "Apokalyptische Bilder? Die Vernunft der Vision in der Johannes-Offenbarung," EvTh 64 (2004): 421-37.

야기를 보았다. 이 이야기는 독자에게 로마제국의 참된 본질을 보게 한다. "요한계시록은 체제 전복의 이야기이다. 요한계시록은 하나님으로부터 서술자에게 전달된, 하늘의 보좌와 그곳에서 시작되어 곧 만나게 될 사건에 대한 통찰을 통해 정치, 사회, 종교의 구조를 급진적으로 재평가한다.(계 1:1-3) 외견상 확고하며 무엇보다도 소아시아에서 종교적으로 숭배받던 황제의 로마제국은 이 이야기를 통해 그 마지막이 드러난다. 이를 통해 저항이 가능하게 되었는데, 요한계시록은 그런 저항을 하나님과 그리스도를 위한 증언의 말씀을 지키는 것이라고 본다."[119] 최근의 또 다른 요한계시록 연구(카러, 라반)는 본문의 역사에 초점을 맞춘다.[120] 여기서는 많은 경우 알렉산드리아 사본(A 02)이 특히 파피루스나 시내산 사본보다 오래된 본문 형식을 보존하고 있음을 보여준다.(참조. 계 4:3, 5:10, 22:21)[121]

---

119 F. Tóth, Der himmlische Kult, 509.

120 M. Labahn, "Teufelsgeschichten. Satan und seine Helfer in der Johannesapokalypse," ZNT 28 (2011): (33-42) 33; 참조. Ders., "'Apokalyptische' Geographie," M. Labahn/O. Lehtipuu (Hg.), Imagery, 107-43.

121 다음의 총서집을 참조하라. M. Labahn/M. Karrer (Hg.), Die Johannesoffenbarung-Ihr Text und ihre Auslegung (LV). 특히 다음을 참조하라. M. Karrer, "Der Text der Johannesoffenbarung-Varianten und Theologie," Neotest 43/2 (2009): 373-98; M. Labahn, "Geschrieben in diesem Buche." Die "Anspielungen" der Johannesapokalypse im Spannungsfeld zwischen den Referenztexten und der handschriftlichen Überlieferung in den großen Bibelhandschriften," M. Karrer/S. Kreuzer/M. Sigismund (Hg.), ANTT 43, Berlin 2010, 339-83; ders., "Die Macht des Gedähtnisses. Überlegungen zu Möglichkeit und Grenzen des Einflusses hebräischer Texttradition auf die Johannesapokalypse," 위의 책, 385-416.

역자 후기

저자 우도 슈넬레는 1952년 9월 8일에 태어났다. 그는 괴팅엔대학교에서 게오르그 슈트레커(Georg Strecker)의 지도 아래 박사학위를 받고, 교수자격 학위를 취득(1985)했다. 괴팅엔 기볼데하우젠 교회에서 2년간(1984-86) 목회를 한 후 에얼랑엔대학교(1986-92)와 할레대학교(1992-2017)에서 교수로 봉직하다 은퇴했다. 슈넬레는 소위 독일 신약학 거장의 시대(1960, 70년대)를 잇는 대표적인 학자로서 신약학의 거의 모든 분야에 저서를 남겼을 뿐만 아니라, 대부분의 저서가 여러 언어로 번역되어 독자들의 사랑을 받고 있다. 주요 저서로는 Einführung in die neutestamentliche Exegese, Paulus. Leben und Denken, Theologie des Neuen Testaments, Die ersten 100 Jahre des Christentums, Das Evangelium nach Johannes(Theologischer Handkommentar zum Neuen Testament 4) 등 다수가 있다.

『우도 슈넬레의 신약정경개론』(Einleitung in das Neue Testament)은 그의 대표작 중 하나이다. 1994년에 초판이 나왔으며, 우리가 번역한 책은 2012년에 나온 제8판 개정판이다. 이 책은 1998년 대한기독교서회가 번역 출판한 베르너 게오르그 큄멜(Werner Georg Kümmel)의 『신약정경개론』(Einleitung in das Neue Testament: 1963년 12판, 1983년 21판, 영역 1973년, 1993년) 이후 독일 신약학 연구 경향을 포함시킨 최고의 신약학 개론서이다.

이 개론서는 신약성서 27권의 역사적 기원과 배경을 깊이 있게 다루면서 각 권의 내용 및 구성, 신학적 기초 사상, 최근 연구 경향 등을 체계적으로 소개하고, 아울러 바울의 연대기, 바울 학파, 요한 학파, 방법론적 고찰로서의 분할가설, 복음의 장르, 차명문서, 정경 형성사 등을 일목요연하게 소개한다. 저자는 개론학 주제의 다양한 이론을 신중하게 다루면서도 이전에 독일에서 출간된 개론서들과는 달리 영미권 학자들의 주장을 보다 비중 있게 소개하는데, 이 점에서 학문적인 지평을 확장했다고 생각한다. 이 책은 출판된 이후 학계로부터 신약학 연구의 기본을 보여주는 것으로 평가받고 있으며, 앞으로도 오랫동안 좋은 영향력을 미칠 것으로 여겨진다.

이 책은 무엇보다 신학교 강단에서 신약학 연구에 충실한 개론서를 갈급하게 기다리고 있는 독자들에게 큰 도움이 될 것이다. 번역은 다음 세 교수의 책임번역으로 이루어졌다. 김문경 교수(장로회신학대학교)는 제1장 입문, 제3장 공관복음, 제4장 사도행전을, 문병구 교수(서울신학대학교)는 제2장 바울서신, 제5장 제2바울서신을, 임진수 교수(감리교신학대학교)는 제6장 히브리서, 제7장 공동서신, 제8장 요한 학파의 문헌, 제9장 요한계시록을 번역하였다. 우리는 이 책이 말씀 사역을 준비하는 신학도뿐만 아니라 하나님 말씀의 깊은 의미를 사모하는 목회자들과 성도들에게도 좋은 안내서가 되기를 간절히 소망한다.

마지막으로 이 번역서의 출판을 흔쾌히 맡아주신 대한기독교서회에 심심한 감사의 말씀을 드린다.

2023년 2월

역자 일동

■ 고대 유대교 문서

■ 고대 교회 문서

클레멘스2서(2 Klemense/2 Klem)

■ 그리스-로마 문서

인명 찾아보기

지은이

우도 슈넬레(Udo Schnelle)

우도 슈넬레(1952-)는 독일의 성서학자이자 루터교 신학자이다. 그는 괴팅엔대학교에서 박사학위를 받고 게오르그 슈트레커(Georg Strecker)의 지도 아래 교수자격을 취득(1985)했다. 괴팅엔 기볼데하우젠 교회에서 2년간(1984-86) 목회를 한 후 에얼랑엔대학교(1986-92)와 할레대학교(1992-2017)에서 교수로 봉직하다 은퇴했다. 그는 소위 독일 신약학 거장의 시대(1960, 70년대)를 잇는 대표적인 학자로서 신약학의 거의 모든 분야에 저서를 남겼을 뿐만 아니라, 대부분의 저서가 여러 언어로 번역되어 전 세계 독자들의 사랑을 받고 있다.

지은 책으로는 『노이어 베트슈타인: 신약성서 관련 그리스·헬레니즘 본문 I/1.2-1-마태복음 1-10장』(2012), 『요한서신』(2010), 『요한복음』([4]2009), 『노이어 베트슈타인: 신약성서 관련 그리스·헬레니즘 본문 I/1.1-마가복음』(2008), 『신약성서 주석 입문』([7]2008), 『신약성서 신학』(2007), 『바울. 생애와 사상』(2003), 『노이어 베트슈타인: 신약성서 관련 그리스·헬레니즘 본문 I/2-요한복음』(2001), 『노이어 베트슈타인: 신약성서 관련 그리스·헬레니즘 본문 II-서신문헌과 요한계시록』(슈트레커와 함께, 1996), 『신약성서 인간론. 예수-바울-요한』(1991), 『바울 사상의 변화』(1989), 『요한복음의 반가현설적 기독론』(1987), 『의와 그리스도의 현재-바울 이전과 바울의 세례신학』([2]1986) 등이 있다.

옮긴이

김문경

장로회신학대학교 신약학 교수

문병구

서울신학대학교 신약학 교수

임진수

감리교신학대학교 신약학 교수